多

한
자
다

※저자 강태립(姜泰立) 아호(雅號):웅산(熊山)
원광대 중어중문학과 졸업
공주대학교 교육대학원 중국어전공 교육학 석사
전문 한자지도자 연수 강사
한국 한자급수검정회 이사
한국 한문교육연구원 경기도 본부장
다중지능연구소 일산센터장
웅산서당 훈장

주요 저서
《그려보는 부수박사》 (이화문화 출판)
《부수박사》 (아트미디어)
《한자능력검정시험(1~8급, 총 10종)》 (아트미디어)
《한자백신》 (도서출판 고륜)
《한자 창》 (도서출판 고륜)
《보이는 성경말씀》 (도서출판 수목)

※저자 이병관(李炳官)
연세대 중어중문학과 졸업
문학박사
대만 동해대학 중문연구소 주법고(周法高) 교수 문하에서 수학
현 공주대학교 중어중문학 교수

주요 저서 및 논문
《중국 현대어법》 (대전, 도서출판 보성)
《중국언어학사》 (상)·(하) (공저) (대전, 도서출판 보성)
《중국 언어학 총론》 (편역) (탑 출판사)
《고대 한어의 복음절사 연구》
《『세설신어(世說新語)』 피동문 연구》
《돈황 변문 통가자 연구》
《현행 중·고 교과서 자형 분석 문제점 연구》
《중국 어법학 100년사 술평》 (상)·(하)
《중국 현대어법 교육에 대한 몇 가지 제언》
《갑골문 '辠'자 탐원》
《『설문해자』 역주》(연속 논문) 외 다수.

머리말

우리 말인 한국어(韓國語)는 고유어(固有語)·한자어(漢字語)·외래어(外來語)·혼합어(混合語)로 이루어져 있다. 그 중 고유어는 한글로만 표기해도 대강의 뜻을 알게 된다. 그러나 한자어(漢字語)는 소리만 가지고는 그 뜻을 알기 어렵다. 그래서 한자를 공부하지 않으면, 책을 읽어도 주요 내용을 모르게 된다. 고유어나 외래어를 몰라서 공부가 어려운 사람은 거의 없다. 한자를 먼저 공부해야 하는 이유다.

다행히 뜻있는 많은 단체와 개인 또는 현명한 부모들이 노력하여 한자교육에 앞장서고 있으나, 제대로 된 한자 교육서가 많지 않은 것이 현실이다. 대부분의 한자 학습서는 각 개인들이 공부하면서 자신이 이해하기 쉽고 재미있었던 방법들을 열거하여 만든 한자공부 체험서 수준의 책들이 많다. 또 많은 교재들이 해서(楷書)를 기준으로 한자를 설명하고 있어, 지도자들조차 잘못 이해하기 쉽고, 각 글자들을 이해하는 데 불필요한 설명이 있는 것을 보면서, 한자를 지도하고 공부하는 한 사람으로 책임감을 느낀다.

한자를 좀 더 쉽고 정확하게 이해하며 공부하려는 분들을 위해, 이병관(李炳官) 교수(공주대·중어중문과) 완역(完譯) [한(漢)·허신(許愼)의 ≪설문해자(說文解字)≫ 청(淸)·단옥재(段玉栽) 주(注)]를 서당 현장지도 경험과 결합하여 공부하기 쉽고 지도하기 쉬운 순서로 꾸며 2종의 책으로 출간하게 되었다. 한 책에서는 지면관계상 설문(說文)의 원문만을 삽입하고, 대신 각 한자마다 이미지 그림과 이해하기 쉬운 간단한 해설을 더하였고, 자세한 설명이 필요한 분들과 ≪설문해자(說文解字)≫를 전문으로 공부하기를 원하는 독자를 위해 별도로 ≪설문해자(說文解字)≫ 지도서(指導書)를 발간하였다.

한자교육이 폐지되고 한글로 된 말만 전해지고, 문명이 급속 발전해가면서 말은 있으나 말뜻을 모르는 글자들이 많아졌다. 예를 들면, 菱(마름 릉)·琮(옥홀 종) 등에서 '마름' '옥홀'이 무슨 뜻인지도 모르면서 무작정 외우기만 하면 그 글자들의 쓰임을 잘 알 수가 없다. 그래서 각 글자마다 다음과 같이 그림이나 사진을 삽입하여 독자들의 이해를 돕는 데 쓰이도록 하였다.

물론 형용(形容)이나 동작(動作)을 나타내는 글자는 정확한 삽화를 넣는 데 한계가 있어 비슷하게 이미지를 그렸다.

丁	一부 총2획	甲骨文		西周 金文		春秋 金文	小篆	壯丁(장정) 丙丁(병정) 白丁(백정)	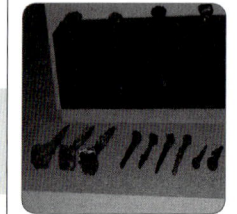
		甲2329	後上31.5	作冊大鼎	習 壺	者減鐘	說文解字		
고무래/ 장정 정	설문 丁부	丁(정)은 여름에 만물이 모두 튼튼하게[丁實(정실)] 자란다는 뜻이다. 상형자(象形字)이다. 丁은 병(丙) 다음이다. 사람의 마음을 그린 것이다. 무릇 丁부에 속하는 글자들은 모두 丁을 의미부분으로 삼는다.(「个, 夏時萬物皆丁實. 象形. 丁承丙. 象人心. 凡丁之屬皆从丁.」)							
※ 못의 머리(一)에 침(亅)의 모양이나, '고무래'와 모양이 비슷하여 '고무래'라 칭한다. '丁'자는 못의 작용과 관계되어 '단단하다' '바로잡다' '고정하다' '머무름' 등으로 쓰인다.									

또한 각 글자마다 고문(갑골문·금문·소전 등)의 상세한 정보를 주었고, 우문설(右文說)에 기초하여 모양이 비슷한 글자를 모아 설명하였다. 우문설을 이용한 해설에는 앞에 '※'을 붙여 넣었다. 고문이 없거나 지금의 글자와 너무 많이 변해 이해하기 어려운 글자들은 가끔 파자(破字)로 설명하여 공부하는 데 도움이 되도록 하였다. 《설문해자》에는 모양이 없으나 기타 《형음의자전(形音義字典)》이나 기타 자료에 고문(古文)이 있으면 참고할 수 있도록 함께 수록하였다.

우문설(右文說)을 사용한 이유는 일반학설에는 부수(部首)는 뜻이 되고, 나머지는 음(音)이 된다고 설명하고 있다. 그러나 '정'자가 '음(音)'으로 사용되는 글자만 살펴봐도 "정(正)·정(貞)·정(丁)·정(晶)·정(井)·정(呈)·정(鼎)" 등 너무 다양하다. 부수(部首) 이외는 단순히 '음(音)'만을 위한 것이라면 왜 이처럼 다양한 글자들을 사용했는지 연구해볼 가치가 있다는 생각으로 무리가 따르는 것은 잘 알지만, 좀 더 많은 학자들의 연구를 바라면서 이 책을 엮었다.

4500여 한자(漢字)를 같은 모양끼리 모아, 이해하기 쉽고 지도하기 쉽게 엮은 이 한 권의 책으로 각 급수단체의 1급 한자를 공부하는 데 빠짐이 없도록 하였다.

중국이라는 거대한 용이 기지개를 펴면서 한자(漢字) 문화권이 세상을 지배하는 세상이 되었다. 세종대왕께서 한글을 창제(創製)하실 때는 한자를 없애기 위해서가 아니다. 우리 말이 중국과 다르기 때문이었다. 이미 우리 문화와 우리 말에 깊이 관계된 한자(漢字)를 쓰지 말자고 주장하지 말고, 현명하고 지혜롭게 이용하여 민족문화 발전과 각자의 한국어(韓國語) 실력을 배양(培養)하여 시대를 이끌어가는 인재가 되기 바란다.

이 책이 나오기까지 도움과 격려를 해주신 많은 분들과, 다넷미디어 출판사 사장님 이하 출판 편집부(出版編輯部)에 감사의 인사를 전한다.

저자 강태립

일러 두기

　중국의 글자체는 은주(殷周) 시대의 갑골문(甲骨文) → 주(周) 나라 때의 금문(金文) → 선진(先秦) 시대의 대전(大篆) 또는 주문(籒文) → 진(秦) 나라의 소전(小篆) → 한(漢) 나라의 예서(隷書) → 위진(魏晉) 시대의 해서(楷書) → 그리고 현재 중국의 간체자(簡體字)에 이르기까지 약 5,000년에 걸쳐서 계속 변화되어 왔는데, 이 변화의 주류(主流)는 복잡한 획수를 줄여 "간단하게 쓰기"였다.

　현재 우리가 쓰고 있는 한자는 해서체로서, 이 글자체는 위진시대(3세기)에 한(漢) 나라의 예서체를 이어 받아 생겨난 이래 오늘날까지 큰 변화 없이 쓰이고 있다. 그래서 때로는 이 해서체가 중국 글자체의 원형으로 착각하는 경우가 있는데, 사실 해서체는 중국 글자체의 변천과정에서 볼 때 고대의 자형과 비교하면 이미 변형이 많이 되었을 뿐만 아니라 매우 간략화된 글자체라고 할 수 있다. 그러므로 만약 해서체의 글자를 보고 그 글자가 본래 무엇을 나타내려고 하였는지를 알려고 하는 것은 현재 중국에서 쓰고 있는 간체자를 보고 글자를 분석하는 것과 다를 바가 없다.

　예를 들어 '塵(먼지 진)'자의 경우 현재 중국의 간체자는 '尘'으로 쓴다. 이것을 보고 '먼지'란 '흙[土(토)]'이 '작아진 것[小(소)]'이라고 분석하면 그야말로 '망문생의(望文生義, 글자를 보고 뜻을 만들어 냄)'인 것이다. 그렇다면 해서체인 '塵'자를 볼 때 '사슴[鹿(록)]'은 '먼지'와 무슨 상관이 있을까? 이 또한 분명하지 않다.

　중국 최초의 자전(字典)인 한(漢) 나라 허신(許愼)의 ≪설문해자(說文解字)≫(이하 ≪설문≫이라고 줄임)를 보면 '塵'자는 소전(小篆)에서는 '麤'으로 썼고, 주문(籒文)에서는 '𪘂'으로 썼다. 여기에서 주문의 자형을 자세히 보면, '사슴[鹿]' 부분의 다리가 그려져 있지 않고 그 앞 뒤에 흙[土]이 놓여 있다. 즉 '여러 마리의 사슴이 달리니 먼지가 일어나서 다리가 보이지 않을 정도'라는 것이다. 그런데 소전은 주문의 간략형이고, 현재의 '塵'자는 소전 '麤'의 간략형인 예서체에서 비롯된 것이므로 해서체를 보고 글자의 본 뜻을 파악하기란 이미 어려운 일이 되었다.

　또한 비교적 오래된 글자체라고 할 수 있는 소전 역시 갑골문·금문과 비교할 때 본래의 모습에서 많이 간략화된 글자체이므로, 소전에만 의거해서 자형을 분석하면 해서를 보고 분석하는 잘못과 똑같은 잘못을 저지를 수 있다.

예를 들어 '止(발 지, 그칠 지)'자의 경우 지금은 '그치다'·'그만두다'라는 뜻으로 쓰이지만, 갑골문을 보면 '𣥂'(《갑(甲) 600》)로 발을 그린 상형자(象形字)였다. 따라서 '止'는 본래 '이동하다'·'행동하다'라는 뜻을 나타낸다. 만약 '武(건장할 무)'자의 자형을 분석할 때 '止'를 '그치다'라는 뜻으로 보고 글자를 해석하면 "싸움[戈(과)]을 멈추(게 하)는 것[止]이 (진정한) 武"라고 다소 철학적이면서 약간은 억지스러운 해석을 할 수밖에 없다. 그러나 '止'를 본래의 의미인 '이동하다'의 뜻으로 해석하면 '창[戈]을 들고 이동[止]하다'라는 뜻이 된다. 그러므로 '武'는 오늘날의 용어로 하자면 '무력시위(武力示威)' 또는 '정벌(征伐)하러 가다'라는 뜻을 나타낸다.

또 '東(동녘 동)'자의 경우 우리는 대부분 '나무[木(목)]에 해[日(일)]가 걸리는 쪽이 동쪽'이라는 뜻으로 알고 있다. 이 같은 분석은 ≪설문≫에서 "동쪽을 '동'이라고 부르는 까닭은 동쪽은 만물이 '생동(生動)'하는 방향이기 때문이다. 木은 의미부분이다. 관부(官溥)는 해가 나무 가운데에 있다는 의미라고 하였다.(「東, 動也. 从木. 官溥說: '从日在木中.'」)"라고 한 것에서 비롯된 것으로 보인다. 그러나 갑골문 '𣂒'(《청(菁) 4.1》)·'𣂒'(《전(前) 6.32.4》)과 금문 '𣂒'(《보유(保卣)》)·'𣂒'(《자임부신작(子壬父辛爵)》) 등의 자형을 보면 '東'자는 '木'과 '日'과는 상관없이 오늘날 사탕을 포장한 것처럼 가운데 무슨 물건을 넣고 위 아래를 잡아맨 것과 같은 모양이다. 즉 '東'은 '자루'를 본뜬 상형자였는데, 뒤에 동서남북의 '東'자로 가차(假借)된 것이다.

그러므로 글자의 원래의 뜻을 정확히 파악하려면, 먼저 그 글자의 가장 오래된 형태 즉 갑골문·금문의 자형을 살펴보고, 그 다음 ≪설문≫의 해석을 참고하는 것이 올바른 방법이라고 할 수 있다. 그래서 이 책의 해설 역시 다음과 같은 순서로 되어 있다.

본문인 1급 한자(약 4500자)의 해설은 먼저 같은 모양을 가진 한자 순으로 글자를 배열하고, 같은 모양 안에서는 같은 음의 글자를 우선으로 모아 놓았다. 그리고 낱개 글자의 해설 방식은 먼저 그 글자의 옛날 발음에서 현재까지의 발음을 제시하고, 그 다음 해당 글자의 형태를 갑골문부터 금문, 소전까지 예를 든 다음 뜻을 설명하였다.

글자의 발음은 상고음(上古音, 선진(先秦) 시대의 발음), 중고음(中古音, 수(隋)·당(唐) 시대의 발음), ≪광운(廣韻)≫ 등에서의 반절(反切), 현대 보통화(普通話)의 병음(拼音) 그리고 우리 말의 훈과 발음 순서로 소개하였다.

 상고음과 중고음의 음가(音價)는 임결명(林潔明)·장일승(張日昇) 합편(合編) ≪주법고상고음운표(周法高上古音韻表)≫(대만(台灣) 삼민서국(三民書局) 1973)에 의거하였고, 우리 말의 훈과 발음은 ≪동아 현대활용옥편(現代活用玉篇)≫(〈제4판〉)(이병관 자원 집필, 두산동아출판사)과 ≪한국 어문회 한자능력검정≫을 우선으로 따랐다.

 글자의 형태는 시대의 순서에 따라 갑골문, 금문, 소전 등의 순으로 배열하였는데, 그 출처는 예로 든 글자의 아래에 밝혀 놓았다.

 예를 들어 본문 '家(집 가)'자를 보면 다음과 같다.

家	宀부 총10획	甲骨文						殷商 金文
집 가	설문 宀부	前7.4.2	乙7549	合136	甲	粹197	家戈爵	
		殷商 金文	西周 金文			戰國 金文	小篆	籀文
		令簋	頌鼎	邾公華盤		林氏壺	說文解字	

 한편 자형을 설명하는 데 있어서는 예로 든 글자 아래에 각각 그 출처를 표시해 놓았는데, 금문(金文)은 그 글자가 새겨져 있는 종정이기(鐘鼎彝器) 기물의 이름을 밝혀 놓았고, 소전은 ≪설문≫에 의거하였다.

간혹 ≪설문≫에 소전의 자형이 없는 경우에는 ≪형음의자전≫에서 모양을 찾아 넣어 이해를 돕도록 하였다.

갑골문의 경우는 그 출처가 조금 복잡하여 줄여서 썼다. 예를 들어 〈전(前) 7.4.2〉라고 할 때, '前'은 나진옥(羅振玉)의 ≪은허서계전편(殷虛書契前編)≫을 가리키고, '7.4.2'는 제7권 제4페이지 제2조각[片(편)]을 가리킨다. 이 밖에도 예를 들어 〈철(鐵) 148.1〉은 ≪철운장귀(鐵雲藏龜)≫ 제148페이지 제1조각을 가리키고, 〈수(粹) 197〉은 ≪은계수편(殷契粹編)≫ 제197조각을 가리킨다.

여기에서 인용된 갑골문의 원전(原典) 출처를 가나다 순으로 소개하면 아래와 같다.

甲(갑): ≪은허문자갑편(殷虛文字甲編)≫, 동작빈(董作賓), 1948년, 3942편(片).

京都(경도): ≪경도대학 인문과학연구소장 갑골문자(京都大學人文科學研究所藏甲骨文字)≫, 패총무수(貝塚茂樹), 1959년, 3246片.

京津(경진): ≪전후경진신획갑골집(戰後京津新獲甲骨集)≫, 호후선(胡厚宣), 1954년, 5642片.

庫(고): ≪고방이씨장갑골복사(庫方二氏藏甲骨卜辭)≫, 방법렴(方法斂), 1935년, 1687片.

寧滬(녕호): ≪전후녕호신획갑골집(戰後寧滬新獲甲骨集)≫, 호후선(胡厚宣), 1951년, 1145片.

屯南(둔남): ≪소둔남지갑골(小屯南之甲骨)≫, 중국 사회과학원(社會科學院) 고고연구소(考古研究所), 1980년, 4589片.

錄(록): ≪갑골문록(甲骨文錄)≫, 손해파(孫海波), 1938년, 930片.

六(륙): ≪갑골륙록(甲骨六錄)≫, 호후선(胡厚宣), 1945년, 659片.

林(림): ≪귀갑수골문자(龜甲獸骨文字)≫, 임태보(林泰輔), 1921년, 1023片.

明(명): ≪명의사수장갑골(明義士收藏甲骨)≫, 허진웅(許進雄), 1972년, 3176片.

簠(보): ≪보실은계징문(簠室殷契徵文)≫, 왕양(王襄), 1925년, 1125片.

卜(복): ≪복사통찬(卜辭通纂)≫, 곽말약(郭沫若), 1933년, 929片.

福(복): ≪복씨소장갑골문존(福氏所藏甲骨文存)≫, 상승조(商承祚), 1933년, 37片.

續(속): ≪은허서계속편(殷虛書契續編)≫, 나진옥(羅振玉), 1933년, 2016片.

粹(수): ≪은계수편(殷契粹編)≫, 곽말약(郭沫若), 1937년, 1595片.

拾(습): ≪철운장귀습유(鐵雲藏龜拾遺)≫, 엽옥삼(葉玉森), 1925년, 240片.

鄴初(업초): ≪업중편우초집(鄴中片羽初集)≫, 황준(黃濬), 1935년, 245片.

鄴二(업이): ≪업중편우이집(鄴中片羽二集)≫, 황준(黃濬), 1937년, 93片.

鄴三(업삼): ≪업중편우삼집(鄴中片羽三集)≫, 황준(黃濬), 1942년, 215片.

餘(여): ≪철운장귀지여(鐵雲藏龜之餘)≫, 나진옥(羅振玉), 1915년, 40片.

燕(연): ≪은계복사(殷契卜辭)≫, 용경(容庚)·구윤민(瞿潤緡), 1933년, 874片.

外(외): ≪은허문자외편(殷虛文字外編)≫, 동작빈(董作賓), 1956년, 464片.

乙(을): ≪은허문자을편(殷虛文字乙編)≫(상·중·하), 동작빈(董作賓), 상: 1948년 3472片; 중: 1949년 2800片; 하: 1953년 2833片, 합계 9105片.

佚(일): ≪은계일존(殷契佚存)≫, 상승조(商承祚), 1933년, 1000片.

前(전): ≪은허서계전편(殷虛書契前編)≫, 나진옥(羅振玉), 1913년, 2229片.

戩(전): ≪전수당소장은허문자(戩壽堂所藏殷虛文字)≫, 희불타(姬佛陀), 1917년, 655片.

存(존): ≪갑골속존(甲骨續存)≫(3책), 호후선(胡厚宣), 1955년, 3753片.

珠(주): ≪은계유주(殷契遺珠)≫, 김조동(金祖同), 1939년, 1459片.

陳(진): ≪갑골문령습(甲骨文零拾)≫, 진방회(陳方懷), 1959년, 160片.

天(천): ≪천양각갑골문존(天壤閣甲骨文存)≫, 당란(唐蘭), 1939년, 108片.

摭(척): ≪은계척일(殷契摭佚)≫, 이단구(李旦丘), 1941년, 118片.

摭續(척속): ≪은계척일속편(殷契摭佚續編)≫, 이아농(李亞農), 1950년, 343片.

掇(철): ≪은계습철(殷契拾掇)≫, 곽약우(郭若愚), 1953년.

綴(철): ≪갑골철합편(甲骨綴合編)≫(2책), 증의공(曾毅公), 1950년.

鐵(철): ≪철운장귀(鐵雲藏龜)≫(6책), 유악(劉鶚), 1903년, 1058片.

菁(청): ≪은허서계청화(殷虛書契菁華)≫, 나진옥(羅振玉), 1914년, 68片.

探(탐): ≪주원갑골초탐(周原甲骨初探)≫, 왕우신(王宇信), 1984년.

河(하): ≪갑골문록(甲骨文錄)≫, 손해파(孫海波), 1938년, 930片.

合集(합집): ≪갑골문합집(甲骨文合集)≫(13책), 곽말약(郭沫若) 등, 1978~1983년, 41956片.

後(후): ≪은허서계후편(殷虛書契後編)≫, 나진옥(羅振玉), 1916년, 2016片.

그리고 본문 1급 한자(약 4500자) 해설 뒤에는 이 책에서 쓰인 전문 용어, 거론된 주요 인물·책들에 대한 풀이를 하여 읽는 분들로 하여금 도움이 되도록 하였다.

이 책은 1972년 교육부가 제정한 교육용 기초 한자 1800자를 기본으로 하여, 부수 214자와 각 급수 단체의 1급 한자를 모아(약4500여 자) 추가 설명하였다.

| 본문 ·· 1 |
| 색인 ·· 759 |
| 낱말풀이 ·· 785 |
| 참고문헌 ·· 804 |

| 용례 |

☆ : 어문회에만 있는 한자.
♣ : 검정회에만 있는 한자.
＊ : 진흥회에만 있는 한자.
♣ : 진흥회·검정회 공통한자.
✳ : 어문회와 검정회 공통.
♦ : 어문회와 진흥회 공통.

| 공부방법 |

어문회 : ✳·♦·☆ 등 과
　　　　　일반 기호 없는 공통한자.

진흥회 : ♣·☆ 표시 제외한 모든 한자.

검정회 : ＊·☆ 표시 제외한 모든 한자.

공자대학 석봉학과
교육상담 : 031-906-9490

丁→訂→亭→停→諪*→頂→汀→町→酊→釘→玎→貯→寧→打

丁

一부
총2획

甲骨文		西周 金文	春秋 金文	小篆

甲2329	後上31.5	作冊大鼎	智壺	者減鐘	說文解字

壯丁(장정)
丙丁(병정)
白丁(백정)

고무래/장정 정

설문 丁부

丁(정)은 여름에 만물이 모두 튼튼하게[丁實(정실)] 자란다는 뜻이다. 상형자(象形字)이다. 丁은 병(丙) 다음이다. 사람의 마음을 그린 것이다. 무릇 丁부에 속하는 글자들은 모두 丁을 의미부분으로 삼는다.(「个, 夏時萬物皆丁實. 象形. 丁承丙. 象人心. 凡丁之屬皆从丁.」)

※ 못의 머리(一)에 침( ))의 모양이나, '고무래'와 모양이 비슷하여 '고무래'라 칭한다. '丁'자는 못의 작용과 관계되어 '단단하다' '바로잡다' '고정하다' '머무름' 등으로 쓰인다.

訂

言부
총9획

說文解字

訂定(정정)
校訂(교정)
修訂(수정)

바로잡을 정

설문 言부

訂(정)은 평가하고 논의한다는 뜻이다. 言(언)은 의미부분이고, 丁(정)은 발음부분이다.(「訏, 平議也. 从言, 丁聲.」)

※ 말(言)로 바로잡아(丁) 주는 데서 '바로잡다'가 뜻이 된다.

亭

亠부
총9획

戰國 金文	小篆

陶五911	說文解字

亭子(정자)
料亭(요정)
八角亭(팔각정)

정자 정

설문 高부

亭(정)은 사람이 편안하게 머무르는 곳을 뜻한다. 亭에는 다락이 있다. 高(고)의 생략형은 의미부분이고, 丁(정)은 발음부분이다.(「亭, 民所安定也. 亭有樓. 从高省, 丁聲.」)

※ 길가에 높게(高 = 髙) 지은 집으로 지나가던 객이 머물러(丁) 먹고 쉬던 집이나, 지금은 사람들이 편하게 쉬는 '정자'를 뜻한다. ※파자:높은(高) 곳에 단단히(丁) 지은 '정자'. ※참고:'口' 생략.

停

人부
총11획

說文解字

停年(정년)
停車(정차)
停電(정전)

머무를 정

설문 人부

停(정)은 멈춘다는 뜻이다. 人(인)은 의미부분이고, 亭(정)은 발음부분이다.(「停, 止也. 从人, 亭聲.」)

※ 길 가던 사람(亻)이 정자(亭)에 '머물러' 쉼을 뜻한다.

諪

言부
총16획

설문 없음

調諪(조정)

조정할 정

※ 서로의 갈등이나 다툼을 말(言)로, 정자(亭)에 머물러 쉬듯 그치도록 '조정함'을 뜻한다.

頂

頁부
총11획

金文	小篆	或體	籒文

魚鼎匕	說文解字		

絶頂(절정)
登頂(등정)
山頂(산정)

정수리 정

설문 頁부

頂(정)은 顚(정수리 전)이다. 頁(혈)은 의미부분이고, 丁(정)은 발음부분이다. 𩕢은 혹체자(或體字)로 (頁 대신) 𩑡을 썼다. 顥은 주문(籒文)으로 (丁 대신) 鼎(정)을 썼다.(「𩕢, 顚也. 从頁, 丁聲. 𩕢, 或从𩑡作. 顥, 籒文从鼎.」)

※ 못(釘 = 丁)머리처럼 사람의 머리(頁) 꼭대기인 '정수리'를 뜻한다.

汀	水部 총5획	小篆	或體		汀線(정선) 汀岸(정안) 沙汀(사정)	
		說文解字				
물가 정	설문 水部	汀(정)은 (물이) 평평하다는 뜻이다. 水(수)는 의미부분이고, 丁(정)은 발음부분이다. 㕥은 汀의 혹체자(或體字)로 (水 대신) 平(평)을 썼다.(「㕥, 平也. 从水, 丁聲. 㕥, 汀或从平.」)				

✻ 물(氵)가 옆, 못(丁)머리처럼 단단하고 평평한 평지에서 '물가'를 뜻한다.

町	田부 총7획	小篆 		町步(정보) 町崖(정애) 町畽(정탄)	
		說文解字			
밭두둑 정	설문 田부	町(정), 밭에서 밟고 다니는 곳(즉 밭두둑)을 町이라고 한다. 田(전)은 의미부분이고, 丁(정)은 발음부분이다.(「㕥, 田踐處曰町. 从田, 丁聲.」)			

✻ 밭(田)사이의 단단하고 평평한 못(丁)머리처럼 솟은 '밭두둑'을 뜻한다.

酊	酉부 총9획	小篆 		酒酊(주정) 酩酊(명정)	
		說文解字 			
술취할 정	설문 酉부	酊(정)은 술에 잔뜩 취했다는 뜻이다. 酉(유)는 의미부분이고, 丁(정)은 발음부분이다.(「㕥, 酩酊也. 从酉, 丁聲.」)			

✻ 술(酉)판에 못(丁)처럼 단단히 달라붙어 '술에 잔뜩 취함'을 뜻한다.

釘	金부 총10획	小篆 		釘頭(정두) 押釘(압정) 隱釘(은정)	
		說文解字			
못 정	설문 金부	釘(정)은 제련해서 납작하게 만든 황금을 뜻한다. 金(금)은 의미부분이고, 丁(정)은 발음부분이다.(「釘, 鍊鉼黃金. 从金, 丁聲.」)			

✻ 쇠(金)로 만든 못(丁). 본래 丁(정)이 못을 뜻하나 '丁'이 '장정'의 의미로 쓰이자 金(금)을 더해 '못'을 뜻하는 자를 다시 만들었다.

玎	玉부 총6획	小篆 		玎琅(정랑)	
		說文解字 			
옥소리 정	설문 玉부	玎(쟁·정)은 옥의 소리이다. 玉(옥)은 의미부분이고, 丁(정)은 발음부분이다. 제(齊)나라 태자 급(伋)의 시호(諡號)가 정공(玎公)이었다.(「玎, 玉聲也. 从玉, 丁聲. 齊太公子伋諡曰玎公.」)			

✻ 옥(玉)을 못(丁)처럼 치면 울리는 소리에서 '옥 소리'를 뜻한다.

貯	貝부 총12획	甲骨文		殷商 金文	西周 金文		小篆	貯金(저금) 貯藏(저장) 貯蓄(저축)	

		乙8752	後下18.8	貯爵	沈子簋	頌鼎	說文解字		
쌓을 저	설문 貝부	貯(저)는 쌓는다는 뜻이다. 貝(패)는 의미부분이고, 宁(저)는 발음부분이다.(「貯, 積也. 从貝, 宁聲.」)							

✻ 재물이나 돈(貝)을 집(宀)안에 단단히(丁) 잘 '쌓아놓음'을 뜻한다.
　※참고: 宁(쌓을 저)는 '궤'의 모양을 그린 상형자.

寧	宀부 총14획	甲骨文		殷商 金文	西周 金文		小篆	安寧(안녕) 丁寧(정녕) 康寧(강녕)

		粹827	粹1205	寧女父丁鼎	寧 簋	盂 爵	說文解字	
편안 녕	설문 丂부	寧(녕)은 '차라리'라는 뜻의 허사(虛詞)이다. 丂(고)는 의미부분이고, 寍(녕)은 발음부분이다.(「寧, 願詞也. 从丂, 寍聲.」)						

※ 집(宀) 안에 마음(心) 편하게 모여(宁:쌀 저) 앉아 그릇(皿)에 풍성히 담긴 음식을 먹는 데서 '편안함'을 뜻한다. ※참고:집(宀)에서 마음(心) 편하게 그릇(皿)의 음식을 고정하고(丁) '편히' 먹음.

打	手부 총5획	小篆  說文解字	打席(타석) 打擊(타격) 安打(안타)
칠 타	설문 手부	打(타)는 친다는 뜻이다. 手(수)는 의미부분이고 丁(정)은 발음부분이다.(「打, 擊也. 从手, 丁聲.」)	

※ 손(扌)에 연장을 들고 못(丁)의 머리를 '쳐서' 박음을 뜻한다.

可→呵☆→柯→苛→軻→哥☆→歌→阿→河

可	口부 총5획	甲骨文			西周 金文	春秋 金文	小篆	可決(가결) 認可(인가) 可望(가망)

		前1.19.3	甲3326	甲1518	可侯簋	蔡太師鼎	說文解字	
옳을 가	설문 可부	可(가)는 긍정한다는 뜻이다. 口(구)와 ㄅ(하)는 모두 의미부분인데, ㄅ는 발음부분이기도 하다. 무릇 可부에 속하는 글자들은 모두 可를 의미부분으로 삼는다.(「可, 肯也. 从口·ㄅ, ㄅ亦聲. 凡可之屬皆从可.」)	

※ 자루가 있는 연장(ㄱ=丂=丁)을 들고 입(口)으로 하는 신호나 노래에 맞추어 일을 '시작'하거나 '허락'함을 뜻하며, 노동을 돕는 데서 '옳음'을 뜻한다. 歌(가)의 본자. 丂(고)는 지팡이종류.

呵	口부 총8획	설문 없음	小篆  形音義字典	呵筆(가필) 呵責(가책) 呵呵(가가)
꾸짖을 가				

※ 입(口)으로 소리 내어(可) '꾸짖거나' '웃음'을 나타낸다.

柯	木부 총9획	金文  宙 鼎	小篆  說文解字	柯葉(가엽) 柯條(가조) 交柯(교가)
가지 가	설문 木부	柯(가)는 도끼자루를 뜻한다. 木(목)은 의미부분이고, 可(가)는 발음부분이다.(「柯, 斧柄也. 从木, 可聲.」)		

※ 나무(木)가지로 도끼자루(ㄱ=丂=丁=可)를 만들던 데서 '가지'를 뜻한다.

苛	艸부 총9획	戰國 金文			小篆	苛責(가책) 苛酷(가혹) 苛虐(가학)

		璽彙2258	酓鼎	包山058	說文解字	
가혹할 가	설문 艸부	苛(가)는 작은 풀이다. 艸(초)는 의미부분이고, 可(가)는 발음부분이다.(「苛, 小艸也. 从艸, 可聲.」)				

※ 풀(卄)이 가늘고 작은 나뭇가지(可)처럼 우거져, 사람들의 일이나 통행을 힘들게 하는 데서 '가혹하다' '학대하다' 등으로 쓰인다.

軻	車부 총12획	小篆 軻 說文解字		孟軻(맹가) 丘軻(구가)	
사람이름/ 수레 **가**	설문 車부	軻(가)는 수레의 굴대를 잇는다는 뜻이다. 車(거·차)는 의미부분이고, 可(가)는 발음부분이다.(「軻, 接軸車也. 从車, 可聲.」)			

✽ '수레(車)'의 축에서 노래(可) 소리처럼 계속 삐걱거리는 데서 '수레'를 뜻한다. 맹자의 이름.

哥	口부 총10획	戰國 金文 哥 雲夢日甲	小篆 哥 說文解字	哥詠(가영) 金哥(김가) 李哥(이가)	
성/소리 **가**	설문 口부	哥(가)는 소리를 뜻한다. 두 개의 可(가)자로 이루어졌다. 고문(古文)에서는 謌(노래할 가)자로 여겼다.(「哥, 聲也. 从二可. 古文以爲謌字.」)			

✽ 노래(可)와 노래(可)가 계속 이어지는 노래 '소리'가 본뜻이나, 처음 노래를 시작하는 사람인 '형' 또는, 같은 노래를 부르는 동족인 같은 '성씨'를 뜻한다.

歌	欠부 총14획	春秋 金文 歌 歌 虢鐘 虢鐘	小篆 歌 說文解字	或體 謌	歌曲(가곡) 歌手(가수) 歌謠(가요)	
노래 **가**	설문 欠부	歌(가)는 노래를 부른다는 뜻이다. 欠(흠)은 의미부분이고, 哥(가)는 발음부분이다. 謌는 歌의 혹체자(或體字)로 (欠 대신) 言(언)을 썼다.(「歌, 詠也. 从欠, 哥聲. 謌, 歌或从言.」)				

✽ 소리쳐 노래(哥)하는 크게 벌린(欠) 입에서 '노래'를 뜻한다.

	阜부 총8획	戰國 金文 阿 阿 阿 阿 元阿左戈 平阿左戈 阿武戈 平阿右戈	小篆 阿 說文解字	阿片(아편) 阿諂(아첨) 阿膠(아교)	
언덕 **아**	설문 阜부	阿(아)는 큰 언덕을 뜻한다. 일설에는 굽은 언덕을 뜻한다고 한다. 阜(부)는 의미부분이고 可(가)는 발음부분이다.(「阿, 大陵也. 一曰曲阜也. 从阜, 可聲.」)			

✽ 산이나 언덕(阝) 측면의 입 벌린(可) 굽은 형태의 큰 '언덕'을 뜻한다.

	水부 총8획	甲骨文 河 河 河 菁4.1 林2.20.12 卜777	西周 金文 河 同簋	戰國 金文 河 中山王圓壺	小篆 河 說文解字	河口(하구) 河川(하천) 黃河(황하)	
물 **하**	설문 水부	河(하)는 강의 이름이다. 돈황(敦煌) 변방 바깥 곤륜산(崑崙山)에서 발원하여 바다로 들어간다. 水(수)는 의미부분이고, 可(가)는 발음부분이다.(「河, 河水. 出敦煌塞外崑崙山發源注海. 从水, 可聲.」)					

✽ 강물(氵)이 큰 소리로 노래하듯(可) 흐르는, 중국의 黃河(황하)에서 '물' '강'을 뜻한다.

 ➡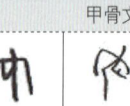

	人부 총7획	甲骨文 何 何 何 甲2476 京津2208 後下22.3	金文 何 何 何尊 何簋	小篆 何 說文解字	何等(하등) 何如歌(하여가)	
어찌 **하**	설문 人부	何(하)는 儋(짐 담)이다. 人(인)은 의미부분이고, 可(가)는 발음부분이다.(「何, 儋也. 从人, 可聲.」)				

✽ 사람(亻)이 큰 짐을 나뭇가지에 메고 있는 형상(可)으로, 荷(하)의 본자. 짐을 메고 가는 방향이나 '짐' 안의 내용을 궁금히 여기는 데서 '어찌' '무엇' 등으로 쓰인다.

	艸부 총11획	小篆 [荷] 說文解字		荷役(하역) 荷重(하중) 荷花(하화)	
멜 하	설문 艸부	荷(하)는 연꽃의 잎이다. 艸(초)는 의미부분이고, 何(하)는 발음부분이다.(「荷, 芙蕖葉. 从艸, 何聲.」)			

※ 풀(艹)로 엮은 짐(何)을 어깨에 '멤'을 뜻하거나, 가지 끝에 짐을 매단 모양인 연(蓮:연밥 련)잎을 뜻한다.

奇➡寄➡騎➡琦➡崎➡畸☆➡綺➡埼✥➡錡✥➡椅➡倚✥

	大부 총8획	甲骨文 / 金文 / 小篆 常用漢字圖解 / 古鉢 / 說文解字		奇異(기이) 奇蹟(기적) 奇特(기특)	
기특할/어찌 기	설문 可부	奇(기)는 특이하다는 뜻이다. 일설에는 짝을 이루지 않는다는 뜻이라고도 한다. 大(대)와 可(가)는 모두 의미부분이다.(「奇, 異也. 一曰不耦. 从大, 从可.」)			

※ 서있는(立 = 大) 연장자루처럼(可) 한쪽 발로 '기이하게' 서 있는 사람, 또는 사람(大)이 말 등(可)에 올라탄(奇) '기이하고' '신기한' 모습인 騎(말탈 기)의 본자로 '기특함' '어찌'를 뜻한다.

	부 총11획	小篆 [寄] 說文解字		寄附(기부) 寄贈(기증) 寄宿(기숙)	
부칠 기	설문 宀부	寄(기)는 의탁(依託)한다는 뜻이다. 宀(면)은 의미부분이고, 奇(기)는 발음부분이다.(「寄, 託也. 从宀, 奇聲.」)			

※ 집(宀)에 말을 타고(奇) 여행하던 사람이 지친 몸을 잠시 '부치고' '의탁(依託)'함을 뜻한다.

	馬부 총18획	金文 / 小篆 騎傳馬節 / 說文解字		騎士(기사) 騎手(기수) 騎士道(기사도)	
말탈 기	설문 馬부	騎(기)는 말을 탄다는 뜻이다. 馬(마)는 의미부분이고, 奇(기)는 발음부분이다.(「騎, 跨馬也. 从馬, 奇聲.」)			

※ 奇(기)가 '기이하다'로 쓰이자, 말(馬)를 타는(奇) 데서 '말을 탐'을 뜻한다.

琦	玉부 총12획	설문 없음	戰國金文 / 小篆 新陽楚簡 / 形音義字典	琦行(기행)	
옥이름 기					

※ 옥(玉)으로, 크고 기이하게(奇) 아름다운 '옥 이름'을 뜻한다.

	山부 총11획	설문 없음	小篆 [崎] 形音義字典	崎險(기험) 崎嶇(기구)	
험할 기					

※ 산(山)이 말의 등처럼 높고 기이하게(奇) '험함'을 뜻한다.

畸	田부 총13획	戰國 金文 吉大155　雲夢爲吏	小篆 畸 說文解字		畸人(기인) 畸形(기형) 畸形的(기형적)	
뙈기밭/불구 **기**	설문 田부	畸(기)는 뙈기밭을 뜻한다. 田(전)은 의미부분이고, 奇(기)는 발음부분이다.(「畸, 殘田也. 从田, 奇聲.」)				

※ 산허리에 있는 밭(田)이나, 밭을 정리하고 한쪽 모퉁이에 남은 기이한(奇) 모양의 '뙈기밭'을 뜻한다.

綺	糸부 총14획	小篆  說文解字		綺羅星(기라성)	
비단 **기**	설문 糸부	綺(기)는 무늬가 있는 비단을 뜻한다. 糸(멱·사)는 의미부분이고, 奇(기)는 발음부분이다.(「綺, 文繒也. 从糸, 奇聲.」)			

※ 비단(糸) 중에서도 기이하고(奇) 화려한 무늬가 있는 아름다운 '비단'을 뜻한다.

埼	土부 총11획	설문 없음	戰國 金文  璽彙3124　雲夢日甲	埼險(기험)	
갑/굽은언덕 **기**					

※ 육지의 땅(土)이 바다 쪽으로 말 등을 올라탄(奇) 모양으로 튀어나온 '갑'이나 '굽은 언덕'을 뜻한다.

錡	金부 총16획	戰國 金文  信陽楚簡　分域2852	小篆  說文解字	錡釜(기부)	
솥/가마솥 **기**	설문 金부	錡(기)는 (기물이) 어긋났다는 뜻이다. 金(금)은 의미부분이고, 奇(기)는 발음부분이다. 장강(長江)과 회수(淮水) 지역에서는 솥을 錡라고 부른다.(「錡, 鉏鋙也. 从金, 奇聲. 江淮之間謂釜曰錡.」)			

※ 쇠(金)로 만든 세 발 달린 높은 말을 탄(奇) 것처럼 높게 걸치는 '솥' '가마솥'을 뜻한다.

椅	木부 총12획	金文 古鉢	小篆 椅 說文解字	椅子(의자) 交椅(교의) 高椅(고의)	
의자 **의**	설문 木부	椅(의)는 가래나무이다. 木(목)은 의미부분이고, 奇(기)는 발음부분이다.(「椅, 梓也. 从木, 奇聲.」)			

※ 나무(木)로 만들어 말을 타듯(騎 = 奇) 걸터앉을 수 있는 '의자'를 뜻한다.

倚	人부 총10획	戰國 金文 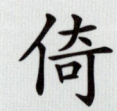 包山078　璽彙1232	小篆 倚 說文解字	倚子(의자) 倚邪(의사)	
의지할 **의**	설문 人부	倚(의)는 依(의지할 의)이다. 人(인)은 의미부분이고, 奇(기)는 발음부분이다.(「倚, 依也. 从人, 奇聲.」)			

※ 사람(亻)이 말을 타고(奇) 의지하여 가듯, 남에게 '의지함'을 뜻한다.

力 ➡ 肋 ➡ 勒 ☆ ⋯ (劦) ➡ 協 ➡ 脅 ➡ 筋

力	力부 총2획	甲骨文		戰國 金文	小篆	迫力(박력) 力道(역도) 力士(역사)
		庫203	甲211	䳜羌鐘 中山王鼎	說文解字	
힘 력	설문 力부	力(력)은 근육을 뜻한다. 사람의 근육 모양을 그린 것이다. 공적을 다스리는 것을 力이라고 하는데, (力은) 큰 재난을 막을 수 있다. 무릇 力부에 속하는 글자들은 모두 力을 의미부분으로 삼는다.(「𠜎, 筋也. 象人筋之形. 治功曰力, 能圉大災. 凡力之屬皆从力.」)				

※ 땅을 파는 농기구 모양으로 '농기구'로 농사일을 할 때 '힘씀'을 뜻한다.

肋	肉부 총6획	小篆 說文解字	肋骨(늑골) 鷄肋(계륵) 肋膜(늑막)
갈빗대 륵	설문 肉부	肋(륵)은 갈비뼈를 뜻한다. 肉(육)은 의미부분이고, 力(력)은 발음부분이다.(「肋, 脅骨也. 从肉, 力聲.」)	

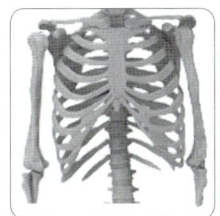

※ 사람의 몸(肉 = 月) 중에서 힘(力)쓸 때 나타나는 '갈빗대'를 뜻한다.

勒	力부 총11획	金文					小篆	勒葬(늑장) 鉤勒法(구륵법) 彌勒佛(미륵불)
		吳方彝	𠭯鼎	頌鼎	伊簋	毛公鼎	說文解字	
굴레 륵	설문 革부	勒(륵)은 말 머리에 씌우는 재갈을 연결하는 가죽을 뜻한다. 革(혁)은 의미부분이고, 力(력)은 발음부분이다.(「鞹, 馬頭絡衘也. 从革, 力聲.」)						

※ 가죽(革)을 씌워 말의 힘(力)을 제어하는 '굴레'를 뜻하나, 본래는 가죽(革)을 힘(力)써 벗겨내는 모양이다.

劦	力부 총6획	甲骨文				小篆	용례 없음
		粹866	前1.7.6	甲1307	後上19.6	緟簋 說文解字	
힘합할 협	설문 劦부	劦(협)은 힘을 합한다는 뜻이다. 세 개의 力(력)자로 이루어졌다. 《산해경(山海經)》에 이르기를 "유호산(惟虎山)은 그 바람이 매우 세차다."라고 하였다. 무릇 劦부에 속하는 글자들은 모두 劦(협)을 의미부분으로 삼는다.(「𠢒, 同力也. 从三力. 《山海經》曰: "惟虎之山, 其風若劦." 凡劦之屬皆从劦.」)					

※ 劦(협)은 '힘을 합한다'는 뜻이다. 세 개의 力(력)자로 이루어졌다.

協	十부 총8획	甲骨文	金文		小篆	古文	或體	協力(협력) 協調(협조) 協同(협동)
		合7	王古尊	秦公鎛	說文解字			
화할 협	설문 劦부	協(협)은 많은 사람이 함께 화합한다는 뜻이다. 劦(협)과 十(십)은 모두 의미부분이다. 叶은 協의 고문(古文)으로 曰(왈)과 十으로 이루어졌다. 叶은 혹체자(或體字)로 (劦대신) 口(구)를 썼다.(「協, 眾之同和也. 从劦, 从十. 叶, 古文協, 从曰, 从十. 叶, 或从口.」)						

※ 많은(十) 사람에 쟁기 세 개(劦:힘 합할 협)를 더해 서로 '화합함'을 뜻한다.

脅	肉부 총10획	小篆 說文解字	脅迫(협박) 威脅(위협) 脅奪(협탈)
위협할 협	설문 肉부	脅(협)은 양 옆구리를 뜻한다. 肉(육)은 의미부분이고, 劦(협)은 발음부분이다.(「脅, 兩膀也. 从肉, 劦聲.」)	

※ 많은 힘(劦)을 쓰는 사람 몸(肉 = 月)에서, 양 '옆구리'가 본뜻이나, 힘(劦)을 쓰는 몸(月)을 뜻하여 힘으로 '위협함'을 뜻한다.

筋	竹부 총12획	小篆 筋 說文解字					筋力(근력) 筋肉質(근육질)	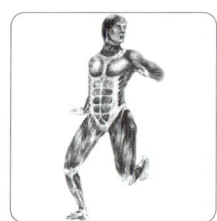
힘줄 근	설문 筋부	筋(근)은 힘줄을 뜻한다. 力(력)·肉(육)·竹(죽)은 모두 의미부분이다. 竹은 힘줄이 많은 물체이다. 무릇 筋부에 속하는 글자들은 모두 筋을 의미부분으로 삼는다.(「筋, 肉之力也. 从力, 从肉, 从竹. 竹物之多筋者. 凡筋之屬皆从筋.」)						

※ 대나무(竹) 마디처럼 사람 몸(月)에서 힘(力)쓸 때 나타나는 튼튼한 '근육'이나 '힘줄'을 뜻한다.

加 ➡ 架 ➡ 伽 ➡ 迦 ➡ 袈 ➡ 駕 ➡ 嘉 ➡ 賀

加	力부 총5획	西周 金文		春秋 金文	戰國 金文	小篆	加減(가감) 加速(가속) 加重(가중)	

		加 爵	虢季子白盤	蔡公子加戈	蔡公子戈	包山022	說文解字	
더할 가	설문 力부	加(가)는 말이 서로 늘어난다는 뜻이다. 力과 口는 모두 의미부분이다.(「加, 語相增加也. 从力, 从口.」)						

※ 남을 모함하기 위해 힘(力)써 말한다(口)는 뜻으로, 말(口)함에 힘(力)을 다하여 더하는 데서 후에 '더하다'로 쓰였다.

架	木부 총9획	설문 없음	小篆 形音義字典	架空(가공) 架橋(가교) 十字架(십자가)	
시렁 가					

※ 사람 키보다 더(加) 높게 설치한 나무(木)로 만든 '시렁'으로 주로 높게 설치한 구조물에 쓰인다.

伽	人부 총7획	설문 없음	小篆  形音義字典	伽藍(가람) 僧伽(승가) 伽倻琴(가야금)	
절 					

※ 많은 사람(亻)을 더(加) 많이 구제하고 살펴주던 '절'을 뜻한다.

迦	辵부 총9획	小篆  說文解字	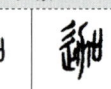 形音義字典	≪說文解字(설문해자)≫에는 '迦(가)'자의 설명이 없고 다만 ≪形音義字典(형음의자전)≫에서는 '迦(가)'와 '迦(가)'를 같은 글자처럼 설명하고 있다.	迦葉(가섭) 釋迦牟尼 (석가모니)	
부처이름	설문 辵부	迦(가)는 (발이) 서로 엇갈려 걷지 못한다는 뜻이다. 辵(착)은 의미부분이고, 枷(가)는 발음부분이다.(「迦, 迦互, 令不得行也. 从辵, 枷聲.」)				

※ 틀로(枷 = 加:형틀 가) 가는 길(辶)을 막음을 뜻하는 말로, 대부분 부처의 이름을 음역할 때 쓰인다.
※파자: 더(加) 좋은 길로 가게(辶) 인도하는 부처에서 '부처이름'을 뜻한다.

袈	衣부 총11획	설문 없음	小篆 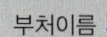 形音義字典	袈裟(가사)	
가사					

※ 승려가 장삼 위에 더하여(加), 왼쪽 어깨에서 오른쪽 겨드랑이 밑으로 걸쳐 입는 옷(衣)인 '가사'를 뜻함. 범어(梵語) 'kasaya'의 음역.

駕	馬부 총15획	小篆	籒文				駕御(가어) 御駕(어가) 駕洛國(가락국)
		鼒	犔				
		說文解字					
멍에/가마 가	설문 馬부	駕(가)는 말이 멍에를 쓰고 있다는 뜻이다. 馬(마)는 의미부분이고, 加(가)는 발음부분이다. 犔는 駕의 주문(籒文)이다.(「鼒, 馬在軛中. 从馬, 加聲. 犔, 籒文駕.」)					

※ 수레를 끌 때 더(加) 힘을 잘 쓰게 하기 위하여 말(馬)의 등에 올린 '멍에'를 뜻한다.

嘉	口부 총14획	甲骨文			西周 金文	春秋 金文		嘉尚(가상) 嘉禮(가례) 嘉典(가전) 嘉行(가행)
		前2.8.2	前2.7.6	粹1296	嘉壺	嘉姬鼎	嘉賓鐘	
		春秋 金文		石鼓文	侯馬盟書		小篆	
		王子申盞盤	沇兒鐘		3.1	36.3	說文解字	
아름다울 가	설문 壴부	嘉(가)는 아름답다는 뜻이다. 壴(주)는 의미부분이고, 加(가)는 발음부분이다.(「嘉, 美也. 从壴, 加聲.」)						

※ 즐거운 행사에 악기(壴:악기이름 주)를 더하여(加) 더욱 흥을 '즐기는' 모습에서 '아름다움'을 뜻한다.

賀	貝부 총12획	金文		小篆	賀禮(하례) 祝賀(축하) 慶賀(경하)
		中山王方壺	雲夢日乙	說文解字	
하례할 하	설문 貝부	賀(하)는 예물(禮物)을 가지고 서로 축하한다는 뜻이다. 貝(패)는 의미부분이고, 加(가)는 발음부분이다.(「賀, 以禮相奉慶也. 从貝, 加聲.」)			

※ 기쁨을 더하기(加) 위해 예물(貝)을 주는 데서 '축하함'을 이르는 말로, '하례(賀禮)함'을 뜻한다.

刀 ➡ 初

刀	刀부 총2획	甲骨文		殷商 金文	戰國 金文	小篆	竹刀(죽도) 果刀(과도) 銀粧刀(은장도)
		粹284	粹288	子刀觶	糸子刀爵	包山254	說文解字	
칼 도	설문 刀부	刀(도)는 무기이다. 상형이다. 무릇 刀부에 속하는 글자들은 모두 刀를 의미부분으로 삼는다.(「刀, 兵也. 象形. 凡刀之屬皆从刀.」)						

※ '칼'의 상형으로, '칼' 또는 '칼의 작용'을 나타낸다.

初	刀부 총7획	甲骨文		西周 金文	春秋 金文	小篆	初步(초보) 初級(초급) 初代(초대)
		京津4901	後下13.8	盂爵	靜卣	郘公鼎	說文解字	
처음 초	설문 刀부	初(초)는 시작한다는 뜻이다. 刀(도)와 衣(의)는 모두 의미부분이다. 옷을 만들기 시작한다는 뜻이다.(「初, 始也. 从刀, 从衣, 裁衣之始也.」)						

※ 천을 잘라 옷(衣 = 衤)을 만들 때 처음 칼(刀)을 대는 부분에서 '처음'을 뜻한다.

◆ 笑中有刀 : (소중유도) 웃음 속에 칼이 들어 있다는 뜻으로, 겉으로는 친절(親切)하지만 내심으로는 해(害)치려 함을 이르는 말.
◆ 初志一貫 : (초지일관) 처음에 세운 뜻을 끝까지 밀고 나감.
◆ 初面親舊 : (초면친구) 처음으로 대(對)하여 보는 벗.

刃 ➡ 忍 ➡ 認 ➡ 靭 ☆

		甲骨文		戰國 金文	小篆
刀부 총3획		前4.51.1	合117	石刃鼎	說文解字

칼날 **인** | 설문 刀부 | 刃(인)은 칼의 단단한 부분을 뜻한다. 칼에 날이 있는 모양을 그린 것이다. 무릇 刃부에 속하는 글자들은 모두 刃을 의미부분으로 삼는다.(「刃, 刀堅也. 象刀有刃之形. 凡刃之屬皆從刃.」)

刃傷(인상)
刃創(인창)
兵刃(병인)

※ 칼(刀)의 베는 부분인 칼날에 점(丶)을 더해 '칼날'을 뜻한다.

		金文	小篆
心부 총7획		 中山王方壺	說文解字

참을 **인** | 설문 心부 | 忍(인)은 참는다는 뜻이다. 心(심)은 의미부분이고, 刃(인)은 발음부분이다.(「忍, 能也. 從心, 刃聲.」)

忍耐(인내)
强忍(강인)
殘忍(잔인)

※ 칼날(刃) 같은 고통이 마음(心)속으로 들어오더라도 잘 견디고 '받아들임' '참음'을 뜻한다.

			小篆
言부 총14획		설문 없음	 形音義字典

알 **인**

認識(인식)
認可(인가)
默認(묵인)

※ 남의 말(言)을 잘 참고(忍) 귀담아 들어 그 말을 잘 '알고' '인정함'을 뜻한다.

		小篆
革부 총12획		 說文解字

질길 **인** | 설문 韋부 | 靭(인)은 부드러우면서 단단하다는 뜻이다. 韋(위)는 의미부분이고, 刃(인)은 발음부분이다.(「靭, 柔而固也. 從韋, 刃聲.」)

靭皮(인피)
强靭(강인)
靭帶(인대)

※ 가죽(革)처럼 부드럽고 칼날(刃)처럼 강한 데서 '질기다'가 뜻이 됨. 韌(인)과 같은 자.

刅 ➡ 梁 ➡ 樑 ☆ ➡ 梁 ☆

		西周 金文	春秋 金文		小篆	或體
刀부 총4획		刅觶	刅壺	中山王壺	說文解字	

상처/해칠 **창** | 설문 刀부 | 刅(창)은 상처를 뜻한다. 刃(인)과 一(일)은 모두 의미부분이다. 創은 혹체자(或體字)로 刀(도)는 의미부분이고, 倉(창)은 발음부분이다.(「刅, 傷也. 從刃, 從一. 創, 或從刀, 倉聲.」)

용례 없음

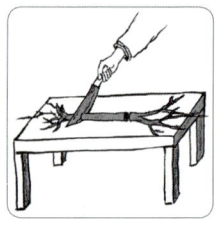

※ 칼(刀)에 의해 양쪽이 나뉘어(八) 잘린 물건에서 '상처' '해치다'를 뜻한다.

		西周 金文	春秋 金文	戰國 金文	小篆	古文
木부 총11획		 梁伯戈	梁其鐘	梁十九年鼎	侯馬盟書	說文解字

들보/돌다리 **량** | 설문 木부 | 梁(량)은 다리를 뜻한다. 木과 水(수)는 의미부분이고, 刅(창)은 발음부분이다. 渿은 고문(古文)이다.(「渿, 水橋也. 從木, 從水, 刅聲. 渿, 古文.」)

橋梁(교량)
棟梁(동량)
上梁(상량)

※ 물(氵)이 가르고(刅:상처 창) 흐르는 양쪽에 걸쳐진 나무(木)인 '다리'나 '돌다리'가 본뜻이나 지금은 기둥 위의 '들보'를 뜻하기도 한다.

|  들보 량 | 木부 총15획 | '梁'과 同字(동자)로 설문 없음 | | 棟樑(동량) 柱樑(주량) |  |

※ 나무(木)기둥을 세우고 그 위에 다리(梁)처럼 걸치던 '들보'로, 梁(량)과 같이 쓰인다.

| 梁 기장 량 | 米부 총13획 | 西周 金文 史免盨 / 仲㲝父盤 / 叔朕簠 | 春秋金文 曾伯簠 | 小篆 說文解字 | 黃粱(황량) 高粱酒(고량주) |  |

설문 米부: 粱(량)은 쌀의 이름이다. 米(미)는 의미부분이고, 梁(량)의 생략형은 발음부분이다.(「䉼, 米名也. 从禾, 梁省聲.」)

※ 긴 다리(梁)처럼 목이 길게 나오는 곡식(米)인 '기장'. ※참고:낱알이 줄기에 달려 있으면 '禾(화)', 껍데기에 싸인 것을 '粟(속)', 알맹이를 '米(미)', 정제한 것을 '粱(량)'이라고 한다.

那 ➡ 娜*

|  어찌 나 | 邑부 총7획 | 小篆 說文解字 | | 刹那(찰나) 那邊(나변) |  |

설문 邑부: 䣹(那;나)는 서방 이민족의 나라이다. 邑(읍)은 의미부분이고, 冄(염)은 발음부분이다. 안정군(安定郡)에 조나현(朝䣹縣)이 있다.(「䣹, 西夷國. 从邑, 冄聲. 安定有朝䣹縣.」)

※ 수염(冄 = 冉:가는 털 늘어질 염)이 무성한 사람들이 살던 중국 서쪽지방에 있던 나라(邑 = ß) 이름. 그 사람들의 궁금한 생활양식과 관계되어 의문을 나타내어 '어찌' '무엇'으로 쓰인다.

|  아리따울 나 | 女부 총10획 | 설문 없음 | 小篆 形音義字典 | | 娜娜(나나) |  |

※ 부드러운 긴 수염(那)처럼 부드럽고 유연한 여자(女)에서 '아리땁다'를 뜻한다.

召 ➡ 沼 ➡ 邵 ➡ 紹 ➡ 焟* ➡ 韶* ➡ 卲* ➡ 招* ➡ 珆* ➡ 昭 ➡ 照 ➡ 詔 ➡ 招 ➡ 超 ➡ 貂 ☆

|  부를 소 | 口부 총5획 | 甲骨文 前2.22.1 / 前2·22·6 | 金文 穌爵 / 禹鼎 / 克鐘 | 小篆 說文解字 | 召集(소집) 召命(소명) 召還(소환) |  |

설문 口부: 召(소)는 부른다는 뜻이다. 口(구)는 의미부분이고, 刀(도)는 발음부분이다.(「召, 評也. 从口, 刀聲.」)

※ 두 손(臼)으로 구기(刀 = 匕)를 들고 술통(酉 = 口)에서 술을 떠내 손님을 불러 모음에서 '부르다'를 뜻한다. 지금은 구기(刀 = 匕)와 술통주둥이 모양(口)만 남았다.

|  못 소 | 水부 총8획 | 戰國 金文 包山179 | 小篆 說文解字 | | 沼地(소지) 沼澤植物 (소택식물) |  |

설문 水부: 沼(소)는 연못의 물을 뜻한다. 水(수)는 의미부분이고, 召(소)는 발음부분이다.(「沼, 池水. 从水, 召聲.」)

※ 인공(人工)적으로 파서 물(氵)을 불러 모아(召) 만든 '못'으로, 池(지)는 둥근 못, 沼(소)는 곡형(曲形)이다. 물가의 얕은 수초지대를 뜻하기도 한다.

11

邵	邑부 총8획	戰國 金文		小篆		邵江(소강) 邵雍(소옹)	
			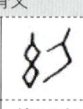				
		中山王壺	侯馬盟書	說文解字			
땅이름/성 **소**	설문 邑부	邵(소)는 (춘추시대) 진(晉)나라 고을의 이름이다. 邑(읍)은 의미부분이고, 召(소)는 발음부분이다.(「邵, 晉邑也. 从邑, 召聲.」)					

✽ 사람들을 많이 불러(召)모아 이룬 고을(阝)인, 옛 중국 진(晉)나라의 읍(邑)에서 '땅이름'이나 '성'으로 쓰인다.

紹	糸부 총11획	甲骨文		戰國 金文	小篆	古文	紹繼(소계) 紹述(소술) 紹介所(소개소)	

		前1.24.3	前5.36.7	酓忎盤	說文解字			
이을 **소**	설문 糸부	紹(소)는 잇는다는 뜻이다. 糸(멱·사)는 의미부분이고, 召(소)는 발음부분이다. 일설에 紹는 단단히 엮는다는 뜻이라고도 한다. 𦁰는 紹의 고문(古文)으로 (召 대신) 邵(소)를 썼다.(「紹, 繼也. 从糸, 召聲. 一曰: 紹, 緊糾也. 𦁰, 古文紹, 从邵.」)						

✽ 끊어진 실(糸)들을 모아(召) '이음', 또는 양 편을 '소개함'으로 쓰인다.

炤	火부 총9획	설문 없음	西周 金文	戰國 金文		炤炤(소소)	
			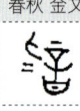				
			牆 盤	畚錄10·1			
밝을 **소**							

✽ 불(火)을 밝게 비추어 사람을 불러모으는(召) 데서 '밝다' '비추다'를 뜻한다.

韶	音부 총14획	春秋 金文	戰國 金文	小篆		韶光(소광) 韶腦(소뇌)	
		者減鐘	侯馬盟書	說文解字			
풍류이름/ 아름다울 **소**	설문 音부	韶(소)는 우(虞)나라 순(舜)임금의 음악을 뜻한다. ≪서경(書經)≫에 이르기를 "소소(簫韶, 순임금의 악곡 이름)를 아홉 번 가락을 바꾸어 연주하니, 봉황새 분장을 한 무용수들이 쌍쌍이 짝을 지어 춤을 추었다."라고 하였다. 音(음)은 의미부분이고, 召(소)는 발음부분이다.(「韶, 虞舜樂也. ≪書≫曰: "簫韶九成, 鳳皇來儀." 从音, 召聲.」)					

✽ 요(堯)임금의 업적을 모아(召) 이어받은 순(舜)임금의 음악(音)에서 '풍류이름'을 뜻한다.

卲	卩부 총7획	西周 金文		春秋 金文	戰國 金文	小篆	卲然(소연)	
		井侯簋	頌 鼎	毛公鼎	秦公簋	㝬𣪕鐘	說文解字	
높을 **소**	설문 卩부	卲(소)는 높다는 뜻이다. 卩(절)은 의미부분이고, 召(소)는 발음부분이다.(「卲, 高也. 从卩, 召聲.」)						

✽ 소리를 높여 부르는(召) 몸을 굽힌(卩) 사람에서 '높다'를 뜻한다.

栁	木부 총9획	戰國 金文	小篆		용례 없음	
		雲夢封診	說文解字			
나무흔들릴 **소**	설문 木부	栁(소)는 나무가 흔들리는 모습이다. 木(목)은 의미부분이고, 召(소)는 발음부분이다.(「栁, 樹搖皃. 从木, 召聲.」)				

✽ 나무(木)를 흔들어 상대를 부르는(召) 데서 '나무 흔들리다'를 뜻한다.

珤	玉부 총9획	설문 없음		용례 없음	
아름다운옥 **소**					

✻ 옥(玉)에 아름다운 빛깔이 모여(召) 있는 '아름다운 옥'을 뜻한다.

昭	日부 총9획	戰國 金文		小篆	昭明(소명) 昭朗(소랑) 昭光(소광)	
		驫羌鐘	王后中宮錡	說文解字		
밝을 **소**	설문 日부	昭(소)는 날이 밝다는 뜻이다. 日(일)은 의미부분이고, 召(소)는 발음부분이다.(「昭, 日明也. 从日, 召聲.」)				

✻ 해(日)가 불러(召) 나오듯 날이 점점 '밝음'을 나타낸다.

照	火부 총13획	金文	小篆		照射(조사) 對照(대조) 照明燈(조명등)	
		牆盤	說文解字			
비칠 **조**	설문 火부	照(조)는 밝다는 뜻이다. 火(화)는 의미부분이고, 昭(소)는 발음부분이다.(「照, 明也. 从火, 昭聲.」)				

✻ 밝게(昭) 불(灬)로 환하게 '비춤'을 뜻한다.

詔	言부 총12획	西周 金文	戰國 金文	小篆	詔告(조고) 詔書(조서) 詔勅(조칙)	
		詔爵	詔使矛	說文解字		
조서 **조**	설문 言부	詔(조)는 알린다는 뜻이다. 言(언)과 召(소)는 모두 의미부분인데, 召는 발음부분이기도 하다.(「詔, 告也. 从言, 从召, 召亦聲.」)				

✻ 말하여(言) 남을 불러(召) '알리거나' '고함' 또는 임금의 명령을 국민에 알리는(召) '조서'.

招	手부 총8획	金文	小篆		招待(초대) 招來(초래) 招魂(초혼)	
		大盂鼎	說文解字			
부를 **초**	설문 手부	招(초)는 손으로 부른다는 뜻이다. 手(수)는 의미부분이고, 召(소)는 발음부분이다.(「招, 手呼也. 从手, 召聲.」)				

✻ 손(扌)짓하여 남을 불러(召) 청하는 데에서 '부름'을 뜻한다.

超	走부 총12획	小篆		超越(초월) 超然(초연) 超過(초과)	
		說文解字			
뛰어넘을 **초**	설문 走부	超(초)는 뛰어넘는다는 뜻이다. 走(주)는 의미부분이고, 召(소)는 발음부분이다.(「超, 跳也. 从走, 召聲.」)			

✻ 달려가(走) 윗사람의 부름(召)에 응함을 뜻하며, 빨리 응하기 위해 '뛰어오름' '넘음'의 뜻으로 쓰인다.

貂	豸부 총12획	戰國 金文		小篆	白貂(백초) 黑貂(흑초) 金貂(금초)
		曾侯墓簡		說文解字	
담비 초	설문 豸부	貂(초)는 쥐의 일종으로, (쥐보다) 크고 흑황색(黑黃色)을 띠고 있다. 호(胡) 지방 정령국(丁零國)에서 난다. 豸(치)는 의미부분이고, 召(소)는 발음부분이다.(「貂, 鼠屬. 大而黃黑色. 出胡丁零國. 从豸, 召聲.」)			

※ 놀기를 좋아하고 장난이 심한 짐승(豸)으로 동료가 부르면(召) 재빨리 응하는 '담비'를 뜻한다.

別 ➡ 拐

別	刀부 총7획	甲骨文	戰國 金文	小篆	※참고: 冎 = 咼.	別種(별종) 別名(별명) 別館(별관)
		乙768	雲夢秦律	說文解字		
다를/나눌 별	설문 冎부	別(별)은 나눈다는 뜻이다. 冎(과)와 刀(도)는 모두 의미부분이다.(「冎, 分解也. 从冎·刀.」)				

※ 뼈에서 살을 발라내(冎 = 另 : 살 발라낼 과) 칼(刂)로 나누어, 뼈와 살이 '다름' 뼈와 살을 '나눔' 등으로 쓴다.

拐	手부 총8획	설문 없음	小篆	拐騙(괴편) 誘拐(유괴) 拐帶(괴대)
			形音義字典	
후릴 괴				

※ 손(扌)으로 살을 발라내듯(冎 = 另 = 𠬸) 남의 재물을 '속여' 빼앗음을 뜻하여 '후리다'로 쓰인다.

土 ➡ 吐 …… 庄 ➡ 粧

土	土부 총3획	甲骨文		金文			小篆	土地(토지) 土臺(토대) 土質(토질)
		甲2241	前7.36.1	孟鼎	智壺	散盤	說文解字	
흙 토	설문 土부	土(토)는 땅이 만물을 토(吐)하여 생겨나게 하는 것이다. 二는 땅의 아래와 가운데를 그린 것이고, (丨은) 사물이 나오는 모양이다. 무릇 土부에 속하는 글자들은 모두 土를 의미부분으로 삼는다.(「土, 地之吐生物者也. 二, 象地之下地之中, 物出形也. 凡土之屬皆从土.」)						

※ 흙덩이 모양에 중심축을 선으로 표현한 글자로, '흙'을 뜻한다.

吐	口부 총6획	小篆	吐氣(토기) 實吐(실토) 吐出(토출)
		說文解字	
토할 토	설문 口부	吐(토)는 토한다는 뜻이다. 口(구)는 의미부분이고, 土(토)는 발음부분이다.(「吐, 寫也. 从口, 土聲.」)	

※ 입(口)벌린 땅(土)에서 만물이 생겨나듯 여러 가지를 '토함', 또는 입(口)을 땅(土)을 향해 벌려 '토함'을 뜻하기도 한다.

庄	广부 총6획	莊의 속자(俗字)	金文	小篆	古文	庄家(장가) 庄園(장원) 田庄(전장)
			走馬亥鼎	說文解字		
전장 장						

※ 임시로 지은 곳집(广)을 넓은 농토(土)가운데 지어 농작물을 관리하던 '농막'을 뜻한다. 풀(艹)이 무성한(壯) 莊(풀성할/씩씩할 장)의 속자(俗字)이다.

	米부 총12획	설문 없음		化粧(화장) 治粧(치장) 化粧品(화장품)	
단장할 **장**		妝(꾸밀 장)과 같은 뜻이나 고문은 없다.			

※ 곡식(米)가루를 뒤집어쓴 농막(庄)같이, 쌀(米)가루처럼 하얀 분을 발라 '단장함'을 뜻한다.

坐 ➡ 座 ➡ 挫 ☆

	土부 총7획	甲骨文	戰國金文	小篆	古文	坐禪(좌선) 坐不安席 (좌불안석)	

		合975	合16998	雲夢效律	說文解字		
앉을 **좌**	설문 土부	𡆤(좌)는 머무른다는 뜻이다. 土(토)와 留(류)의 생략형[𠃬(유)]은 모두 의미부분이다. 土는 사람들이 머무르는 곳을 뜻한다. 이것과 留는 같은 뜻이다. 㘴는 𡆤의 고문이다.(「𡆤, 止也. 从土, 从留省. 土, 所止也. 此與留同意. 㘴, 古文𡆤.」)					

※ 두 사람(从)이 땅(土)에 마주 '앉아' 있음을 뜻한다.

	广부 총10획	설문 없음	小篆	隸書	座席(좌석) 講座(강좌) 座中(좌중)	

			形音義字典			
자리 **좌**		≪形音義字典(형음의자전)≫에서는 '坐(좌)'와 같은 글자로 설명하고 있다.				

※ 집(广)안에 앉는(坐) '자리'로, '坐(좌)'는 야외의 흙바닥 자리, '座(좌)'는 실내자리를 뜻한다.

	手부 총10획	小篆	挫折(좌절) 挫氣(좌기) 抑挫(억좌)	
		說文解字		
꺾을 **좌**	설문 手부	挫(좌)는 꺾는다는 뜻이다. 手(수)는 의미부분이고, 坐(좌)는 발음부분이다.(「挫, 摧也. 从手, 坐聲.」)		

※ 손(扌)으로 꺾듯 기세를 주저앉혀(坐) '꺾음'을 뜻한다.

圭 ➡ 閨 ➡ 珪 ➡ 奎 ➡ 硅 ☆ ➡ 佳 ➡ 街 ➡ 桂 ➡ 炷 ❖ ➡ 封 ➡ 幫 ☆ …… (厂) ➡ 厓 ❖ ➡ 涯
➡ 崖 ➡ 卦 ➡ 掛 ➡ 罰 ☆

	土부 총6획	金文	小篆	古文	圭角(규각) 刀圭(도규) 圭田(규전)	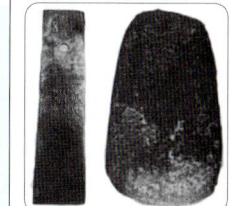
		召伯簋	毛公鼎	說文解字		
서옥/쌍토 **규**	설문 土부	圭(규)는 상서로운 옥을 뜻한다. 위는 둥글고 아래는 네모졌다. 공(公)은 환규(桓圭)를 잡는데 (길이가) 9촌(寸)이고, 후(侯)는 신규(信圭)를 잡고, 백(伯)은 궁규(躬圭)를 잡는데 둘 다 7촌이며, 자(子)는 곡벽(穀璧)을 잡고, 남(男)은 포벽(蒲璧)을 잡는데 둘 다 (지름이) 5촌이다. 이것으로 제후를 봉한다. 두개의 土(토)를 겹쳐 썼다. 초(楚)나라 작위(爵位) 제도에서도 圭를 잡는 제도가 있었다. 珪는 圭의 고문(古文)으로 玉(옥)을 더하였다.(「圭, 瑞玉也. 上圜下方. 公執桓圭, 九寸; 侯執信圭, 伯執躬圭, 皆七寸; 子執穀璧, 男執蒲璧, 皆五寸. 以封諸侯. 从重土. 楚爵有執圭. 珪, 古文圭, 从玉.」)					

※ 햇볕의 길이로 시간을 측정하던 시계, 후에 옥(玉)으로 만들어 쓰기도 하였다고 한다. 또는 땅(土)과 땅 사이의 경계, 신하가 조회 때 들던 '서옥'으로 만든 '홀(笏)'에서 '벼슬'을 뜻하기도 한다. ※참고 : 珪(홀 규)는 '圭'의 고문으로, 옥(玉)으로 만든 홀(圭) 즉, '패' '홀'을 뜻한다.

閨	門부 총14획	戰國 金文 上博泊旱	小篆 說文解字		閨秀(규수) 閨房文學 (규방문학)	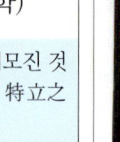
안방 규	설문 門부	閨(규)는 (지붕 덮개가 없는) 독립적으로 세운 쪽문을 뜻한다. 위는 둥글고 아래는 네모진 것이 규(圭)와 비슷한 면이 있다. 門(문)은 의미부분이고, 圭(규)는 발음부분이다.(「閨, 特立之戶. 上圜下方, 有似圭. 从門, 圭聲.」)					

※ 문(門)이 위는 둥글고 아래는 각이 진 홀(圭)과 같은 부녀자의 거실에 있는 쪽문에서 '안방'을 뜻한다. 참고로 부녀자들이 사용하는 장소의 문에는 둥근 모양을 썼다.

 玉부 총10획 / 규(圭)의 고문(古文) / 古文 珪 說文解字 / 珪石(규석) 珪璋(규장) 珪幣(규폐)

홀 규

※ 위는 둥글고 아래는 각이 진 옥(玉)으로 만든 홀(圭)로 조회 때 손에 쥐던 '패' '홀'을 뜻한다.

奎	大부 총9획	西周 金文 永盂	春秋 金文 奎母盤	戰國 金文 兆城圖	小篆 說文解字	奎運(규운) 奎文(규문) 奎章閣(규장각)	
별 규	설문 大부	奎(규)는 양 넓적다리 사이를 뜻한다. 大(대)는 의미부분이고, 圭(규)는 발음부분이다.(「奎, 兩髀之間. 从大, 圭聲.」)						

※ 사람(大)의 벌린 다리 사이를 뜻하는 말로, 다리 사이가 홀(圭)과 같음을 뜻하나, 지금은 '별자리' 하나로, 병(兵)으로 폭력을 막고, 문운(文運)을 맡는다는 '안드로메다' 자리라고 한다.

 石부 총11획 / 설문 없음 / 硅酸(규산) 硅素(규소)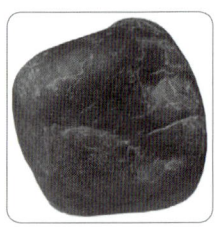

규소 규

※ 돌(石)의 결정 모양이 홀(圭)과 같거나, 유리나 도자기를 만들 때 홀(圭)처럼 귀하게 쓰이는 '규소'를 뜻한다.

佳	人부 총8획	小篆 說文解字	佳作(가작) 佳話(가화) 佳約(가약)	
아름다울 가	설문 人부	佳(가)는 좋다는 뜻이다. 人(인)은 의미부분이고, 圭(규)는 발음부분이다.(「佳, 善也. 从人, 圭聲.」)		

※ 사람(亻)이 홀(圭)을 들고 조정에 서는 벼슬한 사람에서 '아름다움'을 뜻한다. 또는 사람(亻)이 아름답고 깨끗한 홀(圭)처럼 '아름다움'을 뜻한다.

街	行부 총12획	小篆 說文解字	街販(가판) 街道(가도) 街路樹(가로수)	
거리 가	설문 行부	街(가)는 사방(四方)으로 통하는 큰길을 뜻한다. 行(행)은 의미부분이고, 圭(규)는 발음부분이다.(「街, 四通道也. 从行, 圭聲.」)		

※ 화려하게 큰 네거리(行)가 서옥(圭)같이 단단하고 아름답게 잘 정비된 '거리'를 뜻한다. 또는 벼슬(圭)한 사람들이 다니던(行) '거리'.

桂	木부 총10획	戰國 金文	小篆		桂皮(계피) 桂林(계림) 月桂冠(월계관)	
		包山259	說文解字			
계수나무 계	설문 木부	桂(계)는 강남(江南)에서 나는 나무로, 모든 약초의 으뜸이다. 木(목)은 의미부분이고, 圭(규)는 발음부분이다.(「桂, 江南木, 百藥之長. 从木, 圭聲.」)				

✽ 나무(木) 중에서 껍질이 약제나 향료로 서옥(圭)같이 귀하게 쓰이는 '계수나무'를 뜻한다.

炷	火부 총10획		小篆  說文解字		용례 없음	
화덕/밝을 계	설문 火부	炷(계)는 화덕을 뜻한다. 火(화)는 의미부분이고, 圭(규)는 발음부분이다. 回(경)이라고 읽는다.(「炷, 行竈也. 从火, 圭聲. 讀若回.」)				

✽ 불(火)을 담아 홀(圭)처럼 가지고 다닐 수 있는 작은 '화덕'에서 '밝다'를 뜻한다.

封	寸부 총9획	甲骨文	金文		小篆	古文	籒文	封合(봉합) 密封(밀봉) 封套(봉투)	
		京津4499	伊 簋	召伯虎		說文解字			
봉할 봉	설문 土부	封(봉)은 제후(諸侯)에게 작위(爵位)를 수여하며 내려 주는 토지이다. 之(지)와 土(토) 그리고 寸(촌)은 모두 의미부분이다. (寸은) 그 제도를 지킨다는 뜻이다. 공(公)과 후(侯)는 100리, 백(伯)은 70리, 자(子)와 남(男)은 50리이다. 圼은 封의 고문(古文)으로 생략형이다. 𡊄은 封의 주문(籒文)으로 (之와 寸 대신) 丰(봉)을 썼다.(「𡊄, 爵諸侯之土也. 从之·土, 从寸. 守其制度也. 公·侯百里, 伯七十里, 子·男五十里. 圼, 古文封省. 𡊄, 籒文封, 从丰.」)							

✽ 천자에게 받은 땅 경계의, 땅(土)과 땅(土) 사이(圭)에 각자의 법도(寸)나 사직(社稷)에 맞는 나무를 심어 구분하여 경계를 '막아' 다스리도록 '봉해줌'을 뜻한다.

幇	巾부 총12획	설문 없음	小篆  形音義字典	※幫과 同字	幇間(방간) 幇助罪(방조죄) 四人幇(사인방)	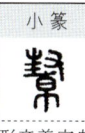
도울 방						

✽ 幫(방)과 같은 자. 주로 마(麻)로 만들던 신발 주변을 아름답게 봉하여(封) 마무리하던 비단(巾 = 帛:비단 백)에서 '돕다'의 의미로 쓰인다.

厂	厂부 총2획	西周 金文			小篆	籒文	부수글자	
		散盤	晨卣	趞卣	折觥	說文解字		
언덕/절벽 엄/한	설문 厂부	厂(엄)은 산의 바위 기슭으로 사람이 살 만한 곳이다. 상형(象形)이다. 厈은 주문(籒文)으로 干(간)을 더하였다.(「厂, 山石之厓巖, 人可居. 象形. 厈, 籒文从干.」)						

✽ 산의 바위 아래 움푹 들어간 곳으로, 평지보다 높은 '언덕'을 뜻한다.

厓	厂부 총8획	戰國 金文	小篆		層厓(층애) 絕厓(절애)	
		雲夢法律	說文解字			
언덕 애	설문 厂부	厓(애)는 산의 가장자리를 뜻한다. 厂(엄·한)은 의미부분이고, 圭(규)는 발음부분이다.(「厓, 山邊也. 从厂, 圭聲.」)				

✽ 언덕(厂)을 이룬 땅(土)과 땅(土)이 거듭 쌓인, 평지와 산 사이(圭) 경계에 있는 '언덕'을 뜻한다.

漢字	部首/획수	小篆 (說文解字)	용례	
涯	水부 총11획	涯	生涯(생애) 天涯(천애) 水涯(수애)	
물가 애	설문 水부	涯(애)는 물가를 뜻한다. 水(수)와 厓(애)는 모두 의미부분인데, 厓는 발음부분이기도 하다.(「涯, 水邊也. 从水, 从厓, 厓亦聲.」)		

※ 물(氵) 옆의 언덕(厂)인, 흙(土)이 거듭 쌓인(圭) 언덕(厓:언덕 애)에서 '물가'를 뜻한다.

漢字	部首/획수	小篆	용례	
崖	山부 총11획	崖	斷崖(단애) 崖碑(애비) 懸崖(현애)	
언덕 애	설문 屵부	崖(애)는 높은 곳의 가장자리(즉 낭떠러지)를 뜻한다. 屵(알)은 의미부분이고, 圭(규)는 발음부분이다.(「崖, 高邊也. 从屵, 圭聲.」)		

※ 산(山)비탈에 있는 낭떠러지 언덕(厓)에서 '언덕' '비탈' '낭떠러지' 등의 뜻이 있다.

漢字	部首/획수	小篆	용례	
卦	卜부 총8획	卦	占卦(점괘) 卦辭(괘사) 師卦(사괘)	
점괘 괘	설문 卜부	卦(괘)는 점괘를 뜻한다. 卜(복)은 의미부분이고, 圭(규)는 발음부분이다.(「卦, 筮也. 从卜, 圭聲.」)		

※ 홀(圭)을 들듯 점대(筮)나 톱풀(蓍)을 조심히 들고 점(卜)을 쳐 '점괘'를 알아냄을 뜻한다.
※참고: 筮(점대 서), 蓍(톱풀 시)

漢字	部首/획수	小篆	용례	
掛	手부 총11획	挂	掛書(괘서) 掛圖(괘도) 掛念(괘념)	
걸 괘	설문 手부	挂(괘)는 획분(劃分)한다는 뜻이다. 手(수)는 의미부분이고, 圭(규)는 발음부분이다.(「挂, 畫也. 从手, 圭聲.」)		

※ 손(扌)으로 귀중한 홀(圭)과 같이, 점괘(卜)를 소중히 '걸어둠'을 뜻한다. 挂(걸 괘)와 同字.

罫	网부 총13획	설문 없음	罫版(괘판) 罫線(괘선) 罫線紙(괘선지)	
줄 괘				

※ 점대(筮:점대 서)를 뽑아 그물(罒)처럼 점괘(卦)를 겹쳐놓은 모양이나 그물처럼 그은 '줄'을 뜻한다.
※筮:점을 칠 때 가늘게 쪼갠 댓가지.

坴 ➡ 陸 ➡ 睦 ➡ 逵

漢字	部首/획수	小篆	용례	
坴	土부 총8획	坴	용례 없음	
언덕 륙	설문 土부	坴(륙)은 흙덩이가 큰 모양을 뜻한다. 土(토)는 의미부분이고, 㐬(륙)은 발음부분이다. 逐(축)이라고 읽는다. 일설에 坴은 양(梁) 지방을 뜻한다고도 한다.(「坴, 土塊坴坴也. 从土, 㐬聲. 讀若逐. 一曰: 坴, 梁.」)		

※ 풀(屮)이나 집(六)처럼 높게 쌓인 땅(土)에서 '언덕'을 뜻한다. ※파자: 흙(土)과 흙(土) 사이를 걷는(儿) 육지에서 '뭍'을 뜻한다. ※㐬(버섯 록/륙): 집(六) 모양 풀(屮)인 '버섯'.

陸	阜부 총11획	甲骨文	殷商 金文	春秋 金文	小篆	籒文	陸地(육지) 大陸(대륙) 着陸(착륙)
		續3.30.7	陸父乙角	陸冊父乙	郂公釣鐘	說文解字	
뭍 륙	설문 阜부	陸(륙)은 높고 평평한 땅을 뜻한다. 阜(부)와 坴(륙)은 모두 의미부분인데, 坴은 발음부분이 기도 하다. 𨽯은 陸의 주문(籒文)이다.(「陸, 高平也. 从阜, 从坴, 坴亦聲. 𨽯, 籒文陸.」)					

* 언덕(阝)과 풀이 쌓인 땅(屮+六+土 = 坴: 흙덩이 륙)에서 크고 높은 '뭍'을 뜻한다.
  ※파자:언덕(阝)이 버섯(先:버섯 록) 모양으로 솟은 땅(土)인 흙 언덕(坴:언덕 륙)인 '뭍' '육지'.

睦	目부 총13획	金文	小篆	古文			和睦(화목) 睦族(목족) 親睦(친목)
		亻𦝁匜	說文解字				
화목할 목	설문 目부	睦(목)은 눈길이 온순하다는 뜻이다. 目(목)은 의미부분이고, 坴(륙)은 발음부분이다. 일설에는 공경하고 화목하다는 뜻이라고도 한다. 𦣝은 睦의 고문(古文)이다.(「睦, 目順也. 从目, 坴聲. 一曰敬和也. 𦣝, 古文睦.」)					

* 많은 사람의 순한 눈(目)빛이 높고 큰 언덕(坴)처럼 한 데 이르는 데서 '화목함'을 뜻한다.

逵	辵부 총12획	설문 없음	小篆				八逵(팔규) 逵路(규로) 大逵(대규)
			形音義字典				
길거리 규							

* 넓은 언덕(坴)처럼, 넓고 큰 여러 갈래 길(辶) 즉, 아홉 갈래로 갈라진 넓은 '길거리'.

埶 ➡ 熱 ➡ 勢 ➡ 藝

埶	土부 총11획	甲骨文	殷商 金文	西周 金文		小篆	용례 없음
		乙9091	前4.23.5	父辛簋	盠彝 毛公鼎	說文解字	
심을 예	설문 丮부	埶(예)는 심는다는 뜻이다. 坴(륙)과 丮(극)은 모두 의미부분이다. 손에 잡고 심는다는 뜻이다. 《서경(書經)》에 이르기를 "나는 메기장과 차기장을 심고자 한다."라고 하였다.(「埶, 種也. 从坴·丮. 持亟種之. 《書》曰: "我埶黍稷."」)					

* 나무(木 = 先)를 땅(土)에 심으려고 손에 잡고(丮 = 丮 = 丸) 있는 데서 '심음'을 뜻한다.
  ※참고: 丮(극)은 다른 글자를 만나면서 대부분 丸(환)으로 모양이 변한다.

熱	火부 총15획	戰國 金文	小篆				熱氣(열기) 熱湯(열탕) 熱火(열화)
		雲夢日乙	說文解字				
더울 열	설문 火부	熱(열)은 물이 따뜻하다는 뜻이다. 火(화)는 의미부분이고, 埶(예)는 발음부분이다.(「𤍽, 溫也. 从火, 埶聲.」)					

* 손으로 나무를 잡고 심듯(埶) 손에 나무를 들고 불(灬)을 지피는 데서 '덥다'를 뜻한다. 또는 흙을 쌓아(坴) 화덕을 만들고 불(灬)을 잡고(丮 = 丸) '덥게' 불을 지핌을 뜻한다.

勢	力부 총13획	小篆					勢力(세력) 勢道(세도) 權勢(권세)
		說文解字					
형세 세	설문 力부	勢(세)는 권세(權勢), 권력(權力)을 뜻한다. 力(력)은 의미부분이고, 埶(예)는 발음부분이다.(「𫝑, 盛力, 權也. 从力, 埶聲.」)					

* 심은(埶) 나무가 힘(力)있게 자라듯, 권세나 권력의 힘(力)에서 '형세'를 뜻한다.
  ※파자:땅(土) 위 버섯(先; 버섯 록)이 동글동글(丸) 힘(力)있게 자라는 '형세'를 뜻한다.

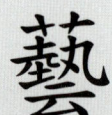	艸부 총19획	설문 없음	'埶(예)'와 동자(同字).	藝術(예술) 書藝(서예) 學藝(학예)	
재주 **예**		단옥재(段玉裁)는 ≪설문해자·극부(丮部)≫ '埶(예)'자 주(注)에서 "주(周)나라 때는 '藝'자는 모두 '埶'로 썼다. 당(唐)나라에 이르러 '나무를 심다'라는 뜻으로는 '蓺(예)'자를 쓰고, 예(禮)·악(樂)·사(射)·어(御)·서(書)·수(數)를 가리키는 '6예(埶)'라는 뜻으로는 '藝'자를 썼다."라고 하였다.(≪설문해자주(說文解字注)≫)			

※ 埶(심을 예)가 본래 글자로, 초목(++)을 심어(埶) 잘 모아(云) 가꾸는 '재주'를 뜻한다.
※'埶'의 파자: 흙(土)을 나누어(八) 파고 둥근(丸) 씨를 심어 흙(土)으로 덮음.

夌 ➡ 陵 ➡ 凌 ➡ 稜 ☆ ➡ 綾 ➡ 菱

	夊부 총8획	甲骨文		西周 金文			小篆	용례 없음	

		花東377	合1094	夌姬鬲	夌伯簋	子夌尊	說文解字		
언덕 **릉**	설문 夊부	夌(릉)은 넘는다는 뜻이다. 夊(쇠)와 癶(륙)은 모두 의미부분이다. 癶은 높다는 뜻이다. 일설에 夌은 느리다는 뜻이라고도 한다.(「夌, 越也. 从夊, 从癶. 癶, 高也. 一曰: 夌, 徲也.」)							

※ 풀(屮)이나 집(六)처럼 높게, 버섯(癶 = 先)처럼 솟은 곳을 발(夊)로 오르는 데서 '언덕'을 뜻한다.

陵	阜부 총11획	甲骨文		西周 金文	戰國 金文	小篆	王陵(왕릉) 丘陵(구릉) 陵谷(능곡)	
		前6.20.1	前6.55.5	散盤 陵叔鼎	陳猷釜	說文解字		
언덕 **릉**	설문 阜부	陵(릉)은 큰 언덕을 뜻한다. 阜(부)는 의미부분이고, 夌(릉)은 발음부분이다.(「陵, 大阜也. 从阜, 夌聲.」)						

※ 언덕(阝)이나 계단을 무거운 흙(土)을 사람(儿)이 지고(先:버섯 록) 발(夊)로 올라감에서 '언덕'을 뜻한다.
※참고: 夌(높을 릉)은 주로 다른 글자에 붙어서 음을 돕는다.

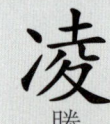	冫부 총10획	小篆	或體		凌駕(능가) 凌亂(능란) 凌蔑(능멸)	
		說文解字				
업신여길 **릉**	설문 仌부	凌 = 夌(릉)은 얼음이 나왔다는 뜻이다. 仌(빙)은 의미부분이고, 朕(짐)은 발음부분이다. ≪시경(詩經)≫에 이르기를 "얼음 창고에 넣는다네."라고 하였다. 凌은 朕의 혹체자(或體字)로 (朕 대신) 夌(릉)을 썼다.(「凌, 仌出也. 从仌, 朕聲. ≪詩≫曰: "納于朕陰." 凌, 朕或从夌.」)				

※ 차가운(冫) 기운이 나오는 언덕(夌)처럼 남을 차갑게 대하고 '업신여겨' 남 위에 올라서 '능가함'을 뜻한다.

稜	禾부 총13획	설문 없음	小篆	稜角(능각) 稜線(능선) 稜威(능위)	
			形音義字典		
모날 **릉**					

※ 곡식(禾) 가운데 산 언덕(夌)에 심는 메밀로, 메밀의 모가 있는 껍질에서 '모남' '모서리'로 쓰인다.

綾	糸부 총14획	春秋 金文	小篆		綾羅(능라) 綾文(능문) 綾紗(능사)	
		庚壺	說文解字			
비단 **릉**	설문 糸부	綾(릉), 제(齊) 지방 동부 지역에서는 베나 비단이 고운 것을 綾이라고 한다. 糸(멱·사)는 의미부분이고, 夌(릉)은 발음부분이다.(「綾, 東齊謂布帛之細曰綾. 从糸, 夌聲.」)				

※ 보통 비단(糸)을 능가하는(凌 = 夌) 무늬가 화려한 '비단'을 뜻한다.

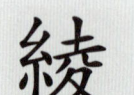 한눈에 보는 한자 多(다)

| 菱 | 艸부
총12획 | 설문 없음 | 小篆

形音義字典 | | 菱形(능형)
菱狀(능상)
菱池(능지) |

마름 **릉**

※ 蔆(릉)과 같은 자. 물(氵) 속에 뿌리를 박고 사는 수초(艹)로, 열매가 각(棱 = 夌:모 릉)이 있는 '마름'을 뜻한다. 열매가 세모, 네모진 것은 菱(마름 기), 두모진 것을 蔆(릉)이라 한다.

廛 ➡ 纏 ☆

| 廛 | 广부
총15획 | 戰國 金文

郭店緇衣 | 小篆

說文解字 | 廛房(전방)
廛鋪(전포)
魚物廛(어물전) |

가게 **전**

| | 설문
广부 | 廛(전)은 1무(畝) 반의 땅으로, 한 가구가 살만한 땅을 뜻한다. 广(엄)·里(리)·八(팔)·土(토)는 모두 의미부분이다.(「廛, 一畝半, 一家之居. 从广·里·八·土.」) |

※ 집(广)이 마을(里)을 중심으로 나누어(八)진 한가운데 땅(土)에 자리 잡은 '가게'를 뜻한다.

| 纏 | 糸부
총21획 | 戰國 金文
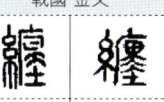
十鐘印舉 / 雲夢秦律 | 小篆
說文解字 | 纏結(전결)
纏帶(전대)
纏綿(전면) |

얽을 **전**

| | 설문
糸부 | 纏(전)은 繞(동아 맬 요, 두를 요)이다. 糸(멱·사)는 의미부분이고, 廛(전)은 발음부분이다.(「纏, 繞也. 从糸, 廛聲.」) |

※ 실(糸)로 많은 물건을 얽어 매단 가게(廛)에서 '얽다' '두르다'를 뜻한다.

垚 ➡ 堯 ➡ 僥 ➡ 饒 ➡ 撓 ➡ 曉 ➡ 驍 ❖ ➡ 燒

| 垚 | 土부
총9획 | 小篆

說文解字 | | 용례 없음 |

높을 **요**

| | 설문
垚부 | 垚(요)는 흙이 높다는 뜻이다. 세 개의 土(토)자로 이루어졌다. 무릇 垚부에 속하는 글자들은 모두 垚를 의미부분으로 삼는다.(「垚, 土高也. 从三土. 凡垚之屬皆从垚.」) |

※ 흙(土)을 높이 쌓은 모양에서 '높음'을 뜻한다.

| 堯 | 土부
총12획 | 甲骨文

後下32.16 | 西周 金文
堯戈 | 戰國 金文
郭店窮達 | 小篆
說文解字 | 古文 | 堯舜(요순)
堯年(요년) |

요임금/
높을 **요**

| | 설문
垚부 | 堯(요)는 높다는 뜻이다. 垚가 兀(올) 위에 있는 형태(의 회의자)로, (兀은) 높고 멀다는 뜻이다. 𡗊는 堯의 고문(古文)이다.(「堯, 高也. 从垚, 在兀上, 高遠也. 𡗊, 古文堯.」) |

※ 흙(土)이 높게(垚:높을 요) 우뚝(兀) 쌓인 언덕으로, 고문은 '높은' 언덕에 있는 사람을 뜻하나, 옛 임금 중에서 대표적인 성군(聖君)인 '요임금'을 뜻한다.

| 僥 | 人부
총14획 | 小篆
說文解字 | | 僥倖(요행)
僥冀(요기) |

요행 **요**

| | 설문
人부 | 僥(요)는 남방에 초요인(焦僥人)이 사는데, 키가 3척으로 매우 작다. 人(인)은 의미부분이고, 堯(요)는 발음부분이다.(「僥, 南方有焦僥人, 長三尺, 短之極. 从人, 堯聲.」) |

※ 남방에 난쟁이인 사람(人)이 높고(堯) 험한 지대에서 '요행'으로 잘 살아감을 뜻한다.

饒	食부 총21획	戰國 金文 中陽戈	小篆 說文解字		豊饒(풍요) 饒足(요족) 饒舌(요설)	
넉넉할 요	설문 食부	饒(요)는 배부르다는 뜻이다. 食(식)은 의미부분이고, 堯(요)는 발음부분이다.(「饒, 飽也. 从食, 堯聲.」)				

* 음식(食)이 풍족하여 높게(堯) 쌓아놓은 데서 '넉넉함'을 뜻한다.

撓	手부 총15획	小篆 說文解字		撓改(요개) 不撓不屈 (불요불굴)	
휠 뇨	설문 手부	撓(뇨)는 어지럽힌다는 뜻이다. 手(수)는 의미부분이고, 堯(요)는 발음부분이다. 일설에는 문지른다는 뜻이라고도 한다.(「撓, 擾也. 从手, 堯聲. 一曰抹也.」)			

* 손(扌)으로 높이(堯) 들어 '어지럽게' 흔들거나 '휘어버림'을 뜻한다.

曉	日부 총16획	小篆 說文解字		曉星(효성) 曉得(효득) 曉習(효습)	
새벽 효	설문 日부	曉(효)는 밝다는 뜻이다. 日(일)은 의미부분이고, 堯(요)는 발음부분이다.(「曉, 明也. 从日, 堯聲.」)			

* 해(日)가 언덕 위로 높게(堯) 떠오르는 '새벽'을 뜻한다.

驍	馬부 총22획	小篆 說文解字		驍名(효명)	
날랠 효	설문 馬부	驍(효)는 좋은 말을 뜻한다. 馬(마)는 의미부분이고, 堯(요)는 발음부분이다.(「驍, 良馬也. 从馬, 堯聲.」)			

* 말(馬) 등이 높아(堯) 크고 아름다우며 빨리 달리는 데서 '날래다'를 뜻한다.

燒	火부 총16획	小篆 說文解字		燒却(소각) 燒失(소실) 燒酒(소주)	
사를 소	설문 火부	燒(소)는 爇(불사를 설)이다. 火(화)는 의미부분이고, 堯(요)는 발음부분이다.(「燒, 爇也. 从火, 堯聲.」)			

* 불(火)로 물건을 태울 때 불빛이 높게(堯) 타오르는 데서 불로 '사르다'가 된다.

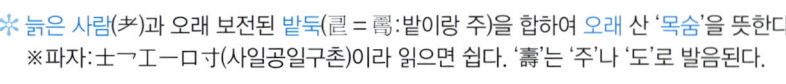

壽	士부 총14획	西周 金文		春秋 金文		小篆	壽命(수명) 長壽(장수) 壽福(수복)	
		沈子簋	克鼎	魯伯盨	齊侯壺	說文解字		
목숨 수	설문 老부	壽(수)는 오래 되었다는 뜻이다. 耂는 老(로)의 생략형으로 의미부분이고, 𠷎(주)는 발음부분이다.(「壽, 久也. 从老省, 𠷎聲.」)						

* 늙은 사람(耂)과 오래 보전된 밭둑(𤴓=𠷎:밭이랑 주)을 합하여 오래 산 '목숨'을 뜻한다.
  ※파자:士ㄱㅍㅡㅁ寸(사일공일구촌)이라 읽으면 쉽다. '壽'는 '주'나 '도'로 발음된다.

疇	田부 총19획	甲骨文		小篆	或體		範疇(범주) 疇輩(주배) 疇昔(주석)
		ᘰ	ᘱ	𤳊	弓		
		甲2124	續6.21.5	說文解字			
이랑 주	설문 田부	疇(주)는 잘 일구어 놓은 밭을 뜻한다. 田(전)은 의미부분이고, (弓는) 일구어 놓은 밭이 구불구불한 모양을 그린 것이다. 弓는 疇의 혹체자로 (田을 생략한) 생략형이다.(「疇, 耕治之田也. 从田, 象耕屈之形. 弓, 疇或省.」)					

※ 밭(田) 가운데 구불구불하고 긴 오래(壽)된 두둑(弓 = 弓 = 壽)으로 '이랑'을 뜻한다.

躊	足부 총21획	설문 없음	甲骨文			小篆	躊躇(주저)
			甲2602	甲524	合30499	形音義字典	
머뭇거릴 주							

※ 마음으로 결정하지 못하여 행하지 못하고 발(足)걸음이 오래(壽) '머뭇거림'을 뜻한다.

鑄	金부 총22획	甲骨文			西周 金文			鑄物(주물) 鑄字(주자) 鑄貨(주화)
		合29687	英2567	金511	作冊大鼎	守簋	鑄公簠	
		春秋 金文		戰國 金文			小篆	
		余義鐘	中子華鐘	命瓜君壺	公朱左師壺	上官鼎	說文解字	
쇠불릴 주	설문 金부	鑄(주)는 쇠를 녹인다는 뜻이다. 金(금)은 의미부분이고, 壽(수)는 발음부분이다.(「鑄, 銷金也. 从金, 壽聲.」)						

※ 쇠(金)를 오래(壽) 녹인 주물로 도구를 만듦을 뜻하여 '쇠불림'을 뜻한다.

濤	水부 총17획	甲骨文	小篆		波濤(파도) 狂濤(광도) 濤雷(도뢰)
		前2.28.4	說文解字		
물결 도	설문 水부	濤(도)는 큰 파도를 뜻한다. 水(수)는 의미부분이고, 壽(수)는 발음부분이다.(「濤, 大波也. 从水, 壽聲.」)			

※ 강물(氵)이나 바다에 밭두둑(弓 = 弓 = 壽) 모양으로 이는 높고 큰 '물결'인 파도를 뜻한다.

燾	火부 총18획	金文	小篆		燾育(도육)
		形音義字典	說文解字		
비칠 도	설문 火부	燾(도)는 넓게 두루 비춘다는 뜻이다. 火(화)는 의미부분이고, 壽(수)는 발음부분이다.(「燾, 溥覆照也. 从火, 壽聲.」)			

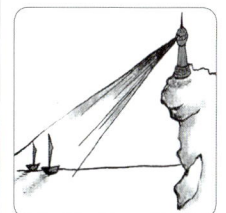

※ 사람의 생이 오래(壽) 멀리 살아온 것처럼, 불(灬)빛이 멀리까지 '비침'을 뜻한다.

禱	示부 총19획	小篆	籀文	或體		禱祠(도사) 祈禱(기도) 默禱(묵도)
			說文解字			
빌 도	설문 示부	禱(도)는 일을 고하여 복을 바란다는 뜻이다. 示(시)는 의미부분이고, 壽(수)는 발음부분이다. 禱는 禱의 혹체자(或體字)로 생략형이다. 禱는 禱의 주문(籀文)이다.(「禱, 告事求福也. 从示, 壽聲. 禱, 禱或省. 禱, 籀文禱.」)					

※ 신(示)에게 오래(壽) 장수하기를 '비는' 것을 뜻한다.

璹	玉부 총18획	小篆 璹 說文解字		璹笏(숙홀) 璹器(수기)
옥그릇 숙/수	설문 玉부	璹(숙)은 옥그릇이다. 玉(옥)은 의미부분이고, 𠷎(수)는 발음부분이다. 淑(숙)처럼 읽는다.(「璹, 玉器也. 从玉, 𠷎聲. 讀若淑.」)		

※ 옥(玉)을 오래(壽) 다스려 만든 '옥그릇'을 뜻한다. ※이름자 이외에는 '도'가 음이 된다.

士 → 仕 → 社

士	土부 총3획	甲骨文	西周 金文		春秋 金文	小篆	士兵(사병) 將士(장사) 講士(강사)
		甲3544	臣辰卣	克鐘	師袁簋	秦公簋	說文解字
선비 사	설문 土부	士(사), 선비를 '사'라고 부르는 까닭은 일[事(사)]을 하기 때문이다. 숫자는 一(일)에서 시작해서 十(십)에서 끝난다. 一과 十은 모두 의미부분이다. 공자(孔子)는 "十을 밀어 一과 합한 것이 士이다."라고 하였다. 무릇 土부에 속하는 글자들은 모두 士를 의미부분으로 삼는다.(「士, 事也. 數始於一, 終於十. 从一, 从十. 孔子曰: "推十合一爲士." 凡士之屬皆从士.」)					

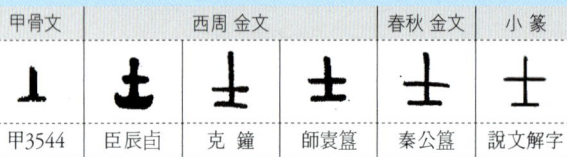

※ 도끼 모양으로 도끼를 사용할 수 있는 '무사나 군사'를 뜻하며, 나이든 군사가 문부(文簿)를 담당하면서 '선비'라는 뜻이 파생되었다. 하나(一)를 들으면 열(十)을 아는 선비라 하면, '사이비'.

仕	人부 총5획	金文 仕斤戈	小篆 仕 說文解字	仕官(사관) 出仕(출사) 仕進(사진)
섬길 사	설문 人부	仕는 배운다는 뜻이다. 人과 士는 모두 의미부분이다.(「仕, 學也. 从人, 从士.」)		

※ 사람(亻)이 배워서 '벼슬'하여 선비(士)가 되고 임금을 '섬김'을 뜻한다.

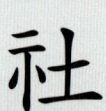

社	示부 총8획	甲骨文	戰國 金文	小篆	古文	社員(사원) 社長(사장) 社訓(사훈)
		甲2241	粹21	中山王鼎	說文解字	
모일 사	설문 示부	社(사)는 토지신을 뜻한다. 示(시)와 土(토)는 모두 의미부분이다. 《춘추전(春秋傳)》에 이르기를 "공공(共工)의 아들 구룡(句龍)이 토지신이 되었다."라고 하였다. 《주례(周禮)》에서는 "25가(家)가 社가 된다. 각기 그 땅에 알맞은 나무를 심는다."라고 하였다. 䄕는 社의 고문(古文)이다.(「社, 地主也. 从示·土. 《春口秋傳》曰: "共工之子句龍爲社神." 《周禮》: "二十五家爲社. 各樹其土所宜木." 䄕, 古文社.」)					

※ 신(示)이 있는 땅(土)에 함께 '모여' 제사를 올림을 뜻한다. 집단 농경지나 나라의 땅에서 '모임'을 뜻하기도 한다. ※土(토)가 뜻이나 음이 '士'와 비슷하여 함께 모았다.

吉 → 拮 → 佶 ❖ → 桔 * → 姞 ❖ → 詰 → 喆 → 結 ⋯ 款

吉	口부 총6획	甲骨文			金文		小篆	吉兆(길조) 吉凶禍福 (길흉화복)
		鐵159.1	前7.16.4	前5.16.2	矢方彝	智壺	說文解字	
길할 길	설문 口부	吉(길)은 좋다는 뜻이다. 士(사)와 口(구)는 모두 의미부분이다.(「吉, 善也. 从士·口.」)						

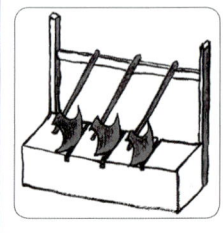

※ 도끼(士)를 받침대(口)에 놓아둔 모양에서 평화를 상징하여 '길함' '좋음'을 뜻한다.
※파자: 선비(士)가 입(口)으로 '길함'을 비는 모습에서 '길하다'를 뜻한다.

◆ 士農工商 : (사농공상) 선비 · 농부(農夫) · 공장(工匠) · 상인(商人) 등(等) 네 가지 신분(身分)을 아울러 이르는 말. 봉건(封建) 시대(時代)의 계급(階級) 관념(觀念)을 순서(順序)대로 일컫는 말.
◆ 吉凶禍福 : (길흉화복) 길흉(吉凶)과 화복(禍福)이라는 뜻으로, 즉 사람의 운수(運數)를 이름.

拮	手부 총9획	小篆 拮 說文解字		拮据(길거) 拮抗筋(길항근)	
일할 **길**	설문 手부	拮(길·결)은 손과 입이 모두 일을 한다는 뜻이다. 手(수)는 의미부분이고, 吉(길)은 발음부분이다. ≪시경(詩經)≫에 이르기를 "나는 손과 입을 다 움직이며 열심히 일을 하였네."라고 하였다.(「拮, 手口共有所作也. 从手, 吉聲. ≪詩≫曰: "予手拮据."」)			

※ 손(扌)으로 자기의 뜻에 맞아 길하다고(吉) 여긴 일을, 입을 함께 놀리며 '일을 함'을 뜻한다.

佶	人부 총8획	小篆 佶 說文解字		佶烈(길렬)	
건장할 **길**	설문 人부	佶(길)은 바르다는 뜻이다. 人(인)은 의미부분이고, 吉(길)은 발음부분이다. ≪시경(詩經)≫에 이르기를 "바르고 길이 잘 들었네."라고 하였다.(「佶, 正也. 从人, 吉聲. ≪詩≫曰: "既佶且閑."」)			

※ 사람(亻)이 튼튼하고 길하게(吉) 여겨지는 '건장한' 사람을 뜻하며, 길한(吉) 일을 위해 자신을 굽히는 사람(亻)에서 '굽다'를 뜻한다.

桔	木부 총10획	戰國 金文 桔 雲夢日乙	小篆 桔 說文解字	桔梗(길경)	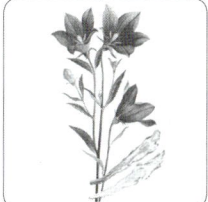
도라지 **길**	설문 木부	桔(길)은 길경(桔梗, 즉 도라지)으로, 약초의 이름이다. 木(목)은 의미부분이고, 吉(길)은 발음부분이다. 일설에는 곧은 나무를 뜻한다고도 한다.(「桔, 桔梗, 藥名. 从木, 吉聲. 一曰直木.」)			

※ 나무(木)의 줄기처럼 곧고 잎이 대칭으로 나며 위장 치료에 길하게(吉) 쓰이는 '도라지'를 뜻한다.

姞	女부 총9획	西周 金文 姞 諧卣 / 姞 義伯簋 / 姞 次卣 / 姞 諧叔盨	小篆 姞 說文解字	용례 없음	
성/삼갈 **길**	설문 女부	姞(길)은 황제(黃帝)의 후손인 백조(百儵)의 성(姓)으로, 후직(後稷)의 처가(妻家)이다. 女(녀)는 의미부분이고, 吉(길)은 발음부분이다.(「姞, 黃帝之後百鯈姓, 後稷妃家也. 从女, 吉聲.」)			

※ 여자(女) 중에 길한(吉) 인연으로 后稷(후직)의 妃(비)가 되었던 사람의 '성씨'를 뜻한다.

詰	言부 총13획	戰國 金文 詰 雲夢封診	小篆 詰 說文解字	詰難(힐난) 詰問(힐문) 詰責(힐책)	
꾸짖을 **힐**	설문 言부	詰(힐)은 (잘못을 따져) 묻는다는 뜻이다. 言(언)은 의미부분이고, 吉(길)은 발음부분이다.(「詰, 問也. 从言, 吉聲.」)			

※ 잘못이 있을 때 말(言)로 좋게(吉) 물어 따짐에서 '꾸짖다' '묻다' 등으로 쓰인다.

喆	口부 총12획	설문 없음		羅喆(나철)	
밝을/쌍길 **철**					

※ 哲(밝을 철)과 같은 자로, 吉(길)자를 거듭하여 '쌍길 철'이라 하며, 길함이 거듭하길 바라는 마음에서 이름자에 쓰인다.

結 맺을 결	糸부 총12획	戰國 金文	小篆		結果(결과) 結合(결합) 結婚(결혼)	
		陶三111	說文解字			
	설문 糸부	結(결)은 풀리지 않도록 꼭 묶는다는 뜻이다. 糸(멱·사)는 의미부분이고, 吉(길)은 발음부분이다.(「結, 締也. 从糸, 吉聲.」)				

※ 실(糸)로 좋게(吉) 잘 '묶거나' 서로의 관계를 잘 '맺음'을 뜻한다.

 款 항목/정성 관	欠부 총12획	戰國 金文	小篆	或 體	定款(정관) 約款(약관) 落款(낙관)	
		十鐘印擧	說文解字			
	설문 欠부	欵(관)은 생각에 하고자 하는 바가 있다는 뜻이다. 欠(흠)과 柰(최)의 생략형은 모두 의미부분이다. 欵은 款의 혹체자(或體字)로 (柰 대신) 柰(내)를 썼다.(「欵, 意有所欲也. 从欠·柰省. 欵, 款或从柰.」)				

※ 款(관)자와 같은 자로, 나오려는(出＝士) 귀신(示)의 빌미(祟:빌미 수)를 막기 위해 입을 벌려(欠) '정성껏' 죄의 '항목'을 기도함을 뜻한다.

志 ➡ 誌 ➡ 鋕 ✱

 志 뜻 지	心부 총7획	戰國 金文			小篆	志望(지망) 志願(지원) 志操(지조)	
		中山王壺	包山200	璽彙4334	說文解字		
	설문 心부	志(지)는 意자(뜻 의)이다. 心(심)은 의미부분이고, 之(지)는 발음부분이다.(「悳, 意也. 从心, 之聲.」)					

※ 가려고(止＝之＝士)하는 마음(心), 즉 마음이 하고자 하는 '뜻'을 뜻한다. 한자에서 止와 之와 士는 옛글자 모양이 같다. ※파자:선비(士)의 마음(心)속 '뜻'을 뜻한다.

 誌 기록할 지	言부 총14획	小篆			誌面(지면) 誌上(지상) 會誌(회지)	
		說文解字				
	설문 言부	誌(지)는 기록한다는 뜻이다. 言(언)은 의미부분이고, 志(지)는 발음부분이다.(「誌, 記誌也. 从言, 志聲.」)				

※ 말(言)의 뜻(志)을 잊지 않도록 '기록함'을 뜻한다.

 鋕 새길 지	金부 총15획	설문 없음		용례 없음	

※ 쇠(金)붙이에 자신의 뜻(志)을 새김에서 '새기다'를 뜻한다.

壬 ➡ 任 ➡ 賃 ➡ 妊 ➡ 淫

 壬 북방/천간 임	士부 총4획	甲骨文		西周 金文		春秋 金文	小篆	壬人(임인) 壬辰倭亂 (임진왜란)	
		粹7315	粹770	宅簋	扁攸从鼎	吉日壬午劍	說文解字		
	설문 士부	壬(임)은 북방(北方)에 위치한다. 음(陰)이 다하면 양(陽)이 생겨난다. 그러므로 ≪주역(周易)·곤괘(坤卦)≫에서 '용이 들판에서 만났다.'라고 한 것이다. 여기에서 전(戰)은 만났다는 뜻이다. 사람이 임신을 한 모양을 그린 것이다. 해(亥)와 임(壬)을 뒤이어 자(子)가 시작되는데, 이는 생(生)의 시작을 뜻한다. 무(巫)와 같은 뜻이다 壬은 신(辛)의 다음이다. 사람의 정강이를 그린 것이다. 정강이는 몸을 지탱한다. 무릇 壬부에 속하는 글자들은 모두 壬을 의미부분으로 삼는다.(「壬, 位北方也. 陰極陽生. 故≪易≫曰: '龍戰于野.'戰者, 接也. 象人裹妊之形.承亥壬, 以子生之叙也. 與巫同意. 壬承辛, 象人脛. 脛, 任體也. 凡壬之屬皆从壬.」)							

※ '양날도끼' '사람 배' '돌 침' '베틀 북' 등 여러 설이 있으나 실패(工) 중앙에 불룩하게 감아 놓은 실(一)로도 본다. 壬은 천간으로 쓰여 '북방'을 뜻하지만 '불룩하다'의 의미가 있다.

任	人부 총6획	甲骨文		金文	小篆		任命(임명) 任期(임기) 任務(임무)
		續4.28.4	甲3104	任氏簋	說文解字		
맡길 임	설문 人부	任(임)은 추천한다는 뜻이다. 人(인)은 의미부분이고, 壬(임)은 발음부분이다.(「㐭, 符也. 从人, 壬聲.」)					

※ 사람(亻)에게 실패(壬)에 불룩하게 실을 감아놓듯 일이나 짐을 '맡기어' '짐'이 되게 함.

賃	貝부 총13획	金文		小篆		勞賃(노임) 賃金(임금) 賃貸借(임대차)
		中山王鼎	王命龍節	說文解字		
품삯 임	설문 貝부	賃(임)은 고용(雇傭)한다는 뜻이다. 貝(패)는 의미부분이고, 任(임)은 발음부분이다.(「䝴, 庸也. 从貝, 任聲.」)				

※ 남에게 일을 맡기고(任) 주는 돈(貝)인 '품삯'. 돈(貝)을 받고 일을 맡아(任) '품팔이함'.

妊	女부 총7획	甲骨文		西周金文	春秋金文	小篆	妊娠(임신) 妊婦(임부) 避妊(피임)
		乙1329	乙5269	格伯簋	穌旨妊鼎	說文解字	
아이밸 임	설문 女부	妊(임)은 아이를 가졌다는 뜻이다. 女(녀)와 壬(임)은 모두 의미부분인데, 壬은 발음부분이기도 하다.(「姙, 孕也. 从女, 从壬, 壬亦聲.」)					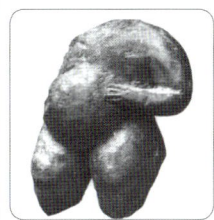

※ 여자(女)가 실패(壬)에 불룩하게 실을 감은 것처럼 '아이를 배어' 배가 불룩함을 뜻한다. ※姙 = 妊

淫	水부 총11획	金文	小篆		淫貪(음탐) 淫畵(음화) 姦淫(간음)
		詛楚文	說文解字		
음란할 음	설문 水부	淫(음)은 결에 따라 스며든다는 뜻이다. 水(수)는 의미부분이고, 㸒(음)은 발음부분이다. 일설에는 비가 오랫동안 오는 것을 淫이라고 한다.(「䶢, 侵淫隨理也. 从水, 㸒聲. 一曰久雨爲淫.」)				

※ 물(氵)에 점점 불룩하게(壬) 젖어들듯 탐욕에 점점 가까워(㸒:탐할/가까이할 음) '음란함'을 뜻한다.
※㸒 : 손(爫)을 펼치고 우뚝(壬) 서서 망령되이 물건을 '취한다'는 뜻이다.

 ➡ 程 ➡ 程※ ➡ 理※ ➡ 鋥※ ➡ 逞☆

呈	口부 총7획	甲骨文	戰國 金文	小篆		呈上(정상) 呈示(정시) 謹呈(근정)
		形音義字典	古鉢	說文解字		
드릴 정	설문 口부	呈(정)은 평평하다는 뜻이다. 口(구)는 의미부분이고, 壬(정)은 발음부분이다.(「呈, 平也. 从口, 壬聲.」)				

※ 오뚝이 모양의 둥글고(ㅇ = 口) 평평하게 세운 그릇(壬:줄기/우뚝할 정)으로 '드러나다'를 뜻하거나, 입(口)으로 드러나게(壬) 확실히 설명하여 올림에서 '드리다' '나타나다'가 된다.

程	禾부 총12획	戰國 金文	小篆		程度(정도) 工程(공정) 旅程(여정)
		雲夢效律	說文解字		
한도/길(道) 정	설문 禾부	程(정)은 등급을 매긴다는 뜻이다. 10개의 모발(毛髮)(한 묶음)이 1程(정)이고, 10정(程)이 1분(分)이며, 10분(分)이 1촌(寸)이다. 禾(화)는 의미부분이고, 呈(정)은 발음부분이다.(「䄍, 品也. 十髮爲程, 一程爲分, 十分爲寸. 从禾, 呈聲.」)				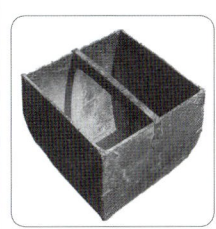

※ 벼(禾) 종류인 곡식의 양이 나타나게(呈) 수평을 잡아주던 도구에서 일정한 '한도'나 '길'을 뜻한다. 일정한 '한도'의 벼(禾)가 들어가는 오뚝이 모양의 그릇(呈) 명칭으로도 본다.

桯	木부 총11획	戰國 金文 包山124	小篆 說文解字		용례 없음	
탁자 **정**	설문 木부	桯(정)은 평상 앞에 있는 탁자를 뜻한다. 木(목)은 의미부분이고, 呈(정)은 발음부분이다. (「桯, 牀前几. 从木, 呈聲.」)				

※ 나무(木)로 만들어 드러나게(呈) 세운 '장대'나 넓은 '탁자'를 뜻한다.

珵	玉부 총11획	설문 없음			용례 없음	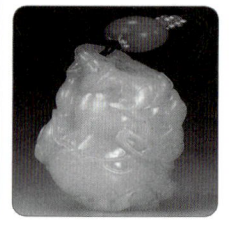
패옥 **정**						

※ 옥(玉)에서 스스로 빛이 드러나는(呈) 패옥의 상부에 있는 '패옥'을 뜻한다.

鋥	金부 총15획	설문 없음			용례 없음	
날번뜩일 **정**						

※ 쇠(金)칼을 갈아 날이 서고 광채가 나타나게(呈) 함에서 '날 번뜩이다' '칼을 갈다'를 뜻한다.

逞	辵부 총11획	金文 吳季子之劍	小篆 說文解字		不逞(불령) 不逞之徒 (불령지도)	
쾌할 **령**	설문 辵부	逞(령·정)은 통한다는 뜻이다. 辵(착)은 의미부분이고, 呈(정)은 발음부분이다. 초(楚) 지방에서는 빨리 가는 것을 逞이라고 한다. ≪춘추전(春秋傳)≫에 이르기를 "그대는 어디가 만족스럽지 못하시오?"라고 하였다.(「逞, 通也. 从辵, 呈聲. 楚謂疾行爲逞. ≪春秋傳≫曰: "何所不逞欲."」)				

※ 마음을 드러내어(呈) 행함(辶)에서 '쾌하다' '굳세다' '펴다' 등으로 쓰인다.

壬 ➡ 廷 ➡ 庭 ➡ 挺 ➡ 珽 ➡ 艇 ➡ 綎✦ ➡ 鋌✦ ➡ 霆*····➡ 聖

壬	土부 총4획	甲骨文 珠524	甲骨文 前6.55.7	金文 信陽楚簡	小篆 說文解字	용례 없음	
줄기 **정**	설문 壬부	壬(정)은 좋다는 뜻이다. 人(인)과 士(사)는 모두 의미부분이다. 士는 일을 한다는 뜻이다. 일설에는 어떤 물체가 땅에서 꼿꼿하게 솟아나온 것을 그린 것이라고도 한다. 무릇 壬부에 속하는 글자들은 모두 壬을 의미부분으로 삼는다.(「壬, 善也. 从人·士. 士, 事也. 一曰象物出地挺生也. 凡壬之屬皆从壬.」)					

※ 사람(人=丿)이 우뚝 땅(土)에 서있는 모양으로, 壬(임)과는 다른 글자. 지금은 혼용하여 쓰이므로 음을 잘 구분하면, 壬(임)이면 받침에 'ㅁ'이 '壬(정)'이면 받침에 'ㅇ'이 쓰인다.

廷	廴부 총7획	西周 金文 盂鼎	西周 金文 頌簋	春秋 金文 師酉簋	春秋 金文 秦公簋	小篆 說文解字	宮廷(궁정) 法廷(법정) 開廷(개정)
조정 **정**	설문 廴부	廷(정)은 조정(朝廷)이라는 뜻이다. 廴(인)은 의미부분이고, 壬(정)은 발음부분이다.(「廷, 朝中也. 从廴, 壬聲.」)					

※ 많은 백관이 넓은 땅에 우뚝 서서(壬) 길게(廴) 줄지어 임금의 명을 듣던 '조정'을 뜻한다.

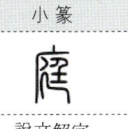	广부 총10획	小篆 說文解字		庭球(정구) 庭園(정원) 親庭(친정)	
뜰 **정**	설문 广부	庭(정)은 집안의 가운데를 뜻한다. 广(엄)은 의미부분이고, 廷(정)은 발음부분이다.(「庭, 宮中也. 从广, 廷聲.」)			

❋ 집(广)안에서 조정(廷)같이 넓은 앞 '뜰'로 넓고 평평한 '정원'을 뜻하기도 한다.

	手부 총10획	 說文解字		挺立(정립) 挺出(정출) 挺秀(정수)	
빼어날 **정**	설문 手부	挺(정)은 뽑는다는 뜻이다. 手(수)는 의미부분이고, 廷(정)은 발음부분이다.(「挺, 拔也. 从手, 廷聲.」)			

❋ 옛날 여러 안건 중에 좋은 문서를 손(扌)으로 골라 조정(廷)에 올린 '빼어난' '뽑은' 문서를 임금에게 올림을 뜻한다.

	玉부 총11획	 說文解字		용례 없음	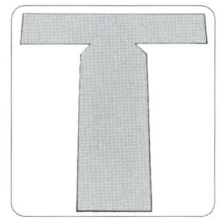
옥이름 **정**	설문 玉부	珽(정)은 큰 홀(笏)로서, 길이가 3자이다. (가운데서) 위로 깎아 올라가, 머리 부분은 망치 모양이다. 玉(옥)은 의미부분이고, 廷(정)은 발음부분이다.(「珽, 大圭, 長三尺, 抒上, 終葵首. 从玉, 廷聲.」)			

❋ 옥(玉)으로 만든, 조정(廷) 안에서 천자가 쓰는 홀(笏)로, 길이가 三尺(삼척)이나 되며, 홀 중에서 가장 빼어나게 (挺=廷) 만드는 홀을 만드는 '옥 이름'을 뜻한다.

	舟부 총13획	 說文解字		漕艇(조정) 競艇(경정) 救命艇(구명정)	
배 **정**	설문 舟부	艇(정)은 작은 배를 뜻한다. 舟(주)는 의미부분이고, 廷(정)은 발음부분이다.(「艇, 小舟也. 从舟, 廷聲.」)			

❋ 배(舟)를 만드는 우뚝한 조정(廷)의 건물처럼 곧고 굵은 나무(梃=廷:몽둥이 정) 속을 파내어 만든 1~2인이 타는 작은 '배'를 뜻한다.

	糸부 총13획	 說文解字		용례 없음	
띠술/인끈 **정**	설문 糸부	綎(정)은 패옥을 매다는 인끈을 뜻한다. 糸(멱·사)는 의미부분이고, 廷(정)은 발음부분이다.(「綎, 系綬也. 从糸, 廷聲.」)			

❋ 끈(糸)에 패옥 따위를 매다는 조정(廷)의 관복 위의 허리끈에서 '띠술' '인끈'을 뜻한다.

	金부 총15획	 說文解字		鋌鑰(정약:열쇠)	
쇳덩이/살촉 **정**	설문 金부	鋌(정)은 구리 덩어리를 뜻한다. 金(금)은 의미부분이고, 廷(정)은 발음부분이다.(「鋌, 銅鐵樸也. 从金, 廷聲.」)			

❋ 창끝에 다는 쇳덩이(金)로 높은 조정(廷)같이 길고 우뚝한 촉에서 '쇳덩이' '살촉'을 뜻한다.

霆	雨부 총15획	小篆 霆 說文解字		霆擊(정격) 霆激(정격)	
천둥소리 정	설문 雨부	霆(정)은 천둥의 나머지 소리가 우르릉 우르릉 한다는 뜻이다. 이렇게 하여 만물을 솟아나오게[挺出(정출)] 한다. 雨(우)는 의미부분이고, 廷(정)은 발음부분이다.(「霆, 雷餘聲也, 鈴鈴. 所以挺出萬物. 从雨, 廷聲.」)			

※ 비(雨)올 때, 조정(廷)의 엄한 명령같이 두렵고 크게 나는 소리인 '천둥소리'를 뜻한다.

聖	耳부 총13획	甲骨文		西周 金文	春秋 金文	小篆	聖父(성부) 聖堂(성당) 聖誕(성탄)	
		乙5161	乙6533	禹鼎	師望鼎	齊鎛	說文解字		
성인 성	설문 耳부	聖(성)은 두루 통한다는 뜻이다. 耳(이)는 의미부분이고, 呈(정)은 발음부분이다.(「聖, 通也. 从耳, 呈聲.」)							

※ 귀(耳)로 듣고 말(口)이 잘 통하는, 땅에 우뚝(壬) 선 사람인 '성인'을 뜻한다.

爿 ➝ 壯 ➝ 莊 ➝ 裝 ➝ 奘 ✢ ➝ 將 ➝ 獎 ➝ 漿 ☆ ➝ 醬 ☆ ➝ 蔣 ➝ 藏 ➝ 臟 ···· 片

爿	爿부 총4획	설문 없음	甲骨文		戰國 金文	小篆	용례 없음	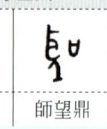
			乙2778	前4·45·3	貨編107	段注說文		
조각/널 장		爿(장)'은 갑골문을 보면 '爿'으로, 이효정(李孝定) 선생은 이를 침대를 뜻하는 '牀(상)'자의 초문(初文)이라고 하였다.(≪갑골문자집석(甲骨文字集釋)≫)						

※ 나무를 쪼개어 그 왼편을 나타낸 것으로 나무 '조각'을 나타낸다.

壯	士부 총7획	金文	小篆	壯骨(장골) 壯士(장사) 壯元(장원)	
		中山王鼎	說文解字		
장할 장	설문 士부	壯(장)은 크다는 뜻이다. 士(사)는 의미부분이고, 爿(장)은 발음부분이다.(「壯, 大也. 从士, 爿聲.」)			

※ 나무 널조각(爿)을 든 어린 장사(士)가 건축 일에 부역할 정도로 자라 '씩씩하고' '장함'을 뜻한다.

莊	艸부 총11획	春秋 金文	戰國 金文	小篆	古文	莊嚴(장엄) 莊重(장중) 莊園(장원)	
		趞亥鼎	璽印集粹	郭店語三	說文解字		
씩씩할 장	설문 艸부	莊(장)은 황상(皇上)의 피휘자(避諱字)이다. 𦯄은 莊의 고문(古文)이다.(「莊, 上諱. 𦯄, 古文莊.」)					

※ 풀(艹)이 이제 막 다 자란 장사(士)처럼 씩씩하게(壯) 보여 '씩씩하게'를 뜻한다.

裝	衣부 총13획	戰國 金文	小篆	裝備(장비) 裝置(장치) 裝幀(장정)	
		雲夢封診	說文解字		
꾸밀 장	설문 衣부	裝(장)은 싼다는 뜻이다. 衣(의)는 의미부분이고, 壯(장)은 발음부분이다.(「裝, 裹也. 从衣, 壯聲.」)			

※ 씩씩하게(壯) 보이도록 옷(衣)의 표면을 아름답게 '꾸밈'을 뜻한다.

奘	大부 총10획	小篆 奘 說文解字		奘大(장대)	
클 **장**	설문 大부	奘(장)은 굵고 크다는 뜻이다. 大(대)와 壯(장)은 모두 의미부분인데, 壯은 발음부분이기도 하다.(「奘, 駔大也. 从大, 从壯, 壯亦聲.」)			

✻ 씩씩하고(壯) 몸집이 큰(大) 사람에서 '크다'를 뜻한다.

將	寸부 총11획	西周 金文			戰國 金文	小篆	將軍(장군) 將帥(장수) 將棋(장기)	
		毛公鼎	虢季子白	輔伯父	秦玉牒	說文解字		
장수 **장**	설문 寸부	將(장)은 장수(將帥)를 뜻한다. 寸(촌)은 의미부분이고, 醬(장)의 생략형은 발음부분이다.(「將, 帥也. 从寸, 醬省聲.」)						

✻ 나뭇조각(爿)을 쌓은 제단에 제물인 고기(肉 = 月)를 손(寸)으로 바쳐 무리의 안녕을 위해 제사하는 '장수'를 뜻한다.

獎	犬부 총15획	小篆 獎 說文解字		勸獎(권장) 獎勵賞(장려상) 獎學金(장학금)	
장려할 **장**	설문 犬부	'獎'자 해설에서 獎(장)은 개로 하여금 짖게 한다는 뜻이다. 犬은 의미부분이고, 將(장)의 생략형은 발음부분이다.(「獎, 嗾犬厲也. 从犬, 將省聲.」)			

✻ 장수(將)가 병사들의 사기를 북돋듯 개(犬)가 짖어 무리를 이끄는 데서 '장려함'을 이른다. ※奬과 동자.

漿	水부 총15획	小篆	古文		漿果(장과) 漿水(장수) 飮漿(음장)	
				說文解字		
즙 **장**	설문 水부	漿(장)은 식초를 뜻한다. 水(수)는 의미부분이고, 將(장)의 생략형은 발음부분이다. 㵈은 고문(古文)으로 漿의 생략형이다.(「漿, 酢漿也. 从水, 將省聲. 㵈, 古文漿省.」)				

✻ 사람을 다스리는 장수(將)처럼, 사람의 정신을 취하게 하여 다스리는 물(水)인 신맛이 나는 걸쭉한 술에서 '미음' '즙' '풀'을 뜻한다.

醬	酉부 총18획	金文	小篆	古文	籀文	醬味(장미) 醬太(장태) 醬滓(장재)	
		中山王壺	說文解字				
장 장	설문 酉부	醬 = 酱(장)은 젓갈을 뜻한다. 肉(육)과 酉(유)는 모두 의미부분이다. 술을 가지고 섞어 만든 것이 醬이다. 爿(장)은 발음부분이다. 㢧은 고문(古文)이다. 䤖은 주문(籀文)이다.(「醬, 盬也. 从肉, 从酉. 酒以和醬也. 爿聲. 㢧, 古文. 䤖, 籀文.」)					

✻ 많은 졸병을 다스리는 장수(將)처럼 육류와 곡류를 함께 다스려 술(酉)처럼 발효시킨 식해(醢:젓갈 해)로, 모든 음식의 맛을 다스리는 발효식품을 대표하여 '장'으로 쓰인다.

蔣	艸부 총15획	小篆 蔣 說文解字		蔣茅(장모) 蔣席(장석)	
성 **장**	설문 艸부	蔣(장)은 고장(苽蔣)풀이다. 艸(초)는 의미부분이고, 將(장)은 발음부분이다.(「蔣, 苽蔣也. 从艸, 將聲.」)			

✻ 볏과의 여러해살이 풀(艹)로, 여러 도구를 만들어 쓰거나, 병졸을 다스리는 장수(將)처럼, 여러 가지를 묶는 데 쓰이는 풀이름인 '줄'로, 주로 '성'으로 쓰인다.

藏	艹부 총18획	戰國 金文		小篆		藏守(장수) 藏置(장치) 祕藏(비장)	
				藏			
		兆域圖	上博周易	說文解字			
감출 장	설문 艹부	藏(장)은 감춘다는 뜻이다.(「藏, 匿也.」)					

* 풀(艹)이나 초막 안의 나무(爿) 틀에 묶어둔, 싸움(戈)에서 잡아온 노예의 눈(臣)을 멀게 하거나 억눌러 신하(臣)로 만들기 위해 착하게(臧 : 착할/숨길 장) 되도록 덮어 '감춤'을 뜻한다.

臟	肉부 총22획	설문 없음	隸書  形音義字典	內臟(내장) 臟器移植 (장기이식)	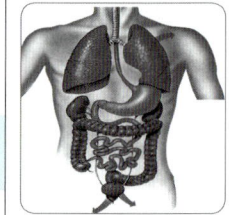
오장 장		≪집운(集韻)·탕운(宕韻)≫을 보면 "臟은 내장(內腸)을 뜻한다.(「臟, 腑也..」)"라고 하여, 5장6부(五臟六腑) 즉 내장의 총칭이라고 하였다.			

* 사람 몸(肉 = 月)에 감추어진(藏) '오장'을 뜻한다. ※오장:肺(폐)·心(심)·肝(간)·腎(신)·脾(비).

片	片부 총4획	甲骨文 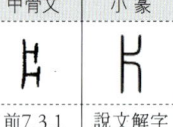 前7.3.1	小篆 片 說文解字	片紙(편지) 一片 丹心 (일편단심)	
조각 편	설문 片부	片(편)은 나무를 둘로 가른 조각을 뜻한다. 木(목)의 (오른쪽) 반쪽으로 이루어졌다. 무릇 片부에 속하는 글자들은 모두 片을 의미부분으로 삼는다.(「片, 判木也. 从半木. 凡片之屬皆从片.」)			

* 나무(木)를 양쪽으로 쪼개어 그 오른쪽 편을 나타낸 것으로 '조각'을 뜻한다.

舌(昏)→活→闊→刮☆→括→話→恬❖

舌	舌부 총6획	甲骨文		金文	小篆	口舌數(구설수) 舌端音(설단음)	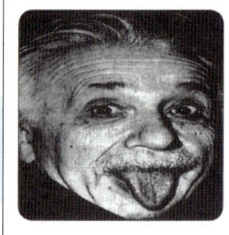
					舌		
		乙2288	合2202	舌 鼎	說文解字		
혀 설	설문 舌부	舌(설)은 입 안에 있으면서, 이것으로 말도 하고 맛도 구별하는 기관이다. 干(간)과 口(구)는 모두 의미부분인데, 干은 발음부분이기도 하다. 무릇 舌부에 속하는 글자들은 모두 舌을 의미부분으로 삼는다.(「舌, 在口, 所以言也, 別味也. 从干, 从口, 干亦聲. 凡舌之屬皆从舌.」)					

* 뱀의 혀(丫), 또는 사람의 혀(千)와 입(口)으로, 말하거나 음식을 먹어 맛을 구별함을 뜻한다.
  ※참고:'舌(설)'은 대부분 뿌리(氏)가 입(口)을 막은 모양인 昏(㖓:입 막을 괄)의 변형.

活	水부 총9획	小篆 	或體 	活力(활력) 活潑(활발) 活躍(활약)	
			說文解字		
살 활	설문 水부	活(활)은 물이 흐르는 소리이다. 水(수)는 의미부분이고, 昏(괄)은 발음부분이다. 𣴙은 活의 혹체자(或體字)로 (昏 대신) 𣿡(괄)을 썼다.(「𣴙, 水流聲也. 从水, 昏聲. 𣿡, 活或从𣿡.」)			

* 물(氵)이 막힌(昏 = 㖓 = 舌) 틈에서 용솟음치며 '살아' 있는 듯 '콸콸' 흘러나오는 소리.
  ※파자:물(氵)기가 있어 혀(舌)가 살아 움직이는 데서 '살다'를 뜻한다.

闊	門부 총17획	金文 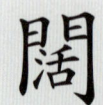 兆域圖	小篆 說文解字	廣闊(광활) 快闊(쾌활) 闊略(활략)	
넓을 활	설문 門부	闊(활)은 소원(疏遠)하다는 뜻이다. 門(문)은 의미부분이고, 活(활)은 발음부분이다.(「闊, 疏也. 从門, 活聲.」)			

* 문(門)을 통해 다니듯, 활기 있는 살아 있는(活) 물이 '넓고' 멀리 흘러감을 뜻한다.

刮	刀부 총8획	小篆 說文解字		刮摩(괄마) 刮目(괄목) 刮肉(괄육)	
긁을 괄	설문 刀부	刮(刮;괄)은 닦아낸다는 뜻이다. 刀(도)는 의미부분이고, 昏(괄)은 발음부분이다.(「刮, 掊把也. 从刀, 昏聲.」)			

※ 곡식을 펴는 갈퀴 같은 도구로, 막히거나(昏 = 昏 = 舌) 쌓인 곳을 칼(刀)로 긁듯 '긁어냄'을 뜻한다.

括	手부 총9획	小篆 說文解字		括弧(괄호) 包括(포괄) 括約筋(괄약근)	
묶을 괄	설문 手부	括(括;괄)은 묶는다는 뜻이다. 手(수)는 의미부분이고, 昏(괄)은 발음부분이다.(「括, 絜也. 从手, 昏聲.」)			

※ 손(扌)으로 끈을 잡아 물건을 새지 않게 막듯(昏 = 昏 = 舌), 다발로 '묶음'을 뜻한다.

話	言부 총13획	小篆	籒文 說文解字	話法(화법) 話題(화제) 對話(대화)	
말씀 화	설문 言부	語(話;화)는 모여서 좋은 말을 나눈다는 뜻이다. 言(언)은 의미부분이고, 昏(괄)은 발음부분이다. ≪傳(전)≫에 이르기를 "좋은 말씀을 알렸다."라고 하였다. 譮는 話의 주문(籒文)으로 (昏 대신) 會(회)를 썼다.(「話, 合會善言也. 从言, 昏聲. ≪傳≫曰: "告之話言." 譮, 籒文話, 从會.」)			

※ 말(言)로 다른 사람의 잘못된 말을 막을(昏 = 昏 = 舌) 만큼 훌륭한 '말씀'을 뜻한다.
※파자:말(言)은 혀(舌)로 하는 데서 '말씀'을 뜻한다.

恬	心부 총9획	金文  吉大142	小篆  說文解字	恬性(염성) 恬愉(염유)	
편안할 념	설문 心부	恬(념)은 편안하다는 뜻이다. 心(심)은 의미부분이고, 甛(첨)의 생략형은 발음부분이다.(「恬, 安也. 从心, 甛省聲.」)			

※ 마음(忄)에 맞게 혀(舌)에 맛이 맞아 편안함에서 '편안하다'를 뜻한다.

舍 → 捨

舍	舌부 총8획	甲骨文 周甲115	西周 金文 令 鼎	戰國 金文 毛公鼎 居簋 中山王鼎	小篆 說文解字	舍廊(사랑) 舍宅(사택) 廳舍(청사)	
집 사	설문 스부	舍(사)는 손님이 머무르는 곳을 舍라고 한다. 스(집)은 의미부분이고, 屮은 집을 그린 것이고, 口은 터를 그린 것이다.(「舍, 市居曰舍. 从스. 屮, 象屋也. 口, 象築也.」)					

※ 지붕(人)과 기둥(干)과 방(口)으로 이루어진 '집'으로, 객이 머무르던 '客舍(객사)'를 이른다.
※ 파자 : 사람(人)이 먹고 쉬는 혀(舌)가 즐거운 '집'을 뜻한다.

捨	手부 총11획	小篆 說文解字		喜捨(희사) 捨身成道 (사신성도)	
버릴 사	설문 手부	捨(사)는 풀어 놓는다는 뜻이다. 手(수)는 의미부분이고, 舍(사)는 발음부분이다.(「捨, 釋也. 从手, 舍聲.」)			

※ 임무나 일을 마치거나 손(扌)을 떼고 객사(舍)에 머무는 데서 '버리다' '그만둠'을 뜻한다.

毛 ➡ 宅 ➡ 垞 ❖ ➡ 咤 ❖ ➡ 托 ➡ 託

毛

		甲骨文			西周 金文	戰國 金文	小篆		
	ノ부 총3획	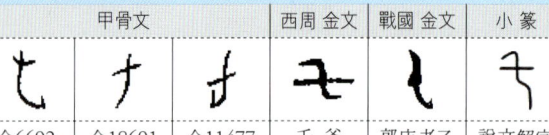						용례 없음	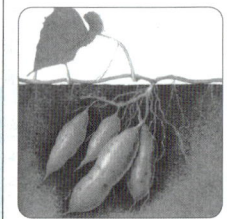
		合6692	合18691	合11477	毛斧	郭店老乙	說文解字		
부탁할 **탁/책**	설문 毛부	毛(책)은 풀잎을 뜻한다. 이삭이 늘어져 있는데(⺅), 위로는 한 획이 관통하고 있고(一), 그 아래에는 뿌리가 있는 모양(乚)으로 이루어져 있다. 상형이다. 무릇 毛부에 속하는 글자들은 모두 毛을 의미부분으로 삼는다.(「⺅, 艸葉也. 从垂穗, 上貫一, 下有根. 象形. 凡毛之屬皆从毛.」)							

✽ 늘어진 줄기(ノ)가 땅(一)을 뚫고 나온 뿌리(乚)에 '의지하는'에서 '부탁하다'를 뜻한다.

宅

		甲骨文	西周 金文	春秋 金文	小篆		古文		
	宀부 총6획							宅配(택배) 家宅(가택) 舍宅(사택)	
		菁7.1	何尊	秦公簋		說文解字			
집 **택/댁**	설문 宀부	宅(택·댁)은 의탁(依託)하는 곳을 뜻한다. 宀은 의미부분이고, 乇은 발음부분이다. 𡧿은 宅의 고문(古文)이다. 㡯도 역시 宅의 고문이다.(「𡧿, 所託也. 从宀, 乇聲. 𡧿, 古文宅. 㡯, 亦古文宅.」)							

✽ 집(宀)에 사람이 의지하여(乇) 사는 '집'을 뜻한다. 또는 연장(メ = 乇)으로 '집(宀)'을 짓는 모습.

垞

垞	土부 총9획	설문 없음	용례 없음	
언덕 **택**				

✽ 흙(土)을 높이 쌓아 집(宅)처럼 만든 성이나 '언덕'을 뜻한다.

咤

			金文	小篆		
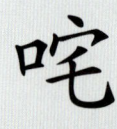	口부 총9획	설문 없음	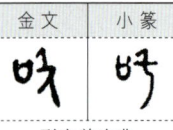		叱咤(질타)	
				形音義字典		
꾸짖을 **타**						

✽ 입(口)으로 소리 질러 집(宅)안이 울리도록 '꾸짖음'을 뜻한다.
  ※파자: 입(口)으로 집(宅)안이 울리도록 크게 꾸짖는 데서 '꾸짖다'를 뜻한다.

托

			小篆		
	手부 총6획	설문 없음		托生(탁생) 依托(의탁) 托鉢僧(탁발승)	
			形音義字典		
맡길 **탁**		≪집운(集韻)·탁부(鐸部)≫를 보면 "拓(탁)은 손으로 물체를 민다는 뜻이다. 托이라고도 쓴다.(「拓, 手推物. 或作托.」)"라고 하였다.			

✽ 손(扌)으로 밀어 남에게 의지하여(乇) '맡김' '부탁함'을 뜻한다.

託

		春秋 金文	小篆		
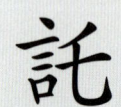	言부 총10획			付託(부탁) 信託(신탁) 託兒所(탁아소)	
		蔡侯申盤	說文解字		
부탁할 **탁**	설문 言부	託(탁)은 맡긴다는 뜻이다. 言(언)은 의미부분이고, 乇(탁)은 발음부분이다.(「訫, 寄也. 从言, 乇聲.」)			

✽ 말(言)로 부탁하고 의지하여(乇) 맡김(托 = 乇)에서 '부탁함'을 뜻한다.

半 ➡ 伴 ➡ 拌 ☆ ➡ 畔 ➡ 絆 ☆ ➡ 判

	十부 총5획	春秋 金文		戰國 金文		小篆	後半(후반) 半島(반도) 半導體(반도체)	
		秦公簋		聖彙1270	幣編067	說文解字		
반 반	설문 半부	半(반)은 물체의 가운데를 나눈다는 뜻이다. 八(팔)과 牛(우)는 모두 의미부분이다. 소[牛]는 몸집이 큰 동물이어서, 가히 나눌 수 있다. 무릇 半부에 속하는 글자들은 모두 半을 의미부분으로 삼는다.(「半, 物中分也. 从八, 从牛. 牛爲物大, 可以分也. 凡半之屬皆从半.」)						

※ 반으로 나눈(八) 소(牛 = 牜)에서 '반쪽' '반' '중간'을 뜻한다.

	人부 총7획	小篆  說文解字	同伴(동반) 隨伴(수반) 伴侶者(반려자)	
짝 반	설문 人부	伴(반)은 큰 모습이다. 人(인)은 의미부분이고, 半(반)은 발음부분이다.(「伴, 大皃. 从人, 半聲.」)		

※ 사람(亻)의 반쪽(半) 둘이 모여 결합해 '짝'을 이룸을 뜻한다.

	手부 총8획	설문 없음	小篆  形音義字典	攪拌(교반)	
버릴 반					

※ 손(扌)으로 물건을 반(半) 떼어서 남을 주거나 '버림'을 뜻한다.

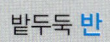	田부 총10획	戰國 金文	小篆		畔界(반계) 湖畔(호반) 水畔(수반)	
		郭店老甲	說文解字			
밭두둑 반	설문 田부	畔(반)은 밭의 경계를 뜻한다. 田(전)은 의미부분이고, 半(반)은 발음부분이다.(「畔, 田界也. 从田, 半聲.」)				

※ 밭 주변의 두둑으로, 밭(田)을 나눈(半) 밭과 밭 사이의 경계인 '밭두둑'을 뜻한다.

	糸부 총11획	小篆  說文解字	絆緣(반연) 脚絆(각반) 絆瘡膏(반창고)	
얽어맬 반	설문 糸부	絆(반)은 말의 고삐를 뜻한다. 糸(멱·사)는 의미부분이고, 半(반)은 발음부분이다.(「絆, 馬縶也. 从糸, 半聲.」)		

※ 줄(糸)로 말이나 소를 무리에서 분리하여 나누어(半) 묶는 고삐에서 '얽어매는' 것을 뜻한다.

	刀부 총7획	小篆  說文解字	判事(판사) 判決(판결) 判定勝(판정승)	
판단할 판	설문 刀부	判(판)은 나눈다는 뜻이다. 刀(도)는 의미부분이고, 半(반)은 발음부분이다.(「判, 分也. 从刀, 半聲.」)		

※ 반(半)을 칼(刂)로 가르고 열어 분석하여 '판단함'을 뜻한다.

午 → 旿 → 許 … 年

		甲骨文		殷商 金文	西周 金文	春秋 金文	戰國 金文	小篆	
午	十부 총4획								午前(오전) 午後(오후) 正午(정오)
		前7.40.2	粹1586	邲其卣	召卣	曾伯簠	子禾子釜	說文解字	
낮 **오**	설문 午부	午(오)가 일곱 번째 지지(地支)로 쓰이는 까닭은 거스르기[牾(오)] 때문이다. 5월이 되면 음기가 양기를 거슬러 땅을 뚫고 나온다. 이것은 矢(시)와 같은 뜻이다. 무릇 午부에 속하는 글자들은 모두 午를 의미부분으로 삼는다.(「午, 牾也. 五月, 陰气午逆陽, 冒地而出. 此予矢同意. 凡午之屬皆从午.」)							

※ 양끝이 둥글고 허리가 가는 모양의 해시계의 절굿공이(杵:공이 저)를 본뜬 글자로 '낮'을 뜻하며, 절구질하여 자주 부딪는 데서 '저촉(抵觸)' '위배(違背)' '거스름' 등의 뜻으로 쓰인다.

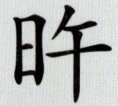

旿	日부 총8획	설문 없음	용례 없음
낮밝을/대낮 **오**			

※ 해시계의 절굿공이가 햇볕(日)에 드러나는 밝은 낮(午)에서 '낮이 밝다' '대낮'을 뜻한다.

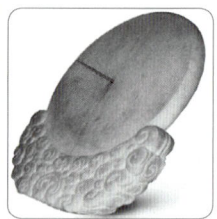

		西周 金文	戰國 金文	小篆	
許	言부 총11획				許容(허용) 許諾(허락) 許可制(허가제)
		曶鼎	毛公鼎	中山王鼎	說文解字	
허락할 **허**	설문 言부	許(허)는 듣는다는 뜻이다. 言(언)은 의미부분이고, 午(오)는 발음부분이다.(「許, 聽也. 从言, 午聲.」)				

※ 말(言)하듯 절구질(午) 할 때 '영차 이영차' 소리 내며 일을 독려하는 데서 '허락'을 뜻한다.

		甲骨文		西周 金文		春秋 金文	小篆	
年	干부 총6획							年度(연도) 年初(연초) 年末(연말)
		佚679	甲2827	召卣	曶鼎	齊侯盤	說文解字	
해 **년**	설문 禾부	秊(년)은 곡식이 익었다는 뜻이다. 禾(화)는 의미부분이고, 千(천)은 발음부분이다. ≪춘추전(春秋傳)≫에 이르기를 "크게 풍년이 들었다."라고 하였다.(「秊, 穀孰也. 从禾, 千聲. ≪春秋傳≫曰: "大有秊."」)						

※ 벼(禾)를 수확하여 짊어진 사람(人 = 千)인 秊[해년]이 본자(本字)나, 후에 속자인 지금의 자형[年]으로 쓰였다.
※ 글자가 많이 변해 부수를 干(간)으로 하였다.

牛 → 件 → 牧 → 牢 ☆ → 牟 → 牡 → 牽 → 犀 ☆ → 遲

		甲骨文		殷商 金文	西周 金文		小篆	
牛	牛부 총4획							牛乳(우유) 牛黃(우황) 牛步(우보)
		乙3328	粹39	牛鼎	曶鼎	師袁簋	說文解字	
소 **우**	설문 牛부	牛(우)는 큰 가축이다. 牛는 件(건)이다. 件은 사리(事理)를 뜻한다. 머리와 뿔을 표현하기 위해서 위는 셋으로 갈라지게 하고, 꼬리는 하나로 내려 그은 모양이다. 무릇 牛부에 속하는 글자들은 모두 牛를 의미부분으로 삼는다.(「牛, 大牲也. 牛, 件也. 件, 事理也. 象角頭三封尾之形. 凡牛之屬皆从牛.」)						

※ 소뿔과 귀 등 소머리의 특징을 그려 '소'를 뜻한다. 소의 종류나 동작행위와 관계가 있다.

◆ 謹賀新年 : (근하신년) 삼가 새해를 축하(祝賀)한다는 인사말(人事-).
◆ 百年大計 : (백년대계) 먼 앞날까지 내다보고 먼 뒷날까지 걸쳐 세우는 큰 계획(計劃).
◆ 牛耳讀經 : (우이독경) '쇠귀에 경 읽기'란 뜻으로, 우둔(愚鈍)한 사람은 아무리 가르치고 일러주어도 알아듣지 못함을 비유(比喩·譬喩)하여 이르는 말.

| 件 | 人부
총6획 | 小篆
件
說文解字 | | | | | 物件(물건)
事件(사건)
文件(문건) |

| 물건 **건** | 설문
人부 | 件(건)은 나눈다는 뜻이다. 人(인)과 牛(우)는 모두 의미부분이다. 소[牛]는 큰 짐승이므로 가히 나눌 수 있다.(「牉, 分也. 从人, 从牛. 牛, 大物, 故可分.」) |

※ 사람(亻)이 소(牛)를 잡아 '나눔'이 본뜻. 나뉜 각각의 하나 또는 일, 각각의 '물건'을 뜻한다.

牧	牛부 총8획	甲骨文				殷商 金文	牧童(목동) 牧場(목장) 牧畜(목축)
		前5.27.1	乙7191	乙2626	後下12.14	合409	亞鼎
		西周 金文				小篆	
		牧公簋	小臣諫簋	免簋	南宮柳鼎	柳鼎	說文解字

| 칠/기를 **목** | 설문
攴부 | 牧(목)은 소를 치는 사람을 뜻한다. 攴(복)과 牛(우)는 모두 의미부분이다. ≪시경(詩經)≫에 이르기를 "목동(牧童)이 꿈을 꾸었네."라고 하였다.(「牧, 養牛人也. 从攴, 从牛. ≪詩≫曰: "牧人乃夢."」) |

※ 소(牛)를 손에 채찍을 들고(攴 = 攵) 몰아 방목(放牧)하여 '침' '기름'을 뜻한다.

牢	牛부 총7획	甲骨文			殷商 金文	西周 金文	小篆	牢獄(뇌옥) 牢籠(뇌롱) 堅牢(견뢰)
		戩23.10	粹581	前1.24.3	爵文	貉子卣	說文解字	

| 우리 **뢰** | 설문
牛부 | 牢(뢰)는 난간(欄干)이다. 소나 말을 기르는 우리를 뜻한다. 牛(우)와 冬(동)의 생략형(즉 冖)은 모두 의미부분으로, (冖은) 그 주위를 빙 둘렀다는 뜻을 취한 것이다.(「牢, 閑. 養牛馬圈也. 从牛·冬省, 取其四周帀也.」) |

※ 울타리로 감싼 집(冖[宀] = 宀)으로 방목하던 소(牛)를 겨울이면 가두던 '우리'를 뜻한다.

牟	牛부 총6획	戰國 金文		小篆			牟麥(모맥) 牟取(모취) 牟利(모리)
				牟			
		高奴權	珍秦	說文解字			

| 성/보리 **모** | 설문
牛부 | 牟(모)는 소가 운다는 뜻이다. 牛(우)는 의미부분이고, (厶)는 그 소리가 입에서 나오는 것을 그린 것이다.(「牟, 牛鳴也. 从牛, 象其聲气从口出.」) |

※ 머리를 들고 우는 모양(厶)의 소(牛)에서 '소가 울다'가 본뜻이나 '성'으로 쓰인다.

牡	牛부 총7획	甲骨文		西周 金文	戰國 金文	小篆	牡牛(모우) 牡瓦(모와) 牡牝(모빈)
		乙2373	粹553	前7174	刺鼎	中山王壺	說文解字

| 수컷 **모** | 설문
牛부 | 牡(모)는 가축의 수컷을 뜻한다. 牛(우)는 의미부분이고, 土(토)는 발음부분이다.(「牡, 畜父也. 从牛, 土聲.」) |

※ 소(牛)의 생식기(丄 = 土)가 보이는 '수컷'을 뜻한다.
　※파자:소(牛) 중에 넓은 구역의 땅(土)을 차지하고 있는 '수컷'.

	牛부 총11획	甲骨文		戰國 金文	小篆		牽制(견제) 牽牛(견우) 牽引車(견인차)	

		合集34674	合集34675	雲夢日甲	說文解字			
이끌 견	설문 牛부	牽(견)은 앞으로 당긴다는 뜻이다. 牛(우)는 의미부분이고, (冖)는 소를 당기는 고삐를 그렸다. 玄(현)은 발음부분이다.(「牽, 引前也. 从牛. 象引牛之縻也. 玄聲.」)						

※ 줄(玄)을 고삐(冂 = 冖)에 달아 소(牛)를 '이끌고' 감을 나타낸다.
　※참고: 玄(현)은 줄을 매달아 아래로 늘어뜨린 모양을 나타낸다.

	牛부 총12획	西周 金文	春秋 金文	小篆		犀舟(서주) 犀利(서리) 犀角(서각)	
		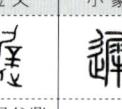					
		犀伯鼎	鄀公匜	說文解字			
무소 서	설문 牛부	犀(서)는 남쪽 변방에 사는 소로, 뿔 하나는 코에 있고 또 하나는 머리에 있다. 돼지와 비슷하게 생겼다. 牛(우)는 의미부분이고, 尾(미)는 발음부분이다.(「犀, 南徼外牛, 一角在鼻, 一角在頂, 似豕. 从牛, 尾聲.」)					

※ 머리에 꼬리(尾 = 尾)처럼 뿔이 난 소(牛)인 '무소' '코뿔소'를 뜻한다.

	辵부 총16획	甲骨文	金文	小篆	或體	籒文	遲刻(지각) 遲滯(지체) 遲延(지연)	

		京津2725	粹1255	伯遲父鼎		說文解字		
더딜 지	설문 辵부	遲(지)는 천천히 간다는 뜻이다. 辵(착)은 의미부분이고, 犀(서)는 발음부분이다. ≪시경(詩經)·패풍(邶風)·곡풍(谷風)≫에 이르기를 "가야 할 길 느릿느릿 가다."라고 하였다. 遟는 遲의 혹체자(或體字)로 (犀 대신) 尸(인·이)를 썼다. 遟는 遲의 주문(籒文)으로 (犀 대신) 屖(서)를 썼다.(「遲, 徐行也. 从辵, 犀聲. ≪詩≫曰: "行道遲遲." 遟, 遲或从尸. 遟, 籒文遲, 从屖.」)						

※ 고문에는 사람이나 죄인이 천천히 감을 뜻하였으나, 후에 무소(犀)가 느리게 걸어가는(辶) 데서 '더디다' '늦다' '기다리다'로 쓰인다.

告 → 浩 → 晧 → 皓 → 澔☆ → 酷 → 梏◆ → 鵠※ → 造

	口부 총7획	甲骨文		殷商 金文	西周 金文	戰國 金文	小篆	告白(고백) 告訴(고소) 告發(고발)	

		粹4	菁1·1	亞告簋	毛公鼎	中山王壺	說文解字		
고할 고	설문 告부	告(고)는 소가 사람을 받으면 뿔에 나무를 가로질러 넣어 사람들에게 알린다는 뜻이다. 口(구)와 牛(우)는 모두 의미부분이다. ≪주역(周易)≫에 이르기를 "황소의 뿔 사이에 나무 막대기를 가로질러 넣다."라고 하였다. 무릇 告부에 속하는 글자들은 모두 告를 의미부분으로 삼는다.(「告, 牛觸人, 角著橫木, 所以告人也. 从口, 从牛. ≪易≫曰: "僮牛之告." 凡告之屬皆从告.」)							

※ 소(牛)가 울어(口) '알림', 소머리(牛)를 제단(口)에 올려 신에게 '고함', 소머리(牛)를 걸어 함정(口)을 알림 등과 같이 여러 설이 있다. '알리다' '고하다'가 본뜻으로 쓰인다.

	水부 총10획	金文	小篆		浩氣(호기) 浩蕩(호탕) 浩博(호박)	
浩						
		古鉨	說文解字			
넓을 호	설문 水부	浩(호)는 (물이) 많다는 뜻이다. 水(수)는 의미부분이고, 告(고)는 발음부분이다. ≪우서(虞書)≫에 이르기를 "큰 물이 넘실거렸다."라고 하였다.(「浩, 澆也. 从水, 告聲. ≪虞書≫曰: "洪水浩浩."」)				

※ 큰 물(氵)이 흐를 때 소리가 널리까지 퍼져 알려짐(告)에서 '넓음'을 뜻한다.

晧	日부 총11획	小篆 晧 說文解字		晧月(호월) 晧旰(호간) 碩晧(석호)	
밝을 호	설문 日부	晧(호)는 해가 솟는 모습이다. 日(일)은 의미부분이고, 告(고)는 발음부분이다.(「晧, 日出皃. 从日, 告聲.」)			

✽ 해(日)가 떠올라 어둠이 물러감을 알려줌(告)에서 '밝음'을 뜻한다.

皓	白부 총12획	설문 없음	小篆 皓 形音義字典	皓髮(호발) 皓白(호백) 皓雪(호설)	
흴 호					

✽ 희고(白) 결백함을 알림(告)에서 '희다' '깨끗하다'로 쓰인다.

澔	水부 총15획	설문 없음		在澔(재호) (人名字)	
넓을 호		浩와 同字.			

✽ 浩(호)와 같은 자로, 홍수(氵)가 남을 알림(告白)을 뜻한다. ※파자:희고(皓) 넓은 강물(氵).

酷	酉부 총14획	戰國 金文 / 小篆 陶三751 / 說文解字		酷毒(혹독) 酷使(혹사) 酷評(혹평)	
심할 혹	설문 酉부	酷(혹)은 술맛이 농후하다는 뜻이다. 酉(유)는 의미부분이고, 告(고)는 발음부분이다.(「酷, 酒厚味也. 从酉, 告聲.」)			

✽ 술(酉)이 강렬하고 독한 맛을 향기로 알림(告)을 뜻하여, '심함' '독함' '괴로움'을 뜻한다.

	木부 총11획	甲骨文 / 殷商 金文 / 戰國 金文 / 小篆 合139 / 合13733 / 睪爵 / 上博周易 / 說文解字		脫梏(탈곡) 桎梏(질곡) 梏亡(곡망)	
수갑 곡	설문 木부	梏(곡)은 손을 묶는 형벌 기구를 뜻한다. 木(목)은 의미부분이고, 告(고)는 발음부분이다.(「梏, 手械也. 从木, 告聲.」)			

✽ 나무(木)로 만든 기구로 죄인을 알리기(告) 위해 양손을 '수갑'에 채워둠을 뜻한다.

	鳥부 총18획	小篆 說文解字		鴻鵠(홍곡) 正鵠(정곡) 鵠志(곡지)	
고니/과녁 곡	설문 鳥부	鵠(혹)은 고니이다. 鳥(조)는 의미부분이고, 告(고)는 발음부분이다.(「鵠, 鴻鵠也. 从鳥, 告聲.」)			

✽ 몸이 하양고(皓 = 告) 커서 멀리서 보고도 잘 알아(告)볼 수 있는 새(鳥)로 다리는 검고 부리는 노란 '고니'인 백조(白鳥)를 뜻한다. 또는 고니의 머리처럼 붉은 '과녁'을 뜻한다.

造	辵부 총11획	西周 金文		春秋 金文	戰國 金文	小篆	古文	造景(조경) 造成(조성) 造化(조화)
		頌鼎	頌簋	曹公子戈	宋公欒戈	高密戈	說文解字	
지을 조	설문 辵부	造(조)는 나아간다는 뜻이다. 辵(착)은 의미부분이고 告(고)는 발음부분이다. 담장(譚長)은 造는 '선비가 되다'라는 뜻이라고 하였다. 艁는 造의 고문(古文)으로 (辵 대신) 舟를 썼다.(「譜, 就也. 从辵, 告聲. 譚長說: 造, 上士也. 艁, 古文造, 从舟.」)

※ 알리고(告) 나아가(辵) 일을 하거나 건물을 '지음'을 뜻한다. 고문은 배를 건조함을 뜻했다.

夭 ➡ 妖 ➡ 飫 ※ ➡ 笑 ➡ 沃 ➡ 添 ➡ 呑

	大부 총4획	甲骨文			殷商 金文	西周 金文	小篆	夭折(요절) 夭夭(요요) 夭死(요사)
		甲2810	合17230	前4·29·4	亞毀爵		說文解字	
일찍죽을 요	설문 夭부	夭(요)는 굽었다는 뜻이다. 大(대)는 의미부분이고, 상형(象形)이다. 무릇 夭부에 속하는 글자들은 모두 夭를 의미부분으로 삼는다.(「夭, 屈也. 从大, 象形. 凡夭之屬皆从夭.」)

※ 몸이 굽어 있는 모양으로 달리는 사람, 춤추는 사람 등으로 보며, 몸이 기울어 있는 모양에서 '변화'를 뜻하여 '일찍 죽다' '꺾이다' '굽다' 등으로 쓰인다.

	女부 총7획	小篆	妖妄(요망) 妖精(요정) 妖術(요술)
		 說文解字	
요사할 요	설문 女부	妖 = 媄(요)는 교묘하다는 뜻이다. 일설에는 여자가 웃는 모습이라고도 한다. ≪시경(詩經)≫에 이르기를 "싱싱한 복숭아나무."라고 하였다. 女(녀)는 의미부분이고, 芺(요)는 발음부분이다.(「媄, 巧也. 一曰女子笑皃. ≪詩≫曰: "桃之媄媄.", 从女, 芺聲.」)

※ 여자(女)가 엉겅퀴(芺)처럼 몸을 굽혀(夭) 교태(嬌態)를 부림에서 '요사함'을 뜻한다. ※(芺 : 엉겅퀴 요)

	食부 총13획	설문 없음	小篆	飫歌(어가) 飫聞(어문) 飫賜(어사)
			 形音義字典	

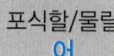

포식할/물릴
어

※ 잔치의 음식(食)을 웃음(笑 = 夭)이 가득하게 편안히 배부르게 먹는 데서 '포식하다' '물리다'를 뜻한다.
※파자: 식욕(食)이 꺾일(夭) 때까지 배불리 먹는 데서 '포식하다' '물리다'를 뜻한다.

	竹부 총10획	戰國 金文	小篆	微笑(미소) 談笑(담소) 苦笑(고소)
		長沙帛書	說文解字	
웃음 소	설문 竹부	서현본(徐鉉本) ≪설문해자·죽부(竹部)≫ 맨 끝에 있는 '笑'자 해설을 보면 다음과 같다. 笑(소), 이 글자는 본래 없는 글자이다.(「笑, 此字本闕.」)

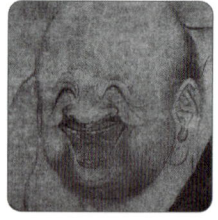

※ 바람을 맞은 대(竹)가 굽어짐(夭)이 사람이 허리를 굽히고 '웃는' 모습과 같음을 뜻한다.

	水부 총7획	金文	小篆		肥沃(비옥) 門前沃畓 (문전옥답)
		雲夢日甲	形音義字典	說文解字	
기름질 옥	설문 水부	沃 = 浂(옥)은 물을 댄다는 뜻이다. 水(수)는 의미부분이고, 芺(요)는 발음부분이다.(「浂, 溉灌也. 从水, 芺聲.」)

※ 물길(氵)이 구불구불하게 굽어(夭) 흘러 농작물에 '물을 대어' '기름지게' 함을 뜻한다.

添	水부 총11획	설문 없음	隸書 添 形音義字典			別添(별첨) 添附(첨부) 添加物(첨가물)
더할 첨		≪옥편(玉篇)·수부(水部)≫를 보면 "添(첨)은 더한다는 뜻이다.(「添, 益也.」)				

※ 물(氵)이 굽이쳐(天) 땅이 기름지듯, 더욱 기름지길(沃) 마음(㣺)으로 바람에서 '더함'을 뜻한다. 또 끊임없이 흐르는 물(氵)처럼 더러운(忝:더럽힐 첨) 욕심을 더하는 데서 '더하다'를 뜻한다.

吞	口부 총7획		小篆 吞 說文解字			倂吞(병탄) 吞吐(탄토) 吞天(탄천)
삼킬 탄		설문 口부	吞(탄)은 목구멍을 뜻한다. 口(구)는 의미부분이고, 天(천)은 발음부분이다.(「吞, 咽也. 从口, 天聲.」)			

※ 하늘(天)을 향해 입(口)을 벌리고 '삼킴'을 뜻한다. 天(천)이 변하여 夭(요)처럼 변함.

高→稿→敲→膏→嵩→鎬→嗃→毫→豪→濠→壕→亮

高	高부 총10획	甲骨文 後上6.7	甲585	殷商金文 毓且丁卣	西周金文 不其簋	春秋金文 秦公簋	小篆 說文解字	高空(고공) 高價(고가) 高等(고등)
높을 고		설문 高부	高(고)는 높다는 뜻이다. 누각(樓閣)의 높은 모양을 그린 것이다. 冂(멱)은 의미부분이고, 口(위)는 倉(창)과 舍(사)의 아랫부분이 口를 쓴 것과 글자구조상 같은 의미이다. 무릇 高부에 속하는 글자들은 모두 高를 의미부분으로 삼는다.(「高, 崇也. 象臺觀高之形, 从冂, 口與倉舍同意. 凡高之屬皆从高.」)					

※ 누대 위에 '높은' 집으로, 지붕(冖), 구조물(口), 누대(冂), 출입구(口)나 창고의 구조인 망루에서 누대 위의 '높은' 집을 뜻한다.

稿	禾부 총15획	戰國金文 雲夢效律	小篆 說文解字		稿料(고료) 投稿(투고) 原稿(원고)
원고/볏짚 고		설문 禾부	稿(고)는 볏짚을 뜻한다. 禾(화)는 의미부분이고, 高(고)는 발음부분이다.(「稾, 稈也. 从禾, 高聲.」)		

※ 벼(禾)의 가늘고 길게 높이(高) 자라는 줄기인 '볏짚'으로, 글을 처음 쓸 때, 풀이나 짚이 난잡하게 어지럽혀 있는 것처럼 쓴 초고(草稿)에서 '원고'가 된다.

敲	攴부 총14획	小篆 說文解字		敲門(고문) 推敲(퇴고) 敲折(고절)
두드릴 고		설문 攴부	敲(고)는 옆에서 친다는 뜻이다. 攴(복)은 모두 의미부분이고, 高(고)는 발음부분이다.(「敲, 橫摘也. 从攴, 高聲.」)	

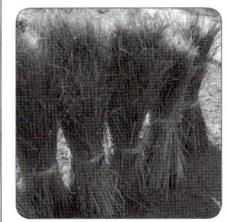

※ 사물의 머리 부분, 즉 높은(高) 곳을 지팡이를 들고 가볍게 치는(攴) 데서 '두드림'을 뜻한다.

膏	肉부 총14획	甲骨文 前1.29.4	後下5.1	戰國金文 陶三241	小篆 說文解字	膏血(고혈) 膏藥(고약) 膏肓(고황)
기름 고		설문 肉부	膏(고)는 기름지다는 뜻이다. 肉(육)은 의미부분이고, 高(고)는 발음부분이다.(「膏, 肥也. 从肉, 高聲.」)			

※ 높고(高) 두툼하게 살(肉 = 月)이 올라 '기름짐'을 뜻한다.

嵩	山부 총13획	戰國 金文 郭店語三	小篆 說文解字		嵩丘(숭구) 嵩岱(숭대) 嵩山(숭산)	
높을 숭	설문 山부	嵩(숭)은 5악(嶽)의 하나인 중악(中嶽)에 해당하는 숭산(嵩山)으로, 높은 산을 뜻한다. 山(산)과 高(고)는 모두 의미부분이다. (崧), (高 대신) 松(송)을 쓰기도 한다.(「嵩, 中岳嵩, 高山也. 从山, 从高. 亦从松.」)				

✻ 산(山)이 높고(高) 큰 오악(五嶽) 중의 하나인 '산 이름'에서 '높다'를 뜻한다. ※참고:오악(五嶽) = 태산(泰山)·화산(華山)·형산(衡山)·항산(恒山)·숭산(嵩山). 우리나라는 금강산·지리산·묘향산·백두산·삼각산.

鎬	金부 총18획	金文 太子鎬	小篆 說文解字		鎬京(호경)	
호경 호	설문 金부	鎬(호)는 데우는 그릇을 뜻한다. 金(금)은 의미부분이고, 高(고)는 발음부분이다. 주(周)나라 무왕(武王)이 도읍했던 곳으로, 장안(長安) 서쪽 상림원(上林苑) 안에 있다. 글자도 이와 같다.(「鎬, 溫器也. 从金, 高聲. 武王所都, 在長安西上林苑中. 字亦如此.」)				

✻ 쇠(金)로 일반 그릇보다 높게(高) 만든 '냄비'를 뜻하나, 주(周) 무왕(武王)이 처음 도읍 했던 곳인 지금의 섬서성(陝西省) 장안현(長安縣)의 서남쪽의 '호경(鎬京)'의 이름을 뜻한다.

嚆	口부 총17획	설문 없음			嚆矢(효시)	
울릴 효						

✻ 입(口)으로, 풀(艹)이 높게(高) 자라는 쑥(蒿:쑥 호)처럼 높게 소리 내어 '울림'을 뜻한다.

毫	毛부 총11획	설문 없음	戰國 金文 包山273	小篆 形音義字典	秋毫(추호) 毫末(호말) 揮毫(휘호)	
터럭 호		≪집운(集韻)·호운(豪韻)≫에 "毫(호)는 길고 날카로운 털을 뜻한다.(「毫, 長銳毛也.」)"라고 하였다.				

✻ 가늘고 높게(高 = 髙) 자란 긴 짐승의 털(毛)로, '터럭'을 뜻하며, 털로 만든 '붓'을 뜻한다.

豪	豕부 총14획	甲骨文 花東039 粹120	殷商 金文 拙豪瓿 豪戈	戰國 金文 陶三925	小篆 說文解字	籀文	豪傑(호걸) 豪放(호방) 豪華(호화)	
호걸 호	설문 希부	毫(豪)는 돼지로, 갈기가 붓대롱과 같다. 남군(南郡)에서 난다. 希(털 긴 짐승 제)는 의미부분이고, 高(고)는 발음부분이다. 毫는 주문(籀文)으로 (希 대신) 豕(시)를 썼다.(「毫, 豕, 鬣如筆管者, 出南郡. 从希, 高聲. 豪, 籀文从豕.」)						

✻ 털이 높고(高 = 髙) 길며 끝이 예리하게 자라는 야생돼지(豕)나 고슴도치 같은 '호저(豪豬)'로 용맹하고 강하여 '호걸' '뛰어남'을 뜻한다. '高'는 자주 아래 '口'를 생략한다.

濠	水부 총17획	설문 없음	小篆 形音義字典		濠洲(호주) 外濠(외호) 濠梁(호량)	
호주 호						

✻ 성 주위를 둘러싼 긴 물(氵)줄기가 온몸을 긴 털로 덮고 있는 호저(豪豬)처럼 감싼 '해자(垓字)'로 현재 '호주(Australia)'를 한자로 쓸 때 쓰인다.

壕	土부 총17획	설문 없음	小篆 壕 形音義字典		塹壕(참호) 防空壕(방공호)	
해자 호						

※ 성 전체를 감싼 땅(土)을 파서 물을 담아 긴 털로 덮고 자기 몸을 보호하는 호저(豪)처럼 적이 건너옴을 막던 '해자(垓字)'를 뜻한다.

亮	亠부 총9획	설문 없음	戰國 金文 亮矛	小篆 亮 形音義字典	亮直(양직) 亮察(양찰) 諸葛亮(제갈량)	
밝을 량						

※ 사방이 탁 트인 높은(高 = 亠) 곳에 사람(儿)이 올라 멀리까지 환히 보는 데서 '밝다'로 쓰인다.

喬 ➡ 橋 ➡ 矯 ➡ 僑 ➡ 嬌 ➡ 轎 ☆ ➡ 驕

喬	口부 총12획	甲骨文 合5976	春秋 金文 邵鐘 / 喬夫人鼎	戰國 金文 盦忏鼎 / 侯馬盟書	小篆 說文解字	喬木(교목) 喬幹(교간) 喬松(교송)	
높을 교	설문 夭부	喬(교)는 높고 굽었다는 뜻이다. 夭(요)와 高(고)의 생략형은 모두 의미부분이다. ≪시경(詩經)≫에 이르기를 "남쪽에 큰 나무가 있네."라고 하였다.(「喬, 高而曲也. 从夭, 从高省. ≪詩≫曰: "南有喬木."」)					

※ 굽어진(夭) 장식물이 있는 높은(高 = 高) 건축물에서 '높다'로 쓰인다.

橋	木부 총16획	戰國 金文 青川牘	小篆 說文解字		橋梁(교량) 鐵橋(철교) 橋脚(교각)	
다리 교	설문 木부	橋(교)는 다리[橋梁(교량)]를 뜻한다. 木(목)은 의미부분이고, 喬(교)는 발음부분이다.(「橋, 水梁也. 从木, 喬聲.」)				

※ 두 개 이상의 나무(木)를 놓은 높고(喬) 굽은 장식이 있는 '다리'를 뜻한다.

矯	矢부 총17획	戰國 金文 雲夢語書	小篆 說文解字		矯誣(교무) 矯正(교정) 矯導所(교도소)	
바로잡을 교	설문 矢부	矯(교)는 구부러진 화살을 곧게 펴지도록 만드는 장치이다. 矢(시)는 의미부분이고, 喬(교)는 발음부분이다.(「矯, 揉箭箝也. 从矢, 喬聲.」)				

※ 굽은 화살(矢)이나 길이·높이(喬)가 다른 바르고 고르게 '바로잡음'을 뜻한다. 또는 굽은 화살(矢)을 높은(喬) 틀에 끼워 '바로잡음'을 뜻한다.

僑	人부 총14획	戰國 金文 璽彙0308	小篆 說文解字		僑胞(교포) 僑民(교민) 華僑(화교)	
더부살이 교	설문 人부	僑(교)는 높다는 뜻이다. 人(인)은 의미부분이고, 喬(교)는 발음부분이다.(「僑, 高也. 从人, 喬聲.」)				

※ 사람(亻)이 높은(喬) 간짓대에 발을 묶고 춤추는 광대로, 떠돌아다니며 다른 지방에서 '더불어 살아감'을 뜻한다.

嬌	女부 총15획	小篆 嬌 說文解字		嬌態(교태) 嬌聲(교성) 嬌氣(교기)	
아리따울 교	설문 女부	嬌(교)는 맵시를 뜻한다. 女(녀)는 의미부분이고, 喬(교)는 발음부분이다.(「嬌, 姿也. 从女, 喬聲.」)			

※ 여자(女)가 평소보다 장식을 높게(喬) 꾸며 날씬하게 보이고 요염하여 '아름다움'을 뜻한다.

轎	車부 총19획	설문 없음	小篆 轎 形音義字典	轎軍(교군) 轎馬(교마) 小轎(소교)	
가마 교					

※ 두 사람이 수레(車)모양의 탈것을 높게(喬) 들어 메는 '가마'를 뜻한다.

驕	馬부 총22획	甲骨文  合37514	戰國 金文  雲夢爲吏	小篆 驕 說文解字	驕慢(교만) 驕色(교색) 驕奢(교사)	
교만할 교	설문 馬부	驕(교), 키가 6척인 말을 驕라고 한다. 馬(마)는 의미부분이고, 喬(교)는 발음부분이다. ≪시경(詩經)≫에 이르기를 "내 말은 키 큰 말."이라고 하였다. 일설에는 야생마를 뜻한다고도 한다.(「驕, 馬高六尺爲驕. 从馬, 喬聲. ≪詩≫曰: "我馬唯驕." 一曰野馬.」)				

※ 야생마(馬)로 높이(喬)가 6척(尺)인 길들이기 어려운 말에서 '교만함'을 뜻한다.

大 ➡ 尖 ┅ 奈 ➡ 捺

大	大부 총3획	甲骨文 粹172 粹112	西周 金文 孟鼎 頌鼎 散盤	春秋 金文 大戈	小篆 說文解字	大小(대소) 大將(대장) 大賞(대상)	
큰 대	설문 大부	大(대), 하늘도 크고 땅도 크고 사람 역시 크다. 그래서 大자는 사람의 모양을 그린 것이다. 大의 고문(古文)이다. 무릇 大부에 속하는 글자들은 모두 大를 의미부분으로 삼는다.(「大, 天大, 地大, 人亦大. 故大象人形. 古文大也. 凡大之屬皆从大.」)					

※ 양팔(一)을 벌린 우뚝 선 사람(人)에서 '크다'란 뜻이다. 점점 커진 사람인 '어른'이란 뜻도 있다.

尖 	小부 총6획	설문 없음		尖塔(첨탑) 尖端(첨단) 尖兵(첨병)	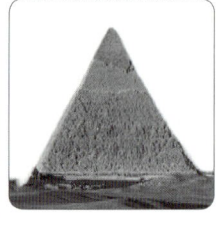
뾰족할 첨		'尖'(첨)자는 후대에 생겨난 글자이다. ≪설문해자≫ 등에는 이 글자가 없다.			

※ 위는 작고(小) 가늘며 예리하고 아래는 크고(大) 조잡하여 '뾰족함'을 뜻한다.

奈	大부 총8획	小篆 柰 說文解字		奈落(나락) 奈何(내하)	
어찌 내 나락 나	설문 木부	柰(내)는 과일(의 이름)이다. 木(목)은 의미부분이고, 示(시)는 발음부분이다.(「柰, 果也. 从木, 示聲.」)			

※ 제단(示)에 나무(木)를 쌓아(柰:능금나무 내) 불을 지펴 제사함을 나타냈으나, 후에 속자로 쓰이면서 奈(내)가 쓰였다. ※파자: '어찌'할 수 없는 큰(大) 신(示)을 뜻한다.

捺	手부 총11획	설문 없음	小篆  形音義字典		捺印(날인) 捺染(날염) 捺章(날장)
누를 **날**					

※ 손(扌)으로 제단에 나무를 쌓을(㮆 = 奈) 때, 손으로 정성들여 '눌러' 쌓음에서 '누름'을 뜻한다.

太 ➡ 汰

太	大부 총4획	西周 金文  陶二0004	戰國 金文  官印0015	小篆  說文解字	古文 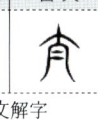	太初(태초) 太陽(태양) 太白山(태백산)
클 **태**	설문 水부	설문 水부	泰(태)는 미끄럽다는 뜻이다. 廾(공)과 水(수)는 의미부분이고, 大(대)는 발음부분이다. 㚦(太)는 泰의 고문(古文)이다.(「㚦, 滑也. 从廾, 从水, 大聲. 太, 古文泰.」)			

※ 大(대)를 겹쳐(二 → 丶) 거듭하여 크고도 '큼'을 나타낸다. ※참고:太는 '泰'의 고문(古文)임.
※파자:큰(大)것은 남고 작은 점(丶)은 아래로 빠지는 데서 '크다'를 뜻한다.

汰	水부 총7획	甲骨文  乙2035	殷商 金文  京津2069	小篆 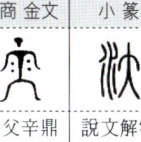 汰父辛鼎 說文解字	汰金(태금) 淘汰(도태) 山沙汰(산사태)
일 **태**	설문 水부	汰(태·대)는 씻는다는 뜻이다. 水(수)는 의미부분이고, 大(대)는 발음부분이다.(「㳁, 淅瀾也. 从水, 大聲.」)			

※ 쌀을 물(氵)에 넣고 크게(太) 흔들어 모래나 불순물을 가려 '일음'을 뜻한다.

夾 ➡ 俠 ➡ 挾 ➡ 峽 ➡ 狹 ➡ 頰 ☆ ➡ 浹 ✤ ➡ 陝 … (夾) ➡ 陜

夾	大부 총7획	甲骨文  河674 佚792	金文  盂鼎 禹鼎	小篆  說文解字	夾路(협로) 夾錄(협록) 夾門(협문)
낄 **협**	설문 大부	夾(협)은 잡는다는 뜻이다. 大(대)자 사이에 두 사람이 껴 있다는 의미이다.(「夾, 持也. 从大俠二人.」)			

※ 어른(大)의 겨드랑이 사이에 어린아이 두 명(从)이 어깨를 '끼어' 부축하여 '도움'을 뜻한다.

俠	人부 총9획	小篆  說文解字	豪俠(호협) 武俠(무협) 俠客(협객)
의기로울 **협**	설문 人부	俠(협)은 호협(豪俠)하다는 뜻이다. 人(인)은 의미부분이고, 夾(협)은 발음부분이다.(「俠, 俜也. 从人, 夾聲.」)	

※ 사람(亻)이 자신보다 남을 보호하여 돕는(夾) 데서 '의기로움'을 뜻한다.

挾	手부 총10획	小篆  說文解字	挾攻(협공) 挾殺(협살) 挾勢(협세)
낄 **협**	설문 手부	挾(협)은 부축한다는 뜻이다. 手(수)는 의미부분이고, 夾(협)은 발음부분이다.(「挾, 俾持也. 从手, 夾聲.」)	

※ 손(扌)가락 사이나 겨드랑이 사이를 끼듯(夾) '끼거나' '감싸 안음'을 뜻한다.

 골짜기 협	山부 총10획	설문 없음	小篆  形音義字典		峽谷(협곡) 峽路(협로) 海峽(해협)

✽ 산(山)과 산 사이에 끼어(夾) 있는 '골짜기'를 뜻한다.

 좁을 협	犬부 총10획	설문 없음	小篆  形音義字典		狹薄(협박) 狹小(협소) 狹窄(협착)

✽ 개(犭)나 짐승이 낄(夾) 정도로 '좁음'을 뜻하거나, 항상 다투는 개(犭)의 '좁은' 성질을 뜻한다.

 뺨 협	頁부 총16획		戰國 金文 雲夢日甲	小篆  說文解字	籒文 頬	頰骨(협골) 頰筋(협근) 紅頰(홍협)
		설문 頁부	頰(협)은 뺨을 뜻한다. 頁(혈)은 의미부분이고, 夾(협)은 발음부분이다. 頬은 頰의 주문(籒文)이다.(「頰, 面旁也. 从頁, 夾聲. 頬, 籒文頰.」)			

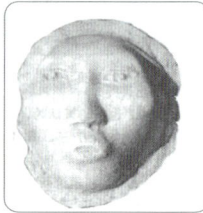

✽ 머리(頁) 양옆에 끼듯(夾) 있는 사람의 양쪽 '뺨'을 뜻한다.

 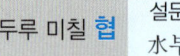 두루 미칠 협	水부 총10획		小篆  說文解字	浹寓(협우) 浹日(협일) 浹和(협화)
		설문 水부	浹(협)은 적신다는 뜻이다. 또 사무친다는 뜻이다. 水(수)는 의미부분이고, 夾(협)은 발음부분이다.(「浹, 洽也; 徹也. 从水, 夾聲.」)	

✽ 물(氵)이 양쪽 언덕 사이를 끼듯(夾) 흐르며 두루 적시는 데서 '두루 미치다'를 뜻한다.

 좁을 협 땅이름 합	阜부 총10획		戰國 金文 蜀守戈	金文 陶六054	小篆 說文解字	陝谷(협곡) 陝窄(협착) 陝川(합천)
		설문 阜부	陝(협)은 좁다는 뜻이다. 阜(부)는 의미부분이고, 夾(협)은 발음부분이다.(「陝, 隘也. 从阜, 夾聲.」)			

✽ 언덕(阝)과 언덕 사이에 끼어(夾) 땅이 '좁음'을 뜻한다.

 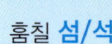 훔칠 섬/석	大부 총7획		春秋 金文  石鼓車工	戰國 金文  晉錄10·1	小篆 說文解字	용례 없음
		설문 亦부	夾(섬·석)은 물건을 훔쳐 가슴에 품는다는 뜻이다. 겨드랑이에 무엇인가를 끼고 있다는 의미이다. 속칭 '사람을 보이지 않게 낀다'고 하는 말이 바로 이것이다. 홍농군(弘農郡)에 있는 섬현(陝縣)의 陝자는 이 글자를 따른 것이다.(「夾, 盜竊褢物也. 从亦有所持. 俗謂蔽人俾夾, 是也. 弘農陝字从此.」)			

✽ 사람(大)이 물건을 훔쳐 겨드랑이에 넣어(入) 들여(从;들어갈 량) 숨기는 데서 '숨기다'를 뜻한다.(大사이에 人과 入을 주의바람.)

 陝	阜부 총10획	小篆 𨹟 說文解字		陝西省(섬서성)	
땅이름 섬	설문 自부	陝(섬)은 홍농현(弘農縣) 섬현(陝縣)을 뜻한다. 고대 괵(虢)나라 국왕 계(季)의 아들이 봉해진 곳이다. 阜(부)는 의미부분이고, 夾(협)은 발음부분이다.(「陝, 弘農陝也. 古虢國王季之子所封也. 从𨸏, 夾聲.」)			

※ 옛 괵(虢)나라의 땅 이름. 언덕(阝) 사이에 있어 사람이(大) 물건을 훔쳐 겨드랑이 사이에 들여(从)서 숨기듯, 장물을 숨기기 쉽던 지명 이름으로, 지금의 섬서성(陝西省). 夾(훔칠 섬).

天 ➡ 昊 ➡ 淏 ✦…(辶)➡ 送

 天	大부 총4획	甲骨文				殷商 金文		天堂(천당) 天命(천명) 天氣(천기)	
		乙6390	拾5.14	合20975	甲3690	父乙簋	天鼎			
		西周 金文		春秋 金文		戰國 金文	小篆			
하늘 천	설문 一부	天亡簋	頌鼎	秦公簋	吳王光鐘	中山王鼎	說文解字			
|| 天(천)은 (사람의) 정수리[顚(전)]이다. 가장 높다는 뜻이다. 一(일)과 大(대)는 모두 의미부분이다.(「𠀡, 顚也. 至高無上. 从一·大.」)								

※ 사람(大)의 머리(囗 = 一) 부분을 크게 그린 상형으로 머리꼭대기에서 '하늘'의 뜻이 되었다. ※참고: 사람(大) 위의 하늘(一)을 나타냄. ※파자 : 세상에서 하나(一)인 제일 큰(大) 것은 '하늘'.

		西周 金文	戰國 金文	小篆		昊天(호천) 穹昊(궁호) 蒼昊(창호)	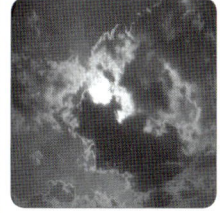
昊	日부 총8획						
		牆盤	單伯昊生鐘	蟹彙0965	說文解字			
하늘 호	설문 日부	昦(호), 봄 하늘을 昦라고 한다. 하늘의 원기(元氣)가 크고 힘차다. 日(일)과 亣(호)는 모두 의미부분인데, 亣는 발음부분이기도 하다.(「昦, 春爲昦. 天元气昦昦. 从日, 从亣, 亣亦聲.」)						

※ 햇빛(日)이 가장 잘 드는 봄·여름 하늘(天)에서 '하늘'을 뜻한다. 고문은 해(日)가 가장 밝게 놓여질[天 = 亣(놓을 호)] 때를 뜻한다.

淏	水부 총11획	설문 없음	淏淸(호청)	
맑을 호				

※ 맑은 물(氵)이 밝은 하늘(昊)처럼 깨끗한 데서 '맑다'를 뜻한다.

 辵	辵부 총7획	甲骨文		小篆		부수 한자	
		佚290	後下14.18	說文解字			
쉬엄쉬엄갈 착	설문 辵부	辵(착)은 가다 서다 한다는 뜻이다. 彳(척)과 止(지)는 모두 의미부분이다. 무릇 辵부에 속하는 글자들은 모두 辵을 의미부분으로 삼는다. ≪춘추공양전(春秋公洋傳)≫에 이르기를 "계단에 잠시 섰다가 갔다."(「辵, 乍行乍止也. 从彳, 从止. 凡辵之屬皆从辵. ≪春秋公洋傳≫曰: "辵階而走."」)						

※ 길(行 = 彳)을 가다(彳) 멈추고(止) 가다 멈추는 데서 '쉬엄쉬엄 감'을 뜻하며, 길(行 = 彳)을 발(止)로 일정한 '사이'를 걷는 데서 '오고 감'을 뜻한다.

◆ 天高馬肥 : (천고마비) 하늘이 높고 말이 살찐다는 뜻으로, 오곡백과가 무르익는 가을이 썩 좋은 절기(節氣)임을 일컫는 말. 가을이 좋은 계절(季節)임을 나타낼 때 흔히 쓰는 말이나 원래(原來)는 옛날 중국(中國)에서 흉노족의 침입(侵入)을 경계(警戒)하고자 나온 말임.

送	辵부 총10획	甲骨文	金文	小篆	籒文		送金(송금) 送年(송년) 送別(송별)	
		合18697	中山王圓壺	說文解字				
보낼 송	설문 辵부	送(송)은 보낸다는 뜻이다. 辵(착)은 의미부분이고, 关은 㑞(잉)의 생략형으로 발음부분이다. 𨕝은 주문(籒文)으로 생략되지 않은 형태이다.(「𨕝, 遣也. 从辵, 㑞省聲. 𨕝, 籒文不省.」)						

※ 옛날에 딸이 시집갈 때 몸종(媵:보낼 잉 = 关 = 关)을 딸려 보내던(辶)에서 '보내다'를 뜻한다.
　※파자:가진 것을 나누어(八) 하늘(天)의 뜻대로 웃으며(关:笑의 古字) 가도록(辶) '보냄'.

丈 → 仗 ☆ → 杖

丈	一부 총3획	戰國 金文		小篆		丈人(장인) 丈尺(장척) 大丈夫(대장부)	
		郭店六德	上博周易	說文解字			
어른 장	설문 十부	丈(장)은 10척(尺)이다. 손[又(우)]으로 十(십)을 쥐고 있는 의미이다.(「丈, 十尺也. 从又持十.」)					

※ 지팡이나 十자 모양의 자를 손(又 = ㇂)으로 잡은 모양으로, 지팡이 정도의 '길이'나 지팡이를 짚은 사람 즉 '어른' '어르신'을 나타낸다.

仗	人부 총5획	설문 없음	戰國 金文	小篆	倚仗(의장) 儀仗(의장) 兵仗器(병장기)	
			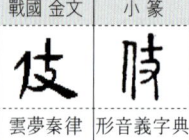 雲夢秦律　形音義字典			
의장 장						

※ 사람(亻)이 지팡이처럼(丈) 손에 들 수 있는 모든 '무기'를 말하며, 신분에 따른 도구에서 '의장'의 뜻으로도 쓴다.

杖	木부 총7획	小篆			短杖(단장) 棍杖(곤장) 杖刑(장형)	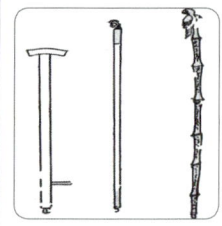
		說文解字				
지팡이 장	설문 木부	杖(장)은 쥔다는 뜻이다. 木(목)은 의미부분이고, 丈(장)은 발음부분이다.(「杖, 持也. 从木, 丈聲.」)				

※ 나무(木) 몽둥이로 지팡이(丈)처럼 긴 '지팡이'나 '몽둥이'를 뜻한다.

夫 → 扶 → 芙 → 替

夫	大부 총4획	甲骨文		金文			小篆	丈夫(장부) 夫婦(부부) 令夫人(영부인)	
		鐵773	乙6313	盂鼎	㬎鼎	散盤	說文解字		
지아비 부	설문 夫부	夫(부)는 장부(丈夫, 즉 성인 남자)를 뜻한다. 大(대)는 의미부분이고, 一(일)은 비녀를 그린 것이다. 주(周)나라의 제도에 따르면, 8촌(寸)이 1척(尺)이고, 10척이 1장(丈)인데, 사람은 8척까지 자라므로 그래서 장부라고 하는 것이다. 무릇 夫부에 속한 글자들은 모두 夫를 의미부분으로 삼는다.(「夫, 丈夫也. 从大, 一以象簪也. 周制以八寸爲尺, 十尺爲丈, 人長八尺, 故曰丈夫. 凡夫之屬皆从夫.」)								

※ 비녀 같은 동곳(一)을 꽂은 성인(大)의 머리 모양으로, 다 자란 성인 남자에서 '사내' '지아비' '대장부'를 뜻한다.

扶	手부 총7획	金文		小篆	古文	扶養(부양) 扶助(부조) 扶起(부기)	
		扶卣	扶鼎	說文解字			
도울 부	설문 手부	扶(부)는 돕는다는 뜻이다. 手(수)는 의미부분이고 夫(부)는 발음부분이다. '㧑'는 扶의 고문(古文)이다.(「㧒, 左也. 从手, 夫聲. 㧑, 古文扶.」)					

※ 손(扌)으로 대장부(夫)가 남을 '돕거나', 손(扌)으로 어른(夫)을 '도움'을 뜻한다.

	艸부 총8획	戰國 金文	小篆		芙蓉(부용)

		信陽楚簡	說文解字		
연꽃 **부**	설문 艸부	芙(부)는 부용(芙蓉)이다. 艸(초)는 의미부분이고, 夫(부)는 발음부분이다.(「茉, 芙蓉也. 从艸, 夫聲.」)			

✽ 아욱과의 관목(++)인 다 자란 어른(夫)만큼 자라는 목부용(木芙蓉)이 본뜻으로, 꽃이 연(蓮)과 같이 아름다워 '연꽃'의 뜻으로 쓰인다.

	日부 총12획	甲骨文	西周 金文	戰國 金文	小篆	或體	移替(이체) 交替(교체) 代替(대체)
		合32892	獄簋	中山王鼎		說文解字	
바꿀 **체**	설문 竝부	朁(체)는 廢(폐할 폐)로, (두 사람이 나란히 서 있는데) 그 중 하나는 버린다는 뜻이다. 竝(병)은 의미부분이고, 白(백)은 발음부분이다. 朁는 혹체자(或體字)로 (白 대신) 曰(왈)을 썼다. 替는 혹체자로 兟(신)과 曰로 이루어졌다.(「朁, 廢, 一偏下也. 从竝, 白聲. 朁, 或从曰. 替, 或从兟, 从曰.」)					

✽ 앞사람(夫)과 뒷사람(夫)이 교대로 음식을 먹거나 말함(甘 = 曰)에서 '바꾸다'가 되었다. ※朁 = 替

失 ➡ 秩 ➡ 帙 ☆ ➡ 迭 ☆ ➡ 跌 ➡ 佚 ☆

	大부 총5획	金文		小篆	失望(실망) 失格(실격) 失手(실수)
		楊簋	臣辰卣	說文解字	
잃을 **실**	설문 手부	失(실)은 잃어버렸다는 뜻이다. 手(수)는 의미부분이고, 乙(을)은 발음부분이다.(「失, 縱也. 从手, 乙聲.」)			

✽ 손(手)에서 물건이 빠지는 모양(乀)에서 '잃어버림'을 뜻한다.
※파자 : 몸에 지닌 물건이 삐져(丿)나와 잃어버린 사내(夫)에서 '잃음'을 뜻한다.

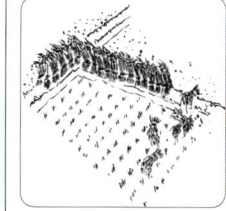

	禾부 총10획	戰國 金文	小篆	秩序(질서) 秩高(질고) 品秩(품질)
		雲夢秦律	說文解字	
차례 **질**	설문 禾부	秩(질)은 쌓는다는 뜻이다. 禾(화)는 의미부분이고, 失(실)은 발음부분이다. ≪시경(詩經)≫에 이르기를 "벼를 수북하게 쌓아 올렸네."라고 하였다.(「穛, 積也. 从禾, 失聲. ≪詩≫曰: "積之秩秩."」)			

✽ 벼(禾)를 잃어버리지(失) 않도록 '차례'로 잘 쌓아놓음을 뜻한다.

	巾부 총8획	小篆	或體	帙冊(질책) 書帙(서질) 全帙(전질)
			說文解字	
책권차례 **질**	설문 巾부	帙(질)은 책갑을 뜻한다. 巾(건)은 의미부분이고, 失(실)은 발음부분이다. 袠은 帙의 혹체자(或體字)로 (巾 대신) 衣(의)를 썼다.(「帙, 書衣也. 从巾, 失聲. 袠, 帙或从衣.」)			

✽ 비단(巾)으로 된, 책을 넣고 쌓아두어 잃어버림(失)을 막는 '함'이나 책표지로, 여러 권으로 된 책의 차례에서 '책권 차례'를 뜻한다.

	辵부 총9획	小篆	更迭(경질) 迭代(질대) 交迭(교질)
 		說文解字	
갈마들 **질**	설문 辵부	迭(질)은 바꾼다는 뜻이다. 辵(착)은 의미부분이고, 失(실)은 발음부분이다. 일설에는 통한다는 뜻이라고도 한다.(「迭, 更迭也. 从辵, 失聲. 一曰達.」)		

✽ 순서를 잃어(失) 왔다 갔다 오고 감(辶)에서 '갈마들다'로 쓰인다.

跌	足부 총12획	小篆 說文解字		跌宕(질탕) 蹉跌(차질) 跌失(질실)

거꾸러질 질	설문 足부	跌(질)은 넘어진다는 뜻이다. 足(족)은 의미부분이고, 失(실)은 발음부분이다. 일설에는 뛰어넘는다는 뜻이라고도 한다.(「跌, 踢也. 从足, 失聲. 一曰越也.」)

※ 발(足)을 헛디뎌 중심을 잃고(失) '거꾸러짐'을 뜻한다.

佚	人부 총7획	小篆 說文解字		佚民(일민) 奢佚(사일) 淫佚(음일)

편안 일 질탕 질	설문 人부	佚(일)은 은둔하며 사는 사람을 뜻한다. 人(인)은 의미부분이고, 失(실)은 발음부분이다. 일설에 佚은 잊어버렸다는 뜻이라고도 한다.(「佚, 佚民也. 从人, 失聲. 一曰: 佚, 忽也.」)

※ 사람(人)이 세상 일을 잃어버리고(失) 벼슬도 하지 않고 '편안하게' 숨어 삶을 뜻한다.

矢 ➡ 疾 ➡ 嫉 ➡ 知 ➡ 智 ➡ 蜘* ➡ 短 ➡ 矣 ➡ 埃

矢	矢부 총5획	甲骨文			金文		小篆	弓矢(궁시) 矢言(시언) 嚆矢(효시)
		京津245	鐵231.2	甲3117	小盂鼎	虢季子白盤	說文解字	

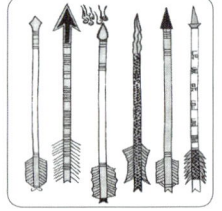

화살 시	설문 矢부	矢(시)는 화살이다. 入(입)은 의미부분이다. 화살촉, 화살대, 화살깃 등의 모양을 그린 것이다. 옛날 이모(夷牟)가 처음 화살을 만들었다. 무릇 矢부에 속하는 글자들은 모두 矢를 의미부분으로 삼는다.(「矢, 弓弩矢也. 从入. 象鏑栝羽之形. 古者夷牟初作矢. 凡矢之屬皆从矢.」)

※ 화살의 모양을 나타낸다. 참고로 矢는 나무화살, 箭은 대나무 화살이나 지금은 혼용한다.

疾	疒부 총10획	甲骨文	西周 金文	戰國 金文	小篆	古文	籒文	疾病(질병) 疾視(질시) 疾風(질풍)
		後下35.2	毛公鼎	上官鼎	說文解字			

병 질	설문 疒부	疾(질)은 질병(疾病)을 뜻한다. 疒(녁)은 의미부분이고, 矢(시)는 발음부분이다. 𤵜은 疾의 고문(古文)이다. 𢏚은 疾의 주문(籒文)이다.(「𤵜, 病也. 从疒, 矢聲. 𤵜, 古文疾. 𢏚, 籒文疾.」)

※ '병(疒)'이 화살(矢)을 맞아 생김을 뜻하며, 가벼운 '병'을 疾(질), 심한 병을 病(병)이라 하였다.

嫉	女부 총13획	小篆	或體			嫉心(질심) 嫉視(질시) 嫉妬(질투)
		說文解字				

미워할 질	설문 人부	嫉 = 佚(질)은 질투(嫉妬)한다는 뜻이다. 人(인)은 의미부분이고, 疾(질)은 발음부분이다. 일설에 미워한다는 뜻이라고도 한다. 嫉은 佚의 혹체자(或體字)로 (人대신) 女(녀)를 썼다.(「佚, 妎也. 从人, 疾聲. 一曰毒也. 嫉, 佚或从女.」)

※ 소인이나 여자(女)가 남의 장점을 시기하는 병(疾)적인 '미워하는' 마음을 뜻한다.

知	矢부 총8획	甲骨文	殷商 金文	西周 金文	戰國 金文	小篆	知識(지식) 知能(지능) 知性(지성)
		前5·17·3	卿寧鼎	宰獸簋	雲夢日乙	說文解字	

알 지	설문 矢부	知(지)는 어조사(語助詞)이다. 口(구)와 矢(시)는 모두 의미부분이다.(「知, 詞也. 从口, 从矢.」)

※ 사물의 이치를 화살(矢)처럼 빨리 알아 입(口)으로 그 '앎'을 말함을 뜻한다. 또는 울리는 화살인 효시(嚆矢)를 쏘거나, 입(口)으로 공격을 알리는 데서 '알림'을 뜻한다고도 한다.

智	日부 총12획	甲骨文	西周 金文	春秋 金文	戰國 金文	小篆	古文	智慧(지혜) 智德(지덕) 奇智(기지)
		合30429	毛公鼎	智君子鑑	魚鼎匕	說文解字		
슬기/지혜 **지**	설문 白부	㺲=智(지)는 총명하다는 뜻을 나타내는 낱말이다. 白(자)·于(우)·知(지)는 모두 의미부분이다. 㺲는 㺲의 고문(古文)이다.(「㺲, 識詞也. 从白, 从于, 从知. 㺲, 古文㺲.」)						

※ 사리(事理)에 대한 앎(知)이 해(日)처럼 밝아 '슬기' '지혜'를 뜻한다.

蜘	虫부 총14획	설문 없음	小篆 형음의자전		蜘手(지수) 蜘蛛(지주) 蜘蛛網(지주망)
거미 **지**			形音義字典		

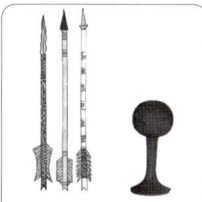

※ 곤충(虫) 중에 먹이의 길목을 잘 알아서(知) 그물망을 얽어 사로잡는 '거미'를 뜻한다.

短	矢부 총12획	戰國 金文	小篆		短點(단점) 短命(단명) 短髮(단발)
		雲夢爲吏	說文解字		
짧을 **단**	설문 矢부	短(단), 길고 짧은 것은 화살을 가지고 바로잡는다. 矢(시)는 의미부분이고, 豆(두)는 발음부분이다.(「䇷, 有所長短, 以矢爲正. 从矢, 豆聲.」)			

※ 척도(尺度)를 화살(矢)로 재는데 재기그릇(豆)은 화살로 재기에 그 길이가 '짧음'을 뜻한다. 또 豆(두)로 곡식 양을 잴 때 위를 밀듯, 화살(矢)을 만들 때 '짧은' 것을 기준으로 잘라냄.

矣	矢부 총7획	金文		小篆	汝矣島(여의도) 萬事休矣 (만사휴의)
		中山王鼎	郭店緇衣	說文解字	
어조사 **의**	설문 矢부	矣(의)는 말이 이미 끝났음을 표시하는 어감조사(語感助詞)이다. 矢(시)는 의미부분이고, 以(이)는 발음부분이다.(「㠯, 語已詞也. 从矢, 㠯聲.」)			

※ 어딘가에 이르러(以=厶) 머무는 화살(矢)에서 문장 끝의 '어조사'로 쓰인다.
※파자: 세모진(厶) 과녁에 화살(矢)이 맞아 일이 끝남에서 문장 끝을 나타내는 '어조사'로 쓰인다.

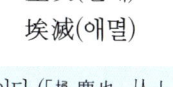

埃	土부 총10획	小篆		埃及(애급) 塵埃(진애) 埃滅(애멸)
		說文解字		
티끌 **애**	설문 土부	埃(애)는 먼지를 뜻한다. 土(토)는 의미부분이고, 矣(의)는 발음부분이다.(「埃,塵也. 从土, 矣聲.」)		

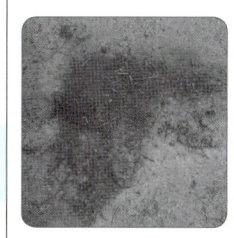

※ 흙(土) 바닥에 일이 끝(矣)나고 난 후 생긴 부스러기인 '티끌' '먼지'를 뜻한다.

12지지(地支)

12지	子(자)	丑(축)	寅(인)	卯(묘)	辰(진)	巳(사)	午(오)	未(미)	申(신)	酉(유)	戌(술)	亥(해)
동물	쥐	소	호랑이	토끼	용	뱀	말	양	원숭이	닭	개	돼지
오행	水	土	木	木	土	火	火	土	金	金	土	水
시간	23~01	01~03	03~05	05~07	07~09	09~11	11~13	13~15	15~17	17~19	19~21	21~23

侯 ➡ 候 ➡ 喉

	甲骨文			西周 金文		春秋 金文
人부 총9획						
	後下375	甲2292	粹1273	孟 鼎	冀侯父戊簋	國差甔
	春秋 金文		戰國 金文		小 篆	古 文
	蔡侯産劍	陳侯午敦	後馬盟書	鈇云	說文解字	

제후 **후**　설문
矢부

侯(후)는 봄 잔치 때 쓰이는 활쏘기의 과녁을 뜻한다. 人(인)과 厂(엄)은 의미부분이다. 장막이 처져 있고 그 아래 화살이 있는 모양을 그린 것이다. 천자(天子)는 곰·호랑이·표범 등을 쏘는데, (이는) 사나움을 복종시킨다는 뜻이다. 제후는 곰·돼지·호랑이를 쏘고, 대부(大夫)는 사슴[麋(미)] 등을 쏘는데, 麋는 미혹(迷惑)하다는 뜻이다. 사(士)는 사슴과 돼지를 쏘는데, (이는) 농사를 위하여 해로움을 제거하기 위해서이다. 이를 축원하며 말하기를 "불순한 제후를 닮지 마라. 왕 계시는 곳에 찾아뵙지 않으니, 그리하여 맞서서 그들을 쏘게 되느라." 라고 하였다. 厍는 侯의 고문(古文)이다.(「𥏼, 春饗所躲侯也. 从人, 从厂. 象張布矢在其下. 天子躲熊虎豹, 服猛也; 諸侯躲熊虎, 大夫躲麋; 麋, 惑也; 士躲鹿豕, 爲田除害也. 其祝曰, "毋若不寧侯, 不朝于王所, 故伉而躲汝也." 厍, 古文侯.」)

※ 사람(勹) 중에 과녁(厂)에 화살(矢)을 잘 쏘는 '제후(𥏼)'로, 제후인 사람(亻)에서 侯로 변했다.
　※파자: 사람(亻) 중에 'ㅡ'자 과녁에 한(一)번에 화살(矢)을 명중시키는 '제후'를 뜻한다.

諸侯(제후)
王侯(왕후)
侯爵(후작)
土侯國(토후국)

	小 篆
人부 총10획	
	說文解字

기후 **후**　설문
人부

候(후)는 가만히 바라본다는 뜻이다. 人(인)은 의미부분이고, 侯(후)는 발음부분이다.(「𠊱, 伺望也. 从人, 侯聲.」)

※ 사람(亻)이 과녁(侯)을 잘 살피고 쏘는 데서 상대를 '살피고 바라봄' 또는 하늘의 '기후'를 살핌을 뜻한다.
　※참고: '𥏼(과녁/제후 후)'는 侯의 古字.

氣候(기후)
候補(후보)
斥候(척후)

	小 篆
口부 총12획	
	說文解字

목구멍 **후**　설문
口부

喉(후)는 목구멍을 뜻한다. 口(구)는 의미부분이고, 侯(후)는 발음부분이다.(「喉, 咽也. 从口, 侯聲.」)

※ 먹는 입(口)안으로 제후(侯)가 쏘는 데로 적중하듯, 음식이 잘 들어가는 '목구멍'을 뜻한다.

喉頭(후두)
喉舌(후설)
喉門(후문)

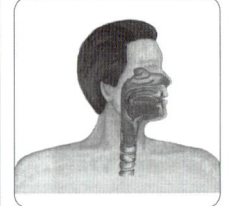

朱 ➡ 株 ➡ 珠 ➡ 誅 ➡ 妹 ✱ ➡ 殊 ➡ 洙 ➡ 銖

	甲骨文		金文			小 篆
木부 총6획						
	珠121	吳方彝	頌 鼎	彔伯簋	毛公鼎	說文解字

붉을 **주**　설문
木부

朱(주)는 속이 붉은 나무로, 송백류(松柏類)에 속한다. 木(목)은 의미부분이고, 一이 그 가운데에 있는 구조이다.(「𣏟, 赤心木, 松柏屬. 从木, 一在其中.」)

※ 나무(木)의 중간 '기둥' 부분을 가리키는 지사(指事)자. '자른' 나무 기둥의 속이 붉은 데서 '붉다'의 뜻이 나왔다. 또는 '붉은' 구슬을 양쪽으로 묶은 모양으로도 본다.

印朱(인주)
朱紅(주홍)
朱丹(주단)

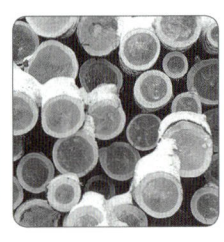

	金文	小 篆
木부 총10획		
	古 鉢	說文解字

그루 **주**　설문
木부

株(주)는 나무의 뿌리를 뜻한다. 木(목)은 의미부분이고, 朱(주)는 발음부분이다.(「𣏟, 木根也. 从木, 朱聲.」)

※ 나무(木) 줄기를 잘라내 붉은(朱) 부분이 보이는 '그루'를 뜻한다.

株式(주식)
株主(주주)
株券(주권)

珠	玉부 총10획	戰國 金文	小篆		珠玉(주옥) 念珠(염주) 珠算(주산)
		貨系4073	說文解字		
구슬 주	설문 玉부	珠(주)는 조개의 음기(陰氣)의 정수(精髓)이다. 玉(옥)은 의미부분이고, 朱(주)는 발음부분이다. ≪춘추국어(春秋國語)≫에 이르기를 "진주로써 화재를 막았다."라고 하였는데, 이것이 그 예이다.(「珠, 蚌之陰精. 从玉, 朱聲. ≪春秋·國語≫曰: "珠以禦火災." 是也.」)			

✻ 조개에서 나오는 보석(玉)으로 나무 중간 밝은 줄기(朱)처럼 밝은 진주인 '구슬'을 뜻한다.

誅	言부 총13획	戰國 金文	小篆		誅殺(주살) 誅責(주책) 誅罰(주벌)
		中山王壺	說文解字		
벨 주	설문 言부	誅(주)는 토벌(討伐)한다는 뜻이다. 言(언)은 의미부분이고, 朱(주)는 발음부분이다.(「誅, 討也. 从言, 朱聲.」)			

✻ 죄를 물어(言) 나무 기둥(朱)을 자르듯(株=朱) 단죄(斷罪)함에서 '베다'가 된다.

姝	女부 총9획		小篆		姝麗(주려) 姝好(주호) 姝姬(주희)
			說文解字		
예쁠 주	설문 女부	姝(주)는 예쁘다는 뜻이다. 女(녀)는 의미부분이고, 朱(주)는 발음부분이다.(「姝, 好也. 从女, 朱聲.」)			

✻ 여자(女)가 밝게 빛나는 붉은(朱) 빛처럼 곱고 예쁜 데서 '예쁘다'를 뜻한다.

殊	歹부 총10획		小篆		殊常(수상) 殊勳(수훈) 殊功(수공)
			說文解字		
다를 수	설문 歹부	殊(수)는 죽인다는 뜻이다. 歹(알)은 의미부분이고, 朱(주)는 발음부분이다. 한(漢)나라 법령(法令)에 이르기를 "이민족의 우두머리가 죄를 지으면 사형(死刑)에 처한다."라고 하였다.(「殊, 死也. 从歹, 朱聲. 漢令曰: "蠻夷長有罪, 當殊之."」)			

✻ 죄인의 살과 뼈(歹)를 나무 중간(株=朱)을 베듯 가르고 머리를 잘라 몸통과 분리함에서 '다르다' '죽이다'가 된다.

洙	水부 총9획		小篆		洙水(수수) 洙泗(수사)
			說文解字		
물가 수	설문 水부	洙(수)는 강의 이름이다. 태산군(泰山郡) 개현(蓋縣) 임락산(臨樂山)에서 발원하여, 북쪽으로 흘러 사수(泗水)로 들어간다. 水(수)는 의미부분이고, 朱(주)는 발음부분이다.(「洙, 水. 出泰山蓋臨樂山, 北入泗. 从水, 朱聲.」)			

✻ 중국의 산동성(山東省)에 있는 사수(泗水)의 지류로, 강(氵)이 붉은(朱) 황토의 땅을 가르고 흐르는, 강(氵)의 붉은(朱) 황토가 섞인 '물가'를 나타낸다.

銖	金부 총14획	戰國 金文	小篆		銖寸(수촌) 銖分(수분) 銖兩(수량)
		鐵雲藏印	說文解字		
저울눈 수	설문 金부	銖(수)는 10분서(分黍)의 무게를 뜻한다. 金(금)은 의미부분이고, 朱(주)는 발음부분이다.(「銖, 權十分黍之重也. 从金, 朱聲.」)			

✻ 1냥(兩)의 24분의 1. 쇠(金)로 된 저울대에 붉게(朱) 눈금을 새긴 '저울눈'을 뜻한다.

果 → 課 → 菓 → 顆☆ → 裸 → 巢 → 彙

		甲骨文	殷商 金文	西周 金文	春秋 金文	戰國 金文	小 篆	
果 실과 과	木부 총8획 설문 木부	乙960	英1777	亞果鼎	果 簋	蔡公子果戈	大市量	說文解字

果實(과실)
果樹(과수)
結果(결과)

果(과)는 나무 열매를 뜻한다. 木(목)은 의미부분이고, (田은) 열매가 나무 위에 열린 모양을 그린 것이다.(「果, 木實也. 从木, 象果形在木之上.」)

✽ 과일(田)이 열린 나무(木) 모양으로, '실과' '과일' '결과'를 나타낸다.
※파자: 밭(田)에 심어 가꾸는 나무(木)열매에서 '실과'를 뜻한다.

		戰國 金文	小 篆	
課 공부할/과정 과	言부 총15획 설문 言부	雲夢雜抄	說文解字	

課題(과제)
課稅(과세)
課程(과정)

課(과)는 시험(試驗)한다는 뜻이다. 言(언)은 의미부분이고, 果(과)는 발음부분이다.(「課, 試也. 从言, 果聲.」)

✽ 말(言)로 공부한 결과(果)를 물어봄에서 '공부함'을 뜻하며, 결과(果)에 대한 말(言)에 따른 '세금'을 뜻한다.

		戰國 金文	
菓 과자/실과 과	艸부 총12획	설문 없음	曾侯墓簡

菓子(과자)
氷菓(빙과)
茶菓(다과)

✽ 초목(艹)의 열매(果)로 '果'와 같이 쓰며, 초목(艹)의 열매(果)와 같은 맛있는 '과자'를 뜻한다.

		戰國 金文	小 篆	
顆 낱알 과	頁부 총17획 설문 頁부	十鐘印舉	說文解字	

顆粒(과립)
顆鹽(과염)
飯顆(반과)

顆(과)는 작은 머리를 뜻한다. 頁(혈)은 의미부분이고, 果(과)는 발음부분이다.(「顆, 小頭也. 从頁, 果聲.」)

✽ 과일(果)만한 작은 머리(頁)가 본뜻이나, 지금은 작고 둥근 '낱알'을 뜻한다.

		小 篆	或 體	
裸 벗을 라	衣부 총13획 설문 衣부		說文解字	

裸體(나체)
裸身(나신)
全裸(전라)

蠃(라)는 옷을 벗었다는 뜻이다. 衣(의)는 의미부분이고, 蠃(라)는 발음부분이다. 裸는 蠃의 혹체자(或體字)로 蠃 대신 果(과)를 썼다.(「蠃, 袒也. 从衣, 蠃聲. 裸, 蠃或从果.」)

✽ 사람이 옷(衤)을 벗음이 단단한 껍질이 없는 과일(果) 같음에서 '벗음' '알몸'을 나타낸다.

		甲骨文	西周 金文	春秋 金文	小 篆	
巢 새집 소	巛부 총11획 설문 巢부	周甲110	班 簋	叔巢鍾	說文解字	

鵲巢(작소)
巢窟(소굴)
卵巢(난소)

巢(소), 새가 나무 위에 집을 지은 것을 巢라고 하고, 동굴 안에 지은 것을 窠(과)라고 한다. 木(목)은 의미부분이고, (甾는) 상형(象形)이다. 무릇 巢부에 속하는 글자들은 모두 巢를 의미부분으로 삼는다.(「巢, 鳥在木上曰巢, 在穴曰窠. 从木, 象形. 凡巢之屬皆从巢.」)

✽ 새의 새끼(巛)가 과일 모양의 둥근 새집(臼=田)에 있는 나무(木) 위의 '새집'을 나타낸다.

彙	彑부 총13획	小篆	或體					語彙(어휘) 彙類(휘류) 字彙(자휘)
		說文解字						
무리 휘	설문 希부	彙(휘)는 짐승(의 이름)으로, 돼지와 비슷하다. 希(제)는 의미부분이고, 胃(위)의 생략형은 발음부분이다. 蝟(위)는 혹체자(或體字)로 希(제)대신 虫(충)을 썼다.(「彙, 蟲, 似豪豬者. 从希, 胃省聲. 蝟, 或从虫.」)						

※ 생김이 멧돼지(彑)종류인 호저(豪豬)와 같고, 적을 만나면 몸을 덮은(冖) 털이 둥근 과일(果)처럼 모여 있는 고슴도치에서 '무리'로 쓰인다.

未 ➡ 味 ➡ 妹 ➡ 昧 ➡ 寐 ➡ 魅

未	木부 총5획	甲骨文		殷商 金文	西周 金文	春秋 金文	戰國 金文	小篆	未來(미래) 未定(미정) 未安(미안)
		後上17.1	前1.23.8	正未鼎	矢方彝	郜公鼎	中山王鼎	說文解字	
아닐 미	설문 未부	未(미)가 여덟 번째 지지(地支)로 쓰이는 까닭은 맛이 있기[味(미)] 때문이다. 6월에 더욱 맛이 난다. 5행에 의하면 목(木)은 미월(未月)에 노숙(老熟)해진다. 나무에 가지와 잎이 겹쳐 있는 것을 그린 것이다. 무릇 未부에 속하는 글자들은 모두 未를 의미부분으로 삼는다.(「未, 味也. 六月滋味也. 五行木老於未. 象木重枝葉也. 凡未之屬皆从未.」)							

※ 무성한 한(一) 가지를 더해 나무(木)가 무성함을 뜻하며, 나무가 다 크지 '아니함' 또는 아직 낙엽이 지지 '아니함'을 뜻한다.

味	口부 총8획	戰國 金文			小篆	妙味(묘미) 吟味(음미) 趣味(취미)
		郭店老丙	上博容成	雲夢日甲	說文解字	
맛 미	설문 口부	味(미)는 맛을 뜻한다. 口(구)는 의미부분이고, 未(미)는 발음부분이다.(「味, 滋味也. 从口, 未聲.」)				

※ 입(口)으로 잎이 무성한 나무에 달린 아직 익지 않은(未) 과일의 '맛'을 봄을 뜻한다.

妹	女부 총8획	甲骨文			西周 金文	春秋 金文	小篆	妹兄(매형) 男妹(남매) 姉妹(자매)
		乙1750	前2.40.7	合2605	沈子簋	宜桐盂	宋公縊固	說文解字	
누이 매	설문 女부	妹(매)는 여동생을 뜻한다. 女(녀)는 의미부분이고, 未(미)는 발음부분이다.(「妹, 女弟也. 从女, 未聲.」)							

※ 자신보다 나이가 어린 여자(女) 동생인 아직 다 크지 아니한(未) '누이'를 뜻한다.

昧	日부 총9획	西周 金文	春秋 金文	小篆	愚昧(우매) 讀書三昧 (독서삼매)
		兔簋	邻子受鐘	雲夢日甲	
어두울 매	설문 日부	昧(매)는 아침이 밝았다는 뜻이다. 日(일)은 의미부분이고, 未(미)는 발음부분이다. 일설에는 어둡다는 뜻이라고도 한다.(「昧, 爽旦明也. 从日, 未聲. 一曰闇也.」)				

※ 해(日)가 밝지 않아 아직(未) '어두움'을 뜻한다. 북두칠성의 맨 끝 별.

寐	宀부 총12획	甲骨文			殷商 金文	戰國 金文	小篆	夢寐(몽매) 寤寐不忘 (오매불망)
		合6846	合6847	乙9070	寐父辛觶	上博問孔	說文解字	
잘 매	설문 寢부	寐(매)는 누워 있다는 뜻이다. 寢(몽)의 생략형은 의미부분이고, 未(미)는 발음부분이다.(「寐, 臥也. 从寢省, 未聲.」)						

※ 집(宀)안 침대(爿)에 누워 아직(未) 잠들지 않음, 또는 '잘' 준비를 하는 모양을 뜻한다.

魅	鬼부 총15획	甲骨文		小篆	或體	古文	籒文	魅力(매력) 魅惑(매혹) 魅了(매료)
		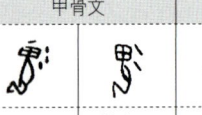						
		乙5397	拾4.11		說文解字			
매혹할 매	설문 鬼부	魅=彲(매)는 (물건이) 오래되어서 변한 요정(妖精)(즉 도깨비)을 뜻한다. 鬼(귀)와 彡(삼)은 모두 의미부분이다. 彡은 귀신의 털이다. 魅는 혹체자(或體字)로 (彡 대신) 未(미)를 발음부분으로 썼다. 槑는 고문(古文)이다. 槑는 주문(籒文)으로, 象(단)의 머리 부분으로 의미부분을 삼고, 尾(미)의 생략형으로 발음부분을 삼았다.(「彲, 老精物也. 从鬼·彡. 彡, 鬼毛. 魅, 或从未聲. 槑, 古文. 槑, 籒文. 从象首, 从尾省聲.」)							

＊ 彲(도깨비 매)와 같은 자로, 오래된 사물의 정령을 뜻했으나, 귀신(鬼) 모양으로 사람을 정신 차리지 못하게(未) 홀리어 '매혹함'을 뜻한다.

末 ➔ 抹 ☆ ➔ 沫 ➔ 韎 ➔ 茉 ✚

	木부 총5획	金文	小篆		末年(말년) 末端(말단) 末世(말세)

		蔡侯鐘	說文解字		
끝 말	설문 木부	末(말)은 나무의 꼭대기를 末이라고 한다. 木(목)은 의미부분이고, 一이 그 위에 있다.(「末, 木上曰末. 从木, 一在其上.」)			

＊ 긴 가지 하나(一)를 나무(木) 위에 더한 '나무 끝'으로, 사물의 '끝'이나 일의 '끝'을 뜻한다.

	手부 총8획	설문 없음	小篆	抹消(말소) 抹殺(말살) 一抹(일말)

			形音義字典	
지울 말				

＊ 손(扌)으로 분말(粉末)을 문질러 '칠하여' 전(前)의 모양을 끝(末)까지 '지움'을 뜻한다.

	水부 총8획	小篆	泡沫(포말) 飛沫(비말) 噴沫(분말)
		說文解字	
물거품 말	설문 水부	沫(말)은 강의 이름이다. 촉군(蜀郡) 서쪽 변방에서 발원하여, 동남쪽으로 흘러서 장강(長江)으로 들어간다. 水(수)는 의미부분이고, 末(말)은 발음부분이다.(「沫, 水. 出蜀西徼外, 東南入江. 从水, 末聲.」)	

＊ 파도나 폭포·물가 등 물(氵)의 끝(末)에 일어나는 '물거품'을 뜻한다. 본래는 중국 강의 이름.

	革부 총14획	설문 없음	小篆	韎鞨(말갈)

			形音義字典	
말갈(韎鞨) 말				

＊ 가죽(革)으로 만들어 발 끝(末)에 신는 '버선'이 본뜻으로, 가죽옷을 입던 '말갈족'을 뜻한다.

	艸부 총9획	설문 없음	戰國 金文	小篆	隷書	茉莉(말리)

			璽彙2297	秦 篆	形音義字典	
말리꽃 말						

＊ 풀(艹)꽃 같은 향기로운 흰색의 꽃이 나뭇가지 끝(末)에 피는 '말리 꽃'을 뜻한다.

木→沐→枚→札→杰✻→宋→杜→杏→刹→本→鉢→李→床→牀✻→杉✦→奈✦

	木부 총4획	甲骨文		金文			小篆	木手(목수) 木馬(목마) 木劍(목검)
		庫226	珠890	父丁爵	智鼎	散盤	說文解字	
나무 목	설문 木부	木(목), 나무를 '목'이라고 부르는 까닭은 (나무는 어려움을) 무릅쓰기[冒(모)] 때문이다. (나무는) 땅의 딱딱함을 무릅쓰고 생겨난다. 동쪽에 해당한다. 屮(철)은 의미부분이고, 아래쪽은 그 뿌리를 그린 것이다. 무릇 木부에 속하는 글자들은 모두 木을 의미부분으로 삼는다.(「⽊, 冒也. 冒地而生, 東方之行. 从屮, 下象其根. 凡木之屬皆从木.」)					

✻ 나무의 가지와 뿌리를 나타낸 글자, 초목(草木)의 종류나 나무로 만든 도구를 나타낸다.

	水부 총7획	戰國 金文	小篆			沐浴(목욕) 沐間(목간) 沐雨(목우)
沐		雲夢日甲	說文解字			
머리감을 목	설문 水부	沐(목)은 머리를 감는다는 뜻이다. 水(수)는 의미부분이고, 木(목)은 발음부분이다.(「⽊, 濯髮也. 从水, 木聲.」)				

✻ 머리감을 때 물(氵) 담은 그릇을 높게 받쳐주던 나무(木) 도구에서 '머리를 감음'을 뜻한다.

	木부 총8획	甲骨文		金文		小篆	枚數(매수) 枚擧(매거) 銜枚(함매)
枚		粹1060	合24611	父乙鼎	枚家卣	說文解字	
낱 매	설문 木부	枚(매)는 (나무의) 줄기를 뜻한다. 지팡이로 쓸 수 있다. 木(목)과 攴(복)은 모두 의미부분이다. ≪시경(詩經)≫에 이르기를 "나뭇가지에 감겨 오르네."라고 하였다. (「⽊, 榦也. 可爲杖. 从木, 从攴. ≪詩≫曰: "施于條枚."」)					

✻ 나무(木) 옆 가지를 손으로 잡고(攵) 잘라내어 무기나 지팡이로 쓰던 자로, 하나의 가지만을 자르는 데서 세는 단위인 '낱'을 뜻한다.

	木부 총5획	戰國 金文	小篆			名札(명찰) 現札(현찰) 書札(서찰)
札		雲夢效律	說文解字			
편지 찰	설문 木부	札(찰)은 글씨를 쓸 때 쓰는 나무판을 뜻한다. 木(목)은 의미부분이고, 乙(을)은 발음부분이다.(「⽊, 牒也. 从木, 乙聲.」)				

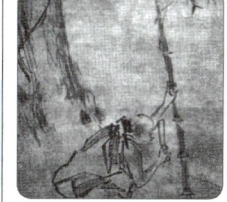

✻ 나무(木)로 얇게 깎아 글을 쓰는 편지나 몸에 지니는(乙) 패찰. ※참고:乙(을)은 '새의 모양'이라 하지만, '초목의 싹'이나 '옷고름 모양'으로 보아 '달라붙다'라는 공통의 뜻으로 본다.

	木부 총8획	설문 없음 (桀의 속자)		(人名字)
杰				
뛰어날 걸				

✻ 사람(亻)이 재주가 특별하여 두 발(舛)로 나무(木) 위에 선 傑(뛰어날 걸)의 속자.
※파자:나무(木)를 쌓아 놓고 불(灬)로 태우는 특별 행사에서 '뛰어나다'가 된다.

	宀부 총7획	甲骨文		西周 金文	春秋 金文	戰國 金文	小篆	宋文(송문) 宋朝(송조) 宋學(송학)
宋		京津2094	甲208	北子宋盤	宋公欒戈	不易戈	說文解字	
성 송	설문 宀부	宋(송)은 산다는 뜻이다. 宀(면)과 木(목)은 모두 의미부분이다. 送(송)이라고 읽는다.(「⽊, 居也. 从宀, 从木, 讀若送.」)						

✻ 집(宀)안의 나무(木)로 만든 도구나 나무기둥으로, 집안에 거함을 뜻했으나, 나라이름이나 '성'을 나타낼 때 쓰인다.

57

杜	木부 총7획	甲骨文		金文		小篆	杜鵑(두견) 杜絶(두절) 杜甫(두보)
				杜	杜	杜	
		合40749	粹1131	師虎簋	杜伯鬲	說文解字	
막을 **두**	설문 木부	杜(두)는 단맛 나는 팥배나무이다. 木(목)은 의미부분이고, 土(토)는 발음부분이다.(「杜, 甘 棠也. 从木, 土聲.」)					

✽ 나무(木)에 황토 흙(土)빛의 붉은 열매가 열리는 '팥배나무'로, 나무(木)나 흙(土)을 쌓아 '막다'라고 한 것은 속설이나, '막다'의 뜻으로 쓰인 뜻을 설명한 것일 뿐이다.

杏	木부 총7획	小篆	銀杏(은행) 杏林(행림) 杏花(행화)

		說文解字	
살구 **행**	설문 木부	杏(행)은 과일(의 이름)이다. 木(목)은 의미부분이고, 可(가)의 생략형은 발음부분이다.(「杏, 果也. 从木, 可省聲.」)	

✽ 매화나무(呆=槑)와 구분하여, 나무(木)의 열매로 시큼해 입(口)에 침이 고이는 '살구'를 뜻한다.

刹	刀부 총8획	小篆	寺刹(사찰) 古刹(고찰) 刹那(찰나)

		說文解字	
절 **찰**	설문 刀부	刹(찰)은 기둥을 뜻한다. 刀(도)는 의미부분인데, 그 까닭은 잘 모르겠다. 殺(살)의 생략형은 발음부분이다.(「𣂪, 柱也. 从刀, 未詳. 殺省聲.」)	

✽ 범어(梵語) 'Ksetra'의 음역, 죽은(殺=𣂪·杀:죽일 찰) 승려의 사리를 보관하는 칼(刂) 모양 사리탑이나, 도를 깨달았을 때 절에 세우던 깃대를 뜻하던 데서 '절'을 뜻한다. ※𣂪이 본자.

本	木부 총5획	甲骨文	西周 金文	戰國 金文	小篆	古文	本質(본질) 本性(본성) 本論(본론)

		珠 1	本 鼎	上博詩論		說文解字	
근본 **본**	설문 木부	本(본)은 나무의 아래를 本(본)이라고 한다. 木(목)은 의미부분이고, 一이 그 아래에 있다. 𣎳은 고문(古文)이다.(「𣎳, 木下曰本. 从木, 一在其下. 𣎳, 古文.」)					

✽ 나무(木)의 뿌리 부분을 가리켜(一), 나무의 뿌리에서 '근본'을 나타낸다.

鉢	金부 총13획	설문 없음	小篆	托鉢(탁발) 周鉢(주발) 銅鉢(동발)
			鉢	
			形音義字典	
바리때 **발**				

✽ 승려의 밥그릇으로, 주로 놋쇠(金)나 단단한 나무뿌리(本)로 만든 '바리때'. 'Patra'의 음역.

李	木부 총7획	甲骨文	西周 金文		小篆	古文	古文	行李(행리) 李花(이화) 李氏(이씨)
		後下13.7	英 1013	五祀衛鼎	鄂君舟節	說文解字		
오얏/성 **리**	설문 木부	李(리)는 과일(의 이름)이다. 木(목)은 의미부분이고, 子(자)는 발음부분이다. 𣏟는 고문(古文)이다.(「李, 果也. 从木, 子聲. 𣏟, 古文.」)							

✽ 나무(木) 중에도 특히 열매(子)가 많이 열리는 '오얏(자두)'을 뜻한다. 주로 姓(성)으로 쓴다.

床	广부 총7획	小篆 牀 說文解字		冊床(책상) 飯床(반상) 起床(기상)

| 상 **상** | 설문
木부 | '床'은 '牀'의 속자(俗字)이다. |

※ 집(广)안에 나무(木)로 만들어 눕거나 쉴 때 편안하게 쓰이는 도구인 '상(床)'을 뜻한다. 나무(木) 조각(爿)으로 만든 침구(寢具)인 牀(상)이 본자이다.

牀	爿부 총8획	甲骨文	殷商金文	戰國金文	小篆	牀頭(상두) 牀几(상궤) 牀褥(상욕)

		乙4293	叉宁簋	中山帳橛	說文解字	

| 평상 **상** | 설문
木부 | 牀(상)은 몸을 편안하게 앉아 있도록 하는 것이다. 木(목)은 의미부분이고, 爿(장)은 발음부분이다.(「牀, 安身之坐者. 从木, 爿聲.」) |

※ 널조각(爿) 나무(木)로 만들어 편안하게 누울 수 있게 만든 '평상' '침대'를 뜻한다.

杉	木부 총7획	설문 없음	甲骨文	金文	陶文	小篆	杉籬(삼리) 杉木(삼목) 杉風(삼풍)

			合8027	乘父土杉		形音義字典	

| 삼나무 **삼** | | ※참고: ≪形音義字典(형음의자전)≫의 도문(陶文)은 '桼(칠)'자와 모양이 같다. |

※ 나무(木)의 잎이 가늘고 길어 터럭(彡)처럼 보이는 '삼나무'를 뜻한다.

柰	木부 총9획	甲骨文	戰國金文	小篆	柰園(내원) 柰何(내하)

		合1593	合25370	包山245	說文解字

| 능금나무 **내** | 설문
木부 | 柰(내)는 과일이다. 木(목)은 의미부분이고, 示(시)는 발음부분이다.(「柰, 果也. 从木, 示聲.」) |

※ 신성한 나무(木)를 제단(示)에 쌓아 제사하듯 신성하게 여기던 사과에서 '능금나무'를 뜻한다.

林 ➡ 淋 ➡ 霖 ✦ ➡ 琳 * ➡ 彬 ➡ 焚 …… (燮) ➡ 鬱 ➡ 森 ➡ 禁 ➡ 襟 …… 茶 …… (巫) ➡ 極

林	木부 총8획	甲骨文	殷商金文	西周金文	戰國金文	小篆	林野(임야) 森林(삼림) 密林(밀림)

		粹726	前2.8.1	林卣	同簋	胤嗣壺	說文解字

| 수풀 **림** | 설문
木부 | 林(림), 평지에 나무가 모여 있는 것을 林이라고 한다. 두 개의 木(목)자로 이루어졌다. 무릇 林부에 속하는 글자들은 모두 林을 의미부분으로 삼는다.(「林, 平土有叢木曰林. 从二木. 凡林之屬皆从林.」) |

※ 나무(木)를 거듭하여, 나무가 많은 '수풀' 또는 '숲'을 뜻한다.

淋	水부 총11획	小篆  說文解字	淋疾(임질) 淋巴腺(임파선)

| 임질 **림** | 설문
水부 | 淋(림)은 물로 촉촉하게 적신다는 뜻이다. 水(수)는 의미부분이고, 林(림)은 발음부분이다. 일설에 淋淋은 산 아래로 흐르는 물의 모습이라고도 한다.(「淋, 以水沃也. 从水, 林聲. 一曰: 淋淋, 山下水皃.」) |

※ 물(氵)방울이 숲(林)처럼 끊임없이 떨어져 '물 뿌림'을 나타내나, 요도에서 점액이 계속하여 떨어지는 병(疒)을 나타내는 痳(림)과 동자로 쓰여 '임질'을 뜻하기도 한다.

霖	雨부 총16획	甲骨文		小篆		霖濕(임습) 霖雨(임우) 霖霖(임림)

		前4.9.8	前4.47.2	說文解字		
장마 림	설문 雨부	霖(림)은 3일 이상 비가 내리고 있다는 뜻이다. 雨(우)는 의미부분이고, 林(림)은 발음부분이다.(「霖, 雨三日已往. 从雨, 林聲.」)				

※ 비(雨)가 계속하여 3일 이상 끝없이 펼쳐진 숲(林)처럼 내리는 '장마'를 뜻한다.

琳	玉부 총12획	小篆	琳宮(임궁) 琳闕(임궐) 琳琅(임랑)

		說文解字	
아름다운옥 림	설문 玉부	琳(림)은 아름다운 옥이다. 玉(옥)은 의미부분이고, 林(림)은 발음부분이다.(「琳, 美玉也. 从玉, 林聲.」)	

※ 옥(玉)이 맑은 숲(林)처럼 푸르고 깨끗한 빛이 감도는 '아름다운 옥'을 뜻한다.

彬	彡부 총11획	설문 없음	小篆		彬彬(빈빈) 彬蔚(빈울)

			形音義字典		
빛날 빈					

※ 우거진 숲(林)처럼 잘 꾸며짐(彡). 여러 종류의 나무가 섞이듯 문질(文質)이 잘 어울림에서 '빛남'을 뜻하며, 斌(빈)과 같이 쓰인다. ※참고 彡(삼)은 터럭, 색, 빛, 꾸밈 등으로 쓰인다.

焚	火부 총12획	甲骨文		西周 金文	春秋 金文	戰國 金文	小篆	焚香(분향) 焚火(분화) 焚身(분신)
		京津1437	鐵87.1	多友鼎	吳王光鐘	鄂君車節	說文解字	
불사를 분	설문 火부	燓(=焚;번·분)은 밭을 태운다는 뜻이다. 火(화)와 棥(번)은 모두 의미부분인데, 棥은 발음부분이기도 하다.(「燓, 燒田也. 从火·棥, 棥亦聲.」)						

※ 옛 농사법에 숲(林)에 불(火)을 놓아 잡목과 병충을 제거하던 데서 '불사름'을 뜻한다.

鬯	鬯부 총10획	甲骨文		西周 金文			小篆	鬯茂(창무) 鬯酒(창주)

		後上2·3	前1·9·7	叔卣	彔伯簋	毛公鼎	說文解字	
울창주 창 술 창	설문 鬯부	鬯(창)은 검은 기장[黍(서)]과 향초(香草)를 혼합하여 만든 술로, 그 향기를 퍼뜨림으로써 신(神)을 내려오도록 한다. △(거)는 의미부분이다. △는 그릇이다. 가운데는 쌀을 그린 것이며, 匕(비)는 (국자로) 이것을 가지고 술을 뜬다. ≪주역(周易)≫에 이르기를 "국자로 술을 뜨는데 단 한 방울도 흘리지 않았다."라고 하였다. 무릇 鬯부에 속하는 글자들은 모두 鬯을 의미부분으로 삼는다.(「鬯, 以秬釀鬱艸, 芬芳攸服, 以降神也. 从△. △, 器也. 中象米; 匕, 所以扱之. ≪易≫曰: "不喪匕鬯". 凡鬯之屬皆从鬯.」)						

※ 곡식(米)을 그릇(凵) 안에 넣고 발효시켜 국자(匕)로 떠내던 '울창주'를 뜻한다.

◆ 鬯茂 : (창무) 초목이 무성함. 창무(暢茂).
◆ 鬯酒 : (창주) 검은 기장으로 담은 술. 검은 기장에 창초(鬯草)를 섞어서 빚은 술.
◆ 鬱鬯 : (울창) 제주(祭酒)를 빚을 때 넣는 울금향. 또는 그 향주(香酒).

		甲骨文		西周 金文		戰國 金文	小 篆	
	鬯부 총29획							鬱火(울화) 鬱寂(울적) 鬱憤(울분)
		花東053	合5426	叔卣	叔趯父壺	雲夢封診	說文解字	
답답할 **울**	설문 林부	鬱(울)은 나무가 울창한 것을 뜻한다. 林(림)은 의미부분이고, 鬱(울)의생략형은 발음부분이다.(「鬱, 木叢生者. 从林, 鬱省聲.」)						

※ 숲(林)속 큰 장군(缶)에 담아 덮어(冖)둔 울창주(鬱鬯酒)를 꾸며(彡) 놓은 데서 '막히다' '답답하다' '우거지다' 등으로 쓰인다.

		甲骨文		小 篆	
	木부 총12획				森林(삼림) 森嚴(삼엄) 森列(삼렬)
		後下3.2	英1288	說文解字	
수풀 **삼**	설문 林부	森(삼)은 나무가 많은 모습이다. 林(림)과 木(목)은 모두 의미부분이다. 증삼(曾參)의 삼(參)자처럼 발음한다.(「森, 木多貌. 从林, 从木. 讀若曾參之參.」)			

※ 나무(木)가 많은 수풀(林)에서 우거진 '수풀'이 '빽빽함'을 나타낸다.

		戰國 金文		小 篆	
	示부 총13획				禁止(금지) 禁煙(금연) 禁漁(금어)
		集證149	雲夢秦律	說文解字	
금할 **금**	설문 示부	禁(금)은 길흉(吉凶)의 거리낌을 뜻한다. 示(시)는 의미부분이고, 林(림)은 발음부분이다.(「禁, 吉凶之忌也. 从示, 林聲.」)			

※ 신성한 숲(林) 속의 신(示)을 모시는 곳을 뜻하여, 그곳에 출입을 '금함'을 나타낸다.

			小 篆	
	衣부 총18획	설문 없음		襟帶(금대) 胸襟(흉금) 襟懷(금회)
			形音義字典	
옷깃 **금**				

※ 옷(衣)의 앞부분에 찬바람이 들어옴을 금하기(禁) 위해 여닫는 곳인 '옷깃'을 뜻한다. ※衿(동자)

		小 篆	
	艹부 총10획		茶菓(다과) 茶道(다도) 綠茶(녹차)
		說文解字	
차 **다/차**	설문 艹부	茶(도)는 씀바귀이다. 艹(초)는 의미부분이고, 余(여)는 발음부분이다.(「茶, 苦茶也. 从艹, 余聲.」)	

※ ++(초)와 余(여)로 이루어진 '茶(씀바귀 도)'자의 변형으로, 차처럼 달여 먹던 약초에서 '차'를 뜻한다.
※파자: 잎(++)을 달여 먹으려 사람(人)이 나무(木) 위에 올라 따는 '차'를 뜻한다.

		甲骨文		西周金文		春秋 金文	小 篆	
	二부 총9획							亟務(극무) 亟行(극행) 亟用(기용)
		合13637	牆盤	伯梁其盨	毛公鼎	曾大保盆	說文解字	
빠를 **극/기**	설문 亟부	亟(극)은 민첩하고 빠르다는 뜻이다. 人(인)·口(구)·又(우)·二(이) 등은 모두 의미부분이다. 二는 하늘과 땅을 뜻한다.(「亟, 敏疾也. 从人·从口·从又·从二. 二, 天地也.」)						

※ 위 아래(二) 사이에 사람(亻)이 끼어 소리(口)를 내며 손짓(又)하여 위급함을 '빨리' '삼가' '심하게' 알림을 뜻하며 '끼다'를 뜻한다.

極	木부 총13획	戰國 金文 秦公石磬	小篆 說文解字		極甚(극심) 極貧(극빈) 南極(남극)	
다할/극진할 극	설문 木부	極(극)은 棟(마룻대 동)이다. 木(목)은 의미부분이고, 亟(극)은 발음부분이다.(「橢, 棟也. 从木, 亟聲.」)				

※ 나무(木)기둥의 양(二)끝 사이에 사람(亻)이 끼어 소리(口)내며 손(又)짓하여 위급함을 '빨리(亟)' 알리듯, 건축물 사이에 끼어(亟) 지붕을 받치는 기둥(木)에서 '다하다' '극진함'을 뜻한다.

相 ➡ 想 ➡ 箱 ➡ 湘 ❖ 霜 ➡ 孀 ☆

相	目부 총9획	甲骨文 前7.37.1 前5.25.5	金文 父乙觥 相侯簋 庚壺	小篆 說文解字	相生(상생) 相談(상담) 相剋(상극)	
서로 상	설문 目부	相(상)은 자세히 살펴본다는 뜻이다. 目과 木은 모두 의미부분이다. ≪주역(周易)≫에 이르기를 "땅을 살피려면 나무에서 관찰하는 것만 한 것이 없다."라고 하였고, ≪시경(詩經)≫에 이르기를 "쥐도 가죽이 있음을 보아라."라고 하였다.(「相, 省視也. 从目, 从木. ≪易≫曰: "地可觀者, 莫可觀於木." ≪詩≫曰: "相鼠有皮."」)				

※ 나무(木)를 눈(目)으로 살펴보거나, 나무의 생장을 보살피는 데서 '서로' '돕다'로 쓰인다.

想	心부 총13획	小篆 說文解字		想像(상상) 想念(상념) 豫想(예상)	
생각 상	설문 心부	想(상)은 희망한다는 뜻이다. 心(심)은 의미부분이고, 相(상)은 발음부분이다.(「想, 冀思也. 从心, 相聲.」)			

※ 서로(相)를 보살피는 마음(心), 또는 자기의 바라는 마음에서 '생각'을 뜻한다.

箱	竹부 총15획	小篆 說文解字		箱子(상자) 箱房(상방) 書箱(서상)	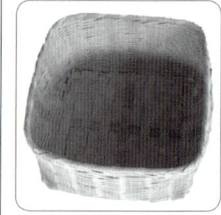
상자 상	설문 竹부	箱(상)은 큰 수레를 보관하는 차상(車箱, 사람이 타는 공간)을 뜻한다. 竹(죽)은 의미부분이고, 相(상)은 발음부분이다.(「箱, 大車牝服也. 从竹, 相聲.」)			

※ 대나무(竹)를 서로(相) 엮어 만든, 물건을 두는 '상자'를 뜻한다.

湘	水부 총12획	戰國 金文 鄂君舟節	小篆 說文解字		湘君(상군) 湘南(상남) 湘靈(상령)	
강이름 상	설문 水부	湘(상)은 강의 이름이다. 영릉현(零陵縣) 양해산(陽海山)에서 발원하여, 북쪽으로 흘러서 장강(長江)으로 들어간다. 水(수)는 의미부분이고, 相(상)은 발음부분이다.(「湘, 水. 出零陵陽海山, 北入江. 从水, 相聲.」)				

※ 광서성(廣西省) 흥안현(興安縣)에서 발원하여 들판을 적시는 물(氵)로, 작물의 재배를 돕고(相) 동정호(洞庭湖)로 흘러드는 '강 이름'을 뜻한다.

霜	雨부 총17획	戰國 金文 三體石經僖公	小篆 說文解字		秋霜(추상) 霜降(상강) 霜害(상해)	
서리 상	설문 雨부	霜(상), 서리를 '상'이라고 부르는 까닭은 만물이 서리를 맞으면 제 모습을 잃어버리기[喪(상)] 때문이다. (서리는) 만물을 성취하게 하는 것이다. 雨(우)는 의미부분이고, 相(상)은 발음부분이다.(「霜, 喪也. 成物者. 从雨, 相聲.」)				

※ 비(雨)처럼 내린 이슬이 서로(相) 엉겨 얼어붙은 '서리'를 뜻한다.

孀	女부 총20획	설문 없음	小篆 孀 形音義字典		靑孀(청상) 孀閨(상규) 孀婦(상부)	
홀어미 상						

※ 여자(女)가 남편을 잃고 마음이 서리(霜)처럼 차가워진 '홀어미' 즉 '과부'를 뜻한다.

突(罙) ➡ 深 ➡ 探 ➡ 琛✥

 罙	穴부 총10획	甲骨文			金文	小篆	용례 없음	
		 燕80	 前2.30.2	 罙 鼎	 罙伯簋	突 說文解字		
깊을 심/탐	설문 穴부	罙=突(심·탐)은 깊다는 뜻이다. 일설에는 부뚜막의 굴뚝을 뜻한다고도 한다. 穴(혈)·火(화)·求(구)의 생략형 등은 모두 의미부분이다.(「突, 深也. 一曰竈突. 从穴, 从火, 从求省.」)						

※ 동굴(穴=冖) '깊이' 나무(木) 횃불을 들고 들어감을 뜻한다. ※참고:突은 古字(고자).

深	水부 총11획	甲骨文	石鼓文	戰國 金文	小篆	深夜(심야) 深刻(심각) 深海(심해)	
		 合18765		 中山王方壺	 說文解字		
깊을 심	설문 水부	深[濅(심)]은 강의 이름이다. 계양군(桂陽郡) 남평현(南平縣)에서 발원하여, 서쪽으로 흘러서 영도현(營道縣)로 들어간다. 水(수)는 의미부분이고, 罙(심·탐)은 발음부분이다.(「濅, 水. 出桂陽南平, 西入營道. 从水, 罙聲.」)					

※ 물(氵)이 흐르는 동굴(穴=冖) 속을 나무(木) 횃불을 들고 '깊이' 들어감을 뜻한다.
※파자 : 물(氵)에 덮인(冖) 사람(儿)과 나무(木)에서 '깊다'를 뜻한다.

探	手부 총11획	戰國 金文	小篆	探究(탐구) 探查(탐사) 探險(탐험)	
		 曾侯墓簡	 說文解字		
찾을 탐	설문 手부	探(탐)은 (손을) 깊이 넣어서 (더듬어 찾아) 취한다는 뜻이다. 手(수)는 의미부분이고, 罙(심·탐)은 발음부분이다.(「探, 遠取之也. 从手, 罙聲.」)			

※ 손(扌)으로 동굴(穴=冖)같이 깊이(罙 : 깊을 담) 있는 나무(木)를 더듬어 '찾음'을 뜻한다.
※파자 : 손(扌)으로 덮인(冖) 사람(儿)과 나무(木)를 '찾음'을 뜻한다.

琛	玉부 총12획	小篆  說文解字	琛麗(침려) 琛賂(침뢰) 琛縭(침리)	
보배 침	설문 玉부	琛(침)은 보물을 뜻한다. 玉(옥)은 의미부분이고, 罙(심·탐)은 深(심)의 생략형으로 발음부분이다.(「琛, 寶也. 从玉, 深省聲.」)		

※ 옥(玉)에 그윽하고 깊은(罙) 아름다움이 있는 보물에서 '보배'를 뜻한다.

桼 ➡ 漆 ➡ 膝 … 麥 ➡ 來 ➡ 萊 ➡ 崍✥

桼	木부 총11획	金文	戰國 金文		小篆	漆과 같음	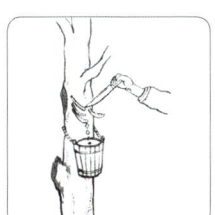
		 한자의 뿌리	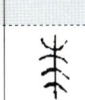 上守戈	 陶三625	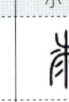 貨系4055	桼 說文解字		
옻 칠	설문 木부	桼(칠)은 나무의 즙으로, 물건에 칠을 할 수 있다. 상형(象形)이다. 桼은 물방울처럼 똑똑 아래로 떨어진다. 무릇 桼부에 속하는 글자들은 모두 桼을 의미부분으로 삼는다.(「桼, 木汁, 可以髤物. 象形. 桼如水滴而下. 凡桼之屬皆从桼.」)						

※ 나무(木)를 갈라(八=人) 나오는 수액(氺)으로, 물건에 칠하는 '옻'을 뜻한다.

63

	水部 총14획	戰國 金文			小篆	漆板(칠판) 漆器(칠기) 漆黑(칠흑)	
		上郡守戈	漆垣戈	高奴權	說文解字		
옻 **칠** 水部	설문 水部	漆(칠)은 강의 이름이다. 우부풍군(右扶風郡) 두릉현(杜陵縣) 기산(岐山)에서 발원하여, 동쪽으로 흘러서 위수(渭水)로 들어간다. 일설에는 낙수(洛水)로 들어간다고도 한다. 水(수)는 의미부분이고, 桼(칠)은 발음부분이다.(「䫥, 水. 出右扶風杜陵岐山, 東入渭. 一日入洛. 从水, 桼聲.」)					

※ 물(氵)처럼 나무(木)가 갈라진(人) 틈에서 나오는 수액(氺)으로 옻나무 액인 옻 '칠'을 뜻한다.

	肉部 총15획	설문 없음	 形音義字典		膝前(슬전) 膝行(슬행) 膝退(슬퇴)	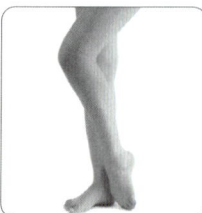
무릎 **슬**						

※ 사람의 몸(肉=月) 일부인 무릎이 옻(漆=桼)을 채취하기 위해 자르거나 흠을 낸 부위처럼 불거짐에서 '무릎'을 뜻한다.

麥	麥部 총11획	甲骨文			金文		小篆	麥酒(맥주) 小麥(소맥) 麥芽(맥아)	
		前4.40.7	佚277	戩10.8	麥盂	麥鼎	說文解字		
보리 **맥**	설문 麥部	麥(맥)은 까끄라기가 있는 곡식이다. 가을에 씨를 뿌리고 깊게 묻어 주기[薶(매), 즉 埋(매)] 때문에 보리를 '맥'이라고 부르는 것이다. 보리는 금(金)에 속하므로, 금(金)이 왕성하면 살아나고 화(火)가 왕성하면 죽는다. 來(래)는 의미부분이다. 이삭이 있기 때문이다. 夊(쇠)도 의미부분이다. 무릇 麥부에 속하는 글자들은 모두 麥을 의미부분으로 삼는다.(「䴬, 芒穀. 秋種厚薶, 故謂之麥. 麥, 金也. 金王而生, 火王而死. 从來, 有穗者. 从夊. 凡麥之屬皆從麥.」)							

※ 본래 '밀'을 뜻하던 來(래)가 '오다'로 쓰이자 뿌리 모양(夊)을 더해 '보리'를 뜻했다.

	人部 총8획	甲骨文			金文			小篆	未來(미래) 來日(내일) 來賓(내빈)	
		菁5.1	粹1145	後上18.6	康侯簋	쯥鼎	來母觚	說文解字		
올 **래** 來部	설문 來部	來(래)는 주(周) 지방에서 수확하던 좋은 보리, 소맥(小麥, 밀)과 대맥(大麥, 보리)이다. 보리 한 줄기에 두 이삭이 패어 있고, 까끄라기와 가시가 난 모양을 그린 것이다. 하늘에서 내려주시는 것이기 때문에 '오고 가다'라고 할 때의 '오다'라는 뜻으로 쓰이게 되었다. ≪시경≫에 이르기를 "우리에게 밀과 보리를 내려주셨네."라고 하였다. 무릇 來부에 속하는 글자들은 모두 來를 의미부분으로 삼는다.(「䌛, 周所受瑞麥來麰. 一來二縫, 象芒束之形. 天所來也, 故爲行來之來. ≪詩≫曰: "詒我來麰." 凡來之屬皆从來.」)									

※ 꼿꼿이 서 있는 보리의 상형이다. ※참고:힘든 보릿고개가 자꾸 오는 데서 '오다'를 뜻했다고 한다.
　※파자:나무(木) 아래 사람들이(从) 모여들어 '오다'가 된다.

	艸部 총12획	小篆		萊蕪(내무) 萊婦(내부) 東萊區(동래구)	
		說文解字			
명아주 **래**	설문 艸部	萊(래)는 무의 꽃이다. 艸(초)는 의미부분이고, 來(래)는 발음부분이다.(「䕚, 蔓華也. 从艸, 來聲.」)			

※ 일년초(艹)로 황무지나 보리(來)밭 주변에서 잘 자라고 키는 1m~2m로, 어린잎은 식용으로, 대는 지팡이로 쓰는 '명아주'를 뜻한다. ※보리(麥)처럼 생긴 풀(艹)이라 함은 사이비.

	山부 총11획	설문 없음		崍山(내산)	
산이름 래					

* ※파자: 산(山)지가 보리(來)가 잘 자라는 사천성(四川省)에 있는 '산 이름'을 뜻한다.

嗇 ➡ 穡 ✥ ➡ 墻 ➡ 檣 ➡ 薔

	口부 총13획	甲骨文				西周 金文		吝嗇(인색) 嗇夫(색부) 儉嗇(검색)	
		燕2	後下7.2	乙4529	合27886	儥匜	牆盤		
		戰國 金文				小篆	古文		
		安邑下官鐘	卄五年戈	陶六058	雲夢效律	說文解字			
아낄 색	설문 嗇부	嗇(색)은 아낀다는 뜻이다. 來(래)와 㐭(름)은 모두 의미부분이다. 보리는 공간에 넣어 보관한다. 그래서 전부(田夫)를 색부(嗇夫)라고도 부르는 것이다. 무릇 嗇부에 속하는 글자들은 모두 嗇을 의미부분으로 삼는다. 㪵은 嗇의 고문(古文)으로 (㐭 대신) 田(전)을 썼다. (「嗇, 愛濇也. 从來, 从㐭. 來者, 㐭而藏之. 故田夫謂之嗇夫. 凡嗇之屬皆从嗇. 㪵, 古文嗇, 从田.」)							

* 곡식(來=土+从)을 '거두어' 창고(㐭=回)에 잘 구분하여 저장하여 '아낌'을 뜻한다.
  ※파자: 흙(土) 속에 사는 사람들(从)이 곡식이 귀하여 돌려가며(回) 지킴에서 '아낌'을 뜻한다.

	禾부 총18획	小篆  說文解字		穡夫(색부) 穡人(색인)	
거둘 색	설문 禾부	穡(색), 곡식을 거두는 것을 穡이라고 한다. 禾(화)는 의미부분이고, 嗇(색)은 발음부분이다. (「穡, 穀可收曰穡. 从禾, 嗇聲.」)			

* 벼(禾)를 거두어 잘 저장하여 아낌(嗇)에서 '거두다'를 뜻한다.

	土부 총16획	甲骨文		金文		小篆	籀文	越墻(월장) 面墻(면장) 堵墻(도장)	

		粹1161	合36481	牆盤	師寰簋	說文解字			
담 장	설문 嗇부	牆(장)은 담을 뜻한다. 嗇(색)은 의미부분이고, 爿(장)은 발음부분이다. 牆은 주문(籀文)으로 禾(화)자 둘을 썼다. 牆도 역시 주문(籀文)으로 來(래)자 둘을 썼다. (「牆, 垣蔽也. 从嗇, 爿聲. 牆, 籀文从二禾. 牆, 亦籀文, 从二來.」)							

* 흙(土)이나 널조각(爿)으로 거둔(嗇) 곡식을 보관하기 위해 막아놓은 '담장'을 뜻한다. 牆(장)이 본자.

	木부 총17획	설문 없음	小篆  形音義字典	帆檣(범장) 船檣(선장) 舟檣(주장)	
돛대 장					

* 배의 가운데에 있는 나무(木)로, 돛(帆)을 거두어(嗇) 매어두는 기둥인 '돛대'를 뜻한다.

薔	艸부 총17획	戰國 金文	小篆			薔棘(장극) 薔薇(장미) 黑薔薇(흑장미)	
		雲夢爲吏	說文解字				
장미 장	설문 艸부	薔=蘠(색·장)은 색우(薔虞)로, 물여뀌이다. 艸(초)는 의미부분이고, 嗇(색)은 발음부분이다.(「蘠, 薔虞, 蓼. 从艸, 嗇聲.」)					

※ '물여뀌'인 식물이름. 화초(++)로 담(墻=嗇) 주변에 자라는 가시가 있는 '장미'를 뜻한다.

束 → 速 → 疎 ☆ → 悚 → 勅 → 辣 → 刺 → 賴 → 懶 → 癩 ◆

	木부 총7획	甲骨文		金文		小篆	約束(약속) 結束(결속) 束縛(속박)	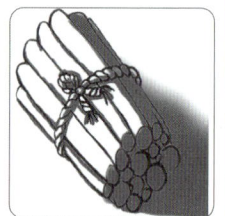
		京津2679	珠402	孟卣	智鼎	大簋	說文解字	
묶을 속	설문 束부	束(속)은 묶는다는 뜻이다. 囗(위)와 木(목)은 모두 의미부분이다. 무릇 束부에 속하는 글자들은 모두 束을 의미부분으로 삼는다.(「束, 縛也. 从口·木. 凡束之屬皆从束.」)						

※ 나무(木)를 다발로 모아 둥글게(O=囗) 묶은 데서 '묶다'가 뜻이 된다.

速	辵부 총11획	金文	小篆	籀文	古文	速度(속도) 速步(속보) 速成(속성)	
		叔家父匜	說文解字				
빠를 속	설문 辵부	速(속)은 빠르다는 뜻이다. 辵은 의미부분이고, 束은 발음부분이다. 遬(속)은 주문(籀文)으로, 束 대신 欶(삭)을 썼다. 𧧻은 고문(古文)으로 欶와 言(언)으로 이루어졌다.(「𧧻, 疾也. 从辵, 束聲. 遬, 籀文从欶. 𧧻, 古文, 从欶, 从言.」)					

※ 다발로 묶어(束) 한 번에 빨리 가거나(辶), 또는 물건을 묶듯(束) 마음을 단단히 하여 '빨리' 감(辶)을 뜻한다.

疎	疋부 총12획	설문 없음	小篆	疎忽(소홀) 稀疎(희소) 生疎(생소)	
			形音義字典		
성길 소					

※ 疏(소)와 동자. 발(疋)이 묶여(束) 자주 가지 못하여 '드물다' '성기다'로 쓰인다.

	心부 총10획	설문 없음	小篆	罪悚(죄송) 悚懼(송구) 惶悚(황송)	
			形音義字典		
두려울 송					

※ 마음(忄)이 나무를 조여 묶듯(束) 점점 조여와 '두려워함'을 뜻한다.

	力부 총9획	春秋 金文	戰國 金文	小篆	※敕(칙)과 동자(同字).	勅令(칙령) 勅使(칙사) 詔勅(조칙)	
		秦公簋	陳猷釜	說文解字			
칙서 칙	설문 攴부	敕(칙)은 훈계(訓戒)한다는 뜻이다. 攴(복)은 의미부분이고, 束(속)은 발음부분이다.(「敕, 誡也. 从攴, 束聲.」)					

※ 임금의 명령이 담아 묶어(束) 있는 문서로, 내용대로 힘(力)써 행해야 되는 '칙서'를 뜻한다.

	辛부 총14획	설문 없음	小篆 形音義字典		辛辣(신랄) 惡辣(악랄) 毒辣(독랄)	
매울 **랄**						

* 죄인(辛)을 묶어(束) 칼로 찌르거나 베는(刺=束) 고통스러운 형벌에서 '맵다'로 쓰인다.

	刀부 총9획	甲骨文		西周 金文	春秋 金文	戰國 金文	小篆	刺謬(날류) 潑剌(발랄) 水刺(수라)	

		甲1779	甲624	師大王父鼎	秦公簋	鷹羌鐘	說文解字		
발랄할 **랄** 수라 **라**	설문 束부	剌(랄)은 어그러졌다는 뜻이다. 束(속)과 刀(도)는 모두 의미부분이다. 刀는 어긋나지 않게 한다는 뜻이다.(「剌, 戾也. 从束, 从刀. 刀者, 剌之也.」)							

* 매일쓰는데 묶어(束)둔 칼(刂)에서 이치에 '어그러짐'을 뜻하고, 물건을 묶어(束) 단칼(刂)베는 것처럼 예리하여 '발랄함'으로 쓰이며, 임금님 진지를 '수라'라고 한다.

	貝부 총16획	戰國 金文	小篆		依賴(의뢰) 信賴(신뢰) 賴天(뇌천)	

		雲夢爲吏	說文解字			
의뢰할 **뢰**	설문 貝부	賴(뢰)는 (물건을 팔고) 이익(利益)을 남겼다는 뜻이다. 貝(패)는 의미부분이고, 剌(랄)은 발음부분이다.(「賴, 嬴也. 从貝, 剌聲.」)				

* 마음이 조급하고 어그러져(剌)도 재물(貝)과 관계되면 '이익'을 얻으려 '의뢰함'을 뜻한다.

	心부 총19획	설문 없음	小篆  形音義字典		懶怠(나태) 懶性(나성) 懶眠(나면)	
게으를 **라**						

* 여자(女)가 남자에 의지해(賴) 사는 嬾(란)이 본자로, 마음(忄)으로 의뢰하는(賴) 데서 '게으름'을 뜻한다.

	疒부 총21획	설문 없음	小篆  形音義字典		癩菌(나균) 癩病(나병) 癩漢(나한)	
문둥이 **라**						

* 병(疒)으로 약물에 의지하는(賴) '약물 중독'이나, 죽을 때까지 남에게 의지해야(賴) 되는 병(疒)인 '문둥병'을 뜻한다.

束 ➡ 刺 ➡ 策 ➡ 棘 ➡ 棗

	木부 총6획	甲骨文			殷商 金文	西周 金文		小篆	용례 없음	
		林2.18.13	粹976	合5127	束乙爵	束卣	束鼎	說文解字		
가시 **자/차**	설문 束부	束(자·차)는 나무의 가시를 뜻한다. 상형(象形)이다. 무릇 束부에 속하는 글자들은 모두 束를 의미부분으로 삼는다. 刺(자)라고 읽는다.(「束, 木芒也. 象形. 凡束之屬皆从束. 讀若刺.」)								

* 나무(木)에 가시(一)가 있는 모양에서 '가시'를 뜻한다.

刺	刀부 총8획	小篆 說文解字		刺客(자객) 刺繡(자수) 諷刺(풍자)	
찌를 자/척	설문 刀부	刺(자), 임금이 대부(大夫)를 죽이는 것을 刺라고 한다. 刺는 직접 상처를 입히는 것이다. 刀(도)와 束(자)는 모두 의미부분인데, 束는 발음부분이기도 하다.(「𣴎, 君殺大夫曰刺. 刺, 直傷也. 从刀, 从束, 束亦聲.」)			

※ 가시(束:가시 자)와 칼(刂)로 '찌름' '가시'를 뜻한다. ※참고:剌(랄)과 다름을 주의바람.

策	竹부 총12획	戰國 金文 中山王壺	小篆 說文解字		策動(책동) 術策(술책) 對策(대책)	
꾀 책	설문 竹부	策(책)은 말채찍을 뜻한다. 竹(죽)은 의미부분이고, 束(자)는 발음부분이다.(「䇿, 馬箠也. 从竹, 束聲.」)				

※ 대(竹)로 만든 가시(束) 형태의 긴 말을 모는 '채찍'으로, 대(竹)로 만든 가시(束) 같은 가지를 이용하여 점을 치거나 세는 데서 '꾀'를 뜻한다.

棘	木부 총12획	春秋 金文 僚子棘鼎	戰國 金文 雲夢日甲	小篆 說文解字	荊棘(형극) 棘人(극인) 棘針(극침)	
가시 극	설문 束부	棘(극)은 작은 대추나무로, 무더기로 몰려서 자란다. 束(차)를 나란히 썼다.(「𣘽, 小棗, 叢生者. 从並束.」)				

※ 가시(束)가 많은 나무의 총칭으로 '가시'를 뜻하며, 대추나무보다 키가 작은 '멧대추'를 뜻한다.

棗	木부 총12획	戰國 金文 宜無戟	酸棗戈	小篆 說文解字	棗栗(조율) 棗木(조목) 乾棗(건조)	
대추 조	설문 束부	棗(조)는 대추를 뜻한다. 束(차)를 겹쳐 썼다.(「𣛎, 羊棗也. 从重束.」)				

※ 가시(束)를 위아래로 배치하여 멧대추나무보다 큰 '대추나무' '대추'를 뜻한다.

東 ➡ 凍 ➡ 棟 ➡ 陳

東	木부 총8획	甲骨文 菁4.1	前6.32.4	殷商 金文 子壬父辛爵	西周 金文 保卣	春秋 金文 莒平鐘	戰國 金文 陶五361	小篆 說文解字	東海(동해) 東洋(동양) 東方(동방)	
동녘 동	설문 東부	東(동), 동쪽을 '동'이라고 부르는 까닭은 동쪽은 만물이 생동(生動)하는 방향이기 때문이다. 木(목)은 의미부분이다. 관부(官溥)는 "해[日(일)]가 나무 가운데 있는 의미"라고 하였다. 무릇 東부에 속하는 글자들은 모두 東을 의미부분으로 삼는다.(「𠍳, 動也. 从木. 官溥說: "从日在木中." 凡東之屬皆从東.」)								

※ 양끝을 묶어놓은() 자루 모양(Φ·⊖)으로 음이 같아 '동쪽'을 나타낸다. 나무(木)에 해(日)가 떠오르다 걸려 있는 모습으로 동쪽을 뜻한다고 한 것은, 소전만 보고 잘못 말한 것이다.

凍	冫부 총10획	小篆 說文解字		凍傷(동상) 凍死(동사) 冷凍(냉동)	
얼 동	설문 冫부	凍(동)은 仌(얼음 빙)이다. 仌(빙)은 의미부분이고, 東(동)은 발음부분이다.(「𩻅, 仌也. 仌, 東聲.」)			

※ 얼어(冫) 굳어버려 둥글게 묶여 있는 자루(東)처럼 된 데서 '얼다'가 뜻이 된다.

棟	木부 총12획	小篆 棟 說文解字				病棟(병동) 棟宇(동우) 棟幹(동간)	
마룻대 **동**	설문 木부	棟(동)은 極(다할 극)이다. 木(목)은 의미부분이고, 東(동)은 발음부분이다.(「棟, 極也. 从木, 東聲.」)					

※ 집 가운데를 받치는 나무(木)로 자루(東)처럼 묶은 중앙을 받치는, '마룻대'를 뜻한다.

陳	阜부 총11획	西周 金文		戰國 金文		小篆	古文	陳述(진술) 陳列(진열) 陳腐(진부)	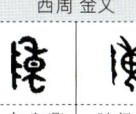

		九年衛鼎	陳侯鬲	陳逆簋	高都令戈	說文解字			
베풀/묵을 **진**	설문 阜부	陳(진)은 사방이 높고 가운데가 낮은 언덕을 뜻한다. 순(舜)의 후손인 규만(嬀滿)이 봉해진 곳이다. 阜(부)와 木(목)은 의미부분이고, 申(신)은 발음부분이다. 陣은 陳의 고문(古文)이다.(「陳, 宛丘. 舜後嬀滿之所封. 从阜, 从木, 申聲. 陣, 古文陳.」)							

※ 사방의 높은 언덕(阝)에 즐비하게 늘어선 고목(木)이 펼쳐진(申) 데서 '늘어지다' '베풀다' '묵다'가 된다. (木+申=東). ※파자: 언덕(阝)이 동쪽(東)에 줄지어 '베풀어' 펼쳐짐.

東➡棟➡諫➡練➡鍊➡煉…(闌)➡蘭➡爛➡欄➡瀾➡斕

柬	木부 총9획	西周 金文	春秋 金文	戰國 金文	小篆	柬房(간방) 柬帖(간첩)	
		王來奠新邑鼎	吳王光鐘	令狐君壺	說文解字		
가릴 **간**	설문 束부	柬(간)은 (묶은 것을) 나누고 갈라서 고른다는 뜻이다. 束(속)과 八(팔)은 모두 의미부분이다. 八은 나누고 가른다는 뜻이다.(「柬, 分別簡之也. 从束, 从八. 八, 分別也.」)					

※ 묶여 있는(束) 물건을 나누어(八) 구분하는 데서 '가리다'를 뜻한다. ※柬(간)자는 '분별' '가림'을 뜻한다.

揀	手부 총12획	설문 없음	'柬'자와 같은 자(字)로 고문이 같다.	揀擇(간택) 分揀(분간) 揀選(간선)	
가릴 **간**					

※ 손(扌)으로 '가림(柬:가릴 간)'을 뜻하며, 묶여(束) 있는 죽간에서 필요한 부분을 가리어(八) '선별함'을 뜻한다.
※束(간)자는 '분별' '가림'을 뜻한다.

諫	言부 총16획	金文		小篆	諫言(간언) 諫官(간관) 諫止(간지)	
		諫簋	番生簋	說文解字		
간할 **간**	설문 言부	諫(간)은 証(간할 정)이다. 言(언)은 의미부분이고, 柬(간)은 발음부분이다.(「諫, 証也. 从言, 柬聲.」)				

※ 윗사람께 말(言)을 가리어(柬) 아뢰는 데서 '간하다'를 뜻한다.

練	糸부 총15획	金文	小篆	練習(연습) 訓練(훈련) 修練(수련)	
		郭店五行	說文解字		
익힐 **련**	설문 糸부	練(련)은 마전한 비단을 뜻한다. 糸는 의미부분이고, 柬은 발음부분이다.(「練, 湅繒也. 从糸, 柬聲.」)				

※ 실(糸) 또는 비단을 삶아 부드럽게 할 때, 열(熱)이 적당한지 잘 분별(柬)함에서 '익히다'로 쓰인다.

鍊	金부 총17획	小篆 鍊 說文解字		鍛鍊(단련) 鍊磨(연마) 試鍊(시련)	
쇠불릴/ 단련할 련	설문 金부	鍊(련)은 쇠를 달구어 두드린다는 뜻이다. 金(금)은 의미부분이고, 柬(간)은 발음부분이다. (「鍊, 冶金也. 从金, 柬聲.」)			

✳︎ 쇠(金)를 녹여 불순물을 가려(柬)내어 강하게 하는 데서, '쇠 불리다' '단련하다'로 쓰인다.

煉	火부 총13획	小篆 煉 說文解字		煉炭(연탄) 煉瓦(연와) 煉乳(연유)	
달굴 련	설문 火부	煉(련)은 쇠를 담금질하여 정련(精鍊)한다는 뜻이다. 火(화)는 의미부분이고, 柬(간)은 발음부분이다.(「煉, 鑠治金也. 从火, 柬聲.」)			

✳︎ 쇠를 불(火)에 달구어 불순물을 가리어(柬) 정련(精鍊)함에서 '달구다'의 뜻이 된다.

	門부 총17획	殷商 金文 	西周 金文	春秋 金文	小篆	闌干(난간) 闌廄(난구)	
		戌嗣鼎　闌卣	闌監鼎　噩侯鼎	王孫鐘　王子午鼎	說文解字		
가로막을 란	설문 門부	闌(란)은 빗장을 뜻한다. 門(문)은 의미부분이고, 柬(간)은 발음부분이다.(「闌, 門遮也. 从門, 柬聲.」)					

✳︎ 문(門)을 막아 출입을 가리는(柬) 데서 '가로막다'를 뜻한다.

蘭	艹부 총21획	小篆 蘭 說文解字		蘭草(난초) 蘭香(난향) 和蘭(화란)	
난초 난	설문 艹부	蘭(란)은 향기로운 풀을 뜻한다. 艹(초)는 의미부분이고, 闌(란)은 발음부분이다.(「蘭, 香草也. 从艹, 闌聲.」)			

✳︎ 화초(艹) 중에 문(門)의 출입을 가리기(柬) 위해 가로막듯(闌:막을 란), 발하는 향기를 막아 그윽하게 지닌 '난초'를 뜻한다. ※파자:화초(艹)중에 문(門) 쪽에 가려(柬) 심는 '난초'.

爛	火부 총21획	小篆 爛	或體 爤	絢爛(현란) 燦爛(찬란) 爛漫(난만)	
		說文解字			
빛날 란	설문 火부	爛=爤(란)은 익었다는 뜻이다. 火(화)는 의미부분이고, 蘭(란)은 발음부분이다. 爤은 혹체자(或體字)로 蘭 대신 閒(한)을 썼다.(「爛, 孰也. 从火, 蘭聲. 爤, 或从閒.」)			

✳︎ 불(火)의 열기를 가려 막아(闌) 지나치게 푹 익히는 데서 '문드러지다' '빛나다'로 쓰인다.

欄	木부 총21획	설문 없음	小篆 欄 形音義字典	欄干(난간) 空欄(공란) 懸欄(현란)	
난간 란		당(唐)나라 현응(玄應)의 《일체경음의(一切經音義)》 권(卷) 1에 "欄은 闌(란)이라고도 쓴다. 《설문해자》에서는 '闌은 난간(欄干)을 뜻한다.'라고 하였다.(「欄, 又作闌. 《說文》: "闌, 檻也.")라는 기록이 보인다.			

✳︎ 구분된 경계 양쪽에 나무(木)로 막은(闌) '난간' '우리'를 뜻한다.

瀾	水부 총20획	小篆	或體		波瀾(파란) 狂瀾(광란) 碧瀾(벽란)
		說文解字			
물결 란	설문 水부	瀾(란), 큰 물결을 瀾이라고 한다. 水(수)는 의미부분이고, 闌(란)은 발음부분이다. 漣(련)은 瀾의 혹체자(或體字)로 (闌 대신) 連(련)을 썼다.(「瀾, 大波爲瀾. 从水, 闌聲. 漣或从連.」)			

※ 강(氵)과 바다에서 배의 운항을 막는(闌) 큰 '물결'을 뜻한다.

瓓	玉부 총21획	설문 없음		瓓石(난석) 瓓玗(난우)
옥무늬 란				

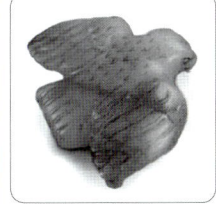

※ 투명하게 빛나는 옥(玉)의 중간에 가로막은(闌) 듯한 '옥의 무늬'를 뜻한다.

車➡庫➡陣➡軋➡轟◆➡輦➡連➡蓮➡漣➡璉❖➡軟

車	車부 총7획	甲骨文						車輛(차량) 車費(차비) 自轉車(자전거)
		存743	菁3.1	拾12.16	京津2821	合11452	乙324	
		殷商 金文	西周 金文		戰國 金文	小篆	籒文	
		車觥	孟鼎	揚鼎	子禾子釜	說文解字		
수레 거/차	설문 車부	車(거·차)는 수레의 총칭(總稱)이다. 하후(夏后)시대 (즉 우[禹]임금 시대) 때 해중(奚仲)이 만들었다. 상형이다. 무릇 車부에 속하는 글자들은 모두 車를 의미부분으로 삼는다. 𨎵는 車의 주문(籒文)이다.(「車, 輿輪之總名. 夏后時仲所造. 象形. 凡車之屬皆从車. 𨎵, 籒文車.」)						

※ 주로 전차(戰車)로 사용되던 마차의 상형으로, '수레' '마차' '전차(戰車)'를 뜻한다.

庫	广부 총10획	金文			小篆	倉庫(창고) 金庫(금고) 寶庫(보고)
		朝河右庫戈	右庫戈	鄭卅三年劍	說文解字	
곳집 고	설문 广부	庫(고)는 무기와 전차(戰車)를 보관하는 곳을 뜻한다. 수레[車]가 집[广] 아래에 있다는 의미이다.(「庫, 兵車藏也. 从車在广下.」)				

※ 집(广)에 전차(戰車)나 수레(車)를 보관하던 '곳집'이나 창고를 뜻하게 되었다.

陣	阜부 총10획	설문 없음	戰國 金文		陣營(진영) 敵陣(적진) 陣地(진지)
			郭店成之	聖彙1541	
진칠 진		≪설문해자≫에는 '陣'자가 보이지 않는다. ≪옥편(玉篇)·부부(阜部)≫에서는 "陣(진)은 군대의 행렬을 뜻한다.(「陣, 師旅也.」)"라고 하였다.			

※ 언덕(阝) 뒤에 수레(車)를 펼쳐 '줄'지어 '진을 침'을 뜻한다. ※陳(진)과 뜻이 같음.

◆ 覆車之戒 : (복거지계) 앞의 수레가 뒤집히는 것을 보고 뒤의 수레는 미리 경계(警戒)한다는 뜻으로, 앞사람의 실패(失敗)를 본보기로 하여 뒷사람이 똑같은 실패(失敗)를 하지 않도록 조심함을 이르는 말.

軋	車부 총8획	小篆 軋 說文解字		軋辭(알사) 軋轢(알력) 鳴軋(명알)	
삐걱거릴 알	설문 車부	軋(알)은 수레에 치였다는 뜻이다. 車(거차)는 의미부분이고, 乙(을)은 발음부분이다.(「軋, 輾也. 从車, 乙聲.」)			

※ 짐을 실은 수레(車)가 눌러 달라붙어(乚) 소리 내는 데서 '삐걱거리다'가 된다.

	車부 총21획	小篆  說文解字		轟音(굉음) 轟沈(굉침) 轟笑(굉소)	
울릴/수레소리 굉	설문 車부	轟(굉)은 여러 수레가 가는 소리이다. 세 개의 車(거차)자로 이루어졌다.(「轟, 羣車聲也. 从三車.」)			

※ 무리의 수레(車)가 한꺼번에 같이 움직이는 소리에서 '울리다' '수레소리'로 쓰인다.

	車부 총15획	金文  輦作妣癸卣 輦卣	小篆 輦 說文解字	輦下(연하) 輦路(연로) 玉輦(옥련)	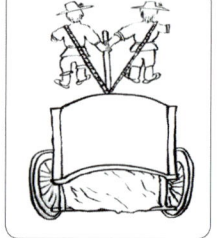
가마/손수레 련	설문 車부	輦(련)은 수레를 끈다는 뜻이다. 車(거차)는 의미부분이다. 수레 앞에서 두 사람[㚘(반)]이 끈다는 의미이다.(「輦, 輓車也. 从車, 从㚘在車前引之.」)			

※ 두 사람(㚘)이 수레(車)를 끄는 모양으로 '가마'를 뜻하며, 특히 진(秦)·한(漢) 이후에는 제왕이나 황후(皇后)의 수레를 뜻하였다. ※참고 : 㚘(짝반). 伴과 같음.

	辵부 총11획	春秋 金文 連迂鼎	戰國 金文  陶典0107	小篆  說文解字	連結(연결) 連續(연속) 連鎖(연쇄)	
이을 련	설문 辵부	連(련)은 사람이 수레를 끌고 간다는 뜻이다. 辵(착)과 車(거차)는 모두 의미부분이다.(「連, 員連也. 从辵, 从車.」)				

※ 군대의 수레(車)가 연달아 이동(辶)하거나 둥글게 무리지어 있는 데서 '잇다'가 된다.

蓮	艸부 총15획	小篆  說文解字		蓮根(연근) 木蓮(목련) 蓮葉(연엽)	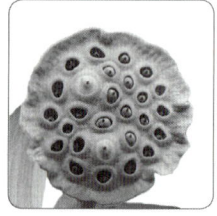
연꽃 련	설문 艸부	蓮(련)은 연꽃의 열매를 뜻한다. 艸(초)는 의미부분이고, 連(련)은 발음부분이다.(「蓮, 芙蕖之實也. 从艸, 連聲.」)			

※ 수초(艹)의 열매가 벌집 모양으로 연달아(連) 들어 있는 '연밥'에서 '연꽃'을 뜻한다.

漣	水부 총14획	小篆 	或體  說文解字	漣川(연천) 淸漣(청련) 細漣(세련)	
잔물결 련	설문 水부	瀾(란), 큰 물결을 瀾이라고 한다. 水(수)는 의미부분이고, 闌(란)은 발음부분이다. 漣(련)은 瀾의 혹체자(或體字)로 (闌 대신) 連(련)을 썼다.(「瀾, 大波爲瀾. 从水, 闌聲. 漣, 瀾或从連.」)			

※ 강(氵)에 연달아(連) 이어 계속 이어지는 '잔물결'을 뜻한다.

| 璉 | 玉部
총15획 | 설문 없음 | 小篆

形音義字典 | | 瑚璉(호련) |  |

호련 련

※ 옥(玉)으로 된, 해마다 연달아(連) 서직(黍稷)을 담아 종묘의 제사에 바치던 제기인 '호련(瑚璉)'을 뜻한다.

| 軟 | 車部
총11획 | 설문 없음 | 小篆
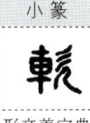
形音義字典 | 軟膏(연고)
軟弱(연약)
軟骨(연골) |  |

연할 연

≪설문해자≫에는 '軟'자가 보이지 않는다. ≪옥편(玉篇)·차부(車部)≫를 보면 "輭(연)은 부드럽다는 뜻이다. 軟은 속자(俗字)이다.(「輭, 柔也. 軟, 俗文.」)"라고 하였다.

※ 수레(車)의 운행이 순조로워 하품(欠)이 나올 만큼 길이 부드러운 데서 '연하다'의 뜻이 된다.
※참고 : 硬(굳을 경)의 반대자.

軍 ➡ 暈◆ ➡ 渾 ➡ 運 ➡ 揮 ➡ 輝 ➡ 暉✤

| 軍 | 車部
총9획 | 春秋 金文 | | 戰國 金文 | 小篆 | 軍士(군사)
軍人(군인)
軍隊(군대) |  |
| | | 
庚壺 | 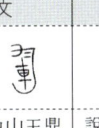
鄭右軍矛 | 中山王鼎 | 說文解字 | | |

군사 군 | 설문
車部 | 軍(군)은 포위한다는 뜻이다. 군인(軍人) 4000명을 軍이라고 한다. 車와 包(포)의 생략형인 勹(포)는 모두 의미부분이다. 軍은 전차(戰車)를 뜻한다.(「軍, 圜圍也. 四千人爲軍. 从車, 从包省. 軍, 兵車也.」)

※ 둘러싼(勹 또는 勹=冖) 전차(車) 옆의 군대, 또는 '군사'로 쓰인다. 전차(車)를 타고 지휘하는 대장을 둘러싼(勹 또는 勹=冖) '군사' '군대'로 보기도 한다.

| 暈 | 日部
총13획 | 甲骨文 | | 小篆 | 暈圍(훈위)
暈色(훈색)
暈船(훈선) | |
| | |
前4·8·5 |
乙1070 | 
說文解字 | | |

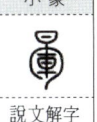

무리 훈/운 | 설문
日部 | 暈(훈)은 해와 달의 기운을 뜻한다. 日(일)은 의미부분이고, 軍(군)은 발음부분이다.(「暈, 日月氣也. 从日, 軍聲.」)

※ 해(日)나 달 주위에 생기는, 둥글게 둘러싸인 군대(軍)처럼 둥근 모양의 빛 '무리'를 뜻한다.

| 渾 | 水部
총12획 | 戰國 金文 | 小篆 | 渾家(혼가)
渾身(혼신)
渾沌(혼돈) |  |
| | | 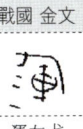
渾左戈 | 
說文解字 | | |

흐릴 혼 | 설문
水部 | 渾(혼)은 물이 크게 흐르는 소리이다. 水(수)는 의미부분이고, 軍(군)은 발음부분이다. 일설에는 (물이) 흐린 모습이라고도 한다.(「渾, 混流聲也. 从水, 軍聲. 一曰洿下皃.」)

※ 여러 물(氵)이 병졸이 모여 군대(軍)를 이루듯 '섞여' 흘러, 물이 '흐림'을 뜻한다.

| 運 | 辶部
총13획 | 小篆

說文解字 | 運動(운동)
運轉(운전)
運命(운명) | |

옮길 운 | 설문
辶部 | 運(운)은 옮긴다는 뜻이다. 辶(착)은 의미부분이고, 軍(군)은 발음부분이다.(「運, 迻徙也. 从辶, 軍聲.」)

※ 군대(軍)의 보급품을 나르기 위해 이동(辶)하는 데서 '옮기다'가 뜻이 된다.

揮	手부 총12획	小篆  說文解字		發揮(발휘) 指揮(지휘) 揮帳(휘장)	
휘두를 휘	설문 手부	揮(휘)는 크게 움직인다는 뜻이다. 手(수)는 의미부분이고, 軍(군)은 발음부분이다.(「, 奮也, 从手, 軍聲」)			

✽ 손(扌)을 흔들어 군(軍)을 지휘하는 데서 '휘두르다'가 뜻이 된다.

輝	車부 총15획	설문 없음	小篆  形音義字典	輝度(휘도) 輝煌(휘황) 輝光(휘광)	
빛날 휘		≪설문해자≫에는 '輝'자가 보이지 않는다. ≪자휘(字彙)·차부(車部)≫를 보면 "輝(휘)는 밝은 기운의 광채를 뜻한다.(「, 淸氣之光輝」)"라고 하였다.			

✽ 광채(光彩)가 나는 온갖 병기와 수레가 있는 군(軍) 진지에서 '빛남'을 뜻한다.

暉	日부 총13획	小篆  說文解字		暉映(휘영) 暉芒(휘망)	
빛 휘	설문 日부	暉(휘)는 빛을 뜻한다. 日(일)은 의미부분이고, 軍(군)은 발음부분이다.(「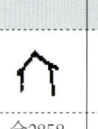, 光也. 从日, 軍聲」)			

✽ 해(日) 주위에 진지를 둘러싼 군대(軍)처럼 비추는 '빛'을 뜻한다.

宀➔(豕)➔家➔嫁➔稼➔像*➔豚➔(冢)➔蒙➔(豕)➔塚➔琢

宀	宀부 총3획	甲骨文			殷商 金文	小篆	부수 한자	
		乙5849	京津4345	合2858	尊	說文解字		
집 면	설문 宀부	宀(면)은 겹쳐서 지붕을 덮고 있고 속이 깊은 집을 뜻한다. 상형이다. 무릇 宀부에 속하는 글자들은 宀을 의미부분으로 삼는다.(「∩, 交覆深屋也. 象形. 凡宀之屬皆从宀」)						

✽ 지붕으로 덮여 있는 '집'. 지붕의 용마름(丶)과 집을 덮은(冖)지붕 모양에서 '집'을 뜻한다.
※참고:주로 사람이 거처 하면서 생활하는 집에 쓰인다.

豕	豕부 총7획	甲骨文		金文		小篆	古文	豕突(시돌) 豕牢(시뢰) 豕心(시심)	
		粹947	續1.42.3	耕簋	亞豕鼎	南皇父簋	說文解字		
돼지 시	설문 豕부	豕(시)는 돼지이다. (화가 나면) 꼬리를 세워서[堅(세울 수)] 그 이름을 豕라고 한 것이다. 털과 다리, 그리고 그 뒤에 꼬리를 그렸다. 발음은 '豨(희)'자와 같다. 내 생각에 오늘날 豕를 彘(돼지 체)로 오인하는 경우가 있다. 즉 彘를 豕라고 여기기도 하고 豕를 彘라고 여기기도 하는데, 어떻게 이것을 구분하여야 하겠는가? 啄(탁)·琢(탁) 등은 豕자를 썼고, 蠡(려·라·려)는 彘자를 썼는데, 이것은 모두 그 발음에 의한 것이다. 이러면 분명하게 구분될 것이다. 무릇 豕부에 속하는 글자들은 모두 豕를 의미부분으로 삼는다. 丂는 고문(古文)이다.(「豕, 彘也. 竭其尾, 故謂之豕. 象毛足而後有尾. 讀與豨同. 按: 今世字誤以豕爲彘, 以彘爲豕, 何以明之? 爲啄琢从豕, 蠡从彘, 皆取其聲, 以是明之. 凡豕之屬皆从豕. 丂, 古文」)							

✽ 납작한 머리(一)에 다리와 꼬리(豕)를 강조하여 '돼지'를 뜻한다.

家	宀부 총10획	甲骨文					殷商 金文		家庭(가정) 家族(가족) 家訓(가훈) 家計簿(가계부)

		前7.4.2	乙7549	合136	甲	粹197	家戈爵		
		殷商 金文	西周 金文		戰國 金文	小 篆	籒 文		
집 가	설문 宀부	令簋	頌鼎	郭公典盤	林氏壺		說文解字		
		家(가), 사람이 사는 집을 '가'라고 부르는 까닭은 그 안에 '머무르기[居(거)]' 때문이다. 宀(면)은 의미부분이고, 豕(시)는 豭(가)의 생략형으로 발음부분이다. 圂는 家의 고문(古文)이다.(「家, 居也. 从宀, 豭省聲. 圂, 古文家.」)							

※ 집(宀) 아래 돼지(豕)를 기르면서, 뱀이나 독충을 막던 옛날 '집'의 형태를 나타낸다.

嫁	女부 총13획	戰國 金文	小 篆			嫁期(가기) 嫁娶(가취) 改嫁(개가)

		雲夢日乙	說文解字			
시집갈 가	설문 女부	嫁(가)는 여자가 시집간다는 뜻이다. 女(녀)는 의미부분이고, 家(가)는 발음부분이다.(「㛎, 女適人也. 从女, 家聲.」)				

※ 여자(女)가 장성하여 따로 집(家)을 이루어 사는 데서 '시집가다'를 뜻한다.

稼	禾부 총15획	戰國 金文	小 篆		稼器(가기) 稼得(가득) 稼行(가행)

		雲夢法律	說文解字		
심을 가	설문 禾부	稼(가), 벼의 열매를 稼라고 하고, 줄기와 마디를 禾(화)라고 한다. 禾는 의미부분이고, 家(가)는 발음부분이다. 일설에 稼는 시집보내는 일을 뜻한다고도 한다. 일설에는 들에 있는 작물을 稼라고 한다고도 한다.(「稼, 禾之秀實爲稼, 莖節爲禾. 从禾, 家聲. 一曰: 稼, 家事也; 一曰:在野曰稼.」)				

※ 거두어들인 벼(禾)이삭을 집(家)에 두었다가 농토에 뿌림에서 '심다' '벼이삭' '농사'를 뜻한다.

傢	人부 총12획	설문 없음	傢什(가집) 傢伙(가쾌)
가구 가			

※ 사람(亻)이 집(家)에서 살 때 필요한 도구들로 '가구'를 뜻한다.

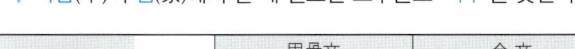

豚	豕부 총11획	甲骨文		金文		小 篆	篆文	豚舍(돈사) 養豚(양돈) 豚肉(돈육)

		粹1540	前3.23.6	臣辰卣	豚卣	說文解字		
돼지 돈	설문 豚부	豘=㹠(돈)은 새끼 돼지를 뜻한다. 希(제)의 생략형은 의미부분이다. 상형이다. 손[又(우)]에 고기[肉(육)]를 들고, 제사에 바친다는 의미이다. 무릇 豚부에 속한 글자들은 모두 豚을 의미부분으로 삼는다. 豚은 전문(篆文)으로, 肉(육)과 豕로 이루어졌다.(「豚, 小豕也. 从豕省, 象形. 从又持肉, 以給祠祀. 凡豚之屬皆从豚, 㹠, 篆文, 从肉·豕.」)						

※ 제사에 바치던 고깃덩이(肉=月)만한 돼지(豕)의 작은 새끼 '돼지'를 뜻한다.

	冖부 총10획	戰國 金文	小篆	용례 없음	

		陶四138	說文解字		
덮어쓸 몽	설문 冖부	冡(몽)은 덮어쓴다는 뜻이다. 冖(모)와 豕(시)는 모두 의미부분이다.(「冡, 覆也. 从冖·豕.」)				

※ 가려 덮어(冖) 짐승(豕)을 기르는 데서 '덮어쓰다'를 뜻한다. 지금은 蒙(몽)자가 많이 쓰인다.

	艸부 총14획	金文	小篆	蒙昧(몽매) 啓蒙(계몽) 訓蒙(훈몽)	

		中山王壺	說文解字		
어두울 몽	설문 艸부	蒙(몽)은 소나무 겨우살이다. 艸(초)는 의미부분이고, 冡(몽)은 발음부분이다.(「蒙, 王女也. 从艸, 冡聲.」)				

※ 덩굴식물(++)이 덮어(冖) 가린 짐승(豕) 우리에서 '어둡다' '덮다' '입다'로 쓰인다.

	豕부 총8획	小篆		용례 없음	

		說文解字			
발얽은돼지 걸음 축	설문 豕부	豖(축)은 돼지의 다리를 묶어놓아 뒤뚱뒤뚱 걷는다는 뜻이다. 돼지[豕(시)]의 두 다리를 묶었다는 의미이다.(「豖, 豕絆足, 行豖豖. 从豕繫二足.」)				

※ 돼지(豕)의 발을 얽어맨(丶) 모양에서 '발 얽은 돼지걸음'을 뜻한다.

	土부 총13획	西周 金文	戰國 金文		小篆	冢(총)의 속자 (俗字)	貝塚(패총) 疑塚(의총) 義塚(의총)	

		曶壺	胤嗣壺	侯馬盟書	說文解字			
무덤 총	설문 勹부	冢(=塚;총)은 높은 분묘(墳墓)를 뜻한다. 勹(포)는 의미부분이고, 豖(축)은 발음부분이다.(「冢, 高墳也. 从勹, 豖聲.」)								

※ 죽은 것을 흙(土)으로 덮어(冖) 발을 얽은 돼지(豖:발 얽은 돼지걸음 축)처럼 모아 묻은 '무덤'을 뜻한다.
　※ 冢(=塚;총)의 속자(俗字).

	玉부 총12획	小篆	琢磨(탁마) 彫琢(조탁) 琢玉(탁옥)	
		說文解字		
다듬을 탁	설문 玉부	琢(탁)은 옥을 다듬는다는 뜻이다. 玉(옥)은 의미부분이고, 豖(축)은 발음부분이다.(「琢, 治玉也. 从玉, 豖聲.」)			

※ 옥(玉)을 발 묶인 돼지(豖)처럼 고정하여 천천히 조심히 다루어 '쪼아' '다듬음'을 뜻한다.

象 → 喙☆ → 毅 → 逐

	彑부 총9획	金文	小篆	彖辭(단사)	
		信陽楚簡	說文解字		
결단할 단	설문 彑부	彖(단)은 돼지가 달아난다는 뜻이다. 彑(계)와 豕(시)의 생략형은 모두 의미부분이다.(「彖, 豕走也. 从彑, 从豕聲.」)				

※ 돼지의 머리(彑)까지 이어진 돼지(豕)의 전체 모습을 보고 '판단하다' '결단하다' '단'을 뜻한다.

喙	口부 총12획	小篆 喙 說文解字		豕喙(시훼) 容喙(용훼) 鳥喙(조훼)
부리 **훼**	설문 口부	喙(훼)는 (짐승의) 입을 뜻한다. 口(구)는 의미부분이고, 彖(단)은 발음부분이다.(「喙, 口也. 从口, 彖聲.」)		

❋ 입(口)으로 소리 내며 머리(彑)를 들고 돼지(豕)가 달릴 때(彖 : 돼지 달아날 단) 맨 앞의 '부리'를 뜻한다.

毅	殳부 총15획	金文  白吉父簋蓋	小篆  說文解字	毅然(의연) 剛毅(강의) 忠毅(충의)
굳셀 **의**	설문 殳부	毅(의)는 발끈 성을 낸다는 뜻이다. 일설에는 결단성이 있다는 뜻이라고도 한다. 殳(수)는 의미부분이고, 豙(의)는 발음부분이다.(「毅, 妄怒也. 一曰有決也. 从殳, 豙聲.」)		

❋ 사냥도구(辛=立)로 돼지(豕)를 찔러 성난 돼지(豙=豙:돼지 성나 털 일어날 의)를 다시 몽둥이(殳)로 쳐 사냥하는 데서 '굳세다' '과감하다' 등으로 쓰인다.

逐	辵부 총11획	甲骨文    粹939 粹931 前6.46.3	金文   逐鼎 逐簋	小篆  說文解字	角逐(각축) 逐出(축출) 逐條(축조)
쫓을 **축**	설문 辵부	逐(축)은 追(쫓을 추)이다. 辵(착)과 豚(돈)의 생략형은 모두 의미부분이다.(「逐, 追也. 从辵, 从豚省.」)			

❋ 돼지(豕)나 사냥감을 뒤쫓아 가는(辵=辶) 데서 '쫓다'가 된다.

豕 ➡ 遂 ➡ 隧 ❖ ➡ 隊 ➡ 墜

豙	八부 총9획	甲骨文   乙7674 合7653	金文  井侯簋 牆盤 㝬伯簋	小篆  說文解字	용례 없음
뜻을따를 **수**	설문 八부	豙(수)는 뜻을 따른다는 뜻이다. 八(팔)은 의미부분이고, 豕(시)는 발음부분이다.(「豙, 从意也. 从八, 豕聲.」)			

❋ 나누어(八) 쏜 화살이 뜻한 대로 돼지(豕)를 맞추어 '뜻을 따름'을 뜻하거나, 돼지(豕)들이 나누어진(八) 길을 따라 목적지에 이르는 데서 '뜻을 따름'을 뜻한다.

遂	辵부 총13획	金文 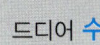 新蔡楚簡	小篆  說文解字	古文 	未遂(미수) 完遂(완수) 遂行(수행)
드디어 **수**	설문 辵부	遂(수)는 도망간다는 뜻이다. 辵(착)은 의미부분이고, 豙(수)는 발음부분이다. 䢤는 遂의 고문(古文)이다.(「遂, 亡也. 从辵, 豙聲. 䢤, 古文遂.」)			

❋ 갈라진(八) 길로 돼지(豕)들이 따라(豙:뜻을 따를 수) 목적지로 가는(辶) 데서 '드디어' '이루다' '마치다'의 뜻으로 쓰인다. ※파자:여덟(八=丷) 마리의 돼지(豕)가 가서(辶) '드디어' 모임.

隧	阜부 총16획	설문 없음	金文  秦封泥	小篆  形音義字典	隧路(수로)
따를/길 **수**					

❋ 관을 운반하기 위해 무덤 혈까지 비스듬히 파서 통하는 언덕(阝)처럼 높은 길을 따라 일을 마침(遂)에서 '따르다' '길'을 뜻한다.

 隊	阜부 총12획	甲骨文		西周 金文		戰國 金文	小篆	隊員(대원) 軍隊(군대) 隊列(대열)	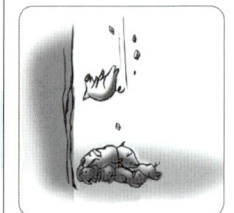
		甲347	粹1580	彔伯簋	卯簋	訣簋	說文解字		
무리 **대**	설문 阜부	隊(대)는 높은 곳에서 떨어진다는 뜻이다. 阜는 의미부분이고, 㒸(수)는 발음부분이다.(「隊, 从高隊也. 从阜, 㒸聲.」)							

※ 산언덕(阝)을 따라(㒸) 떨어짐에서 '떨어지다'가 본뜻이나, 언덕(阝)에서 떨어진(八) 물체같이 모여 있는 멧돼지 (豕) 무리의 모양에서 '무리'로 쓰인다.
※파자 : 언덕(阝) 옆 여덟(八=丷) 마리의 돼지(豕) '무리'를 뜻한다.

 墜	土부 총15획	金文	小篆			墜落(추락) 擊墜(격추) 失墜(실추)	
		訣簋	說文解字				
떨어질 **추**	설문 土부	墜(추)는 떨어진다는 뜻이다. 土(토)는 의미부분이고, 隊(대)는 발음부분이다.(「墜, 陊也. 从土, 隊聲.」)					

※ 隊(대)가 떨어짐을 뜻하던 글자이나 뜻이 변하여, 土(토)를 더해, 높은 언덕(阝)을 따라서(㒸) 땅(土)으로 '떨어짐'을 나타낸다.

象 ➡ 像 ➡ 豫

 象	豕부 총12획	甲骨文			殷商 金文	西周 金文	小篆	象牙(상아) 形象(형상) 印象(인상)	
		前3.31.3	乙960	粹640	且辛鼎	師湯父鼎	說文解字		
코끼리 **상**	설문 象부	象(상)은 코와 어금니가 긴 남월(南越) 지방의 큰 동물이다. 3년에 한 번 새끼를 낳는다. 귀, 어금니, 네 다리의 모양을 그렸다. 무릇 象부에 속하는 글자들은 모두 象을 의미부분으로 삼는다.(「象, 長鼻牙南越大獸. 三季一乳. 象耳牙四足之形. 凡象之屬皆从象.」)							

※ 긴 코(⺈)와 두 귀(罒), 네 발과 꼬리(豕)를 가진 코끼리를 본뜬 상형자로 '본뜨다' '코끼리'를 뜻한다.

 像	人부 총14획	金文	小篆			銅像(동상) 佛像(불상) 偶像(우상)	
		楚帛書	說文解字				
모양 **상**	설문 人부	像(상)은 모양을 뜻한다. 人(인)과 象(상)은 모두 의미부분인데, 象은 발음부분이기도 하다. 養(양)처럼 읽는다.(「像, 象也. 从人, 从象, 象亦聲. 讀若養.」)					

※ 사람(亻)을 본떠(象) 그린 '모양'으로, 대부분 사람의 '형상'을 나타낸다.

豫	豕부 총16획	春秋 金文	戰國 金文	小篆	古文	豫防(예방) 豫感(예감) 豫定(예정)
		蔡侯申鐘	乘馬戈	說文解字		
미리 **예**	설문 象부	豫(예)는 큰 코끼리를 뜻한다. 가시중(賈侍中, 즉 가규[賈逵])께서는 "사물에 해를 끼치지 않는다."라고 하였다. 象(상)은 의미부분이고, 予(여)는 발음부분이다. 𧰲는 고문(古文)이다.(「豫, 象之大者. 賈侍中說: "不害於物." 从象, 予聲. 𧰲, 古文.」)					

※ 미리 마음을 주어(予) 길들이던 큰 코끼리(象)로, 안심하는 데서, '미리' '즐기다'가 된다.

◆ 隨衆逐隊 : (수중축대) 자기(自己)의 뚜렷한 주견(主見)이 없이 여러 사람의 틈에 끼어 덩달아 행동(行動)을 함.
◆ 森羅萬象 : (삼라만상) 우주(宇宙) 안에 있는 온갖 사물(事物)과 현상(現象).
◆ 豊亨豫大 : (풍형예대) 세상(世上)이 태평성대(太平聖代)라 백성(百姓)이 행복(幸福)을 누림.

(二) … 亥 … 該 → 咳 ☆ → 骸 → 駭 → 核 → 劾 ☆ → 刻

|  | 亠부
총2획 | 설문 없음. | 小篆
亠
부수한자 | 부수 글자 |

돼지해머리/
높을 두

※ 건물의 높은 꼭대기 모양이나, '亥(돼지 해)'자의 '머리'라는 뜻으로, 대부분 '높다'의 뜻을 나타낸다.
※참고: 특별한 의미 없이 해서(楷書)모양만을 보고 부수로 분류한 글자이다.

|  | 亠부
총6획 | 甲骨文 / 殷商 金文 / 西周 金文 / 春秋 金文 / 小篆 / 古文
粹1426 / 鐵258.3 / 乙亥鼎 / 智壺 / 壬子午鼎 / 說文解字 | 亥年(해년)
亥時(해시)
亥日(해일) |

돼지 해 | 설문
亥부 | 亥(해)는 12지지(地支)의 맨 마지막 글자로 쓰이는 까닭은 그것이 뿌리[荄(해)]이기 때문이다. 10월에 미약한 양기가 일어나 왕성한 음기와 만난다. 二(상)은 의미부분이다. 二은 고문(古文)의 上(상)자이다. (𠀒에서) 한 사람은 남자이고, 다른 한 사람은 여자를 가리킨다. 乙(을)도 의미부분으로, 아이를 가져서 배가 불룩한 모양을 그린 것이다. ≪춘추전(春秋傳)≫에 이르기를 "亥는 위의 두 획은 머리이고, 아래의 여섯 획은 몸이다."라고 하였다. 무릇 亥부에 속하는 글자들은 모두 亥를 의미부분으로 삼는다. 𠀖는 고문(古文)의 亥자로, 돼지[豕(시)]를 대표하는데, 豕자와 모양새가 같다. (12간지의 순서로 볼 때) 亥 다음에 子(자)가 다시 되는 것처럼 (이 책의 부수도 亥 다음에) 一(일)부터 다시 시작한다.("𠀖, 荄也. 十月微陽起, 接盛陰. 从二. 二, 古文上字. 一人, 男; 一人, 女也. 从乙, 象裏子咳咳之形. ≪春秋傳≫曰: "亥有二首六身." 凡亥之屬皆从亥. 𠀖, 古文亥, 爲豕, 與豕同. 亥而生子, 復從一起.")

※ 초목의 뿌리, 또는 머리 잘린 짐승, 짐승의 골격, 돼지의 단단한 주둥이 등으로 보아서 대개 '단단하다'의 뜻을 갖는다. 다만 12지지의 끝으로 쓰이면서 '돼지'를 뜻하였다.

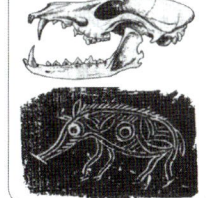

|  | 言부
총13획 | 小篆
該
說文解字 | 該當(해당)
該博(해박)
該地(해지) |

갖출/마땅 해 | 설문
言부 | 該(해)는 군대 안에서의 약속을 뜻한다. 言(언)은 의미부분이고, 亥(해)는 발음부분이다. '마음속에 가득하다'라고 할 때의 該자처럼 읽는다.("該, 軍中約也. 从言, 亥聲. 讀若心中滿該.")

※ 군중(軍中)에서 숙지(熟知)해야 하는 말(言)인 암호로, 상부의 명령에 따라 단단히(亥)잘 '갖추어' 말해야 '마땅함'을 뜻한다.

| 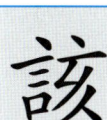 | 口부
총9획 | 小篆 / 古文
咳 / 孩
說文解字 | 咳嗽(해수)
咳喘(해천)
咳唾(해타) |

기침할 해 | 설문
口부 | 咳(해)는 어린아이가 웃는다는 뜻이다. 口(구)는 의미부분이고, 亥(해)는 발음부분이다. 孩는 咳의 고문(古文)으로 (口 대신) 子(자)를 썼다.("咳, 小兒笑也. 从口, 亥聲. 孩, 古文咳, 从子.")

※ 어린아이가 입(口)으로 해해(亥亥)거리며 웃는 '어린아이 웃음', 또는 노인이 힘들고 고단하게(亥) 메마른 입(口)으로 '기침함'을 표현한 글자.

|  | 骨부
총16획 | 小篆
骸
說文解字 | 骸骨(해골)
殘骸(잔해)
死骸(사해) |

뼈 해 | 설문
骨부 | 骸(해)는 정강이뼈를 뜻한다. 骨(골)은 의미부분이고, 亥(해)는 발음부분이다.("骸, 脛骨也. 从骨, 亥聲.")

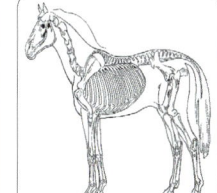

※ 짐승의 정강이뼈(骨)로 가장 단단한(亥) 뼈에서, 일반 '뼈'를 뜻한다.

79

駭	馬부 총16획	小篆 說文解字		駭怪(해괴) 駭愕(해악) 駭服(해복)	
놀랄 해	설문 馬부	駭(해)는 (말이) 놀랐다는 뜻이다. 馬(마)는 의미부분이고, 亥(해)는 발음부분이다.(「駭, 驚也. 从馬, 亥聲.」)			

※ 말(馬)들이 놀라 서로 단단히(亥) 모여 '경계하며' 두려워하는 데서 '놀라다'가 뜻이 된다.

核	木부 총10획	小篆 說文解字		核心(핵심) 核酸(핵산) 結核(결핵)	
씨 핵	설문 木부	核(핵), 남방의 이민족들은 나무의 껍질로 상자를 만드는데, 그 모양이 방울상자 같다. 木(목)은 의미부분이고, 亥(해)는 발음부분이다.(「楲, 蠻夷以木皮爲篋, 狀如籤尊. 从木, 亥聲.」)			

※ 나무(木)에 열리는 과일 가운데 있는 단단한(亥) '씨'를 뜻한다.

劾 	力부 총8획	戰國 金文 雲夢效律	小篆 說文解字	彈劾(탄핵) 劾情(핵정) 自劾(자핵)	
꾸짖을 핵	설문 力부	劾(핵)은 법률상 죄가 있다는 뜻이다. 力(력)은 의미부분이고, 亥(해)는 발음부분이다.(「劾, 法有辠也. 从力, 亥聲.」)			

※ 단단히(亥) 죄상을 힘(力)써 '캐물어' '꾸짖음'을 뜻한다.

刻  	刀부 총8획	戰國 金文 雲夢效律 說文解字	小篆 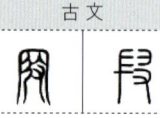	刻苦(각고) 彫刻(조각) 刻印(각인)	
새길 각	설문 刀부	刻(각)은 새긴다는 뜻이다. 刀(도)는 의미부분이고, 亥(해)는 발음부분이다.(「刻, 鏤也. 从刀, 亥聲.」)			

※ 단단한(亥) 물건을 칼(刂)로 '새김'을 뜻한다.

叚→假→暇→瑕→遐→蝦→霞

叚 	又부 총9획	金文  禹鼎 克鐘 師寰簋	小篆 古文 說文解字	용례 없음	
빌 가 성 하	설문 又부	叚(가)는 빌린다는 뜻이다. (이 이상은 알 수 없어 해설란을) 비워둠. 叚는 叚의 고문(古文)이다. 叚, 담장(譚長)은 叚자가 이와 같다고 하였다.(「叚, 借也. 闕. 叚, 古文叚. 叚, 譚長說叚如此.」)			

※ 언덕과 떼어낸 돌조각(㠯), 양손(ㄱ·又)을 합하여 광석을 채취하거나, 임시로 낸 사다리 모양의 계단 길을 오르는 모양으로, '임시' '빌리다' '잠깐'의 뜻으로 쓰인다. (㠯=仁·夷의 古字)

假	人부 총11획	小篆 說文解字	假面(가면) 假裝(가장) 假令(가령)	
거짓 가	설문 人부	假(가)는 가짜라는 뜻이다. 人(인)은 의미부분이고, 叚(가)는 발음부분이다. 일설에는 이르렀다는 뜻이라고도 한다. ≪우서(虞書)≫에 이르기를 "하늘과 땅에 이르렀다."라고 하였다.(「假, 非眞也. 从人, 叚聲. 一曰至也. ≪虞書≫曰: "假于上下."」)		

※ 남(亻)에게 임시로 빌려온(叚) 데서 '거짓'을 뜻한다.

暇	日부 총13획	小篆 暇 說文解字		休暇(휴가) 閑暇(한가) 餘暇(여가)	
틈/겨를 가	설문 日부	暇(가)는 한가(閑暇)하다라는 뜻이다. 日(일)은 의미부분이고, 叚(가)는 발음부분이다.(「暇, 閑也. 从日, 叚聲.」)			

✱ 한가한 날(日)을 빌려(叚) 임시로 쉴 수 있는 '틈' '겨를'을 뜻한다.

瑕	玉부 총13획	金文 瑕 瑕 三體石經僖公 古鉢	小篆 瑕 說文解字	瑕疵(하자) 細瑕(세하) 微瑕(미하)	
허물 하	설문 玉부	瑕(하)는 옥이 약간 붉은 색을 띤 것이다. 玉(옥)은 의미부분이고, 叚(가)는 발음부분이다.(「瑕, 玉小赤也. 从玉, 叚聲.」)			

✱ 옥(玉)에 언덕에서 돌을 떼어낸 듯(叚) 조금의 '흠'이 있는 것에서 '허물'을 뜻한다.

遐	辵부 총13획	小篆 遐 說文解字		昇遐(승하) 遐年(하년) 遐遠(하원)	
멀 하	설문 辵부	遐(하)는 멀다는 뜻이다. 辵(착)은 의미부분이고, 叚(가)는 발음부분이다.(「遐, 遠也. 从辵, 叚聲.」)			

✱ 임시 계단(叚)을 만들어, 험하고 높은 언덕 위를 올라감()에서 '멀다'가 된다.

蝦	虫부 총15획	小篆 蝦 說文解字		大蝦(대하) 白蝦(백하) 細蝦(세하)	
두꺼비/새우 하	설문 虫부	蝦(하)는 두꺼비를 뜻한다. 虫(훼·충)은 의미부분이고, 叚(가)는 발음부분이다.(「蝦, 蝦蟆也. 从虫, 叚聲.」)			

✱ 수생생물(虫)의 등껍질이 언덕에서 돌을 떼어낸 계단(叚) 모양의 줄이나 층이 있는 '두꺼비'나 '새우'를 뜻한다.

	雨부 총17획	小篆 霞 說文解字		雲霞(운하) 霞光(하광) 夕霞(석하)	
노을 하	설문 雨부	霞(하)는 붉은 구름 기운을 뜻한다. 雨(우)는 의미부분이고, 叚(가)는 발음부분이다.(「霞, 赤雲气也. 从雨, 叚聲.」)			

✱ 해가 뜨거나 질 때 구름(雲=雨)이 계단(叚)처럼 층층이 붉게 물드는 '노을'. 또는 아침저녁 구름(雲=雨)이 잠깐(叚) 사이에 붉게 '노을'이 생김을 뜻한다.

尸❖→居❖→屍→居→倨☆→屋→握→尾→屑☆→尿→尺→局→漏→刷→尼→泥

	尸부 총3획	甲骨文 ㄅ ㄅ 鐵35.2 乙405	殷商 金文 ㄅ 尸作父己	西周 金文 ㄅ 靜簋 柳鼎	小篆 尸 說文解字	尸童(시동) 尸盟(시맹) 尸位(시위)
주검/시동/ 앉을 시	설문 尸부	尸(시)는 늘어놓는다는 뜻이다. 사람이 누워 있는 모습을 그렸다. 무릇 尸부에 속하는 글자들은 모두 尸를 의미부분으로 삼는다.(「尸, 陳也. 象臥之形. 凡尸之屬皆从尸.」)				

✱ 쪼그리고 앉은 사람, 신위를 대신하여 앉은 시동(尸童), 또는 움직이지 않는 사람의 '몸'에서 '죽다'의 뜻이 되고, 특히 '엉덩이'와 관계가 많다.

字	부수/획수	戰國 金文 / 小篆	출처	설명	예시
屆 이를/극진할 **계**	尸부 총8획	 璽印集粹 / 說文解字	설문 尸부	屆(계)는 걸어가기가 불편하다는 뜻이다. 일설에는 극에 달했다는 뜻이라고도 한다. 尸(시)는 의미부분이고, 凷(괴)는 발음부분이다.(「屆, 行不便也. 一曰極也. 从尸, 凷聲.」)	屆期(계기) 屆出(계출) 

※ 몸(尸)이 입 벌린(凵) 구덩이에 있는 흙(土) 덩이(凷:흙덩이 괴)에 이름에서 '이르다' '극진하다'를 뜻한다.

字	부수/획수	戰國 金文 / 小篆	출처	설명	예시
屍 주검 **시**	尸부 총9획	 上博周易 / 說文解字	설문 尸부	屍(시)는 막 죽은 시신(屍身)의 신주(神主)를 뜻한다. 尸(시)와 死(사)는 모두 의미부분이다.(「屍, 終主. 从尸, 从死.」)	屍身(시신) 檢屍(검시) 屍體(시체) 

※ 몸(尸)이 죽어(死) 있는 데서 '죽음'을 뜻한다.

字	부수/획수	春秋 金文 / 戰國 金文 / 小篆 / 或體	출처	설명	예시
居 살 **거**	尸부 총8획	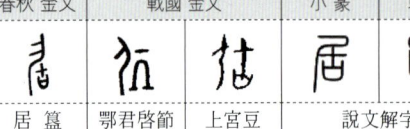 居簋 / 鄂君啟節 / 上宮豆 / 說文解字	설문 尸부	居(거)는 쪼그리고 앉아 있다는 뜻이다. 尸(시)는 의미부분이다. 옛날에 居(거)자는 古를 의미부분으로 삼았다. 踞(거)는 居(거)의 속자(俗字)로 足(족)을 더하였다.(「居, 蹲也. 从尸. 古者居从古. 踞, 俗居从足.」)	居室(거실) 居住(거주) 居士(거사)

※ 몸(尸)이 오래(古) 머물러 있음에서 '살다' '앉다'가 된다.

字	부수/획수	戰國 金文 / 小篆	출처	설명	예시
倨 거만할 **거**	人부 총10획	雲夢爲吏 / 說文解字	설문 人부	倨(거)는 불손하다는 뜻이다. 人(인)은 의미부분이고, 居(거)는 발음부분이다.(「倨, 不遜也. 从人, 居聲.」)	倨慢(거만) 倨傲(거오) 驕倨(교거)

※ 사람(亻)이 오고가도 앉아서(居) 예를 하지 않는다는 데서 '거만하다'로 쓰인다.

字	부수/획수	戰國 金文 / 小篆 / 籒文 / 古文	출처	설명	예시
屋 집 **옥**	尸부 총9획	   璽彙3143 / 璽彙0015 / 說文解字	설문 尸부	屋(옥)은 기거(寄居)한다는 뜻이다. 尸(시)는 의미부분으로 그 안에 사는 사람, 즉 주인(主人)을 뜻한다. 일설에는 尸는 지붕을 그린 것이라고도 한다. 至(지)도 의미부분이다. 至는 도착해서 멈춘다는 뜻이다. 室(실)과 屋은 모두 至를 의미부분으로 삼았다. 㡇은 屋의 주문(籒文)으로 厂(엄)을 더하였다. 㝢은 屋의 고문(古文)이다.(「屋, 居也. 从尸. 尸, 所主也. 一曰尸象屋形. 从至. 至, 所至止. 室·屋皆从至. 㡇, 籒文屋, 从厂. 㝢, 古文屋.」)	家屋(가옥) 韓屋(한옥) 舍屋(사옥) 

※ 몸(尸)이 이르러(至) 쉬는 '집'으로 보이나, 본래는 집을 덮은 '지붕' 모양의 변형자이다.

字	부수/획수	小篆 / 古文	출처	설명	예시
握 쥘 **악**	手부 총12획	   說文解字	설문 手부	握(악)은 쥐어 잡는다는 뜻이다. 手(수)는 의미부분이고, 屋(옥)은 발음부분이다. 㪺은 握의 고문(古文)이다.(「握, 搤持也. 从手, 屋聲. 㪺, 古文握.」)	握手(악수) 掌握(장악) 把握(파악) 

※ 손(扌)으로, 집(屋) 안에 사람이 있듯 물건을 잡는 데서 '쥐다'가 뜻이 된다.

尾	尸부 총7획	甲骨文	春秋 金文	戰國 金文		小篆	尾行(미행) 語尾(어미) 交尾(교미)	
		乙4293	章子戈	陶典0752	曾侯墓簡	說文解字		
꼬리 미	설문 尾부	尾(미),꼬리를 '미'라고 부르는 까닭은 꼬리는 가늘고 작기[微(미)] 때문이다. 사람[尸] 뒤에 털[毛(모)]이 거꾸로 매달려 있는 의미이다. 옛날 사람들은 장식으로 꼬리를 달기도 하였는데, 서남부(西南部) 지방 이민족들도 그렇게 한다. 무릇 尾부에 속하는 글자들은 모두 尾를 의미부분으로 삼는다.(「尾, 微也. 从到毛在尸後. 古人或飾系尾, 西南夷亦然. 凡尾之屬皆从尾.」)						

✻ 짐승가죽으로 사람 몸(尸)을 장식할 때 특히 엉덩이 부위에 있는 털(毛)인, '꼬리'를 뜻한다.

屑	尸부 총10획	小篆 說文解字	屑塵(설진) 屑鐵(설철) 碎屑(쇄설)	
가루 설	설문 尸부	屑(설)은 동작이 불안하다는 뜻이다. 尸(시)는 의미부분이고, 肖(초)는 발음부분이다.(「屑, 動作切切也. 从尸, 肖聲.」)		

✻ 몸(尸)이 가볍게 뛰는(肖:떨칠 흘=肖) 데서 조급히 움직임을 뜻하나, 미동에도 움직이는 '가루'나 '부스러기'를 뜻한다. ※파자:부모를 닮기(肖;닮을 초) 위해 몸(尸)이 '가루'가 되게 노력함.

尿	尸부 총7획	甲骨文		小篆	放尿(방뇨) 尿道(요도) 尿路(요로)	
		菁5.1	鐵55.4	說文解字		
오줌 뇨	설문 尾부	尿(뇨)는 사람의 오줌을 뜻한다. 尾(미)와 水(수)는 모두 의미부분이다.(「尿, 小便也. 从尾, 从水.」)				

✻ 사람 엉덩이 부분의 몸(尸)에서 나오는 물(水)에서, '오줌'을 뜻한다.

尺	尸부 총4획	戰國 金文		小篆	尺度(척도) 越尺(월척) 寸尺(촌척)	
		兆域圖	青川牘	說文解字		
자 척	설문 尺부	尺(척)은 10촌(寸)을 뜻한다. 사람의 손에서 10분(分) 되는 곳의 동맥을 촌구(寸口)라고 한다. 10촌이 1尺이 된다. 尺은 사물을 잴 때 쓰이는 도구이다. 尸(시)와 乙(을)은 모두 의미부분이다. 乙은 표지(標識)이다. 주(周)나라 제도에 따르면 寸·尺·咫(지)·尋(심)·常(상)·仞(인) 등과 같은 길이를 재는 단위들은 모두 사람의 신체를 기준으로 삼았다. 무릇 尺부에 속하는 글자들은 모두 尺을 의미부분으로 삼는다.(「尺, 十寸也. 人手十分動脈爲寸口. 十寸爲尺, 尺, 所以指尺規榘事也. 从尸, 从乙. 乙, 所識也. 周制, 寸·尺·咫·尋·常·仞諸度量, 皆人之體爲法. 凡尺之屬皆从尺.」)					

✻ 고대(古代)에 길이를 잴 때 사람 몸(尸)의 일부(乀=㇋) 즉 팔이나 다리를 이용하던 데서, 10寸인(古代) '자'를 뜻한다.

局	尸부 총7획	戰國 金文	小篆	局內(국내) 局長(국장) 對局(대국)	
		雲夢爲吏	說文解字		
판 국	설문 口부	局(국)은 서두른다는 뜻이다. 口(구)가 尺(자 척) 아래에 있는 구조로, 재차 독촉한다는 뜻을 나타낸다. 일설에는 바둑판으로, 이것으로 바둑을 둔다고 한다. 상형이다.(「局, 促也. 从口在尺下, 復局之. 一曰博, 所以行棊. 象形.」)			

✻ 사람 몸(尸)의 일부(乀=㇋)가 일정한 구역(口)에 제한을 받는 데서, '판'을 뜻한다.

漏	水부 총14획	小篆 說文解字		漏水(누수) 漏電(누전) 脫漏(탈루)	
샐 루	설문 水부	漏(루)는 (물시계로) 구리로 만든 용기에 물을 받는다. (그 위에) 눈금을 새겨 놓았는데, 낮과 밤을 100눈금으로 나누었다. 水(수)는 의미부분이고, 屚(루)는 발음부분이다.(「漏, 以銅受水, 刻節, 晝夜百刻. 从水, 屚聲.」)			

* 물(氵)이 지붕(屋=尸)에서 비(雨)처럼 새어 들어옴을 뜻하여 '새다'가 뜻이 된다.

刷	刀부 총8획	小篆 說文解字		印刷(인쇄) 刷新(쇄신) 縮刷(축쇄)	
인쇄할 쇄	설문 刀부	刷(쇄)는 닦아낸다는 뜻이다. 刀(도)는 의미부분이고, 㕞(설·쇄)의 생략형은 발음부분이다. ≪예경(禮經)≫에 '포쇄건(布刷巾)'이라고 하였다.(「刷, 刮也. 从刀, 㕞省聲. ≪禮≫布刷巾.」)			

* 몸(尸)을 수건(巾)으로 깨끗이 닦듯(㕞=屈:쓸/씻을 쇄) 칼(刂)로 깨끗이 '정리'하여 '인쇄함'.

尼	尸부 총5획	戰國 金文 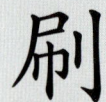 上博仲弓 陶五048	小篆 說文解字	仲尼(중니) 僧尼(승니) 比丘尼(비구니)	
여승 니	설문 尸부	尼(니·닐)은 뒤에서 접근한다는 뜻이다. 尸(시)는 의미부분이고, 匕(비)는 발음부분이다.(「尼, 從後近之. 从尸, 匕聲.」)			

* 사람의 몸(尸)에 기대어 비스듬히 기울어(匕) 기대고 있어 '친하다' '가깝다'의 뜻이나, 범어(梵語)의 [bhiksu`bhikkhu 비구니(比丘尼)]의 약자로 尼(니)를 쓰면서 '여승'을 뜻한다.

泥	水부 총8획	戰國 金文  陝西臨潼陶	小篆 說文解字	泥土(이토) 泥田鬪狗 (이전투구)	
진흙 니	설문 水부	泥(니)는 강의 이름이다. 북지군(北地郡) 욱질현(郁邾縣) 북방 이민족 지역에서 발원한다. 水(수)는 의미부분이고, 尼(니)는 발음부분이다.(「泥, 水. 出北地郁邾北蠻中. 从水. 尼聲.」)			

* 물(氵)에 가까이(尼) 있어 진창이 된 '진흙'을 뜻한다. 중국 감숙성(甘肅省)에 있는 강 이름.

尉 ➡ 慰 ➡ 蔚

尉	寸부 총11획	戰國 金文  官印0075	小篆 說文解字	尉官(위관) 大尉(대위) 尉斗(위두)	
벼슬 위	설문 火부	尉(위)는 위에서 아래로 누른다는 뜻이다. 사람[尸(인)]이 손[又(우)]으로 불[火(화)]을 쥐고 있다는 의미이다. 이렇게 함으로써 옷감을 다려 편다.(「尉, 从上案下也. 从尸又持火. 以尉申繒也.」)			

* 병자의 몸(尸)에 불(火)에 달군 물건(二)을 손에 들고(寸) 병을 치료함을 뜻하는 尉(울)이 본자나, 火가 示로 변하여 도둑을 잘 다스리는 벼슬 이름으로 쓰여 '벼슬'을 뜻하게 되었다.
※파자:몸(尸)에 병이 보이면(示) 법(寸)대로 치료해주는 '벼슬'.

慰	心부 총15획	小篆  說文解字		慰問(위문) 慰安(위안) 自慰(자위)	
위로할 위	설문 心부	慰(위)는 편안하(게 해준)다는 뜻이다. 心(심)은 의미부분이고, 尉(위)는 발음부분이다. 일설에는 화를 낸다는 뜻이라고도 한다.(「慰, 安也. 从心, 尉聲. 一曰:恚怒也.」)			

* 병자의 몸을 다스려 치료하듯(尉=尉) 마음(心)을 다스려 '위로함'을 뜻한다.

蔚	艸부 총15획	小篆  說文解字		蔚山(울산) 蔚然(울연) 彬蔚(빈울)	
고을이름 울	설문 艸부	蔚(위)는 제비쑥이다. 艸(초)는 의미부분이고, 尉(위)는 발음부분이다.(「蔚, 牡蒿也. 从艸, 尉聲.」)			

* 풀(艹)이름으로 불에 태워 치료용(尉)으로 쓰이던 '제비쑥'이나 '고을이름'으로 쓰인다.

幷* ➔ 屛 ➔ 倂 ➔ 餠 ➔ 甁 ➔ 軿❖ ➔ 絣❖

幷	干부 총8획	甲骨文			西周 金文	戰國 金文	小篆	幷有(병유) 幷吞(병탄) 幷夾(병협)	
					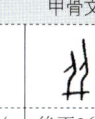				
		戩33.14	後下36.3	乙3262	幷伯甗	中山王鼎	說文解字		
아우를/ 합할 병	설문 从부	幷(병)은 서로 따라간다는 뜻이다. 从(종)은 의미부분이고, 幵(견)은 발음부분이다. 일설에서는 从과 二(이)가 합해서 幷자가 된 것이라고도 한다.(「幷, 相從也. 从从, 幵聲. 一曰:从持二爲幷.」)							

* 두 사람(从 =彳亻)이 나란히(二) 있는 데서 '나란히' '함께' '모두'의 뜻이 된다. ※ 并은 속자

屛	尸부 총11획	戰國 金文	小篆		屛風(병풍) 繡屛(수병) 屛去(병거)	
		雲夢爲吏	說文解字			
병풍 병	설문 尸부	屛(병)은 가린다는 뜻이다. 尸(시)는 의미부분이고, 幷(병)은 발음부분이다.(「屛, 蔽也. 从尸, 幷聲.」)				

* 집(屋=尸) 안에 나란히(幷) 세워 바람이나 빛을 가려주는 '병풍'을 뜻한다.
　※파자:몸(尸) 뒤에 나란히(幷) 세운 '병풍'.

倂	人부 총10획	小篆  說文解字		倂記(병기) 倂合(병합) 倂吞(병탄)	
아우를 병	설문 人부	倂(병)은 나란히 서 있다는 뜻이다. 人(인)은 의미부분이고, 幷(병)은 발음부분이다.(「倂, 並也. 从人, 幷聲.」)			

* 사람(亻)이 나란히(幷) 있는 모양에서 '아우르다' '나란하다'로 쓰인다.

餠	食부 총17획	小篆 說文解字		煎餠(전병) 餠湯(병탕) 熬餠(오병)	
떡 병	설문 食부	餠(병)은 밀가루로 만든 떡을 뜻한다. 食(식)은 의미부분이고, 幷(병)은 발음부분이다.(「餠, 麪餈也. 从食, 幷聲.」)			

* 밀가루 음식(食)으로 나란히(幷) 넓고 편편하게 만든 '떡'을 뜻한다.

甁	瓦부 총11획	春秋 金文	戰國 金文	小篆	或體	花甁(화병) 酒甁(주병) 寶甁(보병)	
		孟城缾	包山265	信陽楚簡	說文解字		
병 병	설문 缶부	缾(병)은 두레박을 뜻한다. 缶(부)는 의미부분이고, 幷(병)은 발음부분이다. 甁은 缾의 혹체자(或體字)로 (缶 대신) 瓦(와)를 썼다.(「缾, 罋也. 从缶, 幷聲. 甁, 缾或从瓦.」)					

* 양쪽에 나란히(幷) 끈을 달아 물을 퍼 올리는 와기(瓦器)인 '두레박'이나 물을 담는 '병'을 뜻한다.

輧	車부 총15획	小篆 輧 說文解字		輧車(병거)	
거마소리 병	설문 車부	輧(병)은 짐수레를 뜻한다. 車(거·차)는 의미부분이고, 幷(병)은 발음부분이다.(「輧, 輜車也. 从車, 幷聲.」)			

※ 여러 대의 수레(車)가 함께(幷) 모인 '가벼운 수레' 짐수레의 요란한 '거마소리'를 뜻한다. 또는 수레(車)에 함께 (幷) 실은 물건의 소리에서 '거마소리'를 뜻한다.

鉼	金부 총14획	설문 없음	戰國 金文 鉼 | 鉼 包山252 | 璽印集粹	鉼盂(병우)	
판금/가마솥 병					

※ 쇠(金)를 얇게 나란히(幷) 펼쳐놓아 만든 '판금'이나 '가마솥'을 뜻한다. ※餠:속자

 ➡ 研 ➡ 姸

幵	干부 총6획	戰國 金文 幵 三晉128	小篆 幵 說文解字	용례 없음	
평평할 견	설문 幵부	幵(견)은 평평하다는 뜻이다. 두 개의 干(간)자가 마주보고 있는 구조를 그린 것으로 위가 평평하다는 뜻이다. 무릇 幵부에 속하는 글자들은 모두 幵을 의미부분으로 삼는다.(「幵, 平也. 象二干對構, 上平也. 凡幵之屬 皆从幵.」)			

※ 평평한 방패(干)를 나란히 하여 '평평함' '가지런함'을 뜻한다.

研	石부 총11획	小篆 研 說文解字		研磨(연마) 研修(연수) 研究所(연구소)	
갈 연	설문 石부	研(연)은 (돌을) 잘 간다는 뜻이다. 石(석)은 의미부분이고, 幵(견)은 발음부분이다.(「研, 䃺也. 从石, 幵聲.」)			

※ 돌(石)을 연이은 방패(干)처럼 평평하게(幵) 가는 데서 '갈다'가 된다.

姸	女부 총9획	小篆 姸 說文解字		姸粧(연장) 姸麗(연려) 姸艶(연염)	
고울 연	설문 女부	姸(연)은 재주가 있다는 뜻이다. 일설에는 일을 잘 살피고 기록하지 못한다는 뜻이라고도 한다. 일설에는 침범하기가 어렵다는 뜻이라고도 한다. 일설에는 은혜롭다는 뜻이라고도 한다. 일설에는 편안하다는 뜻이라고도 한다. 女(녀)는 의미부분이고, 幵(견)은 발음부분이다. 研(연)이라고 읽는다.(「姸, 技也. 一曰不省錄事也. 一曰難侵也. 一曰惠也. 一曰安也. 从女, 幵聲. 讀若研, 研.」)			

※ 여자(女)가 옷맵시를 가지런히(幵)한 데서 '곱다'를 뜻한다.

井 ➡ 形 ➡ 刑 ➡ 型 ➡ 荊 ➡ 邢

井	二부 총4획	甲骨文 井 | 井 甲2913 | 粹263	金文 井 | 井 | 井 盂鼎 | 彔伯簋 | 井人鐘	小篆 井 說文解字	甘井(감정) 井然(정연) 浚井(준정)	
우물 정	설문 井부	井(정), 여덟 집이 한 우물을 쓴다. 井은 우물의 난간을 그린 것이고, •은 두레박을 그린 것이다. 옛날 백익(伯益)이 처음으로 우물을 만들었다. 무릇 井부에 속하는 글자들은 모두 井을 의미부분으로 삼는다.(「井, 八家一井. 象構韓形. •, 罋之象也. 古者伯益初作井. 凡井之屬皆从井.」)				

※ 사방을 쌓아 만든 우물 난간에서 '우물'을 뜻한다. ※참고:옛 '형틀'모양을 뜻하기도 한다.
　※참고:'井'은 '幵[평평할 견]⇒幵'처럼 변하여 쓰이기도 한다.

形	彡부 총7획	小篆 形 說文解字			形式(형식) 形質(형질) 形態(형태)	
모양 **형**	설문 彡부	形(형)은 모양을 본뜬다는 뜻이다. 彡(삼)은 의미부분이고, 幵(견)은 발음부분이다.(「形, 象形也. 从彡, 幵聲.」)				

✽ 어떤 모양을 나란히(幵)하듯 사물을 똑같이 그린(彡) 모양에서 '모양'을 뜻한다.

| 刑 | 刀부
총6획 | 西周 金文
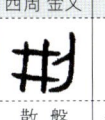
散盤 | 戰國 金文
子禾子釜 雍令韓匜 | 小篆

說文解字 | 刑罰(형벌)
刑事(형사)
刑法(형법) |  |
| 형벌 **형** | 설문
刀부 | 刑(형)은 剄(목 찌를 경)이다. 刀(도)는 의미부분이고, 幵(견)은 발음부분이다.(「𠛎, 剄也. 从刀, 幵聲.」) | | | | |

✽ 정(井=幵)자의 형틀에 죄인을 묶어놓고 칼(刂)로 형벌을 가하던 데서 '형벌' '법'을 뜻한다.

| 型 | 土부
총9획 | 春秋 金文
者旨鐈盤 邾大宰𠤯 | 戰國 金文
齗篙鐘 中山王鼎 | 小篆
說文解字 | 元型(원형)
典型(전형)
模型(모형) |  |
| 모형 **형** | 설문
土부 | 型(형)은 주물을 뜰 때 쓰는 거푸집을 뜻한다. 土(토)는 의미부분이고, 刑(형)은 발음부분이다.(「型, 鑄器之法也. 从土, 刑聲.」) | | | | |

✽ 일정한 법(刑)에 따라 만들어놓은 흙(土)으로 된 주조용 틀로, '모형'을 뜻한다.

| 荊 | 艸부
총10획 | 金文

蕭簋 過伯簋 師虎簋 | | 小篆 古文
說文解字 | 荊棘(형극)
荊冠(형관)
荊路(형로) |  |
| 가시 **형** | 설문
艸부 | 荊(형)은 가시나무로, 나무(의 이름)이다. 艸(초)는 의미부분이고, 刑(형)은 발음부분이다. 㯳은 荊의 고문(古文)이다.(「荊, 楚, 木也. 从艸, 刑聲. 㯳, 古文荊.」) | | | | |

✽ 풀(艹)이나 나무에 달린 형벌(刑)을 당할 때처럼 찔리면 고통스런 '가시'를 뜻한다.

邢	邑부 총7획	金文 陶六040	小篆 說文解字	邢人(형인)	
성 **형**	설문 邑부	邢(형)은 주공(周公)의 후손이 봉해진 곳이다. 하내군(河內郡) 회현(懷縣)과 가깝다. 邑(읍)은 의미부분이고, 幵(견)은 발음부분이다.(「邢, 周公子所封. 地近河內懷. 从邑, 幵聲.」)			

✽ 주공(周公)의 아들을 봉한 제후국. 가지런히(幵) 잘 다스려지던 '나라(阝) 이름' 또는 '성씨'를 뜻한다.

 ➡ 輾☆ ➡ 殿 ➡ 澱☆ ➡ 臀☆

展	尸부 총10획	戰國 金文  璽印集粹	小篆 說文解字	展開(전개) 發展(발전) 展示會(전시회)	
펼 **전**	설문 尸부	㞡(전=展)은 돈다는 뜻이다. 尸(시)는 의미부분이고, 裵(전)의 생략형은 발음부분이다.(「㞡, 轉也. 从尸, 裵省聲.」)				

✽ 몸(尸)에 붉은 비단(裵=𧘈) 옷을 펼쳐 입고 앉은 데서 '펴다'가 뜻이 된다.

87

| 輾
 돌아누울 전 | 車부
 총17획 | 설문 없음 | 小篆 
 形音義字典 | | 輾轉(전전)
 輾轉反側
 (전전반측) |  |

※ 수레(車)를 돌려가며 곡식을 펴놓고(展) 타작하는 '연자매'에서 '돌아눕다'로 쓰인다.

| 殿
 전각 전 | 殳부
 총13획 | 戰國 金文
 雲夢雜抄 | 小篆 
 說文解字 | 殿閣(전각)
 聖殿(성전)
 寢殿(침전) |  |
| | 설문
 殳부 | 殿(殿[전])은 때리는 소리이다. 殳(수)는 의미부분이고, 屍(둔·전)은 발음부분이다.(「殿, 擊聲也. 从殳, 屍聲.」) | | | |

※ 펼쳐진(展=屍) 군대를 무기(殳)를 들고 '맨 뒤'에서 막음을 뜻하였으나, 화려하게 펼쳐진(展) 임금이 사는 궁전의 '전각'을 뜻한다.
※파자: 수많은 사람 몸(尸)을 바쳐 함께(共) 치고(殳) 다스려 지은 '전각'.

| 澱
 앙금 전 | 水부
 총16획 | 小篆
 說文解字 | 澱粉(전분)
 沈澱(침전) | 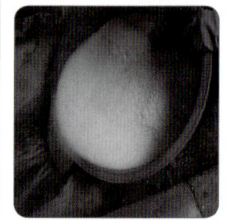 |
| | 설문
 水부 | 澱(전)은 앙금을 뜻한다. 水(수)는 의미부분이고, 殿(전)은 발음부분이다.(「澱, 滓滋也. 从水, 殿聲.」) | | |

※ 물(氵)을 거르고 맨 뒤(殿)에 남은 찌꺼기인 '앙금'을 뜻한다.

| 臀
 볼기 둔 | 肉부
 총17획 | 甲骨文 
 合21805 
 乙4071 | 戰國 金文
 丞相啓狀戈 
 曾侯墓簡 | 小篆 | 或體 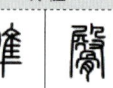
 說文解字 | 臀部(둔부)
 臀肉(둔육)
 臀腫(둔종) | 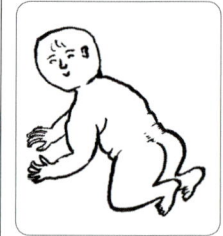 |
| | 설문
 尸部 | 屍(둔)은 궁둥이다. 尸(시) 아래 궁둥이(丌(기))가 几(궤) 위에 걸터앉아 있다. 雕은 혹체(或體字)로 肉(육)과 隼(준)이다. 臀은 혹체자로, 骨(골)에, 殿(전)은 발음부분이다.(「屍, 髀也. 从尸下丌居几. 雕, 屍或从肉·隼. 臀, 屍或从骨, 殿聲.」) | | | | | |

※ 펑퍼짐하게 펼쳐진(展=屍) 사람 몸(月) 뒤의 '엉덩이'인 '볼기'를 뜻한다. ※참고 : 臀=屍=雕

出 → 黜 → 拙 → 茁 ❖ 屈 → 掘 → 窟

| 出
 날 출 | 凵부
 총5획 | 甲骨文 
 菁4.1 
 粹366 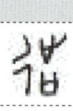
 甲476 | 殷商 金文 
 鬲出爵 | 西周 金文 
 毛公鼎 | 小篆
 說文解字 | 出席(출석)
 出力(출력)
 出動(출동) | |
| | 설문
 出부 | 出(출)은 나아간다는 뜻이다. 초목이 점점 자라나서 위로 솟아 나오는 것을 그린 것이다. 무릇 出부에 속하는 글자들은 모두 出을 의미부분으로 삼는다.(「出, 進也. 象艸木益滋上出達也. 凡出之屬皆从出.」) | | | | | | |

※ 움집(凵)에서 발(止=屮)이 밖으로 나가는 모양에서 '나오다' '나가다'의 뜻이 된다.

| 黜
 내칠 출 | 黑부
 총17획 | 小篆  
 說文解字 | 黜黨(출당)
 黜學(출학)
 放黜(방출) |  |
| | 설문
 黑부 | 黜(출)은 (색깔이 나빠) 내친다는 뜻이다. 黑(흑)은 의미부분이고, 出(출)은 발음부분이다.(「黜, 貶下也. 从黑, 出聲.」) | | |

※ 죄인을 검은(黑) 먹으로 묵형(墨刑)을 가하여 내쫓음(出)에서 '내치다'가 된다.

拙	手부 총8획	小篆  說文解字		拙劣(졸렬) 拙作(졸작) 拙筆(졸필)
졸할 **졸**	설문 手부	拙(졸)은 손재주가 없다는 뜻이다. 手(수)는 의미부분이고, 出(출)은 발음부분이다.(「, 不巧也. 从手, 出聲.」)		

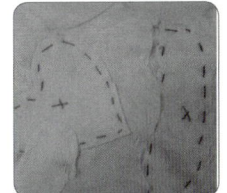

✱ 생각 없이 손(扌)이 나가(出) 솜씨가 서투른 데서 '졸하다' '재주 없다'로 쓰인다.

茁	艸부 총9획	小篆  說文解字		茁長(줄장) 茁茁(찰찰)
싹틀 **줄/찰**	설문 艸부	茁(줄찰)은 풀이 처음 땅에서 나오는 모습이다. 艸(초)는 의미부분이고, 出(출)은 발음부분이다. ≪시경(詩經)≫에 이르기를 "저 무성한 갈대밭."이라고 하였다.(「, 艸初生出地皃. 从艸, 出聲. ≪詩≫曰: "彼茁者葭."」)		

✱ 풀(艹)싹 줄이 처음 싹터 나오는(出) 모양에서 '싹트다' '줄'을 뜻한다.

屈	尸부 총8획	金文	小篆	屈曲(굴곡) 屈辱(굴욕) 卑屈(비굴)

		習鬲鐘 楚屈弔沱戈	說文解字	
굽힐 **굴**	설문 尾부	屈(굴)은 꼬리가 없다는 뜻이다. 尾(미)는 의미부분이고, 出(출)은 발음부분이다.(「, 無尾也. 从尾, 出聲.」)		

✱ 알몸(尸)에 생식기가 드러나(出) 몸을 굽혀 가림에서 '굽히다'가 뜻으로 쓰였다.
  ※파자: 몸(尸)을 굽혀 밖으로 나감(出)에서 '굽히다'를 뜻한다.

掘	手부 총11획	小篆 說文解字		採掘(채굴) 掘穴(굴혈) 發掘(발굴)
팔 **굴**	설문 手부	掘(굴)은 搰(팔 골)이다. 手(수)는 의미부분이고, 屈(굴)은 발음부분이다.(「, 搰也. 从手, 屈聲.」)		

✱ 손(手)으로 땅을 팔 때 몸(尸)을 굽히는(屈) 데서 '파다' '뚫다'로 쓰인다.

窟	穴부 총13획	설문 없음	小篆  形音義字典	洞窟(동굴) 土窟(토굴) 巢窟(소굴)
굴 **굴**				

✱ 굴(穴)이 굽어 있는(屈) 동굴이나, 좁은 구멍(穴)에 몸을 굽혀(屈) 들어가는 '굴'을 뜻한다.

戶 → 戺 → 啓 → 肩 → 戾 → 淚 → 扇 → 煽

戶	戶부 총4획	甲骨文		戰國 金文	小篆	古文	戶主(호주) 戶口(호구) 戶籍(호적)

		後下36.3	甲589	陳胎戈	說文解字		
집/외짝문 **호**	설문 戶부	戶(호), 문의 한 쪽을 '호'라고 부르는 까닭은 그것이 집을 지켜 주기[護(호)] 때문이다. 門(문)의 반 쪽을 戶라고 한다. 상형이다. 무릇 戶부에 속하는 글자들은 모두 戶를 의미부분으로 삼는다. 𢩍는 戶의 고문(古文)으로, 木(목)을 더하였다.(「戶, 護也. 半門曰戶. 象形. 凡戶之屬皆从戶. 𢩍, 古文戶, 从木.」)					

✱ 문(門)의 반쪽(戶) 모양으로 '문' '집' 등을 나타낸다.

扈	戶부 총11획	小篆 扈	古文 䕺 說文解字			扈駕(호가) 扈衛(호위) 扈從(호종)	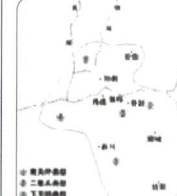
따를 호	설문 邑부	扈(호)는 하(夏)나라 후직(后稷)과 같은 성씨가 봉해진 곳으로, 감(甘) 지방에서 전투를 벌였던 부락이다. 호(鄠) 지방에 호곡(扈谷)과 감정(甘亭)이 있다. 邑(읍)은 의미부분이고, 戶(호)는 발음부분이다. 䕺는 扈의 고문(古文)으로 山(산)과 弓(함)으로 이루어졌다.(「扈, 夏后同姓所封, 戰於甘者. 在鄠, 有扈谷甘亭. 从邑, 戶聲. 䕺, 古文扈, 从山弓.」)					

※ 모든 집(戶)이나 고을(邑)의 많은 사람이 '따르던', 하후씨(夏后氏)의 속국(屬國) 이름.

啓	口부 총11획	甲骨文 𦥑 日 𦥑 前5.21.3 粹639 乙3555	殷商 金文 𣪍 啓爵	小西周金文篆 𣪍 𣪍 召卣 番生簋	小篆 啓 說文解字	啓發(계발) 啓蒙(계몽) 啓導(계도)	
열 계	설문 攴부	啓(계)는 가르친다는 뜻이다. 攴(복)은 의미부분이고, 启(계)는 발음부분이다. ≪논어(論語)≫에 이르기를 "마음으로 통하지 않거든 열지 말라."라고 하였다.(「啓, 教也. 从攴, 启聲. ≪論語≫曰: "不憤不啓."」)					

※ 문(戶)을 쳐서(攴) 열듯, 말(口)문을 열고(启=啓) 쳐서(攴) 잘 인도함에서 '열다' '가르치다'로 쓰인다.

肩	肉부 총8획	金文 肩 古鈴	戰國金文 肩 珍秦	小篆 肩 說文解字	俗字 肩	肩章(견장) 肩骨(견골) 肩部(견부)	
어깨 견	설문 肉부	肩(견)은 어깨를 뜻한다. 肉(육)은 의미부분이고, (戶은) 상형(象形)이다. 肩은 肩의 속자(俗字)로 戶(호)를 썼다.(「肩, 髆也. 从肉, 象形. 肩, 俗肩从戶.」)					

※ 문(戶)이 열리는 것과 같이 몸(月)에서 팔을 움직이는 '어깨'를 뜻한다. 戶(호)는 어깨 모양.

戾	戶부 총8획	甲骨文 戾 後下41·8	戰國金文 戾 上博從政	小篆 戾 說文解字		悖戾(패려) 返戾(반려) 背戾(배려)	
어그러질 려	설문 犬부	戾(려)는 굽었다는 뜻이다. 개[犬(견)]가 문[戶(호)] 아래에서 나온다는 의미이다. 戾라는 것은 몸이 굽었다는 뜻이다.(「戾, 曲也. 从犬出戶下. 戾者, 身曲戾也.」)					

※ 문(戶) 아래 구멍으로 개(犬)가 기어나올 때 몸을 굽히는 데서 '어그러지다' '사납다'가 된다.

淚	水부 총11획	설문 없음	小篆 淚 形音義字典			淚液(누액) 淚腺(누선) 血淚(혈루)	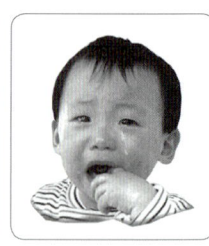
눈물 루							

※ 눈에서 흐르는 물(氵)로, 마음에 어그러져(戾) 나오는 '눈물'을 뜻한다.

扇	戶부 총10획	戰國金文 扇 雲夢法律	小篆 扇 說文解字			扇風機(선풍기) 扇狀地(선상지) 太極扇(태극선)	
부채 선	설문 戶부	扇(선)은 사립문을 뜻한다. 戶(호)와 翄(시)의 생략형은 모두 의미부분이다.(「扇, 扉也. 从戶, 从翄聲.」)					

※ 문(扉=戶)을 새의 깃(羽)처럼, 대 또는 갈대를 엮어 만든 '사립문'이나, 깃을 엮은 '부채'를 뜻한다.

	火부 총14획	小篆  說文解字		煽動(선동) 煽情的(선정적)	
부채질할 선	설문 火부	煽(선)은 불길이 성하다는 뜻이다. 火(화)는 의미부분이고, 扇(선)은 발음부분이다.(「煽, 熾盛也. 从火, 扇聲.」)			

※ 불(火)이 잘 타도록 부채질(扇)하는 데서 '부추기다' '부채질하다'로 쓰인다. ※扉:사립문 비.

扁 ➡ 篇 ➡ 編 ➡ 遍 ➡ 偏 ➡ 騙 ☆

	戶부 총9획	戰國 金文  小篆 雲夢秦律　說文解字		扁平(편평) 扁桃腺(편도선)	
작을 편	설문 冊부	扁(편·변)은 (편액에) 글자를 썼다는 뜻이다. 戶(호)와 冊(책)은 모두 의미부분이다. 戶冊이란 대문에 쓰는 글을 뜻한다.(「扁, 署也. 从戶·冊. 戶冊者, 署門戶之文也.」)			

※ 문(戶) 위의 넓적하고 작은 액자에 죽간(冊:책 책)에 글을 쓰듯 쓴 글씨에서 '작다' '평평하다'가 된다. 또한 문(戶)을 책(冊)처럼 싸릿대를 엮어 만든 '작고' '평평한' 문(戶)으로도 본다.

	竹부 총15획	小篆  說文解字		玉篇(옥편) 詩篇(시편) 長篇(장편)	
책 편	설문 竹부	篇(편)은 책을 뜻한다. 일설에 함곡관(函谷關) 서쪽 지방에서는 현판(懸板)을 篇이라고 부른다고 한다. 竹(죽)은 의미부분이고, 扁(편)은 발음부분이다.(「篇, 書也. 一曰: 關西謂榜曰篇. 从竹, 扁聲.」)			

※ 대(竹)로 만든 문(戶)짝이나 책(冊)처럼 엮은 작고 편편한(扁) 죽간에 완성된 글을 적은 '책'을 뜻한다.

	糸부 총15획	甲骨文  小篆 粹496　說文解字		編輯(편집) 編曲(편곡) 改編(개편)	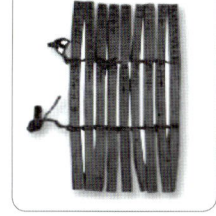
엮을 편	설문 糸부	編(편)은 죽간(竹簡)을 순서대로 배열한다는 뜻이다. 糸(멱·사)는 의미부분이고, 扁(편)은 발음부분이다.(「編, 次簡也. 从糸, 扁聲.」)			

※ 끈(糸)으로, 글이 쓰인 작은(扁) 죽간을 엮어두는 데서 '엮다'가 된다.

	辶부 총13획	설문 없음	小篆 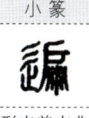 形音義字典	遍在(편재) 普遍(보편) 遍山(편산)	
두루 편					

※ 넓고 평평한(扁) 길(辶)을 나타내, 널리 '두루' 돌아다님을 뜻한다.

	人부 총11획	戰國 金文  小篆 金符307　說文解字		偏見(편견) 偏食(편식) 偏愛(편애)	
치우칠 편	설문 人부	偏(편)은 치우쳤다는 뜻이다. 人(인)은 의미부분이고, 扁(편)은 발음부분이다.(「偏, 頗也. 从人, 扁聲.」)			

※ 사람(亻)이 한쪽에 걸어두던 작고 넓적한(扁) 편액(扁額)처럼 한쪽에 '치우침'을 뜻한다.

騙	馬부 총19획	설문 없음	小篆 騙 形音義字典		騙取(편취) 騙馬(편마) 騙局(편국)

속일 **편**

✽ 말(馬)의 한쪽에 치우쳐(偏=扁) 있다가 말을 잘 다루고 '속여' 등에 '올라탐'을 뜻한다. 등 뒤에 올라탐에서 '속이다'로 쓰인다.

冊 → 栅 ☆ → 删 ☆ → 珊 → 典 → 琪 ❖

	冂부 총5획	甲骨文		金文		小篆	古文	冊床(책상) 冊房(책방) 冊子(책자)
		乙1712	粹1097	作冊大鼎	師酉簋	說文解字		

책 **책** | 설문 冊부 | 冊(책)은 부신교명(符信敎命, 임금의 명령서)을 뜻한다. 제후가 임금에게 나아가 받는다. 그 서찰(書札)이 하나는 길고 하나는 짧은데, 가운데를 두 줄로 묶은 형태를 그린 것이다. 무릇 冊부에 속하는 글자들은 모두 冊을 의미부분으로 삼는다. 笧은 冊의 고문(古文)으로 竹(죽)을 더하였다. (「冊, 符命也. 諸侯進受於王也. 象其札一長一短, 中有二編之形. 凡冊之屬皆从冊. 笧, 古文冊从竹.」)

✽ 대를 잘라 만든 죽간(竹簡) 여러 개를 끈으로 묶어놓은 '책'을 뜻한다.

栅	木부 총9획	小篆 栅 說文解字		木栅(목책) 鐵栅(철책) 營栅(영책)

울타리 **책** | 설문 木부 | 栅(책)은 엮어서 심은 나무를 뜻한다. 木(목)과 冊(책)은 모두 의미부분인데, 冊은 발음부분이기도 하다. (「栅, 編樹木也. 从木, 从冊, 冊亦聲.」)

✽ 나무(木)나 대를 죽간을 엮어 책(冊)을 만들 듯, 엮어 만든 '울타리'를 뜻한다.

删	刀부 총7획	戰國 金文	小篆		删削(산삭) 删述(산술) 删定(산정)
		乙6298	說文解字		

깎을 **산** | 설문 刀부 | 删(산)은 깎는다는 뜻이다. 刀(도)와 冊(책)은 모두 의미부분이다. 冊은 책을 뜻한다. (「删, 剟也. 从刀·冊. 冊, 書也.」)

✽ 죽간(冊)에 새겨진 글자가 잘못된 것을 칼(刂)로 깎아내는 데서 '깎다'가 뜻이 된다.

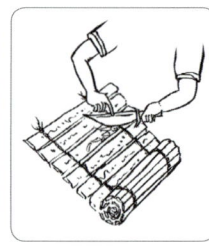

珊	玉부 총9획	小篆 珊 說文解字		珊瑚(산호) 珊瑚礁(산호초)

산호 **산** | 설문 玉부 | 珊(산)은 산호(珊瑚)로, 색은 붉다. 바다에 사는데, 때로는 산에 사는 것도 있다. 玉(옥)은 의미부분이고, 删(산)의 생략형은 발음부분이다. (「珊, 珊瑚, 色赤. 生於海, 或生於山. 从玉, 删省聲.」)

✽ 바다 속의 보석(玉)으로 댓가지를 엮은 책(冊)처럼 생긴 '산호'를 뜻한다.

◆ 欺人騙財 : (기인편재) 사람을 속이고 재물(財物)을 빼앗음.
◆ 高文典冊 : (고문전책) 국가(國家) 또는 임금의 명령(命令)에 의(依)하여 간행(刊行)된 귀중(貴重)한 저술(著述).
◆ 國朝詩删 : (국조시산) 조선(朝鮮) 전기(前期)의 시인(詩人)이며 문신(文臣)인 허균(許筠)(1569~1618)이 조선(朝鮮) 시대(時代) 정도전(鄭道傳)부터 권필에 이르기까지 35명이 시 888수를 가려 뽑은 시선집(詩選集).
◆ 珊瑚婚式 : (산호혼식) 결혼(結婚) 35주년(周年·週年).

典	八부 총8획	甲骨文				殷商 金文	西周 金文	古典(고전) 法典(법전)

		河760	佚931	合7414	後上10.9	弓弓父丁觶	格伯簋	
		西周 金文		戰國 金文		小篆	古文	辭典(사전) 特典(특전)
법 전	설문 丌부							
		克盨	井侯簋	陳侯因資敦	包山003	說文解字		
		典(전)은 5제(帝)의 책을 뜻한다. 책[冊]이 받침대[丌] 위에 있다는 의미로, 소중히 보관하고 있다는 뜻이다. 장도(莊都)는 '典은 큰 책을 뜻한다.'라고 하였다. 𥿠은 典의 고문(古文)으로 竹을 더하였다.(「𠕋, 五帝之書也. 从冊在丌上, 尊閣之也. 莊都說: '典, 大冊也.' 𥿠, 古文 典, 从竹.」)						

※ 중요한 책(冊)을 두 손(廾)으로 잡고 있는 데서 '경전(經典)'이나 '법'을 뜻한다.

瑱	玉부 총12획	小篆	瑱玉(전옥)

		說文解字	
귀막이옥 전	설문 玉부	瑱(전)은 옥이다. 玉(옥)은 의미부분이고, 典(전)은 발음부분이다.(「瑱, 玉也. 从玉, 典聲.」)	

※ 귀를 막던 옥(玉)으로 법(典)에 넘는 말을 듣지 않기 위해 막던 '귀막이 옥'을 뜻한다.

侖 ▶ 倫 ▶ 輪 ▶ 淪 ▶ 崙 ▶ 綸 ▶ 論 … (侖)

侖	人부 총8획	甲骨文	戰國 金文	小篆	籒文	昆侖(곤륜)

		存1·477	中山王鼎	說文解字		
뭉치/둥글 륜	설문 亼부	侖(륜)은 생각한다는 뜻이다. 亼(집)과 冊(책)은 모두 의미부분이다. 𠎧은 侖의 주문(籒文)이다.(「侖, 思也. 从亼, 从冊. 𠎧, 籒文侖.」)				

※ 가지런히 모아(亼) 잘 다스린 책(冊)에서, '모이다' '뭉치다' '둥글다'가 된다.
※참고 : 亼(集의 古字. 셋이 합한다는 뜻)

倫	人부 총10획	小篆	人倫(인륜) 天倫(천륜) 倫理(윤리)
		說文解字	
인륜 륜	설문 人부	倫(륜)은 무리를 뜻한다. 人(인)은 의미부분이고, 侖(륜)은 발음부분이다. 일설에는 도리(道理)라는 뜻이라고도 한다.(「倫, 輩也. 从人, 侖聲. 一曰:道也.」)	

※ 사람(亻)들이 질서 있게 잘 '모여져(侖)' 있는 무리에서 '인륜'을 뜻한다.

輪	車부 총15획	殷商 金文		戰國 金文	小篆	前輪(전륜) 輪禍(윤화) 輪回(윤회)
		輪鼎	輪觚	曾侯墓簡	說文解字	
바퀴 륜	설문 車부	輪(륜)은 (수레바퀴를 가리키는데) 바퀴살이 있는 수레바퀴를 輪이라고 하고, 바퀴살이 없는 것을 輇(전)이라고 한다. 車(거·차)는 의미부분이고, 侖(륜)은 발음부분이다.(「輪, 有輻曰輪, 無輻曰輇. 从車, 侖聲.」)				

※ 수레(車)에서 둥글게(侖) 모여진 부분인 '바퀴'를 뜻한다.

◆ 三綱五倫 : (삼강오륜) 유교(儒敎) 도덕(道德)의 바탕이 되는 세 가지 강령과 다섯 가지의 인륜을 이르는 말로, ①삼강은 유교 도덕이 되는 세 가지 뼈대가 되는 줄거리로서, 임금과 신하(君爲臣綱), 남편(男便)과 아내(夫爲婦綱), 부모(父母)와 아들(父爲子綱)이 지켜야 할 떳떳한 도리 ②오륜은 유교 실천 도덕에 있어서 기본이 되는 다섯 가지의 인륜(君臣有義, 父子有親, 夫婦有別, 長幼有序, 朋友有信)을 말함.

淪	水部 총11획	金文 伯駒父盤	小篆 說文解字		沈淪(침륜) 淪落(윤락) 渾淪(혼륜)	
빠질 **륜**	설문 水부	淪(륜), 작은 물결을 淪이라고 한다. 水(수)는 의미부분이고, 侖(륜)은 발음부분이다.≪시경(詩經)≫에 이르기를 "황하의 물은 맑고 잔물결이 치고 있네."라고 하였다. 일설에는 (물에) 잠긴다는 뜻이라고도 한다.(「淪, 小波爲淪. 从水, 侖聲.≪詩≫曰: "河水淸且淪漪." 一曰 沒也.」)				

* 물(氵)이 둥글게(侖) 소용돌이치며 빨려 들어가는 데서 '빠지다'를 뜻한다.

崙	山部 총11획		小篆 說文解字		崑崙山(곤륜산) 崙菌(윤균)	
산이름 **륜**	설문 山부	崙(륜)은 곤륜산(崑崙山)이다. 山(산)은 의미부분이고, 侖(륜)은 발음부분이다.(「崙, 崑崙 也. 从山, 侖聲.」)				

* 중국 신강성(新疆省)에 있는 곤륜산(崑崙山) 이름으로, 많은 산(山)이 뭉쳐(侖) 있는 명산.

綸	糸부 총14획	戰國 金文 上博彭祖	小篆 說文解字		經綸(경륜) 絲綸(사륜) 垂綸(수륜)	
벼리 **륜**	설문 糸부	綸(륜)은 푸른색 실로 만든 인끈을 뜻한다. 糸(멱·사)는 의미부분이고, 侖(륜)은 발음부분이다.(「綸, 靑絲綬也. 从糸, 侖聲.」)				

* 관리가 푸른 실(糸)을 뭉쳐(侖) 허리에 묶어 느리던 끈으로, 많은 끈을 묶어두는 기준 되는 끈에서 '벼리'가 된다.

論	言부 총15획	戰國 金文 雲夢效律	小篆 說文解字		議論(의론) 論說(논설) 論評(논평)	
논할 **론**	설문 言부	論(론)은 논의한다는 뜻이다. 言(언)은 의미부분이고, 侖(륜)은 발음부분이다.(「論, 議也. 从 言, 侖聲.」)				

* 이치 있는 말(言)을 모아(侖) 조리 있게 말함에서 '논하다'가 뜻이 된다.

侖	侖부 총17획	甲骨文 合4720	西周 金文 前5·19·2 / 臣辰盉	西周 金文 臣辰卣 / 散盤	戰國 金文 吉林202	小篆 說文解字	侖合(약흡) '侖'은 1홉(合)의 10분의 일.	
피리 **약**	설문 侖부	侖(약)은 대나무로 만든 악기로, 구멍이 세 개이다. 이것으로 여러 소리와 조화를 이룬다. 品(품)과 侖(윤)은 모두 의미부분이다. 侖은 다스린다는 뜻이다. 무릇 侖부에 속하는 글자들은 모두 侖을 의미부분으로 삼는다.(「侖, 樂之竹管, 三孔, 以和衆聲也. 从品·侖. 侖, 理也. 凡 侖之屬皆从侖.」)						

* 대를 모아(스) 구멍(冊)을 가지런히 엮은(冊) 피리에서 '피리'를 뜻한다.

僉 → 儉 → 劍 → 檢 → 險 → 驗 → 斂 → 殮 ☆

僉	人부 총13획	甲骨文 合6947	春秋 金文 攻敔王光劍	戰國 金文 越王劍 / 蔡侯産劍	金文 한문교육백과	小篆 說文解字	僉位(첨위) 僉知(첨지) 僉意(첨의)	
다 **첨**	설문 人부	僉(첨)은 모두라는 뜻이다. 亼(집)·吅(현)·从(종) 등은 모두 의미부분이다.≪우서(虞書)≫에 이르기를 "모두 '백이(伯夷)입니다.'라고 말하였다."라고 하였다.(「僉, 皆也. 从亼, 从吅, 从 从.≪虞書≫曰: "僉曰伯夷."」)						

* 많이 모인(亼) 사람들(从)이 시끄럽게 말함(吅:시끄러울 현)에서 '다' '모두'의 의미로 쓰인다.

儉	人부 총15획	戰國 金文	小篆				儉素(검소) 儉約(검약) 儉朴(검박)	

		雲夢封診	說文解字					
검소할 검	설문 人부	儉(검)은 제약(制約)한다는 뜻이다. 人(인)은 의미부분이고, 僉(첨)은 발음부분이다.(「儉, 約也. 从人, 僉聲.」)						

※ 사람(亻)이 모든(僉) 면에서 절약하는 데서 '검소함'을 뜻한다.

劍	刀부 총15획	春秋 金文			戰國 金文	小篆	籀文	劍道(검도) 劍客(검객) 木劍(목검)	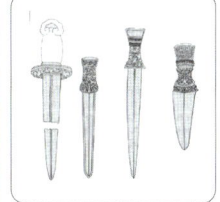

		吳子逞劍	富奠劍	越王劍	郾王戠劍		說文解字		
칼 검	설문 刀부	劍(검)은 사람이 가지고 다니는 무기를 뜻한다. 刀(인)은 의미부분이고, 僉(첨)은 발음부분이다. 劍은 劒의 주문(籀文)으로 (刃 대신) 刀(도)를 썼다.(「劍, 人所帶兵也. 从刃, 僉聲. 劒, 籀文劍, 从刀.」)							

※ 양면을 모두(僉) 다 사용할 수 있는 긴 검(刂)인 '칼'을 뜻한다. ※참고 : 劍 = 鐱.

檢	木부 총17획	戰國 金文	小篆				檢查(검사) 檢證(검증) 檢閱(검열)	

		郾王喜矛	說文解字					
검사할 검	설문 木부	檢(검)은 글씨를 써서 봉(封)한다는 뜻이다. 木(목)은 의미부분이고, 僉(첨)은 발음부분이다.(「檢, 書署也. 从木, 僉聲.」)						

※ 나무(木)상자의 모든(僉) 문서를 조사하고 겉에 글로 표시를 하는 데서 '봉함' '검사함'으로 쓴다.

險	阜부 총16획	戰國 金文	小篆				險惡(험악) 冒險(모험) 保險(보험)	

		雲夢日甲	說文解字					
험할 험	설문 阜부	險(험)은 험난하다는 뜻이다. 阜(부)는 의미부분이고, 僉(첨)은 발음부분이다.(「險, 阻難也. 从阜, 僉聲.」)						

※ 산언덕(阝)이 모두(僉) 모여 있어 다니기 어려울 만큼 '험함'을 뜻한다.

驗	馬부 총23획	小篆					試驗(시험) 經驗(경험) 效驗(효험)	

		說文解字						
시험 험	설문 馬부	驗(험)은 말의 이름이다. 馬(마)는 의미부분이고, 僉(첨)은 발음부분이다.(「驗, 馬名. 从馬, 僉聲.」)						

※ 명마(馬)의 모든(僉) 능력을 '시험함'을 뜻한다.

斂	攴부 총17획	戰國 金文	小篆				收斂(수렴) 苛斂誅求 (가렴주구)	

		中山王壺	說文解字					
거둘 렴	설문 攴부	斂(렴)은 거두어들인다는 뜻이다. 攴(복)은 의미부분이고, 僉(첨)은 발음부분이다.(「斂, 收也. 从攴, 僉聲.」)						

※ 모든(僉) 것을 쳐서(攵) 다스려 단속하고 거두어들이는 데서 '거두다'로 쓰인다.

	歹부 총17획	설문 없음	 小篆 形音義字典		殮襲(염습) 殮布(염포)	
염할 렴						

* 시체나 뼈(歹)를 모두(僉) 잘 수습하여 관에 넣는 것으로 '염하다'가 뜻이 된다.

俞 → 愈 → 喩 → 愉 → 揄 ☆ → 楡 → 諭 → 踰 → 鍮 ☆ → 癒 → 瑜 ❖ → 輸

	入부 총9획	甲骨文		殷商 金文	西周 金文	春秋 金文	小篆	俞允(유윤) 俞音(유음) 俞扁(유편)	
		豆閉簋	不其簋	亞鯱曆鼎	豆閉簋	不嬰簋	魯伯大父簋	說文解字	
인월도 (人月刀) /대답할 유	설문 舟부	俞(유)는 가운데가 빈 나무로 만든 배를 뜻한다. 亼(집)·舟(주)·巜(괴) 등은 모두 의미부분이다. 巜는 물을 뜻한다.(「俞, 空中木爲舟也. 从亼, 从舟, 从巜. 巜, 水也.」)							

* 통나무를 뾰족한 연장(亼)으로 파낸 배(舟+月)와 남은 부스러기나 긁어낸 흔적(丨=<), 또는 배(舟)가 뾰족한(亼) 앞 방향으로 물(巜:큰도랑 괴)을 따라 '점점' '나아감'을 뜻한다.

	心부 총13획	설문 없음	金文 	小篆	愈愈(유유) 愈愚(유우) 愈盛(유성)	
			魯伯愈父	形音義字典		
나을 유		《옥편(玉篇)·심부(心部)》에서는 "愈(유)는 병이 나아가고 있다는 뜻이다.(「愈,差也.」)"라고 하였다.				

* 배를 타고 나아가듯(俞) 마음(心)의 병이 점점 나아지는 데서 '낫다'로 쓰인다.

	口부 총12획	설문 없음		比喩(비유) 隱喩(은유) 引喩(인유)	
깨우칠 유					

* 남이 입(口)으로 하는 말을 점점(俞) '깨우쳐' 밝게 앎을 뜻한다.

	心부 총12획	金文 	小篆 	愉快(유쾌) 愉愉(유유) 愉悅(유열)	
		魯伯愈父扁	說文解字		
즐거울 유	설문 心부	愉(유)는 엷다는 뜻이다. 心(심)은 의미부분이고, 俞(유)는 발음부분이다. 《논어(論語)》에 이르기를 "사적(私的)인 만남에서는 즐거운 기색을 보이셨다."라고 하였다.(「愉, 薄也. 从心, 俞聲. 《論語》曰: "私覿愉愉如也."」)			

* 마음(忄)이 배를 타고 나아가(俞)듯 정신도 마음도 '즐거움'을 뜻한다.
  ※참고: 心(忄)이 글자의 앞에 붙는 경우 드러나는 감정의 상태를 나타낸다.

	手부 총12획	戰國 金文	小篆	揶揄(야유) 揄揚(유양) 邪揄(야유)	
		雲夢編年	說文解字		
야유할 유	설문 手부	揄(유)는 당긴다는 뜻이다. 手(수)는 의미부분이고, 俞(유)는 발음부분이다.(「揄, 引也. 从手, 俞聲.」)			

* 손(扌)으로 당겨 점점(俞) '끌어내거나', 손(扌)으로 파내 통나무 배(俞)를 만들 듯 남의 약점을 끌어내어 '야유함'을 뜻한다.

榆	木부 총13획	甲骨文		戰國 金文	小篆	榆柳(유류) 榆岾寺(유점사)
		前2.32.6	甲907	貨系0949	說文解字	
느릅나무 유	설문 木부	榆(유)는 느릅나무이다. 木(목)은 의미부분이고, 兪(유)는 발음부분이다.(「榆, 榆白枌. 从木, 兪聲.」)				

※ 큰 나무(木)로, 속을 파내어 배(兪)를 만들기 좋은 '느릅나무'를 뜻한다.

諭	言부 총16획	戰國 金文	小篆	諭示(유시) 敎諭(교유) 開諭(개유)
		璽彙2123	說文解字	
타이를 유	설문 言부	諭(유)는 알린다는 뜻이다. 言(언)은 의미부분이고, 兪(유)는 발음부분이다.(「諭, 告也. 从言, 兪聲.」)		

※ 말(言)로 잘 이끌어 점점(兪) 깨우치도록 '타이름'을 뜻한다.

踰	足부 총16획	小篆	踰月(유월) 踰年(유년) 踰限(유한)
		說文解字	
넘을 유	설문 足부	踰(유)는 넘는다는 뜻이다. 足(족)은 의미부분이고, 兪(유)는 발음부분이다.(「踰, 越也. 从足, 兪聲.」)	

※ 발(足)로 걷듯, 통나무배(兪)를 타고 강을 건너감에서 '넘다'가 뜻이 된다.

鍮	金부 총17획	설문 없음		鍮器(유기) 鍮尺(유척) 眞鍮(진유)
놋쇠 유				

※ 쇠(金)붙이 종류로, 점점(兪) 생활용기로 많이 쓰인 구리에 아연을 넣어 만든 합금인 '놋쇠'를 뜻한다.

癒	疒부 총18획	小篆	快癒(쾌유) 癒合(유합) 癒着(유착)
		說文解字	
병나을 유	설문 疒부	瘉(유)는 병이 나았다는 뜻이다. 疒(녁)은 의미부분이고, 兪(유)는 발음부분이다.(「瘉, 病瘳也. 从疒, 兪聲.」)	

※ 瘉와 같은 자. 병(疒)이 배(兪)를 타고 강을 건너듯 고비를 넘고 나아져(愈) 완쾌되어 '병이 낫다'가 뜻이 된다.

瑜	玉부 총13획	小篆	瑜亮(유량) 瑜然(유연) 瑜瑕(유하)
		說文解字	
아름다운옥 유	설문 玉부	瑜(유)는 근유(瑾瑜)로, 아름다운 옥이다. 玉(옥)은 의미부분이고, 兪(유)는 발음부분이다.(「瑜, 瑾瑜, 美玉也. 从玉, 兪聲.」)	

※ 빛나는 보석(玉)으로 재질이 단단하여 쓸수록 점점(兪) '아름다운 옥'을 뜻한다.

輸	車부 총16획	戰國 金文 雲夢秦律	小篆 說文解字		輸出(수출) 輸送(수송) 輸血(수혈)	
보낼 **수**	설문 車부	輸(수)는 (물건을) 수레에 실어서 보낸다는 뜻이다. 車(거·차)는 의미부분이고, 兪(유)는 발음부분이다.(「輸, 委輸也. 从車, 兪聲.」)				

※ 수레(車)나 '배'에 물건을 실어 다른 곳으로 나아가게(兪) 보냄에서 '보내다'가 뜻이 된다.

 久→灸→玖→柩→畝

久	丿부 총3획	戰國 金文 雲夢日乙	小篆 說文解字		永久(영구) 長久(장구) 持久(지구)	
오랠 **구**	설문 久부	久(구)는 한참 동안 뜸을 뜬다는 뜻이다. 사람 양쪽 정강이 뒤에 복사뼈가 있는 것을 그린 것이다. 《주례(周禮)》에 이르기를 "벽에 잘 세워 놓고 구부러졌는지를 살폈다."라고 하였다. 무릇 久부에 속하는 글자들은 모두 久를 의미부분으로 삼는다.(「乁, 从後灸之. 象人兩脛後有距也.《周禮》曰: "久諸牆, 以觀其橈." 凡久之屬皆从久.」)				

※ 사람(人=ㄅ)의 등에 약쑥을 서서히 불태워 뜸(乁)을 뜨는 모양에서 '오래다'로 쓰인다.

灸	火부 총7획	金文 古鉢	小篆 說文解字		灸治(구치) 鍼灸(침구) 灸瘡(구창)	
뜸 **구**	설문 火부	灸(구)는 灼(지질 작)이다. 火(화)는 의미부분이고, 久(구)는 발음부분이다.(「灸, 灼也. 从火, 久聲.」)				

※ 약쑥을 등에 놓고 오래(久) 불(火)을 지펴 병을 치료하던 '뜸'을 뜻한다.

玖	玉부 총7획		小篆 說文解字		瓊玖(경구) 玖璇(구선)	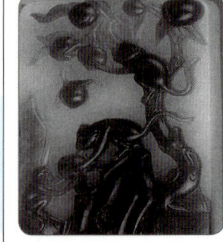
옥돌 **구**	설문 玉부	玖(구)는 옥에 버금가는 검은색의 돌이다. 玉(옥)은 의미부분이고, 久(구)는 발음부분이다. 《시경(詩經)》에 이르기를 "나에게 패옥을 주었네."라고 하였다. 芑(사)라고 읽는다. 혹은 사람의 굽은 척추라고 할 때의 句(구)자처럼 읽는다고도 한다.(「玖, 石之次玉黑色者. 从玉, 久聲.《詩》曰: "貽我佩玖." 讀若芑. 或曰若人句脊之句.」)				

※ 보석(玉)이 오래 뜸(久)을 뜬 것 같은 검은색이 감도는 '옥돌'을 뜻한다.

	부 총9획	小篆 說文解字	籀文		運柩(운구) 柩衣(구의) 棺柩(관구)	
널/관 **구**	설문 木부	柩(구)는 관(棺)을 뜻한다. 匚(방)과 木(목)은 의미부분이고, 久(구)는 발음부분이다. 匶는 柩의 주문(籀文)이다.(「柩, 棺也. 从匚, 从木, 久聲. 匶, 籀文柩.」)				

※ 나무(木)로 만든 상자(匚)에 시신(屍身)을 오래(久) 보관하기 위해 만든 '널'·'관'을 뜻한다.

	田부 총10획	西周 金文 賢簋		師爰簋	兮甲盤	戰國 金文 雲夢秦律	小篆 說文解字	或體	頃畝(경묘) 田畝(전묘)	
이랑 **무/묘**	설문 田부	畮(무), 6척(尺)이 1보(步)이고, 100보가 1畮이다. 田(전)은 의미부분이고, 每(매)는 발음부분이다. 畝는 畮의 혹체자(或體字)로 田(전)·十(십)·久(구)로 이루어졌다.(「畮, 六尺爲步, 步百爲畮. 从田, 每聲. 畝, 畮或从田·十·久.」)								

※ 높게(亠) 솟은 밭(田)사이 오래(久)된 '이랑'. 밭(田)의 오래(久)된 경계(十)를 나타낸다.
　　※참고:이랑의 두둑은 畝(무)라 하고, 도랑은 畎(도랑 견)이라 한다.

各→閣→恪→格→咎→賂→洛→落→絡→烙→酪→駱→珞→略→客→額→路→露→鷺

		甲骨文			殷商 金文	西周 金文		小篆	
口부 총6획									各各(각각) 各種(각종) 各別(각별)
		菁4.1	粹1061	合40346	各爵	豆閉簋	庚嬴卣	說文解字	

각각 **각** | 설문
口부 | 各(각)은 다르다는 뜻을 나타내는 낱말이다. 口(구)와 夂(치)는 모두 의미부분이다. 夂(치)는 가다가 때로는 멈추기도 하여 서로 말을 듣지 않는다는 뜻이다.(「𠮛, 異辭也. 从口·夂. 夂者, 有行而止之, 不相聽也.」)

※ 각자 돌아가(夂) 자기 움집(口)에 이름에서, '각각' '여러' '따로'가 된다.

	小篆		鐘閣(종각)
門부 총14획	閣 說文解字		樓閣(누각) 改閣(개각)

집 **각** | 설문
門부 | 閣(각)은 문짝을 멈추게 하는 도구이다. 門(문)은 의미부분이고, 各(각)은 발음부분이다.(「閣, 所以止扉也. 从門, 各聲.」)

※ 문(門) 양쪽에 세워 각각(各)의 문을 달던 '문설주'로, 양문을 사용하던 '집'을 뜻한다.

	金文	小篆		恪勤(각근)
心부 총9획	설문 없음	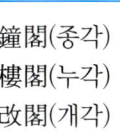		恪遵(각준) 恪愼(각신)
		形音義字典		

삼갈 **각**

※ 조심하는 마음(忄)으로 각각(各)의 여러 손님(客=各)을 공경히 맞이함에서 '삼가다'가 된다.

	西周 金文				戰國 金文	小篆	合格(합격)
木부 총10획							格式(격식) 格調(격조)
	格伯簋	格伯簋蓋	格伯晉姬簋		格氏矛	說文解字	

격식 **격** | 설문
木부 | 格(격)은 나무가 기다란 모습이다. 木(목)은 의미부분이고, 各(각)은 발음부분이다.(「𣞤, 木長貌也. 从木, 各聲.」)

※ 나무(木)마다 각각(各) 자란 가지나, 나무(木)로 각각(各)의 법식에 맞게 엮어 짠 틀에서 '격식'을 뜻한다.

	甲骨文			金文			小篆	咎徵(구징)
口부 총8획								咎悔(구회)
	乙1608	乙1532	周甲25	咎父癸卣	集咎簋	咎奴令戈	說文解字	

허물 **구** | 설문
人부 | 咎(구)는 재앙을 뜻한다. 人(인)과 各(각)은 모두 의미부분이다. 各(각)은 서로 어긴다는 뜻이다.(「𠮛, 災也. 从人, 从各. 各者, 相違也.」)

※ 각각(各)의 사람(人)마다 잘못된 다른 점을 책망하는 데서 '허물'을 뜻한다. 또는 다리가 잘린 재앙에서 '허물'을 뜻한다고도 한다.

	小篆		賂物(뇌물)
貝부 총13획	賂 說文解字		受賂(수뢰) 賄賂(회뢰)

뇌물 **뢰** | 설문
貝부 | 賂(뢰)는 준다는 뜻이다. 貝(패)는 의미부분이고, 各(각)은 발음부분이다.(「賂, 遺也. 从貝, 各聲.」)

※ 돈(貝)을 각각(各)의 개인들이 자신의 이익을 위해 관리자에게 주는 '뇌물'을 뜻한다.

99

洛	水부 총9획	甲骨文		西周 金文		春秋 金文	小篆	洛陽(낙양) 洛東江(낙동강)	
		甲346	周甲27	虢季子白盤	永盂	太師虘豆	說文解字		
물이름 락	설문 水부	洛(락)은 강의 이름이다. 좌풍익군(左馮翊郡) 귀덕현(歸德縣) 북쪽 변방에서 발원하여, 동남쪽으로 흘러서 위수(渭水)로 들어간다. 水(수)는 의미부분이고, 各(각)은 발음부분이다.(「澇, 水. 出左馮翊歸德北夷界中, 東南入渭. 从水, 各聲.」)							

※ 빗물(氵)이 각각(各) 연달아 떨어져 내리는 소리로, 각각(各)의 물(氵)이 모여 이룬 '물 이름'으로 쓰며, 섬서성(陝西省)에서 발원하여 황하로 흘러드는 강 이름을 나타낸다.

落	艹부 총13획	小篆		落書(낙서) 落下(낙하) 落水(낙수)	
		說文解字			
떨어질 락	설문 艹부	落(락), 무릇 풀이 시드는 것을 零(령)이라고 하고, 나뭇잎이 (시들어) 떨어지는 것을 落(락)이라고 한다. 艹(초)는 의미부분이고, 洛(락)은 발음부분이다.(「藻, 凡草曰零, 木曰落. 从艹, 洛聲.」)			

※ 초목(艹)의 잎이 물(氵)방울이 각각(各) 떨어지듯 시들어 '떨어짐'을 뜻한다.
※파자 : 풀(艹)에 맺힌 물방울(氵)이 각각(各) 떨어짐.

絡	糸부 총12획	戰國 金文	小篆		連絡(연락) 經絡(경락) 籠絡(농락)	
		天星觀簡	說文解字			
이을 락	설문 糸부	絡(락)은 솜을 뜻한다. 일설에는 아직 물에 불리지 않은 생마(生麻)를 뜻한다고도 한다. 糸(멱.사)는 의미부분이고, 各(각)은 발음부분이다.(「絡, 絮也. 一曰:麻未漚也. 从糸, 各聲.」)				

※ 실(糸)로 각각(各) 떨어진 '헌솜'이나 천을 연결하는 데서 '잇다' '얽다'가 뜻이 된다.

烙	火부 총10획	小篆		烙印(낙인) 烙刑(낙형) 炮烙(포락)	
		說文解字			
지질 락	설문 火부	烙(락)은 지진다는 뜻이다. 火(화)는 의미부분이고, 各(각)은 발음부분이다.(「烙, 灼也. 从火, 各聲.」)			

※ 불(火)에 달군 쇠침으로 각각(各)의 환부를 '지져' 치료하거나, 각각(各)의 물건을 구분하기 위해 불(火)로 '지짐'을 뜻한다.

酪	酉부 총13획	小篆		酪農業(낙농업) 酪産物(낙산물) 酪酸菌(낙산균)	
		說文解字			
쇠젖 락	설문 酉부	酪(락)은 우유를 뜻한다. 酉(유)는 의미부분이고, 各(각)은 발음부분이다.(「酪, 乳漿也. 从酉, 各聲.」)			

※ 여러 짐승의 젖을 술(酉)처럼 각각(各) 발효시켜 '치즈'나 '유즙'을 만드는 '쇠젖'을 뜻한다.

駱	馬부 총16획	金文		小篆		駱駝(낙타) 駱馬(낙마)	
		駒尊蓋	盠駒尊	說文解字			
낙타 락	설문 馬부	駱(락)은 흰색 몸에 검은 색의 갈기와 꼬리를 가진 말을 뜻한다. 馬(마)는 의미부분이고, 各(각)은 발음부분이다.(「駱, 馬白色黑鬣尾也. 从馬, 各聲.」)					

※ 갈기나 꼬리만 검은 말(馬)이름으로, 각(各) 부위가 달라 몸은 하얀, 말(馬)처럼 이동에 쓰이나, 사는 곳이나 생김이 각각(各) 다른 '낙타'를 뜻한다.

珞	玉부 총10획	설문 없음	戰國 金文 包山167	小篆 形音義字典		瓔珞(영락)	
구슬목걸이 **락**							

✸ 구슬(玉)을 각각(各) 꿰어 만든, 목에 거는 '구슬 목걸이'를 뜻한다.

略	田부 총11획		戰國 金文 詛楚文	小篆 說文解字		略圖(약도) 略式(약식) 省略(생략)	
간략할 **략**	설문 田부	略(략)은 토지를 구획정리(區劃整理)한다는 뜻이다. 田(전)은 의미부분이고, 各(각)은 발음부분이다.(「畧, 經略土地也. 从田, 各聲.」)					

✸ 밭(田)마다 각각(各)의 경계를 잘 '나누고' 경영하여 '다스림'에서 '계략' '꾀' '간략함'으로 쓴다.
  ※파자 : 밭(田)의 작물을 각각(各) '간략하게' 구분함.

客	宀부 총9획		西周 金文 師遽簋	春秋 金文 曾伯陭壺	仲義父鼎	小篆 說文解字	客地(객지) 客席(객석) 客室(객실)	
손 **객**	설문 宀부	客(객)은 기거(寄居)한다는 뜻이다. 宀(면)은 의미부분이고, 各(각)은 발음부분이다.(「客, 寄也. 从宀, 各聲.」)						

✸ 집(宀)에 이른(各) '손님', 남의 집(宀)에 뒤쳐(夂)들어오는 사람(口)에서 '손님'을 뜻한다.

額	頁부 총18획		小篆 說文解字		額子(액자) 額數(액수) 金額(금액)	
이마 **액**	설문 頁부	額(액)은 顙(이마 상)이다. 頁(혈)은 의미부분이고, 各(각)은 발음부분이다.(「額, 顙也. 从頁, 各聲.」)				

✸ 손님(客)을 대할 때 머리(頁) 숙여, 이마를 보이며 예를 갖추는 데서 '이마'를 뜻한다.

路	足부 총13획		金文 史懋壺	庚嬴卣	小篆 說文解字	路線(노선) 進路(진로) 路面(노면)	
길 **로**	설문 足부	路(로)는 길을 뜻한다. 足(족)과 各(각)은 모두 의미부분이다.(「路, 道也. 从足, 从各.」)					

✸ 발(足)로 각각(各) 자기 뜻을 따라 다니는 '길'을 뜻한다.

露	雨부 총20획		小篆 說文解字		白露(백로) 寒露(한로) 露宿(노숙)	
이슬 **로**	설문 雨부	露(로)는 윤택하다는 뜻이다. 雨(우)는 의미부분이고, 路(로)는 발음부분이다.(「露, 潤澤也. 从雨, 路聲.」)				

✸ 비(雨) 맞아 젖은 듯 길(路) 옆 풀에 맺힌 '이슬'을 뜻한다.

鷺	鳥부 총23획	小篆  說文解字			白鷺(백로) 鷗鷺(구로) 黃鷺(황로)	
해오라기/ 백로 **로**	설문 鳥부	鷺(로)는 백로이다. 鳥(조)는 의미부분이고, 路(로)는 발음부분이다.(「鷺, 白鷺也. 从鳥, 路聲.」)				

✽ 이슬(露=路)처럼 깨끗한 새(鳥)인 '백로'. 강가나 논길(路)에 흔히 보이는 새(鳥)인 '백로'를 뜻한다.

夕 ➡ 汐 ➡ 飧 ➡ 夙 ➡ 夢

夕	夕부 총3획	甲骨文			金文		小篆	夕陽(석양) 夕刊(석간) 朝夕(조석)	
			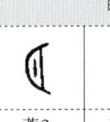		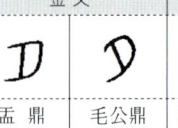				
		菁2	粹137	前2.13.3	盂鼎	毛公鼎	說文解字		
저녁 **석**	설문 夕부	夕(석)은 저녁때를 뜻한다. 달[月]이 반쯤 보인다는 의미이다. 무릇 夕(석)부에 속하는 글자들은 모두 夕(석)을 의미부분으로 삼는다.(「夕, 莫也. 从月半見. 凡夕之屬皆从夕.」)							

✽ 달을 보고 만든 글자로 해질 무렵인 '저녁'이나 '밤'을 나타낸다.

汐	水부 총6획	설문 없음	小篆  形音義字典	汐水(석수) 汐潮(석조)	

저녁조수 **석**					

✽ 바닷물(氵)이 저녁(夕)때 밀려왔다가 다시 나가는 '저녁조수'를 뜻한다.

飧	食부 총12획	小篆  說文解字	飧菊(손국)	

저녁밥 **손**	설문 食부	飧(손)은 저녁밥을 뜻한다. 夕(석)과 食(식)은 모두 의미부분이다.(「飧, 餔也. 从夕食.」)		

✽ 저녁(夕)에 먹는 밥(食)에서 '저녁밥'을 뜻한다.

夙	夕부 총6획	甲骨文			西周 金文			夙夜(숙야) 夙成(숙성) 夙昔(숙석) 夙興夜寐 (숙흥야매)	
		存下520	前6.16.3	合26897	盂鼎	師望鼎	叔娀簋		
		春秋 金文		戰國 金文	小篆		古文		
		於賜鐘	吳王光鐘	中山王方壺		說文解字			
이를 **숙**	설문 夕부	夙=夙(숙)은 아침에 공경한다는 뜻이다. 丮(극)은 의미부분으로, 일을 쥐고 있다는 뜻이다. 새벽이 되어서도 쉬지 않으므로, 아침에 (일에 대해서) 공경한다는 뜻이다. 佩은 夙(숙)의 고문(古文)으로, 人(인)과 囟(囟)으로 이루어졌다. 佩 역시 夙(숙)의 고문으로, 人(인)과 西(囟)으로 이루어졌다. 宿(숙)자(에서의 佰 부분)는 이것(즉 佩)을 따른 것이다.(「夙, 早敬也. 从丮, 持事. 雖夕不休, 早敬者也. 佩, 古文夙, 从人·囟. 佩, 亦古文夙, 从人·西. 宿从此.」)							

✽ 달(夕)이 사라지기 전 이른 아침에 도구를 잡고(丮) 일을 함에서 '일찍' '이르다'를 뜻한다. 초서로 쓰면서 변하여, 모든(凡) 달(夕)의 형상이 남아 있는 '이른' '새벽'부터 일함처럼 보인다.

夢	夕부 총14획	金文		小篆	甲骨文		小篆	夢寐(몽매) 夢精(몽정) 夢遊病(몽유병)
		卯簋		說文解字 (동자同字)	後1.6.4	菁3·1	說文解字	
꿈 **몽**	설문 夕부	夢(몽)은 밝지 않다는 뜻이다. 夕(석)은 의미부분이고, 瞢(몽)의 생략형은 발음부분이다.(「夢, 不明也. 从夕, 瞢省聲.」)						

※ 꿈꾸느라 눈썹(卝=艹=⺿)을 꿈틀대며 눈(目=罒)을 감고 이불을 덮고(冖) 자는 저녁(夕)에서, '꿈'이나 '환상'을 뜻한다. ※참고 : 夢(몽)과 瘍(몽)은 동자(同字).

名 → 銘 → 酩

名	口부 총6획	甲骨文		殷商 金文	西周 金文	春秋 金文	小篆	名曲(명곡) 名聲(명성) 名醫(명의)
		甲3488	乙3290	名爵	召伯簋	吉日壬午劍	說文解字	
이름 **명**	설문 口부	名(명)은 스스로 부르는 것 즉 이름을 뜻한다. 口(구)와 夕(석)은 모두 의미부분이다. 夕은 저녁을 뜻한다. 저녁때는 어두워서 서로 잘 볼 수 없기 때문에 입으로 스스로 이름을 부르는 것이다.(「名, 自命也. 从口, 从夕. 夕者, 冥也. 冥不相見, 故以口自名.」)						

※ 저녁(夕)이 되어 보이지 않아 입(口)으로 서로의 '이름'을 부름을 뜻한다.

銘	金부 총14획	金文		小篆				銘心(명심) 碑銘(비명) 感銘(감명)
		鴅羌鐘	中山王鼎	說文解字				
새길 **명**	설문 金부	銘(명)은 기록한다는 뜻이다. 金은 의미부분이고, 名은 발음부분이다.(「銘, 記也. 从金, 名聲.」)						

※ 쇠(金)에 공적이 있는 사람의 이름(名)과 업적을 새겨 자료로 삼는 글에서 '새기다'를 뜻한다.

酩	酉부 총13획	小篆				酩酊(명정) 飮酩(음명)
		說文解字				
술취할 **명**	설문 酉부	酩(명)은 술에 잔뜩 취했다는 뜻이다. 酉(유)는 의미부분이고, 名(명)은 발음부분이다.(「酩, 酩酊醉也. 从酉, 名聲.」)				

※ 크게 술(酉)에 이름(名)도 잊을 정도로 '술 취함'을 뜻한다.

夜 → 液 → 腋

夜	夕부 총8획	甲骨文	西周 金文			戰國 金文	小篆	夜景(야경) 夜間(야간) 深夜(심야)
		周甲56	效卣	師嫠簋	克鼎	中山王圓壺	說文解字	
밤 **야**	설문 夕부	夜(야), 밤을 '야'라고 하는 까닭은 밤이 되면 누구나 집에 들어가 쉬기[舍(사)] 때문이다. 夕(석)은 의미부분이고, 亦(역)의 생략형은 발음부분이다.(「夜, 舍也. 天下休舍也. 从夕, 亦省聲.」)						

※ 사람(大)의 팔 벌린 사이(八)인 겨드랑이(亦)까지 달(夕)이 올라 어두운 '밤'을 뜻한다. 달(夕)에 비친 사람 그림자(大)로 '밤'을 뜻한다고도 한다. ※파자 : 높이(亠) 떠올라 사람(人=亻)을 비추는 저녁(夕)달이 만든 늘어진(乀) 그림자가 생기는 '밤'.

液	水부 총11획	西周 金文	小篆			液體(액체) 液化(액화) 體液(체액)
		師顯簋	說文解字			
진 **액**	설문 水부	液(액)은 즙을 뜻한다. 水(수)는 의미부분이고, 夜(야)는 발음부분이다.(「液, 盡也. 从水, 夜聲.」)				

 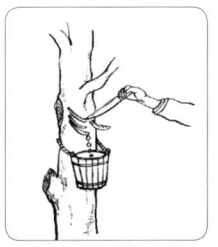

※ 물(氵)방울이 생기는 밤(夜)처럼, 사람의 겨드랑이(亦)나 나무의 갈라진 나무 틈 또는 가지 사이의 가려져 어두운(夜) 부위에서 나오는 액체(氵)인 '진'을 뜻한다.

103

腋	肉부 총12획	戰國 金文		小篆	※掖(액)과 同字	腋氣(액기) 腋臭(액취) 腋汗(액한)	
		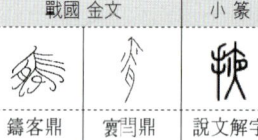					
		鑄客鼎	寰䀁鼎	說文解字			
겨드랑이 **액**	설문 手부	掖(액)은 손으로 사람의 팔을 잡아서 땅에 던진다는 뜻이다. 手(수)는 의미부분이고, 夜(야)는 발음부분이다. 일설에는 겨드랑이를 뜻한다고도 한다.(「掖, 以手持人之臂投地也. 从手, 夜聲. 一曰臂下.」)					

✽ 사람의 몸(月) 양팔 사이(亦)의 저녁(夕)처럼 어두운(夜) 부분인 '겨드랑이'를 뜻한다.

多 ➡ 移 ➡ 侈

多	夕부 총6획	甲骨文		金文		小篆	古文	多少(다소) 多樣(다양) 多福(다복)	

		甲815	前2.25.5	召尊	智壺	說文解字			
많을 **다**	설문 多부	多(다)는 겹쳤다는 뜻이다. 夕(석)이 겹쳐져 있는 구조로 이루어졌다. 夕(석)은 서로 실을 끝까지 잘 풀어낸다는 뜻이다. 그래서 '많다'라는 뜻의 多(다)자가 될 것이다. 夕을 겹쳐 쓴 것이 多이고, 日(일)을 겹쳐 쓴 것이 疊(첩)이다. 㚷는 多(다)의 고문(古文)이다.(「多, 重也. 从重夕. 夕者, 相繹也. 故爲多. 重夕爲多, 重日爲疊. 㚷, 古文多.」)							

✽ 제육(肉=月=夕)을 많이 쌓아 놓은 모습으로 '많다'를 뜻한다.
※파자 : 저녁(夕) 또 저녁(夕)이 지나는 많은 날에서 '많다'를 뜻한다.

移	禾부 총11획	戰國 金文	小篆		移徙(이사) 移民(이민) 移替(이체)	

		雲夢效律	說文解字			
옮길 **이**	설문 禾부	移(이)는 모를 낸다는 뜻이다. 禾(화)는 의미부분이고, 多(다)는 발음부분이다. 일설에는 벼의 이름이라고도 한다.(「移, 禾相倚移也. 从禾, 多聲. 一曰禾名.」)				

✽ 벼(禾)를 모판에 빽빽이 많이(多) 길러, 자라면 본 논에 옮겨 심는다는 데에서 '옮기다'가 된다.

侈	人부 총8획	小篆	奢侈(사치) 侈端(치단) 侈泰(치태)	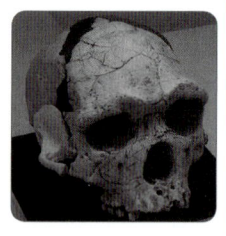

		說文解字		
사치할 **치**	설문 人부	侈(치)는 (윗사람을) 덮어서 가리고 (주변 사람을) 위협한다는 뜻이다. 人(인)은 의미부분이고, 多(다)는 발음부분이다. 일설에 사치한다는 뜻이라고도 한다.(「侈, 掩脅也. 从人, 多聲. 一曰奢也.」)		

✽ 사람(亻)이 지나치게 많이(多) 가지고 있음에서, '사치하다'가 뜻이 된다.

歹	歹부 총5획	甲骨文		小篆	古文	歹事(대사)	

		林1.30.5	京津419	說文解字			
뼈앙상할 **알·대·태**	설문 歹부	歹(알)은 살을 발라낸 뼈의 잔해(殘骸)를 뜻한다. 冎(과)자의 반을 쓴 형태이다. 무릇 歹(알)부에 속하는 글자들은 모두 歹(알)을 의미부분으로 삼는다. 櫱岸(얼안)이라고 할 때의 櫱(얼)자처럼 읽는다. 𣦵은 歹(알)의 고문(古文)이다.(「𣦵, 列骨之殘也. 从半冎. 凡歹之屬皆从歹. 讀若櫱岸之櫱. 𣦵, 古文歹.」)						

✽ 살을 발라낸 앙상한 뼈, 뼈의 '잔해'에서 '죽음' '앙상함'을 뜻한다.

歹 ➡ 列 ➡ 烈 ➡ 裂 ➡ 洌 ✥ ➡ 冽 ✥ ➡ 例

列	刀부 총6획	戰國 金文	小篆	列擧(열거) 列島(열도) 列車(열차)	

		雲夢日乙	說文解字		
벌릴 **렬**	설문 刀부	㓠(렬)은 분해(分解)한다는 뜻이다. 刀(도)는 의미부분이고, 歹(렬)은 발음부분이다.(「㓠, 分解也. 从刀, 歹聲.」)			

✽ 뼈(歹)와 살을 칼(刂)로 '벌려' '분해'한다는 뜻으로, 살을 칼로 베어 '벌리다'가 뜻이 된다.

	火부 총10획	小篆 說文解字		烈士(열사) 烈女(열녀) 先烈(선열)	
매울 렬	설문 火부	烈(렬)은 불이 맹렬하게 탄다는 뜻이다. 火(화)는 의미부분이고, 列(렬)은 발음부분이다.(「烮, 火猛也. 从火, 列聲.」)			

※ 사물을 벌려(列) 분해하는 매서운 불(灬)이 맹렬히 타올라 '맵다'로 쓰인다.

	衣부 총12획	戰國 金文 雲夢法律	小篆 說文解字	滅裂(멸렬) 龜裂(균열) 破裂(파열)
찢어질 렬	설문 衣부	裂(렬)은 비단의 자투리를 뜻한다. 衣(의)는 의미부분이고, 列(렬)은 발음부분이다.(「裂, 繒餘也. 从衣, 列聲.」)		

※ 비단을 분해(列)하여 옷(衣)을 만들고 남은 자투리에서 '찢어지다'가 된다.

	冫부 총8획	설문 없음	小篆  形音義字典	冽淸(열청) 凜冽(늠렬) 冽冽(열렬)
찰/맵게추울 렬				

※ 너무 추워 물건이 얼어서(冫) 터져 벌어지는(列) 데서 '차다' '맵게 춥다'를 뜻한다.

	水부 총9획	戰國 金文  上博容成	小篆  說文解字	洌淸(열청) 洌水(열수)
맑을 렬	설문 水부	洌(렬)은 물이 맑다는 뜻이다. 水(수)는 의미부분이고, 列(렬)은 발음부분이다. ≪주역(周易)≫에 이르기를 "우물물이 맑고 시원하니 먹을 만하다."라고 하였다.(「洌, 水淸也. 从水, 列聲. ≪易≫曰: "井洌寒泉, 食."」)		

※ 더러움이 물(氵)에 분해(列)되어 티 없이 맑고 깨끗해진 데서 '맑다'를 뜻한다.

	人부 총8획	小篆  說文解字	例文(예문) 例外(예외) 法例(법례)
법식 례	설문 人부	例(례)는 비슷하다는 뜻이다. 人(인)은 의미부분이고, 列(렬)은 발음부분이다.(「例, 比也. 从人, 列聲.」)	

※ 사람(亻)이 비슷한 물건들을 벌려(列) 늘어놓고 비교하는 데서 '본보기' '보기' '법식'이 된다.

死 ➡ 葬

	歹부 총6획	甲骨文 乙105 / 前5.41.3	金文 盂鼎 / 頌壺	戰國 金文 中山王鼎	小篆 說文解字	古文	死亡(사망) 死別(사별) 死鬪(사투)
죽을 사	설문 死부	死(사)는 다했다는 뜻이다. 사람이 떠나는 바이다. 歹(알)과 人(인)은 모두 의미부분이다. 무릇 死(사)부에 속하는 글자들은 모두 死(사)를 의미부분으로 삼는다. 㱲, 고문(古文)의 死(사)자는 이와 같다.(「死, 澌也. 人所離也. 从歹, 从人. 凡死之屬皆从死. 㱲, 古文死如此.」)					

※ 죽은(歹) 사람에게 몸을 굽혀(匕) 예를 갖추거나, 죽은 사람의 뼈(歹)를 수습하는 사람(匕)에서 '죽다'가 된다.

葬	艹부 총13획	甲骨文		戰國 金文		小篆	葬地(장지) 埋葬(매장) 火葬(화장)
		後下20.6	屯4514	兆域圖	包山091 雲夢法律	說文解字	
장사지낼 장	설문 艹부	葬(장), 장사지내는 것을 '장'이라고 하는 까닭은 (시신을) 묻기[藏(장)] 때문이다. 주검[死(사)]이 수풀[艹(망)] 속에 있다는 의미이다. 一이 그 가운데 있는 것은 그것으로 감싼다는 뜻이다. 《주역(周易)》에서 "옛날에 사람을 장사지낼 때는 나뭇가지로 시신을 두텁게 싸주었다."라고 하였다.(「𦺇, 藏也. 从死在茻中. 一其中, 所以薦之. 《易》曰: "古之葬者, 厚衣之以薪."」)					

✻ 풀(艹)로 죽은 사람(死)을 두 손(廾)으로 잘 덮어 '장사지냄'을 뜻한다.

勹 ➔ 包 ➔ 抱 ➔ 胞 ➔ 砲 ➔ 飽 ➔ 泡 ➔ 咆 ☆ ➔ 庖 ✻ ➔ 疱 ☆ ➔ 袍 ☆ ➔ 鮑

勹	勹부 총2획	甲骨文	金文	小篆	용례 없음
		合14295	부수한자 璽彙0022	說文解字	
쌀/감쌀 포	설문 勹부	勹(포)는 싼다는 뜻이다. 人(인)자의 굽은 형태를 그린 것으로, (글자의 가운데가 비어 있는 것은) 감싸고 있는 바가 있다는 뜻이다. 무릇 勹부에 속하는 글자들은 모두 勹를 의미부분으로 삼는다.(「勹, 裹也. 象人曲形, 有所包裹. 凡勹之屬皆从勹.」)			

✻ 사람이 몸을 굽혀 감싸는 모양에서 '감싸다'를 뜻한다.

包	勹부 총5획	甲骨文	戰國 金文	小篆	包括(포괄) 包容(포용) 包圍(포위)
		 合21207	 雲夢法律	 說文解字	
쌀 포	설문 包부	包(포)는 사람이 임신한 모양을 그린 것이다. 巳(사)가 (勹의) 가운데 있는데, 아이가 아직 형체를 갖추지 못한 것을 그린 것이다. 원기(元氣)는 子(자)에서 일어나는데, 子(자)는 사람이 낳는 것이다. 남자는 (12지지의 子를 기준으로) 왼쪽으로 가서 30번째, 여자는 오른쪽으로 가서 20번째에서 모두 巳(사)에 이르러 부부가 된다. 巳(사)에서 임신을 하고, 巳(사)는 子(자)가 되어, 10개월이 지나 낳게 된다. 남자는 巳에서 일어나 寅(인)에 이르고, 여자는 巳에서 일어나 申(신)에 이른다. 그래서 남자의 운수는 寅(인)에서 시작하고, 여자의 운수는 申(신)에서 시작하는 것이다. 무릇 包(포)부에 속하는 글자들은 모두 包(포)를 의미부분으로 삼는다.(「包, 象人裹妊. 巳在中, 象子未成形也. 元气起於子, 子人所生也. 男左行三十, 女右行二十, 俱立於巳, 爲夫婦. 巳爲子, 十月而生. 男起巳至寅, 女起巳至申, 故男秊始寅, 女秊始申. 凡包之屬皆从包.」)			

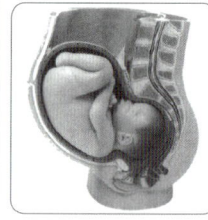

✻ 뱃속에 감싸고(勹) 있는 미성숙한 아이(子=巳) 모습에서 '싸다' '포함하다'로 쓰인다.

抱	手부 총8획	戰國 金文		小篆	或體	抱擁(포옹) 抱卵(포란) 抱負(포부)
		 長沙帛書	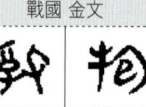 雲夢日甲		 說文解字	
안을 포	설문 手부	捊(포)는 끌어 당겨 취한다는 뜻이다. 手(수)는 의미부분이고, 孚(부)는 발음부분이다. 抱(포)는 혹체자로 (孚 대신) 包(포)를 썼다.(「捊, 引取也. 从手, 孚聲. 抱, 捊或从包.」)					

✻ 자손을 손(扌)으로 감싸(包) 가슴에 안음에서 '안다'가 뜻이 된다.

胞	肉부 총9획	小篆	胞子(포자) 細胞(세포) 僑胞(교포)
		 說文解字	
세포 포	설문 肉부	胞(포)는 태보를 뜻한다. 肉(육)과 包(포)는 모두 의미부분이다.(「, 兒生裹也. 从肉, 从包.」)		

✻ 사람 몸(月)의 씨를 감싸(包) 키우는 '태보'나, 몸의 핵을 하나하나 둘러싼 '세포'를 뜻한다.

砲	石부 총10획	설문 없음	 小篆 形音義字典	砲擊(포격) 砲艦(포함) 大砲(대포)	
대포 포					

✻ 수레에 장착한 기계에 돌(石)을 감싸(包) 멀리 쏘아 보내던 원시 '대포'를 뜻한다.

飽	食부 총14획	 小篆 古文 說文解字		飽食(포식) 飽滿(포만) 飽看(포간)	
배부를 포		설문 食부	飽(포)는 실컷 먹었다는 뜻이다. 食(식)은 의미부분이고, 包(포)는 발음부분이다. 餥는 飽의 고문(古文)으로 (包 대신) 孚(부)를 썼다. 鉚도 역시 飽의 고문으로 (包 대신) 卯(묘)를 발음부분으로 삼았다.(「飽, 猒也. 从食, 包聲. 餥, 古文飽, 从孚. 鉚, 亦古文飽, 从卯聲.」)		

✻ 뱃속에 음식(食)물이 가득 싸여(包) 배부름에서 '배부르다' '물리다' '싫증나다'로 쓰인다.

泡	水부 총8획	 小篆 說文解字		氣泡(기포) 水泡(수포) 泡沫(포말)	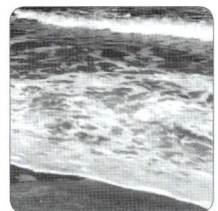
거품 포		설문 水부	泡(포)는 강의 이름이다. 산양군(山陽郡) 평락현(平樂縣)에서 발원하여, 동북쪽으로 흘러서 사수(泗水)로 들어간다. 水(수)는 의미부분이고, 包(포)는 발음부분이다.(「泡, 水. 出山陽平樂, 東北入泗. 从水, 包聲.」)		

✻ 물(氵)이 공기를 감싸고(包) 있는 '거품'으로, 강소성(江蘇省)에서 발원하여 사수(泗水)로 흘러드는 江(강)의 이름.

咆	口부 총8획	 小篆 說文解字		咆號(포호) 咆勃(포발) 咆哮(포효)	
고함지를 포		설문 口부	咆(포)는 嘷(고함지를 호)이다. 口(구)는 의미부분이고, 包(포)는 발음부분이다.(「咆, 嘷也. 从口, 包聲.」)		

✻ 사나운 짐승이 기(氣)를 입(口)으로 감싸(包) 포효하며 울부짖어 '고함지름'을 뜻한다.

庖	广부 총8획	 小篆 說文解字		庖廚(포주) 庖宰(포재) 廚庖(주포)	
부엌 포		설문 广부	庖(포)는 부엌을 뜻한다. 广(엄)은 의미부분이고, 包(포)는 발음부분이다.(「庖, 廚也. 从广, 包聲.」)		

✻ 요리사가 거하는 집(广)으로, 고기 안에 음식을 싸서(包) 요리하던 '부엌'을 나타낸다.

疱	疒부 총10획	설문 없음		疱瘡(포창) 水疱(수포)	
물집 포					

✻ 몸에 병(疒)이 들어 물이 쌓인(包) 것처럼 종기가 생기는 '천연두'로 '물집'을 뜻하기도 한다.

袍	衣부 총10획	小篆  說文解字		袍仗(포장) 道袍(도포) 同袍(동포)	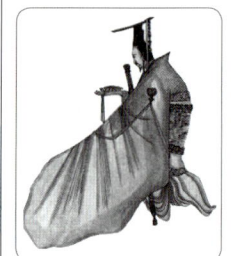
도포 포	설문 衣부	袍(포)는 솜옷을 뜻한다. 衣(의)는 의미부분이고, 包(포)는 발음부분이다.《논어(論語)》에 이르기를 "해진 솜옷을 입다."라고 하였다.(「袍, 襺也. 从衣, 包聲.《論語》曰: "衣弊縕袍."」)			

※ 겉에 입는 옷(衤)으로 몸 전체를 감싸는(包), 주로 남자 옷인 '도포'를 뜻한다.

鮑	魚부 총16획	小篆  說文解字		鮑石亭(포석정) 鮑尺(포척)	
절인물고기 포	설문 魚부	鮑(포)는 절인 생선을 뜻한다. 魚(어)는 의미부분이고, 包(포)는 발음부분이다.(「鮑, 饐魚也. 从魚, 包聲.」)			

※ 물고기(魚)를 소금에 쌓아(包) 절인 '절인 물고기'를 뜻하거나, 또는 물고기(魚)처럼 물속에 살면서 껍질에 쌓인(包) '전복'을 뜻한다.

勺 ☆ → 酌 → 芍 → 灼 → 的 → 釣 → 枸 ⋯ (豸) ⋯ 豹 → 約 → 葯 ☆

勺	勺부 총3획	甲骨文	金文	殷商 金文	戰國 金文	小篆	勺藥(작약) 勺飮(작음) 勺水(작수)	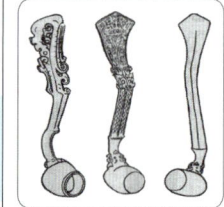
				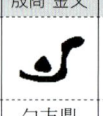				
		形音義字典	한교백과	勺方鼎	郭店語四	貨系2675	說文解字	
구기 작	설문 勺부	勺(작)은 (술을) 뜬다는 뜻이다. 상형(象形)이다. 가운데에 무엇인가가 들어 있다. 包(포)자와 같은 뜻이다. 무릇 勺부에 속한 글자들은 모두 勺을 의미부분으로 삼는다.(「勺, 挹取也. 象形. 中有實. 與包同意. 凡勺之屬皆从勺.」)						

※ 비교적 큰 수저 모양으로, 감싸(勹) 물건을(丶) 뜨는 기구인 '구기'를 뜻한다.

酌	酉부 총10획	金文  伯公父勺	小篆 說文解字	酌婦(작부) 酬酌(수작) 參酌(참작)	
술부을 작	설문 酉부	酌(작)은 술을 가득 담아 잔을 권한다는 뜻이다. 酉(유)는 의미부분이고, 勺(작)은 발음부분이다.(「酌, 盛酒行觴也. 从酉, 勺聲.」)			

※ 술(酉)통에서 구기(勺)로 술을 퍼내는 것으로, '퍼내다' '술을 붓다' '잔질하다'로 쓰인다.

芍	艸부 총7획	小篆  說文解字		芍藥(작약) 芍藥花(작약화)	
함박꽃 작	설문 艸부	芍(작·적)은 연꽃의 열매이다. 艸(초)는 의미부분이고, 勺(작)은 발음부분이다.(「芍, 鳧茈也. 从艸, 勺聲.」)			

※ 큰 꽃잎을 가진 화초(艹)로 구기(勺)처럼 둥근 '함박꽃'을 뜻한다.

灼	火부 총7획	金文  天星觀簡	小篆 說文解字	灼骨(작골) 灼熱(작열) 焚灼(분작)	
불사를 작	설문 火부	灼(작)은 灸(지질 구)이다. 火(화)는 의미부분이고, 勺(작)은 발음부분이다.(「灼, 灸也. 从火, 勺聲.」)			

※ 불(火)을 피워 구기(勺)에 있는 물건을 굽는 데서 '불사르다'가 뜻이 된다.

的	白부 총8획	설문 없음	小篆 旳 形音義字典		的中(적중) 目的(목적) 法的(법적)

| | 과녁 **적** | | ≪석명(釋名)·석수식(釋首飾)≫에서는 "붉은 색으로 얼굴을 바르는 것을 的이라고 한다.(「以丹注面曰的.」)"라고 하였다. |

✻ 해(日)처럼 밝게(白) 드러나고 구기(勺)처럼 둥근 '과녁'을 뜻한다.

釣	金부 총11획	戰國 金文 釣 天星觀簡	小篆 釣 說文解字		釣臺(조대) 釣絲(조사) 釣魚(조어)

| 낚을/낚시 **조** | 설문
金부 | 釣(조)는 물고기를 낚는다는 뜻이다. 金(금)은 의미부분이고, 勺(작)은 발음부분이다.(「釣, 鉤魚也. 从金, 勺聲.」) |

✻ 쇠(金)를 둥글게 굽혀 구기(勺)처럼 만든 '낚시'로 물고기를 '낚음'을 뜻한다.
※ 파자: 쇠(金)를 구기(勺)처럼 구부린 '낚시'를 뜻한다.

杓	木부 총7획	戰國 金文 杓 雲夢日甲	小篆 杓 說文解字		斗杓(두표) 杓建(표건) 酒杓(주표)

| 북두자루 **표** | 설문
木부 | 杓(표)는 국자자루를 뜻한다. 木(목)과 勺(작)은 모두 의미부분이다.(「杓, 枓柄也. 从木, 从勺.」) |

✻ 나무(木)로 만든 구기(勺)로, 모양이 북두칠성과 같아 '북두(北斗)자루'의 '세 별'을 뜻한다.

豸	豸부 총7획	甲骨文 豸 豸 豸 前4·53·1 乙442 合20256	小篆 豸 說文解字	豸冠(태관) (법관이 쓰는 관)

| 벌레/해태/
맹수 **치/태** | 설문
豸부 | 豸(치)는 등뼈가 긴 짐승으로, 등을 곧게 세우고 걸으면서, 먹이를 사냥하고자 하는 형태이다. 무릇 豸부에 속한 글자들은 모두 豸를 의미부분으로 삼는다.(「豸, 獸長脊, 行豸豸然, 欲有所司殺形. 凡豸之屬皆从豸.」) |

✻ 사나운 짐승이 입을 벌리고 있는 전설상의 짐승인 '해태'를 뜻한다. 화재나 재앙을 물리친다하여 궁전의 좌우에 석상(石像)으로 세워둠.

豹	豸부 총10획	甲骨文 豹 豹 豹 豹 合3303 佚375 合4620 合10208	西周 金文 豹 師酉鼎	小篆 豹 說文解字	豹紋(표문) 豹直(표직) 豹變(표변)

| 표범 **표** | 설문
豸부 | 豹(표)는 호랑이와 비슷한데, 둥근 무늬를 하고 있다. 豸(치)는 의미부분이고, 勺(작)은 발음부분이다.(「豹, 似虎, 圜文. 从豸, 勺聲.」) |

✻ 사나운 짐승(豸) 몸에 동전이나 구기(勺) 모양의 둥근 무늬가 있는 '표범'을 뜻한다.

約	糸부 총9획	戰國 金文 約 雲夢法律	小篆 約 說文解字		約束(약속) 約款(약관) 契約(계약)

| 맺을 **약** | 설문
糸부 | 約(약)은 둘둘 감아 묶는다는 뜻이다. 糸(멱·사)는 의미부분이고, 勺(작)은 발음부분이다.(「約, 纏束也. 从糸, 勺聲.」) |

✻ 실(糸)로 감싸(勹) 물건(丶)을 묶듯 서로 '약속'을 '맺음'을 뜻한다.

菊	艹부 총13획	설문 없음	小篆 (形音義字典)	菊胞(약포) 去菊(거약)	

꽃밥 **약**

* 화초(艹)를 몸에 묶어(約) 다니거나, 화초(艹)의 꽃 가운데 묶인(約) 듯 뭉쳐 있는 '꽃밥'.

缶 ➡ 匋 ➡ 陶 ➡ 淘 ☆ ➡ 萄

缶	缶부 총6획	甲骨文  粹275	殷商 金文 前3·33·4	西周 金文 小臣缶鼎	春秋 金文 蔡侯申缶 / 蔡侯朱缶	小篆 說文解字	缶米(부미) 한 장군의 쌀. 16말의 쌀.	

장군/액체
그릇 **부**

설문
缶부

缶(부)는 질그릇으로, 술이나 장을 담을 때 쓰인다. 진(秦) 지방 사람들은 이것을 두드리면서 노래를 부를 때 박자를 맞추었다. 상형이다. 무릇 缶부에 속하는 글자들은 모두 缶을 의미부분으로 삼는다.(「缶, 瓦器, 所以盛酒漿. 秦人鼓之以節謌. 象形. 凡缶之屬皆从缶.」)

* 액체를 담는 진흙으로 만든 질그릇인 '장군'을 뜻한다. 즐거울 때는 악기로도 쓰인다.

匋	勹부 총8획	西周 金文  圅父盂		春秋 金文  麓伯簋 / 匋伯𣪘 / 邛君壺	小篆  說文解字	陶와 같음	

질그릇 **도**

설문
缶부

匋(도)는 질그릇을 뜻한다. 缶(부)는 의미부분이고, 包(포)의 생략형은 발음부분이다. 옛날 곤오(昆吾)가 질그릇을 만들었다. 내 생각에 ≪사편(史篇)≫에서 발음은 缶(부)와 같다고 하였다.(「匋, 瓦器也. 从缶, 包省聲. 古者昆吾作匋. 案: ≪史篇≫讀與缶同.」)

* 허리를 굽힌 사람(亻=勹)이 절굿공이(午)를 잡고 그릇(凵) 안의 찰흙을 반죽하여 '질그릇'을 만드는 형상을 나타낸 글자. 陶(도)가 쓰이면서 잘 쓰이지 않는다.

陶	阜부 총11획	甲骨文  珠443 / 前6.3.4	西周 金文 伯陶鼎 / 不嬰簋	戰國 金文 香錄6·5	小篆 說文解字	陶工(도공) 陶藝(도예) 陶醉(도취)	

질그릇 **도**

설문
阜부

陶(도)는 언덕이 두 개 겹쳐 있는 지형을 뜻한다. 제음군(濟陰郡)에 있다. 阜(부)는 의미부분이고, 匋(도)는 발음부분이다. ≪하서(夏書)≫에 이르기를 "동쪽으로 도구(陶丘)에 이르렀다."라고 하였다. 도구(陶丘)에는 요성(堯城)이 있는데 일찍이 요(堯) 임금이 살았던 적이 있다. 그래서 요 임금을 도당씨(陶唐氏)라고 부르는 것이다.(「陶, 再成丘也. 在濟陰. 从𨸏, 匋聲. ≪夏書≫曰: "東至于陶丘." 陶丘有堯城, 堯嘗所居, 故堯號陶唐氏.」)

* 산언덕(阝) 아래서 질그릇(匋) 재료를 구해 진흙으로 구워 만드는 '질그릇'을 뜻한다.

淘	水부 총11획	설문 없음	小篆 (形音義字典)	淘金(도금) 淘汰(도태) 淘米(도미)	

쌀일 **도**

* 쌀과 물(氵)을 넓은 질그릇(匋)에 넣고 흔들어 잡티나 더러움을 씻어 '쌀을 일음'을 뜻한다.

萄	艹부 총12획	小篆 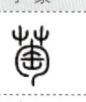 說文解字	葡萄(포도) 葡萄糖(포도당) 葡萄酒(포도주)	

포도 **도**

설문
艹부

萄(도)는 풀(의 이름)이다. 艹(초)는 의미부분이고, 匋(도)는 발음부분이다.(「萄, 艹也. 从艹, 匋聲.」)

* 초목(艹)이 질그릇(匋) 만드는 찰흙처럼 줄기가 부드러운 '덩굴식물' 또는 '포도'를 뜻한다.

芻 ☆ → 鄒 → 趨

	艸부 총10획	甲骨文		西周 金文		戰國 金文	小篆	反芻(반추) 反芻動物 (반추동물)	
芻									
		甲990	乙6343	揚 簋	散 盤	公芻權	說文解字		
꼴 추	설문 艸부	芻(추)는 베어 낸 풀을 뜻한다. 풀을 싸서 묶은 모양을 그린 것이다.(「𦰩, 刈艸也. 象包束艸之形.」)							

※ 풀(艸)을 손(又)으로 잡아 뜯음, 후에 풀(屮)을 감싸(勹) 묶은 짐승의 먹이인 '꼴'을 뜻하였다.

	邑부 총13획	戰國 金文	小篆		鄒衍(추연) 鄒魯之鄕 (추로지향)	
鄒						
		封成873	說文解字			
추나라 추	설문 邑부	鄒(추)는 노(魯)나라 현(縣)의 이름이다. 옛날 주(邾)나라로, 제(帝) 전욱씨(顓頊氏)의 후손이 봉해진 곳이다. 邑(읍)은 의미부분이고, 芻(추)는 발음부분이다.(「鄒, 魯縣. 古邾國, 帝顓頊之後所封. 从邑, 芻聲.」)				

※ 말에 꼴(芻)을 먹여 기르는 사람(騶:말 먹이는 사람 추)이 세운 나라(阝)라는 뜻으로, '나라' '성씨'를 나타낸다.

	走부 총17획	戰國 金文	小篆		趨步(추보) 趨勢(추세) 歸趨(귀추)	
趨						
		趨子釜	說文解字			
달아날 추	설문 走부	趨(추)는 走(달릴 주)이다. 走(주)는 의미부분이고, 芻(추)는 발음부분이다.(「趨, 走也. 从走, 芻聲.」)				

※ 조심히 달려가는(走) 발이 꼴(芻)처럼 묶인 듯 좁게 종종걸음 치며 '달아남'을 뜻한다.

蜀 → 燭 → 觸 → 獨 → 濁 → 屬 → 囑

	虫부 총13획	甲骨文		西周 金文	石鼓文	戰國 金文	小篆	巴蜀(파촉) 蜀漢(촉한) 蜀道(촉도)	
蜀									
		周甲68	鄴1·40·4	後上9·7	班簋	蜀守戈	說文解字		
나라이름 촉	설문 虫부	蜀(촉)은 해바라기 안에 있는 벌레를 뜻한다. 虫(훼충)은 의미부분이다. 위의 目(목)은 蜀(촉)의 머리를 그린 것이고, 가운데(즉 勹)는 그 몸이 구불구불한 것을 그린 것이다. ≪시경(詩經)≫에 이르기를 "꿈틀꿈틀 뽕나무 벌레."라고 하였다.(「蜀, 葵中蠶也. 从虫. 上目象蜀頭形, 中象其蜎蜎. ≪詩≫曰: "蜎蜎者蜀."」)							

※ 큰 눈(目=罒)과 몸을 굽어 둥글게 감싼(勹) 벌레(虫)에서 나비의 '애벌레' 또는 '나라이름'.
※파자:그물(罒) 보호막에 감싸인(勹) 벌레(虫)인 '애벌레'를 뜻한다.

	火부 총17획	甲骨文		戰國 金文	小篆		燭光(촉광) 燭臺(촉대) 燭數(촉수)	
燭								
		合集27987	合集27989	包山186	說文解字			
촛불 촉	설문 火부	燭(촉)은 정원(庭園)에 세운 등불을 뜻한다. 火(화)는 의미부분이고 蜀(촉)은 발음부분이다.(「燭, 庭燎火燭也. 从火, 蜀聲.」)						

※ 불(火)에 타 벌레(蜀)가 갉아먹듯 점점 작아지는 '횃불'이나 '촛불'을 뜻한다.

	角부 총20획	戰國 金文		小篆		觸覺(촉각) 觸感(촉감) 接觸(접촉)	
觸							
		丞相觸戟	平國君釱	說文解字			
닿을 촉	설문 角부	觸(촉)은 (뿔로) 받는다는 뜻이다. 角(각)은 의미부분이고, 蜀(촉)은 발음부분이다.(「觸, 抵也. 从角, 蜀聲.」)						

※ 짐승의 뿔(角)이나 곤충(蜀)의 촉수가 부딪치는 데서 '닿다' '떠받다'로 쓰인다.

獨	犬부 총16획	戰國 金文 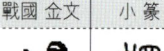 雲夢封診	小篆  說文解字		獨立(독립) 獨裁(독재) 獨身(독신)	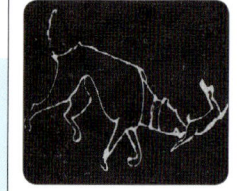
홀로 독	설문 犬부	獨(독)은 개가 서로 가지려고 싸우는 것을 뜻한다. 犬(견)은 의미부분이고, 蜀(촉)은 발음부분이다. 양(羊)은 무리를 짓지만 개는 혼자 다닌다. 일설에는 북효산(北嚻山)에 독욕(獨狢)이라는 짐승이 있는데, 호랑이 같은 모습에 몸은 희고 갈기는 돼지와 같고 꼬리는 말과 같다고 한다.(「獨, 犬相得而鬬也. 从犬, 蜀聲. 羊爲群, 犬爲獨也. 一曰北嚻山有獨狢獸, 如虎, 白身, 豕鬛, 尾如馬.」)				

※ 개(犭)는 사냥감을 벌레(蜀)처럼 홀로 다 먹어 치운다는 데서 '홀로'가 뜻이 된다.

濁	水부 총16획	戰國 金文   曾侯乙鐘	小篆  說文解字	濁流(탁류) 濁水(탁수) 濁色(탁색)	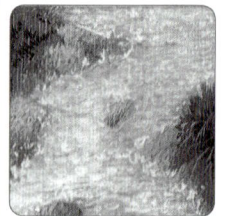
흐릴 탁	설문 水부	濁(탁)은 강의 이름이다. 제군(齊郡) 여현(厲縣) 규산(嬀山)에서 발원하여, 동북쪽으로 흘러서 거정호(鉅定湖)로 들어간다. 水(수)는 의미부분이고, 蜀(촉)은 발음부분이다.(「濁, 水. 出齊郡厲嬀山, 東北入鉅定. 从水, 蜀聲.」)			

※ 물(氵)에 벌레(蜀)가 섞인 듯 '흐림'이나, 물(氵)이 애벌레(蜀)가 살 만큼 흐리고 탁함에서 '흐림'을 뜻한다.

屬	尸부 총21획	戰國 金文    屬方戈 呂不韋戈 咸陽戈	小篆 說文解字	屬國(속국) 屬性(속성) 歸屬(귀속)	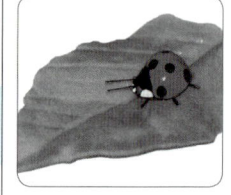
붙일 속	설문 尾부	屬(촉·속)은 이어졌다는 뜻이다. 尾(미)는 의미부분이고, 蜀(촉)은 발음부분이다.(「屬, 連也. 从尾, 蜀聲.」)			

※ 꼬리(尾=尾)나, 초목에 붙어사는 벌레(蜀)에서 '붙다' '속하다'가 뜻이 된다.
※파자: 몸(尸)에서 핏물(氺)을 빨아 먹으려 벌레(蜀)가 '붙음'을 뜻함.

囑	口부 총24획	설문 없음	小篆 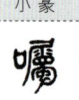 形音義字典	囑託(촉탁) 囑望(촉망) 委囑(위촉)	
부탁할 촉					

※ 말(口)로 같은 곳에 속한(屬) 사람에게 '부탁함'을 뜻한다.

旬 → 殉 → 洵 → 珣 → 筍 → 筍 → 詢 → 絢 ☆

旬	日부 총6획	甲骨文  菁5.1	殷商 金文 粹1416	西周 金文  旬觶	春秋 金文  新邑鼎	 王孫鐘	小篆  說文解字	古文	旬刊(순간) 上旬(상순) 中旬(중순)	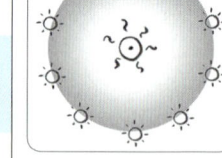
열흘 순	설문 勹부	旬(순)은 한 바퀴 빙 돈다는 뜻이다. 10일이 旬이 된다. 勹(포)와 日(일)은 모두 의미부분이다. ꤰ은 旬의 고문(高文)이다.(「ꤰ, 遍也. 十日爲旬. 从勹·日. ꤰ, 古文.」)								

※ 해(日)를 감싸고(勹) 도는 모양으로, 하늘의 기운을 나눈 十干(십간)인 甲(갑)에서 癸(계)까지의 10일인 '열흘'이나 '십 년'을 뜻한다.

殉	歹부 총10획	설문 없음	小篆  形音義字典	殉敎(순교) 殉國(순국) 殉葬(순장)	
따라죽을 순		≪설문해자≫에는 '殉'자가 보이지 않는다. ≪옥편(玉篇)·알부(歹部)≫를 보면 "殉(순)은 산 사람을 죽은 사람과 함께 묻는 것이다.(「殉, 用人送死也.」)"라고 하였다.			

※ 사람이 죽으면(歹) 열흘(旬) 안에 순장(殉葬)할 사람을 결정하는 데서 '따라죽다'가 된다.

洵	水부 총9획	小篆 洵 說文解字		洵涕(순체) 洵美(순미)	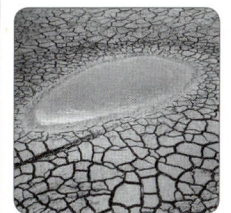
참으로 순	설문 水부	洵(순)은 웅덩이의 물을 뜻한다. 水(수)는 의미부분이고 旬(순)은 발음부분이다.(「洵, 過水中也. 从水, 旬聲.」)			

✽ 고인 물(氵)이 열흘(旬) 정도면 마르는 웅덩이로, 또는 소리 없는 '눈물'이나, '참으로'로 쓰인다.

珣	玉부 총10획	小篆 珣 說文解字		李珣(이순) 名珣(명순)	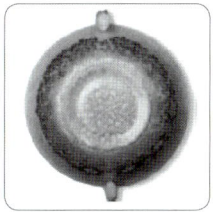
옥이름 순	설문 玉부	珣(순)은 의무려(醫無閭)에서 나는 순우기(珣玗琪)라는 옥으로, ≪주서(周書)≫에서 말한 이옥(夷玉)이다. 玉(옥)은 의미부분이고, 旬(순)은 발음부분이다. 일설에는 그릇을 뜻한다고도 한다. 宣(선)이라고 읽는다.(「珣, 醫無閭之珣玗琪. ≪周書≫所謂夷玉也. 从玉, 旬聲. 一曰器. 讀若宣.」)			

✽ 옥(玉)으로 된 둥근 그릇이 둥글게 감싸인(勹) 해(日)같은 데서, '옥 이름'을 뜻한다.

荀	艸부 총10획	金文 荀 古鉢	小篆 荀 說文解字	荀子(순자) 荀草(순초)	
풀이름 순	설문 艸부	荀(순)은 풀이다. 艸(초)는 의미부분이고, 旬(순)은 발음부분이다.(「荀, 艸也. 从艸, 旬聲.」)			

✽ 초목(艹)에 감싸인(勹) 해(日) 같은 둥글고 붉은 열매가 맺는 '풀이름'이나, '성'으로도 쓴다.

筍	竹부 총12획	西周 金文 筍 伯筍父盨	春秋 金文 筍 鄭筍父扁	小篆 筍 說文解字	竹筍(죽순) 筍席(순석) 石筍(석순)	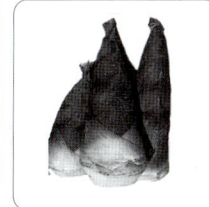
죽순 순	설문 竹부	筍(순)은 죽순을 뜻한다. 竹(죽)은 의미부분이고, 旬(순)은 발음부분이다.(「筍, 竹胎也. 从竹, 旬聲.」)				

✽ 대(竹)나무 싹으로 열흘(旬)만 지나면 달라보이게 많이 자라는 '죽순'을 뜻한다.

詢	言부 총13획	甲骨文 後下12·2	西周 金文 詢簋	小篆 詢 說文解字	詢問(순문) 諮詢(자순) 下詢(하순)	
물을 순	설문 言부	詢(순)은 꾀한다는 뜻이다. 言(언)은 의미부분이고, 旬(순)은 발음부분이다.(「詢, 謀也. 从言, 旬聲.」)				

✽ 말(言)로 열흘(旬) 동안, 즉 오랜 시간 동안 풀리지 않는 많은 생각을 묻는 데서 '묻다'를 뜻한다.

絢	糸부 총12획	小篆 絢 說文解字		絢爛(현란) 絢飾(현식) 明絢(명현)	
무늬 현	설문 糸부	絢(현), ≪시경(詩經)≫에 이르기를 "흰 비단 위에 채색을 하네."라고 하였다. 糸(멱·사)는 의미부분이고, 旬(순)은 발음부분이다.(「絢, ≪詩≫云: "素以爲絢兮." 从糸, 旬聲.」)			

✽ 실(糸)로, 해(日)를 감싼(勹)듯 현란하고 아름다운 꽃모양을 수를 놓아 '무늬'를 꾸밈.

句 ➔ 拘 ➔ 狗 ➔ 苟 ➔ 枸 ➔ 鉤 ☆ ➔ 駒 ➔ 耉 ❖ … 口 … (攴＝攵)

句	口부 총5획	甲骨文	殷商 金文	西周金文	春秋 金文	戰國 金文	小 篆	句節(구절) 句文(구문) 結句(결구)
		前8.4.8	句父癸盉	鬲从盨	師鄂父鼎	姑口句鑃	鑄客鼎	說文解字	

글귀 **구** | 설문
句부 | 句(구)는 굽었다는 뜻이다. 口(구)는 의미부분이고, 니(구)는 발음부분이다. 무릇 句부에 속하는 글자들은 모두 句를 의미부분으로 삼는다.(「𠣜, 曲也. 从口, 니聲. 凡句之屬皆从句.」)

✻ 두 개의 갈고리(ㄴㄱ)를 둥근 고리(口)에 걸어둔 모습이나 덩굴이 엉긴(니) 모양으로, 말(口)이 굽어(니) 끊어진 한 '글귀'를 뜻하며, 勾(굽을/갈고리 구)와 같이 쓰여 '굽다'를 뜻한다.

拘	手부 총8회	金文	小篆					拘礙(구애) 拘禁(구금) 拘留(구류)
		盠駒尊	說文解字					

잡을 **구** | 설문
句부 | 拘(구)는 '멈추(게 하)다'라는 뜻이다. 句(구)와 手(수)는 모두 의미부분인데, 句는 발음부분이기도 하다.(「𢪙, 止也. 从句, 从手, 句亦聲.」)

✻ 손(扌)이나 팔을 굽혀(句) 사람을 '껴안거나' '잡음'을 뜻한다.

狗	犬부 총8획	西周 金文	戰國 金文	小 篆				走狗(주구) 黃狗(황구) 海狗(해구)
		長子狗鼎	古鉥	說文解字				

개 **구** | 설문
犬부 | 狗(구)에 대해 공자(孔子)는 "狗(구)란 叩(두드릴 고)와 같다. 개는 소리를 내어 짖음으로써 그것으로 (집을) 지킨다."라고 하였다. 犬(견)은 의미부분이고, 句(구)는 발음부분이다.(「狗, 孔子曰: "狗, 叩也. 叩气吠以守." 从犬, 句聲.」)

✻ 큰 개(犭)에게 몸을 굽혀(句) 복종을 나타내는 어린 '개'나 짐승의 '새끼'를 뜻한다.

苟	艹부 총9획	戰國 金文	小 篆					苟安(구안) 苟且(구차) 苟免(구면)
		包山簽	說文解字					

진실로 **구** | 설문
艹부 | 苟(구)는 풀(의 이름)이다. 艹(초)는 의미부분이고, 句(구)는 발음부분이다.(「䓍, 艹也. 从艹, 句聲.」)

✻ 식물(艹)이 덩굴손을 굽혀(句) 물체를 단단히 잡고 뻗어나가는 덩굴 '풀'에서 '구차하다' '진실하다' 등으로 쓰인다.

枸	木부 총9획	戰國 金文	小 篆					枸木(구목) 枸骨(구골) 枸杞(구기)
		包山097	說文解字					

구기자 **구** | 설문
木부 | 枸(구)는 나무다. 장을 담을 수 있다. 촉(蜀) 지방에서 난다. 木(목)은 의미부분이고, 句(구)는 발음부분이다.(「𣏒, 木也. 可爲醬. 出蜀. 从木, 句聲.」)

✻ 나무(木) 가지가 갈라진 굽은(句) 곳 사이에 꽃이 피고 식용 열매가 열리는 '호깨나무(허깨나무)'나, 작은 가지가 굽은(句) 나무(木)인 '구기자나무' 열매인 '구기자'를 뜻한다.

鉤	金부 총13획	春秋 金文	小 篆					鉤爪(구조) 單鉤法(단구법) 雙鉤法(쌍구법)
		配兒鉤鑃	說文解字					

갈고리 **구** | 설문
句부 | 鉤(구)는 굽었다는 뜻이다. 金(금)과 句(구)는 모두 의미부분인데, 句(구)는 발음부분이기도 하다.(「鉤, 曲也. 从金, 从句, 句亦聲.」)

✻ 쇠(金)를 구부려(句) 만든 '갈고리'를 뜻한다.

駒	馬부 총15획	金文				侯馬盟書	小篆	駒馬(구마) 駒隙(구극) 白駒(백구)
		師奎父鼎	駒尊蓋	盠駒尊	兮甲盤		說文解字	
망아지 구	설문 馬부	駒(구), 두 살 된 말을 駒(구)라고 하고, 세 살 된 말을 駣(조)라고 한다. 馬(마)는 의미부분이고, 句(구)는 발음부분이다.(「駒, 馬二歲曰駒, 三歲曰駣. 从馬, 句聲.」)						

※ 아직 어린 말(馬)이 목을 굽혀(句) 젖을 먹는 2살 된 말을 뜻하여 '망아지'를 말한다.

耇	老부 총11획	西周金文			春秋金文	戰國金文	小篆	耇老(구로) 耇長(구장)
		同簋	耳尊	師奎父鼎	曾伯文簋	上博弟子問	說文解字	
늙을/명길 구	설문 老부	耇(구)는 노인의 얼굴이 언 배처럼, 먼지가 쌓인 것처럼 하얗다는 뜻이다. 老(로)의 생략형은 의미부분이고, 句(구)는 발음부분이다.(「耇, 老人面凍黎若垢. 从老省, 句聲.」)						

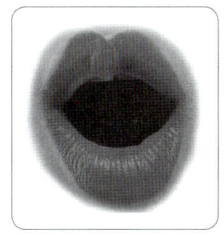

※ 늙어(老) 허리가 굽을(句) 정도로 '늙음'에서 '명이 길다'를 뜻한다.

口	口부 총3획	甲骨文		金文		小篆	口腔(구강) 口語(구어) 口頭(구두)
		甲293	佚286	戊寅鼎	口父己卣	說文解字	
입 구	설문 口부	口(구)는 사람이 말하고 먹는 기관(器官)이다. 상형이다. 무릇 口부에 속하는 글자들은 모두 口를 의미부분으로 삼는다.(「ㅂ, 人所以言食也. 象形. 凡告之屬皆从告.」)					

※ '입' 모양으로 먹는 일이나 소리를 뜻하고, 사람을 세는 단위나 '구멍'을 뜻하기도 한다.

攴	攴부 총4획	甲骨文		殷商金文	金文	小篆	부수 한자
		摭續190	合集22536	攴熙卣	形音義字典	說文解字	
칠/다스릴 복	설문 攴부	攴(복)은 가볍게 톡톡 친다는 뜻이다. 又(우)는 의미부분이고, 卜(복)은 발음부분이다. 무릇 攴부에 속하는 글자들은 모두 攴을 의미부분으로 삼는다.(「攴, 小擊也. 从又, 卜聲. 凡攴之屬皆从攴.」)					

※ 나뭇가지(卜)를 손(又)으로 들고 '친다'는 뜻이다. 攵(攴)은 잘 다스린다는 뜻으로 부수로만 쓰인다.

(苟)敬 → 儆 → 警 → 驚 → 擎 ✧ → 檠 ✦

苟	艹부 총9획	甲骨文		西周金文		春秋金文	小篆	古文	용례 없음
		前8.7.1	乙7283	大保簋	何尊	楚季苟盤		說文解字	
진실로 구 경계할 극	설문 苟부	苟(구)는 스스로를 급히 조심토록 한다는 뜻이다. 羊(양)의 생략형과 包(포)의 생략형, 그리고 口(구) 등은 모두 의미부분이다. 口는 말을 조심한다는 뜻이다. 羊(양)이 의미부분이 되는 것은, 羊(양)은 義(의)·善(선)·美(미)(모두 좋다는 뜻)와 같은 뜻이기 때문이다. 무릇 苟(구)부에 속하는 글자들은 모두 苟를 의미부분으로 삼는다. 羞는 고문(古文)으로 羊(양) 부분을 생략하지 않았다.(「苟, 自急敕也. 从羊省, 从包省, 从口. 口, 猶愼言也. 从羊, 羊與義·善·美同意. 凡苟之屬皆从苟. 羞, 古文, 羊不省.」)							

※ 머리장식(艹)한 제사장이 몸을 굽혀(句) 조심히 앉은 모습에서 '경계하다' '진실하다'를 뜻한다.

敬	攴부 총13획	西周金文			春秋金文	戰國金文	小篆	敬禮(경례) 敬愛(경애) 敬聽(경청)
		孟鼎	大保簋	師西簋	克鼎	秦公簋	中山王鼎	說文解字
공경 경	설문 苟부	敬(경)은 엄숙하다는 뜻이다. 攴(복)과 苟(구)는 모두 의미부분이다.(「敬, 肅也. 从攴·苟.」)						

※ 머리장식(艹)한 제사장이나 귀족이 몸을 숙이고(句) 조심히 '공경'(苟:경계할 극)하는 모양으로, 쳐서(攴) 다스려 '공경'하게 함을 뜻한다. 苟(극)이 苟(구)처럼 잘못 쓰였다.

儆	人부 총15획	小篆  說文解字		儆戒(경계) 儆備(경비) 申儆(신경)	
경계할 경	설문 人부	儆(경)은 경계한다는 뜻이다. 人(인)은 의미부분이고, 敬(경)은 발음부분이다. ≪춘추전(春秋傳)≫에 이르기를 "궁(宮)을 경계하다."라고 하였다.(「儆, 戒也. 从人, 敬聲. ≪春秋傳≫曰: "儆宮."」)			

✽ 일이 잘못되지 않도록 남(亻)을 조심히 공경(敬)하며 '경계하다'는 뜻이다.

警	言부 총20획	小篆  說文解字		警戒(경계) 警告(경고) 警句(경구)	
깨우칠 경	설문 言부	警(경)은 경계(警戒)한다는 뜻이다. 言(언)과 敬(경)은 모두 의미부분인데, 敬은 발음부분이기도 하다.(「警, 戒也. 从言, 从敬. 敬亦聲.」)			

✽ 악습을 경계(苟=苟)하며 치거나(攵) 말(言)을 하여 공경하게(敬) 말(言)로 '깨우쳐줌'을 뜻한다.
 ※파자: 진실로(苟) 쳐서(攵) 공경하도록(敬) 말(言)로 '깨우쳐' 줌.

驚	馬부 총23획	戰國 金文  雲夢牘	小篆 說文解字	驚氣(경기) 驚愕(경악) 驚歎(경탄)	
놀랄 경	설문 馬부	驚(경)은 말이 놀랐다는 뜻이다. 馬(마)는 의미부분이고, 敬(경)은 발음부분이다.(「驚, 馬駭也. 从馬, 敬聲.」)			

✽ 조심히(敬) 경계하다 놀란 말(馬)에서 '놀라다'가 된다.

擎	手부 총17획	설문 없음	小篆  形音義字典	擎劍(경검)	
들/높이들 경					

✽ 조심히(敬) 손(扌)으로 잡고 높이 드는 데서 '들다' '높이 들다'를 뜻한다.

檠	木부 총17획	小篆  說文解字		檠燈(경등) 檠枻(경설)	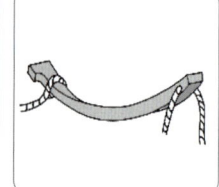
도지개 경	설문 木부	檠=橄(경)은 도지개(활을 바로잡는 틀)를 뜻한다. 木(목)은 의미부분이고, 敬(경)은 발음부분이다.(「橄, 榴也. 从木, 敬聲.」)			

✽ 조심하여(敬) 휜 활을 바로잡는 나무(木)로 만든 틀인 '도지개'를 뜻한다.

司 ➡ 詞 ➡ 祠 ➡ 嗣 ➡ 飼 ⋯ 后 ➡ 逅 ➡ 垢

司	口부 총5획	甲骨文 菁2.1	甲骨文 前2.14.3	西周 金文 戩鐘	西周 金文 戩鐘	戰國 金文 大梁鼎	小篆 說文解字	司書(사서) 司正(사정) 司祭(사제)	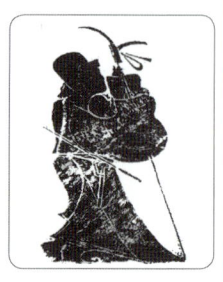
맡을 사	설문 司부	司(사)는 밖에서 일을 하는 관리를 뜻한다. 后(후)자를 거꾸로 한 구조이다.(「司, 臣司事於外者. 从反后.」)							

✽ 수저(匕=ㄱ)와 먹는 입(口)으로, 음식을 담당한 사람, 또는 무기(ㄱ)를 들고 입(口)으로 명령하는 관리에서 '맡다'가 뜻이 된다. 여러 학설이 있다.

詞	言부 총12획	小篆  說文解字		歌詞(가사) 動詞(동사) 品詞(품사)	
말 **사**	설문 司부	詞(사)는 뜻이 안에 있어서 밖으로 말을 한다는 뜻이다. 司(사)와 言(언)은 모두 의미부분이다.(「詞, 意內而言外也. 从司, 从言.」)			

✻ 말하여(言) 맡은(司) 일에 대하여 널리 설명하고 알리는 '말'을 뜻한다. 문체의 한 가지.

祠	示부 총10획	甲骨文  周甲20	春秋 金文 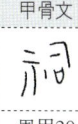 禺邦王壺	戰國 金文  胤嗣壺	小篆  說文解字	祠堂(사당) 古祠(고사) 祠祭(사제)	
사당 **사**	설문 示부	祠(사), 봄 제사를 祠라고 한다. (제사에 쓰이는) 물품은 적고 문사(文辭)가 많기 때문이다. 示(시)는 의미부분이고, 司(사)는 발음부분이다. 춘춘(仲春, 음력 2월) 때 지내는 제사에는 희생(犧牲)을 쓰지 않고, 옥기(玉器) 및 가죽과 비단을 쓴다.(「祠, 春祭曰祠. 物品少, 多文詞也. 从示, 司聲. 仲春之月, 祠不用犧牲, 用圭璧及皮幣.」)					

✻ 신(示)에게 제사하는 일을 맡아(司) 행함을 뜻하며, 봄에 '사당'에서 행하던 '제사'를 뜻한다.

嗣	口부 총13획	甲骨文				殷商 金文	西周 金文	後嗣(후사) 嗣君(사군) 國嗣(국사) 嗣續(사속)	
		 後下34.8	合30686	合30685	合30692	戌嗣鼎	大盂鼎		
		戰國 金文			小篆	古文			
		曾姬無卹壺	中山王壺	曾侯乙鐘	令瓜君壺	說文解字			
이을 **사**	설문 冊부	嗣(사)는 제후가 나라를 이어 받는다는 뜻이다. 冊(책)과 口(구)는 의미부분이고, 司(사)는 발음부분이다. 孠는 嗣의 고문(古文)으로 (冊과 口 대신) 子(자)를 썼다.(「嗣, 諸侯嗣國也. 从冊·口, 司聲. 孠, 古文嗣, 从子.」)							

✻ 임금이 죽은 후 제후나 자식이 입으로(口) 사당의 죽간(冊)에 있는 규칙을 읽거나, 지켜야 할 일을 맡아(司) 그 일을 대신 하게 하여 '후사'를 '잇게'함을 뜻한다.

飼	食부 총14획	설문 없음	小篆  形音義字典	飼料(사료) 飼育(사육) 飼養(사양)	
기를/먹일 **사**					

✻ 음식(食)의 분배를 맡은(司) 관리가 음식을 분배하는 데서, '기르다' '먹이다'로 쓰인다.

后	口부 총6획	甲骨文  後下9.13	春秋 金文  吳王光鑑	戰國 金文 兆域圖	小篆  說文解字	后土(후토) 后稷(후직) 王后(왕후)	
임금/왕후 **후**	설문 后부	后(후)는 왕위를 계승한 임금을 뜻한다. (厂)는 사람의 모양을 그린 것이다. (임금은) 명령을 내림으로써 사방에 알리니, 그래서 뒤덮는다는 의미의 厂(엄)을 쓴 것이다. 一(일)과 口(구)는 모두 의미부분이다. 명령을 내리는 사람은 임금이다. 무릇 后(후)부에 속하는 글자들은 모두 后를 의미부분으로 삼는다.(「后, 繼體君也. 象人之形. 施令以告四方, 故厂之. 从一·口. 發號者, 君后也. 凡后之屬皆从后.」)					

✻ 사람(亻=厂) 중에 입(口)으로 명령하는 '임금'으로, 임금의 뒤[後=后(후)]인 '왕후'를 뜻한다.

逅	辵부 총10획	小篆 逅 說文解字		邂逅(해후)	
만날 **후**	설문 辵부	逅(후)는 만난다는 뜻이다. 辵(착)은 의미부분이고, 后(후)는 발음부분이다.(「逅, 邂逅也. 从辵, 后聲.」)			

✽ 기약하지 않고 후(后=後)에 우연히 길(辶)에서 '만남'을 뜻한다.

	土부 총9획	小篆 垢 說文解字		垢弊(구폐) 無垢(무구) 汚垢(오구)	
때 **구**	설문 土부	垢(구)은 (더러운) 때를 뜻한다. 土(토)는 의미부분이고, 后(후)는 발음부분이다.(「垢, 濁也. 从土, 后聲.」)			

✽ 바람에 날린 흙(土)먼지가 날린 뒤에(后=後) 달라붙은 먼지인 '때'를 뜻한다.

只 ➡ 枳 ☆ ➡ 咫

只	口부 총5획	金文 只 形音義字典	戰國 金文 只 上博周易	小篆 只 說文解字	但只(단지) 只今(지금) 只此(지차)	
다만 **지**	설문 只부	只(지)는 말이 끝났음을 표시하는 허사(虛詞)이다. 口(구)는 의미부분이다. (아래의 八은) 기(氣)가 아래로 끌리는 모양을 그린 것이다. 무릇 只부에 속하는 글자들은 모두 只를 의미부분으로 삼는다.(「只, 語已詞也. 从口, 象气下引之形. 凡只之屬皆从只.」)				

✽ 말(口)소리가 아래로 나뉘어(八) 나온다는 뜻으로, 멀리보다 가까이인 지금을 나타내거나, 자신 없는 말에서 '다만'이 뜻이 된다.

枳	木부 총9획	戰國 金文 枳 信陽楚簡	枳 雲夢日甲	小篆 枳 說文解字	枳殼(지각) 枳實(지실) 枳塞(기색)	
탱자 **지/기**	설문 木부	枳(지)는 나무(의 이름)이다. 귤과 비슷하다. 木(목)은 의미부분이고, 只(지)는 발음부분이다.(「枳, 木. 似橘. 从木, 只聲.」)				

✽ 시골담장에 많이 심는 나무(木)로, 가시가 많아 가까이(只) 접근이 어려운 '탱자'를 뜻한다.

	口부 총9획	小篆 咫 說文解字		咫尺(지척) 咫尺不辨 (지척불변)	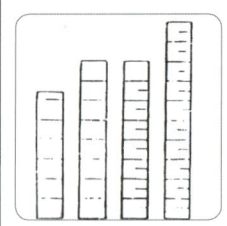
여덟치 **지**	설문 尺부	咫(지), 길이가 적당한 부녀자 손의 길이가 8촌(寸) 되는 것을 일컬어 咫라고 한다. 주(周)나라의 길이 제도이다. 尺(척)은 의미부분이고, 只(지)는 발음부분이다.(「咫, 中婦人手長八寸謂之咫. 周尺也. 从尺, 只聲.」)			

✽ 10치인 尺(척)보다 가까운(只) '여덟 치'인 '지척'을 뜻한다. ※치=한 자의 10분의 일=寸.

囗 ➡ 囚 ➡ 困 ➡ (困) ➡ 菌

	囗부 총3획	甲骨文 囗 囗己觚	囗 夲且己觶	小篆 囗 說文解字	부수 한자	
에울 **위**	설문 囗부	囗(위)는 빙 둘렀다는 뜻이다. 둘러싼 모양을 그린 것이다.(「囗, 回也. 象回帀之形.」)				

✽ 사방을 빙 두른 모양에서 '에우다' '에워싸다' '나라'를 뜻한다.

囚	囗부 총5획	甲骨文		戰國 金文	金文		囚禁(수금) 囚衣(수의) 罪囚(죄수)
		佚752	甲3367	雲夢秦律	說文解字		
가둘 수	설문 囗부	囚(수)는 매여 있다는 뜻이다. 사람[人(인)]이 울타리[囗(위)] 안에 있다는 의미이다.(「⑦, 繫也. 从人在囗中.」)					

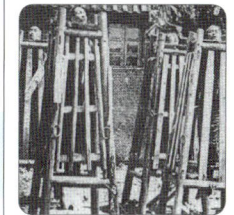

* 사방이 막힌 둘레(囗)에 죄를 지은 사람(人)인 죄수를 '가두어' 놓은 모양.

困	囗부 총7획	甲骨文		西周 金文	戰國 金文	小篆	古文	困境(곤경) 困窮(곤궁) 困難(곤란)
		粹61	乙6723	困冊父丁爵	包山145	說文解字		
곤할 곤	설문 囗부	困(곤)은 오래된 초가집을 뜻한다. 나무[木]가 울타리[囗] 안에 있다는 의미이다. 朱은 困의 고문이다.(「㮯, 故廬也. 从木在囗中. 朱, 古文困.」)						

* 사방(囗)이 막혀 크기 '곤한' 나무(木). 출입구(口)를 막은 나무(木)로 출입을 '곤하게' 함을 뜻하거나, 집안(囗)의 큰 나무(木) 기둥이 무너져 내려 '곤란'함 등의 학설이 있다.

囷	囗부 총8획	戰國 金文	小篆		囷廩(균름) 囷鹿(균록) 囷倉(균창)
		秦陶1483	雲夢日甲	說文解字	
곳집 균	설문 囗부	囷(균)은 둥근 곳간을 뜻한다. 벼[禾(화)]가 울타리[囗(위)] 안에 있다는 의미이다. 둥근 것을 일컬어 囷(균)이라고 하고, 네모난 것을 일컬어 京(경)이라고 한다.(「囷, 廩之圜者. 从禾在囗中. 圜謂之囷, 方謂之京.」)				

* 사방을 에워싸(囗) 거둔 벼(禾)를 비바람에 보호하고 보관하던 '곳집'을 뜻한다.

菌	艸부 총12획	小篆		細菌(세균) 滅菌(멸균) 無菌(무균)
		說文解字		
버섯 균	설문 艸부	菌(균)은 버섯이다. 艸(초)는 의미부분이고, 囷(균)은 발음부분이다.(「䕫, 地蕈也. 从艸, 囷聲.」)		

* 풀(艹)처럼 자라는 곳집(囷:곳집 균) 형태 즉 우산 모양으로 자라는 균류인 '버섯'을 뜻한다. 지금은 멸균 볏집(禾)을 묶어(囗) 균류인 풀(艹) 같은 '버섯'을 재배함.

回 ➡ 廻 ➡ 徊 ➡ 蛔 ☆

回	囗부 총6획	甲骨文	殷商 金文	小篆	古文	回甲(회갑) 回想(회상) 回轉(회전)
		甲3339	回父丁爵	說文解字		
돌아올 회	설문 囗부	回(회)는 돈다는 뜻이다. 囗(위)는 의미부분이고, 가운데 부분은 회전하는 모양을 그린 것이다. ㊉는 고문(古文)이다.(「◎, 轉也. 从囗. 中象回轉之形. ㊉, 古文.」)					

* 중심을 두고 안(口)과 밖(囗)이 같이 둥글게 도는 데서 '돌다' '돌아오다'가 된다.

廻	廴부 총9획	설문 없음	迂廻(우회) 輪廻(윤회) 巡廻(순회)
돌 회			

* 중심을 두고 빙빙 돌며(回) 왔다 갔다(廴) 하는 데서 '돌다'가 뜻이 된다.

| 徊  머뭇거릴 회 | 彳부
총9획 | 설문 없음 | | 徘徊(배회)
遲徊(지회)
低徊(저회) |  |

※ 나아가지(彳) 못하고 빙빙 도는(回) 데서 '머뭇거리다'로 쓰인다.

| 蛔  회충 회 | 虫부
총12획 | 설문 없음 | 小篆
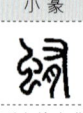
形音義字典 | 蛔蟲(회충)
蛔藥(회약)
動蛔(동회) | 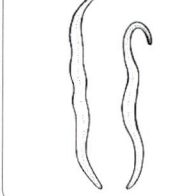 |

※ 뱃속에 사는 벌레(虫)로 장기 중심(回)에 머물러 기생하는 '회충'을 뜻한다.

啚 → 鄙 → 圖

啚  인색할 비	口부 총11획		甲骨文			西周 金文-1	용례 없음	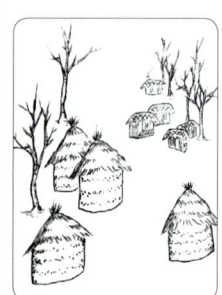
			合309	合7074	菁1.1	康侯啚簋		
	설문 㐭부		西周 金文-2	春秋 金文	小篆	古文		
			楚 簋	齊 鎛	說文解字			

啚(비)는 인색(吝嗇)하다는 뜻이다. 口(구)와 㐭(름)은 모두 의미부분이다. 㐭(름)은 받는다는 뜻이다. 㐭는 啚(비)의 고문(古文)으로 이와 같다.(「啚, 嗇也. 从口·㐭. 㐭, 受也. 㐭, 古文啚如此.」)

※ 거주지(口)와 곡식을 아껴 크고 높게(亠) 빙빙(回) 쌓아 놓은 모양으로, 농산물이 생산되는 데서 '시골' '인색하다'를 뜻한다. 시골의 모양을 그린 '지도'라고도 한다.

鄙 더러울 비	邑부 총14획	甲骨文	春秋 金文	戰國 金文	小篆	都鄙(도비) 鄙見(비견) 鄙陋(비루)	

		菁2.1	前7.12.1	齊 鎛	鄂君啓節	說文解字	
	설문 邑부						

鄙(비), 500가구(家口)가 1鄙이다. 邑(읍)은 의미부분이고, 啚(비)는 발음부분이다.(「鄙, 五酇爲鄙. 从邑, 啚聲.」)

※ 거주지(口)와 높게(亠) 빙빙(回) 쌓아놓은 농산물이나 경작지가 있는 고을(阝)로, 변방에 있는 작은 마을에서 '천하다' '더럽다'로 쓰였다. ※啚(비)는 지도로 보기도 한다.

圖 그림 도	囗부 총14획	殷商 金文	西周 金文			戰國 金文	小篆	圖面(도면) 圖案(도안) 地圖(지도)	
		子麻圖卣	宜侯矢簋	散 盤	無叀鼎	呂不韋戈	說文解字		
	설문 囗부								

圖(도)는 그림을 그려 계획하기가 어렵다는 뜻이다. 囗(위)와 啚(비)는 모두 의미부분이다. 啚(비)는 어렵다는 뜻이다.(「圖, 畫計難也. 从囗, 从啚. 啚, 難意也.」)

※ 사각형(囗) 넓은 비단이나 종이에 마을(啚)을 그린 '지도'에서 '그림'을 뜻한다.

因 → 姻 → 咽 → 恩

因  인할 인	囗부 총6획	甲骨文		西周 金文		戰國 金文	小篆	因緣(인연) 因子(인자) 因習(인습)	

		存226	佚577	陳侯人資錞	蠣 鼎	陳侯因齊	說文解字		
	설문 囗부	因(인)은 나아간다는 뜻이다. 囗(위)와 大(대)는 모두 의미부분이다.(「因, 就也. 从囗·大.」)							

※ 왕골이나 골풀로 짠 사각형(囗) 자리에 누운 사람(大)이나 무늬(大)로 '일정한 장소로부터'라는 뜻에서 '인하다' '말미암다' '친하다' '연유' 등을 뜻한다.

姻	女부 총9획	小篆	籀文		姻戚(인척) 婚姻(혼인) 親姻(친인)	
		說文解字				
혼인 **인**	설문 女부	姻(인)은 신랑집을 뜻한다. 여자가 따라가는 곳이므로 姻이라고 한 것이다. 女(녀)와 因(인)은 모두 의미부분인데, 因은 발음부분이기도 하다. 嫄(인)은 姻의 주문(籀文)으로 (因 대신) 閈(연)을 썼다. (「姻, 壻家也. 女之所因, 故曰姻. 从女, 从因, 因亦聲. 嫄, 籀文姻, 从閈.」)				

* 딸(女)과 어떤 연유에 인하여(因) '혼인'함을 뜻하며, 사위의 아버지를 姻(인)이라 하였다.

咽	口부 총9획	小篆 說文解字		咽喉炎(인후염) 耳鼻咽喉科 (이비인후과)	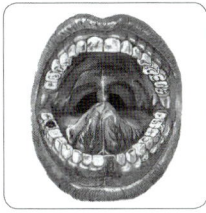
목구멍 **인**	설문 口부	咽(인)은 嗌(목구멍 익)이다. 口(구)는 의미부분이고, 因(인)은 발음부분이다.(「咽, 嗌也. 从口, 因聲.」)			

* 입(口)과 인한(因) 작용으로 음식을 '삼킴' '목이 메임' '목구멍' 등을 뜻한다.

恩	心부 총10획	戰國 金文	小篆		恩惠(은혜) 恩功(은공) 恩德(은덕)	
		郭店五行	說文解字			
은혜 **은**	설문 心부	恩(은)은 은혜(恩惠)를 뜻한다. 心(심)은 의미부분이고, 因(인)은 발음부분이다.(「恩, 惠也. 从心, 因聲.」)				

* 남과의 관계에 인하여(因) 생긴 마음(心)에서 '은혜'를 뜻한다.

昷 → 溫 → 蘊 ◆ → 瑥 ❖ → 媼 ❖

昷	皿부 총10획	甲骨文	西周 金文	西周春秋 金文 金文			金文	小篆	용례 없음	
		合28905	昷弗生甗	王孫鐘	王子午鼎	王孫誥鐘	古鉢	說文解字		
온화할 **온**	설문 皿부	昷(온)은 어질다는 뜻이다. 그릇[皿(명)]에 음식을 담아서 죄인[囚(수)]을 먹인다는 의미이다. 이것은 관부(官溥)의 주장이다.(「昷, 仁也. 从皿以食囚也. 官溥說.」)								

* 죄인(囚)에게 그릇(皿)에 음식을 주는 따뜻한 마음에서 '온화하다' '따뜻하다'를 뜻한다.

溫	水부 총13획	戰國 金文	小篆		溫冷(온냉) 溫氣(온기) 溫湯(온탕)	
		新蔡楚簡	說文解字			
따뜻할 **온**	설문 水부	溫(온)은 강의 이름이다. 건위군(犍爲郡) 부현(涪縣)에서 발원하여, 남쪽으로 흘러서 검수(黔水)로 들어간다. 水(수)는 의미부분이고, 昷(온)은 발음부분이다.(「溫, 溫水也, 出犍爲涪, 南入黔水. 从水, 昷聲.」)				

* 물(氵)과 밥을 죄수(囚)의 그릇(皿)에 주는 온화하고(昷=昷:온화할 온) '따뜻한' 마음을 뜻한다.
  ※파자:따뜻한 물(氵) 죄인(囚)에게 그릇(皿)에 담아 주는 '따뜻함'을 뜻한다.

蘊	艸부 총20획	설문 없음	小篆 形音義字典		蘊蓄(온축) 蘊奧(온오) 靜蘊(정온)	
쌓을 **온**						

* 풀(艹)더미처럼 죄인이 헌 풀 실(糸)로 따뜻하게(昷) 만든 헌 솜(縕)을 '쌓음'을 뜻한다.

瑥	玉부 총14획	설문 없음		(人名字)	
사람이름 온					

※ 옥(玉)같이 귀하고 마음이 따뜻한(昷) 사람이 되라는 뜻으로 '사람이름'에만 쓰인다.

媼	女부 총13획	小篆  說文解字		老媼(노온) 媼神(온신) 媼媼(온구)	
할미 온	설문 女부	媼(온·오)은 할머니를 뜻한다. 女(녀)는 의미부분이고, 昷(온)은 발음부분이다. 奧(오)라고 읽는다.(「媼, 女老偁也. 从女, 昷聲. 讀若奧.」)			

※ 나이 많은 여자(女)로 많은 사람에게 인자한(昷) '할머니'를 뜻한다.

(匚)→(匸)… 品⇢區⇢驅⇢鷗⇢嘔☆⇢嶇☆⇢歐⇢毆⇢謳☆⇢軀⇢樞

匚	匚부 총2획	甲骨文		西周 金文		小篆	籀文	부수 한자	
					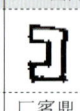				
		佚595	英2398	合150	匚賓鼎	且己鼎	說文解字		
상자 방	설문 匚부	匚(방)은 물건을 담는 그릇이다. 상형이다. 무릇 匚(방)부에 속하는 글자들은 모두 匚(방)을 의미부분으로 삼는다. 方(방)처럼 읽는다. 匚은 匚(방)의 주문(籀文)이다.(「匚, 受物之器. 象形, 凡匚之屬皆从匚. 讀若方. 匚, 籀文匚.」)							

※ 물건을 담을 수 있는 사각형의 그릇 모양으로 '상자'를 뜻한다.

匸	匸부 총2획	小篆  說文解字		부수 한자	
감출 혜	설문 匸부	匸(혜)는 비스듬히 서 있다는 뜻으로, 끼워 감춘 것이 있어서이다. ㄴ(은)은 의미부분으로, 그 위에 一을 써서 그것을 가리고 있다는 의미이다. 발음은 傒(혜)자와 같다. 무릇 匸(혜)부에 속하는 글자들은 모두 匸(혜)를 의미부분으로 삼는다.(「匸, 衺徯, 有所俠藏也. 从ㄴ, 上有一覆之. 凡匸之屬皆从匸. 讀與傒同.」)			

※ 구석진 곳(ㄴ)에 넣어둔 물건을 덮어(一) 가리는 데서 '감추다'를 뜻한다. 지금은 '匚'과 거의 구분이 없이 쓰인다.

品	口부 총9획	甲骨文		西周 金文	春秋 金文	小篆	性品(성품) 品目(품목) 品種(품종)	

		甲241	粹432	保卣	井侯簋	穆公鼎	說文解字	
물건 품	설문 品부	品(품)은 많다는 뜻이다. 세 개의 口(구)로 이루어졌다. 무릇 품부에 속하는 글자들은 모두 品(품)을 의미부분으로 삼는다.(「品, 衆庶也. 从三口. 凡品之屬皆从品.」)						

※ 제단에 제물을 담은 여러 그릇, 여러 사람의 입, 여러 물품 등에서 '물건' '품평'을 뜻한다.

區	匚부 총11획	甲骨文		戰國 金文		小篆	區域(구역) 區分(구분) 區別(구별)	
				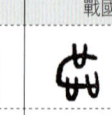				
		甲584	甲1054	合685	子禾子釜	包山003	說文解字	
구분할 구	설문 匚부	區(구)는 기구(𨙻區)로, 감춘다는 뜻이다. 品(품)이 匸(혜) 안에 들어가 있다는 의미이다. 品(품)은 많다는 뜻이다.(「區, 踦區, 藏匿也. 从品在匸中. 品, 衆也.」)						

※ 감추어(匸) 물건(品)을 '구분하여' 보관한 곳, 또는 여러 노예(品)가 숨은(匸) 곳으로 '구분하다' '숨기다' '구역'을 뜻한다.

驅	馬부 총21획	西周 金文	石鼓文	侯馬盟書	戰國 金文	小篆	古文	驅步(구보) 驅迫(구박) 驅魔(구마)
		師袁簋			上博周易	說文解字		
몰 **구**	설문 馬부	驅(구)는 '말이 달린다'는 뜻이다. 馬(마)는 의미부분이고, 區(구)는 발음부분이다. 敺(구)는 驅의 고문(古文)으로 (馬 대신) 攴(복)을 썼다.(「驅, 驅馬也. 从馬, 區聲. 敺, 古文驅从攴.」)						

✻ 말(馬)을 일정한 구역(區)으로 나아가게 하는 데서 '몰다'가 된다.

鷗	鳥부 총22획	小篆	鷗鷺(구로) 白鷗(백구) 海鷗(해구)
		說文解字	
갈매기 **구**	설문 鳥부	鷗(=鷗;구)는 갈매기이다. 鳥(조)는 의미부분이고, 區(구)는 발음부분이다.(「鷗, 水鴞也. 从鳥, 區聲.」)	

✻ 일정한 섬이나 해변 구역(區)에 무리지어 모여 사는 새(鳥)인 '갈매기'를 뜻한다.

嘔	口부 총14획	설문 없음	小篆	嘔吐(구토) 嘔氣(구기) 嘔心(구심)
			形音義字典	
게울 **구**				

✻ 입(口)으로 뱃속에 저장해둔(匚) 여러 물건(品), 즉 음식을 토해내는 데서 '게우다'가 된다.

嶇	山부 총14획	설문 없음	小篆	崎嶇(기구) 嶇岑(구잠) 嶇路(구로)
			形音義字典	
험할 **구**				

✻ 산(山)이 있는 구역(區)은 길이 비탈져 다니기가 '험함'을 뜻한다.

歐	欠부 총15획	戰國 金文	小篆		歐美(구미) 歐洲(구주) 西歐(서구)
		陶五179	璽彙3148	說文解字	
구라파/칠 **구**	설문 欠부	歐(구)는 토한다는 뜻이다. 欠(흠)은 의미부분이고, 區(구)는 발음부분이다.(「歐, 吐也. 从欠, 區聲.」)			

✻ 뱃속에 저장해둔(匚) 여러 물건(品)을 입을 벌려(欠) '토하다' 토하도록 '치다'로 쓰이고, 유럽(Europe)의 음역으로 '구라파'를 뜻한다.

毆	殳부 총15획	金文	石鼓文	侯馬盟書	小篆	※驅(구)와 같음	毆打(구타) 毆殺(구살) 毆縛(구박)
		師袁簋			說文解字		
때릴 **구**	설문 殳부	毆(구)는 채(가느다란 막대기)로 물건을 친다는 뜻이다. 殳(수)는 의미부분이고, 區(구)는 발음부분이다.(「毆, 捶毄物也. 从殳, 區聲.」)					

✻ 구분하여(區) 둔 물건을 몽둥이(殳)로 치거나 '때림'을 뜻한다.

謳	言부 총18획	小篆  說文解字		謳歌(구가) 謳吟(구음) 謳唱(구창)	
노래 구	설문 言부	謳(구)는 여럿이 노래한다는 뜻이다. 言(언)은 의미부분이고, 區(구)는 발음부분이다.(「謳,齊歌也. 从言, 區聲.」)			

✳ 여러 사람이 같은 소리로 말하며(言) 한 구역(區)에서 '노래함'을 뜻한다.

	身부 총18획	小篆 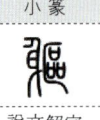 說文解字		軀幹(구간) 體軀(체구) 病軀(병구)	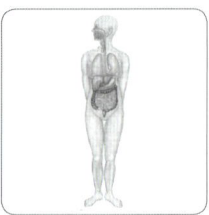
몸 구	설문 身부	軀(구)는 신체를 뜻한다. 身(신)은 의미부분이고, 區(구)는 발음부분이다.(「軀,體也. 从身, 區聲.」)			

✳ 몸(身) 안에 구분(區)되어 숨겨진 모든 장기나 모든 부위의 전체 몸에서 '몸'을 뜻한다.

樞	木부 총15획	小篆 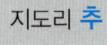 說文解字		樞密(추밀) 中樞(중추) 樞機卿(추기경)	
지도리 추	설문 木부	樞(추)는 문의 지도리를 뜻한다. 木(목)은 의미부분이고, 區(구)는 발음부분이다.(「樞,戶樞也. 从木, 區聲.」)			

✳ 나무(木) 기둥과 문짝 사이에 구분(區)하여 열고 닫을 수 있도록 장치한 '지도리'를 뜻한다.

喿 ➡ 操 ➡ 燥 ➡ 躁 ☆ ➡ 繰 ☆ ➡ 藻 ☆ … (疒) … 癌

喿	口부 총13획	西周 金文	戰國 金文	小篆		용례 없음	
		叔喿父簋	包山145	說文解字			
떼지어 울 소	설문 品부	喿(소)는 새가 무리를 지어 운다는 뜻이다. 입 셋[品(품)]이 나무 위에 있다는 의미이다.(「喿,鳥群鳴也. 从品在木上.」)					

✳ 나뭇가지(木)에서 많은 새들이 입(口)을 벌려 '시끄럽게' '우는' 것을 뜻한다.

操	手부 총16획	金文	小篆		操心(조심) 操作(조작) 體操(체조)	
		廿五年戈	說文解字			
잡을 조	설문 手부	操(조)는 잡는다는 뜻이다. 手(수)는 의미부분이고, 喿(소)는 발음부분이다.(「操,把持也. 从手, 喿聲.」)				

✳ 손(扌)으로, 새가 온힘을 다하여 울듯(喿) 온힘을 다하여 잡아 제압함, 또는 시끄러운(喿) 새를 손(扌)으로 다스리거나 조종함에서 '잡다'가 된다.

燥	火부 총17획	小篆  說文解字		燥熱(조열) 乾燥(건조) 焦燥(초조)	
마를 조	설문 火부	燥(조)는 말린다는 뜻이다. 火(화)는 의미부분이고, 喿(소)는 발음부분이다.(「燥,乾也. 从火, 喿聲.」)			

✳ 나무를 불(火)에 쪼여 건조시킬 때 시끄럽게(喿) 소리 내며 갈라짐에서 '마르다'가 된다.

躁	足부 총20획	설문 없음	小篆  形音義字典		躁急(조급) 躁人(조인) 躁狂(조광)	
조급할 조						

※ 발(足)로 시끄러운(喿) 소리를 내며 급하게 뛰어가는 데서 '조급하다'를 뜻한다.

繰	糸부 총19획		戰國 金文 仰天湖簡	小篆 說文解字	繰綿(조면) 紺繰(감조) 繰絲(조사)	
고치 켤 조/소	설문 糸부	繰(조·소)는 비단이 보랏빛과 같은 색깔을 띤다는 뜻이다. 일설에는 짙은 색깔의 비단을 뜻한다고도 한다. 糸(멱·사)는 의미부분이고, 喿(소)는 발음부분이다. 喿(소)라고 읽는다.(「繰, 帛如紺色. 或曰深繒. 从糸, 喿聲. 讀若喿.」)				

※ 고치에서 실(糸)을 뽑을 때 시끄럽게(喿) 물레를 돌리는 데서 '고치 켜다'의 뜻이 된다.

藻	艸부 총20획		戰國 金文 上博容成	小篆 說文解字	或體	藻類(조류) 藻文(조문) 藻井(조정)	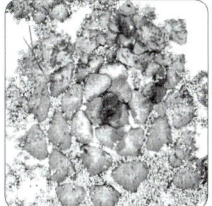
마름 조	설문 艸부	藻(조)는 물풀이다. 艸(초)와 水(수)는 의미부분이고, 巢(소)는 발음부분이다. ≪시경(詩經)≫에 이르기를 "물풀을 뜯네."라고 하였다. 藻(조)는 혹체(或體)로 澡(조)를 썼다.(「藻, 水艸也. 从艸, 从水, 巢聲. ≪詩≫曰:"于以采藻." 藻或从澡.」)					

※ 수생식물(艹)로, 물(氵)로 시끄럽게(喿) 씻는(澡:씻을 조) 것처럼 물속에 사는 '마름'을 뜻한다.

疒	疒부 총5획		甲骨文 乙738	甲181	甲134	合808	花東331	小篆 說文解字	부수 한자	
병질 녁	설문 疒부	疒(녁)은 기댄다는 뜻이다. 사람이 병이 들었다는 뜻이다. 기대고 있는 모양을 그렸다. 무릇 疒(녁)부에 속하는 글자들은 모두 疒(녁)을 의미부분으로 삼는다.(「疒, 倚也. 人有疾病. 象倚箸之形. 凡疒之屬皆从疒.」)								

※ 사람(人→亠)이 침상(爿)에 병들어 누워 있는 데서 '병듦'을 뜻한다. 모든 '병'과 관계가 있다.

癌	疒부 총17획	설문 없음			肺癌(폐암) 胃癌(위암) 肝癌(간암)	
암 암						

※ 병(疒)중에 비정상 세포가 물건(品)처럼 몸속에서 산(山)처럼 커지고 嵒(바위 암)처럼 굳어 생기는 '암'을 뜻한다.

儿 ⋯⋯ 元 → 沅 → 阮 → 頑 → 玩 → 翫

儿	儿부 총2획		小篆 說文解字	부수 한자	
걷는 사람 인	설문 儿부	儿(인)은 어진 사람을 뜻한다. 고문(古文) 人(인)자의 기자(奇字)이다. 상형이다. 공자(孔子)는 "人의 아래에 있으니, 그래서 구부러진 것이다."라고 하였다. 무릇 儿부에 속하는 글자들은 모두 儿을 의미부분으로 삼는다.(「儿, 仁人也. 古文奇字人也. 象形. 孔子曰:"在人下, 故詰屈." 凡儿之屬皆从儿.」)			

※ 사람이 걷는 모양을 닮아 '걷는 사람'이라 한다. 대부분 사람(人)을 아래에 쓸 때의 모양이다.

한자	부수/획수	갑골문/금문/소전	용례	그림
元 	儿부 총4획	甲骨文 殷商金文 西周金文 春秋金文 小篆 乙5909 京津1086 狽元卣 昌鼎 番匊生壺 欒書缶 說文解字	元來(원래) 元旦(원단) 元利(원리)	
으뜸 원	설문 一부	元(원)은 처음이라는 뜻이다. 一(일)과 兀(올)은 모두 의미부분이다.(「元, 始也. 从一, 从兀.」)		

※ 솟은 머리(一)로 우뚝하게(兀:우뚝할 올) 옆으로 서 있는 사람(儿)으로, 신체에서 가장 위인 머리에서 '으뜸'을 나타내고 '처음' '지도자' '사람의 머리' 등을 뜻하기도 한다.

沅	水부 총7획	戰國金文 小篆 鄂君舟節 說文解字	沅湘(원상)	
강이름 원	설문 水부	沅(원)은 강의 이름이다. 장가군(牂牁郡) 고차란현(故且蘭縣)에서 발원하여, 동북쪽으로 흘러 장강(長江)으로 들어간다. 水(수)는 의미부분이고, 元(원)은 발음부분이다.(「沅, 水. 出牂牁故且蘭東北, 入江. 从水, 元聲.」)		

※ 강물(氵)에서 으뜸(元) 줄기인 중국 호남성(湖南省)에 있는 큰 '강 이름'을 뜻한다.

阮	阜부 총7획	戰國金文 小篆 陶三907 說文解字	阮丈(완장) 阮咸(완함)	
성 완	설문 阜부	阮(완·원)은 대군(代郡) 오원관(五阮關)을 뜻한다. 阜(부)는 의미부분이고, 元(원)은 발음부분이다.(「阮, 代郡五阮關也. 从阜, 元聲.」)		

※ 나라나 고을에 들어갈 때, 좁은 언덕(阝)에 설치해 처음(元) 통과해야 하는 '관문'으로, 성(姓)으로 쓰이며, 나라 이름일 때는 '원'으로 쓰인다.

한자	부수/획수	소전	용례	그림
頑	頁부 총13획	小篆 說文解字	頑強(완강) 頑拒(완거) 頑固(완고)	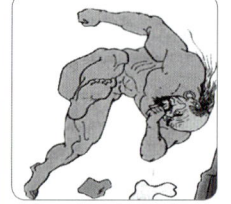
완고할 완	설문 頁부	頑(완)은 둔한 머리를 뜻한다. 頁(혈)은 의미부분이고, 元(원)은 발음부분이다.(「頑, 梮頭也. 从頁, 元聲.」)		

※ 자기만 으뜸(元)이라 생각하여 머리(頁)로 남을 이해못함에서 '완고하다' '둔하다'가 된다.

한자	부수/획수	전국금문/소전/혹체	용례	그림
玩	玉부 총8획	戰國金文 小篆 或體 天星觀簡 說文解字	玩味(완미) 愛玩(애완) 賞玩(상완)	
즐길 완	설문 玉부	玩(완)은 (옥을) 가지고 논다는 뜻이다. 玉(옥)은 의미부분이고, 元(원)은 발음부분이다. 貦은 玩의 혹체자(或體字)로 (玉 대신) 貝(패)를 썼다.(「玩, 弄也. 从玉, 元聲. 貦, 玩或从貝.」)		

※ 옥(玉)을 가장 으뜸(元)으로 좋아하여 감상하거나 가지고 '즐김'을 뜻한다.

한자	부수/획수	소전	용례	그림
翫	羽부 총15획	小篆 說文解字	翫習(완습) 翫弄(완롱) 翫物(완물)	
가지고놀 완	설문 習부	翫(완)은 연습하는 데 싫증이 났다는 뜻이다. 習(습)은 의미부분이고, 元(원)은 발음부분이다. ≪춘추전(春秋傳)≫에 이르기를 "세월의 흐름에 이미 습관이 되기도 하였고, 또 시일의 짧음에 마음이 조급하기도 하였다."라고 하였다.(「翫, 習猒也. 从習, 元聲. ≪春秋傳≫曰: "翫歲而愒日."」)		

※ 익히기(習) 위해 처음(元)부터 싫증날 때까지 가지고 노는 데서 '가지고 놀다'를 뜻한다.

完 ➡ 莞 ➡ 梡 ❖ ➡ 浣 ❖ ➡ 埦 ❖ ➡ 晥 ❖ ➡ 院 … 冠 … 寇

	宀부 총7획	戰國 金文	小篆		完全(완전) 完決(완결) 完成(완성)
		陶五.005	說文解字		
완전할 완	설문 宀부	完(완)은 완전하다는 뜻이다. 宀(면)은 의미부분이고, 元(원)은 발음부분이다. 고문(古文)에서는 寬(관)자로 쓰기도 하였다.(「完, 全也. 从宀, 元聲. 古文以爲寬字.」)			

* 집(宀)안에서 으뜸(元)인 방을 불편함이 없이 잘 수리한 데서 '완전함' '끝내다'로 쓰인다.

	艸부 총11획	小篆	莞席(완석) 莞枕(관침) 莞島郡(완도군)
		 說文解字	
빙그레할 완 왕골 관	설문 艸부	莞(관)은 풀(의 이름)이다. 이것으로 돗자리를 만들 수 있다. 艸(초)는 의미부분이고, 完(완)은 발음부분이다.(「莞, 艸也. 可以作席. 从艸, 完聲.」)	

* 초목(艹)의 줄기 중에 흠 없이 완전한(完) 둥근 모양의 '왕골'로, 자리를 짜기에 부드러운 데서 '빙그레함'을 뜻한다.

	木부 총11획	小篆		梡俎(관조) 梡橛(관궐) 梡革(관혁)
梡		 說文解字		
도마/장작 완/관	설문 木부	梡(완)은 楒(통나무 혼)으로, 땔나무를 뜻한다. 木(목)은 의미부분이고, 完(완)은 발음부분이다.(「梡, 楒, 木薪也. 从木, 完聲.」)		

* 나무(木)를 사용하기 좋게 완전하게(完) 잘라놓은 '장작'이나 '도마'를 뜻한다. ※ '관'이 본음이다.

	水부 총10획	春秋 金文	戰國 金文	小篆	或體	浣衣(완의) 浣雪(완설) 浣染(완염)
浣		 邻王義楚盤	 曾侯墓簡		說文解字	
옷빨 완	설문 水부	浣(완)=澣(한)은 옷의 때를 씻어낸다는 뜻이다. 水(수)는 의미부분이고, 榦(간·환)은 발음부분이다. 浣(완, 고음 환)은 澣의 혹체자(或體字)로 (榦 대신) 完(완)을 썼다.(「澣, 濯衣垢也. 从水, 榦聲. 㳙, 澣或从完.」)				

* 더러운 옷을 물(氵)에 빨아 완전하고(完) 깨끗하게 하는 데서 '옷 빨다' '빨다'를 뜻한다.

	土부 총10획	小篆		용례 없음
埦		 說文解字		
칠에 회바를 완	설문 土부	埦(완)은 회를 섞어서 칠한다는 뜻이다. 土(토)는 의미부분이고, 完(완)은 발음부분이다. 일설에는 담을 보수한다는 뜻이라고도 한다.(「埦, 以桼和灰而鬃也. 从土, 完聲. 一曰補埦.」)		

* 칠에 재를 섞어 흙(土)에 완전하게(完) 바르는 데서 '칠에 회 바르다' '바르다'를 뜻한다.

	日부 총11획	설문 없음	晥然(환연)
晥			
환할 환			

* 해(日)가 완전히(完) 떠올라 밝고 환한 데서 '환하다'를 뜻한다.

院	阜부 총10획	戰國 金文  雲夢法律	小篆 說文解字		院長(원장) 院生(원생) 病院(병원)	
집 원		설문 阜부	院(원)은 단단하다는 뜻이다. 阜(부)는 의미부분이고, 完(완)은 발음부분이다.(「䘾, 堅也. 从阜, 完聲.」)			

✻ 언덕(阝) 같이 완전하게(完) '담'으로 둘러싸인 '집'을 뜻한다.

冠	冖부 총9획	戰國 金文 上博容成	小篆 說文解字		冠禮(관례) 冠帶(관대) 王冠(왕관)	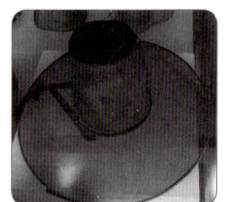
갓 관		설문 冖부	冠(관)은 묶는다는 뜻이다. 이것을 가지고 머리를 묶는다. 모자의 총칭이다. 冖(멱)과 元(원)은 모두 의미부분인데, 元(원)은 발음부분이기도 하다. 모자를 쓰는 데는 법도가 있으므로, 寸(촌)도 의미부분이 된다.(「冠, 絭也. 所以絭髮. 弁冕之總名也. 从冖, 从元, 元亦聲. 冠有法制, 从寸.」)			

✻ 덮어(冖) 가리는, 즉 사람의 으뜸(元)인 머리에 손(寸)으로 법(寸)에 맞게 쓰는 '갓'. 또는 법도(寸)에 따라 쓴(冖) '갓'을 뜻한다. ※참고: '寸' : 손, 법, 양심, 마디 등으로 쓰인다.

寇	宀부 총11획	甲骨文  合22548	西周 金文   曶鼎 揚簋	戰國 金文   司寇良父簋 虞司寇壺	小篆 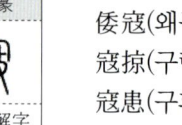 說文解字	倭寇(왜구) 寇掠(구략) 寇患(구환)
도적 구		설문 攴부	寇(구)는 난폭(亂暴)하다는 뜻이다. 攴(복)과 完(완)은 모두 의미부분이다.(「寇, 暴也. 从攴, 从完.」)			

✻ 남의 집(宀)에 들어가 그 집안의 지도자(元)를 쳐서(攴) 쫓고 약탈하는 '도적'을 뜻한다.

冘 → 沈 → 枕 → 眈 → 耽

冘	冖부 총4획	小篆  說文解字		冘豫(유예) 冘冘(유유)	
머뭇거릴 유		설문 冂부	冘(유)는 음음(淫淫)으로, 가는 모습이다. 사람[人(인)]이 먼 곳[冂(경)]으로 나간다는 의미이다.(「冘, 淫淫, 行皃. 从人出冂.」)		

✻ 먼(冂=冖) 곳으로 사람(儿)이 '머뭇거리며' 나아가는 데서 '머뭇거림'을 뜻한다.

沈	水부 총7획	甲骨文   後下4.3 前1.24.3	 佚521	西周 金文 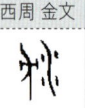 沈子它簋	戰國 金文 陶五328	小篆 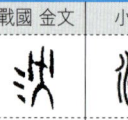 說文解字	沈默(침묵) 沈鬱(침울) 沈痛(침통)
잠길 침 성 심		설문 水부	沈(침)은 언덕 위의 웅덩이 물을 뜻한다. 水(수)는 의미부분이고, 冘(유·임)은 발음부분이다. 일설에는 (물이) 흐리고 더럽다는 뜻이라고도 한다.(「沈, 陵上滈水也. 从水, 冘聲. 一曰濁黕也.」)					

✻ 고문에는 소(牛)를 물에 던져 제사하는 모습이나, 후에 물(氵)에 덮인(冖) 사람(儿)의 형태(冘)로 물에 빠져 '잠김'을 뜻한다. ※파자: 물(氵)에 던진 제물이 잠시 머뭇거리다(冘) '잠김'.

枕	木부 총8획	小篆  說文解字		枕木(침목) 枕席(침석) 木枕(목침)	
베개 침		설문 木부	枕(침)은 누웠을 때 머리를 받치는 도구이다. 木(목)은 의미부분이고, 冘(유)는 발음부분이다.(「枕, 臥所薦首者. 从木, 冘聲.」)		

✻ 나무(木)로 만든 베개(冖)를 베고 자는 사람(儿), 또는 나무(木)로 만든 베개를 베고 잠에 잠기는(沈=冘) '베개'.
  ※파자: 나무(木)로 만든, 기대어 잠시 머뭇거리다(冘) 잠드는 '베개'.

眈	目부 총9획	小篆 眈 說文解字		眈眈(탐탐) 虎視眈眈 (호시탐탐)	
노려볼 **탐**	설문 目부	眈(탐)은 가까운 곳을 보고 있지만 뜻은 먼 곳에 있다는 뜻이다. 目(목)은 의미부분이고, 冘(유)는 발음부분이다. ≪주역(周易)≫에 이르기를 "호시탐탐(야심을 가지고 노려본다는 뜻)"이라고 하였다.(「眈, 視近而志遠. 从目, 冘聲. ≪易≫曰: "虎視眈眈."」)			

※ 눈(目)으로 무엇에 빠져(沈=冘) '노려봄' 또는 눈(目)으로 한 곳을 머뭇거리며(冘) '노려봄'을 뜻한다.

耽	耳부 총10획	小篆 耽 說文解字		耽溺(탐닉) 耽讀(탐독) 耽古(탐고)	
즐길 **탐**	설문 耳부	耽(탐)은 귀가 많이 늘어졌다는 뜻이다. 耳(이)는 의미부분이고, 冘(유)는 발음부분이다. ≪시경(詩經)≫에 이르기를 "남자들 얼마나 즐거운가."라고 하였다.(「耽, 耳大垂也. 从耳, 冘聲. ≪詩≫曰: "士之耽兮."」)			

※ 늘어진 귀(耳)가 본뜻이나, 좋아하는 일에 귀(耳)를 기울여 빠져(沈=冘) 듣고 '즐김'을 뜻한다. 또는 귀(耳)로 듣는 일에 빠져 머뭇거리며(冘) '즐김'을 뜻한다.

光 ➡ 胱 ➡ 侊❖ ➡ 洸❖ ➡ 珖❖ ➡ 桄❖ ➡ 恍 ➡ 晃 ➡ 滉 ➡ 榥❖

	儿부 총6획	甲骨文		殷商 金文		西周 金文		光明(광명) 光線(광선)	
		前5.32.8	粹427	宰甫簋	矢方彝	毛公鼎	召尊	光速(광속) 光復節(광복절)	
빛 **광**	설문 火부	春秋 金文		戰國 金文	小篆	古文			
		攻吳王戈	吳王光戈	中山王鼎	說文解字				
		光(광)은 밝다는 뜻이다. 불[火]이 사람[人(인)] 위에 있다는 의미로, 밝다는 뜻을 나타낸다. ※은 고문(古文)이다. ※은 고문이다.(「光, 明也. 从火在人上, 光明意也. ※, 古文. ※, 古文.」)							

※ 불빛(火) 아래 사람(儿)이나, 불을 머리에 이고 불빛을 비추는 노예 등에서 '빛'을 뜻한다.
※파자: 작은(小=⺍) 불 하나(一)를 비추는 사람(儿)에서 '빛'을 뜻함.

	肉부 총10획	설문 없음	膀胱(방광) 膀胱炎(방광염)	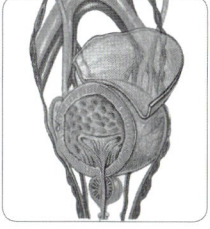
오줌통 **광**				

※ 사람 몸(月)의 건강상태에 따라 빛깔(光)이 다른 소변을 배출하는 '방광'을 뜻한다.

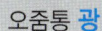	人부 총8획	小篆 侊 說文解字	侊飯(광반)	
성할/클 **광**	설문 人부	侊(광)은 작은 모습이다. 人(인)은 의미부분이고, 光(광)은 발음부분이다. ≪춘추국어(春秋國語)≫에 이르기를 "성대한 음식은 (배부르게 먹을 수 있는) 한 끼만 못하다."라고 하였다.(「侊, 小皃. 从人, 光聲. ≪春秋國語≫曰: "侊飯不及一食."」)		

※ 사람(亻)이 불빛(光)에 밝고 크게 드러남에서 '크다' '성하다'를 뜻한다.

129

洸	水부 총9획	小篆 說文解字		洸洋(황양)	
용솟음할 광/황	설문 水부	洸(광)은 물이 솟아오르며 번쩍인다는 뜻이다. 水(수)와 光(광)은 모두 의미부분인데, 光(광)은 발음부분이기도 하다. ≪시경(詩經)≫에 이르기를 "우악스럽고 퉁명스럽네."라고 하였다.(「洸, 水涌光也. 从水, 从光, 光亦聲. ≪詩≫曰: "有洸有潰."」)			

✻ 물(氵)이 타오르는 불빛(光)처럼 밝게 용솟음치며 빛나는 데서 '용솟음하다'를 뜻한다.

珖	玉부 총10획	설문 없음		珖器(광기)	
옥피리 광					

✻ 옥(玉)으로 만든, 밝은 불빛(光)처럼 밝고 고운 소리를 내는 '옥피리'를 뜻한다.

桄	木부 총10획	小篆 說文解字		桄關(광관) 桄榔(광랑)	
베틀 광	설문 木부	桄(광)은 가득 찼다는 뜻이다. 木(목)은 의미부분이고, 光(광)은 발음부분이다.(「桄, 充也. 从木, 光聲.」)			

✻ 나무(木)를 불빛(光)처럼 넓게 펼쳐 만든 '베틀'·배·수레 등에 가로로 넓은 '틀'을 뜻한다.

恍	心부 총9획	설문 없음	小篆 形音義字典	恍然(황연) 恍惚(황홀) 恍游(황유)	
황홀할 황					

✻ 집중하여 마음(忄) 속에 어렴풋이 빛(光)을 느끼는 상태를 뜻하여 '황홀하다'로 쓰인다.

晃	日부 총10획	小篆 說文解字	※晄(황)과 同字	晃昱(황욱) 晃曜(황요) 眩晃(현황)	
밝을 황	설문 日부	晄(황)은 밝다는 뜻이다. 日(일)은 의미부분이고, 光(광)은 발음부분이다.(「晄, 明也. 从日, 光聲.」)			

✻ 해(日)가 밝게 빛(光)을 내는 데서 '밝다'가 된다.

滉	水부 총13획	설문 없음		李滉(이황)	
깊을 황					

✻ 물(氵)이 맑아 밝은(晃) 빛이 물속 '깊이'까지 이름을 뜻한다.

榥	木부 총14획	설문 없음		榥牀(황상)

책상 **황**

※ 나무(木)를 밝게(晃) 펼쳐 만든 '책상'이나, 나무(木) 틀에 천을 바른 밝은(晃) '창'을 뜻한다.

兒➡(皃)➡兜 ☆

兒	儿부 총8획	甲骨文	西周 金文	春秋 金文	小篆	乳兒(유아) 幼兒(유아) 兒童(아동)
		拾2.2	前7.16.2	小臣兒卣 居簋	余義鐘	說文解字

아이 **아**

| 설문
儿부 | 兒(아)는 어린아이를 뜻한다. 儿(인)은 의미부분이다. (臼는) 어린아이의 머리가 아직 닫히지 않은 것을 그린 것이다.(「𥩢, 孺子也. 从儿. 象小兒頭囟未合.」) |

※ 머리를 총각(臼) 모양으로 묶은 사람(儿)인 '어린아이', 또는 머리 숨구멍(臼)이 아직 여물지 않은 아이(儿)에서 어린 '아이'를 뜻한다.

皃	白부 총7획	殷商 金文	小篆	或體	籒文	용례 없음
		皃尊		說文解字		

모양 **모**

| 설문
皃부 | 皃(모)는 용모(容貌)를 뜻한다. 人(인)은 의미부분이고, 白은 사람의 얼굴 모양을 그린 것이다. 무릇 皃부에 속하는 글자들은 모두 皃를 의미부분으로 삼는다. 貌는 皃의 혹체자(或體字)로, 頁(혈)은 의미부분이고, 豹(표)의 생략형은 발음부분이다. 䫉는 皃(모)의 주문(籒文)으로, 豹의 생략형을 (발음부분으로) 썼다.(「皃, 頌儀也. 从人, 白, 象人面形. 凡皃之屬皆从皃. 貌, 皃或从頁, 豹省聲. 䫉, 籒文皃, 从豹省.」) |

※ 하얀(白) 얼굴의 사람(儿)을 강조하여 '모양'을 뜻한다.

兜	儿부 총11획	小篆		兜轎(두교) 兜鍪(두무) 兜率(도솔)
		說文解字		

투구 **두**
도솔천 **도**

| 설문
兜부 | 兜(두)는 두무(兜鍪)로, 투구를 뜻한다. 兆(고)와 皃(모)의 생략형은 모두 의미부분이다. 兒는 사람의 머리를 그린 것이다.(「兜, 兜鍪, 首鎧也. 从兆, 从皃省. 兒, 象人頭也.」) |

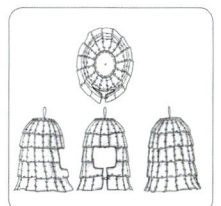

※ 머리(白)를 감싸 가리고(兆:가릴 고) 있는 사람(儿)에서 '투구'를 뜻하며, 범어(梵語) 'Tusita'의 음역으로 쓰일 때 '도솔천'을 뜻한다.

兄➡況➡呪➡祝➡競 ⋯➡侃 ✢

兄	儿부 총5획	甲骨文	西周 金文	春秋 金文	小篆	兄嫂(형수) 兄夫(형부) 妹兄(매형)
		後上7.9 佚357	令簋	利簋 沈兒鐘	說文解字	

형 **형**

| 설문
兄부 | 兄(형)은 자란다는 뜻이다. 儿(인)과 口(구)는 모두 의미부분이다. 무릇 兄(형)부에 속하는 글자들은 모두 兄을 의미부분으로 삼는다.(「兄, 長也. 从儿, 从口. 凡兄之屬皆从兄.」) |

※ 입(口)을 벌려 제사나 일을 주관하는 사람(儿)에서, 일을 주관하는 '형'을 뜻한다.

況	水부 총8획	甲骨文	小篆		狀況(상황) 不況(불황) 好況(호황)
		佚956	說文解字		

상황 **황**

| 설문
水부 | 況(황)은 찬 물을 뜻한다. 水(수)는 의미부분이고, 兄(형)은 발음부분이다.(「況, 寒水也. 从水, 兄聲.」) |

※ 비를 내려 부족한 물(氵)을 주기를 형(兄)이 바람에서, 자신의 '상황'을 하늘에 기도하여 '때마침' 바라는 일이 잘됨을 뜻한다.

			小篆		
呪	口부 총8획	설문 없음	呪 形音義字典		呪文(주문) 呪術(주술) 詛呪(저주)
빌 **주**					

＊ 신에게 자신들의 일을 말하는(口) 맏형(兄)이 제사를 주관하는 데서 '빌다'가 된다.

		甲骨文		金文		戰國 金文	小篆	
祝	示부 총10획							祝賀(축하) 祝福(축복) 祝歌(축가)
		前4.18.7	前7.31.1	大祝禽鼎	禽簋	者汈鐘	說文解字	
빌 **축**	설문 示부	祝(축)은 제사를 지낼 때 비는 사람이다. 示(시)는 의미부분이고, 儿(인)과 口(구)도 의미부분이다. 일설에는 (兄은) 兌(태)의 생략형이라고도 한다. ≪주역(周易)≫에 이르기를 "兌는 口가 되고 巫(무)가 된다."라고 하였다.(「祝, 祭主贊詞者. 从示, 从人・口. 一曰:从兌省. ≪易≫曰: "兌爲口, 爲巫."」)						

＊ 제단(示)을 차리고 입(口)으로 신에게 고하는 사람(儿)인 형(兄)에서 '빌다'를 뜻한다.

		甲骨文		金文			小篆	
 競	立부 총20획							競爭(경쟁) 競技(경기) 競走(경주)
		戬33.12	京津4081	父乙卣	中競簋	毛公鼎	說文解字	
다툴 **경**	설문 誩부	競(경)은 논쟁한다는 뜻이다. 일설에는 경쟁한다는 뜻이라고도 한다. 誩(경)과 두 개의 人(인)자는 모두 의미부분이다.(「競, 彊語也. 一曰逐也. 从誩, 从二人.」)						

＊ 묵형(墨刑)을 당한 죄인(辛=立)의 머리(口)를 한 사람(儿)이 서로 다툼. 또는 악기(辛=立)를 입(口)에 문 사람(儿)이 연주를 '다툼'을 뜻한다. ※파자:두 형(兄)이 서서(立) '다툼'.

		金文				小篆	
 侃	人부 총8획						侃侃(간간) 侃諤(간악)
		興鐘	萬尊	士父鐘	兮仲鐘	說文解字	
굳셀 **간**	설문 川부	侃(간)은 강직하다는 뜻이다. 伀(신)은 의미부분이다. 伀은 信(신)의 고문(古文)이다. 川(천)은 의미부분이다. 밤낮으로 쉬지 않고 흐르는 의미를 취한 것이다. ≪논어(論語)≫에 이르기를 "자로(子路)는 강직한 모습이다."라고 하였다.(「侃, 剛直也. 从伀. 伀, 古文信. 从川, 取其不舍晝夜. ≪論語≫曰: "子路, 侃侃如也."」)						

＊ 믿음(伀=信의 古字) 있는 말을 냇물(川)처럼 굳세게 쉬지 않고 말함에서 '굳세다'를 뜻한다.

克 → 剋 → 競

		甲骨文			殷商 金文		西周 金文	
 克	儿부 총7획							克己(극기) 克明(극명) 克服(극복) 克己訓鍊 (극기훈련)
		掇468	甲2002	周甲60	克爵		令鼎	大保簋
		春秋 金文	戰國 金文		小篆		古文	
		阮公克敦	中山王鼎		者汈鐘		說文解字	
이길 **극**	설문 克부	克(극)은 어깨[肩(견)]를 뜻한다. 집 아래에서 나무를 깎는 모양을 그린 것이다. 무릇 극부에 속하는 글자들은 모두 克을 의미부분으로 삼는다. 㝩는 克의 고문(古文)이다. 烝 역시 克의 고문이다.(「㝩, 肩也. 象屋下刻木之形. 凡克之屬皆从克. 㝩, 古文克. 烝, 亦古文克.」)								

＊ 투구(十)를 머리(口)에 쓴 사람(儿)이 전쟁에서 싸워 '이김'을 뜻한다.
　※파자: 오래(古) 버틴 사람(儿)이 '이김'.

剋	刀부 총9획	설문 없음	小篆 형음의자전		相剋(상극) 剋期(극기) 下剋上(하극상)

이길 **극**

※ 적을 이기려(克)고 칼(刂)로 싸우는 데서 '이기다'가 뜻이 된다.

兢	儿부 총14획	甲骨文	金文	小篆	兢懼(긍구) 戰戰兢兢 (전전긍긍)
		庫1844 後下17.2	鬲从盨	說文解字	

떨릴 **긍** | 설문
兄부 | 兢(긍)은 경쟁한다는 뜻이다. 두 개의 兄(형)자는 의미부분이다. 두 개의 兄자는 경쟁한다는 의미이다. 丰(봉)은 발음부분이다. 矜(긍)이라고 읽는다. 일설에 兢은 공경한다는 뜻이라고도 한다.(「競, 競也. 从二兄. 二兄, 競意. 从丰聲. 讀若矜. 一曰: 兢, 敬也.」) |

※ 머리에 장식(十)을 하고 제사를 주관하는 형(兄)이나 미인이 서로 '조심하고' 삼가는 데서 '떨리다'가 뜻이 된다.

兌 ➡ 悅 ➡ 閱 ➡ 脫 ➡ 稅 ➡ 說 ➡ 銳

兌	儿부 총7획	甲骨文		金文		戰國 金文	小篆	兌管(태관) 兌換(태환) 兌方(태방)
		後下29.12	粹1154	師兌簋	鼎兌簋	陶三1027	說文解字	

바꿀/기쁠
태/열/예 | 설문
儿부 | 兌(태)는 기쁘다는 뜻이다. 儿(인)은 의미부분이고, 合(연)은 발음부분이다.(「兌, 說也. 从儿, 合聲.」) |

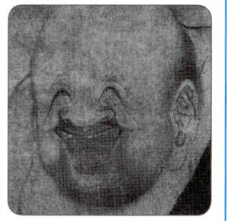

※ 팔자(八) 주름이 입(口)가에 생기도록 사람(儿)이 '기쁘게' 웃어 모습이 '바뀜'을 뜻한다.

悅	心부 총10획	설문 없음	小篆 형음의자전		悅樂(열락) 喜悅(희열) 法悅(법열)

기쁠 **열** | 《설문해자》에는 '悅'자가 보이지 않는다. 《이아(爾雅)·석고(釋詁)》를 보면 "悅은 즐거워한다는 뜻이다.(「悅, 樂也.」)"라고 하였다.

※ 마음(忄)이 기쁨(兌)에서 '기쁘다'가 뜻이 된다.

閱	門부 총15획	戰國 金文	小篆	檢閱(검열) 閱兵(열병) 査閱(사열)
		雲夢法律	說文解字	

볼 **열** | 설문
門부 | 閱(열)은 문 안에서 숫자를 맞추어본다는 뜻이다. 門(문)은 의미부분이고, 說(설)의 생략형은 발음부분이다.(「閱, 具數於門中也. 从門, 說省聲.」)

※ 문(門) 안에 물건을 잘 갖추어두고 기뻐하여(兌) 매번 '점검'하여 살펴봄에서 '보다'가 뜻이 된다.

脫	肉부 총11획	戰國 金文	小篆	脫稿(탈고) 脫穀(탈곡) 脫稅(탈세)
		十鐘印舉	說文解字	

벗을 **탈** | 설문
肉부 | 脫(탈)은 살이 빠져 수척하다는 뜻이다. 肉(육)은 의미부분이고, 兌(태)는 발음부분이다.(「脫, 消肉臞也. 从肉, 兌聲.」)

※ 고기(肉=月)에서 뼈를 제거하여 모습이 바뀌는(兌 ;바꿀/기쁠 태) 데서 '벗다'를 뜻한다.

133

稅	禾부 총12획	小篆 說文解字		免稅(면세) 稅金(세금) 稅務署(세무서)	
세금 세	설문 禾부	稅(세)는 토지경작세(土地耕作稅)를 뜻한다. 禾(화)는 의미부분이고, 兌(태)는 발음부분이다.(「稅, 租也. 从禾, 兌聲.」)			

※ 곡식(禾)으로 받아놓은 나라 일에 기쁘게(兌) 쓰이는 '세금'을 뜻한다.
　※파자:예전에, 모든 수확은 벼(禾)로 바꾸어(兌) '세금'으로 냄.

	言부 총14획	戰國 金文 雲夢日甲	小篆 說文解字	說明(설명) 遊說(유세) 說樂(열락)	
말씀 설 달랠 세 기쁠 열	설문 言부	說(설)은 즐거워한다는 뜻이다. 言(언)은 의미부분이고, 兌(태)는 발음부분이다. 일설에는 이야기한다는 뜻이라고도 한다.(「說, 說釋也. 从言, 兌聲. 一曰談說.」)			

※ 말(言)하여 남을 기쁘게(兌) 함에서 '말하다' '기쁘다' '달래다' 등으로 쓰인다.

	金부 총15획	戰國 金文 包山142	小篆 說文解字	籒文	銳角(예각) 銳利(예리) 銳敏(예민)	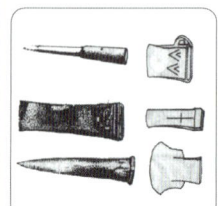
날카로울 예	설문 金부	銳(예)는 풀의 끝단을 뜻한다. 金(금)은 의미부분이고, 兌(태)는 발음부분이다. 剡는 銳의 주문(籒文)으로 厂(엄)과 剡(염·섬)으로 이루어졌다.(「銳, 芒也. 从金, 兌聲. 剡, 籒文銳, 从厂·剡.」)				

※ 끝이 뾰족한 쇠(金)로 만든 송곳으로 물건을 잘 관통하여 기쁘게(兌) 잘 사용한다는 데서 '날카롭다'가 뜻이 된다.

允 ➡ 鈗 ➡ 珫 ❖ ➡ 阮 ❖ ➡ 沇 ❖

	儿부 총4획	甲骨文 鐵191.1	西周金文 佚234	春秋 金文 不嬰簋	戰國 金文 秦公鎛	小篆 中山王鼎 說文解字	允許(윤허) 允當(윤당) 允諧(윤해)	
맏 윤	설문 儿부	允(윤)은 믿는다는 뜻이다. 儿(인)은 의미부분이고, 㠯(이)는 발음부분이다.(「允, 信也. 从儿, 㠯聲.」)						

※ 머리에 관(厶)을 쓴 벼슬한 사람(儿)이 있는 데서 '진실하다' '허락하다'가 되고 큰 벼슬에서 '맏이'를 뜻한다. 또는 머리(厶)가 크고, 살찐 사람(儿) 같은 '오랑우탄'이라고도 한다.

鈗	金부 총12획	小篆 說文解字		鈗人(윤인) 執鈗(집윤)	
창 윤	설문 金부	鈗(윤)은 시위(侍衛)하는 신하들이 가지고 있는 무기를 뜻한다. 金(금)은 의미부분이고, 允(윤)은 발음부분이다. ≪주서(周書)≫에 이르기를 "한 사람이 관을 쓰고 창을 들고 있었다."라고 하였다. 允이라고 읽는다.(「鈗, 侍臣所執兵也. 从金, 允聲. ≪周書≫曰: "一人冕執鈗." 讀若允.」)			

※ 쇠(金)로 만든 병기로, 머리에 관(厶)을 쓴 벼슬한 사람(儿)이 '창'을 들고 임금을 호위함을 뜻한다.

珫	玉부 총8획	小篆 說文解字	或體	珫玉(윤옥)	
귀막는옥 윤	설문 玉부	璊(문)은 옥이 붉은 색을 띤 것이다. 玉(옥)은 의미부분이고, 㒼(만)은 발음부분이다. 벼의 붉은 모를 虋(문)이라고 하는데, 문옥색(璊玉色)이 그것과 같다는 말이다. 珫(문·윤)은 璊의 혹체자(或體字)로 㒼 대신 允(윤)을 썼다.(「璊, 玉䞓色也. 从玉, 㒼聲. 禾之赤苗謂之虋, 言璊玉色如之. 珫, 璊或从允.」)			

※ 붉은 옥(玉)으로 만든 관을 쓴 사람(允)이 귀를 막는 데 쓰던 '귀 막는 옥'을 뜻한다.

阭	阜부 총7획	小篆 阭 說文解字		용례 없음

높을 윤 阜부	설문 阜부	阭(윤·연·외)는 높다는 뜻이다. 일설에는 돌을 뜻한다고도 한다. 阜(부)는 의미부분이고, 允(윤)은 발음부분이다.(「阭, 高也. 一曰石也. 从𨸏, 允聲.」)

※ 언덕(阝)이 높은 머리에 관을 쓴 사람(允)처럼 높게 솟음에서 '높다'를 뜻한다.

沇	水부 총7획	甲骨文	金文	小篆	古文
		粹996	沇兒鼎	說文解字	

沇沇(연연)

강이름 연	설문 水부	沇(연)은 강의 이름이다. 하동군(河東郡) 동원현(東垣縣) 왕옥산(王屋山)에서 발원하여, 동쪽으로 흘러서 제수(泲水)가 된다. 水(수)는 의미부분이고, 允(윤)은 발음부분이다. 沿은 沇의 고문(古文)이다.(「沇, 水. 出河東東垣王屋山, 東爲泲. 从水, 允聲. 沿, 古文沇.」)

※ 물(氵) 길의 통행이 자유롭게 허락되는(允) '강 이름'을 뜻한다.

充 ➡ 琉 ✤ ➡ 銃 ➡ 統

充	儿부 총5획	小篆 充 說文解字	充滿(충만) 充分(충분) 充實(충실)

채울 충	설문 儿부	充(충)은 길다는 뜻이다. 또 높다는 뜻이다. 儿(인)은 의미부분이고, 育(육)의 생략형은 발음부분이다.(「充, 長也; 高也. 从儿, 育省聲.」)

※ 거꾸로 낳은 아이(𠫓=子)가 걸을(儿) 만큼 충실히 잘 자람에서 '채우다' '가득하다'를 뜻한다.
　※참고: '𠫓'(돌아나올 돌)은 아이(子)가 거꾸로 태어나는 모양을 나타낸다.

琉	玉부 총10획	설문 없음		琉耳(충이)

귀고리 충

※ 옥(玉)을 귀에 뚫은 구멍에 채워(充) 끼우는 '귀고리'를 뜻한다.

銃	金부 총14획	설문 없음	小篆 銃 形音義字典	銃劍(총검) 銃器(총기) 銃彈(총탄)

총 총		≪설문해자≫에는 '銃'자가 보이지 않는다. ≪광아(廣雅)·석기(釋器)≫를 보면 "銃(총)은 도끼 자루를 끼우기 위해 도끼 머리에 뚫린 구멍을 뜻한다.(「銃謂之銎.」)"라고 하였다, ≪편해류편(篇海類編)·진보류(珍寶類)·금부(金部)≫에서는 "銃은 화약 무기인 총을 뜻한다.(「銃, 火銃.」)"라고 하였다.

※ 쇠(金)로 만든 '도끼의 구멍'에 나무자루를 채워지게(充) 끼워 쓰는 데서, 쇠(金)로 만들어 화약을 채워(充) 쏘는 '총'을 뜻하게 되었다.

統	糸부 총12획	小篆 統 說文解字	統率(통솔) 統監(통감) 統計(통계)

거느릴 통	설문 糸부	統(통)은 실의 머리를 뜻한다. 糸(멱·사)는 의미부분이고 充(충)은 발음부분이다.(「統, 紀也. 从糸, 充聲.」)

※ 여러 실(糸)을 가득(充) 모아 하나로 묶어 '거느림'을 뜻한다. 실마리가 되는 '벼릿줄'을 뜻한다.

云(㐬) → 流 → 琉 → 硫 → 梳 ☆ → 疏 → 蔬 → 䤈 ☆

	厶부 총3획	小篆  說文解字	或體 	용례 없음	
갑자기 돌	설문 厶부	云(돌)은 순리를 따르지 않고 갑자기 나왔다는 뜻이다. 子(자)자를 거꾸로 한 모양으로 이루어졌다. ≪주역(周易)≫에 이르기를 "돌연(突然)히 왔다."라고 하였다. 불효자는 갑자기 튀어 나와서, 안에 품고 있을 수가 없다는 뜻이다. 무릇 厶부에 속하는 글자들은 모두 厶을 의미부분으로 삼는다. 㐬(㐬)은 혹체자(或體字)로 고문(古文)의 子자를 거꾸로 한 모양으로 이루어졌는데, 곧 ≪주역≫에서의 突자이다.(「云, 不順忽出也. 从到子. ≪易≫曰: "突如其來如." 不孝子突出, 不容於内也. 凡云之屬皆从云. 㐬, 或从到古文子, 即≪易≫突字.」)			

※ 없던 아이가(子) 갑자기 거꾸로(㐬) 태어나는 데서 '갑자기'를 뜻한다.

	水부 총9획	石鼓文  乙7674	戰國 金文  中山王圓壺	小篆  說文解字	篆文	流水(유수) 流動(유동) 流通(유통)	
흐를 류	설문 㱇부	㱇(류)는 물이 흐른다는 뜻이다. 㱇(추)와 㐬(돌)은 모두 의미부분이다. 㐬은 갑자기 뛰쳐 온다는 뜻이다. 流는 전문(篆文)으로 (㱇 대신) 水(수)를 썼다.(「㱇, 水行也. 从㱇㐬. 㐬, 突忽也. 𣹭, 篆文从水.」)						

※ 흐르는 물(氵)에 죽은 아이(=㐬)가 냇물(川⇒川)처럼 흘러가는(㐬:깃발/흐를 류) 모양에서 '흐르다'가 뜻이 된다.

琉	玉부 총10획	설문 없음	小篆  形音義字典	琉璃(유리) 琉璃瓶(유리병) 琉璃窓(유리창)	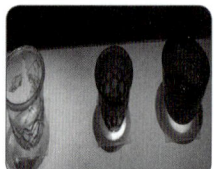
유리 류					

※ 광채가 나는 보석(玉)으로 규사(硅砂)를 녹여 흘려(㐬) 만드는 '유리'를 뜻한다.

	石부 총12획	설문 없음		硫酸(유산) 硫黃(유황) 脫硫(탈류)	
유황 류					

※ 돌(石)처럼 굳은, 화산 입구에 흘러(㐬)나온 화약의 원료로 쓰이는 '유황'을 뜻한다.

	木부 총11획	小篆 說文解字	梳洗(소세) 梳髮(소발) 梳匠(소장)	
얼레빗 소	설문 木부	梳(소)는 머리를 빗는다는 뜻이다. 木(목)은 의미부분이고, 疏(소)의 생략형은 발음부분이다.(「梳, 理髮也. 从木, 疏省聲.」)		

※ 나무(木)로 머리카락을 잘 흘러(㐬)내리게 하는 만든 '얼레빗'을 뜻한다.

	疋부 총11획	戰國 金文  雲夢封診	小篆  說文解字	疏通(소통) 疏脫(소탈) 疏文(소문)	
소통할 소	설문 厶부	疏(소)는 통한다는 뜻이다. 㐬(돌)과 疋(소)는 모두 의미부분인데, 疋는 발음부분이기도 하다.(「䟽, 通也. 从㐬, 从疋, 疋亦聲.」)				

※ 발(疋)로 험한 멀리까지 흘러(㐬) 이르러 '소통함' '거칠다'를 뜻한다.

蔬	艸부 총15획	小篆 蔬 說文解字					蔬菜(소채) 蔬飯(소반) 蔬食(소사)
나물 소	설문 艸부	蔬(소)는 채소(菜蔬)를 뜻한다. 艸(초)는 의미부분이고, 疏(소)는 발음부분이다.(「蔬, 菜也. 从艸, 疏聲.」)					

※ 채소(++)로 만든, 육류에 비해 거친(疏) 음식인 '나물'을 뜻한다.

醯	酉부 총19획	戰國 金文 醯 雲夢日甲	小篆 醯 說文解字		魚醯(어혜) 食醯(식혜) 醯鷄(혜계)
식혜 혜	설문 皿부	醯(혜)는 식초를 뜻한다. 식초는 죽과 술로 만든다. 鬻(육)의 생략형과, 酒(주)의 생략형은 모두 의미부분이다. 皿(명)은 의미부분이다. 皿(명)은 그릇이다.(「醯, 酸也. 作醯, 以鬻, 以酒. 从鬻·酒並省. 从皿. 皿, 器也.」)				

※ 술(酉)처럼 발효시켜 만든, 흘려(充) 먹는 그릇(皿)에 담긴 음식인 '식혜'가 있음을 뜻한다.
※참고: 醯 육젓 해.

育 ➡ 堉 ✚

育	肉부 총8획	甲骨文 前2.24.8	殷商 金文 粹237	西周 金文 毓且丁卣	小篆 班簋	或體 說文解字	育兒(육아) 育成(육성) 體育(체육)
기를 육	설문 厶부	育(육)은 아이를 길러 좋은 일을 하도록 한다는 뜻이다. 厶(돌)은 의미부분이고, 肉(육)은 발음부분이다. ≪서경(書經)·우서(虞書)≫에 이르기를 "아이를 가르치고 기르다."라고 하였다. 毓(육)은 育의 혹체자(或體字)로 (肉 대신) 每를 썼다.(「育, 養子使作善也. 从厶, 肉聲. 〈虞書〉曰: "教育子." 毓, 育或从每.」)						

※ 거꾸로(厶) 나온 아이의 몸(肉=月)이 자라는 데서, '기르다'를 뜻한다. 산모(每)가 머리부터 아이를 낳는(充) 모양의 毓(기를 육)의 변형.

堉	土부 총11획	설문 없음				용례 없음
기름진땅 육						

※ 땅(土) 중에 만물을 길러내는(育) '기름진 땅'을 뜻한다.

徹 ➡ 撤 ➡ 澈 ➡ 轍 ⋯ 棄 ⋯ 畢(華)

徹	彳부 총15획	甲骨文 續2.9.9		西周 金文 合1023	戰國 金文 牆盤	小篆 虢羌鐘	古文 說文解字	徹骨(철골) 徹夜(철야) 徹底(철저)
통할 철	설문 攴부	徹(철)은 통한다는 뜻이다. 彳(척)·攴(복)·育(육) 등은 모두 의미부분이다. 𢕬은 徹의 고문(古文)이다.(「徹, 通也. 从彳, 从攴, 从育. 𢕬, 古文徹.」)							

※ 빈 그릇(鼎=鬲)을 손(寸)으로 거두는 모양에서 鼎이 育으로 잘못 변한 글자다.
※파자: 옳은 행동(彳)을 하도록 잘 기르고(育) 다스려(攴) 사리에 '통하게' 함을 뜻한다.

撤	手부 총15획	설문 없음	戰國 金文 雲夢封診	小篆 說文解字	撤去(철거) 撤收(철수) 撤回(철회)
거둘 철		≪형음의자전≫에는 설문해자의 '𢾭'을 撤(철)자로 설명하고 있다. 𢾭(버릴 철, 일으킬 철)은 (활을) 쏜다는 뜻이다. 力(력)과 徹(철)은 모두 의미부분인데, 徹은 발음부분이기도 하다.(「𢾭, 發也. 从力, 从徹, 徹亦聲.」)				

※ 손(扌)으로 그릇(鼎=育)을 치듯(攴) 거둠에서 '거두다'를 뜻한다. ※자원은 徹(철)과 같음.

澈	水部 총15획	설문 없음	小篆  形音義字典		鏡澈(경철) 鄭澈(정철) 淸澈(청철)	
맑을 철						

※ 물(氵)이 깨끗하여 빛이 잘 通하는(徹:彳은 생략) 데서 '맑다'가 된다.

轍	車部 총19획		小篆  說文解字		改轍(개철) 前轍(전철) 車轍(거철)	
바퀴자국 철	설문 車部	轍(철)은 수레바퀴 자국을 뜻한다. 車(거·차)는 의미부분이고, 徹(철)의 생략형은 발음부분이다.(「轍, 車迹也. 从車, 徹省聲.」)				

※ 수레(車)의 바퀴가 움직여 通한(徹:彳은 생략) 흔적에서 '바퀴자국'을 뜻한다.

棄	木部 총12획	甲骨文  後下7.13	 合8451	西周 金文 散 盤	戰國 金文  臣辰卣	小篆  中山王鼎	古文 籀文  說文解字	棄却(기각) 棄權(기권) 抛棄(포기)	
버릴 기	설문 華部	棄(기)는 버린다는 뜻이다. 두 손으로 키를 밀어 버린다는 의미이다. 厶(돌)은 의미부분이다. 厶은 子(자)를 거꾸로 한 형태이다. 弃는 棄의 고문(古文)이다. 𠷎는 棄의 주문(籒文)이다.(「𠷎, 捐也. 从廾推𠲋棄之. 从厶. 厶, 逆子也. 弃, 古文棄. 𠷎, 籒文棄.」)							

※ 죽은 아이(厶)를 삼태기(丗)에 담아 두 손(廾=木)으로 '버림'을 뜻한다. ※廾이 木으로 변함.
 ※파자: 죽은 아이(厶)를 삼태기(丗)에 담아 나무(木)에 '버림'을 뜻한다.

畢	田部 총11획	甲骨文  前4.8.1	 明藏502	 合17987	西周 金文  召卣	段簋	春秋 金文  邾公華鐘	小篆  說文解字	畢竟(필경) 畢納(필납) 檢査畢(검사필)	
마칠 필	설문 華部	畢(필)은 사냥할 때 쓰는 그물을 뜻한다. 華(반)은 의미부분으로, (華은) 畢의 형태를 그린 것이며, 畢은 華보다 작다. 혹은 由(불)이 발음부분이라고도 한다.(「畢, 田罔也. 从華, 象畢形微也. 或曰由聲.」)								

※ 사냥하는 밭(田=[田獵;전렵])에서 긴 자루가 달린 사냥하는 그물(華)로, 그물에 걸리는 데서 '마침'을 뜻한다.
 ※참고: 華(쓰레기 치우는 도구 반)

華(琴) ➡ 嬅 ➡ 樺 ➡ 燁 ➡ 曄❖

華	艸部 총12획	春秋 金文  虢鐘	戰國 金文 鐵雲印繡	小篆 說文解字	華燭(화촉) 華麗(화려) 昇華(승화)	
빛날 화	설문 華部	琴(=華화)는 꽃이 피었다는 뜻이다. 艸(초)와 琴(화)는 모두 의미부분이다. 무릇 華부에 속하는 글자들은 모두 華를 의미부분으로 삼는다.(「琴, 榮也. 从艸·琴. 凡華之从屬皆从華.」)					

※ 초목(艹)의 줄기기둥(十)과 가지(二)에 화려하게 핀 꽃(艹)에서 '빛나다' '꽃'으로 쓰인다.
 ※파자: 꽃(艹)과 가지 하나(一) 꽃(艹)과 가지 하나(一)마다 사방(十)에 '빛나게' 핀 '꽃'.

嬅	女部 총15획	설문 없음		嬅容(화용)	
탐스러울 화					

※ 여자(女)가 꽃(華)처럼 예쁘고 '탐스럽게' 되길 바람에서, '여자의 이름'에 쓰인다.

樺 자작나무/ 벗나무 **화**	木부 총16획	설문 없음	小篆  形音義字典		樺太(화태)	

※ 나무(木) 중에 꽃(華)이 화려한 인 '벗나무', 또는 껍질로 신(韡:신 화=華)을 만드는 '자작나무'를 뜻한다.

燁 빛날 **엽**	火부 총16획	설문 없음	小篆  形音義字典		燁然(엽연)	

※ 불(火)꽃이 화려하게(華) 비침에서 '빛나다'가 뜻이 된다.

| 曄
빛날 **엽** | 日부
총16획 | 小篆

說文解字 | | 설문
日부 | 曄(엽)은 빛을 뜻한다. 日(일)과 鞾(후)는 모두 의미부분이다.(「曄, 光也. 从日, 从鞾.」) | 曄煜(엽욱)
曄曄(엽엽) | |

※ 햇볕(日)이 화려하게(華) 핀 꽃처럼 성하게 빛을 발하는 데서 '빛나다'를 뜻한다.

垂(烝) ➡ 睡 ➡ 郵 ➡ 唾

| 垂
드리울 **수** | 土부
총8획 | 戰國 金文

璽彙0164 璽彙0209 | 小篆

說文解字 | 설문
土부 | 垂=垂(수)는 먼 변방을 뜻한다. 土(토)는 의미부분이고, 烝(수)는 발음부분이다.(「垂, 遠邊也. 从土, 烝聲.」) | 垂楊(수양)
垂直(수직)
垂直線(수직선) | |

※ 꽃잎이 땅에 드리워진 모양. ※파자: 천(千)송이 꽃잎(艹)이 땅(土)에 '드리워짐'을 뜻한다.

| 睡
졸음 **수** | 目부
총13획 | 小篆

說文解字 | | 설문
目부 | 睡(수)는 앉아서 존다는 뜻이다. 目(목)과 垂(수)는 모두 의미부분이다.(「睡, 坐寐也. 从目·垂.」) | 睡眠(수면)
午睡(오수)
假睡(가수) | |

※ 눈(目)꺼풀이 아래로 드리워져(垂) 눈을 감고 앉아서 조는 데서 '졸다' '자다'가 된다.

| 郵
우편 **우** | 邑부
총11획 | 戰國 金文

雲夢語書 | 小篆

說文解字 | 설문
邑부 | 郵(우)는 국경(國境)에서 문서를 전달할 때 사용하는 객사(客舍)를 뜻한다. 邑(읍)과 垂(수)는 모두 의미부분이다. 垂는 변경(邊境)을 뜻한다.(「郵, 境上行書舍. 从邑·垂. 垂, 邊也.」) | 郵便(우편)
郵票(우표)
郵遞局(우체국) | |

※ 나라의 끝 한쪽에 드리워진(垂) 마을(阝)로, '우편물'을 전달하는 사람이 묵는 집을 뜻한다.

錘	金부 총16획	戰國 金文 雲夢秦律	小篆 說文解字		秤錘(칭추) 錘鐘(추종) 鉛錘(연추)	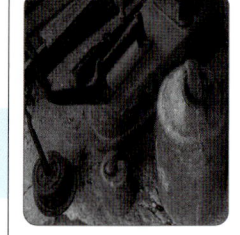
저울추 **추**	설문 金부	錘(추)는 8수(銖)(즉 1/3량)를 뜻한다. 金(금)은 의미부분이고, 垂(수)는 발음부분이다.(「錘, 八銖也. 从金, 垂聲.」)				

※ 쇠(金)로 만든 저울대에서 드리운(垂) 무거운 '저울추'를 뜻하며, 무거운 무게 단위를 뜻한다.

唾	口부 총11획	小篆	或體		唾液(타액) 唾棄(타기) 涕唾(체타)	
		說文解字				
침 **타**	설문 口부	唾(타)는 침을 뜻한다. 口(구)는 의미부분이고, 垂(수)는 발음부분이다. 湅는 唾의 혹체자(或體字)로 (口 대신) 水(수)를 썼다.(「唾, 口液也. 从口, 垂聲. 湅, 唾或从水.」)				

※ 입(口)에서 흘러 나와 드리워진(垂) '침'을 뜻한다.

世 → 貰 → 泄 → 枼 → 渫 → 葉 → 蝶 → 牒 → 諜

	一부 총5획	甲骨文  且日庚簋	西周金文 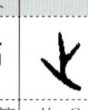  伯尊 吳方彝 師遽簋	戰國 金文  陳侯簋 中山王方壺	小篆  說文解字	世代(세대) 世紀(세기) 世界(세계)	
인간 **세**	설문 十부	世(세), 30년이 1세대(世代)가 된다. 卅(삽)자를 잡아 늘린 형태인데, (卅에서) 발음도 취했다.(「世, 三十年爲一世. 从卅而曳長之, 亦取其聲.」)					

※ 세 개의 가지(丨)와 잎(一) 모양으로, 잎처럼 해마다 거듭 이어지는, 인간의 '세대'에서 '인간' '세상' 등으로 쓰인다. 삼십 년(卅:서른 삽)의 변형으로 잘못 보기도 했다.

貰	貝부 총12획	戰國 金文 雲夢爲吏	小篆 說文解字		專貰(전세) 貰房(세방) 月貰(월세)	
세놓을 **세**	설문 貝부	貰(세)는 빌린다는 뜻이다. 貝(패)는 의미부분이고, 世(세)는 발음부분이다.(「貰, 貸也. 从貝, 世聲.」)				

※ 물건이나 재물을 빌려주고 해마다(世) 돈(貝)을 받는 데서 '세놓다' '빌리다' 등으로 쓰인다.

泄	水부 총8획	小篆 說文解字			泄瀉(설사) 泄症(설증) 排泄(배설)	
샐 **설**	설문 水부	泄(설·예)는 강의 이름이다. 구강군(九江郡) 박안현(博安縣) 순파(洵波)에서 흘러나와, 북쪽으로 흘러서 저수(氐水)로 들어간다. 水(수)는 의미부분이고, 世(세)는 발음부분이다.(「泄, 水. 受九江博安洵波, 北入氐. 从水, 世聲.」)				

※ 물(氵)이 엷은 나뭇잎(世)같은 틈으로 조금씩 새어 나감에서 '새다'가 뜻이 된다.

枼	木부 총9획	甲骨文 合集19956	殷商 金文 射女鼎	春秋 金文 齊鎛 南疆鉦	戰國 金文 於賜鐘 鷹羌鐘	小篆 說文解字	용례 없음	
엷을 **엽**	설문 木부	枼(엽·삽)은 네모난 나무를 뜻한다. 葉은 엷다는 뜻이다. 木(목)은 의미부분이고, 卅(삽)은 발음부분이다.(「枼, 楄也. 葉, 薄也. 从木, 卅聲.」)						

※ 가지 위의 엷은 잎(世)이 나무(木)에 달린 모양에서 '엷다' '나뭇잎'을 뜻한다.

渫	水부 총12획	戰國 金文		小篆		浚渫(준설) 渫慢(설만) 渫雲(설운)
		雲夢日甲	上博容成	說文解字		
파낼 설	설문 水부	渫(설)은 씻어낸다는 뜻이다. 水(수)는 의미부분이고, 枽(엽)은 발음부분이다.(「𣻚, 除去也. 从水, 枽聲.」)				

※ 물(氵) 속에 떠 있는 나뭇잎(枽)이나 가라앉은 진흙 등을 '파냄'을 뜻한다. ※枽=世+木.

葉	艸부 총13획	甲骨文	春秋 金文	戰國 金文			小篆	葉茶(엽차) 葉書(엽서) 葉錢(엽전)
		合集19956	齊 鎛	驫羌鐘	葉矛	丞相觸戈	說文解字	
잎 엽	설문 艸부	葉(엽)은 초목(草木)의 잎을 뜻한다. 艸(초)는 의미부분이고, 枽(엽)은 발음부분이다.(「葉, 艸木之葉也. 从艸, 枽聲.」)						

※ 초목(⺾)의 잎(世)이 달린 나무(木) 위에 엷은(枽) '잎'을 나타낸다. ※(枽:엷을 엽) 葉의 古字.

蝶	虫부 총15획	설문 없음	小篆		蝶泳(접영) 蝴蝶(호접) 蝶夢(접몽)
			形音義字典		
나비 접		≪설문해자≫에는 '蝶'자가 보이지 않는다. ≪옥편(玉篇)·충부(虫部)≫를 보면 "蝶은 나비를 뜻한다.(「蝶, 胡蝶」)"라고 하였다.			

※ 애벌레(虫)가 변한 나뭇잎처럼 엷은(枽) 날개가 달린 '나비'를 뜻한다.

牒	片부 총13획	戰國 金文	小篆		家牒(가첩) 受牒(수첩) 通牒(통첩)
		雲夢秦律	說文解字		
편지 첩	설문 片부	牒(첩)은 편지를 뜻한다. 片(편)은 의미부분이고, 枽(엽)은 발음부분이다.(「牒, 札也. 从片, 枽聲.」)			

※ 나무 조각(片)을 얇게(枽) 만들어 글을 쓴 '패찰(牌札)'로 '편지'나 '문서'를 뜻한다.

諜	言부 총16획	戰國 金文	小篆		間諜(간첩) 諜者(첩자) 防諜(방첩)
		雲夢封診	說文解字		
염탐할 첩	설문 言부	諜(첩)은 군대 안에서 이간질한다는 뜻이다. 言(언)은 의미부분이고, 枽(엽)은 발음부분이다.(「諜, 軍中反閒也. 从言, 枽聲.」)			

※ 적진에 들어가 말로(言) 가볍고 엷게(枽) 묻어 사정을 '염탐하여' 살핌을 뜻한다.

台 ➡ 沿 ➡ 鉛 ➡ 船

台	口부 총5획	甲骨文	戰國 金文	小篆	古文	용례 없음
		한교백과	貨編11	說文解字		
산속늪 연	설문 口부	台(연)은 산 속에 있는 늪지를 뜻한다. 口(구)는 의미부분이고, (八)은 물[水(수)]이 (흙을) 무너뜨리는 모습으로 의미부분이다. 발음은 연주(沇州)의 沇(연)자처럼 읽는다. (이곳은) 천하의 늪지이다. 그래서 沇이라고 이름지은 것이다. 𠕇은 台의 고문(古文)이다.(「台, 山間陷泥地. 从口, 从水敗皃. 讀若沇州之沇. 九州之渥地也, 故以沇名焉. 𠕇, 古文台.」)				

※ 산 사이 갈라진(八) 골짜기(口)에 이룬 '산속 늪'을 뜻한다.

沿	水부 총8획	小篆 沿 說文解字		沿革(연혁) 沿邊(연변) 沿海(연해)	
물따라갈/따를 연	설문 水부	沿(연)은 물을 따라 내려간다는 뜻이다. 水(수)는 의미부분이고, 㕣(연)은 발음부분이다. ≪춘추전(春秋傳)≫에 이르기를 "영왕(靈王)이 한수(漢水)를 따라 내려갔다."라고 하였다.(「沿, 緣水而下也. 从水, 㕣聲. ≪春秋傳≫曰: "王沿夏."」)			

※ 물(氵)이 흐르는 옆에 자리한 늪(㕣)에서 '물 따르다'가 뜻이 된다.

鉛	金부 총13획	小篆 鉛 說文解字		鉛筆(연필) 鉛版(연판) 亞鉛(아연)	
납 연	설문 金부	鉛(연)은 푸른 쇠를 뜻한다. 金(금)은 의미부분이고, 㕣(연)은 발음부분이다.(「鉛, 青金也. 从金, 㕣聲.」)			

※ 쇠(金)중에 산속 늪(㕣)처럼 부드러운 성질의 '납'을 뜻한다.

船	舟부 총11획	金文 䑳 南疆鉦	小篆 船 說文解字	船長(선장) 船員(선원) 船室(선실)	
배 선	설문 舟부	船(선)은 舟(배 주)이다. 舟(주)는 의미부분이고, 鉛(연)의 생략형은 발음부분이다.(「船, 舟也. 从舟, 鉛省聲.」)			

※ 통나무(舟)를 넓은 늪(㕣)처럼 넓게 나무를 잇대어 만든 '배'를 뜻한다.

台→怠→殆→苔→答→胎→跆→颱→邰→治→始→怡→貽→冶

	口부 총5획	西周 金文		春秋 金文		戰國 金文	小篆	三台(삼태) 台輔(태보) 台德(이덕)	
		矢方彝	毛公鼎	郘公䃂鐘	於賜鐘	余義鐘	者汈鐘	說文解字	
별 태 기쁠 이	설문 口부	台(태·이)는 기쁘다는 뜻이다. 口(구)는 의미부분이고, 㠯(이)는 발음부분이다.(「台, 說也. 从口, 㠯聲.」)							

※ 머리를 아래로 향한 태아(㠯=厶)가 태포(口)에 싸여 있는 모양에서 사물의 시초를 뜻하여, 시작의 '기쁨'이나, 三公(삼공)의 별자리에서 '별'을 뜻한다.

怠	心부 총9획	戰國 金文 中山王壺	郭店語一	小篆 說文解字	怠慢(태만) 懶怠(나태) 倦怠(권태)	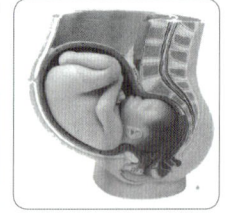
게으를 태	설문 心부	怠(태)는 게으르다는 뜻이다. 心(심)은 의미부분이고 台(이·태)는 발음부분이다.(「怠, 慢也. 从心, 台聲.」)				

※ 기뻐하여(台) 일을 게을리 하는 마음(心)에서 '게으르다'가 된다.

殆	歹부 총9획	小篆 殆 說文解字		殆半(태반) 危殆(위태) 殆無(태무)	
거의 태	설문 歹부	殆(태)는 위태(危殆)롭다는 뜻이다. 歹(알·대)은 의미부분이고, 台(이·태)는 발음부분이다.(「殆, 危也. 从歹, 台聲.」)			

※ 죽음(歹)이 시작되는 시초(台)에서 죽음이 '거의' 가까워짐을 뜻한다.

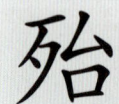
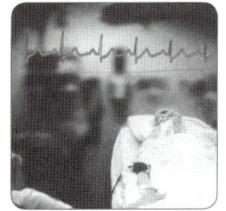

苔	艸부 총9획	설문 없음		海苔(해태) 靑苔(청태) 白苔(백태)	
이끼 태					

✽ 물이 변하면서 강가의 돌에 풀(艹)처럼 처음 생기기 시작(台)하는 '이끼'를 뜻한다.

笞	竹부 총11획	小篆 笞 說文解字		笞刑(태형) 鞭笞(편태) 笞杖(태장)	
볼기칠 태	설문 竹부	笞(태)는 때린다는 뜻이다. 竹(죽)은 의미부분이고, 台(이·태)는 발음부분이다.(「笞, 擊也. 从竹, 台聲.」)			

✽ 죄인을 고문할 때 대(竹)로 처음(台) 볼기를 치는 데서 '볼기 치다'가 뜻이 된다.

胎	肉부 총9획	戰國 金文 / 小篆 郭店窮達 / 說文解字		胎敎(태교) 胎氣(태기) 胎動(태동)	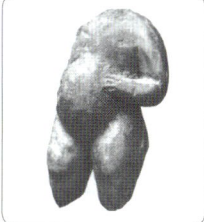
아이밸 태	설문 肉부	胎(태)는 여자가 아이를 가진 지 3개월되었다는 뜻이다. 肉(육)은 의미부분이고, 台(이·태)는 발음부분이다.(「胎, 婦孕三月也. 从肉, 台聲.」)			

✽ 사람의 몸(月)에 태아(台)가 생김에서 '아이 배다'를 뜻한다.

跆	足부 총12획	설문 없음		跆拳(태권) 跆籍(태적) 跆拳道(태권도)	
밟을 태					

✽ 발(足)의 움직임을 시작(台)으로 공격하는 우리나라 고유의 태권도(跆拳道)를 말할 때 주로 쓰이고, 사물이나 일의 처음(台)일 때 그 싹을 발(足)로 '밟음'을 뜻한다.

颱	風부 총14획	설문 없음		颱風(태풍)	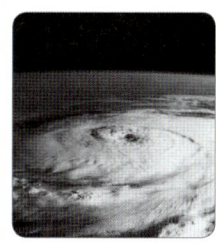
태풍 태					

✽ 바람(風) 중에서 가장 높은 벼슬을 뜻하는 별(台)처럼 가장 강한 '태풍'을 뜻한다.

邰	邑부 총8획	戰國 金文 / 小篆 璽彙2202 / 說文解字		邰國(태국)	
나라이름 태	설문 邑부	邰(태)는 염제(炎帝)의 후손인 강씨(姜氏)가 봉해졌던 곳으로, 주(周)나라 시조 후직(后稷) 외가(外家)의 영지(領地)였다. 邑(읍)은 의미부분이고, 台(태·이)는 발음부분이다. 우부풍군(右扶風郡) 여현(斄縣)이 바로 그 곳이다. ≪시경(詩經)≫에 이르기를 "邰에서 집안을 거느리셨네."라고 하였다.(「邰, 炎帝之後姜姓所封, 周棄外家國. 从邑, 台聲. 右扶風斄縣, 是也. ≪詩≫曰: "有邰家室."」)			

✽ 벼슬(台)한 사람에게 주던 고을(阝)로, 주(周)의 후직(后稷)이 봉해진 '나라이름'을 뜻한다.

治	水부 총8획	戰國 金文	小篆				治國(치국) 治水(치수) 治世(치세)	
		雲夢法律	說文解字					
다스릴 치	설문 水부	治(치)는 강의 이름이다. 동래군(東萊郡) 곡성현(曲城縣) 양구산(陽丘山)에서 발원하여, 남쪽으로 흘러서 바다로 들어간다. 水(수)는 의미부분이고, 台(태·이)는 발음부분이다.(「𣵦, 水. 出東萊曲城陽丘山, 南入海. 从水, 台聲.」)						

※ 물(氵)길이 순리대로 잘 다스려져 기뻐함(台)에서 '다스리다'가 뜻이 된다.

始 	女부 총8획	西周 金文			春秋 金文	小篆	始作(시작) 始動(시동) 始初(시초)	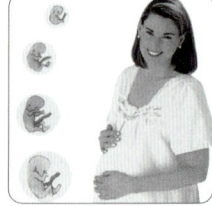
		班簋	頌鼎	叔向父簋	仲師父鼎	鄧伯氏鼎	說文解字	
비로소 시	설문 女부	始(시)는 제일 먼저 낳은 여자(즉 언니)를 뜻한다. 女는 의미부분이고, 台는 발음부분이다.(「𧥣, 女之初也. 从女, 台聲.」)						

※ 여자(女)의 몸에 생명의 씨인 태아가 생긴 기쁨(台)에서 '비로소' '처음'의 뜻이 된다.

怡 	心부 총8획	戰國 金文	小篆				怡悅(이열) 南怡(남이) 怡顔(이안)	
		陶三073	說文解字					
기쁠 이	설문 心부	怡(이)는 조화롭다는 뜻이다. 心(심)은 의미부분이고, 台(태·이)는 발음부분이다.(「𢘽, 和也. 从心, 台聲.」)						

※ 아이가 생겨 마음(忄)에 기쁨(台)이 생김에서 '기쁨'을 나타낸다.

貽 	貝부 총12획	戰國 金文	小篆				貽貝(이패) 貽害(이해) 貽憂(이우)	
		陶九041	說文解字					
끼칠 이	설문 貝부	貽(이)는 준다는 뜻이다. 貝(패)는 의미부분이고, 台(태·이)는 발음부분이다. 경전(經典)에서는 詒(보낼 이)자와 통용된다.(「𧴢, 贈遺也. 从貝, 台聲. 經典通用詒.」)						

※ 재물(貝)을, 태어날 태아(台)를 위해 남겨 주는 데서 '끼치다' '주다'를 뜻한다.

冶 	冫부 총7획	西周 金文	戰國 金文			小篆	冶金(야금) 冶爐(야로) 冶遊(야유)	
		冶徙觶	穌冶妊鼎	包山080	璽彙3258	貨系3790	說文解字	
풀무 야	설문 冫부	冶(야)는 녹인다는 뜻이다. 冫(빙)은 의미부분이고, 台(태·이)는 발음부분이다.(「𤞷, 銷也. 从冫, 台聲.」)						

※ 얼음(冫)이 녹듯 마음이 풀리어 기쁨(台)을 뜻하나, 쇠를 녹임을 뜻하게 되어 '불리다' '녹이다' 등으로 쓰이고 쇠를 녹이는 '풀무'를 뜻하기도 한다.

古 → 姑 → 枯 → 苦 → 故 → 做 → 辜 ☆ 固 → 痼 → 錮 ☆ 個 → 箇 → 胡 → 湖 → 瑚 → 糊 → 㭊

古 	口부 총5획	甲骨文			金文		小篆	古文	古宮(고궁) 古物(고물) 古墳(고분)	
		鐵89·1	鐵222.2	甲1839	孟鼎	師旅鼎	說文解字			
예 고	설문 口부	古(고)는 옛날이라는 뜻이다. 十(십)과 口(구)는 모두 의미부분이다. 전시대(前時代)의 말을 안다는 뜻이다. 무릇 古부에 속하는 글자들은 모두 古를 의미부분으로 삼는다. 𠖠는 古의 고문(古文)이다.(「𠳋, 故也. 从十口. 識前言者也. 凡古之屬皆从古. 𠖠, 古文古.」)								

※ 열(十) 입(口)을 전해온 수백 년 전 옛일이라고 하나, 고문을 보면 악기를 연주하거나 옛일을 기록한 신주, 또는 옛일을 고함을 뜻하는 것으로도 보인다. 뜻은 '옛' '오래' 등으로 쓰인다.

姑

		殷商 金文		西周 金文		春秋 金文	小篆
女부 총8획		婦閣卣	婦姑鼎	庚嬴卣	姑口句鑃	太子姑發劍	說文解字

姑婦(고부)
姑母(고모)
姑從(고종)

시어머니 **고**	설문 女부	姑(고)는 남편의 어머니(즉 시어머니)를 뜻한다. 女(녀)는 의미부분이고 古(고)는 발음부분이다.(「姑, 夫母也. 从女, 古聲.」)

※ 며느리(婦=女)보다 오래(古) 사신 남편의 어머니인 '시어머니'를 뜻한다.
　　※파자:한집안 여자(女) 중에 가장 오래(古) 산 '시어머니'를 뜻한다.

枯

	金文	小篆
木부 총9획	古鉢	說文解字

枯渴(고갈)
枯木(고목)
枯淡(고담)

| 마를 **고** | 설문 木부 | 枯(고)는 마른 나무를 뜻한다. 木(목)은 의미부분이고, 古(고)는 발음부분이다. ≪하서(夏書)≫에 이르기를 "조릿대와 화살대 그리고 호(楛)나무."라고 하였다. (여기에서의 枯는) 나무의 이름이다.(「枯, 槀也. 从木, 古聲. ≪夏書≫曰: "唯箘輅枯." 木名也.」) |

※ 나무(木)가 오래(古)되어 '시들거나' '마름'을 뜻한다.

苦

	金文	小篆
艸부 총9획	古鉢	說文解字

苦悶(고민)
苦生(고생)
苦學(고학)

| 쓸 **고** | 설문 艸부 | 苦(고)는 대고(大苦)로, 씀바귀이다. 艸(초)는 의미부분이고, 古(고)는 발음부분이다.(「苦, 大苦, 苓也. 从艸, 古聲.」) |

※ 풀(艹) 싹이 난 지 오래(古)되면 '씀바귀'처럼 쓴맛이 나는 데서 '쓰다'가 된다.

故

	金文				小篆
攵부 총9획	師旂鼎	班簋	郜季簋	鄧公簋	說文解字

故鄕(고향)
故障(고장)
緣故(연고)

| 연고 **고** | 설문 攴부 | 故(고)는 하도록 시킨다는 뜻이다. 攴(복)은 의미부분이고, 古(고)는 발음부분이다.(「故, 使爲之也. 从攴, 古聲.」) |

※ 오래(古) 일을 다스려(攵) 하던 데서 '원인' '까닭' '연고' 등으로 쓴다.

做

	小篆
人부 총11획	설문 없음 / 形音義字典

做工(주공)
做恭(주공)
看做(간주)

| 지을 **주** | | |

※ 사람(亻)이 까닭(故)이 있는 일을 하는 데서 '짓다'가 된다. ※作(작)의 속자에서 된 글자.

辜

	金文	小篆	古文
辛부 총12획	胤嗣壺	說文解字	

無辜(무고)
罪辜(죄고)
辜負(고부)

| 허물 **고** | 설문 辛부 | 辜(고)는 죄를 뜻한다. 辛(신)은 의미부분이고, 古(고)는 발음부분이다. 䩉는 辜(고)의 고문(古文)으로 (辛 대신) 死(사)를 썼다.(「辜, 辠也. 从辛, 古聲. 䩉, 古文辜, 从死.」) |

※ 옛(古) 잘못이 있는 죄인(辛)에서 '허물' '죄'로 쓰인다.

		金文			小篆		
固	口부 총8획	 成固戈	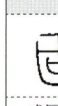 東庫圓壺	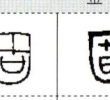 中山帳桿	 說文解字	固體(고체) 固定(고정) 固着(고착)	
굳을 고	설문 口부	固(고)는 사방이 막혀 있다는 뜻이다. 囗(위)는 의미부분이고, 古(고)는 발음부분이다.(「固, 四塞也. 从囗, 古聲.」)					

✽ 성(城)이나 귀한 물건의 사면(囗)을 막아 오래(古)도록 단단히 지켜 막음에서 '굳다'가 된다.

			小篆		
痼	疒부 총13획	설문 없음	 形音義字典	痼疾(고질) 痼癖(고벽) 根痼(근고)	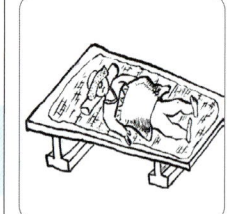
고질 고					

✽ 고치기 어려워 병(疒)이 오래되어 굳어진(固) '고질'을 뜻한다.

		小篆		
錮	金부 총16획	 說文解字	廢錮(폐고) 禁錮(금고) 禁錮刑(금고형)	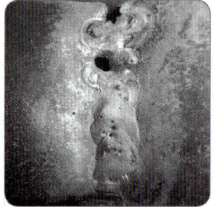
막을 고	설문 金부	錮(고)는 녹은 쇳물을 가지고 틈을 메운다는 뜻이다. 金(금)은 의미부분이고, 固(고)는 발음부분이다.(「錮, 鑄塞也. 从金, 固聲.」)		

✽ 쇠(金)그릇의 틈을 빈틈없이 단단히(固) 막아 새지 못하게 함에서 '막다'가 뜻이 된다.

個	人부 총10획	설문 없음	※箇(개)와 같은 자	個人(개인) 個別(개별) 個體(개체)	
낱 개	'箇'자 해설 참조.			

✽ 사람(亻) 마다 각자의 단단히 굳은(固) 특징에서 '낱' '따로'의 뜻이 된다. ※참고:个가 本字.
※참고:箇(낱 개) = 대나무(竹)의 단단한(固) 낱 가지 로 '個'와 같이 쓰인다.

		金文	小篆		
箇	竹부 총14획	 包山120	 說文解字	箇箇(개개) 箇數(개수) 箇中(개중)	
낱 개	설문 竹부	箇(개)는 대나무 하나를 뜻한다. 竹(죽)은 의미부분이고, 固(고)는 발음부분이다.(「箇, 竹枚也. 从竹, 固聲.」)			

✽ 대나무(竹) 단단한(固) 줄기 하나를 나타내어, 대나무를 세는 단위로 '낱'을 뜻한다. ※참고:个가 本字.

		金文			小篆		
胡	肉부 총9획	古鉥	陽安君鈛	雲夢法律	說文解字	胡蝶(호접) 丙子胡亂 (병자호란)	
되 호	설문 肉부	胡(호)는 소의 턱이 늘어졌다는 뜻이다. 肉(육)은 의미부분이고, 古(고)는 발음부분이다.(「胡, 牛顄垂也. 从肉, 古聲.」)					

✽ 소 턱 밑에 오래(古) 늘어져 보이는 살(肉=月)처럼, 턱살이 많은 북쪽 오랑캐인 '되'를 뜻한다.

湖	水부 총12획	金文	小篆			湖水(호수) 湖畔(호반) 江湖(강호)
		散盤	說文解字			
호수 호	설문 水부	湖(호)는 큰 연못을 뜻한다. 水(수)는 의미부분이고, 胡(호)는 발음부분이다. 양주(揚州)의 저수지에 큰 연못 다섯 개가 있다. 浸(침)이란 하천과 연못의 물을 모아 관개(灌漑)용으로 쓰는 것이다.(「𣵺, 大陂也. 从水, 胡聲. 揚州浸有五湖. 浸, 川澤所仰以灌漑也.」)				

❋ 물(氵)이 오래(古)된 소 턱에 늘어진 살(月)처럼 사방 땅에 퍼진 '호수'를 뜻한다.
※ 파자 : 물(氵)이 오래오래(古) 많은 달(月) 동안 모아진 '호수'.

瑚	玉부 총13획	小篆		珊瑚(산호) 珊瑚礁(산호초)
		說文解字		
산호 호	설문 玉부	瑚(호)는 산호(珊瑚)이다. 玉(옥)은 의미부분이고, 胡(호)는 발음부분이다.(「瑚, 珊瑚. 从玉, 胡聲.」)		

❋ 바다 속 보석(玉)으로 소 턱에 늘어진 살(胡)처럼 서로 연결되어 자라는, 붉은 색을 띠고 자라는 '산호'를 뜻한다.

糊	米부 총15획	설문 없음	小篆	或體	糊口(호구) 糊名(호명) 糊塗(호도)
			說文解字		
풀칠할 호		≪형음의자전≫에서는 黏(풀 호)를 같은 자(字)로 본다. 黏(호)는 붙는다는 뜻이다. 黍(서)는 의미부분이고, 古(고)는 발음부분이다. 𥹢는 黏의 혹체자(或體字)로 (黍 대신) 米(미)를 썼다.(「黏, 黏也. 从黍, 古聲. 𥹢, 黏或从米.」)			

❋ 쌀(米)을 오래 끓여 소 턱살(胡)처럼 끈기 있게 늘어지는 '풀'에서 '풀칠하다'가 된다.

祜	示부 총10획	甲骨文		西周金文	春秋金文	小篆	天祜(천호) 祜休(호휴) 多祜(다호)
		粹233	粹234	痙鐘	伯其父𣪘	曾子簠	說文解字	
복 호	설문 示부	祜(호)는 황상(皇上)의 피휘자(避諱字)이다.(「祜, 上諱.」) '祜'는 공종(恭宗)의 이름이다.						

❋ 신(示)이 오래(古) 쌓은 덕에 '복'을 내려줌을 뜻한다.

豆 ➡ 頭 ➡ 痘 ➡ 豈 ➡ 凱 ➡ 愷 ✥ ➡ 墢 ⋯⋯ (鬥) ➡ 鬪

豆	豆부 총7획	甲骨文		殷商 金文	西周金文	小篆	古文	豆腐(두부) 豆乳(두유) 綠豆(녹두)
		乙7978	甲1613	宰甫𣪘	豆閉𣪘		說文解字	
콩/제기 두	설문 豆부	豆(두)는 옛날 음식과 고기를 담을 때 쓰던 그릇이다. 口(구)는 의미부분이다. 상형이다. 무릇 豆부에 속하는 글자들은 모두 豆를 의미부분으로 삼는다. 𣅫는 豆의 고문(古文)이다.(「豆, 古食肉器也. 从口. 象形. 凡豆之屬皆从豆. 𣅫, 古文豆.」)						

❋ 나무로 만든 '제기'로, 荳(콩 두)와 음이 같고, '고문(𣅫)'은 콩과 모양이 같아 '콩'이라고도 한다.

頭	頁부 총16획	金文	小篆		頭腦(두뇌) 頭髮(두발) 頭目(두목)
		蔡侯鼎	說文解字		
머리 두	설문 頁부	頭(두)는 머리를 뜻한다. 頁(혈)은 의미부분이고, 豆(두)는 발음부분이다.(「頭, 首也. 从頁, 豆聲.」)			

❋ 제기(豆) 모양 같은 둥근 머리(頁)에서 '머리'를 뜻한다.

痘	疒부 총12획	설문 없음	小篆 痘 形音義字典		痘瘡(두창) 痘面(두면) 天然痘(천연두)	
역질 두						

✽ 병(疒)의 증세가 콩(豆) 같은 수포가 생기는, '마마'나 '천연두'로 불리는 '역질'을 뜻한다.

 豆부 총10획

	金文 豈 陶徵222	小篆 豈 說文解字		豈非(기비) 豈敢(기감) 豈不(기불)	
어찌 기	설문 豆부	豈(기)는 군대가 귀환할 때 그 노고를 위로하기 위하여 연주하는 음악을 뜻한다. 일설에는 '바라다'라는 뜻이라고도 하고, 또 '오르다'라는 뜻이라고도 한다. 豆(두)는 의미부분이고, 微(미)의 생략형은 발음부분이다. 무릇 豈부에 속하는 글자들은 모두 豈를 의미부분으로 삼는다.(「豈, 還師振旅樂也. 一曰欲也; 登也. 从豆, 微省聲. 凡豈之屬皆从豈.」)			

✽ 높은 산(山)을 장식한 제기(豆) 모양 군용 악기로, 싸움에서 이기고 연주하며 행진하는 모습에서 '개선'을 뜻하며, 싸움에 이김이 '어찌' 즐겁지 않은가의 의미로 뜻이 변해 쓰인다.

凱	几부 총12획	설문 없음	小篆 豈	隷書 凱 形音義字典	凱歌(개가) 凱旋(개선) 凱樂(개악)	
개선할 개						

✽ 싸움에 이기고(豈) 제단이나 안석(几)을 펼쳐놓고 축하하는 연회로 '개선하다'가 뜻이 된다.

 心부 총13획

	小篆 愷 說文解字			愷歌(개가) 愷風(개풍) 愷樂(개악)	
즐거울 개	설문 心부	愷(개)는 즐겁다는 뜻이다. 心(심)은 의미부분이고, 豈(개)는 발음부분이다.(「愷, 樂也. 从心, 豈聲.」)			

✽ 마음(心·忄)이 싸움에 이겨(豈) 즐거움에서 '즐겁다'를 뜻한다.

塏	土부 총13획		小篆 塏 說文解字		勝塏(승개) 李塏(이개) 幽塏(유개)	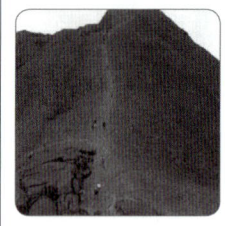
높은땅 개	설문 土부	塏(개)는 (땅이) 높고 건조하다는 뜻이다. 土(토)는 의미부분이고, 豈(개)는 발음부분이다.(「塏, 高燥也. 从土, 豈聲.」)				

✽ 땅(土)이 산 모양이 장식된 악기(豈)처럼 높은 데서 건조하고 '높은 땅'을 뜻한다.

 鬥부 총10획

	甲骨文 乙6988	粹1324	合14553	小篆 說文解字	부수 한자	
싸울 투	설문 鬥부	鬥(투)는 두 사람이 마주보고 창을 뒤로 한 채 싸우는 모양을 그린 것이다.(「鬥, 兩士相對, 兵杖在後, 象鬥之形.」)				

✽ 두 사람이 마주서서 손을 들고 서로 엉겨 싸우는 모습에서 '싸움'을 뜻한다.

鬭	鬥부 총20획	小篆 說文解字		鬭志(투지) 鬭牛(투우) 戰鬭(전투)

싸움 투	설문 鬥부	鬭(투·각)는 마주친다는 뜻이다. 鬥(두)는 의미부분이고, 斲(착)은 발음부분이다.(「鬭, 遇也. 从鬥, 斲聲」)

※ 싸울(鬥) 때 제기(豆)를 손(寸)에 든 모양에서 '싸움'을 뜻한다. 손에 제기를 들고(斲 : 깎을 착) 싸우는(鬥)모양이 변함. ※참고: '斲'=𧯊(큰 술잔 두)→豆. 𠬞(잡을 극)→斤→寸.

鼓 ➡ 瞽 ❖ ➡ 壴 ➡ 喜 ➡ 嬉 ➡ 憙 ➡ 禧 ➡ 熹 ➡ 僖 ✤

	鼓부 총13획	甲骨文		殷商 金文	西周 金文	小篆	籒文	杖鼓(장고) 鼓吹(고취) 鼓手(고수)
		乙621	甲2288	鼓鱓	克鼎	說文解字		

북 고	설문 鼓부	鼓(고), 북을 '고'라고 부르는 까닭은 그것이 가죽으로 싸서[郭(곽)] 만든 악기이기 때문이다. 춘분(春分)의 소리는 만물이 껍질을 싸고 있다가 나오기 때문에, 그래서 鼓(고)라고 부르는 것이다. 壴(주)는 의미부분이고, 支(지)는 손으로 (북채를 잡고) 북을 때리는 것을 그린 것이다. ≪주례(周禮)≫에 이르기를 "6개의 북이 있는데, 그 예를 들면 다음과 같다. 뇌고(雷鼓)는 8면, 영고(靈鼓)는 6면, 노고(路鼓)는 4면, 그리고 분고(鼖鼓)·고고(皐鼓)·진고(晉鼓)는 모두 2면이다."라고 하였다. 무릇 鼓부에 속하는 글자들은 모두 鼓를 의미부분으로 삼는다. 鼖는 鼓의 주문(籒文)으로 古(고)를 발음부분으로 더하였다.(「鼓, 郭也. 春分之音, 萬物郭皮甲而出, 故謂之鼓. 从壴. 支, 象其手擊之也. ≪周禮≫: "六鼓: 靁鼓八面, 靈鼓六面, 路鼓四面, 鼖鼓·皐鼓·晉鼓皆兩面." 凡鼓之屬皆从鼓. 鼖, 籒文鼓, 从古聲.」)

※ 북(壴:세운악기 주)을 세워 놓고 북채(十)를 든 손(又)으로 치는 데서 '북' '북치다'를 뜻한다.

瞽	目부 총18획	小篆 說文解字		瞽說(고설) 瞽瞍(고수) 瞽者(고자)

소경 고	설문 目부	瞽(고)는 눈이 단지 자리 표시만 있다는 뜻이다. 目(목)은 의미부분이고, 鼓(고)는 발음부분이다.(「瞽, 目但有目朕也. 从目, 鼓聲.」)

※ 주로 북(鼓)이나 악기를 치던 눈(目)이 멀어 보이지 않는 사람에서 '소경'을 뜻한다.

	士부 총9획	甲骨文				殷商 金文	春秋 金文	小篆	용례 없음
		甲2407	粹533	乙4770	佚233	壴鼎	王孫鐘	說文解字	

악기이름 주	설문 壴부	壴(주)는 악기를 진열하는데, 세워 놓으니 위(의 장식)가 보인다는 뜻이다. 屮(철)과 豆(두)는 모두 의미부분이다. 무릇 壴부에 속하는 글자들은 모두 壴를 의미부분으로 삼는다.(「壴, 陳樂立而上見也. 从屮, 从豆. 凡豆之屬皆从豆.」)

※ 장식(屮=十)이 있는 북(豆)을 세워 놓은 데서 '세운 악기' '악기이름'을 뜻한다.

喜	口부 총12획	甲骨文		西周 金文	春秋 金文	小篆	古文	喜悲(희비) 喜劇(희극) 喜捨(희사)
		粹1488	前1.1.3	天亡	史喜鼎	子璋鐘	說文解字	

기쁠 희	설문 喜부	喜(희)는 즐겁다는 뜻이다. 壴(주)와 口(구)는 모두 의미부분이다. 무릇 喜부에 속하는 글자들은 모두 喜를 의미부분으로 삼는다. 歖는 喜의 고문(古文)으로 欠(흠)자를 더하였는데, 歡(기뻐할 환)자와 같은 뜻이다.(「喜, 樂也. 从壴, 从口. 凡喜之屬皆从喜. 歖, 古文喜, 从欠, 與歡同.」)

※ 악기(壴) 연주를 들으며 입(口)을 벌려 기뻐하거나, 경사를 축하하는 데서 '기쁨'을 뜻한다.

嬉	女부 총15획	설문 없음	甲骨文	小篆	嬉遊(희유) 嬉笑(희소)	
			珠371	形音義字典		
아름다울 희						

※ 여자(女)가 기쁜(喜) 경사에 아름답게 꾸미는 데서 '아름답다'가 뜻이 된다.

憙	心부 총16획		戰國 金文		小篆	悅憙(열희)	
			宜陽戈	坪安君鼎	說文解字		
기뻐할 희	설문 喜부	憙(희)는 기쁘다는 뜻이다. 心(심)과 喜(희)는 모두 의미부분인데, 喜는 발음부분이기도 하다.(「憙, 說也. 从心, 从喜, 喜亦聲.」)					

※ 기쁜(喜) 마음(心)에서 '기뻐하다'가 뜻이 된다.

禧	示부 총17획	小篆	福禧(복희) 禧年(희년) 新禧(신희)	
		說文解字		
복 희	설문 示부	禧(희)는 예(禮)를 행하여 길(吉)함을 얻는다는 뜻이다. 示(시)는 의미부분이고, 喜(희)는 발음부분이다.(「禧, 禮吉也. 从示, 喜聲.」)		

※ 신(示)에게 예를 올려 기쁨(喜)을 얻는 데서 '복'이나 '경사'가 뜻이 된다.

熹	火부 총16획	甲骨文		小篆	朱熹(주희)	
		後上41.7	寧滬1.315	說文解字		
빛날 희	설문 火부	熹(희)는 굽다는 뜻이다. 火(화)는 의미부분이고, 喜(희)는 발음부분이다.(「熹, 炙也. 从火, 喜聲.」)				

※ 밤에 북(豆)치며 그릇(口)에 고기를 담아 불(火)로 '구우며' 신에게 제사하는 모습으로, 후에 뜻이 변하여 불을 피운 데서 '빛나다'로 쓰였다. 밤 경사(喜)에 불(灬)을 '빛나게' 밝힘.

僖	人부 총14획	小篆	僖王(희왕)	
		說文解字		
기쁠/즐거울 희	설문 人부	僖(희)는 즐겁다는 뜻이다. 人(인)은 의미부분이고, 喜(희)는 발음부분이다.(「僖, 樂也. 从人, 喜聲.」)		

※ 사람(亻)의 마음이 기쁨(喜)을 뜻하여 '기쁘다' '즐겁다'를 뜻한다.

→樹→廚→澍✢

尌	寸부 총12획	金文	小篆	용례 없음	
		尌仲簠	說文解字		
세울 주	설문 壴부	尌(주)는 세운다는 뜻이다. 壴(주)와 寸(촌)은 모두 의미부분이다. (寸은) 가진다는 뜻이다. 駐(주)라고 읽는다.(「尌, 立也. 从壴从寸. 持之也. 讀若駐.」)				

※ 제기모양 그릇(豆) 위에 나무(木=士)를 손(寸)으로 잡고 세워(豆) 심는 데서 '세우다'를 뜻한다.

	木부 총16획	金文	小篆	籀文		樹林(수림) 樹種(수종) 樹液(수액)	

		石鼓乍原	說文解字				
나무 수	설문 木부	樹(수)는 생물 가운데 직립(直立)해 있는 것의 총칭이다. 木(목)은 의미부분이고, 尌(주)는 발음부분이다. 尌는 주문(籀文)이다.(「樹, 生植之總名. 从木, 尌聲. 尌, 籀文.」)					

※ 나무(木)를 심기 위해, 그릇(豆) 위에 나무(木=士)를 손(寸)으로 잡고 심는 모양(尌:세울 주)으로 세워(尌) 심는 데서 '나무' '세우다'를 뜻한다.

廚	广부 총15획	戰國 金文	小篆			廚房(주방) 庖廚(포주) 廚房長(주방장)	
		秦陶1476	說文解字				
부엌 주	설문 广부	廚(주)는 부엌을 뜻한다. 广(엄)은 의미부분이고, 尌(주)는 발음부분이다.(「廚, 庖屋也. 从广, 尌聲.」)					

※ 집(广)에서 음식 만들 계획을 세워(尌) 계획하고 담당하던 '부엌'을 뜻한다.
※참고:집(广)에서 제기(豆)에 담을 음식을 법도(寸)에 따라 만들던 '부엌'을 뜻한다.

澍	水부 총15획	戰國 金文	小篆			澍雨(주우) 澍濡(주유)	
		雲夢日甲	說文解字				
단비/적실 주	설문 水부	澍(주)는 때에 맞춰 내리는 비를 뜻한다. 단비는 만물을 소생시킨다. 水(수)는 의미부분이고, 尌(주)는 발음부분이다.(「澍, 時雨. 澍生萬物. 从水, 尌聲.」)					

※ 때에 알맞게 빗물(氵)이 세워(尌) 심은 나무에 내림에서 '단비' '적시다'를 뜻한다.

 ➡  ➡ 膨 ☆

	彡부 총12획	甲骨文			金文		小篆	彭祖(팽조) 彭排(팽배)	
		前5.34.1	後上9.5	佚278	彭史尊	揚鼎	說文解字		
성 팽	설문 壴부	彭(팽)은 북소리이다. 壴(주)는 의미부분이고, 彡(삼)은 발음부분이다.(「彭, 鼓聲也. 从壴, 彡聲.」)							

※ 북(壴)을 쳐서 소리(彡)가 울려 퍼짐을 뜻하는 글자로, 주로 사람의 '성'으로 쓰인다.
※참고:여기서 彡(삼)은 소리가 퍼지는 모양의 표현임.

	水부 총15획	설문 없음	小篆		澎湃(팽배)	

			形音義字典			
물소리 팽						

※ 물(氵)이 북을 쳐서 나는 소리(彭)처럼 부딪치는 소리에서 '물소리'를 뜻한다.

	肉부 총16획	설문 없음			膨脹(팽창) 膨滿(팽만) 膨膨(팽팽)	
불을 팽						

※ 살(月)이 북을 친 소리(彭)가 울려 퍼지듯, 불어나는 데서 '불어나다' '부풀다'가 뜻이 된다.

151

農 → 濃 → 膿 … 曲

	甲骨文			西周 金文		
辰부 총13획						
	佚855	乙5329	後上7.11	令鼎	農卣	令鼎
	西周 金文	春秋 金文	小篆	籀文	古文	
설문 晨부						
	農簋	梁其鐘	說文解字			

농사 농

農業(농업) 農夫(농부) 農園(농원) 農樂(농악)

農=農(농)은 경작(耕作)한다는 뜻이다. 晨(신)은 의미부분이고, 囟(신)은 발음부분이다. 은 주문(籀文)으로 [臼(국·곡) 대신] 林(림)을 썼다. 은 農의 고문(古文)이다. 도 역시 農의 고문이다.(「農, 耕也. 从晨, 囟聲. , 籀文農, 从林., 古文農. , 亦古文農.」)

✻ 숲 사이 밭(林+田=曲)에서 조개껍질(辰)을 들고 농사일을 하는 데서 '농사'가 뜻이 된다.

	小篆
水부 총16획	
	說文解字
설문 水부	

짙을 농

濃度(농도) 濃淡(농담) 濃厚(농후)

濃(농)은 이슬이 많다는 뜻이다. 水(수)는 의미부분이고, 農(농)은 발음부분이다. ≪시경(詩經)≫에 이르기를 "이슬이 촉촉이 내렸네."라고 하였다.(「濃, 露多也. 从水, 農聲.≪詩≫曰: 零露濃濃.」)

✻ 농토에 물(氵)이 충분하여 농사(農)지은 농작물이 짙게 잘 자람에서 '짙다'가 뜻이 된다.

	小篆
肉부 총17획	
설문 없음	
	形音義字典

고름 농

膿瘍(농양) 膿血(농혈) 化膿(화농)

✻ 사람의 몸(月)에 농작물(農)을 심은 것처럼 돋아나는 종기의 '고름'을 뜻한다.

	甲骨文	殷商 金文	春秋 金文	戰國 金文	小篆	古文
日부 총6획						
	合集1022	曲父丁爵	曾子斿鼎	咎薈戈	說文解字	
설문 曲부						

굽을 곡

曲線(곡선) 曲直(곡직) 歪曲(왜곡)

曲(곡)은 네모진 그릇에 물건이 담겨진 모양을 그린 것이다. 일설에는 曲을 누에칠 때 쓰는 채반이라고도 한다. 무릇 曲부에 속하는 글자들은 모두 曲을 의미부분으로 삼는다. 은 曲의 고문(古文)이다.(「曲, 象器曲受物之形. 或說, 曲, 蠶簿也. 凡曲之屬皆从曲. , 古文曲.」)

✻ 굽은 자나 속이 비어 굽은 대바구니, 또는 굽은 도구에서 '굽다'가 된다.

豐(豊) → 艷(豔)

	甲骨文		西周 金文	小篆	古文
豆부 총18획					
	寧滬3.4	粹232	天亡簋	豐尊	說文解字
설문 豐부					

풍년 풍

豊年(풍년) 豊富(풍부) 豊盛(풍성)

豐(풍)은 豆(제사그릇 두)에 가득 담긴 것[豐滿(풍만)]을 뜻한다. 豆는 의미부분이다. 상형이다. 일설에는 ≪의례(儀禮)·향음주례(鄕飮酒禮)≫에 豐이라는 제후국이 있었다고 한다. 무릇 豐부에 속하는 글자들은 모두 豐을 의미부분으로 삼는다. 은 豐의 고문이다.(「豐, 豆之豐滿者也. 从豆, 象形. 一曰〈鄕飮酒〉有豐侯者. 凡豐之屬皆从豐. , 古文豐.」)

✻ 산(山)처럼 무성하고(丰) 풍성히(丰) 제기(豆)에 담긴 햇곡식에서 '풍년'을 뜻한다. 豊은 俗字임.
※파자:제물을 굽을(曲) 정도로 제기(豆)에 많이 쌓은 '풍년'. ※참고:丰(예쁠/무성할 봉).

艷	色부 총19획	설문 없음	小篆  形音義字典	艷聞(염문) 艷妓(염기) 妖艷(요염)	
고울 염	설문 豐부	《형음의자전》에서는 '설문'의 豓(염)과 같은 뜻으로 보고 있다. 豓(염)은 보기 좋고 잘 자랐다는 뜻이다. 豐(풍)은 의미부분이다. 豐은 크다는 뜻이다. 盍(합)은 발음부분이다. 《춘추전(春秋傳)》에 이르기를 "아름답고 탐스럽다."라고 하였다.(「豓, 好而長也. 从豐. 豐, 大也. 盍聲. 《春秋傳》曰: "美而豓."」)			

※ 풍부(豐=豊)하고 아름다운 색(色)에서 키가 크고 아름다운 사람을 뜻하여 '곱다'가 된다.

豊 ➡ 禮 ➡ 醴 ➡ 體

豊	豆부 총13획	甲骨文		西周 金文		戰國 金文	小篆	禮의 古字(고자)	
		粹540	甲2744	長由盉	散盤	中山王壺	說文解字		
굽높은그릇 례	설문 豊부	豊(례)는 예(禮)를 올릴 때 쓰는 그릇이다. 豆(두)는 의미부분이다. 상형(象形)이다. 무릇 豊부에 속하는 글자들은 모두 豊를 의미부분으로 삼는다. 발음은 禮(례)와 같다.(「豊, 行禮之器也. 从豆. 象形. 凡豊之屬皆从豊. 讀與禮同.」)							

※ 그릇(豆)에 보옥(玉)을 담아 '예'를 갖춤을 뜻하나, 지금은 豐과 豊을 구별 없이 쓴다.

禮	示부 총18획	春秋 金文	戰國 金文	小篆	古文	禮節(예절) 禮物(예물) 禮訪(예방)	
		九里墩鼓	十鐘印擧	說文解字			
예도 례	설문 示부	禮(례), 예절을 '례'라고 하는 까닭은 (예절이란 그것을) '이행(履行)'해야 하기 때문이다. 그렇게 함으로써 신령을 받들고 복을 이르게 한다. 示(시)와 豊(례)는 모두 의미부분인데, 豊는 발음부분이기도 하다. 礼는 禮의 고문(古文)이다.(「禮, 履也. 所以事神致福也. 从示, 从豊, 豊亦聲. 礼, 古文禮.」)						

※ 신(示)에게 풍성히 예물(豊)을 갖춰 제사함에서 '예절' '예도'를 뜻한다.

醴	酉부 총20획	西周 金文		春秋 金文	小篆	醴泉(예천) 醴酒(예주) 醴泉郡(예천군)	
		三年興壺	師遽方彝	曾伯陭壺	說文解字		
단술 례	설문 酉부	醴(례)는 술을 하룻밤에 익혔다는 뜻이다. 酉(유)는 의미부분이고, 豊(례)는 발음부분이다.(「醴, 酒一宿孰也. 从酉, 豊聲.」)					

※ 술(酉)로 신에게 예(豊)를 갖춤, 또는 하룻밤만 익힌 술(酉)로 독하지 않아 마셔도 예(豊)를 잃지 않는 맑은 술인 '단술'을 뜻한다.

體	骨부 총23획	金文	小篆		體育(체육) 體格(체격) 體溫(체온)	
		中山王方壺	說文解字			
몸 체	설문 骨부	體(체)는 몸의 12부분 모두를 뜻한다. 骨(골)은 의미부분이고 豊(례)는 발음부분이다.(「體, 總十二屬也. 从骨, 豊聲.」)				

※ 인체의 근골(骨)이 각 부위에 풍성히(豊) 잘 갖추어진 데서 '몸' 전체 부위를 나타낸다.

◇ 醴酒不設 : (예주불설) 상에 단술을 차리지 않는다는 말로, 손님을 대하는 예가 차츰 식어감을 뜻한다. 초나라의 원왕(元王)이 사람들을 예우 하면서 술을 좋아하지 않는 목생(穆生)을 위해 특별히 단술을 차려 후대 하였으나, 뒤에 왕무(王戊)가 즉위하고 단술을 차리지 않자 목생이 초나라를 떠났다는 고사.

辰 ➡ 振 ➡ 震 ➡ 賑 ✦ ➡ 脣 * ➡ 晨 ➡ 宸 ☆ ➡ 娠 ➡ 蜃 ☆ ➡ 脣 ➡ 辱

	甲骨文	殷商 金文	西周金文	小篆	古文
辰부 총7획	丹	尽	乒	面	压	厎
	後上26.5	粹756	卯其卣	盂鼎	散盤	說文解字

辰韓(진한)
日辰(일진)
生辰(생신)

별/가를 진 조개껍질 진	설문 辰부	辰(진)이 다섯 번째 지지(地支)로 쓰이는 까닭은 진동(震動)하기 때문이다. 3월이 되어 양기가 움직이면 번개와 벼락이 치며, 백성들은 농사짓기를 시작하고, 만물이 소생한다. 乙(을)과 匕(화)는 의미부분으로, (초목의 성장이) 끝까지 도달한 모양을 그린 것이다. 厂(예)는 발음부분이다. 辰은 방성(房星)으로 하늘의 때를 알려준다. 二(상)은 의미부분으로, 上(상)자의 고문(古文)이다. 무릇 辰부에 속하는 글자들은 모두 辰을 의미부분으로 삼는다. 厎은 辰의 고문(古文)이다.(「厎, 震也. 三月陽气動, 雷電振, 民農時也, 物皆生. 从乙・匕, 象芒達」. 厂聲也. 辰, 房星, 天時也. 从二. 二, 古文上字. 凡辰之屬皆从辰. 厎, 古文辰.」)

※ 큰 조개껍질 모양으로, 주로 '농사'에 사용되고 12지로 사용되어 '때' '별' 등으로 쓰인다.
※참고:물건을 자르거나 쪼개는 데 사용되는 '조개껍질'에서 '나누다' '쪼개다'를 뜻한다.

振動(진동)
振幅(진폭)
振作(진작)

手부 총10획			
	伯仲父簋	中山王鼎	說文解字

떨칠 진	설문 手부	振(진)은 들어 올려 구한다는 뜻이다. 手(수)는 의미부분이고, 辰(진・신)은 발음부분이다. 일설에는 떨친다는 뜻이라고도 한다.(「振, 擧救也. 从手, 辰聲. 一曰奮也.」)

※ 손(扌)으로 조개껍질(辰)을 들고 잡초를 뽑거나 수확하여 '거두는' 데서 움직임과 관계하여 '떨치다' '떨다'가 뜻이 된다.

震怒(진노)
震動(진동)
震幅(진폭)

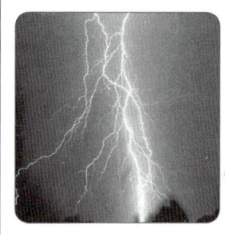

雨부 총15획	戰國 金文	小篆	籒文
	雲夢日甲	說文解字	

우레 진	설문 雨부	震(진)은 벼락[劈歷(벽력)]으로, 만물을 떨게[振(진)] 하는 것이다. 雨(우)는 의미부분이고, 辰(진・신)은 발음부분이다. ≪춘추전(春秋傳)≫에 이르기를 "이백(夷伯), 노(魯)나라 대부)의 사당(祠堂)에 벼락이 떨어졌다."라고 하였다. 霺은 震의 주문(籒文)이다.(「震, 劈歷, 振物者. 从雨, 辰聲. ≪春秋傳≫曰: "震夷伯之廟." 霺, 籒文震.」)

※ 비(雨)올 때, 물건을 자르고 쪼개는 조개(辰)처럼, 만물이 쪼개고 '흔들리게' 내리쳐 '놀라게' 하는 '우레'를 뜻한다.

賑與(진여)
賑濟(진제)
賑恤(진휼)

貝부 총14획	小篆
	說文解字

구휼할 진	설문 貝부	賑(진)은 부유(富裕)하다는 뜻이다. 貝(패)는 의미부분이고, 辰(신・진)은 발음부분이다.(「賑, 富也. 从貝, 辰聲.」)

※ 어려운 사람들에게 재물(貝)을 나누어(辰)주는 데서 '구휼하다' '기민먹이다'를 뜻한다.

脣然(진연)

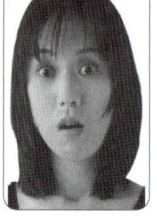

口부 총10획	小篆
	說文解字

놀랄 진	설문 口부	脣(진)은 '놀라다'라는 뜻이다. 口(구)는 의미부분이고, 辰(진)은 발음부분이다.(「脣, 驚也. 从口, 辰聲.」)

※ 양쪽으로 갈라지는 조개(辰)처럼, 놀라 입(口)을 벌리는 데서 '놀라다'를 뜻한다. 脣(입술 순)과 같이 쓰임은 잘못이다.

晨	日부 총11획	甲骨文	金文	小篆	或體		小篆	晨星(신성) 晨鐘(신종) 晨門(신문)
		(粹251)	(多友鼎)	(說文解字)		(새벽 신)	(說文解字)	
새벽 **신**	설문 晶부	晨(신)은 방성(房星)으로, 백성에게 농사의 때를 알려주는 별이다. 晶(정)은 의미부분이고, 辰(신·진)은 발음부분이다. 晨은 晨의 혹체자(或體字)로 (晶을) 생략해서 (日로) 썼다.(「晨, 房星, 爲民田時者. 从晶, 辰聲. 晨, 晨或省.」)						

※ 별(晶=日)이 사라지기 전에 조개(辰)를 들고 '새벽'에 일함, 또는 조개껍질(辰)을 양손(臼=日)으로 들고 '새벽'에 밭에 나가 벌레를 잡거나 농사일을 함을 뜻한다. ※참고:晨(샛별) 晨(새벽)

宸	宀부 총10획	小篆		宸襟(신금) 宸筆(신필) 宸憂(신우)
		(說文解字)		
대궐 **신**	설문 宀부	宸(신)은 집의 처마를 뜻한다. 宀(면)은 의미부분이고, 辰(신·진)은 발음부분이다.(「宸, 屋宇也. 从宀, 辰聲.」)		

※ 조개껍질(辰)처럼 덮인 집(宀)의 지붕에서 '집'을 뜻하고, 만민을 덮어 보호해 주는 임금이 사는 '대궐', 또는 辰(진)은 '임금'을 상징하는 용을 뜻하여 임금이 사는 '대궐'을 뜻한다.

娠	女부 총10획	甲骨文	小篆		姙娠(임신) 姙娠婦(임신부)
		(甲3737)	(說文解字)		
아이밸 **신**	설문 女부	娠(신)은 여자가 아이를 가졌는데 (뱃속 아이의) 몸이 움직인다는 뜻이다. 女(녀)는 의미부분이고, 辰(진·신)은 발음부분이다. 《춘추전(春秋傳)》에 이르기를 "후민(后緡)은 막 임신한 상태였다."라고 하였다. 일설에는 관비(官婢) 가운데 여자 노예를 娠이라고 부른다고도 한다.(「娠, 女妊身動也. 从女, 辰聲. 《春秋傳》曰: "后緡方娠." 一曰: 官婢女隸謂之娠.」)			

※ 여자(女)의 몸에 움직이는(振=辰) 아이에서 '아이 배다' '임신'을 뜻한다.
※파자:여자(女)의 배가 조개(辰)처럼 불룩한데서 '아이 배다'를 뜻한다.

蜃	虫부 총13획	小篆		蜃蛤(신합) 蜃市(신시) 蜃氣樓(신기루)
		(說文解字)		
큰조개 **신**	설문 虫부	蜃(신), 꿩이 바다에 들어가 蜃이 되었다. 虫(훼·충)은 의미부분이고, 辰(진·신)은 발음부분이다.(「蜃, 雉入海, 化爲蜃. 从虫, 辰聲.」)		

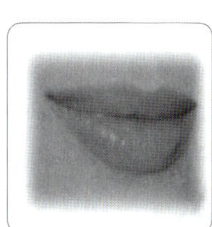

※ 조개(辰)모양이 '12지'로 쓰이자, 벌레·갑각류 등을 뜻하는 虫(충)을 더해 '큰 조개'를 뜻했다.
※참고:虫(충)은 벌레 외에 갑각류·파충류·어류·전설상의 동물 등을 뜻하기도 한다.

脣	肉부 총11획	戰國 金文	小篆	古文	脣舌(순설) 脣音(순음) 脣齒(순치)
		(雲夢法律)	(說文解字)		
입술 **순**	설문 肉부	脣(순)은 입술을 뜻한다. 肉(육)은 의미부분이고, 辰(진)은 발음부분이다. 䫇은 脣의 고문(古文)으로 肉 대신 頁(혈)을 썼다.(「脣, 口耑也. 从肉, 辰聲. 䫇, 古文脣从頁.」)			

※ 쉴 사이 없이 움직이는(振=辰) 조개(辰) 모양의 신체 부위(月)에서 '입술'을 뜻한다.
※참고:신체(月) 부위 중에 위아래로 나누어(辰)지는 '입술'.

辱	辰부 총10획	戰國 金文	小篆		辱說(욕설) 困辱(곤욕) 屈辱(굴욕)
		(雲夢日甲)	(說文解字)		
욕될 **욕**	설문 辰부	辱(욕)은 부끄럽다는 뜻이다. 寸(촌)이 辰(진) 아래에 있는 의미이다. 농사의 때를 놓치면 그 땅 위에서 죽임을 당한다. 辰은 농사의 시기를 뜻한다. 그래서 방성(房星)을 辰이라고 하는 것이며, 이 때가 농사철이다.(「辱, 恥也. 从寸在辰下. 失耕時, 於封疆上戮之也. 辰者, 農之時也. 故房星爲辰, 田候也.」)			

※ 조개껍질(辰)을 손(寸)으로 들고 일하여, 몸이 더러워지거나 잘못하여 '욕됨'을 뜻한다.

厶 ➡ 去 ➡ 却 ➡ 脚 ➡ 法 ➡ 劫 ➡ 怯 ➡ 蓋

	ㄩ부 총2획	小篆	或體		용례 없음
밥그릇 거	설문 厶부	說文解字			

厶(거)는 거로(厶盧)로, 밥그릇이다. 버들나무로 만든다. 상형(象形)이다. 무릇 厶부에 속하는 글자들은 모두 厶를 의미부분으로 삼는다. 笿는 厶의 혹체자(或體字)로, 竹(죽)은 의미부분이고, 去(거)는 발음부분이다.(「ㄩ, 厶盧, 飯器. 以柳爲之. 象形. 凡厶之屬皆从厶. 笿, 厶或从竹, 去聲.」)

※ 음식을 담는 그릇 모양으로 '밥그릇'을 뜻한다.

	厶부 총5획	甲骨文	西周 金文	春秋 金文	戰國 金文	小篆	去來(거래) 去勢(거세) 去處(거처)
갈 거	설문 去부	前7.9.3	佚217	鄦去魯鼎	哀成叔鼎	中山王圓壺	說文解字

去(거)는 사람이 서로 멀어진다는 뜻이다. 大(대)는 의미부분이고, 厶(거)는 발음부분이다.(「杏, 人相違也. 从大, 厶聲.」)

※ 사람(大=土)이 거주지(ロ=厶)를 떠나거나, 구덩이(ロ)에 변을 보는 데서 '가다' '버리다'가 됨.
　※참고: 빈 밥그릇(厶)을 버리고 떠나는 사람(大=土)에서 '가다' '버리다'를 뜻한다고도 한다.

	卩부 총7획	戰國 金文	小篆	却下(각하) 却說(각설) 棄却(기각)
물리칠 각	설문 卩부	雲夢封診	說文解字	

卻(=却)은 하고 싶은 바를 절제(節制)한다는 뜻이다. 卩(절)은 의미부분이고, 谷(곡)은 발음부분이다.(「卻, 節欲也. 从卩, 谷聲.」)

※ 물러가도록(去) 앞에 꿇어앉은(卩) 사람을 '물리침'을 뜻한다. ※참고: 주름진(八:나눌 별) 입(口)가의 모습(谷: 谷이 아님)과 꿇어앉은(卩) 모양으로 좋게 물러나게 함인 '卻(각)'이 본자. 卻(각)과 郤(고을이름 극)이 비슷해 谷이 去(거)로 변함.

	肉부 총11획	戰國 金文	小篆	橋脚(교각) 脚本(각본) 脚線美(각선미)
다리 각	설문 肉부	雲夢日甲	說文解字	

脚(=腳[각])은 종아리를 뜻한다. 肉(육)은 의미부분이고, 卻(각)은 발음부분이다.(「腳, 脛也. 从肉, 卻聲.」)

※ 몸(月)이 물러갈(去) 때 굽혀(卩)지는 무릎과 발목 사이의 '정강이'로 '다리'를 뜻한다.

	水부 총8획	金文			小篆	今文	古文	法律(법률) 法官(법관) 法院(법원)
법 법	설문 廌부	盂鼎	克鼎	師西簋	說文解字			

灋=法(법)은 벌을 내린다는 뜻이다. 공평함이 물과 같아야 하므로, 水(수)가 의미부분이 되는 것이다. 외뿔소(廌:치)는 정직하지 않은 사람을 머리로 들이받아 쫓아낸다. (그래서) 去(거)도 의미부분이 된다. 佱은 금문(今文)으로 생략형이다. 佺은 고문(古文)이다.(「灋, 刑也. 平之如水, 从水. 廌所以觸不直者去之. 从去. 佱, 今文省. 佺, 古文.」)

※ 선악을 구별하던 짐승(灋=法의 古字)에서 廌(해태 치)를 생략하여, 물(氵)이 자연의 법칙대로 흘러가는(去) 데서 '법'을 뜻한다.

	力부 총7획	小篆	劫奪(겁탈) 劫風(겁풍) 永劫(영겁)
위협할 겁	설문 力부	說文解字	

劫(겁), 사람이 떠나려고 하는데, 힘으로 가지 못하게 위협하는 것을 일컬어 劫이라고 한다. 일설에는 힘으로 가지 못하게 하는 것을 劫이라고 한다고도 한다.(「劫, 人欲去, 以力脅止曰劫. 或曰以力止去曰劫.」)

※ 물러가게(去) 힘(力)으로 '위협함'을 뜻한다.

怯	心부 총8획	小篆 / 或體 說文解字		怯懦(겁나) 怯聲(겁성) 怯心(겁심)	
겁낼 겁	설문 犬부	怯=㹰(겁)은 무서움이 많다는 뜻이다. 犬(견)은 의미부분이고, 去(거)는 발음부분이다. 㹰, 두림(杜林)은 㹰은 (犬 대신) 心(심)을 쓴다고 주장하였다.(「㹰, 多畏也. 从犬, 去聲. 怯, 杜林說㹰从心.」)			

※ 마음(忄)으로 두려워하여 도망가는(去) 데서 '겁내다'가 뜻이 된다.

蓋	艸부 총14획	春秋 金文 / 戰國 金文 / 小篆 秦公簋 / 楚王酓忎鼎 / 說文解字	蓋草(개초) 蓋瓦(개와) 蓋然性(개연성)	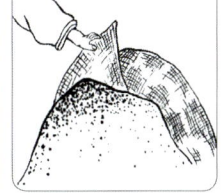
덮을 개	설문 艸부	蓋(개·합)은 苫(이엉 점)이다. 艸(초)는 의미부분이고, 盍(합)은 발음부분이다.(「蓋, 苫也. 从艸, 盍聲.」)		

※ 띠나 풀(++)로 음식이 버려져(去) 없어지지 않게 그릇(皿)을 '덮어둠'을 뜻한다. 본래 풀(++)을 엮어 만든 큰(大) 덮개로 피(丶)를 담은 그릇(皿)을 덮은(盍=盇) 모양이 본자(本字).

舁 ➡ 與 ➡ 嶼 ➡ 舉 ➡ 譽 ➡ 輿 ➡ 興

舁	臼부 총10획	甲骨文 / 金文 / 小篆 한문교육백과 / 子父舁鼎 / 說文解字	용례 없음	
마주들 여	설문 舁부	舁(여)는 함께 든다는 뜻이다. 臼(곡)과 廾(공)은 의미부분이다. 무릇 舁부에 속하는 글자들은 모두 舁를 의미부분으로 삼는다. 余(여)라고 읽는다.(「舁, 共擧也. 从臼, 从廾. 凡舁之屬皆从舁. 讀若余.」)		

※ 양손(臼:양손 국)과 두 손(廾:두손 공)을 합하여 '함께' '마주 들다'를 뜻한다.

與	臼부 총14획	春秋 金文 / 戰國 金文 / 小篆 / 古文 齊 鎛 / 喬君鉦 / 中山王方壺 / 中山王鼎 / 說文解字	與件(여건) 與否(여부) 與圈(여권)	
더불/줄 여	설문 舁부	與(여)는 함께 하는 무리를 뜻한다. 舁(여)와 与(여)는 모두 의미부분이다. 𢌱는 與의 고문(古文)이다.(「與, 黨與也. 从舁, 从与. 𢌱, 古文與.」)		

※ 손(臼:양손 국)과 손(廾:두손 공)이 더불어(舁) 주고받음(与=與)에서 '더불다' '주다'로 쓰인다.

嶼	山부 총17획	小篆 說文解字	連嶼(연서) 島嶼(도서) 長嶼(장서)	
섬 서	설문 山부	嶼(서)는 섬을 뜻한다. 山(산)은 의미부분이고, 與(여)는 발음부분이다.(「嶼, 島也. 从山, 與聲.」)		

※ 바다 가운데 작은 산(山)들처럼 더불어(與) 모여 있는 '섬'을 뜻한다.

舉	手부 총18획	金文 / 小篆 中山王壺 / 說文解字	擧手(거수) 擧動(거동) 擧論(거론)	
들 거	설문 手부	擧(거)는 마주 들어 올린다는 뜻이다. 手(수)는 의미부분이고, 與(여)는 발음부분이다.(「擧, 對擧也. 从手, 與聲.」)		

※ 서로 더불어(與) 마주 대하고 양손(手)으로 드는 데서 '들다'가 뜻이 된다.

譽	言부 총21획	戰國 金文	小篆		榮譽(영예) 名譽回復 (명예회복)	
		雲夢法律	說文解字			
기릴/명예 예	설문 言부	譽(예)는 칭찬한다는 뜻이다. 言(언)은 의미부분이고, 與(여)는 발음부분이다.(「䜉, 謂也. 从言, 與聲.」)				

✽ 여럿이 더불어(與) 남의 좋은 점을 말하는(言) 데서 '기리다' '칭찬하다' '명예'를 뜻한다.

	車부 총17획	甲骨文		戰國 金文		小篆	輿論(여론) 輿望(여망) 喪輿(상여)	
		佚945	掇2.62	闕輿戈	雲夢日乙	說文解字		
수레 여	설문 車부	輿(여)는 수레에 사람이 타거나 짐을 싣는 공간을 뜻한다. 車(거·차)는 의미부분이고, 舁(여)는 발음부분이다.(「𦥯, 車輿也. 从車, 舁聲.」)						

✽ 여럿이 손을 마주하여(舁) 드는 가마(車)에서 '수레'나 '가마'를 뜻한다.

	臼부 총16획	甲骨文			殷商 金文	西周 金文		小篆	興奮(흥분) 興業(흥업) 興味(흥미)	
		乙5159	甲2356	甲1479	興 壺	父辛爵	鬲叔𠷎	說文解字		
일 흥	설문 舁부	興(흥)은 일어난다는 뜻이다. 舁(여)와 同(동)은 모두 의미부분이다. 힘을 합한다는 뜻이다.(「𦥯, 起也. 从舁, 从同. 同力也.」)								

✽ 여러 사람이 더불어(舁) 함께(同) 물체를 들어 올려, 일이 잘됨에서 '일어나다'가 뜻이 된다.

學 ➡ 斅  ➡ 覺 ➡ 攪

	子부 총16획	甲骨文		金文		小篆	篆文	學校(학교) 學科(학과) 學院(학원)	
		鐵157.4	燕717	孟 鼎	沈子簋	說文解字			
배울 학	설문 敎부	아래 斅(가르칠 효)자의 전문(篆文)임. 斅(효)자 참조 바람.							

✽ 두 손(臼)으로 줄을 엮어(爻) 살아갈 집(宀=冖)을 짓는 방법을 아이(子)가 '배움'을 뜻한다.
※파자: 아이(子)가 책상(冖)에서 두 손(臼)으로 효(爻)를 배움에서 '배우다'를 뜻한다.

	攴부 총20획	甲骨文		金文		小篆	篆文	斅學半(효학반)	
		鐵157.4	燕717	孟 鼎	沈子簋	說文解字			
가르칠 효	설문 敎부	斅(효)는 깨닫는다는 뜻이다. 敎(교)와 冖(멱)은 의미부분이다. 冖은 아직 깨우치지 못한 상태를 뜻한다. 𦥯(곡)은 발음부분이다. 學(학)은 斅의 전문(篆文)으로 (攴이) 생략된 형태이다.(「𦥯, 覺悟也. 从敎, 从冖. 冖, 尙矇也. 𦥯聲. 學, 篆文斅省.」)							

✽ 아이가 잘 배우도록(學) 쳐서(攴) '가르침'을 뜻한다. ※學과 같다.

	見부 총20획	戰國 金文	小篆		覺醒(각성) 覺悟(각오) 覺書(각서)	
		雲夢法律	說文解字			
깨달을 각	설문 見부	覺(각)은 (잠에서) 깨어났다는 뜻이다. 見(견)은 의미부분이고, 學(학)의 생략형은 발음부분이다. 일설에는 깨닫게 한다는 뜻이라고도 한다.(「𧠭, 寤也. 从見, 學省聲. 一曰發也.」)				

✽ 배워서(學=興) 사물의 이치가 보인다(見)는 뜻으로 '깨닫다'가 뜻이 된다.

	手부 총23획	小篆  說文解字		攪亂(교란) 攪亂作戰 (교란작전)	
흔들 교	설문 手부	攪(교)는 어지럽다는 뜻이다. 手(수)는 의미부분이고, 覺(각)은 발음부분이다. ≪시경(詩經)≫에 이르기를 "단지 내 마음만 어지럽히네."라고 하였다.(「攪, 亂也. 从手, 覺聲. ≪詩≫曰: "祇攪我心."」)			

※ 손(扌)을 흔들어 분명히 깨달아(覺) 아는 것을 어지럽게 하는 데서 '흔들다'가 뜻이 된다.

叟 ➡ 沒 ➡ 歿

	又부 총7획	戰國 金文 小篆 上博曹沫 說文解字		용례 없음	
빠질 몰	설문 又부	叟(몰)은 물속에 들어가서 취한 바가 있다는 뜻이다. 손[又(우)]이 ◌(회) 아래에 있다는 의미이다. ◌는 回(회)의 고문(古文)이다. 回는 연못을 뜻한다. 沫(말)이라고 읽는다.(「叟, 入水有所取也. 从又在◌下. ◌, 古文回. 回, 淵水也. 讀若沫.」)			

※ 연못의 물, 또는 휘도는(回=◌) 물에 손(又)까지 빠짐에서 '빠지다'를 뜻한다. ※(叟=叟)

	水부 총7획	戰國 金文 小篆  雲夢秦律 說文解字		沒落(몰락) 沒頭(몰두) 汨沒(골몰)	
빠질 몰	설문 水부	沒(몰)은 (물에) 잠긴다는 뜻이다. 水(수)와 叟(몰)은 모두 의미부분이다.(「沒, 沈也. 从水, 叟聲.」)			

※ 물(氵)이 휘돌아(回=◌) 치는 곳에 사람이 빠져 겨우 손(又)을 내민 데서 '빠지다'를 뜻한다.

	歹부 총8획	小篆 或體  說文解字		戰歿(전몰) 歿後(몰후) 隕歿(운몰)	
죽을 몰	설문 歹부	歿=歾(몰)은 끝마쳤다는 뜻이다. 歹(알)은 의미부분이고, 勿(물)은 발음부분이다. 歿은 歾의 혹체자(或體字)로 (勿 대신) 叟(몰)을 썼다.(「歾, 終也. 从歹, 勿聲. 歿, 歾或从叟.」)			

※ 죽음(歹)의 소용돌이(回=◌)치는 물에 손(又)까지 빠져(叟=叟)드는 데서 '죽다'를 뜻한다.

奐 ➡ 換 ➡ 喚 ➡ 煥 ➡ 渙 … (叟) ➡ (夐) ➡ 瓊

	大부 총9획	金文 小篆   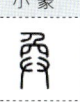 形音義字典 奐父盨 侯馬盟書 說文解字		奐然(환연) 奐衍(환연) 奐乎(환호)	
빛날 환	설문 廾부	奐(환)은 빛나는 것을 취한다는 뜻이다. 일설에는 크다는 뜻이라고도 한다. 廾(공)과 夐(형)의 생략형은 모두 의미부분이다.(「奐, 取奐也. 一曰:大也. 从廾・夐省.」)			

※ 사람(勹)과 움집(冂)과 두 손(廾=大)으로 사람들이 '크고' '빛나는'의 움집을 지음.
※파자:움집 위의 사람(勹)과 움집(冂) 아래 사람(儿)이 두 손(廾)으로 크고(大) 화려한 '빛나는' 집을 지음.

換	手부 총12획	小篆  說文解字		換氣(환기) 換率(환율) 換錢(환전)	
바꿀 환	설문 手부	換(환)은 바꾼다는 뜻이다. 手(수)는 의미부분이고, 奐(환)은 발음부분이다.(「換, 易也. 从手, 奐聲.」)			

※ 손(扌)으로 큰 움집(奐)을 지을 때 서로의 일을 교대하여 '바꿈'을 뜻한다.

喚	口부 총12획	小篆  說文解字		喚起(환기) 召喚(소환) 喚聲(환성)	
부를 환	설문 口부	喚(환)은 부른다는 뜻이다. 口(구)는 의미부분이고, 奐(환)은 발음부분이다. 옛날에는 奐자와 통용되었다.(「嚾, 呼也. 从口, 奐聲. 古通用奐.」)			

※ 입(口)으로 크게(奐) 외쳐 불러 모음에서 '부르다'가 뜻이 된다.

煥	火부 총13획	小篆  說文解字		煥炳(환병) 煥彰(환창) 煥爛(환란)	
빛날 환	설문 火부	煥(환)은 불빛이다. 火(화)는 의미부분이고, 奐(환)은 발음부분이다.(「爒, 火光也. 从火, 奐聲.」)			

※ 불(火)이 빛나며 크게(奐) 타오르는 데서 '빛나다'가 뜻이 된다.

渙	水부 총12획	小篆  說文解字		渙散(환산) 渙發(환발) 渙然(환연)	
흘러흩어질 환	설문 水부	渙(환)은 (물이) 갈라져 흐른다는 뜻이다. 水(수)는 의미부분이고, 奐(환)은 발음부분이다.(「爒, 流散也. 从水, 奐聲.」)			

※ 물(氵)이 크게(奐) 넘쳐흐름에서 '흘러 흩어지다'를 뜻한다.

夐	目부 총9획	甲骨文			殷商 金文	西周 金文	小篆	용례 없음	
		 前5·24·3	 乙5700	 合16981	 嬰父己觚	 癸7爵	說文解字		
눈짓할 혁/혈	설문 夐부	夐(혁·혈)은 눈짓으로 사람을 부린다는 뜻이다. 支(복)과 目(목)은 모두 의미부분이다. 무릇 夐부에 속하는 글자들은 모두 夐을 의미부분으로 삼는다. 戌(술)이라고 읽는다.(「夐, 舉目使人也. 从支, 从目. 凡夐之屬皆从夐. 讀若戌.」)							

※ 눈(目)짓하며 나뭇가지(卜)를 손(又)에 들고(支) 사람을 부리는 데서 '눈짓하다'를 뜻한다.

夐	夊부 총14획	小篆 說文解字		夐然(형연) 夐絕(형절)	
아득할 형	설문 夐부	夐(형)은 두루 구한다는 뜻이다. 夐(혁·혈)은 의미부분이고, (나머지는) 사람[人(인)]이 구덩이[穴(혈)] 위에 있다는 의미이다. ≪尙書(상서)≫에 이르기를 "고종(高宗)께서 꿈에 부열(傅說)을 보시고, 모든 관원을 시켜 두루 찾았던 바, 부암(傅巖)이라는 계곡에서 그를 찾아냈다."라고 하였다. (여기에서의) 巖(암)은 구덩이를 뜻한다.(「夐, 營求也. 从夐, 从人在穴上. ≪商書≫曰: "高宗夢得說, 使百工夐求, 得之傅巖." 巖, 穴也.」)			

※ 사람(人=⌒)이 아득히 먼 구덩이(穴=冂) 위에서 눈짓하여(夐) 깊이 숨어사는 사람을 '구하는' 데서 '아득하다'를 뜻한다.

瓊	玉부 총19획	戰國 金文	小篆		或體			瓊玉(경옥) 瓊團(경단) 瓊音(경음)	
		 雲夢法律		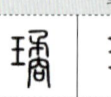			說文解字		
구슬 경	설문 玉부	瓊(경)은 붉은 옥이다. 玉(옥)은 의미부분이고, 夐(형)은 발음부분이다. 璚은 瓊의 혹체자(或體字)로 (夐 대신) 矞(율)을 썼다. 瓗(경휴유)은 瓊의 혹체자로 (夐 대신) 巂(휴)를 썼다. 琁(선)은 瓊의 혹체자로 (夐 대신) 旋(선)의 생략형을 썼다.(「瓊, 赤玉也. 从玉, 夐聲. 璚, 瓊或从矞. 瓗, 瓊或从巂. 琁, 瓊或从旋省.」)							

※ 보석(玉)이 아름다워, 사람(⌒)이 높은 움집(冂) 위에 올라 눈(目)으로 먼(夐:멀 형) 곳을 멍하게 보듯, 정신이 아득할(夐) 정도로 아름다운 '구슬'을 뜻한다.

臽 → 陷 → 諂 → 焰 ☆ → 閻

		甲骨文			殷商 金文	西周 金文	小篆		
臽 구덩이 **함**	臼부 총8획	 續2.16.4	 花東165	 珠34	臽父戊觚	獸 鐘	說文解字	용례 없음 (陷과 같음)	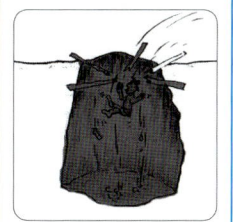
	설문 臼부	臽(함)은 작은 함정을 뜻한다. 사람[人(인)]이 절구[臼(구)] 위에 있다는 의미이다.(「臽, 小阱也. 从人在臼上.」)							

✱ 사람(人=⺈)이 땅을 파낸 절구(臼) 모양의 '함정'인 '구덩이'에 빠짐.

		戰國 金文	小篆				
陷 빠질 **함**	阜부 총11획	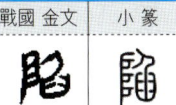 雲夢日甲	說文解字		陷落(함락) 陷穽(함정) 陷沒(함몰)	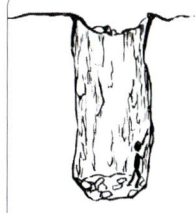	
	설문 阜부	陷(함)은 높은 곳에서 아래로 떨어진다는 뜻이다. 일설에는 떨어진다는 뜻이라고도 한다. 阜(부)와 臽(함)은 모두 의미부분인데, 臽은 발음부분이기도 하다.(「陷, 高下也. 一曰: 陊也. 从阜, 从臽, 臽亦聲.」)					

✱ 언덕(阝)에서 떨어지듯 사람(⺈)이 절구(臼)같은 깊게 파인 함정이나 구덩이에 '빠짐'을 뜻한다.

			小篆			
諂 아첨할 **첨**	言부 총15획	설문 없음	 形音義字典	諂笑(첨소) 諂諛(첨유) 阿諂(아첨)		

✱ 진실이 아닌 것을 말하여(言) 남을 기쁘게 하여 함정(臽)에 빠뜨리는 '아첨함'을 뜻한다.

			小篆			
焰 불꽃 **염**	火부 총12획	설문 없음	 形音義字典	火焰(화염) 焰暗(염암) 紅焰(홍염)		

✱ 불(火)씨를 담는 함정(臽) 모양의 구덩이나 그릇에 있는 '불꽃'을 뜻한다.

		戰國 金文	小篆	或體			
閻 마을 **염**	門부 총16획	 雲夢日乙	 說文解字		閻閻(여염) 閻浮(염부) 閻羅(염라)	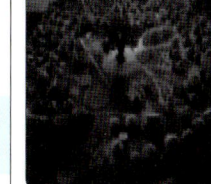	
	설문 門부	閻(염)은 마을 안에 있는 문을 뜻한다. 門(문)은 의미부분이고, 臽(함)은 발음부분이다. 壛은 閻의 혹체자(或體字)로 土(토)를 더하였다.(「閻, 里中門也. 从門, 臽聲. 壛, 閻或从土.」)					

✱ 문(門)을 마을 가운데 공터에 세우던, 둥근 함정(臽) 모양으로 모여 살던 '마을'을 뜻한다.

臼 ☆ → 舅 ⋯ (臿) → 插(挿)

		戰國 金文		小篆			
臼 절구 **구**	臼부 총6획	 守丘刻石	包山277	說文解字	臼齒(구치) 臼杵(구저) 石臼(석구)	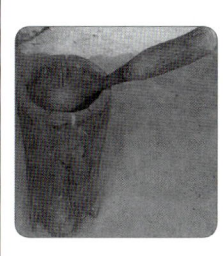	
	설문 臼부	臼(구)는 (절구를) 찧는다는 뜻이다. 옛날에는 땅을 파서 절구를 만들고, 그 다음 나무와 돌로 찧었다. (凵은) 상형(象形)이고, 가운데 있는 것은 쌀[米(미)]이다. 무릇 臼부에 속하는 글자들은 모두 臼를 의미부분으로 삼는다.(「臼, 舂也. 古者掘地爲臼, 其後穿木石. 象形. 中, 米也. 凡臼之屬皆从臼.」)					

✱ 돌이나 나무의 중간을 오목하게 파내어 곡식을 빻거나 찧는 데 쓰이는 '절구'를 뜻한다.

舅	臼부 총13획	小篆  說文解字		舅姑(구고) 外舅(외구) 舅父(구부)	
시아비/외삼촌 **구**	설문 男부	舅(구), 어머니의 남자 형제(즉 외삼촌)는 舅라고 하고, 아내의 아버지(즉 장인)는 외구(外舅)라고 한다. 男(남)은 의미부분이고, 臼(구)는 발음부분이다.(「舅, 母之兄弟爲舅, 妻之父爲外舅. 从男, 臼聲.」)			

※ 절구(臼)의 곡식을 책임지는 남자(男)로 '시아비' '장인' '외삼촌' 등을 뜻한다.

臿	臼부 총9획	小篆 說文解字		臿築(삽축)	
가래 **삽/잡**	설문 臼부	臿(잡·삽)은 (절구에) 찧어서 보리껍질을 벗긴다는 뜻이다. 臼(구)와 干(간)은 모두 의미부분이다. '干'은 그것으로 껍질을 벗긴다는 뜻이다.(「臿, 舂去麥皮也. 从臼·干. 所以臿之.」)			

※ 절굿공이(午=干)를 절구(臼)에 넣어 곡식의 껍질을 벗기거나, 절굿공이(午=干) 모양의 도구로 움푹(臼) 땅을 파는 '가래' '삽'을 뜻한다.

揷	手부 총12획	小篆 說文解字		揷樹(삽수) 揷入(삽입) 揷木(삽목)	
꽂을 **삽**	설문 手부	揷(삽)은 꽂아 넣는다는 뜻이다. 手(수)와 臿(삽)은 모두 의미부분이다.(「揷, 刺肉也. 从手, 从臿.」)			

※ 손(扌)으로 절굿공이(午=干)를 들고 절구(臼)에 절구질하듯, 끼움(臿)에서 '꽂다'를 뜻한다.

叟(褒) ➡ 搜 ➡ 嫂 ➡ 瘦

叟	又부 총10획	甲骨文  前4.29.1 合5624	戰國金文  雲夢爲吏	小篆	籒文	或體		叟兵(수병) 叟叟(수수)	
늙은이/찾을 **수**	설문 又부	叟=褒(수)는 늙었다는 뜻이다. 又(우)와 灾(재)는 모두 의미부분이다. (이 이상은 알 수 없어 해설란을 비워둠. 𡨎는 주문(籒文)으로 又 대신 寸(촌)을 썼다. 俊는 𡨎의 혹체자(或體字)로 人(인)을 더하였다.(「褒, 老也. 从又, 从灾. 闕. 𡨎, 籒文从寸. 俊, 褒或从人.」)							

※ 집(宀)안에서 손(又)으로 불(火)을 들고 찾는 모습(褒=叟)에서 '찾다'를 뜻하다가 후에 가차되어 '늙은이'를 뜻한다. ※파자:손(又)에 도구(丨)를 들고 절구(臼) 안의 물건을 찾음.

搜	手부 총13획	小篆  說文解字		搜索(수색) 搜査(수사) 搜訪(수방)	
찾을 **수**	설문 手부	搜(搜수)는 많다는 뜻을 나타낸다. 일설에는 구한다는 뜻이라고도 한다. 手(수)는 의미부분이고, 叟(수)는 발음부분이다. ≪시경(詩經)≫에 이르기를 "화살은 다발로 묶여 있네."라고 하였다.(「搜, 衆意也. 一曰求也. 从手, 叟聲. ≪詩≫曰: "束矢其搜."」)			

※ 손(扌)으로 찾음(叟)에서 '찾다'가 뜻이 된다. 본래는 叟와 같음.

嫂	女부 총13획	小篆  說文解字		兄嫂(형수) 季嫂(계수) 弟嫂(제수)	
형수 **수**	설문 女부	嫂(㛮수)는 형의 아내를 뜻한다. 女(녀)는 의미부분이고, 叟(수)는 발음부분이다.(「㛮, 兄妻也. 从女, 叟聲.」)			

※ 여자(女) 중에 집 안에서 불을 찾아(褒=叟) 담당하던 맏형의 아내인 '형수'를 뜻한다.

瘦	疒부 총15획	小篆 瘦 說文解字		瘦軀(수구) 瘦削(수삭) 瘦瘠(수척)
여월 **수**	설문 疒부	瘦(수)는 야위었다는 뜻이다. 疒(녁)은 의미부분이고, 叜(수)는 발음부분이다.(「瘦, 臞也. 从疒, 叜聲.」)		

＊ 병(疒)들어 손에 든 불이 점점 꺼져가듯 늙어(叜)가며 몸이 마르는 데서 '여위다'가 뜻이 된다.

臾 ➡ 庾 ➡ 諛 ☆

臾	臼부 총9획	甲骨文			西周 金文		戰國 金文		小篆	須臾(수유)
							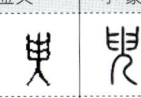			
		合18004	甲806	聿臾鼎	師臾鐘	河北臨城陶	璽彙1733		說文解字	
잠깐 **유**	설문 申부	臾(유), 묶을 때 머리채를 잡아서 끄는 것을 臾라고 한다. 申(신)과 乙(을)은 모두 의미부분이다.(「臾, 束縛捽抴爲臾. 从申, 从乙.」)								

＊ 두 손(臼=臼)으로 사람(人)을 잠시 잡아끄는 데서 '잠깐' '끌다' '만류하다'를 뜻한다.

庾	广부 총12획	小篆 庾 說文解字		庾積(유적) 庾廩(유름)
곳집 **유**	설문 广부	庾(유)는 배로 실어 나르는 곡식 창고를 뜻한다. 广(엄)은 의미부분이고, 臾(유)는 발음부분이다. 일설에는 지붕이 없는 창고를 뜻한다고도 한다.(「庾, 水漕倉也. 从广, 臾聲. 一曰:倉無屋者.」)		

＊ 집(广) 안에 두 손(臼)으로 사람(人)을 잠시 끌듯(臾:잠깐 유), 곡식을 끌어 쌓은 '곳집'을 뜻한다.

諛	言부 총16획	小篆 諛 說文解字		諛言(유언) 阿諛(아유) 諂諛(첨유)
아첨할 **유**	설문 言부	諛(유)는 아첨(阿諂)한다는 뜻이다. 言(언)은 의미부분이고, 臾(유)는 발음부분이다.(「諛, 諂也. 从言, 臾聲.」)		

＊ 남이 듣기 좋은 말(言)만 끌어(臾)다 하는 데서 '아첨하다'의 뜻이 생겼다.

舄 ➡ 寫 ➡ 瀉 ➡ 潟 ◆

舄	臼부 총12획	金文					小篆	篆文	舄鹵(석로) 舄奕(석혁)
				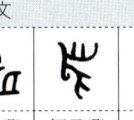		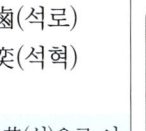			
		孟鼎	矢方彝	瓶侯鼎	師晨鼎	師嫠簋		說文解字	
까치/신 **석**	설문 舄부	舄(석)은 까치이다. 상형(象形)이다. 雔(작)은 舄의 전문(篆文)으로 隹(추)와 昔(석)으로 이루어졌다.(「舄, 雔也. 象形. 雔, 篆文舄, 从隹·昔.」)							

＊ 머리털이 절구(臼) 모양의 새(舄=舃)인 '까치'나, 위가 절구(臼)처럼 벌어진 발(舄)에 신는 '신'을 뜻한다.

寫	宀부 총15획	春秋 金文	小篆		寫眞(사진) 寫本(사본) 複寫(복사)
		寫	寫		
		石鼓鑾車	說文解字		
베낄 **사**	설문 宀부	寫(사)는 물건을 옮겨놓는다는 뜻이다. 宀(면)은 의미부분이고, 舄(석)은 발음부분이다.(「寫, 置物也. 从宀, 舄聲.」)			

＊ 집(宀)으로 까치(舄:까치 석/작)가 옮기듯, 물건을 옮김, 옮겨 적음을 뜻해 '베낌'을 뜻한다.

瀉	水부 총18획	설문 없음	小篆  形音義字典	泄瀉(설사) 吐瀉(토사) 瀉土(사토)

쏟을 **사**

※ 물(氵)이 옮겨짐(寫)에서 물이 이동할 때 아래로 쏟아져 내림에서 '쏟다'가 뜻이 된다.

潟	水부 총15획	설문 없음		潟鹵(석로) 干潟(간석) 鹹潟(함석)

개펄 **석**

※ 물(氵) 빠진 개펄을 좋아하는 까치(舄:까치 작), 또는 물건을 잘 옮기는 까치(舄)처럼 물(氵)이 잘 옮겨 변화하는 '개펄'을 뜻한다.

舀 ➡ 稻 ➡ 滔 ☆ ➡ 蹈

舀	臼부 총10획		金文  郭店性自	小篆  說文解字	或體 	용례 없음

퍼낼 **요**

설문 臼부

舀(요·유)는 절구를 긁어낸다는 뜻이다. 爪(조)와 臼(구)는 모두 의미부분이다. ≪시경(詩經)≫에 이르기를 "까부르고 긁어낸다."라고 하였다. 抭는 舀의 혹체자(或體字)로 手(수)와 宂(혈)로 이루어졌다. 䀉는 혹체자로 臼와 宂로 이루어졌다.(「舀, 抒臼也. 从爪・臼. ≪詩≫曰: "或簸或舀." 抭, 舀或从手, 从宂. 䀉, 舀或从臼・宂.」)

※ 손(爪)으로 절구(臼)에 찧은 곡식을 긁어 '퍼냄'을 뜻한다.

稻	禾부 총15획	甲骨文  佚400	前2.16.4	花東048	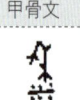 花東416	西周 金文  卽簋	 稻嫊簋	稻作(도작) 稻花(도화) 水稻(수도)
	설문 禾부	西周 金文 史免匡	伯公父匠	春秋 金文 曾伯簠	陳公子瓽	叔家父匡	小篆 說文解字	

벼 **도**

稻(도)는 稌(찰벼 도)이다. 禾(화)는 의미부분이고, 舀(요)는 발음부분이다.(「稻, 稌也.从禾, 舀聲.」)

※ 벼(禾)를 찧어 손(爪)으로 절구(臼)에서 퍼내(舀) 밥을 해먹는 '벼'를 뜻한다.

滔	水부 총13획	西周 金文 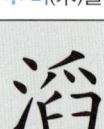 觸姬簋	春秋 金文  石鼓而師	小篆  說文解字	滔滔(도도) 滔天(도천) 滔蕩(도탕)

물넘칠 **도**

설문 水부

滔(도)는 물이 넘실넘실 가득 찬 모습이다. 水(수)는 의미부분이고, 舀(요)는 발음부분이다.(「滔, 水漫漫大皃. 从水, 舀聲.」)

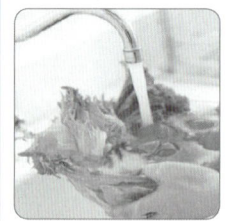

※ 물(氵)을 계속 퍼내(舀)듯이, 차고 넘치는 물에서 '물이 넘치다'의 뜻이 된다.

蹈	足부 총17획	小篆 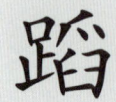 說文解字		蹈舞(도무) 高蹈(고도) 踐蹈(천도)

밟을 **도**

설문 足부

蹈(도)는 밟는다는 뜻이다. 足(족)은 의미부분이고, 舀(요)는 발음부분이다.(「蹈, 踐也. 从足, 舀聲.」)

※ 발(足)로 절구질(舀)하듯 '밟음'을 뜻한다.

鼠 ☆⋯ 鼠 → 臘 → 蠟 ☆ → 獵

쥐 서

鼠부
총13획

	甲骨文				戰國 金文	小篆
	合14020	合2804	合2807	合14116	長沙帛書	說文解字

설문
鼠부

鼠狼(서랑)
鼠疫(서역)
雀鼠(작서)

鼠(서)는 구멍을 뚫고 사는 동물의 총칭이다. 상형(象形)이다. 무릇 鼠부에 속하는 글자들은 모두 鼠를 의미부분으로 삼는다.(「鼠, 穴蟲之總名也. 象形. 凡鼠之屬皆从鼠.」)

※ 특별히 강조된 이빨(臼)과 앞다리(⺈) 뒷다리(丄)와 긴 꼬리(丶)를 가진 '쥐'를 본떠 만든 글자이다.

목갈기 렵

巛부
총15획

甲骨文	西周 金文		春秋 金文	小篆
				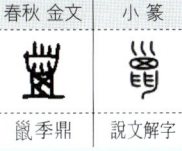
合18393	師袁簋	㷌戒鼎	鼠季鼎	說文解字

설문
囟부

용례 없음

鼠(렵)은 모발(毛髮)을 뜻한다. 털이 정수리에 나 있으면서 움직이는 모양을 그린 것이다. 이 글자는 주문(籀文)의 子(자)자와 같다.(「鼠, 毛鼠也. 象髮在囟上及毛髮鼠鼠之形. 此與籀文子字同.」)

※ 긴 털(巛)이 머리(囟)나 목에 있는 쥐(鼠) 종류의 다리가 있는 짐승에서 '목갈기'를 뜻한다.

섣달 랍

肉부
총19획

戰國 金文	小篆

珍秦47	說文解字

설문
肉부

臘日(납일)
舊臘(구랍)
臘享(납향)

臘(랍)은 동지(冬至) 후 세 번째 술일(戌日), 즉 납제일(臘祭日)에 모든 신에게 제사를 지낸다는 뜻이다. 肉(육)은 의미부분이고, 鼠(렵)은 발음부분이다.(「臘, 冬至後三戌臘祭百神. 从肉, 鼠聲.」)

※ 고기(月)를 올리는 제사로, 머리(囟)에 긴 털(巛)이 있고 쥐 같은 짐승(鼠:목갈기 렵)을 잡아, 그 고기를 동지 후 셋째 술(戌)일에 선조·백신에 제사하는 계절인 '섣달'을 뜻한다.

밀 랍

虫부
총21획

	小篆
설문 없음	
	形音義字典

蠟型(납형)
蜜蠟(밀랍)
白蠟(백랍)

※ 벌(虫)집을 사냥(獵=鼠)하여 벌집을 끓여 짜낸 기름에서 얻은 초를 만드는 '밀'을 뜻한다.

사냥 렵

犬부
총18획

金文		小篆

胤嗣壺	雲夢雜抄	說文解字

설문
犬부

獵銃(엽총)
獵師(엽사)
獵奇(엽기)

獵(렵)은 풀어놓고 짐승을 쫓는다는 뜻이다. 犬(견)은 의미부분이고, 鼠(렵)은 발음부분이다.(「獵, 放獵逐禽也. 从犬, 鼠聲.」)

※ 개(犭)를 이용해 갈기가 긴 짐승(鼠)을 '사냥함'을 뜻한다.

厃 → 詹 → 擔 → 憺 ☆ → 澹 → 膽 → 瞻 → 蟾

우러러볼 첨

厂부
총4획

戰國 金文	小篆
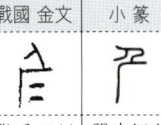	
貨系0544	說文解字

설문
厂부

용례 없음

厃(첨·위)는 우러러본다는 뜻이다. 사람[人=⺈(인)]이 집[厂(엄·한)] 아래에 있다는 의미이다. 일설에는 집의 평고대를 뜻한다고도 한다. 진(秦)에서는 桷(각)이라고 하고, 제(齊)에서는 厃이라고 한다.(「厃, 仰也. 从人在厂上. 一曰:屋梠也. 秦謂之桷, 齊謂之厃.」)

※ 사람(⺈)이 높은 언덕(厂)에 올라 있는 모양으로, 높은 곳을 '우러러보다'를 뜻한다.

		小篆			
	言부 총13획	說文解字		詹事(첨사) 詹諸(첨저) 詹詹(첨첨)	
이를 첨	설문 八부	詹(첨)은 말이 많다는 뜻이다. 言(언)·八(팔)·产(첨)은 모두 의미부분이다.(「詹, 多言也. 从言, 从八, 从产.」)			

* 사람(产)이 높은 언덕(厂)에 올라(产:우러러볼 첨) 퍼져나가게(八) 말(言)을 크게 하는 데서, '시끄럽고' '수다스럽거나' 말이 멀리까지 '이름'을 뜻한다.

			小篆		
擔	手부 총16획	설문 없음	形音義字典	擔任(담임) 擔當(담당) 負擔(부담)	
멜 담		≪설문해자≫에는 '擔'자가 보이지 않는다. 한편 단옥재(段玉裁)는 ≪설문해자주(說文解字注)≫에서 '擔'은 '儋(멜 담)'의 속자(俗字)라고 하였다.			

* 손(扌)으로 물건을 둘러메고 멀리 이름(詹)에서 '메다'를 뜻한다.

		小篆			
	心부 총16획	 說文解字		憺畏(담외) 慘憺(참담) 威憺(위담)	
참담할 담	설문 心부	憺(담)은 편안하다는 뜻이다. 心(심)은 의미부분이고, 詹(첨)은 발음부분이다.(「憺, 安也. 从心, 詹聲.」)			

* 마음(忄) 편히 수다스럽게(詹) 말하는 데서 '편안하다'가 뜻이나, 두려운 말과 연관되어 말할 때는 '참담하다'로 쓰인다.

		金文	小篆		
	水부 총16획	 鄂君啓舟節	 說文解字	澹泊(담박) 暗澹(암담) 平澹(평담)	
맑을 담	설문 水부	澹(담)은 물이 흔들린다는 뜻이다. 水(수)는 의미부분이고, 詹(첨)은 발음부분이다.(「澹, 水搖也. 从水, 詹聲.」)			

* 맑은 물(氵)이 시끄럽게(詹) 출렁이며 흘러가다 점차 안정되는 데서, '맑다'를 뜻한다.

		小篆			
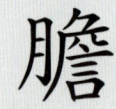	肉부 총17획	 說文解字		膽汁(담즙) 膽力(담력) 熊膽(웅담)	
쓸개 담	설문 心부	膽(담)은 간(肝)과 연결되어 있는 장부(臟腑)이다. 肉(육)은 의미부분이고, 詹(첨)은 발음부분이다.(「膽, 連肝之府. 从肉, 詹聲.」)			

* 신체(月) 부위 중에 계속 말하여 수다스럽듯(詹) 끊임없이 담즙을 분비하는 '쓸개'를 뜻한다.

		戰國 金文	小篆		
	目부 총18획	 郭店緇衣	瞻 說文解字	瞻視(첨시) 瞻望(첨망) 仰瞻(앙첨)	
볼 첨	설문 目부	瞻(첨)은 내려다본다는 뜻이다. 目(목)은 의미부분이고, 詹(첨)은 발음부분이다.(「瞻, 臨視也. 从目, 詹聲.」)			

* 눈(目)으로 높은 곳에 올라(产) 내려 보아 시선이 멀리까지 이름(詹)에서 '보다'가 된다.

蟾	馬부 총19획	설문 없음		蟾桂(섬계) 蟾光(섬광) 蟾津江(섬진강)
두꺼비 **섬**				

※ 파충류(虫) 중에서, 시끄러워(詹) 남들이 싫어하듯, 생김이나 울음이 개구리보다 징그러워 사람들이 싫어하는, 달 속에 산다는 '두꺼비'에서 '달'을 뜻하기도 한다.

睿 ☆ → 叡 ❖ → 璿 → 濬 ⋯ 壑

睿	目부 총14획	설문 없음		睿德(예덕) 睿哲(예철) 睿製(예제)
슬기 **예**		예(叡)의 고문(古文)이다.		

※ 텅 빈(冂) 골짜기(谷)를 눈(目)으로 보는 것을 뜻해, 그윽한 곳까지 밝게 보는 데서 '슬기' '깊고 밝음' '총명함'을 뜻한다. ※(冏:슬기 예의 고자에서 口생략)+目(목)=睿(예).

叡	又부 총16획	金文 / 戰國金文 / 小篆 / 古文 / 籒文  形音義字典 / 中山王鼎 / 說文解字	叡(예)는 매우 밝다는 뜻이다. 또 통한다는 뜻이다. 奴(잔)과 目(목) 그리고 谷(곡)의 생략형은 모두 의미부분이다. 睿는 叡의 고문(古文)이다. 䜭는 叡의 주문(籒文)으로 土(토)를 더하였다.(「叡, 深明也; 通也. 从奴, 从目, 从谷省. 睿, 古文叡. 䜭, 籒文叡, 从土.」)	叡明(예명) 叡覽(예람) 叡智(예지)
밝을 **예**	설문 奴부			

※ 깊고 밝게(睿) 살피고 손(又)으로 헤아림에서 '밝다'를 뜻한다. ※참고: 뼈(歹·歺=冎)를 손(又)으로 후벼 파듯(𣂁·奴=후빌 잔) 깊은 계곡(谷)을 눈(目)으로 밝게 살핌에서 '밝다'를 뜻한다.

璿	玉부 총18획	戰國金文 / 小篆 / 古文 / 籒文  雲夢法律 / 說文解字	璿(선)은 아름다운 옥이다. 玉(옥)은 의미부분이고, 睿(예)는 발음부분이다. ≪춘추전(春秋傳)≫에 이르기를 "옥으로 만든 모자와 갓끈.(「璿弁玉纓.」)"이라고 하였다. 璿은 璿의 고문(古文)이다. 叡(예)는 璿의 주문(籒文)이다.(「璿, 美玉也. 从玉, 睿聲. ≪春秋傳≫曰: "璿弁玉纓." 璿, 古文璿. 叡, 籒文璿.」)	璿宮(선궁) 璿珠(선주)
구슬 **선**	설문 玉부			

※ 아름다운 보석(玉)으로 투명하고 밝은(睿) 빛을 띠는 '아름다운 옥'인 '구슬'을 뜻한다.

濬	水부 총17획	甲骨文 / 戰國金文 / 小篆 / 或體 / 古文    合7078 / 合7080 / 燹公盨 / 上博性情 / 說文解字	濬=𤅣(준)은 개천을 깊게 파서 통하게 한다는 뜻이다. 谷(곡)과 歺(알)은 모두 의미부분이다. 歺은 (막힌 것을) 없앤다는 뜻이고, (谷은) 구덩이를 깊게 판다는 의미이다. ≪우서(虞書)≫에 이르기를 "도랑과 개울을 쳐서 내[川(천)]에 이르도록 하였다."라고 하였다. 濬은 𤅣의 혹체자(或體字)로 水(수)를 더하였다. 𣦏는 𤅣의 고문(古文)이다.(「𤅣, 深通川也. 从谷, 从歺. 歺, 殘地; 阬坎意也. ≪虞書≫曰: "𤅣𤰁濬距川." 濬, 𤅣或从水. 𣦏, 古文𤅣.」)	濬哲(준철) 濬川(준천) 濬池(준지)
깊을 **준**	설문 谷부			

※ 물(氵)길이 깊거나(睿), 물(氵)길을 깊게(睿) 하는 데서 '깊다' '치우다'가 된다.

壑	土부 총17획	小篆 / 或體   說文解字	叡(학)은 개천을 뜻한다. 奴(잔)과 谷(곡)은 모두 의미부분이다. 郝(학)이라고 읽는다. 壑은 叡의 혹체자(或體字)로 土(토)를 더하였다.(「叡, 溝也. 从奴, 从谷. 讀若郝. 壑, 叡或从土.」)	山壑(산학) 萬壑千峰 (만학천봉)
구렁 **학**	설문 奴부			

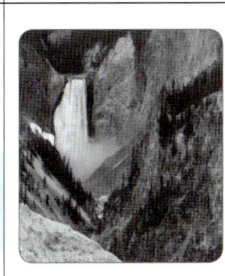

※ 텅 빈 골짜기(睿)처럼, 손(又)으로 골짜기(叡)를 통하게 흙(土)을 치운 '구렁'을 뜻한다.

干 → 刊 → 肝 → 奸 → 杆 → 竿 → 玕 ✧ → 岸 → 汗 → 罕 ☆ → 軒 → 旱 → 悍 ☆

		甲骨文		西周 金文			春秋 金文	小篆	
	干부 총3획	¥	¥	¥	¥	¥	¥	¥	干與(간여) 干涉(간섭) 干城(간성)
		前6.40.5	合9801	虞篚	克盨	毛公鼎	干氏弔子盤	說文解字	
방패 **간**	설문 干부	干(간)은 침범(侵犯)한다는 뜻이다. 入(입)자를 거꾸로 한 형태와 一(일)은 모두 의미부분이다. 무릇 干부에 속하는 글자들은 모두 干을 의미부분으로 삼는다.(「¥, 犯也. 从反入, 从一. 凡干之屬皆从干.」)							

※ 긴 자루에 양끝이 갈라진 공격과 방어를 하던 도구로 '방패' '범하다' '끼어들다'를 뜻한다.

		戰國 金文	小篆	
	刀부 총5획	刜	刜	刊行(간행) 出刊(출간) 創刊(창간)
		雲夢日甲	說文解字	
새길 **간**	설문 刀부	刊(간)은 剟(깎을 철)이다. 刀(도)는 의미부분이고, 干(간)은 발음부분이다.(「刜, 剟也. 从刀, 干聲.」)			

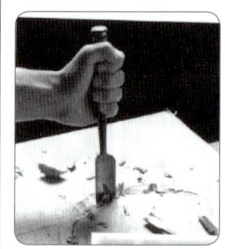

※ 물건에 끼어들거나 범하여(干) 칼(刀=刂)로 물건에 '새김'을 뜻한다.

		小篆	
	肉부 총7획	肝	肝腸(간장) 肝臟(간장) 肝炎(간염)
		說文解字	
간 **간**	설문 肉부	肝(간)은 나무[木(목)]에 해당하는 장기(臟器)이다. 肉(육)은 의미부분이고, 干(간)은 발음부분이다.(「肝, 木臟也. 从肉, 干聲.」)		

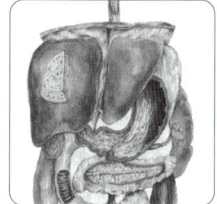

※ 몸(月)에 들어오는 모든 독성을 분해하여 막아주는(干) '간'을 뜻한다.

		殷商 金文	小篆	
	女부 총6획	¥	奸	奸邪(간사) 奸巧(간교) 奸漢(간한)
		襄奸鼎	說文解字	
간사할 **간**	설문 女부	奸(간)은 간통한다는 뜻이다. 女(녀)와 干(간)은 모두 의미부분인데, 干은 발음부분이기도 하다.(「奸, 犯婬也. 从女, 从干, 干亦聲.」)			

※ 여자(女)가 부정함을 범하는(干) 데에서 '간사하다' '범하다'가 뜻이 된다.

	木부 총7획	설문 없음	槓杆(공간) 杆狀細胞 (간상세포)
몽둥이 **간**			

※ 나무(木) 중에 방패(干)를 만드는 긴 '몽둥이'로 '나무 방패'를 뜻하기도 한다.

		戰國 金文	小篆	
	竹부 총9획	竿	竿	竹竿(죽간) 竿頭(간두) 幢竿(당간)
		天星觀簡	說文解字	
낚싯대 **간**	설문 竹부	竿(간)은 대나무 막대기를 뜻한다. 竹(죽)은 의미부분이고, 干(간)은 발음부분이다.(「竿, 竹梃也. 从竹, 干聲.」)			

※ 대(竹)의 곁가지를 쳐낸 긴 방패(干) 자루 같은 곳은 '낚싯대'를 뜻한다.

玕	玉부 총7획	小篆	古文		琅玕(낭간)	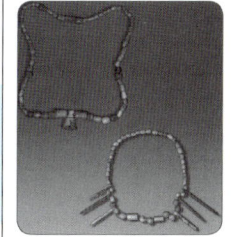
		玕	玕			
		說文解字				
옥돌 간	설문 玉부	玕(간)은 낭간옥(琅玕玉)이다. 玉(옥)은 의미부분이고, 干(간)은 발음부분이다. ≪우공(禹貢)≫에서 "옹주는 아름다운 옥과 옥돌 그리고 진주와 비슷한 돌을 공물로 바쳤다."라고 하였다. 玕은 玕의 고문(古文)이다.(「玕, 琅玕. 从玉, 干聲. ≪禹貢≫: "雍州球琳琅玕." 玕, 古文玕.」)					

※ 옥(玉) 종류에 끼어들(干) 수 있는 둥글고 윤택한 '옥돌'을 뜻한다.

岸	山부 총8획	金文	小篆		沿岸(연안) 彼岸(피안) 東海岸(동해안)	
		古鉥	說文解字			
언덕 안	설문 屵부	岸(안)은 물가의 고지대(高地帶)를 뜻한다. 屵(알)은 의미부분이고, 干(간)은 발음부분이다.(「岸, 水厓而高者. 从屵, 干聲.」)				

※ 산(山) 언덕(厂)인 기슭(屵:기슭이 높을 알)이 바람과 물을 막는(干) 데서 '언덕'을 뜻한다.

汗	水부 총6획	春秋 金文	小篆		汗腺(한선) 汗簡(한간) 汗蒸幕(한증막)	
		石鼓汧沔	說文解字			
땀 한	설문 水부	汗(한)은 땀을 뜻한다. 水(수)는 의미부분이고, 干(간)은 발음부분이다.(「汗, 人液也. 从水, 干聲.」)				

※ 물(氵)방울 같은 액체를 흘려 열을 막아(干) 식혀주는 '땀'을 뜻한다.

罕	网부 총7획	戰國 金文	小篆		稀罕(희한) 罕例(한례) 罕見(한견)	
		集證138	說文解字			
드물 한	설문 网부	罕(한)은 그물(의 이름)이다. 网(망)은 의미부분이고, 干(간)은 발음부분이다.(「罕, 网也. 从网, 干聲.」)				

※ 방패(干) 끝에 매단 그물(网=罒)로 본뜻은 '그물'이나 가끔 새를 잡는 데서 '드물다'를 뜻한다.

軒	車부 총10획	金文		小篆	軒燈(헌등) 軒軺(헌초) 高軒(고헌)	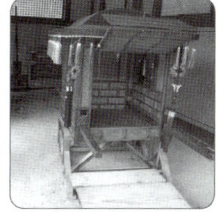
		軒	軒	軒		
		古鉥		說文解字		
집 헌	설문 車부	軒(헌)은 끌채가 굽고 휘장을 친 수레를 뜻한다. 車(거·차)는 의미부분이고, 干(간)은 발음부분이다.(「軒, 曲輈藩車. 从車, 干聲.」)				

※ 수레(車) 안을 막아(干) 가려주는 휘장에서 '처마'를 뜻하고, 외부인을 막는 큰 '집'을 뜻한다.

旱	日부 총7획	戰國 金文	小篆		旱害(한해) 旱氣(한기) 旱魃(한발)	
		雲夢日甲	說文解字			
가물 한	설문 日부	旱(한)은 비가 내리지 않는다는 뜻이다. 日(일)은 의미부분이고, 干(간)은 발음부분이다.(「旱, 不雨也. 从日, 干聲.」)				

※ 오랫동안 비가 오지 않아 해(日)가 만물을 범해(干) 해침에서 '가뭄'을 뜻한다.

| 悍 | 心부
총10획 | 戰國 金文
珍秦123 | 小篆
悍 說文解字 | | 悍婦(한부)
悍勇(한용)
悍馬(한마) |  |

| 사나울 한 | 설문
心부 | 悍(한)은 용감(勇敢)하다는 뜻이다. 心(심)은 의미부분이고, 旱(한)은 발음부분이다.(「悍, 勇也. 从心, 旱聲.」) |

✻ 마음(忄)이 강하여 만물을 해치는 가뭄(旱)처럼 '사나움'을 뜻한다.

平➡評➡坪➡萍☆➡枰❖➡秤

| 平 | 干부
총5획 | 春秋 金文
郜公鼎 | 戰國 金文
拍敦簋 平阿右戈 | 小篆
平 鼎 | 古文
說文解字 | 平野(평야)
平等(평등)
平和(평화) |  |

| 평평할 평 | 설문
亏부 | 平(평)은 말이 평탄하게 잘 나온다는 뜻이다. 亏(우)와 八(팔)은 모두 의미부분이다. 八은 나눈다는 뜻이다. 이것은 원례(爰禮)의 주장이다. 爭, 고문(古文)의 平자는 이러하였다.(「平, 語平舒也. 从亏, 从八. 八, 分也. 爰禮說. 爭, 古文平如此.」) |

✻ 굽어 오르던 기운(亏)이 나뉘어(八) '평평함', 좌우 대칭의 '평평한' 저울에서 '공평함', 물 위에 '평평하게' 떠 있는 풀(萍:부평초 평)의 초기 모양 등 학설이 많다.

| 評 | 言부
총12획 | 설문 없음 | 小篆
評 形音義字典 | | 評價(평가)
評論(평론)
批評(비평) |  |

| 평할 평 | | ≪설문해자≫에는 '評'자가 보이지 않는다. ≪광아(廣雅)·석고(釋詁)≫를 보면 "評은 품평하다; 또 논평하다라는 뜻이다.(「評, 平也, 議也.」)"라고 하였다. |

✻ 사물을 보고 자기의 느낌을 말(言)로 공평하게(平) 표현하는 데서 '평하다'가 뜻이 된다.

| 坪 | 土부
총8획 | 春秋 金文
臧孫鐘 | 戰國 金文
坪夜君鼎 秦王鐘 平安君鼎 大梁鼎 | 小篆
說文解字 | 建坪(건평)
坪當價格
(평당가격) |  |

| 들 평 | 설문
土부 | 坪(평)은 땅이 평평하다는 뜻이다. 土(토)와 平(평)은 모두 의미부분인데, 平은 발음부분이기도 하다.(「坪, 地平也. 从土, 从平, 平亦聲.」) |

✻ 땅(土)이 평평한(平) '들'로, 산지나 고원의 '평지'이나, 지금은 땅의 '넓이 단위'로 쓰인다.

| 萍 | 艸부
총12획 | 小篆
萍 說文解字 | | 流萍(유평)
靑萍(청평)
浮萍草(부평초) |  |

| 부평초 평 | 설문
水부 | 萍(평)은 부평초이다. 또 물풀이다. 水(수)와 苹(평)은 모두 의미부분인데, 苹은 발음부분이기도 하다.(「萍, 苹也; 水艸也. 从水, 从苹, 苹亦聲.」) |

✻ 수생식물(艹)로 물(氵)에 평평하게(平) 떠 있는 개구리밥(苹)과의 '부평초'를 뜻한다.

| 枰 | 木부
총9획 | 戰國 金文
聖彙3419 | 小篆
說文解字 | | 枰棊(평기) | 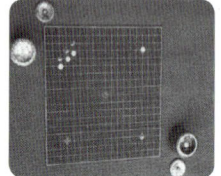 |

| 바둑판 평 | 설문
木부 | 枰(평), 바둑판을 '평'이라고 부르는 까닭은 그것이 평평하기 때문이다. 木(목)과 平(평)은 모두 의미부분인데, 平은 발음부분이기도 하다.(「枰, 平也. 从木, 从平, 平亦聲.」) |

✻ 나무(木)를 평평하게(平) 보이도록 만든 넓은 판에서 주로 '바둑판'을 뜻한다.

 秤	禾부 총10획	설문 없음		秤錘(칭추) 天秤(천칭) 秤板(칭판)	
저울 **칭**		稱의 속자(俗字).			

※ 벼(禾)를 공평하게(平) 헤아리는 '저울'을 뜻한다. 稱(일컬을 칭)의 속자로 쓰인다.

于 ➡ 宇 ➡ 迂 ➡ 玗 ❖ 釪 ❖ 芋 *

		甲骨文		金文		小篆	
 于	二부 총3획						于先(우선) 于今(우금) 于歸(우귀)
		乙6690	前8.4.7	天亡簋	令鼎	毛公鼎	說文解字
어조사 **우**	설문 丂부	亐(우)는 於(어조사 어)이다. 기(氣)가 펼쳐 나오는 것을 그린 것이다. 丂(고)와 一(일)은 모두 의미부분이다. 一은 그 기(氣)를 평탄하게 한다는 뜻이다. 무릇 亐부에 속하는 글자들은 모두 亐를 의미부분으로 삼는다.(「亐, 於也. 象气之舒亐. 从丂, 从一. 一者, 其气平之也. 凡亐之屬皆从亐.」)라고 하였다.					

※ 숨이 막혀 탄식하는 모양, 악기를 완곡하게 연주하는 모양, 기운이 위로 퍼져나가는 현상 등으로 보며, 발어사로 쓰이고, 뜻은 '굽다' '크다' '가다'로, 丂·亐·亏·兮는 자원이 같다.

		甲骨文	金文		小篆	籀文	
 宇	宀부 총6획	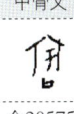			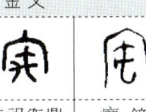		宇宙(우주) 屋宇(옥우) 氣宇(기우)
		合20575	牆盤	五祀衛鼎	癲鐘	說文解字	
집 **우**	설문 宀부	宇(우)는 집의 가장자리(즉 처마)를 뜻한다. 宀(면)은 의미부분이고, 于(우)는 발음부분이다. ≪주역(周易)≫에 이르기를 "위에는 용마루가 있고, 아래에는 처마가 있다."라고 하였다. 㝢는 宇의 주문(籀文)으로 {于 대신} 禹(우)를 썼다.(「宇, 屋邊也. 从宀, 于聲. ≪易≫曰: "上棟下宇." 㝢, 籀文字, 从禹.」)					

※ 집(宀)전체를 크게(于) 덮는 '처마', 이 세상의 큰 집인 '우주'를 뜻한다.

		甲骨文	金文	小篆	
 迂	辵부 총7획				迂言(우언) 迂餘曲折 (우여곡절)
		京津3957	居簋	仲義父鼎	
에돌 **우**	설문 辵부	迂(우·오)는 피한다는 뜻이다. 辵(착)은 의미부분이고, 于(우)는 발음부분이다.(「迂, 避也. 从辵, 于聲.」)				

※ 멀리 굽어(于) 돌아감(辶)을 뜻하여 '에돌다' '멀다'로 쓰인다.

		金文	小篆	
玗	玉부 총7획			玗琪(우기)
		叡霗卣	說文解字	
옥돌 **우**	설문 玉부	玗(우)는 옥과 비슷한 돌이다. 玉(옥)은 의미부분이고, 于(우)는 발음부분이다.(「玗, 石之似玉者. 从玉, 于聲.」)			

※ 옥(玉) 다음으로 가는(于) 널리 분포되어 구하기 쉬운 돌에서 '옥돌'을 뜻한다.

 釪	金부 총11획	설문 없음		鉢釪(발우)	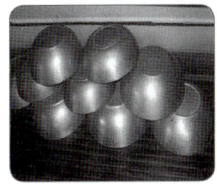
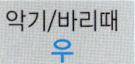악기/바리때 **우**					

※ 쇠(金)로 만든 소리가 멀리 가는(于) '악기 이름'이나, 악기 모양의 승려 밥그릇인 '바리때'를 뜻한다.

芋	艸부 총7획	戰國 金文		小篆	芋子(우자)	
		元年鄭令矛	陶六105	說文解字		
토란 우	설문 艸부	芋(우)는 큰 잎과 충실한 뿌리가 사람을 놀라게 한다. 그래서 芋라고 부르는 것이다. 艸(초)는 의미부분이고, 亏(우)는 발음부분이다.(「芋, 大葉實根駭人, 故謂之芋也. 从艸, 亏聲.」)				

※ 잎(艹)이 크고 기운이 위로 퍼지듯(亏) 넓게 펼쳐진 '토란'을 뜻한다.

丂➔兮➔謚☆➔朽☆‥‥亏(于)➔污➔虧❖‥‥(夸)➔誇➔袴◆‥‥(舁)‥‥愕
➔顎☆‥‥(粵)➔聘

丂	一부 총2획	甲骨文			西周 金文	春秋 金文	戰國 金文	小篆	용례 없음	
		前1·19·3	後下43·2	乙2316	散盤	齊鎛	者沪鐘	說文解字		
기출(氣出) 고	설문 丂부	丂(고)는 기(氣)가 편안하게 나오려고 하는데, 丂 위에서 一에 의해 방해를 받고 있다는 뜻이다. 丂는 고문(古文)에서는 亏(우)자로 여겼다. 또 巧(교)자로도 여겼다. 무릇 丂부에 속하는 글자들은 모두 丂를 의미부분으로 삼는다.(「丂, 气欲舒出, 勹上礙於一也. 丂, 古文以爲亏字. 又以爲巧字. 凡丂之屬皆从丂.」)								

※ 위에서 막아(一) 기(氣)가 편안하게 나오는데(勹) 방해를 받아 옆으로 퍼지는 모양에서 '기가 나옴' '퍼짐'을 뜻한다.

兮	八부 총4획	甲骨文			金文		小篆	樂兮(낙혜) 歸去來兮 (귀거래혜)	
		前8.10.1	甲2542	後下3.16	孟卣	兮仲簋	說文解字		
어조사 혜	설문 兮부	兮(혜)는 말을 잠깐 멈추게 하는 역할을 하는 것이다. 丂(고)는 의미부분이고, 八은 기(氣)가 위로 올라가는 것을 그린 것이다. 무릇 兮부에 속하는 글자들은 모두 兮를 의미부분으로 삼는다.(「兮, 語所稽也. 从丂, 八, 象气越亏也. 凡兮之屬皆从兮.」)								

※ 악기를 연주한 음이나, 퍼져(八)나가는 어떠한 기운(丂)으로 '어조사'로 쓰인다.

謚	言부 총16획	小篆	謚號(시호) 謚法(시법) 追謚(추시)	
		說文解字		
시호 시	설문 言부	謚(시)는 가고 난 자취를 뜻한다. 言(언)·兮(혜)·皿(명)은 모두 의미부분이다. (이 이상은 잘 모르겠으므로 해설란을 비워둠.)(「謚, 行之迹也. 从言·兮·皿. 闕.」)		

※ 말(言)로 죽은 사람의 공을 펼쳐(八) 크게(丂) 알리려고 그 사람이 사용하던 그릇(皿)에 업적과 '시호'를 새김을 뜻한다. 옛날에는 이름과 그릇(皿)을 바꾸지 않고 사용하여 '皿(명)'은 업적을 뜻한다. 말(言)을 더해(益)주던 謚(웃을 익/시호 시)과 같다.

朽	木부 총6획	설문 없음	小篆	不朽(불후) 朽木(후목) 朽老(후로)	
			形音義字典		
썩을 후					

※ 나무(木)가 굽어(丂) 크지 못하고 '썩음'을 뜻한다.

亏	二부 총3획	甲骨文		金文			小篆	용례 없음	
		乙6690	前8.4.7	天亡簋	令鼎	毛公鼎	說文解字		
갈 우	설문 亏부	于(우)자 해설 참조(參照).							

※ 위가 막혀(一) 기가 나오다(丂) 옆으로 '넓게' 퍼져가는 데서 '가다' '막다'로 쓰인다. ※참고: 于(우)의 본자(本字).

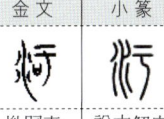	水部 총6획	金文 胤嗣壺	小篆 說文解字		汚物(오물) 汚染(오염) 汚名(오명)	
더러울 오	설문 水부	汚(오)는 더럽다는 뜻이다. 일설에는 작은 연못을 汚라고도 한다. 일설에는 진흙을 뜻한다고도 한다. 水(수)는 의미부분이고, 亏(우)는 발음부분이다.(「汚, 薉也. 一曰:小池爲汚. 一曰:涂也. 从水, 亏聲.」)					

✻ 물(氵)이 흐르다 막혀(亏) 썩거나 '더러워짐'을 뜻한다.

	虎部 총17획	金文 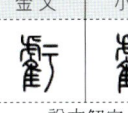 小篆 說文解字		虧喪(휴상) 虧月(휴월) 虧欠(휴흠)	
이지러질 휴	설문 亏부	虧(휴)는 기(氣)가 줄어든다는 뜻이다. 亏(우)는 의미부분이고, 虍(호)는 발음부분이다. 巂는 虧의 혹체자(或體字)로 (亏 대신) 兮(혜)를 썼다.(「虧, 气損也. 从亏, 虍聲. 巂, 虧或从兮.」)				

✻ 범(虎)무늬 새(隹)가 날아가듯 기운이 위로 퍼져(亏) 일부가 없어지는 데서 '이지러지다'를 뜻한다.
  ※파자:범(虎) 소리에 새(隹)가 놀라 떠나가는(亏=亐) 데서 '없어짐' '이지러짐'을 뜻한다. ※ 虍:새이름호

	大部 총6획	甲骨文 	殷商 金文 	西周 金文	戰國 金文 	小篆	夸詐(과사) 夸矜(과긍) 夸言(과언)	
		粹1027	合4813	夸 爵	伯夸父甓	陶三033	說文解字		
사치할 과	설문 大부	夸(과)는 벌린다는 뜻이다. 大(대)는 의미부분이고, 亏(우)는 발음부분이다.(「夸, 奢也. 从大, 亏聲.」)						

✻ 자신의 능력보다 크고(大) 넓게(亏) 말하거나 쓰는 데서 '사치함' '자랑함'을 뜻한다.

	言部 총13획	甲骨文 	小篆 		誇示(과시) 誇張(과장) 誇大(과대)	
		戩26.3	說文解字			
자랑할 과	설문 言부	誇(과)는 과장한다는 뜻이다. 言(언)은 의미부분이고, 夸(과)는 발음부분이다.(「誇, 譀也. 从言, 夸聲.」)				

✻ 말(言)을 크게(大) 퍼지게(亏) 자랑하는(夸:자랑할 과) 데서 '자랑함'을 뜻한다.

	衣部 총11획	설문 없음	小篆  形音義字典		袴衣(고의) 短袴(단고) 半袴(반고)	
바지 고						

✻ 옷(衤) 중에 두 다리를 크게(大) 벌어지게(亏) 입는 가랑이가 있는 '바지'를 뜻한다.

	口部 총12획	金文	小篆		용례 없음	
		禹 鼎	噩侯簋	說文解字		
놀랄 악	설문 吅부	罒(악)은 시끄럽게 다툰다는 뜻이다. 吅(현)은 의미부분이고, 屰(역)은 발음부분이다.(「罒, 譁訟也. 从吅, 屰聲.」)				

✻ 여러 입이 시끄럽게(吅:시끄러울 현) 서로의 뜻을 거스르며(屰:거스를 역) 떠드는 데서 '놀라다'를 뜻한다.
  ※罒(악)이 咢(악)의 본자(本字)이다. ※참고:喪·咢(罒)·噩은 고문이 비슷하다.

愕	心부 총12획	설문 없음	小篆 譚 形音義字典	《形音義字典》에서는 '䚯(오)'자를 설명함.	驚愕(경악) 愕視(악시) 愕然(악연)	
놀랄 **악**						

※ 두 사람이 갑자기 만나, 마음(忄)에 놀라 소리 지르며(吅:시끄러울 현) 크게(亐) 놀라는 데서 '놀라다' '갑자기'가 뜻이 된다. 고문의 喪·㗊·囂은 뽕나무 아래 많은 사람으로 자원을 같게 본다.

顎	頁부 총18획	설문 없음	小篆 顎 形音義字典		顎骨(악골) 上顎(상악) 下顎(하악)	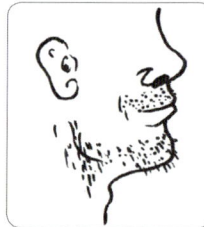
턱 **악**						

※ 사람이 놀라(咢:놀랄 악)면 머리(頁)를 들고 입을 벌리는 데서 '턱'을 뜻한다.

甹	田부 총7획		甲骨文	西周 金文		戰國 金文	小篆	용례 없음	
			京津2651	班簋	牆盤	毛公鼎	孝子甹壺	說文解字	
끌 **병**	설문 丂부	甹(병)은 '급하다'라는 뜻을 나타내는 말이다. 丂(고)와 由(유)는 모두 의미부분이다. 일설에 甹은 호기(豪氣)롭다는 뜻이라고도 한다. 장안(長安) 지역 일대에서는 재물을 가볍게 보는 사람을 甹이라고 한다.(「甹, 亟詞也. 从丂, 从由. 或曰: 甹, 俠也. 三輔謂輕財者爲甹.」)							

※ 대그릇(由)에 가득 음식을 담아 받쳐놓고(丂) 사람을 끌어오는 데서 '끌다'를 뜻한다. 또는 그릇(由)에 담긴 음식을 널리(丂) 베풀어 사람을 '끌어' '모음'을 뜻한다.

聘	耳부 총13획		金文	小篆		招聘(초빙) 聘母(빙모) 聘物(빙물)	
			商鞅方升	說文解字			
부를 **빙**	설문 耳부	聘(빙)은 방문(訪問)한다는 뜻이다. 耳(이)는 의미부분이고, 甹(병)은 발음부분이다.(「聘, 訪也. 从耳, 甹聲.」)					

※ 귀(耳)로 들은 소문대로 대그릇(由)에 담아 넓게(丂) 차린 음식 초대에 예를 갖추어 방문하거나, 소문(耳)대로 부른(甹:끌 병) 곳에 찾아감에서 '부르다' '찾아가다'를 뜻한다.

丏 ➡ 沔 ➡ 眄 ☆ ➡ 麵 ☆

丏	一부 총4획		小篆 丏 說文解字		용례 없음	
가릴 **면**	설문 丏부	丏(면)은 보이지 않는다는 뜻이다. 막고 덮은 모양을 그린 것이다. 무릇 丏부에 속하는 글자는 모두 丏을 의미부분으로 삼는다.(「丏, 不見也. 象雝蔽之形. 凡丏之屬皆从丏.」)				

※ 낮은 담(丆) 아래에 숨은(乚) 사람(人=⺈)을 가린 모양에서 '가리다'를 뜻한다.

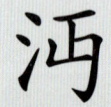

沔	水부 총7획		春秋 金文	小篆		沔水(면수) 沔川(면천) 渺沔(묘면)	
			石鼓汧沔	說文解字			

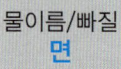

물이름/빠질 **면** | 설문 水부 | 沔(면)은 강의 이름이다. 무도군(武都郡) 저현(沮縣) 동쪽 낭곡(狼谷)에서 발원하여, 동남쪽으로 흘러서 장강(長江)으로 들어간다. 일설에는 하수(夏水)로 들어간다고도 한다. 水(수)는 의미부분이고, 丏(면)은 발음부분이다.(「沔, 水. 出武都沮縣東狼谷, 東南入江. 或曰:入夏水. 从水, 丏聲.」)

※ 강(氵)에 빠져 가려진(丏:가릴 면)데서 '빠지다'를 뜻하며, 본래 중국의 양자강 지류의 하나인 면수(沔水)의 이름이다. ※丏은 丐(빌 개)와는 다른 자이다.

眄	目部 총9획	小篆 眄 說文解字		眄視(면시) 顧眄(고면) 仰眄(앙면)	
곁눈질할 **면**	설문 目部	眄(면)은 눈이 한쪽으로 치우쳐서 모였다는 뜻이다. 일설에는 곁눈질한다는 뜻이라고도 한다. (이는) 진(秦)지방의 말이다. 目(목)은 의미부분이고, 丏(면)은 발음부분이다.(「眄, 目偏合也. 一曰:袤視也. 秦語. 从目, 丏聲.」)			

✻ 눈(目)으로 낮은 담에 가려(丏) 숨어 '곁눈질함'을 뜻한다.

麵	麥部 총15획	小篆 麵 說文解字		冷麵(냉면) 索麵(삭면) 麥麵(맥면)	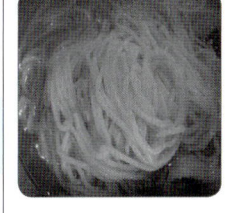
국수 **면**	설문 麥部	麵(면)은 보리의 가루를 뜻한다. 麥(맥)은 의미부분이고, 丏(면)은 발음부분이다.(「麵, 麥末也. 从麥, 丏聲.」)			

✻ 밀 또는 보리(麥)의 가루로, 본 재료는 가려(丏) 보이지 않게 만든 '국수'를 뜻한다. ※麺(동자)

卂 ➡ 訊 ➡ 迅 ➡ 蝨 *

卂	十部 총3획	金文  卂伯簋	小篆  說文解字	용례 없음	
빨리날 **신**	설문 卂部	卂(신)은 빠르게 난다는 뜻이다. 飛(비)자에서 날개 부분이 보이지 않는다는 의미이다. 무릇 卂부에 속하는 글자들은 모두 卂을 의미부분으로 삼는다.(「卂, 疾飛也. 从飛而羽不見. 凡卂之屬皆从卂.」)			

✻ 새가 빨리 나는(飛=卂) 데서 '빠르다'를 뜻한다.

訊	言部 총10획	甲骨文  續3.31.5	金文  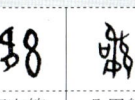 虢季子白盤 師袁簋 兮甲盤	小篆 古文 說文解字	訊問(신문) 訊檢(신검) 振訊(진신)	
물을 **신**	설문 言部	訊(신)은 묻는다는 뜻이다. 言(언)은 의미부분이고, 卂(신)은 발음부분이다. 𧪢은 訊의 고문(古文)으로 (卂 대신) 鹵(서)를 썼다.(「訊, 問也. 从言, 卂聲. 𧪢, 古文訊, 从鹵.」)				

✻ 말(言)로 다그쳐 빨리(卂:빠를 신) 말하라고 다그쳐 '물음'을 뜻한다.

迅	辶部 총7획	小篆  說文解字		迅速(신속) 迅雷(신뢰) 迅雨(신우)	
빠를 **신**	설문 辶部	迅(신)은 빠르다는 뜻이다. 辶(착)은 의미부분이고, 卂(신)은 발음부분이다.(「迅, 疾也. 从辶, 卂聲.」)			

✻ 빨리(卂) 감(辶)에서 '빠르다'를 뜻한다.

蝨	虫部 총15획	小篆   說文解字		蝨官(슬관) 蝨犬說(슬견설)	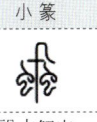
이 **슬**	설문 蚰部	蝨(슬)은 사람을 깨무는 벌레이다. 蚰(곤)은 의미부분이고, 卂(신)은 발음부분이다.(「蝨, 齧人蟲. 从蚰, 卂聲.」)			

✻ 사람에 기생하며 번식이 빠르고(卂) 몸의 피를 빠는 벌레(蚰:벌레 곤)인 '이'를 뜻한다.

乎 → 呼

乎 ノ부 총5획

甲骨文		金文			小篆
菁6.1	乙7360	頌鼎	豆閉簋	大簋	說文解字

斷乎(단호)
確乎(확호)
嗟乎(차호)

어조사 호
설문 兮부

乎(호)는 말의 여운을 나타낸다. 兮(혜)는 의미부분이다. (ノ은) 소리가 점점 위로 올라가는 모양을 그린 것이다. (「乎, 語之餘也. 从兮, 象聲上越揚之形也.」)

✽ 악기(丂=ナ)에서 소리(ㅠ)가 나옴, 또는 길게 나는 소리를 뜻하며 의문 '어조사'로 쓰인다.

呼 口부 총8획

	小篆	
	說文解字	

呼出(호출)
呼名(호명)
呼吸(호흡)

부를 호
설문 口부

呼(호)는 숨을 밖으로 내쉰다는 뜻이다. 口(구)는 의미부분이고, 乎(호)는 발음부분이다. (「呼, 外息也. 从口, 乎聲.」)

✽ 입(口)으로 길게 소리 내어(乎) '부름'을 뜻한다.

艮 → 懇 → 墾 → 艱 → 眼 → 根 → 銀 → 垠 → 恨 → 限 → 痕

艮 艮부 총6획

金文		小篆
한교백과	雲夢封診	說文解字

艮卦(간괘)
艮坐(간좌)
艮方(간방)

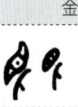

괘이름/그칠 간
설문 匕부

艮(간)은 말을 잘 듣지 않는다는 뜻이다. 匕(비)와 目(목)은 모두 의미부분이다. 目(臣)은 화난 눈으로 서로 노려보고 있다는 것으로, 서로 물러서지 않는다는 뜻이다. ≪주역(周易)≫에 이르기를 "시선이 허리춤에서 멈추었다."라고 하였다. 匕와 目이 합해져서 艮이 되고, 匕(화)와 目이 합해져서 眞(진)이 된다. (「艮, 很也. 从匕·目. 匕目猶目相匕, 不相下也. ≪易≫曰: "艮其限." 匕目爲艮, 匕目爲眞也.」)

✽ 화가 난 눈(目)으로 사람(匕)이 돌려봄(艮)에서 나아가지 못함, 서로 '거스름', 관계가 '그침'으로, 나아가지 못함을 뜻하는 '간괘(艮卦)'의 이름으로 쓰인다.

懇 心부 총17획

설문 없음

小篆
形音義字典

懇切(간절)
懇請(간청)
懇求(간구)

간절할 간

≪설문해자≫에는 '懇'자가 보이지 않는다. ≪옥편(玉篇)·심부(心部)≫를 보면 "懇(간)은 성실하다, 믿음이 있다 등과 같은 뜻이다. (「懇, 誠也, 信也.」)"라고 하였다.

✽ 먹이를 본 돼지(豕=豸)가 머물러 물어뜯음(狠=貇:돼지 물 간)으로, 돼지(豸)가 먹이를 보고 길을 멈추어(艮) 마음(心)을 다해 정성스럽게 먹어치움에서 '간절함'을 뜻한다.

墾 土부 총16획

小篆
說文解字

開墾(개간)
墾田(간전)
耕墾(경간)

개간할 간
설문 土부

墾(간)은 밭을 간다는 뜻이다. 土(토)는 의미부분이고, 貇(간)은 발음부분이다. (「墾, 耕也. 从土, 貇聲.」)

✽ 돼지가 물어뜯듯(貇=狠) 흙을 파헤침에서 황무지 땅(土)을 파헤치는 '개간'을 뜻한다.

◈ 積功之塔豈毁乎 : (적공지탑기훼호) 공을 들인 탑이 어찌 무너지랴라는 뜻으로, 정성(精誠)을 기울여 이룩해 놓은 일은 그리 쉽게 무너지지 않는다는 말.

◈ 呼訴無地 : (호소무지) 원통(冤痛)한 사정(事情)을 호소(呼訴)할 곳이 없음.

◈ 勤勤懇懇 : (근근간간) 매우 부지런하고 정성(精誠)스러운 모양(模樣).

艱	艮부 총17획	甲骨文		金文		小篆	籒文	艱辛(간신) 艱難(간난) 艱險(간험)	
		菁1.1	甲2125	不嬰簋	毛公鼎	說文解字			
어려울 	설문 堇부	艱(간)은 흙을 일구기가 어렵다는 뜻이다. 堇(근)은 의미부분이고, 艮(간)은 발음부분이다. 𪔋은 艱의 주문(籒文)으로 (艮 대신) 喜(희)를 썼다.(「艱, 土難治也. 从堇, 艮聲. 𪔋, 籒文艱, 从喜.」)							

※ 사람을 불에 태워(堇:노란 진흙 근) 비를 구하다 잠시 그침(艮)에서, 신에게 구하여 소원을 이루기가 '어려움'을 뜻한다. ※근(堇)자 참조.

眼	目부 총11획	小篆 眼 說文解字	眼球(안구) 眼科(안과) 眼帶(안대)	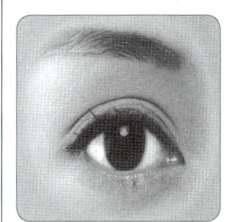
눈 안	설문 目부	眼(안)은 눈을 뜻한다. 目(목)은 의미부분이고, 艮(간)은 발음부분이다.(「眼, 目也. 从目, 艮聲.」)		

※ 눈(目)을 돌려봄(𥃦=艮)에서, 눈(目)으로 상대를 보거나, 보는(目) 데 한계(艮)가 있는 '눈'을 뜻한다.

根	木부 총10획	戰國 金文	小篆	根性(근성) 根本(근본) 根據(근거)	
		雲夢爲吏	說文解字		
뿌리 근	설문 木부	根(근)은 나무뿌리를 뜻한다. 木(목)은 의미부분이고, 艮(간)은 발음부분이다.(「根, 木株也. 从木, 艮聲.」)			

※ 위로 자라는 나무(木) 줄기와 반대로 땅속으로 거슬러(艮) 자라는 '뿌리'를 나타낸다.

銀	金부 총14획	小篆 銀 說文解字	銀行(은행) 銀盤(은반) 銀賞(은상)	
은 은	설문 金부	銀(은)은 흰 쇠를 뜻한다. 金(금)은 의미부분이고, 艮(간)은 발음부분이다.(「銀, 白金也. 从金, 艮聲.」)		

※ 금(金) 중에 白金(백금)이라 하여 눈을 돌려(艮) 흘겨 볼 때 흰자위처럼 '흰색 금'인 '은'을 뜻한다. 적금(赤金)은 오늘날의 금(金). ※파자:가치가 금(金) 다음에 그친(艮) '은'을 뜻한다.

垠	土부 총9획	小篆	或體	地垠(지은) 垠際(은제) 垠界(은계)	
		垠	圻		
		說文解字			
지경 	설문 土부	垠(은)은 땅의 경계를 뜻한다. 일설에는 언덕을 뜻한다고도 한다. 土(토)는 의미부분이고, 艮(간)은 발음부분이다. 圻(기·은)은 垠의 혹체자(或體字)로 (艮 대신) 斤(근)을 썼다.(「垠, 地垠也. 一曰:岸也. 从土, 艮聲. 圻, 垠或从斤.」)			

※ 넓게 이어진 땅(土)이 끝나는(艮) 경계선으로 '지경'을 뜻한다.

恨	心부 총9획	小篆 恨 說文解字	恨歎(한탄) 怨恨(원한) 悔恨(회한)	
한(怨)/원망 	설문 心부	恨(한)은 원망한다는 뜻이다. 心(심)은 의미부분이고, 艮(간)은 발음부분이다.(「恨, 怨也. 从心, 艮聲.」)		

※ 서로 마음(忄)이 어긋남(艮)에서 '한' '원망' 등으로 쓰인다.

限	阜부 총9획	金文 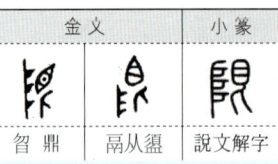 智鼎 / 鬲从盨 / 小篆 說文解字		限定(한정) 限界(한계) 上限(상한)
한할 한	설문 阜부	限(한)은 험준하다는 뜻이다. 일설에는 문지방을 뜻한다고도 한다. 阜(부)는 의미부분이고, 艮(간)은 발음부분이다.(「限, 阻也. 一曰:門榍. 从𨸏, 艮聲.」)		

※ 언덕(阝)이 시선을 가로막은(艮) 데서, '막히다' '한계' '한정'을 뜻한다.

痕	疒부 총11획	小篆  說文解字	痕迹(흔적) 淚痕(누흔) 刀痕(도흔)
흔적 흔	설문 疒부	痕(흔)은 흉터를 뜻한다. 疒(녁)은 의미부분이고, 艮(간)은 발음부분이다.(「痕, 胝瘢也. 从疒, 艮聲.」)	

※ 피부에 난 병(疒)이 그치고(艮) 나아진 다음 생긴 병의 '흔적' '흉터' '결점' 등을 나타낸다.

退 ➡ 腿 ☆ ➡ 褪 ☆

退	辵부 총10획	西周 金文  天亡簋	戰國 金文  中山王壺	小篆  兆域圖	或體 說文解字	古文	退却(퇴각) 退院(퇴원) 退勤(퇴근)
물러날 퇴	설문 彳부	復(=退, 퇴)는 물러난다는 뜻이다. 일설에는 행동이 느린 것을 뜻한다고도 한다. 彳(척)과 日(일) 그리고 夊(치)는 모두 의미부분이다. 衲는 혹체자(或體字)로 夊(대신) 內(내)를 썼다. 退는 고문(古文)으로 彳(대신) 辵(착)을 썼다.(「復, 卻也. 一曰:行遲也. 从彳, 从日, 从夊. 衲, 或从內. 退, 古文从辵.」)					

※ 해(日)가 천천히(夊) 물러감(辶)인 退=復가 본자. 일을 그치고(艮) 감(辶)에서 '물러남'을 뜻한다.

腿	肉부 총14획	설문 없음	小篆  形音義字典	腿骨(퇴골) 下腿(하퇴) 腿節(퇴절)
넓적다리 퇴				

※ 살(月)이 다리 뒤쪽에 물러나(退) 붙은 '넓적다리'를 뜻한다.

褪	衣부 총15획	설문 없음		褪英(퇴영) 褪色(퇴색) 褪紅(퇴홍)
바랠 퇴				

※ 옷(衤)의 색이 물러가듯(退) 없어져 '바램', 또는 임금이 옷(衤)을 물림(退)에서 '벗다'가 된다.

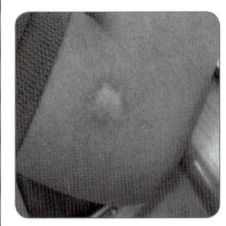

◇ 抵死爲限 : (저사위한) 죽기를 각오(覺悟)하고 굳세게 저항(抵抗)함.
◇ 不在此限 : (부재차한) 어떠한 한계(限界)에 얽매이지 않고 그 구속(拘束)을 벗어날 수가 있음.
◇ 進退兩難 : (진퇴양난) 나아갈 수도 물러설 수도 없는 궁지(窮地)에 빠짐.
◇ 臨戰無退 : (임전무퇴) 삼국 통일의 원동력이 된 화랑(花郞)의 세속오계(世俗五戒)의 하나. 싸움에 임하여 물러섬이 없음.
◇ 文盲退治 : (문맹퇴치) 까막눈인 사람들을 가르쳐 글 모르는 이가 없도록 하는 일.
◇ 冊床退物 : (책상퇴물) 글만 읽고 세상(世上) 물정(物情)에는 어두운 사람, 책상(冊床)물림.

良 ➡ 浪 ➡ 郎 ➡ 廊 ➡ 朗 ➡ 狼 ➡ 琅 ❖ ➡ 娘

良 / 어질 량

艮부 총7획	甲骨文			西周 金文		春秋 金文
	乙2510	乙3334	師友2·4	格伯簋	吏良父簋	季良父壺
설문 富부	殷商 金文		西周 金文		小 篆	
	中山王方壺	十九年殳		說文解字		

良(량)은 좋다는 뜻이다. 富(복)의 생략형은 의미부분이고, 亡(망)은 발음부분이다. 目은 良의 고문(古文)이다. 戶도 역시 良의 고문이다. 亯도 역시 良의 고문이다.(「良, 善也. 从富省, 亡聲. 目, 古文良. 戶, 亦古文良. 亯, 亦古文良.」)

良心(양심) 良好(양호) 良民(양민) 良藥(양약)

※ 집과 집을 이어주는 회랑 같은 통로 모양으로 다니기 '편한' 데서 '좋다'의 뜻으로 쓰인다.

浪 / 물결 랑

水부 총10획	小 篆
	說文解字
설문 水부	

浪(랑)은 창랑수(滄浪水)를 뜻한다. 남쪽으로 흘러서 장강(長江, 즉 양자강)으로 흘러 들어간다. 水(수)는 의미부분이고, 良(량)은 발음부분이다.(「浪, 滄浪水也. 南入江. 从水, 良聲.」)

浪費(낭비) 浪說(낭설) 風浪(풍랑)

※ 물(氵)이 보기 좋게(良) 흘러가면서 일어나는 '물결'로, '떠돎'을 뜻하기도 한다.

郎 / 사내 랑

邑부 총10획	小 篆
	說文解字
설문 邑부	

郎(랑)은 (춘추시대) 노(魯)나라의 정(亭) 이름이다. 邑(읍)은 의미부분이고, 良(량)은 발음부분이다.(「郎, 魯亭也. 从邑, 良聲.」)

郎子(낭자) 新郎(신랑) 郎君(낭군)

※ 좋은(良) 마을(阝)이나 집을 뜻하던 글자로, 좋은 마을에 사는 좋은 '사내' '남편'을 뜻한다.

廊 / 사랑채/행랑 랑

广부 총13획	小 篆
	說文解字
설문 广부	

廊(랑)은 동서(東西) 방향으로 난 담을 뜻한다. 广(엄)은 의미부분이고, 郎(랑)은 발음부분이다.(「廊, 東西序也. 从广, 郎聲.」)

行廊(행랑) 畫廊(화랑) 舍廊房(사랑방)

※ 집(广) 양쪽에 있어 일을 돕는 하인이나 사내(郎) 객이 머물던 '사랑채' '행랑'을 뜻한다.

朗 / 밝을 랑

月부 총11획	小 篆
	 說文解字
설문 月부	

朗(랑)은 (달이) 밝다는 뜻이다. 月(월)은 의미부분이고, 良(량)은 발음부분이다.(「朗, 明也. 从月, 良聲.」)

朗報(낭보) 朗讀(낭독) 明朗(명랑)

※ 보기 좋게(良) 달(月)빛이 환하게 '밝음'을 뜻한다.

◆ 虛無孟浪 : (허무맹랑) ①말하기 어려울 만큼 비고 거짓되어 실상(實相)이 없음 ②터무니없이 허황(虛荒)되고 실상이 없음.
◆ 滄浪自取 : (창랑자취) 좋은 말을 듣거나 나쁜 말을 들음이 모두 자기(自己)의 잘잘못에 달렸다는 뜻.
◆ 白面書郎 : (백면서랑) ①희고 고운 얼굴에 글만 읽는 사람이란 뜻. ②세상일(世上-)에 조금도 경험(經驗)이 없는 사람.

狼	犬부 총10획	甲骨文	戰國 金文	小篆			狼狽(낭패) 狼毒(낭독) 狼藉(낭자)
		前6.48.4	秦封泥	說文解字			
이리 랑	설문 犬부	狼(랑)은 개처럼 생겼는데, 머리가 뾰족하고, 뺨이 희며, 앞은 높고, 뒤는 넓다. 犬(견)은 의미부분이고, 良(량)은 발음부분이다.(「狼, 似犬, 銳頭, 白頰, 高前, 廣後. 从犬, 良聲.」)					

※ 개(犭)와 닮고 개보다 사냥 능력이 좋은(良) '이리'를 뜻한다.

琅	玉부 총11획	西周 金文	戰國 金文	小篆			琅玕(낭간) 琅瑞(낭당) 琅函(낭함)
		子黃尊	秦封泥	說文解字			
옥이름 랑	설문 玉부	琅(랑)은 낭간옥(琅玕玉)으로, 진주와 비슷한 것이다. 玉(옥)은 의미부분이고, 良(량)은 발음부분이다.(「瑯, 琅玕, 似珠者. 从玉, 良聲.」)					

※ 옥(玉)의 생김이 둥글고 색이 아름다워 보기 좋은(良) 구슬 비슷한 '옥 이름'을 뜻한다.

娘	女부 총10획	설문 없음	甲骨文		娘子(낭자) 娘家(낭가) 娘子軍(낭자군)
			乙972		
계집 낭	설문	'娘'(랑)자는 갑골문에는 있으나, 금문과 ≪설문해자≫에는 보이지 않는다. ≪옥편(玉篇)≫과 ≪광운(廣韻)≫에서는 모두 "娘은 소녀(少女)를 지칭하는 말이다.(「娘, 少女之號」)"라고 하였다.			

※ 여자(女)중에 항상 편하고 좋은(良) '어머니'를 뜻하던 글자에서 '여자' '계집' '아가씨'를 뜻한다.

目 ➡ 看

目	目부 총5획	甲骨文		金文	小篆	古文	目的(목적) 科目(과목) 注目(주목)
		前4.33.6	後下34.5	父癸爵	目爵	說文解字	
눈 목	설문 目부	目(목)은 사람의 눈이다. 상형이다. 겹쳐 있는 가운데 두 획은 눈동자를 뜻한다. 무릇 目부에 속하는 글자들은 모두 目을 의미부분으로 삼는다. ⊙은 目의 고문(古文)이다.(「目, 人眼. 象形. 重, 童子也. 凡目之屬皆从目. ⊙, 古文目.」)					

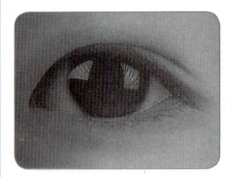

※ 눈동자를 강조한 눈을 본떠 만든 글자로 '눈'을 뜻한다.

看	目부 총9획	小篆	或體				看過(간과) 看病(간병) 看破(간파)
		說文解字					
볼 간	설문 目부	看(간)은 (먼 곳을) 바라본다는 뜻이다. 손[手(수)] 아래에 눈[目(목)]이 있다는 의미이다. 䀐은 看의 혹체자(或體字)로 (手 대신) 𥃩(간)을 썼다.(「看, 睎之. 从手下目. 䀐, 看或从𥃩.」)					

※ 손(手)으로 눈(目) 위를 차양(遮陽)처럼 가리고 멀리 '봄'에서 '보다'를 뜻한다.

眉 ➡ 媚 ☆ ➡ 嵋*

眉	目부 총9획	甲骨文		殷商 金文	西周金文		小篆	眉間(미간) 白眉(백미) 眉雪(미설)
		京津2082	佚587	眉戈	小臣謎簋	周睘鼎	散盤	說文解字	
눈썹 미	설문 眉부	眉=䁯(미)는 눈 위의 털(즉 눈썹)이다. 目(목)은 의미부분이고, (𠃜)는 눈썹의 모양을 그린 것이다. 그 위(즉 𠂉)는 이마의 주름살을 그린 것이다. 무릇 眉부에 속하는 글자들은 모두 眉를 의미부분으로 삼는다.(「䁯, 目上毛也. 从目, 象眉之形. 上象額理也. 凡眉之屬皆从眉.」)							

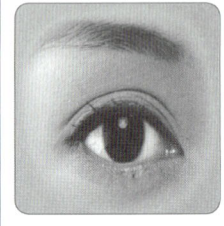

※ 눈썹(𠃜)이 눈(目) 위에 있는 모양을 그려 '눈썹'을 뜻한다.

媚	女부 총12획	甲骨文			金文		小篆	媚態(미태) 明媚(명미) 媚附(미부)
		菁3.1	後下32.7	合811	子媚爵	子媚觚	說文解字	
아첨할/예쁠 미	설문 女부	媚(미)는 기뻐한다는 뜻이다. 女(녀)는 의미부분이고, 眉(미)는 발음부분이다.(「媚, 說也. 从女, 眉聲.」)						

※ 여자(女)가 눈썹(眉)을 크게 그려 '예쁘게' 보이려 하는 데서 '아첨하다'를 뜻한다.

嵋	山부 총12획	설문 없음	嵋菴(미암) 嵋初(미초) 峨嵋山(아미산)
산이름 미			

※ 중국 아미산(峨嵋山)으로, 눈 위의 눈썹(眉)처럼 높고 길게 뻗은 이름에서 '산 이름'을 뜻한다.

盾 ➡ 循 ➡ 遁

盾	目부 총9획	甲骨文		殷商 金文	西周 金文	小篆	矛盾(모순) 圓盾(원순) 盾鼻(순비)
		甲3113	粹1288	秉盾父乙簋	宅 簋	五年師簋	說文解字
방패 순	설문 盾부	盾(순)은 瞂(방패 벌)이다. 이것을 가지고 몸을 막고 눈을 가린다. 상형(象形)이다. 무릇 盾부에 속하는 글자들은 모두 盾을 의미부분으로 삼는다.(「盾, 瞂也. 所以扞身蔽目. 象形. 凡盾之屬皆从盾.」)					

※ 사람(亻=厂[끌 예])이 방패(十)를 들고 눈(目)으로 살펴, 칼이나 화살을 막는 '방패'를 뜻한다.

循	彳부 총12획	甲骨文		春秋 金文	小篆	循行(순행) 循環(순환) 循守(순수)
		鐵163.2	林2.9.3	雲夢法律	說文解字	
돌 순	설문 彳부	循(순)은 순서에 따라간다는 뜻이다. 彳(척)은 의미부분이고, 盾(순)은 발음부분이다.(「循, 行順也. 从彳, 盾聲.」)				

※ 구역을 살피러 가거나(彳) 성을 순찰할 때 방패(盾)로 가리고 '돌거나' '좇음'을 뜻한다.

遁	辵부 총13획	小篆	遁甲(둔갑) 隱遁(은둔) 遁避(둔피)
		說文解字	
숨을 둔	설문 辵부	遁(돈·둔)은 옮긴다는 뜻이다. 일설에는 달아난다는 뜻이라고도 한다. 辵(착)은 의미부분이고, 盾(순)은 발음부분이다.(「遁, 遷也. 一曰:逃也. 从辵, 盾聲.」)	

※ 적의 공격을 방패(盾)로 막으면서 도망가는(辶) 데서 '달아나다' '숨다'를 뜻한다.

見 ➡ 現 ➡ 峴 ➡ 睍 ❖ 覞* ➡ 硯 ➡ 規 ➡ 窺 ➡ 視 ⋯ (亲) ➡ 親

見	見부 총7획	甲骨文		金文			小篆	見聞(견문) 見本(견본) 謁見(알현)
		粹441	寧滬1,519	沈子簋	賢 簋	揚 鼎	說文解字	
볼 견 뵈올 현	설문 見부	見(견)은 본다는 뜻이다. 儿(인)과 目(목)은 모두 의미부분이다. 무릇 見부에 속하는 글자들은 모두 見을 의미부분으로 삼는다.(「見, 視也. 从儿, 从目. 凡見之屬皆从見.」)						

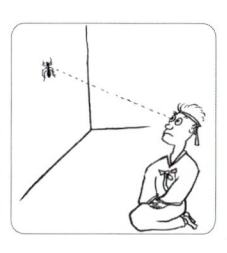

※ 눈(目)으로 자세히 보는 사람(儿)에서 '보거나' '감상함'을 뜻한다.

現	玉부 총11획	설문 없음	小篆  形音義字典		現實(현실) 現金(현금) 現代(현대)	
나타날 현		≪설문해자≫에는 '現(현)'자가 보이지 않는다. ≪광운(廣韻)·산운(霰韻)≫을 보면 "見은 드러난다는 뜻이다. 現은 속자(俗字)이다.(「見, 露也. 現, 俗.」)"라고 하였다.				

✻ 옥(玉)빛이 아름다워 눈에 띄게 보임(見)에서 '나타나다'를 뜻한다.

峴	山부 총10획	설문 없음	小篆 峴 形音義字典		峴山(현산) 炭峴(탄현) 阿峴洞(아현동)	
고개 현						

✻ 산(山) 고개에 있는 넓게 드러나 보이는(見) 평지에서 '고개'를 뜻한다.

晛	日부 총11획	甲骨文  後上8.5 / 戩5.13	小篆 晛 說文解字		晛光(현광)	
햇살 현	설문 日부	晛(현)은 해가 출현(出現)했다는 뜻이다. 日(일)과 見(견·현)은 모두 의미부분인데, 見은 발음부분이기도 하다. ≪시경(詩經)≫에 이르기를 "햇빛 보면 녹는다네."라고 하였다.(「晛, 日見也. 从日, 从見, 見亦聲. ≪詩≫日: "見晛曰消."」)				

✻ 구름 사이에 햇살(日)이 보이는(見) 데서 '햇살'을 뜻한다.

睍	目부 총12획		小篆 睍 說文解字		睍睍(현현) 睍睆(현환)	
불거진눈 현	설문 目부	睍(현)은 튀어나온 눈을 뜻한다. 目(목)은 의미부분이고, 見(견)은 발음부분이다.(「睍, 出目也. 从目, 見聲.」)				

✻ 눈(目)이 불거지도록 자세히 보는(見) 데서 '불거진 눈'을 뜻한다.

硯	石부 총12획		小篆 硯 說文解字		硯池(연지) 硯滴(연적) 朱硯(주연)	
벼루 연	설문 石부	硯(연)은 돌이 미끄럽다는 뜻이다. 石(석)은 의미부분이고, 見(견)은 발음부분이다.(「硯, 石滑也. 从石, 見聲.」)				

✻ 돌(石)이 많이 부딪쳐 매끄럽게 보이듯(見), 먹을 갈아 면이 매끄러운 '벼루'를 뜻한다.
  ※파자:먹을 가는 돌(石)로 글을 써서 나타내는(見) '벼루'를 뜻한다.

規	見부 총11획	戰國 金文 規 十鐘印舉	小篆 規 說文解字		規格(규격) 規則(규칙) 規律(규율)	
법 규	설문 夫부	規(규)는 법도(法度)가 있다는 뜻이다. 夫(부)와 見(견)은 모두 의미부분이다.(「規, 有法度也. 从夫, 从見.」)				

✻ 아이와 달리 지아비나 장부(夫)는 모범을 보임(見)에서 '법'을 뜻하며, '그림쇠' '원'을 뜻한다.

窺	穴부 총16획	西周 金文	小篆				窺視(규시) 窺知(규지) 窺伺(규사)
엿볼 규	설문 穴부	伯寬父盨	說文解字				

설문: 窺(규)는 엿본다는 뜻이다. 穴(혈)은 의미부분이고, 規(규)는 발음부분이다.(「窺, 小視也. 从穴, 規聲.」)

※ 원 모양의 구멍(穴)을 그림쇠(規)로 그린 듯 뚫고 밖을 보는 데서 '엿보다'를 뜻한다.

視	見부 총12획	甲骨文	西周 金文	戰國 金文	小篆	古文		視力(시력) 視覺(시각) 視察(시찰)
볼 시	설문 見부	前2.7.2	何尊	上博魯邑		說文解字		

설문: 視(시)는 본다는 뜻이다. 見(견)과 示(시)는 모두 의미부분이다. 𥄙는 視의 고문이다. 眡도 역시 視의 고문이다.(「視, 瞻也. 从見·示. 𥄙, 古文視. 眡, 亦古文視.」)

※ 제사할 때 신(示)을 우러러 보아(見) 신이 나타나 보인다는 뜻으로 '보다' '보이다'가 된다.

亲	木부 총11획	甲骨文	西周 金文		戰國 金文	小篆		용례 없음
작은열매 진	설문 木부	前7.9.3	佚217	無去魯鼎	哀成叔鼎	中山王圓壺	說文解字	

설문: 亲(진)은 과일(의 이름)로, 열매는 작은 밤과 같다. 木(목)은 의미부분이고, 辛(신)은 발음부분이다. 《춘추전(春秋傳)》에 이르기를 "여자가 진상하는 예물은 개암과 밤 등을 넘지 않는다."라고 하였다.(「亲, 果, 實如小栗. 从木, 辛聲. 《春秋傳》曰: "女摯, 不過亲·栗."」)

※ 가시(辛=立) 많은 나무(木)에, '작은 열매'를 맺는 나무로 '가시나무' '작은 열매'를 뜻한다.

親	見부 총16획	西周 金文		春秋 金文	戰國 金文		小篆	親舊(친구) 親切(친절) 親善(친선)
친할 친	설문 見부	克鐘	史懋壺	哥侯鼎	中山王方壺	中山王鼎	說文解字	

설문: 親(친)은 (친밀함이) 이르렀다는 뜻이다. 見(견)은 의미부분이고, 亲(친)은 발음부분이다.(「䫋, 至也. 从見, 亲聲.」)

※ 가시(辛) 달린 나무(木)에 달라붙듯(亲=亲) 서로 친하게 보는(見) 데서 '친하다'로 쓰인다.
 ※파자: 집 가까이 서(立)있는 나무(木)를 자주 봄(見)에서 '친하다'를 뜻한다.

莧 ➡ 寬 … 龜

莧	羊부 총12획	金文	小篆		용례 없음
산양뿔 환	설문 莧부	萬春鼎	說文解字		

설문: 莧(환)은 산양(山羊)으로 뿔이 가늘다. 토끼의 다리 부분은 의미부분이고, 昔(말)은 발음부분이다. 무릇 莧부에 속하는 글자는 모두 莧을 의미부분으로 삼는다. 丸(환)이라고 읽는다. 寬(관)자는 여기에서 나왔다.(「莧, 山羊細角者. 从兔足, 昔聲. 凡莧之屬皆从莧. 讀若丸. 寬字从此.」)

※ 두 뿔(丱)과 눈(目)이 크고 다리(儿)에 꼬리(丶)가 달린 '산양'에서 '산양 뿔'을 뜻한다.

寬	宀부 총15획	金文	小篆		寬大(관대) 寬容(관용) 寬厚(관후)
너그러울 관	설문 宀부	散盤	說文解字		

설문: 寬(관)은 집이 넓고 크다는 뜻이다. 宀(면)은 의미부분이고, 莧(환)은 발음부분이다.(「寬, 屋寬大也. 从宀, 莧聲.」)

※ 넓은 집(宀)에 두 뿔(丱)과 눈(目)이 크고 다리(儿)에 꼬리(丶)가 달린 짐승이 사는 데서 '넓다' '너그럽다'가 뜻이 된다. ※ '참고: 丱'는 후대에 '++'와 혼용한다.

龜	龜부 총16획	甲骨文		殷商金文		小篆	古文	龜甲(귀갑) 龜裂(균열) 龜鰒(귀복)
				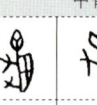		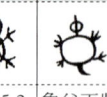	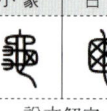	
		甲984	乙5269	前7.5.2	龜父丙鼎	叔龜觚	說文解字	
거북 귀/구 터질 균	설문 龜부	龜(귀), 거북이를 '귀'라고 부르는 까닭은 오래 살기[舊(구)] 때문이다. 딱딱한 껍질 안에 몸이 들어 있다. 它(타, 즉 蛇)가 의미부분인데, 그것은 거북이의 머리가 뱀[蛇(사)]의 머리와 비슷하기 때문이다. 천성적으로 어깨가 넓고, 수컷이 없다. 거북이나 자라 종류는 뱀으로 수컷을 삼는다. 다리, 등껍질, 꼬리를 그린 것이다. 무릇 龜부에 속하는 글자들은 모두 龜를 의미부분으로 삼는다. 𠁁는 龜의 고문(古文)이다.(「龜, 舊也. 外骨內肉者也. 从它, 龜頭與它頭同. 天地之性, 廣肩, 無雄. 龜鼈之類, 以它爲雄. 象足甲尾之形. 凡龜之屬皆从龜. 𠁁, 古文龜.」)						

※ 머리, 등껍질, 두 발, 꼬리가 선명한 '거북이'로, 지명은 '구', 갈라짐은 '균'이 음이 된다.

冤 ➡ 逸 ➡ 冤(寃) ❖ ⋯ (㲋) ➡ (麂) ➡ 讒

冤	儿부 총8획	甲骨文		殷商 金文	西周 金文	石文	小篆	白兔(백토) 守株待兔 (수주대토)

		京津2808	合137	兔 戈	函皇父鼎	形音義字典	說文解字	
토끼 토	설문 兔부	兔(토)는 짐승의 이름이다. (토끼가) 앉아 있는 모양을 그린 것으로, 뒷부분은 그것의 꼬리이다. 토끼의 머리는 㲋(착)의 머리와 같다. 무릇 兔부에 속하는 글자들은 모두 兔를 의미부분으로 삼는다.(「兔, 獸名. 象踞, 後其尾形. 兔頭與㲋頭同. 凡兔之屬皆从兔.」)						

※ 긴 두 귀(刀)와 머리(口), 두 다리(儿)에 짧은 꼬리(丶)를 가진 토끼의 상형으로 '토끼'를 뜻한다.

逸	辵부 총12획	甲骨文		春秋 金文	戰國 金文		小篆	安逸(안일) 逸脫(일탈) 逸品(일품)
				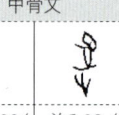	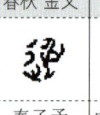			
		合集10294	前5.28.4	秦子矛	中山王圓壺	秦子戈	說文解字	
편안할 일	설문 兔부	逸(일)은 잃어버렸다는 뜻이다. 辵(착)과 兔(토)는 모두 의미부분이다. 토끼는 속이면서 잘 도망친다.(「逸, 失也. 从辵·兔. 兔謾訑善逃也.」)						

※ 토끼(兔)가 빠르게 달려(辶) '도망가' 안전하게 '숨음'에서 '잃어버리다' '편안하다'로 쓰인다.

冤	宀부 총10획	小篆	冤痛(원통) 冤鬼(원귀) 冤淚(원루)
		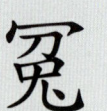	
		說文解字	
원통할 원	설문 兔부	冤(원)은 구부렸다는 뜻이다. 兔(토)와 冖(멱)은 모두 의미부분이다. 토끼는 굴 안에서는 도망을 못 치므로, 더욱 웅크린다.(「冤, 屈也. 从兔, 从冖. 兔在冖下, 不得走, 益屈折也.」)		

※ 갇혀(冂=冖) 있는 토끼(兔)가 몸을 펴지 못하고 '굽어 있음'에서 '원통함'을 뜻한다. ※참고:寃은 속자(俗字).

㲋	比부 총9획	小篆	篆文	용례 없음

		說文解字		
짐승이름 착	설문 㲋부	㲋(착)은 짐승(의 이름)이다. 토끼와 비슷한데, 푸른색을 띠고 있으며 좀 더 크다. 상형(象形)이다. 머리는 토끼와 같고, 다리는 사슴과 같다. 무릇 㲋부에 속하는 글자들은 모두 㲋을 의미부분으로 삼는다. 𧲱은 전문(篆文)이다.(「㲋, 獸也. 似兔, 青色而大. 象形. 頭與兔同, 足與鹿同. 凡㲋之屬皆从㲋. 𧲱, 篆文.」)			

※ 몸과 귀는 토끼 같으나 사슴다리(鹿=比) 모양의 푸른색을 띤 '짐승'을 뜻한다.

	比部 총17획	戰國 金文	小篆		毚兔(참토) 毚欲(참욕)	
		雲夢法律	說文解字			
약은토끼 **참**	설문 兔부	毚(참)은 젊고 튼튼한 토끼를 뜻한다. 토끼 중에서도 좋은 놈이다. 㲋(착)과 兔(토)는 모두 의미부분이다.(「毚, 狡兔也. 兔之駿者. 从㲋·兔.」)				

※ 토끼 모양의 짐승(㲋)과 토끼(兔)를 합한 모양으로 꾀 많은 '약은 토끼'를 뜻한다.

	言부 총24획	小篆		讒言(참언) 讒訴(참소) 讒臣(참신)	

		說文解字			
참소할 **참**	설문 言부	讒(참)은 참소(讒訴, 헐뜯으며 일러바침)한다는 뜻이다. 言(언)은 의미부분이고, 毚(참)은 발음부분이다.(「讒, 譖也. 从言, 毚聲.」)			

※ 짐승[㲋(짐승이름 착)이나 약은 토끼(兔)=毚:약은 토끼 참]이 굴을 파고 숨듯, 남의 약점을 파고들어 말하여(言) 남을 모함하여 '참소함'을 뜻한다.

兔→勉→俛→冕→晩→挽→娩→輓 ☆

	儿부 총7획	甲骨文			殷商 金文	西周 金文	小篆	免稅(면세) 免除(면제) 免職(면직)	
		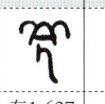							
		前4.44.6	乙6686	存1,627	免爵	免簋	周免旁尊	形音義字典	
면할 **면**		≪설문해자≫에는 이 글자가 없다. ≪옥편(玉篇)·인부(儿部)≫를 보면 "免(면)은 제거하다, 멈추다, 벗어나다 등과 같은 뜻이다.(「免, 去也; 止也; 脫也.」)"라고 하였다.							

※ '관'을 쓴 임금이나 벼슬한 사람(儿)으로, 후에 관을 벗어 일을 쉬게 함에서 '사면' '벗어남' '면함'으로 쓰였다.
　※파자:토끼(兔)가 꼬리(丶)가 보이지 않게 도망가 죽음을 '면함'이라 한다.

	力부 총9획	戰國 金文	小篆		勤勉(근면) 勉學(면학) 勉勵(면려)	
		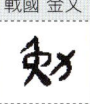				
		雲夢雜抄	說文解字			
힘쓸 **면**	설문 力부	勉(면)은 굳세다는 뜻이다. 力(력)은 의미부분이고, 免(면)은 발음부분이다.(「勔, 彊也. 从力, 免聲.」)				

※ 관(免)을 쓴 관원이 힘(力)을 다하여 맡은 일을 하는 데서 '힘쓰다'가 뜻이 된다.

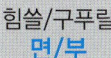	人부 총9획	설문 없음	俛首(면수) 俛仰(면앙) 俛視(부시)	
힘쓸/구푸릴 **면/부**				

※ 사람(亻)이 벼슬하여 관(免)을 쓰고 '힘써' 일하거나, 관(免)을 쓴 사람(亻)을 만나면 몸을 '구부려' 예를 표함을 뜻한다.

	冂부 총11획	小篆	或體		冕服(면복) 冠冕(관면) 冕旒冠(면류관)	

		說文解字				
면류관 **면**	설문 冃부	冕(면)은 대부(大夫) 이상이 쓰는 예모(禮帽)를 뜻한다. 모자 위의 관이 길고, 비단 끈을 늘어뜨렸으며, 거기에 구슬을 꿰었다. 冃(모)는 의미부분이고, 免(면)은 발음부분이다. 옛날 황제(黃帝) 때 처음으로 면류관을 만들었었다. 絻은 冕의 혹체자(或體字)로 (冃 대신) 糸(멱·사)를 썼다.(「冕, 大夫以上冠也. 邃延, 垂瑬, 紞纊. 从冃, 免聲. 古者黃帝初作冕. 絻, 冕或从糸.」)				

※ 관(免)을 씀을 '벗다'로 쓰이자, 다시 모자(冃) 모양을 더해 임금의 관인 '면류관'을 뜻했다.

185

晚	日부 총11획	小篆  說文解字		晚春(만춘) 晚成(만성) 晚餐(만찬)	
늦을 만	설문 日부	晚(만)은 날이 저물었다는 뜻이다. 日(일)은 의미부분이고, 免(면)은 발음부분이다.(「晚, 莫也. 从日, 免聲.」)			

※ 해(日)가 서쪽으로 기울어 자신의 일을 면하는(免) 늦은 시간에서 '늦다' '저물다'로 쓰인다.

挽	手부 총10획	설문 없음	小篆  形音義字典	挽留(만류) 挽引(만인) 挽回(만회)	
당길 만					

※ 손(扌)으로 당겨 일에서 벗어나게(免) 함에서 '당기다'를 뜻한다.

娩	女부 총10획	설문 없음	小篆  形音義字典	分娩(분만) 娩息(만식) 分娩室(분만실)	
낳을 만					

※ 여자(女)의 몸에 있는 아이가 몸에서 벗어나(免) 태어나는 데서 '낳다'를 뜻한다.

輓	車부 총14획	小篆  說文解字		輓歌(만가) 輓詩(만시) 輓章(만장)	
끌/애도할 만	설문 車부	輓(만)은 (수레를) 끈다는 뜻이다. 車(거·차)는 의미부분이고, 免(면)은 발음부분이다.(「輓, 引之也. 从車, 免聲.」)			

※ 喪禮(상례) 때 수레(車)를 끌고 관(免)을 벗고 흰 두건을 두르고 '애도'하며 '끌고' 감을 뜻한다.

門➡問➡聞➡開➡閉➡間➡簡➡澗➡癎☆➡䃎*➡閒❖➡閑➡閏➡潤➡閭➡關
➡悶➡閃…➡(閥)➡(蘭)➡躪

門	門부 총8획	甲骨文		金文		小篆	門前(문전) 大門(대문) 門牌(문패)	
		前4.16.1	佚468	祖丁簋	習鼎	師西簋 說文解字		
문 문	설문 門부	門(문), 문(門)을 '문'이라고 하는 까닭은 (소리를) 문에 기대어 들을 수 있기[聞(문)] 때문이다. 두 개의 戶(호)자로 이루어져 있다. 상형이다. 무릇 門부에 속하는 글자들은 모두 門을 의미부분으로 삼는다.(「門, 聞也. 从二戶. 象形. 凡門之屬皆从門.」)						

※ 한 쌍으로 된 문(門)의 형상으로 대부분 '문'과 관계되며 '집안'을 뜻하기도 한다.

問	口부 총11획	甲骨文 		金文		小篆	問題(문제) 問病(문병) 問答(문답)	
		後下9.10	合21490	陳侯因資敦	印·昔則	說文解字		
물을 문	설문 口부	問(문)은 묻는다는 뜻이다. 口는 의미부분이고, 門은 발음부분이다.(「問, 訊也. 从口, 門聲.」)						

※ 문(門) 앞에서 문 안의 일을 입(口)으로 물어보는 데서 '묻다'를 뜻한다.

聞	耳부 총14획	甲骨文		西周 金文		戰國 金文	小篆	古文	新聞(신문) 見聞(견문) 聽聞(청문)

		餘9.1	乙3250	孟 鼎		毛公鼎	中山王鼎	說文解字	
들을 **문**	설문 耳부	聞(문)은 알아듣는다는 뜻이다. 耳(이)는 의미부분이고, 門(문)은 발음부분이다. 䎽은 고문(古文)으로 (門 대신) 昏(혼)을 썼다.(「聞, 知聞也. 从耳, 門聲. 䎽, 古文从昏.」)							

※ 문(門) 밖에서 문 안의 사정을 귀(耳)로 들음에서 '듣다'가 뜻이 된다.

開	門부 총12획	金文		小篆	古文	開放(개방) 開業(개업) 開通(개통)

		古 鈢		說文解字		
열 **개**	설문 門부	開(개)는 (문을) 연다는 뜻이다. 門과 开(견)은 모두 의미부분이다. 闁는 (開의) 고문(古文)이다.(「開, 張也. 从門, 从开. 闁, 古文.」)				

※ 문(門)의 빗장(一)을 두 손(廾)으로 여는 데서 '열다'가 뜻이 된다.

閉	門부 총11획	西周 金文	戰國 金文	小篆		閉幕(폐막) 閉會(폐회) 閉業(폐업)

		豆閉簋	子禾子釜	說文解字		
닫을 **폐**	설문 門부	閉(폐)는 문을 닫는다는 뜻이다. 門(문)은 의미부분이다. 才(재)는 문을 닫는 도구이다.(「閉, 閉門也. 从門, 才, 所以距門也.」)				

※ 문(門)의 빗장(十)을 걸어(丿) 닫은(才) 데에서 '닫다'가 뜻이 된다.

間	門부 총12획	西周 金文	戰國 金文			小篆	古文	間食(간식) 時間(시간) 間接(간접)
			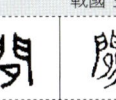					
		默 鐘	兆域圖	曾姬無卹壺	間右庫戈	說文解字		
사이 **간**	설문 門부	閒(한·간)은 틈새를 뜻한다. 門(문)과 月(월)은 모두 의미부분이다. 閞은 閒의 고문(古文)이다.(「閒, 隙也. 从門, 从月. 閞, 古文閒.」)						

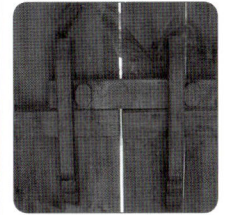

※ 문(門) 사이로 달(月)이나 해(日)의 빛이 비쳐 들어옴에서 '사이'를 뜻한다.
※ 후에 '日'로 통일되고 閒은 '한가함'을 뜻하게 되었다.

簡	竹부 총18획	西周 金文	戰國 金文	石鼓文	小篆	簡便(간편) 簡潔(간결) 簡紙(간지)

		有司簡簋	中山王壺		說文解字	
대쪽/간략할 **간**	설문 竹부	簡(간)은 서관(書版, 글씨를 쓰기 위한 얇은 널빤지)을 뜻한다. 竹(죽)은 의미부분이고, 間(간)은 발음부분이다.(「簡, 牒也. 从竹, 間聲.」)				

※ 대나무(竹)를 자른 '대쪽' 사이(間)에 '간략하게' 글을 쓴 '문서'를 뜻한다.

澗	水부 총15획	戰國 金文		小篆	澗谷(간곡) 石澗(석간) 淸澗(청간)
			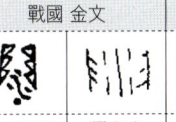		
		陶三1021	澗字布	說文解字	
산골물 **간**	설문 水부	澗(간)은 산골짜기 물을 뜻한다. 水(수)는 의미부분이고, 閒(한·간)은 발음부분이다. 일설에 澗은 강의 이름으로, 홍농군(弘農郡) 신안현(新安縣)에서 출원하여, 동남쪽으로 흘러서 낙수(洛水)로 들어간다고 한다.(「澗, 山夾水也. 从水, 閒聲. 一曰: 澗, 水, 出弘農新安, 東南入洛.」)				

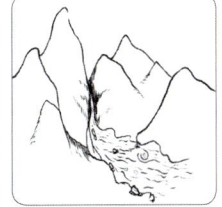

※ 물(氵)이 산 사이(間)를 흐르는 데서 '산골 물'을 뜻한다.

癇	疒부 총17획	小篆 癇 說文解字		癇疾(간질) 癇症(간증) 癇病(간병)	
간질 **간**	설문 疒부	癇(간)은 병(의 이름)이다. 疒(녁)은 의미부분이고, 閒(한)은 발음부분이다.(「癇, 病也. 从疒, 閒聲.」)			

✻ 경련을 일으키는 병(疒)으로 아이가 갑작스런 사이(間)에 발작이 나는 '경기'나 '간질'을 뜻한다.

磵	石부 총17획	설문 없음		磵谷(간곡)	
석간수 **간**					

✻ 산골짜기 돌(石) 사이(間)를 흐르는 '석간수'를 뜻하며, 澗(간)과 같이 쓰인다.

閒	門부 총12획	西周金文 戰國金文 小篆 古文	閒居(한거) 閒民(한민) 閒官(한관)	
		𣪠鐘 兆域圖 曾姬無卹壺 閒右庫戈 說文解字		
한가할 **한**	설문 門부	間(한·간)자 내용 참조(參照).		

✻ 문(門) 사이에 한가하게 달(月)빛이 들어오는 데서 '사이' '한가하다' 등을 뜻한다.

閑	門부 총12획	金文 小篆 閑 閑 同簋 說文解字		閑暇(한가) 閑寂(한적) 閑良(한량)	
한가할 **한**	설문 門부	閑(한)은 빗장을 뜻한다. 문 가운데 나무가 있다는 의미이다.(「閑, 闌也. 从門中有木.」)			

✻ 문(門)의 나무(木) '문지방'으로, 사람의 통행을 막아, 다니는 사람이 없어 '한가함'을 뜻한다.
　※파자: 문(門)을 가로막은 나무(木)가 통행을 막아 '한가함'.

閏	門부 총12획	戰國金文 小篆 閏 閏 雲夢爲吏 說文解字		閏年(윤년) 閏月(윤월) 閏餘(윤여)	
윤달 **윤**	설문 王부	閏(윤)은 여분(餘分)의 달을 뜻한다. 5년에 두 차례 윤달을 두게 된다. 고삭(告朔)의 예를 행할 때, 천자는 종묘(宗廟)에 머무르는데, 윤달에는 문중(門中)에 기거한다. (그래서) 왕이 문 안에 있는 의미를 따른 것이다. ≪주례(周禮)≫에 "윤달에 왕은 문중에 있으면서 그 달을 보낸다."라고 하였다.(「閏, 餘分之月. 五歲再閏. 告朔之禮, 天子居宗廟, 閏月居門中. 从王在門中. ≪周禮≫: "閏月王居門中終月也."」)			

✻ 옛날 초하루에 사당에서 예를 드릴 때, '윤달'에는 문(門) 안에 천자(王)가 거함에서 '윤달'을 뜻하며, 1년에 12개월 이상이 되는 '여분의 달'을 뜻한다.

潤	水부 총15획	小篆 潤 說文解字		潤澤(윤택) 潤氣(윤기) 利潤(이윤)	
불을 **윤**	설문 水부	潤(윤)은 물은 (만물을) 윤택하게 하고 아래로 흐른다는 뜻이다. 水(수)는 의미부분이고, 閏(윤)은 발음부분이다.(「潤, 水曰潤下. 从水, 閏聲.」)			

✻ 물(氵)이 여분의 달인 윤달(閏)처럼 여유 있게 '불어나' 만물이 '윤택해짐'을 뜻한다.

	言부 총15획	西周 金文 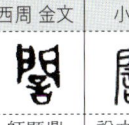 師顯鼎	小篆 說文解字		南誾(남은) 誾誾(은은)	
향기 은	설문 言부	誾(은)은 평온하게 토론한다는 뜻이다. 言(언)은 의미부분이고, 門(문)은 발음부분이다.(「誾, 和說而諍也. 从言, 門聲.」)				

✽ 문(門) 안에서 하는 시끄럽지 않은 말(言)의 분위기에서 '향기'를 뜻한다.

	門부 총16획	小篆 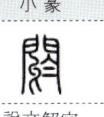 說文解字	閼智(알지) 閼塞(알색) 金閼智(김알지)	
막을 알	설문 門부	閼(알)은 가로막는다는 뜻이다. 門(문)은 의미부분이고, 於(어)는 발음부분이다.(「閼, 遮擁也. 从門, 於聲.」)		

✽ 나무와 진흙을 쌓아 집을 짓고 문(門)을 만드는 까마귀(於)처럼, 수문(門)을 진흙(淤=於:진흙 어)으로 '막음'을 뜻한다. ※於자 참조.

	心부 총12획	戰國 金文  璽彙0692	小篆 說文解字		苦悶(고민) 煩悶(번민) 憂悶(우민)	
답답할 민	설문 心부	悶(민)은 답답하다는 뜻이다. 心(심)은 의미부분이고, 門(문)은 발음부분이다.(「悶, 懣也. 从心, 門聲.」)				

✽ 문(門) 안에 갇혀 있는 마음(心)에서 '답답함'을 뜻한다.

	門부 총10획	小篆  說文解字	閃光(섬광) 閃忽(섬홀) 閃火(섬화)	
번쩍일 섬	설문 門부	閃(섬)은 머리를 문 안에 넣고 슬쩍 본다는 뜻이다. 사람[人(인)]이 門(문) 안에 있다는 의미이다.(「閃, 闚頭門中也. 从人在門中.」)		

✽ 문(門) 사이에 사람(人)이 머리를 들이밀고 잠깐 언뜻 보는 데서, 언뜻언뜻 보이는 빛을 뜻하면서 '번쩍이다'가 뜻이 된다. ※참고:閃몸을 숨겼다 갑자기 나와서 사람을 놀래게 하는 소리 혹.

	門부 총16획	戰國 金文  閵篡	小篆 雲夢爲吏	籒文  說文解字	용례 없음	
새이름 린	설문 隹부	閵(린)은 금린(今閵)으로, 구욕새와 비슷한데 (좀더) 노랗다. 隹(추)는 의미부분이고, 兩(오를 진)의 생략형은 발음부분이다. 䕃은 주문(籒文)으로 생략하지 않은 형태이다.(「閵, 今閵, 似雗鳩而黃. 从隹, 兩省聲. 䕃, 籒文不省.」)					

✽ 문(門) 위에 집을 짓는 새(隹)에서 '새 이름'을 뜻한다.

	艸부 총20획	戰國 金文  雲夢秦律	小篆 說文解字	藺相如(인상여)	
골풀/뇌양이 린	설문 艸부	藺(린)은 골풀의 일종이다. 艸(초)는 의미부분이고, 閵(린)은 발음부분이다.(「藺, 莞屬. 从艸, 閵聲.」)			

✽ 물가에 자라는 풀(艹)로 새(閵)가 집을 지을 때 사용하던 마른 '골풀'을 뜻한다.

躪	足부 총27획	설문 없음	小篆 躪 形音義字典	蹂躪(유린) 人權蹂躪 (인권유린)	
짓밟을 린					

※ 문(門) 위에 집을 짓는 새(隹=閵)의 집처럼, 발(足)로 마른 골풀(藺:골풀 린)로 짠 자리를 밟는 데서 '짓밟다'가 뜻이 된다. ※閵:새 이름/밟을 린

甘 → 邯 → 柑 疳 ☆ → 紺 ☆

甘	甘부 총5획	甲骨文 日 日 後上12.4 後上12.5	戰國 金文 甘 日 印待時 甘丹上庫戈	小篆 日 說文解字	甘味(감미) 甘草(감초) 甘露(감로)	
달 감	설문 甘부	甘(감)은 맛있다는 뜻이다. 입[口(구)]이 一을 머금고 있다는 의미이다. 一은 도(道)를 뜻한다. 무릇 甘부에 속하는 글자들은 모두 甘을 의미부분으로 삼는다.(「甘, 美也. 从口含一. 一, 道也. 凡甘之屬皆从甘.」)				

※ 입(口) 안에 맛있는 음식(一)을 표현하여 '달고' '맛있는' 음식을 뜻한다.

邯	邑부 총8획	侯馬盟書 邯	小篆 邯 說文解字		邯鄲之步 (한단지보)	
조나라서울 한 사람이름 감	설문 邑부	邯(한)은 조(趙)나라 한단현(邯鄲縣)을 가리킨다. 邑(읍)은 의미부분이고, 甘(감)은 발음부분이다.(「邯, 趙邯鄲縣. 从邑, 甘聲.」)				

※ 춘추시대 고을(阝) 조(趙)나라 도읍인 한단(邯鄲)을 뜻한다.
 ※파자:단(甘) 요리를 잘하던 고을(阝)인 '조나라 서울'을 뜻한다.

柑	木부 총9획	설문 없음	小篆 柑 形音義字典	柑子(감자) 蜜柑(밀감) 柑橘(감귤)	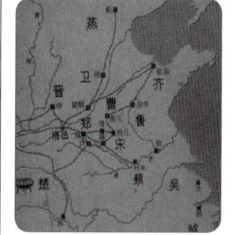
귤 감					

※ 나무(木) 종류로, 특별히 단맛(甘)이 좋은 '귤'나무 종류를 뜻한다.

疳	疒부 총10획	설문 없음	戰國 金文 疳 璽彙1544	小篆 疳 形音義字典	疳疾(감질) 疳瘻(감루) 疳瘡(감창)	
감질 감						

※ 젖먹이의 병(疒)으로, 잘못하여 단것(甘)을 자꾸 먹으려고 하는 '감질'을 뜻한다.

紺	糸부 총11획	小篆 紺 說文解字		紺色(감색) 紺靑(감청) 紺碧(감벽)	
감색/연보라 감	설문 糸부	紺(감)은 비단이 짙은 청색 가운데에서 적색을 드러낸다는 뜻이다. 糸(멱·사)는 의미부분이고, 甘(감)은 발음부분이다.(「紺, 帛深靑揚赤色. 从糸, 甘聲.」)			

※ 푸른색 비단(糸)에 달콤한(甘) 과일의 붉은색이 들어 있는 '감색'을 뜻한다.

某 ➡ 謀 ➡ 媒 ➡ 煤

某	木부 총9획	金文		小篆	古文	某時(모시) 某國(모국) 某種(모종)
		禽簋	諫簋		說文解字	
아무 모	설문 木부	某(모)는 신맛이 나는 열매이다. 木(목)과 甘(감)은 모두 의미부분이다. (이 이상은 알 수 없어 해설란은) 비워둠. 楳는 某의 고문(古文)으로 (甘 대신) 口(구)를 썼다.(「某, 酸果也. 从木, 从甘. 闕. 楳, 古文某, 从口.」)				

※ 시고 단(甘) 열매가 열리는 나무(木)로 매실을 뜻하나, '아무'나 먹어도 맛이 같음을 뜻한다.

謀	言부 총16획	戰國 金文		小篆	古文		謀陷(모함) 謀略(모략) 謀事(모사)
		中山王鼎	七年龠氏戈		說文解字		
꾀 모	설문 言부	謀(모), 어려운 일에 대해서 곰곰이 생각하는 것을 謀라고 한다. 言(언)은 의미부분이고, 某(모)는 발음부분이다. 㘳는 謀의 고문(古文)이다. 𢘓도 역시 고문(古文)이다.(「謀, 慮難曰謀. 从言, 某聲. 㘳, 古文謀. 𢘓, 亦古文.」)					

※ 말(言)을 잘 익은 매실(某)처럼 깊게 생각하고 하는 데서 '꾀'를 뜻한다.
※파자: 말(言)로 아무(某)도 모르는 일을 생각하는 데서 '꾀'를 뜻한다.

媒	女부 총12획	小篆	仲媒(중매) 媒婆(매파) 冷媒(냉매)
		說文解字	
중매 매	설문 女부	媒(매), 중매쟁이를 '매'라고 부르는 까닭은 일을 꾸미기[謀(모)] 때문이다. 두 성씨(姓氏)를 합하도록 꾸민다. 女(녀)는 의미부분이고, 某(모)는 발음부분이다.(「媒, 謀也, 謀合二姓. 从女, 某聲.」)	

※ 여자(女)가 양가 집안의 아무(某) 일이나 장단점을 잘 꾀하여 '중매'함을 뜻한다.
※파자: 여자(女)중에 달콤한(甘) 나무(木) 열매처럼 말을 잘하여 '중매'함.

煤	火부 총13획	설문 없음	小篆	煤煙(매연) 煤氣(매기) 煤炭(매탄)
			形音義字典	
그을음 매				

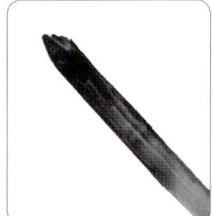

※ 불(火)에 그을린 매실(某)을 같은 '석탄'덩이나, 그을린 '그을음'을 뜻한다.

其 ➡ 基 ➡ 璂✱ ➡ 期 ➡ 欺 ➡ 旗 ➡ 淇 ➡ 棋 ➡ 琪 ➡ 朞☆ ➡ 箕 ➡ 騏 ➡ 麒 ➡ 祺✱ ➡ 錤✱ ➡ 碁＊

其	八부 총8획	甲骨文		西周 金文	春秋 金文	戰國 金文	其他(기타) 其間(기간) 各其(각기) 及其也(급기야)
		菁2	前5.6.1	盂鼎	虢季子白盤	者汈鐘 者汈鐘	
		小篆		古文		籀文	
		說文解字					
그 기	설문 箕부	箕(기)는 (쌀 까부르는) 키를 뜻한다. 竹(죽)은 의미부분이다. 丌는 상형이다. 아래는 그 받침대다. 무릇 箕부에 속하는 글자들은 모두 箕를 의미부분으로 삼는다. 𠀠는 箕의 고문(古文)으로 생략형이다. 𠔋 역시 고문이다. 𠙴 역시 고문이다. 𠔛는 箕의 주문(籀文)이다. 匩는 箕의 주문(籀文)이다.(「箕, 簸也. 从竹, 𠀠, 象形. 下其丌也. 凡箕之屬皆从箕. 𠀠, 古文箕省. 𠔋, 亦古文箕. 𠙴, 亦古文箕. 𠔛, 籀文箕. 匩, 籀文箕.」)					

※ 키(𠀠)와 받침대(丌=六)를 그려 키(箕)를 뜻하다. 일정한 장소에 두는 '키'에서 '그'로 쓰였다.

191

基	土부 총11획	甲骨文		金文	小篆	基本(기본) 基準(기준) 基礎(기초)	
		戩44.15	拾4.17	子璋鐘	說文解字		
터 기	설문 土부	基(기)는 담의 기초가 되는 부분을 뜻한다. 土(토)는 의미부분이고, 其(기)는 발음부분이다.(「基, 牆始也. 从土, 其聲.」)					

❋ 삼태기(𠀠)나 키(其)에 흙(土)을 담아 집 지을 바탕인 터를 다짐에서 '터'를 뜻한다.

璂	玉부 총15획	小篆	或體		玉璂(옥기)	
				說文解字		
고깔/피변 꾸미개 기	설문 玉부	璂(기)는 모자 장식으로, 왕왕 옥으로 씌운다. 玉(옥)은 의미부분이고, 綦(기)는 발음부분이다. 璂는 璂의 혹체자(或體字)로 (綦 대신) 基(기)를 썼다.(「璂, 弁飾, 往往冒玉也. 从玉, 綦聲. 璂, 璂或从基.」)				

❋ 12개의 오색 옥(玉)으로 꾸민 가죽 바탕(基) 고깔 '피변 꾸미개' '고깔 꾸미개'를 뜻한다.

期	月부 총12획	西周 金文	春秋 金文			小篆	古文	期間(기간) 期待(기대) 時期(시기)	
		寰鼎	齊侯敦	郜公典盤	吳王光鑑	說文解字			
기약 기	설문 月부	期(기)는 모인다는 뜻이다. 月(월)은 의미부분이고, 其(기)는 발음부분이다. 丌는 期의 고문(古文)으로 日(일)과 丌(기)로 이루어졌다.(「期, 會也. 从月, 其聲. 丌, 古文期, 从日‧丌.」)							

❋ 일정한 장소에 두는 키(其)에 시기를 두고 변하는 달(月)을 더해, 일정한 장소와 시간을 정해 만남을 '기약함'을 뜻한다.

欺	欠부 총12획	戰國 金文	小篆	欺瞞(기만) 詐欺(사기) 欺罔(기망)	
		珍秦80	說文解字		
속일 기	설문 欠부	欺(기)는 속인다는 뜻이다. 欠(흠)은 의미부분이고, 其(기)는 발음부분이다.(「欺, 詐欺也. 从欠, 其聲.」)			

❋ 항상 일정한 장소에 있는 키(其)처럼 꼭 지킬 것처럼 입을 벌려(欠) '속임'을 뜻한다.

旗	方부 총14획	戰國 金文	小篆	旗手(기수) 軍旗(군기) 國旗(국기)	
		陶五111	雲夢日乙	說文解字	
기 기	설문 㫃부	旗(기)는 곰을 그린 깃발로 5개의 깃술이 달렸는데, 이것으로 별성(罰星)을 상징하고, 병사들은 이 별로 집합하는 시기를 삼는다. 㫃(언)은 의미부분이고, 其(기)는 발음부분이다. ≪주례(周禮)≫에 이르기를 "장수(將帥)와 도주(都主)는 旗를 세운다."라고 하였다.(「旗, 熊旗五游. 以象罰星, 士卒爲期. 从㫃, 其聲. ≪周禮≫曰: "率都建旗."」)			

❋ 곰과 호랑이를 그린 기(㫃:깃발 언)를 군대가 있는 일정한 장소(其)에 세워두던 데서 군대의 '기'를 뜻한다.
※파자: 사방(方) 모든 사람(人=ㅗ)이 알 수 있게 걸어두던 그(其) '기'.

◆ 百年佳期 : (백년가기) 남편(男便)과 아내가 되어 한평생(-平生) 같이 지내자는 아름다운 언약(言約).
◆ 一期一會 : (일기일회) 평생(平生)에 단 한 번 만남. 또는, 그 일이 생애(生涯)에 단 한번뿐인 일임. 사람과의 만남 등(等)의 기회(機會)를 소 중(所重)히 함의 비유(比喩‧譬喩).
◆ 偃旗息鼓 : (언기식고) 전쟁터(戰爭-)에서 군기(軍旗)를 누이고, 북을 쉰다는 뜻으로, 휴전(休戰)함을 이르는 말.

淇	水부 총11획	戰國 金文	小篆		淇水(기수) 淇河(기하)	
		上博詩逸	說文解字			
물이름 기	설문 水부	淇(기)는 강의 이름이다. 하내군(河內郡) 공현(共縣) 북산(北山)에서 발원하여, 동쪽으로 흘러서 황하로 들어간다. 일설에는 융려현(隆慮縣) 서산(西山)에서 발원한다고도 한다. 水(수)는 의미부분이고, 其(기)는 발음부분이다.(「𣿖, 水. 出河內共北山, 東入河. 一曰:出隆慮西山. 从水, 其聲.」)				

✽ 중국 하남성(河南省) 임현(林縣)에 있는, '물(氵)'줄기가 일정한(其) 황하(黃河)의 지류인 '물 이름'을 뜻한다.

棋	木부 총12획	甲骨文	西周 金文	小篆	棋院(기원) 棋聖(기성) 將棋(장기)	
		前2.18.6	棋壺	說文解字		
바둑 기	설문 木부	棋(기)는 바둑을 뜻한다. 木(목)은 의미부분이고, 其(기)는 발음부분이다.(「𣏟, 博棊. 从木, 其聲.」)				

✽ 나무(木)에 그은 선의 일정한 장소(其)에 깎은 돌(石)을 놓아 승패를 즐기는 '바둑'을 뜻한다.

琪	玉부 총12획	설문 없음	小篆		琪花(기화) 琪花瑤草 (기화요초)	
			琪 形音義字典			
아름다운옥 기						

✽ 보석(玉)중에 일정한 장소(其), 즉 선경(仙境)에만 있는 옥에서 '아름답다'를 뜻한다.

朞	月부 총12획	설문 없음	※期(기)와 같은 자	朞月(기월) 大朞(대기) 朞年服(기년복)	
돌 기					

✽ 期(기약 기)와 같으나, 꼭 정해진 기간을 나타낼 때만 사용되어 주기(週期)인 '돌'을 뜻한다.

箕	竹부 총14획	기(其)와 내용이 같음.	※기(其)자 참조(參照).	箕子(기자)	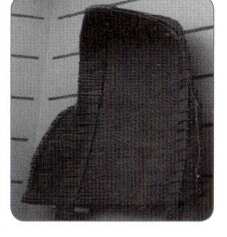
키 기					

✽ 대(竹)로 만든 곡식을 선별하는 키(其)가 '그'로 쓰이자, 다시 대(竹)를 더해 '키'를 뜻했다.

騏	馬부 총18획	戰國 金文	小篆		騏驥(기기)	
		曾侯墓簡	說文解字			
준마 기	설문 馬부	騏(기)는 푸르고 검은 색의 말로서, 무늬가 바둑판과 같다. 馬(마)는 의미부분이고, 其(기)는 발음부분이다.(「騏, 馬靑驪, 文如博棊也. 从馬, 其聲.」)				

✽ 말(馬)에 키(其)의 무늬처럼 검푸른 무늬가 교차되어 있는 천리마에서 '준마'를 뜻한다.

麒	鹿부 총19획	小篆 麒 說文解字		麒麟(기린) 麒麟兒(기린아)	
기린 **기**	설문 鹿부	麒(기)는 상서로운 짐승이다. 사슴의 몸에 소의 꼬리를 하였고, 뿔이 하나이다. 鹿(록)은 의미부분이고, 其(기)는 발음부분이다.(「麒, 仁獸也. 麋身, 牛尾, 一角. 从鹿, 其聲.」)			

✽ 사슴(鹿)처럼 생긴, 성인이 나타나는 일정한(其) 때에만 나타난다는 '기린'을 뜻한다.

祺	示부 총13획	小篆 籒文 祺 禥 說文解字	祺然(기연)	
복/길할 **기**	설문 示부	祺(기)는 길하다는 뜻이다. 示(시)는 의미부분이고, 其(기)는 발음부분이다. 禥는 주문(籒文)으로 (其 대신) 基(기)를 썼다.(「祺, 吉也. 从示, 其聲. 禥, 籒文从基.」)		

✽ 신(示)에게 일정한 곳에(其) 길한 복이 이르기를 바라는 데서 '복' '길하다'를 뜻한다.

	金부 총16획	설문 없음	鎡鎇(자기)	
호미 **기**				

✽ 쇠(金)로 만들어 일정한(其) 장소를 찍어 풀을 제거하거나 채취하는 '호미'를 뜻한다.

	石부 총13획	설문 없음	碁院(기원) 累碁(누기)	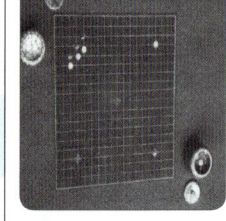
바둑 **기**				

✽ 선을 그은 판의 일정한 장소(其)에 흑·백의 돌(石)을 놓아 승부를 가리는 '바둑'을 뜻한다.

匹 ➡ 甚 ➡ 勘 ➡ 堪 ➡ 斟

	匸부 총4획	西周 金文			戰國 金文	小篆	配匹(배필) 匹夫匹婦 (필부필부)	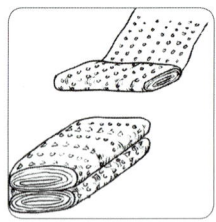
		召鼎	兮甲盤	單伯鐘	大鼎	曾姬無卹	說文解字		
짝 **필**	설문 匸부	匹(필)은 4장(丈)을 뜻한다. 匸(혜)와 八(팔)은 모두 의미부분이다. 여덟 번 접어 한 匹이 된다. 八은 발음부분이기도 하다.(「匹, 四丈也. 从匸·八. 八揲一匹, 八亦聲.」)							

✽ 피륙의 양끝부터 감추듯(匸) 대칭이 되게 나누어(八=儿) 접어 둔 모습에서 '짝' '필'을 뜻한다.

	甘부 총9획	金文		小篆	古文	極甚(극심) 甚惡(심악) 激甚(격심)	
		甚 鼎	晋侯對盨	說文解字			
심할 **심**	설문 甘부	甚(심)은 매우 편안하고 즐겁다는 뜻이다. 甘(감)과 匹(필)은 모두 의미부분이다. 匹은 짝을 뜻한다. 㫃은 甚의 고문(古文)이다.(「甚, 尤安樂也. 从甘·匹. 匹, 耦也. 㫃, 古文甚.」)					

✽ 달콤하고(甘) 즐겁게 서로 짝(匹)이 맞아 노는 데 빠짐에서 '심하다'가 뜻이 된다.

勘	力부 총11획	小篆 勘 說文解字		勘處(감처) 勘案(감안) 勘斷(감단)	
헤아릴 감	설문 力부	勘(감)은 교정(校正)한다는 뜻이다. 力(력)은 의미부분이고, 甚(심)은 발음부분이다.(「勘, 校也. 从力, 甚聲.」)			

※ 즐거움에 심하게(甚) 빠지듯, 지난 일을 힘써(力) 살펴봄에서 '헤아리다'가 뜻이 된다.

堪	土부 총12획	戰國 金文 堪 雲夢日甲	小篆 堪 說文解字	堪耐(감내) 堪當(감당) 難堪(난감)	
견딜 감	설문 土부	堪(감)은 땅이 (볼록) 튀어나왔다는 뜻이다. 土(토)는 의미부분이고, 甚(심)은 발음부분이다.(「堪, 地突也. 从土, 甚聲.」)			

※ 평지에 흙(土)이 심하게(甚) 쌓임에서, 하는 일의 장애를 뜻해 '견디다'로 쓰인다.

斟	斗부 총13획	小篆 斟 說文解字		斟酌(짐작) 斟問(짐문)	
짐작할 짐	설문 斗부	斟(짐)은 국자를 뜻한다. 斗(두)는 의미부분이고, 甚(심)은 발음부분이다.(「斟, 勺也. 从斗, 甚聲.」)			

※ 즐거움에 심하게(甚) 빠진 연회에서 술을 구기(斗)로 떠서 상대에 따라 '헤아리거나' '짐작하여' '따라줌'을 뜻한다.

敢 ➡ 瞰 ➡ (厰) ➡ 嚴 ➡ 儼 ☆ ➡ 巖

敢	攵부 총12획	甲骨文 한교백과	西周 金文 盂鼎 / 毛公鼎	春秋 金文 井侯簋 / 陳曼簠 / 蔡侯鐘	果敢(과감) 敢行(감행) 勇敢(용감) 敢不生心 (감불생심)	
감히/구태여 감	설문 受부	戰國 金文 陶三407 / 守丘刻石 / 侯馬盟書	小篆 說文解字	籀文 / 古文		
		敢[즉 敢(감)]은 나아가 취한다는 뜻이다. 受(표)는 의미부분이고, 古(고)는 발음부분이다. 𢾅은 敢(敢)의 주문(籀文)이다. 𢾅은 敢의 고문(古文)이다.(「敢, 進取也. 从受, 古聲. 𢾅, 籀文敢. 𢾅, 古文敢.」)				

※ 무기를 들고 사냥하는 모양, 두 손으로 서로 다투는 모양, 과감히 입으로 무는 모양 등으로 '감히' '용감함'을 뜻한다. ※파자:제물 만들(工) 짐승의 귀(耳)를 쳐서(攵) '감히' '용감하게' 잡음.

瞰	目부 총17획	설문 없음	小篆 瞰 形音義字典	俯瞰(부감) 瞰臨(감림) 鳥瞰圖(조감도)	
굽어볼 감					

※ 높은 곳에 올라 눈(目)으로 용감히(敢) 아래를 내려다봄에서 '굽어보다'를 뜻한다.

- ◆ 每事可堪 : (매사가감) 어떤 일이든지 해낼 만함.
- ◆ 人所不堪 : (인소불감) 사람의 힘으로는 견디어 내기 힘든 정도(程度)의 형편(形便).
- ◆ 焉敢生心 : (언감생심) '어찌 감(敢)히 그런 마음을 먹을 수 있으랴'의 뜻.
- ◆ 勇敢無雙 : (용감무쌍) 용감(勇敢)하기 짝이 없음

厰	厂부 총14획	金文			小篆	용례 없음

		不嬰簋	兮甲盤	土父鐘	說文解字	
험준할 음	설문 厂부	厰(음)은 산이 험준하다는 뜻이다. 일설에는 지명이라고도 한다. 厂(엄·한)은 의미부분이고, 敢(감)은 발음부분이다.(「厰, 崟也. 一曰:地名. 从厂, 敢聲.」)				

※ 언덕(厂)이 험해 감히(敢) 마음대로 오르지 못함에서 '험준하다'를 뜻한다.

嚴	口부 총20획	甲骨文	西周 金文		春秋 金文	戰國 金文	小篆	古文	嚴格(엄격) 嚴禁(엄금) 嚴冬(엄동)

		合15515	番生簋	獻鐘	虢叔鐘	中山王壺	說文解字		
엄할 엄	설문 吅부	嚴(엄)은 가르침의 명령이 긴급하다는 뜻이다. 吅(현)은 의미부분이고, 厰(음)은 발음부분이다. 㪔은 嚴의 고문(古文)이다.(「嚴, 敎命急也. 从吅, 厰聲. 㪔, 古文嚴.」)							

※ 시끄럽게(吅: 시끄러울 현) 큰소리치며 언덕(厂)높이 감히(敢) 험한(厰: 험준할 음) 곳에 올라 '엄하고' 급하게 명령을 내림.

儼	人부 총22획	小篆	儼恪(엄각) 儼然(엄연) 儼雅(엄아)

		說文解字	
엄연할 엄	설문 人부	儼(엄)은 머리를 든다는 뜻이다. 人(인)은 의미부분이고, 嚴(엄)은 발음부분이다. 일설에는 예쁜 모습을 뜻한다고도 한다.(「儼, 昂頭也. 从人, 嚴聲. 一曰:好皃.」)	

※ 사람(亻)이 엄하고(嚴) 중후한 데서 '엄연하다' '의젓하다'가 뜻이 된다.

巖	山부 총23획	小篆	巖石(암석) 巖盤(암반) 巖窟(암굴)

		說文解字	
바위 암	설문 山부	巖(암)은 언덕을 뜻한다. 山(산)은 의미부분이고, 嚴(엄)은 발음부분이다.(「巖, 岸也. 从山, 嚴聲.」)	

※ 산(山)이 가파르고 엄하여(嚴) 가까이 할 수 없는 바위로 된 산에서 '바위'를 뜻한다.

同 → 洞 → 桐 → 銅 → 胴 ☆ → 垌 ✤ → 筒 ✱

同	口부 총6획	甲骨文		金文			小篆	同甲(동갑) 同居(동거) 同僚(동료)
				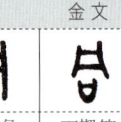	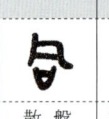			
		後下10.2	菁10.2	矢方彝	不嬰簋	散盤	說文解字	
한가지 동	설문 冃부	同(동)은 회합(會合)한다는 뜻이다. 冃와 口는 모두 의미부분이다.(「同, 合會也. 从冃, 从口.」)						

※ 큰 돌을 들어 여럿이(凡=冃) 우물 입구(口)를 덮는(冃) 모양, 많은(凡) 사람의 입(口), 그릇(口)을 덮은(凡) 모양 등 학설이 많으나, 다 '함께' '한 가지'라는 공통의 뜻을 갖는다.

洞	水부 총9획	小篆	洞里(동리) 洞長(동장) 洞觀(통관)
		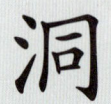	
		說文解字	
골 동 밝을 통	설문 水부	洞(동·통)은 (물이) 빠르게 흘러간다는 뜻이다. 水(수)는 의미부분이고, 同(동)은 발음부분이다.(「洞, 疾流也. 从水, 同聲.」)	

※ 물(氵)이 함께(同) 모여 급하게 흘러가는 '골짜기'의 물이 뚫고 지나감에서 '통하다' '밝다'가 되고, 같은 물을 먹는 '마을' '동네'를 뜻하기도 한다.

		金文		小篆		
	木부 총10획	𦯴	𣘫	桐		梧桐(오동) 油桐(유동) 刺桐(자동)
		翏生盨	宜桐盉	說文解字		
오동나무 **동**	설문 木부	桐(동)은 오동나무이다. 木(목)은 의미부분이고, 同(동)은 발음부분이다.(「桐, 榮也. 从木, 同聲.」)				

※ 나무(木) 중에서 한결같이(同) 줄기 속이 비어 있는 종류인 '오동나무'를 뜻한다.

		金文		小篆		
	金부 총14획	𨦻	𨭅	銅		銅錢(동전) 銅賞(동상) 銅鏡(동경)
		舍忖鼎	長陵盉	說文解字		
구리 **동**	설문 金부	銅(동)은 붉은 쇠를 뜻한다. 金은 의미부분이고, 同은 발음부분이다.(「銅, 赤金也. 从金, 同聲.」)				

※ 유연한 성질 때문에 다른 금속(金)과 함께(同) 잘 섞이는 '구리'를 뜻한다.

	肉부 총10획	설문 없음	胴體(동체) 胴部(동부)
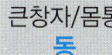 큰창자/몸통 **동**			

※ 사람 몸(月)에서 모든(同) 찌꺼기가 모이는 '큰 창자'로, 한국에서만 몸(月) 전체(同)로 보아 '몸통'을 뜻하는 것으로 쓴다.

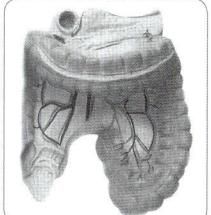

垌	土부 총9획	설문 없음	垌畓(동답)
항아리 **동**			

※ 사방에 흙(土)을 쌓아 한결같은(同) 모양으로 만든 '항아리'나 '동막이'를 뜻한다.

		小篆	
筒	竹부 총12획	筒	筆筒(필통) 煙筒(연통) 火筒(화통)
		說文解字	
통 **통**	설문 竹부	筒(통)은 (바닥이) 뚫린 퉁소를 뜻한다. 竹(죽)은 의미부분이고, 同(동)은 발음부분이다.(「筒, 通簫也. 从竹, 同聲.」)	

※ 대나무(竹) 몇 마디를 함께(同) 뚫은 '퉁소'로, 물건을 담는 '통'을 뜻하기도 한다.

同(=冂)=垌✤→炯→洞✤→絧*→問✤

		甲骨文	西周 金文	戰國 金文	小篆	古文	或體	
 冂	土부 총8획	𠔼	冋	冋	冋	冋	垌	垌畓(경답) 垌場(경장) 垌外(경외)
		合20021	趙曹鼎	克鼎	冋斧	說文解字		
들 **경** 멀 **경**	설문 冂부	冂(경), 읍외(邑外)를 교(郊)라고 하고, 교외(郊外)를 야(野)라고 하고, 야외(野外)를 임(林)이라고 하고, 임외(林外)를 冂이라고 한다. 먼 곳의 경계를 그린 것이다. 무릇 冂부에 속하는 글자들은 모두 冂을 의미부분으로 삼는다. 冋(경·형)은 冂의 고문(古文)으로 口(위)를 더하였다. (口는) 구역(區域)을 그린 것이다. 垌(경)은 冋의 혹체자(或體字)로 土(토)가 더해졌다.(「冂, 邑外謂之郊, 郊外謂之野, 野外謂之林, 林外謂之冂. 象遠界也. 凡冂之屬皆从冂. 冋, 古文冂, 从口, 象國邑. 垌, 冋或从土.」)						

※ 땅(土)이 고을(邑=口) 밖 멀리(冂)까지 펼쳐 밝게(冋) 트인 넓은 '들'을 뜻한다.

炯	火부 총9획	小篆  說文解字			炯眼(형안) 炯心(형심) 炯介(형개)	
빛날 형	설문 火부	炯(형)은 빛난다는 뜻이다. 火(화)는 의미부분이고, 冏(경·형)은 발음부분이다.(「炯, 光也. 从火, 冏聲.」)				

❋ 불(火)이 밝게(冏·冂·冋:밝을 경) 빛남에서 '빛나다'를 뜻한다.

洞	水부 총8획	小篆  說文解字			洞酌(형작)	
멀 형	설문 水부	洞(형)은 (물이) 차다는 뜻이다. 水(수)는 의미부분이고, 同(경·형)은 발음부분이다.(「洞, 滄也. 从水, 同聲.」)				

❋ 차가운 강물(氵)이 넓고 밝게(同) 멀리까지 펼쳐짐에서 '멀다'를 뜻한다.

絅	糸부 총11획	戰國 金文  師酉簋	小篆 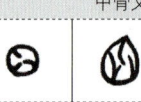 說文解字		絅禪(경선)	
홑옷 경	설문 糸부	絅(경)은 급하게 당긴다는 뜻이다. 糸(멱·사)는 의미부분이고, 同(경·형)은 발음부분이다.(「絅, 急引也. 从糸, 同聲.」)				

❋ 비단 실(糸)로 얇게 만들어 밝게(同) 비치는 '홑옷'을 뜻한다.

冏	冂부 총7획	甲骨文			殷商 金文	小篆	冏然(경연)	
		 甲278	 後下23.5	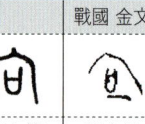 合695	 父辛鼎	說文解字		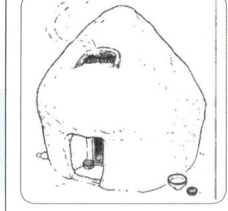
창밝을 경	설문 冏부	冏(경)은 창문이 격자무늬로 되어 있고 환하게 밝다는 뜻이다. 상형이다. 무릇 冏에 속하는 글자들은 모두 冏을 의미부분으로 삼는다. 獷(광)처럼 읽는다. 가시중(賈侍中, 즉 가규賈逵)께서는 발음은 明(명)자와 같다고 하였다.(「冏, 窗牖麗廔闓明. 象形. 凡冏之屬皆从冏. 讀若獷. 賈侍中說讀與明同.」)						

❋ 밝게 '빛나는' '창'을 뜻한다. ※파자: 멀리(冂) 보이도록 벽을 나눈(八) 구멍(口)인 '창'.

向 ➡ 珦

向	口부 총6획	甲骨文		金文	戰國 金文	小篆	向上(향상) 向方(향방) 轉向(전향)	
		 乙5402	粹975	向自	叔向簋	鄭令矛	說文解字	
향할 향	설문 宀부	向(향)은 북쪽으로 난 창문을 뜻한다. 宀(면)과 口(구)는 모두 의미부분이다. 《시경(詩經)》에 이르기를 "북쪽으로 난 창문을 막고, 문 틈새를 바르네."라고 하였다.(「向, 北出牖也. 从宀, 从口. 《詩》曰: "塞向墐戶."」)						

❋ 집(宀) 벽에 뚫어 놓은 북을 향한 창문(口)으로 밖을 향하는 데서 '향하다'가 뜻이 된다.

珦	玉부 총10획	小篆 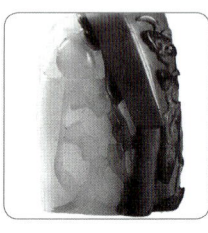 說文解字			珦玉(향옥)	
향옥 향	설문 玉부	珦(향)은 옥이다. 玉(옥)은 의미부분이고, 向(향)은 발음부분이다.(「珦, 玉也. 从玉, 向聲.」)				

❋ ※파자: 보석(玉)에 아름다운 무늬가 한쪽으로 향한(向) '향옥'을 뜻한다.

尚→常→裳→嘗→賞→償→堂→螳→鐺*→當→鐺❖→黨→棠→掌→撐→敞→廠

尚

小부
총8획

西周 金文		春秋 金文	戰國 金文	小篆
智鼎	叔棲父卣	陳公子甗	甫人盨	中山王方壺	說文解字

尚古(상고)
尚武(상무)
尚宮(상궁)

오히려 상

설문
八부

尚(상)은 증가(增加)한다는 뜻이다. (또) 바란다는 뜻이다. 八(팔)은 의미부분이고, 向(향)은 발음부분이다.(「尙, 曾也; 庶幾也. 从八, 向聲.」)

✱ 창밖을 향하여(向=向) 연기가 나뉘어(八) 위로 오르는 데서 '오히려' '높아' '위'를 뜻한다.
  ※ 파자: 작고(小) 좁은 창 위 지붕(向=同)이 땅보다 '오히려' '높아' '위'를 뜻한다.

常

巾부
11획

春秋 金文	小篆	或體
子犯鐘	說文解字	

正常(정상)
恒常(항상)
常識(상식)

떳떳할 상

설문
巾부

常(상)은 치마를 뜻한다. 巾(건)은 의미부분이고, 尚(상)은 발음부분이다. 裳(상)은 常의 혹체자(或體字)로 (巾 대신) 衣(의)를 썼다.(「常, 下裙也. 从巾, 尚聲. 裳, 常或从衣.」)

✱ 바지 위(尚)나 바지춤에 항상 꼽고 다니던 베수건(巾)이나, 옷 아래에 걸치는 천(巾)인 평상시 항상 걸치고 다니던 옷에서 '항상' '떳떳하다'를 뜻한다.

裳

衣부
총14획

설문 없음	常의 혹체(或體)

靑裳(청상)
衣裳(의상)
紅裳(홍상)

치마 상

오늘날 '치마'라는 뜻으로는 '裳'자가 쓰이고, '常'은 '언제나'·'항상(恒常)' 등과 같은 부사로 가차(假借)되어 쓰인다.

✱ 常(상)자와 자원이 같고, 위(尚)옷 아래에 입는 옷(衣)에서 '치마'를 뜻한다.

嘗

口부
총14획

西周 金文		春秋 金文	戰國 金文	小篆
效卣	召伯簋	蔡侯盤	陳侯午錞	說文解字

嘗味(상미)
嘗膽(상담)
嘗試(상시)

맛볼 상

설문
旨부

嘗(상)은 입으로 맛을 본다는 뜻이다. 旨는 의미부분이고, 尚은 발음부분이다.(「嘗, 口味之也. 从旨, 尚聲.」)

✱ 높여(尚) 예로 바치는 음식을 미리 맛(旨:맛 지) 보는 데서 '맛보다' '일찍'을 뜻한다.

賞

貝부
총15획

西周 金文	春秋 金文	戰國 金文		小篆
智鼎	旨賞鐘	驫羌鐘	中山王方壺	說文解字

賞金(상금)
賞品(상품)
賞罰(상벌)

상줄 상

설문
貝부

賞(상)은 공로(功勞)가 있는 사람에게 주는 것이다. 貝는 의미부분이고, 尚은 발음부분이다.(「賞, 賜有功也. 从貝, 尚聲.」)

✱ 계급이 높은(尚) 사람이 재물(貝)이나 벼슬 등을 내려주는 데서 '상주다'를 뜻한다.

償

人부
총17획

小篆
說文解字

報償(보상)
賠償(배상)
償還(상환)

갚을 상

설문
人부

償(상)은 돌려준다는 뜻이다. 人(인)은 의미부분이고, 賞(상)은 발음부분이다.(「償, 還也. 从人, 賞聲.」)

✱ 공이 있는 사람(亻)에게 상(賞)을 주어 공로를 대신하여 '갚아줌'을 뜻한다.

堂	土부 총11획	金文		小篆	古文	籀文	別堂(별당) 祠堂(사당) 法堂(법당)	
		中山王墓圖	鄂君車節		說文解字			
집 당	설문 土부	堂(당)은 집 안의 정실(正室)을 뜻한다. 土(토)는 의미부분이고, 尙(상)은 발음부분이다. 坐은 堂의 고문(古文)이다. 㙒은 堂의 주문(籀文)으로 高(고)의 생략형을 더하였다.(「堂, 殿也. 从土, 尙聲. 坐, 古文堂. 㙒, 籀文堂, 从高省.」)						

✽ 높게(尙) 흙(土)을 다진 터에 지은 건축물인 '집'을 뜻한다.

螳	虫부 총17획	小篆 說文解字	螳螂(당랑) 螳螂拒轍 (당랑거철)	
버마재비 (사마귀) 당	설문 虫부	螳(당)은 사마귀를 뜻한다. 虫(훼·충)은 의미부분이고, 堂(당)은 발음부분이다.(「螳, 螳蜋也. 从虫, 堂聲.」)		

✽ 곤충(虫) 중에 높게 흙을 다져 지은 집(堂)처럼, 발을 높이 든 堂堂(당당)한 모습인 '사마귀'를 뜻한다.

鐺	金부 총19획	小篆 說文解字	鐺威(당위) 鐺把(당파) 鐺鐺(당당)	
종고소리 당	설문 金부	鐺(당)은 종과 북의 소리이다. 金(금)은 의미부분이고, 堂(당)은 발음부분이다. ≪시경(詩經)≫에서 "북소리 둥둥 울리네."라고 하였다.(「鐺, 鐘鼓之聲. 从金, 堂聲. ≪詩≫曰: "擊鼓其鐺."」)		

✽ 쇠(金)로 흙을 높게 쌓은 집(堂)처럼, 크고 높게 만든 북이나 종이 크고 높게 울려 퍼지는 소리에서 '종고소리'를 뜻한다.

當	田부 총13획	金文	小篆	當然(당연) 當面(당면) 當籤(당첨)	
		武營矛	鄂君啓車節	說文解字		
마땅 당	설문 田부	當(당)은 [밭(田)]이 서로 가치가 비슷하다는 뜻이다. 田(전)은 의미부분이고, 尙(상)은 발음부분이다.(「當, 田相值也. 从田, 尙聲.」)				

✽ 높이(尙) 있는 밭(田)이 크고 적음 등 모든 면이 '대등'한 데서 '맞다' '마땅하다'를 뜻한다.
※파자: 높은(尙) 땅에 밭(田)을 만듦이 '마땅함'을 뜻한다.

鐺	金부 총21획	小篆 說文解字	鐺戶(당호) 鐺口(당구) 鐺鐺(당당)	
쇠사슬 당	설문 金부	鐺(당)은 쇠사슬을 뜻한다. 金(금)은 의미부분이고, 當(당)은 발음부분이다.(「鐺, 鋃鐺也. 从金, 當聲.」)		

✽ 쇠(金)고리를 대등한(當) 모양으로 연결하여 죄인의 발을 묶는 '쇠사슬'을 뜻한다.

黨	黑부 총20획	金文		小篆	黨派(당파) 黨首(당수) 黨爭(당쟁)	
		上黨武庫矛	上黨武庫戈	說文解字		
무리 당	설문 黑부	黨(당)은 선명(鮮明)하지 못하다는 뜻이다. 黑(흑)은 의미부분이고, 尙(상)은 발음부분이다.(「黨, 不鮮也. 从黑, 尙聲.」)				

✽ 신체에서 높은(尙) 부분인 얼굴에 검게(黑) 치장하여 같은 '무리'나 부족임을 뜻하였거나, 벼슬이 없어 머리 위에(尙) 갓이 없는 검은(黑) 머리를 한 백성의 '무리' 등의 설이 있다.

棠	木부 총12획	金文 棠 春錄6·1	小篆 棠 說文解字		棠梨(당리) 棠棣(당체) 海棠(해당)
아가위 **당**	설문 木부	棠(당), 수컷은 棠이라고 하고, 암컷은 杜(두)라고 한다. 木(목)은 의미부분이고, 尙(상)은 발음부분이다.(「棠, 牡曰棠, 牝曰杜. 从木, 尙聲.」)			

✻ 가지 끝 높은(尙) 곳에 주로 열매가 맺는 나무(木)인 '아가위' '산사나무'를 뜻한다.

掌	手부 총12획	戰國 金文 掌 陶六020	小篆 掌 說文解字		掌匣(장갑) 掌握(장악) 合掌(합장)
손바닥 **장**	설문 手부	掌(장)은 손바닥을 뜻한다. 手(수)는 의미부분이고, 尙(상)은 발음부분이다.(「掌, 手中也. 从手, 尙聲.」)			

 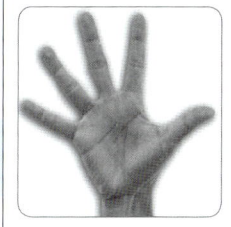

✻ 높고(尙) 귀한 자리나 물건을 손(手) 안에 쥐고 있다는 뜻에서 '손바닥'을 뜻한다.

撑	手부 총15획	설문 없음	小篆 樘 說文解字	樘 = 撑과 같은 자.	支撑(지탱) 撑中(탱중) 孤撑(고탱)
버틸 **탱**		樘(탱)은 (지탱(支撑)하기 위한) 비스듬한 기둥(즉 버팀목)을 뜻한다. 木(목)은 의미부분이고, 堂(당)은 발음부분이다.(「樘, 衺柱也. 从木, 堂聲.」)			

✻ 손(扌)으로 높게(尙) 설치한 이(牙)처럼 생긴 구조물을 잡거나, 이(牙)처럼 생긴 말뚝(木)을 바쳐 '버팀'을 뜻한다.

敞	攵부 총12획	金文 敞 故宮447	小篆 敞 說文解字		通敞(통창) 高敞(고창) 華敞(화창)
시원할 **창**	설문 攵부	敞(창)은 평평하게 다진 높은 땅에서 멀리 바라볼 수 있다는 뜻이다. 攴(복)은 의미부분이고, 尙(상)은 발음부분이다.(「敞, 平治高土, 可以遠望也. 从攴, 尙聲.」)			

✻ 시원하게 사방이 보이는 높은(尙) 땅에 장애물을 쳐서(攵) 지은 집에서 '시원하다'가 된다.

廠	广부 총15획	설문 없음		창(敞)과 같이 쓰이기도 함.	廠房(창방) 工廠(공창) 兵器廠(병기창)
공장 **창**					

✻ 집(广)의 사방에 벽이 없는 시원하게(敞) 지은 '창고'나 '공장' '헛간'을 뜻한다.

勿➡物➡忽➡惚➡笏☆➡刎*

勿	勹부 총4획	甲骨文 勿 勿 乙5790 粹301	西周 金文 勿 勿 盂鼎 毛公鼎	戰國 金文 勿 中山王鼎	小篆 勿 說文解字	或體 物	勿論(물론) 勿侵(물침) 勿忘草(물망초)
말 **물**	설문 勿부	勿(물)은 향리(鄕里)에 세운 깃발을 뜻한다. 그 깃대와 깃발 셋이 날리는 모양을 그린 것이다. 깃발의 색은 한 가지로 안하고, 흰 색과 붉은 색을 반반씩 섞는다. 이것을 가지고 군중들을 독려하고 재촉하기 때문에 바쁜 모습을 물물(勿勿)이라고 하는 것이다. 무릇 勿부에 속하는 글자들은 모두 勿을 의미부분으로 삼는다. 物은 勿의 혹체자(或體字)로 牜(언)을 더하였다.(「勿, 州里所建旗. 象其柄有三游. 雜帛, 幅半異. 所以趣民, 故遽稱勿勿. 凡勿之屬皆从勿. 物, 勿或从牜.」)					

 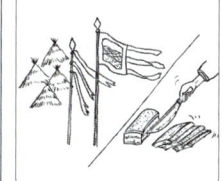

✻ 쟁기와 흙덩이, 활줄의 울림, 깃대에 단 '금지'를 알리는 장식, 칼(刀)로 제물을 잘게 자른 모양과 피, 함부로 쓰지 못하는 칼 등에서 '부정'을 뜻하여 '말다' '없다' 등의 학설이 있다.

	牛부 총8획	甲骨文				戰國 金文	小篆	物件(물건) 物體(물체) 萬物(만물)
物		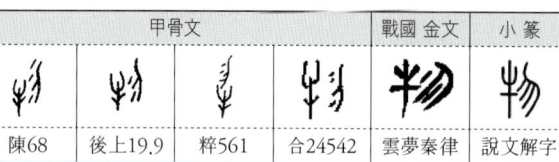						
		陳68	後上19.9	粹561	合24542	雲夢秦律	說文解字	
물건 물	설문 牛부	物(물)은 만물(萬物)을 뜻한다. 소는 큰 동물이다. 천지(天地)의 일은 소를 끌어당겨 농사를 짓는데서 비롯된다. 그래서 牛(우)가 의미부분이 되는 것이다. 勿(물)은 발음부분이다.(「物, 萬物也. 牛爲大物, 天地之數起於牽牛, 故从牛, 勿聲.」)						

※ 잡색 소(牛)를 칼(刀)로 잡아 바쳐, 만물의 부정(勿)을 없애는 데서 '만물' '물건'을 뜻한다.

	心부 총8획	金文	小篆				忽然(홀연) 疎忽(소홀) 忽待(홀대)
		中山王鼎	說文解字				
갑자기 홀	설문 心부	忽(홀)은 잊었다는 뜻이다. 心은 의미부분이고, 勿은 발음부분이다.(「忽, 忘也. 从心, 勿聲.」)					

※ 없던(勿) 마음(心)이 '갑자기' 생김을 뜻한다. 또는 마음(心)이 없음(勿)에서 '소홀함'을 뜻한다.

	心부 총11획	설문 없음	小篆  形音義字典	惚恍(홀황) 恍惚(황홀) 茫惚(망홀)
황홀할 홀				

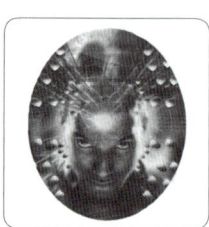

※ 마음(忄)이 갑자기(忽) 잃을 정도로 멍해져 '황홀함'을 뜻한다.

	竹부 총10획	小篆 說文解字	笏擊(홀격) 笏記(홀기) 帶笏(대홀)
홀 홀	설문 竹부	笏(홀)은 제후 및 사대부가 (임금을 배알할 때) 손에 드는 것이다. 竹(죽)은 의미부분이고, 勿(물)은 발음부분이다.(「笏, 公及士所搢也. 从竹, 勿聲.」)	

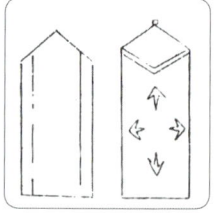

※ 대(竹)로 만들어 임금을 뵐 때 명령을 잊지 않기(勿) 위해 그 명령을 적던 '홀'을 뜻한다.

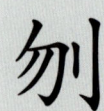	刀부 총6획	小篆  說文解字	刎頸之交 (문경지교)
목벨 문	설문 刀부	刎(문)은 목을 벤다는 뜻이다. 刀(도)는 의미부분이고, 勿(물)은 발음부분이다.(「刎, 剄也. 从刀, 勿聲.」)	

※ 움직임이 없게(勿) 칼(刂)로 자른다는 뜻으로, 움직임이 많은 '목을 베다'를 뜻한다.

勻 ➡ 均 ➡ 昀 ❖ ➡ 鈞 ❖

	勹부 총4획	西周 金文				戰國 金文	小篆	勻敎(균교) 勻旨(균지) 勻體(균체)
		榮仲鼎	勻簋	尤鼎	土勻錍	東庫扁壺	說文解字	
적을/고를 균	설문 勹부	勻(균·윤)은 적다는 뜻이다. 勹(포)와 二(이)는 모두 의미부분이다.(「勻, 少也. 从勹·二.」)						

※ 팔로 감싸(勹) 안고 있는 작고 가지런한 물건(二)에서 '적다' '고르다'를 뜻한다.

均	土부 총7획	金文		小篆		均等(균등) 平均(평균) 均衡(균형)
		蔡侯鐘	獻鐘	說文解字		
고를 균	설문 土부	均(균)은 평평하고 고르다는 뜻이다. 土(토)와 勻(균)은 모두 의미부분인데, 勻은 발음부분 이기도 하다.(「坶, 平, 徧也. 从心, 从勻, 勻亦聲.」)				

※ 땅(土)의 높낮이를 고르게(勻:적을/고를 균) 하는 데서 '고르다'를 뜻한다.

畇	田부 총9획	설문 없음		畇畇(균균)
밭일굴 균				

※ 밭(田)을 고르게(勻) 개간하는 데서 '밭 일구다'를 뜻한다.

鈞	金부 총12획	西周 金文		戰國 金文		小篆	古文	鈞敵(균적) 鈞天(균천) 鈞石(균석)
		守簋	幾父壺	子禾子釜	楚公逆鐘	說文解字		
서른근 균	설문 金부	鈞(균)은 30근(斤)을 뜻한다. 金(금)은 의미부분이고, 勻(균)은 발음부분이다. 銞은 鈞의 고문(古文)으로 (勻 대신) 旬(순)을 썼다.(「鈞, 三十斤也. 从金, 勻聲. 銞, 古文鈞, 从旬.」)						

※ 쇠(金)붙이를 고르게(勻) '서른 근'으로 만들어 놓은 데서 '서른 근'을 뜻한다.

易 → 錫 → 剔 ❖ → 賜 ❖ → 賜

易	日부 총8획	甲骨文					殷商 金文	西周 金文	交易(교역) 容易(용이) 安易(안이) 易地思之 (역지사지)
		前6.43.3	前6.42.8	合集5458	粹604	甲3364	小臣系卣	德 鼎	
		西周 金文			春秋 金文	戰國 金文	小篆		
		叔德簋	事喪尊	孟 鼎	伯家父簋	蔡侯申鐘	中山王壺	說文解字	
바꿀 역 쉬울 이	설문 易부	易(역)은 석역(蜥易)·언전(蝘蜓)으로, 도마뱀이다. 상형이다. ≪비서설(秘書說)≫에서 "해와 달이 합해져서 易자가 되니, 음(陰)과 양(陽)을 그린 것이다."라고 하였다. 일설에는 勿(물)자를 썼다고도 한다. 무릇 易부에 속하는 글자들은 모두 易을 의미부분으로 삼는다.(「易, 蜥易, 蝘蜓, 守宮也. 象形. ≪秘書說≫:"日月爲易, 象陰陽也." 一曰:从勿. 凡易之屬皆从易.」)							

※ 위의 그릇(日)에서 아래로 '쉽게' 흘려(勿) 보낸 그릇을 '바꾸는' 모습.
　※파자:해(日)가 떠 있다 져서 없어(勿)져 '쉽게' '바뀜'. ※참고:해(日)와 달(月 = 勿)은 속설임.

錫	金부 총16획	甲骨文	西周金文	春秋金文	小篆	朱錫(주석) 錫杖(석장) 錫石(석석)
		甲3364	生史簋	曾伯簠	說文解字	
주석 석	설문 金부	錫(석)은 은과 납의 중간이다. 金(금)은 의미부분이고, 易(이·역)은 발음부분이다.(「錫, 銀鉛之間也. 从金, 易聲.」)				

※ 쉽게 녹고 성질이 연한 금속(金)으로 모양을 바꾸기 쉬운(易) '주석'을 뜻한다.

		小篆		
剔	刀부 총10획	易 說文解字		剔股(척고) 剔抉(척결) 剔紅(척홍)
뼈바를 척	설문 刀부	剔(척)은 뼈를 발라낸다는 뜻이다. 刀(도)는 의미부분이고, 易(이·역)은 발음부분이다.(「剔, 解角也. 从刀, 易聲.」)		

※ 모습이 바뀌어(易) 달라진, 칼(刂)로 파헤쳐 뼈를 바른 고기에서 '뼈 바르다' '깎다'를 뜻한다.

		小篆		
晹	日부 총12획	晹 說文解字		晹然(역연)
해반짝날 역	설문 日부	晹(역)은 해가 구름에 가렸다가 반짝 나타났다는 뜻이다. 日(일)은 의미부분이고, 易(이·역)은 발음부분이다.(「晹, 日覆雲暫見也. 从日, 易聲.」)		

※ 해(日)가 구름에 가려 그늘로 바뀌는(易) 사이에서 '해 반짝나다' '날 흐리다'를 뜻한다.

		西周 金文	春秋 金文	戰國 金文	小篆	
賜	貝부 총15획	禹 鼎 / 毛公鼎	庚 壺 / 越王矛	中山王鼎	說文解字	下賜(하사) 賜藥(사약) 特賜(특사)
줄 사	설문 貝부	賜(사)는 준다는 뜻이다. 貝(패)는 의미부분이고, 易(역·이)는 발음부분이다.(「賜, 予也. 从貝, 易聲.」)				

※ 재물(貝)을 쉽게(易) 남에게 주는 데서 '주다' '하사하다'를 뜻한다.

易 ➡ 陽 ➡ 揚 ➡ 楊 ➡ 瘍 ➡ 場 ➡ 腸 ➡ 暢 ➡ 湯 ➡ 蕩 ➡ 傷 ➡ 觴 ◆

		甲骨文	西周金文	春秋金文	小篆	
易	日부 총9획	前7.14.1 / 乙6684	貉子卣 / 易叔盨	沇兒鐘	說文解字	(陽과 같음)
볕/해 양	설문 勿부	易(양)은 연다는 뜻이다. 日(일)·一(일)·勿(물) 등은 모두 의미부분이다. 일설에는 휘날린다는 뜻이라고도 하고, 일설에는 길다는 뜻이라고도 한다. 일설에는 강한 것이 모여 있는 모습이라고도 한다.(「易, 開也. 从日·一·勿. 一曰:飛揚; 一曰:長也; 一曰:彊者衆皃.」)				

※ 해(日)아래 높이 세운 장대(丁)에 햇살(勿)을 그려 밝은 태양의 '볕'을 뜻한다.
　※파자:해(日) 아래 한(一) 점의 구름도 없어(勿) '볕'이 '빛남'.

		甲骨文	金文	春秋 金文	小篆	
陽	阜부 총12획	前5.42.5	虡 卣 / 柳 鼎	虢季子白盤 / 遹伯盨	說文解字	太陽(태양) 陽地(양지) 陽傘(양산)
볕 양	설문 阜부	陽(양)은 높고 밝다는 뜻이다. 阜는 의미부분이고, 易은 발음부분이다.(「陽, 高明也. 从阜, 易聲.」)				

※ 언덕(阝) 남쪽에 햇볕(易)이 내리 쪼이는 데서 '볕'을 뜻한다.

◆ 爬羅剔抉 : (파라척결) 긁어모아 발라낸다는 뜻으로, ①숨은 인재(人材)를 널리 찾아 내어 등용(登用·登庸)함 ②남이 숨기고 있는 비밀(秘密)이나 결점(缺點)을 파헤침을 이르는 말 ③손톱으로 긁거나 후벼 모조리 파냄.
◆ 願賜骸骨 : (원사해골) 늙은 재상(宰相)이 연로하여 조정(朝廷)에 나오지 못하게 될 때에 왕에게 사직(辭職)을 주청(奏請)함을 이르는 말.
◆ 陰德陽報 : (음덕양보) 사람이 보지 않는 곳에서 좋은 일을 베풀면 반드시 그 일이 드러나서 갚음을 받음.
◆ 和風暖陽 : (화풍난양) '화창(和暢)한 바람과 따스한 햇볕'이란 뜻으로, 따뜻한 봄날씨를 이름.
◆ 向陽花木 : (향양화목) '볕을 받은 꽃나무'라는 뜻으로, '높게 잘 될 사람'을 비유(比喩·譬喩)하는 말.

		甲骨文	殷商 金文	西周 金文		
揚	手부 총12획					
		前7.14.1	小子省卣	小子省卣2	昜鼎	令鼎	矢方彝

		西周 金文	戰國 金文	小 篆	古文
날릴 양	설문 手부	師酉簋	克鼎	陳侯因資敦	楚王酓璋戈	說文解字

讚揚(찬양)
揚名(양명)
宣揚(선양)
意氣揚揚
(의기양양)

揚(양)은 드날린다는 뜻이다. 手(수)는 의미부분이고, 昜(양)은 발음부분이다. 歇(양)은 고문(古文)이다.(「揚, 飛擧也. 从手, 昜聲. 歇, 古文.」)

✳︎ 손(扌)을 들어 해(昜)를 향해 밝게 드러내 보여 '알려지다' '밝히다' '날리다'를 뜻한다.

		西周 金文	戰國 金文	小 篆
楊	木부 총13획	多友鼎	楊姞壺	香錄6·1	說文解字
버들 양	설문 木부	楊(양)은 나무 이름이다. 木(목)은 의미부분이고, 昜(양)은 발음부분이다.(「楊, 木也. 从木, 昜聲.」)			

楊柳(양류)
白楊(백양)
水楊(수양)

✳︎ 나무(木) 줄기가 햇살(昜) 모양, 또는 나무(木) 중에 햇볕(昜)에 가장 민감한 '버들'을 뜻한다.

		侯馬盟書	戰國金文	小 篆
瘍	疒부 총14획		印·凝淸	說文解字
헐 양	설문 疒부	瘍(양)은 머리가 헐었다는 뜻이다. 疒(녁)은 의미부분이고, 昜(양)은 발음부분이다.(「瘍, 頭創也. 从疒, 昜聲.」)		

腫瘍(종양)
潰瘍(궤양)
瘡瘍(창양)

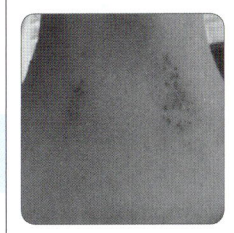

✳︎ 병(疒) 중에 머리나 피부에 햇볕(昜)처럼 벌겋게 부어오르는 '종기'나 '두창'이 생겨 '헐음'을 뜻한다.

		金文	小 篆
場	土부 총12획	古鉨	包山122	說文解字
마당 장	설문 土부	場(장)은 신에게 제사를 지내는 (평평한) 곳을 뜻한다. 일설에는 경작하지 않은 밭을 뜻한다고도 한다. 일설에는 논을 간다는 뜻이라고도 한다. 土(토)는 의미부분이고, 昜(양)은 발음부분이다.(「場, 祭神道也. 一曰:田不耕. 一曰:治穀田也. 从土, 昜聲.」)		

場所(장소)
場面(장면)
開場(개장)

✳︎ 땅(土)에 곡식을 심지 않아 햇볕(昜)만 가득한 신에게 제를 드리는 '마당'을 뜻한다.
　※파자:넓은 땅(土)으로 햇볕(昜)이 잘 드는 '마당'.

		戰國 金文	小 篆
腸	肉부 총13획	曾侯墓簡	包山166	說文解字
창자 장	설문 肉부	腸(장)은 크고 작은 창자를 뜻한다. 肉(육)은 의미부분이고, 昜(양)은 발음부분이다.(「腸, 大小腸也. 从肉, 昜聲.」)		

胃腸(위장)
腸炎(장염)
大腸(대장)

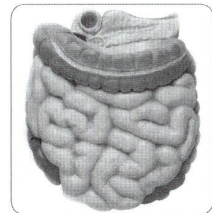

✳︎ 몸(月)에 햇볕(昜)같이 영양을 제공하고 음식을 소화하는 '창자'를 뜻한다.

◆ 立身揚名 : (입신양명) ①사회적(社會的)으로 인정(認定)을 받고 출세(出世)하여 이름을 세상(世上)에 드날림 ②후세(後世)에 이름을 떨쳐 부모(父母)를 영광(榮光)되게 해 드리는 것.
◆ 意氣揚揚 : (의기양양) ①의기(義氣)가 드높아 매우 자랑스럽게 행동(行動)하는 모양(模樣) ②자랑스러워 뽐내는 모양(模樣). ③바라는 대로 되어 사기가 높음.

暢	日部 총14획	설문 없음	小篆  形音義字典		和暢(화창) 流暢(유창) 暢達(창달)	
화창할 창		≪설문해자≫에는 '暢'(창)자가 보이지 않는다. ≪옥편(玉篇)·신부(申部)≫를 보면 "暢(창)은 도달한다는 뜻이다. 또 통한다는 뜻이다.(「暢, 達也; 通也.」)"라고 하였다.				

✻ 널리 펼쳐진(申) 햇볕(昜)이 밝고 '화창함'을 뜻한다.

湯	水部 총12획	西周 金文		春秋 金文	戰國 金文	小篆	湯藥(탕약) 湯液(탕액) 湯器(탕기)	

		師湯父鼎	湯叔盤	曾伯簠	鄂公湯鼎	絡陽之金劍	說文解字	
끓을 탕	설문 水部	湯(탕)은 뜨거운 물을 뜻한다. 水(수)는 의미부분이고, 昜(역)은 발음부분이다.(「䉤, 熱水也. 从水, 昜聲.」)						

✻ 물(氵)이 햇볕(昜)처럼 뜨거운 데서 '끓다'를 뜻한다.

蕩	艸部 총16획	小篆  說文解字			放蕩(방탕) 浩蕩(호탕) 掃蕩(소탕)	
방탕할 탕	설문 水部	蕩(탕)은 강의 이름이다. 하내군(河內郡) 탕음현(蕩陰縣)에서 발원하여, 동쪽으로 흘러서 내황현(內黃縣)에 있는 연못으로 들어간다. 水(수)는 의미부분이고, 募(탕)은 발음부분이다.(「䉤, 水. 出河內蕩陰, 東入黃澤. 从水, 募聲.」)				

✻ 물(氵)이 방탕하게(募:방탕할 탕) 흐르는 '강 이름'에서 '방탕하다'가 뜻이 된다.

傷	人部 총13획	金文	小篆		傷處(상처) 傷害(상해) 感傷(감상)	

		莒梁斧	說文解字			
다칠 상	설문 人部	傷(상)은 상처를 뜻한다. 人(인)은 의미부분이고, 煬(창)의 생략형은 발음부분이다.(「䉤, 創也. 从人, 煬省聲.」)				

✻ 사람(亻) 중에 다친 사람(人=𠂉)의 상처가 볕(昜)에 드러남에서 '다침'을 뜻한다.

觴	角部 총18획	金文		小篆	籀文	觴詠(상영) 濫觴(남상) 玉觴(옥상)	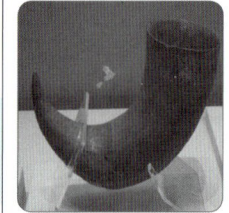
			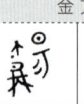				
		觴臣簠	觴中多壺	說文解字			
잔 상	설문 角部	觴(상), 술잔이 채워진 것은 觴이라고 하고, 빈 것은 觶(치)라고 한다. 角(각)은 의미부분이고, 煬(창)의 생략형은 발음부분이다. 䉤은 觴의 주문(籀文)으로, (角 대신) 爵(작)의 생략형을 썼다.(「觴, 觶實曰觴, 虛曰觶. 从角, 煬省聲. 䉤, 籀文觴, 从爵省.」)					

✻ 뿔(角)로 된 잔에 사람(人=𠂉)이 밝게(昜) 보이도록 가득 술을 따르는 '잔'을 뜻한다.

日 ➡ 馹 ❖ ➡ 汩 ☆ ➡ 杳 ☆ ➡ 昦 ➡ 昳 ❖ ➡ 昶

日	日部 총4획	甲骨文		殷商 金文	西周 金文	小篆	古文	日記(일기) 日氣(일기) 日月(일월)	
					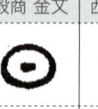				
		菁2.1	粹41	舲尊	智鼎	說文解字	佚518		
날/해 일	설문 日部	日(일), 해를 '일'이라고 부르는 까닭은 해는 가득 차 있기[實(실)] 때문이다. 태양의 정기는 이지러지지 않는다. 口(구)와 一(일)로 이루어져 있다. 상형이다. 무릇 日부에 속하는 글자들은 모두 日을 의미부분으로 삼는다. ⊖은 고문(古文)으로 상형이다.(「日, 實也. 太陽之精不虧. 从口·一. 象形. 凡日之屬皆从日. ⊖, 古文, 象形.」)							

✻ 언제나 변함없이 둥글고 밝은 태양의 모양으로, '해'의 작용이나 '날' '시간'과 관계있다.

馹	馬부 총14획	小篆 馹 說文解字		乘馹(승일)	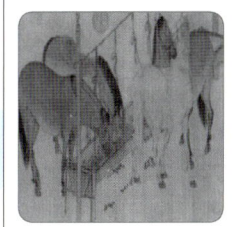
역마 **일**	설문 馬부	馹(일)은 역참(驛站)의 (문서) 전달용 수레를 뜻한다. 馬(마)는 의미부분이고, 日(일)은 발음부분이다.(「馹, 驛傳也. 从馬, 日聲.」)			

✽ 하루 종일 우편물을 배달하던 말(馬)로, 해(日) 있는 동안 일하는 '역말'을 뜻한다.

汨	水부 총7획	戰國 金文 長沙帛書	小篆 汨 說文解字	汨沒(골몰) 汨篤(골독) 汨水(골수)	
골몰할 **골** 물이름 **멱**	설문 水부	汨(멱)은 장사군(長沙郡) 멱라연(汨羅淵)이다. 굴원(屈原)이 빠져 죽은 강이다. 水(수)는 의미부분이고, 冥(명)의 생략형은 발음부분이다.(「汨, 長沙汨羅淵. 屈原所沈之水. 从水, 冥省聲.」)			

✽ 물(氵) 속에 해(日)가 빠지듯, 한 가지 일에 '골몰함', 또는 강 이름에서 '물이름'을 뜻한다.

杳	木부 총8획	甲骨文	金文	小篆	杳然(묘연) 杳冥(묘명) 杳杳(묘묘)	
		後下39·16 寧滬2·106 甲3629	陶徵127	說文解字		
아득할 **묘**	설문 木부	杳(묘)는 어둡다는 뜻이다. 해[日(일)]가 나무[木(목)] 아래에 있다는 의미이다.(「杳, 冥也. 从日在木下.」)				

✽ 나무(木) 아래에 해(日)가 있어 '어두움'을 나타내 까마득히 어두움에서 '아득함'을 뜻한다.

炅	火부 총8획	戰國 金文		小篆	寒炅(한경) (人名字)	
		陶九069	璽彙1978	說文解字		
빛날 **경**	설문 火부	炅(경)은 보인다는 뜻이다. 火(화)와 日(일)은 모두 의미부분이다.(「炅, 見也. 从火, 从日.」)				

✽ 해(日)나 불(火)길처럼 밝고 환하게 '빛남'을 바라는 마음에서 '이름'에서 많이 쓴다.

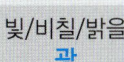

昳	火부 총8획	설문 없음		昳線(광선)	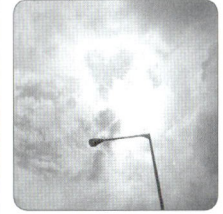
빛/비칠/밝을 **광**					

✽ 해(日)나 불(火)이 '빛'을 '밝게' '비침'을 뜻한다.

昶	日부 총9획	西周 金文	春秋 金文		小篆	和昶(화창) (人名字)	
		昶仲㠱	昶伯匜	昶伯業鼎 昶伯庸盤	說文解字		
해길 **창**	설문 日부	昶(창)은 해가 길다는 뜻이다. 日(일)과 永(영)은 모두 의미부분이다. 회의(會意)이다.(「昶, 日長也. 从日·永. 會意.」)					

✽ 길게(永) 흐르는 물처럼 해(日)가 오래 비추는 데서 '해가 길다' '화창하다' '밝다'를 뜻한다.

旦 ➔ 但 ➔ 坦 ➔ 疸

旦	日부 총5획	甲骨文		金文		小篆	一旦(일단) 元旦(원단) 旦夕(단석)
		佚468	粹702	吳方彝	頌鼎	克鼎	說文解字	

아침 단	설문 旦부	旦(단)은 밝다는 뜻이다. 해[日(일)]가 一 위에 나타났다는 의미이다. 一은 지면(地面)을 뜻한다. 무릇 旦부에 속하는 글자들은 모두 旦을 의미부분으로 삼는다.(「旦, 明也. 从日見一上. 一, 地也. 凡旦之屬皆从旦.」)

※ 태양(日)이 지평선(一)에서 떠오르는 '아침'을 뜻한다.

但	人부 총7획	甲骨文	金文	小篆			但只(단지) 但書(단서) 非但(비단)
		拾11·19	上造但車畫	說文解字			

다만 단	설문 人부	但(단)은 옷을 벗어 어깨가 드러난 상태를 뜻한다. 人(인)은 의미부분이고, 旦(단)은 발음부분이다.(「但, 裼也. 从人, 旦聲.」)

※ 사람(亻)이 이른 아침(旦)에 홀로 있어 '다만'을 뜻함, 또는 사람(人)이 옷 벗음(袒:옷 벗을 단) 을 뜻한다.

坦	土부 총8획	戰國 金文	小篆				順坦(순탄) 平坦(평탄) 坦腹(탄복)
		包山175	說文解字				

평탄할 탄	설문 土부	坦(탄)은 (땅이 평탄(平坦)해서 걷기가) 편안하다는 뜻이다. 土(토)는 의미부분이고, 旦(단)은 발음부분이다.(「坦, 安也. 从土, 旦聲.」)

※ 땅(土)이 지평선의 해(旦)가 떠오르듯 '평탄함'을 뜻한다.

疸	疒부 총10획	小篆					黃疸(황달) 疸病(달병) 黑疸(흑달)
		說文解字					

황달 달	설문 疒부	疸(달)은 황달병을 뜻한다. 疒(녁)은 의미부분이고, 旦(단)은 발음부분이다.(「疸, 黃病也. 从疒, 旦聲.」)

※ 병(疒)의 증세가 쓸개즙 통로가 막히거나 좁아져 해가 뜨듯(旦) 얼굴에 노랗게 나타나는 '황달'을 뜻한다.

向 ➔ 亶 ➔ 壇 ➔ 檀 ➔ 氈 ☆ ➔ 顫 ☆ ➔ 擅 ☆ ➔ 稟 ➔ 凜

向	宀부 총8획	甲骨文			殷商 金文	西周 金文	小篆	或體	稟(곳집 름)의 古字(고자)
		合490	合583	合584	向尊	向冊父乙	說文解字		

쌀광 름	설문 向부	向(름)은 곡식이 들어오는 곳을 뜻한다. 종묘에 제사지낼 때 쓰이는 곡식은 그 색이 푸릇누릇[蒼黃(창황)] 할 때 조심스럽게 이것을 꺼내 쓴다. 그래서 이를 向이라고 하는 것이다. 入(입)은 의미부분이고, 回는 가운데 창이 있는 집을 그린 것이다. 무릇 向부에 속하는 글자들은 모두 向을 의미부분으로 삼는다. 稟은 向의 혹체자(或體字)로 广(엄)과 禾(화)를 더하였다.(「向, 穀所振入. 宗廟粢盛, 倉黃向而取之. 故謂之向. 从入, 回, 象屋形, 中有戶牖. 凡向之屬皆从向. 稟, 向或从广, 从禾.」)

※ 높게(亠) 사방을 둘러싸고(回) 곡식을 보관하는 '쌀광' '창고'를 뜻한다.

◆ 坐以待旦 : (좌이대단) 밤중부터 일어나 앉아서 아침이 되기를 기다린다는 뜻으로, 성미(性味)가 매우 급함을 이르는 말.
◆ 平旦之氣 : (평단지기) 이른 새벽에 다른 사물(事物)과 접촉(接觸)하기 전의 맑은 정신(精神)을 이르는 말.
◆ 虛心坦懷 : (허심탄회) 마음을 비우고 생각을 터놓음, 명랑(明朗)하고 거리낌이나 숨김이 없는 마음.
◆ 坦坦大路 : (탄탄대로) 높낮이가 없이 평탄(平坦)하고 넓은 길이라는 뜻으로, 앞이 환히 트여 순탄(順坦)하게 앞으로 나아갈 수 있는 상태(狀態)를 이르는 말.

	亠부 총13획	金文 璽印集粹	小篆 說文解字		亶翔(단상) 亶甫(단보) 亶時(단시)	
믿음 단	설문 亶부	亶(단)은 많은 곡식을 뜻한다. 㐭(름)은 의미부분이고, 旦(단)은 발음부분이다.(「亶, 多穀也. 从㐭, 旦聲.」)				

※ 높게(亠) 사방을 둘러싼(回) 창고(㐭)의 곡식이 아침에 솟는 해(旦)처럼 높게 쌓여 있어 '믿음직'함을 뜻한다.

	土부 총16획		小篆 說文解字		敎壇(교단) 花壇(화단) 劇壇(극단)	
단 단	설문 土부	壇(단)은 제사를 지내는 곳을 뜻한다. 土(토)는 의미부분이고, 亶(단)은 발음부분이다.(「壇, 祭場也. 从土, 亶聲.」)				

※ 흙(土)을 쌓아 곡식을 쌓아두는 믿음직한 창고(亶)처럼 만든 '평평한' 제단에서 '단'을 뜻한다.

	木부 총17획	甲骨文 合集29408	小篆 說文解字		檀君(단군) 檀紀(단기) 紫檀木(자단목)	
박달나무 단	설문 木부	檀(단)은 나무의 이름이다. 木(목)은 의미부분이고, 亶(단)은 발음부분이다.(「檀, 木也. 从木, 亶聲.」)				

※ 나무(木)의 재질이 단단하고 믿음직(亶)하여 건축 재료로 쓰이는 신성한 '박달나무'를 뜻한다.

	毛부 총17획		小篆 說文解字		毛氈(모전) 氈帽(전모) 氈笠(전립)	
담 전	설문 毛부	氈(전)은 털을 비벼 꼰다는 뜻이다. 毛(모)는 의미부분이고, 亶(단)은 발음부분이다.(「氈, 撚毛也. 从毛, 亶聲.」)				

※ 높게 쌓은 창고(亶)처럼 털(毛)실로 두텁게 짠 모직물, 융단을 '모전' '담(毯:담요 담)'이라 한다.

	頁부 총22획	戰國 金文 璽彙3232	小篆 說文解字		顫動(전동) 顫筆(전필) 手顫症(수전증)	
떨 전	설문 頁부	顫(전)은 머리가 올바르지 않다는 뜻이다. 頁(혈)은 의미부분이고, 亶(단)은 발음부분이다.(「顫, 頭不正也. 从頁, 亶聲.」)				

※ 가득 찬 창고(亶)처럼 머리(頁) 속에 생각이 많아 머리 동작이 많은 데서 '떨다'를 뜻한다.

	手부 총16획	戰國 金文 雲夢法律	小篆 說文解字		擅名(천명) 擅斷(천단) 擅恣(천자)	
멋대로할 천	설문 手부	擅(천)은 멋대로 한다는 뜻이다. 手(수)는 의미부분이고, 亶(단)은 발음부분이다.(「擅, 專也. 从手, 亶聲.」)				

※ 손(扌)으로 쌓은(亶) 곡식을 마음대로 하는 데서 '멋대로 함'을 뜻한다.

稟	禾부 총13획	西周金文			戰國金文		小篆	稟告(품고) 稟申(품신) 稟性(품성)	
		畟卣	召伯簋	井人妄鐘	陳猷釜	子禾子釜	說文解字		
여쭐 품	설문 亩부	稟(품)은 곡식을 내려준다는 뜻이다. 亩(름)과 禾(화)는 모두 의미부분이다.(「稟, 賜穀也. 从亩, 从禾.」)							

※ 창고(亩)에 보관한 곡식(禾)을 백성에게 식량으로 '줄' 것을 '여쭙는' 것을 뜻한다.

凜	冫부 총15획	小篆	"廩"과 동자(同字)	凜烈(늠렬) 凜凜(늠름) 凜然(늠연)	
		說文解字			
찰 름	설문 冫부	凜 = 凛(름)은 차다는 뜻이다. 冫(빙)은 의미부분이고, 廩(름)은 발음부분이다.(「凛, 寒也. 从冫, 廩聲.」)			

※ 차가운(冫) 겨울을 잘 지내기 위해 쌓아놓은 창고(亩)에서 '늠름하다' '차다'를 뜻한다.

彳…(㝵) → 得

彳	彳부 총3획	戰國金文	小篆		부수 한자	
		貨文31	說文解字			
걸을 척	설문 彳부	彳(척)은 조금 걷는다는 뜻이다. 사람의 다리 세 부분(넓적다리·종아리·발)이 서로 이어져 있는 것을 그린 것이다. 무릇 彳부에 속하는 글자들은 모두 彳을 의미부분으로 삼는다.(「彳, 小步也. 象人脛三屬相連也. 凡彳之屬皆从彳.」)				

※ 行(행)자의 앞부분 모양으로, 길을 가는 데서 '가다' '걷다'를 뜻한다. ※참고:亍(자축거릴 촉)

得	彳부 총11획	甲骨文	殷商金文	西周金文	春秋金文	戰國金文	小篆	古文	得點(득점) 所得(소득) 利得(이득)	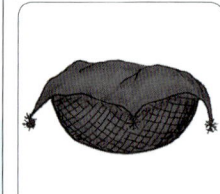
		菁5.1	父乙觚	習鼎	余義鐘	中山王方壺	說文解字			
얻을 득	설문 彳부	得(득)은 길을 가다가 얻은 것이 있다는 뜻이다. 彳(척)은 의미부분이고, 㝵(득)은 발음부분이다. 㝊은 고문(古文)으로 彳을 생략하였다.(「得, 行有所得也. 从彳, 㝵聲. 㝊, 古文省彳.」)								

※ 길(彳)을 다니며 재물(貝 = 旦)을 손(寸)으로 구하는 데서 '얻다' '이득'을 뜻한다.
※파자: 걸어(彳)다니며 아침(旦)부터 한 마디(寸) 땔감이라도 '얻어' 구해옴.

⼍ → 冥 → 溟 → 暝 ☆ → 螟 ☆

⼍	⼍부 총2획	甲骨文	西周金文		小篆	부수 한자	
		乙2110	大盂鼎	父乙尊	說文解字		
덮을 멱	설문 ⼍부	⼍(멱)은 덮는다는 뜻이다. 一(일)자를 아래로 늘어뜨린 의미이다. 무릇 ⼍부에 속하는 글자들은 모두 ⼍을 의미부분으로 삼는다.(「⼍, 覆也. 从一下垂也. 凡⼍之屬皆从⼍.」)					

※ 아래에 있는 물건을 덮은 모습에서 '덮다'를 뜻한다.

冥	⼍부 총10획	甲骨文	石文	小篆	冥福(명복) 冥想(명상) 冥助(명조)	
		한자의뿌리	形音義字典	說文解字		
어두울 명	설문 冥부	冥(명)은 어둡다는 뜻이다. 日(일)과 六(륙)은 의미부분이고, ⼍(멱)은 발음부분이다. 날짜는 (천간(天干)에 따라) 10일씩 계산을 하는데, (매월) 16일째가 되면 달이 기울고 어두워지기 시작한다. 무릇 冥부에 속하는 글자들은 모두 冥을 의미부분으로 삼는다.(「冥, 幽也. 从日, 从六, ⼍聲. 日數十, 十六日而月始虧幽也. 凡冥之屬皆从冥.」)				

※ 덮여진(⼍) 달·별 등 해(日)처럼, 빛나는 물건을 두 손(卄 = 大 = 六)으로 가리는 데서 '어둡다'를 뜻한다.
※파자: 어둠에 덮여(⼍) 해(日)가 저무는 오후 여섯(六)시 경에서 '어둡다'를 뜻한다.

溟	水부 총13획	小篆  說文解字		溟洲(명주) 溟海(명해) 北溟(북명)	
바다 명	설문 水부	溟(명)은 가랑비가 부슬부슬 내린다는 뜻이다. 水(수)는 의미부분이고, 冥(명)은 발음부분이다.(「, 小雨溟溟也. 从水, 冥聲.」)			

※ 가랑비(氵)로 가려 어둡다는(冥) 뜻이나, 물(氵)이 깊어 어둡게(冥) 보이는 '큰 바다'로 쓰인다.

暝	日부 총14획	설문 없음	小篆 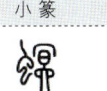 形音義字典	暝投(명투) 闇暝(암명) 晦暝(회명)	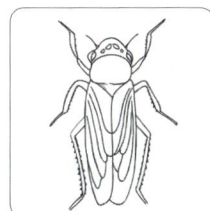
저물 명					

※ 해(日)가 가려 덮여져 어두워진다는(冥) 데서 날이 '저물음'을 뜻한다.

螟	虫부 총16획	小篆  說文解字		螟蛾(명아) 螟蟲(명충) 螟蛉(명령)	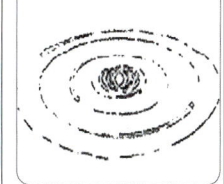
멸구 명	설문 虫부	螟(명)은 벌레(의 이름으)로, 곡식이나 나뭇잎을 먹는 벌레이다. 관리가 암암리에[冥冥(명명)] 법을 어기면 곧 멸구[螟]가 생긴다. 虫(훼·충)과 冥(명)은 모두 의미부분인데, 冥은 발음부분이기도 하다.(「, 蟲食穀葉者. 吏冥冥犯法卽生螟. 从虫, 从冥, 冥亦聲.」)			

※ 벌레(虫)중에 어두운(冥) 벼의 마디나 속을 파먹는 '마디충' '멸구'를 뜻한다.

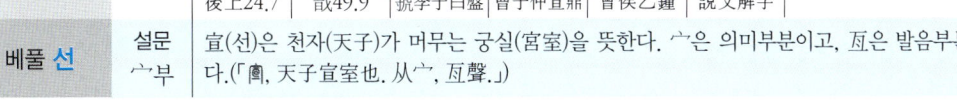

亘	二부 총6획	甲骨文			金文		小篆	亘古(긍고) 亘帶(긍대) 延亘(연긍)	

		合6040	乙6722	鐵329	形音義字典	曾侯乙鐘	說文解字		
뻗칠 긍 베풀 선	설문 二부	亙 = 𠄢(선)은 구하는 것이 있어서 빙글빙글 돈다는 뜻이다. 二(이)와 囘(회)는 모두 의미부분이다. 囘는 回(회)의 고문(古文)이다. 빙글빙글 도는 모양을 그린 것이다. 위 아래의 二는 구하는 물건을 뜻한다.(「𠄢, 求亙也. 从二, 从囘. 囘, 古文回. 象亙回形. 上下所求物也.」)							

※ 둥글게 한없이 멀리 퍼지는 물결무늬에서 널리 '뻗치다' '베풀다' '펴다'로 쓰인다.
※파자: 하늘(一)아래 해(日)가 빛을 땅(一)까지 '펼쳐' '베품'을 뜻한다.

宣	宀부 총9획	甲骨文	西周金文	春秋金文	戰國金文	小篆	宣誓(선서) 宣言(선언) 宣傳(선전)	
		後上24.7	戩49.9	虢季子白盤	曹子仲宣鼎	曾侯乙鐘	說文解字		
베풀 선	설문 宀부	宣(선)은 천자(天子)가 머무는 궁실(宮室)을 뜻한다. 宀은 의미부분이고, 亙은 발음부분이다.(「宣, 天子宣室也. 从宀, 亙聲.」)							

※ 큰 집(宀)인 관청에서 백성에게 널리 베푸는(亘) 데서 '베풀다'를 뜻한다.

瑄	玉부 총13획	小篆  說文解字		瑄玉(선옥) (人名字)	
도리옥 선	설문 玉부	瑄(선)은 6치 둥근 옥이다. 玉(옥)은 의미부분이고, 宣(선)은 발음부분이다.(「瑄, 璧六寸也. 从玉, 宣聲.」)			

※ 옥(玉) 중에 큰 집(宀)처럼 크고 넓은(亘) 6치인 '도리옥'을 뜻한다.

	水부 총12획	설문 없음		渲染(선염) 渲染法(선염법)	
바림/물적실 **선**					

✽ 물(氵)이 조금씩 새어 널리 퍼지거나(宣), 색이 퍼져 엷어짐에서 '바림' '물 적시다'를 뜻한다.

	心부 총12획	小篆 說文解字		용례 없음	
쾌할 **선**	설문 心부	憻(선·훤)은 너그러움을 마음속에 두고 있는 모습이다. 心(심)은 의미부분이고, 宣(선)은 발음부분이다. ≪시경(詩經)≫에 이르기를 "눈부시게 빛나도다, 너그러운 마음이여."라고 하였다.(「憻, 寬嫺心腹兒. 从心, 宣聲. ≪詩≫曰: "赫兮憻兮."」)			

✽ 마음(忄)이 너그러워 널리 베푸는(宣) 데서 '너그럽다' '쾌하다'를 뜻한다.

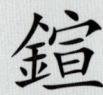	金부 총17획	설문 없음		鐥鍬(선초)	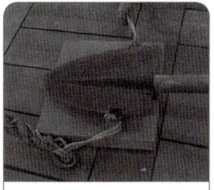
가래 **선**					

✽ 날을 쇠(金)로 만들어 넓은(宣) 땅을 파던 '가래'를 뜻한다.

	口부 총12획	설문 없음	小篆 形音義字典	喧騷(훤소) 喧譁(훤화) 喧傳(훤전)	
지껄일 **훤**					

✽ 여러 사람의 입(口)에서 나는 소리가 널리 퍼져(宣) '시끄럽게' '지껄임'을 뜻한다.

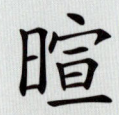	日부 총13획	설문 없음	小篆 形音義字典	暄涼(훤량) 暄日(훤일) 暄暖(훤난)	
따뜻할 **훤**					

✽ 햇볕(日)이 펼쳐져(宣) 따뜻해짐에서 '따뜻하다'를 뜻한다.

	艸부 총13획	小篆 或體 說文解字		萱堂(훤당) 萱草(훤초) 萱菜(훤채)	
원추리 **훤**	설문 艸부	蕿(훤)은 사람으로 하여금 근심을 잊게 하는 풀이다. 艸(초)는 의미부분이고, 憲(헌)은 발음부분이다. ≪시경(詩經)≫에 이르기를 "어디서 망우초(忘憂草)를 얻어서."라고 하였다. 蕿은 혹체자(或體字)로 (憲 대신) 煖(난)을 썼다. 萱은 혹체자로 (憲 대신) 宣(선)을 썼다.(「蘐, 令人忘憂艸也. 从艸, 憲聲. ≪詩≫曰: "安得蕿艸.", 或从煖. 蕿, 或从宣.」)			

✽ 풀(艹) 종류로 배고플 때 먹어 근심을 잊게 베푸는(宣) '원추리'를 뜻한다.

恒	心부 총9획	甲骨文		金文			小篆	古文	恒常(항상) 恒時(항시) 恒性(항성)
		鐵199.3	後上9.10	恒簋乙	智鼎	恒輝	說文解字		
항상 **항**	설문 心부	恒(항)은 항상(恒常)이라는 뜻이다. 心(심)과 舟(주)는 의미부분이고, 천지[二(이)] 사이에서 위 아래로 오고 가려면, 반드시 배를 타고 움직여야 하므로, 언제나 그러하다는 뜻이다. 죠은 恒의 고문(古文)으로 가운데 月자를 썼다. ≪시경(詩經)≫에 이르기를 "가득 찬 둥근 달과 같네."라고 하였다.(「𢛢, 常也. 从心, 从舟, 在二之間上下, 必以舟施, 恒也. 죠, 古文恒, 从月. ≪詩≫曰: "如月之恒."」)							

※ 마음(忄)이 하늘과 땅(二)사이의 변함없는 달(月)처럼 '펼쳐(亙:뻗칠 긍) 변함없는 데서 '항상'을 뜻하며, '亙'을 '亘'으로 바꾸어 쓰면서 지금의 恒이 되었다. 恆이 본자(本字).

姮	女부 총9획	설문 없음	小篆 姮 形音義字典		姮娥(항아) 姮宮(항궁)
항아 **항**		※참고 : 䇘;楦(다할 궁)의 고문(古文)亙;亙. 囘亙(뻗칠 궁)			

※ 달 속에 산다는 미인(女)의 이름으로 달처럼 둥근 빛이 펼쳐지는(亘) '항아(姮娥)'를 뜻한다.
※참고 : 지금은 亙(舟)과 亘(긍)을 '亘'으로 모양을 통일해서 쓴다.

桓	木부 총10획	戰國 金文	小篆		盤桓(반환) 桓雄(환웅) 烏桓(오환)
		天星觀簡	說文解字		
굳셀/푯말 **환**	설문 木부	桓(환)은 역참(驛站)의 표지(標識)를 뜻한다. 木(목)은 의미부분이고, 亘(선·환)은 발음부분이다.(「桓, 亭郵表也. 从木, 亘聲.」)			

※ 옛날 역참(驛站)이나 우정(郵政)의 표지로 단단히 세운 나무(木)에 길의 상황을 적어 정보를 베풀던(亘) '푯말'에서 '굳세다' 또는 머무는 데서 '머뭇거리다'를 뜻한다.

垣	土부 총9획	金文		小篆	籒文	垣屋(원옥) 垣墻(원장) 垣衣(원의)
		上官鼎	兆域圖	說文解字		
담 **원**	설문 土부	垣(원)은 담을 뜻한다. 土(토)는 의미부분이고, 亘(선·환)은 발음부분이다. 𪩘은 垣의 주문(籒文)으로 土 대신 㒸(곽)을 썼다.(「垣, 牆也. 从土, 亘聲. 𪩘, 籒文垣, 从㒸.」)				

※ 흙(土)이나 돌을 둥글게 펼쳐(亘) 쌓아 에워싼 '담'을 뜻한다.
※참고:㒸(곽)은 郭과 같은 자.

洹	水부 총9획	甲骨文		西周 金文	春秋 金文	戰國 金文	小篆	洹湘(원상)
		合7854	綴2.47.6	合34165	伯喜父簋	洹子孟姜	曾侯乙鐘	說文解字
강이름 **원**	설문 水부	洹(원)은 강의 이름이다. 제(齊)와 노(魯) 사이에 있다. 水(수)는 의미부분이고, 亘(선·환)은 발음부분이다.(「洹, 水. 在齊魯間. 从水, 亘聲.」)						

※ 강물(氵)이 부딪쳐 돌면서 세차게 펼쳐(亘) 흐르는 '세차게 흐르는' '강 이름'을 뜻한다.

早 ➡ 草

早	日부 총6획	金文	小篆		早起(조기) 早退(조퇴) 早速(조속)
		中山王鼎	說文解字		
이를 **조**	설문 日부	早(조)는 새벽을 뜻한다. 해[日(일)]가 甲(갑) 위에 있다는 의미이다.(「早, 晨也. 从日在甲上.」)			

※ 해(日)가 나무나 풀(屮=十) 위에, 또는 높게(十) 솟은 '이른' 아침을 뜻한다. 또는 상수리열매를 본떠 만든 자로 음이 같아 차용된 글자. ※파자:해가 아침(旦)에 어둠을 뚫고(l) '일찍' 나옴.

213

草	艹부 총10획	戰國 金文	小篆		草木(초목) 草原(초원) 草書(초서)	
		石鼓乍原	說文解字			
풀 초	설문 艹부	草(초)는 초두(草斗)로, 상수리나무 열매이다. 일설에는 도토리나무 열매라고도 한다. 艹(초)는 의미부분이고, 早(조)는 발음부분이다.(「䕬, 草斗, 櫟實也. 一曰:象斗子. 从艹, 早聲.」)					

※ 풀(艹)과 상수리 열매(早)로 '풀'을 뜻한다. ※파자: 풀(艹)이 봄에 일찍(早) 나옴에서 '풀'을 뜻한다.

竹 ➡ 竺*

竹	竹부 총6획	甲骨文	殷商 金文	戰國 金文	小篆	竹筍(죽순) 竹鹽(죽염) 竹細工(죽세공)	

		合集108	合集31884	孤竹罍 胤嗣壺 中山王圓壺	說文解字		
대 죽	설문 竹부	竹(죽)은 겨울에 나는 풀이다. 상형(象形)이다. 아래로 늘어진 것은 죽순의 껍질이다. 무릇 竹부에 속하는 글자들은 모두 竹을 의미부분으로 삼는다.(「⺮, 冬生艸也. 象形. 下垂者, 箁箬也. 凡竹之屬皆从竹.」)						

※ 대나무의 잎을 강조한 글자로, '대'로 만든 도구이름에 많이 쓰인다.

竺	竹부 총8획	戰國 金文		小篆	竺經(축경) 竺學(축학) 竺法蘭(축법란)	

		仰天湖簡	侯馬盟書	說文解字		
대나무 축	설문 二부	竺(축·독)은 두텁다는 뜻이다. 二(이)는 의미부분이고, 竹(죽)은 발음부분이다.(「竺, 厚也. 从二, 竹聲.」)				

※ 대나무(竹)를 거듭(二) 쌓아 '두텁다'는 뜻이나 '대나무'를 뜻한다.

卓 ➡ 倬❖ ➡ 晫❖ ➡ 琸❖ ➡ 綽☆ ➡ 悼 ➡ 掉☆ ➡ 棹❖

卓	十부 총8획	甲骨文	西周 金文	春秋 金文	小篆	古文	卓越(탁월) 卓見(탁견) 卓子(탁자)	
		甲3479	粹1082	九年衛鼎	卓林父簋	說文解字		
높을 탁	匕부	卓(탁)은 높다는 뜻이다. 早(조)와 匕(비)가 합해져서 卓이 되고, 匕와 卩(절)이 합해져서 卬(앙)이 된다. 둘 다 (匕를 의미부분으로 씀) 같은 뜻이다. 㒟은 卓의 고문(古文)이다.(「㒟, 高也. 早匕爲卓, 匕卩爲卬, 皆同義. 㒟, 古文卓.」)							

※ 높이 나는 새(匕)를 잡는 그물(网 = 日)을 매단 긴 손잡이(十) 있는 그물에서 '높다'를 뜻한다.
※파자: 점치기(卜 = ⼘)위해 아침(早)에 높은 데 오르는 데서 '높다'를 뜻한다.

倬	人부 총10획	小篆		倬立(탁립) 倬詭(탁궤)	
		說文解字			
클 탁	설문 人부	倬(탁)은 밝고 크다는 뜻이다. 人(인)은 의미부분이고, 卓(탁)은 발음부분이다. ≪시경(詩經)≫에 이르기를 "밝고 큰 저 은하수."라고 하였다.(「倬, 箸大也. 从人, 卓聲. ≪詩≫曰: "倬彼雲漢."」)			

※ 사람(亻)이 높고 크게 성취하여 지위가 높아짐(卓)에서 '크다'를 뜻한다.

晫	日부 총12획	설문 없음		晫貌(탁모)	
밝을 탁					

※ 해(日)가 높이(卓) 솟아올라 밝아짐에서 '밝다'를 뜻한다.

 琸	玉부 총12획	설문 없음		(人名字)	
사람이름 **탁**					

※ 옥(玉)같이 귀하고 지위가 높은(卓) 사람이 되길 원하여 '사람 이름'에 쓰인다.

 綽	糸부 총14획	金文 / 小篆 / 或體 蔡姞簋 戎生鐘 善夫山鼎 說文解字		綽約(작약) 綽綽(작작) 綽態(작태)	
너그러울 **작**	설문 素부	繛(작)은 緩(느슨할 완, 너그러울 완)이다. 素(소)는 의미부분이고, 卓(탁)은 발음부분이다. 綽은 繛의 혹체자(或體字)로 생략형이다.(「繛, 緩也. 从素, 卓聲. 綽, 繛或省.」)			

※ 실(糸)을 높은(卓) 곳에서 늘어뜨려 놓은 데서 '늘어지다' '베풀다' '너그럽다'를 뜻한다.

 悼	心부 총11획	小篆 說文解字		哀悼(애도) 追悼(추도) 悼亡(도망)	
슬퍼할 **도**	설문 心부	悼(도)는 두려워한다는 뜻이다. 진(陳)과 초(楚) 지방에서는 두려워하는 것을 悼라고 한다. 心(심)은 의미부분이고, 卓(탁)은 발음부분이다.(「悼, 懼也. 陳·楚謂懼曰悼. 从心, 卓聲.」)			

※ 슬퍼하는 마음(忄)이 높아져(卓) 지극해짐에서 '슬퍼하다'를 뜻한다.

 掉	手부 총11획	 小篆 說文解字		掉頭(도두) 掉舌(도설) 掉尾(도미)	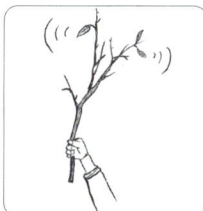
흔들 **도**	설문 手부	掉(도)는 흔든다는 뜻이다. 手(수)는 의미부분이고, 卓(탁)은 발음부분이다. ≪춘추전(春秋傳)≫에 이르기를 "(물고기의) 꼬리가 크면 흔들 수가 없는 것입니다."라고 하였다.(「掉, 搖也. 从手, 卓聲. ≪春秋傳≫曰: "尾大不掉."」)			

※ 손(扌)을 높이(卓) 들어 물건을 잡고 '흔들다'를 뜻한다.

 棹	木부 총12획	설문 없음	小篆 形音義字典	棹郎(도랑) 棹聲(도성) 棹唱(도창)	
노 **도**					

※ 긴 나무(木)가지로 높고(卓) 길게 만든 '노'를 뜻한다. ※楫(노 즙/집)은 짧은 '노'.

涅☆ ➡ 捏

 涅	水부 총10획	戰國 金文 / 小篆 幣編148 說文解字		涅槃(열반) 涅齒(열치) 刻涅(각녈)	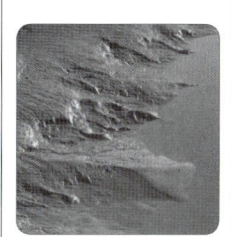
열반 **녈**	설문 水부	涅(녈)은 물속에 있는 검은 흙을 뜻한다. 水(수)와 土(토)는 의미부분이고, 日(일)은 발음부분이다.(「涅, 黑土在水中也. 从水, 从土, 日聲.」)			

※ 물(氵) 밑의 볕(日)에 드러나는 흙(土)으로 '개흙'을 뜻하나, 범어(梵語)에서 승려의 죽음을 알리는 'Nirvana'의 음역으로 쓰여 '열반'을 뜻한다. '진흙 녈'이라고도 한다.

 捏	手부 총10획	설문 없음		捏造(날조) 捏詞(날사)	
꾸밀 **날**					

※ 손(扌)으로 볕(日)에 드러나는 진흙(土)을 이겨 여러 모양으로 다르게 '꾸밈'을 뜻한다.

曼 ➡ 慢 ➡ 漫 ➡ 蔓 ➡ 饅 ☆ ➡ 鰻 ☆

曼	日부 총11획	甲骨文		春秋金文			戰國 金文	小 篆	曼衍(만연) 曼辭(만사) 曼茶羅(만다라)
		乙7357	京1990	曼觶父盨			鄧孟作監曼壺	齊陳曼簠	說文解字	
끌 만	설문 又부	曼(만)은 끈다는 뜻이다. 又(우)는 의미부분이고, 冒(모)는 발음부분이다.(「曼, 引也. 从又, 冒聲.」)							

※ 두 손(又)으로 눈(目 = 罒)이 크게 잘 보이도록 끌어당기거나, 예쁘게 하는 데서 '끌다' '퍼지다' '예쁘다' 등으로 쓰인다. 위에 손은 음 때문에 '冃(모)'로 변하고 다시 '曰'로 변했다.
※파자: 말(曰)하여 그물(罒)을 손으로 또(又) 자꾸 '끌어' '퍼지게' '펴라고' 지시함.

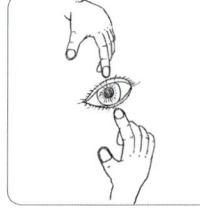

慢	心부 총14획	小篆 說文解字	慢性(만성) 自慢(자만) 驕慢(교만)
거만할 만	설문 心부	慢(만)은 게으르다는 뜻이다. 心(심)은 의미부분이고, 曼(만)은 발음부분이다. 일설에 慢은 두려워하지 않는다는 뜻이라고도 한다.(「慢, 惰也. 从心, 曼聲. 一曰:慢, 不畏也.」)	

※ 마음(忄)이 늘어지고 퍼지는(曼) 데에서 '게으르다' '거만하다'를 뜻한다.

漫	水부 총14획	설문 없음	小篆 形音義字典	漫畫(만화) 漫評(만평) 浪漫(낭만)
흩어질 만		≪설문해자≫에는 '漫'자가 보이지 않는다. ≪옥편(玉篇)·수부(水部)≫를 보면 "漫(만)은 물이 넓고 아득한 모양을 뜻한다.(「漫, 水漫漫平遠貌.」)"라고 하였다.		

※ 물(氵)이 넓고 크게 퍼져(曼) 끝없이 '질펀하게' 흩어져 흘러가는 데서 '흩어지다'를 뜻한다.

蔓	艸부 총15획	小篆 說文解字	蔓生(만생) 蔓延(만연) 蔓草(만초)
덩굴 만	설문 艸부	蔓(만)은 칡의 일종이다. 艸(초)는 의미부분이고, 曼(만)은 발음부분이다.(「蔓, 葛屬. 从艸, 曼聲.」)	

※ 식물(艹) 중에 줄기가 길게 퍼지며(曼) 자라는 '덩굴'을 뜻한다.

饅	食부 총20획	설문 없음	小篆 形音義字典	饅頭(만두)
만두 만				

※ 음식(食)을 만들려고 밀가루 반죽을 펼쳐(曼) 소를 넣은 '만두'를 뜻한다.

鰻	魚부 총22획	小篆 說文解字	養鰻(양만) 鰻鯉(만리) 海鰻(해만)
뱀장어 만	설문 魚부	鰻(만)은 물고기의 이름이다. 魚(어)는 의미부분이고, 曼(만)은 발음부분이다.(「鰻, 魚名. 从魚, 曼聲.」)	

※ 물고기(魚) 종류로, 몸이 둥글고 길게 끌고(曼) 다니는 '뱀장어'를 뜻한다.

曰 … 晶

		甲骨文		西周 金文	春秋 金文	小篆	日牌(왈패)
	日부 총4획						日可日否 (왈가왈부)
		前7.17.4	鐵274.2	盂鼎	虢季子白盤	郘公華鐘	說文解字

| 가로/말할
왈 | 설문
日부 | 曰(왈)은 어조사(語助詞)이다. 口(구)는 의미부분이고, 乙(을)은 발음부분이다. 입에서 기(氣)가 나오는 것을 그린 것이기도 하다. 무릇 曰부에 속하는 글자들은 모두 曰을 의미부분으로 삼는다.(「ㅂ, 詞也. 从口, 乙聲. 亦象口气出也. 凡曰之屬皆从曰.」) |

※ 입(口) 위에 소리부호(一)를 더해 '말을 함' '일컫다' '가로다'를 뜻한다.

		甲骨文				小篆	水晶(수정)
	日부 총12획						結晶(결정)
		前7.14.1	後下9.1	乙8357	甲675	合5444 說文解字	晶光(정광)

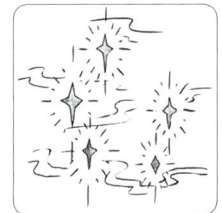

| 밝을 **정** | 설문
晶부 | 晶(정)은 깨끗한 빛을 뜻한다. 日(일)자 세 개로 이루어졌다. 무릇 晶부에 속하는 글자들은 모두 晶을 의미부분으로 삼는다.(「晶, 精光也. 从三日. 凡晶之屬皆从晶.」) |

※ 밤하늘에 별들(日)이 수정처럼 밝고 맑게 빛나는 데서 '밝다' '맑다' '수정'을 뜻한다.

昌 → 唱 → 倡 ☆ → 娼 ☆ → 猖 ☆ → 菖

		甲骨文	春秋 金文	戰國 金文	小篆	籀文	昌盛(창성)
	日부 총8획						繁昌(번창)
		粹1029 佚166	蔡侯盤	古鈢	說文解字		昌言(창언)

| 창성할 **창** | 설문
日부 | 昌(창)은 좋은 말을 뜻한다. 日(일)과 曰(왈)은 모두 의미부분이다. 일설에는 햇빛을 뜻한다고도 한다. ≪시경(詩經)≫에 이르기를 "동쪽이 창성(昌盛)하네."라고 하였다. ♀은 주문(籀文)이다.(「昌, 美言也. 从日, 从曰. 一曰:日光也. ≪詩≫曰:'東方昌矣.' ♀, 籀文.」) |

※ 해(日)처럼 밝고 분명한 말(曰)에서, 아름다운 말, 널리 퍼지는 '큰소리'로 '창성하다'가 된다.
※참고:떠오르는 해(日)가 물에 비추어 빛이 널리 퍼져 '창성함'을 뜻한다고도 한다.

		小篆	唱曲(창곡)
	口부 총11획		歌唱(가창)
		說文解字	合唱(합창)

| 부를 **창** | 설문
口부 | 唱(창)은 인도(引導)한다는 뜻이다. 口(구)는 의미부분이고, 昌(창)은 발음부분이다.(「唱, 導也. 从口, 昌聲.」) |

※ 입(口)으로 해(日)처럼 밝고 분명한 말(曰)로 크게 부르는 소리(昌)에서 '노래' '부름'을 뜻한다.

		小篆	倡義(창의)
	人부 총10획		俳倡(배창)
		說文解字	名倡(명창)

| 광대 **창** | 설문
人부 | 倡(창)은 음악하는 사람을 뜻한다. 人(인)은 의미부분이고, 昌(창)은 발음부분이다.(「倡, 樂也. 从人, 昌聲.」) |

※ 음악 하는 사람(亻)으로 듣기 좋은 말(昌)을 하여 즐겁게 하는 '광대'를 뜻한다.

 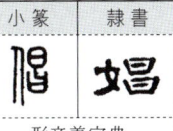

		小篆	隸書	娼女(창녀)
	女부 총11획	설문 없음		公娼(공창)
			形音義字典	娼樓(창루)

| 창녀 **창** | | |

※ 여자(女) 중에 좋은 말(昌)이나 노래하고 춤을 추며 남을 즐겁게 하는 '창녀'를 뜻한다.

猖	犬부 총11획	설문 없음	小篆 形音義字典		猖狂(창광) 猖披(창피) 猖獗(창궐)	
미쳐날뛸 창						

✻ 놀란 개(犭)가 크게 소리치며(昌) 날뛰는 데서 '미쳐 날뛰다'를 뜻한다.

菖	艸부 총12획	설문 없음	小篆 形音義字典		白菖(백창) 菖蒲(창포) 石菖(석창)	
창포 창						

✻ 식물(艹) 중에 물가에 무리지어 자라며 줄기가 크게(昌) 자라는 '창포'를 뜻한다.

冃 ➞ 冒 ➞ 帽

	冂부 총4획	甲骨文			小篆	帽와 통함	
모자 모	설문 冃부	簠征39	前4·19·3	續1·5·1	說文解字		

冃(모)는 어린아이나 이민족이 쓰는 모자를 뜻한다. 冖(멱)은 의미부분이다. 二는 그 장식이다. 무릇 冃부에 속하는 글자들은 모두 冃를 의미부분으로 삼는다.(「冃, 小兒蠻夷頭衣也. 从冖. 二, 其飾也. 凡冃之屬皆从冃.」)

✻ 머리에 덮어(冖) 쓰는 모자와 장식(二)에서 '모자'를 뜻한다.
 ※참고:머리에 덮어(冖 = 冂) 머리털을 가지런히(二) 하는 '모자'.

	冂부 총9획	甲骨文	金文	小篆	古文	冒險(모험) 冒瀆(모독) 冒年(모년)	
무릅쓸 모	설문 冃부	한자의뿌리	九年衛鼎	說文解字			

冒(모)는 무릅쓰고 앞으로 나아간다는 뜻이다. 冃(모)와 目(목)은 모두 의미부분이다. 𤈫는 冒의 고문이다.(「冒, 冡而前也. 从冃, 从目. 𤈫, 古文冒.」)

✻ 수건(冃:어린이머리수건 모)이나 두건으로 눈(目)을 가려 위험을 보지 않는 데서 '무릅쓰다' '덮어쓰다'를 뜻한다.

	巾부 총12획	설문 없음	金文	小篆	隸書	帽子(모자) 帽紗(모사) 官帽(관모)	
모자 모			形音義字典	包山259	形音義字典		

✻ 수건(巾)처럼 머리를 감싸거나 덮어쓰는(冒) '모자'를 뜻한다.

曹 ➞ 曺 ✻ ➞ 漕 ☆ ➞ 槽 ➞ 糟 ➞ 遭

曹	曰부 총11획	甲骨文		西周 金文	春秋 金文	戰國 金文	小篆	六曹(육조) 曹司(조사) 法曹(법조)	
무리 조	설문 曰부	前2.5.5	珠414	趞曹鼎	曹公子戈	中山王方壺	說文解字		

曹 = 𣍘(조)는 송사(訟事)에서의 두 당사자(즉 원고와 피고)를 뜻한다. 법정의 동쪽에 위치한다. 㯥는 의미부분이다. (㯥는) 송사를 다루는 사람이다. 曰(왈)은 의미부분이다.(「𣍘, 獄之兩曹也. 在廷東. 从㯥. 治事者, 从曰.」)

✻ 여러 개의 자루(㯥)와 술을 담는 용기(曰)로, 많은 자루를 마주대고 쌓아 술 찌꺼기를 걸러내는 데서 '무리'를 뜻하며, 같은 양의 물건(㯥)을 다툼(曰), 물건을 재판하는 '재판관'이라는 설이 있다.

 曺	日부 총10획	'한국'에서 성씨로 쓸 때 쓰인다. 曹(조)와 같은 자.	曺植(조식) (姓氏)	
성 조				

※ 曹(조)가 '관아' '무리'의 뜻으로 중국 성씨로 쓰이고, 曺(조)는 한국에서만 '성씨'로 쓰인다.

漕	水부 총14획	戰國 金文 / 小篆 璽彙0501 / 說文解字	漕船(조선) 漕艇競技 (조정경기)	
배로실어 나를 조	설문 水부	漕(조)는 배로 실어 나른다는 뜻이다. 일설에는 사람이 타는 것과 배를 뜻한다고도 한다. 水(수)는 의미부분이고, 曹(조)는 발음부분이다.(「䑏, 水轉轂也. 一曰:人之所乘及船也. 从水, 曹聲.」)		

※ 물(氵)길로 배에 물건을 쌓아(曹) 나름에서 '배로 실어 나름'을 뜻한다.

 槽	木부 총15획	小篆 說文解字	浴槽(욕조) 槽櫪(조력) 淨化槽(정화조)	
구유 조	설문 木부	槽(조)는 가축의 밥그릇을 뜻한다. 木(목)은 의미부분이고, 曹(조)는 발음부분이다.(「䒣, 畜獸之食器. 从木, 曹聲.」)		

※ 나무(木)로 된 술 찌꺼기를 받치는 도구(曹) 모양의 짐승 밥그릇인 '구유'를 뜻한다.

 糟	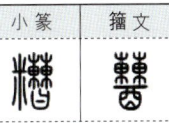 米부 총17획	小篆 / 籒文 說文解字	糟粕(조박) 酒糟(주조) 糟甕(조옹)	
지게미 조	설문 米부	糟(조)는 술지게미를 뜻한다. 米(미)는 의미부분이고, 曹(조)는 발음부분이다. 䊈는 주문(籒文)으로 (米 대신) 酉(유)를 썼다.(「䊆, 酒滓也. 从米, 曹聲. 䊈, 籒文从酉.」)		

※ 쌀(米) 찌꺼기를 거른 술을 거르고(曹) 남은 '지게미'를 뜻한다.

 遭	 辵부 총15획	小篆 說文解字	遭遇(조우) 遭難(조난) 遭逢(조봉)	
만날 조	설문 辵부	遭(조)는 만난다는 뜻이다. 辵(착)은 의미부분이고, 曹(조)는 발음부분이다. 일설에는 (빙글빙글) 돈다는 뜻이라고도 한다.(「䙰, 遇也. 从辵, 曹聲. 一曰:遶行.」)		

※ 술 자루를 마주대고 쌓듯(曹) 길을 가다(辶) 서로 대하여 '만남'을 뜻한다.

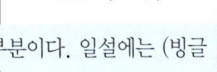

匄→曷→渴→葛→喝→竭→褐☆→鞨→碣✤→謁→歇✤→藹☆→偈☆→揭

匄	勹부 총5획	甲骨文 佚379 / 粹1260 / 西周 金文 師遽方彝 / 伯沔其盨 / 戰國 金文 十鐘印擧 / 小篆 說文解字	匄施(개시)	
빌 개/갈	설문 亡부	匄(개)는 乞(빌 걸)이다. 체안(逮安)은 "亡(망)과 人(인)이 합하여 匄가 되었다."라고 주장하였다.(「匃, 气也. 逮安說: "亡人爲匄."」)		

※ 사람(人 = 勹)들에게 망하여 없는(亡 = 亾) 것을 청하는 데서 '구걸' '빌다'를 뜻한다.

	日부 총9획	小篆  說文解字		曷月(갈월) 曷若(갈약) 曷爲(갈위)	
어찌 **갈**	설문 日부	曷(갈)은 '무엇'이라는 뜻이다. 曰(왈)은 의미부분이고, 匃(개·갈)은 발음부분이다.(「曷, 何也. 从曰, 匃聲.」)			

※ 말(曰)하여 사람(人 = 勹)에게 망하거나 없는(亡 = 凵)것을 구걸(匃 = 丐:빌 개·갈)함에서 '크게 외침'을 뜻하며, 어려운 형편에서 벗어날 것을 궁리하는 데서 '어찌' '언제' '구함'을 뜻한다.

	水부 총12획	金文 中山王方壺	小篆 說文解字	渴症(갈증) 苦渴(고갈) 解渴(해갈)	
목마를 **갈**	설문 水부	渴(갈)은 (물이) 다했다는 뜻이다. 水(수)는 의미부분이고, 曷(갈)은 발음부분이다.(「渴, 盡也. 从水, 曷聲.」)			

※ 물(氵)이 없어 크게 외쳐 구함(曷)에서 '갈증' '목마름'을 뜻한다.

	艹부 총13획	戰國 金文  陶五458	小篆 說文解字	葛藤(갈등) 葛粉(갈분) 葛布(갈포)	
칡 **갈**	설문 艹부	葛(갈)은 고운 갈포(葛布)와 거친 갈포를 만드는 풀이다. 艹(초)는 의미부분이고, 曷(갈)은 발음부분이다.(「葛, 絺綌艹也. 从艹, 曷聲.」)			

※ 덩굴식물(艹) 중에 어려울 때 구해(曷) 옷을 만들고 뿌리는 식용으로 먹던 '칡'을 뜻한다.

	口부 총12획	小篆 說文解字		恐喝(공갈) 喝取(갈취) 喝道(갈도)	
꾸짖을 **갈**	설문 口부	喝(갈·애)는 목이 쉬었다는 뜻이다. 口(구)는 의미부분이고, 曷(갈)은 발음부분이다.(「喝, 澵也. 从口, 曷聲.」)			

※ 입(口)을 크게 벌려 소리쳐 구함(曷)에서 '외치다' '꾸짖다' '고함치다'를 뜻한다.

	立부 총14획	戰國 金文  陶五0182	小篆 說文解字	竭力(갈력) 空竭(공갈) 竭盡(갈진)	
다할 **갈**	설문 立부	竭(갈)은 (등에) 져서 들어 올린다는 뜻이다. 立(립)은 의미부분이고, 曷(갈)은 발음부분이다.(「竭, 負擧也. 从立, 曷聲.」)			

※ 일어서서(立) 무거운 짐을 구해(曷) 등에 지고 힘을 다함에서 '다하다'를 뜻한다.

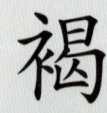	衣부 총14획	戰國 金文 雲夢秦律	小篆 說文解字	褐夫(갈부) 褐斑(갈반) 褐色(갈색)	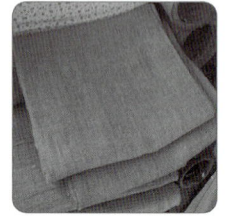
갈색/굵은베 **갈**	설문 衣부	褐(갈)은 베로 만든 버선을 뜻한다. 일설에는 거칠게 만든 옷을 뜻한다고도 한다. 衣(의)는 의미부분이고, 曷(갈)은 발음부분이다.(「褐, 編枲韤. 一曰:粗衣. 从衣, 曷聲.」)			

※ 어려운 형편의 사람들이 옷(衤)으로 구해(曷) 입던, 엉성하고 거친 베나 삼으로 결은 '갈색'의 '굵은 베'를 뜻한다.

鞨	革부 총18획	설문 없음	小篆  形音義字典		履鞨(이갈) 靺鞨族(말갈족)	
오랑캐이름 **갈**						

✻ 가죽(革)을 구해(曷) 발이나 머리에 묶고 다니던 종족인 '말갈족'에서 '오랑캐이름'을 뜻한다.

碣	石부 총14획		小篆 古文   說文解字		碣石(갈석)	
비 **갈** 세울 **게**		설문 石부	碣(갈)은 우뚝 선 돌을 뜻한다. 동해군(東海郡)에 갈석산(碣石山)이 있다. 石(석)은 의미부분이고, 曷(갈)은 발음부분이다. 𥖁은 고문(古文)이다.(「𥕲, 特立之石. 東海有碣石山. 从石, 曷聲. 𥖁, 古文.」)			

✻ 돌(石)을 세워 구하는(曷) 일이나 알리고자 하는 일을 표하여 놓은 '비'를 뜻한다.

謁	言부 총16획		戰國 金文 小篆  守丘刻石 說文解字		謁見(알현) 拜謁(배알) 謁聖(알성)	
뵐 **알**		설문 言부	謁(알)은 보고(報告)한다는 뜻이다. 言(언)은 의미부분이고, 曷(갈)은 발음부분이다.(「𧬛, 白也. 从言, 曷聲.」)			

✻ 말(言)로 윗사람 찾아뵙기를 구하거나(曷), 윗사람에게 자신의 요구(曷)를 다 말함(言)에서 '뵙다' '아뢰다' '청하다'의 뜻이 된다.

歇	欠부 총13획		戰國 金文 小篆   璽彙1883 說文解字		間歇(간헐) 歇價(헐가) 小歇(소헐)	
쉴 **헐**		설문 欠부	歇(헐)은 쉰다는 뜻이다. 일설에는 기가 흩어지고 샌다는 뜻이라고도 한다. 欠(흠)은 의미부분이고, 曷(갈)은 발음부분이다.(「𣤶, 息也. 一曰:气越泄. 从欠, 曷聲.」)			

✻ 무언가를 구하다(曷) 지치고 피곤하여 입을 벌리고(欠) 잠시 쉬는 데서 '쉬다' '그치다'를 뜻한다.

靄	雨부 총24획		小篆  文解字說		淡靄(담애) 暮靄(모애) 曉靄(효애)	
아지랑이 **애**		설문 雨부	靄(애)는 구름의 모습이다. 雨(우)는 의미부분이고, 謁(알)은 藹(애)의 생략형으로 발음부분이다.(「𩂢, 雲兒. 从雨, 藹省聲.」)			

✻ 비(雨)구름이 초목이 우거지듯(藹 = 謁:우거질 애) 안개처럼 피어오르는 '아지랑이'를 뜻한다.
  ※파자: 비(雨)구름처럼 사물이 보이지(謁) 않게 아른아른 거리는 '아지랑이'를 뜻한다.

偈	人부 총11획	설문 없음	西周 金文 小篆  叔偈父解 五祀衛鼎 形音義字典		偈頌(게송) 梵偈(범게) 偈句(게구)	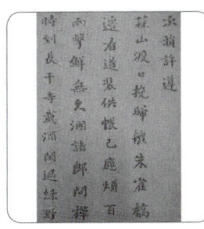
불시(佛詩) **게**						

✻ 사람(亻)들의 깨침을 구하기(曷) 위한 부처의 가르침이나 찬탄하는 노래글귀인 '불시'를 뜻한다.

221

揭	手부 총12획	小篆 揭 說文解字		揭揚(게양) 揭載(게재) 揭句(게구)	
높이들/걸 게	설문 手부	揭(게·갈·걸)은 높이 들어올린다는 뜻이다. 手(수)는 의미부분이고, 曷(갈)은 발음부분이다.(「揭, 高舉也. 从手, 曷聲.」)			

※ 손(扌)으로 자신의 뜻을 구하기(曷) 위한 표시나 글귀를 '높이 들어' '걸어둠'을 뜻한다.

屮	屮부 총3획	甲骨文		殷商 金文			小篆	屮屫(철갹/초갹) 屮茅(철모/초모) 屮藁(초고)	
		佚84	京津4007	父戊簋	屮盉	中屮斧	說文解字		
싹날 철 풀 초 왼손 좌	설문 屮부	屮(철)은 초목의 새싹이다. ㅣ이 나온 형태를 그렸는데, 가지와 줄기가 있다. 고문(古文)에서는 이 글자를 때로는 艸(초)자로 여기기도 한다. 徹(철)이라고 읽는다. 무릇 屮부에 속하는 글자들은 모두 屮을 의미부분으로 삼는다. 윤동(尹彤)의 주장이다.(「屮, 艸木初生也. 象ㅣ出形, 有枝莖也. 古文或以爲艸字. 讀若徹. 凡屮之屬皆从屮. 尹彤說.」)							

※ 초목이 싹터 나오는 줄기(ㅣ)와 양쪽 가지(匚)모양으로, '싹이 나옴'을 뜻한다.

艸	艸부 총6획	戰國 金文		小篆		용례 없음	
		陶三233	古匋	說文解字			
풀 초	설문 艸부	艸(초)는 모든 풀의 총칭이다. 두 개의 屮(철)로 이루어졌다. 무릇 艸부에 속하는 글자들은 모두 艸를 의미부분으로 삼는다.(「艸, 百卉也. 从二屮. 凡艸之屬皆从艸.」)					

※ 뾰족이 돋는 두 싹(屮)을 그려 '풀'을 나타낸다.

	艸부 총12획	小篆 茻 說文解字	용례 없음	
잡풀우거질 망	설문 茻부	茻(망)은 풀이 많다는 뜻이다. 네 개의 屮(철)자로 이루어졌다. 무릇 茻부에 속하는 글자들은 모두 茻을 의미부분으로 삼는다. 발음은 冈(망)과 같다.(「茻, 眾艸也. 从四屮. 凡茻之屬皆从茻. 讀與冈同.」)		

※ 사방에 우거진 잡풀(艸+艸)에서 '잡풀 우거짐'을 뜻한다.

莫	艸부 총11획	甲骨文		西周 金文	春秋 金文	小篆	莫及(막급) 莫逆(막역) 莫大(막대)	
		前4.9.2	粹682	父乙莫觚	散盤	晉公奠	說文解字	
없을/말 막	설문 艸부	莫(모·막)는 해가 막 지려고 한다는 뜻이다. 해[日(일)]가 풀숲[茻(망)] 속에 있다는 의미이다.(「莫, 日且冥也. 从日在茻中.」)							

※ 우거진 잡풀(茻:잡풀 우거질 망)에 해(日)가 가린 저녁 무렵으로, 해가 없는 데서 부정의 뜻으로 '말다' '없다'를 뜻하였다. ※파자: 풀(艹) 밑에 해(日)가 크게(艹 = 大) 가려 없어짐.

漠	水부 총14획	小篆 漠 說文解字		茫漠(망막) 漠地(막지) 沙漠(사막)	
넓을 막	설문 水부	漠(막)은 북부지방의 사막을 뜻한다. 일설에는 맑다는 뜻이라고도 한다. 水(수)는 의미부분이고, 莫(막)은 발음부분이다.(「漠, 北方流沙也. 一曰:清也. 从水, 莫聲.」)			

※ 물(氵)이 없어(莫) 아득하고 쓸쓸해 보이는 '넓은' '사막'을 뜻한다.

幕	巾부 총14획	戰國 金文  秦印彙編	小篆  說文解字		天幕(천막) 幕舍(막사) 幕間(막간)	
장막 **막**	설문 巾부	幕(막), 휘장이 위를 덮고 있는 것을 幕이라고 한다. 음식물을 덮는 궤안도 幕이라고 한다. 巾(건)은 의미부분이고, 莫(막)은 발음부분이다.(「䍳, 帷在上曰幕. 覆食案亦曰幕. 从巾, 莫聲.」)				

✽ 공간을 가려, 볼 수 없게(莫) 막는 천(巾)으로 '장막'을 뜻한다.

寞	宀부 총14획	설문 없음	小篆 形音義字典		寂寞(적막) 索寞(삭막) 落寞(낙막)	
고요할 **막**						

✽ 해가 진 저녁 무렵 사람들이 다 집(宀)으로 돌아가고 없어(莫) '쓸쓸하고' '고요함'을 뜻한다.

膜	肉부 총15획		小篆  說文解字		鼓膜(고막) 角膜(각막) 結膜(결막)	
꺼풀/막 **막**	설문 肉부	膜(막)은 고기 사이에 있는 막을 뜻한다. 肉(육)은 의미부분이고, 莫(막)은 발음부분이다.(「䏞, 肉間胲膜也. 从肉, 莫聲.」)				

✽ 사람 몸(月)의 살이나 각 기관을 감싸 가려(莫) 보호하는 '꺼풀'이나 '막'을 뜻한다.

募	力부 총13획	戰國 金文 雲夢雜抄	小篆 說文解字		募集(모집) 公募(공모) 募金(모금)	
모을/뽑을 **모**	설문 力부	募(모)는 널리 구한다는 뜻이다. 力(력)은 의미부분이고, 莫(막)은 발음부분이다.(「䌗, 廣求也. 从力, 莫聲.」)				

✽ 해질 무렵(莫) 가축이나 농기구를 힘써(力) '모아' 정리하거나, 또는 없는(莫) 농기구(力)나 인력을 널리 '구함'에서 '뽑음'을 뜻한다.

慕	心부 총15획	金文  禹 鼎	小篆 說文解字		追慕(추모) 思慕(사모) 慕情(모정)	
그릴 **모**	설문 心부	慕(모)는 익힌다는 뜻이다. 心(심)은 의미부분이고, 莫(막)은 발음부분이다.(「䚯, 習也. 从心, 莫聲.」)				

✽ 날이 저물어(莫) 사물을 분간할 수 없듯, 마음(忄)에 두어 다른 것을 분간하지 못할 만큼 '사모하고' '그리워함'을 뜻한다.

暮	日부 총15획	설문 없음			暮色(모색) 歲暮(세모) 暮境(모경)	
저물 **모**		'莫(막)'자가 "아무도 …… 하지 않다"라는 부정(否定)의 뜻으로 가차(假借)되어 쓰이자, 그 빈자리를 보충하기 위하여 '莫'자에 다시 '日'자를 덧붙여 만든 글자이다.				

✽ 해가 지는 '莫(막)'이 '없다'로 쓰이자 해(日)를 더해 해가 없는(莫) 저녁에서 '저물다'를 뜻한다.

模	木부 총15획	小篆  說文解字		模樣(모양) 模範(모범) 模倣(모방)	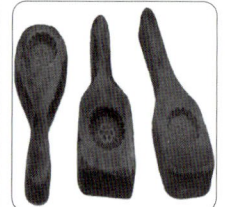
본뜰/모범 **모**	설문 木부	模(모)는 법도를 뜻한다. 木(목)은 의미부분이고, 莫(막)은 발음부분이다. 발음은 추녀(醜女)라는 뜻의 嫫(모)자처럼 읽는다.(「, 法也. 从木, 莫聲. 讀若嫫母之嫫.」)			

✻ 나무(木) 안을 비워 없앤(莫) 틀로, 같은 물건을 '본뜨기' 위한 '본'에서 '모범'을 뜻한다.

摸	手부 총14획	설문 없음	小篆  形音義字典	摸索(모색) 摸擬(모의) 摸造(모조)	
더듬을 **모**					

✻ 손(扌)으로 가려 없어진(莫) 물건을 조심히 더듬어 찾음에서 '더듬다'를 뜻한다.

糢	米부 총17획	설문 없음		糢糊(모호)	
모호할 **모**					

✻ 쌀(米)을 물에 불려 모양이 없어(莫)지도록 끓인 '풀'에서 '모호하다'를 뜻한다. '模'의 속자.

謨	言부 총18획	小篆 	古文 說文解字	謨訓(모훈) 典謨(전모) 皇謨(황모)	
꾀 **모**	설문 言부	謨(모)는 계책을 논한다는 뜻이다. 言(언)은 의미부분이고, 莫(막)은 발음부분이다. ≪우서(虞書)≫에 咎繇謨(구요모)편이 있다. 𧮫는 謨의 고문(古文)으로 (言 대신) 口(구)를 썼다.(「, 議謀也. 从言, 莫聲. ≪虞書≫曰: "咎繇謨." 𧮫, 古文謨, 从口.」)			

✻ 서로 말하여(言) 해결방법이 없는(莫) 큰일에 대하여 방법을 생각함에서 '꾀하다'를 뜻한다.

墓	土부 총14획	小篆 說文解字		墓地(묘지) 省墓(성묘) 墓碑(묘비)	
무덤 **묘**	설문 土부	墓(묘)는 무덤을 뜻한다. 土(토)는 의미부분이고, 莫(막)은 발음부분이다.(「, 丘也. 从土, 莫聲.」)			

✻ 죽은 사람을 가려 없앤(莫) 흙(土)으로 덮은 '무덤'으로 평민의 봉분이 없는 무덤을 뜻한다.

白→伯→魄→柏→拍→泊→箔☆→迫→珀→舶→粕☆→鉑✦

白	白부 총5획	甲骨文 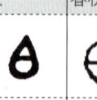 甲3939	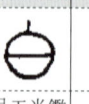 粹680	金文  孟鼎	春秋 金文 智鼎	小篆 吳王光鑑	古文 說文解字	白雪(백설) 白鷺(백로) 白髮(백발)	
흰 **백**	설문 白부	白(백)은 서쪽을 상징하는 색깔이다. 음(陰)에서 일을 하면 물체의 색깔이 하얗게 된다. 入(입)이 二(이)를 합했다는 의미이다. 二는 음수(陰數)를 뜻한다. 무릇 白부에 속하는 글자들은 모두 白을 의미부분으로 삼는다. 은 白의 고문(古文)이다.(「白, 西方色也. 陰用事, 物色白. 从入合二. 二, 陰數. , 古文白.」)							

✻ 흰 '쌀'이나 '엄지손톱' '빛' 모양으로 '희다' '깨끗하다' '공백' '밝다' '좋은 말' '드러남'을 뜻한다.

伯	人부 총7획	小篆 伯 說文解字		伯父(백부) 伯兄(백형) 畫伯(화백)	
맏 **백**	설문 人부	설문	伯(백)은 맏이를 뜻한다. 人(인)은 의미부분이고, 白(백)은 발음부분이다.(「伯, 長也. 从人, 白聲.」)		

✽ 사람(亻)중에 항상 으뜸으로 밝게(白) 드러나는 '맏형'이나, 엄지처럼 첫째가는 대장인 '맏이'를 뜻한다.
　※파자: 사람(亻)들 중에 머리가 가장 흰(白) '맏이'.

魄	鬼부 총15획	小篆 魄 說文解字		魂魄(혼백) 魄散(백산) 落魄(낙백)	
넋 **백**	설문 鬼부	설문	魄(백)은 음기(陽氣)의 귀신을 뜻한다. 鬼(귀)는 의미부분이고, 白(백)은 발음부분이다.(「魄, 陰神也. 从鬼, 白聲.」)		

✽ 죽은 사람의 흰(白) 시신에 담긴 귀신(鬼)의 '넋'으로, 정신은 魂(혼)이라 한다.

柏	木부 총9획	甲骨文	戰國 金文	小篆	側柏(측백) 冬柏(동백) 扁柏(편백)	
				 柏		
		佚195	合29246	柏人戈	說文解字	
측백 **백**	설문 木부	설문	柏(백)은 측백나무이다. 木(목)은 의미부분이고, 白(백)은 발음부분이다.(「柏, 鞠也. 从木, 白聲.」)			

✽ 나무(木)에 흰(白) 열매가 열리는 '측백나무' '잣나무'로, 항상 푸르러 깨끗하고(白) 변함없는 지조를 상징하는 나무(木)를 뜻한다.

拍	手부 총8획	殷商 金文	西周 金文	小篆	拍子(박자) 拍手(박수) 拍車(박차)	
			拍	拍		
		拍己觚	拍敦蓋	說文解字		
칠 **박**	설문 手부	설문	拍(박·백)은 어루만진다는 뜻이다. 手(수)는 의미부분이고, 百(백)은 발음부분이다.(「拍, 拊也. 从手, 百聲.」)			

✽ 손(扌)바닥 하얀(白) 쪽으로 가볍게 연속하여(百＝白) '두드리거나' '침'을 뜻한다.

泊	水부 총8획	설문 없음	甲骨文	戰國 金文	小篆	宿泊(숙박) 民泊(민박) 碇泊(정박)	
					泊		
			合36812	郭店性自	形音義字典		
머무를/ 배댈 **박**		《설문해자》에는 '泊'자가 보이지 않는다. 《옥편(玉篇)·수부(水部)》를 보면 "泊은 배를 멈추게 한다는 뜻이다.(「泊, 止舟也.」)"라고 하였다.					

✽ 물(氵)이 얕아 하얗거나(白), 흰 거품이 이는 물가에 배를 대는 데서 '머무름'을 뜻한다.

箔	竹부 총14획	설문 없음	小篆 箔 形音義字典		蠶箔(잠박) 金箔(금박) 銀箔(은박)	
발 **박**						

✽ 대(竹)를 엮어 배를 묶어 정박하듯(泊) 묶어 바람이나 빛을 막는 '발'을 뜻한다.

	辵부 총9획	小篆 迫 說文解字		驅迫(구박) 切迫(절박) 迫力(박력)	
핍박할 박	설문 辵부	迫(박)은 가깝다는 뜻이다. 辵(착)은 의미부분이고, 白(백)은 발음부분이다.(「迫, 近也. 从辵, 白聲.」)			

❋ 분명히(白) 알 수 있도록 가까이 다다르거나(辶) 일이 닥치는 데서 '닥치다' '핍박하다'가 된다.

	玉부 총9획	설문 없음	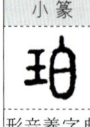 形音義字典	琥珀(호박) 明珀(명박)	
호박 박					

❋ 보석(玉) 중에 소나무 잣나무의 진액이 땅속에서 굳은 황갈색의 투명한(白) '호박'을 뜻한다.

舶	舟부 총11획	설문 없음	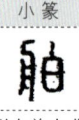 形音義字典	船舶(선박) 漕舶(조박) 舶來(박래)	
배 박					

❋ 큰 배(舟)에 숙박(泊=白)시설과 흰(白) 돛을 달고 바다를 항해하는 '배'를 뜻한다.

粕	米부 총11획	小篆 粕 說文解字		酒粕(주박) 糟粕(조박) 大豆粕(대두박)	
지게미 박	설문 米부	粕(박)은 조박(糟粕)으로, 술지게미를 뜻한다. 米(미)는 의미부분이고, 白(백)은 발음부분이다.(「粕, 糟粕, 酒滓也. 从米, 白聲.」)			

❋ 술을 짜내고 남은 쌀(米) 찌꺼기로 하얀(白) '지게미'를 뜻한다.

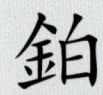	金부 총13획	설문 없음		鉑製(박제)	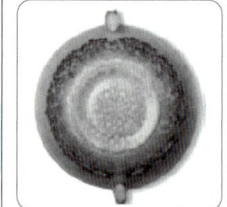
금박 박					

❋ 금(金)을 하얀(白) 종이처럼 얇게 펼쳐놓은 것으로 '금박'을 뜻한다.

帛 ➡ 錦 ➡ 綿 ➡ 棉 … 皐

	巾부 총8획	甲骨文		西周金文		春秋金文	小篆	帛巾(백건) 帛書(백서) 幣帛(폐백)	
		帛 前2.12.4	帛 周甲3	帛 大篆	帛 萬篆	帛 者減鐘	帛 說文解字		
비단 백	설문 帛부	帛(백)은 비단을 뜻한다. 巾(건)은 의미부분이고, 白(백)은 발음부분이다. 무릇 帛부에 속하는 글자들은 모두 帛을 의미부분으로 삼는다.(「帛, 繒也. 从巾, 白聲. 凡帛之屬皆从帛.」)							

❋ 물들이지 않은 하얀(白) 천(巾)인 견직물의 총칭으로 '비단'을 뜻한다.

錦	金부 총16획	小篆 錦 說文解字		錦上添花 (금상첨화) 錦堂(금당)	
비단 금	설문 帛부	錦(금)은 양읍(襄邑)에서 짠 무늬가 들어간 비단을 뜻한다. 帛(백)은 의미부분이고, 金(금)은 발음부분이다.(「錦, 襄邑織文. 从帛, 金聲.」)			

※ 금(金)처럼 화려하고 귀한 비단(帛)으로, 한(漢)나라 때 양읍(襄邑)에서 생산된 '비단'을 뜻한다.

綿	糸부 총14획	戰國 金文 信陽楚簡	小篆 說文解字	綿密(면밀) 綿絲(면사) 綿延(면연)	
솜 면	설문 系부	縣 = 綿(면)은 아주 가늘게 이어진다는 뜻이다. 系(계)와 帛(백)은 모두 의미부분이다.(「縣, 聯微也. 从系, 从帛.」)			

※ 실(糸)을 뽑아 비단(帛)을 짜던 '솜'으로 가늘고 고운 솜. '絮(서)'는 거친 솜을 뜻한다.

棉	木부 총12획	설문 없음	小篆 形音義字典	木棉(목면) 草棉(초면) 棉花(면화)	
목화 면					

※ 초목(木) 중에 비단(帛)을 짤 수 있는 '목화'를 뜻한다.

皋	白부 총11획	小篆 皋 說文解字		皋牢(고뢰) 皋復(고복) 皋蘭草(고란초)	
언덕 고	설문 夲부	皋 = 皐(고)는 기(氣)가 하얗게 나아간다는 뜻이다. 夲(도)와 白(백)은 모두 의미부분이다. ≪예(禮)≫에서 "축원(祝願)하는 것을 皐라고 하고, 당상(堂上)에 올라서서 노래를 부르는 것을 奏(주)라고 한다."라고 하였다. 그래서 皐와 奏가 모두 夲를 의미부분으로 삼는 것이다. ≪주례(周禮)≫에 이르기를 "사람들에게 북을 두드리고 춤을 추며 들어오라고 알렸다."라고 하였다. 皐는 알린다는 뜻이다.(「皐, 气皐白之進也. 从夲, 从白. ≪禮≫曰: "祝日皐, 登謌曰奏." 故皐·奏皆从夲. ≪周禮≫曰: "詔來鼓皐舞." 皐, 告之也.」)			

※ 희게(白) 드러나는 낮은 물가(氷)에서 넓은(十) 주위보다 높은 '언덕'으로 나아가(夲 = 夲:나아갈 도) 제사하던 데서 '언덕' '물가'를 뜻하며, 皋나 皐와 같은 자로도 쓴다.

貌 → 邈

貌	豸부 총14획	殷商 金文 貌犎	小篆	或體	籒文 說文解字	容貌(용모) 外貌(외모) 全貌(전모)	
모양 모	설문 儿부	皃(모)는 용모(容貌)를 뜻한다. 人(인)은 의미부분이고, 白은 사람의 얼굴을 그린 것이다. 무릇 兒부에 속하는 글자들은 모두 兒를 의미부분으로 삼는다. 貌는 皃의 혹체자(或體字)로, 頁(혈)은 의미부분이고, 豹(표)의 생략형은 발음부분이다. 貌는 皃의 주문(籒文)으로, 豹의 생략형을 더하였다.(「皃, 頌儀也. 从人, 白象人面形. 凡皃之屬皆从皃. 貌, 皃或从頁, 豹省聲. 䫉, 籒文皃, 从豹省.」)					

※ 다양한 짐승(豸)과 얼굴이 흰(白) 사람(儿)의 모습으로, 여러 가지 다양한 '모양'을 뜻한다.

邈	辵부 총18획	小篆 邈 說文解字		邈乎(막호) 邈然(막연) 邈志(막지)	
멀 막	설문 辵부	邈(막)은 멀다는 뜻이다. 辵(착)은 의미부분이고, 貌(모)는 발음부분이다.(「邈, 遠也. 从辵, 貌聲.」)			

※ 거리가 멀어 모양(貌)이 아득히 보여 오가기(辶)가 어려워 '멀다'를 뜻한다.

㣸 → 穆 … 碧 … 習

㣸	彡부 총11획	小篆 㣸 說文解字				용례 없음	
가는문체 **목**	설문 彡부	㣸(목)은 가는 무늬를 뜻한다. 彡(삼)은 의미부분이고, 㣅(극)의 생략형은 발음부분이다.(「㣸, 細文也. 从彡, 㣅省聲.」)					

※ 잘 익은 곡식(白)의 작은(小) 알갱이가 흩어져(彡) 떨어지는 형상으로 '가는 문체'를 뜻한다.

穆	禾부 총16획	甲骨文 甲3636	西周 金文 克鼎	春秋 金文 井人鐘	小篆 秦公簋	邾公華鐘	說文解字	和穆(화목) 雍穆(옹목) 安穆(안목)	
화목할 **목**	설문 禾부	穆(목)은 벼(의 이름)를 뜻한다. 禾(화)는 의미부분이고, 㣸(목)은 발음부분이다.(「穆, 禾也. 从禾, 㣸聲.」)							

※ 해바라기 또는 기타 농작물(禾)의 고개 숙인 잘 여문 이삭(白)에서 작은(小) 알갱이(彡)가 떨어지거나 빛(彡)이 아름답게 비추는 데서 흡족한 마음에서 '기쁘다' '화목하다'를 뜻한다.

碧	石부 총14획	戰國 金文 陶徵171	小篆 說文解字	碧眼(벽안) 碧空(벽공) 碧溪(벽계)	
푸를 **벽**	설문 玉부	碧(벽)은 푸르고 아름다운 돌이다. 玉(옥)과 石(석)은 의미부분이고, 白(백)은 발음부분이다.(「碧, 石之青美者. 从玉·石, 白聲.」)			

※ 호박(琥珀) 종류의 옥(玉)처럼 흰(白) 옥석(石)으로, 푸른빛이 도는 옥돌(石)에서 '푸르다'를 뜻한다.

習	羽부 총11획	甲骨文 甲920	粹1550	佚220	金文 應侯簋	小篆 說文解字	習得(습득) 練習(연습) 自習(자습)	
익힐 **습**	설문 習부	習(습)은 여러 번 난다는 뜻이다. 羽(우)와 白(자)는 모두 의미부분이다. 무릇 習부에 속하는 글자들은 모두 習을 의미부분으로 삼는다.(「習, 數飛也. 从羽, 从白. 凡習之屬皆从習.」)						

※ 날개(羽)를 쳐든 새가 햇볕(日 = 白) 아래서 날개 짓을 '익힘'.
※파자:솜털이 하얀(白) 새가 날개(羽)를 퍼덕이며 나는 것을 '익힘'.

百 → 佰 ⇨ 貊 → (䝙) → 奭

百	白부 총6획	甲骨文 乙7131	鐵141.4	西周 金文 習鼎	春秋 金文 沇兒鐘	戰國 金文 中山王鼎	小篆 說文解字	古文	百穀(백곡) 百姓(백성) 百貨店(백화점)	
일백 **백**	설문 白부	百(백)은 10×10(즉 100)이다. 一(일)과 白(자)는 모두 의미부분이다. 숫자이다. 10×100이 1관(貫)인데, (貫은) 밝다는 뜻이다. 𦣻은 百의 고문(古文)으로 (白 대신) 自(자)를 썼다.(「百, 十十也. 从一·白. 數. 十百爲一貫. 相章也. 𦣻, 古文百. 从自.」)								

※ 한(一) 단위로 흰 쌀(白)을 헤아리던 데서 쌀 '일백' 개를 뜻하며, 白 위에 二·三을 더해 이백·삼백을 뜻하기도 하였다.

佰	人부 총8획	戰國 金文 雲夢法律	小篆 說文解字	仟佰(천백)	
백사람 **백**	설문 人부	佰(백)은 백 사람이 (한 단위가 되어) 서로 보살핀다는 뜻이다. 人(인)과 百(백)은 모두 의미부분이다.(「佰, 相什伯也. 从人·百.」)			

※ 사람(亻) 일백(百) 명에서 '일백' '백 사람'을 뜻한다.

	豸부 총13획	설문 없음	小篆 貉 形音義字典		蠻貊(만맥) 胡貊(호맥) 濊貊族(예맥족)
貊 맥국 **맥**					

❋ 옛날 중국 북쪽의 짐승(豸)처럼 미개한 수많은(百) 종족 가운데 하나인 '맥국'을 뜻한다.

	白부 총12획	金文 唯叔鼎	小篆 說文解字		皕宋樓(벽송루) 
皕 이백 **벽**	설문 皕부	皕(벽)은 200을 뜻한다. 무릇 皕부에 속하는 글자들은 모두 皕을 의미부분으로 삼는다. 祕(비)라고 읽는다.(「皕, 二百也. 凡皕之屬皆從皕. 讀若祕.」)			

❋ 백(百)을 거듭하여 '이백'을 뜻한다.

	大부 총15획	戰國 金文 呂不韋戈	金文 郭店緇衣	小篆 說文解字	古文	範奭(범석) (人名字)
奭 클/쌍백 **석**	설문 皕부	奭(석)은 성(盛)하다는 뜻이다. 大(대)와 皕(벽)은 모두 의미부분인데, 皕은 발음부분도 겸한다. 이것은 연(燕)나라 소공(召公)의 이름이다. 郝(학)처럼 읽는다. ≪사편(史篇)≫에서는 (연나라 소공의) 이름이 醜(추)라고 하였다. 奭은 奭의 고문(古文)이다.(「奭, 盛也. 从大, 从皕, 皕亦聲. 此燕召公名. 讀若郝. ≪史篇≫名醜. 奭, 古文奭.」)				

❋ 크고(大)을 많음(皕:이백 벽)에서 '크다' '성하다'를 뜻한다.

宿 ➡ 縮

	宀부 총11획	甲骨文  甲3520　合137	西周 金文  寧滬1.384	戰國 金文  宿父尊　宿父尊	小篆 說文解字	寄宿(기숙) 宿題(숙제) 星宿(성수) 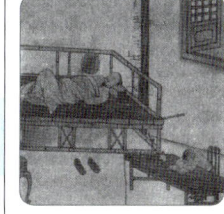
宿 잘 **숙** 별자리 **수**	설문 宀부	宿 = 㝛(숙)은 멈춘다는 뜻이다. 宀(면)은 의미부분이고, 佋(숙)은 발음부분이다. 佋은 夙(숙)의 고문(古文)이다.(「㝛, 止也. 从宀, 佋聲. 佋, 古文夙.」)				

❋ 집(宀) 안에서 사람(亻)이 자리(囲=百)를 펴고 누워 '자는' 모습에서 잠을 '자다'를 뜻한다.
※파자: 집(宀)에 사람(亻)이 백일(百)이나 자고 쉬는데서 '자다' '묵다'를 뜻함.

	糸부 총17획	小篆  說文解字		縮小(축소) 減縮(감축) 濃縮(농축) 
縮 줄일 **축**	설문 糸부	縮(축)은 어지럽다는 뜻이다. 糸(멱·사)는 의미부분이고, 宿(숙)은 발음부분이다. 일설에는 밟는다는 뜻이라고도 한다.(「縮, 亂也. 从糸, 宿聲. 一曰蹴也.」)		

❋ 실(糸)을 묶어 오래 쌓아 재우듯, 묵혀(宿)두어 오그라드는 데서 '줄이다'를 뜻한다.

泉 ➡ 線 ➡ 腺 ➡ **原** ➡ 源 ➡ 願 ➡ 嫄 ❖ ➡ 愿 ❖

	水부 총9획	甲骨文  前4.17.4　甲903	殷商 金文 子束泉尊	戰國 金文  商鞅方升	金文  한자의뿌리	小篆 說文解字	溫泉(온천) 溪泉(계천) 鑛泉(광천) 
泉 샘 **천**	설문 泉부	泉(천)은 물이 나오는 곳을 뜻한다. 물이 흘러 나와 시내를 이루는 모양을 그린 것이다. 무릇 泉부에 속하는 글자들은 모두 泉을 의미부분으로 삼는다.(「泉, 水原也. 象水流出成川形. 凡泉之屬皆从泉.」)					

❋ 희고(白) 깨끗한 물(水)인 솟는 '샘'으로, 샘(白) 가운데서 물(水)이 흘러나오는 '샘'을 뜻한다.
※참고: ≪한자의뿌리≫ 금문(金文)은 '原(원)'자의 금문으로 보인다.

線	糸부 총15획	小篆	古文		線路(선로) 直線(직선) 實線(실선)	
		綫	線			
		說文解字				
줄 선	설문 糸부	綫(선)은 縷(실 루)이다. 糸(멱·사)는 의미부분이고, 戔(잔·전)은 발음부분이다. 線은 綫의 고문(古文)이다.(「綫, 縷也. 从糸, 戔聲. 線, 古文綫.」)				

✽ 실(糸)이 길게 흐르는 샘물(泉)처럼, 길게 늘어진 '줄'이나 '끈'을 뜻한다.

	肉부 총13획	설문 없음	汗腺(한선) 乳腺(유선) 扁桃腺(편도선)	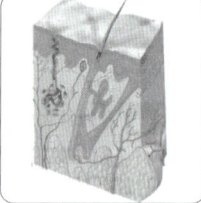
샘 선				

✽ 동물의 몸(月)안에서 샘(泉)처럼 액체를 분비하거나 배설하는 기관인 '샘'을 뜻한다.

原	厂부 총10획	西周 金文			戰國 金文	小篆	篆文	高原(고원) 原始(원시) 原本(원본)	
					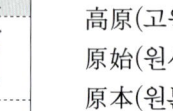				
		克鼎	雍伯原鼎	散盤	睿錄11·2		說文解字		
언덕 원	설문 驫부	驫(원)은 물이 샘솟는 근본을 뜻한다. 샘물[驫(순·천)]이 바위[厂] 아래에서 흘러나오고 있다는 의미이다. 原은 전문(篆文)으로 (驫 대신) 泉을 하나만 썼다.(「驫, 水泉本也. 从驫出厂下. 原, 篆文从泉.」)							

✽ 언덕(厂) 아래 샘(泉 = 驫)이 솟는 물의 '근원'으로 '언덕'을 뜻한다.
　※참고:언덕(厂)아래 흰(白) 물이 솟는 작은(小) 샘(泉 = 驫)이 있는 '언덕'.

	水부 총13획	설문 없음	金文	小篆		根源(근원) 語源(어원) 源泉(원천)	
			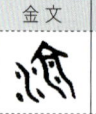				
			散盤	形音義字典			
근원 원		≪광운(廣韻)·원운(元韻)≫에 "물이 흘러나오기 시작하는 곳을 源(원)이라고 한다.(「源, 水原曰源.」)"라고 하였다.					

✽ 물(氵) 줄기가 시작되는 언덕(厂) 아래 샘(泉 = 驫)에서 '근원'을 뜻한다.

	頁부 총19획	小篆		志願(지원) 哀願(애원) 請願(청원)	

		說文解字			
원할 원	설문 頁부	願(원)은 큰 머리를 뜻한다. 頁(혈)은 의미부분이고, 原(원)은 발음부분이다.(「願, 大頭也. 从頁, 原聲.」)			

✽ 높은 언덕(原)에 오르듯 머리(頁) 속으로 남보다 높아지기를 바람에서 '원하다'가 뜻이 된다.

	女부 총13획	小篆		姜嫄(강원)	

		說文解字			
여자이름 원	설문 女부	嫄(원)은 태국(台國)의 딸로, 주(周)나라 선조(先祖)인 기(棄)의 어머니의 자(字)이다. 女(녀)는 의미부분이고, 原(원)은 발음부분이다.(「嫄, 台國之女, 周棄母字也. 从女, 原聲.」)			

✽ 여자(女)이름으로 한 씨족의 근원(原)이 되는, 주(周)대 선조 기(棄)의 어머니의 자(字)에서 '사람이름' '여자이름'으로 쓰인다.

愿	心부 총14획	小篆 愿 說文解字		愿慤(원각) 愿朴(원박) 愿恭(원공)
삼갈 원	설문 心부	愿(원)은 조심한다는 뜻이다. 心(심)은 의미부분이고, 原(원)은 발음부분이다.(「愿, 謹也. 从心, 原聲.」)		

※ 샘의 근원(原)처럼 마음(心)에 근본이 있어 조심하는 데서 '삼가다'를 뜻한다.

皇➡凰➡徨➡惶➡煌➡遑◆➡隍*➡塃❖➡媓❖

皇	白부 총9획	甲骨文	殷商 金文	西周 金文	春秋 金文	戰國 金文	小篆	皇帝(황제) 皇室(황실) 皇妃(황비)

		合18758	皇祈卣	作冊大鼎	師㝨簋	王孫鐘	陳侯午敦	說文解字
임금 황	설문 王부	皇(황)은 크다는 뜻이다. 自(자)는 의미부분이다. 自는 처음[始(시)]을 뜻한다. 시황(始皇)은 세 큰 임금을 가리킨다. 自는 鼻(비)처럼 읽는다. 오늘날 민간에서는 첫 아이를 비자(鼻子)라고 한다.(「皇, 大也. 从自. 自, 始也. 始皇者, 三皇大君也. 自, 讀若鼻. 今俗以始生子爲鼻子.」)						

※ 밝은(白) 빛이 나는 큰 도끼(王)나, 빛나는(白) 화려한 관을 쓴 왕(王)으로 '황제'를 뜻한다.
※참고: 성대하고 '큰 것'을 나타내기도 한다.

凰	几부 총11획	설문 없음	金文	小篆		鳳凰(봉황)

				形音義字典		
봉황 황						

※ 세상에 자리(几)할 때 훌륭한 임금(皇)이 나타난다는 암컷 '봉황'. 수컷은 鳳(봉새 봉)임.
※참고: 황제는 자리(几)에 임금(皇)을 상징하는 '봉황' 모양을 그림.

徨	彳부 총12획	小篆  說文解字 形音義字典		彷徨(방황) 迷徨(미황)
헤맬 황	설문 辵부	徨 = 遑(황). 遑(황)자 해설 참조.		

※ 길(彳)이 크고(皇) 넓어 어쩔 줄 모르고 길을 몰라 헤매는 데서 '헤매다'를 뜻한다. 오색의 화려한 머리가 둘인 뱀이 빨리 나아가지 못하고 '헤매는' 것이라고도 한다.

惶	心부 총12획	小篆  說文解字		惶感(황감) 惶悚(황송) 惶恐(황공)
두려울 황	설문 心부	惶(황)은 두려워한다는 뜻이다. 心(심)은 의미부분이고, 皇(황)은 발음부분이다.(「惶, 恐也. 从心, 皇聲.」)		

※ 마음(忄) 속으로 크고(皇) 성대한 것을 보고 '두려워함'을 뜻한다.

煌	火부 총13획	春秋 金文		小篆	輝煌(휘황) 煌煌(황황) 敦煌(돈황)

		瓚鐘	王孫鐘	說文解字	
빛날 황	설문 火부	煌(황)은 빛난다는 뜻이다. 火(화)는 의미부분이고, 皇(황)은 발음부분이다.(「煌, 煌煇也. 从火, 皇聲.」)			

※ 불빛(火)이 크게(皇) 화려하고 밝음에서 '빛남'을 뜻한다.

遑	辵부 총13획	小篆 遑 說文解字		遑忙(황망) 遑遑(황황) 遑急(황급)	
급할 황	설문 辵부	遑(황)은 급하다는 뜻이다. 辵(착)은 의미부분이고, 皇(황)은 발음부분이다. 때로는 (辵 대신) 彳(척)을 쓰기도 한다.(「遑, 急也. 从辵, 皇聲. 或从彳.」)			

※ 크게(皇) 우왕좌왕(辶)하며 허둥대는 데서 '급함'을 뜻한다.

隍	阜부 총12획	小篆 隍 說文解字		隍塹(황참) 城隍(성황)	
해자 황	설문 阜부	隍(황)은 성(城)의 해자를 뜻한다. 물이 있는 것은 池(지)라고 부르고, 물이 없는 것은 隍이라고 부른다. 阜(부)는 의미부분이고, 皇(황)은 발음부분이다. 《주역(周易)》에 이르기를 "성의 해자가 다시 물이 말랐다."라고 하였다.(「隍, 城池也. 有水曰池, 無水曰隍. 从𨸏, 皇聲. ≪易≫曰: "城復于隍".」)			

※ 높은 언덕(阝)처럼 넓게 파놓은 물이 없는 '해자'를 뜻한다.

堭	土부 총12획	설문 없음	용례 없음	
당집 황				

※ 흙(土)으로 크고(皇) 높게 쌓아 신을 모시던 집에서 '당집'을 뜻한다.

媓	女부 총12획	설문 없음	殷商 金文 媓舴	용례 없음	
어머니 황					

※ 성인인 여자(女)로 다 (皇) 아이가 있는 중국 방언으로 쓰이는 '어머니'를 뜻한다.

倝 ➡ 乾 ➡ 幹 ➡ 澣 ➡ 翰 ➡ 瀚* ➡ 斡 ➡ 韓 ⋯ 戟

倝	人부 총10획	西周 金文 倝鼎 戎生鐘	戰國 金文 屬羌鐘	金文 韓氏鼎	小篆 說文解字	용례 없음	
해돋을 간	설문 倝부	倝(간)은 해가 솟아오르기 시작하여 빛이 난다는 뜻이다. 旦(단)은 의미부분이고, 认(언)은 발음부분이다. 무릇 倝부에 속하는 글자들은 모두 倝을 의미부분으로 삼는다.(「倝, 日始出, 光倝倝也. 从旦, 认聲. 凡倝之屬皆从倝.」)						

※ 높이(丅 = 十) 아침(早) 해(日)가 깃발(认:깃발 언) 아래에서 떠오름에서 '해가 돋음'을 뜻한다.
※파자: 풀(艹) 사이에서 해(日)가 돋음을 보는 사람(人)으로 '해돋음'을 뜻한다.

乾	乙부 총11획	戰國 金文 雲夢日甲	小篆 說文解字	籒文	乾坤(건곤) 乾杯(건배) 乾燥(건조)	
하늘/마를 건	설문 乙부	乾(건)은 위로 나온다는 뜻이다. 乙(을)은 의미부분이다. 乙은 물체가 위로 나온다는 뜻이다. 倝(간)은 발음부분이다. 𩫞은 乾의 주문(籒文)이다.(「乾, 上出也. 从乙, 乙, 物之達也. 倝聲. 𩫞, 籒文乾.」)					

※ 해가 떠오르듯(倝) 초목의 싹(乙)이 땅에 붙어나거나, 옷을 여미는 고름(乙)처럼 붙는 '하늘'을 뜻한다. 또는 해가 돋아(倝) 기운(气 = 乞)이 '하늘'로 올라 이슬이 '마름'을 뜻한다. ※'乙'참조.

幹	干부 총13획	戰國 金文			小篆	幹部(간부) 幹事(간사) 幹線(간선)
		胤嗣壺	雲夢爲吏	長沙帛書	說文解字	
줄기 간	설문 木부		'榦(간)'은 담을 쌓을 때 쓰이는 기둥나무를 뜻한다. 木(목)은 의미부분이고, 倝(간)은 발음부분이다.(「榦, 築牆耑木也. 从木, 倝聲.」)	

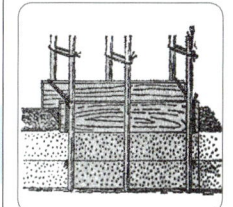

※ 긴 깃대(㫃) 아래 해가 돋듯(倝) 건물이나 담 아래를 받쳐 무너짐을 막는(干) 긴 나무(木)의 줄기에서 '줄기'를 뜻하며, '榦'과 '幹'을 같은 글자로 본다.

澣	水부 총16획	戰國 金文	小篆	或體	澣滌(한척) 上澣(상한) 澣沐(한목)
		天星觀簡	說文解字	說文解字	
빨래할/열흘 한	설문 水부		澣(한)은 옷의 때를 씻어낸다는 뜻이다. 水(수)는 의미부분이고, 倝(간·환)은 발음부분이다. 浣(완, 고음 환)은 澣의 혹체자(或體字)로 (倝 대신) 完(완)을 썼다.(「瀚, 濯衣垢也. 从水, 倝聲. 澣, 澣或从完..」) 오늘날 이 글자는 '澣(빨래할 한)'으로 쓴다.		

※ 물(氵)가에서 나무줄기(幹)로 만든 빨래 방망이로 '빨래'를 하거나, 당대 관리에게 열흘에 한 번 목욕휴가를 주었던 데서 '빨래' '열흘'을 뜻한다.

翰	羽부 총16획	金文	小篆		書翰(서한) 公翰(공한) 翰林(한림)
		石鼓吾水	說文解字		
편지 한	설문 羽부		翰(한)은 천계(天雞)로, 날개가 붉다. 羽(우)는 의미부분이고, 倝(간)은 발음부분이다. ≪일주서(逸周書)≫에 이르기를 "화려한 무늬의 천계는 금계(錦雞)와 같다. 일명 신풍(鷐風)이라고도 한다."라고 하였다. 주(周)나라 성왕(成王) 때 촉(蜀) 지방 사람이 그것을 바쳤다.(「翰, 天雞, 赤羽也. 从羽, 倝聲. ≪逸周書≫曰: "大翰若翬雉." 一名鷐風. 周成王時, 蜀人獻之..」)		

※ 깃대에 높이 해가 돋듯(倝) 깃대 위에 꽂아 날리는 새의 깃(羽)처럼, 깃대에 깃을 꽂은 붓에서 붓으로 쓰는 '편지' '날개' '빠르게 날다'를 뜻한다. 본래 깃이 붉은 금계를 뜻했다.

瀚	水부 총19획	설문 없음	小篆	瀚海(한해) 瀚瀚(한한) 瀚帛(한백)
			形音義字典	
넓고큰 모양/ 사막이름 한				

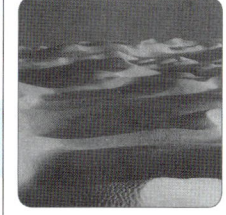

※ 모래가 바다의 물(氵)처럼 빠르게 나는(翰) 넓고 큰 몽고에 있는 '고비사막'의 이름에서 '넓고 큰 모양' '사막이름'을 뜻한다.

斡	斗부 총14획	小篆	斡旋(알선) 斡運(알운) 斡流(알류)
		說文解字	
돌 알	설문 斗부		斡(간·알)은 자루를 뜻한다. 斗(두)는 의미부분이고, 倝(간)은 발음부분이다. 양웅(揚雄)과 두림(杜林)은 작은 수레의 바퀴를 斡이라고 한다고 주장하였다.(「斡, 蠡柄也. 从斗, 倝聲. 揚雄·杜林說皆以爲軺車輪斡.」)	

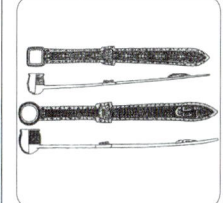

※ 해가 돋을(倝) 때부터 여러 용도로 돌려쓰는 긴 자루가 달린 도구(斗)에서 '돌다'를 뜻한다.

韓	韋부 총17획	西周 金文	戰國 金文			小篆	韓國(한국) 韓服(한복) 韓方(한방)
		戎生鐘	鳳羌鐘	韓氏鼎	雲夢編年	說文解字	
한국 한	설문 韋부		韓(한)은 빙 둘러쳐진 담을 뜻한다. 韋(위)는 의미부분으로, 그 둘레를 빙 돌렸다는 뜻을 취한 것이다. 倝(간)은 발음부분이다.(「韓, 井垣也. 从韋, 取其帀也. 倝聲.」)			

※ 해가 돋아(倝 = 韩) 비추는, 가죽(韋)처럼 둘러싼 우물 '난간'으로, 해가 뜨는(倝 = 韩) 곳에 사냥을 잘해 가죽(韋) 옷을 입고 다니던 나라 '대한민국'인 '한국'을 뜻한다.

233

戈부 총12획	春秋 金文		戰國金文		小篆	戟盾(극순) 劍戟(검극) 刺戟(자극)
	夫差戟	越王戈	鷹董戟 曾侯乙戟	大良造鞅戟	說文解字	

창 극

설문 戈부: 戟(극)은 끝이 두 갈래로 갈라진 창을 뜻한다. 戈(과)와 倝(간)은 모두 의미부분이다. ≪주례(周禮)≫에 戟은 길이가 1장(丈) 6척(尺)이라고 하였다. 棘(극)이라고 읽는다.(「𢧢, 有枝兵也. 从戈·倝. ≪周禮≫戟, 長丈六尺. 讀若棘.」)

✴ 옆으로도 줄기(倝 = 朝 = 卓)처럼 날이 달린 창(戈)으로, 끝이 두 가닥인 '창'을 뜻한다.

朝 ➡ 潮 ➡ 嘲 ➡ 廟

月부 총12획	甲骨文			西周 金文		戰國 金文	小篆	朝會(조회) 朝鮮(조선) 朝廷(조정)
	佚292	庫1025	後下3.8	盂鼎	克盨	橘朝鼎	說文解字	

아침 조

설문 倝부: 鞠(朝)는 아침을 뜻한다. 倝(간)은 의미부분이고, 舟(주)는 발음부분이다.(「鞠, 旦也. 从倝, 舟聲.」)

✴ 초목(艹) 사이에 해(日)가 떠오르고 달(月)이 아직 지지 않은 이른 '아침'을 뜻한다.

水부 총15획	西周 金文	戰國 金文		小篆	潮水(조수) 干潮(간조) 潮流(조류)
	廊伯厨簋	陳侯午敦	潮子鎛	說文解字	

밀물/조수 조

설문 水부: 淖는 강물이 바다로 흘러 들어가는 것을 뜻한다. 水(수)와 朝(조)의 생략형은 모두 의미부분이다.(「𤀁, 水朝宗于海. 从水·朝省.」)

✴ 바다의 물(氵)이 아침(朝)에 밀려오는 '밀물'로, 강물이 바다와 만나는 지점의 밀려왔다 갔다하는 '조수'를 뜻한다.

口부 총15획	小篆	嘲弄(조롱) 嘲笑(조소) 自嘲(자조)
	說文解字	

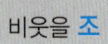

비웃을 조

설문 口부: 嘲(조)는 놀린다는 뜻이다. 口(구)는 의미부분이고, 朝(조)는 발음부분이다. ≪한서(漢書)≫에서는 周(주)자와 통용되었다.(「嘲, 謔也. 从口, 朝聲. ≪漢書≫通用周.」)

✴ 새가 입(口)으로 아침(朝) 일찍 '지저귀듯', 입을 놀려 남을 희롱하며 '비웃음'을 뜻한다.

  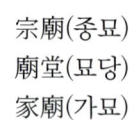

广부 총15획	西周 金文			戰國 金文	小篆	古文	宗廟(종묘) 廟堂(묘당) 家廟(가묘)
	吳方彝	虢季子白盤	師酉簋	中山王方壺	說文解字		

사당 묘

설문 广부: 廟(묘)는 선조(先祖)의 위패(位牌)를 받들어 모시는 곳을 뜻한다. 广(엄)은 의미부분이고, 朝는 발음부분이다. 庿는 廟의 고문(古文)이다.(「廟, 尊先祖貌也. 从广, 朝聲. 庿, 古文廟.」)

✴ 조상의 신주를 모시는 집(广)으로 아침(朝)마다 예를 드리던 '사당'이나, 조정(朝)에서 성현이나 선조의 신주를 모셔두고 제사하던 집(广)인 '사당'을 뜻한다.

◆ 蠃(짐승 이름 라): 𧓯 𧑛 (금문) 蠃 (소전) 𧏾 (고문)
머리와 몸통 날개와 깃 모양의 금문의 모양을 보아 나나니벌(蠃)을 뜻하거나, 고문의 모양을 보아 머리와 배 쪽의 발과 꼬리, 그리고 등의 모양을 보아 기어가는 달팽이(蝸牛) 모양으로 본다. 蠃(라)자가 들어가는 글자는 변화가 많거나, 날씬하고 삐쩍 마른, 작고 가벼운 모양을 뜻하는 글자가 많다. 예 : 蠃(나나니벌 라)·癧(병들 라)·蠃약하게 설 라)·蠃(성/풀/가득할 영)·蠃(이익남을 영) 등이 있다.

明 ➡ 盟 ➡ 萌 … 月

밝을 명

日부
총8획

설문
明부

甲骨文					殷商 金文
前4.10.4	乙6664	佚188	乙64	合721	明亞乙鼎
西周 金文		春秋 金文	戰國 金文	小 篆	古 文
孟 鼎	毛公鼎	沈兒鐘	䣄羌鐘	說文解字	

明白(명백)
明度(명도)
明朗(명랑)
明暗(명암)

朙(명) 비춘다는 뜻이다. 月(월)과 囧(경)은 모두 의미부분이다. 무릇 朙부에 속하는 글자들은 모두 朙을 의미부분으로 삼는다. 明은 朙의 고문(古文)으로 (囧 대신) 日(일)을 썼다.(「朙, 照也. 从月, 从囧. 凡朙之屬皆从朙. 明, 古文朙, 从日.」)

✽ 해(日)가 뜨고 달(月)이 지니 '밝음', 또는 창문(囧·冏=日) 옆에 밝은 달(月)로 '밝음'을 뜻한다.

맹세 맹

皿부
총13획

설문
囧부

甲骨文			西周 金文		
後下30.17	粹79	京津755	盟弘卣	魯侯爵	師望鼎
春秋 金文	戰國 金文	小 篆	篆 文	古 文	
蔡侯盤	郘公鈶鐘	侯馬盟書	說文解字		

盟誓
(맹서/맹세)
盟約(맹약)
血盟(혈맹)
同盟國(동맹국)

盟(맹), 《주례(周禮)》에 이르기를 "제후(諸侯)의 나라끼리 의심하는 바가 있으면 맹회(盟會)를 거행한다."라고 하였다. 제후들은 두 차례 천자를 찾아뵙는 기간 동안 서로 한 차례 모임을 가지는데, 12년이 되면 한 차례 맹회를 거행한다. 북쪽을 바라보고 하늘의 사신(司愼)·사명(司命)께 아뢴다. 盟은 희생물의 피를 마시고, 붉은 쟁반에 옥으로 만든 그릇을 써서 소의 귀를 세운다. 囧(경)과 血(혈)은 모두 의미부분이다. 盟은 전문(篆文)으로 (囧 대신) 朙(명)을 썼다. 盟은 고문(古文)으로 (囧 대신) 明(명)을 썼다.(「盟, 《周禮》曰: "國有疑則盟." 諸侯再相與會, 十二歲一盟. 北面詔天之司愼·司命. 盟, 殺牲歃血, 朱盤玉敦, 以立牛耳. 从囧, 从血. 盟, 篆文从朙. 盟, 古文从明.」)

✽ 천지 신에게 분명히 밝혀(明) 짐승의 피를 옥그릇(皿)에 담아 마시며, '맹세함'을 뜻한다.

움 맹

艸부
총12획

설문
艸부

甲骨文		戰國 金文	小 篆
庫1025	後下3.8	秦印彙編	說文解字

萌芽(맹아)
萌動(맹동)
未萌(미맹)

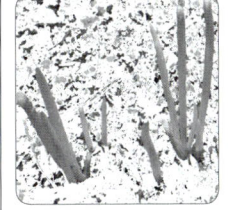

萌(맹)은 풀의 싹이다. 艸(초)는 의미부분이고, 明(명)은 발음부분이다.(「萌, 艸芽也. 从艸, 明聲.」)

✽ 초목(++)의 싹이 땅 속에서 밝게(明) 드러나는 '움' '싹'을 뜻한다.

달 월

月부
총4획

설문
月부

甲骨文			西周 金文	春秋 金文	戰國 金文	小 篆
菁5.1	粹201	粹659	孟 鼎	吳王光鑑	虢季子白盤	說文解字

月給(월급)
月貰(월세)
日月(일월)

月(월), 달을 '월'이라고 부르는 까닭은 (달은) 이지러지기[闕(궐)] 때문이다. 태음(太陰)의 정수(精髓)이다. 상형이다. 무릇 月부에 속하는 글자들은 모두 月을 의미부분으로 삼는다.(「月, 闕也. 太陰之精. 象形. 凡月之屬皆从月.」)

✽ 둥글지 않은 달의 모습을 나타낸 글자로 '달'을 뜻한다.

朋 ➡ 棚 ☆ ➡ 硼 ☆ ➡ 鵬 ➡ 崩 ➡ 繃 ☆

朋	月부 총8획	甲骨文			殷商 金文	西周 金文		古文	朋友(붕우) 朋黨(붕당) 朋知(붕지)
		前5.4.7	乙6736	後下8.5	寧朋觚	犅刦尊	且癸鼎	說文解字	
벗 붕		≪설문해자≫에서는 '朋'을 '鳳(봉)'자의 고문(古文)으로 수록하고 있다.							

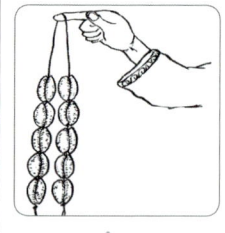

* 조개나 패옥(貝) 5개를 엮어 挂(걸 괘)라 하고, 양괘(兩挂)를 朋(붕)이라 하여 화폐 단위로 쓰였고, 후에 양쪽이 같은 '朋(붕)'에서 뜻이 같은 '친구' '벗'을 뜻하게 되었다.

棚	木부 총12획	小篆		棚棧(붕잔) 高棚(고붕) 大陸棚(대륙붕)
		說文解字		
사다리 붕	설문 木부	棚(붕)은 棧(사다리 잔)이다. 木(목)은 의미부분이고, 朋(붕)은 발음부분이다.(「棚, 棧也. 从木, 朋聲.」)		

* 나무(木)를 똑같은(朋) 크기로 나란히 엮어 만든 '시렁'이나 '사다리'를 뜻한다.

硼	石부 총13획	설문 없음	小篆	硼酸(붕산) 硼砂(붕사) 硼素(붕소)
			形音義字典	
붕사 붕				

* 돌(石)의 결정(結晶) 두 축이 비스듬히 같이(朋) 만나는 유리 유약의 원료인 '붕사'를 뜻한다.

鵬	鳥부 총19획	설문 없음	金文	小篆	鵬圖(붕도) 鵬翼(붕익) 鵬飛(붕비)
			且癸簋	形音義字典	
새 붕		"鳳(봉)"자 참조 바람.			

* 한 번 날면 모든 새(鳥)가 같이(朋) 난다는 전설상의 새(鳥)로 '붕새' '새'를 뜻한다.

崩	山부 총11획	戰國 金文	小篆	古文	崩御(붕어) 崩壞(붕괴) 崩落(붕락)
		璽印集粹	說文解字		
무너질 붕	설문 山부	崩(붕)은 산이 무너진다는 뜻이다. 山(산)은 의미부분이고, 朋(붕)은 발음부분이다. 岼은 고문(古文)으로 (山 대신) 阜(부)를 썼다.(「崩, 山壞也. 从山, 朋聲. 岼, 古文从阜.」)			

* 산(山) 정상이 무너질 때 아래의 모든 것과 같이(朋) 무너지는 데서 '무너지다'를 뜻한다.

繃	糸부 총17획	戰國 金文	小篆	羅繃(나붕) 繃帶(붕대) 懷繃(회붕)
		包山219	說文解字	
묶을 붕	설문 糸부	繃(붕)은 묶는다는 뜻이다. 糸(멱·사)는 의미부분이고, 崩(붕)은 발음부분이다. ≪묵자(墨子)≫에 이르기를 "우(禹)왕을 회계(會稽)에서 장사지내는데, 오동나무관의 두께를 3촌(寸)으로 하고, 칡끈으로 그것을 묶었다."라고 하였다.(「繃, 束也. 从糸, 崩聲. ≪墨子≫曰: "禹葬會稽, 桐棺三寸, 葛以繃之."」)		

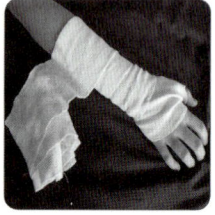

* 끈(糸)이나 천으로 무너져(崩) 죽거나 다친 사람을 감싸는 '붕대'나 '포대기'를 뜻한다.

匕→叱→牝→頃→傾→熲→穎

	匕부 총2획	甲骨文		殷商金文	西周金文	戰國金文	小篆	匕首(비수) 匕箸(비저) 玉匕(옥비)	
		乙3729	後下36.6	我 鼎	妣己觚	魚顚匕	說文解字		
비수 비	설문 匕부	匕(비)는 서로 함께 비교하여 순서 있게 배열한다는 뜻이다. 人(인)자를 뒤집어 놓은 형태이다. 또 匕는 이것을 가지고 밥을 먹는 데 사용하는데, 일명 柶(숟가락 사)라고도 한다. 무릇 匕부에 속하는 글자들은 모두 匕를 의미부분으로 삼는다.(「匕, 相與比敍也. 从反人. 匕, 亦所以用比取飯. 一名柶. 凡匕之屬皆从匕.」)							

✽ 수저나 '비수'의 모양, 때로는 化(화)의 고자(古字) '匕(화)'로 '변화' '바뀜'을 뜻하기도 한다.

	口부 총5획	小篆	叱責(질책) 叱咤(질타) 叱正(질정)	
		說文解字		
꾸짖을 질	설문 口부	叱(질)은 꾸짖는다는 뜻이다. 口(구)는 의미부분이고, 七(칠)은 발음부분이다.(「叱, 訶也. 从口, 七聲.」)		

✽ 입(口)으로 상대의 기를 꺾어(七) '꾸짖음' 뜻한다. ※七(칠)은 끊음을 뜻하며 음을 돕는다.

	牛부 총6획	甲骨文		西周金文	戰國金文	小篆	牝鷄(빈계) 牝馬(빈마) 牝牡(빈모)	
		戩23.10	合795	花東098	盂 鼎	曾侯墓簡	說文解字		
암컷 빈	설문 牛부	牝(빈)은 가축의 암컷을 뜻한다. 牛(우)는 의미부분이고, 匕(비)는 발음부분이다. ≪주역(周易)≫에서 "암소를 키우니 길하다."라고 하였다.(「牝, 畜母也. 从牛, 匕聲. ≪易≫曰: "畜牝牛吉."」)						

✽ 소(牛) 중에 새끼를 가질 때마다 몸이 변하는(匕) '암컷'을 뜻한다. ※牡(수컷 모).

	頁부 총11획	戰國金文	小篆	頃刻(경각) 頃日(경일) 頃田(경전)	
		雲夢法律	說文解字		
이랑 경	설문 匕부	頃(경)은 머리가 올바르지 못하다는 뜻이다. 匕(비)와 頁(혈)은 모두 의미부분이다.(「頃, 頭不正也. 从匕, 从頁.」)			

✽ 변하여(匕) 머리(頁)가 '기울듯이' 땅을 기울여 '잠깐' 동안에 '이랑'을 만듦을 뜻한다.

	人부 총13획	小篆	傾斜(경사) 傾向(경향) 傾聽(경청)	
		說文解字		
기울 경	설문 人부	傾(경)은 기울었다는 뜻이다. 人(인)과 頃(경)은 모두 의미부분인데, 頃은 발음부분이기도 하다.(「傾, 仄也. 从人, 从頃. 頃亦聲.」)		

✽ 사람(亻)의 기울어 변한(匕) 머리(頁)에서 '기울다'를 뜻한다.

	火부 총15획	小篆	용례 없음	
		說文解字		
빛날/불빛 경	설문 火부	熲(경)은 불빛을 뜻한다. 火(화)는 의미부분이고, 頃(경)은 발음부분이다.(「熲, 火光也. 从火, 頃聲.」)		

✽ 백 이랑(頃)의 넓은 곳을 불(火)로 비추는 불빛에서 '빛나다' '불빛'을 뜻한다.

穎	禾부 총16획	戰國 金文	小篆				穎脫(영탈) 穎果(영과) 穎敏(영민)
		陶五071	說文解字				
이삭/빼어날 **영**	설문 禾부	穎(영)은 벼의 이삭을 뜻한다. 禾(화)는 의미부분이고, 頃(경)은 발음부분이다. ≪시경(詩經)≫에 이르기를 "벼가 쑥쑥 자라나네."라고 하였다.(「穎, 禾末也. 从禾, 頃聲. ≪詩≫曰: "禾穎穟穟."」)					

※ 벼(禾)가 패어 기울어진(頃) 이삭의 끝에서 '이삭' '빼어나다'를 뜻한다.

比 → 批 → 妣 ☆ → 庇 秕 → 毘 砒 ☆ → 琵 毖 → 枇 ✦

比	比부 총4획	甲骨文		殷商 金文	西周 金文	小篆	古文	比較(비교) 比率(비율) 比重(비중)
		京都1822	後下19·4	比爵	班簋	比簋	說文解字	
견줄 **비**	설문 比부	比(비)는 친밀(親密)하다는 뜻이다. 두 사람이 나란히 있는 것은 从(= 從, 종)이고, 从을 거꾸로 한 것이 比이다. 무릇 比부에 속하는 글자들은 모두 比를 의미부분으로 삼는다. 𣬅는 比의 고문(古文)이다.(「𣬅, 密也. 二人爲从, 反从爲比. 凡从之屬从从. 𣬅, 古文比.」)						

※ 두 사람이 가깝게 나란히 서 있는 모양에서 '견주다' '비기다' '돕다' '같다'를 뜻한다.

批	手부 총7획	小篆	批判(비판) 批評(비평) 批准(비준)
		說文解字	
비평할 **비**	설문 手부	㨹(비)는 손을 뒤집어서 친다는 뜻이다. 手(수)는 의미부분이고, 毘(비)는 발음부분이다.(「㨹, 手擊也. 从手, 毘聲.」)	

※ 손(扌)으로 견주어(毘 = 毘 = 比:도울 비) 고른다는 데에서 '비평' '품평'을 뜻한다.

妣	女부 총7획	甲骨文		殷商金文		西周金文	妣位(비위) 先妣(선비)
		乙3729	後下36.6	我 鼎	夋妣辛簋	生妣鬲	
		西周金文	春秋金文	戰國 金文	小篆	籀文	顯妣(현비) 皇妣(황비)
		佣萬簋	鄭侯簋	陳侯午敦	說文解字		
죽은어미 **비**	설문 女부	妣(비)는 돌아가신 어머니를 뜻한다. 女(녀)는 의미부분이고, 比(비)는 발음부분이다. 姒는 妣의 주문(籀文)으로 (匕가 하나) 생략된 형태이다.(「妣, 殁母也. 从女, 比聲. 姒, 籀文妣省.」)					

※ 여자(女)로, 아버지와 같이(比) 사셨던 돌아가신 어머니 즉 '죽은 어미'를 뜻한다.

庇	广부 총7획	小篆	庇護(비호) 補庇(보비) 庇蔭(비음)
		說文解字	
덮을 **비**	설문 广부	庇(비)는 그늘을 뜻한다. 广(엄)은 의미부분이고, 比(비)는 발음부분이다.(「庇, 蔭也. 从广, 比聲.」)	

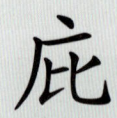

※ 집(广) 그늘이 서로 같은(比) 가까운 여러 사람을 덮어줌에서 '덮다'를 뜻한다.

秕 禾부 총9획	小篆  說文解字	秕政(비정) 秕糠(비강) 垢秕(구비)	
쭉정이 비	설문 禾부	秕(비)는 쌀이 되지 않은 것(즉 쭉정이)를 뜻한다. 禾(화)는 의미부분이고, 比(비)는 발음부분이다.(「秕, 不成粟也. 从禾, 比聲.」)	

✼ 충실한 벼(禾)와 비교(比)되는 속이 빈 곡식인 '쭉정이'를 뜻한다.

毗 比부 총9획	설문 없음	小篆 形音義字典	毗益(비익) 毗尼(비니) 毗佐(비좌)
도울 비			

✼ 毘가 古字(고자). 아기의 숨구멍(囟 = 田)으로 어미와 기가 통함을 돕던(比) '배꼽'에서 '돕다'를 뜻한다.

砒 石부 총9획	설문 없음	小篆 形音義字典	砒霜(비상) 砒石(비석) 砒素(비소)
비상 비			

✼ 비석(砒石)이라는 돌(石)을 제련하여 얻어지는 독으로, 전쟁에서 사람을 죽이는 훈련받은 비휴(貔貅:貔 = 比)보다 살상력이 높은 '비상'을 뜻한다. ※돌(石)로 된 무기보다(比) 독한 '비상'.

琵 玉부 총12획	小篆  說文解字	琵琶(비파)	
비파 비	설문 珡부	琵(비)는 비파(琵琶)로, 악기이다. 珡(금)은 의미부분이고, 比(비)는 발음부분이다.(「琵, 琵琶, 樂器. 从珡, 比聲.」)	

✼ 네 개의 줄(珏·玨)을 나란히(比) 걸어둔 악기인 '비파'를 뜻한다. 珏(각)은 악기 줄을 뜻한다.

毖 比부 총9획	小篆 說文解字	懲毖(징비) 毖勞(비로) 懲毖錄(징비록)	
삼갈 비	설문 比부	毖(비)는 조심한다는 뜻이다. 比(비)는 의미부분이고, 必(필)은 발음부분이다. ≪주서(周書)≫에 이르기를 "걱정하지 마십시오."라고 하였다.(「毖, 慎也. 从比, 必聲. ≪周書≫ 曰: "無毖于卹."」)	

✼ 시비선악(是非善惡)을 견주어(比) 반드시(必) 분간하여 조심하는 데서 '삼가다'를 뜻한다.

枇 木부 총8획	小篆  說文解字	枇杷(비파)	
비파나무 비	설문 木부	枇(비)는 비파나무이다. 木(목)은 의미부분이고, 比(비)는 발음부분이다.(「枇, 枇杷木也. 从木, 比聲.」)	

✼ 나무(木)에 노랗고 맛이 좋은 열매가 견주듯(比) 가지런히 열리는 '비파나무'를 뜻한다.

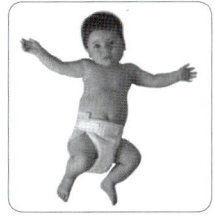

皆 ➡ 階 ➡ 偕 ➡ 楷 ➡ 諧 ➡ 陛(坒)

		甲骨文		西周 金文	春秋 金文	戰國 金文	小 篆
皆	白부 총9획						
		合25228	屯1092	皆 壺	瞰郊尹鼎	中山王鼎	說文解字

皆兵(개병)
皆勤(개근)
皆是(개시)

다 개 | 설문
白부 | 皆(개)는 '모두'라는 뜻을 나타내는 낱말이다. 比와 白은 모두 의미부분이다.(「��, 俱詞也. 从比, 从白.」)

✻ 여러 사람(比)이 함께 말(曰 = 白)을 함에서 '다' '모두'를 뜻한다.

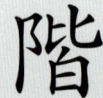

		殷商 金文	戰國 金文	小 篆
階	阜부 총12획			
		亞階鼎	階侯匝	說文解字

階段(계단)
階級(계급)
層階(층계)

섬돌 계 | 설문
阜부 | 階(계)는 계단을 뜻한다. 阜(부)는 의미부분이고, 皆(개)는 발음부분이다.(「��, 陛也. 从阜, 皆聲.」)

✻ 언덕(阝)이 다(皆) 모인 것처럼, 높은 곳에 오르도록 층층이 돌로 쌓은 '섬돌'을 뜻한다.

		戰國 金文	小 篆		
偕	人부 총11획				
		雲夢法律	說文解字		

偕老(해로)
偕樂(해락)
偕行(해행)

함께 해 | 설문
人부 | 偕(해)는 굳세다는 뜻이다. 人(인)은 의미부분이고, 皆(개)는 발음부분이다. ≪시경(詩經)≫에 이르기를 "건장하구나, 관원이여."라고 하였다. 일설에는 함께 한다는 뜻이라고도 한다.(「��, 彊也. 从人, 皆聲. ≪詩≫曰: "偕海士子." 一曰俱也.」)

✻ 사람(亻)들이 공동으로 함께(皆) 하는 데서 '함께'를 뜻한다.

		西周 金文				小 篆
楷	木부 총13획					
		楷仲簋	楷仲鼎	楷侯壺	師趛盨	說文解字

模楷(모해)
楷書(해서)
楷正(해정)

본보기 해 | 설문
木부 | 楷(해)는 나무이다. 공자의 무덤을 덮으려고 심은 나무이다. 木(목)은 의미부분이고, 皆(개)는 발음부분이다.(「��, 木也. 孔子冢蓋樹之者. 从木, 皆聲.」)

✻ 나무(木)의 줄기와 가지가 다(皆) 곧은 데서 '바르다'를 뜻하고, 자공(子貢)이 공자 사당에 심어 곧음을 본보기로 삼은 데서 '본보기' '모범'을 뜻한다.

		春秋 金文	小 篆
諧	言부 총16획		
		蔡侯申盤	說文解字

諧謔(해학)
諧語(해어)
歡諧(환해)

화할 해 | 설문
言부 | 諧(해)는 詥(화할 합)이다. 言(언)은 의미부분이고, 皆(개)는 발음부분이다.(「��, 詥也. 从言, 皆聲.」)

✻ 모두의 말(言)이 다(皆) 화합하여 즐거운 데서 '화하다' '농담'을 뜻한다.

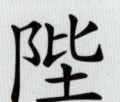 

		戰國 金文	小 篆
陛	阜부 총10획		
		雲夢爲吏	說文解字

陛下(폐하)
陛見(폐현)
天陛(천폐)

대궐섬돌 폐 | 설문
阜부 | 陛(폐)는 높은 곳을 오르는 계단을 뜻한다. 阜(부)는 의미부분이고, 坒(섬돌 비)는 발음부분이다.(「��, 升高階也. 从皀, 坒聲.」)

✻ 언덕(阝)처럼 높은 데 오르는, 견주듯(比) 흙(土)을 쌓은 계단(坒:섬돌 비)인 '대궐섬돌'을 뜻한다.

昆 ➡ 混 ➡ 棍 ➡ 崑 ✤ ➡ 琨 ✤ ➡ 鯤 ✤ ➡ 錕 ✤

昆	日부 총8획	金文  昆疕王鐘	小篆 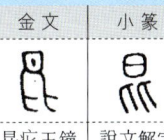 說文解字		昆蟲(곤충) 昆孫(곤손) 昆季(곤계)	
맏 곤	설문 日부	昆(곤)은 같다는 뜻이다. 日(일)과 比(비)는 모두 의미부분이다.(「昆, 同也. 从日, 从比.」)				

✻ 해(日) 아래 나란히(比) 있는 사람에서, 많은 것이 섞인 것을 뜻하며, 형제에서 형인 '맏이'를 뜻하고, 해(日) 아래 수많은(比) '벌레'를 뜻하기도 한다. ※참고:큰머리(日)와 많은 발(比)이 있는 '벌레'로 보기도 한다.

混	水부 총11획	小篆  說文解字	混合(혼합) 混雜(혼잡) 混濁(혼탁)	
섞을 혼	설문 水부	混(혼)은 물이 가득 차서 흐른다는 뜻이다. 水(수)는 의미부분이고, 昆(곤)은 발음부분이다.(「混, 豐流也. 从水, 昆聲.」)		

✻ 물(氵)이 많이(昆) '섞여' 함께 흘러감을 뜻한다.

棍	木부 총12획	설문 없음	小篆  形音義字典	棍棒(곤봉) 棍杖(곤장) 棍刑(곤형)
몽둥이 곤				

✻ 나무(木)를 많이(昆) 모아 '묶거나', 맏이(昆)처럼 굵고 단단한 '몽둥이'를 뜻한다.

崑	山부 총11획	小篆  說文解字	崑玉(곤옥) 崑岡(곤강) 崑崙山(곤륜산)
산이름 곤	설문 山부	崑(곤)은 곤륜산(崑崙山)의 이름이다. 山(산)은 의미부분이고, 昆(곤)은 발음부분이다.(「崑, 崑崙山名. 从山, 昆聲.」)	

✻ 산(山) 중에 많은(昆) 산들을 거느리고 있는 가장 높은 곤륜산(崑崙山)의 '산 이름'을 뜻한다.

琨	玉부 총12획	小篆 或體  說文解字	琨玉(곤옥)
아름다운옥 곤	설문 玉부	琨(곤)은 아름다운 돌이다. 玉(옥)은 의미부분이고, 昆(곤)은 발음부분이다. 〈우서(虞書)〉에 이르기를 "양주(揚州)에서는 요(瑤)와 琨을 바쳤다."라고 하였다. 瑻은 琨의 혹체자(或體字)로 (昆 대신) 貫(관)을 썼다.(「琨, 石之美者. 从玉, 昆聲. 〈虞書〉曰: "揚州貢瑤·琨." 瑻, 琨或从貫.」)	

✻ 옥(玉)에 많은(昆) 아름다운 색이나 빛깔, 촉감 등이 있는 '옥돌' '아름다운 옥'을 뜻한다.

鯤	魚부 총19획	설문 없음	小篆  形音義字典	鯤鮞(곤이) 鯤鵬(곤붕)
곤이 곤				

✻ 물고기(魚) 뱃속에 있는 많은(昆) 알을 '곤이(鯤鮞)'라고 한다. 전설상의 큰 물고기 이름.

錕	金부 총16획	설문 없음		錕鋙(곤오)	
적금 곤					

※ 쇠(金)에 많은(昆) 붉은 빛이 감도는 '붉은 쇠' '적금'을 뜻한다.

旨➡指➡脂➡詣 ☆

	日부 총6획	甲骨文			西周 金文		要旨(요지) 趣旨(취지) 主旨(주지)	
旨		甲3065	續3.26.3	後下1.4	鄧侯旨鼎	旨鼎		
	설문 旨부	春秋 金文		戰國 金文	小篆	古文		
뜻/맛 지		季良父壺	國差䇓	越王矛	說文解字			
		旨(지)는 맛있다는 뜻이다. 甘(감)은 의미부분이고 匕(비)는 발음부분이다. 무릇 旨부에 속하는 글자들은 모두 旨를 의미부분으로 삼는다. 𦣞는 旨의 고문(古文)이다.(「𣅌, 美也. 从甘, 匕聲. 凡旨之屬皆从旨. 𦣞, 古文旨.」)						

※ 수저(匕)로 맛있는 음식을 입(口 = 日)에 넣어 '맛'을 봄에서, 어떤 일의 '의미' '뜻'을 뜻하였다.

指	手부 총9획	戰國 金文	小篆	指紋(지문) 指針(지침) 指向(지향)	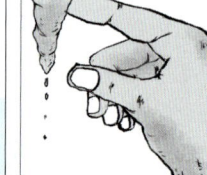
		雲夢爲吏	說文解字		
가리킬 지	설문 手부	指(지)는 손가락을 뜻한다. 手(수)는 의미부분이고, 旨(지)는 발음부분이다.(「𢪘, 手指也. 从手, 旨聲.」)			

※ 손(扌)으로 찍어 음식의 맛(旨)을 보는 '손가락'에서 손가락으로 '가리킴'을 뜻한다.

 脂	肉부 총10획	戰國 金文	金文	小篆	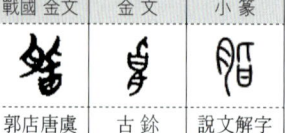	乳脂(유지) 油脂(유지) 脂肪(지방)	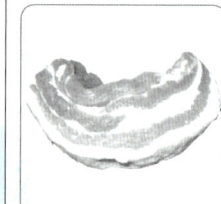
		郭店唐虞	古鉢	說文解字			
기름 지	설문 肉부	脂(지), 뿔이 있는 짐승의 기름은 脂라고 하고, 뿔이 없는 짐승의 기름은 膏(고)라고 한다. 肉(육)은 의미부분이고, 旨(지)는 발음부분이다.(「𦜯, 戴角者脂, 無角者膏. 从肉, 旨聲.」)					

※ 고기(月)가 기름져 맛(旨)이 있어 '기름'을 뜻하며, 기름기가 있는 '연지'를 뜻하기도 한다.

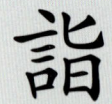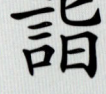 詣	言부 총13획	戰國 金文	小篆	造詣(조예) 詣闕(예궐) 詣侍衛(예시위)	
		包山156	說文解字		
이를 예	설문 言부	詣(예)는 안부를 물으려고 이르렀다는 뜻이다. 言(언)은 의미부분이고, 旨(지)는 발음부분이다.(「𧦝, 候至也. 从言, 旨聲.」)			

※ 말(言)의 의미(旨)를 깨달아 경지에 '이르거나' 일의 의미(旨)를 '이르러' 말(言)을 뜻한다.

化➡花➡貨➡靴➡訛

	匕부 총4획	甲骨文			春秋 金文	戰國 金文	小篆	化合(화합) 化學(화학) 化石(화석)	
化		乙2503	合6080	合6652	中子化盤	俞氏令戈	說文解字		
될 화	설문 匕부	化(화)는 교화(教化)를 실행한다는 뜻이다. 匕(화)와 人(인)은 모두 의미부분인데, 匕는 발음부분이기도 하다.(「𠤎, 教行也. 从匕, 从人, 匕亦聲.」)							

※ 바로 선 사람(亻)과 거꾸로 선 사람(匕)을 그려 '변화'를 뜻하여 바뀌어 '되다'를 뜻한다.

花	艹부 총8획	'花'는 '華(꽃 화)'의 속자(俗字)	花園(화원) 花壇(화단) 花瓶(화병)	
꽃 화				

❋ 華(꽃 화)를 초서로 쓴 모양으로, 풀(艹)이 자라 변하여(化) '꽃'이 된 것처럼 보인다.

貨	貝부 총11획	戰國 金文 / 小篆 九店楚簡 郭店老丙 說文解字	貨幣(화폐) 財貨(재화) 金貨(금화)	
재물 화		설문 貝부	貨(화)는 재물을 뜻한다. 貝(패)는 의미부분이고, 化(화)는 발음부분이다.(「𧴓, 財也. 从貝, 化聲.」)	

❋ 바꾸어(化) 돈(貝)이 되는 모든 물건으로 '재물'을 뜻한다.

靴	革부 총13획	설문 없음	小篆 形音義字典	長靴(장화) 軍靴(군화) 運動靴(운동화)	
신 화					

❋ 가죽(革)으로 된(化) '신'을 뜻한다. 屐(극) = 나막신. 扉(비)·屣(사) = 짚신, 履(리)는 신의 총칭.

訛	言부 총11획	설문 없음	戰國 金文 / 小篆 中山王壺 形音義字典	訛傳(와전) 訛音(와음) 訛謬(와류)	
그릇될 와					

❋ 말(言)을 바꾸어(化) 속이는 것을 뜻하여 '그릇되다' '속이다'를 뜻한다.

北 ➡ 背

北	匕부 총5획	甲骨文 / 殷商 金文 / 西周 金文 / 小篆 粹366 北斝 吳方彝 克鼎 北子鼎 說文解字	北部(북부) 北韓(북한) 北京(북경)	
북녘 북 달아날 배		설문 北부	北(북·배)은 어긋났다는 뜻이다. 두 사람이 서로 등지고 있다는 의미이다. 무릇 北부에 속하는 글자들은 모두 北을 의미부분으로 삼는다.(「𠈌, 乖也. 从二人相背. 凡北之屬皆从北.」)	

❋ 두 사람이 등지고 있는 데서 '배신하다' '달아나다'를 뜻하며, 해를 등진 '북쪽'을 뜻한다.

背	肉부 총9획	小篆 說文解字	背景(배경) 背信(배신) 背恩(배은)	
등 배		설문 肉부	背(배)는 척추(脊椎)를 뜻한다. 肉(육)은 의미부분이고, 北(북)은 발음부분이다.(「𦨶, 脊也. 从肉, 北聲.」)	

❋ 서로 등진(北) 사람의 몸(月)으로 '등'을 뜻한다. '배신'의 뜻으로도 쓰인다.

先 ➡ 兟 ➡ 朁 ➡ 潛 ➡ 蠶 ➡ 簪 ☆ ➡ 僭 ☆

	儿부 총4획	小篆 / 俗字 說文解字		용례 없음	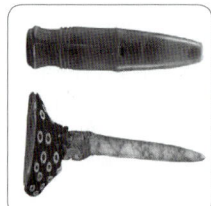
비녀 **잠**	설문 先부	先(잠)은 비녀를 뜻한다. 人(인)은 의미부분이고, 匕는 비녀의 모양을 그린 것이다. 무릇 先부에 속하는 글자들은 모두 先을 의미부분으로 삼는다. 簪은 先의 속자(俗字)로, 竹(죽)과 朁(참)으로 이루어졌다.(「先, 首笄也. 从人. 匕, 象簪形. 凡先之屬皆从先. 簪, 俗先, 从竹, 从朁.」)			

✽ 비녀(匕 = 匚)를 머리(丨)에 꽂은 사람(儿)의 모양에서 '비녀'를 뜻한다.

	儿부 총8획	殷商 金文		西周 金文		小篆	용례 없음	

		子兟父乙卣	子兟卣	子兟鼎	散盤	說文解字		
날카로울 **잠·침**	설문 先부	兟(침·잠)은 참참(兟兟)으로, 날카롭다는 의미이다. 두 개의 先(잠)자로 이루어졌다.(「兟, 朁朁, 銳意也. 从二先.」)						

✽ 두 개의 뾰족한 비녀(先)의 끝에서 '날카롭다'를 뜻한다.

	日부 총12획	殷商 金文		西周 金文	戰國 金文	小篆	용례 없음	
		子朁父乙卣	子朁卣	子朁鼎	番生簋	包山179	說文解字	
일찍이 **참**	설문 日부	朁(참)은 '일찍이'라는 뜻이다. 曰(왈)은 의미부분이고, 兟(잠)은 발음부분이다. ≪시경(詩經)≫에 이르기를 "일찍이 신명(神明)을 두려워하지 않는다네."라고 하였다.(「朁, 曾也. 从曰, 兟聲. ≪詩≫曰:"朁不畏明."」)						

✽ 일찍 일어나 비녀(匚)를 사람(儿)의 머리(曰)에 꽂은(先 = 兟:날카로울 침)에서 '일찍'을 뜻한다.
  ※참고로 '曰'은 비녀를 꽂는 머리라고도 하고 '이른' 시간과 관계가 있다고도 한다.

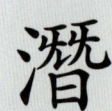	水부 총15획	金文			小篆		潛水(잠수) 潛跡(잠적) 潛行(잠행)	
		古鉢			說文解字			
잠길 **잠**	설문 水부	潛(잠)은 물을 건넌다는 뜻이다. 일설에는 감춘다는 뜻이라고도 한다. 일설에는 한수(漢水)를 潛이라고 한다고도 한다. 水(수)는 의미부분이고, 朁(잠)은 발음부분이다.(「潛, 涉水也. 一曰:藏也. 一曰:漢水爲潛. 从水, 朁聲.」)						

✽ 물(氵)이 머리에 꽂은 비녀(朁)까지 차올라 물속에 온몸이 '잠김'을 뜻한다.

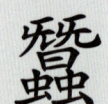	虫부 총24획	甲骨文			戰國 金文	小篆	養蠶(양잠) 蠶業(잠업) 蠶室(잠실)	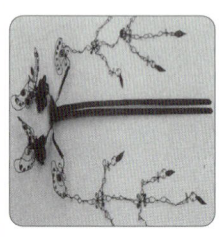
		鐵185.3	後上28.6	前6·66·3	雲夢日甲	說文解字		
누에 **잠**	설문 䖵부	蠶(잠)은 실을 만들어내는 벌레(즉 누에)를 뜻한다. 䖵(곤)은 의미부분이고, 朁(참)은 발음부분이다.(「蠶, 任絲也. 从䖵, 朁聲.」)						

✽ 비녀(朁)를 꽂아 묶어 놓은 머리가 누에(䖵:벌레 곤) 고치 같아 '누에'를 뜻한다. ※파자:뽕잎을 아침 일찍(朁)부터 순식간에 먹어치우는 벌레(䖵)인 '누에'. ※'䖵'은 벌레의 총칭.

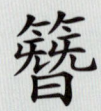	竹부 총18획	설문 없음	小篆  說文解字	※'先(잠)'의 俗字	玉簪(옥잠) 簪笏(잠홀) 翡翠簪(비취잠)	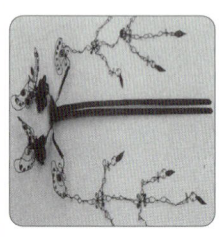
비녀 **잠**						

✽ 대(竹)나무로 만든 비녀(先:비녀 잠 = 兟)로 머리(曰)에 꽂는 '비녀'를 뜻한다.

僭	人부 총14획	小篆 僭 說文解字					僭濫(참람) 僭稱(참칭) 凌僭(능참)	
주제넘을 **참**	설문 人부	僭(참)은 가짜라는 뜻이다. 人(인)은 의미부분이고, 朁(참)은 발음부분이다.(「僭, 假也. 从人, 朁聲.」)						

✻ 어른인 사람(亻)처럼 가짜로 비녀(朁)를 꽂아 예를 범함에서 '주제넘다' '참람하다'를 뜻한다.

皀 … 旡 … 旣 ➡ 慨 ➡ 槪 ➡ 漑 ➡ (𣪊) ➡ 廐 ☆

	白부 총7획	甲骨文			殷商 金文	西周 金文	戰國 金文	小篆	용례 없음	
		合3823	前5·48·2	粹919	皀且辛爵	寉叔簋	三晋44	說文解字		
고소할 **흡**	설문 皀부	皀(흡)은 곡식의 향내를 뜻한다. (白은) 벼가 포장 안에 있는 모양을 그린 것이다. 匕(비)는 그것을 뜨는 도구(즉 숟가락)이다. 일설에 皀은 낱알 하나를 뜻한다고도 한다. 무릇 皀부에 속하는 글자들은 모두 皀을 의미부분으로 삼는다. 또 香(향)처럼 읽기도 한다.(「皀, 穀之馨香也. 象嘉穀在裹中之形. 匕, 所以扱之. 或說: 皀, 一粒也. 凡皀之屬皆从皀. 又讀若香.」)								

✻ 그릇에 담긴 흰(白) 곡식이나, 흰(白) 쌀밥을 수저(匕)로 먹는 데서 '고소하다'를 뜻한다.

旡 无	无부 총4획	甲骨文				小篆	古文	부수 한자	
		前4·33·5	庫1945	後下4·15	合808	說文解字			
이미 **기** 없을 **무**	설문 旡부	旡(기), 음식이 목에 걸려 숨을 쉬지 못하는 것을 旡라고 한다. 欠(흠)을 거꾸로 한 구조이다. 무릇 旡부에 속하는 글자들은 모두 旡를 의미부분으로 삼는다. 兂는 旡의 고문(古文)이다.(「旡, 飮食气屰不得息曰旡. 从反欠. 兂, 古文旡.」)							

✻ 한쪽 발이 굽은 사람(尢)을 위에서 가려(一) '없음'을 나타낸다. 欠(흠)자를 거꾸로 한 모양인 旡(기)와 같이 혼용하여 쓰인다. ※설문에는 兂(无)는 無의 '기자(奇字)'로 설명하고 있다.

旣	无부 총11획	甲骨文		殷商 金文	西周 金文		戰國 金文	小篆	旣存(기존) 旣決(기결) 旣婚(기혼)	
		乙6672	京津4020	邲 旣	智鼎	散盤	林氏壺	說文解字		
이미 **기**	설문 皀부	旣(기)는 조금 먹는다는 뜻이다. 皀(흡)은 의미부분이고, 旡(기)는 발음부분이다. ≪논어(論語)≫에 이르기를 "밥 기운을 누르도록까지는 잡수시지 않으셨다."라고 하였다.(「旣, 小食也. 从皀, 旡聲. ≪論語≫曰: "不使勝食旣."」)								

✻ 음식(皀:고소할 흡/급)을 등지고 앉아 입 벌리고(旡:목멜 기) 있는 데서 '이미' 다 먹음을 뜻한다. 卽(즉)은 반대의 모습이다. 旡가 방으로 쓰일 때는 旡로 바뀌고 '이미기방'이라 한다.

慨	心부 총14획	小篆 慨 說文解字	慨歎(개탄) 憤慨(분개) 慨恨(개한)	
슬퍼할 **개**	설문 心부	慨(개)는 분개(憤慨)한다는 뜻으로, 사나이가 뜻을 이루지 못했다는 뜻이다. 心(심)은 의미부분이고, 旣(기)는 발음부분이다.(「慨, 忼慨, 壯士不得志也. 从心, 旣聲.」)		

✻ 마음(忄)으로 이미(旣) 지난 일을 반성하여 '분개하고' '슬퍼함'을 뜻한다.

槪	木부 총15획	小篆 槪 說文解字	大槪(대개) 槪念(개념) 槪論(개론)	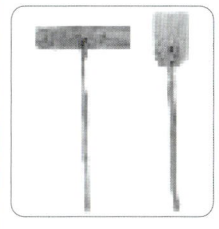
대개 **개**	설문 木부	槩(개)는 평두목(平斗木, 곡식을 담을 때 양이 일정하도록 고르는 나무)을 뜻한다. 木(목)은 의미부분이고, 旣(기)는 발음부분이다.(「槩, 杚斗斛也. 从木, 旣聲.」)		

✻ 위를 밀어 평평하게 하는 나무(木)로 이미(旣) 정해진 용기에 담긴 곡물을 고르게 하는 '평미레'에서 '대강' '대개'를 뜻한다.

漑	水부 총14획	金文	小篆		灌漑(관개) 灌漑施設 (관개시설)	
		鄂王義楚耑	說文解字			
물댈 **개**	설문 水부	漑(개)는 강의 이름이다. 동해군(東海郡) 상독현(桑瀆縣) 복증산(覆甑山)에서 발원하여, 동북쪽으로 흘러서 바다로 들어간다. 일설에는 물을 댄다는 뜻이라고도 한다. 水(수)는 의미부분이고, 旣(기)는 발음부분이다.(「𣸦, 水. 出東海桑瀆覆甑山, 東北入海. 一曰:灌注. 从水, 旣聲.」)				

✻ 물(氵)이 이미(旣) 말라버린 밭에, 물을 끌어옴에서 '물대다'를 뜻한다.

叚	殳부 총12획	甲骨文		金文			小篆	용례 없음	
				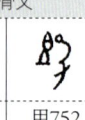	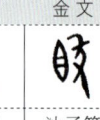				
		菁10.15	甲752	令簋	沈子簋	頌簋	說文解字		
구부릴 **구**	설문 殳부	叚(구·뉴)는 구부린다는 뜻이다. 殳(수)와 𠬞은 모두 의미부분이다. 𠬞은 고문(古文)의 叀(전)자이다. 廄(마굿간 구)자는 여기에서 나왔다.(「𣪚, 揉屈也. 从殳, 从𠬞. 𠬞, 古文叀字. 廄字从此.」)							

✻ 음식(𠬞)을 다루기 위해 도구(几)를 손(又)으로 잡고 치듯(殳) '구부림'을 뜻한다.

廄	广부 총14획	甲骨文	西周金文	小篆	古文	※厩는 속자.	馬廄(마구) 廄舍(구사) 馬廄間(마구간)	
		合29415	永盂	邵王簋	說文解字			
마구 **구**	설문 广부	廄(구)는 마구간을 뜻한다. 广(엄)은 의미부분이고, 叚(구)는 발음부분이다.《주례(周禮)》에 이르기를 "말 214필이 있는 것을 廄라고 한다. 廄에는 복부(僕夫)를 둔다."라고 하였다. 𠨔는 廄의 고문(古文)으로 (广 대신) 九(구)를 썼다.(「廄, 馬舍也. 从广, 叚聲.《周禮》曰:"馬有二百十四匹爲廄. 廄有僕夫."𠨔, 古文, 从九.」)						

✻ 집(广)이 몸을 구부릴(叚:구부릴 구) 정도로 낮게 지은 '마구간'을 뜻한다. ※厩는 속자.

卽 ➡ 節 ➡ 櫛

卽	卩부 총9획	甲骨文		西周金文		戰國金文	小篆	卽時(즉시) 卽效(즉효) 卽刻(즉각)	
		後上27.13	粹4	孟鼎	頌鼎	中山王方壺	說文解字		
곧 **즉**	설문 皀부	卽(즉)은 막 먹으려고 한다는 뜻이다. 皀(흡)은 의미부분이고, 卩(절)은 발음부분이다.(「𠨅, 卽食也. 从皀, 卩聲.」)							

✻ 고소한 음식(皀)에 몸(卩)을 숙여 나아감에서 '곧' '가깝게' '나아감'을 뜻한다.

節	竹부 총15획	戰國金文				小篆	節約(절약) 節電(절전) 節氣(절기)	
		陳猷釜	鄂君舟節	中山王壺	子禾子釜	說文解字		
마디 **절**	설문 竹부	節(절)은 대나무로 만든 부절(符節)을 뜻한다. 竹(죽)은 의미부분이고, 卽(즉)은 발음부분이다.(「𥲤, 竹約也. 从竹, 卽聲.」)						

✻ 대(竹)가 자라 나아가며(卽) 일정하게 생기는 '마디'로 보나, 죽간(竹)에 쓴 명령을 제단에 음식(皀)을 차려 예를 드리고 몸(卩)을 굽혀 받드는 데서 '예절' '절도'를 뜻하기도 한다.

櫛	木부 총19획	小篆	櫛比(즐비) 櫛齒(즐치) 櫛板(즐판)	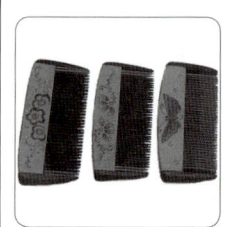
		說文解字		
빗 **즐**	설문 木부	櫛(즐)은 빗의 총칭이다. 木(목)은 의미부분이고, 節(절)은 발음부분이다.(「𣡖, 梳比之總名也. 从木, 節聲.」)		

✻ 나무(木)를 댓살(竹)처럼 나란히 엮어 머리를 절도(節)에 맞게 정리하는 '빗'을 뜻한다.

鄕 ➡ 響 ➡ 嚮 ☆ ➡ 饗

		甲骨文		西周 金文	春秋 金文	小篆	
鄕	邑부 총13획						故鄕(고향) 鄕愁(향수) 本鄕(본향)
		前1.36.3	鄴三下42.8	天亡簋 毛公鼎	邾公釣鐘	說文解字	
시골 향	설문 䤴부	鄕(향)은 도성(都城)과의 거리가 먼 읍 구역으로, 백성들이 모여드는 지역을 뜻한다. 색부(嗇夫)가 나누어 다스린다. 경기(京畿) 지역은 6개의 향(鄕)으로 나누어, 6경(卿)이 다스린다. 䤴(향)은 의미부분이고, 皀(흡)은 발음부분이다.(「鄕, 國離邑, 民所封鄕也. 嗇夫別治, 封圻之內六鄕, 六鄕治之. 从䤴, 皀聲.」)					

※ 두 사람(邟·卯)이 음식(皀)을 사이에 두고 마주앉은 모습에서, 두 고을(䤴)이 마주한 모양으로 변해 여러 사람이나 이웃 마을과 잔치하는 '시골' 마을을 뜻한다. 邑(고을 원/읍)은 '阝'로 변했다.

		小篆			
響	音부 총22획				影響(영향) 音響(음향) 響應(향응)
		說文解字			
울릴 향	설문 音부	響(향)은 소리를 뜻한다. 音(음)은 의미부분이고, 鄕(향)은 발음부분이다.(「響, 聲也. 从音, 鄕聲.」)			

※ 초대한 잔치(鄕)에 응답한 소리(音)로, 되돌아오는 소리를 뜻하여 '울리다'를 뜻한다.

			小篆		
嚮	口부 총19획	설문 없음			嚮導(향도) 嚮明(향명) 嚮背(향배)
			形音義字典		
길잡을 향					

※ 잔치(鄕)가 있거나 초대한 곳의 방향을 향하는(向) 데서 '길을 잡다' '향하다'를 뜻한다.

		金文	小篆		
饗	食부 총22획				饗宴(향연) 饗應(향응) 饗報(향보)
		中山王壺	說文解字		
잔치할 향	설문 食부	饗(향)은 고을 사람들이 술을 마신다는 뜻이다. 食(식)과 鄕(향)은 모두 의미부분인데, 鄕은 발음부분이기도 하다.(「饗, 鄕人飮酒也. 从食, 鄕亦聲.」)			

※ 시골마을(鄕)에서 푸짐한 음식(食)을 베풀어 '잔치함'을 뜻한다.

弋 ➡ 鳶 ☆ … 曳 ➡ 洩 ◆

		甲骨文			西周 金文	戰國 金文	小篆	
弋	弋부 총3획							弋器(익기) 弋射(익사) 弋獵(익렵)
		前7·31·4	乙807	前2.27.5	農卣 或鼎	郭店魯穆	說文解字	
주살 익	설문 厂부	弋(익)은 말뚝을 뜻한다. 나무를 잘라 날카로운 끝에 (무엇인가를) 걸어둔 모양을 그린 것이다. 厂(예)는 의미부분으로, 어떤 물체를 걸어둔 것을 그린 것이다.(「弋, 橜也. 象折木衺銳著形. 从厂, 象物挂之也.」)						

※ 화살 끝에 줄을 매어 쏘는 화살인 '주살'을 뜻한다. 弋(익)자가 들어가는 '代' '武' '式'자 이외(以外)에는 戈(과)가 들어감을 주의해야 한다. ※줄과 살을 합해 '주살'이라 한다.

		甲骨文	殷商 金文	戰國 金文	小篆	
鳶	鳥부 총14획	설문 없음				紙鳶(지연) 風鳶(풍연) 魚鳶(어연)
		合5739	且辛卣	雲夢日甲	說文解字	
솔개 연		※참고:鳶은 연(鳶)을 나타냄. ≪설문해자≫에서는 "鳶(연)은 사나운 새다. 鳥(조)는 의미부분이고, 歺(역)은 발음부분이다.(「鳶, 鷙鳥也. 从鳥, 歺聲.」)"라고 하였다.				

※ 주살(弋)처럼 빠르게 먹이를 덮치는 새(鳥)인 '솔개'로, 솔개(鳥)가 줄 달린 연처럼 하늘에서 빙빙 도는 데서 '연'을 뜻하기도 한다. 고문은 주살(弋)로 새(鳥)를 쏘는 모양.

247

| | 日부
총6획 | 小篆
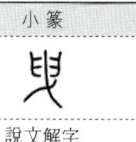
說文解字 | | 曳尾(예미)
曳引(예인)
曳光彈(예광탄) |

끌 예 | 설문
申부 | 曳(예)는 끈다는 뜻이다. 申(신)은 의미부분이고, ノ(예)는 발음부분이다.(「曳, 臾曳也. 从申, ノ聲.」)

* 펴기(申 = 电:펼 신) 위해 당겨(厂 = ノ:당길 예) 끄는 데서 '끌다'를 뜻한다. 두 손(臼)으로 물건을 잡아끄는(乂)데서 '끌다'를 뜻한다고도 한다.

| | 水부
총9획 | 설문 없음 | 小篆

形音義字典 | 漏洩(누설)
洩漏(설루)
露洩(노설) |

샐 설
퍼질 예

* 물(氵)이 잡아끌리듯(曳) 밖으로 새어 퍼지는 데서 '새다' '퍼지다'를 뜻한다.

武 ➡ 珷 ❖➡ 鵡 ❖➡ 斌 ❖➡ 賦

	止부 총8획	甲骨文		殷商 金文		西周 金文		小篆	武士(무사) 武術(무술) 武藝(무예)
		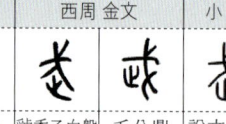							
		乙2998	甲3339	卯其卣	武方罍	虢季子白盤	毛公鼎	說文解字	

호반 무 | 설문
戈부 | 武(무), 초(楚)나라 장왕(莊王)이 말하기를 "무릇 武란 공(功)이 이루어졌으면, 무기를 거두어야 한다는 뜻이다. 그래서 止(그칠 지)와 戈(창 과)가 합해져 (무력이라는 뜻의) 武가 된 것이다."라고 하였다.(「武, 楚莊王曰: "夫武, 定功戢兵, 故止戈爲武."」)

* 창(戈)을 들고 발(止)로 돌아다니는 '군사'에서 '호반'을 뜻한다.
  ※참고:범(虎)은 무관, 학(鶴)은 문관을 뜻함에서 호반(虎班)이라 한다.

| | 玉부
총11획 | 설문 없음 | | 珷玞(무부) |

옥돌 무

* 옥(玉)이 군사(武)처럼 강하고 단단한 '옥돌'을 뜻한다.

| | 鳥부
총18획 | 설문 없음 | 小篆

形音義字典 | 鸚鵡(앵무) |

앵무새 무

* 명령을 잘 따르는 군사(武)처럼 사람의 말을 잘 흉내 내는 새(鳥)인 '앵무새'를 뜻한다.

| | 文부
총12획 | 설문 없음 | 小篆

形音義字典 | 斌駁(빈박)
斌斌(빈빈) |

빛날 빈

* 문(文)과 무(武)가 아름답게 잘 조화되어 '빛나다'를 뜻한다.

賦	貝부 총15획	金文	小篆				賦課(부과) 賦與(부여) 割賦金(할부금)
		毛公鼎	說文解字				
부세 **부**	설문 貝부	賦(부)는 거두어들인다는 뜻이다. 貝(패)는 의미부분이고, 武(무)는 발음부분이다.(「賦, 斂也. 从貝, 武聲.」)					

※ 각자에 '부여된' 일정량의 돈(貝)을 무사(武)를 동원하여 강제로 거두어들이던 '부세'를 뜻한다.

戈 ➡ 戊 ➡ 茂 ➡ 戌

戈	戈부 총4획	甲骨文		殷商 金文	西周 金文	戰國 金文	小篆	戈甲(과갑) 戈矛(과모) 戈劍(과검)
		珠458	乙7108	父丁簋	北單戈盤	宅簋 成陽戈	說文解字	
창 **과**	설문 戈부	戈(과)는 끝이 평평한 창이다. 弋(익)은 의미부분이고, 一이 가로질렀다. 상형(象形)이다. 무릇 戈부에 속하는 글자들은 모두 戈를 의미부분으로 삼는다.(「戈, 平頭戟也. 从弋, 一橫之. 象形. 凡戈之屬皆从戈.」)						

 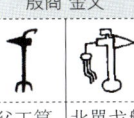  

※ 긴 자루에 가로로 날이 달린 '창'의 모습이다. 앞에 날(丿)이 있는 창(戈)은 '도끼류'를 뜻한다.

戊	戈부 총5획	甲骨文		殷商 金文	西周 金文	戰國 金文	小篆	戊年(무년) 戊夜(무야) 戊日(무일)
		粹870	前3.6.2	父戊尊	司母戊鼎	吳方彝	酓肯盬 說文解字	
천간 **무**	설문 戊부	戊(무)는 중궁(中宮)에 속한다. 육갑(六甲)의 오룡(五龍)이 서로 얽혀 있는 것을 그렸다. 戊는 丁(정) 다음이다. 사람의 갈비를 그렸다. 무릇 戊부에 속하는 글자들은 모두 戊를 의미부분으로 삼는다.(「戊, 中宮也. 象六甲五龍相拘絞也. 戊承丁, 象人脅. 凡戊之屬皆从戊.」)						

  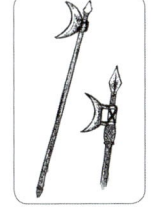

※ 오목한 반월형의 도끼날(丿)이 달린 창(戈)의 모습이나 다섯 번째 '천간'으로 주로 쓰인다.

茂	艸부 총9획	金文	小篆	茂盛(무성) 茂林(무림) 茂蔭(무음)
		鄂君啓節	說文解字	
무성할 **무**	설문 艸부	茂(무)는 풀이 무성하다는 뜻이다. 艸(초)는 의미부분이고, 戊(무)는 발음부분이다.(「茂, 艸豐盛. 从艸, 戊聲.」)		

※ 풀(艹)이 날 달린 창(戊)처럼 풍성하게 자라 우거짐에서 '무성하다'를 뜻한다.

戌	戌부 총6획	甲骨文		西周 金文		春秋 金文	小篆	戌年(술년) 戌時(술시) 戌座(술좌)
		粹232	前3.6.2	頌鼎	何尊	休盤 鄭虢仲簋	說文解字	
개 **술**	설문 戌부	戌(술)이 12지지(地支)의 11번째 글자로 쓰이는 까닭은 없어지기[滅(멸)] 때문이다. 9월이면 양기(陽氣)가 거의 없어져 만물이 성장을 멈추고 양(陽)은 땅으로 들어간다. 오행설(五行說)에 의하면 토(土)는 무(戊)에서 생겨나 戌에서 번성한다. 戌가 一(일)을 머금고 있는 모양으로 이루어졌다. 무릇 戌부에 속하는 글자들은 모두 戌을 의미부분으로 삼는다.(「戌, 滅也. 九月陽氣微, 萬物畢成, 陽下入地也. 五行, 土生於戊, 盛於戌. 从戊含一. 凡戌之屬皆从戌.」)						

※ '戊'와 반대로 배나온 반달모양의 도끼날(卜)이 달린 창(戈)으로 열한번 째 지지인 '개'를 뜻한다.

戍 ➡ 蔑 ➡ 襪 ☆

戍	戈부 총6획	甲骨文		金文			小篆	戍衛(수위) 戍樓(수루) 戍役(수역)
		粹1147	粹1149	令簋	善鼎	競卣	說文解字	
수자리 **수**	설문 戈부	戍(수)는 변방을 지킨다는 뜻이다. 사람[人(인)]이 창[戈(과)]을 쥐고 있다는 의미이다.(「戍, 守邊也. 从人持戈.」)						

※ 사람(人)이 창(戈)을 들고 국경의 경비를 서는 데서 '수자리'를 뜻한다. ※참고:수자리 = 국경수비.

	艹부 총15획	甲骨文						蔑視(멸시) 輕蔑(경멸)
蔑								凌蔑(능멸)
		甲883	前1.52.3	佚828	合116	合8308	佚777	侮蔑(모멸)
	설문 苜부	金文					小篆	
업신여길 **멸**								
		保卣	庚嬴卣	師艅簋	鮮簋	王蔑鼎	說文解字	

蔑(멸)은 눈이 피로하여 정기(精氣)가 없다는 뜻이다. 苜(바르지 않은 눈 말)은 의미부분이다. 사람은 피로하면 눈이 흐릿하게 된다. 戍(수)도 의미부분이다.(「蔑, 勞目無精也. 从苜. 人勞則蔑然. 从戍.」)

※ 눈꼽(卝 = ++)이 생긴 눈(目 = 罒)으로 수자리(戍)에 지쳐 불쌍하고 '업신여겨' 보임. 또는 눈꼽(卝)낀 눈(目 = 罒)의 초라한 사람(人)을 창(戈)으로 '업신여겨' 침.

	衣부 총20획		小篆		襪繫(말계)
韤		설문 없음			洋襪(양말)
			說文解字	形音義字典	羅襪(나말)
버선 **말**		韤(말)은 버선을 뜻한다. 韋(위)는 의미부분이고, 蔑(멸)은 발음부분이다.(「韤, 足衣也. 从韋, 蔑聲.」) 襪은 속자(俗字)			

※ 의류(衤) 중에서 업신여겨(蔑) 천하게 여기던 발에 신는 '버선'을 뜻한다.

戒 ➡ 械 ➡ 誡 ✤

	戈부 총7획	甲骨文		殷商 金文	西周 金文	戰國 金文	小篆	警戒(경계) 訓戒(훈계)
戒								戒律(계율)
		乙657	粹1162	戒父辛甗	戒鬲	戒弔尊	中山王方壺	說文解字
경계할 **계**	설문 廾부	戒(계)는 지킨다[警(경)]는 뜻이다. 두 손[廾(공)]으로 창[戈(과)]을 잡고 있다는 의미이다. 지키는 데 착오가 있어서는 안 되기 때문이다.(「戒, 警也. 从廾持戈. 以戒不虞.」)						

※ 두 손(廾)으로 창(戈)을 들고 적을 '경계함'을 뜻한다.

	木부 총11획	小篆	機械(기계)
械			器械(기계)
		說文解字	農機械(농기계)
기계 **계**	설문 木부	械(계)는 손과 발을 묶는 형벌 기구를 뜻한다. 木(목)은 의미부분이고, 戒(계)는 발음부분이다. 일설에는 기물(器物)의 총칭이라고도 하고, 또 일설에는 다스린다는 뜻이라고도 한다. 일설에는 안에 담을 공간이 있는 그릇을 械라고 하고, 공간이 없는 그릇을 器(기)라고 한다고도 한다.(「械, 桎梏也. 从木, 戒聲. 一曰:器之總名. 一曰:持也. 一曰:有盛爲械, 無盛爲器.」)	

※ 나무(木)로 만들어 죄인을 경계(戒)하기 위한 형벌기구의 모든 형틀에서 '기계'를 뜻한다.

	言부 총14획	小篆	誡命(계명)
誡			誡勉(계면)
		說文解字	
경계할 **계**	설문 言부	誡(계)는 (말로) 경계(警戒)한다는 뜻이다. 言(언)은 의미부분이고, 戒(계)는 발음부분이다.(「誡, 敕也. 从言, 戒聲.」)	

※ 말(言)로 모든 일에 경계하여(戒) 삼가도록 타이름에서 '경계하다' '훈계하다'를 뜻한다.

戎 ➡ 絨 ☆ ➡ 賊

戎 戈부 총6획

甲骨文		殷商 金文	西周金文		春秋 金文	小篆
前8.2.3	京津4000	戎且丙觚	盂 鼎	虢季子白盤	嘉賓鐘	說文解字

戎車(융거)
戎夷(융이)
戎場(융장)

병장기/오랑캐 **융**

설문 戈부

戎(융)은 무기를 뜻한다. 戈(과)와 甲(갑)은 모두 의미부분이다.(「戎, 兵也. 从戈, 从甲.」)

※ 방패(十)와 창(戈)을 든 병장기를 모두 갖춘 병사나 '오랑캐'에서 '병장기'를 뜻한다.
※참고: 十(방패모양) '甲(갑)'자 설명 참조.

絨 糸부 총12획

小篆
形音義字典

설문 없음

絨毛(융모)
絨緞(융단)
絨衣(융의)

가는베 **융**

※ 털실(糸)로 짠 추운 지방의 서쪽 오랑캐(戎)가 입던 곱고 부드러운 '가는 베'를 뜻한다.

賊 貝부 총13획

金文	小篆
散 盤	說文解字

盜賊(도적)
逆賊(역적)
海賊(해적)

도둑 **적**

설문 戈부

賊(적)은 해친다는 뜻이다. 戈(과)는 의미부분이고, 則(칙)은 발음부분이다.(「賊, 敗也. 从戈, 則聲.」)

※ 재물(貝)을 약탈해가려고 병장기(戎)를 든 '도둑'을 뜻한다.

戉 ➡ 越 … 戚 … 威 … 滅

戉 戈부 총5획

甲骨文		殷商 金文	西周金文	春秋 金文	戰國 金文	小篆
前4·37·4	甲1·181	戉龏卣	師克盨	曾侯郏戟	者汈鐘	說文解字

용례 없음

도끼 **월**

설문 戉부

戉(월)은 도끼를 뜻한다. 戈(과)는 의미부분이고, ㄴ(궐)은 발음부분이다. ≪사마법(司馬法)≫에서는 "하(夏)나라에서는 검은 도끼를 들었고, 은(殷)나라에서는 흰 도끼를 들었으며, 주(周)나라에서는 왼쪽에는 누런 도끼를 들고 오른쪽에는 흰 색의 쇠꼬리를 들었다."라고 하였다. 무릇 戉부에 속하는 글자들은 모두 戉을 의미부분으로 삼는다.(「戉, 斧也. 从戈, ㄴ聲. ≪司馬法≫曰: "夏執玄戉, 殷執白戚, 周左杖黃戉, 右秉白髦." 凡戉之屬皆从戉.」)

※ 갈고리(ㄴ)로 파낸 듯 창(戈)날 가운데가 둥글게 빈 '도끼'를 나타낸다.

越 走부 총12획

金文			小篆
者減鐘	越王劍	秦陶449	說文解字

優越(우월)
越境(월경)
越冬(월동)

넘을 **월**

설문 走부

越(월)은 건넌다는 뜻이다. 走(주)는 의미부분이고, 戉(월)은 발음부분이다.(「越, 度也. 从走, 戉聲.」)

※ 달려(走)갈 때, 날 가운데가 빈 도끼(戉:도끼 월)처럼 건너뛰어 '넘음'을 뜻한다.

戚 戈부 총11획

甲骨文		殷商 金文	西周金文		小篆
寧滬1529	合34287	戚作父癸鼎	啟 尊	戚姬簠	說文解字

親戚(친척)
外戚(외척)
姻戚(인척)

친척 **척**

설문 戉부

戚(척)은 도끼를 뜻한다. 戉(월)은 의미부분이고, 尗(콩 숙)은 발음부분이다.(「戚, 戉也. 从戉, 尗聲.」)

※ 날도끼(戉)들고 함께 적과 싸우고, 함께 농사(尗=菽 : 콩 숙)하는 '친척'을 뜻한다.

威	女부 총9획	甲骨文		西周 金文		春秋 金文		小篆	威嚴(위엄) 威容(위용) 威脅(위협)	

		合21072	英1291	叔向簋	虢叔鐘	王孫鐘	郜公華鐘	說文解字		
위엄 **위**	설문 女부	威(위)는 시어머니를 뜻한다. 女(녀)와 戌(술)은 모두 의미부분이다. 《한률(漢律)》에 이르기를 "며느리가 시어머니를 고발하였다."라고 하였다.(「威, 姑也. 从女, 从戌. 《漢律》曰: "婦告威姑."」)								

＊ 큰 도끼(戌)로 연약한 여자(女)를 '협박'하거나, 도끼(戌)로 살생의 권위를 가진 여자(女)인 '시어머니'에서 권위와 '위엄'을 뜻한다.

滅	火부 총13획	金文	小篆		滅亡(멸망) 消滅(소멸) 滅菌(멸균)	

		者犯鐘	說文解字			
꺼질/멸할 **멸**	설문 水부	滅(멸)은 다했다는 뜻이다. 水(수)는 의미부분이고, 威(멸)은 발음부분이다.(「滅, 盡也. 从水, 威聲.」)				

＊ 물(氵)을 붓고 연장(戌)으로, 덮인(一) 불(火)씨를 완전히 '끄고(威:불꺼질 멸)' '멸함'을 뜻한다.

代 ➡ 貸 ➡ 垈 ➡ 袋 ➡ 岱❖ ➡ 玳❖

代	人부 총5획	甲文	金文		小篆	代身(대신) 代表(대표) 代金(대금)	

		形音義字典	司馬成公權	陶七008	說文解字		
대신 **대**	설문 人부	代(대)는 바꾼다는 뜻이다. 人(인)은 의미부분이고, 弋(익)은 발음부분이다.(「代, 更也. 从人, 弋聲.」)					

＊ 지키는 사람(亻)대신 주살(弋)처럼 나무말뚝에 줄을 매어 경계를 구분함에서 '대신'을 뜻한다.

貸	貝부 총12획	小篆	賃貸(임대) 貸切(대절) 貸借(대차)	

		說文解字		
빌릴/뀔 **대**	설문 貝부	貸(대)는 다른 사람에게 준다는 뜻이다. 貝(패)는 의미부분이고, 代(대)는 발음부분이다.(「貸, 施也. 从貝, 代聲.」)		

＊ 물건 대신(代) 돈(貝)을 빌리거나, 재물(貝)을 베풀어 줌에서 '빌리다' '꾸다' '베풀다'가 된다.

垈	土부 총8획	설문 없음	垈地(대지) 垈田(대전) 家垈(가대)	
		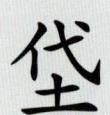		
집터 **대**				

＊ 대대손손(代代孫孫) 살아 온 땅(土)으로 삶의 터전인 '집터'를 뜻하며, 우리나라에서만 쓰인다.

袋	衣부 총11획	설문 없음	小篆	包袋(포대) 麻袋(마대) 布袋(포대)	
			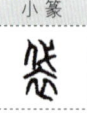		
			形音義字典		
자루 **대**					

＊ 손으로 물건을 드는 대신(代) 가죽이나 천(衣)으로 만들어 물건을 담는 '자루'를 뜻한다.

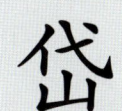	山부 총8획	小篆 說文解字		岱嶽(대악) 岱宗(대종) 岱華(대화)	
대산 대	설문 山부	岱(대)는 태산(泰山)을 뜻한다. 山(산)은 의미부분이고, 代(대)는 발음부분이다.(「岱, 太山也. 从山, 代聲.」)			

※ 태산(泰山)의 다른 이름. 모든 산(山)을 대신(代)하여 천자가 예(禮)를 올리던 '대산'을 뜻한다.

	玉부 총9획	설문 없음	小篆 形音義字典	玳瑁(대모) 玳皮盞(대피잔) 玳瑁甲(대모갑)	
대모 대					

※ 보석(玉)을 대신(代)하여 장식품이나 공예품을 만드는 바다거북의 껍질인 '대모'를 뜻한다.

式 ➡ 拭 ➡ 軾 ➡ 栻 ❖ ➡ 試 ➡ 弑

	弋부 총6획	戰國 金文 雲夢封診	小篆 說文解字	方式(방식) 型式(형식) 式順(식순)	
법 식	설문 工부	式(식)은 법칙(法則)이라는 뜻이다. 工(공)은 의미부분이고, 弋(익)은 발음부분이다.(「式, 法也. 从工, 弋聲.」)			

※ 주살(弋)이나 말뚝을 만드는(工) 일정한 '방법'이나 '법'을 뜻한다.

	手부 총9획	설문 없음	 形音義字典	拭目(식목) 拭拂(식불) 拭淸(식청)	
씻을 식					

※ 손(扌)으로 일정한 방식(式)이나 순서에 의하여 물건을 깨끗하게 '닦거나' '씻음'을 뜻한다.

	車부 총13획	 說文解字		據軾(거식) 依軾(의식) 蘇軾(소식)	
수레앞가로 나무 식	설문 車부	軾(식)은 수레 앞턱 가로막이 나무를 뜻한다. 車(거·차)는 의미부분이고, 式(식)은 발음부분이다.(「軾, 車前也. 从車, 式聲.」)			

※ 수레(車)를 탈 때 넘어지거나 기울어 예의나 법도(式)를 잃음을 방지하기 위하여 손으로 잡는 '수레 앞 가로나무'를 뜻한다.

	木부 총10획	설문 없음		용례 없음	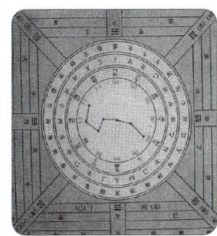
점판 식					

※ 나무(木)로 만든 일정한 방식(式)으로 길흉을 점치는 '점판'을 뜻한다.

試	言부 총13획	戰國 金文 雲夢效律	小篆 說文解字		試驗(시험) 試飮(시음) 試圖(시도)	
시험 시	설문 刀부	試(시)는 사용한다는 뜻이다. 言(언)은 의미부분이고, 式(식)은 발음부분이다. ≪우서(虞書)≫에 이르기를 "공적으로써 명확하게 사용하다."라고 하였다.(「試, 用也. 从言, 式聲. ≪虞書≫曰: "明試以功."」)				

❋ 말(言)하는 바를 살펴보고 법(式)에 맞는지를 헤아려 사용하는 데서 '시험'을 뜻한다.

	弋부 총12획	小篆 說文解字		弑害(시해) 弑逆(시역) 弑虐(시학)	
윗사람죽일 시	설문 殺부	弑(시)는 신하가 임금을 죽이는 것이다. ≪주역(周易)≫에 이르기를 "신하가 그 군주(君主)를 죽이다."라고 하였다. 殺(살)의 생략형은 의미부분이고, 式(식)은 발음부분이다.(「弑, 臣殺君也. ≪易≫曰: "臣弑其君." 从殺省, 式聲.」)			

❋ 윗사람을 죽이는(殺=杀=杀) 인륜의 법(式)을 잃은 데서 '윗사람 죽이다'를 뜻한다.

伐 ➡ 筏 ➡ 閥

伐	人부 총6획	甲骨文 前7.15.4		殷商 金文 後上22.6 伐 爵	西周 金文 令篹 虢季子白盤	春秋 金文 南疆鉦	小篆 說文解字	伐木(벌목) 伐草(벌초) 討伐(토벌)	
칠 벌	설문 人부	伐(벌)은 공격한다는 뜻이다. 사람[人(인)]이 창[戈(과)]을 가지고 있다는 의미이다. 일설에는 지다[敗(패)]는 뜻이라고도 한다.(「伐, 擊也. 从人持戈. 一曰:敗也.」)							

❋ 사람(亻)이 창(戈)으로 머리나 목을 치는 데서 '치다' '베다'를 뜻한다. 또는 사람(人)의 목을 창(戈)으로 치는 데서 '치다'를 뜻한다.

	竹부 총12획	설문 없음	小篆  形音義字典		筏橋(벌교) 筏夫(벌부) 筏橋邑(벌교읍)	
뗏목 벌						

❋ 대(竹)로 엮은 물을 치듯(伐) 저으며 나아가는 '뗏목'을 뜻한다.

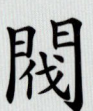	門부 총14획	小篆  說文解字		門閥(문벌) 學閥(학벌) 財閥(재벌)	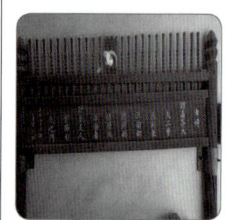
 문벌 벌	설문 門부	閥(벌)은 벌열(閥閱)로, 스스로 적는다는 뜻이다. 門(문)은 의미부분이고, 伐(벌)은 발음부분이다. 뜻은 당연히 伐(칠 벌, 공적 벌)과 통용된다.(「閥, 閥閱, 自序也. 从門, 伐聲. 義當通用伐.」)			

❋ 집안의 문(門)앞 기둥에 적을 물리친(伐) 공적의 내용을 밝히기 위해 상으로 세워주던 문에서 '문벌' '공훈'을 뜻한다.

或 ➡ 惑 ➡ 國 ➡ 域 ➡ 或 ❖

或	戈부 총8획	甲骨文 前2.6.5 京津4395		金文 智鼎 毛公鼎	小篆 說文解字	或體	或是(혹시) 或如(혹여) 間或(간혹)	
혹 혹	설문 戈부	或(혹)은 나라를 뜻한다. 口(위)와 戈(과)는 의미부분으로, 이것으로써 一(일)을 지킨다는 뜻이다. 一은 땅을 뜻한다. 域(역)은 或의 혹체자(或體字)로 土(토)를 더하였다.(「或, 邦也. 从口, 从戈, 以守一. 一, 地也. 域, 或又从土.」)						

❋ 창(戈)을 들고 넓은 경계(口)의 일정한 한(一)곳에 '혹시' 모를 적의 침입을 막는 데서, 일정한 '구역' '나라' '혹시' 등을 뜻하나, 지금은 주로 '혹시'로만 쓰인다.

惑	心부 총12획	金文 中山王鼎	小篆 說文解字		迷惑(미혹) 不惑(불혹) 誘惑(유혹)	
미혹할 혹	설문 心부	惑(혹)은 (마음이) 어지럽다는 뜻이다. 心은 의미부분이고, 或은 발음부분이다.(「惑, 亂也. 从心, 或聲.」)				

* 혹시(或)나 하는 마음(心)을 뜻하여 '미혹하다'를 뜻한다.

國	囗부 총11획	甲骨文 京津4395	西周 金文 保卣 / 彔卣	春秋 金文 獻鐘 / 蔡侯鐘	小篆 說文解字	國家(국가) 國民(국민) 國語(국어)	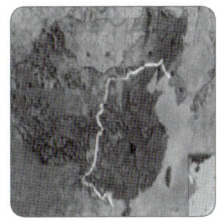
나라 국	설문 囗부	國(국)은 나라[邦(방)]를 뜻한다. 囗(위)와 或(혹)은 모두 의미부분이다.(「國, 邦也. 从囗, 从或.」)					

* 넓은 둘레(囗)로 싸인 일정한 구역(或)에서 '나라'를 뜻한다.

域	土부 총11획	小篆 / 或體 說文解字			區域(구역) 聖域(성역) 海域(해역)	
지경 역		'域'은 '或(혹 혹)'자의 혹체자(或體字)이다.				

* 땅(土)의 일정한 구역(或) 경계에서 '지경'을 뜻한다.

彧	彡부 총10획	설문 없음	小篆 形音義字典		彧彧(욱욱)	
문체 욱						

* 경계 구역(或)을 뚜렷이 가르는 내[川=彡]처럼, 서로의 구역(或)을 지키기 위해 분명히 기록한 글이나 모양[彡]에서 '문체'를 뜻한다.

咸 → 喊 ☆ → 緘 → 鹹 → 減 → 感 → 憾 → 鍼 ☆ → 箴

咸	口부 총9획	甲骨文 乙1988 / 粹425	殷商 金文 咸父乙簋	西周 金文 盂鼎	春秋 金文 秦公簋	小篆 說文解字	咸告(함고) 咸氏(함씨) 咸池(함지)	
다 함	설문 口부	咸(함)은 '모두'라는 뜻이다; 또 '다'라는 뜻이다. 口(구)와 戌(술)은 모두 의미부분이다. 戌은 ('다'라는 뜻의) 悉(실)자와 같다.(「咸, 皆也; 悉也. 从口, 从戌. 戌, 悉也.」)						

* 무기(戌)를 들고 입(口)을 모아 '모두' 죽일 듯이 적을 향해 고함을 치거나, 창(戌)을 든 무당이 입(口)을 벌려 '모든' 죽음을 '다' 명하거나, 막는 데서 '모두' 다'를 뜻한다.

喊	口부 총12획	설문 없음		喊聲(함성) 高喊(고함) 鼓喊(고함)	
소리칠 함					

* 입(口)을 벌려 힘을 다하여(咸) 소리치는 데서 '소리치다'를 뜻한다.

緘	糸부 총15획	金文  毛公鼎	小篆 說文解字		緘封(함봉) 封緘(봉함) 緘口(함구)	
봉할 함	설문 糸부	緘(함)은 상자를 묶는다는 뜻이다. 糸(멱·사)는 의미부분이고, 咸(함)은 발음부분이다.(「緘, 束篋也. 从糸, 咸聲.」)				

※ 끈(糸)으로 상자에 물건을 다(咸) 정리하여 넣고 묶어 '봉함'을 뜻한다.

鹹	鹵부 총20획		小篆  說文解字		鹹水(함수) 鹹鹵(함로) 鹹苦(함고)	
짤 함	설문 鹵부	鹹(함), 짠 맛을 '함'이라고 하는 까닭은 음식이 짜면 입을 꼭 다물기[銜(함)] 때문이다. 북방에 해당하는 맛이다. 鹵(로)는 의미부분이고, 咸(함)은 발음부분이다.(「鹹, 銜也. 北方味也. 从鹵, 咸聲.」)				

※ 소금(鹵)기운이 다(咸) 느껴질 만큼 지나치게 짠맛에서 '짜다'를 뜻한다.

減	水부 총12획	金文  者減鐘	小篆  說文解字		減産(감산) 減俸(감봉) 減量(감량)	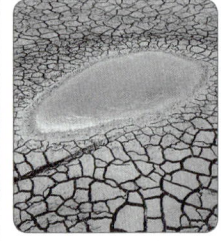
덜 감	설문 水부	減(감)은 줄어든다는 뜻이다. 水(수)는 의미부분이고, 咸(함)은 발음부분이다.(「減, 損也. 从水, 咸聲.」)				

※ 물(氵)이 점점 줄어 결국 다(咸) 없어지는 데서 '덜다' '줄어들다'를 뜻한다.

感	心부 총13획	金文  邵宮盃	小篆 說文解字		感覺(감각) 感激(감격) 感謝(감사)	
느낄 감	설문 心부	感(감)은 사람의 마음을 움직인다는 뜻이다. 心(심)은 의미부분이고, 咸(함)은 발음부분이다.(「感, 動人心也. 从心, 咸聲.」)				

※ 다(咸) 느끼는 마음(心)의 감동을 뜻하여 '느끼다'를 뜻한다.

憾	心부 총16획	설문 없음			憾情(감정) 遺憾(유감) 私憾(사감)	
섭섭할 감						

※ 마음(忄)으로 느낀(感) 원망스런 감정으로 '섭섭하다' '근심'을 뜻한다.

鍼	金부 총17획		小篆  說文解字		鍼術(침술) 鍼灸(침구) 銀鍼(은침)	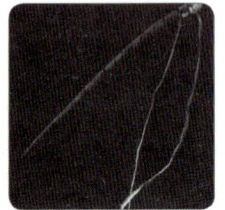
침 침	설문 金부	鍼(침)은 꿰매는 도구(즉 바늘)를 뜻한다. 金(금)은 의미부분이고, 咸(함)은 발음부분이다.(「鍼, 所以縫也. 从金, 咸聲.」)				

※ 길고 가는 쇠(金)끝 구멍에 실을 꿰어 의류를 합쳐 모아(咸) 꿰매는 '침' '바늘'을 뜻한다.

箴	竹부 총15획	戰國 金文	小篆		箴言(잠언) 箴戒(잠계) 箴諫(잠간)	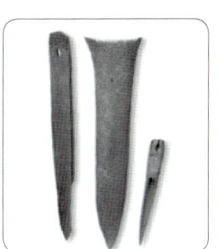
		雲夢法律	說文解字			
경계 잠	설문 竹부	箴(잠)은 옷을 꿰매는 바늘을 뜻한다. 竹(죽)은 의미부분이고, 咸(함)은 발음부분이다.(「箴, 綴衣箴也. 从竹, 咸聲.」)				

※ 쇠가 없을 때 대(竹)로 의류를 모아(咸) 꿰매던 바늘로, 바늘로 따끔하게 찔러 아프게 하던 데서 잘못을 '경계함'의 뜻으로 쓰이고, 鍼(침)이 바늘의 뜻을 대신하였다.

成→城→盛→誠→晟→珹→宬*→箴*→娍*

成	戈부 총7획	甲骨文			西周 金文			成功(성공) 成人(성인) 成果(성과) 成績表(성적표)	
		續6.13.7	前5·10·5	臣辰卣	頌鼎	徝方鼎	克鼎		
		春秋 金文			小篆	古文			
이룰 성	설문 戊부	沈兒鐘	蔡侯申殘鐘	中山王鼎	者汈鐘	說文解字			

成(성)은 이루었다는 뜻이다. 戊(무)는 의미부분이고, 丁(정)은 발음부분이다. 𢦃은 成의 고문(古文)으로 (丁 대신) 午(오)를 썼다.(「𢦃, 就也. 从戊, 丁聲. 𢦃, 古文成, 从午.」)

※ 무기(戊)를 들고 물건을 가르며 뜻을 정하고(丁) 맹세하거나, 무기(戊)를 들고 나아가 못(丁)을 치듯 쳐서 자신의 뜻을 이루는 데서 '이루다' '나아가다' '정하다'를 뜻한다.

城	土부 총10획	甲骨文	西周 金文	春秋 金文			城門(성문) 城壁(성벽) 城郭(성곽)	
		周甲140	班簋	散盤	居簋	吳王光鐘	武城徒戈		
		戰國 金文			小篆	籀文			
재 성	설문 土부	𩰫羌鐘	昌成戈	武城戈	中山王鼎	說文解字			

城(성), 백성들이 많이 모여 살기[盛] 때문이다. 土(토)와 成(성)은 모두 의미부분인데, 成은 발음부분이기도 하다. 𰎼은 城의 주문(籀文)으로 (土 대신) 𠺬을 썼다.(「𩫰, 以盛民也. 从土, 从成, 成亦聲. 𰎼, 籀文城, 从𠺬.」)

※ 흙(土)을 쌓아 이룬(成) 안쪽 '성' '재' '나라'를 뜻한다. 바깥쪽 성은 郭(성 곽)이라 한다.

盛	皿부 총12획	甲骨文	西周 金文	春秋 金文		戰國 金文	小篆	盛大(성대) 盛行(성행) 盛衰(성쇠)	
		後下24.3	史免簠	季良父壺	曾伯簠	盛季壺	胤嗣壺	說文解字	
성할 성	설문 皿부	盛(성)은 곡식을 그릇에 담아 그것을 가지고 제사를 지내는 것이다. 皿(명)은 의미부분이고, 成(성)은 발음부분이다.(「盛, 黍稷在器中以祀者. 从皿, 成聲.」)							

※ 제물을 가득 담아 이루어(成) 놓은 그릇(皿)으로 '성하다' '담다'를 뜻한다.

誠	言부 총14획	戰國 金文	小篆		誠實(성실) 精誠(정성) 誠金(성금)	
		故宮477	說文解字			
정성 성	설문 言부	誠(성)은 信(믿을 신)이다. 言(언)은 의미부분이고, 成(성)은 발음부분이다.(「誠, 信也. 从言, 成聲.」)				

※ 말(言)을 이루도록(成) 참되고 믿음직하게 정성을 다하는 데서 '정성' '진실'이 뜻이 된다.

晟	日부 총11획	小篆  說文解字		(人名字)	
밝을 성	설문 日부	晟(성)은 밝다는 뜻이다. 日(일)은 의미부분이고, 成(성)은 발음부분이다.(「晟, 明也. 从日, 成聲.」)			

※ 해(日)가 완전하게 비춤을 이루어(成) '밝음'을 뜻하며, 주로 사람이름에 사용된다.

瑆	玉부 총11획	설문 없음		瑆玉(성옥)	
옥이름 성					

※ 구슬(玉)이 완전히 아름답게 이루어진(成) '옥 이름'을 뜻한다.

宬	宀부 총10획	甲骨文  周甲37	西周金文 宬伯貴生	小篆 說文解字	宬齋(성재)	
서고 성	설문 宀부	宬(성)은 (물품 등을) 수용하는 집을 뜻한다. 宀(면)은 의미부분이고, 成(성)은 발음부분이다.(「宬, 屋所容受也. 从宀, 成聲.」)				

※ 모든 집(宀)에 책이 잘 갖추어 이루어진(成) 공부하던 '서고'를 뜻한다.

筬	竹부 총13획	설문 없음		(人名字)	
바디 성					

※ 대(竹)로 이루어진(成) 베틀의 날실을 고르고 씨실을 가지런히 치는 '바디'를 뜻한다.

娀	女부 총10획	설문 없음		용례 없음	
아름다울 성					

※ 여자(女)의 몸이 크고 아름답게 이루어진(成) 데서 '아름답다' '헌걸차다'를 뜻한다.

歲 ➡ 濊 ➡ 穢 ☆

歲	止부 총13획	甲骨文						歲月(세월) 歲暮(세모) 歲拜(세배) 歲寒三友 (세한삼우)	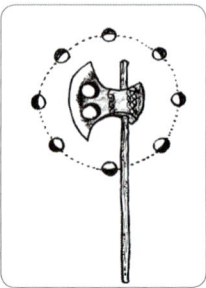

		甲635	佚309	粹188	餘1.1	合7411	花東114		
		殷商金文		西周金文		小篆	籀文		
		智鼎	毛公鼎	甫人盨	吳王光鐘	子禾子釜	說文解字		
해 세	설문 步부	歲(세)는 목성(木星)이다. 28수(宿) 별자리를 지나며 공전(公轉)을 하는데, 12달에 한 번 돈다. 步(보)는 의미부분이고, 戌(술)은 발음부분이다. ≪율력서(律歷書)≫에서는 5성(星)을 5보라고 이름하였다.(「歲, 木星也. 越歷二十八宿, 宣徧陰陽, 十二月一次. 从步, 戌聲. ≪律歷書≫名五星爲五步.」)						

※ 도끼(戌)의 큰 날에 상하구멍 표시인 '止(지)+少'를 겹쳐 步(보)를 뜻하여, 창(戌)으로 농작물을 수확하여 한해가 지나감(步)에서 '해' '나이' 등을 뜻한다.

濊	水부 총16획	戰國 金文 平庵1·239	小篆 說文解字		東濊(동예) 濊貊(예맥) 汚濊(오예)	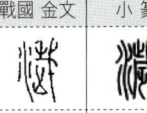
종족이름 예	설문 水부	濊(예)는 물이 많은 모습이다. 水(수)는 의미부분이고, 歲(세)는 발음부분이다.(「𤀴, 水多皃. 从水, 歲聲.」)				

❋ 많은 물(氵)이 여러 해(歲)를 거쳐 쌓여 '더러운' '많은' 물로, '예맥조선(濊貊朝鮮)'의 약칭.

穢	禾부 총18획	설문 없음	小篆 形音義字典		穢土(예토) 穢德(예덕) 穢氣(예기)	
더러울 예		薉(예)를 같은 글자로 보기도 한다. (艸)部 薉(예)는 蕪(거칠 무)이다. 艸(초)는 의미부분이고, 歲(세)는 발음부분이다.(「薉, 蕪也. 从艸, 歲聲.」)				

❋ 벼(禾)농사 밭을 한 해(歲) 묵혀 두어 잡초가 우거짐에서 '거칠다' '더럽다'를 뜻한다.

戔 ➡ 殘 ➡ 棧 ☆ 盞 ➡ 錢 ➡ 箋 ◆ 餞 ☆ 賤 ❀ 淺 ➡ 賤 ➡ 踐

戔	戈부 총8획	甲骨文 乙3774	甲骨文 京津127	春秋 金文 勾踐劍	春秋 金文 伯戔盤	小篆 說文解字	용례 없음	
해할 잔 쌓을 전	설문 戈부	戔(잔)은 해친다는 뜻이다. 두 개의 戈(과)자로 이루어졌다. ≪주서(周書)≫에 이르기를 "교묘한 말을 잘하였다."라고 하였다.(「戔, 賊也. 从二戈. ≪周書≫曰: "戔戔巧言."」)						

❋ 창(戈)으로 상대를 잔인하게 바스러지게 '해침'에서 '적다' '작다' '남다' '얇다'로 쓰인다.

殘	歹부 총12획	小篆 說文解字		殘金(잔금) 殘忍(잔인) 殘虐(잔학)	
남을 잔	설문 歹부	殘(잔)은 해친다는 뜻이다. 歹(대·알)은 의미부분이고, 戔(잔)은 발음부분이다.(「殘, 賊也. 从歹, 戔聲.」)			

❋ 바스러진 뼈(歹)만 남을 정도로 적을 해침(戔)에서 '잔인하다' '남다'를 뜻한다.

棧	木부 총12획	金文 詛楚文	小篆 說文解字	棧橋(잔교) 棧道(잔도) 棧閣(잔각)	
사다리 잔	설문 木부	棧(잔)은 棚(사다리 붕)이다. 대나무로 만든 수레를 棧이라고 한다. 木(목)은 의미부분이고, 戔(잔·전)은 발음부분이다.(「棧, 棚也. 竹木之車曰棧. 从木, 戔聲.」)			

❋ 험한 벼랑에 나무(木)의 작은(戔) 조각을 선반처럼 이어 만든 길인 '잔도'나 '사다리'를 뜻한다.

盞	皿부 총13획	설문 없음	春秋 金文 王子申盞	戰國 金文 大府盞	小篆 形音義字典	盞臺(잔대) 燈盞(등잔) 玉盞(옥잔)	
잔 잔							

❋ 옥으로 작게(戔) 만든 그릇(皿)으로 술을 담아먹는 '잔'을 뜻한다.

錢 	金부 총16획	戰國 金文 錢 雲夢秦律	小篆 錢 說文解字		銅錢(동전) 葉錢(엽전) 換錢(환전)	
돈 전	설문 金부	錢(전)은 가래를 뜻한다. 고대 농기구이다. 金(금)은 의미부분이고, 戔(잔·전)은 발음부분이다. ≪시경(詩經)≫에 이르기를 "가래와 호미를 마련토록 하시오."라고 하였다.(「錢, 銚也. 古田器. 从金, 戔聲. ≪詩≫曰: "庤乃錢鎛."」)				

✽ 쇠(金)로 만든 작고 얇은(戔) '돈'을 뜻하나, 본뜻은 쇠(金)로 흙덩이를 작게(戔) 부수거나 파내는 된 농기구로, 무게의 단위로 쓰이던 데에서 화폐의 단위를 뜻하게 되었다.

箋 	竹부 총14획		小篆 箋 說文解字		箋文(전문) 華箋(화전) 處方箋(처방전)	
기록할 전	설문 竹부	箋(전)은 (책 내용에 대한 자신의 의견 등을) 표시하는 글을 뜻한다. 竹(죽)은 의미부분이고, 戔(잔·전)은 발음부분이다.(「箋, 表識書也. 从竹, 戔聲.」)				

✽ 얇은 죽간(竹)에 간단하고 작은(戔) 내용을 기록하여 두는 데서 '기록하다' '편지'를 뜻한다.

餞 	食부 총17획		小篆 餞 說文解字		餞送(전송) 餞別(전별) 餞春(전춘)	
보낼 전	설문 食부	餞(전)은 (음식을 대접하여) 송별(送別)한다는 뜻이다. 食(식)은 의미부분이고, 戔(전·잔)은 발음부분이다. ≪시경(詩經)≫에 이르기를 "현보(顯父)가 전송하였네."라고 하였다.(「餞, 送去也. 从食, 戔聲. ≪詩≫曰: "顯父餞之."」)				

✽ 떠나는 사람에게 잔치의 남은 음식(食)을 조금(戔)씩 '보내어' '전별함'을 뜻한다.

牋 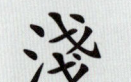	片부 총12획	설문 없음	小篆 牋 形音義字典		牋翰(전한) 牋啓(전계) 牋奏(전주)	
편지 전						

✽ 널조각(片)에 중요 내용을 작게(戔) 요약하여 황후·태자에게 올리던 글에서 '편지'를 뜻한다.

淺 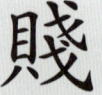	水부 총11획	金文 淺 越王句踐劍	小篆 淺 說文解字		淺薄(천박) 淺近(천근) 淺學(천학)	
얕을 천	설문 水부	淺(천)은 (물이) 깊지 않다는 뜻이다. 水(수)는 의미부분이고 戔(잔·전)은 발음부분이다.(「淺, 不深也. 从水, 戔聲.」)				

✽ 물(氵)의 양이 적어(戔) 깊지 않아 얕은 물에서 '얕다'를 뜻한다.

賤	貝부 총15획	戰國 金文 賤 相邦儀戈	小篆 賤 說文解字		賤民(천민) 賤視(천시) 賤待(천대)	
천할 천	설문 貝부	賤(천)은 값이 싸다는 뜻이다. 貝(패)는 의미부분이고, 戔(잔·전)은 발음부분이다.(「賤, 賈少也. 从貝, 戔聲.」)				

✽ 돈(貝)이 적어(戔) 사람이 '천함', 또는 돈(貝)이 적게(戔) 드는 싼 물건에서 '천함'을 뜻한다.

踐	足부 총15획	戰國 金文	小篆			實踐(실천) 踐踏(천답) 踐行(천행)
		雲夢封診	說文解字			
밟을 천	설문 足부	踐(천)은 밟는다는 뜻이다. 足(족)은 의미부분이고, 戔(잔·전)은 발음부분이다.(「踐, 履也. 从足, 戔聲.」)				

* 발(足)로 밟아 작게(戔) 부수거나 해침(戔)에서 '밟다'를 뜻한다.

戋 (=㦿) → 哉 → 栽 → 裁 → 載 → 戴 → 截 ☆ → 鐵

戋	戈부 총7획	甲骨文	西周 金文	春秋 金文	戰國 金文	小篆	용례 없음
		乙7795	粹39	禹 鼎	戋叔鼎	魚鼎匕	說文解字
손상할 재	설문 戈부	戋(재)는 상해(傷害) 입힌다는 뜻이다. 戈(과)는 의미부분이고, 才(재)는 발음부분이다.(「戋, 傷也. 从戈, 才聲.」)					

* 초목의 싹(才)을 창(戈)으로 해침(戋=㦿)에서 '손상하다' '해치다' '자르다' '나누다'를 뜻한다.

哉	口부 총9획	西周 金文	春秋 金文	戰國 金文	小篆		快哉(쾌재) 哉生明(재생명)
		禹 鼎	邾公華鐘	中山王鼎	說文解字		
어조사 재	설문 口부	哉(재)는 말의 사이(를 표시하는 허사)를 뜻한다. 口(구)는 의미부분이고, 戋(재)는 발음부분이다.(「哉, 語之閒也. 从口, 戋聲.」)					

謂語助者 焉哉乎也

* 말(口)과 말 사이를 자른(戋) 사이에 들어가 잠시 쉬는 말에서 '어조사'를 뜻한다.

栽	木부 총10획	甲骨文	金文	小篆		栽培(재배) 盆栽(분재) 植栽(식재)
		屯4325	曹卹父鼎	說文解字		
심을 재	설문 木부	栽(재)는 담을 쌓을 때 쓰는 긴 널빤지를 뜻한다. 木(목)은 의미부분이고, 戋(재)는 발음부분이다. ≪춘추좌전(春秋左傳)·애공(哀公) 원년(元年)≫에 이르기를 '초(楚)나라가 채(蔡)나라를 포위하고, 그 성(城)에서 1리(里) 떨어진 곳에 보루(堡壘)를 쌓았다.'라고 하였다.(「栽, 築牆長版也. 从木, 戋聲. ≪春秋傳≫曰: '楚圍蔡, 里而栽.'」)				

* 땅을 자르듯(戋) 파고 나무(木)를 '심음', 또는 가른(戋) 나무(木) 사이에 담을 쌓는 '담틀'을 뜻한다.

裁	衣부 총12획	西周 金文	小篆			裁斷(재단) 裁縫(재봉) 裁判(재판)
		師寰簋	說文解字			
옷마를 재	설문 衣부	裁(재)는 옷을 마름질한다는 뜻이다. 衣(의)는 의미부분이고, 戋(재)는 발음부분이다.(「裁, 制衣也. 从衣, 戋聲.」)				

* 옷을 만들기 위해 자르는(戋)에서 옷감(衣)에서 '옷 마르다' '옷을 짓다'를 뜻한다.

載	車부 총13획	戰國 金文				小篆	登載(등재) 揭載(게재) 積載函(적재함)
		坪夜君鼎	鄂君車節	鄘侯簋	中山王壺	說文解字	
실을 재	설문 車부	載(재)는 마차를 탄다는 뜻이다. 車(거·차)는 의미부분이고, 戋(재)는 발음부분이다.(「載, 乘也. 从車, 戋聲.」)					

* 물건을 나누어(戋) 잘 구분하여 수레(車)에 실음에서 '싣다' '타다'를 뜻한다.

戴	戈부 총17획	戰國 金文	小篆	籒文		奉戴(봉대) 推戴(추대) 戴冠式(대관식)
		十鐘印擧	說文解字			
일 대 異부	설문 異부	戴(대), 물건을 나누고 덤으로 받는 것을 戴라고 한다. 異(이)는 의미부분이고, 𢦔(재)는 발음부분이다. 纛는 戴의 주문(籒文)이다.(「纛, 分物得增益曰戴. 从異, 𢦔聲. 纛, 籒文戴.」)				

※ 물건을 나누어(𢦔) 기이한 가면을 머리에 쓰듯(異) 머리에 이는 데서 '이다' '받들다'를 뜻한다.

截	戈부 총14획	甲骨文	小篆		截斷(절단) 截取(절취) 橫截(횡절)
		屯2232	說文解字		
끊을 절	설문 戈부	截(절)은 끊는다는 뜻이다. 戈(과)는 의미부분이고, 雀(작)은 발음부분이다.(「截, 斷也. 从戈, 雀聲.」)			

※ 한 번에 잘라(𢦔) 새(隹)처럼 작게 하는 데서 '자르다' '끊다'를 뜻한다.

鐵	金부 총21획	戰國 金文	小篆	或體	古文	鐵鋼(철강) 鐵工(철공) 鐵道(철도)
		集證143	說文解字			
쇠 철	설문 金부	鐵(철)은 검은 쇠를 뜻한다. 金(금)은 의미부분이고, 𢧜(질)은 발음부분이다. 鐵은 鐵의 혹체자(或體字)로 생략형이다. 銕은 鐵의 고문(古文)으로 (𢧜 대신) 夷(이)를 썼다.(「鐵, 黑金也. 从金, 𢧜聲. 鐵, 鐵或省. 銕, 古文鐵, 从夷.」)				

※ 금속(金) 중에서 땅을 갈라(𢦔) 파면 쉽게 드러나(呈) 빠르고(𢧜:빠를 질) 쉽게 얻어지는 '쇠'.
※파자: 쇠(金)로 열(十)개 이상 창(戈)을 만들려면 입(口)으로 왕(王)에게 아뢰던 귀한 '쇠'.

𢦔 … 韭 … 鐵 → 懺 → 識 ☆ → 籤 → 殲 → 纖

𢦔	戈부 총8획	甲骨文			戰國 金文	小篆	용례 없음
		合1086	乙2260	甲868	包山167	說文解字	
끊을 섬/첨	설문 戈부	𢦔(첨)은 끊는다는 뜻이다. 일설에는 농기구를 뜻한다고도 한다. 두 사람[从(종)]이 창[戈(과)]을 들고 있다는 의미이다. 고문(古文)에서는 咸(함)이라고 읽는다. 발음은 ≪시경(詩經)≫에서 '갓 시집온 가늘고 고운 손'이라고 할 때의 攕(섬)자처럼 읽는다.(「𢦔, 絕也. 一曰田器. 从从持戈. 古文讀若咸. 讀若≪詩≫云: "攕攕女手."」)					

※ 두 사람(从)을 창(戈)으로, 신체의 일부를 자르거나 찔러 죽임에서 '끊다'를 뜻한다.
 ※殲(섬)의 본자(本字).

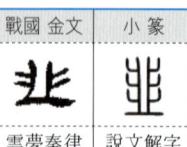

韭	韭부 총9획	戰國 金文	小篆	韭菹(구저) 韭黃(구황)
		雲夢秦律	說文解字	
부추 구	설문 韭부	韭(구)는 채소의 이름이다. 한번 심으면 오래가므로[久(구)], 그래서 부추[韭]를 '구'라고 부르는 것이다. (非는 부추를 그린) 상형이고, ㅡ 위에 있다. ㅡ은 땅을 뜻한다. 이것과 㞢(시초 단)(가운데 있는 ㅡ)과는 같은 뜻이다. 무릇 韭부에 속하는 글자들은 모두 韭를 의미부분으로 삼는다.(「韭, 菜名. 一種而久者, 故謂之韭. 象形, 在一之上. 一, 地也. 此與㞢同意. 凡韭之屬皆从韭.」)			

※ 수북한 줄기(非)가 땅(ㅡ) 위에 자라는 '부추'를 뜻한다.

	韭부 총17획	戰國 金文 雲夢爲吏	小篆 說文解字		용례 없음	
산부추 **섬**	설문 韭부	䜌(섬)은 산부추이다. 韭(구)는 의미부분이고, 뫄(첨)은 발음부분이다.(「䜌, 山韭也. 从韭, 䜌聲.」)				

※ 사람이 모인(从) 것처럼 부추(韭)가 무리지어 창(戈)처럼 길게 자라는 '산부추'를 뜻한다.

	心부 총20획	설문 없음	小篆 形音義字典	懺悔(참회) 懺洗(참세) 懺禮(참례)	
뉘우칠 **참**					

※ 지난 실수로 마음(忄)이 난잡하게 엉긴 산부추(䜌)처럼 복잡하여 고민하고 '뉘우침'을 뜻한다.

讖	言부 총24획	小篆 說文解字		讖書(참서) 圖讖(도참) 讖言(참언)	
예언 **참**	설문 言부	讖(참), 비결(秘訣)을 '참'이라고 하는 까닭은 증거가 나타나기[驗(험)] 때문이다. 言(언)은 의미부분이고, 䜌(섬)은 발음부분이다.(「讖, 驗也. 从言, 䜌聲.」)			

※ 말(言)로 조심히 난잡한 산부추(䜌)처럼 복잡한 미래를 말하는 데서 '예언'을 뜻한다.

籤	竹부 총23획	戰國 金文 雲夢爲吏	小篆 說文解字		抽籤(추첨) 當籤(당첨) 籤紙(첨지)	
제비 **첨**	설문 竹부	籤(첨)은 증험(證驗)한다는 뜻이다. 일설에는 날카롭다는 뜻이라고도 하고, 또 꿰뚫는다는 뜻이라고도 한다. 竹(죽)은 의미부분이고, 䜌(섬)은 발음부분이다.(「籤, 驗也. 一曰:銳也; 貫也. 从竹, 䜌聲.」)				

※ 대(竹) 산가지를 산부추(䜌)처럼 모아 꽂아 길흉을 적어 뽑아 시험하는 '제비' '점대'를 뜻한다.

殲	歹부 총21획	小篆 說文解字		殲滅(섬멸) 殲撲(섬박) 珍殲(진섬)	
다죽일 **섬**	설문 歹부	殲(섬)은 끝까지 다했다는 뜻이다. 歹(알)은 의미부분이고, 䜌(섬)은 발음부분이다. ≪춘추전(春秋傳)≫에 이르기를 "제(齊)나라 사람들이 수(遂)나라에서 모두 죽었다"라고 하였다.(「殲, 微盡也. 从歹, 䜌聲. ≪春秋傳≫曰: "齊人殲于遂."」)			

※ 죽음(歹)이, 모여 자라는 산부추(䜌)처럼 모두에게 이르도록 '다 죽이다'를 뜻한다.

纖	糸부 총23획	小篆 說文解字		纖柔(섬유) 纖細(섬세) 合纖(합섬)	
가늘 **섬**	설문 糸부	纖(섬)은 (실이) 가늘다는 뜻이다. 糸(멱·사)는 의미부분이고, 䜌(섬)은 발음부분이다.(「纖, 細也. 从糸, 䜌聲.」)			

※ 실(糸)이 가늘고 긴 산부추(䜌)처럼 가는 데서 '가늘다' '곱다'를 뜻한다.

263

甲 → 匣 → 岬 → 鉀 → 閘 ☆ → 押 → 鴨

		甲骨文					殷商 金文	
甲	田부 총5획	十	田	十	田	十		甲富(갑부) 甲殼類(갑각류) 甲狀腺(갑상선)
		後上5.1	佚585	粹85	甲2667	且甲卣		
		西周 金文			小篆	古文		
		十	田	日	甲	𠇷		
		頌鼎	戍方鼎	兮甲盤	說文解字			
갑옷 **갑**	설문 甲부	甲(갑), 동방은 오방(五方)의 시작으로, 양기(陽氣)가 움직이기 시작한다. 나무 꼭대기에 딱딱한 껍질을 입힌 모양이다. 일설에는 사람의 머리가 마땅히 제일 으뜸이므로, 甲은 사람의 머리를 그린 것이라고도 한다. 무릇 甲부에 속한 글자들은 모두 甲을 의미부분으로 삼는다. 𠇷은 甲의 고문(古文)으로, 十(십)에서 시작하여, 千(천)에서 나타나며, 木(목)에서 이루어지는 모양이다.(「甲, 東方之孟, 陽气萌動. 从木戴孚甲之象. 一曰:人頭宜爲甲, 甲象人頭. 凡甲之屬皆从甲. 𠇷, 古文甲, 始於十, 見於千, 成於木之象.」)						

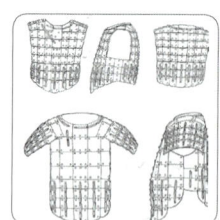

✱ 쇠붙이나 거북껍질인 갑편을 이어 붙여 만들어 입던 '갑옷'을 뜻한다. ※:十·田은 甲과 같음.

		小篆		
匣	⼕부 총7획	匣 說文解字		手匣(수갑) 紙匣(지갑) 文匣(문갑)
갑 **갑**	설문 ⼕부	匣(갑)은 匱(함 궤)다. ⼕(방)은 의미부분이고, 甲(갑)은 발음부분이다.(「匣, 匱也. 从⼕, 甲聲.」)		

✱ 물건을 가려 보관하는 상자(⼕)처럼 몸을 보호하는 갑옷(甲)에서 '갑' '궤'를 뜻한다.

岬	山부 총8획	설문 없음		岬寺(갑사) 岬角(갑각) 長山岬(장산갑)
곶 **갑**				

✱ 갑편(甲) 사이처럼 산(山)사이나 산허리를 뜻하던 글자로, 바다로 뻗은 육지인 '곶'을 뜻한다.

鉀	金부 총13획	설문 없음		貫鉀(관갑) 皮鉀(피갑) 被鉀(피갑)
갑옷 **갑**				

✱ '甲'이 천간으로 쓰이자 쇠(金)를 더해, 쇠(金)로 만든 철갑옷(甲)인 '갑옷'을 뜻한다.

		小篆		
閘	門부 총13획	閘 說文解字		閘門(갑문) 閘頭(갑두) 閘夫(갑부)
수문 **갑**	설문 門부	閘(갑)은 문을 열고 닫는다는 뜻이다. 門(문)은 의미부분이고, 甲(갑)은 발음부분이다.(「閘, 開閉門也. 从門, 甲聲.」)		

✱ 물을 보호하고 조절하는 문(門)으로, 몸을 보호하는 갑옷(甲)처럼 견실한 '수문'을 뜻한다.

	手部 총8획	설문 없음	小篆  形音義字典		押釘(압정) 押收(압수) 押送(압송)
누를 압		≪설문해자≫에는 '押'(압)자가 보이지 않는다. ≪옥편(玉篇)≫에서는 "押은 서명한다는 뜻이다.(「押, 署也.」)"라고 하였다.			

✽ 손(扌)에 색을 묻혀 갑옷(甲)처럼 단단히 눌러 도장처럼 찍는 '수결'에서 '누르다'를 뜻한다.

	鳥部 총16획		小篆  說文解字		水鴨(수압) 鴨黃(압황) 鴨綠江(압록강)	
오리 압	설문 鳥부	鴨(압)은 집오리이다. 속칭(俗稱) 鴨이라고 부른다. 鳥(조)는 의미부분이고, 甲(갑)은 발음부분이다.(「鴨, 鶩也. 俗謂之鴨. 从鳥, 甲聲.」)				

✽ 합합(呷呷:呷=甲) 하고 우는 새(鳥)에서 '오리'를 뜻한다.

申 ➡ 伸 ➡ 神 ➡ 紳 ➡ 呻 ☆ ➡ 坤

	田부 총5획		甲骨文					殷商金文	申告(신고) 申請(신청) 內申(내신) 甲申年(갑신년)	
			前4.4.1	申2647	粹1474	粹174	前7·35·1	宰楲角		
		殷商 金文		西周 金文		戰國 金文	小篆	籒文		
		克鼎	寬兒鼎		戈叔鼎		說文解字			
납(원숭이) 신	설문 申부	申(신)이 아홉 번째 지지(地支)로 쓰이는 까닭은 신령스럽기[神(신)] 때문이다. 7월에 음기가 이루어지면, 그 몸이 스스로 늘어났다[伸(신)] 줄어들었다 한다. 臼(곡)은 의미부분으로, 스스로 잡고 있다는 뜻이다. 관리들은 신시(申時, 오후 3시~5시)에 저녁을 먹을 때 사무를 보는데, 이것은 아침에 벌여놓은[申] 업무를 마무리 짓기 위함이다. 무릇 申부에 속하는 글자들은 모두 申을 의미부분으로 삼는다. ❸은 申의 고문(古文)이다. ❸은 申의 주문(籒文)이다.(「申, 神也. 七月, 陰气成, 體自申束. 从臼, 自持也. 吏臣餔時聽事, 申旦政也. 凡申之屬皆从申. ❸, 古文申. ❸, 籒文申.」)								

✽ 번개가 내리치며 갈라져 펼쳐지는 모양에서 '펴다'가 뜻이나, 지지로 '납(원숭이)'을 뜻한다.

	人부 총7획		小篆  說文解字		伸縮(신축) 伸張(신장) 伸理(신리)	
펼 신	설문 人부	伸(신)은 굽었다 폈다 할 때의 '펴다'라는 뜻이다. 人(인)은 의미부분이고, 申(신)은 발음부분이다.(「伸, 屈伸. 从人, 申聲.」)				

✽ 사람(亻)이 몸을 펼쳐(申) '기지개'를 펴는 데서 '펴다'를 뜻한다.

	示부 총10획	甲骨文		西周 金文		戰國 金文	小篆	神仙(신선) 神靈(신령) 神父(신부)
		前4.4.1	齊家村骨	伯冬戈簋	癲鐘	克鼎	陳貝方簋	說文解字	
귀신 신	설문 示부	神(신)은 천신(天神)으로, 만물을 이끌어내는 분이다. 示(시)와 申(신)은 모두 의미부분이다.(「神, 天神, 引出萬物者也. 从示·申.」)						

✽ 신(示)이 하늘에서 번개(申)를 펼쳐 내리듯, 만물을 만드는 하늘의 신에서 '귀신'을 뜻한다.

紳	糸부 총11획	小篆  說文解字		紳士(신사) 紳商(신상) 紳笏(신홀)	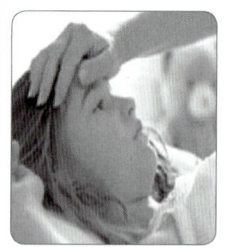
띠 **신**	설문 糸부	紳(신)은 큰 띠를 뜻한다. 糸(멱·사)는 의미부분이고, 申(신)은 발음부분이다.(「紳, 大帶也. 从糸, 申聲.」)			

✻ 늘어뜨린 실(糸)처럼 펼쳐(申) 내린 예복의 양쪽에 '묶어' 늘어뜨린 큰 '띠'를 뜻한다.

呻	口부 총8획	戰國 金文  上博子羔	小篆 說文解字	呻吟(신음) 呻呼(신호)	
읊조릴 **신**	설문 口부	呻(신)은 吟(읊을 음)이다. 口(구)는 의미부분이고, 申(신)은 발음부분이다.(「呻, 吟也. 从口, 申聲.」)			

✻ 입(口)에서 펼쳐(申) 늘어져 나오는 소리로, 아파서 '신음'하거나 '읊조림'을 뜻한다.

坤	土부 총8획	戰國 金文  璽彙1263	小篆  說文解字	乾坤(건곤) 坤德(곤덕) 坤卦(곤괘)	
따(땅) **곤**	설문 土부	坤(곤)은 땅을 뜻한다. ≪주역(周易)≫의 괘(卦) 이름이다. 土(토)와 申(신)은 모두 의미부분이다. 土의 자리는 申에 있다.(「坤, 地也. ≪易≫之卦也. 从土, 从申. 土位在申.」)			

✻ 흙(土)이 펼쳐진(申) 땅을 뜻하여 '따(땅)'를 뜻한다.

甾⋯⋯由➡油➡柚➡釉✢➡袖➡岫✢➡宙➡冑➡胃✢➡紬☆➡抽➡笛➡迪✢➡軸

甾	田부 총8획	甲骨文		西周金文		小篆	古文	용례 없음	
							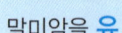		
		豆閉篡	不其簋	亞鱳曆鼎	豆閉篡	不嬰簋	魯伯大父簋 說文解字		
액체담는그릇 **치**	설문 甾부	甾(치), 초(楚) 지방 동부 지역에서는 액체를 담는 그릇[缶(장군 부)]을 이름하여 甾라고 한다. 상형(象形)이다. 무릇 甾부에 속하는 글자들은 모두 甾를 의미부분으로 삼는다. 는 고문(古文)이다.(「甾, 東楚名缶曰甾. 象形. 凡甾之屬皆从甾. , 古文.」)							

✻ 액체를 담을 수 있도록 대그릇 모양의 와(瓦)기로 만든 '액체 담는 그릇'을 뜻한다. ※甾=由

由	田부 총5획	설문 없음	金文  郭店城之	小篆  秦篆	理由(이유) 緣由(연유) 由來(유래)	
말미암을 **유**		≪설문해자≫에는 '由'자가 보이지 않는다. ≪이아(爾雅)·석고(釋詁)≫를 보면 "由는 '⋯⋯로부터'라는 뜻이다.(「由, 自也.」)"라고 하였다.				

✻ 대를 쪼개어 삼태기처럼 만든 대그릇으로 여러 가지 용도로 사용되어 '말미암다'를 뜻한다.
　※파자:씨앗은 밭(田)을 말미암아 싹이 뚫고(丨) 나는 데서 '말미암다'를 뜻한다.

油	水부 총8획	小篆 說文解字		石油(석유) 油田(유전) 原油(원유)	
기름 **유**	설문 水부	油(유)는 강의 이름이다. 무릉군(武陵郡) 잔릉현(孱陵縣) 서쪽에서 발원하여, 동남(東南)쪽으로 흘러서 장강(長江)으로 들어간다. 水(수)는 의미부분이고, 由(유)는 발음부분이다.(「油, 水. 出武陵孱陵西, 東南入江. 从水, 由聲.」)			

✻ 물(氵)같이 식물의 씨를 대그릇(由)에 담아 눌러 짜낸 액체나, 동물의 지방인 '기름'을 뜻한다.
　※파자:물(氵)같은 액체로 과일 같은 열매나 씨를 말미암아(由) 나오는 '기름'을 뜻한다.

柚	木부 총9획	小篆  說文解字		柚酒(유주) 柚子(유자) 柚子茶(유자차)	
유자 유	설문 木부	柚(유)는 유자나무이다. 등자(橙子)와 비슷한데 신맛이 난다. 木(목)은 의미부분이고, 由(유)는 발음부분이다. ≪하서(夏書)≫에 이르기를 "그들은 보자기에 귤과 유자를 싸서 바쳤다."라고 하였다.(「柚, 條也. 似橙而酢. 从木, 由聲. ≪夏書≫曰: "厥包橘柚."」)			

※ 나무(木)에 귤과 비슷하고 둥근 대그릇(甾=由:장군 치)처럼 생긴 열매가 열리는 '유자'나무를 뜻한다.
　※액체를 담는 그릇 甾와 由는 뜻이 같다. 술통은 卣(술통 유)라 한다.

秞	禾부 총10획	설문 없음		용례 없음	
무성할 유					

※ 벼(禾)나 기장 등 곡식이 대그릇(由)에 많이 담겨있는 데서 '무성하다'를 뜻한다.

袖	衣부 총10획	戰國 金文   雲夢封診　信陽楚簡	小篆　俗字 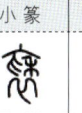 說文解字	袖口(수구) 袖手傍觀 (수수방관)	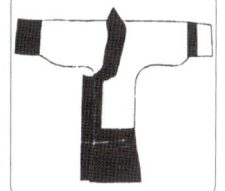
소매 수	설문 衣부	褎(수)는 소매를 뜻한다. 衣(의)는 의미부분이고, 采(이삭 수)는 발음부분이다. 袖는 褎의 속자(俗字)로 (采 대신) 由(유)를 썼다.(「褎, 袂也. 从衣, 采聲. 袖, 俗褎, 从由.」)			

※ 옷(衤)에서 손의 출입을 말미암는(由) 곳인 '소매'를 뜻한다.

岫	山부 총8획	戰國 金文  廿五年戈	小篆　籒文  說文解字	※峀와 同字	岫雲(수운)	
산굴 수	설문 山부	岫(수)는 산의 굴을 뜻한다. 山(산)은 의미부분이고, 由(유)는 발음부분이다. 𥨍는 주문(籒文)으로 (山 대신) 穴(혈)을 썼다.(「岫, 山穴也. 从山, 由聲. 𥨍, 籒文从穴.」)				

※ 산(山)의 중앙이 낮고 주변이 대그릇(由)처럼 높은 '산봉우리'에 있는 '산굴'을 뜻한다.

宙	宀부 총8획	甲骨文  乙763	小篆  說文解字	宙水(주수) 宇宙(우주) 宇宙船(우주선)	
집 주	설문 宀부	宙(주)는 배나 수레의 종착지를 뜻한다. 또 집의 지붕을 덮는 동량(棟梁)을 뜻한다. 宀(면)은 의미부분이고, 由(유)는 발음부분이다.(「宙, 舟輿所極覆也. 从宀, 由聲.」)			

※ 지붕(宀)을 올린 곳에 차나 수레가 말미암아(由) 머무는 '집'이나, 지붕에 덮인 들보에서 세상을 덮은 '우주'를 뜻한다.

胄	肉부 총9획	小篆 說文解字		胄裔(주예) 胄胤(주윤) 國胄(국주)	
자손 주	설문 肉부	胄(주)는 자손이 뒤를 잇는다는 뜻이다. 肉(육)은 의미부분이고, 由(유)는 발음부분이다.(「胄, 肩也. 从肉, 由聲.」)			

※ 선조에 말미암아(由) 태어난 몸(月)인 '자손'으로, 투구 모양 冑(투구 주)와 주의해야 한다.

胄	冂부 총9획	甲骨文	殷商 金文	西周 金文		戰國 金文	小篆	甲胄(갑주) 胄題(주제)	
		合10406	周甲174	胄 鼎	小盂鼎	乍父母簋	中山王方壺	說文解字	
투구 **주**	설문 目부	胄(주)는 투구를 뜻한다. 冃(모)는 의미부분이고, 由(유)는 발음부분이다. 䩜는 ≪사마법(司馬法)≫에서의 胄자는 (冃 대신) 革(혁)을 썼다.(「胄, 兜鍪也. 从冃, 由聲. 䩜, ≪司馬法≫胄从革.」)							

✻ 대바구니(由) 모양의 두건(冃:머리수건 모)처럼 쓰는 '투구'를 뜻한다.

紬	糸부 총11획	戰國 金文	小篆			紬緞(주단) 紬繹(주역) 明紬(명주)	
		雲夢日乙	說文解字				
명주 **주**	설문 糸부	紬(주)는 굵은 실로 만든 비단을 뜻한다. 糸(멱·사)는 의미부분이고, 由(유)는 발음부분이다.(「紬, 大絲繒也. 从糸, 由聲.」)					

✻ 거친 실(糸)을 뽑아 대바구니(由)처럼 거칠고 두텁게 짠 비단인 '명주'를 뜻한다.

抽	手부 총8획	小篆	或體			抽象化(추상화) 抽出(추출) 抽籤(추첨)	
			說文解字				
뽑을 **추**	설문 手부	擂(추)는 끌어당긴다는 뜻이다. 手(수)는 의미부분이고, 留(류)는 발음부분이다. 紬는 擂의 혹체자로 (留 대신) 由(유)를 썼다. 䌷(추)는 擂의 혹체자로 (留 대신) 秀(수)를 썼다.(「擂, 引也. 从手, 留聲. 紬, 擂或从由. 䌷, 擂或从秀.」)					

✻ 손(扌)으로 삼태기(由)의 담긴 불순물을 '가리거나' 골라 '뽑음'을 뜻한다.

笛	竹부 총11획	小篆				汽笛(기적) 警笛(경적) 號笛(호적)	
		說文解字					
피리 **적**	설문 竹부	笛(적)은 구멍이 7개인 피리를 뜻한다. 竹(죽)은 의미부분이고, 由(유)는 발음부분이다. 강족(羌族)의 피리는 구멍이 3개이다.(「笛, 七孔筩也. 从竹, 由聲. 羌笛三孔.」)					

✻ 대(竹)에 일정한 법에 말미암아(由) 구멍을 뚫어 변함없는 소리를 내는 '피리'를 뜻한다.

迪	辵부 총9획	戰國 金文	小篆			迪哲(적철) 迪簡(적간)	
		包山129	說文解字				
나아갈 **적**	설문 辵부	迪(적)은 인도(引導)한다는 뜻이다. 辵(착)은 의미부분이고, 由(유)는 발음부분이다.(「迪, 道也. 从辵, 由聲.」)					

✻ 삼태기(由)에 물건을 담아가는(辶) 데서 '나아가다'를 뜻한다.

軸	車부 총12획	小篆				主軸(주축) 地軸(지축) 車軸(차축)	
		說文解字					
굴대 **축**	설문 車부	軸(축)은 수레바퀴를 지탱한다는 뜻이다. 車(거·차)는 의미부분이고, 由(유)는 발음부분이다.(「軸, 持輪也. 从車, 由聲.」)					

✻ 수레(車)바퀴 가운데 구멍에 가로로 끼운 축에 말미암아(由) 굴러가게 하는 '굴대'를 뜻한다.

田→甸→苗→描→猫→錨 ✣ 男→界→細⋯畏→猥⋯累→螺→騾 ✣ 儡→壘

	田부 총5획	甲骨文			殷商 金文		西周金文		小篆	田畓(전답) 田園(전원) 油田(유전)
		菁1.1	拾6.1	粹1223	告田觶	令簋		散盤	說文解字	
밭 전	설문 田부	田(전), 밭을 '전'이라고 하는 까닭은 (밭은) 펼쳐져[陳(진)] 있기 때문이다. 곡식을 심는 곳을 田이라고 한다. (口)는 사방의 경계를 그린 것이고, 十은 밭의 이랑을 그린 것이다. 무릇 田 부에 속하는 글자들은 모두 田을 의미부분으로 삼는다.(「⊕, 陳也. 樹穀曰田. 象四口; 十, 阡陌之制也. 凡田之屬皆从田.」)								

※ 경계가 분명한 농토인 '밭'으로 삶의 터전을 뜻하며, 畾(밭갈피/성채 뢰)의 약자로도 쓴다.

	田부 총7획	西周 金文	戰國 金文	小篆		畿甸(기전) 甸役(전역) 甸人(전인)
		克鐘	包山186	說文解字		
경기(京畿) 전	설문 田부	甸(전)은 천자가 경작하는 왕성(王城) 500리 이내의 땅을 뜻한다. 田(전)과 包(포)의 생략형은 모두 의미부분이다.(「⊕, 天子五百里地. 从田, 包省.」)				

※ 천자가 있는 성 주위 500리 안쪽을 감싸고(勹) 있는 천자의 밭(田)을 '경기'라고 한다.

	艸부 총9획	甲骨文			殷商 金文		戰國 金文	小篆	苗木(묘목) 苗種(묘종) 育苗(육묘)
		合集900	合集19431	合集10057	苗母丁鼎	苗父乙尊	十鐘印舉	說文解字	
싹 묘	설문 艸부	苗(묘)는 밭에서 자라난 풀을 뜻한다. 艸(초)와 田(전)은 모두 의미부분이다.(「苗, 艸生於田者. 从艸, 从田.」)								

※ 채소나 풀(艹)의 싹이 밭(田)에서 돋아나는 데서 '싹' '모'를 뜻한다.

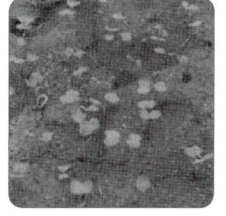

	手부 총12획	설문 없음	小篆		描寫(묘사) 描法(묘법) 素描(소묘)
			形音義字典		
그릴 묘					

※ 손(扌)으로 처음인 싹(苗)처럼, 기본 모양을 놓고 문질러 모양을 '그리는' 그림을 뜻한다.

	犬부 총12획	小篆	※貓(묘)와 同字(동자).	猫柔(묘유) 猫項懸鈴 (묘항현령)
		說文解字		
고양이 묘	설문 豸부	貓(묘)는 살쾡이의 일종이다. 豸(치)는 의미부분이고, 苗(묘)는 발음부분이다.(「貓, 貍屬. 从豸, 苗聲.」)		

※ 짐승(犭) 중에 울음소리가 '미아오(苗:miao)'하고 몸이 싹(苗)처럼 유연한 '고양이'를 뜻한다.

	金부 총17획	설문 없음	小篆	錨地(묘지) 錨纜(묘람)
			形音義字典	
닻 묘				

※ 배를 정박하는, 쇠(金)로 땅에 붙은 싹(苗)처럼 줄에 매어 물밑 땅에 가라앉히는 '닻'을 뜻한다.

男

田부 총7획 · 사내 남 · 설문 男부

甲骨文			西周 金文		春秋 金文	小篆
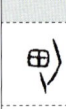	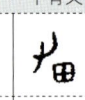	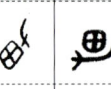				
鐵132.2	前8.7.1	林2.22.12	矢方彝	師寰簋	郜公匜	說文解字

男子(남자) / 男便(남편) / 男妹(남매)

男(남)은 성년 남자를 뜻한다. 田(전)과 力(력)은 모두 의미부분이다. 남자가 밭에서 힘을 쓴다는 말이다. 무릇 男부에 속하는 글자들은 모두 男을 의미부분으로 삼는다.(「男, 丈夫也. 从田, 从力. 言男子力於田也. 凡男之屬皆从男.」)

✻ 밭(田)에 나가 쟁기(力)로 밭을 가는 '남자'에서 '사내'를 뜻한다. 力(력)은 농기구의 모양이다.

界

田부 총9획 · 지경 계 · 설문 田부

戰國 金文	小篆

雲夢法律	說文解字

境界(경계) / 世界(세계) / 仙界(선계)

界(계)는 (밭의) 경계(境界)를 뜻한다. 田(전)은 의미부분이고, 介(개)는 발음부분이다.(「界, 境也. 从田, 介聲.」)

✻ 논밭(田)이나 땅의 사이에 끼어(介) 경계를 명확히 구분하는 데서 '지경'을 뜻한다.

細

糸부 총11획 · 가늘 세 · 설문 糸부

小篆
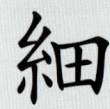
說文解字

細菌(세균) / 細密(세밀) / 細心(세심)

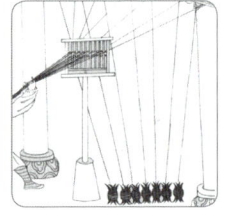

細(세)는 세밀하다는 뜻이다. 糸(멱·사)는 의미부분이고, 囟(신)은 발음부분이다.(「細, 微也. 从糸, 囟聲.」)

✻ 실(糸)이 갓난아이 정수리(囟=田: 숨구멍)처럼 '약하여' '가늘다'를 뜻한다.
※파자: 실(糸)로 된 가는 그물을 밭(田)에 쳐두는 데서 '가늘다'를 뜻한다.

畏

田부 총9획 · 두려워할 외 · 설문 甶부

甲骨文		殷商 金文	西周 金文	春秋 金文	小篆	古文

乙669	餘1.2	亞夫畏爵	孟 鼎	王孫鐘	說文解字	

畏敬(외경) / 畏怯(외겁) / 敬畏心(경외심)

畏(외)는 (무서워서) 싫어한다는 뜻이다. 甶(불)과 虎(호)의 생략형은 모두 의미부분이다. 귀신의 머리에다 호랑이의 발톱을 하고 있으니 가히 두렵다는 뜻이다. 畏는 고문(古文)으로 생략형이다.(「畏, 惡也. 从甶·虎省. 鬼頭而虎爪, 可畏也. 畏, 古文省.」)

✻ 귀신 가면(囟·甶=田)을 쓰고 도구(匸)를 든 무당(人)에서 '두려워하다'를 뜻한다.

猥

犬부 총12획 · 함부로 외 · 설문 犬부

小篆

說文解字

猥濫(외람) / 猥褻(외설) / 猥雜(외잡)

猥(외)는 개가 짖는 소리이다. 犬(견)은 의미부분이고, 畏(외)는 발음부분이다.(「猥, 犬吠聲. 从犬, 畏聲.」)

✻ 개(犭)가 사납고 두렵게(畏) 함부로 짖어대는 데서 '함부로'를 뜻한다.

累

糸부 총11획 · 여러/자주 루 · 설문 厽부

小篆	
	※ 참고: (맬 류)
說文解字	

累積(누적) / 累計(누계) / 累犯(누범)

纍(루)는 쌓는다는 뜻이다. 厽(루)와 糸(멱·사)는 모두 의미부분이다. 纍는 10서(黍)에 해당하는 무게이다.(「纍, 增也. 从厽, 从糸. 纍, 十黍之重也.」)

✻ 여러 개의 물건(畾·厽=田)을 실(糸)로 묶은 모양으로 '여러' '자주' '번거로움'을 뜻한다.

螺	虫부 총17획	설문 없음	小篆  形音義字典		螺醢(나해) 螺絲(나사) 螺旋(나선)	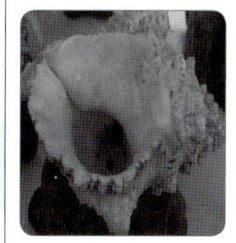
소라 라						

❋ 수생생물(虫)로 껍질이 나선형으로 여러(累)겹 쌓인 '소라'를 뜻한다.

騾	馬부 총21획	설문 없음	小篆  形音義字典		騾驢(나려) 騾子軍(나자군)	
노새 라						

❋ 수나귀와 암말 사이에 태어난 잡종 말(馬)로, 여러(累) 일에 쓰이던 '노새'를 뜻한다.

儡	人부 총17획	小篆  說文解字		傀儡(괴뢰) 儡身(뇌신) 儡儡(뇌뢰)	
꼭두각시 뢰	설문 人부	儡(뢰)는 얼굴이 손상되었다는 뜻이다. 人(인)은 의미부분이고, 畾(뢰)는 발음부분이다. 雷(뢰)라고 읽는다.(「儡, 相敗也. 从人, 畾聲, 讀若雷.」)			

❋ 사람(亻)이 성채나 밭 갈피(畾)에서 시키는 대로 일하는 데서 '허수아비' '꼭두각시'를 뜻한다.

壘	土부 총18획	戰國 金文  口陽令戈	小篆  說文解字	堡壘(보루) 進壘(진루) 陣壘(진루)	
보루 루	설문 土부	壘(루)는 군영(軍營) 안의 벽루(壁壘)를 뜻한다. 土(토)는 의미부분이고, 畾(뢰)는 발음부분이다.(「壘, 軍壁也. 从土, 畾聲.」)			

❋ 군이 머무는 곳에 성채(畾)를 흙(土)을 쌓아 만들어 머무는 '진' '보루'를 뜻한다.

畕 ➡ 畾 ➡ 畺 ➡ 疆 ➡ 薑 ➡ 橿 ❖ … 畓

畕	田부 총10획	甲骨文  英744	金文 ⊕ 溓伯鼎	小篆 田 說文解字		용례 없음	
밭경계 강	설문 畕부	畕(강)은 나란히 있는 밭을 뜻한다. 두 개의 田(전)자로 이루어졌다. 무릇 畕부에 속하는 글자들은 모두 畕을 의미부분으로 삼는다.(「畕, 比田也. 凡畕之屬皆从畕.」)					

❋ 밭(田)과 밭(田) 사이의 경계에서 '밭 경계'를 뜻한다.

畺	田부 총13획	西周 金文  毛伯簋	春秋 金文 南疆鉦	春秋 金文 吳王光鑑	春秋 金文 王孫壽甗	小篆 說文解字	或體	疆(강)과 같음	
지경 강	설문 畕부	畺(강)은 경계(境界)를 뜻한다. 畕(강)은 의미부분이고, 三은 그 경계를 구분한 것이다. 疆은 畺의 혹체자(或體字)로 畺(강)과 土(토)로 이루어져 있다.(「畺, 界也. 从畕. 三, 其界畫也. 疆, 畺或从彊·土.」)							

❋ 두 밭(畕) 사이의 서로 범할 수 없는 단단한 경계(三)에서 '지경'을 뜻한다.

		甲骨文	西周 金文			春秋 金文	戰國 金文	小 篆	
彊	弓부 총16획								自彊(자강) 盛彊(성강) 雄彊(웅강)
		後下2.17	盂 鼎	頌 簋	散 盤	齊侯匜	中山王鼎	說文解字	
굳셀 **강**	설문 弓부	彊(강)은 활이 힘이 세다는 뜻이다. 弓(궁)은 의미부분이고, 畺(강)은 발음부분이다.(「彊, 弓有力也. 从弓, 畺聲.」)							

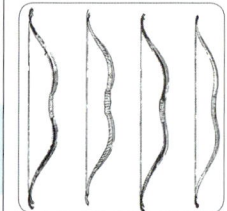

✽ 활(弓)이 땅의 지경(畺)처럼 '강하고' '굳셈'을 뜻한다.

疆	田부 총19획	'畺(지경 강)'의 혹체자(或體字)		疆界(강계) 無疆(무강) 疆土(강토)
지경 **강**				

✽ 활(弓)의 길이로 땅(土)의 경계(畺)를 정한 데서 '지경'을 뜻한다.

		戰國 金文	小 篆	
薑	艸부 총17획			生薑(생강) 乾薑(건강) 母薑(모강)
		包山258	說文解字	
생강 **강**	설문 艸부	薑(강)은 습한 것을 막아주는 나물이다. 艸(초)는 의미부분이고, 畺(강)은 발음부분이다.(「薑, 禦溼之菜也. 从艸, 畺聲.」) 이 글자는 현재 '薑(생강 강)'으로 쓴다.		

✽ 향이 강한 식물(艹)로 밭의 경계(畺)를 지어 이랑에 심는 '생강'을 뜻한다.

		小 篆	
橿	木부 총17획		橿橿(강강)
		說文解字	
박달나무 **강**	설문 木부	橿(강)은 박달나무이다. 木(목)은 의미부분이고, 畺(강)은 발음부분이다. 일설에는 호미 자루의 이름이라고도 한다.(「橿, 枋也. 从木, 畺聲. 一曰:鉏柄名.」)	

✽ 나무(木) 중에서 밭 사이의 단단한 경계(畺)처럼 재질이 단단한 '박달나무'를 뜻한다.

畓	田부 총9획	우리나라에서 만든 한자(漢字)	田畓(전답) 墓畓(묘답) 水畓(수답)
논 **답**			

✽ 물(水)을 담아놓은 밭(田)이란 뜻에서 물이 있는 '논'을 뜻하며, 우리나라에서만 쓰인다.

沓 ❖➡ 踏

		甲骨文	小 篆	
沓	水부 총8획			沓至(답지) 沓品(답품) 沓雜(답잡)
		合28982	說文解字	
유창할/거듭 **답**	설문 曰부	沓(답)은 말이 많다는 뜻이다. 水(수)와 曰(왈)은 모두 의미부분이다. 요동(遼東)에 답현(沓縣)이 있다.(「沓, 語多沓沓也. 从水, 从曰. 遼東有沓縣.」)		

✽ 끊임없이 흐르는 물(水)처럼 말(曰)이 많음에서 '유창하다' '거듭'을 뜻한다.

踏	足부 총15획	설문 없음	小篆  形音義字典		踏査(답사) 踏步(답보) 踏靑(답청)	
밟을 답		≪설문해자≫에는 '踏'자가 보이지 않는다. ≪옥편(玉篇)·족부(足部)≫를 보면 踏은 발로 땅을 밟는다는 뜻이다.(「踏, 足著也.」)				

✽ 끊임없이 흐르는 물(水)처럼 말(曰)이 많듯(沓:유창할 답), 발(足)로 계속하여(沓) 땅을 디디는 데서 '밟다'를 뜻한다.

里➡理➡裏➡俚➡釐☆➡裡☆➡埋

里	里부 총7획	西周 金文			戰國 金文	小篆	里長(이장) 洞里(동리) 千里(천리)	
		矢方彝	大簋	頌簋	中山王鼎	說文解字		
마을 리	설문 里부	里(리)는 기거(寄居)한다는 뜻이다. 田(전)과 土(토)는 모두 의미부분이다. 무릇 里부에 속하는 글자들은 모두 里를 의미부분으로 삼는다.(「里, 居也. 从田, 从土. 凡里之屬皆从里.」)						

✽ 밭(田)과 땅(土)이 있어 사람이 살기 좋은 곳에 있는 '마을'을 뜻한다.

理	玉부 총11획	戰國 金文	小篆	理致(이치) 理髮(이발) 原理(원리)	
		陶五355	說文解字		
다스릴 리	설문 玉부	理(리)는 옥을 다듬는다는 뜻이다. 玉(옥)은 의미부분이고, 里(리)는 발음부분이다.(「理, 治玉也. 从玉, 里聲.」)			

✽ 옥(玉)을 땅과 밭을 나누어 정리한 마을(里)처럼 결에 따라 쪼개고 다듬는 데서 '다스리다'를 뜻한다.
※ 파자: 왕(王)이 마을(里)을 '이치'에 따라 '다스림'.

裏	衣부 총13획	金文			小篆	裏書(이서) 裏面(이면) 心裏(심리)	
		吳方彝	彔伯簋	師兌簋	說文解字		
속 리	설문 衣부	裏(리)는 옷의 안쪽을 뜻한다. 衣는 의미부분이고, 里는 발음부분이다.(「裏, 衣內也. 从衣, 里聲.」)					

✽ 옷(衣)의 안쪽처럼 사람이 마을(里) 안에 사는 데서 '속' '안'을 뜻한다. ※裡와 동자.

俚	人부 총9획	小篆  說文解字	俚婦(이부) 俚歌(이가) 俚語(이어)	
속될 리	설문 人부	俚(리)는 의지한다는 뜻이다. 人(인)은 의미부분이고, 里(리)는 발음부분이다.(「俚, 聊也. 从人, 里聲.」)		

✽ 사람(亻)이 시골 마을(里)의 풍습대로 사는 데서 '속되다' '촌스럽다'를 뜻한다.

釐	里부 총18획	甲骨文		西周金文		春秋金文	小篆	毫釐(호리) 釐替(이체) 釐革(이혁)	
		佚147	粹577	康鼎	克鼎	秦公簋	說文解字		
다스릴 리	설문 里부	釐(리·희)는 집 안에 복이 있다는 뜻이다. 里(리)는 의미부분이고, 𠩺(리)는 발음부분이다.(「釐, 家福也. 从里, 𠩺聲.」)							

✽ 보리(來=朱)나 곡식을 치는(攵) 사람(人=厂)으로, 곡식의 껍질을 쪼개거나 벌려(𠩺:벌일/쪼갤 리) 다스려 수확하듯, 마을(里)을 '다스리거나' '수량의 길이' 등을 뜻한다.

裡	衣부 총12획	※裏(리)와 같은 자.		帖裡(첩리) 乾裡(건리) 裡里(이리)	
속 리					

※ 옷(衣)의 안쪽처럼 사람이 마을(里) 안에 사는 데서 '속' '안'을 뜻한다. ※'裏'와 동자.

	土부 총10획	甲骨文				戰國 金文	小篆	埋沒(매몰) 埋葬(매장) 埋伏(매복)	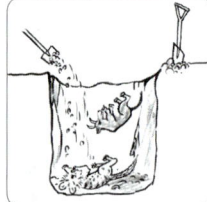
		前1.32.6	鐵110.3	前7.3.3	甲890	陶三716	說文解字		
묻을 매	설문 艸부	薶(매)는 묻는다는 뜻이다. 艸(초)는 의미부분이고, 貍(리)는 발음부분이다.(「薶, 瘞也. 从艸, 貍聲.」) *埋의 본자(本字).							

※ 땅(土)에 마을(里)을 해치는 짐승(豸)인 삵(貍:삵 리)을 잡아 묻던 제사에서 '묻다'를 뜻한다.
※파자: 땅(土)에 마을(里)에 필요한 식량을 '묻어둠'을 뜻한다. ※薶(본자)

量➡糧

	里부 총12획	甲骨文		西周 金文	春秋 金文	戰國 金文	小篆	古文	容量(용량) 重量(중량) 減量(감량)	
		京都2289	京津2690	克鼎	量侯簋	大梁鼎	說文解字			
헤아릴 량	설문 重부	量(량)은 무게를 단다는 뜻이다. 重(중)의 생략형은 의미부분이고, 日은 曏(향)의 생략형으로 발음부분이다. 𨤑은 量의 고문(古文)이다.(「𨤑, 稱輕重也. 从重省, 曏省聲. 𨤑, 古文量.」)								

※ 입(口)벌린 자루(東)를 땅(土)에 놓고 물건을 헤아리는 데서 '헤아리다' '세다'를 뜻한다. 말하여(曰) 무게(重)를 '헤아림'이라고도 한다. ※파자:말(曰)로 한(一) 마을(里)의 집을 '헤아림'.

糧	米부 총18획	戰國 金文	小篆		糧食(양식) 食糧(식량) 糧穀(양곡)	
		上博鮑叔	說文解字			
양식 량	설문 米부	糧(량)은 곡식을 뜻한다. 米(미)는 의미부분이고, 量(량)은 발음부분이다.(「糧, 穀也. 从米, 量聲.」)				

※ 길 떠날 때 먹을 쌀(米)을 부족하거나 남지 않게 헤아려(量) 가지고 가던 '양식'을 뜻한다.

童➡憧➡瞳➡潼➡幢➡撞➡鐘

	立부 총12획	甲骨文	殷商 金文	西周 金文		小篆	籀文	童心(동심) 童顔(동안) 童詩(동시)	
		屯650	童鼎	牆盤	毛公鼎	說文解字			
아이 동	설문 辛부	童(동), 남자가 죄를 지으면 노예가 되는데, 남자 노예를 童(동)이라고 하고, 여자 노예를 妾(첩)이라고 한다. 辛(건)은 의미부분이고, 重(중)의 생략형은 발음부분이다. 𥫍은 童의 주문(籀文)이다. (童자) 가운데 (있는 𠂇) 부분과 竊(절)자 가운데 (있는 𠂇) 부분은 모두 廿을 따른 것이다. 廿은 고문(古文)의 疾(질)자로 여겨진다.(「𥫍, 男有辠 曰奴, 奴曰童, 女曰妾. 从辛, 重省聲. 𥫍, 籀文童, 中與竊中同从廿. 廿, 以爲古文疾字.」)							

※ 고문 도구(辛)로 눈(罒)을 찔리는 무거운(重) 벌을 받은 죄인으로, 어리석은 '노예'에서 아직 철이 없어 어리석은 '아이'를 뜻한다. ※파자:마을(里) 입구에 서서(立) 노는 '아이'를 뜻한다.

憧	心부 총15획	戰國 金文	小篆		憧憬(동경) 愚憧(우동) 憧憧(동동)	
		上博仲弓	說文解字			
동경할 동	설문 心부	憧(동)은 뜻이 정하지 못하고 있다는 뜻이다. 心(심)은 의미부분이고, 童(동)은 발음부분이다.(「憧, 意不定也. 从心, 童聲.」)				

※ 마음(忄)으로 죄인(童)이 되기 전의 일들을 항상 생각함에서 '동경함'을 뜻한다.

瞳	目부 총17획	설문 없음	小篆 瞳 形音義字典		瞳孔(동공) 瞳子(동자) 瞳人(동인)
눈동자 **동**					

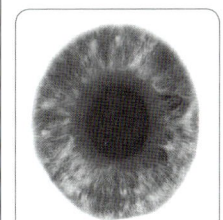

* 눈(目)을 해쳐 죄인(童)을 만들기 위해, 눈동자를 해치는 데서 '눈동자'를 뜻한다.

潼	水부 총15획	小篆 潼 說文解字		潼壅(동옹) 潼容(동용) 潼潼(동동)
강이름 **동**	설문 水부	潼(동)은 강의 이름이다. 광한군(廣漢郡) 재동현(梓潼縣) 북쪽 경계에서 발원하여, 남쪽으로 흘러서 점강(墊江)으로 들어간다. 水(수)는 의미부분이고, 童(동)은 발음부분이다.(「潼, 水. 出廣漢梓潼北界, 南入墊江. 从水, 童聲.」)		

* 물(氵)이 죄인(童)을 해하듯 강둑을 '무너뜨리며' 흐르는 사천성(四川省)에 있는 '강 이름'을 뜻한다.

幢	巾부 총15획	小篆 幢 說文解字		幢竿(당간) 幢主(당주) 幢號(당호)
기 **당**	설문 巾부	幢(당)은 깃발의 일종이다. 巾(건)은 의미부분이고, 童(동)은 발음부분이다.(「幢, 旌旗之屬, 从巾, 童聲.」)		

* 깃털이나 천(巾)을 노예(童)나 어린이의 머리처럼 늘어뜨린 '기'를 뜻한다.

撞	手부 총15획	小篆 撞 說文解字		撞球(당구) 撞着(당착) 撞入(당입)
칠 **당**	설문 手부	撞(당)은 빠르게 찔린다는 뜻이다. 手(수)는 의미부분이고, 童(동)은 발음부분이다.(「撞, 卂擣也. 从手, 童聲.」)		

* 손(扌)으로 죄인(童)이 어려운 일을 보지 않고 헤쳐 나가는 데서 '치다'를 뜻한다.

鐘	金부 총20획	西周金文		春秋金文		小篆	或體	鐘閣(종각) 鐘形(종형) 鐘塔(종탑)
		克鐘	師嫠簋	魯原鐘	沈兒鐘	說文解字		
쇠북 **종**	설문 金부	鐘(종)은 악기의 종을 뜻한다. 추분(秋分)의 소리로서, 만물이 결실을 맺는다. 金(금)은 의미부분이고, 童(동)은 발음부분이다. 옛날에는 垂(수)를 鐘이라고 하였다. 鏞은 鐘의 혹체자(或體字)로 (童 대신) 甬(용)을 썼다.(「鐘, 樂鐘也. 秋分之音, 物種成. 从金, 童聲. 古者垂作鐘. 鏞, 鐘或从甬.」)						

* 쇠(金)로 만든 악기로 죄인(童)을 치듯 쳐서 소리 내는 '쇠북'을 뜻한다.

重 → 董 → 動 → 慟 ☆ → 種 → 腫 → 踵 ☆ → 鍾 → 衝

重	里부 총9획	甲骨文	金文	西周金文	春秋金文	戰國金文	小篆	重要(중요) 重量(중량) 重責(중책)
		合集17950	한자의뿌리	井侯簋	外卒鐸	商鞅方升	說文解字	
무거울 **중**	설문 重부	重(중)은 두텁다는 뜻이다. 壬(정)은 의미부분이고, 東(동)은 발음부분이다. 무릇 重부에 속하는 글자들은 모두 重을 의미부분으로 삼는다.(「重, 厚也. 从壬, 東聲. 凡重之屬皆从重.」)						

* 무겁고 중요한 짐(東)을 지고 있는 사람(亻)으로 '무겁다' '중요하다' '거듭'을 뜻한다.
  ※파자: 천(千) 리(里)를 가는 '무거움'을 뜻한다.

董	艹부 총13획	설문 없음	金文 	小篆 		骨董(골동) 董督(동독) 骨董品(골동품)
바를 동				形音義字典		

* 蕫(연근 동)자가 변한 자로, 풀(艹)의 뿌리를 무겁고(重) 바르게 자라도록 '바로잡음'을 뜻한다.

動	力부 총11획		戰國 金文 郭店老甲	小篆 說文解字	古文	動力(동력) 自動(자동) 手動(수동)
움직일 동	설문 力부	動(동)은 움직인다는 뜻이다. 力(력)은 의미부분이고, 重(중)은 발음부분이다. 𨒇은 動의 고문(古文)으로 (力 대신) 辵(착)을 썼다.(「𨔝, 作也. 从力, 重聲. 𨒇, 古文動, 从辵.」)				

* 무거운(重) 짐을 등에 지고 힘(力)으로 옮기는 데서 '움직이다'를 뜻한다.

慟	心부 총14획		小篆 說文解字	哀慟(애통) 慟絶(통절) 慟哭(통곡)
서러워할 통	설문 心부	慟(통)은 크게 운다는 뜻이다. 心(심)은 의미부분이고, 動(동)은 발음부분이다.(「慟, 大哭也. 从心, 動聲.」)		

* 마음(忄)이 서러워 몸을 들썩이며 움직여(動) 크게 통곡하고 우는 데서 '서러워하다'를 뜻한다.

種	禾부 총14획		小篆 說文解字	種子(종자) 種苗(종묘) 種別(종별)
씨 종	설문 禾부	種(종)은 일찍 심고 늦게 익는다(즉 늦벼)는 뜻이다. 禾(화)는 의미부분이고, 重(중)은 발음부분이다.(「穜, 先種後孰也. 从禾, 重聲.」)		

* 벼(禾) 중에서 충실하고 무겁게(重) 잘 여문 것을 '씨'나 '종자'로 씀을 뜻한다.

腫	肉부 총13획		小篆 說文解字	腫氣(종기) 腫毒(종독) 腫脹(종창)
종기 종	설문 肉부	腫(종)은 부스럼을 뜻한다. 肉(육)은 의미부분이고, 重(중)은 발음부분이다.(「腫, 癰也. 从肉, 重聲.」)		

* 사람의 몸(月)에 불룩한 무거운(重) 짐을 메고 있는 것처럼 부어오르는 '종기'를 뜻한다.

踵	足부 총16획		小篆 說文解字	接踵(접종) 踵踐(종천) 追踵(추종)
발꿈치 종	설문 足부	踵(종)은 쫓아간다는 뜻이다. 足(족)은 의미부분이고, 重(중)은 발음부분이다. 일설에는 가고 오는 모습이라고도 한다.(「踵, 追也. 从足, 重聲. 一曰往來皃.」)		

* 앞사람의 발(足)자국을 거듭(重) 밟으며 따라간다는 의미로, '발꿈치'를 '쫓음'을 뜻한다. 또는 발(足)에 짐을 진(重) 모양처럼 불룩 튀어나온 '발꿈치'를 뜻한다.

		春秋 金文			戰國金文	小篆	
	金부 총17획	郰公牼鐘	楚公鐘	韓鍾劍	驫羌鐘	說文解字	鍾鉢(종발) 龍鍾(용종) 鍾乳洞(종유동)
쇠북 **종**	설문 金부	鍾(종)은 술그릇을 뜻한다. 金(금)은 의미부분이고, 重(중)은 발음부분이다.(「鍾, 酒器也. 从金, 重聲.」)					

✻ 쇠(金)로 만든 무거운(重) 큰 '술병'으로, 술을 먹는 데서 '술잔'을 뜻하나, 잘못 쓰여 때때로 맞는 노예(童)처럼 쳐서 울리는 쇠(金)로 만든 종(鐘:쇠북 종)과 같이 쓰인다.

		戰國 金文	小篆		
	行부 총15획	雲夢日甲	說文解字		衝天(충천) 衝突(충돌) 衝擊(충격)
찌를 **충**	설문 行부	衝[충(衝)]은 (사방으로) 통하는 길을 뜻한다. 行(행)은 의미부분이고, 童(동)은 발음부분이다. ≪춘추전(春秋傳)≫에 이르기를 "네거리에 이르자, 창으로 그를 찔렀다."라고 하였다.(「衝, 通道也. 从行, 童聲. ≪春秋傳≫曰: "及衝, 以戈擊之."」)			

✻ 큰 길(行)에서 서로 거듭(重) 겹쳐 '부딪치거나' '찌름'을 뜻한다. ※본뜻은 잘 통함.

黑 ➡ 墨 ➡ 默

		西周 金文	春秋 金文	小篆	
	黑부 총12획	鄘伯叙簋	鑄子黑臣簠	說文解字	黑白(흑백) 黑人(흑인) 黑鉛(흑연)
검을 **흑**	설문 黑부	黑(흑)은 불에 그을린 색을 뜻한다. 불길이 위로 올라가서 창문으로 나간다는 의미이다. 囪은 고문(古文)의 窓(창)자이다. 무릇 黑부에 속하는 글자들은 모두 黑을 의미부분으로 삼는다.(「黑, 火所熏之色也. 从炎上出囪. 囪, 古窓字. 凡黑之屬皆从黑.」)			

✻ 불(灬)길에 검게 그을린 사람이나, 머리에 검은 문신을 한 사람에서 '검다'를 뜻한다.
※파자:굴뚝(囪) 아래 흙(土) 아궁이에 불(灬)을 피워 생기는 '검은'연기나 그을음.

		戰國 金文	小篆		
	土부 총15획	析君戟	雲夢日甲	說文解字	墨香(묵향) 唐墨(당묵) 朱墨(주묵)
먹 **묵**	설문 土부	墨(묵)은 글씨 쓸 때 쓰는 먹을 뜻한다. 土(토)와 黑(흑)은 모두 의미부분인데, 黑은 발음부분이기도 하다.(「墨, 書墨也. 从土, 从黑, 黑亦聲.」)			

✻ 소나무 종류를 태운 검은(黑) 그을음과 아교를 섞어 진흙(土)처럼 굳혀 만든 '먹'을 뜻한다.

		小 篆		
	黑부 총16획	 說文解字		默念(묵념) 默想(묵상) 默禱(묵도)
잠잠할 **묵**	설문 犬부	默(묵)은 개가 조용히 사람을 쫓아낸다는 뜻이다. 犬(견)은 의미부분이고 黑(흑)은 발음부분이다. 墨(묵)이라고 읽는다.(「默, 犬暫逐人也. 从犬, 黑聲. 讀若墨.」)		

✻ 검고(黑) 어두운 곳에 잠잠히 있는 개(犬)에서 '잠잠하다'를 뜻하나, 본래 검고(黑) 어두운 곳에서 갑자기 나타나는 개(犬)를 뜻했다.

熏 ➡ 勳 ➡ 壎 ➡ 薰 ➡ 鑂❖ ➡ 燻❖

		金文					小篆	
	火부 총14획		吳方彝	番生簋	師兌簋	毛公鼎	說文解字	熏蒸(훈증) 熏夕(훈석) 熏灼(훈작)
불길 **훈**	설문 屮부	熏(훈)은 연기가 위로 올라간다는 뜻이다. 屮(철)과 黑(흑)은 모두 의미부분이다. 屮과 黑은 熏으로, 검다는 뜻이다.(「熏, 火煙上出也. 从屮, 从黑. 屮·黑, 熏, 黑也.」)						

✻ 불(灬)을 태워 연기와 불길이 오르는 모양이다. ※파자:천(千)길 하늘로 굴뚝(囪=窓의 古字)의 연기가 갈라져(仌) 오르는, 흙(土)을 쌓아 불(灬)을 피운 굴뚝 위의 '불길'을 뜻한다.

277

勳	力부 총16획	戰國 金文	小篆	古文		勳章(훈장) 功勳(공훈) 賞勳(상훈)	

		中山王鼎	說文解字				
공 훈	설문 力부	勳(훈)은 왕을 돕는 큰 공을 세울 수 있다는 뜻이다. 力(력)은 의미부분이고, 熏(훈)은 발음부분이다. 𪚔은 勳의 고문(古文)으로 (熏 대신) 員(원)을 썼다.(「勳, 能成王功也. 从力, 熏聲. 𪚔, 古文勳, 从員.」)					

✱ 큰 불길(熏)이 타오르듯 나라를 위한 큰 힘(力)이나, 임금을 위한 업적인 '공'을 뜻한다.

壎	土부 총17획	戰國 金文	小篆		壎篪(훈지) 弄壎(농훈)	
		仰天湖簡	說文解字			
질나팔 훈	설문 土부	壎(훈)은 악기를 뜻한다. 흙으로 만들고, 구멍이 6개이다. 土(토)는 의미부분이고, 熏(훈)은 발음부분이다.(「壎, 樂器也. 以土爲之, 六孔. 从土, 熏聲.」)				

✱ 흙(土)으로 만들어 불길(熏)이 퍼지듯 소리를 내는 여섯 구멍의 악기인 '질 나팔'을 뜻한다.
  ※파자: 흙(土)을 불길(熏)에 구워 만든 악기인 '질 나팔'.

薫	艸부 총18획	小篆		薰氣(훈기) 香薰(향훈) 薰藥(훈약)	

		說文解字			
향풀 훈	설문 艸부	薰(훈)은 향초이다. 艸(초)는 의미부분이고, 熏(훈)은 발음부분이다.(「薰, 香艸也. 从艸, 熏聲.」)			

✱ 풀(艹) 뿌리를 불길(熏)에 태워 향이 나게 하던 '향풀'을 뜻한다. ※잎은 蕙(혜)라 함.

鑂	金부 총22획	설문 없음		鑂色(훈색)	
금빛바랠 훈					

✱ 금(金)의 색이 불길(熏)에 그을린 것 같이 금색이 변함에서 '금빛 바래다'를 뜻한다.

燻	火부 총18획	설문 없음		燻煙(훈연) 燻肉(훈육) 燻製(훈제)	
불기운 훈					

✱ 불(火)에서 나오는 불길(熏)에서 '불기운'을 뜻한다.

曾	日부 총12획	甲骨文				西周 金文	曾孫(증손) 曾前(증전) 曾往(증왕)	

		前6.54.1	林1·30.3	後下24.11	後下12·13	昜 鼎		
		春秋 金文		戰國 金文		小篆		

		吳王光鐘	曾子游鼎	中山王壺	曾侯乙鐘架	說文解字		
일찍 증	설문 八부	曾(증)은 느긋하다는 어감을 나타내는 허사(虛詞)이다. 八(팔)과 曰(왈)은 의미부분이고, 囪(창)은 발음부분이다.(「曾, 詞之舒也. 从八, 从曰, 囪聲.」)						

✱ 곡식을 쪄서 빨리 익히기 위해 솥 위에 거듭 쌓은 시루에서 '일찍' '거듭'을 뜻한다.
  ※파자: 증기가 나뉘어(八) 올라 시루(囪)안의 음식이 말하는(曰) 사이 빨리 '일찍' 익음. 甑(시루 증)

增	土부 총15획	戰國 金文	小篆		增加(증가) 增強(증강) 增設(증설)
		雲夢秦律	說文解字		
더할 증	설문 土부	增(증)은 더한다는 뜻이다. 土(토)는 의미부분이고, 曾(증)은 발음부분이다.(「增, 益也. 从土, 曾聲.」)			

✳ 집을 짓거나 농사할 때 흙(土)을 거듭(曾) 더함에서 '더하다'를 뜻한다.

憎	心부 총15획	戰國 金文	小篆		憎惡(증오) 可憎(가증) 愛憎(애증)
		上博三德	說文解字		
미울 증	설문 心부	憎(증)은 미워한다는 뜻이다. 心(심)은 의미부분이고, 曾(증)은 발음부분이다.(「憎, 惡也. 从心, 曾聲.」)			

✳ 싫어하거나 꺼리는 마음(忄)이 거듭(曾) 쌓여 '미워하다'를 뜻한다.

贈	貝부 총19획	戰國 金文	小篆		寄贈(기증) 贈呈(증정) 贈遺(증유)
		上博詩論	說文解字		
줄 증	설문 貝부	贈(증)은 좋아하는 것을 보내 준다는 뜻이다. 貝(패)는 의미부분이고, 曾(증)은 발음부분이다.(「贈, 玩好相送也. 从貝, 曾聲.」)			

✳ 재물(貝)을 거듭(曾) 더하여 주는 데서 '주다' '보내다'를 뜻한다.

僧	人부 총14획	小篆		僧侶(승려) 僧房(승방) 女僧(여승)
		說文解字		
중 승	설문 人부	僧(승)은 스님을 뜻한다. 人(인)은 의미부분이고, 曾(증)은 발음부분이다.(「僧, 浮屠道人也. 从人, 曾聲.」)		

✳ 사람(亻) 중에 세상의 이치를 일찍(曾) 깨달은 '중' '스님' '승려'를 뜻한다.

層	尸부 총15획	小篆		層階(층계) 階層(계층) 高層(고층)
		說文解字		
층 층	설문 尸부	層(층)은 겹쳐 쌓은 집을 뜻한다. 尸(시)는 의미부분이고, 曾(증)은 발음부분이다.(「層, 重屋也. 从尸, 曾聲.」)		

✳ 집(屋=尸) 위에 집이 거듭(曾) 있는 데서 2층 이상의 '층집' '층' '계단'을 뜻한다.

會 ➡ 膾 ☆ ➡ 檜 ➡ 繪 ➡ 澮 ✣

會	日부 총13획	甲骨文	西周 金文	春秋 金文	戰國 金文	小篆	古文	會見(회견) 會談(회담) 會費(회비)
		粹466	合1030	會姶匜	蔡子匜	驫羌鐘	說文解字	
모일 회	설문 會부	會(회)는 합한다는 뜻이다. 亼(집)과 曾(증)의 생략형은 모두 의미부분이다. 曾은 더한다는 뜻이다. 무릇 會부에 속하는 글자들은 모두 會를 의미부분으로 삼는다. ䷁, 고문(古文)의 會 자는 이러하다.(「會, 合也. 从亼, 从曾省. 曾, 益也. 凡會之屬皆从會. ䷁, 古文會如此.」)						

✳ 뚜껑(亼) 아래 제물(田)과 제기(曰)의 모양으로 제물을 차리고 여럿이 모여 회의하거나, 또는 지붕(亼)아래 여러 물건(田)을 모아둔 창고(曰)에서 '모이다'를 뜻한다.

膾	肉부 총17획	小篆 說文解字		膾炙(회자) 肉膾(육회) 魚膾(어회)	
회 회 肉부	설문 肉부	膾(회)는 가느다랗게 자른 고기를 뜻한다. 肉(육)은 의미부분이고, 會(회)는 발음부분이다.(「膾, 細切肉也. 从肉, 會聲.」)			

※ 잘게 저민 고기(月)를 모아(會) 담아놓아, 날로 먹는 '회'를 뜻한다.

檜	木부 총17획	戰國 金文 / 小篆  仰天湖簡 / 說文解字		檜皮(회피) 檜楫(회즙) 檜木(회목)	
전나무 회 	설문 木부	檜(회)는 (전나무로) 측백나무의 잎에 소나무 줄기를 하고 있다. 木(목)은 의미부분이고, 會(회)는 발음부분이다.(「檜, 柏葉松身. 从木, 會聲.」)			

※ 나무(木) 중에 잣나무 잎과 소나무 기둥이 모인(會) 것처럼 생긴 '전나무' '노송나무'를 뜻한다.

繪	糸부 총19획	戰國 金文 / 小篆   仰天湖簡 / 說文解字		繪畫(회화) 繪具(회구) 繪素(회소)	
그림 회 	설문 糸부	繪(회)는 오색을 모아 수를 놓는다는 뜻이다. ≪우서(虞書)≫에 이르기를 "산과 용과 오색의 동물을 소재로 그림을 그렸다."라고 하였고, ≪논어(論語)≫에 이르기를 "그림 그리는 일은 흰 바탕이 마련된 뒤에 한다."라고 하였다. 糸(멱·사)는 의미부분이고, 會(회)는 발음부분이다.(「繪, 會五采繡也. ≪虞書≫曰: "山龍華蟲作繪." ≪論語≫曰: "繪事後素." 从糸, 會聲.」)			

※ 비단(糸)에 오색(靑黃赤白黑)을 모아(會) 그린 '그림'이나, 오색으로 물들인 '색실'을 뜻한다.

澮	水부 총16획	小篆   說文解字		澮水(회수)	
봇도랑 회 	설문 水부	澮(회)는 강의 이름이다. 확산(靃山)에서 발원하여, 서남쪽으로 흘러서 분수(汾水)로 들어간다. 水(수)는 의미부분이고, 會(회)는 발음부분이다.(「澮, 水. 出靃山, 西南入汾. 从水, 會聲.」)			

※ 물(氵)을 모아(會) 논에 대기 위해 파놓은 도랑에서 '봇도랑'을 뜻한다. ※참고:洑(보 보)

無 ➡ 撫 ➡ 憮 ➡ 蕪 ☆ ➡ 舞

無	火부 총12획	甲骨文 / 西周 金文 / 春秋 金文 / 小篆 / 奇字  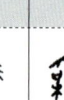   粹133 / 甲2858 / 井侯簋 / 作冊般甗 / 郘伯庸盤 / 說文解字		無色(무색) 無臭(무취) 無職(무직)	
없을 무 亡부	설문 亡부	霖(무)는 없다는 뜻이다. 亡(망)은 의미부분이고, 無(무)는 발음부분이다. 无는 기자(奇字)이다. 无는 元(원)과 통한다. 왕육(王育)은 "天(천)자가 서북(西北)쪽으로 굽은 것이 无이다."라고 주장하였다.(「霖, 亡也. 从亡, 無聲. 无, 奇字. 无, 通於元者. 王育說: "天屈西北爲无."」)			

※ 사람이 양손에 몸이 없는 짐승꼬리를 들고 춤추는 모양으로, 몸이 없는 데서 '없다'로 쓰였다.
※파자: 우거진 숲(橆:우거질 무)이 불(灬)에 타 없어짐을 뜻한다.

撫	手부 총15획	戰國 金文 / 小篆 / 古文  中山王鼎 / 說文解字		撫摩(무마) 按撫(안무) 愛撫(애무)	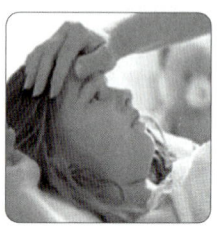
어루만질 무	설문 手부	撫(무)는 안무(按撫)한다는 뜻이다. 手(수)는 의미부분이고, 無(무)는 발음부분이다. 일설에는 좇는다는 뜻이라고도 한다. 㧑는 고문(古文)으로 辵(착)과 亡(망)으로 이루어졌다.(「撫, 安也. 从手, 無聲. 一曰: 循也. 㧑, 古文从辵·亡.」)			

※ 손(扌)으로 아픔이 없게(無) 만지거나, 영혼을 달램에서 '어루만지다' '사랑하다'를 뜻한다.

憮	心부 총15획	小篆 憮 說文解字		憮然(무연) 懷憮(회무) 歡憮(환무)

어루만질 무	설문 心부	憮(무)는 아낀다는 뜻이다. 한(韓)·정(鄭) 지방에서는 (아끼는 것을) 憮라고 한다. 일설에는 움직이지 않는다는 뜻이라고도 한다. 心(심)은 의미부분이고, 無(무)는 발음부분이다.(「憮, 愛也. 韓·鄭曰憮. 一曰不動. 从心, 無聲.」)

※ 마음(忄)이 없어(無) '멍함', 또는 죽어 없어진(無) 짐승을 마음(忄)으로 달래 '어루만짐'을 뜻한다.

蕪	艸부 총16획	戰國 金文 蕪 包山263	小篆 蕪 說文解字	野蕪(야무) 蕪沒(무몰) 荒蕪地(황무지)

거칠 무	설문 艸부	蕪(무)는 薉(거친 풀 예)이다. 艸(초)는 의미부분이고, 無(무)는 발음부분이다.(「蕪, 薉也. 从艸, 無聲.」)

※ 잡초(艹)만 우거져 곡식이 없는(無) 밭을 뜻하여, '거칠다'를 뜻한다.

舞	舛부 총14획	甲骨文 粹133 甲2858	西周 金文 夐侯舞易	春秋 金文 余義鐘	小篆	古文 說文解字	舞踊(무용) 舞臺(무대) 舞姬(무희)

춤출 무	설문 舛부	舞(무)는 음악(의 한 형식)이다. 발이 서로 엇갈리고 있다. 舛(천)은 의미부분이고, 無(무)는 발음부분이다. 翌는 舞의 고문(古文)으로, 羽(우)와 亡(망)으로 이루어졌다.(「舞, 樂也. 用足相背. 从舛, 無聲. 翌, 古文舞, 从羽·亡.」)

※ 춤추는 모양 無(무)가 '없다'로 쓰이자, 어수선한 발(舛) 모양을 더해 춤출 때 발을 움직여 춤을 추는 데서 '춤추다'를 뜻했다. ※파자: 두 발(舛)이 없는(無) 것처럼 추는 '춤'을 뜻한다.

巨 ➡ 拒 ➡ 距 ➡ 渠 ➡ 鉅 ❖ ➡ 矩

巨	工부 총5획	西周 金文 伯矩卣	春秋 金文 矩叔壺	小篆 鄭侯簋	或體 說文解字	古文	巨大(거대) 巨人(거인) 巨物(거물)

클 거	설문 工부	巨(거)는 직선을 긋기 위한 자를 뜻한다. 工(공)은 의미부분이고, (나머지 즉 'ㄱ'는) 손으로 자를 잡고 있는 모양을 그린 것이다. 榘(구)는 巨의 혹체자(或體字)로 木(목)과 矢(시)를 더 하였다. 화살[矢]은 정확하게 맞추어야 하므로, 矢가 의미부분으로 쓰인 것이다. 玊는 巨의 고문(古文)이다.(「巨, 規巨也. 从工, 象人手持之. 榘, 巨或从木, 从矢. 矢者, 其正中也. 玊, 古文巨.」)

※ 큰 자(工)에 손잡이(ㄱ)가 달린 커다란 자에서 '크다'를 뜻한다.

拒	手부 8획	설문 없음	小篆 拒 形音義字典	拒絕(거절) 拒逆(거역) 拒否(거부)

막을 거		≪광운(廣韻)·어운(魚韻)≫을 보면 "拒(거)는 막다, 거스르다는 뜻이다.(「拒, 捍也, 違也.」)"라고 하였다.

※ 손(扌)으로 큰(巨) 도구를 잡고 적과 겨루고 막음에서 '막다' '겨루다'를 뜻한다.

距	足부 총12획	春秋 金文 未距愕	戰國 金文	小篆 說文解字	距離(거리) 相距(상거) 長距離(장거리)

상거할 거	설문 足부	距(거)는 며느리발톱을 뜻한다. 足은 의미부분이고, 巨는 발음부분이다.(「距, 雞距也. 从足, 巨聲.」)

※ 발(足)을 크게(巨) 움직여 멀어진 서로의 거리에서 '상거(相距)하다' '떨어지다'를 뜻한다. 또는 닭의 발(足) 뒤에 붙은 큰(巨) 발톱인 '며느리발톱'을 뜻한다.

渠	水부 총12획	戰國 金文	小篆		溝渠(구거) 渠輩(거배) 渠門(거문)	
		雲夢爲吏	說文解字			
개천 거	설문 水부	渠(거)는 물이 머무르는 곳을 뜻한다. 水(수)는 의미부분이고, 榘(구)의 생략형은 발음부분이다.(「𤅶, 水所居. 从水, 榘省聲.」)				

※ 물(氵)을 통하게 곧은 자(榘:곱자 구)로 재고 측량하여 흙을 파낸 인공 '개천'을 뜻한다. ※파자:물(氵) 위에 크게(巨) 걸쳐놓은 나무(木)다리가 있는 '개천'을 뜻한다.

鉅	金부 총13획	戰國 金文	小篆		鉅公(거공) 鉅狡(거교) 鉅偉(거위)	
		十鐘印舉	說文解字			
클/갈고리 거	설문 金부	鉅(거)는 크고 단단하다는 뜻이다. 金(금)은 의미부분이고, 巨(거)는 발음부분이다.(「鉅, 大剛也. 从金, 巨聲.」)				

※ 쇠(金)로 만든 강하고 큰(巨) 갈고리로 '크다' '강하다' '갈고리'를 뜻한다.

矩	矢부 총10획	설문 없음	小篆		矩尺(구척) 矩度(구도) 矩墨(구묵)	
			形音義字典			
모날/법 구						

※ 사람(夫→矢)이 각이 진 큰 자(巨)를 들고 있는 모양에서 '모나다' '곱자' '법도'를 뜻한다.
※파자:곧은 활(矢)과 직각(┐)의 큰(巨) 자에서 '모나다'를 뜻한다. '榘'는 '矩'와 동자(同字).

臣	臣부 총6획	甲骨文		金文			小篆	臣下(신하) 忠臣(충신) 奸臣(간신)	
		粹262	前6,17,6	臣辰卣	智鼎	毛公鼎	說文解字		
신하/노예 신	설문 臣부	臣(신), 신하(臣下)를 '신'이라고 부르는 까닭은 (신하는) 이끌리기[牽(견)] 때문이다. 임금을 섬긴다는 뜻이다. 굴복하는 모양을 그렸다. 무릇 臣부에 속하는 글자들은 모두 臣을 의미부분으로 삼는다.(「臣, 牽也. 事君也. 象屈服之形. 凡臣之屬皆从臣.」)							

※ 노예나 죄인이 주인 앞에서 몸을 굽히고 눈을 치켜뜨고 우러러보는 모습으로, 신분이 낮은 데에서 '신하'를 뜻한다. 臣(신)자가 들어가는 글자는 '눈' 모양으로 '보다'를 뜻한다.

宦	宀부 총9획	西周 金文	戰國 金文	小篆	宦厄(환액) 宦福(환복) 宦慾(환욕)	
		仲宦父鼎	蜀守武戈	說文解字		
벼슬 환	설문 宀부	宦(환)은 벼슬살이를 한다는 뜻이다. 宀(면)과 臣(신)은 모두 의미부분이다.(「宦, 仕也. 从宀, 从臣.」)				

※ 집(宀)에 노예(臣)를 거느린 '벼슬'한 사람을 뜻하며, 집(宀)에 사는 벼슬을 얻은 노예(臣)로도 본다. 노예(臣)의 뜻에서 주로 '내시(內侍)' '환관(宦官)'의 뜻으로 쓰인다.

臤	臣부 총8획	甲骨文	殷商 金文		西周 金文	小篆	용례 없음	
		合8461	鳥且癸簋	臤父辛爵	叔臤簋	說文解字		
굳을 간/견	설문 臤부	臤(간·견)은 단단하다는 뜻이다. 又(우)는 의미부분이고, 臣(신)은 발음부분이다. 무릇 臤부에 속하는 글자들은 모두 臤을 의미부분으로 삼는다. 쨍그랑거리는 쇳소리를 표현할 때의 鏗(갱)자처럼 읽는다. 고문(古文)에서는 賢(현)자로 여겼다.(「臤, 堅也. 从又, 臣聲. 凡臤之屬皆从臤. 讀若鏗鏘之鏗. 古文以爲賢字.」)						

※ 노예(臣)를 손(又)으로 단단히 잡은 모습에서 '단단하다' '굳다'를 뜻한다.

腎	肉부 총12획	戰國 金文	小篆			腎臟(신장) 腎經(신경) 腎氣(신기)
		雲夢法律	說文解字			
콩팥 **신**	설문 肉부	腎(신)은 수(水)에 해당하는 장기(臟器)이다. 肉(육)은 의미부분이고, 臤(견)은 발음부분이다.(「腎, 水藏也. 从肉, 臤聲.」)				

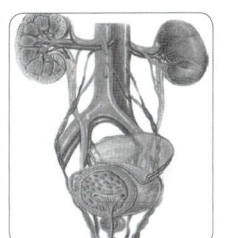

※ 조직이 제일 단단한(臤:굳을 간·현) 사람 몸(月)속 장기 신장(腎臟)인 '콩팥'을 뜻한다.

堅	土부 총11획	金文		小篆		堅固(견고) 堅持(견지) 堅强(견강)

		古鉢	璽印集粹	說文解字		
굳을 **견**	설문 臤부	堅(견)은 단단하다는 뜻이다. 臤(간·견)과 土(토)는 모두 의미부분이다.(「堅, 剛也. 从臤, 从土.」)				

※ 노예(臣)를 손(又)으로 단단히(臤) 묶어 잡아오듯, 단단하게(臤) 땅(土)이 '굳음'을 뜻한다.

賢	貝부 총15획	西周 金文			戰國 金文		小篆	賢明(현명) 賢人(현인) 聖賢(성현)
						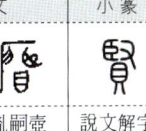		
		賢父癸簋	賢簋	賢簋	中山王方壺	胤嗣壺	說文解字	
어질 **현**	설문 貝부	賢(현)은 재능이 많다는 뜻이다. 貝는 의미부분이고, 臤은 발음부분이다.(「賢, 多才也. 从貝, 臤聲.」)						

※ 의지나 충성심이 굳고(臤) 재주가 많아 나라의 재물(貝)이 되는 '어진' 신하를 뜻한다.

緊	糸부 총14획	金文	小篆			緊要(긴요) 緊張(긴장) 緊密(긴밀)

		古鉢	說文解字			
긴할 **긴**	설문 臤부	緊(긴)은 실을 단단하게 얽어맸다는 뜻이다. 臤(간·견)과 絲(사)의 생략형은 모두 의미부분이다.(「緊, 纏絲急也. 从臤又, 从絲省.」)				

※ 죄인(臣)을 손(又)으로 잡아 단단히(臤) 줄(糸)로 급히 묶는 데서 '긴하다' '급하다'를 뜻한다.

竪	立부 총13획	戰國 金文		小篆	籀文	竪童(수동) 竪立(수립) 竪毛(수모)

		邯陰令戈	郾王詈戈	說文解字		
세울 **수**	설문 臤부	竪(수)는 세로로 세운다는 뜻이다. 臤(간·견)은 의미부분이고, 豆(두)는 발음부분이다. 𢱭는 竪의 주문(籀文)으로 (又 대신) 殳(수)를 썼다.(「竪, 竪立也. 从臤, 豆聲. 𢱭, 籀文竪从殳.」)				

※ 단단하게(臤) 서게(立) '세워둠'을 뜻하나, 豎(수)의 속자이다. 豎는 노예(臣)를 다스리는 벼슬에 세운(封:세울 주) 젊은 관리로 후에 臤는 豆로, 寸은 又로 변했다.

臥	臣부 총8획	金文	小篆			臥床(와상) 臥病(와병) 臥龍(와룡)
				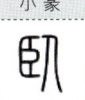		
		雲夢日甲	說文解字			
누울 **와**	설문 臥부	臥(와)는 쉰다는 뜻이다. 人(인)과 臣(신)은 모두 의미부분이다. 臣이 의미부분이 되는 것은 臣자의 엎드려 있다는 뜻을 취한 것이다. 무릇 臥부에 속하는 글자들은 모두 臥를 의미부분으로 삼는다.(「臥, 休也. 从人·臣, 取其伏也. 凡臥之屬皆从臥.」)				

※ 눈(臣)으로 아래를 보는 사람(人) 모양에서 '엎드리다' '쉬다' '눕다' '자다' 등을 뜻한다.

臨	臣부 총17획	西周 金文		戰國 金文	小篆		臨迫(임박) 臨終(임종) 君臨(군림)
		 孟 鼎	 毛公鼎	 臨汾守戈	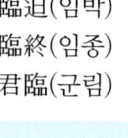 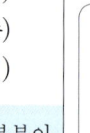 說文解字		
임할 **림**	설문 臥부	臨(림)은 임해서 내려다본다는 뜻이다. 臥(와)는 의미부분이고, 品(품)은 발음부분이다.(「𦣝, 監臨也. 从臥, 品聲.」)					

※ 엎드리듯(臥) 굽혀 물건(品)에 '임하여' 자세히 봄, 또는 높은 데서 낮은 데로 '임함'을 뜻한다.

頤 ✤ (＝匝) ➜ (𦣞) ➜ 熙 ➜ 凞 ✤ ➜ 姬

頤 匝	頁부 총15획	金文			小篆	篆文	籒文	頤養(이양) 頤指(이지) 頤使(이사)

		貴伯盤	貴伯匜	鑄子簠	說文解字			
턱 **이**	설문 匝부	匝(이)는 턱이다. 상형(象形)이다. 무릇 匝부에 속하는 글자들은 모두 匝를 의미부분으로 삼는다. 頤는 匝의 전문(篆文)이다. 𩠑는 주문(籒文)으로 首(수)를 더하였다.(「匝, 顄也. 象形. 凡匝之屬皆从匝. 頤, 篆文匝. 𩠑, 籒文从首.」)						

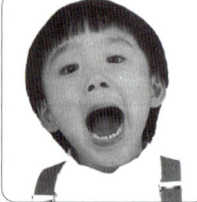

※ 머리(頁) 부분에 있는 턱(匝·匝)에서 '턱' '기르다'를 뜻한다.

𦣝	己부 총9획	殷商 金文	春秋 金文		戰國 金文	小篆	古文	용례 없음
					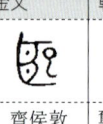			
		文頤父丁	齊侯匜	齊侯敦	璽彙3181	說文解字		
넓은턱 **이/히**	설문 匝부	𦣝(이)는 넓은 턱을 뜻한다. 匝(이)는 의미부분이고, 巳(사)는 발음부분이다. 𢻳는 𦣝의 고문(古文)으로 匝(이) 대신 戶(호)를 썼다.(「𦣝, 廣匝也. 从匝, 巳聲. 𢻳, 古文𦣝, 从戶.」)						

※ 턱(匝·匝=턱 이)을 넓게 벌린 아이(巳·巳)가 웃는 데서 '넓은 턱'을 뜻한다. ※파자: 巳(태아)

熙	火부 총13획	春秋金文	戰國 金文		小篆			熙笑(희소) 熙怡(희이) 熙熙(희희)

		齊侯敦	韓熙戈	三年鄭令戈	說文解字			
빛날 **희**	설문 火부	熙(희)는 말린다는 뜻이다. 火(화)는 의미부분이고, 𦣝(이·희)는 발음부분이다.(「𤋫, 燥也. 从火, 𦣝聲.」)						

※ 턱(匝·匝=턱 이)을 벌린 아이(巳·巳)가 자라 불(灬)처럼 환하게 '빛남'을 뜻한다.

凞	冫부 총15획	설문 없음			凞然(희연)
화할/빛날 **희**					

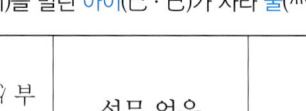

※ 얼음(冫)이 녹듯, 아이(巳)가 턱(匝·匝)을 벌려 기뻐함이 불(灬)처럼 '빛남'에서 '화하다'를 뜻한다.

姬	女부 총9획	甲骨文		西周 金文		春秋 金文	小篆	舞姬(무희) 寵姬(총희) 佳姬(가희)
						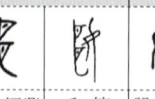		
		粹386	前1.35.6	遣小子簋	憸季遷父	蔡太師鼎	禾 簋	說文解字
계집 **희**	설문 女부	姬(희)는 황제(黃帝)가 희수(姬水)에서 살아서, (이로 인하여) 성(姓)이 되었다. 女(녀)는 의미부분이고, 匝(이)는 발음부분이다.(「𤕠, 黃帝居姬水, 以爲姓. 从女, 匝聲.」)						

※ 임금을 기쁘게 하기 위한 여자(女)로 턱(匝·匝)을 벌려 웃는 귀족의 '계집' '첩'을 뜻한다.

監 → 鑑 → 濫 → 藍 → 籃 → 覽 → 襤 ❖ → 檻 ☆ → 艦 … 鹵 → 鹽

볼 감

	甲骨文			殷商 金文		西周 金文
皿부 총14획						
	佚932	京都401	屯779	監祖丁觶	應監甗	頌鼎
	春秋 金文		戰國 金文	小篆	古文	
설문 臥부						
	鄧孟壺	夫差鑑		我陵君鑑	說文解字	

監督(감독)
監視(감시)
校監(교감)

監(감)은 내려다본다는 뜻이다. 臥(와)는 의미부분이고, 𥃢(감)의 생략형은 발음부분이다. 𥁰은 監의 고문(古文)으로 (血 대신) 言(언)을 썼다.(「𥃢, 臨下也. 从臥, 𥃢省聲. 𥁰, 古文監, 从言.」)

※ 거울처럼 눈(臣)으로 사람(人=𠂉)들이 물 한(一) 그릇(皿)을 떠놓고 비추어 '봄'을 뜻한다.

거울 감

	金文		小篆
金부 총22획			
	吳王光鑑	智君子鑑	說文解字
설문 金부			

鑑定(감정)
鑑識(감식)
龜鑑(귀감)

鑑(감)은 큰 동이를 뜻한다. 일설에는 '鑑'은 방제(方諸)로서, 달빛 아래에서 이슬을 받던 그릇이라고도 한다. 金은 의미부분이고, 監은 발음부분이다.(「鑑, 大盆也. 一曰: 鑑, 諸, 可以取明水於月. 从金, 監聲.」)

※ 쇠(金)로 만들어 사물을 비쳐보는(監) '거울'을 뜻한다.

 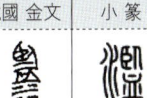

넘칠 람

	戰國 金文	小篆
水부 총17획		
	信陽楚簡	說文解字
설문 水부		

氾濫(범람)
濫用(남용)
濫觴(남상)

濫(람)은 氾(넘칠 범)이다. 水(수)는 의미부분이고, 監(감)은 발음부분이다. 일설에는 위에서 아래까지 다 젖었다는 뜻이라고도 한다. ≪시경(詩經)≫에 이르기를 "솟아오르는 샘물."이라고 하였다. 일설에는 맑다는 뜻이라고도 한다.(「濫, 氾也. 从水, 監聲. 一曰濡上及下也. ≪詩≫曰: "觱沸濫泉." 一曰: 淸也.」)

※ 물(氵)이 넘쳐흐르는 용출수나 분수를 보는(監) 데서 '넘치다' '함부로'를 뜻한다.

쪽 람

	戰國 金文	小篆
艸부 총18획		
	陶五176	說文解字
설문 艸부		

甘藍(감람)
藍色(남색)
靑於藍(청어람)

藍(람)은 푸르게 물을 들일 때 쓰는 풀이다. 艸(초)는 의미부분이고, 監(감)은 발음부분이다.(「藍, 染靑艸也. 从艸, 監聲.」)

※ 풀(艹)색을 천에 물들여 푸르게 보이는(監) '쪽'에서 '남색'을 뜻한다.

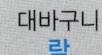

대바구니 람

	戰國 金文	小篆
竹부 총20획		
		說文解字
설문 竹부		

魚籃(어람)
花籃(화람)
搖籃(요람)

籃(람)은 큰 배롱(焙籠, 불을 쬐어 말리는 대나무로 만든 바구니)을 뜻한다. 竹(죽)은 의미부분이고, 監(감)은 발음부분이다. 𥫗, 籃의 고문(古文)은 이와 같다.(「籃, 大篝也. 从竹, 監聲. 𥫗, 古文籃如此.」)

※ 대(竹)를 엮어 안을 볼(監) 수 있게 만든 뚜껑이 없는 '대바구니'나 '대광주리'를 뜻한다.

◆ 前車可鑑 : (전거가감) 앞수레가 엎어진 것을 보고 뒷수레가 경계(警戒)하여 넘어지지 않도록 한다는 말로, 전인(前人)의 실패(失敗)를 보고 후인(後人)은 이를 경계(警戒)로 삼아야 한다는 의미.

◆ 以古爲鑑 : (이고위감) 옛것을 오늘의 거울로 삼는다는 뜻으로, 옛 성현(聖賢)의 말씀을 거울로 삼아 행동(行動)함.

覽	見부 총21획	小篆  說文解字		遊覽(유람) 觀覽(관람) 閱覽室(열람실)	
볼 람	설문 見부	覽(람)은 자세히 본다는 뜻이다. 見(견)과 監(감)은 모두 의미부분인데, 監은 발음부분이기도 하다.(「覽, 觀也. 从見·監, 監亦聲.」)			

※ 물을 떠놓고 비쳐보듯(監) 사물 전체를 자세히 관찰하여 보는(見) 데서 '보다'를 뜻한다.

襤	衣부 총19획	小篆  說文解字		襤褸(남루) 襤衣(남의)	
누더기 람	설문 衣부	襤(람), 속적삼을 일컬어 남루(襤褸)라고 한다. 襤은 (옷에) 단이 없다는 뜻이다. 衣(의)는 의미부분이고, 監(감)은 발음부분이다.(「襤, 裯謂之襤褸. 襤, 無緣也. 从衣, 監聲.」)			

※ 가선이 없는 남루한 옷(衤)으로 속이 비쳐 보이는(監) 테두리가 없는 '누더기'를 뜻한다.
※파자: 속이 비쳐 보이는(監) 옷(衤)에서 '누더기'를 뜻한다.

檻	木부 총18획	小篆  說文解字		檻車(함차) 軒檻(헌함) 檻虎(함호)	
난간 함	설문 木부	檻(함)은 櫳(난간 롱, 우리 롱)이다. 木(목)은 의미부분이고, 監(감)은 발음부분이다. 일설에는 우리를 뜻한다고도 한다.(「檻, 櫳也. 从木, 監聲. 一曰圈也.」)			

※ 나무(木)로 만든 가축이나 죄인을 가두어 살피는(監) '우리'나 '감옥'으로, 우리처럼 나무로 막아 사람이 떨어짐을 막아주는 '난간'을 뜻하기도 한다.

艦	舟부 총20획	설문 없음	小篆 形音義字典	艦隊(함대) 艦艇(함정) 軍艦(군함)	
큰배 함					

※ 배(舟)중에 적을 살피거나(監) 돌과 화살을 막는 난간(檻)을 설치한 싸움하는 '큰 배'를 뜻한다.

鹵	鹵부 총11획	金文  合4340	西周 金文  免 盤	小篆 說文解字	부수 한자 鹵田(노전) 鹵鈍(노둔)	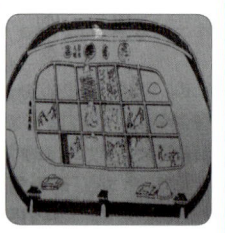
염전/ 소금밭 로	설문 鹵부	鹵(로)는 서쪽 지방의 염전(鹽田)을 가리킨다. 西(서)의 생략형은 의미부분이고, (※)는 소금의 형태를 그린 것이다. 안정군(安定郡)에 노현(鹵縣)이라는 곳이 있다. 동쪽 지방에서는 㡿(척)이라고 하고, 서쪽 지방에서는 鹵라고 한다. 무릇 鹵부에 속하는 글자들은 모두 鹵를 의미부분으로 삼는다.(「鹵, 西方鹹地也. 从西省, 象鹽形. 安定有鹵縣. 東方謂之㡿, 西方謂之鹵. 凡鹵之屬皆从鹵.」)				

※ 그릇(凸)에 담겨 있는 '소금(※)', 또는 염전(凸)에서 생산되는 소금(※)에서 '소금' '염전'을 뜻한다.

鹽	鹵부 총24획	戰國 金文 亡鹽右戈	 亡鹽右戈	小篆  說文解字	鹽田(염전) 鹽素(염소) 鹽分(염분)	
소금 염	설문 鹵부	鹽(염)은 소금을 뜻한다. 鹵(로)는 의미부분이고, 監(감)은 발음부분이다. 옛날 숙사(宿沙)가 처음으로 바닷물을 끓여서 소금을 만들었다. 무릇 鹽부에 속하는 글자들은 모두 鹽을 의미부분으로 삼는다.(「鹽, 鹹也. 从鹵, 監聲. 古者宿沙初作煮海鹽. 凡鹽之屬皆从鹽.」)				

※ 짠(鹵) 물을 그릇에 담아 불을 지피며 잘 살펴(監) 소금을 만드는 데서 인공 '소금'을 뜻한다.

工→功→攻→貢→(巩)→恐→鞏→空→控❖→腔→江→舡*→扛*→杠❖→項→肛☆→缸☆→紅→鴻→虹→訌◆→仝*⋯(丂)→巧

	工부 총3획	甲骨文		西周 金文	春秋 金文	小篆	古文	工事(공사) 工場(공장) 工業(공업)
		粹137	前4.43.4	矢方彝	虢季子白盤	者減鐘	說文解字	
장인 공	설문 工부	工(공)은 잘 꾸민다는 뜻이다. 사람이 사각형과 원을 그리는 도구를 가지고 있는 것을 그렸다. 巫(무)와 같은 뜻이다. 무릇 工부에 속하는 글자들은 모두 工을 의미부분으로 삼는다. 丞은 工의 고문(古文)으로 彡(삼)을 더하였다.(「工, 巧飾也. 象人有規榘也. 與巫同意. 凡工之屬皆从工. 丞, 古文工, 从彡.」)						

※ 정교하게 일을 하기 위한 장인의 도구로, 물건을 자르는 도구나 재는 자, 또는 흙을 다지는 도구 등에서 '장인' '도구' '기능' '재주' '만들다'를 뜻한다.

	力부 총5획	戰國 金文		小 篆	功勞(공로) 功臣(공신) 功過(공과)
		中山王鼎	上博緇衣	說文解字	
공 공	설문 力부	功(공)은 힘써서 나라를 안정시켰다는 뜻이다. 力(력)과 工(공)은 모두 의미부분인데, 工은 발음부분이기도 하다.(「功, 以勞定國也. 从力, 从工, 工亦聲.」)			

※ 장인(工)이 힘(力)을 다하여 일하는 데서, 일의 '공' '명예'를 뜻한다.

	攴부 총7획	甲骨文	春秋 金文		戰國 金文		小 篆	攻守(공수) 攻擊(공격) 攻防(공방)
		合集9101	國差𦉜	臧孫鐘	攻敔王光戈	鄂君舟節	鄂君車節	說文解字
칠 공	설문 攴부	攻(공)은 친다는 뜻이다. 攴(복)은 의미부분이고, 工(공)은 발음부분이다.(「攻, 擊也. 从攴, 工聲.」)							

※ 도구(工)를 들고 치고(攵) 두드려 물건을 만드는 데서 '치다' '공격하다' 등으로 쓰인다.

	貝부 총10획	小 篆	貢獻(공헌) 租貢(조공) 朝貢(조공)
		說文解字	
바칠 공	설문 貝부	貢(공)은 바친다는 뜻이다. 貝(패)는 의미부분이고, 工(공)은 발음부분이다.(「貢, 獻功也. 从貝, 工聲.」)	

※ 나라를 위해 자신의 재주(工)나 재물(貝)을 '바침'을 뜻한다.

	工부 총6획	金文			小 篆	或體	용례 없음
		牆 盤	毛公鼎	毛公鼎	說文解字		
안을 공	설문 廾부	巩=巩(공)은 안는다는 뜻이다. 丮(극)은 의미부분이고, 工(공)은 발음부분이다. 𢴤은 巩의 혹체자(或體字)로 手(수)가 더해졌다.(「巩, 褢也. 从丮, 工聲. 𢴤, 巩或加手.」)					

※ 도구(工)를 잡고(丮=凡) 있거나 품고 있는 데서 '안다' '품다'를 뜻한다.
※참고: 丮(잡을 극)은 다른 글자와 만나면 '丸(환)'이나 '凡(범)'으로 변한다.

	心부 총10획	金文	小 篆	古文	恐龍(공룡) 恐怖(공포) 恐慌(공황)
		中山王鼎	說文解字		
두려울 공	설문 心부	恐(공)은 두려워한다는 뜻이다. 心(심)은 의미부분이고, 巩(공)은 발음부분이다. 䛬은 고문(古文)이다.(「䛬, 懼也. 从心, 巩聲. 䛬, 古文.」)				

※ 도구(工)를 잡고(丮=凡) 있듯(巩=巩:안을/품을 공), 조심하여 도구(工)를 다루는(丮=凡) 마음(心)에서 '두려움'을 뜻한다. ※파자: 날카로운 연장(工)은 모두(凡) 마음(心)에 '두려워함'.

287

鞏	革부 총15획	戰國 金文	小篆		鞏膜(공막) 鞏固(공고) 鞏鞏(공공)	
		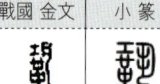 故宮424	說文解字			
굳을/묶을 공	설문 革부	鞏(공)은 가죽으로 묶는다는 뜻이다. ≪주역(周易)≫에 이르기를 "단단하게 묶으려면 황소의 가죽을 써야 한다."라고 하였다. 革(혁)은 의미부분이고, 巩(공)은 발음부분이다.(「鞏, 以韋束也. ≪易≫曰: "鞏用黃牛之革." 从革, 巩聲.」)					

✽ 연장을 감싸듯(巩=巩:안을/품을 공) 가죽(革)으로 물건을 단단히 '묶음'을 뜻한다.

空	穴부 총8획	西周 金文	戰國 金文	小篆	空間(공간) 空軍(공군) 空氣(공기)	
		 𠂤季姬尊	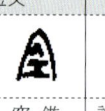 庫嗇夫鼎 空鐱	 說文解字		
빌 공	설문 穴부	空(공)은 竅(구멍 규, 빌 규)이다. 穴(혈)은 의미부분이고, 工(공)은 발음부분이다.(「𡧇, 竅也. 从穴, 工聲.」)				

✽ 원시시대 굴(穴)을 파서 만든(工) 집의 형태에서 '비다' '다하다' '공간' '하늘'을 뜻한다.

控	手부 총11획	小篆			控禦(공어) 控訴(공소) 控帳(공장)	
		 說文解字				
당길 공	설문 手부	控(공)은 당긴다는 뜻이다. 手(수)는 의미부분이고, 空(공)은 발음부분이다. ≪시경(詩經)≫에 이르기를 "활을 당기는 것처럼 큰 나라에 호소하고 싶네."라고 하였다. 흉노(匈奴) 지방에서는 활을 당기는 것을 공현(控弦)이라고 한다.(「, 引也. 从手, 空聲. ≪詩≫曰: "控于大邦." 匈奴名引弓控弦.」)				

✽ 손(扌)으로 힘이 다할(空) 때까지 당김에서 '당기다'를 뜻한다.

腔	肉부 총12획	戰國 金文	小篆		鼻腔(비강) 口腔(구강) 腹腔(복강)	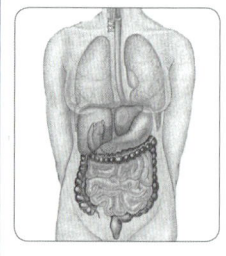
		 雲夢封診	 說文解字			
속빌 강	설문 肉부	腔(강)은 속이 비었다는 뜻이다. 肉(육)과 空(공)은 모두 의미부분인데, 空은 발음부분이기도 하다.(「腔, 內空也. 从肉, 从空, 空亦聲.」)				

✽ 사람의 몸(月) 속의 장기 사이에 비어 있는(空) 부분에서 '속이 비다'를 뜻한다.

江	水부 총6획	春秋 金文	戰國 金文	小篆	江山(강산) 漢江(한강) 江村(강촌)	
		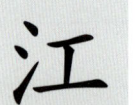 江小仲鼎	鄂君啓舟節 江武庫戈	說文解字		
강 강	설문 水부	江(강)은 강의 이름이다. 촉군(蜀郡) 전저도(湔氐道) 변방 민산(岷山)에서 발원하여 바다로 들어간다. 水(수)는 의미부분이고, 工(공)은 발음부분이다.(「江, 水. 出蜀湔氐徼外岷山, 入海. 从水, 工聲.」)				

✽ 물(氵)이 수 천 년을 흘러 만들어진(工) '강'으로, 중국의 '장강(長江)'을 뜻하는 고유명사다. 장강(長江)은 돌이 많아 부딪쳐 '공공(工工)' 하는 소리 때문에 이름이 되었다고 한다.

舡	舟부 총9획	설문 없음	小篆		舡人(강인) 舡軒(강헌)	
			 形音義字典			
오나라배 강						

✽ 배(舟) 중에 물가가 많은 오나라에서 만들어진(工) 좋은 '오나라 배'를 뜻한다.

扛	手部 총6획	小篆 扛 說文解字		扛擧(강거) 扛鼎(강정)	
들 강	설문 手部	扛(강)은 빗장을 마주 들어 올린다는 뜻이다. 手(수)는 의미부분이고, 工(공)은 발음부분이다.(「扛, 橫關對擧也. 从手, 工聲.」)			

✽ 두 손(扌)으로 가로로 만들어진(工) 도구, 특히 문빗장을 들어 올리는 데서 '들다'를 뜻한다.

杠	木部 총7획	金文 杠 杠觶	小篆 杠 說文解字	杠梁(강량)	
깃대 강	설문 木部	杠(강)은 평상 앞에 댄 가로막대를 뜻한다. 木(목)은 의미부분이고, 工(공)은 발음부분이다.(「杠, 牀前橫木也. 从木, 工聲.」)			

✽ 나무(木)를 세워 만든(工) '깃대'나 사람이 보행하는 '다리'를 뜻한다. ※梁(량)은 수레 통행.

項	頁部 총12획	戰國 金文 項 雲夢法律	小篆 項 說文解字	項目(항목) 事項(사항) 條項(조항)	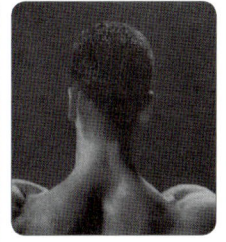
항목 항	설문 頁部	項(항)은 머리 뒤(즉 목덜미)를 뜻한다. 頁(혈)은 의미부분이고, 工(공)은 발음부분이다.(「項, 頭後也. 从頁, 工聲.」)			

✽ 상(一) 하(一)로 연결(丨)된 도구(工)처럼 몸과 머리(頁)를 연결하는 '목'의 뒷덜미를 뜻하나, 하나하나의 목에서 '항목'으로도 쓰인다. ※파자:어디로든 움직이게 만드는(工) 머리(頁)를 받치는 '목'.

	肉部 총7획	설문 없음	小篆 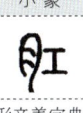 形音義字典	肛門(항문) 脫肛(탈항)	
항문 항					

✽ 몸(月) 엉덩이에 바퀴통(釭=工:바퀴통 강/공)처럼 생긴 배변(排便)하는 '항문'을 뜻한다.
  ※파자:사람 몸(月)에서 만들어진(工) 것을 버리는 '항문'을 뜻한다.

缸	缶部 총9획	小篆 缸 說文解字		玉缸(옥항) 缸胎(항태) 酒缸(주항)	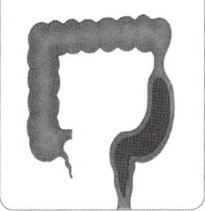
항아리 항	설문 缶部	缸(항)은 항아리를 뜻한다. 缶(부)는 의미부분이고, 工(공)은 발음부분이다.(「缸, 瓨也. 从缶, 工聲.」)			

✽ 장군(缶)처럼 질그릇으로 크게 만들어(工) 물이나 술을 담던 '항아리'를 뜻한다.

	糸部 총9획	戰國 金文  信陽楚簡	小篆 紅 說文解字	紅茶(홍차) 紅柹(홍시) 紅疫(홍역)	
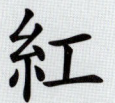	설문 糸部	紅(홍)은 비단이 옅은 붉은색을 띤다는 뜻이다. 糸(멱·사)는 의미부분이고, 工(공)은 발음부분이다.(「紅, 帛赤白色. 从糸, 工聲.」)			

✽ 실(糸)을 물들여 만든(工) 붉은 비단으로, 분홍에 가까운 붉은색에서 '붉다'를 뜻한다.

鴻	鳥부 총17획	小篆 說文解字		鴻恩(홍은) 鴻毛(홍모) 鴻爪(홍조)	
기러기 홍	설문 鳥부	鴻(홍)은 고니이다. 鳥(조)는 의미부분이고 江(강)은 발음부분이다.(「鴻, 鴻鵠也. 从鳥, 江聲.」)			

※ 큰 강(江)가 습지에서 주로 사는 새(鳥)인 큰기러기에서 '크다' '기러기'를 뜻한다.

虹	虫부 총9획	甲骨文  菁41	石鼓文  前7.43.2	小篆 虹	籒文 蚎 說文解字	虹橋(홍교) 長虹(장홍) 彩虹(채홍)	
무지개 홍	설문 虫부	虹(홍)은 무지개를 뜻한다. 그 (굽은) 모양이 벌레와 비슷하다. 虫(훼·충)은 의미부분이고, 工(공)은 발음부분이다. 〈명당월령(明堂月令)〉에 이르기를 "무지개가 처음 보였다."라고 하였다. 蚎은 虹의 주문(籒文)으로 (工 대신) 申(신)을 썼다. 申은 번개를 뜻한다.(「虹, 蠕蝀也. 狀似蟲. 从虫, 工聲. 〈明堂月令〉曰: "虹始見." 蚎, 籒文虹, 从申. 申, 電也.」)					

※ 비온 뒤 하늘에 큰 뱀(虫)같은 모양으로 만들어진(工) '무지개'를 나타낸다. 참고로 홍(紅)색이 밖에 자(紫)색이 안쪽에 있는 모양을 '虹(홍)', 그 반대를 '霓(암 무지개 예)'라 한다.

訌	言부 총10획	小篆 訌 說文解字		訌爭(홍쟁) 內訌(내홍) 紛訌(분홍)	
어지러울 홍	설문 言부	訌(홍)은 무너뜨린다는 뜻이다. 言(언)은 의미부분이고, 工(공)은 발음부분이다. ≪시경(詩經)≫에 이르기를 "해충 같은 놈이 안을 어지럽히네."라고 하였다.(「訌, 潰也. 从言, 工聲. ≪詩≫曰: "蟊賊內訌."」)			

※ 말(言)을 교묘하게 만들어(工) 서로 모함하여 안으로부터 '어지러워져' '무너짐'을 뜻한다.

仝	人부 총5획	설문 없음	仝名(동명) 仝慶(동경) 仝異(동이)	
한가지 동		人+工=仝(同 한가지 동). 入+工=仝(全온전 전)		

※ 많은 사람(人)이 함께 만드는(工) 데서 '한 가지'를 뜻하며, 同(동)과 같이 쓰인다.

丂	一부 총2획	甲骨文  前1.19.3 後下43·2 乙2316	西周 金文 散盤	春秋 金文 齊鑄	戰國 金文 者沪鐘	小篆 說文解字	용례 없음	
기(氣)나올 고	설문 丂부	丂(고)는 기(氣)가 편안하게 나오려고 하는데, 勹 위에서 一에 의해 방해를 받고 있다는 뜻이다. 丂는 고문(古文)에서는 亐(우)자로 여겼다. 또 巧(교)자로도 여겼다. 무릇 丂부에 속하는 글자들은 모두 丂를 의미부분으로 삼는다.(「丂, 气欲舒出, 勹上礙於一也. 丂, 古文以爲亐字, 又以爲巧字. 凡丂之屬皆从丂.」)						

※ 기(氣)가 나오다 굽어진 모양으로 '기가 나오다'를 뜻하며, 굽은 '도구'를 뜻하기도 한다.

巧	工부 총5획	戰國 金文  雲夢秦律	小篆 巧 說文解字	奸巧(간교) 巧妙(교묘) 精巧(정교)	
공교할 교	설문 工부	巧(교)는 솜씨를 뜻한다. 工(공)은 의미부분이고, 丂(고)는 발음부분이다.(「巧, 技也. 从工, 丂聲.」)			

※ 연장(工)이나 자루가 있는 도구(丂)를 교묘하게 다루는 데서 '공교하다' '재주'를 뜻한다. 可참조.

巫 … (霝) → 靈 → 誣 ☆ → 覡 ☆

		甲骨文	殷商 金文	春秋 金文	侯馬盟書	小篆	古文	
	工부 총7획							巫堂(무당) 巫女(무녀) 巫俗(무속)
		甲2356	粹1268	巫亞鼎	齊巫姜簠	156.22	說文解字	
무당 무	설문 巫부	巫(무)는 축원(祝願)하는 사람(즉 무당)을 뜻한다. 여자로서 무형(無形)을 받들 줄 알고, 춤을 추어 신(神)을 내리도록 하는 사람이다. (工 사이에 있는 人人은) 두 사람이 춤을 추는 모양을 그린 것으로, 工(공)과 같은 뜻이다. 옛날 무당은 초기에 무술(巫術)을 썼다. 무릇 巫부에 속하는 글자들은 모두 巫를 의미부분으로 삼는다. 羉는 巫의 고문(古文)이다.(「巫, 祝也. 女能事無形, 以舞降神者也. 象人兩褎舞形, 與工同意. 古者巫咸初作巫. 羉, 古文巫. 凡巫之屬皆从巫.」)						

✱ 두 사람(从)이 신령한 도구(工)를 잡고 복을 비는 '무당'을 뜻한다. ※참고:본래 무당이 사용하는 도구의 모양에서 '무당'을 뜻했다. ※覡(격)은 남자무당.

		甲骨文	殷商 金文	西周 金文	春秋 金文	小篆	
	雨부 총17획						용례 없음
		甲806	前4.24.1	霝鼎	沈子它簋	獸鐘 說文解字	
비올 령	설문 雨부	霝(령)은 비가 온다는 뜻이다. 雨(우)는 의미부분이고, 皿皿皿는 빗방울이 뚝뚝 떨어지는 모양을 그린 것이다. 《시경(詩經)》에 이르기를 "보슬비가 보슬보슬 내렸었지."라고 하였다.(「霝, 雨零也. 从雨, 皿皿皿象霝形. 《詩》曰: "霝雨其濛."」)					

✱ 비(雨)와 빗방울(皿皿皿)을 그려 '비가 내림'을 나타낸다.

		金文	小篆	或體	
	雨부 총24획				靈歌(영가) 靈魂(영혼) 神靈(신령)
		庚壺	秦公鐘	說文解字	
신령 령	설문 玉부	靈(령)은 무당으로, 옥을 가지고 신을 섬긴다. 玉(옥)은 의미부분이고, 霝(령)은 발음부분이다. 靈은 靈의 혹체자(或體字)로 (玉 대신) 巫(무)를 썼다.(「靈, 靈巫, 以玉事神. 从玉, 霝聲. 靈, 靈或从巫.」)				

✱ 비가 오기를(霝:비올 령) 무당(巫)이 신령에게 정성을 다하는 데서 '신령'을 뜻한다.
※참고: 口(입구), 吅(시끄러울 현/훤), 皿皿皿(말 잘할 령), 品(물건 품), 㗊(뭇입 즙).

		戰國 金文	小篆	
	言부 총14획			誣告(무고) 誣罔(무망) 誣陷(무함)
		雲夢法律	說文解字	
속일 무	설문 言부	誣(무)는 덧붙인다는 뜻이다. 言(언)은 의미부분이고, 巫(무)는 발음부분이다.(「誣, 加也. 从言, 巫聲.」)			

✱ 말(言)을 덧붙이는 무당(巫)이 하는 믿을 수 없는 말에서 '속이다' '거짓'을 뜻한다.

		戰國 金文	小篆	
	見부 총14획			巫覡(무격) 男覡(남격)
		侯馬盟書	說文解字	
박수(男巫) 격	설문 巫부	覡(격)은 재(齋)를 엄숙하게 올리고 신명(神明, 즉 신)을 받들 줄 안다는 뜻이다. 남자 무당은 覡이라고 하고, 여자 무당은 巫(무)라고 한다. 巫와 見(견)은 모두 의미부분이다.(「覡, 能齋肅事神明也. 在男曰覡, 在女曰巫. 从巫, 从見.」)			

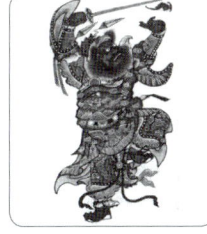

✱ 무당(巫) 중에 귀신의 일이나 능력을 볼(見) 수 있는 남자무당을 '박수무당'이라 한다.

岡 → 剛 → 綱 → 鋼 → 崗 ☆ → 堈 ✦

		金文	春秋 金文	戰國 金文	小篆	
	山부 총8획					岡陵(강릉) 岡曲(강곡) 岡阜(강부)
		形音義字典	邵鐘	陶典0803	說文解字	
산등성이 강	설문 山부	岡(강)은 산등성이를 뜻한다. 山(산)은 의미부분이고, 网(망)은 발음부분이다.(「岡, 山骨也. 从山, 网聲.」)					

✱ 그물(网·冂)을 펼쳐 놓은 것 같은 산(山)마루 '산등성이'에서 '크고' '굳셈'을 뜻한다.

剛	刀부 총10획	甲骨文	金文		小篆	古文	剛健(강건) 剛柔(강유) 剛直(강직)
		粹1221	剛爵	散盤	信勻	說文解字	
굳셀 **강**	설문 刀부	剛(강)은 굳세고 결단성이 있다는 뜻이다. 刀(도)는 의미부분이고, 岡(강)은 발음부분이다. 𠇹, 고문(古文)의 剛자는 이와 같다.(「𠇹, 彊斷也. 从刀, 岡聲. 𠇹, 古文剛如此.」)					

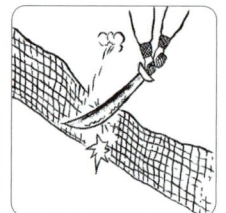

✽ 산등성이(岡) 같은 큰 그물을 칼(刀)로 자를 만큼 강하고 '굳셈'을 뜻한다.

綱	糸부 총14획	小篆	古文				大綱(대강) 紀綱(기강) 要綱(요강)
		綱	𦃿				
		說文解字					
벼리 **강**	설문 糸부	綱(강)은 벼리를 뜻한다. 糸(멱·사)는 의미부분이고, 岡(강)은 발음부분이다. 𦃿은 綱의 고문(古文)이다.(「綱, 維紘繩也. 从糸, 岡聲. 𦃿, 古文綱.」)					

✽ 그물 윗부분을 버텨주는 줄(糸)로, 산 위 산등성이(岡)처럼 강한 '벼리'를 뜻한다.

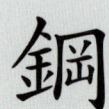	金부 총16획	설문 없음	 小篆 鋼 形音義字典	鋼鐵(강철) 鋼板(강판) 製鋼(제강)
강철 **강**		《설문해자》에는 '鋼'자가 보이지 않는다. 《옥편(玉篇)·금부(金部)》를 보면 "鋼은 제련(製鍊)된 철을 뜻한다.(「鋼, 鍊鐵也.」)"라고 하였다.		

✽ 제련하여 강도를 높인 쇠(金)로 높고 험한 산등성이(岡) 같이 강한 '강철'을 뜻한다.

	玉부 총11획	설문 없음		花崗巖(화강암)
언덕 **강**				

✽ 산(山)이 산등성이(岡) 모양의 '작은 산'이나 '언덕'으로, 岡(강)의 속자(俗字)이다.

	土부 총11획	설문 없음		堽埭(강대)
독/언덕 **강**				

✽ 흙(土)으로 작은 산등성이(岡) 모양으로 쌓아 만든 '언덕'이나 '독' '항아리'를 뜻한다.

亡➔妄➔忙➔忘➔望➔邙✱➔芒☆➔茫➔罔(网)➔惘☆➔網➔輞✱ ⋯ (巟)➔荒➔慌☆➔盲

亡	亠부 총3획	甲骨文		西周 金文	春秋 金文	戰國 金文	小篆	滅亡(멸망) 亡身(망신) 亡靈(망령)
		乙7817	粹740	天亡簋	師望簋	杞伯簋	中山王壺	說文解字	
망할 **망**	설문 亾부	亾(망)은 도망친다는 뜻이다. 入(입)과 乚(은)은 모두 의미부분이다. 무릇 亾부에 속하는 글자들은 모두 亾을 의미부분으로 삼는다.(「亾, 逃也. 从入, 从乚. 凡亾之屬皆从亾.」)							

✽ 칼(亡)끝이 잘림(丿), 사람(人) 손을 자름(又·彐), 눈(臣)동자를 멀게 함 등의 학설로, 뜻은 '없다' '망하다' '죽다'로 쓰인다. ※파자: 머리(亠)를 숨기는(乚) 사람(人)에서 '망함(亾=亡)'을 뜻한다.

妄	女부 총6획	金文	小篆				妄言(망언) 妄發(망발) 妄動(망동)
		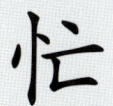 毛公鼎	說文解字				
망녕될 **망**	설문 女부	妄(망)은 어지럽다는 뜻이다. 女는 의미부분이고, 亡은 발음부분이다.(「妄, 亂也. 从女, 亡聲.」)					

※ 마음을 정함이 없어(亡) 변덕이 심한 여자(女)가 예의를 잃어 혼란한 데서 '망령됨'을 뜻한다.

忙	心부 총6획	설문 없음	小篆  形音義字典				慌忙(황망) 公私多忙 (공사다망)
바쁠 **망**		≪설문해자≫에는 '忙'(망)자가 보이지 않는다. ≪광운(廣韻)·당운(唐韻)≫에서는 忙은 마음이 급하다는 뜻이다.(「忙, 心迫也.」)					

※ 마음(忄)이 급하여 생각이 없을(亡) 정도로 '바쁨'을 뜻한다.

忘	心부 총7획	春秋 金文		戰國 金文			小篆	忘却(망각) 難忘(난망) 忘年會(망년회)
		 蔡侯鐘	吳王光鐘	 陳侯午敦	 中山王方壺	 中山王圓壺	說文解字	
잊을 **망**	설문 心부	忘(망)은 기억을 못한다는 뜻이다. 心(심)과 亡(망)은 모두 의미부분인데, 亡은 발음부분이기도 하다.(「忘, 不識也. 从心, 从亡, 亡亦聲.」)						

※ 사리를 분별함이 없는(亡) 마음(心)에서 '잊다'를 뜻한다. ※부수의 위치에 따라 뜻이 다르다.
※같은 부수가, '머리'가 '변'으로 가면 대개 같고, '변'과 '발'이 같은 부수면 뜻이 다르다.

望	月부 총11획	甲骨文		金文			小篆	希望(희망) 望樓(망루) 望鄕(망향)
		 寧滬2.84	甲3122	 庚嬴卣	 師望鼎	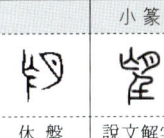 休盤	說文解字	
바랄 **망**	설문 壬부	望(망)은 (사람이) 밖에 나가 있으면 (집에서는) 그 사람이 돌아오기를 바란다는 뜻이다. 亡은 의미부분이고, 望(망)의 생략형은 발음부분이다.(「望, 出亡在外, 望其還也. 从亡, 望省聲.」) *朢(보름 망)과 望은 같이 쓰임.						

※ 보이는(臣=亡) 달(月)을 보며 높은(壬)곳에 올라 '바라보며' '소망'하거나 '바람'을 뜻한다.
※파자:망한(亡) 후 달(月)을 우뚝(壬 : 우뚝할 정) 서서 '보며' 성공하길 '바라고' 계획함.

邙	邑부 총6획	戰國 金文		小篆				北邙山(북망산)
		 邙令差戈	相邦邙皮戈	說文解字				
산이름 **망**	설문 邑부	邙(망)은 하남성(河南省) 낙양(洛陽) 북쪽 망산(亡山) 위의 고을을 가리킨다. 邑(읍)은 의미부분이고, 亡(망)은 발음부분이다.(「邙, 河南洛陽北, 亡山上邑. 从邑, 亡聲.」)						

※ 사람이 죽어서(亡) 가는 마을(阝)이라는 뜻으로, 북망산(北邙山)의 '산 이름'을 뜻한다.

芒	艸부 총7획	戰國 金文		小篆				芒刺(망자) 光芒(광망) 芒種(망종)
		芒陽令戈	信陽楚簡	 說文解字				
까끄라기 **망**	설문 艸부	芒(망)은 풀의 까끄라기를 뜻한다. 艸(초)는 의미부분이고, 亡(망)은 발음부분이다.(「芒, 艸耑. 从艸, 亡聲.」)						

※ 식물(++)의 끝에 있는 것 같기도 하고 없는(亡) 것도 같은 '가시'나 '까끄라기'를 뜻한다.

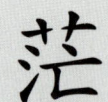	艸부 총10획	설문 없음		茫漠(망막) 滄茫(창망) 茫然(망연)	
아득할 망		≪설문해자≫에는 '茫'자가 보이지 않는다. ≪옥편(玉篇)·초부(艸部)≫에서는 "茫은 바쁘다는 뜻이다.(「茫, 遽也.」)"라고 하여 오늘날의 '忙(바쁠 망)'자와 같은 뜻으로 풀이하였고, ≪광운(廣韻)·당운(唐韻)≫에서는 "茫은 물이 푸르고 아득히 넓다는 뜻이다.(「茫, 滄茫也.」)"라고 하였다.			

※ 초목(艹)이 물(氵)처럼 끝없이(亡) 아득히(沆:아득할 망) 펼쳐진 데서 '아득함'을 뜻함. 또는 초목(艹)의 끝이 잘 보이지 않는(亡) 까끄라기(芒)처럼, 끝없이 넓은 물(氵)에서 '아득함'을 뜻한다.

罔 网	罔부 총8획	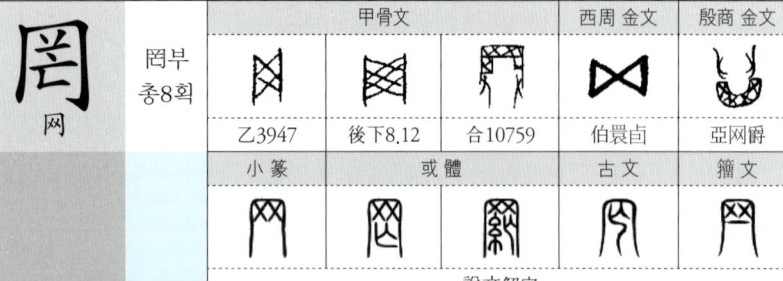 說文解字		罔極(망극) 罔測(망측) 罔民(망민) 欺罔(기망)	
없을/그물 망	설문 网부	网(망)은 포희씨가 새끼를 꼬아 만들었던 도구로서, 이것을 가지고 물고기를 잡았다. 冖(멱)은 의미부분이고, 그 아래는 그물이 얽혀 있는 무늬를 그린 것이다. 무릇 网부에 속하는 글자들은 모두 网을 의미부분으로 삼는다. 罔은 网의 혹체자(或體字)로 亡(망)을 더하였다. 網은 网의 혹체자로 糸(멱·사)를 더하였다. 冈은 网의 고문(古文)이다. 冈은 网의 주문(籒文)이다.(「冖, 庖犧所結繩, 以漁. 从冖, 下象网交文. 凡网之屬皆从网. 罔, 网或从亡. 網, 网或从糸. 冈, 古文网. 冈, 籒文网.」)			

※ 그물(网·冂)로 짐승·어류를 도망갈 수 없게(亡) 막는 데서, '그물'이 본뜻이나 '없다'로 쓰인다.

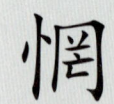	心부 총11획	설문 없음	 形音義字典	悽惘(처망) 惘惘(망망) 慌惘(황망)	
멍할 망					

※ 일이 마음(忄)대로 되지 않고 그물(罔)에 걸린 듯 나아갈 수 없어 낙심하여 '멍함'을 뜻한다.

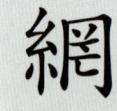	糸부 총14획	설문 없음	"망(罔)"과 같은 자.	魚網(어망) 投網(투망) 網紗(망사)	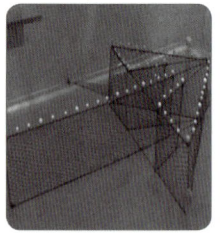
그물 망					

※ 실(糸)로 엮은 그물(罔)로, 모든 그물을 대표하는 데서 '그물'을 뜻한다.

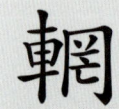	車부 총15획	설문 없음		重輞(중망) 輞川(망천)	
바퀴테 망					

※ 수레(車)의 바퀴를 그물(罔)처럼 감싸는 '바퀴테'를 뜻한다.

		西周 金文		小篆			
巟	巛부 총6획	巟伯簋	叔巟盨	說文解字		용례 없음	
망할 황	설문 去부	巟(황)은 물이 넓다는 뜻이다. 川(천)은 의미부분이고, 亡(망)은 발음부분이다. ≪주역(周易)≫에 이르기를 "넓은 물과 같은 뜻을 품으면 황하도 건널 수 있다."라고 하였다.(「巟, 水廣也. 从川, 亡聲. ≪易≫曰: "包巟, 用馮河."」)					

✽ 끝없는(亡) 물(川)이 넓고 큼을 뜻하나, 물만 가득 있는 데서 '질펀하다' '망하다' '황폐하다'로 쓰인다.

		金文	小篆			
荒	艸부 총10획	中山王壺	說文解字		荒野(황야) 荒涼(황량) 荒蕪地(황무지)	
거칠 황	설문 艸부	荒(황)은 거친 풀을 뜻한다. 艸(초)는 의미부분이고, 巟(황)은 발음부분이다. 일설에는 잡초가 뒤덮인 땅을 뜻한다고도 한다.(「荒, 蕪也. 从艸, 巟聲. 一曰艸淹地也.」)				

✽ 잡초(艹)가 온 밭 가득 질펀하게(巟:물질펀할/망할 황) 있는 데서 '거칠다' '황무지'를 뜻한다. ※파자:풀(艹)만 가득 있고 모든 것을 쓸어 없앤(亡) 냇물(川)에서 '거침'을 뜻한다.

			戰國 金文	小篆			
慌	心부 총13획	설문 없음	上博恒先	形音義字典		慌忙(황망) 唐慌(당황) 慌惚(황홀)	
어리둥절할 황							

✽ 마음(忄)이 거친(荒) 풀에 가려진 듯 당황하고 '어리둥절해' '멍함'을 뜻한다.

		金文		小篆			
盲	目부 총8획	古鉥	璽彙1647	說文解字		盲兒(맹아) 盲信(맹신) 盲從(맹종)	
소경/눈멀 맹	설문 目부	盲(맹)은 눈에 눈동자가 없다는 뜻이다. 目은 의미부분이고, 亡은 발음부분이다.(「盲, 目無牟子. 从目, 亡聲.」)					

✽ 보이지 않는(亡) 눈(目)에서 '소경' '눈멀다'를 뜻한다.

共 ➔ 供 ➔ 恭 ➔ 拱 ➔ 珙✧ ➔ 洪 ➔ 哄☆ ➔ 烘✧ ➔ 銾✧ ···(䢼) ➔ 巷 ➔ 港

		殷商 金文	西周 金文		戰國 金文	小篆	古文		
共	八부 총6획	父癸簋	亞乙父己卣	禹鼎	舍肯盨	說文解字		共同(공동) 共生(공생) 共助(공조)	
한가지 공	설문 共부	共(공)은 함께 한다는 뜻이다. 廿(입)과 廾(공)은 모두 의미부분이다. 무릇 共부에 속하는 글자들은 모두 共을 의미부분으로 삼는다. 𦱷은 共의 고문(古文)이다.(「𦱷, 同也. 从廿·廾. 凡共之屬皆从共. 𦱷, 古文共.」)							

✽ 물건(廿=卄)을 두 손(廾)으로 공손히 받듦에서 '함께' '같이' 등을 뜻한다.

		戰國 金文	小篆			
供	人부 총8획	璽彙5483	說文解字		供給(공급) 供物(공물) 供與(공여)	
이바지할 공	설문 人부	供(공)은 베푼다는 뜻이다. 人(인)은 의미부분이고, 共(공)은 발음부분이다. 일설에는 공급한다는 뜻이라고도 한다.(「供, 設也. 从人, 共聲. 一曰供給.」)				

✽ 여러 사람(亻)이 함께(共) 보내 주는 데서 '이바지하다' '바치다'를 뜻한다.

恭	心부 총10획	戰國 金文  長沙帛書	小篆 說文解字		恭遜(공손) 恭待(공대) 恭敬(공경)	
공손할 **공**	설문 心부	恭(공)은 공경(恭敬)한다는 뜻이다. 心(심)은 의미부분이고, 共(공)은 발음부분이다.(「蕭, 肅也. 从心, 共聲.」)				

✻ 남과 함께(共)하는 마음(心)에서 정성을 다해 조심하고 삼가하여 '공손함'을 뜻한다.

拱	手부 총9획	小篆  說文解字		拱手(공수) 拱揖(공읍) 拱木(공목)	
팔짱낄 **공**	설문 手부	拱(공)은 두 손을 마주잡는다는 뜻이다. 手(수)는 의미부분이고, 共(공)은 발음부분이다.(「拱, 斂手也. 从手, 共聲.」)			

✻ 두 손(扌)을 들어 가슴 앞에서 함께(共) 모아 잡음에서 '두 손을 잡음' '팔짱 끼다'를 뜻한다.

珙	玉부 총10획	小篆  說文解字		珙玉(공옥)	
큰옥 **공**	설문 玉부	珙(공)은 옥이다. 玉(옥)은 의미부분이고, 共(공)은 발음부분이다.(「珙, 玉也. 从玉, 共聲.」)			

✻ 옥(玉)이 두 손을 함께(共) 해야 쥘 수 있는 정도의 '큰 옥'을 뜻한다.

洪	水부 총9획	小篆  說文解字		洪水(홍수) 洪魚(홍어) 洪量(홍량)	
넓을 **홍**	설문 水부	洪(홍)은 홍수를 뜻한다. 水(수)는 의미부분이고, 共(공)은 발음부분이다.(「洪, 洚水也. 从水, 共聲.」)			

✻ 물(氵)이 함께(共) 모여 큰물을 이루어 넓게 흐름에서 '넓다' '크다'를 뜻한다.

哄	口부 총9획	설문 없음	小篆  形音義字典	哄笑(홍소) 哄動(홍동) 哄唱(홍창)	
떠들썩할 **홍**					

✻ 많은 사람이 입(口)을 함께(共) 벌려 서로 말함에서 '떠들썩함'을 뜻한다.

烘	火부 총10획	小篆  說文解字		烘箱(홍상) 烘霽(홍제)	
횃불 **홍**	설문 火부	烘(홍)은 횃불을 뜻한다. 火(화)는 의미부분이고, 共(공)은 발음부분이다. ≪시경(詩經)≫에 이르기를 "화덕에 불을 피웠네"라고 하였다.(「烘, 尞也. 从火, 共聲. ≪詩≫曰: "邛烘于煁."」)			

✻ 불(火)을 피워 모두 함께(共) 쪼이는 '화톳불'이나, 모두에게 알리는 '횃불'을 뜻한다.

鉷	金부 총14획	설문 없음		용례 없음
돌쇠뇌 홍				

※ 쇠(金)로 만들어 여럿이 함께(共) 활처럼 돌을 쏘는 '돌쇠뇌'를 뜻한다.

䢎	邑부 총14획	甲骨文	金文	小篆		용례 없음
		餘2·2	古 鉢	說文解字		
거리 항	설문 䢎부	䢎(항)은 마을길을 뜻한다. 邑(읍)과 吕(원)은 모두 의미부분이다. 무릇 䢎부에 속하는 글자들은 모두 䢎을 의미부분으로 삼는다. (이 이상은 알 수 없어 해설란을) 비워둠.(「䢎, 鄰道也. 从邑, 从吕. 凡䢎之屬皆从䢎. 闕.」)				

※ 고을(吕:고을 원)과 고을(邑) 사이의 '거리'를 뜻한다.

巷	己부 총9획	戰國 金文			小篆	篆文	巷間(항간) 巷談(항담) 陋巷(누항)
		建信君鈹	相邦劍	雲夢法律		說文解字	
거리 항	설문 䢎부	䢎(항)은 고을 안의 길을 뜻한다. 䢎(항)과 共(공)은 모두 의미부분이다. 모두 마을 안에서 공동으로 지나다니는 곳이라는 뜻이다. 巷은 전문(篆文)으로 䢎의 생략형을 썼다.(「䢎, 里中道. 从䢎, 从共. 皆在邑中所共也. 䕺, 篆文从䢎省.」)					

※ 두 고을(䢎)이 함께(共) 사용하는 거리(䢎=䕺=巷)에서 '거리' '마을'을 뜻한다. ※:(邑=巳)
※파자: 모두 함께(共) 다니는 뱀(巳)처럼 긴 '거리' '골목'.

港	水부 총12획	小篆	港口(항구) 漁港(어항) 歸港(귀항)
		說文解字	
항구 항	설문 水부	港(항)은 물이 갈라져 흐른다는 뜻이다. 水(수)는 의미부분이고 巷(항)은 발음부분이다.(「港, 水派也. 从水, 巷聲.」)	

※ 물(氵)속 거리(巷), 즉 '뱃길' '물길'로, 물(氵)길에 있는 마을(巷)인 '항구'를 뜻한다.

卪 → 巽 → 選 → 撰 → 饌 ☆

卪	卩부 총4획	甲骨文	戰國 金文	小篆		용례 없음
		京津4529	粹1380	陳喜壺	說文解字	
갖출 찬/선	설문 卩부	卪(선)은 두 개의 卩(절)자로 이루어졌다. 巽(괘 이름 손)자는 여기에서 나온 것이다. (이 이상은 알 수 없어 해설란을) 비워둠.(「卪, 二卩也. 巽从此. 闕.」)				

※ 두 명의 꿇어앉은 사람(卩)으로 어떤 일에 선택을 받거나, 일하기 전에 '갖추고' '유순히' 앉아 있음을 뜻한다.

巽	己부 총12획	甲骨文	戰國 金文			小篆	古文	篆文	巽方(손방) 巽劣(손열) 巽羽(손우)
		形音義字典	曾侯乙鐘	曾侯墓磬	陶六145		說文解字		
괘이름/유순할 손	설문 丌부	巽(손)은 갖춘다는 뜻이다. 丌(기)는 의미부분이고, 卪(선)은 발음부분이다. 𢍍은 巽의 고문(古文)이다. 𢍏은 巽의 전문(篆文)이다.(「𢍏, 具也. 从丌, 卪聲. 𢍍, 古文巽. 𢍏, 篆文巽.」)							

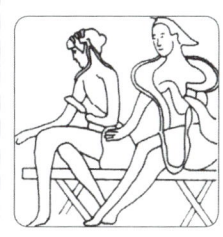

※ 선택받은 두 사람(卪:갖출 선)이 높은 돈대(丌=共)에 있는 모양으로, '선택' '괘 이름'을 뜻한다.
※파자: 선택받은 두 사람(卪:갖출 선)이 함께(共) '유순히' 있음.

選	辵부 총16획	金文		小篆		選擧(선거) 選別(선별) 選定(선정)
		古鉢	新蔡楚簡	說文解字		
가릴 선	설문 辵부	選(선)은 보낸다는 뜻이다. 辵(착)과 巽(손)은 모두 의미부분이다. 巽은 보낸다는 뜻으로, 발음부분이기도 하다. 일설에는 선택한다는 뜻이라고도 한다.(「選, 遣也. 从辵·巽. 巽, 遣之. 巽亦聲. 一曰選, 擇也.」)				

✽ 인재를 선택(巽)하여 뽑기 위해 여러 곳을 다니며(辶) '가리다' '뽑다'를 뜻한다.

撰	手부 총15획	설문 없음	小篆		撰集(찬집) 撰定(찬정) 新撰(신찬)
			形音義字典		
지을 찬					

✽ 손(扌)으로 좋은 문장이나 글을 선택(巽)하여 모으거나 글을 지음에서 '짓다'를 뜻한다.

饌	食부 총21획	小篆	或體		飯饌(반찬) 盛饌(성찬) 饌物(찬물)
		說文解字			
반찬 찬	설문 食부	饌=籑(찬)은 음식을 갖춘다는 뜻이다. 食(식)은 의미부분이고, 算(산)은 발음부분이다. 饌은 籑의 혹체자(或體字)로 (算 대신) 巽(손)을 썼다.(「籑, 具食也. 从食, 算聲. , 籑或从巽.」)			

✽ 밥(食=皀)과 같이 선택(巽)하여 먹을 수 있도록 올린 '반찬'을 뜻한다.

異 翼 瀷 ✤ 糞 冀 驥

異	田부 총11획	甲骨文		西周 金文	春秋 金文	小篆	異見(이견) 異性(이성) 異端(이단)
		甲394	乙1493	孟鼎	智鼎	虢叔鐘	說文解字
다를 이	설문 田부	異(이)는 나눈다는 뜻이다. 廾(공)과 畀(비)는 모두 의미부분이다. 畀는 준다는 뜻이다. 무릇 異부에 속하는 글자들은 모두 異를 의미부분으로 삼는다.(「異, 分也. 从廾, 从畀. 畀, 予也. 凡異之屬皆从異.」)					

✽ 가면(田)을 두 손(共)으로 쓴 무섭게 변한 모습에서 '다름'을 뜻한다.
※파자:밭(田)에 함께(共) 심어진 곡식이 모두 다르게 자람에서 '다름'을 뜻함.

翼	羽부 총17획	甲骨文	殷商 金文	春秋 金文	戰國 金文	小篆	篆文	右翼(우익) 左翼(좌익) 羽翼(우익)
		合3406	翼父辛觚	秦公鐘	中山王方壺	說文解字		
날개 익	설문 飛부	翼(익)은 날개를 뜻한다. 飛(비)는 의미부분이고, 異(이)는 발음부분이다. 翼은 𩙥의 전문(篆文)으로 (飛 대신) 羽(우)를 썼다.(「𩙥, 翅也. 从飛, 異聲. 翼, 篆文𩙥, 从羽.」)						

✽ 두 깃(羽)이 각각 다른(異) 양쪽에 있는 새의 '날개'를 뜻한다.

瀷	水부 총20획	小篆		李瀷(이익)
		說文解字		
스며흐를/ 물이름 익	설문 水부	瀷(익)은 강의 이름이다. 하남군(河南郡) 밀현(密縣)에서 발원하여, 동쪽으로 흘러서 영수(潁水)로 들어간다. 水(수)는 의미부분이고, 翼(익)은 발음부분이다.(「瀷, 水. 出河南密縣, 東入潁. 从水, 翼聲.」)		

✽ 양쪽 지류의 물(氵)이 양 날개(翼)처럼 '스며 흘러' 모인 '물 이름'을 뜻한다.

		甲骨文			戰國 金文	小篆
糞	米부 총17획					
		後下8.14	後下8.15	合33374	古鈢	說文解字

糞尿(분뇨)
糞土(분토)
人糞(인분)

| 똥 분 | 설문 華부 | 糞(분)은 버려서 없앤다는 뜻이다. 두 손[廾(공)]으로 키[華(반)]를 밀어서 采(변)을 버린다는 의미이다. 관부(官溥)는 "(윗부분은) 米(미)자와 비슷하지만 米자가 아니라 矢(시)자이다."라고 주장하였다.(「糞, 棄除也. 从廾推華棄釆也. 官溥說: "似米而非, 米者, 矢字."」) |

※ 더러운 쓰레기(米)를 쓰레받기(凶·華·田)에 모아 두 손(廾)으로 함께(共) 치우는 모습에서 '청소하다' '똥'을 뜻한다. ※파자:먹은 쌀(米)이 달라져(異) 변(便)이 됨에서 '똥'을 뜻한다.

		金文		小篆
冀	八부 총16획			
		令簋	冀簋	說文解字

冀圖(기도)
冀望(기망)
冀願(기원)

| 바랄 기 | 설문 北부 | 冀(기)는 북방의 주(州) 이름이다. 北(북)은 의미부분이고, 異(이)는 발음부분이다.(「冀, 北方州也. 从北, 異聲.」) |

※ 뿔(北)이나 날개가 달린 가면을 써 다르게(異) 꾸민 무당이 복을 빌어 '바람'을 뜻한다.
※파자:중국 북방(北)의 다른(異) 민족인 하북성(河北省)의 '북방민족'이 중원 점령을 '바라다'.

		小篆
驥	馬부 총27획	
		說文解字

附驥(부기)
驥足(기족)
駿驥(준기)

| 천리마 기 | 설문 馬부 | 驥(기)는 천리마를 뜻한다. 손양(孫陽)이 관상을 보았던 말이다. 馬(마)는 의미부분이고, 冀(기)는 발음부분이다. 천수군(天水郡)에 기현(驥縣)이 있다.(「驥, 千里馬也. 孫陽所相者. 从馬, 冀聲. 天水有驥縣.」) |

※ 북방(北)의 다른(異) 민족의 말(馬)로 누구나 바라는(冀) 말인 '천리마'를 뜻한다.

暴 ➡ 爆 ➡ 瀑 ➡ 曝 ☆

 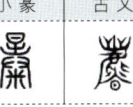

		戰國 金文		小篆	古文
暴	日부 총15획				
		雲夢日甲	雲夢爲吏		說文解字

暴君(폭군)
暴雨(폭우)
暴惡(포악)

| 사나울 폭 모질 포 | 설문 日부 | 暴(폭·포)는 햇볕에 말린다는 뜻이다. 日(일)·出(출)·廾(공)·米(미)는 모두 의미부분이다. 㬥은 暴의 고문(古文)으로 日은 의미부분이고, 麃(포)는 발음부분이다.(「暴, 晞也. 从日, 从出, 从廾, 从米. 㬥, 古文暴, 从日, 麃聲」) |

※ 강한 햇(日)볕이 나오자(出) 두 손(廾)으로 쌀(米)을 드러내 말림에서 '사납다' '모질다'를 뜻한다.
※파자:물(氵)에 젖은 쌀을 모두(共) 햇볕(日)에 말림에서 '사납다' '드러냄'을 뜻한다.

		小篆
爆	火부 총19획	
		說文解字

爆彈(폭탄)
爆風(폭풍)
爆笑(폭소)

| 불터질 폭 | 설문 火부 | 爆(폭·박)은 불에 지진다는 뜻이다. 火(화)는 의미부분이고, 暴(폭·포)는 발음부분이다.(「爆, 灼也. 从火, 暴聲.」) |

※ 뜨거운 햇볕처럼 사납게(暴) 드러나는 불(火)에서 '불 터지다'를 뜻한다.

		小篆
瀑	水부 총18획	
		說文解字

瀑布(폭포)
飛瀑(비폭)
懸瀑(현폭)

| 폭포 폭 소나기 포 | 설문 水부 | 瀑(포·폭)은 소나기를 뜻한다. 일설에는 물방울을 뜻한다고도 한다. 일설에 瀑은 천둥에 비가 몰아친다는 뜻이라고도 한다. 水(수)는 의미부분이고, 暴(포·폭)은 발음부분이다. ≪시경(詩經)≫에 이르기를 "바람이 몰아치고 소나기 오네."라고 하였다.(「瀑, 疾雨也. 一曰沫也. 一曰: 瀑, 資也. 从水, 暴聲. ≪詩≫曰: "終風且瀑."」) |

※ 물(氵)이 사납게(暴) 떨어지는 '폭포'를 뜻한다.

	日부 총19획	설문 없음		曝陽(폭양) 曝書(폭서) 曝衣(폭의)

쪼일 **폭/포**

※ 작열하는 햇볕(日)에 사납게(暴) 드러내 '쪼임'을 뜻한다.

｜ → 中 → 仲 → 忠 → 沖

	｜부 총1획	甲骨文	金文	小篆	부수 한자
		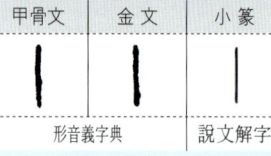			
		形音義字典		說文解字	

뚫을 **곤**

설문 ｜부	｜(곤)은 위와 아래가 통한다는 뜻이다. 잡아당겨서 위로 갈 때는 囟(신)처럼 읽고, 잡아당겨서 아래로 내려갈 때는 退(퇴)처럼 읽는다. 무릇 ｜부에 속하는 글자들은 모두 ｜을 의미부분으로 삼는다.(「｜, 上下通也. 引而上行, 讀若囟; 引而下行, 讀若退. 凡｜之屬皆从｜.」)

※ 위에서 아래로 뚫는 데서 '뚫다' '꿰다'를 뜻한다.

	｜부 총4획	甲骨文					殷商 金文
		前5.6.1	林2.11.1	前6.2.3	粹597	菁3.1	中婦鼎
		西周 金文		戰國 金文	小篆	古文	籀文
		小盂鼎	頌鼎	散盤	子禾子釜	說文解字	

가운데 **중**

中間(중간)
中心(중심)
中立(중립)
中庸(중용)

설문 ｜부	中(중)은 而(이)이다. 口(구)와 ｜(곤)은 의미부분으로, 위 아래로 통했다는 뜻이다. ㆁ은 中의 고문(古文)이다. ㆁ은 中의 주문(籀文)이다.(「ㆁ, 內也. 从口・｜, 上下通. ㆁ, 古文中. ㆁ, 籀文中.」)

※ 원시거주지(口) 중앙에 세워둔 깃대(｜)로, 모두 모여 마을 일을 처리했던 장소에서 '가운데'를 뜻한다.

	人부 총6획	甲骨文		西周 金文		戰國 金文	小篆
		後上17.1	合4676	散盤	兮仲簋	中山王壺	說文解字

버금 **중**

仲媒(중매)
仲介(중개)
仲兄(중형)

설문 人부	仲(중)은 가운데를 뜻한다. 人과 中은 모두 의미부분인데, 中은 발음부분이기도 하다.(「仲, 中也. 从人, 从中, 中亦聲.」)

※ 여러 사람(亻)이 모여 있는 중에, 가운데(中) 있는 사람으로 둘째를 뜻하여 '버금'을 뜻한다.
※참고:형제의 순서는 伯(백:맏아들)・仲(중:둘째)・叔(숙:동생)・季(계:막내)이다.

	心부 총8획	金文	小篆
		中山王鼎	說文解字

충성 **충**

忠誠(충성)
忠臣(충신)
忠告(충고)

설문 心부	忠(충)은 공경한다는 뜻이다. 心은 의미부분이고, 中은 발음부분이다.(「忠, 敬也. 从心, 中聲.」)

※ 정직하고 진실하여 중심(中)을 지켜 온 마음(心)을 다하는 '충성'을 뜻한다.

	水부 총7획	甲骨文		戰國 金文	小篆
		明藏520	後下36.6	沖子鼎	說文解字

화할 **충**

和沖(화충)
沖年(충년)
沖積物(충적물)

설문 水부	沖(충)은 (물이) 솟아오르며 요동친다는 뜻이다. 水(수)는 의미부분이고, 中(중)은 발음부분이다. 動(동)이라고 읽는다.(「沖, 涌搖也. 从水, 中聲. 讀若動.」)

※ 물(氵)이 샘 가운데(中)에서 솟아나 주변을 부드럽게 적시는 데서 '화하다' '비다'를 뜻한다.

串 ➡ 患

	甲骨文	金文	殷商 金文	小篆
ㅣ부 총7획	(글자)	(글자)	(글자) (글자)	串
	甲1506	形音義字典	串 爵 / 串父辛鼎	形音義字典

魚串(어관)
串柿(관시)
長山串(장산곶)

설문 없음

꿸 관 / 땅이름 곶

※ 여러 물건(吕)을 뚫어(ㅣ) 꿰어놓은 데서 '꿰다'를 뜻하고, 우리나라 지명 중에서 바다로 길게 뻗어 꿰는 모양을 한 육지를 '곶'이라 한다.

	戰國 金文	小 篆	古 文	
心부 총11획	(글자)	(글자)	(글자) (글자)	
	郭店 老乙		說文解字	

患
憂患(우환)
患者(환자)
宿患(숙환)

근심 환 설문 心부

患(환)은 근심한다는 뜻이다. 마음[心(심)] 위로 두 입[吅(현)]을 관통(貫通)한다는 의미이다. 吅은 발음부분이기도 하다. 㥏은 고문(古文)으로, (串 대신) 關(관)의 생략형을 썼다. ㆍ도 역시 患의 고문이다.(「ㆍ, 憂也. 从心, 上貫吅, 吅亦聲. 㥏, 古文从關省. ㆍ, 亦古文患.」)

※ 깊이 꿰듯(串) 마음(心)속에 걸려 있어 떠나지 않는 '근심'이나 '고통'을 뜻한다.

央 ➡ 殃 ➡ 怏 ☆ ➡ 秧 ☆ ➡ 鴦 ➡ 映 ➡ 英 ➡ 暎 ☆ ➡ 瑛 ➡ 漢 ❖ ➡ 煐 ❖ ➡ 鍈 ❖

	甲骨文	西周 金文	戰國 金文	小篆
大부 총5획	(글자) (글자)	(글자)	(글자) (글자) (글자)	央
	珠838 / 合3019	央簋	央戈 / 陶徵65 / 包山201	說文解字

中央(중앙)
中央煖房
(중앙난방)

가운데 앙 설문 冂부

央(앙)은 가운데를 뜻한다. 大(대)가 冂(경) 안에 있다는 의미이다. 大는 사람을 뜻한다. 央과 旁(방)은 같은 뜻이다. 일설에는 오래되었다는 뜻이라고도 한다.(「央, 中央也. 从大在冂之內. 大, 人也. 央ㆍ旁同意. 一曰久也.」)

※ 형틀이나 어깨지게(冂) 가운데 있는 사람(大)에서 '가운데'를 뜻한다.

	小 篆
歹부 총9획	(글자)
	說文解字

災殃(재앙)
殃禍(앙화)
殃慶(앙경)

재앙 앙 설문 歹부

殃(앙)은 허물을 뜻한다. 歹(알ㆍ대)은 의미부분이고, 央(앙)은 발음부분이다.(「殃, 咎也. 从歹, 央聲.」)

※ 죽음(歹) 가운데(央) 있는 형벌이나 죽음의 고통에서 '재앙'을 뜻한다.

	戰國 金文	小 篆
心부 총8획	(글자)	(글자)
	兆域圖	說文解字

怏心(앙심)
怏宿(앙숙)
怏忿(앙분)

원망할 앙 설문 心부

怏(앙)은 원망하는 마음이 풀리지 않았다는 뜻이다. 心(심)은 의미부분이고, 央(앙)은 발음부분이다.(「怏, 不服懟也. 从心, 央聲.」)

※ 형벌을 받아 마음(忄) 가운데(央) 불만이 쌓여 '원망함'을 뜻한다.

	小 篆
禾부 총10획	(글자)
	說文解字

秧苗(앙묘)
移秧(이앙)
秧板(앙판)

모 앙 설문 禾부

秧(앙)은 벼 껍질의 잎이 무성하다는 뜻이다. 禾(화)는 의미부분이고, 央(앙)은 발음부분이다.(「秧, 禾若秋穰也. 从禾, 央聲.」)

※ 벼(禾)를 틀이나 판 가운데(央) 조밀하게 심어 키워 본 논에 심는 어린 벼인 '모'를 뜻한다.

鴦	鳥부 총16획	小篆  說文解字		鴛鴦(원앙) 鴛鴦衾(원앙금) 鴛鴦枕(원앙침)	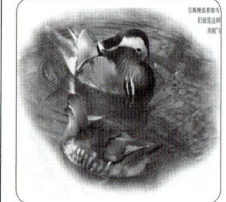
원앙 **앙**	설문 鳥부	鴦(앙)은 원앙새이다. 鳥(조)는 의미부분이고 央(앙)은 발음부분이다.(「鴦, 鴛鴦也. 从鳥, 央聲.」)			

❋ 서로 가운데(央)를 돌며 암수가 서로 떨어지지 않는 새(鳥)인 '원앙'을 뜻한다. 鴛(원)은 수컷.

映	日부 총9획	小篆  說文解字		映畫(영화) 映像(영상) 映窓(영창)	
비칠 **영**	설문 日부	映(영)은 밝다는 뜻이다; 또 가린다는 뜻이다. 日(일)은 의미부분이고, 央(앙)은 발음부분이다.(「映, 明也, 隱也. 从日, 央聲.」)			

❋ 해(日)가 사물의 가운데(央)를 밝게 비추는 데서 '비추다'를 뜻한다.

英	艸부 총9획	春秋 金文	戰國 金文	小篆	英語(영어) 英國(영국) 英才(영재)	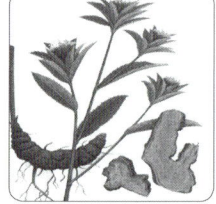

		吳王光鐘	天星觀簡	說文解字		
꽃부리 **영**	설문 艸부	英(영)은 꽃은 피지만 열매는 맺지 않는 것을 뜻한다. 일설에는 황영(黃英)이라고도 한다. 艸(초)는 의미부분이고, 央(앙)은 발음부분이다.(「英, 艸榮而不實者. 一曰黃英. 从艸, 央聲.」)				

❋ 초목(艹)의 줄기 끝 가운데(央) 부분인 '꽃부리'로 아직 열매가 맺지 않은 곳을 뜻한다.

暎	日부 총13획	설문 없음	※映(영)의 속자(俗字)	暎發(영발) 暎湖(영호)	
비칠 **영**					

❋ 映(영)의 속자로 사람의 이름에 쓰인다. ※파자:해(日)가 초목(艹) 가운데(央)를 '비추다'.

瑛	玉부 총13획	小篆  說文解字		藍瑛(남영) 瑛琚(영거) 赤瑛(적영)	
옥빛 **영**	설문 玉부	瑛(영)은 옥의 빛을 뜻한다. 玉(옥)은 의미부분이고, 英(영)은 발음부분이다.(「瑛, 玉光也. 从玉, 英聲.」)			

❋ 옥(玉)이 싱싱하고 아름다운 꽃부리(英)처럼 아름답게 빛나는 '옥빛'을 뜻한다.

渶	水부 총12획	설문 없음		渶水(영수)	
강이름 **영**					

❋ 물(氵)이 꽃부리(英)처럼 아름답고 맑게 흐르는 '강 이름'을 뜻한다.

煐	火부 총13획	설문 없음		煐然(영연)	
빛날/이름 **영**					

✼ 불빛(火)이 꽃부리(英)처럼 아름답고 밝게 빛나는데서 '빛나다' '사람 이름'을 뜻한다.

鍈	金부 총17획	설문 없음		(人名字)	
방울소리 **영**					

✼ 쇠(金)로 만든 방울에서 아름다운 꽃부리(英)처럼 나는 고운 소리에서 '방울소리'를 뜻한다.

夬 ➡ 決 ➡ 缺 ➡ 訣 ➡ 抉 ➡ 快 ➡ 袂 ☆

夬	大부 총4획	甲骨文			西周 金文	戰國 金文	小篆	夬夬(쾌쾌) 夬卦(쾌괘)	

		合19884	合21864	合20143	柞伯簋	包山260	說文解字		
터놓을 쾌/쾌 깍지 **결**	설문 又부	夬=叏(쾌·쾌)는 나누어 가른다는 뜻이다. 又(우)는 의미부분이고, 屮는 가르는 모양을 그린 것이다.(「叏, 分決也. 从又. 屮, 象決形.」)							

✼ 한쪽이 트인 고리모양의 '패옥'이나 활을 쏠 때 손가락에 끼우는 '활깍지'를 뜻한다.
　※파자: 가운데(央) 앞이 터져(ㄷ=夬) '터짐'을 뜻한다.

決	水부 총7획	戰國 金文	小篆	決定(결정) 決心(결심) 決勝(결승)	
		上博容成	說文解字		
결단할 **결**	설문 水부	決(결)은 (물이) 흘러가도록 한다는 뜻이다. 水(수)와 夬(쾌)는 모두 의미부분이다. 여강현(廬江縣)에 결수(決水)가 있는데, 대별산(大別山)에서 출원한다.(「𣳫, 行流也. 从水, 从夬. 廬江有決水, 出於大別山.」)			

✼ 막힌 물(氵)을 터서(夬) 흐르게 함을 정하는 데서 '터지다' '결단하다'를 뜻한다.

缺	缶부 총10획	甲骨文		小篆	缺席(결석) 缺食(결식) 缺損(결손)	

		合4822	合18531	說文解字		
이지러질 **결**	설문 缶부	缺(결)은 그릇이 깨졌다는 뜻이다. 缶(부)는 의미부분이고, 夬(쾌)는 決(결)의 생략형으로 발음부분이다.(「𦈡, 器破也. 从缶, 決省聲.」)				

✼ 질그릇(缶) 한쪽이 터져(夬) 부서짐에서 '이지러지다' '흠'을 뜻한다.

訣	言부 총11획	小篆	訣別(결별) 永訣(영결) 要訣(요결)	
		說文解字		
이별할 **결**	설문 言부	訣(결)은 헤어진다는 뜻이다. 일설에는 따른다는 뜻이라고도 한다. 言(언)은 의미부분이고, 決(결)의 夬(쾌)는 생략형으로 발음부분이다.(「𧩷, 訣別也. 一曰法也. 从言, 決省聲.」)		

✼ 결정한 일을 말(言)로 터놓고(夬) 다하고 끝냄에서 '이별'을 뜻한다.

	手부 총7획	戰國 金文	小篆			剔抉(척결) 抉出(결출) 抉摘(결적)
抉		雲夢法律	說文解字			
도려낼/들출 **결**	설문 手부	抉(결)은 긁는다는 뜻이다. 手(수)는 의미부분이고, 夬(쾌)는 발음부분이다.(「𢫢, 挑也. 从手, 夬聲.」)				

✻ 손(扌)으로 중요부분을 들추어 터뜨리는(夬) 데서 '도려내다' '들추어내다'를 뜻한다.

	心부 총7획	戰國 金文		小篆		快感(쾌감) 快樂(쾌락) 快活(쾌활)
快		包山172	郭店語一	說文解字		
쾌할 **쾌**	설문 心부	快(쾌)는 기쁘다는 뜻이다. 心(심)은 의미부분이고, 夬(쾌)는 발음부분이다.(「𢘽, 喜也. 从心, 夬聲.」)				

✻ 막혔던 마음(忄)이 트여(夬) 기쁘고 즐거움에서 '쾌하다' '빠르다'를 뜻한다.

	衣부 총9획	小篆				袂別(메별) 分袂(분메) 振袂(진메)
袂		說文解字				
소매 **메**	설문 衣부	袂(메)는 소매를 뜻한다. 衣(의)는 의미부분이고, 夬(쾌)는 발음부분이다.(「𧞬, 袖也. 从衣, 夬聲.」)				

✻ 옷(衤)의 양어깨에 달려 끝이 터져(夬) 손이 나올 수 있는 '소매'를 뜻한다.

史 ➔ 吏 ➔ 使

	口부 총5획	甲骨文		殷商 金文	西周金文		小篆	史記(사기) 史劇(사극) 史料(사료)
史		粹1244	鐵106	史 戈	史父鼎	頌 鼎	毛公鼎	說文解字	
사기(史記) **사**	설문 史부	"史(사)는 일을 기록하는 사람이다. 손[又(우)]으로 中(중)을 쥐고 있다는 의미이다. 中은 올바르다는 뜻이다. 무릇 史부에 속하는 글자들은 모두 史를 의미부분으로 삼는다.(「𠂋, 記事者也. 从又持中. 中, 正也. 凡史之屬皆从史.」)						

✻ 사냥도구나 천측도구 또는 깃발(中)을 손(又=⺄)으로 들고 있는(⺄=史) 사관에서 '사기'를 뜻한다.
  ※참고:事(사)·史(사)·吏(리)는 자원이 같다.
  ※파자:틀어진 중심(ㄐ)을 파해쳐(⺄; 파임 불) 바로잡은 '역사'인 '사기'.

	口부 총6획	甲骨文		金文			小篆	官吏(관리) 吏讀(이두) 吏曹(이조)
吏		甲68	前7.14	天亡簋	𣄴 鼎	毛公鼎	說文解字	
벼슬아치/관리 **리**	설문 一부	吏(리)는 사람을 다스리는 자이다. 一(일)과 史(사)는 모두 의미부분인데, 史는 발음부분이기도 하다.(「𠭃, 治人者也. 从一, 从史. 史亦聲.」)						

✻ 마음이 한결(一)같이 변함없어야 하는 사관(史) 같은 '벼슬아치'나 '관리'를 뜻한다.

	人부 총8획	甲骨文		西周 金文	戰國 金文		小篆	使用(사용) 使臣(사신) 天使(천사)
使		前7.14	乙7179	天亡簋	中山王方壺	中山獸器	說文解字	
하여금 **사**	설문 人부	使(사)는 시킨다는 뜻이다. 人(인)은 의미부분이고, 吏(리)는 발음부분이다.(「𢓊, 伶也. 从人, 吏聲.」)						

✻ 임금의 명령을 받거나, 다른 사람(亻)에게 하게 하는 관리(吏)에서 '하여금'을 뜻한다.

更 ➡ 硬 ➡ 梗 ➡ 便 ➡ 鞭 ➡ 甦 ☆

		甲骨文		金文			小篆	
更	日부 총7획							更迭(경질) 更新(갱신) 更生(갱생)
		佚435	京津2457	智鼎	智壺	師嫠簋	說文解字	
고칠 경 다시 갱	설문 攴부	夏(=更, 경)은 改(고칠 개)이다. 攴은 의미부분이고, 丙은 발음부분이다.(「更, 改也. 从攴, 丙聲.」)						

※ 틀이 있는 악기(丙)를 쳐(攴) 매 시간을 다시 알리거나, 쳐서(攴) 점점 밝게(丙) 고침에서 (夏=更) '다시' '고치다'를 뜻한다. ※파자:한번(一) 말하고(曰) 베어내(乂:벨 예) 다시 고침.

		小篆			硬直(경직) 硬化(경화) 硬性(경성)
硬	石부 총12획	설문 없음			
			形音義字典		
굳을 경		≪설문해자≫에는 '硬'자가 보이지 않는다. ≪옥편(玉篇)·석부(石部)≫를 보면 "硬은 단단하다는 뜻이다.(「硬, 堅硬也.」)"라고 하였다.			

※ 돌(石)처럼 점점 단단히 고쳐(更) '굳음' '단단함'을 뜻한다.

		戰國 金文	小篆		梗正(경정) 梗概(경개)
梗	木부 총11획				
		雲夢日甲	說文解字		
줄기/막힐 경	설문 木부	梗(경)은 산느릅나무이다. 가시가 있고, 열매는 무이장(蕪荑醬)을 담글 수 있다. 木(목)은 의미부분이고, 更(경·갱)은 발음부분이다.(「梗, 山枌榆. 有朿, 莢可為蕪萊者. 从木, 更聲.」)			

※ 가시달린 '느릅나무(木)' 줄기의 색이 다시(更) 바뀌어 변종이 많은 단단한 '줄기'를 뜻한다.

		西周 金文		戰國 金文	小篆	便利(편리) 便安(편안) 便器(변기)
便	人부 총9획					
		俟匜		雲夢語書	說文解字	
편할 편 똥오줌 변	설문 人부	便=㑒(변·변)은 편안하다는 뜻이다. 사람은 불편한 것이 있으면 바꾼다. 人(인)과 更(경·갱)은 모두 의미부분이다.(「便, 安也. 人有不便, 更之. 从人·更.」)				

※ 사람(亻)이 불편함을 고쳐(更) 편리하게 함에서 '편하다'를 뜻한다. 뱃속이 불안할 때 일을 보는 데서 '똥오줌'을 뜻하기도 한다.

		西周 金文	小篆	古文	敎鞭(교편) 鞭撻(편달) 鞭笞(편태)
鞭	革부 총18획				
		九年衛鼎	說文解字		
채찍 편	설문 革부	鞭(편)은 말을 몬다는 뜻이다. 革(혁)은 의미부분이고, 便(편)은 발음부분이다. 夊은 鞭의 고문(古文)이다.(「鞭, 驅也. 从革, 便聲. 夊, 古文鞭.」)			

※ 가죽(革)으로 만든 말을 때리기 편리한(便) '채찍'을 뜻한다.

		小篆			甦生(소생) 甦息(소식)
甦	生부 총12획	설문 없음		※穌(소)의 속자.	
			形音義字典		
깨어날 소					

※ 다시(更) 살아남(生)에서 '깨어나다'를 뜻한다. 穌(깨어날 소)의 속자로 쓰인다.

斤→近→劤→昕→炘→祈→沂→圻→匠→斯→所→折→晢→哲→誓
→逝→析→晳→淅

	斤부 총4획	甲骨文		西周 金文	春秋 金文	戰國 金文	小篆	斤兩(근량) 斤量(근량) 斤秤(근칭)	
		前8.7.1	坊間4.204	天君鼎	仕斤戈	魏 鼎	說文解字		
근/날/도끼 근	설문 斤부	斤(근)은 나무를 찍는다는 뜻이다. 상형이다. 무릇 斤부에 속하는 글자들은 모두 斤을 의미부분으로 삼는다.(「斤, 斫木也. 象形. 凡斤之屬皆从斤.」)							

✽ 자루에 날이 달린 도끼에서 '도끼' '무기' '베다'를 뜻한다.

	辵부 총8획	戰國 金文		小篆	古文		近處(근처) 近代(근대) 近郊(근교)	
		鼻令思戈	郭店五行	說文解字				
가까울 근	설문 辵부	近(근)은 가깝다는 뜻이다. 辵(착)은 의미부분이고, 斤(근)은 발음부분이다. 𨓇은 近의 고문(古文)이다.(「䢜, 附也. 从辵, 斤聲. 𨓇, 古文近.」)						

✽ 도끼(斤)로 하는 일은 거리가(辶) 가까워야 하는 데서 '가깝다'를 뜻한다.

	力부 총6획	설문 없음	劤力(근력)	

힘셀/강할 근				

✽ 도끼(斤)를 들고 힘(力)써 일함에서 '힘세다' '강하다'를 뜻한다.

	日부 총8획	甲骨文			小篆	昕旦(흔단) 昕夕(흔석)	
		 京津3261	京都3113	合40771	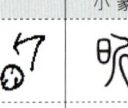 說文解字		
아침 흔	설문 日부	昕(흔)은 아침이 밝는다는 뜻으로, 해가 곧 돋는다는 뜻이다. 日(일)은 의미부분이고 斤(근)은 발음부분이다. 希(희)라고 읽는다.(「昕, 旦明, 日將出也. 从日, 斤聲. 讀若希.」)					

✽ 해(日)가 떠올라, 도끼(斤)로 물건을 나누듯 어둠과 밝음이 나누어지는 '아침'을 뜻한다.

	火부 총8획	설문 없음	小篆	炘炘(흔흔)	
			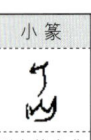 形音義字典		
화끈거릴 흔					

✽ 불(火)의 열기가 뜨겁게 쪼여 도끼(斤)로 물건을 찍듯 '화끈거림'을 뜻한다.

	示부 총9획	甲骨文	殷商 金文	西周 金文	春秋 金文	小篆	祈禱(기도) 祈願(기원) 祈祝(기축)	
		續1.52.3	存下523	 祈爵	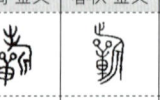 頌 簋	 王孫鐘	說文解字	
빌 기	설문 示부	祈(기)는 복(福)을 빈다는 뜻이다. 示(시)는 의미부분이고, 斤(근)은 발음부분이다.(「祈, 求福也. 从示, 斤聲.」)						

✽ 전쟁이나 사냥을 위해 제단에(示) 무기(斤)를 놓고 기원하는 데서 '빌다'를 뜻한다.

		甲骨文	小篆		沂下(기하)
	水부 총7획	乙1745	說文解字		沂水(기수) (江名字)
물이름 기	설문 水부	沂(기)는 강의 이름이다. 동해군(東海郡) 비현(費縣) 동쪽에서 발원하여, 서쪽으로 흘러서 사수(泗水)로 들어간다. 水(수)는 의미부분이고, 斤(근)은 발음부분이다. 일설에 기수(沂水)는 태산군(泰山郡) 개현(蓋縣) 청주(靑州) 저수지에서 발원한다고도 한다.(「沂, 水. 出東海費東, 西入泗. 从水, 斤聲. 一日: 沂水, 出泰山蓋靑州浸.」)			

※ 중국 산동성(山東省)에서 발원하여 사수(泗水)로 흐르는 강 이름.
　※파자: 강물(氵)이 도끼(斤)처럼 땅을 가르며 흐르는 '물 이름'으로 기수(沂水)를 말함.

		小篆	或體		圻內(기내)
	土부 총7획				圻父(기부)
		說文解字			
경기/지경 기	설문 土부	垠(은)은 땅의 경계를 뜻한다. 일설에는 언덕을 뜻한다고도 한다. 土(토)는 의미부분이고, 艮(간)은 발음부분이다. 圻(기·은)은 垠의 혹체자(或體字)로 (艮 대신) 斤(근)을 썼다.(「垠, 地垠也. 一日岸也. 从土, 艮聲. 圻, 垠或从斤.」)			

※ 땅(土)을 도끼(斤)로 쪼개듯 나눈 '경계'로, 왕성 주변 천리의 땅인 '경기'를 뜻한다.

		戰國 金文	小篆		匠人(장인)
	匚부 총6획	陶五321	說文解字		工匠(공장) 巨匠(거장)
장인 장	설문 匚부	匠(장)은 목공(木工)을 뜻한다. 匚(방)과 斤(근)은 모두 의미부분이다. 斤은 그릇을 만드는 도구이다.(「匠, 木工也. 从匚, 从斤. 斤, 所以作器也.」)			

※ 상자(匚)에 목수의 연장인 도끼(斤)를 넣어둔 데서 목공인 '장인'을 뜻한다.

		西周 金文	春秋 金文	小篆	斯文(사문)
	斤부 총12획	禹鼎	余義鐘	說文解字	斯道(사도) 斯界(사계)
이 사	설문 斤부	斯(사)는 쪼갠다는 뜻이다. 斤(근)은 의미부분이고, 其(기)는 발음부분이다. 《시경(詩經)》에 이르기를 "도끼로 자르네."라고 하였다.(「斯, 析也. 从斤, 其聲. 《詩》曰: "斧以斯之."」)			

※ 키(箕=其)를 만들기 위해 도끼(斤)로 대나무를 '쪼갬'을 뜻한다. 항상 가까이 두는 '키(其)'나, 가까이 사용하는 도구인 도끼(斤)에서, 가까움을 뜻하는 '지시대명사'로 많이 쓰여 '이것'을 뜻한다.

		春秋 金文		戰國 金文			小篆	所感(소감)
所	戶부 총8획	庚壺	口所鼎	不易戈	魚鼎匕	中山王壺	說文解字	所得(소득) 場所(장소)
바 소	설문 戶부	所(소)는 나무를 베는 소리이다. 斤(근)은 의미부분이고, 戶(호)는 발음부분이다. 《시경(詩經)》에 이르기를 "나무 베는 소리가 소소하며 울리네."라고 하였다.(「所, 伐木聲也. 从斤, 戶聲. 《詩》曰: "伐木所所."」)						

※ 도끼(斤)로 벌목할 때 정하고 거처하던 집(戶)에서 '일정한 장소'를 뜻하여 '곳' '바'를 뜻한다.

◆ 意匠慘憺 : (의장참담) 회화(繪畫), 시문(詩文) 등(等)의 제작(製作)에 골몰(汨沒)하여 무척 애씀.
◆ 百折不撓 : (백절불요) 백 번 꺾여도 휘지 않는다는 뜻으로, 실패(失敗)를 거듭해도 뜻을 굽히지 않음.

折	手부 총7획	甲骨文	西周 金文	春秋 金文	戰國 金文	小篆	籒文	篆文	骨折(골절) 折衷(절충) 夭折(요절)	

		前4.8.6	小盂鼎	齊侯壺	中山王鼎	說文解字				
꺾을 절	설문 艸부	斯(절)은 끊는다는 뜻이다. 도끼[斤(근)]로 풀[艸(초)]을 끊는다는 의미이다. 이것은 담장(譚長)의 주장이다. 𣂪은 斯의 주문(籒文)으로, 艸 사이에 仌(빙)이 있다. 仌은 (얼음이 언 모양으로) 춥다는 뜻이다. 그래서 끊어진다는 것이다. 𣂪은 斯의 전문(篆文)으로 (艸 대신) 手(수)를 썼다.(「𣂪, 斷也. 从斤斷艸. 譚長說. 𣂪, 籒文折, 从艸在仌中. 仌, 寒, 故折. 𣂪, 篆文折, 从手.」)								

✻ 초목(艸=[屮·艸])을 도끼(斤)로 '베고' '꺾음'이나, 손(扌)으로 도끼(斤)를 잡고 '꺾음'으로 변했다.

晢	日부 총11획		小篆				晢明(절명) 晢晢(절절)	

			說文解字					
밝을 절	설문 日부	晢(절)은 소절(昭晢)로, 밝다는 뜻이다. 日(일)은 의미부분이고, 折(절)은 발음부분이다. ≪예(禮)≫에 이르기를 "내일 날이 밝았을 때 일을 행한다."라고 하였다.(「晢, 昭晢, 明也. 从日, 折聲. ≪禮≫曰: "晢明行事."」)						

✻ 확실히 물건을 베듯(折) 해(日)가 분명하게 밝게 비춤에서 '밝다'를 뜻한다.

哲	口부 총10획	西周 金文	春秋 金文	小篆	或體	古文	哲學(철학) 哲人(철인) 名哲(명철)	

		師望鼎	克鼎	曾伯簠	說文解字			
밝을 철	설문 口부	哲(철)은 명석(明晳)하다는 뜻이다. 口(구)는 의미부분이고, 折(절)은 발음부분이다. 悊은 哲의 혹체자(或體字)로 (口 대신) 心을 썼다. 嚞은 고문(古文)의 哲자로, 세 개의 吉(길)자로 이루어졌다.(「哲, 知也. 从口, 折聲. 悊, 哲或从心. 嚞, 古文哲, 从三吉.」)						

✻ 도끼로 신속히 초목을 베듯(折) 빨리 판단하여 말함(口)에서 '밝다' '지혜롭다'를 뜻한다.
　※참고:금문 모양은 답답한 초목을 베어낸(折) 넓은 장소(口)에서 마음(心)이 '밝아짐'을 뜻한다.

誓	言부 총14획	金文		小篆			誓約(서약) 盟誓(맹서/세) 宣誓(선서)	
		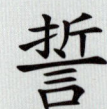						
		番生簋	散盤	鬲从鼎	說文解字			
맹서할 서	설문 言부	誓(서)는 약속한다는 뜻이다. 言(언)은 의미부분이고, 折(절)은 발음부분이다.(「誓, 約束也. 从言, 折聲.」)						

✻ 신표를 꺾으면서(折) 말(言)로 다짐하며 맹서하는 데서 '맹서하다'를 뜻한다.

逝	辵부 총11획		小篆				逝者(서자) 急逝(급서) 長逝(장서)	

			說文解字					
갈 서	설문 辵부	逝(서)는 뜻이다. 辵(착)은 의미부분이고, 折(절)은 발음부분이다. 誓(서)라고 읽는다.(「逝, 往也. 从辵, 折聲. 讀若誓.」)						

✻ 이곳에서 하는 일을 끊고(折) 앞으로 가는(辶) 것으로 '가다' '뜨다' '죽다'를 뜻한다.

析	木부 총8획	甲骨文		殷商 金文	西周 金文	春秋 金文	戰國 金文	小篆	分析(분석) 析出(석출) 解析學(해석학)	

		乙1182	掇2.158	析父丙卣	格伯簋	鄡侯簋	中山王鼎	說文解字		
쪼갤 석	설문 木부	析(석)은 나무를 쪼갠다는 뜻이다. 일설에는 자른다는 뜻이라고도 한다. 木과 斤은 모두 의미부분이다.(「析, 破木也. 一曰折也. 从木, 从斤.」)								

✻ 나무(木)를 도끼(斤)로 자르거나 '쪼갬'을 뜻한다.

| 晳 | 日부 총12획 | 설문 없음 | 小篆  形音義字典 | | 明晳(명석) |

밝을 석

❈ 사물을 잘라(析) 분석하여 밝게(日) 밝히거나, 햇볕(日)이 나뉘어(析) '밝게' 비춤을 뜻한다.

| 淅 | 水부 총11획 | 小篆 說文解字 | | 淅瀝(석력) 淅淅(석석) 淅然(석연) |

쌀일 석 | 설문 水부 | 淅(석)은 쌀을 씻는다는 뜻이다. 水(수)는 의미부분이고, 析(석)은 발음부분이다.(「淅, 汏米也. 从水, 析聲.」)

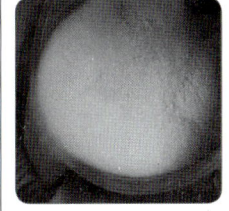

❈ 물(氵)에 쌀을 넣고 나무를 자르듯(析) 불순물을 가려내는 데서 '쌀 일다' '씻은 쌀'을 뜻한다.

斬 ➡ 慙 ➡ 塹 ➡ 暫 ➡ 漸

| 斬 | 斤부 총11획 | 戰國 金文 郭店六德 | 小篆 說文解字 | | 處斬(처참) 斬新(참신) 斬殺(참살) |

벨 참 | 설문 車부 | 斬(참)은 끊는다는 뜻이다. 車(거·차)와 斤(근)은 모두 의미부분이다. 斬하는 법은 수레로 사지를 찢는 것이다.(「斬, 截也. 从車, 从斤. 斬法, 車裂也.」)

❈ 수레(車)에 죄인을 묶고 도끼(斤)로 처형하던 옛 형벌제도에서 '베다'를 뜻한다. 도끼(斤)로 벤 나무를 실어 나르는 수레(車)를 뜻한다고도 한다.

| 慙 | 心부 총15획 | 小篆 說文解字 | | 慙悔(참회) 慙愧(참괴) 慙羞(참수) |

부끄러울 참 | 설문 心부 | 慙(참)은 부끄럽다는 뜻이다. 心(심)은 의미부분이고, 斬(참)은 발음부분이다.(「慙, 媿也. 从心, 斬聲.」)

❈ 목을 베이는(斬) 형을 받는 마음(心)에서 '부끄럽다'를 뜻한다.

| 塹 | 土부 총14획 | 小篆 說文解字 | | 外塹(외참) 塹壕(참호) 塹壘(참루) |

구덩이 참 | 설문 土부 | 塹(참)은 구덩이를 뜻한다. 일설에는 크다는 뜻이라고도 한다. 土(토)는 의미부분이고, 斬(참)은 발음부분이다.(「塹, 阬也. 一曰大也. 从土, 斬聲.」)

❈ 목을 베듯(斬) 성 주위의 흙(土)을 파내 적의 침입을 막던 '해자'나 '구덩이'를 뜻한다.

| 暫 | 日부 총15획 | 小篆 說文解字 | | 暫時(잠시) 暫間(잠간) 暫見(잠견) |

잠깐 잠 | 설문 日부 | 暫(잠)은 오래지 않다는 뜻이다. 日(일)은 의미부분이고, 斬(참)은 발음부분이다.(「暫, 不久也. 从日, 斬聲.」)

❈ 도끼로 물건을 베는(斬) 아주 짧은 시간(日)에서 '잠깐'을 뜻한다.

漸	水부 총14획	戰國 金文	小篆				漸次(점차) 漸漸(점점) 漸進(점진)
		包山061	說文解字				
점점 **점**	설문 水부	漸(점)은 강의 이름이다. 단양군(丹陽郡) 이현(黟縣) 남방 소수민족 거주지역에서 발원하여, 동쪽으로 흘러서 바다로 들어간다. 水(수)는 의미부분이고, 斬(참)은 발음부분이다.(「巚, 水. 出丹陽黟南蠻中, 東入海. 从水, 斬聲.」)					

※ 진액(氵)이 잘리거나 베인(斬) 물건에서 '점점' 흘러 스미는 것을 뜻한다.

新 ➡ 薪

新	斤부 총13획	甲骨文		西周 金文	戰國 金文	小篆	新聞(신문) 新曲(신곡) 新春(신춘)

		林2.7.7	佚580	頌鼎	散盤	中山王方壺	說文解字
새 **신**	설문 斤부	新(신)은 나무를 한다는 뜻이다. 斤은 의미부분이고, 亲(친·진)은 발음부분이다.(「新, 取木也. 从斤, 亲聲.」)					

※ 가시(辛=立)나무(木) 가지를 도끼(斤)로 자른 '땔나무'로, 새로 나온 잔가지를 주로 땔나무로 씀에서 '새롭다'를 뜻한다. ※파자: 서(立) 있는 나무(木)를 도끼(斤)로 '새로' 찍음. ※참고: 亲=亲(진) 가시(辛=立) 많은 나무(木)에 '작은 열매'를 맺는 나무로 '가시나무' '작은 열매'를 말함.

薪	艸부 총17획	戰國 金文	小篆				薪木(신목) 薪炭(신탄) 柴薪(시신)
		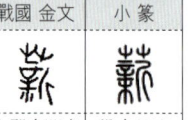					
		上郡守閒戈	說文解字				
섶(땔나무) **신**	설문 艸부	薪(신)은 蕘(나무할 요)이다. 艸(초)는 의미부분이고, 新(신)은 발음부분이다.(「薪, 蕘也. 从艸, 新聲.」)					

※ 새로 나온 잔가지나 초목(艹)인 땔나무(新)로 '섶'을 뜻한다. ※참고: 亲 (작은 열매 진) 나무(木)에 가시(辛)가 많은 '작은 열매'를 맺는 나무로, '가시나무' '작은 열매'를 뜻한다.

斥 ➡ 訴 … 斷 ➡ 繼

斥	斤부 총5획		小篆				斥邪(척사) 斥黜(척출) 斥候(척후)
		설문 없음					
			形音義字典				
물리칠 **척**		≪설문해자≫에는 '斥'(척)자가 보이지 않는다. ≪정자통(正字通)·근부(斤部)≫를 보면 "斥은 개척한다는 뜻이다; 또 책망한다는 뜻이다.(「斥, 開拓也; 指而言之也.」)"라고 하였다.					

※ 살던 집(广) 주위 터를 개간하여 경계를 바꿔(屰) 담을 밖으로 멀리 '물리침'을 뜻하나, '庐'이 斥(척)모양으로 변하였다. ※파자: 도끼(斤)로 찍어(丶) '물리침'이라 한다.

訴	言부 총12획	金文	小篆	或體			訴訟(소송) 告訴(고소) 起訴(기소)
		古鉢	說文解字				
호소할 **소**	설문 言부	訴(소)는 알린다는 뜻이다. 言(언)은 의미부분이고, 斥(척)의 생략형은 발음부분이다. ≪논어(論語)≫에 이르기를 "계손씨(季孫氏)에게 자로(子路)를 참소(譖訴)하였다."라고 하였다. 愬는 訴의 혹체자(或體字)로 言과 朔(삭)으로 이루어졌다. 謑는 訴의 혹체자로 朔과 心(심)으로 이루어졌다.(「訴, 告也. 从言, 斥省聲. ≪論語≫曰: "訴子路於季孫." 愬, 訴或从言·朔. 謑, 訴或从朔·心.」)					

※ 말(言)로 원통함이나 억울함을 물리치기(斥) 위해 '호소함'을 뜻한다.

◇ 斥邪衛正 : (척사위정) 사악(邪惡)한 것을 배척(排斥)하고 정의(正義)를 지킴.
◇ 斷金之交 : (단금지교) 쇠라도 자를 수 있는 굳고 단단한 사귐이란 뜻으로, 친구(親舊)의 정의가 매우 두터움을 이르는 말.

		西周 金文	戰國 金文	小篆	古文	
	斤부 총18획	量侯簋	雲夢法律		說文解字	斷續(단속) 斷食(단식) 斷層(단층)
끊을 **단**	설문 斤부	斷(단)은 끊는다는 뜻이다. 斤(근)과 㡭(절)은 모두 의미부분이다. 㡭은 絶(절)의 고문(古文)이다. ᘒ은 斷의 고문으로 皀(전)을 썼다. 皀은 叀(전)의 고문이다. 《주서(周書)》에 이르기를 "오직 성실하고 다른 재주는 아무 것도 없다."라고 하였다. ᘒ 역시 고문이다.(「䪞, 截也. 从斤, 从㡭. 㡭, 古文絶. ᘒ, 古文斷, 从皀. 皀, 古文叀字.《周書》曰: "皀召皀召獲無他技." ᘒ, 亦古文.」)				

※ 비수(匕)로 실(絲)을 자르듯(㡭:絶의 古字) 도끼(斤)로 끊은(㡭) 모양(䪞=斷의 고문).

		甲骨文		春秋 金文	小篆	
	糸부 총20획	合集2940	合集14959	拍敦蓋	說文解字	繼走(계주) 繼母(계모) 繼續(계속)
이을 **계**	설문 糸부	繼(계)는 잇는다는 뜻이다. 糸(멱·사)와 㡭(계)는 모두 의미부분이다. 일설에는 㡭을 거꾸로 한 것이 繼라고도 한다.(「繼, 續也. 从糸·㡭. 一曰反㡭爲繼.」)				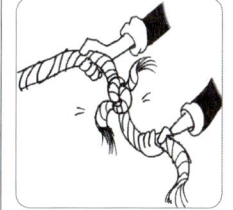

※ 잘라(㡭:絶의 古字) 놓은 것을 바꾸어 실(糸)로 이음(㡭:繼의 古字)에서 '잇다'를 뜻한다.
※파자:실(糸)로 비수(匕=匕)에 작고(幺) 작게(幺) 끊어진 것을 '이음'.

丘 ➡ 邱 ➡ 岳 … 兵

		甲骨文		春秋 金文	戰國 金文	小篆	古文	
	一부 총5획	佚733	前1.24.3	商丘叔簋	子禾子釜	陶香彔	說文解字	丘陵(구릉) 丘木(구목) 丘山(구산)
언덕 **구**	설문 丘부	北(구)는 지역이 높은 곳으로, 사람이 만든 바가 아닌 것이다. 北(북)과 一은 모두 의미부분이다. 一은 땅을 가리킨다. 사람은 언덕의 남쪽에 기거(寄居)하므로, 그래서 北이 의미부분이 되는 것이다. 나라의 중앙에 거주한다는 것은 곤륜산(崑崙山)의 동남쪽을 뜻한다. 일설에는 사방이 높고 가운데가 낮은 곳을 丘라고도 한다. 상형(象形)이다. 무릇 丘부에 속하는 글자들은 모두 丘를 의미부분으로 삼는다. 𡉄는 고문(古文)으로 土(토)를 더하였다.(「丠, 土之高也. 非人所爲也. 从北, 从一. 一, 地也. 人居在丘南, 故从北. 中邦之居, 在崑崙東南. 一曰: 四方高中央下爲丘. 象形. 凡丘之屬皆从丘. 凡北之屬皆从北. 𡉄, 古文从土.」)						

※ 가운데가 움푹 파인 두 개의 봉우리를 그려 세 개의 봉우리가 있는 산(山)보다 작은 '언덕'을 뜻하며, 산 정상이 움푹 파인 산이나 '언덕'을 뜻한다.

		戰國 金文	小篆	
	邑부 총8획	陶五384	說文解字	大邱廣域市 (대구광역시) (地名字)
언덕 **구**	설문 邑부	邱(구)는 지명이다. 邑(읍)은 의미부분이고, 丘(구)는 발음부분이다.(「邱, 地名. 从邑, 丘聲.」)		

※ '丘'가 성인인 공자이름으로 쓰이자, 청대(淸代)에 경서에 나오는 丘는 阝(읍)을 더했다.
※파자:'언덕(丘)'이 마을(邑=阝)을 둘러싸고 있음을 뜻한다.

		甲骨文			戰國 金文	小篆	古文	
	山부 총8획	甲3330	甲649	佚74	合30185	郭店六德	說文解字	山岳(산악) 岳父(악부) 冠岳山(관악산)
큰산 **악**	설문 山부	소전에서는 '嶽'으로 썼는데, '岳'은 '嶽'자의 고문(古文)으로 《설문해자》에 수록되어 있다. (嶽(악)자 참조)						

※ 연달아(丘=丘) 있는 산(山) 봉우리(丱=岳)로, 높은 언덕(丘=丘)이 많은 큰 산(山)에서 '큰 산'을 뜻한다.

	八부 총7획	甲骨文	西周 金文	戰國 金文	小篆	古文	籒文	兵士(병사) 兵力(병력) 兵權(병권)	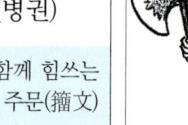
		後下29.6	兵羊觶	庚 壺	楚王酓鼎		說文解字		
군사 **병**	설문 廾부	兵(병)은 무기를 뜻한다. 두 손[廾(공)]으로 도끼[斤(근)]를 잡고 있는 구조로, 함께 힘쓰는 모습이다. 𠇷은 兵의 고문(古文)으로 人(인)·廾·干(간)으로 이루어졌다. 㒶은 주문(籒文)이다.(「𠇷, 械也. 从廾持斤, 幷力之皃. 𠇷, 古文兵, 从人·廾·干. 㒶, 籒文.」)							

※ 도끼(斤)를 두 손(廾)으로 들고 있는 '병사'의 모습이다.

爪➡印➡覓➡妥➡綏✤

	爪부 총4획	甲骨文		金文		小篆	爪甲(조갑) 爪痕(조흔) 猛爪(맹조)	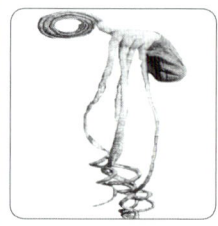
		乙3471	合18640	克盨	克盨	說文解字		
손톱 **조**	설문 爪부	爪(조)는 잡는다는 뜻이다. 손[手(수)]을 뒤집은 것을 爪라고 한다. 상형(象形)이다. 무릇 爪부에 속하는 글자들은 모두 爪를 의미부분으로 삼는다.(「爪, 丮也. 覆手曰爪. 象形. 凡爪之屬皆从爪.」)						

※ 손톱 모양으로, 새나 짐승의 '발톱'을 뜻하기도 한다.

	卩부 총6획	甲骨文		殷商 金文	西周 金文	春秋 金文	小篆	印章(인장) 印朱(인주) 印刷(인쇄)	
		乙112	乙135	印爵	毛公鼎	曾伯簠	說文解字		
도장 **인**	설문 印부	印(인)은 관리가 가지고 있는 도장을 뜻한다. 爪(조)와 卩(절)은 모두 의미부분이다. 무릇 印부에 속하는 글자들은 모두 印을 의미부분으로 삼는다.(「㠱, 執政所持信也. 从爪, 从卩. 凡印之屬皆从印.」)							

※ 손(爪=)으로 필요한 사람(卩)에 눌러 표시하던 무늬에서 '도장'을 뜻한다.

	見부 총11획	설문 없음	金文		覓索(멱색) 覓來(멱래) 木覓山(목멱산)	
			班簋	召鼎		
찾을 **멱**						

※ 손(爪)을 눈에 걸쳐 자세히 보는(見) 데서 '찾다'를 뜻한다. 또는 손(爪)으로 헤치며 자세히 보는(見) 데서 '찾다'를 뜻한다.

	女부 총7획	甲骨文		殷商 金文	西周 金文		小篆	妥當(타당) 妥結(타결) 妥協案(타협안)	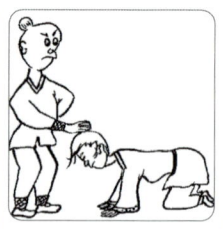
		京津1406	乙7863	妥鼎	子妥鼎	沈子簋	蔡姑簋	秦篆	
온당할 **타**		≪설문해자≫에는 '妥'자가 없다. ≪설문해자주≫를 보면 "妥는 편안하다는 뜻이다. 爫(조)와 女(녀)는 모두 의미부분이다. 妥는 安(편안할 안)과 같은 뜻이다.(「㚖, 安也. 从爫·女. 妥與安同意.」)"라고 하였다.								

※ 손(爫)으로 마땅한 노예나 편해보이는 여자(女)를 선택함에서 '편안하게' '온당하다'를 뜻한다.

	糸부 총13획	甲骨文	西周 金文	戰國 金文	小篆	綏寧(수녕) 綏馭(수어) 綏定(수정)	
		前5.19.1	蔡姑簋	璽彙1414	說文解字		
편안할 **수**	설문 糸부	綏(수)는 수레고삐를 뜻한다. 糸(멱·사)와 妥(타)는 모두 의미부분이다.(「綏, 車中把也. 从糸, 从妥.」)					

※ 말 수레에 끈(糸)을 달아 편안하게(妥) 잡고 탈 수 있어 '편안함'을 뜻한다.

奚 → 溪 → 磎* → 鷄 → 蹊*

어찌 해

		甲骨文			殷商 金文	西周 金文	小篆
大부 총10획							
		後下33.9	甲783	京津4535	丙申角	奚卣 浦盂	說文解字

奚特(해특)
奚必(해필)
奚琴(해금)

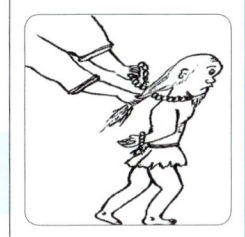

설문 大부: 奚(해)는 큰 배[腹(복)]를 뜻한다. 大(대)는 의미부분이고, 絲(계)의 생략형은 발음부분이다. 絲는 주문(籀文)의 系(계)자이다.(「奚, 大腹也. 从大, 絲省聲. 絲, 籀文系字.」)

✻ 손(爫)에 잡힌, 끈(糸=幺)에 묶인 사람(大)에서 '노예'를 뜻하며, 묶여 어찌할 수 없는 노예에서 '어찌'를 뜻한다.

시내 계

	戰國 金文	小篆
水부 총13획		
	郭店語四	說文解字

溪谷(계곡)
溪川(계천)
淸溪(청계)

설문 谷부: '溪'는 '谿'의 속자(俗字)이다. 谿는 산에서 흐르는 시냇물로 바깥세상과 통하지 못하게 만든다. 谷(곡)은 의미부분이고, 奚(해)는 발음부분이다.(「谿, 山瀆無所通者. 从谷, 奚聲.」)

✻ 물(氵)이 묶인 노예(奚)처럼 정해진 계곡만 따라 흐르는 '시내'를 뜻한다.

시내 계

石부 총15획	설문 없음

磎澗(계간)

✻ 돌(石)계곡으로, 묶인 노예(奚)처럼 정해진 곳을 따라 비올 때만 흐르는 마른 '시내'를 뜻한다.
※谿(마른시내 계)

닭 계

	甲骨文			殷商 金文	西周 金文	小篆	籀文
鳥부 총21획							
	掇259	佚740	粹970	鷄父辛尊	天册鷄尊	說文解字	

鷄卵(계란)
鷄肋(계륵)
鷄冠(계관)

설문 隹부: 雞(계)는 시간을 아는 가축(家畜)이다. 隹(추)는 의미부분이고, 奚(해)는 발음부분이다. 鷄는 雞의 주문(籀文)으로 (隹 대신) 鳥(조)를 썼다.(「雞, 知時畜也. 从隹, 奚聲. 鷄, 籀文雞, 从鳥.」)

✻ 노예(奚)처럼 갇혀 기르던 새(鳥)종류인 '닭'을 뜻한다.
※파자: 손(爫) 같은 머리와 작은(幺) 목에 큰(大) 엉덩이를 가진 새(鳥)인 '닭'을 뜻한다.

지름길 혜

	小篆	或體
足부 총17획		
		說文解字

蹊徑(혜경)
蹊隧(혜수)

설문 彳부: 徯(혜)는 기다린다는 뜻이다. 彳(척)은 의미부분이고, 奚(해)는 발음부분이다. 蹊는 徯의 혹체자(或體字)로 (彳대신) 足(족)을 썼다.(「徯, 待也. 从彳, 奚聲. 蹊, 徯或从足.」)

✻ 큰길 옆에 발(足=⻊)길을 돌려 노예(奚)들이 빨리 질러가던 좁은 길에서 '지름길'을 뜻한다.

采 → 採 → 彩 → 菜 → 埰 → 寀❖ → 綵❖

	甲骨文			金文		小篆
采부 총8획						
	粹1043	前4.45.4	佚276	趙卣	趙尊	說文解字

風采(풍채)
采地(채지)
采詩(채시)

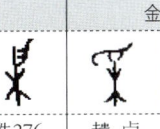

캘/풍채 채

설문 木부: 采(채)는 딴다는 뜻이다. 木(목)과 爪(조)는 모두 의미부분이다.(「采, 採取也. 从木, 从爪.」)

✻ 손(爫)으로 나무(木)에 달린 잘 익어 빛깔이 고운 열매나 잎을 채집하던 것으로 '캐다' '풍채' '선택' '따다'를 뜻한다.

	手부 총11획	설문 없음	'采'와 고문이 같음.	採取(채취) 採擇(채택) 採用(채용)	
캘 채	采(채)는 (열매를) 딴다는 뜻이다. 木(목)과 爪(조)는 모두 의미부분이다.(「采, 捋取也. 从木, 从爪.」) '採'자는 뒤에 '손으로' 열매를 딴다는 의미를 보다 분명하게 하고자 '采'에다 다시 '手(손 수)'를 더한 형성자(形聲字)를 만든 것이다.				

※ 손(扌)으로 선택(采)하여 '캐는' 것을 뜻한다.

	彡부 총11획	小篆 說文解字		彩色(채색) 色彩(색채) 光彩(광채)	
채색 채	설문 彡부	彩(채)는 무늬가 빛난다는 뜻이다. 彡(삼)은 의미부분이고, 采(채)는 발음부분이다.(「彩, 文章也. 从彡, 采聲.」)			

※ 오색의 과일을 따서(采) 각종 빛깔(彡)을 색칠하던 데서 '채색'을 뜻한다.

	艸부 총12획	戰國 金文 / 小篆 上博周易 / 說文解字		菜麻(채마) 菜蔬(채소) 野菜(야채)	
나물 채	설문 艸부	菜(채)는 먹을 수 있는 풀을 뜻한다. 艸(초)는 의미부분이고, 采(채)는 발음부분이다.(「菜, 艸之可食者. 从艸, 采聲.」)			

※ 초목(艹)에서 잎이나 줄기를 따서(采) 먹던 '나물'을 뜻한다.

	土부 총11획	설문 없음		埰邑(채읍) 埰地(채지)	
사패지 채					

※ 임금이 공이 있는 신하에게 땅(土)을 선택(采)하여 다스리게 주던 '사패지'를 뜻한다.

寀	宀부 총11획	小篆  說文解字		寀地(채지)	
녹봉 채	설문 宀부	寀(채), 녹봉(祿俸)으로 주는 땅을 寀라고 한다. 宀(면)은 의미부분이고, 采(채)는 발음부분이다.(「寀, 同地爲寀. 从宀, 采聲.」)			

※ 공이 있는 신하에게 집(宀)이나 땅을 선택(采)하여 내려줌에서 '녹봉'을 뜻한다.

	糸부 총14획	설문 없음		綵繡(채수) 綵帳(채장) 綵緞(채단)	
채색비단 채					

※ 실(糸)로 짠 비단에 여러 색을 선택(采)하여 물들인 '채색비단'을 뜻한다.

爲 ➡ 僞

하/할 **위**

爪부
총12획

甲骨文		西周 金文		春秋 金文	小篆	古文
前5.30.4	乙1047	智鼎	散盤	曾伯陭壺	說文解字	

說文
爪부

爲(위)는 큰 원숭이이다. 그 하는 일이 잘 잡는 것이다. 爪(조)는 큰 원숭이의 상징이다. 아래 몸통 부분은 어미 원숭이의 모양이다. 왕육(王育)은 爪는 상형이라고 하였다. 는 爲의 고문(古文)으로 두 어미 원숭이가 서로 마주보고 있는 모양을 그린 것이다.(「爲, 母猴也. 其爲禽好爪. 爪, 母猴象也. 下腹爲母猴形. 王育曰：'爪, 象形也.' , 古文爲, 象兩母猴相對形.」)

爲主(위주)
爲始(위시)
所爲(소위)

* 손(爫)으로 코끼리(爲)를 길들여 일을 돕게 하는 데서 '하다' '위하다'를 뜻한다.

거짓 **위**

人부
총14획

戰國 金文	小篆
雲夢法律	說文解字

說文
人부

僞(위)는 속인다는 뜻이다. 人(인)은 의미부분이고, 爲(위)는 발음부분이다.(「僞, 詐也. 从人, 爲聲.」)

僞善(위선)
僞裝(위장)
眞僞(진위)

* 사람(亻)이 억지로 꾸며서 하는(爲) 일에서 '거짓'을 뜻한다.

䅣 ➡ 㥯 ➡ 隱 ➡ 穩

숨길 **은**

爪부
총10획

小篆
說文解字

說文
爪부

䅣(은)은 의거(依據)하는 바를 뜻한다. 爪(줄 표)와 工(공)은 모두 의미부분이다. 발음은 隱(은)자와 같다.(「䅣, 所依據也. 从爪·工. 讀與隱同.」)

용례 없음

* 손(爪)과 손(彐) 사이에 조심히 연장(工)을 감싸 잡은 데서 '숨기다'를 뜻한다.

조심할 **은**

心부
총14획

小篆
說文解字

說文
心부

㥯(은)은 조심한다는 뜻이다. 心(심)은 의미부분이고, 䅣(은)은 발음부분이다.(「㥯, 謹也. 从心, 䅣聲.」)

용례 없음

* 두 손(爫·彐)으로 연장(工)을 잡고 조심(心)하여 건물을 쌓는 데서 '삼가다' '조심함'을 뜻한다.

숨을 **은**

阜부
총17획

戰國 金文	小篆
陶五370	說文解字

說文
阜부

隱(은)은 감춘다는 뜻이다. 阜(부)는 의미부분이고, 㥯(은)은 발음부분이다.(「隱, 蔽也. 从𨸏, 㥯聲.」)

隱匿(은닉)
隱德(은덕)
隱遁(은둔)

* 언덕(阝)처럼 벽을 쌓아 조심히(㥯) 가림에서 '숨기다'를 뜻한다.

편안할 **온**

禾부
총19획

小篆
說文解字

說文
禾부

穩(온)은 곡식을 걷어서 모은다는 뜻이다. 일설에는 편안하다는 뜻이라고도 한다. 禾(화)와 隱(은)의 생략형은 모두 의미부분이다. 옛날에는 安(안)·隱(은)과 통용되었다.(「穩, 蹂穀聚也. 一曰：安也. 从禾·隱省. 古通用安隱.」)

平穩(평온)
穩當(온당)
安穩(안온)

* 곡식(禾)을 조심히(㥯) 쌓아 숨겨두어 걱정이 없는 데서 '편안하다'를 뜻한다.

315

愛 ➡ 曖

	金文	戰國 金文	小篆
心부 총13획			
	한자의뿌리	雲夢日乙	說文解字

사랑 **애**

攴부

愛情(애정)
愛慕(애모)
愛憐(애련)

설문: 愛(애)는 가는 모습을 뜻한다. 夊(쇠)는 의미부분이고, 㤅(애)는 발음부분이다.(「𢤦, 行皃. 从夊, 㤅聲.」)

※ 입을 벌려(旡:목맬 기) 마음(心) 속의 '사랑'(㤅=愛의 古字) 때문에 서성이며(夊) 배회함에서 '사랑'을 뜻한다.
※ 파자: 손(爫)으로 서로 감싸(冖) 주는 마음(心)을 천천히(夊) 전하는 '사랑'.

		小篆
日부 총17획	설문 없음	
		形音義字典

희미할 **애**

曖昧(애매)
曖昧模糊
(애매모호)

※ 해(日)가 사랑(愛)에 가려 시비(是非)를 밝게 가리지 못하듯 구름에 가려 '희미함'을 뜻한다.

爭 ➡ 錚 ➡ 淨

	甲骨文		金文	戰國 金文	小篆
爪부 총8획					
	合集680	合集21433	한자의뿌리	雲夢語書	說文解字

다툴 **쟁**

爻부

紛爭(분쟁)
論爭(논쟁)
戰爭(전쟁)

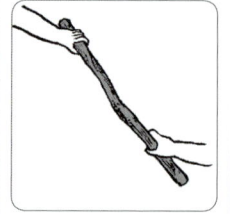

설문: 爭(쟁)은 끌어당긴다는 뜻이다. 𠬪(줄 표)와 厂(예)는 모두 의미부분이다.(「𤔒, 引也. 从𠬪·厂.」)

※ 두 손(爫·彐)이 서로 물건(亅)을 당겨 빼앗으려 다투는 모양에서 '다투다'를 뜻한다.

	小篆
金부 총16획	
	說文解字

쇳소리 **쟁**

金부

錚盤(쟁반)
錚錚(쟁쟁)

설문: 錚(쟁)은 쇳소리이다. 金(금)은 의미부분이고, 爭(쟁)은 발음부분이다.(「錚, 金聲也. 从金, 爭聲.」)

※ 금속(金)이 다투듯(爭) 부딪쳐 나는 소리에서 '쇳소리'를 뜻한다.

	小篆
水부 총11획	
	說文解字

깨끗할 **정**

水부

淨潔(정결)
淨化(정화)
洗淨(세정)

설문: 淨(정)은 (춘추(春秋)시대) 노(魯)나라 (도성(都城)의) 북쪽 성문(城門)의 연못을 뜻한다. 水(수)는 의미부분이고, 爭(쟁)은 발음부분이다.(「瀞, 魯北城門池也. 从水, 爭聲.」)

※ 물(氵)이 고요하여(靜=爭) 맑고(瀞:맑을 정) '깨끗함', 또는 물(氵)이 먼지나 때와 다투어(爭) 깨끗하게 함에서 '깨끗하다'를 뜻한다.

孚 ➡ 乳 ➡ 浮 ➡ 孵

	甲骨文	殷商 金文	西周金文			小篆	古文
子부 총7획							
	乙6694	孚 爵	智 鼎	孚公甗	師袁簋	說文解字	

미쁠/참될/
알깔 **부**

설문
爪부

孚佑(부우)
孚信(부신)
孚甲(부갑)

설문: 孚(부)는 알을 깐다는 뜻이다. 爪(조)와 子(자)는 모두 의미부분이다. 일설에는 믿는다는 뜻이라고도 한다. 㑊는 孚의 고문(古文)으로 (子 대신) 㑊(보)를 썼다. 㑊는 保(보)의 고문이다.(「𠬪, 卵孚也. 从爪, 从子. 一曰信也. 㑊, 古文孚, 从㑊. 㑊, 古文保.」)

※ 손(爫)으로 감싸듯 새가 자식(子)인 알을 정성을 다해 품는 데서 '미쁘다' '알을 까다'를 뜻한다.

乳	乙부 총8획	甲骨文	戰國 金文	小篆		牛乳(우유) 乳兒(유아) 乳母(유모)	
		乙8896	雲夢日甲	說文解字			

| 젖 유 | 설문
乚부 | 乳(유), 사람이나 새가 자식을 낳는 것은 乳라고 하고, 짐승(이 자식을 낳는 것)은 産(산)이라고 한다. 孚(부)와 乙(을)은 모두 의미부분이다. 乙은 제비이다. 《명당월령(明堂月令)》에서 "제비가 오는 날, 존귀하신 매신(禖神)께 제사를 올려 자식을 갖게 해달라고 빈다."라고 하였다. 그래서 乳자에서 乙이 의미부분이 되는 것이다. 자식을 갖기를 바라면 반드시 제비가 오는 날을 기점으로 해야 한다고 하는 것은, 제비는 춘분에 와서 추분에 돌아가는 생산의 시작을 알리는 철새로서, 소호제(少昊帝)의 절기(節氣)를 관장하는 관리이기 때문이다.(「𪗱, 人及鳥生子曰乳, 獸曰産. 从孚, 从乙. 乙者, 玄鳥也. 《明堂月令》: "玄鳥至之日, 祠于高禖以請子." 故乳从乙. 請子必以乙至之日者, 乙, 春分來, 秋分去, 開生之候鳥, 帝少昊司分之官也.」) |  |

✽ 손(爪)으로 아이(子)를 품(乙:여기서는 젖 모양)에 안고 젖을 먹이는 데서 '젖'을 뜻한다.
※파자: 손(爪)으로 아이(子)를 새(乙=乚)처럼 품고 '젖'을 먹임.
※참고: 乙(을)은 '새의 모양'이라고 하나 '옷고름'으로도 보아 '달라붙다'의 뜻으로도 본다.

浮	水부 총10획	金文	小篆		浮力(부력) 浮揚(부양) 浮沈(부침)	
		公父宅匜	說文解字			

| 뜰 부 | 설문
水부 | 浮(부)는 (물에) 떠있다는 뜻이다. 水(수)는 의미부분이고, 孚(부)는 발음부분이다.(「𣴺, 汜也. 从水, 孚聲.」) |  |

✽ 물(氵)에 새가 엎드려 알을 품어 까는(孚) 모양처럼 떠 있는 데서 '뜨다'를 뜻한다.

	子부 총14획	설문 없음		孵卵(부란) 孵化(부화) 孵化場(부화장)	
알깔 부					

✽ 새가 알(卵)을 품어 까는(孚) 데서 '알을 까다'를 뜻한다.

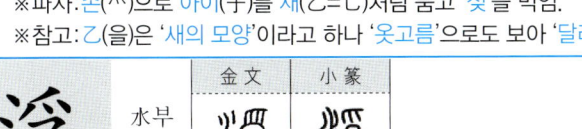

	爪부 총9획	甲骨文		殷商 金文	西周金文			小篆	爰爰(원원) 爰田(원전) 爰池國(원지국)	
		乙7041	甲2754	爰卣	辛伯鼎	虢季子白盤	散盤	說文解字		

| 이에/당길
원 | 설문
受부 | 爰(원)은 끌어당긴다는 뜻이다. 爰(표)와 于(우)는 모두 의미부분이다. 주문(籒文)에서는 수레의 끌채 轅(원)자로 쓰인다.(「𤔲, 引也. 从受, 从于. 籒文以爲車轅字.」) |

✽ 손(爪)으로 긴 나무(干)를 내려주어 손(又)으로 잡게 하여 끌어당김에서 '돕다' '끌다' '늘어지다'를 뜻하며, 일정한 지점이나 말 아래에 쓰여 '이에' '곧'을 의미한다.

暖	日부 총13획	설문 없음	小篆  形音義字典	暖房(난방) 暖流(난류) 寒暖(한난)	
따뜻할 난		《설문해자》에는 '暖'(난)자가 보이지 않는다. 《옥편(玉篇)·일부(日部)》를 보면 暖은 따뜻하다는 뜻이다.(「暖, 溫也.」)			

✽ 봄 햇살(日)에 온몸이 늘어지게(爰) '따뜻함'을 뜻한다. ※煖과 同字.

煖	火부 총13획	小篆 煖 說文解字			煖爐(난로) 煖房(난방) 冷煖房(냉난방)	
더울 난	설문 火부	煖(난)은 따뜻하다는 뜻이다. 火(화)는 의미부분이고, 爰(원)은 발음부분이다.(「煖, 溫也. 从火, 爰聲.」)				

✱ 불(火)을 가까이 끌어(爰) 따뜻하게 하는 데서 '덥다' '따뜻하다'를 뜻한다.

援	手부 총12획	戰國 金文 援 雲夢法律	小篆 援 說文解字		援助(원조) 救援(구원) 援軍(원군)	
도울 원	설문 手부	援(원)은 잡아당긴다는 뜻이다. 手(수)는 의미부분이고, 爰(원)은 발음부분이다.(「援, 引也. 从手, 爰聲.」)				

✱ 손(扌)으로 끌어(爰)당겨 '도움'을 뜻한다.

媛	女부 총12획	小篆 媛 說文解字			才媛(재원) 良媛(양원) 媛妃(원비)	
계집 원	설문 女부	媛(원)은 미녀(美女)를 뜻한다. 사람이 끌어당기(고자 하)는[援(원)] 바이다. 女(녀)와 爰(원)은 모두 의미부분이다. 爰은 於(어)이다. ≪시경(詩經)≫에 이르기를 "나라의 미인이로다."라고 하였다.(「媛, 美女也. 人所援也. 从女, 从爰. 爰, 於也. ≪詩≫曰: "邦之媛兮."」)				

✱ 예쁜 여자(女)를 오락이나 내조를 위하여 끌어온(爰) 데서 '계집' '미인'을 뜻한다.

瑗	玉부 총13획	戰國 金文 瑗 包山005	小篆 瑗 說文解字		瑗瑤(원요) (人名字)	
구슬 원	설문 玉부	瑗(원)은 구멍이 큰 둥근 옥이다. 임금이 제계(除階, 궁전의 계단)를 오를 때 그것으로 끌어당긴다. 玉(옥)은 의미부분이고, 爰(원)은 발음부분이다. ≪이아(爾雅)≫에 이르기를 "가운데 구멍의 지름이 둘레 넓이 폭의 배가 되는 것을 瑗이라고 하고, 둘레 넓이의 폭이 구멍 지름의 배가 되는 것을 璧(벽)이라고 한다."라고 하였다.(「瑗, 大孔璧. 人君上除階以相引. 从玉, 爰聲. ≪爾雅≫曰: "好倍肉謂之瑗, 肉倍好謂之璧."」)				

✱ 큰 구멍이 있는 옥(玉)으로, 끈을 늘여(爰) 임금이 계단을 오르내릴 때나 사람을 초청할 때 쓰던 '도리옥'인 '구슬'을 뜻한다.

緩	糸부 총15획	戰國 金文 緩 雲夢爲吏	 緩 包山076	小篆 緩 說文解字	或體 緩 	緩行(완행) 緩急(완급) 緩和(완화)	
느릴 완	설문 素부	繠(완) 繛(너그러울 작)이다. 素(소)는 의미부분이고, 爰(원)은 발음부분이다. 緩은 繠의 혹체자(或體字)로 생략형이다.(「繠, 繛也. 从素, 爰聲. 緩, 繠或省.」)					

✱ 실(糸)이 늘어져(爰) 느슨해진 데서 '느리다' '늘이다' '처지다'를 뜻한다.

𤔔 → 亂 → 辭

𤔔	爪부 총12획	甲骨文 𤔔 花東159	金文 𤔔 番生簋	 𤔔 毛公鼎	小篆 𤔔 說文解字	古文 𤔔 	용례 없음	
다스릴 란	설문 𠬪부	𤔔(란)은 다스려진다는 뜻이다. 어린 아이가 서로 어지럽히니, 𠬪(표)는 그것을 다스린다는 뜻이다. 발음은 亂(란)자와 같다. 일설에는 다스린다는 뜻이라고도 한다. 𤔔은 𤔔의 고문(古文)이다.(「𤔔, 治也. 幺子相亂. 𠬪, 治之也. 讀若亂同. 一曰理也. 𤔔, 古文𤔔.」)							

✱ 양손(爫·又)으로 어지러이 엉킨 실(糸=幺=マ+厶)을 실패(H=冂)에 '다스려' 감음을 뜻한다.

亂	乙부 총13획	戰國 金文	小篆				亂離(난리) 叛亂(반란) 亂立(난립)
		雲夢日甲	說文解字				
어지러울 란	설문 乙부	亂(란)은 '다스려진다[治(치)]'는 뜻이다. 乙(을)은 의미부분이다. '다스린다[治之(치지)]'는 뜻이다. 𤔔은 의미부분이다.(「亂, 治也. 从乙. 乙, 治之也. 从𤔔.」)					

 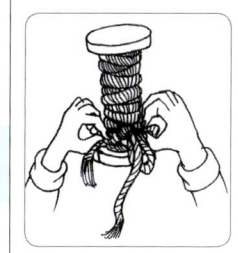

※ 양손(爪·又)으로 엉킨 실(糸=幺=𢆶[ㄇ+ㅿ])이 실패(H=囗)에 달라붙은(乙=乚) 것을 다스려(𤔔:다스릴 란) 감은 데서 '어지럽다'를 뜻한다. ※乙(을)참조.

辭	辛부 총19획	甲骨文	西周 金文	春秋 金文	小篆	籒文	辭讓(사양) 辭典(사전) 辭說(사설)
		師友1.182	曶鼎	儢匜	齊侯壺	說文解字	
말씀 사	설문 辛부	辭(사)는 송사(訟事)에서 하는 말을 뜻한다. 𤔔(란)은 의미부분이다. 𤔔은 죄를 따진다는 것과 같다. 𤔔은 다스린다는 뜻이다. 𤔲는 辭의 주문(籒文)으로 (辛(신) 대신) 司(사)를 썼다.(「辭, 訟也. 从𤔔. 𤔔猶理辜也. 𤔔, 理也. 𤔲, 籒文辭, 从司.」)						

 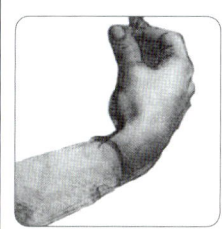

※ 죄인을 다스리는(𤔔) 매서운(辛) 송사(訟事)를 뜻하는 말로 '말씀', '글'을 뜻한다.

又 ➡ 叒 ➡ 桑 ➡ 顙 ✤⋯ (叕) ➡ 綴 ⋯ (圣) ➡ 怪 ⋯ 叉

又	又부 총2획	甲骨文		西周 金文	春秋 金文	小篆	又賴(우뢰) 又況(우황) 又重之(우중지)
		粹1113	粹1123	孟鼎	曶鼎	秦公簋	說文解字
또 우	설문 又부	又(우)는 손이다. 상형이다. 손가락이 세 개인 것은, 손가락이 갈라진 것을 모두 나타내려면 너무 많기 때문에 줄여서 셋만 표시한 것이다. 무릇 又부에 속하는 글자들은 모두 又를 의미부분으로 삼는다.(「ㅋ, 手也. 象形. 三指者, 手之列多, 略不過三也. 凡又之屬皆从又.」)						

※ 오른손을 간단히 표현한 글자로 오른손을 자주 많이 사용하는 데서 '또'나 '손'을 뜻한다.

叒	又부 총6획	小篆	籒文			용례 없음
		說文解字				
신목(神木) 약	설문 叒부	叒(약)은 해가 처음 동쪽 탕곡(湯谷)에서 나와, 부상(榑桑, 신목의 이름)에 오르는데, (榑桑은) 叒나무를 뜻한다. 상형이다. 무릇 叒부에 속하는 글자들은 모두 叒을 의미부분으로 삼는다. 𠭴은 주문(籒文)이다.(「𠭴, 日初出東方湯谷, 所登榑桑, 叒木也. 凡叒之屬皆从叒. 𠭴, 籒文.」)					

   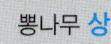 

※ 초목의 잎이 자주(又) '순조롭게' 나와 자라는 '신목(新木)'을 뜻한다.

桑	木부 총10획	甲骨文	戰國 金文	小篆		桑稼(상가) 桑戶(상호) 桑門(상문)
		前4·41·4	續3.31.9	雲夢日乙	說文解字	
뽕나무 상	설문 叒부	桑(상)은 누에가 그 잎을 먹는 나무이다. 叒(약)과 木(목)은 모두 의미부분이다.(「桑, 蠶所食葉木. 从叒·木.」)					

※ 무성한 가지와 잎(芔·叒)이 달린 나무(木)인 '뽕나무'를 뜻한다. ※파자:자꾸 자꾸 자꾸(叒:神木[신목]/좇을 약) 따도 또다시 무성해지는 나무(木)인 누에의 먹이인 '뽕나무'를 뜻한다.

顙	頁부 총19획	小篆				顙汗(상한)
		說文解字				
이마 상	설문 頁부	顙(상)은 額(이마 액)이다. 頁(혈)은 의미부분이고, 桑(상)은 발음부분이다.(「顙, 額也. 从頁, 桑聲.」)					

※ 뽕나무(桑) 잎처럼 넓은 사람의 머리(頁) 앞부분인 '이마'를 뜻한다.

319

叕	又부 총8획	甲骨文		春秋 金文	戰國 金文	小篆	용례 없음	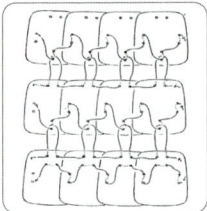

		合8115	合6943	交君子匜	雲夢日乙	說文解字		
이을 철	설문 叕부	叕(철)은 연결한다는 뜻이다. 상형(象形)이다. 무릇 叕부에 속하는 글자들은 모두 叕을 의미 부분으로 삼는다.(「叕, 綴聯也. 象形. 凡叕之屬皆从叕.」)						

❋ 손(又)을 계속하여 움직여 '연결'하는 데서 '이음'을 뜻한다.

綴	糸부 총14획	戰國 金文	小篆		點綴(점철) 綴輯(철집) 綴字法(철자법)	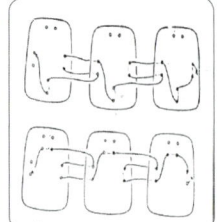

		陶三147	說文解字			
엮을 철	설문 叕부	綴(철)은 실로 꿰매어 합하여 붙인다는 뜻이다. 叕(철)과 糸(멱·사)는 모두 의미부분이 다.(「綴, 合箸也. 从叕, 从糸.」)				

❋ 실(糸)로 연결하여 이어지게(叕:이을 철) 꿰매는데서 '엮다' '잇다'를 뜻한다.

圣	土부 총5획	甲骨文				戰國 金文	小篆	圣圣(골골)	
							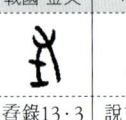		
		前4·10·3	合9484	合33209	合18730	睿錄13·3	說文解字		
힘쓸 골	설문 土부	圣(골), 여수(汝水)와 영수(潁水) 사이에서는 (손을 사용해서) 땅에 힘을 쓰는 것을 圣이라고 한다. 土(토)와 又(우)는 모두 의미부분이다. 발음은 토끼굴이라고 할 때의 窟(굴)자처럼 읽는 다.(「圣, 汝·穎之間, 致力於地曰圣. 从土, 从又. 讀若兔窟.」)							

❋ 손(又)으로 흙(土)을 '힘써' 다스리는 데서 '힘쓰다'를 뜻한다.

怪	心부 총8획	戰國 金文	小篆		怪奇(기이) 怪物(괴물) 怪異(괴이)	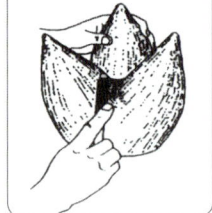

		雲夢法律	說文解字			
괴이할 괴	설문 心부	怪는 기이(奇異)하다는 뜻이다. 心(심)은 의미부분이고, 圣(골)은 발음부분이다.(「怪, 異也. 从心, 圣聲.」)				

❋ 마음(忄)과 달리 손(又)으로 흙(土)을 다스려 힘써(圣:힘쓸 골) 만든 모양이 이상함에서 '괴이하다'를 뜻한다.

叉	又부 총3획	殷商 金文			小篆	交叉(교차) 叉狀(차상) 叉路(차로)	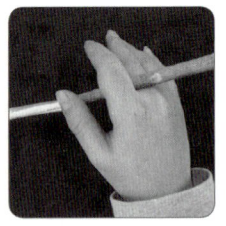

		叉 篹	叉 卣	叉 鼎	說文解字		
갈래 차	설문 又부	叉(차)는 손가락이 서로 교차(交叉)되었다는 뜻이다. 又(우)는 의미부분이다. 깍지낀 모양을 그렸다.(「叉, 手指相錯也. 从又. 象叉之形.」)					

❋ 손(又)가락 양 갈래 사이에 물건(丶)을 끼운 모양에서 '갈래' '깍지 끼다'를 뜻한다.

叉 ➡ 蚤 ➡ 騷 ➡ 搔 ➡ 瘙 ☆

爪	又부 총4획	甲骨文			小篆	용례 없음	

		前2.19.3	前5.7.1	花東267	說文解字		
손발등 조	설문 又부	爪(조)는 손톱·발톱을 뜻한다. 又(우)는 의미부분이다. 손톱 모양을 그렸다.(「爪, 手足甲 也. 从又. 象叉形.」)					

❋ 손(又)과 손톱(ㄑ)을 그려 '손톱 발톱'을 뜻하며, '손 발등'을 뜻하기도 한다.

		甲骨文			戰國 金文	小篆	或體		
	虫부 총10획	𧈧	𧈧	𧈧	蚤	蚤	蚤	蚤歲(조세) 蚤蝨(조슬)	
		前6·51·4	合4890	甲2985	雲夢日乙	說文解字			
벼룩 조	설문 蚰부	蚤=𧈧(조)는 사람을 깨물고 뛰어다니는 벌레(즉 벼룩)를 뜻한다. 蚰(벌레 곤)은 의미부분이고, 叉(차)는 발음부분이다. 叉는 옛날의 爪(손톱 조)자이다. 蚤는 𧈧의 혹체자(或體字)로 (蚰 대신) 虫(훼·충)을 썼다.(「𧈧, 齧人跳蟲. 从蚰, 叉聲. 叉, 古爪字. 蚤, 𧈧或从虫.」)							

※ 사람을 물어 손(叉:손 발등 조)으로 긁게 하는 벌레(虫)인 '벼룩'을 뜻한다. ※叉=爪의 古字.

		戰國 金文	小篆		
	馬부 총20획	騷	騷		騷動(소동) 騷亂(소란) 騷音(소음)
		雲夢法律	說文解字		
떠들 소	설문 馬부	騷(소)는 소란스럽다는 뜻이다. 일설에는 말을 씻긴다는 뜻이라고도 한다. 馬(마)는 의미부분이고, 蚤(조)는 발음부분이다.(「騷, 擾也. 一曰摩馬. 从馬, 蚤聲.」)			

※ 말(馬)이 벼룩(蚤)처럼 뛰어 요동치거나, 벼룩에 물린 말이 요동쳐 시끄럽게 '떠듦'을 뜻한다.

		小篆	
	手부 총13획		搔頭(소두) 隔靴搔癢 (격화소양)
		說文解字	
긁을 소	설문 手부	搔(소)는 긁는다는 뜻이다. 手(수)는 의미부분이고, 蚤(조)는 발음부분이다.(「搔, 括也. 从手, 蚤聲.」)	

※ 손(扌)으로 벼룩(蚤)이 물어 가려운 곳을 '긁음'을 뜻한다.

	疒부 총15획	설문 없음	瘙癢(소양) 風瘙(풍소)
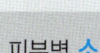			
피부병 소			

※ 병(疒)이나 종기가 벼룩(蚤)이 물어 가려워 긁은 곳에 생기는 '종기' '피부병'을 뜻한다.

𠬪 ➡ 受 ➡ 授 ➡ 綬 ✤

		殷商 金文	小篆		
	又부 총6획	𠬪	𠬪	𠬪	용례 없음
		𠬪輿父辛爵	𠬪䎸觚	說文解字	
줄 표	설문 𠬪부	𠬪(표)는 물건이 떨어져서, 위아래에서 서로 준다는 뜻이다. 爪(조)와 又(우)는 모두 의미부분이다. 무릇 𠬪부에 속하는 글자들은 모두 𠬪를 의미부분으로 삼는다. ≪시경(詩經)≫에서 "매화 열매를 떴네.(「摽有梅」)"라고 할 때의 摽(표)자처럼 읽는다.(「𠬪, 物落, 上下相付也. 从爪, 从又. 𠬪之屬皆从𠬪. 讀若≪詩≫"摽有梅."」)			

※ 손(爪)과 손(又)이 서로 주는 데서 '주다'를 뜻한다.

		甲骨文		殷商 金文	西周 金文	春秋 金文	戰國 金文	小篆	
	又부 총8획	受	受	受	受	受	受	受	受納(수납) 受講(수강) 受難(수난)
		後上17.5	後上18.3	受篡	盂鼎	蔡侯申盤	令瓜君壺	說文解字	
받을 수	설문 𠬪부	受(수)는 서로 준다는 뜻이다. 𠬪(표)는 의미부분이고, 舟(주)의 생략형은 발음부분이다.(「受, 相付也. 从𠬪, 舟省聲.」)							

※ 손(爫)과 손(又) 사이에 쟁반(舟=冖) 모양으로, 쟁반에 물건을 담아 주고받음을 뜻하나 지금은 '받음'만을 뜻한다.
※파자: 손(爫)으로 덮어(冖) 주는 것을 손(又)으로 '받음'.

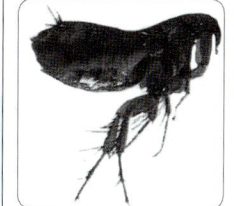

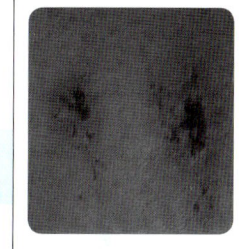

授	手부 총11획	小篆 帉 說文解字		授賞(수상) 授業(수업) 授精(수정)	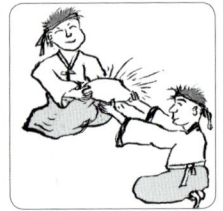
줄 수	설문 手부	授(수)는 준다는 뜻이다. 手(수)와 受(수)는 모두 의미부분인데, 受는 발음부분이기도 하다.(「帉, 予也. 从手, 从受. 受亦聲.」)			

※ 손(扌)으로 주어 받도록(受)함을 뜻하여 '주다'를 나타내었다.

綬	糸부 총14획	西周 金文  牆盤	戰國 金文 綬 大梁戈 / 綬 陶五069	小篆 綬 說文解字	綬寧(수녕) 綬馭(수어)
인끈 수	설문 糸부	綬(수)는 슬갑(膝甲)을 맬 때 쓰이는 끈을 뜻한다. 糸(멱·사)는 의미부분이고, 受(수)는 발음부분이다.(「綬, 韍維也. 从糸, 受聲.」)			

※ 도장이나 패옥을 묶는 줄(糸)로 주고받기(受) 편한 '인끈'을 뜻한다.

朮➡叔➡淑➡菽☆➡俶✢➡琡✢➡寂➡督

朮	朮부 총6획	西周 金文  叔史小子 / 朱 叔卣	戰國 金文 朮 璽彙0680 / 朮 璽彙1514	小篆 朮 說文解字	菽(숙)과 같음
콩 숙	설문 朮부	朮(숙)은 콩을 뜻한다. 콩이 자라는 모양을 그린 것이다. 무릇 朮부에 속하는 글자들은 모두 朮을 의미부분으로 삼는다.(「朮, 豆也. 象朮豆生之形也. 凡朮之屬皆从朮.」)			

※ 주살(弋) 모양의 도구(卜)로 땅(一) 아래 작고(小) 콩같이 둥근 '토란뿌리'를 캐는 데서, 모양이 둥근 콩과 같아 '콩'을 뜻한다. ※파자:위(上)에서 떨어진 작은(小) '콩'을 뜻한다.

叔	又부 총8획	甲骨文 叔 合22352	金文 叔 叔卣 / 叔 克鼎	小篆 叔 師酉簋 / 叔 說文解字	或體 叔	叔父(숙부) 堂叔(당숙) 叔季(숙계)	
아재비 숙	설문 又부	叔(숙)은 거두어들인다는 뜻이다. 又(우)는 의미부분이고, 朮(숙)은 발음부분이다. 여남(汝南) 지방에서는 토란을 수확하는 것을 叔이라고 한다. 㯰은 叔의 혹체자(或體字)로 (又 대신) 寸(촌)을 썼다.(「叔, 拾也. 从又, 朮聲. 汝南名收芋爲叔. 㯰, 叔或从寸.」)					

※ 토란뿌리나 작은 콩(朮)을 손(又)으로 '줍는'다는 뜻이나, 작은 콩에서 작은 아버지를 뜻하여 '아재비' '어리다'를 뜻한다. ※파자:위(上) 형 밑 작은(小) 동생이 또(又) 있어 '아재비'.

淑	水부 총11획	小篆 淑 說文解字		淑女(숙녀) 靜淑(정숙) 貞淑(정숙)	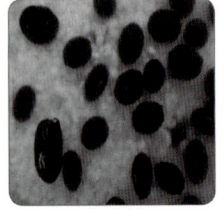
맑을 숙	설문 水부	淑(숙)은 (물이) 맑다는 뜻이다. 水(수)는 의미부분이고, 叔(숙)은 발음부분이다.(「淑, 清湛也. 从水, 叔聲.」)			

※ 깨끗한 물(氵)에 콩(朮)이나 토란 뿌리를 손(又)으로 주워(叔) 씻는 '맑은' 물에서 '착함'를 뜻한다.

菽	艹부 총12획	설문 없음	小篆  形音義字典	《形音義字典》에서는 朮(숙)자를 설명함.	菽麥(숙맥) 菽粟(숙속) 菽醬(숙장)	
콩 숙						

※ 초목(艹) 중에 열매를 떨어뜨려 줍게(叔)하는 '콩'을 뜻한다.
※파자:초목(艹)의 위(上)에서 아래로 떨어뜨린 작은(小) 열매를 손(又)으로 줍는 어린(叔) '콩'.

俶 (비롯할 숙)

- 人부, 총10획
- 小篆 / 說文解字
- 설문 人부

俶(숙)은 좋다는 뜻이다. 人(인)은 의미부분이고, 叔(숙)은 발음부분이다. ≪시경(詩經)≫에 이르기를 "끝이 좋으려면 처음이 좋아야 한다네."라고 하였다. 일설에는 시작한다는 뜻이라고도 한다.(「俶, 善也. 从人, 叔聲.≪詩≫曰: "令終有俶." 一曰始也.」)

俶裝(숙장), 俶獻(숙헌)

※ 사람(亻)이 일하기 전에 먼저 물건을 손으로 줍듯(叔) 정리하는 데서 '비롯하다'를 뜻한다.
※참고 : '비롯하다'는 여럿을 벌여 이를 때, 그 가운데의 어떤 것으로 처음 삼음을 뜻한다.

琡 (옥이름 숙)

- 玉부, 총12획
- 小篆 / 說文解字
- 설문 玉부

琡(숙)은 옥이다. 玉(옥)은 의미부분이고, 叔(숙)은 발음부분이다.(「琡, 玉也. 从玉, 叔聲.」)

琡笏(숙홀)

※ 크기가 8촌(寸)인 옥(玉)으로, 손으로 줍듯(叔) 잡는 반쪽의 홀(笏)에서 '옥 이름'을 뜻한다.

寂 (고요할 적)

- 宀부, 총11획
- 戰國 金文 (璽印集粹) / 小篆 (說文解字) / 或體
- 설문 宀부

宋(적)은 사람의 소리가 없다는 뜻이다. 宀(면)은 의미부분이고, 尗(숙)은 발음부분이다. 諔은 宋의 혹체자(或體字)로 宀 대신 言(언)을 썼다.(「宋, 無人聲. 从宀, 尗聲. 諔, 宋或从言.」)

寂寞(적막), 閑寂(한적), 入寂(입적)

※ 집(宀)에 작은(叔) 소리도 들리지 않아 쓸쓸하여 '고요함'을 뜻한다.

督 (감독할 독)

- 目부, 총13획
- 甲骨文 (合30599, 合308931) / 戰國 金文 (印典) / 小篆 (說文解字)
- 설문 目부

督(독)은 살핀다는 뜻이다. 일설에는 눈이 아프다는 뜻이라고도 한다. 目(목)은 의미부분이고, 叔(숙)은 발음부분이다.(「督, 察也. 一曰目痛也. 从目, 叔聲.」)

督勵(독려), 監督(감독), 總督(총독)

※ 작은 콩(尗)을 잘 살펴 손(又)으로 줍기(叔) 위해 눈(目)으로 '살펴' '감독함'을 뜻한다.

奴 → 粲 → 餐 → 燦 → 璨 → 澯

奴 (후빌 잔)

- 歺부, 총7획
- 甲骨文 (寧滬1.70, 甲2158, 甲1650) / 小篆 (說文解字)
- 설문 奴부

奴(잔)은 후빈다는 뜻이다. 又(우)와 歺(알·대)는 모두 의미부분이다. 무릇 奴부에 속하는 글자들은 모두 奴을 의미부분으로 삼는다. 殘(잔)이라고 읽는다.(「奴, 殘穿也. 从又, 从歺. 凡奴之屬皆从奴. 讀若殘.」)

용례 없음

※ 뼈(歺)만 남도록 손(又)으로 문지르는 데서 '후비다'를 뜻한다.

粲 (정미(精米) 찬)

- 米부, 총13획
- 戰國 金文 (雲夢秦律) / 小篆 (說文解字)
- 설문 米부

粲(찬), 벼 무게 1섬은 쌀 20말에 해당하는데, 이를 찧어서 쌀 10말을 만든 것을 훼(毇)라고 하고, 쌀 6말 반을 만든 것을 粲이라고 한다. 米(미)는 의미부분이고, 奴(잔)은 발음부분이다.(「爛, 稻重一秅, 爲粟二十斗, 爲米十斗曰毇; 爲米六斗太半斗曰粲. 从禾, 奴聲.」)

粲爛(찬란), 粲然(찬연), 粲花(찬화)

※ 껍질을 버리고 뼈(歺)대인 쌀만 손(又)으로 후벼(奴:후빌 잔) '쓿은' 쌀(米)인 '정미'를 뜻한다.

	食부 총16획	小篆	或體		朝餐(조찬) 午餐(오찬) 晩餐(만찬)	
		說文解字				
밥 찬	설문 食부	餐(찬)은 삼킨다는 뜻이다. 食(식)은 의미부분이고, 奴(잔)은 발음부분이다. 飡은 餐의 혹체자(或體字)로 (奴 대신) 水(수)를 썼다.(「餐, 吞也. 从食, 奴聲. 飡, 餐或从水.」)				

❋ 후비듯(奴) 밥(食)을 씹어 먹는 데서 '먹다' '밥'을 뜻한다.
　※파자: 살이 붙은 뼈(歺)를 손(又)으로 들고 뜯으며, 밥(食)을 먹는 데서 '먹다' '밥'을 뜻한다.

	火부 총17획	小篆			燦爛(찬란) 燦然(찬연) 燦煥(찬환)	
		說文解字				
빛날 찬	설문 火부	燦(찬)은 찬란(燦爛)으로, 밝고 맑은 모습이다. 火(화)는 의미부분이고, 粲(찬)은 발음부분이다.(「爛, 燦爛, 明瀞兒. 从火, 粲聲.」)				

❋ 불(火)빛처럼 밝고 깨끗한 잘 쓿은 정미(粲)에서 밝게 '빛남'을 뜻한다.

	玉부 총17획	小篆			璨璨(찬찬) 璨瑳(찬차)	
		說文解字				
옥빛 찬	설문 玉부	璨(찬)은 옥의 빛이다. 玉(옥)은 의미부분이고, 粲(찬)은 발음부분이다.(「璨, 玉光也. 从玉, 粲聲.」)				

❋ 옥(玉)이 밝고 깨끗하게 잘 쓿은 정미(粲)처럼 밝게 빛을 내는 데서 '옥빛'을 뜻한다.

	水부 총16획	설문 없음		澯淸(찬청)	
맑을 찬					

❋ 물(氵)이 깨끗하게 잘 쓿은 정미(粲)처럼 맑은 데서 '맑다'를 뜻한다.

支➡枝➡肢➡技➡伎➡岐➡妓

	支부 총4획	金文		小篆	古文		支局(지국) 支店(지점) 支給(지급)	
		庚壺		說文解字				
지탱할/가지 지	설문 支부	支(지)는 대나무의 가지를 제거한다는 뜻이다. 손[手(수)]으로 대나무[竹(죽)]의 반쪽을 잡고 있다는 의미이다. 무릇 支부에 속하는 글자들은 모두 支를 의미부분으로 삼는다. 𢺳는 支의 고문(古文)이다.(「𢺳, 去竹之枝也. 从手持半竹. 凡支之屬皆从支. 𢺳, 古文支.」)						

❋ 댓가지(竹) 한쪽(个=十)을 손(又)에 잡은 모양으로, '가르다' '가지' '지탱하다'를 뜻한다.

枝	木부 총8획	戰國 金文	小篆		枝葉(지엽) 枝肉(지육) 折枝(절지)	
		上博印39	說文解字			
가지 지	설문 木부	枝(지)는 나뭇가지를 뜻한다. 木(목)은 의미부분이고, 支(지)는 발음부분이다.(「枝, 木別生條也. 从木, 支聲.」)				

❋ 나무(木)의 가지(支)를 뜻한다.

肢	肉부 총8획	小篆	或體		肢體(지체) 四肢(사지) 肢骨(지골)
		說文解字			
팔다리 **지**	설문 肉부	胑(지)는 신체의 사지(四肢, 네 개의 팔다리)를 뜻한다. 肉(육)은 의미부분이고, 只(지)는 발음부분이다. 肢는 胑의 혹체자(或體字)로 (只 대신) 支(지)를 썼다.(「胑, 體四胑也. 从肉, 只聲. 肢, 胑或从支.」)			

※ 사람의 몸(月)에서 갈라져(支) 나온 '팔다리'를 뜻한다.

技	手부 총7획	小篆		技術(기술) 技巧(기교) 技師(기사)
		說文解字		
재주 **기**	설문 手부	技(기)는 손재주가 있다는 뜻이다. 手(수)는 의미부분이고, 支(지)는 발음부분이다.(「技, 巧也. 从手, 支聲.」)		

※ 손(扌)으로 도구나 가지(支)를 들고 펼치는 정밀한 기술이나 '재주'를 뜻한다.

伎	人부 총6획	小篆		伎倆(기량) 伎巧(기교) 伎能(기능)
		說文解字		
재간 **기**	설문 人부	伎(기)는 준다는 뜻이다. 人(인)은 발음부분이고, 支(지)는 발음부분이다. ≪시경(詩經)≫에 이르기를 "사람을 심하게 심문하면 그를 해치고 어긋나게 한다네."라고 하였다.(「伎, 與也. 从人, 支聲. ≪詩≫曰: "鞫人伎忒."」)		

※ 사람(亻) 중에 도구나 가지(支)를 들고 재주를 부리는 '광대'에서 '재간' '재주'를 뜻한다.

岐	山부 총7획	金文	小篆	古文	或體	岐路(기로) 分岐(분기) 分岐點(분기점)
		秦 代	說文解字			
갈림길 **기**	설문 邑부	郂(기)는 주(周)나라 문왕(文王)이 봉해졌던 곳으로, 우부풍군(右扶風郡) 미양현(美陽縣) 중수향(中水鄕)에 있다. 邑(읍)은 의미부분이고, 支(지)는 발음부분이다. 岐는 郂의 혹체자(或體字)로 山(산)은 의미부분이고, 支는 발음부분이다. 기산(岐山)으로 인해서 이름이 지어졌다. 𨚰는 郂의 고문(古文)으로 枝(지)와 山으로 이루어졌다.(「郂, 周文王所封. 在右扶風美陽中水鄕. 从邑, 支聲. 岐, 郂或从山, 支聲. 因岐山以名之也. 𨚰, 古文郂, 从枝, 从山.」)				

※ 산(山)에 있는 양 갈래(支) 길에서 '갈림길'을 뜻한다.

妓	女부 총7획	小篆		妓生(기생) 妓房(기방) 娼妓(창기)
		說文解字		
기생 **기**	설문 女부	妓(기)는 여자의 작은 물건을 뜻한다. 女(녀)는 의미부분이고, 支(지)는 발음부분이다. 발음은 발돋움하여 걷는다는 뜻의 跂(기)자처럼 읽는다.(「妓, 婦人小物也. 从女, 支聲. 讀若跂行.」)		

※ 여자(女)가 가지(支)나 도구를 들고 춤추고 노래하며 남을 즐겁게 하는 데서 '기생'을 뜻한다.

石➡碩➡秲❋➡鉐❋➡垢❋➡拓➡宕☆➡妬➡磊☆

石	石부 총5획	甲骨文	西周 金文	春秋 金文	戰國 金文	小篆	石炭(석탄) 石塔(석탑) 石器(석기)
		鐵104.3	乙5405	己侯貉子簋	鐘伯鼎	西庫圓壺	說文解字	
돌 **석**	설문 石부	石(석)은 산에 있는 돌을 뜻한다. 厂(엄·한) 아래에 口가 있는 구조이다. 상형이다. 무릇 石부에 속하는 글자들은 모두 石을 의미부분으로 삼는다.(「石, 山石也. 在厂之下口. 象形. 凡石之屬皆从石.」)						

※ 산언덕(厂) 아래에 돌(口)덩이 모양으로 단단하고 강한 '돌'을 뜻한다.

325

碩	石부 총14획	金文			小篆	碩士(석사) 碩學(석학) 碩望(석망)	
		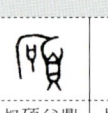		頎	顧		
		叔碩父鼎	叔碩父甗	善夫山鼎	說文解字		
클 석	설문 頁부	碩(석)은 머리가 크다는 뜻이다. 頁(혈)은 의미부분이고, 石(석)은 발음부분이다.(「顧, 頭大也. 从頁, 石聲.」)					

※ 바윗돌(石)처럼 큰 머리(頁)에서 본뜻은 큰 머리이나 '크다'를 뜻으로 쓴다.

䄷	禾부 총10획	小篆	용례 없음	

		說文解字		
섬 석	설문 禾부	䄷(석)은 120근(斤)을 뜻한다. 벼 1䄷은 조 20승(升)이고, 벼와 기장 1䄷은 조 16승 반이 넘는다. 禾(화)는 의미부분이고, 石(석)은 발음부분이다.(「䄷, 百二十斤也. 稻一䄷爲粟二十升. 禾·黍一䄷爲粟十六升大半升. 从禾, 石聲.」)		

※ 곡식(禾)의 무게를 재는 돌(石)의 무게 단위이름인 120근(斤)인 '섬'을 뜻한다.

鉐	金부 총13획	설문 없음	용례 없음	
놋쇠 석				

※ 구리와 아연의 합금(金)으로 돌(石)처럼 강한 '놋쇠'를 뜻한다.

坧	土부 총8획	설문 없음	용례 없음	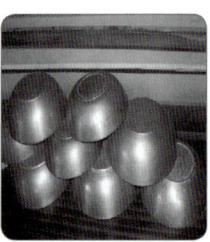
터 척				

※ 집을 짓기 위해 땅(土)에 돌(石)을 놓아 터를 다지는 데서 '터'를 뜻한다.

拓	手부 총8획	戰國 金文	小篆	或體	開拓(개척) 干拓(간척) 拓土(척토)	
				摭		
		雲夢日甲	說文解字			
넓힐 척 박을 탁	설문 手부	拓(척)은 줍는다는 뜻이다. 진(陳)과 송(宋) 지방의 말이다. 手(수)는 의미부분이고, 石(석)은 발음부분이다. 摭은 拓의 혹체자(或體字)로 (石대신) 庶(서)를 썼다.(「拓, 拾也. 陳·宋語. 从手, 石聲. 摭, 拓或从庶.」)				

※ 손(扌)으로 돌(石)을 들어내 땅을 개척하여 넓히는 데서 '넓히다' '줍다' '박다'를 뜻한다. ※搨(베낄/박을 탑)

宕	宀부 총8획	甲骨文		金文		小篆	宕巾(탕건) 跌宕(질탕) 豪宕(호탕)	
					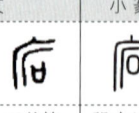	向		
		寧滬1.396	前1.30.7	不其簋	召伯簋	說文解字		
호탕할 탕	설문 宀부	宕(탕)은 지나치다는 뜻이다. 일설에는 동굴집을 뜻한다고도 한다. 宀(면)은 의미부분이고, 碭(탕)의 생략형은 발음부분이다. 여남군(汝南郡) 항현(項縣)에 탕향(宕鄕)이 있다.(「向, 過也. 一曰洞屋. 从宀, 碭省聲. 汝南項有宕鄕.」)						

※ 집(宀) 중에 돌(石)을 넓고 크게 뚫어 만든 동굴 집으로, 사방을 가림이 없는 집에서 '호탕하다' '대범하다' '넓다'를 뜻한다.

妬

		甲骨文	戰國 金文	小篆
女부 총8획	설문 없음	合282	貨文182	東亞百年玉篇

妬忌(투기)
嫉妬(질투)
妬心(투심)

샘낼 투

※ 여자(女)가 남을 사랑함을 돌(石)처럼 강하게 시기하는 데서 '샘내다'를 뜻한다.
※참고:사랑과 미움을 반쯤 연 문(戶)처럼 지닌 여자(女)인 妒(투기할 투)와 같은 자.

磊

		小篆
石부 총15획		說文解字
	설문 石부	磊(뢰)는 돌무더기를 뜻한다. 세 개의 石(석)자로 이루어졌다.(「𥗂, 衆石也. 从三石.」)

磊塊(뇌괴)
磊落(뇌락)
磊磊(뇌뢰)

돌무더기 뢰

※ 돌(石)덩이가 쌓인 '돌무더기'를 뜻한다. ※참고:砳(돌 소리 력)

右 ➡ 佑 ➡ 祐

右

		甲骨文		西周 金文	春秋 金文	戰國 金文	小篆
口부 총5획		粹1113	前1.20.1	令彝	散盤	吳王光鐘	東庫盃	說文解字

右側(우측)
右翼(우익)
右便(우편)

오른 우 | 설문 又부 | 右(우)는 손과 입이 서로 돕는다는 뜻이다. 口(구)와 又(우)는 모두 의미부분이다.(「𠯣, 手口相助也. 从口, 从又.」)

※ 오른손(又)이 왼쪽(ナ)으로 변하자 口(구)를 더해 오른쪽을 나타냈다. 또는 입(口)과 손(ナ)이 서로 '돕는'다는 뜻의 글자로 右(우)는 '오른쪽' 방향을 나타냈다.

佑

		戰國 金文	小篆
人부 총7획	설문 없음	璽彙2748	秦代

眷佑(권우)
保佑(보우)
佑啓(우계)

도울 우

※ 사람(亻)이 손(ナ)과 입(口)으로 신에게 도움(右)을 비는 데서 '돕다'를 뜻한다.

祐

		甲骨文		西周 金文	春秋 金文	小篆
示부 총10획		京津3130	佚667	戩13.9	保卣	蔡侯甲盤	說文解字

祐福(우복)
祐助(우조)
嘉祐(가우)

도울 우 | 설문 示부 | 祐(우)는 (천지신명이) 돕는다는 뜻이다. 示(시)는 의미부분이고, 右(우)는 발음부분이다.(「祜, 助也. 从示, 右聲.」)

※ 제단(示)을 설치하고 손(ナ)과 입(口)으로 '복'을 구하는 일을 도움(右)을 뜻한다. 또는 신(示)이 도움(右).

若 ➡ 惹 ➡ 諾 ➡ 匿 ➡ 慝 ☆

若

		甲骨文	殷商 金文	西周金文		戰國 金文	小篆
艸부 총9획		甲205	佚745	亞若癸鼎	大盂鼎	毛公鼎	中山王鼎	說文解字

若干(약간)
若此(약차)
若何(약하)

같을 약
반야 야 | 설문 艸부 | 若은 나물을 캔다는 뜻이다. 艸(초)와 右(우)는 모두 의미부분이다. 右는 손[手(수)]을 뜻한다. 일설에는 두약(杜若, 팔배나무)으로, 향초(香草)라고도 한다.(「𦱴, 擇菜也. 从艸·右. 右, 手也. 一曰杜若, 香草.」)

※ 매일 머리(艹)를 손(ナ)으로 다스려 같게 꾸미거나 순리대로 말함(口)에서 '같다'를 뜻한다.
※참고:모양이 비슷한 풀(艹)을 오른손(右)으로 채집하는 데서 '같다'라고도 한다.

327

惹	心부 총13획	小篆  說文解字		惹起(야기) 惹端(야단) 惹鬧(야료)	
이끌 야	설문 心부	惹(야)는 어지럽다는 뜻이다. 心(심)은 의미부분이고, 若(약)은 발음부분이다.(「蘽, 亂也. 从心, 若聲.」)			

※ 같은(若) 마음(心)에서 '끌림', 또는 가볍게 속이는 말에 마음(心)이 같아(若) 흔들림에서 '흐트러지다'를 뜻한다.

諾	言부 총16획	西周 金文 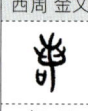 習鼎	春秋 金文  郘大宰簠	戰國 金文 中山王方壺	小篆 說文解字		承諾(승낙) 許諾(허락) 快諾(쾌락)	
허락할 낙	설문 言부	諾(낙)은 대답한다는 뜻이다. 言(언)은 의미부분이고, 若(약)은 발음부분이다.(「諾, 䧹也. 从言, 若聲.」)						

※ 상대의 말(言)에 응하여 같은(若) 뜻으로 대답하여 '허락함'을 뜻한다.

匿	匚부 총11획	甲骨文  屯3566	殷商 金文  匿斝	西周 金文  盂鼎	小篆 說文解字		隱匿(은닉) 匿名(익명) 藏匿(장닉)	
숨길 닉	설문 匚부	匿(닉)은 숨는다는 뜻이다. 匚(혜)는 의미부분이고, 若(약)은 발음부분이다. 발음은 양을 치는 목동의 채찍을 뜻하는 箠(추)처럼 읽는다.(「匿, 亡也. 从匚, 若聲. 讀如羊騶箠.」)						

※ 물건을 감추어(匚) 정리 할 때 같은(若) 물건끼리 보관함에서 '숨기다' '숨다'를 뜻한다.

慝	心부 총15획	설문 없음	小篆  形音義字典		邪慝(사특) 姦慝(간특) 凶慝(흉특)	
사특할 특						

※ 잘못을 숨긴(匿) 마음(心)에서 '악하다' '사특하다'를 뜻한다.

左 ➡ 佐

左	工부 총5획	甲骨文  後下5.15	殷商 金文 左鉦	西周金文 小孟鼎 / 矢方彝 / 班簋 / 虢季子白盤	小篆 說文解字	左右(좌우) 左傾(좌경) 左翼(좌익)	
왼 좌	설문 左부	左(좌)는 손으로 서로 돕는다는 뜻이다. ナ(좌)와 工(공)은 모두 의미부분이다. 무릇 左부에 속하는 글자들은 모두 左를 의미부분으로 삼는다.(「ナ, 手相左助也. 从ナ·工. 凡左之屬皆从左.」)					

※ 왼손(ナ)으로 도구(工)를 잡고 일을 도움을 뜻하던 글자로 '왼쪽' '도움' '손'을 뜻한다.

佐	人부 총7획	설문 없음	戰國 金文  工城戈 / 胤嗣壺 / 雲夢雜抄		補佐(보좌) 上佐(상좌) 佐命(좌명)	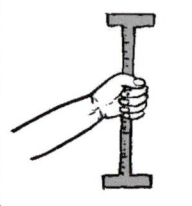
도울 좌		《설문해자》에는 보이지 않는다. 《광아(廣雅)·석고(釋詁)》에 "佐는 돕는다는 뜻이다.(「佐, 助也.」)"라고 하였고, 《자휘(字彙)·인부(人部)》에도 "佐는 돕는다는 뜻이다.(「佐, 輔也.」)"라고 하여 '돕다'라는 의미로 쓰였음을 알 수 있다.				

※ 사람(亻)이 왼손(ナ)으로 도구(工)를 들고 일을 돕는(左) 데서 '돕다'를 뜻한다.

陸 ➡ 隋 ➡ 隨 ➡ 髓 ➡ 墮 ➡ 惰 ➡ 楕 ◆

	阜부 총13획	甲骨文			西周金文		小篆	篆文	용례 없음
		屯2260	合34239	合33223	小臣單觶	五祀衛鼎		說文解字	
폐할 휴 무너질 타	설문 阜부	陸(휴), 성의 언덕이 무너진 것을 陸라고 한다. 阜(부)는 의미부분이고, 㐀(허물 휴)는 발음부분이다. 墮는 전문(篆文)이다.(「䧢, 敗城𨸏曰陸. 从𨸏, 㐀聲. 墮, 篆文.」)							

※ 성 언덕(阝)을 양손(左)으로 '떨어뜨려' '무너뜨리거나' '폐함'을 뜻한다.

	阜부 총12획	戰國 金文		小篆		隋唐(수당) 隋書(수서) 隋帝(수제)	
		包山167	雲夢爲吏	說文解字			
수나라 수	설문 肉부	隋(타)는 제사를 지내고 남은 고기를 뜻한다. 肉(육)과 陸(휴)의 생략형은 모두 의미부분이다.(「𩩲, 裂肉也. 从肉, 从陸省.」)					

※ 제단 계단(阝)에 서서 손(左)으로 남은 고기(月)를 찢어 던져 떨어뜨려 제사함을 뜻하나, '수나라'의 이름으로 쓰였다.

	阜부 총16획	戰國 金文		小篆		隨伴(수반) 隨時(수시) 隨筆(수필)	
		璽印集粹	雲夢語書	說文解字			
따를 수	설문 辵부	隨(수)는 따라간다는 뜻이다. 辵(착)은 의미부분이고, 墮(타·휴)의 생략형은 발음부분이다.(「䦛, 从也. 从辵, 墮省聲.」)					

※ 고기를 떨어뜨려 제사하듯(隋), 뒤에 떨어져 따라감(辶)에서 '따르다'를 뜻한다.

髓	骨부 총23획	小篆				骨髓(골수) 腦髓(뇌수) 精髓(정수)	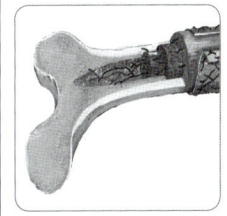
		說文解字					
뼛골 수	설문 骨부	髓(수)는 뼈 속의 기름을 뜻한다. 骨(골)은 의미부분이고, 陸(휴·타)는 발음부분이다.(「䯿, 骨中脂也. 从骨, 陸聲.」)					

※ 뼈(骨) 가운데를 따라(遀:隨의 古字) 들어 있는 누런빛의 연한 물질인 '뼛골'을 뜻한다.

墮	土부 총15획	甲骨文		戰國 金文	小篆	篆文	陸(휴)의 篆文(전문).	墮落(타락) 墮淚(타루) 墮胎(타태)	
		甲347	粹1580	盟書98·19		說文解字			
떨어질 타		≪설문해자≫에는 보이지 않는다. ≪광운(廣韻)·과운(果韻)≫을 보면 "墮는 떨어진다는 뜻이다.(「墮, 落也.」)"라고 하였다.							

※ 제단 계단(阝)에 서서 손(左)으로 고기(月)를 찢어 땅(土)에 '떨어뜨려' 제사함을 뜻한다.

惰	心부 총12획	戰國 金文	小篆	或體	古文	懈惰(해타) 怠惰(태타) 惰性(타성)	
		上博仲弓	說文解字				
게으를 타	설문 心부	惰(타)는 공경하지 않는다는 뜻이다. 心(심)과 墮(타)의 생략형은 모두 의미부분이다. ≪춘추전(春秋傳)≫에 이르기를 "옥을 받을 때 예를 느릿느릿 진행하였다."라고 하였다. 憜는 惰의 혹체자(或體字)로 𨸏(부)를 생략하였다. 媠는 고문(古文)이다.(「𢢂, 不敬也. 从心·墮省. ≪春秋傳≫曰: "執玉憜." 憜, 惰或省自. 媠, 古文.」)					

※ 마음(忄)이 손(左)으로 고기(月)를 찢어 던지듯 풀어져 '게으름'을 뜻한다.

楕	木부 총13획	小篆 楕 說文解字		楕球(타구) 楕圓(타원) 楕率(타율)	
길고둥글 **타**	설문 木부	楕(타)는 수레 안에 싣는 둥글고 길쭉한 그릇을 뜻한다. 木(목)은 의미부분이고, 隋(수)는 발음부분이다.(「橢, 車笭中橢橢器也. 从木, 隋聲.」)			

※ 나무(木)통이 손(左)으로 고기(月)를 당겨 길게 늘려 찢듯 늘어져 '길고 둥근' 모양. ※橢(타)가 原字.

有 ➡ 宥 ➡ 侑 ❖ 洧 ❖ 賄 ➡ 郁 … 友

有	月부 총6획	甲骨文			西周金文	春秋金文	戰國金文	小篆	有名(유명) 有效(유효) 保有(보유)	
				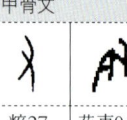						
		甲1267	粹27	花東049	孟鼎	秦公鎛	者汈鐘	說文解字		
있을 **유**	설문 月부	有(유)는 있어서는 안 된다는 뜻이다. 《춘추전(春秋傳)》에 이르기를 '해와 달은 일식(日飾)·월식(月飾) 현상이 있다.'라고 하였다. 月(월)은 의미부분이고, 又(우)는 발음부분이다. 무릇 有부에 속하는 글자들은 모두 有를 의미부분으로 삼는다.(「有, 不宜有也. 《春秋傳》曰: 『日月有食之.』 从月, 又聲. 凡有之屬皆从有.」)								

※ 손(ナ)에 고깃덩이(月)가 있는 데서 '있다'를 뜻한다.

宥	宀부 총9획	金文		小篆		宥和(유화) 宥罪(유죄) 宥免(유면)	
				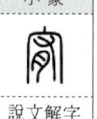			
		諫簋	宥父辛鼎	說文解字			
너그러울 **유**	설문 宀부	宥(유)는 너그럽다는 뜻이다. 宀(면)은 의미부분이고, 有(유)는 발음부분이다.(「宥, 寬也. 从宀, 有聲.」)					

※ 집(宀) 안에 넉넉하게 있음(有)에서 마음이 '너그럽다' '용서하다'를 뜻한다.

侑	人부 총8획	侯馬盟書	小篆	或體	侑食(유식) 侑飲(유음) 侑觴(유상)	
				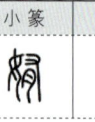		
			說文解字			
권할 **유**	설문 女부	姷(유)는 짝을 뜻한다. 女(녀)는 의미부분이고, 有(유)는 발음부분이다. 祐(우)라고 읽는다. 侑는 姷의 혹체자(或體字)로 (女 대신) 人(인)을 썼다.(「姷, 耦也. 从女, 有聲. 讀若祐. 侑, 姷或从人.」)				

※ 친한 사람(亻)에게 자신에게 넉넉히 있는(有) 것을 권하는 데서 '권하다'를 뜻한다.

洧	水부 총9획	甲骨文		西周金文	戰國金文	小篆	洧盤(유반)	

		續6·13·9	佚242	黃生匜	齊城左戈	說文解字		
강이름 **유**	설문 水부	洧(유)는 강의 이름이다. 영천군(潁川郡) 양성산(陽城山)에서 발원하여, 동남쪽으로 흘러서 영수(潁水)로 들어간다. 水(수)는 의미부분이고, 有(유)는 발음부분이다.(「洧, 水. 出潁川陽城山, 東南入潁. 从水, 有聲.」)						

※ 물(氵)이 많이 있는(有) 중국 하남성(河南省)에서 발원하는 '강 이름'을 뜻한다.

賄	貝부 총13획	小篆 賄 說文解字		賄賂(회뢰) 贈賄(증회) 收賄(수회)	
재물/뇌물 **회**	설문 貝부	賄(회)는 재물을 뜻한다. 貝(패)는 의미부분이고, 有(유)는 발음부분이다.(「賄, 財也. 从貝, 有聲.」)			

※ 재물(貝)이 있음(有)에서 '재물'을 뜻하며, 있는(有) 재물(貝)을 주는 데서 '뇌물'을 뜻한다.

郁 (성할 욱)

邑부 총9획	小篆	郁烈(욱렬) 郁馥(욱복) 郁氛(욱분)

설문 邑부: 郁(욱)은 우부풍군(右扶風郡) 욱이현(郁夷縣)을 가리킨다. 邑(읍)은 의미부분이고, 有(유)는 발음부분이다.(「䭫, 右扶風郁夷也. 从邑, 有聲.」)

✱ 물건이 풍족하고 모든 것이 잘 갖추어져 있는(有) 고을(阝)에서 '성하다' '고을이름'을 뜻한다.

友 (벗 우)

又부 총4획	甲骨文	殷商 金文	西周 金文
	菁1.1 乙6404	友觚 麥鼎	召卣

	西周 金文	春秋 金文	小篆	古文
설문 又부	牆盤	王孫鐘	說文解字	

友好(우호) 友情(우정) 友邦(우방)

友(우), 같은 뜻을 지닌 사람을 友라고 한다. 두 又자로 이루어졌다. 서로 사귀어 친구가 된다는 뜻이다. 䇂는 友의 고문(古文)이다. 習 역시 友의 고문이다.(「秀, 同志爲友. 从二又, 相交友也. 䇂, 古文友. 習, 亦古文友.」)

✱ 두 사람이 손(ナ)에 손(又)을 잡고 있는 데서, 뜻을 같이 하는 '벗'을 뜻한다.

布 ➡ 怖 ➡ 佈 *

布 (베/펼 포, 보시 보)

巾부 총5획	金文	小篆
	寰卣 守宮盤	說文解字

布告(포고) 發布(발포) 布木(포목)

설문 巾부: 布(포)는 마로 만든 직물(織物)을 뜻한다. 巾(건)은 의미부분이고, 父(부)는 발음부분이다.(「⿱父巾, 枲織也. 从巾, 父聲.」)

✱ 손으로 도구를 들고(父=ナ) 베(巾)를 짜 펼쳐놓는 데서 '펴다' '베풀다'를 뜻한다.

※파자: 손(ナ)으로 수건(巾)을 펼쳐 놓는 데서 '펴다'가 된다.

怖 (두려워할 포)

心부 총8획	小篆	或體
	說文解字	

怖伏(포복) 恐怖(공포) 怖畏(포외)

설문 心부: 怖=悑(보)는 두려워한다는 뜻이다. 心(심)은 의미부분이고, 甫(보)는 발음부분이다. 怖는 혹체자(或體字)로 (甫 대신) 布(포)를 발음부분으로 썼다.(「悑, 惶也. 从心, 甫聲. 怖, 或从布聲.」)

✱ 마음(忄)으로, 손(父=ナ)으로 짜고 있는 베(巾)가 잘못될까 염려함에서 '두렵다'를 뜻한다.

佈 (펼 포)

人부 총7획	설문 없음	小篆
		形音義字典

佈告(포고) 佈明(포명) 佈置(포치)

✱ 사람(亻)들에게 널리 펼쳐(布) 알림에서 '펴다'를 뜻한다.

希 ➡ 稀 ➡ 晞 ✤

希 (바랄 희)

巾부 총7획	설문 없음	戰國 金文	小篆
		雲夢日甲	形音義字典

希望(희망) 希願(희원) 希求(희구)

《이아(爾雅)・석고(釋詁)》를 보면 "希는 드물다는 뜻이다.(「希, 罕也.」)"라고 하였다. 현재 이 뜻으로는 '稀(드물 희)'자를 쓴다.

✱ 마(麻)를 드문드문 겹쳐 엮어(爻) 만든 천(巾)으로 '稀(희)'의 원자(原字)이나, 드물어 귀한 것을 '바람'을 뜻한다.

※파자: 고급무늬인 효(爻)가 그려진 옷감(巾)을 '바람'을 뜻한다.

稀	禾부 총12획	戰國 金文	小篆		稀貴(희귀) 稀薄(희박) 稀微(희미)	
		雲夢封診	說文解字			
드물 희	설문 禾부	稀(희)는 듬성듬성하다는 뜻이다. 禾(화)는 의미부분이고, 希(희)는 발음부분이다.(「繡, 疏也. 从禾, 希聲.」)				

※ 곡식(禾)이 듬성듬성 드물게(希) 있는 데서 '드물다'를 뜻한다.

晞	日부 총11획	小篆		晞陽(희양) 晞髮(희발) 晞日(희일)	
		說文解字			
마를 희	설문 日부	晞(희)는 말린다는 뜻이다. 日(일)은 의미부분이고, 希(희)는 발음부분이다.(「晞, 乾也. 从日, 希聲.」)			

※ 햇볕(日)에 드물고(希) 귀한 음식을 쬐어 말려 보관하는 데서 '마르다'를 뜻한다.

反 → 返 → 叛 → 飯 → 板 → 版 → 販 → 阪 → 坂 ✤

反	又부 총4획	甲骨文	殷商 金文	西周 金文	春秋 金文	戰國 金文	小篆	古文	反對(반대) 反射(반사) 反感(반감)	
		前2.4.1	戍甬鼎	大保簋	姑發劍	曾侯乙鐘	說文解字			
돌이킬/돌아올 반	설문 又부	反(반)은 뒤집는다는 뜻이다. 又(우)와 厂(엄·한)은 모두 의미부분이다. 뒤집어진 모양이다. 𠬠은 고문(古文)이다.(「反, 覆也. 从又·厂. 反形. 𠬠, 古文.」)								

※ 비탈진 언덕(厂)을 반대로 손(又)으로 잡고 기어오르는 데서 '돌이키다' '돌아오다'를 뜻한다.

返	辵부 총8획	金文		小篆	古文		返納(반납) 返還(반환) 返戾(반려)	
		中山王方壺	鄂君啓舟節	說文解字				
돌이킬 반	설문 辵부	返(반)은 돌아온다는 뜻이다. 辵과 反(반)은 모두 의미부분인데, 反은 발음부분이기도 하다. ≪서경(書經)·상서(商書)≫에 이르기를 '조갑(祖甲)이 돌아왔다.'라고 하였다. 𢕊은 ≪춘추전(春秋傳)≫의 返자는 (辵 대신) 彳을 썼다.(「䢌, 還也. 从辵, 从反. 反亦聲. ≪商書≫曰: '祖甲返'. 𢕊, ≪春秋傳≫返, 从彳.」)						

※ 길을 가다 돌이켜(反) 오는(辶) 데서 '돌이키다' '돌려주다'를 뜻한다.

叛	又부 총9획	小篆	叛逆(반역) 叛起(반기) 叛亂(반란)	
		說文解字		
배반할 반	설문 半부	叛(반)은 반쪽을 뜻한다. 半(반)은 의미부분이고, 反(반)은 발음부분이다.(「叛, 半也. 从半, 反聲.」)		

※ 물건을 반(半)으로 나눠 정반대(反)로 가는 데서 '배반하다'를 뜻한다.

飯	食부 총13획	戰國 金文		小篆		飯饌(반찬) 飯酒(반주) 飯店(반점)	
		公孫竈壺	上博弟子	說文解字			
밥 반	설문 食부	飯은 먹는다는 뜻이다. 食(식)은 의미부분이고, 反(반)은 발음부분이다.(「飯, 食也. 从食, 反聲.」)					

※ 음식(食)을 계속 돌이켜(反) 씹는 데서 '먹다' '밥'을 뜻한다.

板	木부 총8획	설문 없음	戰國 金文		小篆	看板(간판) 漆板(칠판) 懸板(현판)	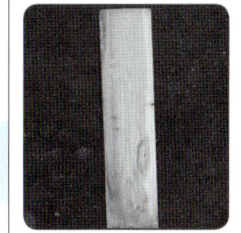
			包山043	郭店窮達	形音義字典		
널 **판**		≪옥편(玉篇)·목부(木部)≫에서는 "板(판)은 나무판자를 뜻한다.(「板, 片木也.」)"라고 하였다.					

✻ 나무(木)를 쪼개면 서로 반대(反)로 나누어지는 조각인 '널빤지' '판목'을 뜻한다.

版	片부 총8획		甲骨文	戰國 金文	小篆	版畫(판화) 出版(출판) 木版(목판)	
			形音義字典	雲夢秦律	說文解字		
판목 **판**	설문 片부	版(판)은 (반으로) 나눈다는 뜻이다. 片(편)은 의미부분이고, 反(반)은 발음부분이다.(「版, 判也. 从片, 反聲.」)					

✻ 나무 조각(片)의 반대편(反) 조각(爿)인 '판목'으로, 그림·글씨를 새기는 용도의 목판을 뜻한다.

販	貝부 총11획		小篆			販賣(판매) 販促(판촉) 街販(가판)	
			說文解字				
팔 **판**	설문 貝부	販(판)은 싸게 사서 비싸게 파는 것을 뜻한다. 貝(패)는 의미부분이고, 反(반)은 발음부분이다.(「販, 買賤賣貴者. 从貝, 反聲.」)					

✻ 재물(貝)을 받고 반대로(反) 물건을 주는 데서 '팔다' '장사'를 뜻한다.

阪	阜부 총7획		戰國 金文		小篆	大阪(대판) 峻阪(준판) 阪路(판로)	
			廿年鄭令戈	石鼓乍原	說文解字		
언덕 **판**	설문 阜부	阪(판), 비탈진 언덕을 阪이라고 한다. 일설에는 연못의 제방을 뜻한다고도 하고, 일설에는 산비탈을 뜻한다고도 한다. 阜(부)는 의미부분이고, 反(반)은 발음부분이다.(「阪, 坡者曰阪. 一曰澤障, 一曰山脅也. 从, 反聲.」)					

✻ 언덕(阝) 모양의 절벽(厂)을 손(又)으로 잡고 반대(反)로 기어오르는 데서 '언덕'을 뜻한다.

坂	土부 총7획	설문 없음	殷商 金文	戰國 金文	小篆	坂路(판로)	
			城方鼎	曾侯乙鐘	形音義字典		
고개 **판**							

✻ 흙(土) 모양의 절벽(厂)을 손(又)으로 잡고 반대(反)로 기어오르는 데서 '고개'를 뜻한다.

 ➜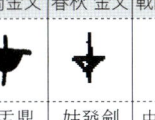

才 ➜ 材 ➜ 財 ➜ 豺 ☆ ➜ 在 ➜ 存

才	手부 총3획		甲骨文	殷商 金文	西周金文	春秋 金文	戰國 金文	小篆	秀才(수재) 天才(천재) 才幹(재간)	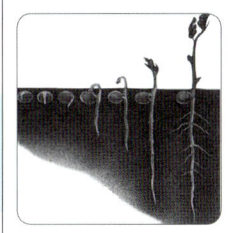
			菁3.1	佚612	父戊爵	大盂鼎	姑發劍	中山王鼎	說文解字	
재주 **재**	설문 才부	才(재)는 초목의 새싹을 뜻한다. ㅣ이 위로 一을 뚫고 나온 모양으로, 장차 여기에서 가지와 잎이 돋아난다는 뜻이다. 一은 땅을 뜻한다. 무릇 才부에 속하는 글자들은 모두 才를 의미부분으로 삼는다.(「才, 艸木之初也. 从ㅣ上貫一, 將生枝葉. 一, 地也. 凡才之屬皆从才.」)								

✻ 땅(一)을 뚫고(丨) 올라온 싹과 뿌리(丿)로, '처음' 타고난 '기본'적인 '재주'를 뜻한다.

※참고: 고문을 보아 땅의 기준점에 꽂은 측량 도구에서 '기본' '바탕'을 뜻한다고도 한다.

材

	戰國 金文		小篆
木부 총7획	郭店語四	雲夢秦律	說文解字

재목 재 | 설문 木부 | 材(재)는 나무를 뜻한다. 木(목)은 의미부분이고, 才(재)는 발음부분이다.(「材, 木梃也. 从木, 才聲.」)

材料(재료)
材質(재질)
取材(취재)

✱ 나무(木) 중에서 기본(才) 재료로 쓰이는 '재목'을 뜻한다.

財

	小篆
貝부 총10획	說文解字

재물 재 | 설문 貝부 | 財(재)는 사람들이 귀중하게 여기는 것이다. 貝(패)는 의미부분이고, 才(재)는 발음부분이다.(「財, 人所寶也. 从貝, 才聲.」)

財物(재물)
財閥(재벌)
財貨(재화)

✱ 돈(貝)이 되는 기본(才)이 되는 바탕이 되는 '재물'을 뜻한다.

豺

	戰國 金文	小篆
豸부 총10획	雲夢日甲	說文解字

승냥이 시 | 설문 豸부 | 豺(시)는 이리의 일종으로, 개처럼 짖는다. 豸(치)는 의미부분이고, 才(재)는 발음부분이다.(「豺, 狼屬, 狗聲. 从豸, 才聲.」)

豺狼(시랑)
豺虎(시호)
豺聲(시성)

✱ 개과의 사나운 짐승(豸)으로 이리와 비슷하나 재주(才)가 교활한 '승냥이'를 뜻한다.

在

	甲骨文		西周 金文		戰國 金文	小篆
土부 총6획	菁3.1	佚612		盂鼎	林氏壺	說文解字

있을 재 | 설문 土부 | 在(재)는 있다는 뜻이다. 土(토)는 의미부분이고, 才(재)는 발음부분이다.(「在, 存也. 从土, 才聲.」)

在學(재학)
在庫(재고)
駐在(주재)

✱ 싹(才=才)이 땅(土)에 자리 잡고 있거나, 측량도구(才)가 땅(土)에 꽂아있어 '있다'를 뜻한다.
  ※파자: 한(一) 사람(亻)이 땅(土)에 '있음'.

存

	戰國 金文	小篆
子부 총6획	雲夢秦律	說文解字

있을 존 | 설문 子부 | 存(존)은 위문(慰問)한다는 뜻이다. 子(자)는 의미부분이고, 才(재)는 발음부분이다.(「存, 恤問也. 从子, 才聲.」)

存在(존재)
存立(존립)
存廢(존폐)

✱ 처음(才=) 태어난 아이(子)가 품안에 잘 있음에서 '있다'를 뜻한다.

◆ 棟樑之材: (동량지재) 동량지재(棟梁之材). 기둥이나 들보가 될 만한 훌륭한 인재(人材)라는 뜻으로, 한 집이나 한 나라의 중요(重要)한 일을 맡을 만한 사람을 의미(意味).
◆ 適材適所: (적재적소) 어떤 일에 적당(適當)한 재능(才能)을 가진 자에게 적합(適合)한 지위(地位)나 임무(任務)를 맡김.
◆ 德本財末: (덕본재말) 사람이 살아가는 데 덕(德)이 뿌리가 되고 재물(財物)은 사소(些少)한 부분(部分)임.
◆ 豺狼當路: (시랑당로) 승냥이와 이리에 비길 만한 간악(奸惡)한 자가 세력(勢力)을 얻어 정권(政權)을 좌우(左右)함을 비유(比喩·譬喩)해 이르는 말.
◆ 在此一擧: (재차일거) 이 한번으로 담판을 짓는다는 뜻으로, 단 한 번의 거사(擧事)로 흥하거나 망(亡)하거나 끝장을 냄.
◆ 存亡之秋: (존망지추) 존속(存續)하느냐 멸망(滅亡)하느냐의 매우 위급(危急)한 때, 또는 죽느냐 사느냐의 중대(重大)한 경우(境遇).

乃 ➡ 仍 ❖ 扔 * ➡ 孕 ➡ 秀 ➡ 琇 ❖ ➡ 誘 ➡ 透 … 舊 ➡ 攜

乃

丿부 총2획	甲骨文			西周 金文	
	菁3.1	前4.45.2	盂鼎	毛公鼎	胸簋
	春秋 金文	西周 金文	小篆	古文	籒文
	者汈鐘	新鄭虎符		說文解字	

이에 내

설문 乃부: 乃(내)는 말을 이끌어내기가 어렵다는 뜻이다. 기(氣)가 나오기 어려움을 그린 것이다. 무릇 乃부에 속하는 글자들은 모두 乃를 의미부분으로 삼는다. ㅋ는 乃의 고문(古文)이다. ㅋ는 乃의 주문(籒文)이다.(「ㄋ, 曳詞之難也. 象气之出難. 凡乃之屬皆从乃. ㅋ, 古文乃. ㅋ, 籒文乃.」)

乃父(내부)
乃至(내지)
終乃(종내)
乃祖(내조)

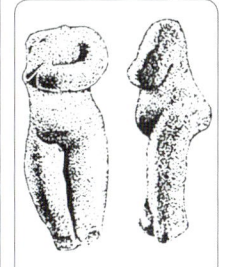

※ 출산을 앞둔 산모의 부푼 가슴모양(ㄋ)으로, 곧 아이를 삐쳐(丿) 낳을 것 같은 데서 '곧' '이에' '가득함'을 뜻한다.
※참고: 'ㄴ'은 '숨다' '망함', 'ㄱ'은 '가득함' '답답함'을 뜻함. ※孕(아이밸 잉)

仍

人부 총4획	小篆
	說文解字

인할/거듭 잉

설문 人부: 仍(잉)은 원인이 된다는 뜻이다. 人(인)은 의미부분이고, 乃(내)는 발음부분이다.(「仍, 因也. 从人, 乃聲.」)

雲仍(운잉)
仍舊(잉구)
仍孫(잉손)

※ 사람(亻)은 누구나 산모(乃)에 의해 같은 방법으로 태어나는 데서 '인하다' '거듭'을 뜻한다.

扔

手부 총5획	甲骨文		小篆
	合20081	前8·6·1	說文解字

당길 잉

설문 手부: 扔(잉)은 나아간다는 뜻이다. 手(수)는 의미부분이고, 乃(내)는 발음부분이다.(「扔, 因也. 从手, 乃聲.」)

扔棄(잉기)

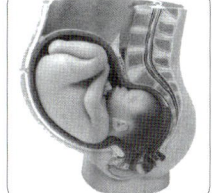

※ 손(扌)으로 배부른 산모(乃)를 당겨 도와주는 데서 '당기다'를 뜻한다.

孕

子부 총5획	甲骨文		戰國 金文	小篆
	燕601	佚586	上博周易	說文解字

아이밸 잉

설문 子부: 孕(잉)은 아이를 가졌다는 뜻이다. 子(자)와 几(궤)는 모두 의미부분이다.(「孕, 裹子也. 从子, 从几.」)

孕胎(잉태)
孕婦(잉부)
孕重(잉중)

※ 산모의 부푼 가슴(乃)과 뱃속에 있는 아이(子)에서 '아이 배다'를 뜻한다. ※乃(내) 자 참조.

秀

禾부 총7획	戰國 金文		小篆
	包山078	雲夢日甲	說文解字

빼어날 수

설문 禾부: 秀(수)는 황제의 피휘자(避諱字)이다.(「秀, 上諱.」)

秀才(수재)
優秀(우수)
閨秀(규수)

※ 벼(禾)의 몸속에 가득(乃) 배어 있는 이삭이 솟아올라 패는 데서 '빼어나다' '피다'를 뜻한다.

◆ 乃心王室 : (내심왕실) 국사(國事)에 충성(忠誠)함을 이르는 말.
◆ 麥秀黍油 : (맥수서유) 보리의 이삭과 기장의 윤기라는 뜻으로, 고국의 멸망(滅亡)을 탄식(歎息)함.

璃	玉부 총11획	설문 없음		琇實(수실) 琇瑩(수형)	
옥돌 **수**					

* 옥(玉)이 빼어나게(秀) 아름다운 '옥돌'을 뜻한다.

誘	言부 총14획	戰國金文	小篆	或體	古文	誘引(유인) 誘惑(유혹) 勸誘(권유)	

		雲夢秦律	說文解字				
꾈 **유**	설문 言부	羑(유)는 서로 권유한다는 뜻이다. 厶(사)와 羑(유)는 모두 의미부분이다. 誘는 혹체자(或體字)로 言(언)과 秀(수)로 이루어졌다. 䛻는 혹체자로 이와 같다. 㕛는 고문(古文)이다.(「羑, 相詴呼也. 从厶, 从羑. 誘, 或从言·秀. 䛻, 或如此. 㕛, 古文.」)					

* 말(言)을 빼어나게(秀)하여 인도하거나 꾀어내는 데서 '꾀다' '권하다'를 뜻한다.

透	辵부 총11획	小篆 說文解字	透明(투명) 透視(투시) 透徹(투철)	
사무칠 **투**	설문 辵부	透(투)는 뛰어넘는다는 뜻이다. 또 '지나치다'라는 뜻이다. 辵(착)은 의미부분이고, 秀(수)는 발음부분이다.(「透, 跳也; 過也. 从辵, 秀聲.」)		

* 벼가 잎 사이를 뚫고 패듯(秀), 뚫고 지나감(辵)에서 '뛰어넘음' '통함' '사무침'을 뜻한다.

雟	隹부 총18획	金文		小篆	용례 없음	
		雟 卣	達盨蓋	說文解字		
접동새 **휴/규**	설문 隹부	雟(휴·규)는 접동새이다. 隹(추)는 의미부분이고, 屮은 그 벼슬을 그린 것이다. 冏(말더듬을 눌·눌·열)은 발음부분이다. 일설에 촉(蜀)나라 임금인 망제(望帝)가 그 재상(宰相)의 처와 간통을 하였는데, 부끄러워 도망쳐서 자규(子規)새가 되었다고 한다. 그런 까닭에 촉나라 사람들은 자규새가 우는 것을 들으면, 모두 일어나 망제라고 말한다.(「雟, 周燕也. 从隹. 屮, 象其冠也. 冏聲. 一曰: 蜀王望帝, 婬其相妻, 慙, 亡去, 爲子雟鳥, 故蜀人聞子雟鳴, 皆起, 云望帝.」)				

* 머리에 새싹(屮) 같은 벼슬이 있는 새(隹)로, 한이 있어 말더듬듯(冏:말더듬을 눌) 구슬프게 우는 '접동새' '자규'를 뜻한다. 후에 '雋(두견이 휴)'로 모양이 변하였다.

攜	手부 총13획	小篆  說文解字	携帶(휴대) 提携(제휴) 携行(휴행)	
이끌 **휴**	설문 手부	攜(휴)는 끈다는 뜻이다. 手(수)는 의미부분이고, 雟(휴)는 발음부분이다.(「攜, 提也. 从手, 雟聲.」)		

* 손(扌)으로 끌듯 두견이(雟=雋=隽:두견이 휴) 소리가 마음을 잡아끄는 데서 '끌다'를 뜻한다. ※파자:손(扌)으로, 잡은 새(隹)를 곧바로(乃) 끌고 가는 데서 '끌다'를 뜻한다.

及 ➡ 級 ➡ 扱 ➡ 汲 ➡ 圾* ➡ 吸 ➡ 急 ➡ 煞 ☆

及 — 미칠 급

又부 총4획 / 설문 又부

	甲骨文			殷商 金文		西周 金文	
	前6.6.2	甲278	粹665	弓及觚	保卣	智鼎	
	春秋 金文	戰國 金文	小篆	古文			
	王孫鐘	中山王壺		說文解字			

及(급)은 따라가서 붙잡았다는 뜻이다. 又(우)와 人(인)은 모두 의미부분이다. ㄟ은 及의 고문(古文)이다. 진(秦) 석각(石刻)의 及자도 이와 같다. ㄒ도 역시 及의 고문이다. 𨕚도 역시 及의 고문이다.(「𢑚, 逮也. 从又, 从人. ㄟ, 古文及. 秦石刻及如此. ㄒ, 亦古文及. 𨕚, 亦古文及.」)

及第(급제)
及落(급락)
普及(보급)
莫及(막급)

※ 앞에 가는 사람(人=ㄅ)을 쫓아 손(又)으로 잡는 데서 '미치다' '이르다'를 뜻한다.

級 — 등급 급

糸부 총10획 / 설문 糸부

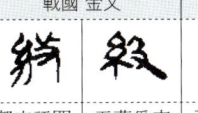

戰國 金文		小篆
郭店語四	雲夢爲吏	說文解字

級(급)은 실[絲(사)]의 품질·등급(等級)을 뜻한다. 糸(멱·사)는 의미부분이고, 及(급)은 발음부분이다.(「級, 絲次第也. 从糸, 及聲.」)

級數(급수)
階級(계급)
職級(직급)

※ 실(糸)의 품질이 미치는(及) 정도에 따른 '등급'을 뜻한다.

扱 — 거둘 급 / 꽂을 삽

手부 총7획 / 설문 手부

小篆 / 說文解字

扱(급·삽)은 거두어들인다는 뜻이다. 手(수)는 의미부분이고, 及(급)은 발음부분이다.(「扱, 收也. 从手, 及聲.」)

扱綸(급륜)
取扱(취급)
扱免(급면)

※ 손(扌)에 미치는(及) 대로 거두어 모으는 데서 '거두다', 또는 거두어 '꽂음'을 뜻한다.

汲 — 물길을 급

水부 총7획 / 설문 水부

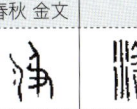 

春秋 金文	戰國 金文	小篆
己侯壺	璽彙4113 上博周易	說文解字

汲(급)은 우물에서 물을 긷는다는 뜻이다. 水(수)와 及(급)은 모두 의미부분인데, 及은 발음부분이기도 하다.(「汲, 引水於井也. 从水, 从及, 及亦聲.」)

汲水(급수)
汲引(급인)
汲路(급로)

※ 우물물(氵)에 이르러(及) '물을 길음'을 뜻한다.

圾 — 위태할 급

土부 총7획

설문 없음

小篆 / 形音義字典

圾圾(급급)
圾乎(급호)

※ 흙(土)이 산처럼 높게 쌓인 위험한 곳에 이르러(及) '위태하다'를 뜻한다.

◆ 樵童汲婦: (초동급부) 땔나무 하는 아이와 물 긷는 아낙네.
◆ 隴耕井汲: (농경정급) 밭 갈아 농사지어 먹고, 우물물을 길어 마심. 소박한 전원생활을 이름.
◆ 過猶不及: (과유불급) 정도를 지나침은 미치지 못한 것과 같다는 뜻으로, 中庸(중용)이 중요함을 말함.

吸	口부 총7획	小篆 說文解字		吸入(흡입) 吸收(흡수) 吸水(흡수)	
마실 흡	설문 口부	吸(흡)은 숨을 안으로 들이쉰다는 뜻이다. 口(구)는 의미부분이고, 及(급)은 발음부분이다.(「吸, 內息也. 从口, 及聲.」)			

✽ 입(口)을 벌려 체내에 이르게(及) 들이마시는 숨에서 '마시다'를 뜻한다.

急	心부 총9획	戰國 金文  上博弟子	小篆 雲夢爲吏 說文解字	急迫(급박) 危急(위급) 急流(급류)	
급할 급	설문 心부	悬(급)은 편협(偏狹)하다는 뜻이다. 心(심)은 의미부분이고, 及(급)은 발음부분이다.(「悬, 褊也. 从心, 及聲.」)			

✽ 먼저 이르려는(及=彐) 마음(心)에서 '급함'을 뜻한다.

煞	火부 총13획	설문 없음		凶煞(흉살) 急煞(급살) 役馬煞(역마살)	
죽일 살					

✽ 殺(살)과 同字. 급하게 이르러(及=彐) 치는(攵) 화급(灬)한 신기(神氣)에서 '죽음'을 뜻한다.

亅 → 事 … 聿 → 津 → 肇 → 律 → 筆 → 書 → 晝 → 畫 → 劃 → 肆❖

亅	亅부 총1획	小篆 說文解字		부수 한자	
갈고리 궐	설문 亅부	亅(궐), 갈고리가 거꾸로 휘어진 것을 亅이라고 한다. 상형이다. 무릇 亅부에 속하는 글자들은 모두 亅을 의미부분으로 삼는다. 橜(궐)처럼 읽는다.(「亅, 鉤逆者謂之亅. 象形. 凡亅之屬皆从亅. 讀若橜.」)			

✽ 갈고리 모양으로 휘어진 모양에서 '갈고리'를 뜻한다.

事	亅부 총8획	甲骨文  前7.14 乙2766	金文 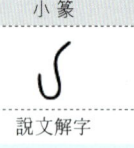 矢方彝 毛公鼎	小篆 說文解字	從事(종사) 事件(사건) 事由(사유)
일 사	설문 史부	事(사)는 일을 기록한다는 뜻이다. 史(사)는 의미부분이고, 之(지)의 생략형은 발음부분이다. 叓는 事의 고문(古文)이다.(「事, 職也. 从史, 之省聲. 叓, 古文事.」)			

✽ 장식(一)과 깃발(口)이 달린(一) 손(ㅋ)으로 든 깃대(亅)나, 무기 또는 도구를 들고 '일'을 함.

聿	聿부 총6획	甲骨文  乙8407 京津3091	殷商金文 聿 戈	春秋 金文 楚王領鐘	戰國 金文 者汈鐘	小篆 說文解字	聿修(율수) 聿遵(율준)
붓 율 세울 율	설문 聿부	聿(율)은 가지고 쓰는 도구(즉 붓)를 뜻한다. 초(楚) 지방에서는 율(聿)이라고 하고, 오(吳) 지방에서는 불율(不聿, 즉 붇→붓)이라고 하며, 연(燕) 지방에서는 불(弗, 즉 붇→붓)이라고 한다. 聿(첩)은 의미부분이고, 一(일)은 발음부분이다. 무릇 聿부에 속하는 글자들은 모두 聿을 의미부분으로 삼는다.(「聿, 所以書也. 楚謂之聿. 吳謂之不律. 燕謂之弗. 从聿, 一聲. 凡聿之屬皆从聿.」)						

✽ 손(ㅋ)으로 세워잡는 붓(八·十), 또는 배를 젓는 상앗대나 노, 무기 모양으로 '세우다', '붓'을 뜻한다.

津	水부 총9획	西周 金文		戰國 金文	小篆	古文	津渡(진도) 津液(진액) 松津(송진)
		羄生盨		雲夢爲吏	說文解字		
나루 진	설문 水부	津=津(진)은 물을 건너는 곳(즉 나루터)을 뜻한다. 水(수)는 의미부분이고, 聿(진)은 발음부분이다. 𣲢은 津의 고문(古文)으로, 舟(주)와 淮(회)로 이루어졌다.(「𣲢, 水渡也. 从水, 聿聲. 𣲢, 古文津, 从舟, 从淮.」)					

✻ 물(氵)가에서 붓(聿) 모양인 노로 배를 젓는 데서 '나루'를 뜻한다.
  ※본래 사람이 배(舟)를 타고 노를 젓는 모양(𦘒:붓으로 꾸밀 진)으로, 다시 津이 됨.

肇	聿부 총14획	金文			小篆	肇業(조업) 肇始(조시) 肇國(조국)
		毛公鼎	刺鼎	叔蛛鼎	說文解字	
비롯할 조	설문 攴부	肇(조)는 친다는 뜻이다. 攴(복)은 의미부분이고, 肇(조)의 생략형은 발음부분이다.(「肇, 擊也. 从攴, 肇省聲.」)				

✻ 처음 문(戶)을 쳐서(攵) 여는 붓(聿) 모양의 도구를 들고 있는 데서 '비롯하다' '시작'을 뜻한다.

律	彳부 총9획	甲骨文		殷商 金文	西周 金文	小篆	律法(율법) 戒律(계율) 調律(조율)
		京都2023	屯119	戍鈴方彝	律鼎	說文解字	
법칙 률	설문 彳부	律(률)은 고르게 퍼뜨린다는 뜻이다. 彳은 의미부분이고, 聿은 발음부분이다.(「律, 均布也. 从彳, 聿聲.」)					

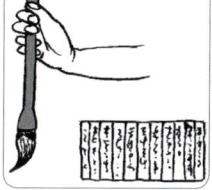

✻ 행함(彳)일을 붓(聿)으로 쓴 '법칙'을 뜻한다.
  ※규칙적으로 저어가는(彳) '노'나 상앗대(聿)질에서 '법칙'을 뜻한다.

筆	竹부 총12획	小篆	親筆(친필) 筆筒(필통) 筆談(필담)
		說文解字	
붓 필	설문 聿부	筆(필), 진(秦) 지방에서는 (붓을) 筆이라고 한다. 聿(율)과 竹(죽)은 모두 의미부분이다.(「筆, 秦謂之筆. 从聿, 从竹.」)	

✻ 대(竹)나무로 만든 손(⺕)으로 잡은 붓(𦘒·𦘔) 모양에서 붓(聿)을 뜻한다.

書	日부 총10획	甲骨文	西周 金文	春秋 金文	戰國 金文	小篆	書堂(서당) 書類(서류) 願書(원서)
		存下724	頌簋	格伯簋	之利殘器	說文解字	
글 서	설문 聿부	書(서)는 쓴다는 뜻이다. 聿(율)은 의미부분이고, 者(자)는 발음부분이다.(「書, 箸也. 从聿, 者聲.」)					

✻ 붓(聿)으로 말(曰)을 따라 쓰는 데서 '글' '편지' '쓰다'를 뜻한다.

晝	日부 총11획	甲骨文	金文	小篆	籀文	晝夜(주야) 晝間(주간) 白晝(백주)
		合集22942	屯2392	猷簋	說文解字	
낮 주	설문 聿부	晝(주)는 해가 나와서 들어갈 때까지로, 밤과 경계를 이룬다. 畫(화)의 생략형과 日은 모두 의미부분이다. 𦘕는 晝의 주문(籀文)이다.(「晝, 日之出入, 與夜爲界. 从畫省, 从日. 𦘕, 籀文晝.」)				

✻ 붓(聿)으로 해(日)가 떠오름을 경계(一)로 그어 밤과 낮을 정한 데서 '낮'을 뜻한다.
  ※참고 : 붓(聿)으로 해가 막 떠오르는 아침(旦)을 경계로 그어 '낮'을 뜻한다.

畫

	甲骨文	殷商 金文	西周 金文	小篆	古文	
聿부 총12획						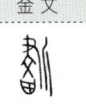
	前7.40.2	子畫簋	宅簋	矢方彝	說文解字	

**그림 화
그을 획**

설문
聿부 — 畫(화)는 땅의 경계(境界)를 긋는다는 뜻이다. (画는) 밭과 주변의 경계를 그린 것이다. 붓[聿(율)]을 가지고 그린다는 뜻이다. 무릇 畫부에 속하는 글자들은 모두 畫를 의미부분으로 삼는다. ҈는 畫의 고문(古文)으로 생략형이다. ҈(획)도 역시 畫의 고문이다.(「畫, 界也. 象田四界, 聿所以畫之. 凡畫之屬皆从畫. ҈, 古文畫省. ҈, 亦古文畫.」)

墨畫(묵화)
畫家(화가)
畫順(획순)

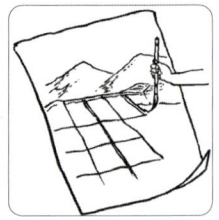

※ 붓(聿)으로 밭(田)의 사방 경계(一)를 그어 한계를 정한 데서 '그리다' '긋다'를 뜻한다.

劃

	金文	小篆	
刀부 총14획			
	富奠劍	說文解字	

그을 획

설문
刀부 — 劃(획), 송곳을 劃이라고 한다. 刀(도)와 畫(화)는 모두 의미부분인데, 畫(화)는 발음부분이기도 하다.(「劃, 錐刀曰劃. 从刀, 从畫, 畫亦聲.」)

企劃(기획)
劃數(획수)
計劃(계획)

※ 칼(刂)로 긋거나(畫) 나누는 데서 '긋다' '쪼개다'를 뜻한다.

肆

	春秋金文	小篆	或體	
聿부 총13획				
	齊侯壺	說文解字		

**늘어놓을/
방자할 사**

설문
長부 — 肆(벌릴 사)는 끝까지 펼친다는 뜻이다. 長(장)은 의미부분이고, 隶(이·대)는 발음부분이다. 肆는 혹체자(或體字)로 (長 대신) 彡(표)를 썼다.(「肆, 極陳也. 从長, 隶聲. 肆, 或从彡.」)

肆目(사목)
肆惡(사악)
驕肆(교사)

※ 길게(長=镸) 물건들을 붓(聿)을 잡듯 손으로 펼쳐놓는 데서 '방자하다' '늘어놓다'를 뜻한다.

盡 → 燼 ☆

	甲骨文			戰國 金文		小篆	
皿부 총14획							
	前1.44.6	前1.44.7	前1.45.1	中山王壺	侯馬盟書	說文解字	

다할 진

설문
皿부 — 盡(진)은 그릇 안이 비었다는 뜻이다. 皿(명)은 의미부분이고, 㶳(진)은 발음부분이다.(「盡, 器中空也. 从皿, 㶳聲.」)

極盡(극진)
盡滅(진멸)
曲盡(곡진)

※ 손(ㅋ)으로 솔(ㅅ)을 잡고 聿(聿=盡) 속에 찌꺼기(灬)가 있는 그릇(皿)을 다 씻거나, 손(ㅋ)에 부지깽이(聿=盡)를 들고 불(灬)을 다 끄는 데서 '다하다'를 뜻한다. ※참고: 聿=盡(손재주 녑·접)

燼

	甲骨文	戰國 金文	小篆	
火부 총18획				
	前5.33.1	雲夢日甲	說文解字	

불탄끝 신

설문
火부 — 㶳(진)은 불이 타다가 남은 것을 뜻한다. 火(화)는 의미부분이고, 聿(율)은 발음부분이다. 일설에는 땔나무를 뜻한다고도 한다.(「㶳, 火餘也. 从火, 聿聲. 一曰薪也.」)

火燼(화신)
燼滅(신멸)
燼灰(신회)

※ 불(火)에 다(盡) 타고 남은 나머지인 깜부기불에서 '불탄 끝'을 뜻한다. ※㶳:燼과 동자.

建 → 健 → 腱 ☆ → 鍵 → 楗 ✦

	西周 金文		春秋 金文	戰國 金文	小篆	
廴부 총9획						
	萩建鼎	毛公鼎	戎生鐘	蔡侯鐘	建信君鈹	說文解字

세울 건

설문
廴부 — 建(건)은 조정(朝廷)의 法律(법률)을 세운다는 뜻이다. 聿(율)과 廴(인)은 모두 의미부분이다.(「建, 立朝律也. 从聿, 从廴.」)

建國(건국)
創建(창건)
建築(건축)

※ 붓(聿)을 들고 길(廴)을 닦을 계획을 세움에서 '세우다'를 뜻한다.
※참고: 상앗대(聿)를 들고 배를 세우거나 조정하여 가는(廴) 데서 '세우다'를 뜻한다.

健	人부 총11획	小篆  說文解字		健康(건강) 健脚(건각) 健鬪(건투)	
굳셀 건	설문 人부	健(건)은 굳세다는 뜻이다. 人(인)은 의미부분이고, 建(건)은 발음부분이다.(「, 伉也. 从人, 建聲.」)			

※ 사람(亻)이 굳게 계획을 세워(建) 이루거나, 또는 사람(亻)중에 배를 조정하여 가거나 세우는(建) 건강한 사람에서 '굳세다'를 뜻한다.

腱	肉부 총13획	小篆	或體	腱膜(건막) 腱索(건삭) 腱反射(건반사)	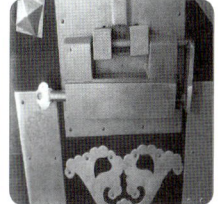
힘줄 건	설문 筋부	筋(건)은 힘줄의 뿌리를 뜻한다. 筋(근)은 의미부분이고, 夗(원)의 생략형은 발음부분이다. 腱은 筋의 혹체자(或體字)로 (肉과) 建(건)을 썼다.(「筋, 筋之本也. 从筋, 从夗省聲. 腱, 筋或从建.」)			

※ 몸(月)의 뼈에 붙은 근육을 세워주는(建) '힘줄'로 '筋(힘줄 근)'의 밑동 부분을 뜻한다.

鍵	金부 총17획	小篆  說文解字		鍵閉(건폐) 鍵盤(건반) 關鍵(관건)	
자물쇠/열쇠 건	설문 金부	鍵(건)은 솥의 귀를 관통하는 나무를 뜻한다. 일설에는 수레의 빗장을 뜻한다고도 한다. 金(금)은 의미부분이고, 建(건)은 발음부분이다.(「鍵, 鉉也. 一曰車轄. 从金, 建聲.」)			

※ 쇠(金)로 만든, 가로지른 빗장을 세워(建) 여는 '열쇠' '자물쇠'를 뜻한다.

楗	木부 총13획	戰國 金文	小篆	楗閉(건폐)	
		璽彙2470	說文解字		
문빗장/문지방 건	설문 木부	楗(건)은 문지방을 뜻한다. 木(목)은 의미부분이고, 建(건)은 발음부분이다.(「楗, 門限也. 从木, 建聲.」)			

※ 나무(木)로 된, 문에 세워진(建) 빗장 틀에 꽂아 문을 잠그는 '문빗장'이나 '문지방'을 뜻한다.

肅 ➡ 橚 ❖ ➡ 繡 ➡ 蕭 ☆ ➡ 簫 ☆ ➡ 嘯 ❖ …… 淵(開) ➡ 齋 ❖

肅	聿부 총13획	西周 金文		春秋 金文	小篆	古文	嚴肅(엄숙) 肅然(숙연) 靜肅(정숙)	
		禹鼎	牆盤	齊鎛	王孫鐘	說文解字		
엄숙할 숙	설문 聿부	肅(숙)은 일을 성실하고 신중하게 처리한다는 뜻이다. 聿(율)이 開(연) 위에 있는 구조로서, 조심한다는 뜻이다. 肅은 肅의 고문으로 (開 대신) 心(심)과 卩(절)을 썼다.(「肅, 持事振敬也. 从聿在開上, 戰戰兢兢也. 肅, 古文肅, 从心, 从卩.」)						

※ 손(ヨ)으로 상앗대(丨)를 잡고(聿) 깊은 연못(開)을 조심하여 건너거나, 손(ヨ)으로 바늘(丨)을 들고 붓(聿=ヨ)으로 그린 밑그림(開)을 따라 조심히 바느질함에서, '엄숙하다' '삼가다'를 뜻한다.

橚	木부 총17획	小篆  說文解字	橚爽(숙상)	
나무줄지어설 숙	설문 木부	橚(숙)은 기다란 나무의 모습이다. 木(목)은 의미부분이고, 肅(숙)은 발음부분이다.(「橚, 長木皃. 从木, 肅聲.」)		

※ 무성한 나무(木)가 엄숙하게(肅) 줄지어 서 있는 데서 '나무 줄지어 서다'를 뜻한다.

繡 	糸부 총19획	戰國 金文 雲夢秦律	小篆 說文解字		刺繡(자수) 繡屛(수병) 錦繡(금수)	
수놓을 **수**	설문 糸부	繡(수)는 다섯 가지 색을 갖추었다는 뜻이다. 糸(멱·사)는 의미부분이고, 肅(숙)은 발음부분이다.(「繡, 五采備也. 从糸, 肅聲.」)				

✽ 비단에 오색의 실(糸)로 조심하여 엄숙히(肅) '수를 놓음'을 뜻한다.

蕭 	艸부 총17획	戰國 金文 十鐘印舉	小篆 說文解字		蕭寂(소적) 蕭颯(소삽) 蕭森(소삼)	
쓸쓸할 **소**	설문 艸부	蕭(소)는 쑥이다. 艸(초)는 의미부분이고, 肅(숙)은 발음부분이다.(「蕭, 艾蒿也. 从艸, 肅聲.」)				

✽ 쑥(艹) 종류로, 척박한 땅에서도 조심스럽게(肅) 유독(惟獨) 잘 자라는 데서 '쓸쓸하다'를 뜻한다.

簫 	竹부 총19획	春秋 金文 齊鎛	小篆 說文解字		玉簫(옥소) 短簫(단소) 簫鼓(소고)	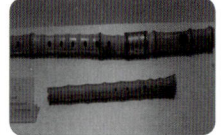
퉁소 **소**	설문 竹부	簫(소)는 들쭉날쭉한 모양의 관악기이다. 봉황의 날개를 본떴다. 竹(죽)은 의미부분이고, 肅(숙)은 발음부분이다.(「簫, 參差, 管樂. 象鳳之翼. 从竹, 肅聲.」)				

✽ 대(竹)로 만든 관악기로 소리가 엄숙하고(肅) 맑게 나는 '퉁소'를 뜻한다.

嘯 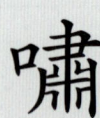	口부 총16획	小篆 說文解字	籀文		嘯歌(소가) 嘯詠(소영) 嘯聚(소취)	
휘파람불 **소**	설문 口부	嘯(소)는 휘파람 소리이다. 口(구)는 의미부분이고, 肅(숙)은 발음부분이다. 歗는 嘯의 주문(籀文)으로 (口 대신) 欠(흠)을 썼다.(「嘯, 吹聲也. 从口, 肅聲. 歗, 籀文嘯, 从欠.」)				

✽ 입(口)을 줄여 조심스럽게(肅) 소리를 내는 데서 '휘파람 불다'를 뜻한다.

淵 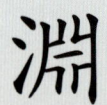	水부 총12획	甲骨文 後上15.2	西周 金文 沈子簋	戰國 金文 中山王鼎  子淵甗戟	小篆 或體 古文 說文解字	淵潭(연담) 深淵(심연) 淵源(연원)	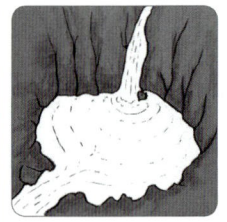
못 **연**	설문 水부	淵(연)은 소용돌이를 뜻한다. 水(수)는 의미부분이고, (開은) 상형(象形)이다. 좌우는 언덕이고, 가운데는 물을 그린 것이다. 開은 淵의 혹체자(或體字)로 水를 생략하였다. 은 고문(古文)으로 囗(위)와 水로 이루어졌다.(「淵, 回水也. 从水, 象形. 左右, 岸也. 中, 象水皃. 開, 淵或省水. , 古文从囗·水.」)					

✽ 물(氵)이 흘러 모이는 연못(開) 모양에서 '연못'을 뜻한다.

奫 	大부 총15획	설문 없음			奫淪(윤륜) 奫奫(윤윤)	
물깊고넓을 **윤**						

✽ 물이 깊고 넓은 큰(大) 연못(淵)에서 '물 깊고 넓다'를 뜻한다.

寸➡村➡忖☆➡紂➡酎*➡守➡狩➡尋➡爵➡嚼☆

	寸부 총3획	金文	戰國 金文	小篆		寸刻(촌각) 三寸(삼촌) 寸志(촌지)	
		ㄱ	ㅋ	ㅋ			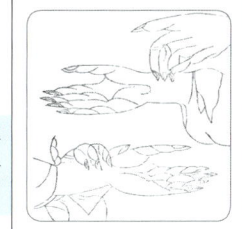
		한교백과	雲夢雜抄	說文解字			
마디 촌	설문 寸부	寸(촌)은 10분(分)이다. 사람의 손에서 1寸되는 곳에 동맥이 있는데, 이것을 촌구(寸口)라고 한다. 又(우)와 一(일)은 모두 의미부분이다. 무릇 寸부에 속하는 글자들은 모두 寸을 의미부분으로 삼는다.(「ㅋ, 十分也. 人手卻一寸動胍, 謂之寸口. 从又, 从一. 凡寸之屬皆从寸.」)					

✻ 손(又=寸)바닥 아래 손가락 한마디 부분쯤 되는, 맥(丶)을 '헤아리는' 부분으로 '마디' '손' '법' '양심' 등을 뜻한다.

	木부 총7획	戰國 金文			小篆	漁村(어촌) 僻村(벽촌) 江村(강촌)	
		坫	埄	埄	邨		
		頓丘戈	包山179	新蔡楚簡	說文解字		
마을 촌	설문 邑부	邨(촌)은 지명이다. 邑(읍)은 의미부분이고, 屯(둔)은 발음부분이다.(「邨, 地名. 从邑, 屯聲.」) ※참고:'村'은 '邨(촌)'의 속자(俗字)이다.					

✻ 도성 밖 초목(木)이 우거져 곡물이 풍성하고 일정한 법(寸)이 있는 '마을'을 뜻한다.
　※참고:'村'은, 일정한 무리가 진치고(屯) 있는 고을(阝)인 '邨(촌)'의 속자(俗字)이다.

	心부 총6획	小篆	忖度(촌탁)	

		說文解字		
헤아릴 촌	설문 心부	忖(촌)은 헤아린다는 뜻이다. 心(심)은 의미부분이고, 寸(촌)은 발음부분이다.(「忖, 度也. 从心, 寸聲.」)		

✻ 상대의 마음(忄)을 손으로 맥을 헤아려(寸) 상태를 알듯 '헤아림'을 뜻한다.

	糸부 총9획	小篆	桀紂(걸주) 紂王(주왕) 殷紂(은주)	

		說文解字		
주임금 주	설문 糸부	紂(주)는 말의 껑거리끈을 뜻한다. 糸(멱·사)는 의미부분이고, 肘(주)의 생략형은 발음부분이다.(「紂, 馬緧也. 从糸, 肘省聲.」)		

✻ 줄(糸)로 마소의 등에 짐을 싣는 길마를 헤아려(寸) 묶는 끈인 '껑거리'로, 은나라의 마지막 왕인 '주 임금'을 나타낸다. ※길마:짐을 싣기 위해 소의 등에 안장처럼 얹는 도구.

	酉부 총10획	小篆	淸酎(청주) 酎金(주금)	

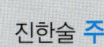		說文解字		
진한술 주	설문 酉부	酎(주)는 세 번 빚은 진한 술을 뜻한다. 酉(유)와 時(시)의 생략형은 모두 의미부분이다. 〈명당월령(明堂月令)〉에 이르기를 "맹추(孟秋)에 천자께서 세 번 빚은 술을 잡수시다."라고 하였다.(「酎, 三重醇酒也. 从酉, 从時省. 〈明堂月令〉曰: "孟秋天子飲酎."」)		

✻ 술(酉)을 일정한 법에 맞게 헤아려(寸) 세 번을 거듭 빚은 '진한 술'을 뜻한다.

	宀부 총6획	甲骨文	殷商金文	西周 金文			戰國 金文	小篆	守備(수비) 守節(수절) 守衛(수위)	
		𠈌	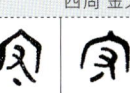	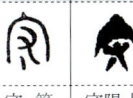	宁	宁		宁		
		周甲341	守瓠	守宮卣	大鼎	守簋	守陽戈	說文解字		
지킬 수	설문 宀부	守(수)는 관리의 직무를 지킨다는 뜻이다. 宀(면)과 寸(촌)은 모두 의미부분이다. (宀은) 관아의 일을 한다는 뜻이다. 寸을 의미부분으로 썼는데, 寸은 법도(法度)를 뜻한다.(「宁, 守官也. 从宀, 从寸. 寺府之事者. 从寸; 寸, 法度也.」)								

✻ 집(宀)중에 법(寸)에 의해 일을 처리하던 관부로, 직책을 맡아 다스림에서 '지키다'를 뜻한다.
　※파자:집(宀)에서도 법도(寸)를 '지킴'을 뜻한다.

343

狩	犬부 총9획	小篆  說文解字		狩獵(수렵) 巡狩(순수) 狩漁(수어)
사냥 **수**	설문 犬부	狩(수)는 개를 풀어 사냥한다는 뜻이다. 犬(견)은 의미부분이고, 守(수)는 발음부분이다. ≪주역(周易)≫에 이르기를 "우는 사다새[鵜鶘鳥(제호조)]를 남쪽에서 사냥하다."라고 하였다.(「榴, 犬田也. 从犬, 守聲. ≪易≫日: "明夷于南狩."」)		

✻ 사냥개(犭)로 짐승을 몰거나 지켜(守)서 행하는 '사냥'을 뜻한다.

尋	寸부 총12획	甲骨文				春秋 金文	小篆	尋訪(심방) 推尋(추심) 尋究(심구)
			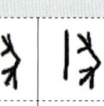				尋	
		前4.4.6	前2.26.2	菁2.1	鐵9.6.3	珠68.20	鄂仲盤	說文解字
찾을 **심**	설문 寸부	㝷(尋심)은 이치를 찾아내서 그것을 다스린다는 뜻이다. 工(공)·口(구)·又(우)·寸(촌) 등은 모두 의미부분이다. 工과 口는 어지럽다는 뜻이다. 又와 寸은 나누어 다듬는다는 뜻이다. 彡(삼)은 발음부분이다. 이 글자와 𥬇(녕)은 같은 뜻이다. (㝷은) 길이를 재는 단위로, 사람의 두 팔을 벌린 길이를 尋이라고 하는데, 8척(尺)에 해당한다.(「㝷, 繹理. 从工, 从口, 从又, 从寸. 工·口, 亂也; 又·寸, 分理之. 彡聲. 此與𥬇同意. 度, 人之兩臂爲尋, 八尺也.」)						

✻ 좌(左=크+工) 우(右=口+寸)로 벌린 8자 길이로, 팔을 벌려 '찾음'을 뜻한다.

爵	爪부 총18획	甲骨文		殷商 金文		西周 金文	小篆	古文	公爵(공작) 爵位(작위) 伯爵(백작)
			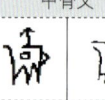				爵	𩰚	
		後下7.7	乙4508	父癸卣	爵父癸壺	魯侯爵	說文解字		
벼슬 **작**	설문 鬯부	爵(작)은 예기(禮器)이다. 참새[雀(작)]의 모양을 본떴다. 가운데는 술이 담겨 있는 것을 그린 것이고, 又(우)는 잡는다는 뜻이다. 술잔의 모양이 참새를 닮은 까닭은 참새의 짹짹·짹짹 하는 울음소리를 취했기 때문이다. 𩰚은 爵의 고문(古文)으로, 상형이다.(「𩰚, 禮器也. 象爵之形, 中有鬯酒; 又, 持之也. 所以飲器象爵者, 取其鳴節節足足也. 𩰚, 古文爵, 象形.」)							

✻ 위에 두 기둥과 세 발 달린 참새 모양의 작위를 내릴 때 쓰던 술잔에서 '벼슬'을 뜻한다.
※파자: 두 손(爫·寸)으로 들고 눈(罒)으로 살펴 적당히 그쳐야(艮) 하는 '벼슬' 자리용 술잔.

嚼	口부 총21획	戰國 金文	小篆	或體	詛嚼(저작) 嚼蠟(작랍) 嚼味(작미)

		郭店魯穆	說文解字		
씹을 **작**	설문 口부	噍(초)는 씹는다는 뜻이다. 口(구)는 의미부분이고, 焦(초)는 발음부분이다. 嚼(작)은 噍의 혹체자(或體字)로 (焦 대신) 爵(작)을 썼다.(「嚼, 齧也. 从口, 焦聲. 嚼, 噍或从爵.」)				

✻ 입(口)에 음식을, 술잔(爵)에 술을 담은 것처럼 물고 씹어 먹음에서 '씹다'를 뜻한다.

射➡謝☆➡麝➡討

射	寸부 총10획	甲骨文			殷商 金文		射手(사수) 反射(반사) 射殺(사살) 射擊(사격)
					射爵	射女盤	𣪠射爵	
		菁7.1	合46	花東002				
		西周 金文	春秋 金文	石鼓文	小篆	篆文	
		靜簋	鬲攸从鼎	射南匜	說文解字		
쏠 **사**	설문 矢부	𢎨(사)는 화살이 몸에서 떠나가 멀리 있는 목표물을 맞춘다는 뜻이다. 矢(시)와 身(신)은 모두 의미부분이다. 射는 𢎨의 전문(篆文)으로 ('矢' 대신) '寸'을 썼다. 寸은 법도(法度)를 뜻하고, 또 손[手(수)]을 뜻하기도 한다.(「𢎨, 弓弩發於身而中於遠也. 从矢, 从身. 射, 篆文𢎨, 从寸. 寸, 法度也, 亦手也.」)						

✻ 몸(身)에 활을 지니고 손으로 법도(寸)에 맞게 쏘아 맞춤에서 '쏘다'를 뜻한다.
※참고: 활(弓)을 손(又)에 잡고 쏨(𢎨)에서, 몸(身)에서 화살(矢), 몸(身)과 법(寸)으로 변함.

| 謝  | 言부
총17획 | 金文

古鉢 | 小篆
謝
說文解字 | | 謝過(사과)
感謝(감사)
謝罪(사죄) |  |

사례할 **사** | 설문
言부 | 謝(사)는 사양(辭讓)하고 떠난다는 뜻이다. 言(언)은 의미부분이고, 躲(사)는 발음부분이다.(「謝, 辭去也. 从言, 躲聲.」)

※ 간단한 말(言)을 화살을 쏘듯(射) 던져 용서나 감사를 전하는 데서 '사례하다'를 뜻한다.

| 麝 | 鹿부
총21획 | | 小篆
麝
說文解字 | | 麝香(사향)
麝墨(사묵)
蘭麝(난사) |  |

사향노루 **사** | 설문
鹿부 | 麝(사)는 작은 고라니와 비슷한데, 배꼽에서 향기가 난다. 鹿(록)은 의미부분이고, 躲(사)는 발음부분이다.(「麝, 如小麋, 臍有香. 从鹿, 躲聲.」)

※ 뿔이 없는 사슴(鹿) 종류의 하나로, 향기를 쏘듯(射) 뿜는 '사향노루'를 뜻한다.

| 討 | 言부
총10획 | 金文

單婼討戈 | 小篆
討
說文解字 | | 討議(토의)
討論(토론)
討伐(토벌) |  |

칠 **토** | 설문
言부 | 討(토)는 다스린다는 뜻이다. 言(언)과 寸(촌)은 모두 의미부분이다.(「討, 治也. 从言, 从寸.」)

※ 말(言)로 법도(寸)에 맞게 꾸짖어 다스림에서 '치다'를 뜻한다.

付 ▶ 附 ▶ 呵 ☆ ▶ 駙 ☆ ▶ 符 ▶ 府 ▶ 俯 ▶ 腑 ▶ 腐

| 付 | 人부
총5획 | 殷商 金文

付鼎 | 西周 金文
永盂 | 戰國 金文
散盤 | 小篆
說文解字
雲夢封診 | 付託(부탁)
當付(당부)
交付(교부) |  |

부칠/줄 **부** | 설문
人부 | 付(부)는 준다는 뜻이다. 손[寸(촌)]으로 물건을 쥐고 다른 사람[人(인)]에게 준다는 의미이다.(「付, 與也. 从寸持物對人.」)

※ 다른 사람(亻)에게 손(寸)에 있는 물건을 주는 데서 '주다' '부치다'를 뜻한다.

| 附  | 阜부
총8획 | 金文
中山王方壺 包山049 | 小篆
說文解字 | | 附屬(부속)
附與(부여)
附錄(부록) |  |

붙을 **부** | 설문
阜부 | 附(부)는 부루(附婁)로, 작은 흙산을 뜻한다. 阜(부)는 의미부분이고, 付(부)는 발음부분이다. ≪춘추전(春秋傳)≫에 이르기를 "작은 흙산에는 소나무나 잣나무 같은 큰 나무가 없다."라고 하였다.(「附, 附婁, 小土山也. 从阜, 付聲. ≪春秋傳≫曰: "附婁無松柏."」)

※ 언덕(阝) 모양으로 흙을 한곳에 부쳐(付) 만든 흙더미에서 '붙다'를 뜻한다.

| 呵 | 口부
총8획 | 설문 없음 | | | 呵囑(부촉)
吩呵(분부) | |

분부할/불 **부**

※ 입(口)으로 말을 내려 주거나(付), 숨을 내어 쉬는 데서 '분부하다' '불다'를 뜻한다.

		小篆		
駙	馬부 총15획	駙 說文解字		駙馬(부마) 左駙(좌부)
부마 **부**	설문 馬부	駙(부)는 예비 말을 뜻한다. 馬(마)는 의미부분이고, 付(부)는 발음부분이다. 일설에는 가깝다는 뜻이라고도 하고, 또 빠르다는 뜻이라고도 한다.(「駙, 副馬也. 从馬, 付聲. 一曰近也; 一曰疾也.」)		

※ 예비 말(馬)로 가깝게 붙어(付) 다니는 '곁마'나, 임금의 사위인 '부마(副馬)'를 뜻하기도 한다.

		戰國 金文		小篆	
符	竹부 총11획	符 新鄭虎符	符 雲夢日乙	符 說文解字	符號(부호) 符籍(부적) 符信(부신)
부호 **부**	설문 竹부	符(부)는 신표(信標)를 뜻한다. 한(漢)나라 법제(法制)에서는 6촌(寸) 길이 대나무를 나누어서 (나중에) 서로 맞추어보았다. 竹(죽)은 의미부분이고, 付(부)는 발음부분이다.(「符, 信也. 漢制以竹, 長六寸, 分而相合. 从竹, 付聲.」)			

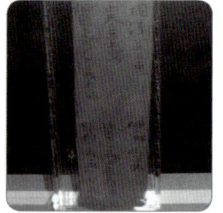

※ 부호를 적은 대(竹)를 나누어 가져, 일이 있을 때 서로 주어(付) 확인하는 '부호'를 뜻한다.

		春秋 金文	戰國 金文		小篆	
府	广부 총8획	府 弗奴父鼎	府 大府銅牛	府 大府簠	府 少府小器	府 說文解字	政府(정부) 府兵(부병) 府庫(부고)
마을 **부**	설문 广부	府(부)는 문서를 보관하는 창고를 뜻한다. 广(엄)은 의미부분이고, 付(부)는 발음부분이다.(「府, 文書藏也. 从广, 付聲.」)					

※ 집(广)에 문서나 재물을 주고(付) 받아 보관해 두던 '곳집'이 있는 '관청' '마을'을 뜻한다.

俯	人부 총10획	설문 없음	俯瞰(부감) 俯伏(부복) 俯仰(부앙)
구부릴 **부**			

※ 벼슬한 사람(亻)이 관청(府)에서 머리를 숙여 상관의 명을 받드는 데서 '구부리다'를 뜻한다.

		小篆	
腑	肉부 총12획	腑 形音義字典	六腑(육부) 腑臟(부장) 肺腑(폐부)
육부 **부**			

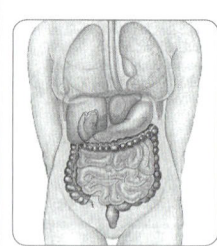

※ 사람 몸(月)에, 물건을 보관하는 곳집(府)처럼 모든 내장이 보관되어 있는 '육부'를 뜻한다.

		小篆	
腐	肉부 총14획	腐 說文解字	腐蝕(부식) 腐敗(부패) 陳腐(진부)
썩을 **부**	설문 肉부	腐(부)는 (고기가) 썩었다는 뜻이다. 肉(육)은 의미부분이고, 付(부)는 발음부분이다.(「腐, 爛也. 从肉, 付聲.」)	

※ 곳집(府)에 오래 보관된 육류(肉)가 변하여 악취가 나고 '썩음'을 뜻한다.

寺→侍→時→詩→恃→持→峙→痔☆→待→特→等

寺

		春秋 金文		石鼓文	戰國 金文	小篆
寸부 총6획						
		郳公𨦤鐘	吳王光鑑	寺工戈	毛公鼎	說文解字

절 **사** / 설문 寸부

寺院(사원)
寺刹(사찰)
寺塔(사탑)

寺(사)는 관청(官廳)을 뜻한다. 법도(法度)가 있다는 것이다. 寸(촌)은 의미부분이고, 之(지)는 발음부분이다.(「寺, 廷也. 有法度者也. 从寸, 之聲.」)

✽ 손(寸)과 발(止=之=土)을 부지런히 움직여 대중(大衆)을 위해 일하던 '관청'이나 '절'을 뜻한다.
　※참고:후한 명제가 인도에서 온 마등(摩騰), 축법란(竺法蘭) 두 스님을 위해 관청에서 머물게 했다가 그들을 위해 낙양성 교외에 거처를 짓고 백마사(白馬寺)라 했다.

侍

	戰國 金文		小篆
人부 총8획			
	陳旺戈	雲夢封診	說文解字

모실 **시** / 설문 人부

侍女(시녀)
侍從(시종)
內侍(내시)

侍(시)는 받든다는 뜻이다. 人(인)은 의미부분이고, 寺(사)는 발음부분이다.(「𦒋, 承也. 从人, 寺聲.」)

✽ 벼슬한 사람(亻)이 관청(寺)에서 임금의 명을 받들어 모셔 일함에서 '모시다'를 뜻한다.

時

	甲骨文	春秋 金文	戰國 金文	小篆	古文
日부 총10획					
	前4.5.1	呂太叔斧	中山王方壺　石鼓車工	說文解字	

때 **시** / 설문 日부

時刻(시각)
時計(시계)
時期(시기)

時(시)는 4계절을 뜻한다. 日(일)은 의미부분이고, 寺(사)는 발음부분이다. 旹는 時의 고문(古文)으로 之와 日로 이루어졌다.(「𣇋, 四時也. 从日, 寺聲. 旹, 古文時, 从之·日.」)

✽ 옛날에, 해(日)의 움직임을 관청이나 절(寺)에서 관찰하여 '시간'이나 '때' '철'을 알려줌.

詩

	戰國 金文	小篆	古文
言부 총13획			
	郭店語一	說文解字	

시 **시** / 설문 言부

詩人(시인)
詩經(시경)
詩歌(시가)

詩(시), 詩를 '시'라고 하는 까닭은 (시란) 마음이 가는 바를 적은 것[志(지)]이기 때문이다. 言(언)은 의미부분이고, 寺(사)는 발음부분이다. 㞢는 詩의 고문(古文)으로 (寸을 생략한) 생략형이다.(「𧥳, 志也. 从言, 寺聲. 㞢, 古文詩省.」)

✽ 백성에 알릴 말(言)을 관청이나 절(寺)에서 글로 적은 '시'를 뜻한다.

恃

	戰國 金文	小篆
心부 총9획		
	郭店語一	說文解字

믿을 **시** / 설문 心부

恃功(시공)
恃愛(시애)
恃賴(시뢰)

恃(시)는 의지한다는 뜻이다. 心(심)은 의미부분이고, 寺(사)는 발음부분이다.(「𢖴, 賴也. 从心, 寺聲.」)

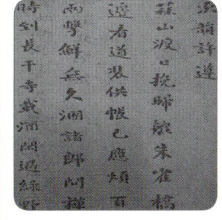

✽ 마음(忄)으로 관청(寺)에서 하는 일을 믿는 데서 '믿다'를 뜻한다.

持

	小篆
手부 총9획	
	說文解字

가질 **지** / 설문 手부

支持(지지)
維持(유지)
矜持(긍지)

持(지)는 손에 쥔다는 뜻이다. 手(수)는 의미부분이고, 寺(사)는 발음부분이다.(「𢪙, 握也. 从手, 寺聲.」)

✽ 손(扌)으로 관청이나 절(寺)에서 맡은 일을 잡고 있어 '가지다'를 뜻한다.

峙	山부 총9획	설문 없음	小篆 形音義字典	對峙(대치) 峙立(치립) 峙積(치적)	
언덕 치					

※ 산(山)이나 높게 지은 관청(寺)처럼 높은 '언덕'을 뜻한다.

痔	疒부 총11획		小篆 說文解字	痔疾(치질) 痔漏(치루) 痔裂(치열)	
치질 치	설문 疒부	痔(치)는 치질(痔疾)을 뜻한다. 疒(녁)은 의미부분이고, 寺(사)는 발음부분이다.(「臀, 後病也. 从疒, 寺聲.」)			

※ 병(疒)의 원인이 관청이나 절(寺) 등, 앉아서 생활하는 사람에게 많던 '치질'을 뜻한다.

待	彳부 총9획	金文 師櫨鼎	小篆 說文解字	待期(대기) 待接(대접) 待令(대령)	
기다릴 대	설문 彳부	待(대)는 기다린다는 뜻이다. 彳(척)은 의미부분이고, 寺(사)는 발음부분이다.(「𢓴, 竢也. 从彳, 寺聲.」)			

※ 서성이고 걸으며(彳) 사람이 많은 관청이나 절(寺)에서 일을 보기 위해 '기다림'을 뜻한다.

特	牛부 총10획	金文 陝西臨潼陶	小篆 說文解字	特別(특별) 特技(특기) 特許(특허)	
특별할 특	설문 牛부	特(특)은 거세하지 않은 소로, 수소를 뜻한다. 牛(우)는 의미부분이고, 寺(사)는 발음부분이다.(「𤙔, 朴特, 牛父也. 从牛, 寺聲.」)			

※ 수컷 소(牛)를 관청이나 절(寺)에서 특별한 행사 때 잡던 데서 '특별함'을 뜻한다.

等	竹부 총12획	戰國 金文 雲夢封診 包山009	小篆 說文解字	等級(등급) 等數(등수) 高等(고등)	
무리 등	설문 竹부	等(등)은 죽간(竹簡)을 가지런하게 한다는 뜻이다. 竹(죽)과 寺(사)는 모두 의미부분이다. 寺는 관청에서 쓰는 죽간이 가지런하다는 뜻이다.(「𥯔, 齊簡也. 从竹, 从寺. 寺, 官曹之平等也.」)			

※ 죽간(竹)의 문서를, 관청이나 절(寺)에서 같은 것끼리 '가지런히' 정리하는 데서 '무리' '등급' '같다'를 뜻한다.

侵(帚·㝜) ➔ 浸 ➔ 寢

	人부 총9획	甲骨文 鐵140.2 菁1.1	金文 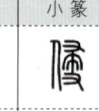 鐘伯侵鼎	小篆 說文解字	侵犯(침범) 南侵(남침) 侵略(침략)	
침노할 침	설문 人부	侵=㝜(침)은 천천히 나아간다는 뜻이다. 사람[人]이 손[又]에 빗자루[帚]를 쥐고 있다는 의미이다. 빗자루로 쓸면서 앞으로 차츰차츰 나아가는 것과 같다는 것이다. 又(우)는 손이다.(「𠎜, 漸進也. 从人又持帚, 若埽之進. 又, 手也.」)				

※ 사람(亻)이 비를 들고 쓸며 조금씩 나아감(㝜)에서 '침노하다'를 뜻한다.
   ※참고: 㝜(조금씩 할 침)은 비(帚=彐:비추)를 손(又)에 들고 쓸면서 '조금씩 나아감'을 뜻함. ※帚(추)자 해설 참조.

浸	水부 총10획	西周 金文	戰國 金文	小篆		浸水(침수) 浸透(침투) 浸蝕(침식)
		成伯孫父鬲	郭店語二	說文解字		
잠길 침	설문 水부	浸=濅(침)은 강의 이름이다. 위군(魏郡) 무안현(武安縣)에서 발원하여, 동북쪽으로 흘러서 호타수(呼沱水)로 들어간다. 水(수)는 의미부분이고, 寑(침)은 발음부분이다. 寑은 주문(籒文)의 寑(침)자이다.(「濅, 水. 出魏郡武安. 東北入呼沱水. 从水, 寑聲. 寑, 籒文寑字.」)				

※ 물(氵) 속으로 조금씩 나아감(𥺌)에서 '잠기다'를 뜻한다.

寢	宀부 총14획	甲骨文			殷商 金文		寢室(침실) 寢食(침식) 寢臺(침대)
		前1.30.5	戩25.13	佚426	寑 爵	寑敊簋	
		西周 金文	春秋 金文	戰國 金文	小篆	籒文	
		師遽方彝	下寑盂	曾侯乙戈	說文解字		
잘 침	설문 宀부	寑(침)은 누워 잔다는 뜻이다. 宀(면)은 의미부분이고, 寑(침)은 발음부분이다. 寑은 寑의 주문(籒文)으로 생략형이다.(「寑, 臥也. 从宀, 寑聲. 寑, 籒文寑省.」)					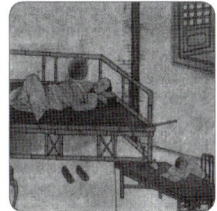

※ 집(宀) 침상(爿)으로 나아가(𥺌) 잠듦에서 '자다'를 뜻한다. ※寑이 본자. 寢은 앓아 '눕다'임.

妻 ➡ 悽 ➡ 凄 ➡ 棲 … (聿) ➡ 捷

妻	女부 총8획	甲骨文			殷商 金文	西周 金文	小篆	古文	妻家(처가) 妻弟(처제) 夫妻(부처)
		前5.17.4	後下10.15	合39683	君妻鼎	冉父丁方罍	說文解字		
아내 처	설문 女부	妻(처)는 부인으로, 남편과 동등한 지위의 적실(嫡室)을 뜻한다. 女(녀)·屮(철)·又(우) 등은 모두 의미부분이다. 又는 일을 맡는다는 뜻으로, 아내의 직분을 뜻한다. 𢆶는 妻의 고문(古文)으로, 肖와 女로 이루어져 있다. 肖는 貴의 고문(古文)이다.(「妻, 婦, 與夫齊者也. 从女, 从屮, 从又. 又, 持事也, 妻職也. 𢆶, 古文妻, 从肖·女. 肖, 古文貴字.」)							

※ 비녀(一)를 손(⇒)으로, 머리를 모아(｜) 꽂은 결혼한 여자(女)에서 '아내'를 뜻한다.
※참고: 머리(屮=十)가 긴 여자(女)를 손(⇒)으로 끌어가 혼인했던 '아내'를 뜻한다.

悽	心부 총11획	小篆		悽然(처연) 悽慘(처참) 悽絕(처절)
		說文解字		
슬퍼할 처	설문 心부	悽(처)는 (마음) 아파한다는 뜻이다. 心(심)은 의미부분이고, 妻(처)는 발음부분이다.(「悽, 痛也. 从心, 妻聲.」)		

※ 마음(忄) 속으로 아내(妻)가 강제로 끌려와 결혼하게 됨을 '슬퍼함'을 뜻한다.

凄	冫부 총10획	설문 없음	小篆	凄凉(처량) 凄切(처절) 凄風(처풍)
			形音義字典	
쓸쓸할 처				

※ 낯선 곳에 끌려와 얼음(冫)처럼 차가워진 아내(妻)의 마음에서 '쓸쓸하다' '춥다'를 뜻한다.

| 棲 | 木부
총12획 | 설문 없음 | 戰國 金文
雲夢雜抄 | 小篆
形音義字典 | | 棲息(서식)
同棲(동서)
兩棲類(양서류) |  |

깃들일 서

✻ 나무(木) 위의 새집처럼, 아내(妻)가 되어 그 집에 머물러 사는 데서 '깃들다' '살다'를 뜻한다.

 | 疌 | 疋부
총8획 | | 戰國 金文
十鐘印擧 | 小篆
說文解字 | | 용례 없음 | |

빠를 첩/섭 | 설문
止부 | 疌(첩)은 빠르다는 뜻이다. 止(지)와 又(우)는 의미부분이다. 又는 손[手(수)]이다. 屮(철)은 발음부분이다.(「疌, 疾也. 从止, 从又. 又, 手也. 屮聲.」)

✻ 초목(屮=十)의 줄기를 손(ヨ)에 잡고 발(止=龰)로 빠르게 베틀을 밟으며 베를 짜는 데서 '베틀디딜판' '빠르다'를 뜻한다.

| 捷 | 手부
총11획 | | 西周 金文
冊二年速 | 春秋 金文
庚壺 | 小篆
說文解字 | 大捷(대첩)
敏捷(민첩)
捷路(첩로) |  |

빠를 첩 | 설문
手부 | 捷(첩)은 사냥한다는 뜻이다. 군대에서 노획했다는 뜻이다. 手(수)는 의미부분이고, 疌(섭)은 발음부분이다. ≪춘추전(春秋傳)≫에 이르기를 "제(齊) 환공(桓公)이 와서 북융(北戎)을 토벌하고 얻은 전리품을 바쳤다."라고 하였다.(「捷, 獵也. 軍獲得也. 从手, 疌聲. ≪春秋傳≫曰: "齊人來獻戎捷."」)

✻ 손(扌)으로 먼저 잡으려고 빠르게(疌:빠를 첩) 움직이는 데서 '빠르다'를 뜻한다.

康 ➡ 慷 ➡ 糠 ➡ 鱇 ⃰ ⋯ 庚

| 康 | 广부
총11획 | 甲骨文
後上20.5 | 殷商 金文
女康丁簋 | 西周 金文
矢方彝 / 毛公鼎 | 春秋 金文
蔡侯盤 | 小篆
說文解字 | 或體 | 健康(건강)
康寧(강녕)
安康(안강) |  |

편안 강 | 설문
禾부 | 穅(강)은 곡식의 껍질을 뜻한다. 禾(화)와 米(미)는 의미부분이고, 庚(경)은 발음부분이다. 康은 穅의 혹체자(或體字)로 생략형이다.(「穅, 穀皮也. 从禾·米, 庚聲. 康, 穅或省.」)

✻ 키질하여 '겨'를 날리거나 악기를 연주함에서, 양식이나 음악과 관계되어 '편안함'을 뜻한다.
　※파자:곳간(广)에서 손(ヨ)으로 곡식(米=氺)을 절구(丿)질하여 먹는 데서 '편안함'을 뜻한다.
　※파자:집(广)에 이르러(隶:미칠 이) 쉬는 데서 '편안함'을 뜻한다.

 | 慷 | 心부
총14획 | 설문 없음 | 小篆 | 隸書
形音義字典 | | 慷慨(강개)
悲憤慷慨
(비분강개) |  |

슬플 강

✻ 마음(忄)을 키질하듯 부추겨 편안하지(康) 못함에서 '슬프다'를 뜻한다.

| 糠 | 米부
총17획 | 설문 없음 | | | | 糠粃(강비)
糟糠之妻
(조강지처) |  |

겨 강 | 이락의(李樂毅)는 '康'은 '糠(겨 강)' 또는 '穅'자의 본자(本字)라고 하였다.

✻ 곡식(米)을 편안히(康) 먹기 위해 키질하여 날려 보내는 '겨'를 뜻한다.

鱇	魚부 총22획	설문 없음						鮟鱇(안강)

아귀 **강**

※ 바닷물고기(魚)로 키처럼 입이 커서 편안하게(康) 먹이를 잡던 '아귀'를 뜻한다.

庚	广부 총8획	甲骨文		殷商 金文		西周 金文	春秋 金文	小篆	庚炎(경염) 庚伏(경복)
		前7.2.3	粹1467	父庚卣	子父庚瓿	庚嬴卣	吳王光鐘	說文解字	
별 **경**	설문 庚부	庚(경)은 서방에 위치한다. 가을에 만물이 단단한 열매를 맺는 것을 그린 것이다. (10천간에서) 庚은 기(己)의 다음이다. 사람의 배꼽을 그린 것이다. 무릇 庚에 속하는 글자들은 모두 庚을 의미부분으로 삼는다. (「䆛, 位西方. 象秋時萬物庚庚有實也. 庚承己, 象人䐡. 凡庚之屬皆从庚.」)						

※ 흔들어 소리내는 '발랑북' 모양이나, 天干(천간)으로 쓰이면서 '별'을, 가을과 관계되어 '결실'을 뜻하기도 하였다. ※파자:집(广)에서 사람(人)이 손(⺕)으로 '별'을 헤아림.

隶 ➡ 逮 ➡ 隸

隶	隶부 총8획	春秋 金文	小篆		용례 없음
		邵鐘	說文解字		
미칠/잡을 **이**	설문 隶부	隶(이·대)는 미친다[及(급)]는 뜻이다. 又(우)와 尾(미)의 생략형은 모두 의미부분이다. 손[又]으로 꼬리[尾]를 잡고 있다는 것은 뒤쫓아간다는 뜻이다. 무릇 隶부에 속하는 글자들은 모두 隶를 의미부분으로 삼는다.(「䏍, 及也. 从又, 从尾省. 又持尾者, 从後及之也. 凡隶之屬皆从隶.」)			

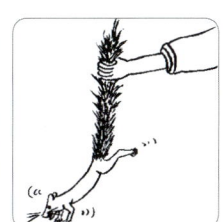

※ 손(⺕)으로 도망가는 짐승의 꼬리(氺)를 잡은 데서 '미치다' '이르다'를 뜻한다.

逮	辶부 총12획	金文		小篆	逮捕(체포) 逮夜(체야) 逮繫(체계)
		古鉢	石鼓濡雨	說文解字	
잡을 **체**	설문 辶부	逮(체·태)는 당체(唐逮)로, 미친다[及(급)]는 뜻이다. 辶(착)은 의미부분이고, 隶(이·대)는 발음부분이다.(「䢭, 唐逮, 及也. 从辶, 隶聲.」)			

※ 미치는(隶) 곳까지 나아가(辶) '잡다' '미치다'를 뜻한다.

隸	隶부 총16획	戰國 金文			小篆	篆文	奴隸(노예) 隸屬(예속) 隸書(예서)
		高奴權	上郡壽守戈	相邦冉戈		說文解字	
종 **례**	설문 隶부	隸(례)는 부속(附屬)되어 있다는 뜻이다. 隶(이·대)는 의미부분이고, 柰(내)는 발음부분이다. 隸는 隸의 전문(篆文)으로, 고문(古文)의 형태를 따랐다.(「䚢, 附箸也. 从隶, 柰聲. 隸, 篆文隸, 从古文之體.」)					

※ 나타난(出=士) 신(示)에게 제사할 때 옆에 이르러(隶) 돕는 '종'이나 '노예'를 뜻한다.
※참고:隸와 隷는 동자(同字)로 祟(柰:빌미 수)나 柰(어찌 내)와 隶(이)의 합으로 본다.

帚 ➡ 掃 ➡ 婦 ➡ 歸

帚	巾부 총8획	甲骨文		殷商金文	西周金文		小篆	帚星(추성) 帚掃(추소)
		京津302	甲866	帚女簋	女帚卣	比簋	說文解字	
비 **추**	설문 巾부	帚(추)는 더러운 것을 치운다는 뜻이다. 손[又(우)]으로 수건[巾(건)]을 쥐고 집[冖(멱)] 안을 청소한다는 의미이다. 옛날 소강(少康)이 처음으로 키·빗자루·술 등을 만들었다. 소강은 두강(杜康)으로, 장원(長垣)에 묻혀 있다.(「䆴, 糞也. 从又持巾埽冖內. 古者少康初作箕·帚·秫酒. 少康, 杜康也. 葬長垣.」)						

※ 비를 세워둔 모양에서 '빗자루' '비'를 뜻한다.

351

掃	手부 총11획	설문 없음	甲骨文	小篆				淸掃(청소) 掃滅(소멸) 掃地(소지)
			形音義字典					
쓸 소	설문 土부	참고로 ≪설문해자(說文解字)≫ '埽'(소)자 해설을 보면, "埽(소)는 버린다는 뜻이다. 土(토)와 帚(추)는 모두 의미부분이다.(「埽, 棄也. 从土, 从帚.」)"라고 하였다.						

✽ 손(扌)으로 비(帚:비 추)를 들고 청소하는 데서 '쓸다'를 뜻한다.

婦	女부 총11획	甲骨文	甲骨文	西周 金文	甲骨文	春秋 金文	小篆	婦人(부인) 新婦(신부) 姑婦(고부)
		乙871	燕723	京津2027	婦簋	守婦斝	晉公奠	說文解字	
며느리 부	설문 女부	婦(부)는 집안일을 돌보는 사람을 뜻한다. 여자[女]가 빗자루[帚]를 들고 있다는 의미로, 이는 청소를 한다는 뜻이다.(「婦, 服也. 从女持帚, 灑掃也.」)						

✽ 여자(女) 중에 집안에서 비(帚)를 들고 청소하는 '며느리' '아내' '주부' 등 여자를 뜻한다.

歸	止부 총18획	甲骨文		殷商 金文	西周 金文	小篆	籀文	歸家(귀가) 歸國(귀국) 歸鄕(귀향)
		前4.6.8	乙7809	毓且丁卣	不嬰簋	說文解字		
돌아갈 귀	설문 止부	歸(귀)는 여자가 시집간다는 뜻이다. 止(지)와 婦(부)의 생략형인 帚(추)는 의미부분이고, 𠂤(퇴)는 발음부분이다. 𡣑는 주문(籀文)으로 𠂤(가)가 생략된 형태이다.(「歸, 女嫁也. 从止, 从婦省, 𠂤聲. 𡣑, 籀省.」)						

✽ 사용하던 물건을 쌓아(𠂤=堆:쌓을 퇴) 들고 시댁으로 갈 때(止=之) 비(帚)도 가지고 '돌아감'을 뜻한다.
※파자:쓰레기를 쓸어 쌓아(𠂤) 마치고(止) 비(帚)를 두고 '돌아감'을 뜻한다.

尹 → 伊

尹	尸부 총4획	甲骨文		金文		小篆	古文	府尹(부윤) 令尹(영윤) 尹司(윤사)
		甲2868	後上22.5	矢方彝	智鼎	說文解字		
성 윤	설문 又부	尹(윤)은 다스린다는 뜻이다. 又(우)와 丿(별)은 모두 의미부분이다. 일을 (손에) 쥐고 있는 사람을 뜻한다. 𢂼은 尹의 고문(古文)이다.(「尹, 治也. 从又・丿, 握事者也. 𢂼, 古文尹.」)						

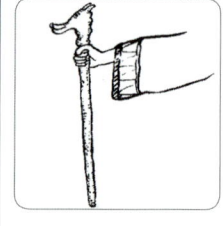

✽ 손(⺕)에 지휘용 지팡이(丿)를 들고 일을 다스림에서 '다스리다'의 뜻이나 '성'으로 쓰인다.
※참고:손(⺕)에 침(丿)을 들고 병을 '다스림'으로도 본다.

伊	人부 총6획	甲骨文		殷商 金文	西周 金文	小篆	古文	伊昔(이석) 伊時(이시) 伊里干(이리간)
		佚210	甲836	伊簋	史懋壺	伊生簋	說文解字	
저 이	설문 人부	伊(이)는 은(殷)나라의 성인(聖人) 아형(阿衡, 즉 伊尹[이윤]으로, 천하를 올바르게 다스렸던 사람이다. 人(인)과 尹(윤)은 모두 의미부분이다. 𣦵는 伊의 고문(古文)으로 (尹 대신) 고문의 死(사)자를 썼다.(「𠆌, 殷聖人阿衡, 尹治天下者. 从人, 从尹. 𣦵, 古文伊, 从古文死.」)						

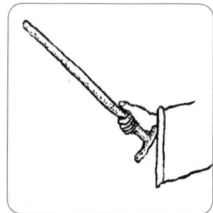

✽ 사람(亻)이 손(⺕)에 지휘용 지팡이(丿)를 들고 다스려(尹) 멀리 지시하는 데서 '저'를 뜻한다.

君 → 郡 → 群 → 窘☆ → 煮✿

君	口부 총7획	甲骨文		金文		小篆	古文	郎君(낭군) 夫君(부군) 四君子(사군자)
		後下13.2	存1507	召卣	散盤	說文解字		
임금 군	설문 口부	君(군)은 높으신 분을 뜻한다. 尹(윤)은 의미부분이다. 명령을 내리므로 口(구)도 의미부분이 된다. 𠱩은 고문(古文)으로, 임금이 앉아 있는 모양을 그린 것이다.(「君, 尊也. 从尹. 發號, 故从口. 𠱩, 古文, 象君坐形.」)						

✽ 손(⺕)에 지휘용 도구(丿)를 들고 입(口)으로 일을 다스리는(尹) '임금'을 뜻한다.

郡	邑부 총10획	金文	小篆			郡守(군수) 郡民(군민) 郡廳(군청)
		上郡守戈	說文解字			
고을 군	설문 邑부	郡(군)은 주(周)나라 지방 행정제도에 의하면, 천자(天子)는 사방 1000리(里) 지역을 100개의 현(縣)으로 나누고, 각 현에는 4개의 군(郡)을 두었다. 그래서 ≪춘추전(春秋傳)≫에 이르기를 '상대부(上大夫)는 군(郡)을 받았다.'라고 한 것이다. 진(秦)나라 초기에 이르러 36군을 설치하고, 그에 속한 현을 관리하였다. 邑(읍)은 의미부분이고, 君(군)은 발음부분이다.(「郡, 周制, 天子地方千里, 分爲百縣, 縣有四郡, 故≪春秋傳≫曰: '上大夫受郡'是也. 至秦初, 置三十六郡以監其縣. 从邑, 君聲.」)				

※ 임금(君)이 관리를 보내 다스리던 고을(阝)에서 '고을'을 뜻한다.

群	羊부 총13획	春秋 金文	戰國 金文	侯馬盟書	小篆	群衆(군중) 群舞(군무) 群像(군상)
		子璋鐘	陳侯午敦	中山王鼎	3.2 3.11	說文解字
무리 군	설문 羊부	羣(군)은 무리를 뜻한다. 羊(양)은 의미부분이고, 君(군)은 발음부분이다.(「羣, 輩也. 从羊, 君聲.」)				

※ 임금(君) 같은 지도자를 따라 무리지어 다니는 양(羊)에서 '무리'를 뜻한다. ※羣(군)과 同字.

窘	穴부 총12획	小篆			窘塞(군색) 窘乏(군핍) 窘辱(군욕)
		說文解字			
군색할 군	설문 穴부	窘(군)은 급박(急迫)하다는 뜻이다. 穴(혈)은 의미부분이고, 君(군)은 발음부분이다.(「窘, 迫也. 从穴, 君聲.」)				

※ 다급하여 좁은 구멍(穴)에 임금(君)이나 지도자가 숨어 속박되어 있는 데서 '군색함'을 뜻한다.

莙	火부 총11획	설문 없음			莙菜(훈채)
연기에그을릴 훈					

※ 만물을 다스리는 임금(君)처럼 음식을 불(灬)이나 연기에 그을려 오래 보관하거나, 음식의 맛을 다스리기 위해 넣는, 불에 그을린 향료에서 '연기에 그을리다' '향내'를 뜻한다.

丑➡紐➡鈕✥➡羞

丑	一부 총4획	甲骨文		西周 金文	春秋 金文	小篆	丑肉(축육) 丑月(축월) 丑方(축방)
		後上1.6.2	後上8.2	作冊大鼎	競卣	鄦公簋 說文解字	
소 축	설문 丑부	丑(축)이 두 번째 지지(地支)로 쓰이는 까닭은 음기의 견고한 묶음[紐(뉴)]이 서서히 풀리기 때문이다. 12월에는 만물이 움직이고 일을 한다. 손의 모양을 그린 것이다. 시간이 축시(丑時, 새벽 1시~3시)를 지나면 역시 손을 들어 일을 할 때라는 것이다. 무릇 丑부에 속하는 글자들은 모두 丑을 의미부분으로 삼는다.(「丑, 紐也. 十二月萬物動用事. 象手之形. 時加丑, 亦擧手時也. 凡丑之屬皆从丑.」)					

※ 손(⺕) 끝을 굽혀 물건(丨)을 '모아 잡는' 모양으로, 지지(地支)로 쓰여 '소'를 뜻한다.

紐	糸부 총10획	小篆			紐帶(유대) 結紐(결뉴) 解紐(해뉴)
		說文解字			
맺을/끈 뉴	설문 糸부	紐(뉴)는 맨다는 뜻이다. 일설에는 묶었지만 풀 수 있는 것을 뜻한다고도 한다. 糸(멱·사)는 의미부분이고, 丑(축)은 발음부분이다.(「紐, 系也. 一曰結而可解. 从糸, 丑聲.」)				

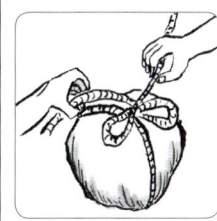

※ 실(糸)로 물건을 모아 잡아(丑) 묶는 '끈'에서 '맺다' '매다'를 뜻한다.

		小篆	古文			
鈕	金부 총12획	鈕	珥		용례 없음	
		說文解字				
인꼭지 뉴	설문 金부	鈕(뉴)는 도장의 꼭지를 뜻한다. 金(금)은 의미부분이고, 丑(축)은 발음부분이다. 珥는 鈕의 고문(古文)으로 (金 대신) 玉(옥)을 썼다.(「鈕, 印鼻也. 从金, 丑聲. 珥, 古文鈕, 从玉.」)				

❋ 금(金)으로 만든 도장의 꼭지를 손으로 잡는(丑) 부분인 '인꼭지'를 뜻한다.

		甲骨文	殷商 金文	西周金文	春秋金文	小篆		
羞	羊부 총11획						羞恥(수치) 羞惡(수오) 羞辱(수욕)	
		甲1394	前4.34.4	羞罍	羞鼎	齊侯壺	說文解字	
부끄러울 수	설문 丑부	羞(수)는 바친다는 뜻이다. 羊(양)은 의미부분이다. 羊은 바쳐지는 것을 뜻한다. 丑(축)도 의미부분인데, 丑은 발음부분이기도 하다.(「羞, 進獻也. 从羊. 羊, 所進也. 从丑, 丑亦聲.」)						

❋ 맛이 있는 양(羊)고기를 손으로 잡아(丑) 겸손한 마음으로 '바침'에서 '음식' '부끄럽다'를 뜻한다.

唐 ➡ 糖 ➡ 塘

		甲骨文	殷商 金文	春秋 金文	戰國 金文	小篆	古文		
唐	口부 총10획							唐詩(당시) 唐惶(당황) 唐突(당돌)	
		前4.29.6	粹137	宋公繼匜	三年鈹	說文解字			
당나라/ 당황할 당	설문 口부	唐(당)은 허풍떠는 말을 뜻한다. 口(구)는 의미부분이고, 庚(경)은 발음부분이다. 啺은 唐의 고문(古文)으로 口와 昜(양)으로 이루어져 있다.(「啺, 大言也. 从口, 庚聲. 啺, 古文唐, 从口·昜.」)							

❋ 북이나 종 같은 악기(庚)소리처럼 크게 하는 말(口)에서 '당황스럽다'를 뜻하나, 후에 나라이름으로 쓰이면서 '당나라'를 뜻하였다.

		小篆		
糖	米부 총16획	糖	糖分(당분) 砂糖(사탕) 糖尿病(당뇨병)	
		說文解字		
엿 당 사탕 탕	설문 米부	糖(당)은 엿을 뜻한다. 米(미)는 의미부분이고, 唐(당)은 발음부분이다.(「糖, 飴也. 从米, 唐聲.」)		

❋ 곡식(米)을 크게(唐) 불려 맥아(麥芽)와 함께 발효시켜 불에 고아 만든 '엿' '사탕'을 뜻한다.

		小篆		
塘	土부 총13획	塘	池塘(지당) 蓮塘(연당) 堤塘(제당)	
		說文解字		
못 당	설문 土부	塘(당)은 제방을 뜻한다. 土(토)는 의미부분이고, 唐(당)은 발음부분이다.(「塘, 隄也. 从土, 唐聲.」)		

❋ 흙(土)을 높고 크게(唐) 쌓아 물을 저장하는 '제방'에서 '못'을 뜻한다.

而 ➡ 耐 ➡ (耎) ➡ 堧*

		甲骨文	春秋 金文	戰國 金文			小篆		
而	而부 총6획							而立(이립) 而後(이후) 似而非(사이비)	
		豆閉簋鐵200.3	乙1948	於賜鐘	中山王方壺	子禾子釜	盟書195·2	說文解字	
말이을/ 수염 이	설문 而부	而(이)는 뺨 양쪽에 난 털이다. 털의 모양을 그렸다. ≪주례(周禮)≫에 이르기를 "물고기의 비늘과 수염을 일으켜 세웠다."라고 하였다. 무릇 而부에 속하는 글자들은 모두 而를 의미부분으로 삼는다.(「而, 頰毛也. 象毛之形. ≪周禮≫曰: "作其鱗之而." 凡而之屬皆从而.」)							

❋ 턱 밑에 드리운 '수염' 모양으로, 앞뒤 '말을 이어주는' 조사나 '너'를 뜻한다.

耐	而부 총9획	戰國 金文	小篆	或體		耐震(내진) 耐久(내구) 忍耐(인내)	
		雲夢雜抄	說文解字				
견딜 **내**	설문 而부	耏(내)는 죄가 (두 뺨의 수염을 깎는 정도로) 삭발하는 데까지는 이르지 않았다는 뜻이다. 彡(삼)과 而(이)는 모두 의미부분인데, 而는 발음부분이기도 하다. 耐는 혹체자(或體字)로 彡(삼) 대신 寸(촌)을 썼다. 여러 법도를 뜻하는 글자들은 寸자를 의미부분으로 쓴다.(「耏, 罪不至髡也. 从彡·而, 而亦聲. 耐, 或从寸. 諸法度字从寸.」)					

✽ 수염(而)이 깎이는 법(寸)에 의한 가벼운 형벌을 참고 견딤에서 '견디다'를 뜻한다.

耎	而부 총9획	戰國 金文	小篆		용례 없음	
		雲夢封診	說文解字			
약할 **연**	설문 而부	耎(연)은 앞쪽이 (뒤쪽보다) 조금 더 크다는 뜻이다. 大(대)는 의미부분이고, 而(이)는 발음부분이다. 발음은 畏偄(외난, 약자를 협박한다는 뜻)이라고 할 때의 偄(난)자처럼 읽는다.(「耎, 稍前大也. 从大, 而聲. 讀若畏偄.」)				

✽ 수염(而)이 바람에 부드럽게 날리는 어른(大)의 모양으로 '유연하다' '가냘프다'를 뜻한다.

堧	土부 총12획	설문 없음		堧垣(연원)	
빈터 **연**					

✽ 땅(土)이 텅 비어 가냘픈(耎) 초목들만 자라는 '빈터'를 뜻한다.

耑	而부 총9획	甲骨文			金文		小篆	耑緖(단서) 耑此(단차)	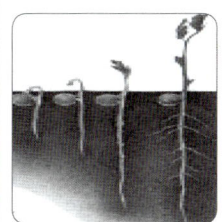
		京津4359	前4.42.1	後下7.3	義楚耑	郘王耑	說文解字		
시초 **단**	설문 耑부	耑(단)은 사물이 처음 생겨났을 때의 맨 앞머리를 뜻한다. 위는 생겨난 모양을 그린 것이고, 아래는 그 뿌리를 그린 것이다. 무릇 耑부에 속하는 글자는 모두 耑을 의미부분으로 삼는다.(「耑, 物初生之題也. 上象生形, 下象其根也. 凡耑之屬皆从耑.」)							

✽ 초목의 싹(屮=山)이 뿌리(而)에서 처음 땅을 뚫고 올라오는 데서 '시초' '구멍'을 뜻한다.

端	立부 총14획	戰國 金文		小篆		端午(단오) 端緖(단서) 端役(단역)	
		曾侯墓簡	雲夢法律	說文解字			
끝 **단**	설문 立부	端(단)은 곧다는 뜻이다. 立(립)은 의미부분이고, 耑(단)은 발음부분이다.(「端, 直也. 从立, 耑聲.」)					

✽ 끝이 바르게 서서(立) 처음(耑) 싹터 나오는 데서 '바르다' '끝' '실마리'를 뜻한다.

湍	水부 총12획	戰國 金文	小篆		飛湍(비단) 激湍(격단) 湍流(단류)	
		郭店老甲	說文解字			
여울 **단**	설문 水부	湍(단)은 여울을 뜻한다. 水(수)는 의미부분이고, 耑(단)은 발음부분이다.(「湍, 疾瀨也. 从水, 耑聲.」)				

✽ 물(氵)줄기가 빠르게 자라나 변화가 심한 싹(耑)처럼 물살이 센 '여울'을 뜻한다.

喘	口부 총12획	戰國 金文  璽彙0444	小篆 說文解字		喘息(천식) 喘氣(천기) 咳喘(해천)	
숨찰 천	설문 口부	喘(천)은 숨을 헐떡인다는 뜻이다. 口(구)는 의미부분이고, 耑(단)은 발음부분이다.(「喘, 疾息也. 从口, 耑聲.」)				

※ 입(口)으로 빠르게 자라는 싹(耑)처럼 숨을 빠르게 헐떡이는 데서 '숨차다' '기침'을 뜻한다.

瑞	玉부 총13획	戰國 金文 包山022	小篆 說文解字		祥瑞(상서) 瑞光(서광) 瑞玉(서옥)	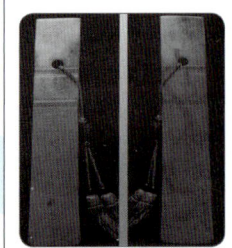
상서 서	설문 玉부	瑞(서)는 옥으로 만든 신표(信標)를 뜻한다. 玉(옥)과 耑(단)은 모두 의미부분이다.(「瑞, 以玉爲信也. 从玉·耑.」)				

※ 옥(玉)으로 만든 홀을 처음(耑) 벼슬을 할 때 임금이 신표로 주던 데서 '상서롭다'를 뜻한다.

需 → 儒 → 孺 ❖ → 濡 ❖ → 懦

需	雨부 총14획	甲骨文  京津2069	 乙7751	殷商 金文  父辛鼎	西周 金文  孟簋 白公父簋	小篆 說文解字	需給(수급) 內需(내수) 婚需(혼수)	
쓰일/쓸 수	설문 雨부	需(수)는 기다린다는 뜻이다. 비를 만나 나아가지 못하고, 멈추어서 기다린다는 뜻이다. 雨(우)는 의미부분이고, 而(이)는 발음부분이다. ≪주역(周易)·수괘(需卦)≫에서 "구름이 하늘 위에 있으면, (비가 내리기를 기다리는) 수괘(需卦)의 괘상(卦象)이 된다."라고 하였다.(「需, 𩓣也. 遇雨不進, 止𩓣也. 从雨, 而聲. ≪易≫曰: "雲上於天, 需."」)						

※ 비(雨)를 맞고 있는 사람(天=而)이 비가 그치기를 '바라는' 데서 '구하다' '쓰다'를 뜻한다.
※파자: 비(雨)에 수염(而)까지 젖은 사람이 비가 그치기를 바람에서 '구하다'를 뜻한다.

儒	人부 총16획	小篆 說文解字	儒敎(유교) 儒林(유림) 儒生(유생)	
선비 유	설문 人부	儒(유)는 (사람이) 부드럽다는 뜻이다. 유학자를 일컫는 말이다. 人(인)은 의미부분이고, 需(수)는 발음부분이다.(「儒, 柔也. 術士之偁. 从人, 需聲.」)		

※ 많은 사람(亻)이 바라는(需) 덕망과 학식이 있는 '선비'를 뜻한다.

孺	子부 총17획	小篆 說文解字	孺慕(유모) 孺人(유인) 孺子(유자)	
젖먹이 유	설문 子부	孺(유)는 젖먹이를 뜻한다. 일설에는 어리석다는 뜻이라고도 한다. 輸(수)는 아직 나이가 어리다는 뜻이다. 子(자)는 의미부분이고, 需(수)는 발음부분이다.(「孺, 乳子也. 一曰輸也. 輸, 尚小也. 从子, 需聲.」)		

※ 아직 어린 자식(子)으로 항상 보호를 바라는(需) '젖먹이'를 뜻한다.

濡	水부 총17획	戰國 金文  雲夢日甲	小篆 說文解字	濡染(유염) 濡潤(유윤) 濡滯(유체)	
젖을 유	설문 水부	濡(유)는 강의 이름이다. 탁군(涿郡) 고안현(故安縣)에서 발원하여, 동쪽으로 흘러서 칠속(漆涑)으로 들어간다. 水(수)는 의미부분이고, 需(수)는 발음부분이다.(「濡, 水. 出涿郡故安, 東入漆涑. 从水, 需聲.」)			

※ 물(氵)에 씻어 깨끗해지기를 구하는(需) 데서 '젖다'를 뜻한다.

懦	心부 총17획	小篆  說文解字		懦弱(나약) 懦薄(나박) 怯懦(겁나)
나약할 나	설문 心부	懦(유)는 나약(懦弱)한 사람을 뜻한다. 心(심)은 의미부분이고, 需(수)는 발음부분이다.(「懦, 駑弱者也. 从心, 需聲.」)		

※ 마음(忄)이 약하여 비가 그치기만 바라는(需) 데서 '나약하다'를 뜻한다.

身 … 弓 → 躬 → 窮 → 穹 ☆ → 弱 → 引 → 蚓 ☆ → 弘 → 泓 → 強 → 襁 ❖

身	身부 총7획	甲骨文		西周 金文	春秋 金文	小篆	身體(신체) 身分(신분) 身長(신장)
		乙3378	乙6733	楷伯簋	叔向簋	邾公華鐘	說文解字	
몸 신	설문 身부	身(신)은 신체를 뜻한다. 사람의 몸을 그린 것이다. 人(인)은 의미부분이고, 厂(예)는 발음부분이다. 무릇 身부에 속하는 글자들은 모두 身을 의미부분으로 삼는다.(「𦣹, 躬也. 象人之身. 从人, 厂聲. 凡身之屬皆从身.」)					

※ 배가 불룩한 사람의 몸을 보고 만든 글자로 '몸' '자신' '임신'을 뜻한다.

弓	弓부 총3획	甲骨文		殷商 金文	西周 金文	小篆	弓道(궁도) 弓術(궁술) 弓矢(궁시)
		後下30.4	甲2501	前5.8.3	哀成叔鼎	虢季子白盤	說文解字
활 궁	설문 弓부	弓(궁), 활을 '궁'이라고 부르는 까닭은 그것을 이용해 가까운 곳에서 먼 곳에 다다르게[窮(궁)] 할 수 있기 때문이다. 상형이다. 옛날에 휘(揮)가 활을 만들었다. ≪주례(周禮)≫에 따르면 6궁(弓)은 다음과 같다. 왕궁(王弓)과 호궁(弧弓)은 갑옷이나 나무판에 쏘(며 무예를 익히)는 사람에게 주고, 협궁(夾弓)과 유궁(庾弓)은 간후(犴侯)와 새나 짐승을 잡는 사람에게 주고, 당궁(唐弓)과 대궁(大弓)은 활쏘기를 배우는 사람에게 준다. 무릇 弓부에 속하는 글자들은 모두 弓을 의미부분으로 삼는다.(「弓, 以近窮遠. 象形. ≪周禮≫六弓: 王弓·弧弓, 以射甲革·甚質; 夾弓·庾弓, 以射干侯·鳥獸; 唐弓·大弓, 以授學射者. 凡弓之屬皆从弓.」)					

※ 활의 모양을 본뜬 글자로 '활'이나 활의 작용과 관계가 있다.

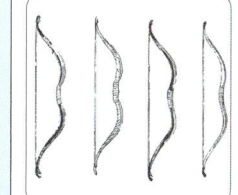

躬	身부 총10획	春秋 金文	戰國 金文	小篆	或體		躬行(궁행) 躬進(궁진) 躬稼(궁가)
		𨛪瞰尹鼎	建信君鈹	說文解字			
몸 궁	설문 呂부	躬(궁)은 몸을 뜻한다. 身(신)과 呂(려)는 모두 의미부분이다. 躳은 躬의 혹체자(或體字)로 (呂 대신) 弓을 썼다.(「躳, 身也. 从身, 从呂. 躬, 躳或从弓.」)					

※ 등뼈(呂)가 있는 몸(身)이 활(弓)처럼 굽어져 있는 데서 '몸'을 뜻한다. ※躳이 本字.

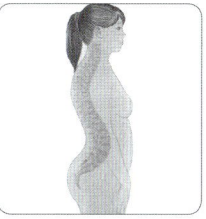

窮	穴부 총15획	戰國 金文	小篆		窮塞(궁색) 窮理(궁리) 無窮花(무궁화)
		郭店成之	說文解字		
다할/궁할 궁	설문 穴부	窮(궁)은 다했다는 뜻이다. 穴(혈)은 의미부분이고, 躳(궁)은 발음부분이다.(「窮, 極也. 从穴, 躳聲.」)			

※ 좁은 굴(穴)의 끝에 몸(身)을 활(弓)처럼 굽혀 다다름에서 '다하다' '궁하다'를 뜻한다.

穹	穴부 총8획	小篆  說文解字					穹蒼(궁창) 高穹(고궁) 靑穹(청궁)	
하늘 궁	설문 穴부	穹(궁)은 다했다는 뜻이다. 穴(혈)은 의미부분이고, 弓(궁)은 발음부분이다.(「穹, 窮也. 从穴, 弓聲.」)						

※ 주위가 처진 구멍(穴) 형태의 활(弓)처럼 가운데가 높은 '하늘'을 뜻한다.

弼	弓부 총12획	西周 金文	戰國 金文	小篆	或體	古文	弼成(필성) 弼導(필도) 輔弼(보필)	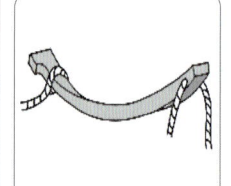

		番生簋	毛公鼎	者汈鐘	說文解字			
도울 필	설문 弜부	弼=㢸(필)은 돕는다는 뜻이다; (또) 중복(重複)이라는 뜻이다. 弜(강)은 의미부분이고, 丙(점)은 발음부분이다. 㢸은 弼의 혹체자(或體字)로 이와 같다. 𦐀·𦐁은 모두 弼의 고문(古文)이다.(「㢸, 輔也; 重也. 从弜, 丙聲. 㢸, 弼或如此. 𦐀·𦐁, 竝古文弼.」)						

※ 활(弓)틀에 뒤틀린 활(弓)을 대고 오래(百) 묶어 두어 교정하던 '도지개'에서 '돕다'를 뜻한다.
　※百은 도지개 판. ※弜:강할 강.

引	弓부 총4획	甲骨文		西周 金文	春秋 金文	小篆	引繼(인계) 引上(인상) 牽引車(견인차)	
		合4811	寧滬2·106	頌鼎　毛公鼎	秦公簋	說文解字		
끌 인	설문 弓부	引(인)은 활을 당긴다는 뜻이다. 弓(궁)과 丨(곤)은 모두 의미부분이다.(「引, 開弓也. 从弓·丨.」)						

※ 활(弓)을 쏘기 위해 살(丨)을 먹여 끌어당김에서 '끌다' '당기다'를 뜻한다.

蚓	虫부 총10획	小篆	或體				蚓操(인조) 蚯蚓(구인) 紫蚓(자인)	

		說文解字						
지렁이 인	설문 虫부	蚓=螾(인)은 옆으로 기는 벌레(즉 지렁이)를 뜻한다. 虫(훼·충)은 의미부분이고, 寅(인)은 발음부분이다. 蚓은 螾의 혹체자(或體字)로 (寅 대신) 引(인)을 썼다.(「螾, 側行者. 从虫, 寅聲. 蚓, 螾或从引.」)						

※ 벌레(虫) 중에 진땅에서 몸을 끌면서(引) 가는 '지렁이'를 뜻한다.

弘	弓부 총5획	甲骨文		西周 金文		戰國 金文	小篆	弘報(홍보) 弘益(홍익) 宏弘(굉홍)	

		合667	合4771	皿弘卣	弘鼎	曾侯墓簡	說文解字		
클 홍	설문 弓부	弘(홍)은 활소리이다. 弓은 의미부분이고, 厶은 발음부분이다. 厶은 고문(古文)의 肱(굉)자이다.(「弘, 弓聲也. 从弓, 厶聲. 厶, 古文肱字」)							

※ 활(弓)줄이 크게(玄=厶:클 굉) 울리거나, 활줄을 팔로 크게(玄=厶) 당김에서 '크다'를 뜻한다.

泓	水부 총8획	小篆  說文解字					泓水(홍수) 泓澄(홍징) 泓宏(홍굉)	
물깊을 홍	설문 水부	泓(홍)은 (물이) 밑이 깊은 모습이다. 水(수)는 의미부분이고, 弘(홍)은 발음부분이다.(「泓, 下深皃. 从水, 弘聲.」)						

※ 물(氵)줄기가 크고(弘) 깊고 넓음에서 '물이 깊다'를 뜻한다.

強	弓부 총11획	戰國 金文	小篆	籒文		強力(강력) 強弱(강약) 強國(강국)
		雲夢雜抄	說文解字			
굳셀 강	설문 虫부	強(강)은 蚚(쌀 바구미 기)이다. 虫(충)은 의미부분이고, 弘(홍)은 발음부분이다. 䕿은 強의 주문(籒文)으로 蚰(곤)과 彊(강)으로 이루어졌다.(「䖿, 蚚也. 从虫, 弘聲. 䕿, 籒文強, 从蚰, 从彊.」)				

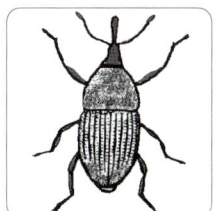

※ 쌀 가운데 널리(弘) 퍼져 쌀을 파먹고 사는 강한 벌레(虫)인 '바구미'에서 '굳세다'를 뜻한다.

襁	衣부 총16획	小篆		襁褓(강보) 襁負(강부) 襁抱(강포)
		說文解字		
포대기 강	설문 衣부	襁(강)은 어린아이를 업을 때 쓰는 포대기를 뜻한다. 衣(의)는 의미부분이고, 強(강)은 발음부분이다.(「襁, 負兒衣. 从衣, 強聲.」)		

※ 아기를 업을 수 있도록 만든 옷(衤)으로 부드럽고 강한(強) 재질의 '포대기'를 뜻한다. ※强=強

弱 ➡ 溺

弱	弓부 총10획	戰國 金文	小篆		弱小(약소) 弱點(약점) 軟弱(연약)
		雲夢封診	說文解字		
약할 약	설문 彡부	弱(약)은 구부러졌다는 뜻이다. 위는 휘어진 모양을 본뜨고, 彡(삼)은 털이 구부러지고 약한 것을 그린 것이다. 약한 물건은 함께 묶어 놓으므로 두 개의 '弓'을 쓴 것이다.(「弱, 橈也. 上象橈曲, 彡象毛氂橈弱也. 弱物并, 故从二弓.」)			

※ 강한(弜 :강할 강) 활(弓)이 물에 불어 깃털(羽)처럼 '약해짐', 또는 끈이 깃털(羽)같이 약해 활(弓) 모양으로 굽음에서 '약함'을 뜻한다. ※파자:활들(弜)이 삐지고(丿) 삐져(丿) '약해짐'.

溺	水부 총13획	戰國 金文	小篆		溺死(익사) 耽溺(탐닉) 陷溺(함닉)
		包山005	說文解字		
빠질 닉	설문 水부	溺(닉)은 강의 이름이다. 장액군(張掖郡) 산단현(刪丹縣)에서 발원하여, 서쪽으로 흘러 주천군(酒泉郡) 합려산(合黎山)에 이르는데, 하류는 유사(流沙)로 흘러 들어간다. 水(수)는 의미부분이고, 弱(약)은 발음부분이다. 이는 상흠(桑欽)의 주장이다.(「溺, 水. 自張掖刪丹, 西至酒泉合黎, 餘波入于流沙. 从水, 弱聲. 桑欽所說.」)			

※ 물(氵)이 약하게(弱) 흐르는 강(江) 이름으로, 물(氵)에 빠져 약해짐(弱)에서 '빠짐'을 뜻한다.

夷 ➡ 姨 ➡ 痍 ☆ ➡ 薫 * ···· 弔

夷	大부 총6획	甲骨文	金文		小篆	戎夷(융이) 夷狄(이적) 東夷族(동이족)
		粹515	柳鼎	侯馬盟書	說文解字	
오랑캐 이	설문 大부	夷(이)는 평평하다는 뜻이다. 大(대)와 弓(궁)은 모두 의미부분이다. 동방 사람을 가리킨다.(「夷, 平也. 从大, 从弓 東方之人也.」)				

※ 사람이 크고(大) 활(弓)을 잘 다루던 중국 동쪽 밖의 '이민족'인 '오랑캐'를 뜻한다.

姨	女부 총9획	小篆		姨母(이모) 姨從(이종) 姨姪(이질)
		說文解字		
이모 이	설문 女부	姨(이), 아내의 여자 형제로 이미 시집간 자매를 姨라고 한다. 女(녀)는 의미부분이고, 夷(이)는 발음부분이다.(「姨, 妻之女弟同出爲姨. 从女, 夷聲.」)		

※ 아내의 여자(女)동생으로, 나라 밖 이민족(夷)처럼 다른 곳으로 출가한 '이모'를 뜻한다.

痍	疒부 총11획	戰國 金文	小篆		傷痍(상이) 滿身瘡痍 (만신창이)	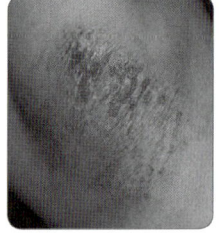
		痍	痍			
		雲夢封診	說文解字			
상처 이	설문 疒부	痍(이)는 상처를 뜻한다. 疒(녁)은 의미부분이고, 夷(이)는 발음부분이다.(「痍, 傷也. 从疒, 夷聲.」)				

＊ 몸이 베인 상처로 생긴 병(疒)으로, 나라 밖 이민족(夷)처럼 몸 밖의 '상처'를 뜻한다.

荑	艸부 총10획	戰國 金文	小篆		荑萸(무이)	
			荑			
		璽印集粹	說文解字			
흰비름 이	설문 艸부	荑(이·제)는 풀(의 이름)이다. 艸(초)는 의미부분이고, 夷(이)는 발음부분이다.(「荑, 艸也. 从艸, 夷聲.」)				

＊ 초목(艹)의 줄기 밖(夷)이 하얀 '흰 비름'을 뜻한다.

弔	弓부 4획	甲骨文	殷商 金文	西周 金文	春秋 金文	小篆	弔客(조객) 弔問(조문) 弔慰金(조위금)	

		前5.17.2	京津1292	弔鼎 作且乙簋	智鼎	吳王姬鼎 說文解字		
조상할 조	설문 人부	弔(조)는 문상(問喪)을 한다는 뜻이다. 옛날 장사를 지낼 때는 나무로 시신을 두텁게 덮었다. 사람이 활을 가지고 있는 것은 새를 쫓아 버리기 위함이다.(「弔, 問終也. 古之葬者, 厚衣之以薪. 从人持弓, 會敺禽.」)						

＊ 주살이나 활(弓)을 메고 시체를 지키는 사람(亻)에서 '조상하다'를 뜻한다.

弟 ➡ 第 ➡ 悌 ➡ 梯 ➡ 涕 ☆

弟	弓부 총7획	甲骨文		西周 金文	春秋 金文	小篆	古文	兄弟(형제) 弟子(제자) 師弟(사제)	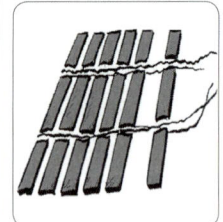

		乙484	庫453	沈子簋	季良父壺		說文解字		
아우 제	설문 弟부	弟(제)는 가죽으로 묶는 순서를 뜻한다. 고문(古文)의 모양을 따랐다. 무릇 弟부에 속하는 글자들은 모두 弟를 의미부분으로 삼는다. 𢎨는 弟의 고문으로, 고문 韋(위)자의 생략형을 의미부분으로 썼고, 丿(예)는 발음부분이다.(「𢎨, 韋束之次弟也. 从古字之象. 凡弟之屬皆从弟. 𢎨, 古文弟, 从古文韋省, 丿聲」)							

＊ 주살(弋)의 줄을 차례차례 활(弓) 모양으로 감아놓은 모양에서 '차례' '순서' '아우'를 뜻한다.
※파자: 갈래머리(丫:갈래 아)하고 활(弓)을 삐쳐(丿) 틀어지게 맨 '아우'를 뜻한다.

第	竹부 총11획	설문 없음	戰國 金文	小篆	及第(급제) 落第(낙제) 第一(제일)	
			第	第		
			信陽楚簡	形音義字典		
차례 제	설문	≪광아(廣雅)·석고(釋詁)≫에서는 "第(제)는 순서(順序)를 뜻한다.(「第, 次也.」)"라고 하였고, ≪정자통(正字通)·죽부(竹部)≫를 보면 "후세 사람들은 선비가 과거에 응시하여 합격한 것을 第라고 하였다.(「第, 後世士應擧見錄者曰第.」)"라고 하였다.				

＊ 대쪽(竹)을 순서(弟=第)대로 엮어 책을 만드는 데서 '차례'를 뜻한다.

悌	心부 총10획	小篆		孝悌(효제) 悌友(제우) 仁悌(인제)
		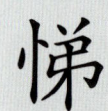 		
		說文解字		
공손할 제	설문 心부	悌(제)는 형제에게 잘한다는 뜻이다. 心(심)은 의미부분이고, 弟(제)는 발음부분이다. 경전(經典)에서는 弟자와 통용된다.(「悌, 善兄弟也. 从心, 弟聲. 經典通用弟.」)		

＊ 마음(忄)으로 형을 공경하는 아우(弟)로, 형제의 화목함에서 '공손함'을 뜻한다.

梯	木부 총11획	小篆 說文解字		梯田(제전) 階梯(계제) 雲梯(운제)	
사다리 제	설문 木부	梯(제)는 사다리를 뜻한다. 木(목)은 의미부분이고, 弟(제)는 발음부분이다.(「梯, 木階也. 从木, 弟聲.」)			

※ 나무(木)를 차례(弟)대로 엮어 높은 곳에 오르는 '사다리'를 뜻한다.

涕	水부 총10획	戰國 金文  郭店五行	小篆  說文解字	涕淚(체루) 涕泣(체읍) 鼻涕(비체)	
눈물 체	설문 水부	涕(체)는 눈물을 흘린다는 뜻이다. 水(수)는 의미부분이고, 弟(제)는 발음부분이다.(「涕, 泣也. 从水, 弟聲.」)			

※ 눈에서 나온 물(氵)이 차례(弟)대로 연달아 흐르는 '눈물'을 뜻한다.

弗➡佛➡拂➡彿☆➡沸☆➡費

弗	弓부 총5획	甲骨文 佚18　前5.34.1　甲3919	金文 師旂鼎　毛公鼎	小篆 說文解字	弗豫(불예) 弗素(불소) 百弗(백불)	
아닐/말 불	설문 丿부	弗(불)은 바로잡는다는 뜻이다. 丿(별)과 乀(불) 그리고 韋(위)의 생략형은 모두 의미부분이다.(「弗, 撟也. 从丿, 从乀, 从韋省.」)				

※ 활(弓) 모양으로 굽은 화살(∥)을 묶어 '교정함'을 뜻하나, 묶어 두어 쓰지 못함에서 '아니다' '말다'를 뜻한다.

佛	人부 총7획	小篆 說文解字		佛敎(불교) 佛經(불경) 佛家(불가)	
부처 불	설문 人부	佛(불)은 보이는 것이 분명하지 않다는 뜻이다. 人(인)은 의미부분이고, 弗(불)은 발음부분이다.(「佛, 見不審也. 从人, 弗聲.」)			

※ 사람(亻)으로, 세상을 사심(邪心)으로 보지 않아(弗) 탐욕에서 벗어난 '부처'를 뜻한다.
　※참고:본뜻은 '잘 보지 못함'을 뜻하였다.

拂	手부 총8획	小篆 說文解字		支拂(지불) 完拂(완불) 後拂(후불)	
떨칠 불	설문 手부	拂(불)은 지나가며 때린다는 뜻이다. 手(수)는 의미부분이고, 弗(불)은 발음부분이다.(「拂, 過擊也. 从手, 弗聲.」)			

※ 손(扌)으로 잘못된 것을 그냥 두지 않고(弗) 털어냄에서 '떨치다'를 뜻한다.

彿	彳부 총8획	설문 없음	小篆 形音義字典	彷彿(방불)	
비슷할 불					

※ 굽은 화살들이 멀리 나아가지(彳) 아니하고(弗) 중도에 그침이 '비슷함'을 뜻한다.

| 沸 | 水부 총8획 | 小篆 䢈 說文解字 | | 沸騰(비등) 鼎沸(정비) 沸湯(비탕) |  |

끓을 **비** / 용솟음할 **불** — 설문 水부: 沸(비)는 필비(畢沸)로, (솟아올라) 넘치는 샘을 뜻한다. 水(수)는 의미부분이고, 弗(불)은 발음부분이다.(「䢈, 畢沸, 濫泉. 从水, 弗聲.」)

✻ 물(氵)이 '용솟음쳐' 아래로 흐르지 않고(弗) 위로 넘치는 '끓는' 물을 뜻한다.

| 費 | 貝부 총12획 | 金文  孟鼎二 / 費敏父鼎 | 戰國 金文  新城大令戈 | 小篆 說文解字 | 費用(비용) 旅費(여비) 浪費(낭비) |  |

쓸 **비** — 설문 貝부: 費(비)는 재물을 마구 써 버린다는 뜻이다. 貝(패)는 의미부분이고, 弗(불)은 발음부분이다.(「費, 散財用也. 从貝, 弗聲.」)

✻ 마음에 들지 아니할(弗) 때 만족할 수 있도록 쓰는 돈(貝)에서 '쓰다'를 뜻한다.

行 ➜ 珩❖ ➜ 銜☆ ➜ 衍 ➜ 愆❖

| 行 | 行부 총6획 | 甲骨文 後下2.12 / 甲574 | 西周 金文 父辛罍 / 虢季子白盤 | 春秋 金文 南疆鉦 | 小篆 說文解字 | 行動(행동) 行列(행렬) 行進(행진) |  |

다닐 **행** — 설문 行부: 行(행)은 사람이 걸어간다는 뜻이다. 彳(척)과 亍(촉)은 모두 의미부분이다. 무릇 行부에 속하는 글자들은 모두 行을 의미부분으로 삼는다.(「行, 人之步趨也. 从彳, 从亍. 凡行之屬皆从行.」)

✻ 사람이나 마차가 다니던 네 거리 모양의 길에서 '다니다' '가다'를 뜻한다.

| 珩 | 玉부 총10획 | 戰國 金文 中山玉器 | 小篆 說文解字 | | 珩玉(형옥) 珩紞(형담) |  |

노리개/패옥 **형** — 설문 玉부: 珩(형)은 패옥 가운데 제일 위에 달린 옥이다. 이것으로 행보(行步)를 절제한다. 玉(옥)은 의미부분이고, 行(행)은 발음부분이다.(「珩, 佩上玉也. 所以節行止也. 从玉, 行聲.」)

✻ 끈에 다는 옥(玉)으로 다닐(行) 때 부딪치는 소리로 걸음을 조절하던 '노리개' '패옥'을 뜻한다.

| 銜 | 金부 총14획 | 戰國 金文 津藝80 | 小篆 說文解字 | | 姓銜(성함) 銜字(함자) 銜勒(함륵) |  |

재갈 **함** — 설문 金부: 銜(함)은 말의 입 안에 물리는 재갈을 뜻한다. 金(금)과 行(행)은 모두 의미부분이다. 銜은 말을 가게 하는 것이다.(「銜, 馬勒口中. 从金, 从行. 銜, 行馬者也.」)

✻ 말을 타고 길을 다닐(行) 때, 가고 서기 위해 말의 입에 물리던 쇠(金)인 '재갈'을 뜻한다.

| 衍 | 行부 총9획 | 甲骨文 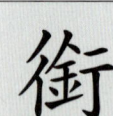 前8.15.2 / 前4.12.8 | 西周 金文 衍簋 / 古衍簋 | 戰國 金文  中陽戈 | 小篆 說文解字 | 富衍(부연) 敷衍說明 (부연설명) |  |

넓을 **연** — 설문 水부: 衍(연)은 강물이 바다로 흘러 들어간다는 뜻이다. 水(수)와 行(행)은 모두 의미부분이다.(「衍, 水朝宗于海也. 从水, 从行.」)

✻ 물(氵)이 넘쳐흘러 점점 넓은 바다로 가는(行) 데서 '넓다' '넘치다'를 뜻한다.

愆	心부 총13획	春秋金文	戰國 金文	小篆	或體	籀文	愆過(건과) 愆滯(건체) 愆戾(건려)
		蔡侯申鐘	侯馬盟書		說文解字		
허물 건	설문 心부	愆(건)은 허물을 뜻한다. 心(심)은 의미부분이고, 衍(연)은 발음부분이다. 寒은 혹체자(或體字)로 (衍 대신) 寒(한)의 생략형을 썼다. 㥮은 주문(籀文)이다.(「愆, 過也. 从心, 衍聲. 寒, 或从寒省. 㥮, 籀文.」)						

※ 끝없이 넘치는(衍) 마음(心) 대로 잘못하는 데서 '허물' '잘못'을 뜻한다.

人 ➡ 仁 ➡ 佞 ❖ ➡ 信 ➡ 休 ➡ 烋 ➡ 傘

人	人부 총2획	甲骨文	殷商 金文	西周金文	春秋 金文	小篆	人間(인간) 人品(인품) 人形(인형)
		菁6.1	前2.31.2	人矛 令簋	克鼎	王孫鐘	說文解字
사람 인	설문 人부	人(인)은 세상의 생물 가운데에서 가장 귀한 것이다. 이것은 주문(籀文)이다. 팔과 다리의 모양을 그린 것이다. 무릇 人부에 속하는 글자들은 모두 人을 의미부분으로 삼는다.(「𠔼, 天地之性最貴者也. 此籀文. 象臂脛之形. 凡人之屬皆从人.」)						

※ 사람이 옆으로 서 있는 모양. 변(邊)으로 쓰일 때는 亻(인)을 쓰며 '사람' '남(他人)'을 뜻한다.

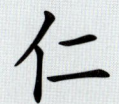

仁	人부 총4획	甲骨文	戰國 金文	小篆	古文		仁慈(인자) 仁術(인술) 仁義(인의)
		前2.19.1	中山王鼎	包山180	說文解字		
어질 인	설문 人부	仁(인)은 사람들에게 친절하게 대한다는 뜻이다. 人(인)과 二(이)는 모두 의미부분이다. 忎은 仁의 고문(古文)으로 千(천)과 心(심)으로 이루어졌다. 尸은 仁의 고문으로 (人 대신) 尸(시)를 쓰기도 하였다.(「𠔼, 親也. 从人, 从二. 忎, 古文仁, 从千·心. 尸, 古文仁, 或从尸.」)						

※ 사람(亻) 둘(二)의 친선·우애, 또는 모든 사람(亻)을 같게(二) 대하는 '어진' 마음을 뜻한다.

佞	人부 총7획	小篆					佞巧(영교) 佞惡(영악) 佞言(영언)
		說文解字					
아첨할 녕	설문 女부	佞(녕)은 아첨하는 재주가 뛰어나다는 뜻이다. 女(녀)와 信(신)의 생략형은 모두 의미부분이다.(「佞, 巧調高材也. 从女·信省.」)						

※ 남(亻)의 환심을 사기 위해 어진(仁)듯 간사한 행동을 하는 여자(女)에서 '아첨하다'를 뜻한다.

信	人부 총9획	甲骨文	西周 金文	戰國 金文	小篆	古文		信仰(신앙) 信念(신념) 信望(신망)
		花東062	𣪘叔鼎	中山王方壺 辟大夫虎符	說文解字			
믿을 신	설문 言부	信(신)은 誠(정성 성)이다. 人(인)과 言(언)은 모두 의미부분이다. 회의자(會意字)이다. 㐰은 信의 고문(古文)으로 言의 생략형을 썼다. 訫도 역시 信의 고문이다.(「信, 誠也. 从人, 从言. 㐰, 古文从言省. 訫, 亦古文信.」)							

※ 사람(亻)이 진실로 하는 정성스러운 말(言)에서 '믿음' '소식'을 뜻한다.

休	人부 총6획	甲骨文	殷商 金文	金文	小篆	或體		休暇(휴가) 休息(휴식) 休憩(휴게)
		乙6532	京津456	禾休簋	靜簋	休爵	說文解字	
쉴 휴	설문 木부	休(휴)는 쉰다는 뜻이다. 사람[人(인)]이 나무[木(목)]에 의지하고 있다는 의미이다. 庥는 休의 혹체자(或體字)로 广(엄)을 더하였다.(「休, 息止也. 从人依木. 庥, 休或从广.」)							

※ 사람(亻)이 나무(木) 밑에서 휴식하는 데서 '쉬다' '그치다'를 뜻한다.

	火부 총10획	설문 없음		金烋(김휴) (人名字)	
아름다울 휴					

※ 일을 끝내고 쉴(休) 때 불(灬)을 피우며 일을 축하하는 '아름다운' '경사'를 뜻한다.

	人부 총12획	설문 없음	小篆  形音義字典	雨傘(우산) 陽傘(양산) 洋傘(양산)	
우산 산					

※ 우산이나 양산 지붕(人)과 많은 우산 살(㐁)과 손잡이(十)로 '우산'을 뜻한다. ※㐁=虞의 古字.

以 → 似

	人부 총5획	甲骨文	殷商 金文	西周 金文	春秋 金文	小篆	以上(이상) 以北(이북) 以內(이내)	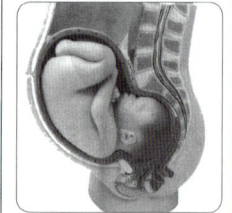
		合19765	者女觥	矢方彝	毛公鼎	秦公簋	說文解字	
써 이	설문 巳부	邑(이)는 쓴다는 뜻이다. 巳(사)자를 거꾸로 한 것이다. 가시중[賈侍中, 즉 가규(賈逵)]께서는 '巳는 율무의 열매이다. (열매의 모양을 본뜬) 상형(象形)이다.'라고 하였다.(「巳, 用也. 从反巳. 賈侍中說: '巳, 意巳實也. 象形.'」)						

※ 막 태어나려는 뒤집힌 태아의 모습(厶)에 사람(人)을 더해 시작의 '원인' '이유'에서 '~로써'를 뜻한다.
 ※파자: 쟁기모양의 도구(厶)로써 일하는 사람(人)에서 '~로써'를 뜻한다.

似	人부 총7획	西周 金文		春秋 金文		小篆	近似(근사) 恰似(흡사) 似而非(사이비)	
		似 鼎	胸 簋	伯康簋	徐王義楚耑	菖平鐘	說文解字	
닮을 사	설문 人부	佀=似(사)는 닮았다는 뜻이다. 人(인)은 의미부분이고, 㠯(=以, 이)는 발음부분이다.(「佀, 象也. 从人, 㠯聲.」)						

※ 사람(亻)의 태아(厶) 때 사람(人) 모습은 처음(以)은 서로 닮음에서 '닮다'를 뜻한다.

呆☆ → 保 → 堡 → 褓❖ → 褒

	口부 총7획	설문 없음	小篆  形音義字典	癡呆(치매)	
어리석을 매		참고: '보(保)'의 고문(古文).			

※ 아주 어린 아기(子·㝕)가 펼쳐진(八) 강보에 싸인 데서 '어리석다'를 뜻한다.

	人부 총9획	甲骨文		殷商 金文		西周 金文		保護(보호) 保全(보전) 保守(보수)	
		乙3686	屯1066	父丁簋	子保觚	格伯簋	保 卣		
		春秋 金文		戰國 金文	小篆	古 文			
		國差鐟	邾叔鐘	鄀公典盤	說文解字				
지킬 보	설문 人부	保(보)는 기른다는 뜻이다. 人(인)과 㝵의 생략형은 모두 의미부분이다. 㝵는 孚(부)의 고문(古文)이다. 丞(呆)는 保의 고문이다. 倮는 保의 고문으로 생략하지 않은 형태이다.(「㸒, 養也. 从人, 从㝵省. 㝵, 古文孚. 㝵, 古文保. 倮, 古文保, 不省.」)							

※ 사람(亻)이 어린아이(子)를 강보(八)에 싸(子·㝕+八=呆) 안아 '지키거나' '보살핌'을 뜻한다.

堡	土부 총12획	설문 없음	甲骨文		小篆	城堡(성보) 堡壘(보루) 堡障(보장)
			合14300	合18735	形音義字典	
작은성 **보**						

✱ 적을 막거나 지키는(保) 흙(土)이나 돌을 쌓은 '작은 성'을 뜻한다.

褓	衣부 총14획	설문 없음	戰國 金文	小篆	隸書	床褓(상보) 褓子(보자) 褓負商(보부상)
			上博昭王		形音義字典	
포대기 **보**						

✱ 넉넉하고 큰 옷(衤)으로 어린아이를 감싸 보살피는(保) '포대기'를 뜻한다.

	衣부 총15획		戰國 金文	小篆		榮褎(영포) 褎賞(포상) 褎貶(포폄)
			雲夢封診	說文解字		
기릴 **포**	설문 衣부	褎·褒(포)는 옷자락이 넓다는 뜻이다. 衣(의)는 의미부분이고, 保(보)의 생략형은 발음부분이다. 俍는 保(보)의 고문(古文)이다.(「褎, 衣博裾. 从衣, 保省聲. 俍, 古文保.」)				

✱ 아이를 감싸 지키는(保) 넓고 큰 옷(衣)처럼, 크고 널리 알려 '기리거나' '칭찬함'을 뜻한다.
　※참고: 褒는 손(爪)으로 아이(子)를 감싸 품은 '褎(포)'의 속자(俗字)다.

攸 → 悠 → 修 → 條 → 滌

攸	攴부 총7획		甲骨文	西周金文		戰國金文	小篆	秦刻石	攸遠(유원) 攸然(유연) 攸好德(유호덕)
			前4.30.4	攸鼎	頌簋	毛公鼎	中山王鼎	說文解字	
바 **유**	설문 攴부	攸(유)는 흘러가는 물을 뜻한다. 攴(복), 人(인), 水(수)의 생략형(ㅣ)은 모두 의미부분이다. 𣲎는 진(秦)나라 각석문(刻石文)으로 역산(嶧山)에 있는 글자로서, (그곳의) 攸자는 이와 같다.(「攸, 行水也. 从攴, 从人·水省. 𣲎, 秦刻石嶧山文, 攸字如此.」)							

✱ 사람(亻)이 채찍이나 도구(ㅣ)를 들고 쳐서(攴) 오래 '다스려' 하는 '바'를 뜻한다.

悠	心부 총11획		小篆	悠久(유구) 悠然(유연) 悠長(유장)
			說文解字	
멀 **유**	설문 木부	悠(유)는 근심한다는 뜻이다. 心(심)은 의미부분이고, 攸(유)는 발음부분이다.(「悠, 憂也. 从心, 攸聲.」)		

✱ 오랫동안 다스려(攸) 수양하는 마음(心)에서 '멀고' '아득함'을 뜻한다.

修	人부 총10획		金文	小篆	修養(수양) 修行(수행) 修理(수리)
			古鉢	說文解字	
닦을 **수**	설문 彡부	修(수)는 꾸민다는 뜻이다. 彡(삼)은 의미부분이고, 攸(유)는 발음부분이다.(「修, 飾也. 从彡, 攸聲.」)			

✱ 먼지나 오염물을 다스려(攸) 털(彡)로 문질러 깨끗하게 '닦음'을 뜻한다.

條	木부 총11획	春秋 金文		戰國 金文	小篆	條目(조목) 條件(조건) 條項(조항)	

		吳王光鐘	吳王光鐘	郭店性自	說文解字		
가지 조	설문 木부	條(조)는 작은 나뭇가지를 뜻한다. 木(목)은 의미부분이고, 攸(유)는 발음부분이다.(「條, 小枝也. 从木, 攸聲.」)					

※ 손으로 잡고 쳐서 다스리기(攸) 좋은 길고 가는 나무(木) 가지에서 '가지' '조리'를 뜻한다.

滌	水부 총14획	小篆	洗滌(세척) 滌署(척서) 滌蕩(척탕)	

		說文解字		
씻을 척	설문 水부	滌(척)은 씻는다는 뜻이다. 水(수)는 의미부분이고, 條(조)는 발음부분이다.(「滌, 洒也. 从水, 條聲.」)		

※ 물(氵)가에서 긴 가지(條)로 빨래를 쳐서 길게 깨끗이 씻음에서 '씻다'를 뜻한다.

倉→創→滄→蒼→愴→槍☆→瘡→艙☆

倉	入부 총10획	甲骨文		殷商 金文	西周金文	春秋 金文	小篆	奇字	倉庫(창고) 穀倉(곡창) 營倉(영창)
					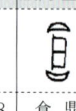				
		前7.31.4	卜2.8.8	倉鼎	倉父盨	者減鐘	說文解字		
곳집 창	설문 倉부	倉(창)은 곡식을 저장하는 곳을 뜻한다. 곡식의 색깔이 푸릇누릇[蒼黃(창황)] 할 때 거두어 저장한다고 하여 (창고를) 倉이라고 부르는 것이다. 食(식)의 생략형은 의미부분이고, 口는 창고를 그린 것이다. 무릇 倉부에 속하는 글자들은 모두 倉을 의미부분으로 삼는다. 仺은 倉의 기자(奇字)이다.(「倉, 穀藏也. 倉黃取而藏之, 故謂之倉. 从食省, 口, 象倉形. 凡倉之屬皆从倉. 仺, 奇字倉.」)							

※ 지붕(人)과 문(戶=彐)과 에워싼(口) 창고 형태의 푸르고 싱싱하게 곡식을 두는 '곳집'.
※참고: 倉(창)은 곡식을 보관하는 창고이고, 庫(고)는 기타 물건을 보관하는 창고이다.

創	刀부 총12획	甲骨文		戰國 金文	小篆	或體	創造(창조) 創作(창작) 創始(창시)	
				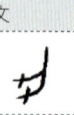				
		刅觶	刅壺	中山王壺	說文解字			
비롯할 창	설문 刀부	刅(창)은 상처를 뜻한다. 刃(인)과 一(일)은 모두 의미부분이다. 創은 혹체자(或體字)로 刀(도)는 의미부분이고, 倉(창)은 발음부분이다.(「刅, 傷也. 从刃, 从一. 創, 或从刀, 倉聲.」)						

※ 곳집(倉)에 보관하는 처음 칼(刂)로 수확한 푸르고 싱싱한 곡식에서 '비롯하다'를 뜻한다.

滄	水부 총13획	戰國 金文	小篆	滄海(창해) 滄波(창파) 滄浪(창랑)	

		郭店緇衣	說文解字		
큰바다 창	설문 水부	滄(창)은 (물이) 차다는 뜻이다. 水(수)는 의미부분이고, 倉(창)은 발음부분이다.(「滄, 寒也. 从水, 倉聲.」)			

※ 차가운 물(氵)처럼 창고(倉)의 곡식을 시원하게 보관하는 데서 '차다'가 본뜻이나, 곡식을 모아두는 창고(倉)처럼 모든 물(氵)이 모이는 '큰 바다'를 뜻하기도 한다.

蒼	艸부 총14획	戰國 金文		小篆	蒼白(창백) 蒼空(창공) 蒼天(창천)	

		宜陽右蒼鼎	璽彙0967	說文解字		
푸를 창	설문 艸부	蒼(창)은 풀 색깔을 뜻한다. 艸는 의미부분이고, 倉은 발음부분이다.(「蒼, 艸色也. 从艸, 倉聲.」)				

※ 무성한 초목(++)이나 곡식이 곳집(倉) 주변에 끝없이 넓게 펼쳐짐에서 '푸르다'를 뜻한다.

愴	心부 총13획	戰國 金文	小篆		悲愴(비창) 愴恨(창한) 慘愴(참창)
		包山142	說文解字		
슬플 창	설문 心부	愴(창)은 속상해한다는 뜻이다. 心(심)은 의미부분이고, 倉(창)은 발음부분이다.(「愴, 傷也. 从心, 倉聲.」)			

※ 마음(忄)이 서늘한 창고(倉)처럼 싸늘하게 식은 데서 '차다' '슬프다'를 뜻한다.

槍	木부 총14획	戰國 金文	小篆		槍劍(창검) 竹槍(죽창) 槍術(창술)
		雲夢爲吏	說文解字		
창 창	설문 木부	槍(창)은 막는다는 뜻이다. 木(목)은 의미부분이고, 倉(창)은 발음부분이다. 일설에 槍은 물리친다는 뜻이라고도 한다.(「槍, 歫也. 从木, 倉聲. 一曰: 槍, 欀也.」)			

※ 나무(木)로 만든, 곡식을 모은 창고(倉)를 지켜 적을 '흐트러지게' 하는 '창'을 뜻한다.
  ※파자: 창고(倉)를 지키는 나무(木)로 만든 '창'을 뜻한다.

瘡	疒부 총15획	설문 없음			痘瘡(두창) 瘡腫(창종) 瘡病(창병)
부스럼 창					

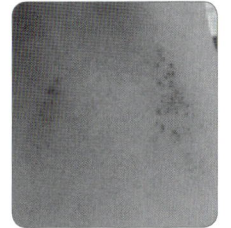

※ 병(疒)이 생겨 고름이 고이거나 딱지가 창고(倉)처럼 쌓이는 '부스럼' '상처'를 뜻한다.

艙	舟부 총16획	설문 없음			艙間(창간) 船艙(선창) 艙底(창저)
부두 창					

※ 배(舟)에 물건을 싣는 창고(倉)인 '선창(船倉)'이나, 물가다리에 배(舟)가 모이는(倉) '부두'를 뜻한다.

余 ➡ 餘 ➡ 徐 ➡ 敍 ➡ 除 ➡ 途 ➡ 塗 ➡ 茶* ➡ 斜

余	人부 총7획	甲骨文		西周 金文		戰國 金文	小篆	余等(여등) 余輩(여배) 殘余(잔여)
		乙1239	甲2418	盂鼎	智鼎	吉日壬午劍	說文解字	
나 여	설문 八부	余(여)는 말을 시작할 때 하는 말이다. 八(팔)은 의미부분이고, 舍(사)의 생략형은 발음부분이다. 㲋는 두 개의 余로 이루어졌다. 발음은 余와 같다.(「余, 語之舒也. 从八, 舍省聲. 㲋, 二余也. 讀與余同.」)						

※ 지붕(亼)과 나무(木) 기둥만 있는, 관리가 먼 길을 갈 때 지니던 간편한 개인용 이동식 막사에서 '나'를 뜻한다.

餘	食부 총16획	戰國 金文	小篆		餘裕(여유) 餘暇(여가) 餘生(여생)
		雲夢封診	說文解字		
남을 여	설문 食부	餘(여)는 배부르다는 뜻이다. 食(식)은 의미부분이고, 余(여)는 발음부분이다.(「餘, 饒也. 从食, 余聲.」)			

※ 출장 도중에 남은 음식(食)을 먹기 위해 막사(余)를 펼치는 데서 '남다'를 뜻한다.

徐	彳부 총10획	戰國 金文	小篆			徐行(서행) 徐步(서보) 徐緩(서완)
		徐 雲夢日甲	徐 說文解字			
천천할 서	설문 彳부	徐(서)는 천천히 간다는 뜻이다. 彳(척)은 의미부분이고, 余(여)는 발음부분이다.(「徐, 安行也. 从彳, 余聲.」)				

※ 길을 가다(彳) 막사(余)를 펼쳐 여유 있게 쉬는 데서 '천천하다'를 뜻한다.

敘	攴부 총11획	甲骨文	戰國 金文	小篆		敘述(서술) 敘品(서품) 敘事詩(서사시)
		 前6.10.3	敘 包山229	敘 說文解字		
펼 서	설문 攴부	敘(서)는 차례를 뜻한다. 攴(복)은 의미부분이고, 余(여)는 발음부분이다.(「敘, 次第也. 从攴, 余聲.」)				

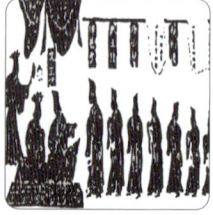

※ 막사(余)를 다스려(攴) 관직 차례 순으로 펼쳐놓은 데서 '펴다' '차례'를 뜻한다.

除	阜부 총10획	戰國 金文	小篆			除去(제거) 除外(제외) 除草(제초)
		除 青川櫝	除 說文解字			
덜 제	설문 阜부	除(제)는 궁전의 계단을 뜻한다. 阜(부)는 의미부분이고, 余(여)는 발음부분이다.(「除, 殿陛也. 从阜, 余聲.」)				

※ 언덕(阝)처럼 높은 관리의 막사(余)옆 궁전에 오르는 정결한 '돌계단'이 뜻이나, 쓸어서 항상 깨끗이 하는 데서 '덜다' '제거하다'를 뜻한다.

途	辵부 총11획	甲骨文				春秋 金文	설문 없음	途上(도상) 用途(용도) 別途(별도)
		 佚945	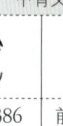 乙6386	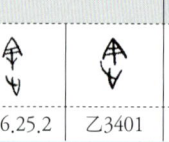 前6.25.2	乙3401	途 途盉		
길(行中) 도		≪옥편(玉篇)·착부(辵部)≫를 보면 "途(도)는 도로(道路)를 뜻한다.(「途, 途路也.」)"라고 하였다.						

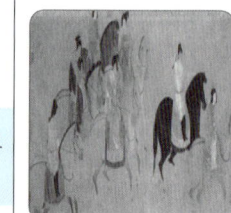

※ 관리가 막사(余)를 들고 길을 다니며(辶) 업무를 진행하고 있는 데서 '길(行中)'을 뜻한다.

塗	土부 총13획	戰國 金文	小篆			塗料(도료) 塗炭(도탄) 糊塗(호도)
		 上博周易	 說文解字			
칠할 도	설문 土부	塗(도)는 진흙을 뜻한다. 土(토)는 의미부분이고, 涂(도)는 발음부분이다.(「墍, 泥也. 从土, 涂聲.」)				

※ 물(氵) 따라 난 길(涂:도랑/길 도) 옆의 진흙(土)으로, '진흙'을 '칠하고' '더럽힘'을 뜻한다.
　※파자:물(氵)이 흐르는 막사(余) 옆 도랑(涂)의 '진흙(土)'을 '칠하여' '더럽힘'.

荼	艸부 총11획	戰國 金文	小篆			荼毒(도독) 荼毗(다비) 荼薺(도제)
		 長沙帛書	荼 說文解字			
씀바귀 도 차 다	설문 艸부	荼(도)는 씀바귀이다. 艸(초)는 의미부분이고, 余(여)는 발음부분이다.(「荼, 苦荼也. 从艸, 余聲.」)				

※ 써서 먹기가 힘든 풀(艹)로, 길가나 막사(余) 주변에 많이 자라는 '씀바귀'를 뜻한다.

 斜	斗부 총11획	小篆 （說文解字）		斜線(사선) 斜角(사각) 斜視(사시)	
비낄 **사**	설문 斗부	斜(사)는 떠낸다는 뜻이다. 斗(두)는 의미부분이고, 余(여)는 발음부분이다. 茶(도)처럼 읽는다.(「斜, 杼也. 从斗, 余聲. 讀若茶.」)			

* 관리가 막사(余)를 펴고 말(斗)을 기울여 남은 곡식을 먹는 데서 '비끼다' '기울다'를 뜻한다.

乍 ➡ 詐 ➡ 作 ➡ 昨 ➡ 炸 ➡ 窄☆ ➡ 搾☆ ➡ 祚

 乍	ノ부 총5획	甲骨文 / 殷商 金文 / 西周金文 / 春秋金文 / 小篆 乙570 / 小子母己卣 / 天亡簋 / 頌簋 / 邾公華鐘 / 說文解字	乍晴(사청) 乍往(사왕) 乍視(사시)	
잠깐 **사**	설문 亡부	乍(사)는 멈춘다는 뜻이다. 일설에는 도망친다는 뜻이라고도 한다. 亡(망)과 一(일)은 모두 의미부분이다.(「乍, 止也. 一曰亡也. 从亡, 从一.」)		

* 아직 이루지 못한 옷깃 부분을 바느질하여 '잠깐' 동안에 '옷을 이룸'을 뜻한다.

 詐	言부 총12획	春秋 金文 / 戰國 金文 / 小篆 蔡侯盤 / 中山王鼎 / 說文解字	詐欺(사기) 詐稱(사칭) 詐取(사취)	
속일 **사**	설문 言부	詐(사)는 속인다는 뜻이다. 言(언)은 의미부분이고, 乍(사)는 발음부분이다.(「詐, 欺也. 从言, 乍聲.」)		

* 말(言)로 잠시(乍) 속이는 데서 '속이다'를 뜻한다.

 作	人부 총7획	甲骨文 / 金文 / 小篆 乙570 / 粹835 / 前52.42.3 / 利簋 / 姞氏簋 / 說文解字	作文(작문) 作成(작성) 作業(작업)	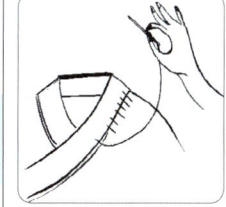
지을 **작**	설문 人부	作(작)은 일어난다는 뜻이다. 人(인)과 乍(사)는 모두 의미부분이다.(「作, 起也. 从人, 从乍.」)		

* 사람(亻)이 잠깐잠깐(乍) 바느질하여 옷을 지음에서 '짓다'를 뜻한다.

 昨	日부 총9획	小篆 說文解字	昨日(작일) 昨年(작년) 昨今(작금)	
어제 **작**	설문 日부	昨(작)은 어제를 뜻한다. 日(일)은 의미부분이고, 乍(사)는 발음부분이다.(「昨, 壘日也. 从日, 乍聲.」)		

* 하루 해(日)가 잠깐(乍) 동안에 저물어 지나감에서 '어제'를 뜻한다.

 炸	火부 총9획	설문 없음	炸裂(작렬) 炸發(작발) 炸彈(작탄)	
터질 **작**				

* 불(火)에 달군 기름에 음식을 잠시(乍) 담가 튀겨 익히는 데서 '터지다'를 뜻한다.

	穴부 총10획	설문 없음	小篆 形音義字典		險窄(험착) 狹窄(협착) 窄小(착소)	
좁을 착						

✽ 굴(穴)의 사이가 잠시(乍)만 움직여도 닿을 만큼 사이가 '좁음'을 뜻한다.

	手부 총13획	설문 없음			搾取(착취) 搾乳(착유) 搾由(착유)	
짤 착						

✽ 즙이 있는 물체를 손(扌)으로 좁게(窄) 비틀어 즙을 짜내는 데서 '짜다'를 뜻한다.

	示부 총10획	戰國 金文 包山129	小篆 說文解字		福祚(복조) 天祚(천조) 祚慶(조경)	
복 조	설문 示부	祚(조)는 복(福)을 뜻한다. 示(시)는 의미부분이고, 乍(사)는 발음부분이다. 신(臣) 서현(徐鉉) 등이 아룁니다. "무릇 제사를 지내면 고기[胙(조)]를 받아야 한다. 고기[胙]는 즉 복(福)이다. 이 글자는 후세 사람이 첨가한 것이다."(「祚, 福也. 从示, 乍聲. 臣鉉等曰: "凡祭必受胙, 胙卽福也. 此字後人所加."」)				

✽ 신(示)에 제사한 뒤 바로 제육을 잠깐(乍) 동안에 나누어 먹어 신의 '복'을 받음을 뜻한다.

介 ▶ 价 ▶ 芥 ▶ 疥 ✦

	人부 총4획	甲骨文 佚575　前1.45.6　合816	春秋金文 禺邦王壺	戰國 金文 雲夢法律	小篆 說文解字	介入(개입) 紹介(소개) 仲介(중개)	
낄 개	설문 八부	介(개)는 (경계를) 그린다는 뜻이다. 八(팔)과 人(인)은 모두 의미부분이다. 사람은 각자 경계(境界)를 가지고 있다.(「介, 畫也. 从八, 从人. 人各有介.」)					

✽ 사람(人)의 몸을 감싸는 갑옷으로, 몸이 '갑옷' 사이(八)에 끼어 있다는 뜻에서 '끼다'를 뜻한다.

	人부 총6획	小篆 說文解字		价人(개인) 使价(사개)	
클/착할 개	설문 人부	价(개)는 좋다는 뜻이다. 人(인)은 의미부분이고, 介(개)는 발음부분이다. ≪시경(詩經)≫에 이르기를 "선인(善人)은 나라의 울타리로다."라고 하였다.(「价, 善也. 从人, 介聲. ≪詩≫曰: "价人惟藩."」)			

✽ 사람과 사람(亻) 사이에 끼어서(介) 문제를 해결해 주는 '착하고' 덕망이 '큰' 사람을 뜻한다.

芥	艸부 총8획	戰國 金文 雲夢秦律	小篆 說文解字		芥子(개자) 草芥(초개) 塵芥(진개)	
겨자 개	설문 艸부	芥(개)는 나물(의 이름)이다. 艸(초)는 의미부분이고, 介(개)는 발음부분이다.(「芥, 菜也. 从艸, 介聲.」)				

✽ 맵고 쓴맛의 채소(艹)로 다른 음식 사이에 끼어(介) 맛을 도와주는 '겨자'를 뜻한다.

	疒부 총9획	戰國 金文			小 篆		疥搔(개소) 疥癘(개려)
		中山方案	中山獸器	包山114	說文解字		

| 옴 개 | 설문
疒부 | 疥(개)는 긁는다는 뜻이다. 疒(녁)은 의미부분이고, 介(개)는 발음부분이다.(「𤵸, 搔也. 从疒, 鮮聲.」) |

※ 개선충(疥癬蟲)에 의한 가려운 피부병(疒)으로, 약한 피부 사이에 끼어(介) 잘 생기는 '옴'을 뜻한다.

入➡內➡芮➡納➡衲☆➡訥☆…肉

	入부 총2획	甲骨文		金文			小 篆	入口(입구) 入場(입장) 出入(출입)
		鐵185.1	佚720	孟鼎	頌鼎	大鼎	說文解字	

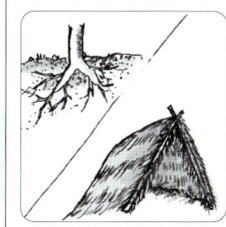

| 들 입 | 설문
入부 | 入(입)은 들어간다는 뜻이다. 위에서 아래로 내려가는 것을 그렸다. 무릇 入부에 속하는 글자들은 모두 入을 의미부분으로 삼는다.(「∩, 內也. 象從上俱下也. 凡入之屬皆从入.」) |

※ 뿌리가 갈라져 땅 속으로 들어가거나, 움집을 들어가는 입구 모양에서 '들어가다'를 뜻한다.

	入부 총4획	甲骨文		金文			小 篆	內外(내외) 內部(내부) 內容(내용)
		乙4667	前4.28.3	井侯簋	克鼎	散盤	說文解字	

| 안 내 | 설문
入부 | 內(내)는 들어간다는 뜻이다. 冂은 의미부분이고, 밖에서 안으로 들어간다는 뜻이다.(「內, 入也. 从冂, 自外而入也.」) |

※ 집(冂) 안으로 들어가는(入) 데서 '안' '속'을 뜻한다.
※참고: 먼(冂) 경계 안이나 성(冂)안으로 들어가는(入) 데서 '안'을 뜻한다.

 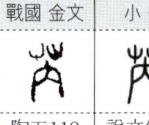

	艸부 총8획	戰國 金文	小 篆		芮戈(예과) 芮芮(예예) 芮氏(예씨)
		陶五119	說文解字		

| 성 예 | 설문
艸부 | 芮(예)는 예예(芮芮)로, 풀이 나는 모습이다. 艸(초)는 의미부분이고, 內(내)는 발음부분이다. 汭(예)처럼 읽는다.(「芮, 芮芮, 艸生皃. 从艸, 內聲. 讀若汭.」) |

※ 풀(艹)싹이 흙 속(內)에서 뾰족뾰족 돋아나는 여리고 작은 '싹'으로, '성씨(姓氏)'로 쓰인다.

	糸부 총10획	金文	戰國 金文	小 篆		納得(납득) 納稅(납세) 納涼(납량)
		克鼎	信陽楚簡	說文解字		

| 들일 납 | 설문
糸부 | 納(납)은 실이 젖어서 축축하다는 뜻이다. 糸(멱·사)는 의미부분이고, 內(내)는 발음부분이다.(「納, 絲溼納納也. 从糸, 內聲.」) |

※ 실(糸)에 습기가 안(內)으로 스며들어 '눅눅해짐'에서 '들이다' '받다' '바치다'를 뜻한다.

	衣부 총9획	설문 없음		衲僧(납승) 衲衣(납의) 衲被(납피)

| 기울 납 | | | | |

※ 옷(衤)의 낡은 부분 안(內)에 천을 대고 깁는 데서 '깁다'를 뜻한다.

訥	言부 총11획	小篆 訥 說文解字		語訥(어눌) 訥辯(눌변) 訥言(눌언)	
말더듬거릴 눌	설문 言부	訥(눌)은 말이 잘 나오지 않는다는 뜻이다. 言(언)과 內(내)는 모두 의미부분이다.(「訥, 言難也. 从言, 从內.」)			

✻ 말(言)이 입 안(內)에 머물고 나오지 못하는 데서 '말을 더듬거리다'를 뜻한다.

肉	肉부 총6획	甲骨文  乙215	金文  甲1823	小篆 包山255 說文解字	血肉(혈육) 肉食(육식) 肥肉(비육)	
고기 육	설문 肉부	肉(육)은 고기 덩어리를 뜻한다. 상형이다. 무릇 肉부에 속하는 글자들은 모두 肉을 의미부분으로 삼는다.(「⺼, 胾肉. 象形. 凡肉之屬皆从肉.」)				

✻ 저며 놓은 고깃덩이 모습으로 '고기'를 뜻한다. 변에 쓰일 때는 '月'로 변하여 '육달월'이라 한다.
  ※참고: 주로 사람 몸의 각부위 명칭에 많이 쓰인다.

全 ➡ 栓 ➡ 銓 ➡ 佺 ❖ ➡ 詮 ❖ ➡ 荃 ❖

全	入부 총6획	金文  鄭王喜戈	小篆 包山210	篆文 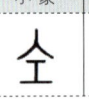 說文解字	古文	全部(전부) 全國(전국) 全體(전체)	
온전 전	설문 入부	仝(전)은 온전하다는 뜻이다. 入(입)과 工(공)은 모두 의미부분이다. 全은 仝의 전문(篆文)으로 (工 대신) 玉(옥)을 썼다. 순옥(純玉)을 全이라고 한다. 仝은 仝의 고문(古文)이다.(「仝, 完也. 从入, 从工. 全, 篆文仝, 从玉. 純玉曰全. 仝, 古文仝.」)					

✻ 하자가 없어 보석에 드는(入) 완전한 옥(玉=王)이나, 거푸집에 완전하게 쇳물을 부어놓은 데서 '온전하다'를 뜻한다. ※파자:궁에 들어가(入) 왕(王)처럼 '온전히' 갖추어 봄.

栓	木부 총10획	설문 없음	血栓(혈전) 栓木(전목) 栓塞(전색)	
마개 전				

✻ 나무(木)로 만들어 물건을 온전히(全) 지탱하는 '나무못'이나, 입구를 막는 '마개'를 뜻한다.

銓	金부 총14획	小篆 銓 說文解字	銓衡(전형) 銓注(전주) 判銓(판전)	
사람가릴 전	설문 金부	銓(전)은 저울을 뜻한다. 金(금)은 의미부분이고, 全(전)은 발음부분이다.(「銓, 衡也. 从金, 全聲.」)		

✻ 쇠(金)로 만든 '저울추'로 물건의 경중(輕重)을 완전하게(全) 가리듯 '사람을 가림'을 뜻한다.

佺	人부 총8획	小篆 佺 說文解字	偓佺(악전) 전설상의 신선이름.	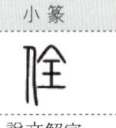
신선이름 전	설문 人부	佺(전)은 악전(偓佺)으로, 신선을 뜻한다. 人(인)은 의미부분이고, 全(전)은 발음부분이다.(「佺, 偓佺, 仙人也. 从人, 全聲.」)		

✻ 전설상에 전하는 사람(亻)의 모습으로는 완전한(全) '신선이름'을 이른다.

詮	言부 총13획	小篆 詮 說文解字		詮議(전의) 詮次(전차) 詮釋(전석)	
설명할 전	설문 言부	詮(전)은 갖추었다는 뜻이다. 言(언)은 의미부분이고, 全(전)은 발음부분이다.(「詮, 具也. 从言, 全聲.」)			

* 말하여(言) 온전하게(全) 사리를 밝혀 '설명함'을 뜻한다.

荃	艸부 총10획	小篆 荃 說文解字		荃蹄(전제) 荃蕙(전혜)	
향풀 전	설문 艸부	荃(전)은 겨자 무침을 뜻한다. 艸(초)는 의미부분이고, 全(전)은 발음부분이다.(「荃, 芥脃也. 从艸, 全聲.」)			

* 풀(艹) 향이 아름다워 완전한(全) '향풀' 이름을 뜻한다.

金 ➡ 釗❖

金	金부 총8획	西周 金文		春秋 金文	小篆	古文	黃金(황금) 金屬(금속) 金庫(금고)	
		麥鼎	習鼎	毛公鼎	攻吳王鑑	說文解字		
쇠 금 성 김	설문 金부	金(김·금)은 오색 금속류의 총칭이다. 누런색을 으뜸으로 친다. 땅에 오래 묻어 놓아도 녹이 슬지 않고, 백 번을 담금질해도 줄어들지 않으며, 모양을 바꾸어도 (본래의 성질은) 어긋남이 없다. (음양오행설에 따르면) 서방(西方)에 해당하고 土(토)에서 생겨난다. 土는 의미부분이고, 그 좌우에 있는 점들은 金이 흙 안에 있는 모양을 그린 것이다. 今(금)은 발음부분이다. 무릇 金부에 속하는 글자들은 모두 金을 의미부분으로 삼는다. 釡은 金의 고문(古文)이다.(「金, 五色金也, 黃爲之長. 久薶不生衣, 百鍊不輕, 从革不違. 西方之行, 生於土. 从土, 左右注象金在土中形. 今聲. 凡金之屬皆从金. 釡, 古文金.」)						

* 쇳덩이를 모아 녹여 화살촉이나 도끼 등 무기를 만드는 데서 '쇠' '금'을 뜻한다.
  ※파자: 사람(人)들이 쇳덩이(丷)를 모아 왕(王)의 도끼를 만드는 데서 '쇠'를 뜻한다.

釗	金부 총10획	설문 없음	春秋 金文	戰國 金文	小篆	乭釗(돌쇠)	
			庚壺	上博容成	秦篆		
힘쓸/쇠 쇠							

* 각이 진 곳을 힘써 깎아 둥글게 처리하는 쇠(金)로 만든 칼(刂)에서 '힘쓰다' '쇠'를 뜻한다.

丙 ➡ 病 ➡ 炳 ➡ 晒 ☆ ➡ 昺 ➡ 柄 … 陋(匧)

丙	一부 총5획	甲骨文		殷商 金文	西周金文	戰國 金文	小篆	丙方(병방) 丙子胡亂 (병자호란)	
		前7.15.3	粹174	俟父丙觶	兄日戈	靜卣	子禾子釜	說文解字	
남녘 병	설문 丙부	丙(병)은 남방에 위치한다. 만물이 성장하고, 빛난다. 음기가 일어나기 시작하니, 양기가 점차 쇠퇴해 간다. 一(일)·入(입)·冂(경)은 모두 의미부분이다. 一은 양(陽)을 뜻한다. (10천간 순서에서) 丙은 乙(을)의 다음이다. 사람의 어깨를 그린 것이다. 무릇 丙부에 속하는 글자들은 모두 丙을 의미부분으로 삼는다. (「丙, 位南方. 萬物成, 炳然. 陰气初起, 陽气將虧. 从一·入·冂. 一者, 陽也. 丙承乙. 象人肩. 凡丙之屬皆从丙.」)							

* 물건 받침대, 물고기 꼬리, 철판(一) 안(內)에 불을 뜨겁고 밝게 피워 전병을 굽던 도구.
  ※파자: 추울 때는 한(一) 번만 안(內)에 들어가도 '밝고' '따듯하여' '남쪽'을 뜻한다.
  ※참고: '丙'이 천간으로 쓰이면서 '남쪽'이나 불(火)을 뜻하여 주로 '밝음'을 나타낸다.

病	疒부 총10획	戰國 金文 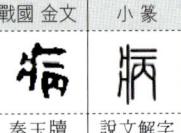 秦玉牘	小篆 說文解字		病者(병자) 病院(병원) 病故(병고)	
병 **병**	설문 疒부	설문	病(병)은 중병(重病)을 뜻한다. 疒(녁)은 의미부분이고, 丙(병)은 발음부분이다.(「病, 疾加也. 从疒, 丙聲.」)			

✽ 질환(疒) 중에 땀이 흐를 정도로 뜨겁게(丙) 열이 나는 중병에서 '병' '병들다'를 뜻한다.

炳	火부 총9획	小篆  說文解字		炳煜(병욱) 炳燿(병요) 炳然(병연)	
불꽃 **병**	설문 火부	炳(병)은 밝다는 뜻이다. 火(화)는 의미부분이고, 丙(병)은 발음부분이다.(「炳, 明也. 从火, 丙聲.」)			

✽ 불(火)이 밝게(丙) 타오르며 불꽃을 날림에서 '불꽃'을 뜻한다.

昞	日부 총9획	설문 없음	小篆  形音義字典		昞龍(병룡) (人名字)	
밝을 **병**						

✽ 해(日)가 밝게(丙) 떠오름에서 '밝다'를 뜻한다. ※'昺'과 같은 자.

昺	日부 총9획	설문 없음	小篆  形音義字典		昺男(병남) (人名字)	
밝을 **병**						

✽ 해(日)처럼 밝게(丙) 빛남에서 '밝다'가 되고, 세상에 빛나기를 바람에서 이름자로 쓰인다.

柄	木부 총9획	甲骨文  乙7160 乙7377	戰國 金文 雲夢爲吏	小篆  說文解字	或體	柄臣(병신) 國柄(국병) 斗柄(두병)	
자루 **병**	설문 木부	柄(병)은 자루를 뜻한다. 木(목)은 의미부분이고, 丙(병)은 발음부분이다. 棅은 혹체자(或體字)로 (丙 대신) 秉(병)을 썼다.(「柄, 柯也. 从木, 丙聲. 棅, 或从秉.」)					

✽ 나무(木)로 된 연장 손잡이 부분이 많이 사용하여 밝게(丙) 빛나는 '자루'를 뜻한다.

陋	阜부 총9획	小篆  說文解字		陋名(누명) 陋小(누소) 陋醜(누추)	
더러울 **루**	설문 阜부	陋(루)는 좁다는 뜻이다. 阜(부)는 의미부분이고, 㔷(루)는 발음부분이다.(「陋, 阨陝也. 从𨸏, 㔷聲.」)			

✽ 언덕(阝) 사이가 좁아 옆으로 피해(㔷=匧 : 옆으로피할 루)갈 정도로 좁고 음습하여 '더럽다'를 뜻한다.
　※참고:'匧'는 상자(匸)에 전병 굽는 도구(丙)를 숨김을 뜻한다. ※'陋'가 본자.

兩 ➡ 倆 ➡ 輛

		西周 金文			春秋 金文	小篆	
兩	入부 총8획	宅簋	大鼎	函皇父簋	齊侯壺	說文解字	兩面(양면) 兩班(양반) 兩家(양가)

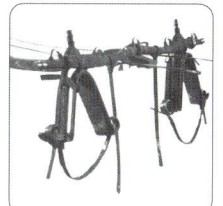

두 **량**

설문
兩부

兩(량), 24수(銖)가 1량(兩)이다. 一(일)과 兩(량)은 모두 의미부분이다. (兩은) 똑같이 나눈다는 뜻으로, (兩은) 발음부분이기도 하다.(「兩, 二十四銖爲一兩. 从一·兩. 平分, 亦聲.」)

✻ 두 마리 말의 어깨부분에 걸어 마차를 끌게 하던 멍에(ㅅ) 부분에서 '두' '둘'을 뜻한다.

		小篆	
倆	人부 총10획	 形音義字典	技倆(기량) 伎倆(기량)

재주 **량**

설문 없음

✻ 사람(亻)이 재주를 다하여 쌍두(兩)마차를 다루는 데서 '재주' '재능' '둘'을 뜻한다.

輛	車부 총15획	설문 없음	車輛(차량)

수레 **량**

✻ 수레(車)를 끄는 두(兩) 마리 말로 '수레'를 세는 단위로 쓰인다. ※참고 : 㒳=兩의 古字.

㒼 ➡ 滿 ➡ 瞞 ➡ 鏋✤

		金文		小篆	
㒼	冂부 총11획	㒼簋	陶三356	說文解字	용례 없음

평평할 **만**

설문
兩부

㒼(면·만)은 평평하다는 뜻이다. 廿(입)은 의미부분이다. 오행가(五行家)의 계산법에 따르면, 20분(分)이 1시진(時辰)이다. 兩은 둘이 평평하다는 뜻이다. 蠻(만)처럼 읽는다.(「㒼, 平也. 从廿. 五行之數, 二十分爲一辰. 兩, 兩平也. 讀若蠻.」)

✻ 많은(廿=卄:스물 입) 누에가 섶에 들어가(入) 비단(巾)을 짜듯 가지런히(兩) 고치를 지은 데서 '평평함'을 뜻한다.
※파자:많은(廿) 물건을 가지런히(兩) 하는 데서 '평평함'을 뜻한다.

		戰國 金文	小篆	
滿	水부 총14획	 陶九079	說文解字	滿足(만족) 滿期(만기) 滿醉(만취)

찰 **만**

설문
水부

滿(만)은 (물이) 가득 차서 넘친다는 뜻이다. 水(수)는 의미부분이고, 㒼(만)은 발음부분이다.(「㒼, 盈溢也. 从水, 㒼聲.」)

✻ 물(氵)이 그릇에 평평하게(㒼) 가득 차고 넘침에서 '가득 차다'를 뜻한다.

		小篆	
瞞	目부 총16획	說文解字	欺瞞(기만) 瞞着(만착) 瞞過(만과)

속일 **만**

설문
目부

瞞(만)은 평평한 눈을 뜻한다. 目(목)은 의미부분이고, 㒼(만)은 발음부분이다.(「瞞, 平目也. 从目, 㒼聲.」)

✻ 감은 눈(目)이 평평함(㒼)에서 '평평한 눈'을 뜻하나, 눈을 감은 데서 '속이다'를 뜻한다.

	金부 총19획	설문 없음	용례 없음	
금 **만**				

※ 금(金)이 평평하게(㒼) 가득 있음에서 '금' '금 기운'을 뜻한다.

八 ➡ 肎 ➡ 佾

	八부 총2획	甲骨文 / 西周 金文 / 春秋 金文 / 小篆)(/)(/ 八 / 八 / 儿 / 八 菁4.1 / 粹67 / 小臣謎簋 / 函皇父簋 / 寬兒鼎 / 說文解字	八景(팔경) 八卦(팔괘) 八角形(팔각형)	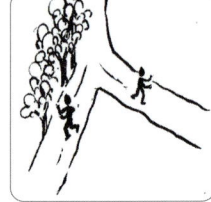
여덟/나눌 **팔**	설문 八부	八(팔)은 나눈다는 뜻이다. 갈라져서 서로 등을 지고 있는 모양을 그렸다. 무릇 八부에 속하는 글자들은 모두 八을 의미부분으로 삼는다.(「)(, 別也. 象分別相背之形. 凡八之屬皆从八.」)		

※ 양쪽으로 나누어 분별함을 뜻하며, 숫자로 쓰이면서 '팔'을 나타낸다.

	肉부 총6획	小篆 說文解字	용례 없음	
떨칠 **일/흘**	설문 肉부	肎(흘)은 진동(振動)한다는 뜻이다. 肉(육)은 의미부분이고, 八(팔)은 발음부분이다.(「肎, 振肎也. 从肉, 八聲.」)		

※ 양쪽(八)으로 몸(月)을 움직이는 데서 '떨치다'를 뜻한다.

	人부 총8획	小篆  說文解字	佾舞(일무) 佾舞生(일무생)	
줄춤 **일**	설문 人부	佾(일)은 춤을 추는 행렬을 뜻한다. 人(인)은 의미부분이고, 肎(일)은 발음부분이다.(「佾, 舞行列也. 从人, 肎聲.」)		

※ 사람(亻) 여덟(八) 명의 몸(月)이 한 줄로 서서 추는 춤에서 '줄 춤'을 뜻한다.
　※참고: 천자는 8줄, 제후는 6줄, 대부는 4줄, 士(사)는 2줄로 추었다.

分 ➡ 紛 ➡ 粉 ➡ 吩☆ ➡ 扮☆ ➡ 芬 ➡ 忿 ➡ 盆 ➡ 雰 ➡ 汾✦ ➡ 貧 ➡ 寡 ➡ 頒

	刀부 총4획	甲骨文 / 殷商 金文 / 西周 金文 / 春秋 金文 / 小篆  前5.45.7 / 續6.25.9 / 父甲觶 / 已侯貉子簋 / 郘公牼鐘 / 說文解字	分列(분열) 分野(분야) 分家(분가)	
나눌 **분**	설문 刀부	分(분)은 나눈다는 뜻이다. 八(팔)과 刀(도)는 모두 의미부분이다. 칼로 물체를 나눈다는 뜻이다.(「㕿, 別也. 从八, 从刀.」)		

※ 칼(刀)로 쪼개어 '반'으로 나눔(八)에서 '나누다' '구별하다'를 뜻한다.

	糸부 총10획	戰國 金文 / 小篆 包山260 / 說文解字	紛糾(분규) 紛爭(분쟁) 紛亂(분란)	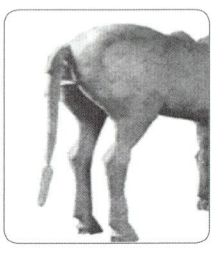
어지러울 **분**	설문 糸부	紛(분)은 말꼬리를 잡아매는 데 쓰이는 전대를 뜻한다. 糸(멱·사)는 의미부분이고, 分(분)은 발음부분이다.(「紛, 馬尾韜也. 从糸, 分聲.」)		

※ 천(糸)으로 말의 꼬리털이 나뉘어(分) 어지럽게 흩어짐을 막기 위해 감싸던 데서 '어지럽다'를 뜻한다.
　※파자: 실(糸)이 잘려 나뉘어(分) '어지러워'짐을 뜻한다.

粉	米부 총10획	戰國 金文	小篆		粉末(분말) 粉乳(분유) 粉食(분식)
		包山259	說文解字		
가루 분	설문 米부	粉(분)은 얼굴에 바르는 것이다. 米(미)는 의미부분이고, 分(분)은 발음부분이다.(「粉, 傅面者也. 从米, 分聲.」)			

※ 쌀(米)이 잘게 나누어(分)진 '가루'를 뜻한다.

吩	口부 총7획	설문 없음		吩咐(분부)
분부할 분				

※ 입(口)으로 각 사람에 일을 나누고(分) 급하게 재촉하여 명령하는 데서 '분부하다'를 뜻한다.

扮	手부 총7획	小篆		扮裝(분장) 扮飾(분식) 扮戲(분희)
		說文解字		
꾸밀 분	설문 手부	扮(분)은 손에 쥔다는 뜻이다. 手(수)는 의미부분이고, 分(분)은 발음부분이다. 粉(분)이라고 읽는다.(「扮, 握也. 从手, 分聲. 讀若粉.」)		

※ 손(扌)으로 각각 나뉘어(分) 맡은 부분을 꾸미는 데서 '꾸미다'를 뜻한다.

芬	艸부 총8획	小篆	或體		芬芳(분방) 芬芬(분분) 芬華(분화)
			說文解字		
향기 분	설문 艸부	芬(분)은 풀이 싹이 나서 그 향기가 퍼진다는 뜻이다. 屮(철)과 分(분)은 모두 의미부분인데, 分은 발음부분이기도 하다. 芬은 芬의 혹체자(或體字)로 (屮 대신) 艸(초)를 썼다.(「芬, 艸初生, 其香分布. 从屮, 从分, 分亦聲. 芬, 芬或从艸.」)			

※ 초목(艹)의 향기가 사방으로 나뉘어(分) 퍼지는 데서 '향기'를 뜻한다.

忿	心부 총8획	戰國 金文	小篆		忿怒(분노) 忿爭(분쟁) 忿馥(분복)
		雲夢爲吏	說文解字		
성낼 분	설문 心부	忿(분)은 悁(분할 연)이다. 心(심)은 의미부분이고, 分(분)은 발음부분이다.(「忿, 悁也. 从心, 分聲.」)			

※ 일이 나뉘어(分) 복잡해져 번거롭거나 마음(心)에 화가 남에서 '성내다'를 뜻한다.

盆	皿부 총9획	甲骨文	春秋金文	小篆	花盆(화분) 盆栽(분재) 盆種(분종)
		合28167	彭子仲盆	伯克盆	說文解字
동이 분	설문 皿부	盆(분)은 盎(동이 앙)이다. 皿(명)은 의미부분이고, 分(분)은 발음부분이다.(「盆, 盎也. 从皿, 分聲.」)			

※ 밑이 작고 입구가 넓게 나뉘어(分) 벌어진 그릇(皿)인 '동이'를 뜻한다.

雰	雨부 총12획	설문 없음	小篆 形音義字典		雰霧(분무) 濃雰(농분) 雰圍氣(분위기)	
눈날릴 <u>분</u>						

※ 눈이나 비(雨) 안개 등이 바람에 흩어져 <u>나뉘어</u>(分) 내림에서 '안개' '눈 날리다'를 뜻한다.

汾	水부 총7획	戰國 金文  臨汾守戈	小篆 說文解字		汾陽(분양) 汾陽王(분양왕)	
클/흐를 <u>분</u>	설문 水부	汾(분)은 강의 이름이다. 태원군(太原郡) 진양산(晉陽山)에서 발원하여, 서남쪽으로 흘러서 황하로 들어간다. 水(수)는 의미부분이고, 分(분)은 발음부분이다. 일설에는 분양현(汾讓縣) 북산(北山) 기주(冀州) 저수지에서 발원한다고도 한다.(「汾, 水. 出太原晉陽山, 西南入河. 从水, 分聲. 或曰出汾陽北山冀州浸.」)				

※ 강물(氵)의 지류가 <u>나누어져</u>(分) 여러 갈래로 굽이쳐 흐르며 큰 평원을 적시며 흐르는 산서성(山西省)에 있는 '강 이름'에서 '크다' '물이 굽이쳐 흐르다'를 뜻한다.

貧	貝부 총11획	戰國 金文  曾侯墓簡	小篆  說文解字	古文	貧困(빈곤) 貧民(빈민) 貧血(빈혈)	
가난할 <u>빈</u>	설문 貝부	貧(빈)은 재물이 나뉘어져서 적다는 뜻이다. 貝(패)와 分(분)은 모두 의미부분인데, 分은 발음부분이기도 하다. 𡧋은 貧의 고문(古文)으로 宀(면)과 分으로 이루어졌다.(「𧴪, 財分少也. 从貝, 从分, 分亦聲. 𡧋, 古文, 从宀·分.」)				

※ <u>나누어</u>(分)진 재물(貝)이 본래보다 적어짐에서 '가난하다'를 뜻한다.

寡	宀부 총14획	西周 金文  寡子卣	 毛公鼎	戰國 金文  中山王方壺	小篆  說文解字	寡黙(과묵) 寡慾(과욕) 寡婦(과부)	
적을 <u>과</u>	설문 宀부	寡(과)는 적다는 뜻이다. 宀(면)과 頒(반)은 모두 의미부분이다. 頒은 나누어준다는 뜻이다. 그래서 적다는 뜻이 있게 되는 것이다.(「𡪢, 少也. 从宀, 从頒. 頒, 分賦也. 故爲少.」)					

※ 한 집(宀)안에서 머리(頁=𩑋)가 <u>나누어</u>(分) 수가 적어짐에서 '적다'를 뜻하며, 한 집(宀)에 같이 머리(頁)하던 남편과 헤어져 <u>나뉘어</u>(分) 혼자 사는 '과부'를 뜻하기도 한다.

頒	頁부 총13획	春秋 金文  蔡公子頒戈	小篆  說文解字		頒給(반급) 頒賜(반사) 頒布(반포)	
나눌 <u>반</u>	설문 頁부	頒(분·반)은 큰 머리를 뜻한다. 頁(혈)은 의미부분이고, 分(분)은 발음부분이다. 일설에는 머리가 희끗희끗하다는 뜻이라고도 한다. ≪시경(詩經)≫에 이르기를 "머리가 큼지막하네."라고 하였다.(「頒, 大頭也. 从頁, 分聲. 一曰鬢也. ≪詩≫曰: "有頒其首."」)				

※ 반쯤(分) 흰 머리(頁)인 어른의 큰 경험이나 지혜를 '<u>나누어</u>' '널리 퍼뜨림'을 뜻한다.

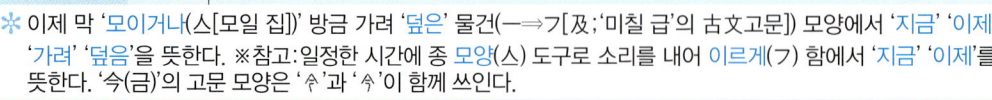

今	人부 총4획	甲骨文  甲1134	拾7.2	後下1.7	金文 孟鼎	毛公鼎	戰國 金文 盟書67·1	小篆 說文解字	今年(금년) 今日(금일) 今方(금방)	
이제 <u>금</u>	설문 人부	今(금)은 지금이라는 뜻이다. 亼(집)과 𠃌은 모두 의미부분이다. 𠃌은 及(급)의 고문(古文)이다.(「今, 是時也. 从亼, 从𠃌. 𠃌, 古文及.」)								

※ 이제 막 '모이거나(亼[모일 집])' 방금 가려 '덮은' 물건(一⇒𠃌[及;'미칠 급'의 고문고문]) 모양에서 '지금' '이제' '가려' '덮음'을 뜻한다. ※참고:일정한 시간에 종 모양(亼) 도구로 소리를 내어 이르게(𠃌) 함에서 '지금' '이제'를 뜻한다. '今(금)'의 고문 모양은 '㪌'과 '㪌'이 함께 쓰인다.

琴	玉부 총12획	戰國 金文	小篆	古文		琴瑟(금슬) 心琴(심금) 琴絃(금현)
		上博詩論	說文解字			
거문고 금	설문 珡부	珡(금), 거문고를 '금'이라고 부르는 까닭은 그것이 온갖 나쁜 것을 금(禁)하기 때문이다. 신농씨(神農氏)가 만들었다. 구멍을 뚫고 붉은 색의 명주실 다섯 줄을 연결하였는데, 주(周)나라 때 두 줄이 늘어났다. 상형이다. 무릇 珡부에 속하는 글자들은 모두 珡을 의미부분으로 삼는다. 𦥑은 珡의 고문(古文)으로 金(금)을 더하였다.(「珡, 禁也. 神農所作. 洞越, 練朱五弦, 周加二弦. 象形. 凡珡之屬皆从珡. 𦥑, 古文珡, 从金.」)				

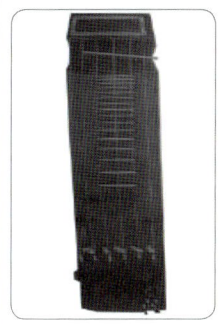

※ 줄(珏)로 덮인(今) '거문고' 모양으로, 모든 줄이 있는 악기를 이르기도 한다.
※참고: '줄 모양(珏)'이 들어가는 글자는 모두 악기를 뜻한다. ※珏은 珏(쌍옥 각)의 고자.

衾	衣부 총10획	小篆		衾枕(금침) 衾褥(금욕) 孤衾(고금)
		說文解字		
이불 금	설문 衣부	衾(금)은 큰 이불을 뜻한다. 衣(의)는 의미부분이고, 今(금)은 발음부분이다.(「衾, 大被. 从衣, 今聲.」)		

※ 잘 때 덮는(今) 옷(衣)이라는 뜻으로 '이불'을 뜻한다.

衿	衣부 총9획	설문 없음	戰國 金文	小篆		衿帶(금대) 胸衿(흉금) 衿川區(금천구)
			上博三德	形音義字典		
옷깃 금						

※ 옷(衤) 앞의 접합하여 가려 덮는(今) 부분인 '옷깃'을 뜻한다.

昑	日부 총8획	설문 없음		昑明(금명)
밝을 금				

※ 해(日)가 이제(今) 막 떠올라 햇빛이 천지를 덮어(今) 밝히는 데서 '밝음'을 뜻한다.

矜	矛부 총9획	戰國 金文	小篆		矜持(긍지) 矜恤(긍휼) 可矜(가긍)
		天星觀簡	說文解字		
자랑할 긍	설문 矛부	矜(긍)은 창 자루를 뜻한다. 矛(모)는 의미부분이고, 今(금)은 발음부분이다.(「矜, 矛柄也. 从矛, 今聲.」)			

※ 창(矛)자루를 손으로 덮어(今) 잡고 있는 데서, '창 자루' '자랑하다' '불쌍히 여기다'로 쓰인다.

含	口부 총7획	戰國 金文	小篆		含有(함유) 含量(함량) 含蓄(함축)
		中山王鼎	說文解字		
머금을 함	설문 口부	含(함)은 (입에 무엇인가를) 머금고 있다는 뜻이다. 口(구)는 의미부분이고, 今(금)은 발음부분이다.(「含, 嗛也. 从口, 今聲.」)			

※ 무언가를 머금고 덮어(今) 다문 입(口)에서 '머금다' '품다'를 뜻한다.

吟	口부 총7획	小篆 / 或體 說文解字		呻吟(신음) 吟味(음미) 吟詩(음시)	
읊을 음	설문 口부	吟(음)은 呻(읊조릴 신)이다. 口(구)는 의미부분이고, 今(금)은 발음부분이다. 訡은 吟의 혹체자(或體字)로 口 대신 音(음)을 썼다. 訡은 혹체자로 口 대신 言(언)을 썼다.(「吟, 呻也. 从口, 今聲. 訡, 吟或从音. 訡, 或从言.」)			

✽ 입(口)을 다물어 덮고(今) 소리 내는 데서 '읊다'를 뜻한다.

陰	阜부 총11획	西周 金文 / 春秋 金文 / 戰國 金文 / 小篆 敔 簋 / 耳伯盨 / 上官鼎 / 雕陰鼎 / 說文解字	陰地(음지) 陰性(음성) 陰影(음영)	
그늘 음	설문 阜부	陰(음)은 어둡다는 뜻이다. 강의 남쪽 면, 산의 북쪽 면을 가리킨다. 阜(부)는 의미부분이고, 侌(음)은 발음부분이다.(「陰, 闇也. 水之南, 山之北也. 从阜, 侌聲.」)		

✽ 언덕(阝)이나, 덮인(今) 구름(云)에 가린 '그늘'을 뜻한다. ※云=雲의 古字. 侌=陰의 古字.

蔭	艸부 총15획	小篆 說文解字	蔭德(음덕) 蔭道(음도) 蔭官(음관)	
그늘 음	설문 艸부	蔭(음)은 풀이 덮여있는 땅을 뜻한다. 艸(초)는 의미부분이고, 陰(음)은 발음부분이다.(「蔭, 艸陰地. 从艸, 陰聲.」)		

✽ 초목(艹)에 가려 생긴 그늘(陰)로 '그늘' '덕택' '덮다' 등으로 쓰인다.

念	心부 총8획	西周 金文 / 戰國 金文 / 小篆 沈子簋 / 父母鼎 / 段簋 / 毛公鼎 / 中山王鼎 / 說文解字	念慮(염려) 念願(염원) 信念(신념)	
생각 념	설문 心부	念(념)은 항상 생각한다는 뜻이다. 心(심)은 의미부분이고, 今(금)은 발음부분이다.(「念, 常思也. 从心, 今聲.」)		

✽ 항상 품어 덮고(今) 있는 마음(心) 속의 생각에서, '생각' '외우다'를 뜻한다.

稔	禾부 총13획	小篆 說文解字	稔年(임년) 稔知(임지) 稔泰(임태)	
곡식익을 임	설문 禾부	稔(임)은 곡식이 익었다는 뜻이다. 禾(화)는 의미부분이고, 念(념)은 발음부분이다. ≪춘추전(春秋傳)≫에 이르기를 "적어도 5년은 넘지 않을 것이다."라고 하였다.(「稔, 穀熟也. 从禾, 念聲. ≪春秋傳≫曰: "鮮不五稔."」)		

✽ 벼(禾) 이삭이 사람이 머리를 숙이고 생각하듯(念) 완전히 익어 숙임에서 '곡식이 익다'를 뜻한다.

貪	貝부 총11획	戰國 金文 / 小篆 郭店語三 / 說文解字	貪慾(탐욕) 貪政(탐정) 貪虐(탐학)	
탐낼 탐	설문 貝부	貪(탐)은 재물에 욕심을 낸다는 뜻이다. 貝(패)는 의미부분이고, 今(금)은 발음부분이다.(「貪, 欲物也. 从貝, 今聲.」)		

✽ 마음에 덮여(今) 있는 재물(貝) 욕심에서 '탐내다'를 뜻한다.

合→蛤☆→盒☆→拾→給→洽→恰→翕✧→答→塔→搭✽→拿☆

		甲骨文		西周 金文	春秋 金文	戰國 金文	小 篆	
合 합할 **합**	口부 총6획	 菁1	 佚817	 召伯虎簋	秦公鎛	長合鼎	說文解字	合格(합격) 合宿(합숙) 合流(합류)
	설문 스부	合(합)은 입을 합하였다는 뜻이다. 스(집)과 口(구)는 모두 의미부분이다.(「合, 合口也. 从스, 从口.」)						

※ 그릇의 '덮는' 뚜껑(스)과 그릇(口)이 서로 잘 맞거나, 또는 여러 사람의 말(口)이 모여(스) 합해짐에서 '합하다' '모이다' '맞다'를 뜻한다. ※참고:盒(합)과 같은 자.

		小 篆	
蛤 조개 **합**	虫부 총12획	 說文解字	大蛤(대합) 紅蛤(홍합) 蛤子(합자)
	설문 虫부	盒(합)은 조개의 일종이다. 세 종류가 있는데, 모두 바다에서 산다. 1000살이 되면 盒으로 변한다. 진(秦) 지방에서는 모려(牡厲)라고 부른다. 또 100살 된 제비가 변한 것이라고도 한다. 괴합(魁盒)은 일명 복루(復累)라고도 하는데, 늙은 박쥐가 변한 것이다. 虫(훼·충)은 의미부분이고, 合(합)은 발음부분이다.(「盒, 蜃屬. 有三, 皆生於海. 千歲化爲盒. 秦謂之牡厲. 又云百歲燕所化. 魁盒, 一名復累, 老服翼所化. 从虫, 合聲.」)		

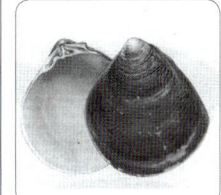

※ 갑각류(虫) 종류로 두 쪽의 껍질이 합해진(合) '조개'를 뜻한다.

		小 篆	
盒 합(盒) **합**	皿부 총11획	설문 없음  形音義字典	香盒(향합) 飯盒(반합) 饌盒(찬합)

※ 둥글고 넓적하며 그릇과 꼭 맞는(合) 뚜껑이 있는 그릇(皿)으로 음식그릇 '합'을 뜻한다.

		戰國 金文	小 篆	
拾 주을 **습** 열 **십**	手부 총9획	簠齋印集	說文解字	收拾(수습) 拾得(습득) 拾掇(습철)
	설문 手부	拾(습·십)은 줍는다는 뜻이다. 手(수)는 의미부분이고, 合(합)은 발음부분이다.(「拾, 掇也. 从手, 合聲.」)			

※ 손(扌)을 합하여(合) '줍거나', 손(扌)가락을 합한(合) 수 '열'을 뜻한다.

		戰國 金文	小 篆	
給 줄 **급**	糸부 총12획	雲夢雜抄	說文解字	給食(급식) 給與(급여) 供給(공급)
	설문 糸부	給(급)은 넉넉하다는 뜻이다. 糸(멱·사)는 의미부분이고, 合(합)은 발음부분이다.(「給, 相足也. 从糸, 合聲.」)			

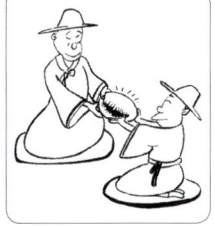

※ 길게 이어진 실(糸)처럼 서로가 마음에 맞아(合) 만족할 만큼 충분히 주는 데서 '주다' '넉넉하다'를 뜻한다.

		小 篆	
洽 흡족할 **흡**	水부 총9획	說文解字	洽足(흡족) 洽然(흡연) 未洽(미흡)
	설문 水부	洽(흡)은 젖는다는 뜻이다. 水(수)는 의미부분이고, 合(합)은 발음부분이다.(「洽, 霑也. 从水, 合聲.」)		

※ 물(氵)에 넉넉히 젖거나, 물과 합하여(合)져 '윤택함' '적시다' '화합' '흡족하다'를 뜻한다.

381

		小篆		
 恰 흡사할 흡	心부 총9획 설문 心부	㤿 說文解字 恰(흡)은 마음을 쓴다는 뜻이다. 心(심)은 의미부분이고, 合(합)은 발음부분이다.(「㤿, 用心也. 从心, 合聲.」)		恰似(흡사) 恰恰(흡흡) 恰好(흡호) 

✻ 서로의 마음(忄)이 맞아(合) 꼭 같음에서 '마치' '흡사하다'를 뜻한다.

		小篆		
 翕 합할/모일 흡	羽부 총12획 설문 羽부	 說文解字 翕(흡)은 날아오르려고 한다는 뜻이다. 羽(우)는 의미부분이고, 合(합)은 발음부분이다.(「翕, 起也. 从羽, 合聲.」)		翕習(흡습) 翕如(흡여) 翕合(흡합) 

✻ 새가 날려고 합한(合) 두 날개(羽)를 펼쳐 일어나는 데서 '합하다' '모으다'를 뜻한다.

			小篆	
 答 대답 답	竹부 총12획	설문 없음	 形音義字典 ≪설문해자≫에는 '答'자가 보이지 않는다. ≪정자통(正字通)・죽부(竹部)≫를 보면 "答은 응대(應對)하다, '대답하다'라는 뜻이다.(「答, 對也, 應辭也.」)"라고 하였다.	答案(답안) 答禮(답례) 正答(정답)

✻ 대(竹)를 합하여(合) '배를 엮는 끈'을 뜻하였으나, 배처럼 엮은 죽간에 답장을 쓰던 데서 '대답'을 뜻한다.

		小篆		
 塔 탑 탑	土부 총13획 설문 土부	 說文解字 塔(탑)은 서역(西域)의 부처를 뜻한다. 土(토)는 의미부분이고, 荅(답)은 발음부분이다.(「塔, 西域浮屠也. 从土, 荅聲.」)		石塔(석탑) 塔碑(탑비) 鐵塔(철탑) 

✻ 흙(土)이나 풀(艹) 또는 돌을 모아(合) 쌓은, 작은 팥(荅:팥 답) 같은 사리나 유골을 모신 '탑'을 뜻한다.
　※파자:흙(土)으로 풀(艹)을 합한(合) 모양으로 높게 쌓은 '탑'을 뜻한다.

 搭 탈 탑	手부 총13획	설문 없음		搭乘(탑승) 搭載(탑재) 搭船(탑선) 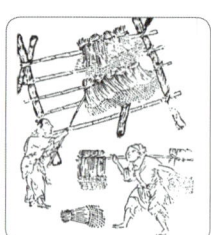

✻ 손(扌)으로 농작물인 팥(荅)대를 거두어 높이 매달아 말리는 데서 '태우다' '타다'를 뜻한다.

 拿 잡을 나	手부 총10획	설문 없음	※挐(잡을 나)의 俗字	拿捕(나포) 拿獲(나획) 拿鞠(나국) 

✻ 합한(合) 두 손(手)으로 '사로잡다'를 뜻하나, 종(奴)이 손(手)으로 일하는 '挐'의 속자(俗字)이다.

令→領→嶺→零→圉◆→玲→鈴→齡→伶◆→昤◆→怜◆→姈◆→冷→命

令	人부 총5획	甲骨文		殷商 金文	西周金文	春秋 金文	小篆	令狀(영장) 令監(영감) 發令(발령)
하여금 령	설문 卩부	鐵78.1	後上16.10	父辛卣	盂鼎 免簋	蔡侯鐘	說文解字	

설문 卩부: 令(령)은 명령을 내린다는 뜻이다. 亼(집)과 卩(절)은 모두 의미부분이다.(「令, 發號也. 从亼·卩.」)

✵ 사람을 모아(亼[모을 집]) 꿇어앉은 사람(卩=巳)에게 명령을 내림에서 '하여금' '부림'을 뜻한다. 또는 요령(搖鈴=亼)소리에 꿇어앉은 사람(卩)으로 '하여금' '명령'하여 '부림'을 뜻한다.
※참고:아름다운 요령소리나 명령에 잘 따름에서 '아름답다' '좋다'를 뜻하기도 한다.

領	頁부 총14획	小篆 說文解字	領土(영토) 領有(영유) 大統領(대통령)
거느릴 령	설문 頁부	領(령)은 목을 뜻한다. 頁(혈)은 의미부분이고, 令(령)은 발음부분이다.(「領, 項也. 从頁, 令聲.」)	

✵ 사람들로 하여금(令) 머리(頁)를 움직이게 하는 '목' 부분으로, 옷의 목 부분인 '옷깃'을 뜻하며, 가장 중요한 목에서 중심이 되는 '우두머리' '거느리다'를 뜻한다.

嶺	山부 총17획	小篆 說文解字	嶺東(영동) 峻嶺(준령) 大關嶺(대관령)
고개 령	설문 山부	嶺(령)은 산길을 뜻한다. 山(산)은 의미부분이고, 領(령)은 발음부분이다.(「嶺, 山道也. 从山, 領聲.」)	

✵ 산(山)의 능선을 넘는, 옷의 옷깃(領)부분쯤에 해당하는 곳에 있는 도로인 '고개'를 뜻한다.

零	雨부 총13획	西周 金文	小篆	零落(영락) 零點(영점) 零度(영도)
		速盤	說文解字	
떨어질/영 령	설문 雨부	零(령)은 똑 똑 떨어지는 비를 뜻한다. 雨(우)는 의미부분이고, 令(령)은 발음부분이다.(「零, 餘雨也. 从雨, 令聲.」)		

✵ 큰 비(霝:비올 령) 후에 나머지 비(雨)가 좋게(令) 오는 데서 '떨어지다' '나머지'를 뜻한다.

圉	囗부 총8획	小篆 說文解字	囹圄(영어) 囹圄空虛 (영어공허)
옥(獄) 령	설문 囗부	囹(령)은 감옥을 뜻한다. 囗(위)는 의미부분이고, 令(령)은 발음부분이다.(「囹, 獄也. 从囗, 令聲.」)	

✵ 사방을 에워싼(囗) 죄가 있는 사람으로 하여금(令) 가두는 '옥'을 뜻한다.

玲	玉부 총9획	小篆 說文解字	瓏玲(농령) 玲瓏(영롱) 玲玲(영령)
옥소리 령	설문 玉부	玲(령)은 옥의 소리이다. 玉(옥)은 의미부분이고, 令(령)은 발음부분이다.(「玲, 玉聲也. 从玉, 令聲.」)	

✵ 옥(玉)의 밝고 아름다운(令) 소리에서 '옥 소리'를 뜻한다.

鈴	金부 총13획	西周金文			春秋金文	小篆	電鈴(전령) 鈴鐸(영탁) 風鈴(풍령)	
		鈴 師袁簋	鈴 番生簋	鈴 毛公鼎	鈴 逐鼎	鈴 說文解字		
방울 령	설문 金부	鈴(령)은 방울을 뜻한다. 金(금)과 令(령)은 모두 의미부분인데, 令은 발음부분이기도 하다.(「鈴, 令丁也. 从金, 从令, 令亦聲.」)						

✽ 쇠(金)로 만들어 사람들로 하여금(令) 소리를 듣게 하는 '방울'을 뜻한다.

齡	齒부 총20획	小篆	年齡(연령) 高齡(고령) 學齡(학령)	
		齡 說文解字		
나이 령	설문 齒부	齡(령)은 나이를 뜻한다. 齒(치)는 의미부분이고, 令(령)은 발음부분이다.(「齡, 年也. 从齒, 令聲.」)		

✽ 이(齒)의 무늬나 생김을 보게 하여(令) 나이를 측정하던 데서 '나이'를 뜻한다.

伶	人부 총7획	金文		小篆	伶俐(영리) 伶人(영인) 伶官(영관)	
		伶 十六年戟	伶 三年鈹	伶 說文解字		
영리할/악관 령	설문 人부	伶(령)은 가지고 논다는 뜻이다. 人(인)은 의미부분이고, 令(령)은 발음부분이다. 익주(益州)에 건령현(建伶縣)이 있다.(「伶, 弄也. 从人, 令聲. 益州有建伶縣.」)				

✽ 사람(亻)으로 하여금(令) 기쁘게 하던 눈치 빠른 '악관'에서 '영리하다'를 뜻한다.

昤	日부 총9획	설문 없음	昤光(영광)	
햇빛영롱할 령				

✽ 햇빛(日)이 밝고 아름답게(令) 비추는 데서 '햇빛 영롱함' '햇빛'을 뜻한다.

怜	心부 총8획	설문 없음	怜悧(영리) 怜質(영질)	
영리할 령				

✽ 마음(忄)으로 하여금(令) 느끼고 깨닫게 하는 데서 '영리하다' '지혜롭다'를 뜻한다.

姈	女부 총8획	설문 없음	小篆	용례 없음	
			姈 形音義字典		
여자 영리할 령					

✽ 여자(女) 중에 사람들로 하여금(令) 아름답고 영리해 보이는 여자에서 '여자 영리함'을 뜻한다.

	冫부 총7획	小篆  說文解字		冷水(냉수) 冷凍(냉동) 冷笑(냉소)	
찰 랭	설문 冫부	冷(랭)은 차다는 뜻이다. 冫(빙)은 의미부분이고, 令(령)은 발음부분이다.(「㲫, 寒也. 从冫, 令聲.」)			

✽ 얼음(冫)처럼 차갑게 하는(令) 데서 '차다' '춥다'를 뜻한다.

	口부 총8획	西周 金文  豆閉簋 駒父盨 師望鼎	春秋 金文  秦公簋	戰國 金文  鄂君啓節 中山王鼎	小篆 說文解字	生命(생명) 使命(사명) 命令(명령)	
목숨 명	설문 口부	命(명)은 시킨다는 뜻이다. 口와 令은 모두 의미부분이다.(「命, 使也. 从口, 从令.」)					

✽ 윗사람의 입(口)으로 내리는 명령(令)에 따라 목숨이 결정되는 데서 '목숨' '명령'을 뜻한다.

予 ➡ 序 ➡ 抒 ➡ 舒 ➡ 野 ➡ 預

	亅부 총4획	甲骨文  形音義字典	小篆 說文解字	予奪(여탈) 予告(여고) 予小子(여소자)	
나 여	설문 予부	予(여)는 준다는 뜻이다. 서로 주는 모양을 그린 것이다. 무릇 予부에 속하는 글자들은 모두 予를 의미부분으로 삼는다.(「予, 推予也. 象相予之形. 凡予之屬皆从予.」)			

✽ 위아래 면포(マ·㇈) 사이에서 '북'에 감긴 실(亅)을 풀어 펼쳐 주어, 차례로 베를 짜는 데서 '주다'가 뜻이나, 余(여)와 음이 같아 '나'를 뜻한다. ※참고: 豫(미리 예)의 俗字(속자).

	广부 총7획	金文  形音義字典	小篆  說文解字	秩序(질서) 序頭(서두) 序列(서열)	
차례 서	설문 广부	序(서)는 동서(東西) 방향으로 쌓은 담을 뜻한다. 广(엄)은 의미부분이고, 予(여)는 발음부분이다.(「序, 東西牆也. 从广, 予聲.」)			

✽ 집(广) 사이에 차례로 펼쳐(予) 늘어선 동서로 이어진 '담'에서 '차례'를 뜻한다.

	手부 총7획	小篆  說文解字		抒情(서정) 抒厠(서측) 抒情的(서정적)	
풀 서	설문 手부	抒(서)는 挹(잡아당길 읍)이다. 手(수)는 의미부분이고, 予(여)는 발음부분이다.(「抒, 挹也. 从手, 予聲.」)			

✽ 손(扌)으로 물건을 당겨 펼침(予)에서, 속에 있는 마음을 '펴다' '토로하다' '풀다'를 뜻한다.

	舌부 총12획	金文 咎苳戈 塚子戈 包山076		小篆 說文解字	舒遲(서지) 振舒(진서) 安舒(안서)	
펼 서	설문 予부	舒(서)는 편다는 뜻이다. 舍(사)와 予(여)는 모두 의미부분인데, 予는 발음부분이기도 하다. 일설에 舒는 느슨하다는 뜻이라고도 한다.(「舒, 伸也. 从舍, 从予, 予亦聲. 一曰: 舒, 緩也.」)					

✽ 북에 있는 실을 펼쳐(予) 베를 짜듯, 객사(舍)에서 몸을 펴고(予) 쉬는 데서 '펴다'를 뜻한다.

	里부 총11획	甲骨文		西周 金文	戰國 金文	小篆	古文	野外(야외) 野黨(야당) 林野(임야)	
		前4.33.5	後下3.1	克鼎	冶盤匀		說文解字		
들 **야**	설문 里부	野(야)는 교외(郊外)를 뜻한다. 里(리)는 의미부분이고, 予(여)는 발음부분이다. 㙒는 野의 고문(古文)으로 里의 생략형(즉 土)과 林(림)은 모두 의미부분이다.(「野, 郊外也. 从里, 予聲. 㙒, 古文野, 从里省, 从林.」)							

✽ 마을(里) 밖에 펼쳐진(予) 넓은 들판에서 '들'을 뜻한다.

	頁부 총13획	小篆	預金(예금) 預託(예탁) 預置(예치)	
		說文解字		
맡길/미리 **예**	설문 頁부	預(예)는 편안하다는 뜻이다. 필자의 생각에 경전(經典)에서는 豫(예)와 통용된다. 頁(혈)은 의미부분이고, 나머지는 알 수 없다.(「預, 安也. 案: 經典通用豫. 从頁, 未詳.」)		

✽ 일을 펴기(予) 전에 미리 머리(頁)속으로 생각함에서, '미리' '편안하게' '즐기다'로 쓰이며, 우리나라에서만 '맡기다'로 쓰인다.

矛 ➔ 茅 ➔ 柔 ➔ 蹂 ➔ 務 ➔ 霧 ➔ 戀 ┈ (喬) ➔ 橘 ➔ 譎

	矛부 총5획	殷商 金文	西周 金文	春秋 金文	戰國 金文	小篆	古文	矛盾(모순) 矛戈(모과) 矛叉(모차)	
		矛鉦	戎簋	佣矛	越王者之矛		說文解字		
창/긴창 **모**	설문 矛부	矛(모)는 창이다. 전차(戰車)에 세우는데, 길이는 2장(丈)이다. 상형(象形)이다. 무릇 矛부에 속하는 글자들은 모두 矛를 의미부분으로 삼는다. 㦍는 矛의 고문(古文)으로 戈(과)를 더하였다.(「矛, 酋矛也. 建於兵車, 長二丈. 象形. 凡矛之屬皆从矛. 㦍, 古文矛, 从戈.」)							

✽ 날카로운 창끝(▽)과 장식(ㄱ)이나 깃발(ノ)이 달린 갈고리(亅) 창에서 찌르는 '창'을 뜻한다.

	艸부 총9획	戰國 金文	小篆	茅屋(모옥) 茅簷(모첨) 茅草(모초)	
		陽安君鈹	胤嗣壺	說文解字	
띠 **모**	설문 艸부	茅(모)는 菅(왕골 관; 띠 간)이다. 艸(초)는 의미부분이고, 矛(모)는 발음부분이다.(「茅, 菅也. 从艸, 矛聲.」)				

✽ 풀(艹)끝이 창(矛)처럼 길고 뾰족한 '띠' '띠 풀'을 뜻한다.

	木부 총9획	殷商 金文	春秋 金文	戰國 金文	小篆	溫柔(온유) 柔順(유순) 柔軟性(유연성)	
		羌柔觚	般中柔盤	雲夢爲吏	說文解字		
부드러울 **유**	설문 木부	柔(유)는 나무가 굽었다 곧았다 한다는 뜻이다. 木(목)은 의미부분이고, 矛(모)는 발음부분이다.(「柔, 木曲直也. 从木, 矛聲.」)						

✽ 부드럽고 질겨 휘었다 펴짐이 부드러운 창(矛)을 만드는 나무(木)에서 '부드럽다'를 뜻한다.

	足부 총16획	설문 없음	小篆 	蹂若(유약) 蹂躪(유린) 蹂踐(유천)	
			形音義字典		
밟을 **유**					

✽ 발(足)로 밟아 부드럽게(柔) 하거나, 곡식의 껍질을 제거하는 데서 '밟다' '짓밟다'를 뜻한다.

務
力부 총11획

金文		小篆
中山王壺	雲夢爲吏	說文解字

義務(의무)
勤務(근무)
總務(총무)

힘쓸 무

설문 力부: 務(무)는 (일 때문에) 분주(奔走)하다는 뜻이다. 力(력)은 의미부분이고, 敄(무)는 발음부분이다.(「務, 趣也. 从力, 敄聲.」)

✻ 창(矛)을 들고 치는(攵) 힘(力)에서 '힘쓰다'를 뜻한다. ※참고:敄(힘쓸 무)

霧
雨부 총19획

小篆	籒文
說文解字	

雲霧(운무)
霧帶(무대)
霧散(무산)

안개 무

설문 雨부: 霧=霚(무)는 땅의 기운이 나오는데, 하늘이 그에 응하지 않은 상태를 뜻한다. 雨(우)는 의미부분이고, 敄(무)는 발음부분이다. 雺(몽)은 주문(籒文)으로 생략형이다.(「霚, 地气發, 天不應. 从雨, 敄聲. 雺, 籒文省.」)

✻ 비(雨) 같은 물방울이 시야를 가려 사물을 분별하기 힘들게(務) 하는 '안개'를 뜻한다.

懋
心부 총17획

甲骨文	金文				小篆	或體
合29004	小臣謎簋	宅簋	史懋鼎	召尊	說文解字	

懋戒(무계)
懋勳(무훈)
懋遷(무천)

힘쓸/성할 무

설문 心부: 懋(무)는 힘쓴다는 뜻이다. 心(심)은 의미부분이고, 楙(무)는 발음부분이다. 《우서(虞書)》에 이르기를 "힘을 다해 주시오."라고 하였다. 㥐는 혹체자(或體字)로 (林이) 생략된 형태이다.(「懋, 勉也. 从心, 楙聲. 〈虞書〉曰: "時惟懋哉." 㥐, 或省.」)

✻ 숲(林)의 나무가 긴 창(矛)처럼 무성하듯(楙:성할 무) 마음(心)속으로 '성하게' '힘씀'을 뜻한다.

矞
矛부 총12획

小篆
說文解字

矞雪(율설)
矞宇(율우)
矞雲(율운)

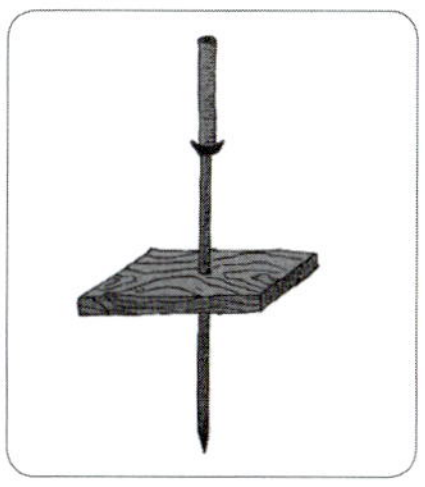

송곳질할 율

설문 冏부: 矞(율)은 송곳으로 구멍을 낸다는 뜻이다. 矛(모)와 冏(뇔)은 모두 의미부분이다. 일설에는 가득 차서 넘친다는 뜻이라고도 한다.(「矞, 以錐有所穿也. 从矛, 从冏. 一曰滿有所出也.」)

✻ 창(矛)으로 뚫어 밝게(冏:밝을 경) 드러나도록 '송곳질해(矞)' 뚫음을 뜻한다.

橘
木부 총16획

戰國 金文	小篆
封成2221	說文解字

橘顆(귤과)
橘皮(귤피)
柑橘(감귤)

귤 귤

설문 木부: 橘(귤)은 과일(의 이름)이다. 장강(長江) 남쪽에서 생산된다. 木(목)은 의미부분이고, 矞(율)은 발음부분이다.(「橘, 果. 出江南. 从木, 矞聲.」)

✻ 과일나무(木) 가지에 가시가 있고 열매의 껍질을 뚫어(矞)야 먹을 수 있는 '귤'을 뜻한다.

譎
言부 총19획

小篆
說文解字

譎諫(휼간)
譎謀(휼모)
譎計(휼계)

속일 휼

설문 言부: 譎(휼)은 술수를 써서 속인다는 뜻이다. 익주(益州)와 양주(梁州)에서는 세상을 속이는 것을 일컬어 譎이라고 한다. 言(언)은 의미부분이고, 矞(율)은 발음부분이다.(「譎, 權詐也. 益·梁曰謬欺天下曰譎. 从言, 矞聲.」)

✻ 송곳질(矞)하듯 남의 마음에 파고들어 속이는 말(言)에서 '속이다'를 뜻한다.

子 ➡ 字 ➡ 仔 ➡ 孔 ➡ 吼 ☆ ➡ 孕 ➡ (旱) ➡ 厚 ➡ 孟 ➡ 猛 ⋯ 了

子

子部
총3획

甲骨文				殷商 金文	

粹410	粹1472	佚92	英1915	子爵	者婦罍

西周 金文		春秋 金文	小篆	古文	籀文
盂鼎	傳卣	臧孫鐘	說文解字		

아들 자 — 설문 子部

子(자)는 11월에 양기가 일어나 만물을 자라나게[滋(자)] 한다는 뜻으로, 이것으로써 사람에 대한 호칭으로 쓴다. 상형이다. 무릇 子부에 속하는 글자들을 모두 子를 의미부분으로 삼는다. 𢀇는 子의 고문(古文)으로 巛을 더하였는데, (巛은) 머리카락을 그린 것이다. 𢆉는 子의 주문(籀文)으로, 머리에는 머리카락이 있고 팔다리를 그려 넣은 것으로, 탁자 위에 있다.(「𢀇, 十一月, 陽氣動, 萬物滋. 人以爲偁. 象形. 凡子之屬皆从子. 𢀇, 古文子, 从巛, 象髮也. 𢆉, 籀文子, 囟有髮, 臂脛, 在几上也.」)

子孫(자손)
子女(자녀)
子息(자식)
子音(자음)

✱ 머리가 큰 어린아이가 강보에 싸인 모양으로, '자식' '아들' '새끼' 등을 뜻한다.

字

子部 총6획

殷商 金文	西周 金文	春秋 金文	戰國 金文	小篆

字父己觶	梁其簋	余義鐘	王子適匜	說文解字

글자 자 — 설문 子部

字(자)는 기른다는 뜻이다. 어린 아이[子(자)]가 집[宀(면)] 아래에 있다는 의미이다. 子는 발음부분이기도 하다.(「𡩜, 乳也. 从子在宀下, 子亦聲.」)

文字(문자)
字音(자음)
字幕(자막)

✱ 집(宀)에서 아이(子)를 낳아 기름을 뜻하며, 생겨나는 모든 것을 나타내는 '글자'를 뜻한다.

仔

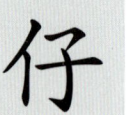

人部 총5획

殷商 金文	西周 金文	小篆

仔爵	仔癸爵	且辛父庚	說文解字

자세할 자 — 설문 人部

仔(자)는 이겨낸다는 뜻이다. 人(인)은 의미부분이고, 子(자)는 발음부분이다.(「𠈌, 克也. 从人, 子聲.」)

仔詳(자상)
仔細(자세)
仔蟲(자충)

✱ 사람(亻)이 자식(子)을 '자세히' 돌봄을 뜻하여, 모든 생물의 '어린 것'을 뜻하기도 한다.

孔

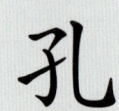

子部 총4획

西周 金文	春秋 金文	戰國 金文	小篆

虢季子白盤	孔父丁鼎	沇兒鐘	子孔戈	說文解字

구멍 공 — 설문 乚部

孔(공), 구멍을 '공'이라고 부르는 까닭은 '통(通)'하기 때문이다. 乙(을)과 子(자)는 모두 의미부분이다. 乙은 자식을 기원하는 철새이다. 乙이 와서 아이를 얻으면 경사(慶事)로 여긴다. 옛사람들은 이름을 嘉(가)라고 지으면, 자(字)를 자공(子孔)이라고 하였다.(「𥁕, 通也. 从乙, 从子. 乙, 請子之候鳥也. 乙至而得子, 嘉美之也. 古人名嘉, 字子孔.」)

氣孔(기공)
孔穴(공혈)
孔雀(공작)

✱ 아이(子)가 젖(乚) 구멍을 통해 나오는 젖을 먹는 데서 '구멍'을 뜻한다.
※파자: 새(乚)가 새끼(子)를 '구멍'속 집에서 키움을 뜻한다. ※참고: '乙·乚'은 '가슴 모양' '달라붙다'로 쓰임.

吼

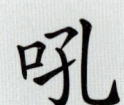

口部 총7획

설문 없음

小篆
形音義字典

울부짖을 후

吼怒(후노)
叫吼(규후)
哮吼(효후)

✱ 입(口)을 구멍(孔)처럼 크게 벌리고 소리치는 데서 '울부짖다'를 뜻한다.

旱	日부 총10획	小篆 旱 說文解字		용례 없음 厚의 고자(古字)

| 두터울 후 | 설문 旱부 | 旱=旱(후)는 두텁다는 뜻이다. 亯(향 享의 본자[本字])자를 거꾸로 쓴 것이다. 무릇 旱부에 속하는 글자들은 모두 旱를 의미부분으로 삼는다.(「旱, 厚也. 从反亯. 凡旱之屬皆从旱.」) |

※ 진한 술을 담은 그릇에서 두터운 맛을 나타내거나, 두텁게 설치한 제단에서 '두텁다'를 뜻한다.
　※파자: 해(日)를 향해 아이(子)가 제물을 높게 쌓아 '두터움'을 뜻한다.

厚	厂부 총9획	甲骨文  佚211	殷商金文 戈厚簋	西周金文 牆盤	春秋金文 魯伯簋	戰國金文 令狐君壺	小篆 說文解字	古文 	厚謝(후사) 厚德(후덕) 厚意(후의)

| 두터울 후 | 설문 旱부 | 厚=厚(후)는 산이나 언덕의 두터움을 뜻한다. 旱(후)와 厂(엄・한)은 모두 의미부분이다. 垕는 厚의 고문(古文)으로 后(후)와 土(토)로 이루어졌다.(「厚, 山陵之厚也. 从旱, 从厂. 垕, 古文厚, 从后・土.」) |

※ 언덕(厂)처럼 높게 설치한 제단에 진한 술이나 제물을 드리는(享・旱) 데서 '두텁다'를 뜻한다.
　※파자:언덕(厂)이 해(日)나 아이(子)보다 높고 '두터움'을 뜻한다. ※旱는 厚의 고자.

孟	子부 총8획	殷商金文 父乙孟觚	西周金文 不變簋		春秋金文 番匊生壺 都公鼎	小篆 說文解字	古文	孟子(맹자) 虛無孟浪 (허무맹랑)

| 맏 맹 | 설문 子부 | 孟(맹)은 장자(長子)를 뜻한다. 子(자)는 의미부분이고, 皿(명)은 발음부분이다. 은 孟의 고문(古文)이다.(「孟, 長也. 从子, 皿聲. , 古文孟.」) |

※ 아이(子)가 태어난 지 사흘 만에 목욕통(皿)에서 목욕시켜 장수를 기원하던 일이나, 처음 태어난 아이(子)를 그릇(皿)에 담아 먹던 야만인의 풍속에서 '맏' '첫째'를 뜻한다고도 한다.

猛	犬부 총11획	戰國金文 郭店老甲	小篆 說文解字		猛烈(맹렬) 猛獸(맹수) 勇猛(용맹)

| 사나울 맹 | 설문 犬부 | 猛(맹)은 건장(健壯)한 개를 뜻한다. 犬(견)은 의미부분이고, 孟(맹)은 발음부분이다.(「猛, 健犬也. 从犬, 孟聲.」) |

※ 개(犭)의 무리에서 첫째(孟)로 크고 튼튼한 '용감하고' '사나운' 개를 뜻한다.

了	亅부 총2획	小篆 說文解字		終了(종료) 完了(완료) 滿了(만료)

| 마칠 료 | 설문 了부 | 了(료)는 걸을 때 다리가 꼬인다는 뜻이다. 子(자)자에서 팔이 없는 모양이다. 상형이다. 무릇 了부에 속하는 글자들은 모두 了를 의미부분으로 삼는다.(「了, 尦也. 从子無臂. 象形. 凡了之屬皆从了.」) |

※ 일을 마칠 때까지 아이의 팔다리를 강보에 쌓아 묶어 놓은 모양으로 '마치다'를 뜻한다.

◆ 厚顔無恥 : (후안무치) '얼굴이 두껍고 부끄러움이 없다'라는 뜻으로, 뻔뻔스러워 부끄러워할 줄 모름.
◆ 何厚何薄 : (하후하박) 어느 쪽은 후하게 하고 어느 쪽은 박하게 한다는 뜻으로, 차별(差別)을 두어 대함을 이르는 말.
◆ 孟母三遷 : (맹모삼천) 맹자(孟子)의 어머니가 맹자(孟子)를 제대로 교육(教育)하기 위(爲)하여 집을 세 번이나 옮겼다는 뜻으로, 교육(教育)에는 주위(周圍) 환경(環境)이 중요(重要)하다는 가르침.
◆ 猛虎出林 : (맹호출림) '사나운 호랑이가 숲속에서 나옴'의 뜻으로, '용맹하고 성급한 성격(性格)의 사람'을 일컫는 말.

 → → 孛 ☆ → 勃 → 渤

朩	木부 총4획	小篆 說文解字	용례 없음	
무성할 발	설문 朩부	朩(발)은 초목이 무성하다는 뜻이다. (朩은) 상형(象形)이다. 八(팔)은 발음부분이다. 무릇 朩부에 속하는 글자들은 모두 朩을 의미부분으로 삼는다. 輩(배)라고 읽는다.(「朩, 艸木盛. 朩朩然. 象形. 八聲. 凡朩之屬皆从朩. 讀若輩.」)		

＊ 여러 초목(屮)이 여기저기 나뉘어(八) 어지러이 자라는 데서 '무성하다'를 뜻한다.

孛	子부 총7획	西周金文 戰國金文 小篆 散盤 郭店老乙 說文解字	孛星(패성) 孛然(발연)	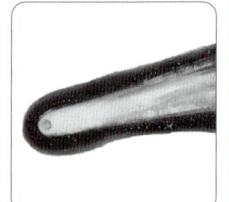
살별 패 변할 발	설문 朩부	孛(패·발)은 초목이 무성하다는 뜻이다. 朩(발)은 의미부분이다. 사람의 얼굴빛을 뜻한다. 子(자)도 의미부분이다. 《논어(論語)》에 이르기를 "얼굴빛을 달리 하셨다."라고 하였다.(「孛, 蒙也. 从朩. 人色也. 从子. 《論語》曰: "色孛如也."」)		

＊ 우거진 초목(朩=十·冖)과 커 가는 아이(子)를 더해 '어지럽다' '변하다'를 뜻한다.

悖	心부 총10획	설문 없음	小篆  形音義字典	悖談(패담) 悖戾(패려) 悖倫兒(패륜아)	
거스를 패					

＊ 마음(忄)이 어지럽게(孛) 돋는 싹처럼 복잡함에서 '어그러짐' '거스르다' '성하다'를 뜻한다.

勃	力부 총9획	小篆  說文解字	勃興(발흥) 勃發(발발) 勃啓(발계)	
노할 발	설문 力부	勃(발)은 밀어낸다는 뜻이다. 力(력)은 의미부분이고, 孛(패·발)은 발음부분이다.(「勃, 排也. 从力, 孛聲.」)		

＊ 변하는(孛) 초목처럼 갑자기 힘(力)있고 무성하게 변하는 데서 '발끈하다' '노하다'를 뜻한다.

渤	水부 총12획	설문 없음	小篆  形音義字典	渤海(발해) 渤溢(발일) 溟渤(명발)	
바다이름 발					

＊ 물(氵)의 변화(孛)가 많아 갑자기 노하는(勃) 바다로, 산동(山東)반도와 요동(遼東)반도 사이의 바다인 '발해'의 이름이다.

◆ 勃然變色 : (발연변색) 왈칵 성을 내어 안색이 변함.
◆ 悖入悖出 : (패입패출) 부정하게 번 돈은 또 그렇게 나감. 도리에 어긋난 짓을 하면 역시 도리에 어그러진 갚음을 받음.
◆ 悖子逆孫 : (패자역손) 천륜을 거스른 자식.
◆ 勃然大怒 : (발연대로) 갑자기 와락 성을 냄.
◆ 渤海 : (발해) 고구려 사람 大祚榮(대조영)이 세운 나라.

享 ➡ 𦎫(𩰫) ➡ 淳 ➡ 醇 ➡ 諄 ❖ ➡ 錞 ❖ ➡ 埻 ❖ ➡ 惇 ❖ ➡ 焞 ❖ ➡ 敦 ➡ 燉 ➡ 墩 ❖ ➡ 暾 ❖

		甲骨文		殷商 金文	西周金文	春秋 金文	小 篆	篆 文		
享	亠部 총8획								享壽(향수) 享樂(향락) 祭享(제향)	
		京津1046	鐵152.3	且辛且癸鼎	孟鼎	蔡侯盤	說文解字			
누릴 향	설문 亯부	亯(향)은 바친다는 뜻이다. 高(고)의 생략형은 의미부분이고, 曰은 익은 물건을 진상하는 모양을 그린 것이다. ≪효경(孝經)≫에 이르기를 "제사를 지내면 귀신이 그것을 누린다."라고 하였다. 무릇 亯부에 속하는 글자들은 모두 亯을 의미부분으로 삼는다. 亭는 亯의 전문(篆文)이다.(「亯, 獻也. 从高省. 曰: 象進孰物形. ≪孝經≫曰: "祭則鬼亯之." 凡亯之屬皆从亯. 亭, 篆文亯.」)								

* 높은 제단 모양으로 신에게 제물을 바치거나 신이 흠향하는 데서, '누리다' '드리다'를 뜻한다.
  ※파자: 높은(亠) 제단(口)에 아이(子)가 복을 '누리기' 위해 제물을 '드림'을 뜻한다.

		甲骨文		殷商 金文	西周 金文	戰國 金文	小 篆	篆 文		
𦎫	羊부 총15획								용례 없음	
		粹1046	甲907	𦎫車瓿	𤉢篹	曾侯乙鐘	說文解字			
삶을/익을 능숙할 순	설문 亯부	𦎫·𩰫(순)은 익었다는 뜻이다. 亯(향)과 羊(양)은 모두 의미부분이다. 純(순)처럼 읽는다. 일설에는 죽을 뜻한다고도 한다. 𩰫은 𦎫의 전문(篆文)이다.(「𦎫, 孰也. 从亯, 从羊. 讀若純. 一曰鬻也. 𩰫, 篆文𦎫.」)								

* 신에게 드리기(亯) 위해 양(羊)을 삶는 데서 '삶다' '익다'를 뜻한다. 𦎫·𩰫은 다른 글자를 만나면 享(향)처럼 변해서 쓰인다. 익은 재물을 뜻한다. 敦(도타울 돈)·孰(누구 숙)자와 통용.

		春秋 金文	戰國 金文	小 篆		
淳	水부 총11획		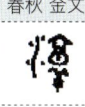		淳朴(순박) 淳俗(순속) 淳厚(순후)	
		盠公匜	雲夢日甲	說文解字		
순박할 순	설문 水부	淳(순)은 물을 준다는 뜻이다. 水(수)는 의미부분이고, 享(향)은 발음부분이다.(「淳, 渌也. 从水, 享聲.」) 오늘날 이 글자는 '淳(맑을 순)'으로 쓴다.				

* 정성을 다해 깨끗한 물(氵)을 제단에 드리는(享) 마음에서 '순박하다'를 뜻한다.

		小 篆		
醇	酉부 총15획		醇化(순화) 醇美(순미) 醇味(순미)	
		說文解字		
전국술 순	설문 酉부	醇(순)은 물을 섞지 않은 술을 뜻한다. 酉(유)는 의미부분이고, 𦎫(순)은 발음부분이다.(「醇, 不澆酒也. 从酉, 𦎫聲.」)		

* 물을 섞지 않은 술(酉)로, 제사에 드리는(享) 진한 '전국술'을 뜻한다.

		小 篆		
諄	言부 총15획		諄複(순복) 諄切(순절) 諄諄(순순)	
		說文解字		
타이를 순	설문 言부	諄(순)은 잘 깨닫도록 알려준다는 뜻이다. 言(언)은 의미부분이고, 𦎫(순)은 발음부분이다. 庉(돈)이라고 읽는다.(「諄, 告曉之孰也. 从言, 𦎫聲. 讀若庉.」)		

* 말(言)로, 제물을 드리듯(享) 정성을 다해 깨닫도록 잘 '타이름'을 뜻한다.

		春秋 金文	戰國 金文	小 篆			
錞	金부 총16획					錞釪(순우)	
		阮公克敦	陳侯午敦	梁伯可忌	說文解字		
악기이름/ 사발종 순	설문 金부	錞=𨥨(대)는 창 자루 아래에 있는 구리로 만든 물미를 뜻하는데, 鐏(준)이라고도 한다. 金(금)은 의미부분이고, 𦎫(순)은 발음부분이다. ≪시경(詩經)≫에 이르기를 "세모창은 흰 구리쇠를 밑에 대었네."라고 하였다.(「錞, 矛戟柲下銅, 鐏也. 从金, 𦎫聲. ≪詩≫曰: "𨥨矛沃錞."」)					

* 쇠(金)로 만든 제물을 드릴(享) 때 그릇 바닥이나 창끝에 바치거나 끼우는 창의 물미를 뜻하나, 그릇처럼 생긴 '사발종' 또는 '악기이름'을 뜻한다.

埻	土부 총11획	小篆 說文解字 		용례 없음	
과녁 준	설문 土부	埻(준)은 (활쏘기의) 과녁을 뜻한다. 土(토)는 의미부분이고, 享(순)은 발음부분이다. 準(준)이라고 읽는다.(「埻, 射臬也. 从土, 享聲. 讀若準.」)			

※ 흙(土)으로 쌓아 제물을 드리는(享) 제단처럼 만든 '과녁'이나 '쌓은 흙'을 뜻한다.

惇	心부 총11획	小篆 說文解字 		惇大(돈대) 惇惠(돈혜) 惇信(돈신)	
도타울 돈	설문 心부	惇(돈)은 두텁다는 뜻이다. 心(심)은 의미부분이고, 享(향)은 발음부분이다.(「惇, 厚也. 从心, 享聲.」)			

※ 마음(忄)을 다해 잘 익은(享=孰:익을 순) 제물을 드림(享)에서 '도탑다'를 뜻한다.

焞	火부 총12획	小篆 說文解字 		焞焞(돈돈) 焞燳(돈온)	
귀갑지지는불 /밝을 돈	설문 火부	焞(돈·순)은 밝다는 뜻이다. 火(화)는 의미부분이고, 享(순)은 발음부분이다. 《춘추전(春秋傳)》에 이르기를 "천하를 밝게 하였다."라고 하였다.(「焞, 明也. 从火, 享聲. 《春秋傳》曰: "焞燿天地."」)			

※ 불(火)을 밝혀 제물을 드리거나(享), 불(火)로 제사하며(享) 거북껍질을 지져 점을 침에서 '밝다' '귀갑지지는 불'을 뜻한다.

| 敦 | 攴부 총12획 | 春秋 金文  齊侯敦 | 戰國 金文  陳獻釜 | 小篆 說文解字 | 敦篤(돈독) 敦厚(돈후) 敦睦(돈목) |  |

(敦: 攴부 총12획)

| 도타울 돈 | 설문 攴부 | 敦=𣪘(돈)은 화낸다는 뜻이다; 또 꾸짖는다는 뜻이다. 일설에는 '누구?'라는 뜻이라고도 한다. 攴(복)은 의미부분이고, 享(순)은 발음부분이다.(「𣪘, 怒也; 詆也. 一曰誰何也. 从攴, 享聲.」) |

※ 제사에 제물을 드리는(享) 중책을 온 마음을 다하여 잘 다스림(攵)에서 '도탑다'를 뜻한다.

燉	火부 총16획	설문 없음	小篆 形音義字典	燉煌(돈황) 燉燉(돈돈)	
불빛 돈					

※ 불(火)이 성하고 도탑게(敦) 타오르는 데서 '불빛'을 뜻한다.

墩	土부 총15획	설문 없음	小篆 形音義字典 	墩臺(돈대) 墩官(돈관)	
돈대 돈					

※ 평지보다 조금 높게 흙(土)을 도탑고(敦) 평평하게 쌓은 단인 '돈대'를 뜻한다.

暾	日부 총16획	설문 없음	小篆  形音義字典	晨暾(신돈) 海暾(해돈)	
아침해 돈					

※ 해(日)가 아침에 처음 도탑게(敦) 떠오르는 데서 '아침 해'를 뜻한다.

郭 ➡ 廓 ➡ 槨 ☆

郭	邑부 총11획	설문 邑부	春秋金文  郭公子戈 / 戰國金文 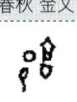 郭大夫鉇 / 小篆  說文解字	城郭(성곽) 外郭(외곽) 郭禿(곽독)	
둘레/외성 곽		鄚=郭(곽)은 齊(제)나라 안에 있던 이미 멸망한 (춘추시대) 곽국(郭國)의 옛터이다. 착한 사람은 착해도 등용이 되지 못하고, 나쁜 사람은 나빠도 물리치지 못하여 나라가 망하였다. 邑(읍)은 의미부분이고, 𩫖(곽)은 발음부분이다.(「鄚, 齊之郭氏虛. 善善不能進, 惡惡不能退, 是以亡國也. 从邑, 𩫖聲.」)			

※ 위아래 높은 성곽(𩫖= 享) 모양인 '외성'으로 '둘러' 싸인 고을(阝)로, 안전을 누리고(享) 사는 고을(阝)을 뜻한다.
※참고: '𩫖'은 郭의 本字.

廓	广부 총14획	설문 없음		外廓(외곽) 輪廓(윤곽) 廓然(확연)	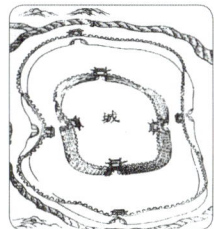
둘레 곽 클 확					

※ 집(广) 둘레 내성을 넓게 감싼 외성(𩫖=郭)처럼 더 넓게 넓히는 데서 '둘레' '크다'를 뜻한다.

槨	木부 총15획	설문 木부	小篆  說文解字	木槨(목곽) 棺槨(관곽) 石槨墳(석곽분)	
외관 곽		槨(곽)은 장사(葬事)지낼 때 쓰는 덧관을 뜻한다. 木(목)은 의미부분이고, 𩫖(곽)은 발음부분이다.(「槨, 葬有木𩫖也. 从木, 𩫖聲.」)			

※ 나무(木)로 만들어진 시신을 두는 관 둘레(郭)에 덮는 '외관'을 뜻한다.

亨 ➡ 烹 ❖

亨	亠부 총7획	설문 없음	※'享'(향)자와 고문이 같음	亨嘉(형가) 萬事亨通 (만사형통)	
형통할 형		'亨'자는 《설문해자》에 수록된 '享(누릴 향)'자의 대전체(大篆體)이다.			

※ 옛 글자는 높은 제단(亯) 모습으로 享(향)과 같이 쓰이다가, 예서에서 모양이 바뀌었다.
※파자: 높은(亠) 제단(口)에 제사를 드려 일생을 마칠(了) 때까지 '형통함'을 누림을 뜻한다.

烹	火부 총11획	설문 없음	小篆 / 隸書  形音義字典	烹茶(팽다) 烹調(팽조) 烹刑(팽형)	
삶을 팽					

※ 형통하기(亨) 위해 드리는 제물을 불(灬)로 익히는 데서 '삶다'를 뜻한다.

仄 ⋯ 丸 → 紈

	金文	小篆	籀文
人부 총4획			
	郭店唐虞	說文解字	

仄聲(측성)
仄韻(측운)
仄字(측자)

기울 측 | 설문 厂부

仄(측)은 옆으로 기울었다는 뜻이다. 사람[人(인)]이 바위언덕[厂(엄·한)] 아래에 있다는 의미이다. 仄은 주문(籀文)으로, (人 대신) 夨(렬)을 썼는데, 夨은 발음부분이기도 하다.(「仄, 側傾也. 从人在厂下. 夨, 籀文从 夨, 夨亦聲.」)

※ 언덕(厂) 아래에서 사람(人)이 머리를 기울여 기대어 서 있는 데서 '기울다'를 뜻한다.

丸

	小篆
丶부 총3획	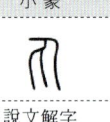
	說文解字

丸藥(환약)
丸劑(환제)
砲丸(포환)

둥글 환 | 설문 丸부

丸(환)은 둥글다는 뜻으로, 한쪽으로 기울어져서 도는 것이다. 仄(측)자를 거꾸로 한 형태이다. 무릇 丸부에 속하는 글자들은 모두 丸을 의미부분으로 삼는다.(「丸, 圜, 傾側而轉者. 从反仄. 凡丸之屬皆从丸.」)

※ 仄(기울 측)의 반대(丶+人)에서, 반대로 기울어(仄) 구르는 둥근 '알'에서 '둥글다'를 뜻한다.
　※파자:여러 번(九) 손질하여 점(丶) 같은 둥근 환을 만듦.
　※참고:丮(잡을 극)이 다른 글자와 쓰일 때 丸(환)으로 변하여 쓰여 '잡다'를 뜻한다.

紈

	小篆
糸부 총9획	
	說文解字

紈袴(환고)
紈扇(환선)
紈素(환소)

흰비단 환 | 설문 糸부

紈(환)은 흰 비단을 뜻한다. 糸(멱·사)는 의미부분이고, 丸(환)은 발음부분이다.(「紈, 素也. 从糸, 丸聲.」)

※ 실(糸)로 짠 둥근(丸) 새알 같이 희고 가느다란 비단에서 '흰 비단'을 뜻한다.

孰 → 熟 → 塾

	甲骨文		西周金文	戰國金文	小篆
子부 총11획					
	京津2676	花東294	伯侄簋	配兒句鑃	說文解字

孰與(숙여)
孰若(숙약)
孰誰(숙수)

누구 숙 | 설문 丮부

𩰪=孰(숙)은 음식을 익힌다는 뜻이다. 丮(극)은 의미부분이고, 𦎧(순)은 발음부분이다. 《주역(周易)》에 이르기를 "음식을 익히다."라고 하였다.(「𩰪, 食飪也. 从丮, 𦎧聲. 《易》曰: "孰飪."」)

※ 제단(亯)에 양(羊)을 삶아 드리기(𦎧=享) 위해 잡고(丮=丸) 있는 데서, '익히다'를 뜻하나, 누구나 바치던 제물에서 '누구'를 뜻한다. ※파자:장수 누리며(享) 둥글둥글(丸) 살기를 '누구'나 바람.

熟

火부 총15획	설문 없음	'孰(숙)'과 고문(古文)이 같음

熟達(숙달)
熟成(숙성)
熟練(숙련)

익을 숙

'孰'은 본래 '음식을 데우다'라는 뜻을 나타내는 회의자(會意字)였는데, 뒤에 '孰'자가 '누구'라는 의문대명사로 가차(假借)되어 쓰이게 되자, 본래의 자리는 '孰'자에 다시 의미부분으로 '火(불 화)'를 더한 '熟(익을 숙)'자를 만들어 보충하였다.

※ 제물을 익히기(孰) 위해 불(灬)을 지핌에서 '익다'를 뜻한다.

◆ 彈丸之地 : (탄환지지) 사방(四方)이 적국(敵國)에 포위(包圍)되어 공격(攻擊)의 대상(對象)이 되는 아주 좁은 땅.
◆ 布射僚丸 : (포사요환) 한(漢)나라 여포(呂布)는 화살을 잘 쐈고, 의료(宜遼)는 탄자(彈子)를 잘 던졌음.
◆ 紈扇圓潔 : (환선원결) 흰 비단(緋緞)으로 만든 부채는 둥글고 깨끗함.
◆ 誰怨孰尤 : (수원숙우) 누구를 원망(怨望)하고 탓할 수가 없다는 뜻.

塾	土부 총14획	小篆  說文解字		塾舍(숙사) 塾堂(숙당) 義塾(의숙)
글방 숙	설문 土부	塾(숙)은 문 옆에 있는 방(즉 사랑방)을 뜻한다. 土(토)는 의미부분이고, 孰(숙)은 발음부분이다.(「塾, 門側堂也. 从土, 孰聲.」)		

※ 음식을 익히기(孰) 위해 흙(土)을 쌓은 것처럼 사물의 이치를 익히는 집에서 '글방'을 뜻한다.

京 → 倞 → 鯨 → 涼 → 諒 → 掠 → 景 → 憬 → 環 → 暻 → 影 → 顥 → 灝

京	亠부 총8획	甲骨文		西周 金文	春秋 金文	小篆	京城(경성) 京鄉(경향) 京畿道(경기도)

		掇2.21	鐵93.4	矢方彝	靜簋	芮公鼎	說文解字
서울 경	설문 京부	京(경)은 사람이 만든 매우 높은 언덕을 뜻한다. 高(고)의 생략형은 의미부분이고, ㅣ은 높은 모양을 그린 것이다. 무릇 京부에 속하는 글자들은 모두 京을 의미부분으로 삼는다.(「京, 人所絶高丘也. 从高省. ㅣ, 象高形. 凡京之屬皆从京.」)					

※ 높게(亠) 잘 에워싸(口) 받쳐(冂=小) 지은 임금 집인 궁궐에서 '서울' '크다'를 뜻한다.
※파자:높게(亠) 잘 지어 에워싸(口)인 궁궐 주위에 작은(小) 민가가 있는 '서울'을 뜻한다.

倞	人부 총10획	甲骨文  甲3939	小篆 說文解字	倞人(경인)
굳셀 경	설문 人부	倞(경)은 굳세다는 뜻이다. 人(인)은 의미부분이고, 京(경)은 발음부분이다.(「倞, 彊也. 从人, 京聲.」)		

※ 사람(亻)이 크고(京) 강하여 '굳세다'를 뜻한다.

鯨	魚부 총19획	小篆	或體	捕鯨(포경) 鯨魚(경어) 鯨濤(경도)
		說文解字		
고래 경	설문 魚부	鯨=鱷(경)은 바다의 큰 물고기이다. 魚(어)는 의미부분이고, 畺(강)은 발음부분이다. ≪춘추전(春秋傳)≫에 이르기를 "그 고래와 같은 우두머리를 잡았다."라고 하였다. 鯨는 鱷의 혹체자(或體字)로 (畺 대신) 京(경)을 썼다.(「鱷, 海大魚也. 从魚, 畺聲. ≪春秋傳≫曰: "取其鱷鯢." 鯨, 鱷或从京.」)		

※ 물고기(魚)처럼 물에 사는 동물 중에서 가장 큰(京) '고래'를 뜻한다.

涼	水부 총11획	小篆  說文解字		淸涼(청량) 凄涼(처량) 納涼(납량)
서늘할 량	설문 水부	涼(량)은 엷다는 뜻이다. 水(수)는 의미부분이고, 京(경)은 발음부분이다.(「涼, 薄也. 从水, 京聲.」)		

※ 물(氵)가나 높은(京) 곳이 시원함에서 '서늘하다'를 뜻한다. 크고(京) 많은 물(氵)이 서늘하여 '서늘함'이라고도 한다.
※참고:凉(량)은 涼(량)의 俗字(속자).

諒	言부 총15획	戰國 金文	小篆	諒解(양해) 諒知(양지) 海諒(해량)
		雲夢封診	說文解字	
살펴알/믿을 량	설문 言부	諒(량)은 믿는다는 뜻이다. 言(언)은 의미부분이고, 京(경)은 발음부분이다.(「諒, 信也. 从言, 京聲.」)		

※ 말(言)의 뜻이 크고(京) 고결(高潔)하여 '살펴 알아' '믿음'이 있음을 뜻한다.

掠	手부 총11획	小篆  說文解字		掠奪(약탈) 侵掠(침략) 掠治(약치)	
노략질할 **략**	설문 手부	掠(량·략)은 빼앗아 가진다는 뜻이다. 手(수)는 의미부분이고, 京(경)은 발음부분이다.(「掠, 奪取也. 从手, 京聲.」)			

※ 이민족이 손(扌)으로 수도 서울(京)을 공격하여 삶의 터전을 빼앗음에서 '노략질'을 뜻한다.
※파자: 손(扌)으로 크게(京) 훔치는 데서 '노략질함'을 뜻한다.

景	日부 총12획	金文  古鉢	小篆 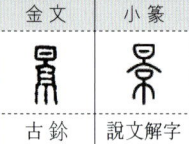 說文解字	景致(경치) 景氣(경기) 風景(풍경)	
볕 **경**	설문 日부	景(경)은 빛을 뜻한다. 日(일)은 의미부분이고, 京(경)은 발음부분이다.(「景, 光也. 从日, 京聲.」)			

※ 햇빛(日)이 높게(京) 비치는 데서 '볕'을 뜻하며, 해가 밝아 풍경이 잘 보여 '경치'를 뜻한다.

憬	心부 총15획	小篆  說文解字		憧憬(동경) 憬悟(경오) 憧憬心(동경심)	
깨달을 **경**	설문 心부	憬(경)은 깨닫는다는 뜻이다. 心(심)은 의미부분이고, 景(경)은 발음부분이다. ≪시경(詩經)≫에 이르기를 "깨달은 저 회수(淮水) 땅의 오랑캐들."이라고 하였다.(「憬, 覺寤也. 从心, 景聲. ≪詩≫曰: "憬彼淮夷."」)			

※ 마음(忄)속에 환히 밝게(景) '깨닫거나', 마음속에 훤히 드러나 '동경함'을 뜻한다.

璟	玉부 총16획	설문 없음	小篆   形音義字典	宋璟(송경) (人名字)	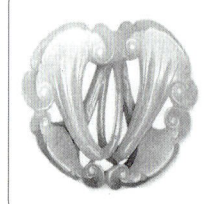
옥빛 **경**					

※ 구슬(玉)에서 나오는 환하고 밝은(景) 빛에서 '옥빛'을 뜻한다.

暻	日부 총16획	설문 없음		暻然(경연)	
밝을 **경**					

※ 햇볕(日)이 밝게(景) 비추는 데서 '밝다'를 뜻한다.

影	彡부 총15획	설문 없음		影響(영향) 幻影(환영) 影像(영상)	
그림자 **영**		≪설문해자≫에는 '影'자가 보이지 않는다. ≪옥편(玉篇)·삼부(彡部)≫를 보면 "影은 그림자를 뜻한다.(「影, 形影.」)"라고 하였다.			

※ 햇볕(景)에 생긴 물체의 음영(陰影) 모양(彡), 즉 '그림자'를 뜻한다.

顥	頁부 총21획	小篆 說文解字		顥天(호천) 顥顥(호호)
클/흴 호	설문 頁부	顥(호)는 흰 모습이다. 頁(혈)과 景(경)은 모두 의미부분이다. ≪초사(楚辭)≫에 이르기를 "하늘이 하얗다."라고 하였다. 남산(南山)의 4顥라고 할 때, (여기에서의 顥는) 머리가 흰 사람을 뜻한다.(「顥, 白皃. 从頁, 从景. ≪楚詞≫曰: "天白顥顥." 南山四顥, 白首人也.」)		

※ 볕에 밝고(景) 크게 빛나는 하얀 머리(頁)에서 '크다' '희다'를 뜻한다.

灝	水부 총24획	小篆 說文解字		灝灝(호호)
넓을 호	설문 水부	灝(호)는 콩즙을 뜻한다. 水(수)는 의미부분이고, 顥(호)는 발음부분이다.(「灝, 豆汁也. 从水, 顥聲.」)		

※ 물(氵)이 희고 크게(顥) 넓고 멀리 퍼져 있는 데서 '넓다' '물이 넓고 멀다'를 뜻한다.

立→粒→笠→拉→位→泣→昱→煜→翌→翊→竝

立	立부 총5획	甲骨文		殷商 金文		西周 金文		小篆	立法(입법) 立體(입체) 立冬(입동)
		粹1218	甲2647	父丁卣		格伯簋	毛公鼎	說文解字	
설 립	설문 立부	立(립)은 서 있다는 뜻이다. 사람[大(대)]이 一(일) 위에 서 있다는 의미이다. 무릇 立부에 속하는 글자들은 모두 立을 의미부분으로 삼는다.(「立, 住也. 从大立一之上. 凡立之屬皆从立.」)							

※ 사람(大=亣)이 땅(一) 위에 서 있는 모양에서 '서다'를 뜻한다.

粒	米부 총11획	小篆	古文 說文解字		粒子(입자) 顆粒(과립) 米粒(미립)
낟알 립	설문 米부	粒(립)은 낟알을 뜻한다. 米(미)는 의미부분이고, 立(립)은 발음부분이다. 𥻆은 粒의 고문(古文)이다.(「粒, 糂也. 从米, 立聲. 𥻆, 古文粒.」)			

※ 쌀(米)알이 되기 전, 아직 서(立)있는 벼의 껍질을 벗기지 않은 곡식 알맹이인 '낟알'을 뜻한다.

笠	竹부 총11획	小篆 說文解字		笠子(입자) 草笠(초립) 笠帽(입모)
삿갓 립	설문 竹부	笠(립)은 簦(우산 등)과 비슷한데 자루가 없는 것이다. 竹(죽)은 의미부분이고, 立(립)은 발음부분이다.(「笠, 簦無柄也. 从竹, 立聲.」)			

※ 대(竹)로 만들어 서서(立) 다닐 때 머리에 써, 비나 빛을 가리던 '삿갓'을 뜻한다.

拉	手부 총8획	小篆 說文解字		拉北(납북) 被拉(피랍) 拉致(납치)
끌 랍	설문 手부	拉(랍)은 꺾는다는 뜻이다. 手(수)는 의미부분이고, 立(립)은 발음부분이다.(「拉, 摧也. 从手, 立聲.」)			

※ 손(扌)으로, 서서(立) 꺾거나 끌어감에서 '꺾다' '끌다'를 뜻한다.

位	人부 총7획	金文 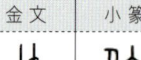 中山王壺	小篆 說文解字		位置(위치) 方位(방위) 單位(단위)	
자리 위	설문 人부	位(위), 조정에서 좌우로 늘어선 자리를 일컬어 位라고 한다. 人(인)과 立(립)은 모두 의미부분이다.(「位, 列中庭之左右謂之位. 从人·立.」)					

✷ 사람(亻) 신분이나 계급에 따라 서던(立) 자리에서 '자리' '지위'를 뜻한다.

泣	水부 총8획	戰國 金文 璽彙1417	小篆 說文解字		泣哭(읍곡) 泣訴(읍소) 感泣(감읍)	
울 읍	설문 水부	泣(읍), 소리 없이 눈물을 흘리는 것을 泣이라고 한다. 水(수)는 의미부분이고, 立(립)은 발음부분이다.(「泣, 無聲出涕曰泣. 从水, 立聲.」)					

✷ 소리 내지 않고 눈물(氵)을 흘리며 정면으로 서서(立) 우는 데서 '울다'를 뜻한다.

昱	日부 총9획	甲骨文  粹679	 粹121	殷商 金文  合33	西周 金文  宰桃角	 盂鼎	小篆 說文解字	昱昱(욱욱) 晃昱(황욱)	
햇빛밝을 욱	설문 日부	昱(욱)은 밝은 해를 뜻한다. 日(일)은 의미부분이고, 立(립)은 발음부분이다.(「昱, 明日也. 从日, 立聲.」)								

✷ 해(日)가 서 있는(立) 사람 위에 밝게 떠 있는 데서 '햇빛 밝다'를 뜻한다.
※참고:昱·翌·翊은 고문이 같음.

煜	火부 총13획	小篆  說文解字		煜煜(욱욱) 煜灼(욱작) 炳煜(병욱)	
빛날 욱	설문 火부	煜(욱)은 빛난다는 뜻이다. 火(화)는 의미부분이고, 昱(욱)은 발음부분이다.(「煜, 熠也. 从火, 昱聲.」)				

✷ 불(火)이 햇빛 밝은(昱) 모양으로 비치는 데서 '빛나다'를 뜻한다.

翌	羽부 총11획	설문 없음	小篆  形音義字典		翌日(익일) 翌年(익년) 翌朝(익조)	
다음날 익						

✷ 날개(羽)를 들고 선(立) 새의 깃이 빛나듯, 다시 밝은 '다음날'을 뜻한다.
※파자:날짐승이 일어나(立) 날개(羽)를 퍼덕이며 우는 '다음날'을 뜻한다.

翊	羽부 총11획	甲骨文 甲1942	金文  京津4582	小盂鼎	小篆 說文解字	翊成(익성) 翊贊(익찬) 輔翊(보익)	
도울 익	설문 羽부	翊(익)은 나는 모습이다. 羽(우)는 의미부분이고, 立(립)은 발음부분이다.(「翊, 飛皃. 从羽, 立聲.」)						

✷ 세우거나(立) 펼친 날개(羽)의 모습으로, 나는 일을 '도움'을 뜻한다.

		甲骨文			殷商 金文	西周 金文	戰國 金文	小 篆	竝立(병립)
竝	立부 총10획								竝設(병설) 竝行(병행)
		後下9.1	佚878	前6,50,5	竝 爵	辛伯鼎	中山王方壺	說文解字	
나란히 竝	설문 竝부	竝(병)은 사람이 나란히 서 있다는 뜻이다. (사람이 서 있는 모습을 그린) 立(립)자 둘로 이루어졌다. 무릇 竝부에 속하는 글자들은 모두 竝을 의미부분으로 삼는다.(「竝, 倂也. 从二立. 凡竝之屬皆从竝.」)							

※ 두 사람이 나란히 서(立) 있는 데서 '나란하다'를 뜻한다.

晉➡搢*➡瑨✦

		甲骨文	西周 金文	春秋 金文	戰國 金文	小 篆	東晉(동진)
晉	日부 총10획						晉州(진주) 晉書(진서)
		拾13.1	格伯簋	晉人簋	晉公車軎	鄂君舟節	說文解字	
진나라 晉	설문 日부	晉(진)은 나아간다는 뜻이다. 해가 나오면 만물이 자라난다. 日(일)과 臸(진)은 모두 의미부분이다. ≪주역(周易)≫에 이르기를 "태양이 땅 위로 솟아오르니, (만물이) 자라난다."라고 하였다.(「晉, 進也. 日出, 萬物進. 从日, 从臸. ≪易≫曰: "明出地上, 晉."」)						

※ 두 개의 화살이 이르러(至) 꽂힌 화살통(日) 모양으로 '꽂다'이나, '나라이름'으로 쓰인다.
　※파자:하늘과 땅 사이(二)에 사사로움(ㅿㅿ)이 많던 춘추전국시대의 '진나라'를 뜻한다.
　※참고: 晋(진)은 晉(진)의 俗字(속자).

		小 篆			搢笏(진홀)
搢	手부 총13획				搢紳(진신)
		說文解字			
꽂을 搢	설문 手부	搢(진)은 꽂는다는 뜻이다. 手(수)는 의미부분이고, 晉(진)은 발음부분이다.(「搢, 插也. 从手, 晉聲.」)			

※ 손(扌)으로 화살통에 활을 꽂듯(晉) 홀을 허리춤에 끼우는 데서 '꽂다'를 뜻한다.

瑨	玉부 총14획	설문 없음			瑨玉(진옥)
옥돌 瑨					

※ 옥(玉)처럼 아름답지만 넓게(普) 분포되어 있어 쉽게 구할 수 있는 '옥돌'을 뜻한다.

普➡譜➡潽

		戰國 金文	小 篆		普及(보급)
普	日부 총12획				普通(보통) 普遍(보편)
		上博周易	說文解字		
넓을 普	설문 日부	普(보)는 해가 색깔이 없다는 뜻이다. 日(일)과 並(병)은 모두 의미부분이다.(「普, 日無色也. 从日, 从並.」)			

※ 많은 사람(並=竝)을 두루두루 넓게 비추는 해(日)에서 '넓다'를 뜻한다.

		小 篆			族譜(족보)
譜	言부 총19획				樂譜(악보) 年譜(연보)
		說文解字			
족보 譜	설문 言부	譜(보)는 기록한 문서를 뜻한다. 言(언)은 의미부분이고, 普(보)는 발음부분이다. ≪사기(史記)≫에서는 (普 대신) 並(병)을 썼다.(「譜, 籍錄也. 从言, 普聲. ≪史記≫从並.」)			

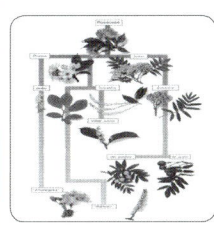

※ 말(言)로 사물의 종류나 계통을 널리(普) 정리해 기록한 '족보'를 뜻한다.

潽	水부 총15획	설문 없음		尹潽善(윤보선)	
물이름 보					

※ 물(氵)이 넓게(普) 흐르는 데서 '물 이름'을 뜻한다.

音(=否)➡倍➡培➡陪➡賠➡部➡剖➡菩

音 否	口부 총8획	戰國 金文 / 小篆 / 或體  雲夢封診 / 說文解字		용례 없음	
깔볼/경멸할 투/부	설문 丶부	音=否=欨(투·부)는 서로 침을 튀기며 말하면서 받아들이지 않는다는 뜻이다. 丶(주)와 否(부)는 모두 의미부분인데, 否(부)는 발음부분이기도 하다. 欨(구)는 音의 혹체자(或體字)로 豆(두)와 欠(흠)으로 이루어졌다.(「齒, 相與語, 唾而不受也. 从丶, 从否, 否亦聲. 欨, 音或从豆, 从欠.」)			

※ '杏=否(부)'와 자형이 같은 글자로, 아니라고(不=立) 말하여(口) '비웃고' '갈라짐'을 뜻한다.

倍	人부 총10획	小篆  說文解字		倍率(배율) 倍數(배수) 倍加(배가)	
곱절 배	설문 人부	倍(배)는 뒤집는다는 뜻이다. 人(인)은 의미부분이고, 音(투·부)는 발음부분이다.(「倍, 反也. 从人, 音聲.」)			

※ 사람(亻)들이 갈라져(音) 무리의 수가 배로 늘어남에서 '곱절' '더하다'를 뜻한다.

培	土부 총11획	小篆  說文解字		培養(배양) 栽培(재배) 培植(배식)	
북돋울 배	설문 土부	培(배)는 북돋는다는 뜻이다. 토지, 전원(田園), 산천 등을 북돋는다는 뜻이다. 土(토)는 의미부분이고, 音(투·부)는 발음부분이다.(「培, 培敦, 土田山川也. 从土, 音聲.」)			

※ 고랑의 흙(土)을 갈라(音) 드러난 뿌리를 덮어 잘 크도록 돕는 데서 '북돋우다'를 뜻한다.

陪	阜부 총11획	小篆  說文解字		陪席(배석) 陪侍(배시) 陪審(배심)	
모실 배	설문 自부	陪(배)는 흙을 다시 덮는다는 뜻이다. 일설에는 가득 찼다는 뜻이라고도 한다. 阜(부)는 의미부분이고, 音(투·부)는 발음부분이다.(「陪, 重土也. 一曰滿也. 从自, 音聲.」)			

※ 언덕(阝)처럼 흙이나 돌을 갈라(音) 다시 높게 '쌓아올림' 또는 높게 받들어 '모심'을 뜻한다.

賠	貝부 총15획	설문 없음		賠償(배상) 損害賠償 (손해배상)	
물어줄 배					

※ 잘못이 있을 때 자신의 재물(貝)을 갈라(音) 주던 데서 '물어주다'를 뜻한다.

部	邑부 총11획	金文 古鉢	小篆 說文解字			部族(부족) 部隊(부대) 部屬(부속)	
떼 **부**	설문 邑부	部(부)는 천수군(天水郡)의 적부(狄部)를 가리킨다. 邑(읍)은 의미부분이고, 㕻(투·부)는 발음부분이다.(「䣿, 天水狄部. 从邑, 㕻聲.」)					

※ 한 나라를 갈라(音) 여러 고을(阝)로 '다스리던' '마을'에 '떼'로 모여 사는 사람을 뜻한다.

剖	刀부 총10획		小篆 說文解字			剖檢(부검) 解剖(해부) 剖析(부석)	
쪼갤 **부**	설문 刀부	剖(부)는 나눈다는 뜻이다. 刀(도)는 의미부분이고, 㕻(투·부)는 발음부분이다.(「剖, 判也. 从刀, 㕻聲.」)					

※ 가르기(音) 위해 칼(刂)로 '쪼갬'을 뜻한다.

菩	艸부 총12획		小篆 說文解字			菩提(보리) 菩薩(보살) 菩提樹(보리수)	
보살 **보**	설문 艸부	菩(배·보)는 풀(의 이름)이다. 艸(초)는 의미부분이고, 㕻(투·부)는 발음부분이다.(「菩, 艸也. 从艸, 㕻聲.」)					

※ 풀잎(艹)을 갈라(音) '자리'를 짜거나 물건을 묶는 '풀이름'으로, 범어 'Bodhisattva(菩薩:보살)'의 음역으로 쓰인다.

 ➡ 接

妾	女부 총8획	甲骨文		金文	小篆	妾子(첩자) 妾室(첩실) 少妾(소첩)	
		後上6.3	粹1239	伊簋 克鼎	說文解字		
첩 **첩**	설문 辛부	妾(첩)은 죄 있는 여자 시종(侍從)이 주인어른을 모시게 된 자이다. 辛(건)과 女(녀)는 모두 의미부분이다. ≪춘추(春秋)≫에 이르기를 "여자는 다른 사람의 妾이 된다."라고 하였다. 妾은 이름을 묻는 예를 갖추지 않는다.(「妾, 有罪女子給事之得接於君者. 从辛, 从女.≪春秋≫云: "女爲人妾." 妾, 不娉也..」)					

※ 죄(辛=立)를 지은 여자(女)나 포로로 잡혀온 여자(女)를 몸종으로 삼은 데서 '첩'을 뜻한다.
  ※파자: 서서(立) 주인을 모시는 여자(女) '시종'에서 '첩'을 뜻한다. ※참고 : 辛(허물 건)

接	手부 총11획	甲骨文 花東346	小篆 說文解字			接着(접착) 接近(접근) 接待(접대)	
이을 **접**	설문 手부	接(접)은 만난다는 뜻이다. 手(수)는 의미부분이고, 妾(접)은 발음부분이다.(「接, 交也. 从手, 妾聲.」)					

※ 손(扌)으로 잡고 부리던 계집종이나 첩(妾)에서 '잇다' '접하다'를 뜻한다.

 ➡  ➡ 顔 ➡ 産 ➡ 薩

彦	彡부 총9획	金文 彥鼎	小篆 說文解字			彦士(언사) 彦聖(언성) 彦俊(언준)	
선비 **언**	설문 彣부	彦(언)은 좋은 선비는 문채가 있다고, 사람들이 말하는 바이다. 彣(문)은 의미부분이고, 厂(엄)은 발음부분이다.(「彥, 美士有文, 人所言也. 从彣, 厂聲.」)					

※ 글(文)과 활(弓=彡) 솜씨가 언덕(厂)처럼 높은 '선비'를 뜻하나, 후에 弓이 彡으로 변해 선비의 문재(文才)가 빛나거나 완전하고 뛰어남을 뜻했다. ※참고 : 彥(언)이 본자로 '彦'은 俗字. ※彣 : 문채(文彩) 문.

諺 	言부 총16획	金文	小篆			諺文(언문) 諺語(언어) 古諺(고언)
		古鉢	說文解字			
언문/속담 언	설문 言부	諺(언)은 전해지는 말을 뜻한다. 言(언)은 의미부분이고, 彦(언)은 발음부분이다.(「諺, 傳言也. 从言, 彦聲.」)				

※ 좋은 말(言)을 전하는 선비(彦)들의 말에서 '속담', 또는 민가에서 전해지는 쉬운 '상말'에서 '언문'을 뜻한다.

顔 	頁부 총18획	金文		小篆	籒文	顔面(안면) 顔色(안색) 無顔(무안)
		五祀衛鼎	大市量	說文解字		
낯 안	설문 頁부	顔(안)은 눈썹과 눈 사이를 뜻한다. 頁(혈)은 의미부분이고, 彦(언)은 발음부분이다. 顔은 주문(籒文)이다.(「顔, 眉目之間也. 从頁, 彦聲. 顔, 籒文.」)				

※ 선비(彦)의 잘생긴 머리(頁) 부위 중 외모가 드러나 보이는 얼굴에서 '낯'을 뜻한다.

産 	生부 총11획	春秋 金文	戰國 金文	侯馬盟書	小篆	産母(산모) 産業(산업) 産地(산지)
		哀成叔鼎	蔡侯産劍	蔡侯産戈	說文解字	
낳을 산	설문 生부	産(산)은 낳는다는 뜻이다. 生(생)은 의미부분이고, 彦(언)의 생략형은 발음부분이다.(「産, 生也. 从生, 彦省聲.」)				

※ 선비(彦=产)처럼 완전하게 잘생긴 자식을 낳음(生)에서 '낳다'를 뜻한다.

薩 	艸부 총18획	설문 없음	小篆	菩薩(보살) 彌勒菩薩 (미륵보살)
			形音義字典	
보살 살				

※ 풀(艹)이 높은 언덕(阝)에 나있는(産) 것처럼, 덕이 높고 큰 '보살'로, 범어 'Sat'의 음역.

言…音➡暗➡闇

言 	言부 총7획	甲骨文		西周 金文		戰國 金文	小篆	宣言(선언) 言論(언론) 宣言文(선언문)
		甲499	京津3561	乙766	伯矩鼎	鬲从盨	中山王鼎 說文解字	
말씀 언	설문 言부	言(언), 곧이곧대로 말하는 것을 言이라고 하고, 논의(論議)하는 것을 語(어)라고 한다. 口(구)는 의미부분이고, 辛(건)은 발음부분이다. 무릇 言부에 속하는 글자들은 모두 言을 의미부분으로 삼는다.(「言, 直言曰言, 論難曰語. 从口, 辛聲. 凡言之屬皆从言.」)						

※ 혀를 내밀어 '말'을 하거나, 악기(辛=亖)를 입에 물고 소리를 내는 데서 '말' '말씀'을 뜻한다.
※파자:소리부호(-)·혀끝(一)·혀(二)·입(口)을 더해 입으로 '말함' '말씀'을 뜻한다.

◆ 言文一致 : (언문일치) 실제로 쓰는 말과 글로 적은 말이 똑같음.
◆ 言言事事 : (언언사사) 모든 말과 모든 일.
◆ 言過其實 : (언과기실) 말하는 것이 실제보다 과대함.

音	音부 총9획	西周 金文	春秋 金文		戰國 金文	小篆	音盤(음반) 音樂(음악) 音標(음표)
		殷 簋	秦公簋	郘王子鐘	曾侯乙鐘	說文解字	
소리 음	설문 音부	音(음)은 소리를 뜻한다. 마음에서 생겨나서, 일정한 규칙에 따라 밖으로 표현되는 것을 音이라고 한다. 궁(宮)·상(商)·각(角)·치(徵)·우(羽) 등은 聲(성)이라고 하고, 사(絲)·죽(竹)·금(金)·석(石)·포(匏)·토(土)·혁(革)·목(木) 등은 음이라고 한다. 言(언)이 一(일)을 머금고 있는 구조이다. 무릇 음부에 속하는 글자들은 모두 音을 의미부분으로 삼는다.(「音, 聲也. 生於心, 有節於外, 謂之音. 宮商角徵羽, 聲; 絲竹金石匏土革木, 音也. 从言含一. 凡音之屬皆从音.」)					

※ 악기(辛 = 立)를 입(口)에 물고 소리(-)를 내거나, 말(言 = 音)의 소리(-)로 '소리'를 뜻한다.
　※파자:서서(立) 말(曰)하는 '소리'를 뜻한다.

暗	日부 총13획	小篆	暗示(암시) 暗記(암기) 暗算(암산)
		說文解字	
어두울 암	설문 日부	暗(암)은 해가 빛이 없다는 뜻이다. 日(일)은 의미부분이고, 音(음)은 발음부분이다.(「暗, 日無光也. 从日, 音聲.」)	

※ 해(日)빛도 없고 어두워 소리(音)도 들리지 않는 데서 '어둡다'를 뜻한다.

闇	門부 총17획	小篆	闇鈍(암둔) 昏闇(혼암) 諒闇(양암)
		說文解字	
숨을 암	설문 門부	闇(암)은 문을 닫는다는 뜻이다. 門(문)은 의미부분이고, 音(음)은 발음부분이다.(「闇, 閉門也. 从門, 音聲.」)	

※ 문(門)을 닫아 소리(音)도 들리지 않게 하여 숨는 데서 '문을 닫다' '숨다' '어둡다'를 뜻한다.

意 → 音 → 蒠 → 億 → 憶 → 臆 → 檍 → 噫

意	心부 총13획	戰國 金文	小篆	意義(의의) 意識(의식) 意見(의견)
		十鐘印舉	說文解字	
뜻 의	설문 心부	意(의)는 志(뜻 지)이다. 마음을 따라 그 말을 잘 살피어 그 뜻을 안다는 뜻이다. 心(심)과 音(음)은 모두 의미부분이다.(「意, 志也. 从心察言而知意也. 从心, 从音.」)		

※ 남의 말소리(音)를 듣고 그 사람의 마음(心)의 뜻을 아는 데서 '뜻'을 뜻한다.

音	口부 총12획	西周 金文		戰國 金文	小篆	용례 없음
		九年衛鼎	音 簋	令瓜君壺	說文解字	
유쾌할 억	설문 言부	音(억)은 유쾌(愉快)하다는 뜻이다. 言(언)과 中(중)은 모두 의미부분이다.(「音, 快也. 从言, 从中.」)				

※ 말(音[言])이 사리에 맞아(中) 즐거운 데서 '유쾌함'을 뜻한다.

◆ 音與政通 : (음여정통) 음악과 정치는 서로 통함이 있음.
◆ 音符文字 : (음부문자) 음자. 反切字(반절자)의 상하 2자에서, 밑의 자를 韻字(운자)라 하는데 대하여, 윗 글자를 이름. 뜻은 없고 음만 있는 글자.

 意 가득 찰 억	心부 총16획	戰國 金文 雲夢日乙	小篆 說文解字	籒文	용례 없음	
	설문 心부	意(억)은 가득 찼다는 뜻이다. 心(심)은 의미부분이고, 音(억)은 발음부분이다. 일설에는 10만을 意이라고도 한다. 意은 주문(籒文)으로 생략된 형태이다.(「意, 滿也. 从心, 音聲. 一日 十萬曰意. 意, 籒文省.」)				

✻ 유쾌함(音)이 마음(心)에 '가득함'을 뜻한다. ※참고 : '音'과 '意'은 '意(의)'로 변해 통용되었다.

 億 억 억	人부 총15획	戰國 金文 十鐘印擧	小篆 說文解字	※참고 : ; 意(가득 찰 억) ※참고 : 音 ; 音(유쾌할 억)	億兆(억조) 億萬(억만) 億劫(억겁)	
	설문 人부	億 = 億(억)은 편하다는 뜻이다. 人(인)은 의미부분이고, 意(의)는 발음부분이다.(「億, 安也. 从人, 意聲.」)				

✻ 사람(亻)의 마음 가득한(意) 뜻(意)대로 되어 '편안하거나', 무한히 많은 수인 '억'을 뜻한다.
　※참고:億(억)자에서 意(의)는 音(쾌할 억)과 본래 같은 글자로 보기도 한다.

 憶 생각할 억	心부 총16획	설문 없음			記憶(기억) 追憶(추억) 憶念(억념)	
		≪광운(廣韻)·직운(職韻)≫을 보면 "憶(억)은 생각한다는 뜻이다.(「憶, 念也..」)"라고 하였다.				

✻ 마음(忄)속 가득히(意) 품은 많은 뜻(意)을 곰곰이 생각함에서 '생각하다'를 뜻한다.

 臆 가슴 억	肉부 총17획	小篆 說文解字	或體		臆說(억설) 臆測(억측) 臆算(억산)	
	설문 肉부	(억)은 가슴뼈를 뜻한다. 肉(육)은 의미부분이고, 乙(을)은 발음부분이다. 臆은 의 혹체자(或體字)로 (乙 대신) 意(의)를 썼다.(「肌, 胷骨也. 从肉, 乙聲. 臆, 肌或从意.」)				

✻ 사람의 몸(月)에 가득히(意) 뜻(意)을 품는 곳인 '가슴'을 뜻한다.

 檍 감탕나무 억	木부 총17획	小篆 說文解字			檍木(억목)	
	설문 木부	檍(억)은 참죽나무이다. 木(목)은 의미부분이고, 意(의)는 발음부분이다.(「檍, 杶也. 从木, 意聲.」)				

✻ 재질이 단단한 나무(木)로 유쾌하게(音·意) 사람들의 뜻(意)에 따라 도장이나 세공(細工) 재료로 쓰이던 '감탕나무'를 뜻한다.

 噫 한숨쉴 희	口부 총16획	小篆 說文解字			噫嗚(희오) 噫氣(희기) 噫噫(희희)	
	설문 口부	噫(희·애)는 배가 불러 씩씩거린다는 뜻이다. 口(구)는 의미부분이고, 意(의)는 발음부분이다.(「噫, 飽食息也. 从口, 意聲.」)				

✻ 입(口)에서 답답한 뜻(意)으로 나오는 탄식에서 '한숨 쉬다'를 뜻한다.

戠 ➡ 識 ➡ 織 ➡ 職 ➡ 幟 ☆ ➡ 熾

 戠	戈부 총13획	甲骨文		金文		小篆	용례 없음	
	前4.4.4	後上29.4	豆閉簋	免簋	說文解字	
찰흙 시	설문 戈부	戠(시)는 (무슨 뜻인지 알 수 없어 해설란을) 비워둠. 戈(과)와 音(음)은 모두 의미부분이다. (「戠, 闕. 从戈, 从音.」)					

※ 소리(音)기호를 창(戈) 위의 장식물에 '기록'해 놓거나, 소리(音)를 창(戈)으로 진흙에 '기록'하는 것으로 보아 '찰진 흙'을 뜻한다.

識	言부 총19획	金文		小篆	識別(식별)	
		格伯簋	雲夢秦律	說文解字	知識(지식)	
					認識(인식)	
알 식 기록할 지	설문 言부	識(식)은 깃발을 뜻한다. 일설에는 안다[知(지)]는 뜻이라고도 한다. 言(언)은 의미부분이고, 戠(시)는 발음부분이다.(「戠, 常也. 一曰知也. 从言, 戠聲.」)				

※ 말(言)을 기록하여(戠) 알 수 있게 하는 데서 '알다' '기록하다'를 뜻한다.

 織	糸부 총18획	西周 金文	戰國 金文		小篆	或體	織物(직물)	
		免簋	鄂君舟節	鄂君舟節	說文解字		紡織(방직)	
							組織(조직)	
짤 직	설문 糸부	織(직)은 직물(織物)을 만드는 행위의 총칭이다. 糸(멱·사)는 의미부분이고, 戠(시)는 발음부분이다.(「織, 作布帛之總名也. 从糸, 戠聲.」)						

※ 실(糸)로 엮은 천에 소리(音) 기호를 표해 창(戈)에 달던 장식물에서 '짜다'를 뜻한다.
※파자: 실(糸)을 짜는 소리(音)가 창(戈)이 부딪는 소리와 같아 '짜다'를 뜻한다.

 職 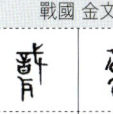	耳부 총18획	戰國 金文		小篆	職業(직업)	
		郾王職戈	曾姬無卹壺	說文解字	職位(직위)	
					職種(직종)	
직분 직	설문 耳부	職은 자세한 사정을 기록한다는 뜻이다. 耳(이)는 의미부분이고, 戠(시)는 발음부분이다. (「職, 記微也. 从耳, 戠聲.」)				

※ 귀(耳)로 말의 소리(音)를 듣고 창(戈)으로 기록(戠)하던 일을 맡는 데서 '직분'을 뜻한다.

 幟 	巾부 총15획	小篆	赤幟(적치)	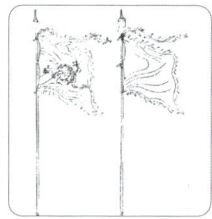
		說文解字	旗幟(기치)	
			標幟(표치)	
기 치	설문 巾부	幟(치)는 깃발의 일종이다. 巾(건)은 의미부분이고, 戠(시)는 발음부분이다.(「幟, 旌旗之屬, 从巾, 戠聲.」)		

※ 긴 수건(巾) 모양에 소리(音)나 표시를 적은(戠) 창(戈)에 매단 '기'를 뜻한다.

 熾 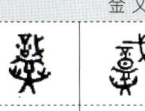	火부 총16획	金文		小篆	古文	熾烈(치열)	
		牆盤	瘌鐘	包山139	說文解字	熾盛(치성)	
						盛熾(성치)	
성할 치	설문 火부	熾(치)는 불이 활활 잘 탄다는 뜻이다. 火(화)는 의미부분이고, 戠(시)는 발음부분이다. 戜는 熾의 고문(古文)이다. (「熾, 盛也. 从火, 戠聲. 戜, 古文熾.」)					

※ 성한 불(火)처럼 표식을 기록(戠)한 창(戈)들을 들고 일어남에서 '성하다'를 뜻한다.

竟 ➡ 境 ➡ 鏡

竟	立부 총11획	甲骨文	金文		小篆		畢竟(필경) 竟夜(경야) 究竟(구경)
		甲916	形音義字典		說文解字		
마침내 경	설문 音부	竟(경)은 악곡(樂曲)이 끝난 것을 竟(경)이라 이른다. 音(음)과 人(인)은 모두 의미부분이다.(「𥌒, 樂曲盡爲竟. 从音, 从人.」)					

※ 연주 소리(音)를 마치고 일어서 가는 사람(儿)에서 '마치다' '끝나다' '다하다'를 뜻한다.

境	土부 총14획	小篆 說文解字		境界(경계) 困境(곤경) 國境(국경)
지경 경	설문 土부	境(경)은 구역(區域)을 뜻한다. 土(토)는 의미부분이고, 竟(경)은 발음부분이다. 경전에서는 竟자와 통용된다.(「壇, 疆也. 从土, 竟聲. 經典通用竟.」)		

※ 땅(土)의 경계가 끝나는(竟) 곳을 뜻하여 '지경' '경계'를 뜻한다.

鏡	金부 총19획	小篆 說文解字		眼鏡(안경) 破鏡(파경) 鏡臺(경대)
거울 경	설문 金부	鏡(경), 거울을 '경'이라고 하는 부르는 까닭은 비추기[景(경)] 때문이다. 金(금)은 의미부분이고, 竟(경)은 발음부분이다.(「鑑, 景也. 从金, 竟聲.」)		

※ 쇠(金)를 반듯하고 매끄럽게 될 때까지 끝까지(竟) 밀어 사물을 비추던 옛 '거울'을 뜻한다.

章 ➡ 障 ➡ 獐 ☆ ➡ 璋 ➡ 暲 ✦ ➡ 樟 * ➡ 漳 ✦ ➡ 彰

章	立부 총11획	金文				小篆		文章(문장) 圖章(도장) 旗章(기장)
		乙亥簋	競卣	頌簋	大鼎	說文解字		
글월 장	설문 音부	章(장), 음악(한곡)이 끝나는 것을 1章이라고 한다. 音(음)과 十(십)은 모두 의미부분이다. 十은 수(數)의 끝이다.(「𩐊, 樂竟爲一章. 从音, 从十, 十, 數之終也.」)						

※ 죄인(辛)에게 죄의 내용을 문신(曰)으로 드러나게 새김에서 '무늬' '문체' '법' '글' '문체'를 뜻한다.
※파자: 소리(音)가 많이(十) 모인 '글'을 뜻한다.

障	阜부 총14획	戰國 金文	小篆		障碍(장애) 障害(장해) 障壁(장벽)
		上博曹沫	說文解字		
막을 장	설문 𨸏부	障(장)은 가로막는다는 뜻이다. 阜(부)는 의미부분이고, 章(장)은 발음부분이다.(「障, 隔也. 从阜, 章聲.」)			

※ 언덕(阝)에 막힌 것처럼 문장(章) 사이의 뜻이 완전히 달라짐에서 '막히다'를 뜻한다.
※참고: 높고 험한 산언덕(阝)이 드러나(章) 막혀 통행이 어려움에서 '막히다'를 뜻한다.

獐	犬부 총14획	小篆 說文解字	※참고 : '麞'과 '獐'은 동자(同字).	獐角(장각) 獐茸(장용) 香獐(향장)
노루 장	설문 鹿부	麞(장)은 고라니의 일종이다. 鹿(록)은 의미부분이고, 章(장)은 발음부분이다.(「麞, 麋屬. 从鹿, 章聲.」)		

※ 짐승(犭) 중에 겨울이면 엉덩이에 하얀 무늬가 드러나는(章) '노루'. ※麞(장)과 같은 자.

한눈에 보는 한자 多(다)

璋	玉부 총15획	西周 金文		春秋 金文	戰國 金文	小篆	珪璋(규장) 弄璋之慶 (농장지경)
		大篆	頌鼎	子璋鐘	楚王酓璋戈	說文解字	
홀/반쪽 장	설문 玉부	璋(장), 위를 날카롭게 한 것이 圭(규)이고, 圭의 반쪽이 璋이다. 玉(옥)은 의미부분이고, 章(장)은 발음부분이다. ≪예(禮)≫에서 "6가지 폐백(幣帛) 방식: 圭는 말(馬)로, 璋은 가죽(皮)으로, 벽(璧)은 백(帛)으로, 종(琮)은 금(錦)으로, 호(琥)는 수(繡)로, 황(璜)은 보(黼)로 배합한다."라고 하였다.(「璋, 剡上爲圭, 半圭爲璋. 从玉, 章聲. ≪禮≫: "六幣: 圭以馬, 璋以皮, 璧以帛, 琮以錦, 琥以繡, 璜以黼."」)					

✳ 옥(玉)에 무늬나 글(章)을 드러나게 새겨 만든, 제후에게 주었던 '반쪽 홀(圭)'을 뜻한다.

暲	日부 총15획	설문 없음	暲貌(장모)
밝을 장			

✳ 해(日)가 드러나(章) 밝아짐에서 '밝다'를 뜻한다.

樟	木부 총15획	설문 없음	樟木(장목) 樟腦(장뇌) 樟樹(장수)
녹나무 장			

✳ 바닷가에 자생하는 나무(木)로 잎·줄기·뿌리 따위를 증류 냉각하면 휘발성과 芳香(방향)이 있는 무색 반투명의 결정이 드러나는(章) '녹나무'를 뜻한다.

漳	水부 총14획	小篆	漳洲(장주) 漳浦(장포) 漳河(장하)
		說文解字	
강이름 장	설문 水부	漳(장), 탁장수(濁漳水)는 상당군(上黨郡) 장자현(長子縣) 녹곡산(鹿谷山)에서 발원하여, 동쪽으로 흘러서 청장수(淸漳水)로 들어간다. 청장수(淸漳水)는 첨현(沾縣)에 있는 산의 대요곡(大要谷)에서 발원하여, 북쪽으로 흘러서 황하로 들어간다. 남장수(南漳水)는 남군(南郡) 임저현(臨沮縣)에서 발원한다. 水(수)는 의미부분이고, 章(장)은 발음부분이다.(「漳, 濁漳出上黨長子鹿谷山, 東入淸漳. 淸漳出沾山大要谷, 北入河. 南漳出南郡臨沮. 从水, 章聲.」)	

✳ 탁한 강 탁장(濁漳)과 맑은 강 청장(淸漳)의 물(氵)이 드러나게(章) 구분되는 '강 이름'이다.

彰	彡부 총14획	戰國 金文	小篆	表彰(표창) 彰明(창명) 彰顯(창현)
		陶三1062	說文解字	
드러날 창	설문 彡부	彰(창)은 무늬가 밝게 드러난다는 뜻이다. 彡(삼)과 章(장)은 모두 의미부분인데, 章은 발음부분이기도 하다.(「彰, 文彰也. 从彡, 从章, 章亦聲.」)			

✳ 글(章)이나 무늬가 빛(彡)처럼 '밝게' '드러남'을 뜻한다.

單➡篁☆➡闡☆➡戰➡彈➡憚➡禪➡嬋❖➡蟬*

單	口부 총12획	甲骨文	殷商 金文	西周 金文		春秋 金文	小篆	單語(단어) 單位(단위) 單獨(단독)
		菁5.1	京津1424	單父丁罍	小臣單觶	單盂	蔡侯匜	說文解字	
홀 단	설문 吅부	單(단)은 크다는 뜻이다. 吅(훤)과 甲(필)은 모두 의미부분인데, 吅은 발음부분이기도 하다. (이 이상은 알 수 없어 해설란을 비워둠). (「單, 大也. 从吅·甲, 吅亦聲. 闕.」)						

✳ 갈라진 끝에 돌(吅)과, 그물(田), 긴 자루(十)가 있는 개인용 사냥도구에서 '홀'을 뜻한다.

簞	竹부 총18획	小篆 簞 說文解字		空簞(공단) 簞食瓢飲 (단사표음)	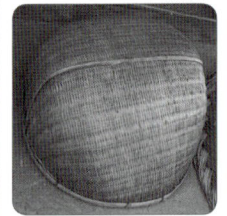
소쿠리 **단**	설문 竹부	簞(단)은 밥이나 옷을 담는 그릇을 뜻한다. 竹(죽)은 의미부분이고, 單(단)은 발음부분이다. ≪한율령(漢律令)≫에서 '簞은 작은 광주리를 뜻한다.'라고 하였고, ≪전(傳)≫에 이르기를 "작은 광주리의 밥과 한 병의 물."이라고 하였다.(「簞, 笥也. 从竹, 單聲. ≪漢律令≫: '簞, 小筐也.' ≪傳≫曰: "簞食壺漿."」)			

✻ 대(竹)로 만들어 홀로(單) 쓰기 편한 '소쿠리'나 '도시락'을 뜻한다.

闡	門부 총20획	小篆 闡 說文解字		闡明(천명) 闡揚(천양) 闡究(천구)	
밝힐 **천**	설문 門부	闡(천)은 (문을) 연다는 뜻이다. 門(문)은 의미부분이고, 單(단)은 발음부분이다. ≪주역(周易)≫에 이르기를 "감추어 진 것을 열다."라고 하였다.(「闡, 開也. 从門, 單聲. ≪易≫曰: "闡幽."」)			

✻ 문(門)을 활짝 열고 사냥(單)대회나 무술시합대회를 '열어' 기량을 '분명히' '밝힘'을 뜻한다.

戰	戈부 총16획	金文		小篆	戰爭(전쟁) 戰死(전사) 戰略(전략)	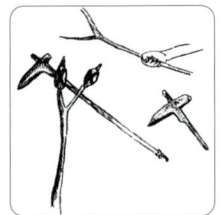
			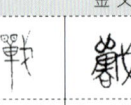	戰 戰 說文解字		
		中山王圓壺 楚王酓忎鼎	胤嗣壺			
싸움 **전**	설문 戈부	戰(전)은 싸운다는 뜻이다. 戈(과)는 의미부분이고, 單(단)은 발음부분이다.(「戰, 鬪也. 从戈, 單聲.」)				

✻ 사냥도구(單)나 창(戈)을 들고 싸우는 데서 '싸우다'를 뜻한다.
　※참고 : 짐승(嘼 = 單:산짐승 휴)을 창(戈)으로 사냥하며 '싸우는' 연습하는 것을 뜻한다.

彈	弓부 총15획	甲骨文			小篆	或體	彈藥(탄약) 彈劾(탄핵) 彈丸(탄환)	
					彈	𢎞		
		前5.8.4 鐵162.2 合9410			說文解字			
탄알 **탄**	설문 弓부	彈(탄)은 탄환을 가도록 한다는 뜻이다. 弓(궁)은 의미부분이고, 單(단)은 발음부분이다. 𢎞은 彈의 혹체자(或體字)로 활[弓]에 탄알[丸(환)]이 올려져 있다는 의미이다.(「彈, 行丸也. 从弓, 單聲. 𢎞, 彈或从弓持丸.」)						

✻ 활(弓)처럼 돌덩이를 홀(單)으로 튕기어 쏘는, 끝이 갈라진 사냥도구(單)에서 '탄알'을 뜻한다.

憚	心부 총15획	戰國 金文	小篆	憚服(탄복) 忌憚(기탄) 敬憚(경탄)	

		中山王鼎	說文解字		
꺼릴 **탄**	설문 心부	憚(탄)은 꺼리며 어려워한다는 뜻이다. 心(심)은 의미부분이고, 單(단)은 발음부분이다. 일설에는 근심한다는 뜻이라고도 한다.(「憚, 忌難也. 从心, 單聲. 一曰難也.」)			

✻ 마음(忄)속 고민으로, 홀로(單) 있는 사람의 고독한 마음속에 '거리낌'이 있음을 뜻한다.

禪	示부 총17획	小篆 禪 說文解字		參禪(참선) 禪院(선원) 禪讓(선양)	
선 **선**	설문 示부	禪(선)은 하늘에 제사를 지낸다는 뜻이다. 示(시)는 의미부분이고, 單(단)은 발음부분이다.(「禪, 祭天也. 从示, 單聲.」)			

✻ 제단(示)에 사냥도구(單)를 바쳐 권위나 지위를 '물려주는' '큰 제사를 올림'을 뜻한다.
　※참고 : 범어 'Dhyāna'(禪那:선나)의 음역으로 '고요하다' '좌선' '참선'을 뜻한다.

嬋	女부 총15획		小篆  說文解字		嬋娟(선연) 嬋聯(선련) 嬋連(선련)
고울 **선**	설문 女부	嬋(선)은 고운 맵시를 뜻한다. 女(녀)는 의미부분이고, 單(단)은 발음부분이다.(「嬋, 嬋娟態也. 从女, 單聲.」)			

✻ 아름다운 여자(女)가 여러 사람 중에서 홀로(單) 드러남에서 '곱다' '아름답다'를 뜻한다.

蟬	虫부 총18획	甲骨文  粹1536	小篆  說文解字		蟬脫(선탈) 蟬紋(선문) 蟬聲(선성)
매미 **선**	설문 虫부	蟬(선)은 옆으로 우는 벌레이다. 虫(훼·충)은 의미부분이고, 單(단)은 발음부분이다.(「蟬, 以旁鳴者. 从虫, 單聲.」)			

✻ 여러 곤충 중에서 홀로(單) 소리가 크게 들리는 벌레(虫)인 '매미'를 뜻한다.

辛 ➡ 莘❖ ➡ 宰 ➡ 滓 ➡ 繬❖ ➡ 梓❖

辛	辛부 총7획	甲骨文		殷商 金文	西周 金文	春秋 金文	小篆	辛苦(신고) 辛辣(신랄) 辛勝(신승)
		 後上17.1	 粹962	 父辛鼎	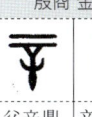 辛卯羊鼎	 臣辰卣	 蔡侯申尊	 說文解字
매울 **신**	설문 辛부	辛(신)은 가을에 해당하는데, 가을은 만물이 익는 계절이다. 금(金)은 단단하며, 그 맛이 맵다. 너무 매워 고통스러워서 눈물까지 나온다. 一(일)과 䇂(건)은 모두 의미부분이다. 䇂은 죄(罪)를 뜻한다. (10천간에서) 辛은 경(庚)의 다음이다. 사람의 다리를 그린 것이다. 무릇 신부에 속하는 글자들은 모두 辛을 의미부분으로 삼는다.(「辠, 秋時萬物成而孰. 金剛味辛, 辛痛卽泣出. 从一, 从䇂. 䇂, 辠也. 辛承庚. 象人股. 凡辛之屬皆从辛.」)						

✻ '죄인'이나 '노예'에게 문신하던 도구로, 문신할 때 괴로움에서 '맵다' '괴롭다'를 뜻한다.

莘	艸부 총11획	설문 없음	小篆  形音義字典		莘野(신야) 莘莘(신신)
족두리풀/ 긴모양 **신**					

✻ 약초(艹) 중에 매운(辛) 맛이 감도는 줄기가 '긴 모양'의 세신(細莘), 즉 '족두리풀'을 뜻한다.

宰	宀부 총10획	甲骨文		殷商 金文	西周 金文	春秋 金文	小篆	宰相(재상) 主宰(주재) 宰官(재관)
		 鄴3下396	 佚518	 宰櫋角	 頌 鼎	 魯原父簋	 說文解字	
재상 **재**	설문 宀부	宰(재)는 죄인으로 집 안에서 일을 하는 자를 뜻한다. 宀(면)과 辛(신)은 모두 의미부분이다. 辛은 죄를 뜻한다.(「宰, 辠人在屋下執事者. 从宀, 从辛. 辛, 辠也.」)						

✻ 임금의 집(宀)에서 소나 양을 잡아 제사를 돕던 '고기요리사'인 노예(辛)로, 집일을 맡거나 임금의 일을 돕는 데서 '재상' '다스리다'를 뜻한다.

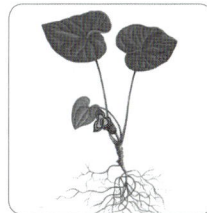

滓	水부 총13획		小篆  說文解字		殘滓(잔재) 沈滓(침재) 泥滓(이재)
찌끼 **재**	설문 水부	滓(재)는 앙금을 뜻한다. 水(수)는 의미부분이고, 宰(재)는 발음부분이다.(「滓, 澱也. 从水, 宰聲.」)				

✻ 물(氵) 속에 고기 요리(宰)를 하고 난 다음 생기는 '찌끼'를 뜻한다.

409

縡	糸부 총16획	小篆 縡 說文解字		縡德(재덕)	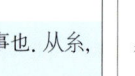
일(事) 재	설문 糸부	縡(재)는 일을 뜻한다. 糸(멱·사)는 의미부분이고, 宰(재)는 발음부분이다.(「縡, 事也. 从糸, 宰聲.」)			

✽ 실(糸)이나 천을 주관하여 다스리던(宰) 일에서 '일(事)'을 뜻한다.

梓	木부 총11획	小篆 梓	或體 梓	梓宮(재궁) 梓里(재리) 梓材(재재)	
		說文解字			
가래나무 재	설문 木부	梓(재)는 楸(가래나무 추)이다. 木(목)은 의미부분이고, 宰(재)의 생략형은 발음부분이다. 梓는 혹체자(或體字)로 생략하지 않은 형태이다.(「梓, 楸也. 从木, 宰省聲. 梓, 或不省.」)			

✽ 나무(木)의 재질이 단단하여 형벌도구(辛)나 여러 가구로 사용하던 '가래나무'를 뜻한다.

 辡 ➡ 辦 ➡ 辯 ➡ 辦 ☆

辡	辛부 총14획	小篆 辡 說文解字		용례 없음	
죄인 서로 송사할 변	설문 辡부	辡(변)은 죄인이 서로 송사(訟事)를 한다는 뜻이다. 2개의 辛(신)자로 이루어졌다. 무릇 辡부에 속하는 글자들은 모두 辡을 의미부분으로 삼는다.(「辡, 辠人相與訟也. 从二辛. 凡辡之屬皆从辡.」)			

✽ 두 죄인(辛)이 서로 다투어 訟事(송사)함에서 '죄인 서로 송사함'을 뜻한다.

辨	辛부 총16획	西周 金文 辨 辨 簋	戰國 金文 辨 雲夢秦律	小篆 辨 說文解字	辨濟(변제) 辨明(변명) 辨償(변상)	
분별할 변	설문 刀부	辨(변)은 나눈다는 뜻이다. 刀(도)는 의미부분이고, 辡(변)은 발음부분이다.(「辨, 判也. 从刀, 辡聲.」)				

✽ 죄인(辛)이 서로(辡:죄인서로 송사할 변) 말로, 다투는 것을 칼(刂)로 나누듯 '분별함'을 뜻한다.

辯	辛부 총21획	戰國 金文 辯 雲夢爲吏	小篆 辯 說文解字	辯論(변론) 雄辯(웅변) 答辯(답변)	
말씀 변	설문 辡부	辯(변)은 다스린다는 뜻이다. 言(언)이 辡(변) 사이에 있는 모양으로 이루어졌다.(「辯, 治也. 从言在辡之間.」)			

✽ 두 죄인(辡)이 서로 자기의 주장을 하기 위해 말(言)함에서 '말씀' '말 잘하다'를 뜻한다.

辦	辛부 총16획	小篆 辦 說文解字		辦公(판공) 辦理(판리) 辦事(판사)	
힘들일 판	설문 力부	辦(판)은 있는 힘을 다한다는 뜻이다. 力(력)은 의미부분이고, 辡(변)은 발음부분이다.(「辦, 致力也. 从力, 辡聲.」)			

✽ 두 죄인(辡)이 죄를 벗어나기 위해 힘(力)을 다하는 데서 '힘들이다'를 뜻한다.

辟 ➡ 壁 ➡ 僻 ➡ 劈 ➡ 擘 ➡ 癖 ☆ ➡ 闢 ➡ 璧 ➡ 霹 ❖ ➡ 避 ➡ 臂 ➡ 譬 ➡ 辥 ➡ 薛

	辛부 총13획	甲骨文		西周金文	春秋金文	戰國金文	小篆	辟書(벽서) 辟邪(벽사) 辟除(벽제)
		甲1046	戩37.12	保員簋 毛公鼎	吳王光鑑	驫羌鐘	說文解字	

임금 **벽** 피할 **피**

설문 辟부

辟(벽)은 법을 뜻한다. 卩(절)은 의미부분이다. 辛(신)도 의미부분으로, 그 죄를 절제(節制)한다는 뜻이다. 口(구)도 의미부분으로, 법을 사용하는 사람을 가리킨다. 무릇 辟부에 속하는 글자들은 모두 辟을 의미부분으로 삼는다.(「辟, 法也. 从卩. 从辛, 節制其罪也. 从口, 用法者也. 凡辟之屬皆从辟.」)

※ 죄에 따라 몸(尸) 일부를 잘라(口) 형벌을 가하던 도구(辛)로, 형을 집행하던 '임금' '법'을 뜻하며, 선악을 가리던 데서 '나누다' '피하다'를 뜻한다. ※참고:'口'를 죄를 묻는 입으로도 본다.

	土부 총16획	金文		小篆	壁紙(벽지) 壁報(벽보) 絕壁(절벽)
		召伯虎敦	雲夢日乙	說文解字	

벽 **벽**

설문 土부

壁(벽)은 담을 뜻한다. 土(토)는 의미부분이고, 辟(벽)은 발음부분이다.(「壁, 垣也. 从土, 辟聲.」)

※ 집 밖과 안을 나누는(辟) 흙(土)을 쌓아 올린 담에서 '벽'을 뜻한다.

	人부 총15획	戰國金文	小篆	窮僻(궁벽) 僻字(벽자) 僻村(벽촌)
		包山258	說文解字	

궁벽할 **벽**

설문 人부

僻(벽)은 피한다는 뜻이다. 人(인)은 의미부분이고, 辟(벽)은 발음부분이다. ≪시경(詩經)≫에 이르기를 "선뜻 왼쪽으로 비켜섰네."라고 하였다. 일설에는 옆에서 끌어당긴다는 뜻이라고도 한다.(「僻, 避也. 从人, 辟聲. ≪詩≫曰: "宛如左僻." 一曰从旁牽也.」)

※ 죄를 지은 사람(亻)이 법으로 형벌(辟)을 받아 '후미지고' '궁벽한' 곳으로 쫓겨남을 뜻한다.

	刀부 총15획	小篆	劈頭(벽두) 劈開(벽개) 劈鍊(벽련)
		說文解字	

쪼갤 **벽**

설문 刀부

劈(벽)은 쪼갠다는 뜻이다. 刀(도)는 의미부분이고, 辟(벽)은 발음부분이다.(「劈, 破也. 从刀, 辟聲.」)

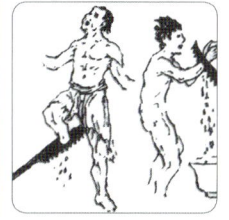

※ 법으로 형벌(辟)을 받아 칼(刀)로 베는 벌에서 '쪼개다'를 뜻한다.

	手부 총17획	小篆	擘指(벽지) 巨擘(거벽) 擘繡(벽획)
		說文解字	

엄지손가락 **벽**

설문 手부

擘(벽)은 찢는다는 뜻이다. 手(수)는 의미부분이고, 辟(벽)은 발음부분이다.(「擘, 撝也. 从手, 辟聲.」)

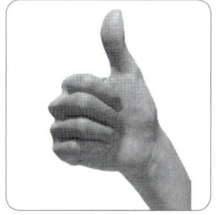

※ 손가락 중에 홀로 나뉘어(辟) 떨어진 손(手)가락인 '엄지'로, 쪼개어 나눔에서 '쪼개다'를 뜻한다.

	疒부 총18획		小篆	盜癖(도벽) 潔癖(결벽) 癖好(벽호)
		설문 없음	形音義字典	

버릇 **벽**

※ 병(疒)적으로 한쪽으로만 나뉘어(辟) 치우쳐 생기는 '버릇'을 뜻한다. 또는 오래 쌓인 '뱃병'.

闢	門부 총21획	西周 金文		戰國 金文	小篆	或體	開闢(개벽) 闢土(벽토) 闢好(벽호)	
		孟鼎	泉伯簋	伯闢簋	中山王方壺	說文解字		
열 벽	설문 門부	闢(벽)은 연다는 뜻이다. 門(문)은 의미부분이고, 辟(벽)은 발음부분이다. 𨴗,《우서(虞書)》에 이르기를 "사방의 문을 열다."라고 하였는데, 門과 𠬞으로 이루어졌다.(「闢, 開也. 从門, 辟聲. 𨴗,《虞書》曰: "闢四門." 从門, 从𠬞.」)						

✻ 문(門)을 양쪽으로 나누어(辟) 여는 데서 '열다'를 뜻한다.

璧	玉부 총18획	西周金文	春秋 金文			侯馬盟書	小篆	完璧(완벽) 雙璧(쌍벽) 璧日(벽일)	
		琱生簋	洹子孟姜壺	洹子孟姜壺	洹子孟姜壺	16·23	說文解字		
구슬 벽	설문 玉부	璧(벽)은 신표로 쓰는 둥근 옥이다. 玉(옥)은 의미부분이고, 辟(벽)은 발음부분이다.(「璧, 瑞玉圜也. 从玉, 辟聲.」)							

✻ 가운데가 나뉘어(辟) 비어 있는 둥글납작한 고리 모양의 '둥근 옥(玉)'으로 '구슬'을 뜻한다.

霹	雨부 총21획	설문 없음	霹靂(벽력) 霹棗木(벽조목)	
벼락 벽				

✻ 비(雨)가 내릴 때 벼락이 떨어져 물체를 나누어(辟) 부러뜨리는 데서 '벼락'을 뜻한다.

避	辵부 총17획	甲骨文			西周 金文		春秋 金文	小篆	避妊(피임) 避難(피난) 避身(피신)	
		前7.38.2	掇2.78	粹1255	鬲攸从鼎	仲叔父簋	伯遲父鼎	說文解字		
피할 피	설문 辵부	避(피)는 회피한다는 뜻이다. 辵(착)은 의미부분이고, 辟(벽)은 발음부분이다.(「避, 回也. 从辵, 辟聲.」)								

✻ 죄인이 형벌을 피해(辟) 숨거나 도망가는(辶) 데서 '피하다' '숨다'를 뜻한다.

臂	肉부 총17획	金文	戰國 金文	小篆	肩臂(견비) 臂力(비력) 攘臂(양비)	
		胤嗣壺	雲夢日乙	說文解字		
팔 비	설문 肉부	臂(비)는 손 위를 뜻한다. 肉(육)은 의미부분이고, 辟(벽)은 발음부분이다.(「臂, 手上也. 从肉, 辟聲.」)					

✻ 다른 부위와 나뉘어(辟) 움직이는 몸(月)에 붙은 '팔'을 뜻한다.

譬	言부 총20획	小篆	譬喩(비유) 譬類(비류) 譬設(비설)	
		說文解字		
비유할 비	설문 言부	譬(비)는 비유(譬喩)한다는 뜻이다. 言(언)은 의미부분이고, 辟(벽)은 발음부분이다.(「譬, 諭也. 从言, 辟聲.」)		

✻ 죄의 경중에 따라 법이나 형벌(辟)을 비유하여 말(言)함에서 '비유하다'를 뜻한다.

辥	辛부 총16획	甲骨文		西周 金文		春秋 金文		小篆	용례 없음
		合767	合3984	叔趙父卣	何尊	克鼎	庚壺	說文解字	
허물 **설**	설문 辛부	辥(설)은 죄를 뜻한다. 辛(신)은 의미부분이고, 㕝(산 높은 모양 얼)은 발음부분이다.(「辥, 辠也. 从辛, 㕝聲.」)							

※ 새싹(屮) 같은 부스러기가 불룩한(自) 물건의 잘못된 곳을 조금씩 칼(辛)로 베어내듯 떨어지는 데서 '허물'을 뜻한다. ※참고 : 㕝(산 높은 모양 얼)

薛	艸부 총17획	甲骨文		西周 金文	春秋 金文			小篆	薛越(설월) 薛聰(설총) 薛炙(설적)
		合248	合110	易薛尊	薛侯鼎	薛侯盤	薛侯匜	說文解字	
성 **설**	설문 艸부	薛(설)은 풀이다. 艸(초)는 의미부분이고, 辥(설)은 발음부분이다.(「薛, 艸也. 从艸, 辥聲.」)							

※ 가늘고 긴 풀(艹)을 수북이(自) 쌓아 죄인(辛)들이 병을 치료하던 '맑은 대쑥'이나 주로 '성 씨'로 쓰인다. 辥(허물 설)과 의미가 같다. ※참고 : 薜(승검초 벽)과 혼동하기 쉽다.

幸 ➡ 倖 ➡ 睪 ➡ 執 ➡ 摯 ➡ 蟄

幸	干부 총8획	甲骨文		殷商 金文	西周 金文	戰國 金文	小篆	幸運(행운) 幸福(행복) 多幸(다행)
		甲3477	後下38.7	幸干首	幸父癸爵	中山王壺	說文解字	
다행 **행**	설문 幸부	夭(행)은 운이 좋아서 나쁜 일을 모면한다는 뜻이다. 屰(역)과 夭(요)는 모두 의미부분이다. 夭는 죽는 일을 뜻한다. 그래서 죽음을 불행(不幸)이라고 하는 것이다.(「夭, 吉而免凶也. 从屰, 从夭. 夭, 死之事. 故謂之不夭.」)							

※ 죄인의 양손을 가운데(Ⅱ)에 넣고 양쪽(十·十끝)을 묶던 '형틀'모양으로, 빈 형틀에서 법에 걸리지 않아 '다행'임을 뜻한다.

倖	人부 총10획	戰國 金文	小篆	倖曲(행곡) 倖望(행망) 僥倖(요행)
		天星觀簡	形音義字典	
요행 **행**				

※ 사람(亻)이 다행(幸)으로 화를 면하거나, 뜻밖의 재물을 얻음에서 '요행'을 뜻한다.

睪	目부 총14획	설문 없음	睪女(고녀) 睪牢(고뢰) 睪丸(고환)
불알/못 **고**			

※ 죄인 남자의 생식기(丶)를 높은 물가 언덕에서 죄를 살펴(睪) 거세함에서 '불알' '못'을 뜻한다.

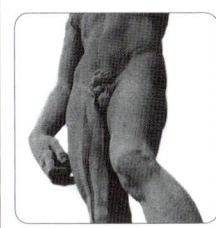

執	土부 총11획	甲骨文		西周 金文		春秋 金文	小篆	執念(집념) 執權(집권) 執着(집착)
		甲2909	前6.17.4	不嬰簋	兮甲盤	散盤	庚壺	說文解字
잡을 **집**	설문 幸부	𤔲 = 執(집)은 죄인을 붙잡았다는 뜻이다. 丮(극)과 幸(녑)은 모두 의미부분인데, 幸은 발음부분이기도 하다.(「𤔲, 捕罪人也. 从丮, 从幸, 幸亦聲.」)							

※ 두 손이 형틀(幸)에 잡혀(丮 = 丸) 있는 사람에서 '잡다'를 뜻한다.
※참고: 丮(잡을 극)은 다른 글자를 만나면 丸(환)으로 변한다.

摯	手부 총15획	甲骨文		戰國 金文	小篆		眞摯(진지) 摯見(지견) 摯拘(지구)	
		京津4141	前6.29.5	雲夢日甲	說文解字			
잡을 **지**	설문 手부	摯(지)는 손으로 잡는다는 뜻이다. 手(수)와 執(집)은 모두 의미부분이다.(「摯, 握持也. 从手, 从執..」)						

❋ 단단히 쥐어 잡는(執) 손(手)에서 '잡다'를 뜻한다.

蟄	虫부 총17획	戰國 金文	小篆			蟄居(칩거) 驚蟄(경칩) 蟄伏(칩복)	
		雲夢日甲	說文解字				
숨을 **칩**	설문 虫부	蟄(칩)은 (벌레가) 숨는다는 뜻이다. 虫(훼·충)은 의미부분이고, 執(집)은 발음부분이다.(「蟄, 藏也. 从虫, 執聲..」)					

❋ 형틀에 잡혀(執) 꼼짝 못하는 죄인처럼 겨울 추위에 벌레(虫)가 웅크린 데서 '숨다'를 뜻한다.

𠬝 ➡ 服 ➡ 報

𠬝	又부 총4획	甲骨文		殷商 金文	西周 金文	小篆	용례 없음	
		粹447	乙1315	𠬝觚	㰱鐘	說文解字		
다스릴 **복**	설문 又부	𠬝(복)은 다스린다는 뜻이다. 又(우)와 卪(절)은 모두 의미부분이다. 卪은 일[事(사)]을 절제(節制)한다는 뜻이다.(「𠬝, 治也. 从又, 从卪. 卪, 事之節也..」)						

❋ 죄인(卪)을 손(又)으로 잡아 꿇어앉혀 '다스림'을 뜻한다.

服	月부 총8획	甲骨文	金文			春秋 金文	小篆	古文	校服(교복) 服裝(복장) 服從(복종)	
		林1.24.5	孟鼎	毛公鼎	克鼎	秦公鎛	說文解字			
옷 **복**	설문 舟부	服(복)은 쓴다는 뜻이다. 일설에는 마차의 오른쪽 보조 말이라고도 하는데, (마차가 오른쪽으로 향할 때) 도는[舟旋(주선), 즉 周旋(주선, 회전한다는 뜻)] 역할을 하기 때문이다. 舟는 의미부분이고, 𠬝(복)은 발음부분이다. 𠇗은 服의 고문(古文)으로, (𠬝 대신) 人(인)을 썼다.(「𦨕, 用也. 一曰車右騑, 所以舟旋. 从舟, 𠬝聲. 𠇗, 古文服, 从人.」)								

❋ 배(舟 = 月)를 몰도록 죄인을 다스려(𠬝) '복종하도록' '부리게' 함이나, 몸(月)을 다스리는(𠬝) '옷'처럼 변했다.

報	土부 총12획	甲骨文		西周 金文			戰國 金文	小篆		報道(보도) 報償(보상) 報答(보답)	
		京津4141	後下23·9	令簋	召伯簋	珊生簋	雲夢秦律	說文解字			
갚을/알릴 **보**	설문 幸부	報(보)는 죄인을 다스린다는 뜻이다. 幸(녑)과 𠬝(복)은 모두 의미부분이다. 𠬝은 죄를 다스린다는 뜻이다.(「報, 當罪人也. 从幸, 从𠬝. 𠬝, 服罪也..」)									

❋ 죄인을 형틀(幸)에 묶어 죄를 다스려(𠬝) 죄상을 '알리고' 죄를 '갚음'을 뜻한다.

睪* ➡ 譯 ➡ 驛 ➡ 繹 ☆ ➡ 釋 ➡ 澤 ➡ 擇 ➡ 鐸

睪	目부 총13획	戰國 金文		小篆		睪睪(역역) 睪芷(역지)	
		曾侯乙鐘	包山259	璽彙0098	說文解字		
엿볼 **역**	설문 幸부	睪(역)은 잘 살핀다는 뜻이다. 目(목)자를 눕힌 것과 幸(녑)은 모두 의미부분이다. 관리에게 명하여 죄인을 감시한다는 뜻이다.(「睪, 司視也. 从橫目, 从幸. 令吏將目捕罪人也..」)					

❋ 눈(目 = 罒)으로 죄(幸)가 있는지를 살펴보는 데서 '엿보다'를 뜻한다.

譯	言부 총20획	戰國 金文	小篆			譯書(역서) 譯官(역관) 飜譯(번역)
			譯			
		郭店成之	說文解字			
번역할 역	설문 言부	譯(역)은 (중국) 사방(四方) 이민족의 말을 통역하는 것을 뜻한다. 言(언)은 의미부분이고, 睪(역)은 발음부분이다.(「譯, 傳譯四夷之言者. 从言, 睪聲.」)				

✻ 다른 지방에서 온 정보나 말(言)을 잘 살펴(睪) 뜻을 알아내는 데서 '번역하다'를 뜻한다.

驛	馬부 총23획	小篆		驛前(역전) 驛長(역장) 簡易驛(간이역)
		驛		
		說文解字		
역 역	설문 馬부	驛(역)은 역참(驛站)의 말을 뜻한다. 馬(마)는 의미부분이고, 睪(역)은 발음부분이다.(「驛, 置騎也. 从馬, 睪聲.」)		

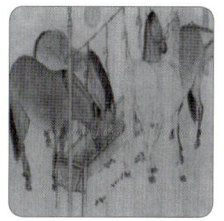

✻ 말(馬)의 상태를 살펴보고(睪) 말을 갈아타거나 쉬어가던 곳에서 '역'을 뜻한다.

繹	糸부 총19획	戰國 金文	小篆		繹騷(역소) 演繹(연역) 繹味(역미)
			繹		
		侯馬盟書	說文解字		
풀 역	설문 糸부	繹(역)은 실을 풀어낸다는 뜻이다. 糸(멱·사)는 의미부분이고, 睪(역)은 발음부분이다.(「繹, 抽絲也. 从糸, 睪聲.」)			

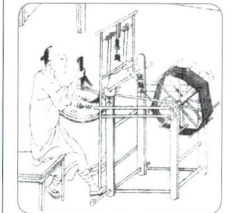

✻ 실(糸) 끝을 뽑기 위해 누에고치를 자세히 살피는(睪) 데서 '실마리' '풀다' '찾다'를 뜻한다.

釋	釆부 총20획	小篆		解釋(해석) 註釋(주석) 保釋(보석)
		釋		
		說文解字		
풀 석	설문 釆부	釋(석)은 푼다[解(해)]는 뜻이다. 釆(변)은 의미부분이다. 釆은 사물을 분별하여 취한다는 뜻 이다. 睪(역)은 의미부분이면서 발음부분이다.(「釋, 解也. 从釆. 釆, 取其分別物也. 从睪聲.」)		

✻ 죄가 있고 없음을 분별(釆)한 후 죄인을 살펴(睪) 죄가 없을 때 '풀어줌'을 뜻한다.

澤	水부 총16획	戰國 金文		小篆		光澤(광택) 惠澤(혜택) 德澤(덕택)
				澤		
		相邦邛皮戈	古鉢	說文解字		
못 택	설문 水부	澤(택)은 윤이 난다는 뜻이다. 水는 의미부분이고, 睪은 발음부분이다.(「澤, 光潤也. 从水, 睪聲.」)				

✻ 물(氵)기가 엿보여(睪) '윤기'가 나거나, 항상 물(氵)기를 살필(睪) 수 있는 '못'을 뜻한다.

擇	手부 총16획	西周 金文		西周 金文		戰國 金文	小篆	擇日(택일) 選擇(선택) 採擇(채택)
							擇	
		中子化盤	豈子甗	王孫鐘	於賜鐘	陳逆簠	說文解字	
가릴 택	설문 手부	擇(택)은 가려서 뽑는다는 뜻이다. 手(수)는 의미부분이고, 睪(역)은 발음부분이다.(「擇, 柬 選也. 从手, 睪聲.」)						

✻ 손(扌)으로, 잘 살펴서(睪) 좋은 것을 가림에서 '가리다'를 뜻한다.

415

鐸	金부 총21획	春秋 金文		戰國金文	小篆	鐸鈴(탁령) 木鐸(목탁) 金鐸(금탁)	
		口外雜鐸		中山王鼎	雲夢日甲	說文解字	
방울 **탁**	설문 金부	鐸(탁)은 큰 방울을 뜻한다. 군법(軍法)에 5人은 오(伍)가 되고, 5伍는 양(兩)이 된다. 양사마(兩司馬)는 鐸을 지닌다. 金(금)은 의미부분이고, 睪(역)은 발음부분이다.(「鐸, 大鈴也. 軍法五人爲伍, 五伍爲兩, 兩司馬執鐸. 从金, 睪聲.」)					

✻ 쇠(金)로 만들어 백성을 살펴(睪) 다스리고 명령을 내릴 때 소리내 경계하던 '방울'을 뜻한다.

巠 ➡ 徑 ➡ 經 ➡ 輕 ➡ 勁 ➡ 脛☆ ➡ 莖 ➡ 頸◆ ➡ 痙 ➡ 俓◆ ➡ 涇◆ ➡ 逕◆

巠	巛부 총7획	西周 金文			小篆	古文	용례 없음	
		孟鼎	克鼎	克盨	毛公鼎	說文解字		
물줄기/ 지하수 **경**	설문 川부	巠(경)은 물줄기를 뜻한다. 川(천)이 一 아래에 있다는 의미이다. 一은 땅이다. 壬(정)의 생략형은 발음부분이다. 일설에는 물이 많다는 뜻이라고도 한다. 𢀖은 巠의 고문(古文)으로 생략하지 않은 형태이다.(「巠, 水脈也. 从川在一下. 一, 地也. 壬省聲. 一曰水冥巠也. 𢀖, 古文巠, 不省.」)						

✻ 베를 짜기 위해 베틀에 세로로 씨실을 곧게 감아놓은 모습이다.
 ※ 파자:땅(一)속을 흐르는 물(巛)이 만든(工) '지하수'를 뜻한다.

徑	彳부 총10획	小篆	直徑(직경) 半徑(반경) 口徑(구경)	
		說文解字		
지름길 **경**	설문 彳부	徑(경)은 걸어 다니는 길을 뜻한다. 彳(척)은 의미부분이고, 巠(경)은 발음부분이다.(「徑, 步道也. 从彳, 巠聲.」)		

✻ 길(彳)을 곧게(巠) 가는 데서 '지름길'을 뜻한다.

經	糸부 총13획	西周 金文	春秋 金文	小篆	經營(경영) 經濟(경제) 經驗(경험)	
		虢季子白盤	陳曼簠	說文解字		
지날/글 **경**	설문 糸부	經(경)은 (베 등을) 짠다는 뜻이다. 糸(멱·사)는 의미부분이고, 巠(경)은 발음부분이다.(「經, 織也. 从糸, 巠聲.」)				

✻ 베틀에 씨실(糸)을 바르고 곧게(巠) 감아놓은 씨실 사이를 북이 지나며 잘 다스려 베를 짜게 하는 데서, '세로' '바른' '글' '다스리다' '지나다'를 뜻한다.

輕	車부 총14획	戰國 金文	小篆	輕重(경중) 輕率(경솔) 輕工業(경공업)	
		雲夢爲吏	說文解字		
가벼울 **경**	설문 車부	輕(경)은 가벼운 수레를 뜻한다. 車(거·차)는 의미부분이고, 巠(경)은 발음부분이다.(「輕, 輕車也. 从車, 巠聲.」)			

✻ 수레(車)를 곧바로(巠) 적진을 공격할 수 있도록 가볍게 만든 데서 '가볍다'를 뜻한다.

勁	力부 총9획	戰國 金文	小篆	剛勁(강경) 勁弓(경궁) 勁健(경건)	
		包山082	說文解字		
굳셀 **경**	설문 力부	勁(경)은 굳세다는 뜻이다. 力(력)은 의미부분이고, 巠(경)은 발음부분이다.(「勁, 彊也. 从力, 巠聲.」)			

✻ 곧은(巠) 힘(力)에서 '굳세다'를 뜻한다.

脛	肉부 총11획	甲骨文	戰國 金文	小篆		沒脛(몰경) 脛骨(경골) 赤脛(적경)	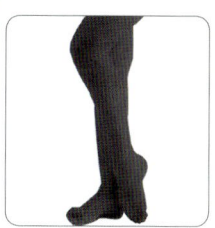
		合13693	信陽楚簡	說文解字			
정강이 경	설문 肉부	脛(경)은 종아리를 뜻한다. 肉(육)은 의미부분이고, 巠(경)은 발음부분이다.(「䨶, 胻也. 从肉, 巠聲.」)					

✽ 사람의 몸(月)에서 곧고(巠) 단단한 부분인 '정강이'를 뜻한다.

莖	艸부 총11획	戰國 金文	小篆		根莖(근경) 陰莖(음경) 莖柯(경가)	
		安陽令戈	說文解字			
줄기 경	설문 艸부	莖(경)은 줄기이다. 艸(초)는 의미부분이고, 巠(경)은 발음부분이다.(「茎, 枝柱也. 从艸, 巠聲.」)				

✽ 초목(艹)의 곧게(巠) 뻗은 '줄기' 부분을 뜻한다.

頸	頁부 총16획	戰國 金文	小篆		頸血(경혈) 頸椎(경추) 鶴頸(학경)	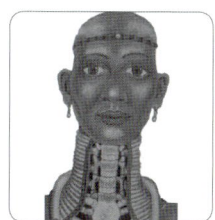
		雲夢日甲	說文解字			
목 경	설문 頁부	頸(경)은 목을 뜻한다. 頁(혈)은 의미부분이고, 巠(경)은 발음부분이다.(「䪴, 頭莖也. 从頁, 巠聲.」)				

✽ 곧게(巠) 머리(頁)를 지탱해주는 '목'을 뜻한다.

痙	疒부 총12획	小篆		痙風(경풍) 痙攣(경련) 痙症(경증)	
		說文解字			
경련 경	설문 疒부	痙(경)은 경련을 일으킨다는 뜻이다. 疒(녁)은 의미부분이고, 巠(경)은 발음부분이다.(「痙, 彊急也. 从疒, 巠聲.」)				

✽ 병(疒)증이 생기면 몸이 곧게(巠) 수축하거나 떨림이 일어나는 '경련'을 뜻한다.

俓	人부 총9획	설문 없음		捷俓(첩경)	
지름길/곧을 경					

✽ 사람(亻)이 곧고(巠) 빠르게 갈 수 있는 길에서 '지름길' '곧다'를 뜻한다. ※徑(경)과 같음.

涇	水부 총10획	金文	小篆		涇流(경류) 涇渭(경위) 涇水(경수)	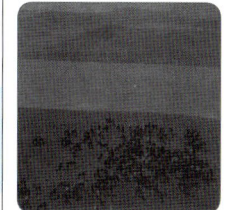
		克鐘	說文解字			
통할 경	설문 水부	涇(경)은 강의 이름이다. 안정군(安定郡) 경양현(涇陽縣) 견두산(开頭山)에서 발원하여, 동남쪽으로 흘러 위수(渭水)로 들어간다. 옹주(雍州)의 하천이다. 水(수)는 의미부분이고, 巠(경)은 발음부분이다.(「涇, 水. 出安定涇陽开頭山, 東南入渭. 雍州之川也. 从水, 巠聲.」)				

✽ 물(氵)줄기가 곧은(巠) 감숙성(甘肅省)에서 위수(渭水)로 '통하여' 흐르는 '강 이름'을 뜻한다.

	辵부 총11획	설문 없음	小篆 形音義字典	逕路(경로) 逕庭(경정)	
소로/길 **경**					

※ 좁고 곧은(巠) 길로 걸어서 빠르게 가는(辶) '소로' '길'을 뜻한다.

く → 巛 → 川(=巜) → 釧 → 州 → 洲 → 酬 → 災 → 訓 → 順 → 巡 → 馴

	巛부 총1획	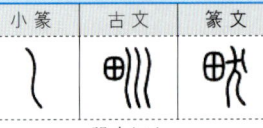小篆 / 古文 / 篆文 說文解字		용례 없음	
작은도랑 **견**	설문 く부	く(견)은 물이 적게 흐른다는 뜻이다. ≪주례(周禮)≫에 이르기를 "장인(匠人)이 도랑을 파는데, 삽의 넓이는 5촌으로 하고, 두 삽을 우(耦)라고 한다. 1우로 땅을 파는데, 넓이가 1척이고 깊이가 1척인 것을 く이라고 부른다. く의 배(培)를 수(遂)라고 하고, 수의 배를 구(溝)라고 하고, 구의 배를 혁(洫)이라고 하고, 혁의 배를 巜(회)라고 한다."라고 하였다. 무릇 く부에 속하는 글자는 모두 く을 의미부분으로 삼는다. 㖛은 く의 고문(古文)으로, 田(전)과 川(천)으로 이루어졌다. 畎은 く의 篆文(전문)으로, 田은 의미부분이고, 犬(견)은 발음부분이다. 6畎이 1畝(무)이다.(「く, 水小流也. ≪周禮≫: "匠人爲溝洫, 相廣五寸, 二耜爲耦, 一耦之伐, 廣尺, 深尺, 謂之く. 倍く爲之遂, 倍遂曰溝, 倍溝曰洫, 倍洫曰巜." 凡く之屬皆从く. 㖛, 古文く, 从田, 从川. 畎, 篆文く, 从田, 犬聲. 六畎爲一畝.」)			

※ 폭이 작고 물이 적게 흐르는 '작은 도랑'의 모습이다.

	巛부 총2획	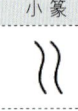小篆 說文解字		용례 없음	
큰도랑 **회/괴**	설문 巜부	巜(괴·회)는 물이 졸졸 흐른다는 뜻이다. 사방 100리가 巜인데, 넓이는 2심(尋)이고, 깊이는 2인(仞)이다. 무릇 巜부에 속한 글자들은 모두 巜를 의미부분으로 삼는다.(「巜, 水流澮澮也. 方百里爲巜, 廣二尋, 深二仞. 凡巜之屬皆从巜..」)			

※ 작은 도랑(く)이 모여 이룬 비교적 '큰 도랑'을 뜻한다.

	川부 총3획	甲骨文	西周金文	春秋金文	小篆	開川(개천) 河川(하천) 川邊(천변)	
		佚727	前4.13.3 / 啓卣	衛鼎	南彊鉦 / 說文解字		
내 **천**	설문 川부	川(천)은 관통해서 흐르는 물줄기를 뜻한다. ≪우서(虞書)≫에 이르기를 "도랑[く(견)]과 개울[巜(괴)]을 쳐서 내[川]에 이르도록 하였다."라고 하였는데, 이것은 도랑과 개울을 깊게 파서 하천과 만나도록 했다는 말이다. 무릇 川부에 속하는 글자들은 모두 川을 의미부분으로 삼는다.(「川, 貫穿通流水也. ≪虞書≫曰: "濬く巜距川." 言深く巜之水會爲川也. 凡川之屬皆从川.」)					

※ 양 기슭(巜) 사이를 흐르는 물줄기(く)로, 아래로 흐르는 '내'를 뜻한다.
　※참고: 'く'=작은 도랑 견, '巜'=큰 도랑 괴, '巛'=내 천. 巛이 川의 본자(本字).

	金부 총11획	小篆 說文解字		玉釧(옥천) 銀釧(은천) 腕釧(완천)	
팔찌 **천**	설문 金부	釧(천)은 팔찌를 뜻한다. 金(금)은 의미부분이고, 川(천)은 발음부분이다.(「釧, 臂環也. 从金, 川聲.」)			

※ 팔을 둥글게 감싸는 금속(金)으로, 산을 감싸고도는 내(川)처럼 만든 '팔찌'를 뜻한다.

州	川부 총6획	甲骨文	殷商 金文	西周 金文			小篆	古文	濟州(제주) 光州(광주) 州牧(주목)
		粹262	州戈	井侯簋	散盤	鬲从盨	說文解字		
고을 주	설문 川부	州(주), 강 가운데 머물 수 있는 곳을 州라고 한다. 강물은 그 옆을 돌아서 흘러 내려간다. 川(천)자 둘을 겹쳐 썼다. 옛날 요(堯) 임금 시절, 홍수가 나서 백성들이 강 가운데 있는 높은 흙더미에 머물렀는데, 어떤 사람은 이를 구주(九州)라고 하였다. ≪시경(詩經)≫에 이르기를 "황하 가운데 삼각주에 있네."라고 하였다. 일설에 州는 疇(밭 주)라고 하는데, 각자 그 땅을 일궈 살아가기 때문이다. 州는 州의 고문(古文)이다.(「州, 水中可居曰州. 周遶其旁, 从重川. 昔堯遭洪水, 民居水中高土, 或曰九州. ≪詩≫曰: "在河之州." 一曰: 州, 疇也. 各疇其土而生之. 州, 古文州.」)							

* 냇물(川) 사이의 섬(···) 모양으로 사람이 사는 육지에서 '고을'을 뜻한다. ※참고:洲의 本字.

洲	水부 총9획	설문 없음	滿洲(만주) 亞洲(아주) 三角洲(삼각주)
물가 주		≪설문해자≫에는 '洲'자가 보이지 않는다. ≪이아(爾雅)·석수(釋水)≫에서는 "강 가운데 머물 수 있는 곳을 洲라고 한다.(「水中可居者曰洲.」)"라고 하였다.	

* 물(氵)이 내(川)를 이루어 흐르며 만든 섬(···)에서 '물가' '섬'을 뜻한다.

酬	酉부 총13획	小篆	或體	酬酢(수작) 應酬(응수) 報酬(보수)
		說文解字		
갚을 수	설문 酉부	酬=醻(酧, 수)는 주인이 손님에게 술을 권한다는 뜻이다. 酉(유)는 의미부분이고, 壽(주)는 발음부분이다. 酬(수)는 醻의 혹체자(或體字)로 壽 대신 州(주)를 썼다.(「醻, 主人進客也. 从酉, 壽聲. 酬, 醻或从州.」)		

* 주인이 술(酉)을 고을(州)을 찾은 손님과 주고받음에서 '술을 권하다' '갚다'를 뜻한다.

災	火부 총7획	甲骨文			小篆	或體	古文	籀文	災難(재난) 災害(재해) 火災(화재)
		乙959	後下8.18	合18132	說文解字				
재앙 재	설문 火부	烖(재), 하늘이 내리는 불을 烖라고 한다. 火(화)는 의미부분이고, 𢦏(재)는 발음부분이다. 灾는 혹체자(或體字)로 宀(면)과 火로 이루어졌다. 烖는 고문(古文)으로 (𢦏 대신) 才(재)를 썼다. 𡿧는 주문(籀文)으로 (𢦏 대신) 巛(재)를 썼다.(「烖, 天火曰烖. 从火, 𢦏聲. 灾, 或从宀·火. 烖, 古文从才. 𡿧, 籀文从巛.」)								

* 냇물(巛)이 넘치거나 불(火)에 타, 모든 것을 잃는 데서 '재앙'을 뜻한다.

訓	言부 총10획	金文	小篆	訓示(훈시) 訓練(훈련) 敎訓(교훈)
		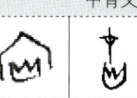		
		中山王壺	說文解字	
가르칠 훈	설문 言부	訓(훈)은 말로 가르친다는 뜻이다. 言(언)은 의미부분이고, 川(천)은 발음부분이다.(「訓, 說敎也. 从言, 川聲.」)		

* 윗사람이 한 말(言)이 냇물(川)이 흐르듯 백성에게 전달되는 데서 '가르치다'를 뜻한다.

順	頁부 총12획	西周 金文	春秋 金文	小篆	順應(순응) 順從(순종) 順理(순리)
		何尊	於賜鐘	說文解字	
순할 순	설문 頁부	順(순)은 이치를 따른다는 뜻이다. 頁(혈)과 川(천)은 모두 의미부분이다.(「順, 理也. 从頁, 从川.」)			

* 냇물(川)이 흐르듯 머리(頁) 속의 생각이 순리대로 이치를 따름에서 '순하다'를 뜻한다.

巡	《《부 총7획	甲骨文		戰國 金文		小篆	巡禮(순례) 巡察(순찰) 巡更(순경)	
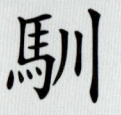		合21526	合21744	邦司寇劍	古鉩	說文解字		
돌 순	설문 辵부	巡(순)은 길게 가는 모습이다. 辵(착)은 의미부분이고, 《《(천)은 발음부분이다.(「𢖤, 延行皃. 从辵, 《《聲.」)						

* 냇물(《《)이 굽이굽이 돌며 흘러가는(辶) 데서 '돌다'를 뜻한다.

馴	馬부 총13획	小篆 說文解字	馴致(순치) 馴化(순화) 馴養(순양)	
길들일 순	설문 馬부	馴(순)은 말이 순하다는 뜻이다. 馬(마)는 의미부분이고, 川(천)은 발음부분이다.(「𩡢, 馬順也. 从馬, 川聲.」)		

* 말(馬)을 냇물(川)이 자연의 이치에 따라 흐르듯, 사람의 뜻에 따르게 '길들이다'를 뜻한다.

辰 ➡ 派 ➡ 脈

辰	丿부 총6획	甲骨文		小篆	용례 없음	
		粹1514	佚460	說文解字		
물줄기 비/파	설문 辰부	辰(비)는 물줄기가 갈라져 흐른다는 뜻이다. 永(영)자를 거꾸로 뒤집은 형태이다. 무릇 辰부에 속하는 글자들은 모두 辰를 의미부분으로 삼는다. 패현(稗縣)의 稗(패)자처럼 읽는다.(「𣲖, 水之衺流別也. 从反永. 凡辰之屬皆从辰. 讀若稗縣.」)				

* 물줄기가 갈라져 흐르는 모양으로 '물줄기' '물갈래'를 뜻한다.

派	水부 총9획	小篆 說文解字	派遣(파견) 宗派(종파) 派兵(파병)	
갈래 파	설문 水부	派(파)는 갈라진 물줄기를 뜻한다. 水(수)와 辰(비)는 모두 의미부분인데, 辰는 발음부분이기도 하다.(「𣲖, 別水也. 从水, 从辰, 辰亦聲.」)		

* 물(氵)이 큰 줄기에서 갈라져 흐름(辰:흐를 비/파)에서 '갈래'를 뜻한다.

脈	肉부 총10획	小篆	或體	籒文	脈絡(맥락) 脈搏(맥박) 文脈(문맥)	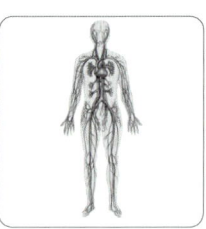
				說文解字		
줄기 맥	설문 辰부	𧖴(맥)은 피가 몸에 갈라져 흐르는 것이다. 辰(비)와 血(혈)은 모두 의미부분이다. 脈은 𧖴의 혹체자(或體字)로 (血 대신) 肉(육)을 썼다. 𧖴은 주문(籒文)이다.(「𧖴, 血理分衺行體者. 从辰, 从血. 𧖵, 𧖴或从肉. 𧖶, 籒文.」)					

* 사람 몸(月)속의 피가 갈라져 흐르는(辰) 혈맥에서 '줄기'를 뜻한다.

求 ➡ 救 ➡ 球 ➡ 錄 ✦

求	水부 총7획	甲骨文	西周 金文	春秋 金文	小篆	古文	求愛(구애) 求人(구인) 求職(구직)	
		後下8.8	衛盉	智鼎	庚壺	齊鎛	說文解字		
구할 구	설문 衣부	裘(구)는 가죽옷을 뜻한다. 衣(의)는 의미부분이고, 求(구)는 발음부분이다. 일설에는 (가운데 부분인 求는) 상형으로, 衰(쇠)(의 가운데 부분인 ㅌ)와 같은 뜻이라고도 한다. 무릇 裘부에 속하는 글자들은 모두 裘를 의미부분으로 삼는다. 求는 裘의 고문(古文)으로 衣 부분을 생략하였다.(「𧚍, 皮衣也. 从衣, 求聲. 一曰象形, 與衰同意. 凡裘之屬皆从裘. 求, 古文省衣.」)							

* 옷(衣)이 십(十)자로 변하고 털(丶、丿、丶)이 있는 가죽옷으로, 가죽 털옷을 '구하다'를 뜻한다.

救	攴부 총11획	西周金文	春秋金文	戰國金文	小篆	救援(구원) 救國(구국) 救急車(구급차)
		周穴匜	救秦戎鼎	中山王鼎	說文解字	
구원할 **구**	설문 攴부	救(구)는 금지(禁止)한다는 뜻이다. 攴(복)은 의미부분이고, 求(구)는 발음부분이다.(「救, 止也. 从攴, 求聲.」)				

※ 가죽 털옷(求)을 쓴 사나운 짐승을 쳐서(攴) 잡아 사람을 구해줌에서 '구원하다'를 뜻한다.

球	玉부 총11획	小篆	或體			眼球(안구) 電球(전구) 地球(지구)
		說文解字				
공 **구**	설문 玉부	球(구)는 옥의 소리이다. 玉(옥)은 의미부분이고, 求(구)는 발음부분이다. 璆는 球의 혹체자(或體字)로 (求 대신) 翏(료)를 썼다.(「球, 玉聲也. 从玉, 求聲. 璆, 球或从翏.」)				

※ 옥(玉)처럼 털가죽(求)으로 둥글게 만든 '공'을 뜻한다.

銶	金부 총15획	설문 없음				斧銶(부구)
끌 **구**						

※ 쇠(金)로 만들어 나무나 털가죽(求)에 구멍을 뚫거나 파내는 '끌'을 뜻한다.

水 ➡ 氵 ➡ 氷(冰)

水	水부 총4획	甲骨文			西周金文		戰國金文	小篆	水泳(수영) 水準(수준) 水墨畫(수묵화)
		前4.13.5	前2.4.3	乙8697	沈子簋	同簋	魚顚匕	說文解字	
물 **수**	설문 水부	水(수), 물을 '수'라고 하는 까닭은 물은 평평하기[準(준)] 때문이다. 북방에 해당한다. 많은 물줄기가 함께 흐르는데, 그 가운데 미세한 양기(陽氣)가 있는 것을 그렸다. 무릇 水부에 속하는 글자들은 모두 水를 의미부분으로 삼는다.(「水, 準也. 北方之行. 象衆水並流, 中有微陽之气也. 凡水之屬皆從水.」)							

※ 흐르는 물의 모양으로 강 이름이나 '물'과 관계있는 이름에 쓰인다.
　※참고: 水=氵=氺.

氵	冫부 총2획	甲骨文	殷商金文	戰國金文	小篆	부수 한자
		續3·36·7	夂卣	昚錄11·2	說文解字	
얼음 **빙**	설문 冫부	冫(빙)은 凍(얼 동)이다. 물이 언 모양을 그렸다. 무릇 冫부에 속하는 글자들은 모두 冫을 의미부분으로 삼는다.(「冫, 凍也. 象水凝之形. 凡冫之屬皆从冫.」)				

※ 물이 얼어 갈라진 모양, 또는 물이 얼어 솟은 모양으로 '얼음'을 뜻한다.

氷	水부 총5획	戰國金文	小篆	俗字		氷河(빙하) 氷壁(빙벽) 氷板(빙판)
		陳逆簋	上郡守冰戈	說文解字		
얼음 **빙**	설문 冫부	冰(빙)은 물이 단단해졌다는 뜻이다. 冫(빙)과 水(수)는 모두 의미부분이다. 凝(응)은 冰의 속자(俗字)로 (水 대신) 疑(의)를 썼다.(「冰, 水堅也. 从冫, 从水. 凝, 俗冰从疑.」)				

※ 물(水)이 얼어붙은 결정(丶)으로 '얼음'을 뜻한다.
　※참고: 冰이 본자(本字).

永 ➡ 泳 ➡ 詠

길 영

	甲骨文			西周 金文	春秋 金文	小篆
水부 총5획						
	粹1514	甲617	前2.38.5	前2.38.5	前2.38.5	說文解字

설문
永부

永(영)은 길다는 뜻이다. 물줄기와 물결의 무늬가 긴 것을 그렸다. ≪시경(詩經)≫에 이르기를 "장강(長江)은 길도다."라고 하였다. 무릇 永부에 속하는 글자들은 모두 永을 의미부분으로 로 삼는다.(「〔永〕, 長也. 象水巠理之長. ≪詩≫曰: "江之永矣." 凡永之屬皆从永.」)

永遠(영원)
永久(영구)
永生(영생)

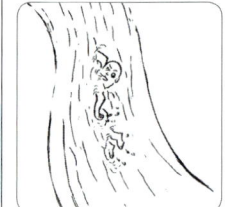

※ 사람이 물속에서 멀리 헤엄쳐 가는 모습이나, 강물이 길게 흐르는 데서 '길다' '오래'를 뜻한다.

헤엄칠 영

	小篆
水부 총8획	
	說文解字

설문
水부

泳(영)은 잠수해서 물속으로 간다는 뜻이다. 水(수)는 의미부분이고, 永(영)은 발음부분이다.(「〔泳〕, 潛行水中也. 从水, 永聲.」)

水泳(수영)
背泳(배영)
遊泳(유영)

※ 물(氵) 속에서 길게(永) '헤엄치는' 것을 뜻한다. ※참고: '永'과 '泳'은 자원이 같다.

읊을 영

	甲骨文	金文	小篆	或體
言부 총12획				
	合集27878	屯699	詠 尊	說文解字

설문
言부

詠(영)은 노래한다는 뜻이다. 言(언)은 의미부분이고, 永은 발음부분이다. 咏은 詠의 혹체자로 (言 대신) 口(구)를 썼다.(「〔詠〕, 歌也. 从言, 永聲. 〔咏〕, 詠或从口.」)

詠歌(영가)
吟詠(음영)
朗詠(낭영)

※ 말(言)의 소리를 길게(永) 하여 노래하거나, 시가(詩歌)를 읊음에서 '읊다'를 뜻한다.

承 ➡ 丞 ➡ 烝 ✦ ➡ 蒸

이을 승

	甲骨文	西周 金文	春秋 金文	小篆
手부 총8획				
	後下30.12	追丞卣	鄀王劍	說文解字

설문
手부

承(승)은 받든다는 뜻이다. 또 받는다는 뜻이다. 手(수)·卩(절)·収(수)는 모두 의미부분이다.(「〔承〕, 奉也; 受也. 从手, 从卩, 从収.」)

承認(승인)
承繼(승계)
傳承(전승)

※ 꿇어앉은 사람(卩=卫)을 두 손(廾=氵·〈)으로 받들듯 손(手=扌)으로 '이어감'을 뜻한다.
※파자:부모가 생을 마쳐도(了) 삼(三)년은 양 곁(冫·〈)에서 그 일을 '이어야' 효가 됨.

정승/도울 승

	甲骨文	西周金文	戰國金文	小篆
一부 총6획				
	鐵171.3	後下30.12	丞 卣	丞 鼎	令狐君壺	說文解字

설문
廾부

丞(승)은 돕는다는 뜻이다. 廾(공)과 卩(절)과 山(산)은 모두 의미부분이다. 山은 높으므로, 받들어 모신다는 뜻이 있다.(「〔丞〕, 翊也. 从廾, 从卩, 从山. 山高, 奉承之義.」)

丞相(승상)
政丞(정승)
群丞(군승)

※ 빠진 사람(卩=卫)을 두 손(廾=氵·〈)으로 함정 바닥(一)에서 올라오게 당겨 돕는 모습이나, 나라 일을 돕는 높은 벼슬아치를 뜻하여 '정승'을 뜻한다.

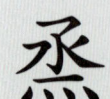

김오를 증

	甲骨文			西周 金文			小篆
火부 총10획							
	花東039	佚663	甲894	大盂鼎		姬 鼎	說文解字

설문
火부

烝(증)은 불길이 위로 올라간다는 뜻이다. 火(화)는 의미부분이고, 丞(승)은 발음부분이다.(「〔烝〕, 火气上行也. 从火, 丞聲.」)

烝民(증민)
烝冬(증동)
烝徒(증도)

※ 많은 기운이 위로 올라가는(丞) 불(灬)에 삶은 제물에서 '김이 오르다' '무리'를 뜻한다.

蒸	艹부 총14획	小篆	或體			蒸氣(증기) 蒸發(증발) 蒸溜水(증류수)
		說文解字				
찔 증	설문 艹부	蒸(증)은 자른 삼의 줄기를 뜻한다. 艹(초)는 의미부분이고, 烝(증)은 발음부분이다. 荃은 蒸의 혹체자(或體字)로 火(화)를 생략하였다.(「蒸, 折麻中幹也. 从艹, 烝聲. 荃, 蒸或省火.」)				

✻ 삼 껍질(艹)을 김이 오르게(丞) 불(灬)에 찌거나, 삶은 음식을 바치는 데서 '삶다'를 뜻한다.

彔 ✦ → 祿 → 綠 → 錄 → 碌 ☆ → 剝 ♦

彔	彑부 총8획	甲骨文		殷商 金文	西周 金文		小篆	
		菁5.1	粹1278	宰甫簋	大保簋	散盤	說文解字	
나무새길 록	설문 彔부	彔(록)은 나무를 하나하나 깎는다는 뜻한다. 상형(象形)이다. 무릇 彔부에 속하는 글자들은 모두 彔을 의미부분으로 삼는다.(「彔, 刻木彔彔也. 象形. 凡彔之屬皆从彔.」)						

✻ 두레박(彑)으로 물(水=氺)을 길어 논밭에 뿌려 '혜택'을 보거나, 즙이 많은 물건을 깎아 자루(彑)에 담아 물(水)을 짜는 데서 '깎다'를 뜻한다.
  ※파자: 돼지머리(彑)가 깎아낸 나무에서 진액(水)이 흐름.

祿	示부 총13획	甲骨文		殷商 金文	西周 金文	戰國 金文	小篆	祿俸(녹봉) 貫祿(관록) 福祿(복록)
		菁5.1	粹1276	宰甫簋	大保簋	散盤 珍秦126	說文解字	
녹 록	설문 示부	祿(록)은 복(福)을 뜻한다. 示(시)는 의미부분이고, 彔(록)은 발음부분이다.(「祿, 福也. 从示, 彔聲.」)						

✻ 떨어지는 진액 같은 신(示)이 내리는 혜택(彔)에서 '녹' '복'을 뜻한다.

綠	糸부 총14획	甲骨文	戰國 金文	小篆	綠末(녹말) 綠色(녹색) 綠茶(녹차)
		河800	仰天湖簡	說文解字	
푸를 록	설문 糸부	綠(록)은 비단이 파란색과 노란색을 섞은 초록색을 띤다는 뜻이다. 糸(멱·사)는 의미부분이고, 彔(록)은 발음부분이다.(「綠, 帛靑黃色也. 从糸, 彔聲.」)			

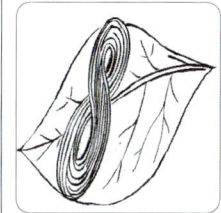

✻ 천이나 실(糸)이 껍질을 깎은(彔) 나무의 속처럼 푸른 데서 '푸름'을 뜻한다.

錄	金부 총16획	小篆	記錄(기록) 登錄(등록) 錄音(녹음)
		說文解字	
기록할 록	설문 金부	錄(록)은 쇠의 색깔을 뜻한다. 金(금)은 의미부분이고, 彔(록)은 발음부분이다.(「錄, 金色也. 从金, 彔聲.」)	

✻ 쇠(金)를 깎거나(彔), 쇠(金)를 깎아(彔) 기록한 데서 '기록하다'를 뜻한다.

碌	石부 총13획	小篆	碌靑(녹청) 碌碌(녹록)
		說文解字	
푸른돌 록	설문 石부	碌(록)은 돌의 모습이다. 石(석)은 의미부분이고, 彔(록)은 발음부분이다.(「碌, 石皃. 从石, 彔聲.」)	

✻ 돌(石)이 깎여(彔) 무더기로 쌓인 모습으로, 돌 속 구리성분의 녹이 슨 '푸른 돌'을 뜻한다. 또는 물을 길어(彔) 올리는 우물가의 이끼 낀 돌(石)에서 '푸른 돌'을 뜻한다.

剝	刀부 총10획	甲骨文 甲3153	甲骨文 合15788	小篆 說文解字	或體		剝製(박제) 剝脫(박탈) 剝離(박리)	
벗길 **박**	설문 刀부						剝(박)은 찢다는 뜻이다. 刀(도)와 彔(록)은 모두 의미부분이다. 彔은 갈라놓는다는 뜻이다. 彔은 발음부분이기도 하다. 卜은 剝의 혹체자(或體字)로 (彔 대신) 卜(복)을 썼다.(「𠚥, 裂也. 从刀, 从彔. 彔, 刻割也. 彔亦聲. 卜, 剝或从卜.」)	

❋ 껍질을 깎아(彔) 벗기는 칼(刂)에서 '벗기다'를 뜻한다.

彑 ⋯ 象 ➡ 緣 ➡ 椽 ☆ ➡ 篆 ☆

彑(크)	크부 총3획	小篆 彑 說文解字		부수 한자	
돼지머리 **계**	설문 彑부	彑(크·크;계)는 돼지의 머리를 뜻한다. 그 주둥이가 뾰족하고 위로 치켜든 것을 그렸다. 무릇 彑부에 속하는 글자들은 모두 彑를 의미부분으로 삼는다. 圚(계)처럼 읽는다.(「彑, 豕之頭. 象其銳而上見也. 凡彑之屬皆从彑. 讀若圚.」)			

❋ 돼지의 치켜든 머리에서 '돼지머리'를 뜻한다.

象	크부 총9획	金文 信陽楚簡	小篆 說文解字	彖辭(단사)	
단 **단**	설문 彑부	彖(단)은 돼지가 달아난다는 뜻이다. 彑(계)와 豕(시)의 생략형은 모두 의미부분이다.(「彖, 豕走也. 从彑, 从豕聲.」)			

❋ 머리(彑)와 연결된 통돼지(豕)를 잡아 걸어놓은 모습으로, 괘의 전체에서 '단'을 뜻한다.

緣	糸부 총15획	戰國 金文 雲夢封診	小篆 說文解字	因緣(인연) 緣由(연유) 緣分(연분)	
인연 **연**	설문 糸부	緣(연)은 옷의 가장 자리를 따라 장식한다는 뜻이다. 糸(멱·사)는 의미부분이고, 彖(단)은 발음부분이다.(「緣, 衣純也. 从糸, 彖聲.」)			

❋ 옷감(糸)의 가장자리를 따라 연결(彖)한 옷의 '가선'으로, 가선과 연결하는 데서 '인연'을 뜻한다.

椽	木부 총13획	小篆 說文解字	椽木(연목) 椽燭(연촉) 屋椽(옥연)	
서까래 **연**	설문 木부	椽(연)은 서까래를 뜻한다. 木(목)은 의미부분이고, 彖(단)은 발음부분이다.(「椽, 榱也. 从木, 彖聲.」)		

❋ 들보 위에 걸친 나무(木)로, 지붕 가선을 따라 연결(彖)한 '서까래'를 뜻한다.

篆	竹부 총15획	小篆 說文解字	篆書(전서) 篆刻(전각) 篆文(전문)	
전자 **전**	설문 竹부	篆(전)은 끌어당겨서 쓴다는 뜻이다. 竹(죽)은 의미부분이고, 彖(단)은 발음부분이다.(「篆, 引書也. 从竹, 彖聲.」)		

❋ 죽간(竹)에 붓으로 획의 중간을 끊지 않고 연결(彖)하여 쓰던 글씨체인 '전자(篆字)'를 뜻한다.

百 ⋯ 面 ➡ 緬 ☆ 麵 ✦ (= 麪)

自부
총7획

머리 **수**

甲骨文	戰國 金文	小篆

合13614	天星觀簡	說文解字

용례 없음

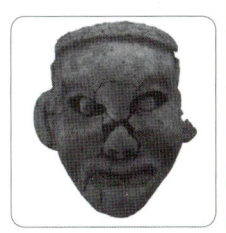

설문 自부 : 百(수)는 머리이다. 상형(象形)이다. 무릇 百부에 속하는 글자들은 모두 百를 의미부분으로 삼는다.(「百, 頭也. 象形. 凡百之屬皆从百.」)

※ '百'는 눈(目)을 강조한 사람 머리로, 양볼([ ])을 더해 面(면), 머리털(巛=ソ)을 더해 首(수), 목(八)부분을 더해 頁(혈)이 된다.

面부
총9획

낯/얼굴 **면**

甲骨文		殷商 金文	戰國 金文	小篆

甲416	甲2375	面父己爵	雲夢法律	說文解字

面刀(면도)
面談(면담)
面像(면상)

설문 面부 : 面(면)은 얼굴의 전면을 뜻한다. 百(수)는 의미부분이고, (口은) 사람의 얼굴을 그린 것이다. 무릇 面부에 속하는 글자들은 모두 面을 의미부분으로 삼는다.(「面, 顏前也. 从百, 象人面形. 凡面之屬皆从面.」)

※ 머리(百) 양옆 볼([ ]). 얼굴의 윤곽(口)에 눈(目)을 그려 '얼굴' '낯' '표면'을 뜻한다.

糸부
총15획

멀 **면**

小篆
說文解字

緬禮(면례)
緬憶(면억)
冥緬(명면)

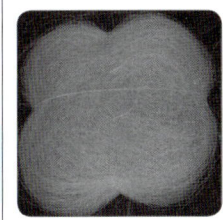

설문 糸부 : 緬(면)은 가는 실을 뜻한다. 糸(멱·사)는 의미부분이고, 面(면)은 발음부분이다.(「緬, 微絲也. 从糸, 面聲.」)

※ 실(糸)이 가늘어 얼굴(面) 가까이에서만 보이거나, 가늘어 멀게 보이는 데서 '멀다'를 뜻한다.

麥부
총20획

국수 **면**

※ 麵과 麪은 同字(동자) 麪(면)자 해설 참조(參照).

麵類(면류)
素麵(소면)
乾麵(건면)

※ 밀이나 보리(麥)가 마지막에 얼굴(面)처럼 드러나는 '분말' 또는 '국수'로, 麪이 본자이다.

首 ➡ 道 ➡ 導

首부
총9획

머리/우두머리 **수**

甲骨文				殷商 金文	西周金文	春秋 金文	小篆
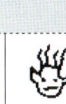							
乙3401	甲653	花東304	車首簋	井侯簋	郜公典盤	說文解字

首相(수상)
首都(수도)
首席(수석)

설문 首부 : 首(수)는 百(수)와 같다. 百의 고문(古文)이다. 巛은 머리카락을 그린 것으로, 髪(머리카락 순)이라고 한다. 髪이 곧 巛이다. 무릇 首부에 속하는 글자들은 모두 首를 의미부분으로 삼는다.(「首, 百同. 古文百也. 巛, 象髮, 謂之髪. 髪卽巛也. 凡首之屬皆从首.」)

※ 머리털(巛=ソ)을 강조한 머리(百)부분에서 '머리'나 '우두머리'를 뜻한다.

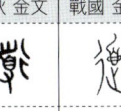
辵부
총13획

길 **도**

西周 金文	春秋 金文	戰國 金文	小篆	古文

貉子卣	散盤	曾伯簠	中山王鼎	說文解字

道德(도덕)
道路(도로)
道廳(도청)

설문 辵부 : 道(도)는 다니는 길을 뜻한다. 辵(착)과 首(수)는 모두 의미부분이다. 외길을 道라고 한다. 𢔏는 道의 고문(古文)으로, 首와 寸(촌)으로 이루어졌다.(「道, 所行道也. 从辵, 从首. 一達謂之道. 𢔏, 古文道, 从首·寸.」)

※ 사형당한 사람의 머리(首)를 많은 사람이 오고가는(辶) 사거리(行)에 놓고 사람의 도리나 법을 어기지 말 것을 경계하여 인도함에서 '길' '도리' '법' '말하다' 등을 뜻한다. 또는 우두머리(首)가 길(辶)을 인도함에서 '길'을 뜻한다.

導	寸부 총16획	石鼓文	小篆		善導(선도) 引導(인도) 誘導(유도)	
			說文解字			
인도할 도	설문 寸부	導(도)는 인도(引導)하다라는 뜻이다. 寸(촌)은 의미부분이고, 道(도)는 발음부분이다.(「䷍, 導引也. 从寸, 道聲.」)				

※ 길(道)을 손(寸)으로 '인도함'을 뜻한다.

頁 ➡ 須 ➡ 煩 ➡ 項 ➡ 頪 ➡ 類

	頁부 총9획	甲骨文			金文		小篆	頁岩(혈암)	
		乙8815	珠320	合15684	卯簋	師㝅簋	說文解字		
머리 혈	설문 頁부	頁(혈)은 머리를 뜻한다. 百(수)와 儿(인)은 모두 의미부분이다. 고문(古文)의 䭫(수)와 首(수)도 이와 같다. 무릇 頁부에 속하는 글자들은 모두 頁을 의미부분으로 삼는다. 百(수)는 䭫·首와 같다.(「頁, 頭也. 从百, 从儿. 古文䭫首如此. 凡頁之屬皆从頁. 百者, 䭫·首也.」)							

※ 머리(百)와 목(八)으로, '머리'를 뜻하나, 머리 부분의 명칭에 많이 쓰인다.

	頁부 총12획	甲骨文		西周 金文		春秋 金文		小篆	須要(수요) 必須(필수) 須知(수지)	
		合集816	合35302	遣叔簋	立簋	鄭義伯簋	易叔簋	說文解字		
모름지기 수	설문 須부	須(수)는 수염을 뜻한다. 頁(혈)과 彡(삼)은 모두 의미부분이다. 무릇 須부에 속하는 글자들은 모두 須를 의미부분으로 삼는다.(「須, 面毛也. 从頁, 从彡. 凡須之屬皆从須.」)								

※ 털(彡)이 머리(頁) 앞쪽에 난 '수염'을 뜻하나, '마땅히' 수염이 나는 데서 '모름지기'를 뜻한다.

	火부 총13획	金文	戰國 金文	戰國 金文		煩悶(번민) 煩雜(번잡) 煩惱(번뇌)	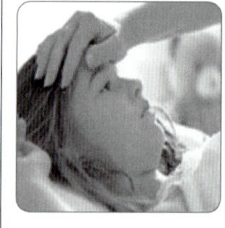
		嗣鼎	雲夢日甲	說文解字			
번거로울 번	설문 頁부	煩(번)은 열이 나서 머리가 아프다는 뜻이다. 頁(혈)과 火(화)는 모두 의미부분이다. 일설에 焚(분)의 생략형은 발음부분이라고도 한다.(「煩, 熱頭痛也. 从頁·火. 一曰焚省聲.」)					

※ 열(火)이 나서 머리(頁)가 어지러운 병에서, 복잡한 '고민'이나 '번거로움'을 뜻한다.

	頁부 총13획	金文		小篆		顓頊(전욱) (人名字)	
		頊簋	大克鼎	說文解字			
삼갈 욱	설문 頁부	頊(욱)은 머리를 숙이고 조심하는 모습이다. 頁(혈)은 의미부분이고, 玉(옥)은 발음부분이다.(「頊, 頭頊頊謹兒. 从頁, 玉聲.」)					

※ 옥(玉)을 들고 조심히 머리(頁)를 숙여 살펴보는 데서 '삼가다'를 뜻한다.

頪	頁부 총15획	甲骨文	西周 金文		戰國 金文	小篆	용례 없음	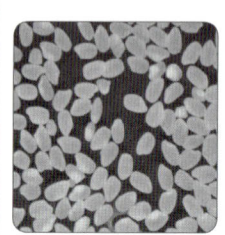
		合36754	頪廎	彔簋	中山王鼎	說文解字		
깨닫기어려울 뢰	설문 頁부	頪(뢰)는 깨닫기가 어렵다는 뜻이다. 頁(혈)과 米(미)는 모두 의미부분이다. 일설에는 분명한 모습을 뜻하며, 粉(분)의 생략형은 의미부분이라고도 한다.(「頪, 難曉也. 从頁·米. 一曰: 鮮白皃. 从粉省.」)						

※ 쌀(米)이 작고 비슷해 머리(頁)로 알기 어려워 '깨닫기 어려움'을 뜻한다. 또는 쌀(米)알의 머리(頁)들이 비슷비슷하여 구분이 어려워 '깨닫기 어려움'이라고도 한다.

	頁부 총19획	戰國 金文	小篆			類推(유추) 分類(분류) 類別(유별)
		雲夢封診	說文解字			
무리 류	설문 犬부	類(류), 같은 종류끼리는 서로 비슷하기 마련인데, 개가 특히 더 그렇다. 犬(견)은 의미부분이고, 頪(뢰)는 발음부분이다.(「類, 種類相似, 惟犬爲甚. 从犬, 頪聲.」)				

※ 쌀(米)이 작고 비슷해 머리(頁)로 알기 어렵듯(頪:깨달음이 어려울 뢰) 개(犬)무리가 구분이 어렵게(頪) 섞여 있음에서 '무리'를 뜻한다.

雇 ➡ 顧

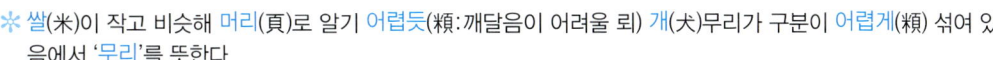

	隹부 총12획	甲骨文			小篆	或體	籀文	雇用(고용) 解雇(해고) 雇傭(고용)
		佚524	佚756	後下13.2	說文解字			
품팔 고	설문 隹부	雇(호)는 아홉 종류가 있다. 뻐꾸기는 뽕나무를 재배할 때 오는 철새로서, 사람들로 하여금 그 때를 넘기지 않도록 한다. 隹(추)는 의미부분이고, 戶(호)는 발음부분이다. 봄 뻐꾸기는 반순(鳻盾)이라고도 한다. 여름 뻐꾸기는 옅은 검은 색이고, 가을 뻐꾸기는 옅은 남색이며, 겨울 뻐꾸기는 옅은 노란 색이다. 가시나무에 사는 뻐꾸기는 옅은 붉은 색이다. 날 때는 차차(喈喈)하고 울고, 밤에는 책책(嘖嘖)하고 운다. 뽕나무에 사는 뻐꾸기는 기름기가 적고, 늙은 뻐꾸기는 鷃(안)이라고 한다. 䨄는 雇의 혹체자(或體字)로 (戶 대신) 雩(우)를 썼다. 䧹는 雇의 주문(籀文)으로 (隹 대신) 鳥(조)를 썼다.(「雇, 九雇. 農桑候鳥, 扈民不婬者也. 从隹, 戶聲. 春雇, 鳻盾; 夏雇, 竊玄; 秋雇, 竊藍; 冬雇, 竊黃. 棘雇, 竊丹; 行雇, 唶唶; 宵雇, 嘖嘖; 桑雇, 竊脂; 老雇, 鷃也. 䨄, 雇或从雩. 䧹, 籀文雇, 从鳥.」)						

※ 봄에 문(戶)에 와 뻐꾹새(隹)가 농사가 시작됨을 알려 '품을 팔거나 사서' 일함을 뜻한다.
※참고: 남의 집(戶)에 몰래 알을 낳는 뻐꾸기(隹)처럼, 남의 집에 머물며 '품팔다'를 뜻한다.

	頁부 총21획	金文	小篆		顧問(고문) 顧客(고객) 顧命(고명)
		中山王壺	說文解字		
돌아볼 고	설문 頁부	顧(고)는 돌아본다는 뜻이다. 頁(혈)은 의미부분이고, 雇(고)는 발음부분이다.(「顧, 還視也. 从頁, 雇聲.」)			

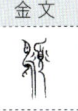

※ 봄에 문(戶)에서 우는 뻐꾸기(隹) 소리를 듣고 머리(頁)를 돌려 농사철이 왔음을 확인하고 농사를 시작함에서 '돌아보다'를 뜻한다.

禿 ☆ ➡ 頹 ☆

	禾부 총7획	小篆			禿筆(독필) 禿山(독산) 老禿(노독)
		說文解字			
대머리 독	설문 禾부	禿(독)은 머리카락이 없다는 뜻이다. 人(인)은 의미부분이고, 윗부분은 벼[粟(속)]의 모양을 그린 것으로, 그 발음을 취하였다. 무릇 禿부에 속하는 글자들은 모두 禿을 의미부분으로 삼는다. 왕육(王育)은 "창힐(蒼頡)이 나와서 머리가 벗겨진 사람이 벼 가운데 엎드려 있는 모습을 보고 그 글자를 만들었다."라고 하였다. 자세히는 알 수 없다.(「禿, 無髮也. 从人, 上象禾粟之形, 取其聲. 凡禿之屬皆从禿. 王育說: "蒼頡出, 見禿人伏禾中, 因以制字.", 未知其審.」)			

※ 벼(禾) 싹처럼 늙은 사람(儿)의 머리가 빠져 듬성듬성 난 데서 '대머리'를 뜻한다.

	頁부 총16획	설문 없음	小篆		頹勢(퇴세) 頹落(퇴락) 頹屋(퇴옥)
			 形音義字典		
무너질 퇴					

※ 벼(禾) 싹처럼 사람(儿)의 머리(頁)가 빠져 듬성듬성 '대머리(禿)'가 된 데서 '무너지다'를 뜻한다.

夊⋯ 夏 ➡ 廈 ✤

		戰國 金文	小篆		
夊	夊부 총3획				부수 한자
		信陽楚簡	說文解字		
천천히걸을 쇠	설문 夊부	夊(쇠)는 행보가 느리며 질질 끈다는 뜻이다. 사람의 두 종아리가 끌리는 바가 있는 것을 그렸다. 무릇 夊부에 속하는 글자들은 모두 夊를 의미부분으로 삼는다.(「夊, 行遲曳夊夊, 象人兩脛有所躧也. 凡夊之屬皆从夊.」)			

※ 아래로 향한 발 모습으로 '천천히 걸음'을 뜻한다.

		春秋 金文	戰國 金文	小篆	古文	
夏	夊부 총10획		 			夏至(하지) 夏服(하복) 夏季(하계)
		秦公簋	鄧仲平鐘 鄂君啓舟節	夏官鼎	說文解字	
여름 하	설문 夊부	夏(하)는 중원(中原) 지역의 사람을 뜻한다. 夊(쇠)·頁(혈)·臼(국)은 모두 의미부분이다. 臼은 두 손이고, 夊는 두 발이다. 𦣻는 夏의 고문(古文)이다.(「夏, 中國之人也. 从夊, 从頁, 从臼. 臼, 兩手; 夊, 兩足也. 𦣻, 古文夏.」)				

※ 더워서 머리(頁)와 발(夊)을 드러내고 다니던 지방의 사람모양에서, 더운 '여름'을 뜻한다.
 ※참고: 사지(四肢)와 머리(頁)를 드러낸 중원지방의 사람모습으로 '華(화)'와 음이 비슷하여 중화(中華)로 발전하고 '여름'의 뜻으로 가차(假借)되었다.

		小篆		
廈	广부 총13획			廈屋(하옥) 廈氈(하전)
		說文解字		
큰집 하	설문 广부	廈(하)는 집을 뜻한다. 广(엄)은 의미부분이고, 夏(하)는 발음부분이다.(「廈, 屋也. 从广, 夏聲.」)		

※ 큰 집(广)으로 여름(夏)철에 주로 거하던 넓고 '큰 집'을 뜻한다.

憂 ➡ 優 ➡ 擾

		戰國 金文	小篆	
憂	心부 총15획			憂慮(우려) 憂鬱(우울) 杞憂(기우)
		雲夢爲吏	說文解字	
근심 우	설문 夊부	憂(우)는 태연자약(泰然自若)하게 나아간다는 뜻이다. 夊(쇠)는 의미부분이고, 𢝊(우)는 발음부분이다. ≪시경(詩經)·상송(商頌)·장발(長發)≫에 이르기를 "정사(政事)를 훌륭하게 펼치도다."라고 하였다.(「憂, 和之行也. 从夊, 𢝊聲. ≪詩≫曰: "布政憂憂."」)		

※ 머리(頁)와 마음(心) 속에 근심(𢝊:근심 우)이 있어 천천히 걷는(夊) 데서 '근심'을 뜻한다.

		戰國 金文	小篆	
優	人부 총17획		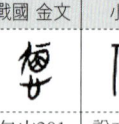	優等(우등) 優勝(우승) 優良(우량)
		包山201	說文解字	
넉넉할 우	설문 人부	優(우)는 넉넉하다는 뜻이다. 人(인)은 의미부분이고, 憂(우)는 발음부분이다. 일설에는 여자 광대를 뜻한다고도 한다.(「優, 饒也. 从人, 憂聲, 一曰倡也.」)		

※ 사람(亻)이 천천히 걸어 근심(憂)을 풀고 편안해짐에서 '편안하다' '넉넉하다'를 뜻한다.

		小篆		
擾	手부 총18획	 		騷擾(소요) 擾亂(요란) 擾民(요민)
		說文解字		
시끄러울 요	설문 手부	擾=擾(요)는 번거롭다는 뜻이다. 手(수)는 의미부분이고, 夒(노)는 발음부분이다.(「擾, 煩也. 从手, 夒聲.」)		

※ 손(扌)으로 흔들어 남을 불안하고 근심스럽게(憂) '어지럽히는' 데서 '시끄럽다'를 뜻한다.

朮(秫) ➡ 述 ➡ 術

		甲骨文	戰國 金文		小篆	或體	
	木部 총5획						朮酒(출주)
		乙3394	包山273	雲夢日甲	說文解字		

삽주뿌리/ 차조 출 | 설문 禾部

朮=秫(출)은 기장 가운데 끈기가 있는 것이다. 禾(화)는 의미부분이고, 朮(출)은 상형(象形)이다. 朮은 秫의 혹체자(或體字)로 禾를 생략하였다.(「𥢔, 稷之黏者. 从禾・朮. 象形. 𥠽, 秫或省禾.」)

※ 끈기가 있어 손(又=十) 양쪽(八=儿)에 붙은 조(丶)로 '차조'를 뜻한다.

		西周 金文		戰國 金文		小篆	籒文	
	辵部 총9획							記述(기술) 述語(술어) 口述(구술)
		孟鼎	史述簋	中山王方壺	魚顛匕	說文解字		

펼 술 | 설문 辵部

述(술)은 쫓아간다는 뜻이다. 辵(착)은 의미부분이고, 朮(출)은 발음부분이다. 𧗻은 주문(籒文)으로 (朮 대신) 秫(출)을 썼다.(「𧗻, 循也. 从辵, 朮聲. 𧗻, 籒文从秫.」)

※ 정연히 차조(朮)를 심은 길을 가듯(辶) 자신의 뜻을 정연하게 '펴다' '짓다'를 뜻한다.

		戰國 金文	小篆	
	行部 총11획			美術(미술) 武術(무술) 魔術(마술)
		雲夢爲吏	說文解字	

재주 술 | 설문 行部

術(술)은 도읍(都邑) 안의 도로를 뜻한다. 行(행)은 의미부분이고, 朮(출)은 발음부분이다.(「術, 邑中道也. 从行, 朮聲.」)

※ 큰 길(行)을 줄지어 심은 차조(朮)처럼 질서 있게 가듯, 일을 해가는 '방법' '재주' '꾀'를 뜻한다.

朩 ➡ 㭊 ➡ 麻 ➡ 磨 ➡ 摩 ➡ 魔 ➡ 痲 ➡ 靡 ➡ 縻 ❖ ➡ 麂 ☆

		小篆	
	木部 총4획		용례 없음
		說文解字	

모시껍질 빈 | 설문 朩部

朩(빈)은 나누어 깎은 삼 줄기의 껍질을 뜻한다. 屮(철)은 의미부분이고, 八은 모시풀의 줄기를 그린 것이다. 무릇 朩부에 속하는 글자들은 모두 朩을 의미부분으로 삼는다. 髕(빈)처럼 읽는다.(「朩, 分枲莖皮也. 从屮, 八象枲之皮莖也. 凡朩之屬皆从朩. 讀若髕.」)

※ 모시풀(屮=十) 줄기의 껍질을 양쪽(八=儿)을 벗기는 모습으로 '모시껍질'을 뜻한다.

		戰國 金文	小篆	
	木部 총8획			용례 없음
		郭店六德	說文解字	

삼 파 | 설문 㭊部

㭊(파)는 삼의 총칭이다. 㭊를 발음으로써 뜻풀이를 하면 미세(微細)하다는 뜻이다. 섬세한 것은 삼의 기능이다. 상형(象形)이다. 무릇 㭊부에 속하는 글자들은 모두 㭊를 의미부분으로 삼는다.(「㭊, 葩之總名也. 㭊之爲言微也. 微纖爲功. 象形. 凡㭊之屬皆从㭊.」)

※ 모시풀껍질(朩)처럼 껍질을 벗겨 쌓아둔 삼실(㭊)에서 '삼'을 뜻한다.

		西周 金文		戰國 金文	小篆	
	麻부 총11획					麻仁(마인) 麻雀(마작) 麻油(마유)
		州子𣪘	師麻盨	侯馬盟書	說文解字	

삼 마 | 설문 麻部

麻(마)는 㭊(삼베 파)와 같다. (삼은) 사람이 가공(加工)을 함으로 집 아래에 있는 것이다. 广과 㭊는 모두 의미부분이다. 무릇 麻부에 속하는 글자들은 모두 麻를 의미부분으로 삼는다.(「麻, 與㭊同. 人所治, 在屋下. 从广, 从㭊. 凡麻之屬皆从麻.」)

※ 집(广)에서 삼 껍질(朩)을 벗겨 삼실(㭊)을 만드는 데서 '마비' 성분이 있는 '삼'을 뜻한다.

429

			戰國 金文		研磨(연마)	
磨	石부 총16획	설문 없음	 郭店緇衣		磨勘(마감) 磨崖(마애)	
갈 마		≪설문해자≫에는 '磨'자가 보이지 않는다. ≪이아(爾雅)·석기(釋器)≫를 보면 "옥을 다듬는 것을 琢(탁)이라고 하고, 돌을 다듬는 것을 磨라고 한다.(「玉謂之琢, 石謂之磨.」)"라고 하였다.				

✽ 삼(麻)을 잘게 갈라 실을 만들듯 돌(石)에 문질러 가는 데서 '갈다'를 뜻한다.

		小篆		摩擦(마찰)	
摩	手부 총15획	 說文解字		按摩(안마) 撫摩(무마)	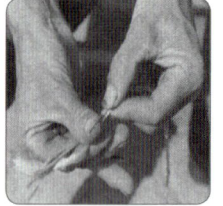
문지를 마	설문 手부	摩(마)는 연마(研磨)한다는 뜻이다. 手(수)는 의미부분이고, 麻(마)는 발음부분이다.(「摩, 研也. 从手, 麻聲.」)			

✽ 삼(麻)을 양손(扌)으로 비벼 실을 만드는 데서 '문지르다' '어루만지다'를 뜻한다.

		小篆		魔鬼(마귀)	
魔	鬼부 총21획	 說文解字		魔力(마력) 魔法(마법)	
마귀 마	설문 鬼부	魔(마)는 귀신을 뜻한다. 鬼(귀)는 의미부분이고, 麻(마)는 발음부분이다.(「魔, 鬼也. 从鬼, 麻聲.」)			

✽ 삼(麻)실 모습이 귀신(鬼)머리 같아 '삼실'이 본뜻이었으나, 범어 'Mara(魔羅:마라)'의 음역으로 수도(修道)를 방해하는 악귀인 '마귀'를 뜻한다.

		小篆		痲藥(마약)	
痲	疒부 총13획	설문 없음	 形音義字典	痲醉(마취) 痲痺(마비)	
저릴 마					

✽ 병(疒) 중에 마비(痲=痳)되어 굳는 마풍(痲瘋) 즉, 문둥병에서 '굳거나' '저림'을 뜻한다.

		戰國 金文	小篆		靡然(미연)	
靡	非부 총19획	 雲夢秦律	 說文解字		風靡(풍미) 靡寧(미령)	
쓰러질 미	설문 非부	靡(미)는 흩어져서 쓰러진다는 뜻이다. 非(비)는 의미부분이고, 麻(마)는 발음부분이다.(「靡, 披靡也. 从非, 麻聲.」)				

✽ 잘게 갈라 땅에 쌓아놓은 삼(麻)실이 양쪽으로 나뉜 날개(非)같은 데서 '쓰러지다'를 뜻한다.

		小篆	或體			
縻	糸부 총17획				용례 없음	
얽어맬 미	설문 糸부	縻(미)는 소의 고삐를 뜻한다. 糸(멱·사)는 의미부분이고, 麻(마)는 발음부분이다. 紛는 縻의 혹체자(或體字)로 (麻 대신) 多(다)를 썼다.(「縻, 牛䩞也. 从糸, 麻聲. 紛, 縻或从多.」)				

✽ 소를 얽어매 잡아끄는 삼(麻)을 엮은 실(糸)에서 '고삐' '얽어매다'를 뜻한다.

麾	麻부 총15획	小篆 (麾) 說文解字		麾動(휘동) 麾下(휘하) 麾軍(휘군)	
기 휘	설문 手부	麾(휘)는 깃발로, 이것을 가지고 지휘를 한다. 手(수)는 의미부분이고, 靡(미)는 발음부분이다.(「麾, 旌旗, 所以指麾也. 从手, 靡聲.」)			

※ 질긴 삼(麻)으로 짠 천에 깃털(毛) 장식을 한 '대장기'에서 '기'를 뜻한다.

禾➡和➡利➡梨➡悧➡痢➡俐❖➡莉❖‥‥禾➡稽❖➡秭❖

禾	禾부 총5획	甲骨文		殷商 金文	西周 金文	春秋 金文	小篆	禾苗(화묘) 禾穀(화곡) 嘉禾(가화)	
		粹9	甲191	禾方鼎	曶鼎	禾簋	邾公釣鐘	說文解字	
벼 화	설문 禾부	禾(화)는 좋은 곡식(즉 벼)을 뜻한다. 2월에 심어 8월이 되면 익는다. 계절의 중화(中和)를 얻었으므로, 그래서 禾라고 하는 것이다. 禾는 나무[木(목)]에 속한다. 木이 왕성하면 생겨나서, 金(금)이 왕성하면 죽는다. 木과 巫(수)의 생략형은 모두 의미부분이다. 巫는 벼의 이삭을 그린 것이다. 무릇 禾부에 속하는 글자들은 모두 禾를 의미부분으로 삼는다.(「禾, 嘉穀也. 二月始生, 八月而孰, 得時之中, 故謂之禾. 禾, 木也. 木王而生, 金王而死. 从木, 从巫省. 巫, 象其穗. 凡禾之屬从禾.」)							

※ 벼가 익어 고개를 숙인 모양으로, 이삭(丿)이 줄기(木) 위에 달린 '벼'를 뜻한다.

和	口부 총8획	西周 金文	戰國 金文	小篆	和解(화해) 和音(화음) 和答(화답)	
		史孔盉	陳貯簋	說文解字		
화할 화	설문 口부	咊=和(화)는 소리가 서로 상응(相應)한다는 뜻이다. 口(구)는 의미부분이고, 禾(화)는 발음부분이다.(「咊, 相應也. 从口, 禾聲.」)				

※ 고르게 자란 벼(禾)처럼 입(口)으로 조화를 이루어 말함에서 '화하다'를 뜻한다.
　※참고:벼(禾)를 수확하여 다 같이 입(口)으로 먹는 데서 '화하다'를 뜻한다.
　※참고:피리(龠)를 고르게 자란 벼(禾)처럼 조화롭게 연주하는 '龢'(화)는 고자(古字)이다.

利	刀부 총7획	甲骨文				西周 金文		利率(이율) 利子(이자) 利益(이익) 銳利(예리)	
		粹1505	鐵10.2	屯2299	合7043	利鼎	獸鐘		
		春秋 金文		戰國 金文		小篆	古文		
		質叔多父盤	利之元子缶	鄝王喜矛	包山143	說文解字			
이할 리	설문 刀부	利(리)는 날카롭다는 뜻이다. 刀(도)는 의미부분이다. (칼은) 달구어진[和(화)] 후에 날카롭게 된다. 和(화)의 생략형은 의미부분이다. ≪주역(周易)≫에 이르기를 "利라고 하는 것은 의(義)의 조화(調和)이다."라고 하였다. 𥝢는 利의 고문(古文)이다.(「利, 銛也. 从刀, 和然後利. 从和省. ≪易≫曰: "利者, 義之和也." 𥝢, 古文利.」)								

※ 벼(禾)농사에 이롭게 쓰이던 날카로운 도구나 칼(刂)에서 '날카롭다' '이롭다'를 뜻한다.

梨	木부 총11획	小篆 (梨) 說文解字	梨花(이화) 山梨(산리) 梨雪(이설)	
배 리	설문 木부	棃(리)는 과일의 이름이다. 木(목)은 의미부분이고, 㓁(리)는 발음부분이다. 㓁는 利(리)의 고문(古文)이다.(「棃, 果名. 从木, 㓁聲. 㓁, 古文利.」)		

※ 여러 가지로 이로운(利) 열매가 열리는 나무(木)인 '배'를 뜻한다.
　※참고:黧(검을 려) 약자 㓁=利에 '木'을 더해 검누른 열매인 '배'를 뜻한다.

悧	心부 총10획	설문 없음		伶悧(영리)
영리할 **리**				

✽ 마음(忄)속 생각이 날카로운(利) 사람(亻)에서 '영리하다'를 뜻한다. 俐(리)와 같은 자.

痢	疒부 총12획	설문 없음		痢疾(이질) 泄痢(설리) 赤痢(적리)
이질 **리**				

✽ 병(疒)이나면 변(便)이 날카롭게(利) 흘러나오는 '설사' '이질'을 뜻한다.

俐	人부 총9획	설문 없음		伶俐(영리)
똑똑할 **리**				

✽ 영악한 어린아이(亻)로 이로움(利)에 밝아 '똑똑하다' '지혜롭다'를 뜻한다.

莉	艸부 총11획	설문 없음	戰國 金文 上博子羔	茉莉(말리)
말리 **리**				

✽ 초목(艹) 중에 작고 흰색의 꽃향기가 사람을 이롭게(利) 하는 상록관목인 '말리'를 뜻한다.

禾	禾부 총5획	小篆 說文解字		용례 없음
나무끝 **계**	설문 禾부	禾(계·애)는 나무의 머리 부분이 굽어서, 멈추어 위로 올라가지 못한다는 뜻이다. 무릇 禾부에 속하는 글자들은 모두 禾를 의미부분으로 삼는다.(「禾, 木之曲頭, 止不能上也. 凡禾之屬皆从禾.」)		

✽ 끝이 굽어(丿) 자라지 못하는 나무(木)에서 '나무 끝'을 뜻한다.

稽	禾부 총15획	戰國 金文 雲夢編年	小篆 說文解字	稽考(계고) 稽顙(계상) 稽首(계수)
상고할 **계**	설문 稽부	稽(계)는 머문다는 뜻이다. 禾(계·애)와 尤(우)는 의미부분이고, 旨(지)는 발음부분이다. 무릇 稽부에 속하는 글자들은 모두 稽를 의미부분으로 삼는다.(「稽, 留止也. 从禾, 从尤, 旨聲. 凡稽之屬皆从稽.」)		

✽ 벼(禾)처럼 머리 숙여 허물(尤:더욱/허물 우)에 대해 오래 '머물며' 의미(旨:맛 지)를 헤아려 보고 생각함에서 '상고하다'를 뜻한다.

嵇	山부 총12획	小篆 嵇 說文解字		嵇康(혜강)	
산이름 혜	설문 山부	嵇(혜)는 산의 이름이다. 山(산)은 의미부분이고, 稽(계)의 생략형은 발음부분이다.(「嵇, 山名. 从山, 稽省聲.」)			

❋ 파자:고개 숙인 벼(禾)처럼 더욱(尤:더욱/허물 우) 완만한 산(山)에서 '산 이름'을 뜻한다.

厶 ➡ 私

厶	厶부 총2획	甲骨文				小篆	부수 한자	
						ϟ		
		私庫衡飾	厶官鼎	貨系3120	包山141	說文解字		
사사로울 사	설문 厶부	厶(사)는 간사(奸邪)하다는 뜻이다. ≪한비자(韓非子)≫에 이르기를 "창힐(蒼頡)이 글자를 만들 때, 자기 스스로 감싸고 도는 것을 厶라고 하였다."라고 하였다. 무릇 厶부에 속하는 글자들은 모두 厶를 의미부분으로 삼는다.(「ϟ, 姦衺也. ≪韓非≫曰: "蒼頡作字, 自營爲厶." 凡厶之屬皆从厶.」)						

❋ 각자 개별의 물건을 감싼 모양에서 '개인' '사사로움'을 뜻한다.
　※참고:'唐漢(당한=협서사범대학한자연구중심연구원)'은 짐승을 잡는 '올무'모양 이라고 하였다.

私	禾부 총7획	戰國 金文  雲夢雜抄	小篆  說文解字	私立(사립) 私的(사적) 私事(사사)	
사사 사	설문 禾부	私(사)는 벼를 뜻한다. 禾(화)는 의미부분이고, 厶(사)는 발음부분이다. 북쪽 지방에서는 禾 주인을 사주인이라고 부른다.(「私, 禾也. 从禾, 厶聲. 北道名禾主人曰私主人.」)			

❋ 곡식(禾)을 사사로이(厶) 홀로 차지한 데서 '사사롭다'를 뜻한다. ※참고:'厶'는 감싼 모습.

秋 ➡ 楸 ➡ 鰍 ☆ ➡ 愁

秋	禾부 총9획	甲骨文				小篆	籀文	秋夕(추석) 秋收(추수) 秋季(추계)	
			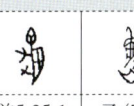		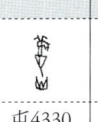				
		前5.25.1	乙4741	掇1.435	屯4330	說文解字			
가을 추	설문 禾부	烁=秋(추)는 벼가 익었다는 뜻이다. 禾(화)는 의미부분이고, 焦(초)의 생략형은 발음부분이다. 穐는 주문(籀文)으로 생략하지 않은 형태이다.(「烁, 禾穀孰也. 从禾, 焦省聲. 穐, 籀文不省.」)							

❋ 벼(禾) 밭에서 불(火)로 메뚜기(龜=蟲)를 박멸하던 '가을'을 뜻한다. ※참고:烁=秋의 고자(古字).

楸	木부 총13획	小篆  說文解字		楸局(추국) 楸子(추자) 楸枰(추평)	
가래 추	설문 木부	楸(추)는 梓(가래나무 재)이다. 木(목)은 의미부분이고, 秋(추)는 발음부분이다.(「楸, 梓也. 从木, 秋聲.」)			

❋ 나무(木)의 재질이 가을(秋) 단풍처럼 붉은 '바둑판'을 만드는 '가래'나무. 추자. 호두를 뜻한다.

鰍	魚부 총20획	설문 없음	小篆  形音義字典	泥鰍(이추) 鰍魚(추어) 鰍魚湯(추어탕)	
미꾸라지 추					

❋ 고기(魚)중에 향기를 발하는 술(酋)처럼 잘 튀어 '미꾸라지(鰌)'로, 고기(魚) 중에 가을(秋)에 제일 맛이 좋아 본래 '鰌'가 '미꾸라지'를 뜻하였으나 '鰍'가 많이 쓰인다.

愁	心부 총13획	小篆  說文解字		憂愁(우수) 鄕愁(향수) 哀愁(애수)	
근심 **수**	설문 심부	愁(수)는 근심한다는 뜻이다. 心(심)은 의미부분이고, 秋(추)는 발음부분이다.(「愁, 憂也. 从心, 秋聲.」)			

✱ 가을(秋)에 초목이 시들듯 마음(心)의 흥이 사라짐에서 '근심'을 뜻한다.

黍 ☆ → 黎 … 畟 → 稷

黍	黍부 총12획	甲骨文				金文	小篆	黍粟(서속) 黍酒(서주) 黍麪(서면)	
									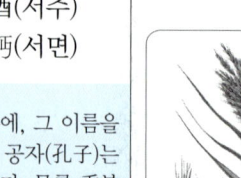
		甲353	前3.29.6	乙6725	粹889	仲戲父盤	說文解字		
기장 **서**	설문 서부	黍(서)는 벼의 일종으로 풀기가 있는 것이다. 대서(大暑)에 씨를 뿌리기 때문에, 그 이름을 '서'라고 하는 것이다. 禾는 의미부분이고, 雨(우)의 생략형은 발음부분이다. 공자(孔子)는 "기장[黍]은 술을 담글 수 있으므로, 벼가 물에 들어가 있는 것이다."라고 하였다. 무릇 黍부에 속하는 글자들은 모두 黍를 의미부분으로 삼는다.(「黍, 禾屬而黏者也. 以大暑而種, 故謂之黍. 从禾, 雨省聲. 孔子曰: "黍可爲酒, 禾入水也." 凡黍之屬皆从黍.」)							

✱ 곡식(禾) 껍질(ㅅ) 안에 물(氺)기가 많은 '찰기장'으로, 주로 술을 담는 '기장'을 뜻한다.

黎	黍부 총15획	戰國 金文	小篆		黎明(여명) 黎元(여원) 黎庶(여서)	

		雲夢效律	說文解字			
검을 **려**	설문 서부	黎(려)는 신발을 붙이는 풀을 뜻한다. 黍(서)는 의미부분이고, 称(리)의 생략형은 발음부분이다. 称는 利(리)의 고문(古文)이다. 신발을 만들 때 기장과 쌀로 (풀을 만들어서) 붙인다.(「黎, 履黏也. 从黍, 称省聲. 称, 古文利. 作履, 黏以黍米.」)				

✱ 많은 기장(黍)이 검푸르게(黎:'검을 려'의 약자 '称=刂') 자라는 데서 '검다' '많다'를 뜻한다.

畟	田부 총10획	小篆  說文解字		용례 없음	
보습날카로울 **측**	설문 夊부	畟(측)은 보습으로 밭을 갈며 앞으로 나아간다는 뜻이다. 田(전)과 人(인) 그리고 夊(쇠) 등은 모두 의미부분이다. ≪시경(詩經)≫에 이르기를 "앞으로 나아가네, 날카로운 좋은 보습."이라고 하였다.(「畟, 治稼畟畟進也. 从田·人, 从夊. ≪詩≫曰: "畟畟良耜."」)			

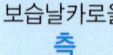

✱ 밭(田)에 사람(儿)이 발(夊)을 딛고 나아가며 '날카로운 보습'으로 '밭을 가는' 것을 뜻한다.

稷	禾부 총15획	戰國 金文	小篆	古文		黍稷(서직) 稷神(직신) 后稷(후직)	

		雲夢日甲	說文解字				
피 **직**	설문 화부	稷(직)은 齌(메기장 자)이다. 오곡 중에 으뜸이다. 禾(화)는 의미부분이고, 畟(측)은 발음부분이다. 䄅은 稷의 고문(古文)으로 생략형이다.(「稷, 齌也. 五穀之長. 从禾, 畟聲. 䄅, 古文稷省.」)					

✱ 곡식(禾)중에 밭(田)에 사람(儿)이 발(夊)을 딛고 나아가(畟:밭갈 측) 얻는 '기장, 피'를 뜻한다.

季 ➡ 悸 ☆ … 香

		甲骨文		西周金文			春秋 金文	小篆
子부 총8획								
		前5.40.5	前7.41.2	季 鼎	智 鼎	義仲鼎	欒書缶	說文解字

季節(계절)
春季(춘계)
季刊(계간)

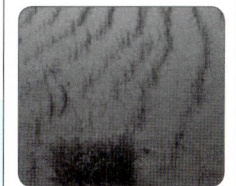

계절 계 | 설문 子부 | 季(계)는 나이가 어린 사람을 일컫는 말이다. 子(자)와 稚(치)의 생략형은 모두 의미부분이다. 稚(치)는 발음부분이기도 하다.(「䆩, 少偁也. 从子, 从稚省, 稚亦聲.」)

✽ 벼(禾)의 작고 어린 씨(子), 제일 어린 '막내'나 '끝'을 뜻하고, 한 철의 끝에서 '계절'을 뜻한다.

	戰國 金文	小 篆
心부 총11획		
	上博周易	說文解字

動悸(동계)
悸病(계병)
悸慄(계율)

두근거릴 계 | 설문 心부 | 悸(계)는 마음이 두근거린다는 뜻이다. 心(심)은 의미부분이고, 季(계)는 발음부분이다.(「䛦, 心動也. 从心, 季聲.」)

✽ 마음(忄)이 어린(季) 아이처럼 항상 두렵고 무서워하여 '두근거림'을 뜻한다.

	甲骨文		金文	小篆
香부 총9획				
	合集3108	合集36501	獄 簋	說文解字

香水(향수)
香氣(향기)
芳香(방향)

향기 향 | 설문 香부 | 香(향)은 향기롭다는 뜻이다. 黍(서)와 甘(감)은 모두 의미부분이다.《춘추전(春秋傳)》에 이르기를 "오곡은 향기가 난다."라고 하였다. 무릇 香부에 속하는 글자들은 모두 香을 의미부분으로 삼는다.(「䅻, 芳也. 从黍, 从甘.《春秋傳》曰: "黍稷馨香." 凡香之屬皆从香.」)

✽ 곡식(黍=禾)을 그릇(曰)에 담아 달콤한(甘=曰) 향기를 맡는 데서 '향기'를 뜻한다.

委 ➡ 萎 ☆ ➡ 魏 ➡ 巍 ☆ ➡ 倭 ➡ 矮 ☆

	甲骨文		戰國 金文	小 篆
女부 총8획				
	乙4770	乙4869	雲夢效律	說文解字

委託(위탁)
委任(위임)
委員(위원)

맡길 위 | 설문 女부 | 委(위)는 따른다는 뜻이다. 女(녀)와 禾(화)는 모두 의미부분이다.(「䍐, 委隨也. 从女, 从禾.」)

✽ 굽은 곡식(禾) 이삭처럼 자신을 굽히는 여자(女), 또는 벼이삭(禾) 터는 일은 여자(女)에게 '쌓아' '맡김'을 뜻한다.

	小 篆
艹부 총12획	
	說文解字

萎靡(위미)
萎縮(위축)
萎落(위락)

시들 위 | 설문 艹부 | 萎(위)는 소를 먹인다는 뜻이다. 艹(초)는 의미부분이고, 委(위)는 발음부분이다.(「䔿, 食牛也. 从艹, 委聲.」)

✽ 마소에게 먹일 풀(艹)을 베어 쌓아놓아(委) 말라 '시들음'을 뜻한다.

		金文	小 篆
鬼부 총18획	설문 없음		
			形音義字典

魏闕(위궐)
東魏(동위)
魏相(위상)

성/나라 위

✽ 제단을 쌓고(委) 무당(鬼)이 홀로 굿하듯 '홀로 빼어남'을 뜻하나, '나라' '성씨'로 쓰인다.

巍	山부 총 21획	小篆 說文解字		崔巍(최외) 巍巍蕩蕩 (외외탕탕)	
높을/클 외	설문 鬼부	巍(외)는 높다는 뜻이다. 嵬(외)는 의미부분이고, 委(위)는 발음부분이다.(「巍, 高也. 从嵬, 委聲.」)			

✽ 산(山)이 높게(嵬:높을 외) 쌓여(委) 귀신(鬼)이 놀랄 만큼 '높고 크다'를 뜻한다. ※魏와 同字.

倭	人부 총 10획	小篆 說文解字		倭寇(왜구) 壬辰倭亂 (임진왜란)	
왜나라 왜	설문 鬼부	倭(왜·위)는 순한 모습이다. 人(인)은 의미부분이고, 委(위)는 발음부분이다.《시경(詩經)》에 이르기를 "큰 길이 구불구불 하구나."라고 하였다.(「倭, 順兒. 从人, 委聲.《詩》曰:"周道倭遲."」)			

✽ 사람(亻)이 맡겨진(委) 일을 잘 따르는 데서 '순하다'를 뜻하다가, 후에 일본을 '왜'라 하였다.

	矢부 총 13획	小篆 說文解字		矮小(왜소) 矮陋(왜루) 矮屋(왜옥)	
난쟁이 왜	설문 矢부	矮(왜)는 작은 사람을 뜻한다. 矢(시)는 의미부분이고, 委(위)는 발음부분이다.(「矮, 短人也. 从矢, 委聲.」)			

✽ 화살(矢)로 잴 만큼 낮게 쌓인(委) 데서 '낮다' '난쟁이'를 뜻한다.

秝 → 厤 → 曆 → 歷 → 瀝☆ → 靂✦

	禾부 총 10획	甲骨文 林1.18.14	殷商 金文 合9364	小篆 秝罍 說文解字	용례 없음	
나무성글 력	설문 秝부	秝(력)은 성긴 것이 적당하다는 뜻이다. 두 개의 禾(화)자로 이루어졌다. 무릇 秝부에 속하는 글자들은 모두 秝을 의미부분으로 삼는다. 歷(력)처럼 읽는다.(「秝, 稀疎適也. 从二禾. 凡秝之屬皆从秝. 讀若歷.」)				

✽ 나무나 벼(禾)가 드문드문 있는 데서 '나무성금'을 뜻한다.

	厂부 총 12획	甲骨文 甲2369	金文 京津4825 毛公鼎	小篆 說文解字	용례 없음 	
다스릴 력	설문 厂부	厤(력)은 다스린다는 뜻이다. 厂(엄·한)은 의미부분이고, 秝(력)은 발음부분이다.(「厤, 治也. 从厂, 秝聲.」)				

✽ 논 두둑(厂)에 농사지은 벼(秝)를 차례로 세워 '다스려둠'을 뜻한다. ※秝:나무 성글 력

	日부 총 16획	西周 金文 佩伯再簋	戰國 金文 包山181 	小篆 形音義字典	曆書(역서) 月曆(월력) 陰曆(음력)	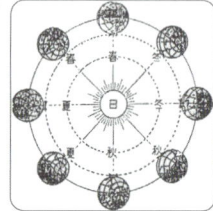
책력 력	설문 日부	《설문해자·일부(日部)·신부(新附)》를 보면 曆(력)은 시간을 계산하는 방법을 뜻한다. 日(일)은 의미부분이고, 厤(력)은 발음부분이다. 《사기(史記)》에서는 '歷'자와 통용되었다.(「曆, 厤象也. 从日, 厤聲.《史記》通用歷.」)				

✽ 논둑(厂)에 볏단(秝)을 차례(厤)로 세우듯, 태양(日)의 일 년 동안 차례를 '책력'이라고 한다.

歷	止부 총16획	甲骨文		金文		小篆	歷史(역사) 歷代(역대) 經歷(경력)	
		前1.33.1	京津3487	毛公鼎	禹鼎	說文解字		
지날 력	설문 止부	歷(력)은 지나갔다는 뜻이다. 止(지)는 의미부분이고, 厤(력)은 발음부분이다.(「歷, 過也. 从止, 厤聲.」)						

* 논밭두둑(厂)에 벼(秝)를 다스려(厤) 차례로 세우며 발(止)로 지나감에서 '지나다'를 뜻한다.

瀝	水부 총19획	小篆 說文解字	滴瀝(적력) 淋瀝(임력) 餘瀝(여력)	
스밀 력	설문 水부	瀝(력)은 거른다는 뜻이다. 水(수)는 의미부분이고, 歷(력)은 발음부분이다. 일설에는 물방울이 떨어진다는 뜻이라고도 한다.(「瀝, 浚也. 从水, 歷聲. 一曰水下滴瀝.」)		

* 액체(氵)를, 차례로 물체를 통과하여 지나게(歷) 걸러낸 데서 '거르다' '스미다'를 뜻한다.

靂	雨부 총24획	설문 없음	霹靂(벽력)	
벼락 력				

* 비(雨)가 지나가며(歷) 생기는 '벼락'을 뜻한다.

采 ➡ 番 ➡ 飜 ➡ 蕃 ➡ 藩 ☆ ➡ 潘 ➡ 磻 ➡ 蟠 ☆ ➡ 播 ➡ 審 ➡ 瀋 … 悉

采	釆부 총7획	甲骨文		殷商 金文	西周 金文	小篆	古文	부수 한자	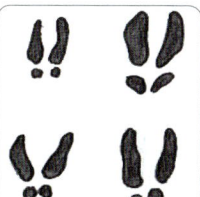
		甲870	粹112	釆父乙卣	釆卣		說文解字		
분별할 변	설문 釆부	釆(변)은 분별한다는 뜻이다. 동물의 발가락이 나누어 갈라진 것을 그렸다. 무릇 釆부에 속하는 글자들은 모두 釆을 의미부분으로 삼는다. 辨(변)처럼 읽는다. 乎은 釆의 고문(古文)이다.(「釆, 辨別也. 象獸指爪分別也. 凡釆之屬皆从釆. 讀若辨. 乎, 古文釆.」)							

* 짐승의 갈라진 발바닥 자국 모양을 보고 짐승을 분별하던 데서 '분별함'을 뜻하다.

番	田부 총12획	西周 金文		春秋 金文	小篆	或體	古文	番地(번지) 當番(당번) 番號(번호)	
		番生簋	番君鬲	魯侯鬲			說文解字		
차례 번	설문 釆부	番(번), 짐승의 발자국을 일컬어 番이라고 한다. 釆(변)은 의미부분이고, 田(전)은 그 발바닥을 그린 것이다. 𧱵은 番의 혹체자(或體字)로 足(족)과 煩(번)으로 이루어졌다. 𠰻은 番의 고문(古文)이다.(「番, 獸足謂之番. 从釆, 田象其掌. 𧱵, 番或从足, 从煩. 𠰻, 古文番.」)							

* 짐승의 서로 다른 발자국(釆+田)이 '번갈아' 차례로 밭(田)에 찍힌 데서 '차례'를 뜻한다.

飜	飛부 총21획	小篆 說文解字	※ '翻(번)'과 동자(同字)	飜譯(번역) 飜覆(번복) 飜案(번안)	
번역할 번	설문 羽부	翻(번)은 난다[飛(비)]는 뜻이다. 羽(우)는 의미부분이고, 番(번)은 발음부분이다. 혹은 (羽 대신) 飛(비)를 쓰기도 한다.(「翻, 飛也. 从羽, 番聲. 或从飛.」)			

* 날개를 차례(番)로 뒤치며 나는(飛) 데서 '뒤치다', 말을 뒤바꾸는 데서 '번역'을 뜻한다.

蕃	艸부 총16획	春秋 金文		戰國 金文	小篆		蕃盛(번성) 蕃國(번국) 蕃民(번민)	

		蔡侯申尊		雲夢法律	說文解字			
불을 번	설문 艸부	蕃(번)은 풀이 우거졌다는 뜻이다. 艸(초)는 의미부분이고, 番(번)은 발음부분이다.(「蕃, 艸 茂也. 从艸, 番聲.」)						

✲ 풀(艹)이 차례(番)로 점점 번성하여 많아지는 데서 '불다' '우거지다'를 뜻한다.

藩	艸부 총19획	小篆	藩邦(번방) 藩臣(번신) 藩屛(번병)	

		說文解字		
울타리 번	설문 艸부	藩(번)은 울타리를 뜻한다. 艸(초)는 의미부분이고, 潘(반)은 발음부분이다.(「藩, 屛也. 从 艸, 潘聲.」)		

✲ 물(氵)가에 우거진(蕃) 차례(番)로 심은 초목(艹)을 경계로 삼은 데서 '울타리'를 뜻한다.

潘	水부 총15획	戰國 金文	小篆		米潘(미번) 潘沐(반목) 潘岳(반악)	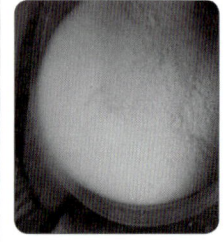
			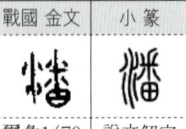			
		璽彙1470	說文解字			
성 반/번	설문 水부	潘(번·반)은 쌀을 씻고 난 물을 뜻한다. 일설에는 강의 이름으로, 하남군(河南郡) 형양현(滎 陽縣)에 있다고도 한다. 水(수)는 의미부분이고, 番(번)은 발음부분이다.(「潘, 淅米汁也. 一 曰水名, 在河南滎陽. 从水, 番聲.」)				

✲ 물(氵)에 차례차례(番) 쌀을 일어 씻은 '뜨물'이 본뜻이나, 주로 '성씨'로 쓰인다.
　※참고: '쌀뜨물'을 뜻할 때는 '번'으로 읽는다.

磻	石부 총17획	小篆	磻溪(반계) 碌磻洞(녹번동)	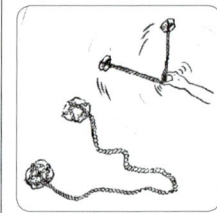

		說文解字		
반계 반/번	설문 石부	磻(반·번·파)는 돌을 주살(새 잡는 화살)에 묶은 것이다. 石(석)은 의미부분이고, 番(번)은 발음부분이다.(「磻, 以石箸隿繳也. 从石, 番聲.」)		

✲ 줄에 돌(石)을 매달아 여러 차례(番) 쏠 수 있게 만든 '주살 돌'로, 강태공이 낚시를 하였다는 중국 섬서성(陝西 省)에 있는 반계(磻溪)의 이름.

蟠	虫부 총18획	小篆	蟠車(반거) 蟠木(반목) 蟠龍(반룡)	

		說文解字		
서릴 반	설문 虫부	蟠(반)은 쥐며느리를 뜻한다. 虫(훼·충)은 의미부분이고, 番(번)은 발음부분이다.(「蟠, 鼠 婦也. 从虫, 番聲.」)		

✲ 벌레(虫)가 몸을 빙빙 여러 차례(番) 포개어 감고 있는 데서 '서리다'를 뜻한다.

播	手부 총15획	西周 金文		戰國 金文	小篆	古文	播種(파종) 播多(파다) 播遷(파천)	

		散盤	師旂鼎	雲夢封診	說文解字			
뿌릴 파	설문 手부	播(파)는 심는다는 뜻이다. 일설에는 뿌린다는 뜻이라고도 한다. 手(수)는 의미부분이고, 番 (번)은 발음부분이다. 𢿌는 播의 고문(古文)이다.(「播, 穜也. 一曰布也. 从手, 番聲. 𢿌, 古 文播.」)						

✲ 손(扌)으로 차례차례(番) 씨를 뿌려 심는 데서 '뿌리다'를 뜻한다.

審	宀부 총15획	西周 金文		戰國 金文	小 篆	古 文	審問(심문) 審査(심사) 審判(심판)

		五祀衛鼎	舍審盉	徵秋41	說文解字		
살필 심	설문 釆부	宷(심)은 안다는 뜻이다. 자세히 안다는 뜻이다. 宀(면)과 釆(변)은 모두 의미부분이다. 審(심)은 宷의 전문(篆文)으로 (釆 대신) 番(변)을 썼다.(「宷, 悉也. 知宷諦也. 从宀·釆. 審, 篆文宷, 从番.」)					

※ 집(宀) 안에 들어와 차례(番)로 찍힌 짐승 발자국을 자세히 보는 데서 '살피다'를 뜻한다.

潘	水부 총18획	小 篆		潘水(심수) 潘陽(심양)

		說文解字		
즙낼/물이름 심	설문 水부	潘(심)은 즙을 뜻한다. 水(수)는 의미부분이고, 審(심)은 발음부분이다. 《춘추전(春秋傳)》에 이르기를 "엎질러진 물을 다시 담으려는 것과 같다."라고 하였다.(「, 汁也. 从水, 審聲. 《春秋傳》曰: "猶拾潘."」)		

※ 물(氵)이 집(宀) 안에 있는 발자국(番)처럼 다른 물질 속에 있는 '즙'이나, '물 이름'을 뜻한다.

悉	心부 총11획	戰國 金文	小 篆	古 文	悉皆(실개) 悉心(실심) 明悉(명실)

		雲夢爲吏	說文解字		
다 실	설문 釆부	悉(실)은 '전부 다'라는 뜻이다. 心(심)과 釆(변)은 모두 의미부분이다. 㕎은 悉의 고문(古文)이다.(「悉, 詳盡也. 从心, 从釆. 㕎, 古文悉.」)				

※ 사물을 분별하여(釆) 마음(心)을 다해 연구하는 데서 '다하다' '모두' '다'를 뜻한다.

乘 ➡ 剩 ··· 乖 ☆

乘	丿부 총10획	甲骨文			西周 金文			乘馬(승마) 乘車(승차) 乘船(승선) 乘用車(승용차)
		粹209	乙971	前7·38·1	格伯簋	虢季子白盤	禹 鼎	
		春秋 金文		戰國 金文		小 篆	古 文	
탈 승	설문 桀부	㡛公匜	公乘壺	鄂君車節	雲夢爲吏	說文解字		
		椉=乘(승)은 덮는다는 뜻이다. 入(입)과 桀(걸)은 모두 의미부분이다. 桀은 강하다는 뜻이다. 군법(軍法)에서는 乘이라고 한다. 㡛은 乘의 고문(古文)으로 (桀자에서 木 대신) 几(궤)를 썼다.(「椉, 覆也. 从入·桀. 桀, 黠也. 軍法(入桀)曰乘. 㡛, 古文乘, 从几.」)						

※ 머리(丿)와 나무(木)에 올라타고 있는 양 발(舛=北)을 그려 '타다' '오르다'를 뜻한다.

剩	刀부 총12획	설문 없음	小 篆		剩餘(잉여) 剩數(잉수) 過剩(과잉)

			形音義字典		
남을 잉					

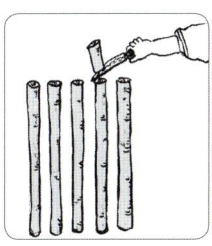

※ 賸(남을 승)과 같은 자로, 기준보다 올라온(乘) 칼(刂)로 자른 부분에서 '남다'를 뜻한다.

439

乖	ノ부 총8획	小篆  說文解字		乖離(괴리) 乖愎(괴팍) 醜乖(추괴)	
어그러질 괴	설문 丫부	乖(괴)는 어그러졌다는 뜻이다. 갈라지고[丫(개・과)] 나누어졌다[(巜=㕚별)]은 의미이다. 巜은 別(별)의 고문(古文)이다.(「乖, 戾也. 从丫而巜. 巜, 古文別.」)			

※ 양머리를 반으로 가른 모양이다. ※파자:올라탄(乘) 나무의 받침(八)이 없어 '어그러짐'을 뜻한다.

秉 ➡ 棅 ✦

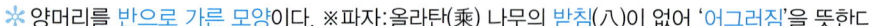

秉	禾부 총8획	甲骨文		西周金文		春秋金文	小篆	秉權(병권) 秉燭(병촉) 秉軸(병축)	
			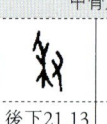						
		後下21.13	珠572	秉觚	井人鐘	者沪鐘	說文解字		
잡을 병	설문 又부	秉(병)은 벼 묶음을 뜻한다. 손[又(우)]으로 禾(벼 화)를 쥐고 있다는 의미이다.(「秉, 禾束也. 从又持禾.」)							

※ 벼(禾)의 중간을 손(彐)으로 잡은 모습에서 '잡다'를 뜻한다.

棅	木부 총12획	甲骨文		戰國金文	小篆	或體	棅國(병국)	
		乙7160	乙7377	雲夢爲吏		說文解字		
자루 병	설문 木부	柄(병)은 자루를 뜻한다. 木(목)은 의미부분이고, 丙(병)은 발음부분이다. 棅은 혹체 자(或體字)로 (丙 대신) 秉(병)을 썼다.(「柄, 柯也. 从木, 丙聲. 棅, 或从秉.」)						

※ 나무(木)를 도구에 연결해 손으로 잡을(秉) 수 있도록 만든 '자루'를 뜻한다. ※ 柄(병)과 同字.

兼 ➡ 謙 ➡ 鎌 ✦ 嫌 ➡ 廉 ➡ 濂 ➡ 簾

兼	八부 총10획	西周金文	春秋金文	戰國金文	小篆	兼職(겸직) 兼任(겸임) 兼備(겸비)	
		兼且辛爵	邾王子鐘	丞相啓狀戈	說文解字		
겸할 겸	설문 兼부	兼(겸)은 아울러 가진다는 뜻이다. 손[又]으로 두 벼[秝(력)]를 쥐고 있다는 의미이다. 兼은 벼 둘을 쥐고 있는 형태이고, 秉(병)은 벼 하나를 쥐고 있는 형태이다.(「鱻, 幷也. 从又持秝. 兼持二禾, 秉持一禾.」)					

※ 벼 두 포기(秝)를 똑같이 겹쳐 나란히 손(彐)으로 잡은 모습으로 '겸하다'를 뜻한다.

謙	言부 총17획	小篆  說文解字	謙遜(겸손) 謙讓(겸양) 謙虛(겸허)	
겸손할 겸	설문 言부	謙(겸)은 공경(恭敬)한다는 뜻이다. 言(언)은 의미부분이고, 兼(겸)은 발음부분이다.(「鱻, 敬也. 从言, 兼聲.」)		

※ 말(言)을 남과 서로 나란히(兼)하여 상대를 존중하는 데서 '겸손하다'를 뜻한다.

鎌	金부 총18획	小篆  說文解字	鎌刀(겸도) 鎌利(겸리) 磨鎌(마겸)	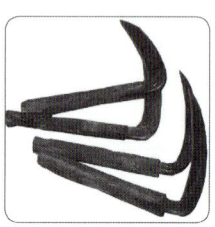
낫 겸	설문 金부	鎌(겸)은 鍥(낫 계)이다. 金(금)은 의미부분이고, 兼(겸)은 발음부분이다.(「鱻, 鍥也. 从金, 兼聲.」)		

※ 쇠(金)로 여러 포기의 곡식이나 풀을 나란히(兼) 잡고 벨 수 있는 만든 '낫'을 뜻한다.

嫌	女부 총13획	戰國 金文	小篆		嫌惡(혐오) 嫌疑(혐의) 嫌怨(혐원)
			嫌		
		包山175	說文解字		
싫어할 혐	설문 女부	嫌(혐)은 마음이 평안하지 않다는 뜻이다. 일설에는 의심한다는 뜻이라고도 한다. 女(녀)는 의미부분이고, 兼(겸)은 발음부분이다.(「嫌, 不平於心也. 一曰疑也. 从女, 兼聲.」)			

※ 여자(女)가 남과 같이(兼) 공평하지 못하다고 느끼는 마음에서 '싫어함'을 뜻한다.

廉	广부 총13획	戰國 金文	小篆		淸廉(청렴) 廉探(염탐) 低廉(저렴)
			廉		
		雲夢語普	說文解字		
청렴할 렴	설문 广부	廉(렴)은 (집의) 측면을 뜻한다. 广(엄)은 의미부분이고, 兼(겸)은 발음부분이다.(「廉, 仄也. 从广, 兼聲.」)			

※ 집(广)과 나란히(兼) 있는 주위의 좁고 각이 진 가장자리로, 좁은 곳에서 '싸다'를 뜻하고, 바르게 각이 진 곳에서 '곧다'를 뜻하여, 검소하고 바른 '청렴함'을 뜻한다.

濂	水부 총16획	설문 없음	金文	小篆	濂溪(염계)
				濂	
			形音義字典		
물이름 렴					

※ 큰 강(氵)의 줄어든, 수심이 낮은 가장자리(廉)를 뜻하나, 중국 호남성(湖南省)에 있는 '물 이름'을 뜻한다.

簾	竹부 총19획	小篆		垂簾(수렴) 珠簾(주렴) 簾幕(염막)
		簾		
		說文解字		
발 렴	설문 竹부	簾(렴)은 당상(堂上)에 드리우는 발을 뜻한다. 竹(죽)은 의미부분이고, 兼(겸)은 발음부분이다.(「簾, 堂簾也. 从竹, 兼聲.」)		

※ 대(竹)를 갈라 엮어 앉는 자리의 가장자리(廉)나 문 앞에 볕이나 바람을 가리기 위해 만든 '발'.

老⇒耆⇒嗜⇒考⇒拷⇒孝⇒哮☆⇒酵☆⇒滂❖····敎

老	老부 총6획	甲骨文		春秋 金文	戰國 金文	小篆	老人(노인) 老衰(노쇠) 養老院(양로원)
						老	
		鐵76.3	明120.1	季良父壺	齊 鎛	中山王壺	說文解字
늙을 로	설문 老부	老(로)는 考(오래 살 고)이다. 70세를 老라고 한다. 人(인)·毛(모)·匕(=化, 화)는 모두 의미부분으로, 이는 수염과 머리가 하얗게 변했음을 말한다. 무릇 老부에 속하는 글자들은 모두 老를 의미부분으로 삼는다.(「老, 考也. 七十曰老. 从人·毛·匕, 言須髮變白也. 凡老之屬皆从老.」)					

※ 머리털을 늘어뜨린 노인이(毛+儿=耂) 지팡이(匕)를 잡고 있는 데서 '늙다' '늙은이'를 뜻한다.
※참고: 耆(기)=60세, 老(노)=70세, 耋(질)=80세, 耄(모)=90세.

耆	老부 총10획	春秋 金文	戰國 金文	小篆	耆老(기로) 耆儒(기유) 屠耆(도기)
				耆	
		公子土斧壺	滕侯耆戈	相邦儀戈	說文解字
늙을 기	설문 老부	耆(기·지)는 늙었다는 뜻이다. 老(로)의 생략형은 의미부분이고, 旨(지)는 발음부분이다.(「耆, 老也. 从老省, 旨聲.」)				

※ 사람이 늙어(耂) 음식이 달고 맛있어야(旨:맛 지) 먹을 수 있는 '늙은이'를 뜻한다.

嗜	口부 총13획	小篆  說文解字		嗜好(기호) 嗜虐(기학) 嗜玩(기완)	
즐길 기	설문 口부	嗜(기)는 좋아하고 즐긴다는 뜻이다. 口(구)는 의미부분이고, 耆(기)는 발음부분이다.(「嗜, 嗜欲喜之也. 从口, 耆聲.」)			

※ 입(口)으로 노인(耂)이 맛있는 음식(旨)을 즐기는 데서, '즐기다' '탐하다'를 뜻한다.

考	老부 총6획	甲骨文  乙8712　珠393	西周 金  天亡簋　頌 鼎	春秋 金文 蔡侯盤	小篆 說文解字	考慮(고려) 考察(고찰) 考查(고사)	
생각할 고	설문 老부	考(고)는 老(늙을 로)이다. 老(로)의 생략형은 의미부분이고, 丂(고)는 발음부분이다.(「考, 老也. 从老省, 丂聲.」)					

※ 노인(耂)의 경험에서 나오는 교묘한(丂=巧의 古字) 생각에서 '생각하다'를 뜻한다.

拷	手부 총9획	설문 없음		拷問(고문) 拷打(고타) 拷掠(고략)	
칠 고					

※ 손(扌)으로 쳐서 생각(考)을 강요하여 자백 받는 데서 '치다'를 뜻한다.

孝	子부 총7획	甲骨文  金476	西周 金文 智鼎　頌 鼎　散 盤	戰國 金文 陳侯午敦	小篆 說文解字	孝心(효심) 孝道(효도) 孝誠(효성)	
효도 효	설문 老부	孝(효)는 부모를 잘 섬기는 사람을 뜻한다. 老(로)의 생략형과 子(자)는 모두 의미부분이다. 아이가 노인을 업고 있다는 의미이다.(「孝, 善事父母者. 从老省, 从子. 子承老也.」)					

※ 늙으신(耂) 부모를 자식(子)이나 아이가 부축하여 돕는 데서 '효도'를 뜻한다.

哮	口부 총10획	小篆  說文解字		咆哮(포효) 嘲哮(조효) 哮吼(효후)	
성낼 효	설문 口부	哮(효)는 돼지가 놀란 소리이다. 口(구)는 의미부분이고, 孝(효)는 발음부분이다.(「哮, 豕驚聲也. 从口, 孝聲.」)			

※ 놀라면 입(口)으로 괴성을 질러 서로 돕는(孝) 멧돼지의 무리에서 '성내다'를 뜻한다.

酵	酉부 총14획	설문 없음		醱酵(발효) 酵素(효소) 酒酵(주효)	
삭일 효					

※ 술(酉) 따위 식품에 '누룩'을 사용하여 재료의 발효를 도와(孝) '삭힘'을 뜻한다.

| 㴆 | 水部
총10획 | 설문 없음 | | 㴆泉(효천) |

강이름 **효**

※ 물(氵)이 깊고 맑아 삶에 도움(孝)이 되는 '샘물'같이 깨끗이 흐르는 '강 이름'을 뜻한다.

敎	攵部 총11획	甲骨文					西周 金文	宗敎(종교) 敎職(교직) 殉敎(순교)
		甲2651	粹1162	粹1319		合5617	散盤	
		春秋 金文	戰國 金文	小 篆		古 文		
가르칠 **교**	설문 敎부	鄭侯簋	中山王鼎		說文解字			

敎(교)는 위에서 베푼 것을 아래에서 본받는다는 뜻이다. 攵(복)과 孝(효)는 모두 의미부분이다. 무릇 敎부에 속하는 글자들은 모두 敎를 의미부분으로 삼는다. 𢼍는 敎의 고문(古文)이다. 㸚 역시 敎의 고문이다.(「𢽊, 上所施下所效也. 从攵,从孝. 凡敎之屬皆从敎. 𢼍, 古文敎. 㸚, 亦古文敎.」)

※ 산가지(爻)로 아이(子)가 셈을 배울(𡥈=孝:배울 교) 때 잘 다스려(攵) '가르침'을 뜻한다.
　※파자:효(爻)를 아이(子)에게 잘 다스려(攵) '가르침'. ※敎:俗字(속자).

者→煮→都→屠→堵→睹☆→賭☆→暑→署→曙→薯☆→緖→諸→豬☆→箸→楮✦→著→躇→奢

者	老部 총9획	甲骨文		殷商 金文	西周 金文	春秋 金文	戰國 金文	小 篆	讀者(독자) 記者(기자) 富者(부자)

		粹27	粹785	者女觥	兮甲盤	邾公華鐘	陳侯午敦	說文解字	
놈 **자**	설문 白부	者(자)는 사물을 구별하는데 쓰이는 말이다. 白(자)는 의미부분이고, 㡀는 발음부분이다. 㡀는 고문(古文)의 旅(려)자이다.(「𤰓, 別事詞也. 从白, 㡀聲. 㡀 古文旅字.」)							

※ 나물과 고기(米=肉) 등 솥(曰)에 '여러 물건'을 넣고 삶는 모양으로, 여러 물건이나 '사람' 등을 나타내어 '놈'을 뜻하기도 한다. ※파자:노인(耂)에게 아뢰는(白) '놈'을 뜻한다.

煮	火部 총13획	戰國 金文		小 篆	或 體		煮沸(자비) 煮醬(자장) 炊煮(취자)
		中山車器	中山泡飾		說文解字		
삶을 **자**	설문 鬻부	鬵(저)는 삶는다는 뜻. 鬲(력)은 의미, 者(자)는 발음. 煮(자)는 鬵의 혹체자(或體字)로 (鬲 대신) 火(화)를 썼다. 𩰾는 鬵의 혹체자로, 水(수)가 그 안에 있는 구조이다.(「鬵, 孚也. 从鬲, 者聲. 煮, 鬵或从火. 𩰾, 鬵或从水在其中.」)					

※ 여러 물건(者)을 넣고 불(灬)을 피워 '삶음'을 뜻한다.

都	邑部 총12획	西周 金文	春秋 金文		小 篆	都邑(도읍) 都市(도시) 都賣(도매)
		獸鐘	齊鎛	新都戈	說文解字	
도읍 **도**	설문 邑부	都(도), 선왕(先王)의 옛 종묘(宗廟)가 있는 곳을 일컬어 都라고 한다. 邑(읍)은 의미부분이고, 者(자)는 발음부분이다. 주(周)나라 제도에 따르면, 왕성(王城)에서 500리 떨어진 곳을 都라고 하였다.(「𨜭, 有先君之舊宗廟曰都. 从邑, 者聲. 周禮, 距國百里爲都.」)				

※ 많은 사람(者)이 사는 고을(阝)에서 '도읍'을 뜻한다.

443

屠	尸부 총12획	戰國 金文 璽印集粹	小篆 說文解字		屠殺(도살) 屠城(도성) 屠殺場(도살장)	
죽일 도	설문 尸부	屠(도)는 도려낸다는 뜻이다. 尸(시)는 의미부분이고, 者(자)는 발음부분이다.(「屠, 刳也. 从尸, 者聲.」)				

✻ 짐승을 잡아(尸:주검 시) 삶아(者=煮) 제물로 바치던 데서 '죽이다'를 뜻한다.

堵	土부 총12획	春秋 金文  邵 鐘	 子犯鐘	小篆  說文解字	籀文 	堵列(도열) 堵牆(도장) 安堵(안도)	
담 도	설문 土부	堵(도)는 담을 뜻한다. 5겹의 판(版)이 1堵가 된다. 土(토)는 의미부분이고, 者(자)는 발음부분이다. 㙷는 주문(籀文)으로 (土 대신) 靣(곽)을 썼다.(「堵, 垣也. 五版爲一堵. 从土, 者聲. 㙷, 籀文从靣.」)					

✻ 흙(土)을 쌓아 사람들(者)을 보호하는 '담'을 뜻한다.

睹	目부 총14획	小篆 	古文 說文解字		逆睹(역도) 目睹(목도) 睹聞(도문)	
볼 도	설문 目부	睹(도)는 본다는 뜻이다. 目(목)은 의미부분이고, 者(자)는 발음부분이다. 覩는 고문(古文)으로 (目 대신) 見(견)을 썼다.(「睹, 見也. 从目, 者聲. 覩, 古文从見.」)				

✻ 눈(目)으로 여러 물건(者)을 잘 살펴 분별함에서 '보다'를 뜻한다.

賭	貝부 총16획	小篆  說文解字		賭博(도박) 賭租(도조) 賭地(도지)	
내기 도	설문 貝부	賭(도)는 도박을 한다는 뜻이다. 貝(패)는 의미부분이고, 者(자)는 발음부분이다.(「賭, 博簺也. 从貝, 者聲.」)				

✻ 재물(貝)을 걸고 사람들(者)이 모여 '내기' 함을 뜻한다.

暑	日부 총13획	金文  壽春鼎	小篆  說文解字		避暑(피서) 處暑(처서) 酷暑(혹서)	
더울 서	설문 日부	暑(서)는 덥다는 뜻이다. 日(일)은 의미부분이고, 者(자)는 발음부분이다.(「暑, 熱也. 从日, 者聲.」)				

✻ 해(日)가 사람(者) 위에 있어 해가 '덥거나', 해(日)가 찌는(煮=者) 듯이 '더움'을 뜻한다.

署	网부 총14획	戰國 金文  雲夢雜抄	小篆  說文解字		部署(부서) 署長(서장) 稅務署(세무서)	
마을 서	설문 网부	署(서)는 부서(部署)로, (각각) 망라(網羅)하고 분속(分屬)하는 곳을 뜻한다. 网(망)은 의미부분이고, 者(자)는 발음부분이다.(「署, 部署也. 有所网屬也. 从网, 者聲.」)				

✻ 새 그물(罒)을 펼치듯 여러 사람(者)이 각 일터에서 일하는 '마을' '관청'을 뜻한다.

曙	日부 총18획	小篆  說文解字		曙光(서광) 曙天(서천) 曙星(서성)	
새벽 **서**	설문 日부	曙(서)는 새벽을 뜻한다. 日(일)은 의미부분이고, 署(서)는 발음부분이다.(「曙, 曉也. 从日, 署聲.」)			

✱ 해(日)가 각 고을(署)을 비추는 '새벽'을 뜻한다.

薯	艸부 총18획	설문 없음	小篆  形音義字典	甘薯(감서) 薯蕷(서여) 薯童謠(서동요)	
감자 **서**					

✱ 식용이나 약초(艹)로 각 마을(署)에서 귀하게 쓰이던 '참마'나 '감자'를 뜻한다.

緒	糸부 총15획	戰國 金文  雲夢雜抄	小篆 緖 說文解字	緖言(서언) 緖論(서론) 端緖(단서)	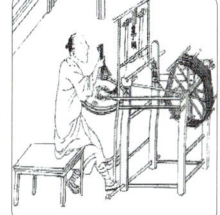
실마리 **서**	설문 糸부	緒(서)는 실마리를 뜻한다. 糸(멱·사)는 의미부분이고, 者(자)는 발음부분이다.(「緒, 絲耑也. 从糸, 者聲.」)			

✱ 고치 실(糸)의 실마리를 찾기 위해 솥에 누에고치를 삶는(者=煮) 데서 '실마리'를 뜻한다.
　※파자: 실(糸)의 끝을 찾는 사람(者)에서 '실마리'를 뜻한다.

諸	言부 총16획	西周 金文  兮甲盤	春秋 金文  邾公華鐘	戰國 金文  陳侯午敦	小篆 諸 說文解字	諸君(제군) 諸國(제국) 諸般(제반)	
모두 **제**	설문 言부	諸(제)는 변론한다는 뜻이다. 言(언)은 의미부분이고, 者(자)는 발음부분이다.(「諸, 辯也. 从言, 者聲.」)					

✱ 말(言)로 여러 가지(者) 모든 것을 변론하는 데서 '모두'를 뜻하며, 조사로 많이 쓰인다.

豬	豕부 총16획	戰國 金文  雲夢法律	小篆  說文解字	豬勇(저용) 山豬(산저) 野豬(야저)	
돼지 **저**	설문 豕부	豬(저)는 돼지인데, 털구멍 하나에서 털이 세 가닥씩 뭉쳐서 난다. 豕(시)는 의미부분이고, 者(자)는 발음부분이다.(「豬, 豕而三毛叢居者. 从豕, 者聲.」)			

✱ 멧돼지(豕)는 여러 놈(者)이 무리지어 다니는 데서 '돼지'를 뜻한다.

箸	竹부 총15획	戰國 金文  包山001	小篆 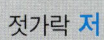 說文解字	箸筒(저통) 匙箸(시저) 火箸(화저)	
젓가락 **저**	설문 竹부	箸(저)는 밥 먹을 때 기울여서 쓰는 물건(즉 젓가락)을 뜻한다. 竹(죽)은 의미부분이고, 者(자)는 발음부분이다.(「箸, 飯敧也. 从竹, 者聲.」)			

✱ 대(竹)로 만들어 많은(者) 음식이나 반찬을 집는 '젓가락'을 뜻한다.

楮	木부 총13획	戰國 金文	小篆	或體		楮墨(저묵) 楮冊(저책) 楮冠(저관)

		雲夢日甲	說文解字			
닥나무 저	설문 木부	楮(저)는 穀(닥나무 곡)이다. 木(목)은 의미부분이고, 者(자)는 발음부분이다. 柠은 楮의 혹체자(或體字)로 者 대신 宁(저)를 썼다.(「檽, 穀也. 从木, 者聲. 粹, 楮或从宁.」)				

✻ 나무(木) 중에 종이를 만들거나 여러(者)가지 용도로 쓰이는 '닥나무'를 뜻한다.

著	艸부 총13획	설문 없음	小篆  形音義字典	著述(저술) 著者(저자) 著書(저서)
나타날 저		≪자휘(字彙)·초부(艸部)≫를 보면 "著는 빛나다, 부착(附着)하다, 마땅하다 등의 뜻이다.(「著, 麗也, 舔也, 宜也.」)"라고 하였다. 한편 '著'는 '箸(젓가락 저)'와 발음이 같고, '艸(풀 초)'와 '竹(대 죽)'은 모두 풀 종류이므로 서로 통용(通用)된다.		

✻ 풀(艹)이 여러 곳(者)의 땅에 붙어 나는 데서, '붙다' '나타나다' '입다'를 뜻한다. ※箸=着=著

躇	足부 총20획	설문 없음	小篆 形音義字典	躊躇(주저) 躇階(착계)
머뭇거릴 저/착				

✻ 발(足)이 붙어(著) 나아가지 못하고 '머뭇거림'을 뜻한다. ※躇(건너뛸 착), 인명(人名)일 때는 '서'로 읽는다.

奢	大부 총12획	西周 金文	戰國 金文	小篆	籀文	奢侈(사치) 奢華(사화) 驕奢(교사)
		奢虎簠	郵麥魯鼎	說文解字		
사치할 사	설문 奢부	奢(사)는 과장(誇張)한다는 뜻이다. 大(대)는 의미부분이고, 者(자)는 발음부분이다. 무릇 奢부에 속하는 글자들은 모두 奢를 의미부분으로 삼는다. 奓(차)는 주문(籀文)이다.(「奢, 張也. 从大, 者聲. 凡奢之屬皆从奢. 奓, 籀文.」)				

✻ 크게(大) 여러 가지(者)를 과장하거나 허비하는 데서 '사치하다'를 뜻한다.

瓜 → 孤 → 呱 ☆ → 狐 → 弧

瓜	瓜부 총5획	金文	小篆	瓜年(과년) 瓜菜(과채) 瓜葛(과갈)
		令狐君壺	說文解字	
외/오이 과	설문 瓜부	瓜(과)는 오이다. 상형(象形)이다. 무릇 瓜부에 속하는 글자들은 모두 瓜를 의미부분으로 삼는다.(「瓜, 瓜也. 象形. 凡瓜之屬皆从瓜.」)		

✻ 덩굴에 외따로 붙은 오이를 그린 모양으로 '오이' '외'를 뜻하며, 덩굴식물과 관계가 있다.

孤	子부 총8획	殷商 金文	西周 金文	小篆	孤獨(고독) 孤兒(고아) 孤苦(고고)
		孤竹罍	孤竹觚	說文解字	
외로울 고	설문 子부	孤(고)는 아버지가 없다는 뜻이다. 子(자)는 의미부분이고, 瓜(과)는 발음부분이다.(「孤, 無父也. 从子, 瓜聲.」)			

✻ 부모 없는 자식(子)으로 덩굴에 외따로 달린 오이(瓜)처럼, 고아가 홀로 '외로움'을 뜻한다.

呱	口부 총8획	小篆 呱 說文解字		呱呱之聲 (고고지성)	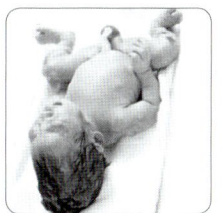
울 고	설문 口부	呱(고)는 어린아이가 우는 소리이다. 口(구)는 의미부분이고, 瓜(과)는 발음부분이다. ≪시경(詩經)≫에 이르기를 "후직(后稷)이 울었다."라고 하였다.(「呱, 小兒嗁聲. 从口, 瓜聲. ≪詩≫曰: "后稷呱矣."」)			

※ 입(口)으로, 처음 세상에 태어나 외로이 달린 오이(瓜)처럼, 홀로 떨어져 '우는'것을 뜻한다.

狐	犬부 총8획	西周 金文	小篆	狐狸(호리) 狐媚(호미) 狐裘(호구)	
		蒲伯簋　陽狐戈	說文解字		
여우 호	설문 犬부	狐(호)는 요사(妖邪)스러운 짐승이다. 귀신이 타고 다니며, 3가지 덕(德)을 가지고 있다. 그 털 색깔은 황색이고, 앞은 작고 뒤는 크며, 죽을 때는 머리를 언덕으로 향한다. 犬(견)은 의미부분이고, 瓜(과)는 발음부분이다.(「狐, 䄏獸也. 鬼所乘之, 有三德. 其色中和, 小前大後, 死則丘首. 从犬, 瓜聲.」)			

※ 짐승(犭)중에 늑대와 달리 무리지어 어울리지 않고 외따로(瓜) 다니는 '여우'를 말한다.

弧	弓부 총8획	小篆 弧 說文解字		弧線(호선) 括弧(괄호) 弧矢(호시)	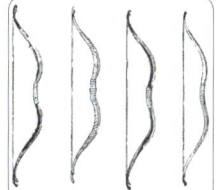
활 호	설문 弓부	弧(호)는 나무로 만든 활을 뜻한다. 弓(궁)은 의미부분이고, 瓜(과)는 발음부분이다. 일설에는 앞으로 휘는 형체는 적고, 안으로 휘는 형체는 많은 활을 弧라고 한다고도 한다.(「弧, 木弓也. 从弓, 瓜聲. 一曰: 往體寡來體多曰弧.」)			

※ 나무로 활(弓)을 오이(瓜)처럼 길고 휘게 만든 '활'을 뜻한다.

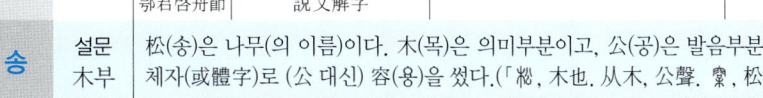

公	八부 총4획	甲骨文		西周 金文	春秋 金文	小篆	公平(공평) 公立(공립) 公職(공직)	
		京津2318	甲2546	令簋	毛公鼎	邾公華鐘	說文解字	
공평할 공	설문 八부	公(공)은 공평하게 나눈다는 뜻이다. 八(팔)과 厶(사)는 모두 의미부분이다. 八은 등진다는 뜻과 같다. ≪한비자(韓非子)≫에서 "사사로움[厶]을 등지는 것이 公이다."라고 하였다.(「公, 平分也. 从八, 从厶. 八猶背也. ≪韓非≫曰: "背厶爲公."」)						

※ 고르게 나눈(八) 그릇(口=厶) 안의 물건에서 '똑같다' '공평하다'를 뜻한다.

松	木부 총8획	金文	小篆	或體	松津(송진) 松林(송림) 松板(송판)	
		鄂君啓舟節	說文解字			
소나무 송	설문 木부	松(송)은 나무(의 이름)이다. 木(목)은 의미부분이고, 公(공)은 발음부분이다. 㮤은 松의 혹체자(或體字)로 (公 대신) 容(용)을 썼다.(「松, 木也. 从木, 公聲. 㮤, 松或从容.」)				

※ 나무(木)가 사철 똑같이(公) 푸른 잎을 가진 '소나무'를 뜻한다.

淞	水부 총11획	설문 없음	淞江(송강) 淞濱(송빈)	
강이름 송				

※ 중국의 강이름으로, 물(氵)가 주변에 소나무(松)가 많은 데서 '물이름' '강이름'을 뜻한다.

訟	言부 총11획	西周 金文		戰國 金文	小篆	古文	訟事(송사) 訴訟(소송) 訟隻(송척)
		孟 鼎	揚 簋	包山080		說文解字	
송사할 송	설문 언부	訟(송)은 송사(訟事)한다는 뜻이다. 言(언)은 의미부분이고, 公(공)은 발음부분이다. 일설에는 노래를 부른다는 뜻이라고도 한다. 詾은 訟의 고문(古文)이다.(「訟, 爭也. 从言, 公聲. 曰謌訟. 詾, 古文訟.」)					

✻ 관부에 말하여(言) 공평하게(公) 일을 처리해 달라고 '송사함'을 뜻한다.

頌	頁부 총13획	西周 金文	春秋 金文	小篆	籒文	頌辭(송사) 頌歌(송가) 稱頌(칭송)
		頌 鼎	蔡侯盤		說文解字	
기릴/칭송할 송	설문 頁부	頌(송)은 용모(容貌)를 뜻한다. 頁은 의미부분이고, 公은 발음부분이다. 𩕄은 주문(籒文)이다.(「頌, 皃也. 从頁, 公聲. 𩕄, 籒文.」)				

✻ 사람을 공평한(公) 얼굴(頁)로 대하여 많은 사람이 '기리고' '칭송함'을 뜻한다.

翁	羽부 총10획	金文	小篆		老翁(노옹) 翁媼(옹온) 翁主(옹주)
		璽印集粹	說文解字		
늙은이 옹	설문 羽부	翁(옹)은 (새의) 목덜미 털을 말한다. 羽(우)는 의미부분이고, 公(공)은 발음부분이다.(「翁, 頸毛也. 从羽, 公聲.」)			

✻ 새의 목에 고르게(公) 있는 새의 깃털(羽)처럼 생긴 노인의 수염에서 '늙은이'를 뜻한다.

谷→俗→浴→欲→慾→裕

谷	谷부 총7획	甲骨文			金文		小篆	溪谷(계곡) 谷風(곡풍) 栗谷(율곡)
		前4.3.5	佚113	後下3.3	何 尊	格伯簋	說文解字	
골 곡	설문 谷부	谷(곡)은 샘물이 솟아 나와 시내[川(천)]와 합쳐져 이루어진 계곡을 뜻한다. 水(수)자의 반만 갖추었는데, 물이 구멍에서 솟아 나온다는 의미이다. 무릇 谷부에 속하는 글자들은 모두 谷을 의미부분으로 삼는다.(「谷, 泉出通川爲谷也. 从水半具, 出於口. 凡谷之屬皆从谷.」)						

✻ 산 사이(八)를 흐르는 물과 계곡 입구(口) 또는 바위로 '계곡'을 형상화한 글자이다.

俗	人부 총9획	金文	小篆	俗世(속세) 俗談(속담) 民俗(민속)
		衛 鼎	毛公鼎	說文解字
풍속 속	설문 人부	俗(속)은 습관이 되었다는 뜻이다. 人은 의미부분이고, 谷은 발음부분이다.(「俗, 習也. 从人, 谷聲.」)		

✻ 사람(亻)들이 깊은 계곡(谷)의 독특한 풍습을 지키는 데서 '풍속'을 뜻한다.

浴	水부 총10획	甲骨文		殷商 金文	春秋 金文	戰國 金文	小篆	沐浴(목욕) 浴室(욕실) 日光浴(일광욕)
		前1.51.1	合8255	浴 鼎	孟滕姬缶	陳之浴缶	說文解字	
목욕할 욕	설문 水부	浴(욕)은 몸을 씻는다는 뜻이다. 水(수)는 의미부분이고, 谷(곡)은 발음부분이다.(「浴, 洒身也. 从水, 谷聲.」)							

✻ 물(氵)이 흐르는 계곡(谷)에서 '목욕함'을 뜻한다.

		戰國 金文	小篆		
 欲	欠부 총11획	云夢法律	說文解字		欲生(욕생) 欲界(욕계) 欲塵(욕진)
하고자할 **욕**	설문 欠부	欲(욕)은 탐낸다는 뜻이다. 欠(흠)은 의미부분이고, 谷(곡)은 발음부분이다.(「, 貪欲也. 从欠, 谷聲.」)			

※ 텅 빈 계곡(谷)처럼 입을 크게 벌리고(欠) 탐하는 데서 '하고자 하다'를 뜻한다.

			戰國 金文		
 慾	心부 총15획	설문 없음	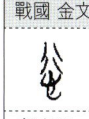郭店語二		慾求(욕구) 慾心(욕심) 貪慾(탐욕)
욕심 **욕**		≪광운(廣韻)·촉운(燭韻)≫을 보면 "慾(욕)은 욕망을 뜻한다.(「慾, 嗜慾.」)"라고 하였다.			

※ 무언가를 하고자 하는(欲) 마음(心)에서 '욕심'을 뜻한다.

		甲骨文	西周 金文	戰國 金文	小篆	
 裕	衣부 총12획	合集27959	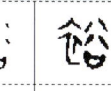粹931	鄭令戈 喜令戈	說文解字	裕福(유복) 餘裕(여유) 富裕(부유)
넉넉할 **유**	설문 衣부	裕(유)는 의복과 물자가 넉넉하다는 뜻이다. 衣(의)는 의미부분이고, 谷(곡)은 발음부분이다. ≪주역(周易)≫에 이르기를 "믿음과 여유가 있으니, 화(禍)도 없을 것이다."라고 하였다.(「, 衣物饒也. 从衣, 谷聲. ≪易≫曰: "有孚裕, 無咎."」)				

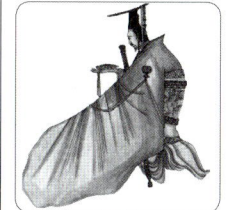

※ 옷(衤)의 품이 산의 계곡(谷)처럼 '넉넉함'을 뜻한다.

容 → 溶 → 瑢 → 熔 ☆ → 蓉 → 鎔 → 榕 ✚

		甲骨文	戰國 金文	小篆	古文	
 容	宀부 총10획	前1.36.6	公珠左師鼎	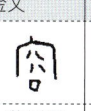黃陽鼎	 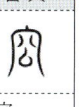說文解字	容貌(용모) 受容(수용) 容器(용기)
얼굴 **용**	설문 宀부	容(용)은 가득 담는다는 뜻이다. 宀(면)과 谷(곡)은 모두 의미부분이다. 㝐은 容의 고문(古文)으로 (谷 대신) 公을 썼다.(「, 盛也. 从宀·谷. , 古文容, 从公.」)				

※ 집(宀)이 산의 물을 다 받는 계곡(谷)처럼 '넓거나', 많은 표정이 담긴 '얼굴'로, '너그럽고' '편안함' '받아들임', 또는 耳目口鼻(이목구비)가 다 갖추어진 '얼굴'을 뜻한다.

		小篆		
 溶	水부 총13획	說文解字		溶液(용액) 溶解(용해) 溶媒(용매)
녹을 **용**	설문 水부	溶(용)은 물이 많다는 뜻이다. 水(수)는 의미부분이고, 容(용)은 발음부분이다.(「, 水盛也. 从水, 容聲.」)			

※ 물(氵)이 물체를 받아들여(容) 질펀히 덮거나 녹이는 데서 '녹다'를 뜻한다.

 瑢	玉부 총14획	설문 없음		璇瑢(선용)
패옥소리 **용**				

※ 옥(玉)을 지녀 부딪는 소리로 마음을 편안하게(容) 하던 '패옥소리'를 뜻한다.

	火부 총14획	설문 없음		熔融(용융) 熔石(용석) 熔巖(용암)	
녹을 **용**					

※ 불(火)로 물건을 받아들여(容) 녹이는 데서 '녹이다'를 뜻한다. ※참고:鎔과 같은 자.

	艹부 총14획	小篆 파편 說文解字		芙蓉(부용)	
연꽃 **용**	설문 艸부	蓉(용)은 부용(芙蓉)이다. 艸(초)는 의미부분이고, 容(용)은 발음부분이다.(「蓉, 芙蓉也. 从艸, 容聲.」)			

※ 화초(艹) 중에 모든 것을 받아들이는(容) 연못 속 진흙에 뿌리를 내리고 사는 '연꽃'을 뜻한다.

	金부 총18획	小篆  說文解字		鎔解(용해) 鎔接(용접) 鎔鑛爐(용광로)	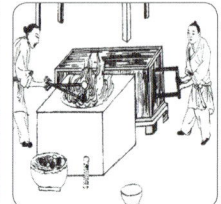
쇠녹일 **용**	설문 金부	鎔(용)은 기물을 주조하는 모형(즉 거푸집)을 뜻한다. 金(금)은 의미부분이고, 容(용)은 발음부분이다.(「鎔, 冶器法也. 从金, 容聲.」)			

※ 녹인 쇠(金)를 받아들여(容) 그릇을 만드는 거푸집에서 '쇠 녹이다'를 뜻한다.

	木부 총14획	金文  鄂君啓舟節	小篆  說文解字	或體 	榕樹(용수) 榕逕(용경)	
뱅골보리수 **용**	설문 木부	榕(용)은 松의 혹체자(或體字)로 고문의 설명이 같다. (松(송)자 해설 참조.)				

※ 열대 상록 교목(木)으로 잎이나 가지가 넓게 퍼져 아래 그늘에 많은 것을 받아들일(容) 수 있는 뽕나뭇과의 '뱅 골보리수' '용나무'를 뜻한다.

气 → 汽 → 氣 → 曩 ❖ → 憵

	气부 총4획	甲骨文	西周金文	春秋 金文		小篆	용례 없음	
		三 前7.36.2	三 甲870	三 天亡簋	≒ 齊侯壺	≒ 洹子孟姜壺	≒ 三兒簋	≒ 說文解字
기운 **기**	설문 气부	气(기)는 구름이 피어나는 기운을 뜻한다. 상형이다. 무릇 气부에 속하는 글자들은 모두 气를 의미부분으로 삼는다.(「气, 雲气也. 象形. 凡气之屬皆从气.」)						

※ 하늘에 가로로 늘어선 띠구름 모양으로 '기운' '기'를 뜻한다.

	水부 총7획	小篆  說文解字		汽車(기차) 汽笛(기적) 汽船(기선)	
물끓는김 **기**	설문 水부	汽=汔(물마를 흘)은 물이 말랐다는 뜻이다. 일설에는 흐느껴 운다는 뜻이라고도 한다. 水(수)는 의미부분이고, 气(기)는 발음부분이다. ≪시경(詩經)≫에 이르기를 "조금이라도 편하게 해주시기를 바라네."라고 하였다.(「汽, 水涸也. 或曰泣下. 从水, 气聲. ≪詩≫曰: "汔可小康."」)			

※ 물(氵)을 끓일 때, 김이 올라오는 기운(气)에서 '물 끓는 김'을 뜻한다.

氣 기운 기	气부 총10획	戰國 金文	小篆	或體		氣運(기운) 氣溫(기온) 氣候(기후)
		秦玉牘		說文解字		
	설문 米부	氣(기)는 다른 사람에게 사료와 식량을 보내 준다는 뜻이다. 米(미)는 의미부분이고, 气(기)는 발음부분이다. ≪춘추전(春秋傳)≫에 이르기를 "제(齊)나라 사람들이 제후(諸侯)의 군사들에게 음식을 보내 주었다."라고 하였다. 气는 氣의 혹체자(或體字)로 (气 대신) 旣(기)를 썼다. 餼(희)는 혹체자로 食(식)을 더하였다.(「氣, 饋客芻米也. 从米, 气聲. ≪春秋傳≫曰: "齊人來氣諸侯." 气, 氣或从旣. 餼, 或从食.」)				

* 하늘의 띠구름(气)처럼 쌀(米)로 밥을 할 때 오르는 수증기에서 '기운' '기'를 뜻한다.

暳 볕기운/날씨 기	日부 총14획	설문 없음	용례 없음

* 햇빛(日) 기운(氣)에서 '날씨'를 뜻하며, 해(日)의 따뜻한 기운(氣)인 '볕 기운(氣)'을 뜻한다.

愾 성낼 개	心부 총13획	小篆		敵愾(적개) 憤愾(분개) 愾憤(개분)
		說文解字		
	설문 心부	愾(개·희)는 한숨 쉰다는 뜻이다. 心(심)과 氣(기)는 모두 의미부분인데, 氣는 발음부분이기도 하다. ≪시경(詩經)≫에 이르기를 "휴우!'하고 자다 깨어 탄식하다."라고 하였다.(「愾, 大息也. 从心, 从氣, 氣亦聲. ≪詩≫曰: "愾我寤歎."」)		

* 마음(忄)이 크게 상하여 한숨 쉬며 기(氣)를 내뿜는 데서 '성내다'를 뜻한다.

斗 ➡ 枓 ❖ 料 ➡ 科

斗 말/구기 두	斗부 총4획	甲骨文		春秋 金文	戰國 金文		小篆	大斗(대두) 斗量(두량) 泰斗(태두)
		京津2512	乙117	秦公簋	魏鼎	眉脒鼎	說文解字	
	설문 斗부	斗(두)는 10되를 뜻한다. 상형이다. 손잡이가 있다. 무릇 斗부에 속하는 글자들은 모두 斗를 의미부분으로 삼는다.(「斗, 十升也. 象形. 有柄. 凡斗之屬皆从斗.」)						

* 자루가 있는 곡식을 헤아리는 '말'을 뜻한다.

枓 두공/물구기 두	木부 총8획	戰國 金文	小篆		枓工(두공) 枓栱(두공)
		璽彙3298	說文解字		
	설문 木부	枓(두·주)는 국자를 뜻한다. 木(목)과 斗(두)는 모두 의미부분이다.(「枓, 勺也. 从木, 从斗.」)			

* 나무(木) 기둥 끝에 끼우는 말(斗) 모양 '두공' 또는, 나무(木) 자루 달린 말(斗)인 '물구기'를 뜻한다.

料 헤아릴 료	斗부 총10획	戰國 金文		小篆		料理(요리) 料金(요금) 飼料(사료)
		司料盆蓋	雲夢效律	說文解字		
	설문 斗부	料(료)는 양을 잰다는 뜻이다. 斗(두)는 의미부분이고, 쌀[米(미)]이 그 안에 있다. 遼(료)처럼 읽는다.(「料, 量也. 从斗, 米在其中. 讀若遼.」)				

* 쌀(米)의 양을 말(斗)로 '헤아림'을 뜻한다.

	禾부 총9획	小篆 說文解字		科目(과목) 文科(문과) 科學(과학)	
과목 **과**	설문 禾부	科(과)는 등급을 매긴다는 뜻이다. 禾(화)와 斗(두)는 모두 의미부분이다. 斗는 무게를 단다는 뜻이다.(「秝, 程也. 从禾, 从斗. 斗者, 量也.」)			

❋ 곡식(禾)의 종류나 등급을 헤아려(斗) 두는 데서 '과목' '조목' '법' 등을 뜻한다.

米 ➡ 迷 ➡ 謎＊

	米부 총6획	甲骨文			西周 金文		小篆	玄米(현미) 米穀(미곡) 誠米(성미)	
		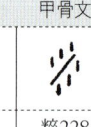 鐵72.3	 粹228	後下23.5	米宮卣	米宮觚	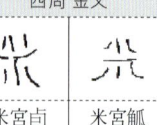 說文解字		
쌀 **미**	설문 米부	米(미)는 곡식의 열매를 뜻한다. 벼의 열매(즉 쌀)를 그린 것이다. 무릇 米부에 속하는 글자들은 모두 米를 의미부분으로 삼는다.(「米, 粟實也. 象禾實之形. 凡米之屬皆从米.」)							

❋ 껍질을 벗긴 벼 알맹이로 '쌀'을 뜻한다.

	辵부 총10획	戰國 金文		小篆		迷路(미로) 迷惑(미혹) 迷信(미신)	
		 古鉨	中山王鼎	說文解字			
미혹할 **미**	설문 辵부	迷(미)는 미혹(迷惑)하다는 뜻이다. 辵(착)은 의미부분이고, 米(미)는 발음부분이다.(「譀, 或也. 从辵, 米聲.」)					

❋ 쌀알(米)처럼 많은 길(辶)에서 갈 길을 몰라 헤매는 데서 '미혹하다'를 뜻한다.

謎	言부 총17획	小篆 說文解字		謎題(미제)	
수수께끼 **미**	설문 言부	謎(미)는 수수께끼를 뜻한다. 言(언)과 迷(미)는 모두 의미부분인데, 迷는 발음부분이기도 하다.(「譤, 隱語也. 从言·迷, 迷亦聲.」)			

❋ 말(言)로 사람을 미혹하게(迷) 하는 데서 '수수께끼'를 뜻한다.

匊 ➡ 菊 ➡ 鞠

	勹부 총8획	金文	小篆		용례 없음	
		 番匊生壺	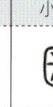 說文解字			
움킬 **국**	설문 勹부	匊(국)은 (쌀을) 손으로 움켜쥐는 것을 匊이라고 한다. 勹(포)와 米(미)는 모두 의미부분이다.(「匊, 在手曰匊. 从勹·米.」)				

❋ 쌀(米)을 감싸(勹) '움켜쥐고' 있음을 뜻한다.

	艸부 총12획	小篆 說文解字		菊花(국화) 菊版(국판) 霜菊(상국)	
국화 **국**	설문 艸부	菊(국)은 대국(大菊)으로, 술패랭이꽃이다. 艸(초)는 의미부분이고, 匊(국)은 발음부분이다.(「蘜, 大菊, 蘧麥也. 从艸, 匊聲.」)			

❋ 화초(艹)의 꽃이 쌀(米)을 감싸(勹) 움켜쥐고(匊:움켜쥘 국) 있는 것 같은 '국화'를 뜻한다.

鞠	革부 총17획	戰國 金文	小篆	或體		鞠問(국문) 鞠治(국치) 鞠躬(국궁)
		陶九083		說文解字		
성/국문할 국	설문 革부	鞠(국)은 공을 찬다는 뜻이다. 革(혁)은 의미부분이고, 匊(국)은 발음부분이다. 鞫은 鞠의 혹체자(或體字)로 匊 대신 箍(국)을 썼다.(「鞠, 蹋鞠也. 从革, 匊聲. 鞫, 鞠或从箍.」)				

※ 가죽(革)을 둥글게 움켜쥔(匊) 모양의 '공'으로, 중죄인을 다스리던 '국문'을 뜻한다.

骨 ➡ 滑 ➡ 猾 … 高

骨	骨부 총10획	甲骨文	戰國 金文	小篆		骨格(골격) 骨盤(골반) 强骨(강골)
		한자의뿌리	璽彙1672	說文解字		
뼈 골	설문 骨부	骨(골)은 살의 핵심 부분을 뜻한다. 뼈[冎(과)]에 살[肉(육)]이 있다는 의미이다. 무릇 骨부에 속하는 글자들은 모두 骨을 의미부분으로 삼는다.(「骨, 肉之覈也. 从冎有肉. 凡骨之屬皆从骨.」)				

※ 뼈(冎:살 발라낼 과)에 고기(月)가 남아 있는 모습으로 '뼈'를 뜻한다.

滑	水부 총13획	戰國 金文		或體		滑降(활강) 圓滑(원활) 潤滑油(윤활유)
		滑斿鼎	十鐘印擧	說文解字		
미끄러울 활 익살스러울 골	설문 水부	滑(활)은 미끄럽다는 뜻이다. 水(수)는 의미부분이고, 骨(골)은 발음부분이다.(「滑, 利也. 从水, 骨聲.」)				

※ 물(氵)기 있는 반질반질한 뼈(骨)가 '미끄러짐' '익살' 등을 뜻한다.

猾	犬부 총13획		小篆			狡猾(교활) 猾吏(활리) 奸猾(간활)
		설문 없음	形音義字典			
교활할 활						

※ 짐승(犭) 중에 미끄러운 뼈(骨)처럼 꾀가 많아 다스리기 어려운 짐승에서 '교활하다'를 뜻한다.

高	卜부 총11획	戰國 金文	小篆	古文		李相卨(상설) (人名字)
		上博子羔	說文解字			
사람이름 설	설문 㞢부	卨(설)은 벌레(의 이름)이다. 㞢(구)는 의미부분이고, (나머지 부분은) 상형이다. 발음은 偰(설)자와 같다. 㕯은 卨의 고문(古文)이다.(「卨, 蟲也. 从㞢, 象形. 讀與偰同. 㕯, 古文卨.」)				

※ 벌레 모양으로 '사람 이름' 자에 쓰인다. ※파자:점(卜)치다 입 삐뚤어진(咼) '사람이름'을 뜻한다.

冎 ➡ 咼 ➡ 過 ➡ 禍 ➡ 渦 ➡ 蝸 ☆

冎	冂부 총6획	甲骨文		小篆		용례 없음
		粹1806	合32770	說文解字		
살발라낼 과	설문 冎부	冎(과)는 사람의 뼈에 있는 살을 발라낸다는 뜻이다. 상형(象形)이다. 머리 부분이 솟아 올라온 뼈이다. 무릇 冎부에 속하는 글자들은 모두 冎를 의미부분으로 삼는다.(「冎, 剔人肉置其骨也. 象形. 頭隆骨也. 凡冎之屬皆从冎.」)				

※ 뼈(骨)에서 살(月)을 발라낸 모양에서 '살 발라내다'를 뜻한다.

	口부 총9획	戰國 金文		小篆		咼斜(괘사) 咼墮髻(괘타계)	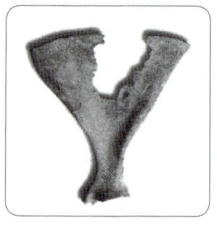
		雲夢日甲	璽彙3009	說文解字			
입삐뚤어질 괘	설문 口부	咼(괘)는 입이 삐뚤어졌다는 뜻이다. 口(구)는 의미부분이고, 冎(과)는 발음부분이다.(「咼, 口戾不正也. 从口, 冎聲.」)					
※ 뼈(骨)에서 살(月)을 발라낸 冎(살 발라낼 과)에 입(口)을 더한 자로 '입이 삐뚤어짐'을 뜻하지만, 冎와 咼는 살 이 없는 '앙상한 텅 빈 뼈'라는 의미로 같이 쓰인다.							

過	辵부 총13획	西周 金文			戰國 金文	小篆	過去(과거) 過程(과정) 過激(과격)	
		過伯簋	過伯爵	過文簋	貫陽鼎	說文解字		
지날 과	설문 辵부	過(과)는 지나간다는 뜻이다. 辵(착)은 의미부분이고, 咼(괘)는 발음부분이다.(「過, 度也. 从 辵, 咼聲.」)						
※ 앙상한 뼈(咼)가 있는 죽음의 길을 지나감(辶)에서 '지나다' '잘못' '허물'을 뜻한다. 또는 뼈(骨)에서 살(月)을 발라내듯(咼=冎:살 발라낼 과) 빠뜨리고 지나감(辶)을 뜻한다.								

禍	示부 총14획	甲骨文			西周 金文	戰國 金文	小篆	士禍(사화) 禍根(화근) 災禍(재화)	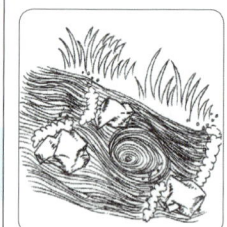
		鐵131.3	粹1264	合808	伯祓鼎	中山王壺	說文解字		
재앙 화	설문 示부	禍(화)는 재앙을 뜻한다. 신이 복을 주지 않는다는 뜻이다. 示(시)는 의미부분이고, 咼(괘) 는 발음부분이다.(「禍, 害也. 神不福也. 从示, 咼聲.」)							
※ 신(示)이 노하여 앙상한 뼈(咼)만 남도록 내리는 '재앙'을 뜻한다.									

渦	水부 총12획	설문 없음	戰國 金文	小篆	渦形(와형) 渦流(와류) 渦線(와선)	
			郭店老甲	形音義字典		
소용돌이 와						
※ 물(氵)이 흐르다 부딪쳐 돌면서 생기는 텅 빈(咼) '소용돌이'를 뜻한다.						

蝸	虫부 총15획	小篆	蝸牛(와우) 蝸瘡(와창) 蝸廬(와려)	
		說文解字		
달팽이 와	설문 虫부	蝸(왜·와)는 달팽이를 뜻한다. 虫(훼·충)은 의미부분이고, 咼(괘)는 발음부분이다.(「蝸, 蝸 蠃也. 从虫, 咼聲.」)		
※ 갑각류(虫) 중에 소용돌이 모양의 텅 빈(咼) 껍질이 있는 '달팽이'를 뜻한다.				

阜 ➡ 埠 ☆

阜	阜부 총8획	甲骨文			戰國 金文	小篆	古文	丘阜(구부) 高阜(고부) 左阜傍(좌부방)	
		菁3.1	佚67	甲2327	貨文209		說文解字		
언덕 부	설문 阜부	阜(부)는 큰 고원(高原)지대로, 산(山)에 돌이 없는 지역을 뜻한다. 상형(象形)이다. 무릇 阜 부에 속하는 글자들은 모두 阜를 의미부분으로 삼는다. 𨸏는 고문(古文)이다.(「𨸏, 大陸, 山 無石者. 象形. 凡𨸏之屬皆从𨸏. 𨸏, 古文.」)							
※ 흙이 층층이 높게 쌓인 '언덕'을 뜻한다.									

| 埠 | 土부
총11획 | 설문 없음 | | 商埠(상부)
埠頭(부두)
船埠(선부) |

부두 **부**

※ 물가의 흙(土)이 층층이 높게 언덕(阜)을 이룬, 배를 대는 '부두'를 뜻한다.

自➝追➝鎚☆➝槌☆⋯巾➝帥⋯帀➝師➝獅

自	ノ부 총6획	甲骨文		西周金文		戰國金文	小篆	용례 없음
		𠂤	𠂤	𠂤	𠂤	𠂤	𠂤	
		鐵207.2	佚89	孟鼎	克鼎	東周左師鼎	說文解字	

언덕/쌓을/
흙무더기 **퇴** | 설문
自부 | 自(퇴)는 작은 언덕을 뜻한다. 상형(象形)이다. 무릇 自부에 속하는 글자들은 모두 自를 의미부분으로 삼는다.(「𠂤, 小𠂤也. 象形. 凡𠂤之屬皆从𠂤.」)

※ 무더기를 이룬 흙더미에서 '쌓다' '언덕' '무리'를 뜻한다. ※참고:𠂤는 自의 변형. 堆(퇴)의 本字.

追	辵부 총10획	甲骨文		西周金文		春秋金文	戰國金文	小篆	追擊(추격) 追放(추방) 追加(추가)
		前5.27.1	佚637	矢方彝	師酉鼎	余義鐘	胤嗣壺	說文解字	

쫓을/따를
추 | 설문
辵부 | 追(추)는 逐(쫓을 축)이다. 辵은 의미부분이고, 𠂤(퇴)는 발음부분이다.(「𧗟, 逐也. 从辵, 𠂤聲.」)

※ 무리(𠂤)지어 적을 따라 쫓아가는(辶) 데서 '쫓다' '따르다'를 뜻한다.

| 鎚 | 金부
총18획 | 설문 없음 | 小篆
鎚
形音義字典 | 鐵鎚(철추)
鎚殺(추살)
秤鎚(칭추) |

쇠망치 **추**

※ 쇠(金)로 만든 무기로 도망가는 적을 쫓아(追) 치는 철추인 '쇠망치'를 뜻한다.

| 槌 | 木부
총14획 | 小篆

說文解字 | 鐵槌(철퇴)
木槌(목퇴)
槌鑿(추착) |

칠 **추**
방망이 **퇴** | 설문
木부 | 槌(퇴), 함곡관(函谷關) 동쪽 지방에서는 (누에를 치는데 쓰이는 채반[즉 잠박(蠶箔)]의 가로대를) 槌라고 하고, 함곡관 서쪽 지방에서는 栫(적)이라고 한다. 木(목)은 의미부분이고, 追(추)는 발음부분이다.(「𣟄, 關東謂之槌, 關西謂之栫. 从木, 追聲.」)

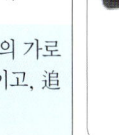

※ 나무(木)로 만든 무기를 들고 적을 쫓아(追) 치는 데서 '치다' '방망이'를 뜻한다.

巾	巾부 총3획	甲骨文		金文		小篆	巾車(건거) 巾櫛(건즐) 手巾(수건)
		巾	巾	巾	巾	巾	
		前7.5.3	京津1425	智壺	師兌簋	說文解字	

수건 **건** | 설문
巾부 | 巾(건)은 허리에 차는 수건을 뜻한다. 冖(멱)은 의미부분이고, ㅣ은 실[糸(멱·사)]을 그린 것이다. 무릇 巾부에 속하는 글자들은 모두 巾을 의미부분으로 삼는다.(「巾, 佩巾也. 从冖. ㅣ, 象糸也. 凡巾之屬皆从巾.」)

※ 허리춤에 늘어뜨려(冖) 사람(ㅣ)이 차고 다니던 '수건'을 뜻한다.

455

	巾부 총9획	甲骨文	金文			小篆	或體	將帥(장수) 元帥(원수) 總帥(총수)	
		佚831	頌 簋	毛公鼎	井人鐘		說文解字		
장수 수	설문 巾부	帥(솔·수)는 허리에 차는 수건을 뜻한다. 巾(건)과 自(퇴)는 모두 의미부분이다. 帨(세)는 帥의 혹체자(或體字)로 自 대신 兒(태)를 썼다.(「帥, 佩巾也. 从巾·自. 帨, 帥或从兌.」)							

※ 많은 무리(自)를 거느리고 지도자임을 표하기 위해 수건(巾)을 두른 '장수'를 뜻한다.

	巾부 총4획	甲骨文	西周 金文	春秋 金文	戰國 金文	小篆		帀旬(잡순) 帀筵(잡연) 帀洽(잡흡)	
		甲752	後下30·8	師寰簋	蔡大師鼎	舎志鼎	十一年銅泡	說文解字	
두를 잡	설문 帀부	帀(잡)은 두른다는 뜻이다. 之(지)자를 거꾸로 하여 帀자가 되었다. 무릇 帀부에 속하는 글자들은 모두 帀을 의미부분으로 삼는다. (이것은) 주성(周盛)의 주장이다.(「帀, 周也. 从反之而帀也. 凡帀之屬皆从帀. 周盛說.」)							

※ '之(屮=出)'의 반대모양으로 나아가지(之) 못해 주위를 '빙 둘러' '돎'을 뜻한다.
　※파자:帀(두를 잡) 하나(一)의 수건(巾)을 '두르고' 있는 모습.

師	巾부 총10획	甲骨文		西周 金文		戰國 金文	小篆	古文	教師(교사) 師範(사범) 師表(사표)	
		鐵207.2	周甲50	盂 鼎	令 鼎	上郡守戈	說文解字			
스승 사	설문 帀부	師(사)는 군인 2,500명을 뜻한다. 帀(잡)과 自(퇴)는 모두 의미부분이다. 自는 사방을 둘렀다는 뜻으로, 많다는 의미이다. 𠔌는 師의 고문(古文)이다.(「師, 二千五百爲師. 从帀, 从自. 自, 四帀眾意也. 𠔌, 古文師.」)								

※ 많은 무리(自)로 둘러싸인(帀:두를 잡) '군대'를 이끄는 사람에서 '스승'을 뜻한다.

獅	犬부 총13획	설문 없음	伏獅(복사) 獅子(사자) 獅子吼(사자후)	
사자 사				

※ 뭇짐승(犭)을 지배하며 왕이나 스승(師) 노릇하는 '사자'를 뜻한다.

官→管→館→棺→琯→錧✤→婠✤

	宀부 총8획	甲骨文		西周金文	戰國 金文	小篆	官僚(관료) 官認(관인) 官吏(관리)	
		乙4832	後下4.6	京津4845	頌 鼎	上官登	平安君鼎	說文解字	
벼슬 관	설문 自부	官(관)이란 관리로서, 임금을 섬기는 사람을 뜻한다. 宀(면)과 自(퇴)는 모두 의미부분이다. 自는 무리[眾(중)]와 같다. 이는 (군대를 뜻하는) 師(사)와 같은 뜻이다.(「官, 吏事君也. 从宀, 从自. 自猶眾也. 此與師同意.」)							

※ 집(宀)을 언덕(自)처럼 크고 높게 지어 관리들이 거처하며 백성을 다스리던 데서 '벼슬'을 뜻함.

24절기

立春(입춘)	雨水(우수)	驚蟄(경칩)	春分(춘분)	淸明(청명)	穀雨(곡우)
立夏(입하)	小滿(소만)	芒種(망종)	夏至(하지)	小暑(소서)	大暑(대서)
立秋(입추)	處暑(처서)	白露(백로)	秋分(추분)	寒露(한로)	霜降(상강)
立冬(입동)	小雪(소설)	大雪(대설)	冬至(동지)	小寒(소한)	大寒(대한)

管	竹부 총14획	戰國 金文	小篆	古文		氣管(기관) 管轄(관할) 管樂器(관악기)
		十鐘印擧	說文解字			
주관할/ 대롱 관	설문 竹부	管(관)은 피리[籈(호)]와 비슷한 관악기로, 구멍이 6개이다. 12월의 소리로서, (12월은) 만물이 땅을 뚫고 나와[貫(관)] 싹을 피우는 시기이므로, 그래서 (이 악기의 이름을) 管이라고 부르는 것이다. 竹(죽)은 의미부분이고, 官(관)은 발음부분이다. 琯, 옛날 옥관(玉琯)은 옥으로 만들었다. 순(舜)임금 시절에 서왕모(西王母)가 와서 백옥(白玉)으로 만든 옥피리[白琯(백관)]를 바쳤다고 한다. 예전에 영릉(零陵)지방에 문학(文學)이라는 벼슬을 하던 해씨(奚氏) 성(姓)을 가진 사람이 영도(伶道)에 있는 순임금 사당(祠堂) 아래에서 생(笙)과 옥관(玉琯)을 얻었다. 옥피리를 불면 신인(神人)이 화답(和答)을 하고 봉황(鳳凰)이 와서 도열을 한다고 한다. 玉은 의미부분이고 官은 발음부분이다.(「管, 如篪, 六孔, 十二月之音, 物開地牙, 故謂之管. 从竹, 官聲. 琯, 古者玉琯以玉. 舜之時, 西王母來獻其白琯. 前零陵文學姓奚, 於伶道舜祠下得笙玉管. 夫以玉作者, 故神人以和, 鳳凰來儀也. 从玉, 官聲.」)				

※ 대(竹)통으로 만든 '피리'를 맡아 불던 악관(樂官)에서 '대롱' '주관하다'를 뜻한다.

館	食부 총17획	金文	小篆		館長(관장) 公館(공관) 美術館(미술관)
		古鈢	說文解字		
집 관	설문 食부	館(관)은 손님을 접대하기 위한 집을 뜻한다. 食(식)은 의미부분이고, 官(관)은 발음부분이다. 《주례(周禮)》에 이르기를 "50리마다 시장이 있고, 시장 안에 館이 있다. 館에 사람들이 모이도록 해서, 아침에 손님을 접대하였다."라고 하였다.(「館, 客舍也. 从食, 官聲. 《周禮》: "五十里有市, 市有館, 館有積, 以待朝聘之客."」)			

※ 먹는 밥(食)까지 해결하며 벼슬(官)아치들이 머물던 '객관(客館)'에서 '집'을 뜻한다.

棺	木부 총12획	小篆		石棺(석관) 棺槨(관곽) 木棺(목관)
		說文解字		
널 관	설문 木부	棺(관), 사람이 죽었을 때 쓰는 관을 '관'이라고 부르는 까닭은 그것으로 인생을 닫기[關(관)] 때문이다. 시체를 덮는 도구이다. 木(목)은 의미부분이고, 官(관)은 발음부분이다.(「棺, 關也. 所以掩尸. 从木, 官聲.」)			

※ 나무(木)로 만든 시체를 잘 다스려(官) 넣던 '관'에서 '널'을 뜻한다.

琯	玉부 총12획	설문 없음	小篆		白琯(백관) 玉琯(옥관)
			形音義字典		
옥피리 관					

※ 옥(玉)을 잘 다스려(官) 만든 '옥피리'를 뜻한다.

錧	金부 총16획	설문 없음	小篆		용례 없음
			形音義字典		
비녀장/쟁기 관					

※ 쇠(金)로 바퀴가 빠지지 못하도록 굴대 머리에 다스려(官) 꽂는 '비녀장'을 뜻한다.

	女부 총11획	小篆 說文解字		婠妠(완날)	
품성좋을 완	설문 女부	婠(완)은 몸매와 품성이 (모두) 예쁘다는 뜻이다. 女(녀)는 의미부분이고, 官(관)은 발음부분이다. 발음은 초(楚)나라의 신하 극완(郤宛)의 宛자처럼 읽는다.(「婠, 體德好也. 从女, 官聲. 讀若楚郤宛.」)			

※ 여자(女)가 몸매나 품성이나 예의 법도가 잘 다스려져(官) '품성이 좋음'을 뜻한다.

呂 ➡ 侶 ➡ 閭 ➡ 宮

 口부 총7획

甲骨文	西周 金文	春秋 金文	戰國 金文	小篆	篆文
京津1029	合6567	呂服余盤	臣辰卣	曾侯乙鐘	說文解字

呂尙(여상)
律呂(율려)
六呂(육려)

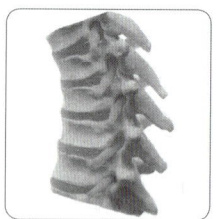

성/법칙 려 — 설문 呂부

呂(려)는 등뼈를 뜻한다. 상형(象形)이다. 옛날 태악(太嶽)은 우(禹) 임금의 심장과 등뼈와 같은 역할을 하는 신하여서, 그래서 여후(呂候)로 봉해졌다. 무릇 呂부에 속하는 글자들은 모두 呂를 의미부분으로 삼는다. 膂는 呂의 전문(篆文)으로, 肉(육)과 旅(려)로 이루어졌다.(「呂, 脊骨也. 象形. 昔太嶽爲禹心呂之臣, 故封呂候. 凡呂之屬皆从呂. 膂, 篆文呂, 从肉, 从旅.」)

※ 집과 집 또는 방과 방(呂)이 나란히 이어지거나(呂), 일정한 '등뼈'에서 '법칙'을 뜻한다.

 人부 총9획

小篆
說文解字

侶伴(여반)
伴侶(반려)
伴侶者(반려자)

짝 려 — 설문 人부

侶(려)는 함께 가는 사람을 뜻한다. 人(인)은 의미부분이고, 呂(려)는 발음부분이다.(「侶, 徒侶也. 从人, 呂聲.」)

※ 내가 남(亻)과 나란히(呂) 함께 있는 데서 '짝' '벗'을 뜻한다.

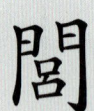 門부 총15획

戰國 金文		小篆
閭丘戈	璽彙5330	說文解字

閭閻(여염)
閭巷(여항)
閭家(여가)

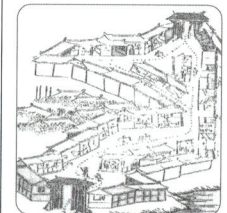

마을/이문 려 — 설문 門부

閭(려)는 마을 어귀에 세운 문을 뜻한다. 門(문)은 의미부분이고, 呂(려)는 발음부분이다. ≪주례(周禮)≫에서 5가(家)를 비(比)라고 하고, 5비를 閭라고 하였다. 閭는 짝[侶(짝 려)]을 뜻한다. 25집이 서로 공동체를 이룬다는 뜻이다.(「閭, 里門也. 从門, 呂聲. ≪周禮≫: '五家爲比, 五比爲閭.' 閭, 侶也. 二十五家相羣侶也.」)

※ 마을 입구에 세운 문(門) 안쪽에 많은 집들이 나란히(呂) 모여 있는 데서 '마을'을 뜻한다.

 宀부 총10획

甲骨文		西周 金文		戰國 金文	小篆
京津1029	前4.15.3	粹966	智鼎	榮仲鼎	鄂君舟節	說文解字

宮女(궁녀)
宮合(궁합)
宮殿(궁전)

집 궁 — 설문 宀부

宮(궁)은 집을 뜻한다. 宀(면)은 의미부분이고, 躬(궁)의 생략형은 발음부분이다. 무릇 宮부에 속하는 글자들은 모두 宮을 의미부분으로 삼는다.(「宮, 室也. 从宀, 躬省聲. 凡宮之屬皆从宮.」)

※ 많은 집(宀)들이 나란히(呂) 있거나, 위아래 방이 연결된 집에서 대궐의 '집'을 뜻한다.

幺 ➡ 幼 ➡ 拗☆ ➡ 窈 ➡ 幽 ➡ 胤 ➡ 幻

 幺부 총3획

甲骨文	西周金文		春秋金文	戰國金文	小篆
粹818	吳方彝	智壺	壬午劍	玄鏐戈	說文解字

幺麽(요마)
幺弱(요약)
幺錢(요전)

작을 요 — 설문 幺부

幺(요)는 작다는 뜻이다. 아이가 막 태어난 모양을 그린 것이다. 무릇 幺부에 속하는 글자들은 모두 幺를 의미부분으로 삼는다.(「幺, 小也. 象子初生之形. 凡幺之屬皆从幺.」)

※ 가는 실(糸=幺)이나, 미세해서 분별이 어려운 물체에서 '작다'를 뜻한다.

		甲骨文		西周 金文	戰國 金文		小 篆	
幼	幺부 총5획				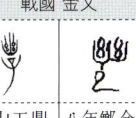			幼年(유년) 幼兒(유아) 幼弱(유약)
		後下35.1	屯2291	禹 鼎	中山王鼎	八年鄭令戈	說文解字	
어릴 유	설문 幺부	幼(유)는 어리다는 뜻이다. 幺(요)와 力(력)은 모두 의미부분이다.(「㓜, 少也. 从幺, 从力.」)						

※ 작고(幺) 약한 힘(力)에서 '어리다'를 뜻한다. ※참고:幺(작을 유), 또는 幺=絲의 변형.

		小 篆	
拗	手부 총8획		拗强(요강) 執拗(집요) 拗體(요체)
		說文解字	
우길 요	설문 手부	拗(요)는 손으로 꺾는다는 뜻이다. 手(수)는 의미부분이고, 幼(유)는 발음부분이다.(「𢪛, 手拉也. 从手, 幼聲.」)	

※ 손(扌)으로 작고 어린(幼) 것을 꺾거나 휘어 비트는 데서 '우기다' '꺾다'를 뜻한다.

		小 篆	
窈	穴부 총10획		窈窕(요조) 窈冥(요명) 窈糾(요규)
		說文解字	
고요할 요	설문 穴부	窈(요)는 깊고 멀다는 뜻이다. 穴(혈)은 의미부분이고, 幼(유)는 발음부분이다.(「窈, 深遠也. 从穴, 幼聲.」)	

※ 동굴(穴)이나 깊숙한 방이 빛이 약하여(幼) '그윽하고' '고요함'을 뜻한다.

		甲骨文		金 文			小 篆	
幽	幺부 총9획							幽靈(유령) 幽閉(유폐) 幽明(유명)
		乙7121	粹549	康 鼎	召伯虎簋	叔向簋	說文解字	
그윽할 유	설문 丝부	幽(유)는 드러나 있지 않다는 뜻이다. 산(山) 중에 실[丝(유)]이 있다는 의미이다. 丝는 발음부분이기도 하다.(「幽, 隱也. 从山中丝, 丝亦聲.」)						

※ 산(山)의 깊숙하여 작고(丝) 은밀해서 분별이 어려운 부분에서 '그윽하다' '가두다'를 뜻한다.
　※참고:丝(작을 유)자 해설 참조.

		西周金文	春秋金文	小 篆	古 文	
胤	肉부 총9획		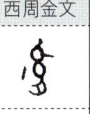			胤文(윤문) 胤子(윤자) 令胤(영윤)
		㝬 鼎	秦公鐘	胤嗣壺	說文解字	
자손 윤	설문 肉부	胤(윤)은 자손이 뒤를 잇는다는 뜻이다. 肉(육)은 의미부분이다. 八(팔)도 의미부분으로, 그 장구(長久)함을 그린 것이다. 幺(요) 역시 의미부분으로, 겹쳐서 쌓인 것을 그린 것이다. 𦞩은 胤의 고문(古文)이다.(「胤, 子孫相承續也. 从肉. 从八, 象其長; 从幺, 象重累也. 𦞩, 古文胤.」)				

※ 자신과 이어진(幺=糸) 몸(月)으로 점점 나누어져(八=儿) 퍼지는 '자손'을 뜻한다.

		甲骨文	西周 金文	小 篆	
幻	幺부 총4획		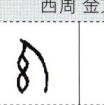		幻想(환상) 幻滅(환멸) 幻生(환생)
		合39786	孟𢑥父簋	說文解字	
헛보일 환	설문 予부	幻(환)은 서로 속이고 미혹한다는 뜻이다. 予(여)자를 뒤집은 형태이다 《주서(周書)》에 이르기를 "서로 속이며 미혹하게 하는 일이 없었다."라고 하였다.(「幻, 相詐惑也. 从反予. 《周書》曰: "無或譸張為幻."」)			

※ 予(여)의 반대 모양인 글자[幻]로, 반대로 '헛보임'을 뜻한다.
　※파자:작은(幺) 굽은(𠃌) 실이 감싼(勹) 것처럼 '헛보임'을 뜻한다.

絲 → 聯 → 關

	부수/획수	小篆				용례	
 絲	幺부 총11획	絲 說文解字				용례 없음	
북에실꿸 **관**	설문 絲部	絲(관)은 비단을 짤 때 실을 꿰는 북을 뜻한다. 絲(사)의 생략형은 의미부분이고, 卄(관)은 발음부분이다.(「絲, 織絹从糸貫杼也. 从絲省, 卄聲.」)					

※ 머리를 묶은 상투(卄) 모양의 베 짜는 북에 실(絲=糸)을 꿴 모양에서 '북에 실 꿰다'를 뜻한다.
 ※糸:작을 유. ※卄:쌍상투/총각 관.

	부수/획수	金文	小篆			용례	
聯	耳부 총17획	任鼎	聯 說文解字			聯想(연상) 聯合(연합) 對聯(대련)	
연이을 **련**	설문 耳부	聯(련)은 잇는다는 뜻이다. 耳(이)는 의미부분으로, 귀가 뺨에 이어져 있음을 나타낸다. 絲(사)는 의미부분으로, 실이 이어져서 끊이지 않음을 나타낸다.(「聯, 連也. 从耳, 耳連於頰也; 从絲, 絲連不絕也.」)					

※ 도구의 귀(耳) 부분을 북에 실을 꿰듯(絲:북에 실꿸 관) 연결함에서 '연잇다'를 뜻한다.
 ※참고:聯에서는 絲가 絲(糸+卄)으로 변함. ※糸:작을 유. 卄:쌍상투·총각 관.

	부수/획수	春秋 金文	戰國 金文			小篆	용례
 關	門부 총19획	利之元子缶	左關銎	子禾子釜	逐鼎	關 說文解字	關門(관문) 關心(관심) 關係(관계)
관계할 **관**	설문 門부	關(관·완)은 나무를 가지고 문을 가로질러 놓았다는 뜻이다. 門(문)은 의미부분이고, 絲(관)은 발음부분이다.(「關, 以木橫持門戶也. 从門, 絲聲.」)					

※ 문(門)에 '빗장'을 꿰어(絲) 두 문짝을 연결하듯, 서로의 '관계'를 뜻한다.
 ※참고:聯·關에서는 絲가 絲(糸+卄)으로 변함. ※糸:작을 유/卄:쌍상투·총각 관.

㬎 → 濕 → 顯

	부수/획수	戰國 金文	小篆	용례	
 㬎	日부 총14획	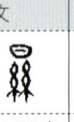 西庫圓壺 / 侯馬盟書	㬎 說文解字	용례 없음	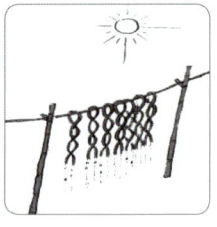
드러날/ 밝을 **현**	설문 日부	㬎(현)은 여러 사물이 미세하다는 뜻이다. 햇빛[日(일)]에서 실[絲(사)]을 본다는 의미이다. 고문(古文)에서는 이 글자를 빌려서 顯(나타날 현)자로 썼다. 일설에는 여러 입의 모양이라고도 한다. 唫唫(금금, 말을 더듬는다는 뜻)이라고 할 때의 唫자처럼 읽는다. 혹은 繭(누에고치 견)자로 여기기도 한다. 여기서의 繭은 솜 안에 종종 있는 작은 매듭을 뜻한다.(「㬎, 眾微杪也. 从日中視絲. 古文以為顯字. 或曰眾口皃. 讀若唫唫. 或以為繭. 繭者, 絮中往往有小繭也.」)				

※ 밝은 햇볕(日)에서 실(絲=糸)을 보거나, 드러내 말리는 데서 '드러내다' '밝다'를 뜻한다.

	부수/획수	戰國 金文	小篆	용례	
 濕	水부 총17획	平都矛	濕 說文解字	濕度(습도) 濕氣(습기) 濕潤(습윤)	
젖을 **습**	설문 水부	濕(습)은 강의 이름이다. 동군(東郡) 동무양현(東武陽縣)에서 발원하여, 바다로 들어간다. 水(수)는 의미부분이고, 㬎(현·압)은 발음부분이다. 상흠(桑欽)은 평원군(平原郡) 고당현(高唐縣)에서 발원한다고 하였다.(「濕, 水. 出東郡東武陽, 入海. 从水, 㬎聲. 桑欽云:"出平原高唐."」)			

※ 물(氵)기가 떨어져 햇볕(日)에 말리는 젖은 실(絲=糸)에서 '젖다'를 뜻한다.

	頁부 총23획	西周 金文				春秋 金文	小篆	顯示(현시) 顯著(현저) 顯微鏡(현미경)	
						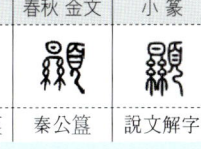			
		天亡簋	靜簋	毛公鼎	沈子它簋	秦公簋	說文解字		
나타날 **현**	설문 頁부	顯(현)은 머리에 하는 밝은 장식물을 뜻한다. 頁(혈)은 의미부분이고, 㬎(현)은 발음부분이다.(「顯, 頭明飾也. 从頁, 㬎聲.」)							

※ 밝게(㬎) 머리(頁)가 드러나게 두른 머리 장식에서 '나타나다'를 뜻한다. ※㬎:밝을 현

樂 ➡ 藥 ➡ 礫 ☆ ➡ 轢 ✤

	木부 총15획	甲骨文		西周 金文		春秋 金文	小篆	樂園(낙원) 娛樂(오락) 音樂(음악)	
		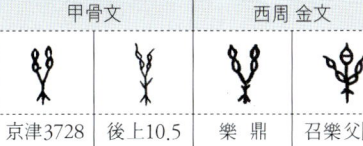							
		京津3728	後上10.5	樂鼎	召樂父匜	邾公鈞鐘	說文解字		
즐길 **락** 노래 **악** 좋아할 **요**	설문 木부	樂(악)은 궁(宮)·상(商)·각(角)·치(徵)·우(羽) 등 5음(音)과 사(絲)·죽(竹)·금(金)·석(石)·포(匏)·토(土)·초(草)·목(木) 등(으로 만든) 8가지 악기의 총칭이다. 큰 북과 작은 북을 그렸고, 木은 그 틀의 기둥을 뜻한다.(「樂, 五聲·八音總名. 象鼓鞞. 木, 虡.」)							

※ 작은 줄(絲)을 매달아 엄지(白)로 나무(木) 받침대가 있는 현악기를 연주하는 데서 '즐겁다' '음악' '좋아하다'를 뜻한다.

	艸부 총19획	金文	小篆			藥局(약국) 藥效(약효) 藥師(약사)	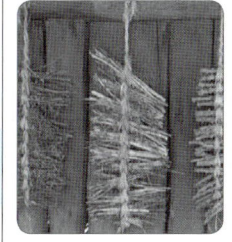
		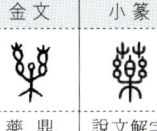					
		藥鼎	說文解字				
약 **약**	설문 艸부	藥(약)은 병(病)을 치료하는 풀이다. 艸(초)는 의미부분이고, 樂(악·락·요)은 발음부분이다.(「藥, 治病艸. 从艸, 樂聲.」)					

※ 약초(++)가 병의 고통에서 건강을 찾아 즐겁게(樂) 해주는 데서 '약'을 뜻한다.

	石부 총20획	小篆				瓦礫(와력) 礫石(역석) 沙礫(사력)	
		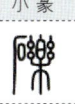					
		說文解字					
조약돌 **력**	설문 石부	礫(력)은 작은 돌을 뜻한다. 石(석)은 의미부분이고, 樂(락)은 발음부분이다.(「礫, 小石也. 从石, 樂聲.」)					

※ 작은 돌(石)이 밟히면 서로 부딪쳐 악기(樂)처럼 소리 내는 데서 '조약돌'을 뜻한다.

	車부 총22획	小篆				轢蹴(역축) 軋轢(알력)	

		說文解字					
삐걱거릴 **력**	설문 車부	轢(력)은 수레에 치였다는 뜻이다. 車(거·차)는 의미부분이고, 樂(락)은 발음부분이다.(「轢, 車所踐也. 从車, 樂聲.」)					

※ 짐을 실은 수레(車)의 바퀴가 눌러 악기(樂)같은 소리를 내는 데서 '삐걱거리다'를 뜻한다.

玄 ➡ 弦 ➡ 絃 ➡ 炫 ➡ 眩 ✱ ➡ 衒 ☆ ➡ 鉉 ➡ 泫 ✤ ➡ 玹 ✤ ➡ 畜 ➡ 蓄 ⋯ 率

	玄부 총5획	甲骨文	殷商 金文	西周 金文	春秋 金文	小篆	古文	玄武(현무) 玄妙(현묘) 玄關(현관)	

		合33276	父癸爵	智壺	壬午劍	玄鏐戈	說文解字		
검을/가물거릴 **현**	설문 玄부	玄(현)은 감추어져 있으면서 심원(深遠)하다는 뜻이다. 검으면서도 붉은 색이 있는 것을 玄이라고 한다. 작고 아득한데 그 위를 入(입)자로 덮은 모양이다. 무릇 玄부에 속하는 글자들은 모두 玄을 의미부분으로 삼는다. 𢆯은 玄의 고문(古文)이다.(「玄, 幽遠也. 黑而有赤色者爲玄. 象幽而入覆之也. 凡玄之屬皆从玄. 𢆯, 古文玄.」)							

※ 깊고 텅 빈 곳에 발처럼 '매단 검붉은 줄'이 가물가물하여 '검고' '그윽하게' 보임을 뜻한다.
　※참고 : 玄(현)자는 대부분 '매달다'는 뜻은 지닌다.

弦	弓부 총8획	戰國 金文 雲夢日甲	小篆 說文解字		弓弦(궁현) 弦琴(현금) 上弦(상현)	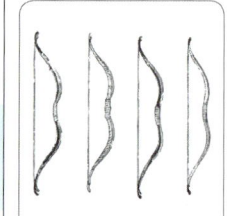
시위 현	설문 弓부	弦(현)은 활시위를 뜻한다. 弓(궁)은 의미부분이고, (⟨, 즉 호은) 실이 매어져있는 모양을 그린 것이다. 무릇 弦부에 속하는 글자들은 모두 弦을 의미부분으로 삼는다.(「⟨, 弓弦也. 从弓, 象絲軫之形. 凡弦之屬皆从弦.」)				

※ 활(弓)에 매단(玄) 줄에서 '시위'를 뜻한다.

絃	糸부 총11획	설문 없음	小篆  形音義字典		絃歌(현가) 絃索(현삭) 絃樂器(현악기)	
줄 현		≪정자통(正字通)·사부(糸部)≫를 보면 "絃(현)은 弦자와 통용된다.(「絃, 通作弦.」)"라고 하였다.				

※ 줄(糸)을 매달아(玄) 그윽한 소리를 내는 악기'줄'을 뜻한다.

炫	火부 총9획		小篆  說文解字		炫金(현금) 炫目(현목) 炫煌(현황)	
밝을 현	설문 火부	炫(현)은 밝게 빛난다는 뜻이다. 火(화)는 의미부분이고, 玄(현)은 발음부분이다.(「炫, 燿燿也. 从火, 玄聲.」)				

※ 어두운 곳에 등불(火)을 '매달아(玄)' 밝게 빛나게 하는 데서 '밝다' '비추다'를 뜻한다.

眩	目부 총10획		小篆  說文解字		眩惑(현혹) 眩目(현목) 眩耀(현요)	
어지러울 현	설문 目부	眩(현)은 눈에 초점이 없다는 뜻이다. 目(목)은 의미부분이고, 玄(현)은 발음부분이다.(「眩, 目無常主也. 从目, 玄聲.」)				

※ 눈(目)앞이 아찔하여 가물가물 어두워(玄)지는 데서 '어지럽다'를 뜻한다.

衒	行부 총11획		小篆 	或體 說文解字	衒學(현학) 衒耀(현요) 自衒(자현)	
자랑할 현	설문 行부	衒=衙(현)은 다니면서 판다는 뜻이다. 行(행)은 의미부분이고, 言(언)은 발음부분이다. 衒은 衙의 흑체자(或體字)로 (言 대신) 玄(현)을 썼다.(「衙, 行且賣也. 从行, 言聲. 衒, 衙或从玄.」)				

※ 거리(行)에서 큰소리로 말(言)하여 상품을 '파는' 글자인 '衙'과 같은 글자로, 言이 玄으로 변해, 큰 거리(行)에서 상품을 매달고(玄) '자랑하여' '파는' 것을 뜻한다. ※衒(현):衙과 同字.

鉉	金부 총13획	春秋 金文 配兒鉤鑼	戰國 金文 信陽楚簡	小篆 說文解字	三鉉(삼현) 鉉席(현석) 鉉台(현태)	
솥귀 현	설문 金부	鉉(현)은 솥을 들어 올리는 도구를 뜻한다. ≪주역(周易)≫에서는 鉉이라고 하였고, ≪예경(禮經)≫에서는 鼏(멱)이라고 하였다. 金(금)은 의미부분이고, 玄(현)은 발음부분이다.(「鉉, 舉鼎也. ≪易≫謂之鉉, ≪禮≫謂之鼏. 从金, 玄聲.」)				

※ 쇠(金)고리를 솥(鼎)의 귀 구멍에 매달아(玄) 들어 올릴 수 있게 만든 '솥귀'를 뜻한다.

泫	水부 총8획	戰國 金文	小篆			泫露(현로) 泫流(현류) 泫泣(현읍)
		璽彙1777	說文解字			
물깊고넓을 현	설문 水부	泫(현)은 물이 넘실거리며 흐른다는 뜻이다. 水(수)는 의미부분이고, 玄(현)은 발음부분이다. 상당군(上黨郡)에 현씨현(泫氏縣)이 있다.(「泫, 潛流也. 从水, 玄聲. 上黨有泫氏縣.」)				

※ 물(氵)방울이 매달려(玄) 이슬처럼 아름답게 빛나거나, 강물(氵)이 깊고 그윽하게(玄) 흐르는 데서 '빛나다' '물 깊고 넓다'를 뜻한다.

玹	玉부 총9획	설문 없음		玹光(현광)
옥돌/옥빛 현				

※ 옥(玉)돌에서 그윽한(玄) 빛이 감도는 데서 '옥돌' '옥빛'을 뜻한다.

畜	田부 총10획	甲骨文		春秋 金文	小篆	小篆古文	畜産(축산) 家畜(가축) 牧畜(목축)
		寧滬1,521	屯3121	秦公簋	欒書缶	說文解字	
짐승 축	설문 田부	畜(축)은 밭에서 일군 것을 쌓아둔다는 뜻이다. ≪회남자(淮南子)≫에 이르기를 "玄(현)과 田(전)이 합하여 畜이 되었다."라고 하였다. 蓄, ≪노교례(魯郊禮)≫에서 畜은 田과 兹(자)로 이루어졌다. 兹는 불어난다는 뜻이다.(「畜, 田畜也. ≪淮南子≫曰: "玄田爲畜." 蓄, ≪魯郊禮≫畜从田, 从兹. 兹, 益也.」)					

※ 매어(玄)놓은, 밭(田)에 있는 '짐승'이나, 밭에 물건을 쌓아둔 곡식으로 '가축'의 먹이에서 '가축'을 뜻한다.
※참고: 짐승 위(胃=田)에 달린 창자(玄)로 '가축'을 뜻한다.

蓄	艸부 총14획	小篆	備蓄(비축) 貯蓄(저축) 蓄積(축적)
		說文解字	
모을 축	설문 艸부	蓄(축)은 쌓는다는 뜻이다. 艸(초)는 의미부분이고, 畜(축)은 발음부분이다.(「蓄, 積也. 从艸, 畜聲.」)	

※ 풀(++)을 쌓은 가축(畜)의 먹이에서 '쌓다, 모음'을 뜻한다.

率	玄부 총11획	甲骨文			金文		小篆	比率(비율) 統率(통솔) 率直(솔직)
		甲308	粹23	前2.43.3	盂鼎	毛公鼎	說文解字	
비율 률 거느릴 솔	설문 率부	率(수·솔·률)은 새를 잡는 그물이다. (가운데 부분 ※은) 실로 만든 그물을 그린 것이고, 윗부분(亠)과 아래 부분(十)은 그물의 장대와 손잡이이다. 무릇 率부에 속하는 글자들은 모두 率을 의미부분으로 삼는다.(「率, 捕鳥畢也. 象絲網, 上下其竿柄也. 凡率之屬皆从率.」)						

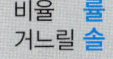

※ 정한 비율로 짠 새그물의 위(亠) 아래의 중심 되는 끈을 매달아(玄) 당겨 펼쳐(氵)( ) 사방(十)으로 팽팽히 설치한 데서 '거느리다' '비율'을 뜻한다.

兹 ➡ 慈 ➡ 滋 ➡ 磁

兹	玄부 총10획	甲骨文		西周金文		戰國 金文		小篆	今兹(금자) 來兹(내자) 龜兹(구자)
		粹730	佚350	何 尊	毛公鼎	者沪鐘	陳猷釜	說文解字	
이 자	설문 艸부	兹(자)는 초목이 우거졌다는 뜻이다. 艸(초)는 의미부분이고, 兹(자)의 생략형은 발음부분이다.(「兹, 艸木多益. 从艸, 兹省聲.」)							

※ 따뜻한 물에 불린 고치에서 뽑은 실을 물에 씻어 일정한 장소에 연달아 매달아(兹) 둠에서 '이, 이에' '따뜻함'을 뜻하고, 씻은 물이 더러움에서 '검다'를 뜻하며, 茲(무성할 자)와 혼용한다.

慈	心부 총14획	金文	小篆	※참고: 𢡔·𢢫는 잘못.	慈善(자선) 慈愛(자애) 仁慈(인자)	

		中山王方壺	說文解字			
사랑 자	설문 心부	慈(자)는 자애(慈愛)롭다는 뜻이다. 心(심)은 의미부분이고, 玆(자)는 발음부분이다.(「𢡔, 愛也. 从心, 玆聲.」)				

※ 자식에 대한 사랑이 무성한(玆) 어머님 마음(心)에서 '사랑'을 뜻한다.

滋	水부 총13획	甲骨文	西周 金文	戰國 金文	小篆	滋養(자양) 滋甚(자심) 滋養分(자양분)	
			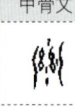				
		下40.16	滋 盂	雲夢日甲	說文解字		
불을 자	설문 水부	滋(자)는 (물이) 불었다는 뜻이다. 水(수)는 의미부분이고, 玆(자)는 발음부분이다. 일설에 滋는 강물의 이름으로, 우음산(牛飮山) 백형곡(白陘谷)에서 발원하여, 동쪽으로 흘러서 호타수(呼沱水)로 들어간다고 한다.(「𤁉, 益也. 从水, 玆聲. 一曰: 滋, 水, 出牛飮山白陘谷, 東入呼沱.」)					

※ 물(氵)이 무성하게(玆) 불어남에서 '붙다' '자라다' '더욱'을 뜻한다.

磁	石부 총15획	설문 없음		磁石(자석) 磁場(자장) 磁針(자침)	
자석 자					

※ 검은 광석(石)으로 쇠붙이를 무성하게(玆) 끌어당기는 힘을 가진 '자석'을 뜻한다.

丝 → 幾 → 畿 → 機 → 璣 → 譏 → 磯 ✤

丝	幺부 총6획	甲骨文			金文		小篆	용례 없음	

		粹730	粹163	周甲51	陶三622	包山067	說文解字		
작을 유	설문 丝부	丝(유)는 작다는 뜻이다. 2개의 幺(요)자로 이루어졌다. 무릇 丝부에 속하는 글자들은 모두 丝를 의미부분으로 삼는다.(「𢆶, 微也. 从二幺. 凡丝之屬皆从丝.」)							

※ 작고(幺) 작음(幺)에서 '작음'을 뜻하나, 가늘고 작은 실(絲=丝)의 이체자(異體字)로도 본다.

幾	幺부 총12획	殷商 金文	西周 金文	小篆	幾何(기하) 幾微(기미) 幾度(기도)	
		幾觚	幾父壺	苯伯簠	說文解字	
몇 기	설문 丝부	幾(기)는 미세(微細)하다는 뜻이다. (또) 위태(危殆)롭다는 뜻이다. 丝(유)와 戍(수)는 모두 의미부분이다. 戍는 무기를 가지고 지킨다는 뜻이다. 얼마 되지 않는데 무기를 가지고 지키는 것은 위험하다.(「𢆶, 微也; 殆也. 从丝, 从戍. 戍, 兵守也. 丝而兵守者, 危也..」)				

※ 곧 공격하려는 적의 수나 작은(丝) 움직임까지 살펴보는 창(戈)을 맨 사람(人)에서 '몇' '기미' '거의' '가까이' '살피다'를 뜻한다. 중국 간체자에서는 '几'로 변한다.

畿	田부 총15획	小篆		畿內(기내) 畿甸(기전) 九畿(구기)	
		說文解字			
경기 기	설문 田부	畿(기)는 천자가 경작하는 왕성(王城) 1000리 이내의 땅을 뜻한다. 거리로 말하자니 곧 畿라고 말하는 것이다. 田(전)은 의미부분이고, 幾(기)의 생략형은 발음부분이다.(「𤰰, 天子千里地. 以遠近言之, 則言畿也. 从田, 幾省聲.」)				

※ 천자의 직할지(直轄地)로, 도성(서울)과 가까운(幾) 사방 500리 땅(田)을 '경기'라고 한다.

	木부 총16획	小篆  說文解字		機能(기능) 機械(기계) 機密(기밀)	
틀 기	설문 木부	機(기), 발동(發動)을 주관하는 부분을 일컬어 機라고 한다. 木(목)은 의미부분이고, 幾(기)는 발음부분이다.(「機, 主發謂之機. 从木, 幾聲.」)			

※ 나무(木) 몇(幾) 개를 이어 만든 틀로, 베를 짜는 '베틀'을 뜻하며, '기계'로도 쓰인다.

	玉부 총16획	小篆  說文解字		珠璣(주기) 璇璣玉衡 (선기옥형)	
별이름 기	설문 玉부	璣(기)는 둥글지 않은 진주를 뜻한다. 玉(옥)은 의미부분이고, 幾(기)는 발음부분이다.(「璣, 珠不圜也. 从玉, 幾聲.」)			

※ 둥글지 않은 구슬(玉)로 거의(幾) 둥근 형태에 가까운 진주로, 북두칠성의 셋째 '별이름'.

	言부 총19획	小篆 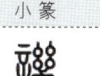 說文解字		譏弄(기롱) 譏察(기찰) 譏訕(기산)	
비웃을 기	설문 言부	譏(기)는 헐뜯는다는 뜻이다. 言(언)은 의미부분이고, 幾(기)는 발음부분이다.(「譏, 誹也. 从言, 幾聲.」)			

※ 말(言)로 남의 은밀한(幾) 것까지 살펴 '비방하거나' '비웃음'을 뜻한다.

	石부 총17획	小篆 說文解字		磯釣(기조) 磯根(기근)	
물가돌 기	설문 石부	磯(기)는 큰 돌에 물이 부딪친다는 뜻이다. 石(석)은 의미부분이고, 幾(기)는 발음부분이다.(「磯, 大石激水也. 从石, 幾聲.」)			

※ 돌(石)이 물가에 가까이(幾) 있어 물에 부딪치는 '물가 돌' '여울돌'을 뜻한다.

几 ☆ → 机 → 飢 → 肌 ☆

	几부 총2획	戰國 金文 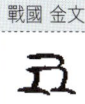 包山146	小篆 說文解字	几筵(궤연) 几杖(궤장) 竹几(죽궤)	
안석(案席)/ 책상 궤	설문 几부	几(궤)는 앉아 있을 때 기대는 안석을 뜻한다. 상형(象形)이다. ≪주례(周禮)≫에 나오는 5几는 다음과 같다: 옥궤(玉几), 조궤(雕几), 동궤(彤几), 칠궤(鬃几), 소궤(素几) 등이다. 무릇 几부에 속하는 글자들은 모두 几를 의미부분으로 삼는다.(「几, 踞几也. 象形. ≪周禮≫五几: 玉几, 雕几, 彤几, 鬃几, 素几. 凡几之屬皆从几.」)			

※ 앉는 자리 옆이나 앞에 두어 기대거나 책상처럼 쓰던, 아래가 빈 가구인 '안석'을 뜻한다.

机	木부 총6획	戰國 金文 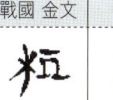 望山M2簡	小篆 說文解字	机下(궤하) 机案(궤안) 机上(궤상)	
책상 궤	설문 木부	机(궤)는 나무(의 이름)이다. 木(목)은 의미부분이고, 几(궤)는 발음부분이다.(「机, 木也. 从木, 几聲.」)			

※ 나무(木)로 안석(几)처럼 만든 '책상'을 뜻한다.

飢	食부 총11획	戰國 金文	小篆			飢餓(기아) 虛飢(허기) 飢渴(기갈)
		飢	飢			
		雲夢爲吏	說文解字			
주릴 기	설문 食부	飢(기)는 餓(굶주릴 아)이다. 食(식)은 의미부분이고, 几(궤)는 발음부분이다.(「飢, 餓也. 从食, 几聲.」)				

※ 먹을 음식(食=皀)이, 가운데 판 아래가 빈 안석(几)처럼 비어 '주리다'를 뜻한다. ※餓(주릴 기)

肌	肉부 총6획	戰國 金文	小篆			肌膚(기부) 肌骨(기골) 肌理(기리)
		肌	肌			
		璽彙2471	說文解字			
살 기	설문 肉부	肌(기)는 살을 뜻한다. 肉(육)은 의미부분이고, 几(궤)는 발음부분이다.(「肌, 肉也. 从肉, 几聲.」)				

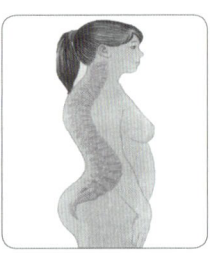

※ 몸(月)이 붙어 기대는 안석(几)처럼, 뼈에 붙은 모든 '살'을 뜻한다.

糸 → 絲 → 素 → 系 → 係 → 孫 → 遜

糸	糸부 총6획	甲骨文	殷商金文	西周金文	小篆	古文	용례 없음
		糸	糸	糸	糸	糸	
		乙124	京津4487	糸父壬爵	子系爵	說文解字	
실 사/멱	설문 糸부	糸(멱·사)는 가는 실을 뜻한다. 실을 묶은 모양을 그린 것이다. 覛(맥·멱)이라고 읽는다. 무릇 糸부에 속하는 글자들은 모두 糸을 의미부분으로 삼는다. 糸는 糸의 고문(古文)이다.(「糸, 細絲也. 象束絲之形. 讀若覛. 凡糸之屬皆从糸. 糸, 古文糸.」)					

※ 가느다란 실 모양으로, '실, 끈, 천, 오색(靑·黃·赤·白·黑)' 등을 나타낸다.

絲	糸부 총12획	甲骨文			金文		小篆	綿絲(면사) 鐵絲(철사) 生絲(생사)
		絲	絲	絲	絲	絲	絲	
		後下8.7	簠天38	燕151	智鼎	守宮盤	說文解字	
실 사	설문 絲부	絲(사)는 누에가 토해낸 것이다. 두 개의 糸(멱·사)로 이루어졌다. 무릇 絲에 속하는 글자들은 모두 絲를 의미부분으로 삼는다.(「絲, 蠶所吐也. 从二糸. 凡絲之屬皆从絲.」)						

※ 가는 실(糸)에 실(糸)을 거듭 더해 '실'을 뜻한다.

素	糸부 총10획	甲骨文		西周金文		戰國金文	小篆	素材(소재) 素朴(소박) 素望(소망)
						素	素	
		花束003	京津2134	輔師嫠簋	師克盨	曾侯乙鐘	說文解字	
본디/흴 소	설문 素부	繁=素(소)는 희고 결이 고운 비단을 뜻한다. 糸와 垂(수)는 모두 의미부분으로, 그 윤택이 나는 것을 취한 것이다. 무릇 素부에 속하는 글자들은 모두 素를 의미부분으로 삼는다.(「繁, 白緻繒也. 从糸·垂, 取其澤也. 凡素之屬皆从素.」)						

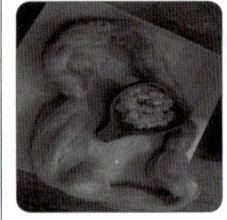

※ 고치에서 막 뽑아 쌓아놓은(垂=𠂹=主) 깨끗한 실(糸)에서 '본디' '희다'를 뜻한다.

- ◈ 絲來線去 : (사래선거) 실이 오고 줄이 간다는 말로, 일이 얽히고설켜 복잡함.
- ◈ 絲恩髮怨 : (사은발원) 실같은 은혜와 머릿털 같은 원망이란 뜻으로, 조그마한 은혜와 원망.
- ◈ 一絲不亂 : (일사불란) 하나의 실처럼 체계 따위가 정연하여 조금도 흐트러짐이 없이 진행됨을 비유하는 말로, 말이나 글이 조금도 거침이 없음을 이르는 말.
- ◈ 素車白馬 : (소거백마) 흰 수레와 흰 말로, 장례 때나 적에게 항복할 때 쓴다. 아주 절친한 친구 사이를 비유하거나 친구의 죽음을 애도하는 마음을 말할 때 쓰인다.

系	糸부 총7획	甲骨文			殷商 金文	西周 金文	系列(계열) 系譜(계보) 系統(계통)

		鐵2.2	前7.4.1	乙3683	系 爵	小臣系卣	
		戰國 金文	小篆	或體		籒文	
					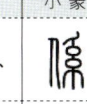		
		廿三年戈	侯馬盟書		說文解字		
이어맬 **계**	설문 糸부	系(계)는 (붙들어) 맨다는 뜻이다. 糸(멱·사)는 의미부분이고, 丿(예)는 발음부분이다. 무릇 系부에 속하는 글자들은 모두 系를 의미부분으로 삼는다. 𣪠는 系의 혹체자(或體字)로 𣪠(격)과 處(처)로 이루어졌다. 𦃇는 系의 주문(籒文)으로 爪(조)와 絲(사)로 이루어졌다.(「𣪠, 繫也. 从糸, 丿聲. 凡系之屬皆从系. 𣪠, 系或从𣪠·處, 𦃇, 籒文系, 从爪·絲.」)					

❋ 손(爪=丿)으로 길게 이어진 실(糸)을 매달아 들고 있는 데서 '이어 매다'를 뜻한다.
　※파자: 삐쳐진(丿) 실(糸)로 '이어 맴'을 뜻한다.

係	人부 총9획	甲骨文		殷商 金文		戰國 金文	小篆	係長(계장) 關係(관계) 係員(계원)

		續2.18.7	合39808	係父乙簋	係父乙觚	古 鉢	臨汾守戈 說文解字	
맬 **계**	설문 人부	係(계)는 삼으로 만든 끈으로 묶는다는 뜻이다. 人(인)과 系(계)는 모두 의미부분인데, 系는 발음부분이기도 하다.(「係, 絜束也. 从人, 从系. 系亦聲.」)						

❋ 사람(亻)과 관계되어 이어진(系) 데서 '매다' '걸리다'를 뜻한다.

孫	子부 총10획	甲骨文		殷商 金文	西周 金文	春秋 金文	戰國 金文	小篆	孫子(손자) 子孫(자손) 後孫(후손)

		後下14.7	京津4768	且甲罍	且已鼎	齊 鎛	中山王壺	說文解字	
손자 **손**	설문 系부	孫(손), 아들의 아들을 孫이라고 한다. 子(자)와 系(계)는 모두 의미부분이다. 系는 이어진다는 뜻이다.(「孫, 子之子曰孫. 从子, 从系. 系, 續也.」)							

❋ 자식(子)의 대를 이은(系) '손자'를 뜻한다.

遜	辵부 총14획	戰國 金文	小篆	謙遜(겸손) 恭遜(공손) 遜色(손색)

		上博泊旱	說文解字	
겸손할 **손**	설문 辵부	遜(손)은 달아난다는 뜻이다. 辵(착)은 의미부분이고, 孫(손)은 발음부분이다.(「遜, 遁也. 从辵, 孫聲.」)			

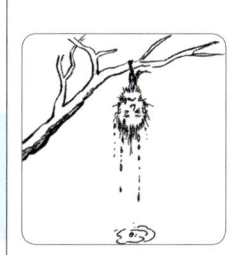

❋ 자손(孫)이 몸을 낮추어 어른의 뒤를 따라가거나(辶), 길을 피함에서 '겸손하다'를 뜻한다.

県 ➡ 縣 ➡ 懸

県	目부 총9획	小篆	용례 없음
		県	
		說文解字	
목거꾸로 매달 **교**	설문 県부	県(교)는 머리를 거꾸로 한 것이다. 가시중(賈侍中, 즉 가규賈逵)은 "머리를 잘라 거꾸로 매달은 것이 県자이다."라고 하였다. 무릇 県부에 속하는 글자들은 모두 県자를 의미부분으로 삼는다.(「県, 到首也. 賈詩中說: "此斷首到縣県字." 凡県之屬皆从県.」)		

❋ 죄인 머리(𩠐=首)를 거꾸로(県=県) 매달아 놓은 데서 '목 거꾸로 매달다'를 뜻한다.

467

縣	糸부 총16획	西周 金文	春秋 金文		小篆		州縣(주현) 縣令(현령) 縣監(현감)

		縣妃簋	邵鐘	仲義君匜	說文解字		
고을 현	설문 㣇부	縣(현)은 매단다는 뜻이다. 실[糸(멱·사)]로 머리[首(수)]를 거꾸로 매달고 있다[㣇]는 의미이다.(「縣, 繫也. 从糸持㣇.」)					

※ 죄인 머리(省=首)를 거꾸로(㣇=県) 매달아(系) 놓듯, 주·군(州·郡)에 달린 '고을'을 뜻한다.

懸	心부 총20획	설문 없음	懸欄(현란) 懸案(현안) 懸板(현판)
달 현		'懸'(현)자는 '縣(고을 현)'자에서 나왔다. 본래 '매달다'라는 뜻의 '縣'자가 '군현(郡縣)'이라는 행정 구역으로 가차(假借)되어 쓰이자, '縣'자에 '心(마음 심)'을 더한 '懸'자를 다시 만들어서 그 자리를 보충한 것이다.	

※ 머리를 매달아(縣) 마음(心)에 경계하도록 하는 데서 '달다' '걸다'를 뜻한다. ※縣과 같은 뜻.

䜌 ➡ 戀 ➡ 攣 ✧ ➡ 鸞 ☆ ➡ 變 ➡ 蠻 ➡ 彎 ☆ ➡ 灣

䜌	言부 총19획	甲骨文	西周 金文	春秋 金文		小篆	古文	용례 없음
		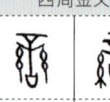						
		周甲153	頌鼎	虢季子白盤	秦公簋	宋公欒戈	說文解字	
말이을/다스릴 련	설문 言부	䜌(련)은 어지럽다는 뜻이다. 일설에는 다스려진다는 뜻이라고도 한다. 또 일설에는 끊이지 않는다는 뜻이라고도 한다. 言(언)과 絲(사)는 모두 의미부분이다. 𥸨은 䜌의 고문(古文)이다.(「䜌, 亂也. 一曰治也; 一曰不絶也. 从言·絲. 𥸨, 古文䜌.」)						

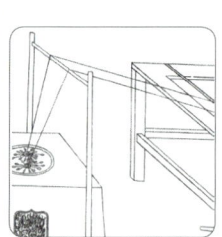

※ 고치를 '다스려' 실을 뽑거나, 실(絲)처럼 말(言)이 길게 이어짐에서 '말을 잇다'를 뜻한다.
※참고: 입으로 부는 관악기(言)에 실(糸)을 길게 이은 장식에서 '이어짐'을 뜻한다고도 한다.

戀	心부 총23획	설문 없음	戰國 金文	小篆	戀愛(연애) 戀人(연인) 悲戀(비련)

			璽彙0386	形音義字典	
그리워할 련		≪옥편(玉篇)·심부(心部)≫를 보면 "戀(련)은 그리워한다는 뜻이다.(「戀, 慕也.」)"라고 하였다.			

※ 계속 이어져(䜌) 생각나는 마음(心)에서 '그리워하다' '그리다'를 뜻한다.

攣	手부 총23획	小篆	攣拳(연권) 攣拘(연구) 攣縮(연축)

		說文解字	
경련/걸릴 련	설문 手부	攣(련)은 잡아맨다는 뜻이다. 手(수)는 의미부분이고, 䜌(란)은 발음부분이다.(「攣, 係也. 从手, 䜌聲.」)	

※ 이어진(䜌) 실에 손(手)이 걸리거나, 실에 '걸려' 오그라들어 '경련'이 일어남을 뜻한다.

鸞	鳥부 총30획	西周 金文	小篆	鸞旗(난기) 鸞車(난거) 神鸞(신란)

		叔䍒父簋	說文解字	
난새 란	설문 鳥부	鸞(란)은 붉은 신령의 정령(精靈)을 뜻한다. 붉은 색이 주를 이루는 가운데, 5가지 색깔을 모두 갖추고 있으며, 닭의 형상을 하고 있다. 울음소리는 5음에 맞고, (태평성대를) 칭송하는 노래가 퍼지면 나타난다. 鳥(조)는 의미부분이고, 䜌(란)은 발음부분이다. 주(周)나라 성왕(成王) 때에 저강(氏羌)이 난새를 바쳤다.(「鸞, 亦神靈之精也. 赤色, 五采, 雞形. 鳴中五音, 頌聲作則至. 从鳥, 䜌聲. 周成王時氏羌獻鸞鳥.」)		

※ 오색 털을 화려하게 길게 이어(䜌) 늘어뜨린 전설상의 새(鳥)인 '난새'를 뜻한다.

變	言부 총23획	戰國 金文		小篆		變化(변화) 變更(변경) 變聲期(변성기)	
				變			
		曾侯乙鐘	雲夢封診	說文解字			
변할 변	설문 攴부	變(변)은 고친다는 뜻이다. 攴(복)은 의미부분이고, 緣(란)은 발음부분이다.(「變, 更也. 从攴, 緣聲.」)					

* 계속 이어(緣) 두드리고(攴) 다스려 변하게 함에서 '변하다'를 뜻한다.

蠻	虫부 총25획	小篆		蠻行(만행) 蠻勇(만용) 蠻地(만지)	

		說文解字			
오랑캐 만	설문 虫부	蠻(만)은 남쪽 지방 이민족으로, 뱀과 함께 지내는 종족이다. 虫(훼·충)은 의미부분이고, 緣(련)은 발음부분이다.(「蠻, 南蠻, 蛇種. 从虫, 緣聲.」)			

* 대를 이어(緣) 누에(虫)고치를 많이 생산하던 따뜻한 남쪽지방에서 남쪽 '오랑캐'를 뜻한다.

彎	弓부 총22획	小篆		彎月(만월) 彎曲(만곡) 彎弓(만궁)	

		說文解字			
굽을 만	설문 弓부	彎(만)은 활을 잡고 화살을 올려놓는다는 뜻이다. 弓(궁)은 의미부분이고, 緣(란)은 발음부분이다.(「彎, 持弓關矢也. 从弓, 緣聲.」)			

* 줄을 이은(緣) 활(弓)을 당겨 '굽히거나', 화살을 시위에 매어 당겨 굽게 함에서 '굽다'를 뜻한다.

灣	水부 총25획	설문 없음	小篆		港灣(항만) 灣岸(만안) 臺灣(대만)	

			形音義字典			
물굽이 만						

* 강(氵)이나 바다가 육지로 굽어(彎) 들어온 '물굽이'를 뜻한다.

萑 ➡ 雚 ➡ 觀 ➡ 灌 ➡ 顴 ☆ ➡ 瓘 ❖ ➡ 罐 * ➡ 勸 ➡ 權 ➡ 歡 ➡ 驩

萑	隹부 총12획	甲骨文			小篆	용례 없음	
		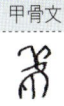	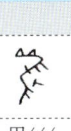	甲444	萑		
		鐵262.1	前4.43.5	甲444	說文解字		
부엉이 환	설문 萑부	萑(환)은 부엉이의 일종이다. 隹(추)와 丫(개·과)는 모두 의미부분이다. 뿔 모양의 깃털이 있다. (이것이) 울면 그 곳 주민에게 화가 미친다. 무릇 萑부에 속하는 글자들은 모두 萑을 의미부분으로 삼는다. 和(화)처럼 읽는다.(「萑, 鴟屬. 从隹, 从丫. 有毛角. 所鳴其民有旤. 凡萑之屬皆从萑. 讀若和.」)					

* 머리에 뿔 털(丫=艹)이 있는 새(隹)로 '부엉이'를 뜻한다.

雚	隹부 총18획	甲骨文		西周 金文			戰國 金文	小篆	雚符(관부) 雚雀(관작)	
								雚		
		後下6.6	後下6.8	雚女鱓	王人甗	效卣	牆雚戟	說文解字		
황새 관	설문 萑부	雚(관)은 작은 새이다. 萑(환)은 의미부분이고, 吅(현)은 발음부분이다. ≪시경(詩經)≫에 이르기를 "황새가 개미둑에서 우네."라고 하였다.(「雚, 小爵也. 从萑, 吅聲. ≪詩≫曰: "雚鳴于垤."」)								

* 머리에 뿔 털(丫=艹)과 큰 눈(䀠=吅)이 있는 물가에 사는 새(隹) '황새, 백로'나 '수리'를 뜻한다.
※참고: 뿔 털(丫=艹)에 시끄럽게(吅) 우는 새(隹)인 '왜가리'나 '황새'로 보기도 한다.

觀	見부 총25획	甲骨文		西周 金文		戰國 金文	小篆	古文	觀察(관찰) 觀光(관광) 觀衆(관중)	
								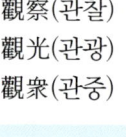		
		後下6.6	甲1850	效卣		觀鼎	中山王壺	說文解字		
볼 관	설문 見부	觀(관)은 자세히 본다는 뜻이다. 見(견)은 의미부분이고, 雚(관)은 발음부분이다. 𥄎은 觀의 고문(古文)으로 (見 대신) 囧(경)을 썼다.(「觀, 諦視也. 从見, 雚聲. 𥄎, 古文觀, 从囧.」)								

✻ 물가의 황새(雚)나 수리가 눈으로 자세히 살펴보는(見) 데서 '보다'를 뜻한다.

灌	水부 총21획	戰國 金文	小篆			灌木(관목) 灌頂(관정) 灌腸(관장)	

		雲夢日甲	說文解字				
물댈 관	설문 水부	灌(관)은 강의 이름이다. 여강군(廬江郡) 우루현(雩婁縣)에서 발원하여, 북쪽으로 흘러서 회수(淮水)로 들어간다. 水(수)는 의미부분이고, 雚(관)은 발음부분이다.(「灌, 水. 出廬江雩婁, 北入淮. 从水, 雚聲.」)					

✻ 물(氵)이 흘려 논밭에 물을 대는 곳에 모이는 황새(雚)에서 '물대다'를 뜻한다.

顴	頁부 총27획	설문 없음	小篆			高顴(고관) 顴骨(관골)	

			形音義字典				
광대뼈 관/권							

✻ 황새(雚)의 뿔 털처럼 사람의 얼굴(頁) 양쪽에 튀어나온 '광대뼈'를 뜻한다.

瓘	玉부 총22획	小篆			瓘斝(관가)	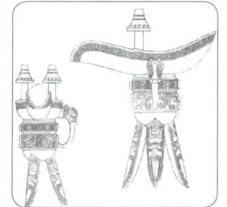
		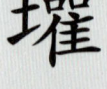				
		說文解字				
옥이름 관	설문 玉부	瓘(관)은 옥이다. 玉(옥)은 의미부분이고, 雚(관)은 발음부분이다. ≪춘추전(春秋傳)≫에 이르기를 "옥으로 만든 술잔."이라고 하였다.(「瓘, 玉也. 从玉, 雚聲. ≪春秋傳≫曰: "瓘斝".」)					

✻ 옥(玉)으로 만든, 황새(雚)의 뿔 털처럼 양쪽에 화살 모양이 달린 잔에서 '옥이름'을 뜻한다.

罐	缶부 총24획	小篆			罐子(관자) 藥湯罐(약탕관)	
		說文解字				
두레박 관	설문 缶부	罐(관)은 그릇을 뜻한다. 缶(부)는 의미부분이고, 雚(관)은 발음부분이다.(「罐, 器也. 从缶, 雚聲.」)					

✻ 물을 담는 장군(缶)으로, 물속 먹이를 구하는 황새(雚)처럼 물속의 물을 푸는 '두레박'을 뜻한다.

勸	力부 총20획	小篆			勸諭(권유) 勸奬(권장) 勸告(권고)	
		說文解字				
권할 권	설문 力부	勸(권)은 힘쓴다는 뜻이다. 力(력)은 의미부분이고, 雚(관)은 발음부분이다.(「勸, 勉也. 从力, 雚聲.」)					

✻ 황새(雚)가 끈기 있게 먹이를 노려 힘써(力) 사냥하는 것처럼 '힘쓰도록' '권함'을 뜻한다.

權	木부 총22획	戰國 金文	小篆		權勢(권세) 權利(권리) 權益(권익)
		雲夢封診	說文解字		
권세 권	설문 木부	權(권)은 노란 꽃이 피는 나무이다. 木(목)은 의미부분이고, 雚(관)은 발음부분이다. 일설에는 상도(常道)에 어긋나는 것을 뜻한다고 한다.(「權, 黃華木也. 从木, 雚聲. 一曰反常.」)			

※ 주로 수평인 나무(木)가지에 앉은 황새(雚)에서 '고르게 하다', 수평을 잡는 '저울추', 세상을 평정하는 '권세' 등을 뜻한다. ※참고:황화목(黃華木) 노란 꽃이 피는 높이 약 5m나무.

歡	欠부 총22획	戰國 金文	小篆		歡聲(환성) 歡迎(환영) 歡樂(환락)
		璽彙2467	說文解字		
기쁠 환	설문 欠부	歡(환)은 기쁘고 즐겁다는 뜻이다. 欠(흠)은 의미부분이고, 雚(관)은 발음부분이다.(「歡, 喜樂也. 从欠, 雚聲.」)			

※ 황새(雚)가 짝을 찾아 입을 벌려(欠) 구애하는 데서 '기뻐하다' '좋아하다'를 뜻한다.

驩	馬부 총28획	戰國 金文	小篆		交驩(교환) 驩然(환연) 驩迎(환영)
		十鐘印舉	說文解字		
기뻐할 환	설문 馬부	驩(환)은 말의 이름이다. 馬(마)는 의미부분이고, 雚(관)은 발음부분이다.(「驩, 馬名. 从馬, 雚聲.」)			

※ 명마(馬)가 황새(雚)가 기뻐 소리내듯 즐겁게 노는 데서 '기뻐하다'를 뜻한다.

蒦 ➔ 護 ➔ 濩 ❖ 頀 ❖ 穫 ➔ 獲

蒦	艹부 총14획	春秋 金文	戰國 金文	小篆	或體	용례 없음
			鄭蒦父鬲	陶三168	說文解字	
잴 약/확	설문 萑부	蒦(약)은 규약(規蒦)으로, 헤아린다는 뜻이다. 손[又(우)]으로 부엉이[萑(환)]를 잡고 있다는 의미이다. 일설에는 바쁘게 살펴보는 모습이라고 한다. 일설에 蒦은 측정(測定)한다는 뜻이라고도 한다. 彠은 蒦의 혹체자(或體字)로 尋(심)을 더하였다. 尋 역시 측정한다는 뜻이다. 초사(楚辭)에 이르기를 "법도(法度)의 같은 바(공통 준칙)를 구하였다."라고 하였다.(「蒦, 規蒦, 商也. 从又持萑. 一曰視遽兒. 一曰: 蒦, 度也. 彠, 蒦或从尋. 尋亦度也. 楚詞曰: "求矩彠之所同."」)				

※ 머리에 뿔 털(丬)이 난 새(隹)인 '萑'(=萑:수리부엉이 환)을 손(又)으로 잡아 '재다'를 뜻한다.

護	言부 총21획	戰國 金文	小篆		護國(호국) 護送(호송) 看護(간호)
		陶典0201	說文解字		
도울 호	설문 言부	護(호)는 보호하고 지켜본다는 뜻이다. 言(언)은 의미부분이고, 蒦(약)은 발음부분이다.(「護, 救視也. 从言, 蒦聲.」)			

※ 말(言)로 잡아(蒦)온 새를 살피거나 돌보라고 하는 데서 '돕다' '지키다'를 뜻한다.

濩	水부 총17획	甲骨文	小篆		濩渃(호약)
		前5.36.3 佚912	說文解字		
흘러퍼질 호	설문 水부	濩(호·확)은 빗물이 떨어져 흘러내린다는 뜻이다. 水(수)는 의미부분이고, 蒦(약)은 발음부분이다.(「濩, 雨流霤下. 从水, 蒦聲.」)			

※ 지붕에 흐르는 물(氵)이 잠시 잡혀(蒦) 모였다 떨어지는 '낙숫물'이 '흘러 퍼짐'을 뜻한다.

護	音부 총23획	설문 없음					大護(대호)
탕나라풍류/ 구할 호							

* 소리(音)의 울림을 잡아(蒦) 조절하던 데서 '구하다'를 뜻하며, '탕나라 풍류'를 뜻한다.

穫	禾부 총19획	戰國 金文	小篆			收穫(수확) 穫稻(확도) 秋穫(추확)

		雲夢日乙	說文解字			
거둘 확	설문 禾부	穫(확)은 곡식을 거두어들인다는 뜻이다. 禾(화)는 의미부분이고, 蒦(약)은 발음부분이다.(「穫, 刈穀也. 从禾, 蒦聲.」)				

* 벼(禾)를 거두기 위해 새를 잡듯(蒦) 손으로 잡아 '거둠'을 뜻한다.

獲	犬부 총17획	甲骨文		戰國 金文		小篆	漁獲(어획) 獲得(획득) 捕獲(포획)

		粹1307	佚426	舎忻鼎	上官登	雲夢日甲 說文解字	
얻을 획	설문 犬부	獲(획)은 사냥을 해서 얻은 것을 뜻한다. 犬(견)은 의미부분이고, 蒦(약)은 발음부분이다.(「獲, 獵所獲也. 从犬, 蒦聲.」)					

* 사냥하여 짐승(犭)을 잡음(蒦)에서 '얻다'를 뜻한다.

佳 → 推 → 椎 ☆ → 錐 → 唯 → 惟 → 維 → 帷 ❖ → 雀 → 堆 → 淮 → 進 → 瑝 * → 遲 → 稚 → 雉
→ 誰 → 雖 → 崔 → 催

佳	佳부 총8획	甲骨文		殷商 金文	西周 金文	春秋 金文	戰國 金文	小篆	용례 없음

		乙6672	佚276	宰桃角	天亡簋	拍敦蓋	中山王鼎	說文解字	
새 추	설문 佳부	佳(추)는 꼬리가 짧은 새의 총칭이다. 상형(象形)이다. 무릇 佳부에 속하는 글자들은 모두 佳를 의미부분으로 삼는다.(「佳, 鳥之短尾總名也. 象形. 凡从佳之屬皆从佳.」)							

* 배가 불룩하고 목이 짧고 꼬리 부분을 간단히 그린 새의 모양으로 '새 종류'와 관계가 있다.

推	手부 총11획	小篆	推薦(추천) 推進(추진) 推測(추측)
		說文解字	
밀 추	설문 手부	推(추·퇴)는 밀친다는 뜻이다. 手(수)는 의미부분이고, 佳(추)는 발음부분이다.(「推, 排也. 从手, 佳聲.」)	

* 손(扌)으로 새(佳)를 밖으로 나가게 함에서 '밀다'를 뜻한다.

椎	木부 총12획	甲骨文	戰國 金文	小篆	脊椎(척추) 椎殺(추살) 椎打(추타)
		合13159	曾侯墓簡	說文解字	
쇠몽치/등골 추	설문 木부	椎(추)는 친다는 뜻이다. 제(齊) 지방에서는 이것(즉 망치)을 일컬어 종규(終葵)라고 한다. 木(목)은 의미부분이고, 佳(추)는 발음부분이다.(「椎, 擊也. 齊謂之終葵. 从木, 佳聲.」)			

* 나무(木)로 만들어 새(佳)가 부리로 먹이를 쪼듯 물건을 치는 '몽치' '쇠망치' '등골'을 뜻한다.

錐	金부 총16획	春秋 金文	戰國 金文	小篆		錐刀(추도) 圓錐(원추) 立錐(입추)
		般殷鼎	雲夢法律	說文解字		
송곳 추	설문 金부	錐(추)는 날카롭다는 뜻이다. 金(금)은 의미부분이고, 隹(추)는 발음부분이다.(「錐, 銳也. 从金, 隹聲.」)				

✻ 쇠(金)로, 먹이를 쪼는 새(隹)의 부리처럼 뾰족하게 만들어 물건을 뚫는 '송곳'을 뜻한다.

唯	口부 총11획	甲骨文		西周 金文		春秋 金文	小篆	唯心(유심) 唯一無二 (유일무이)
		京津4860	甲1540	何 尊	毛公鼎	楷侯壺	蔡侯申鐘	說文解字	
오직 유	설문 口부	唯(유)는 승낙한다는 말이다. 口(구)는 의미부분이고, 隹(추)는 발음부분이다.(「唯, 諾也. 从口, 隹聲.」)						

✻ 한 가지 소리로 입(口) 벌려 새(隹)가 응답하는 데서 '오직' '예' 등을 뜻한다.

惟	心부 총11획	戰國 金文	小篆		思惟(사유) 惟獨(유독) 伏惟(복유)
		陳侯因齊	說文解字		
생각할 유	설문 心부	惟(유)는 두루 생각한다는 뜻이다. 心(심)은 의미부분이고, 隹(추)는 발음부분이다.(「惟, 凡思也. 从心, 隹聲.」)			

✻ 마음(忄)속으로 새(隹)처럼 습관적인 것만 '생각함'에서 '오직'을 뜻하기도 한다.

維	糸부 총14획	西周 金文	春秋 金文		戰國 金文		小篆	維新(유신) 維持(유지) 纖維(섬유)
		虢季子白盤	吳王光鐘	吳王光鐘	古 鉥	襄城令戈	說文解字	
벼리 유	설문 糸부	維(유)는 수레 지붕을 잡아매 유지시켜 주는 밧줄을 뜻한다. 糸(멱·사)는 의미부분이고, 隹(추)는 발음부분이다.(「維, 車蓋維也. 从糸, 隹聲.」)						

✻ 끈(糸)으로 묶은 새(隹)로, 사물의 중심을 이어 매는 끈인 '벼리'줄을 뜻한다.

帷	巾부 총11획	小篆	古文		帷幕(유막) 帷房(유방) 帷帳(유장)
		說文解字			
장막 유	설문 巾부	帷(유), 사방을 둘러친 휘장을 일컬어 帷라고 한다. 巾(건)은 의미부분이고, 隹(추)는 발음부분이다. 㡇는 帷의 고문(古文)이다.(「帷, 在旁曰帷. 从巾, 隹聲. 㡇, 古文帷.」)			

✻ 천(巾)으로 새(隹) 꼬리처럼 짧게 사방에 둘러친 '씌우개'나 '휘장'에서 '장막'을 뜻한다.

雀	隹부 총11획	甲骨文			殷商 金文	西周 金文	小篆	雀躍(작약) 孔雀(공작) 雀目(작목)
		乙6637	粹1553	戩47.8	魚父己卣	雀父己卣	說文解字	
참새 작	설문 隹부	雀(작)은 사람에게 의지해서 사는 작은 새이다. 小(소)와 隹(추)는 모두 의미부분이다. 발음은 爵(작)과 같다.(「雀, 依人小鳥也. 从小·隹. 讀與爵同.」)						

✻ 새 중에서 비교적 몸집이 작은(小) 새(隹)인 '참새'를 뜻한다.

473

堆 	土부 총11획	설문 없음	戰國金文 陶三210　望山M2簡	'自(퇴)'의 속자(俗字).	堆肥(퇴비) 堆積(퇴적) 堆疊(퇴첩)
쌓을 퇴	설문 自부	自(퇴)는 작은 언덕을 뜻한다. 상형(象形)이다. 무릇 自부에 속하는 글자들은 모두 自를 의미부분으로 삼는다.(「𠂤, 小𠂤也. 象形. 凡𠂤之屬皆从𠂤.」)			

✽ 흙(土)이 쌓인(𠂤:쌓을 퇴) 모양이 '隹'와 비슷하여 잘못된 글자이나, 속설에 흙(土)을 쌓아 집을 짓는 새(隹)에서 '쌓다'가 된다고 한다. ※ 堆는 '𠂤'의 속자(俗字)

淮	水부 총11획		甲骨文 前5.36.3　續3.30.6	西周金文 彔卣　散盤	春秋金文 曾伯簠	小篆 說文解字	淮水(회수) 淮陽(회양) 淮南(회남)
물이름 회	설문 水부	淮(회)는 강의 이름이다. 남양군(南陽郡) 평씨현(平氏縣) 동백대복산(桐柏大復山)에서 발원하여, 동남쪽으로 흘러서 바다로 들어간다. 水(수)는 의미부분이고, 隹(추)는 발음부분이다.(「淮, 水. 出南陽平氏桐柏大復山, 東南入海. 从水, 隹聲.」)					

✽ 강(氵) 중에 새(隹)가 많이 모이던, 중국 하남성(河南省)에서 바다로 흘러드는 '물 이름'을 뜻한다.

進 	辵부 총12획		甲骨文 京津4001	西周金文 召卣　兮甲盤	戰國金文 中山王壺	小篆 說文解字	進路(진로) 進學(진학) 進度(진도)
나아갈 진	설문 辵부	進(진)은 올라간다는 뜻이다. 辵은 의미부분이고, 閵(린)의 생략형은 발음부분이다.(「進, 登也. 从辵, 閵省聲.」)					

✽ 새(隹)는 벌새 이외에는 모두 앞으로만 날아감(辶)에서 '나아가다'를 뜻한다.

璡 	玉부 총16획		小篆 說文解字	璡石(진석)
옥돌 진	설문 玉부	璡(진)은 옥과 비슷한 돌을 뜻한다. 玉은 의미부분이고, 進(진)은 발음부분이다. 津(진)처럼 읽는다.(「璡, 石之似玉者. 从玉, 進聲. 讀若津.」)		

✽ 장신구를 만드는데, 옥(玉)처럼 나아가(進) 쓰이는 옥 비슷한 돌에서 '옥돌'을 뜻한다.

暹 	日부 총16획	설문 없음	小篆 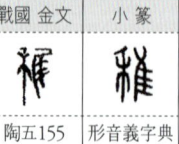 形音義字典	暹羅(섬라) 東暹(동섬)
햇살치밀 섬				

✽ 해(日)가 떠올라(進) '햇살이 치밀다'를 뜻하며, Siam(暹羅:섬라)인 태국의 '나라이름'을 뜻한다.

稚	禾부 총13획	설문 없음	戰國金文 陶五155	小篆 形音義字典	稚氣(치기) 幼稚(유치) 稚拙(치졸)
어릴 치		≪설문해자≫에는 '稚'자가 보이지 않는다. ≪광아(廣雅)·석고(釋詁)≫에서는 "稚는 적다는 뜻이다.(「稚, 少也.」)"라고 하였다.			

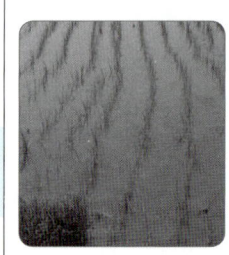

✽ 늦게 심은 어린 벼(禾) 정도밖에 자라지 않은 작은 새(隹)에서 '어리다'를 뜻한다.

雉	隹부 총13획	甲骨文			石鼓文	小篆	古文	山雉(산치) 野雉(야치) 雉兔者(치토자)
		乙8751	前7.24.1	寧滬1.52		說文解字		
꿩 치	설문 隹부	雉(치)는 14종류가 있다. 노제치(盧諸雉), 교치(喬雉), 복치(鳲雉), 별치(鷩雉), 질질(秩秩) 즉 해치(海雉), 翟(적)은 산치(山雉), 한치(韓雉), 탁치(卓雉), 이수(伊水)와 낙수(洛水) 남쪽에서는 翬(휘)라고 하고, 장강(長江)과 회수(淮水) 남쪽에서는 搖(요)라고 하고, 남쪽 지방에서는 鷊(주)라고 하고, 동쪽 지방에서는 甾(치)라고 하고, 북쪽 지방에서는 稀(희)라고 하고, 서쪽 지방에서는 蹲(준)이라고 한다. 隹(추)는 의미부분이고, 矢(시)는 발음부분이다. 鯯는 雉의 고문(古文)으로 (矢 대신) 弟(제)를 썼다.(「雉, 有十四種. 盧諸雉, 喬雉, 鳲雉, 鷩雉, 秩秩海雉, 翟山雉, 韓雉, 卓雉, 伊洛而南曰翬, 江淮而南曰搖, 南方曰鷊, 東方曰甾, 北方曰稀, 西方曰蹲. 从隹, 矢聲. 鯯, 古文雉, 从弟.」)							

※ 주로 화살(矢)을 쏘아 잡던 새(隹)인 '꿩'을 뜻한다.

誰	言부 총15획	西周 金文		春秋 金文	戰國 金文	小篆	誰何(수하) 誰某(수모) 誰怨(수원)
		大鼎	大鼎	梁鼎	雲夢編年	說文解字	
누구 수	설문 言부	誰(수)는 누구라는 뜻이다. 言은 의미부분이고, 隹는 발음부분이다.(「誰, 何也. 从言, 隹聲.」)					

※ 말(言)을 새(隹)처럼 짧게 하여, 구별이 어려워 묻는 데서 '누구' '묻다'를 뜻한다.

雖	隹부 총17획	春秋 金文	戰國 金文	小篆	雖然(수연) 비록, 만일, 하물며, 즉 등 발어사로 많이 쓰임
		秦公簋	雲夢秦律	說文解字	
비록 수	설문 虫부	雖(수)는 도마뱀과 비슷한데 더 크다. 虫(훼·충)은 의미부분이고, 唯(유)는 발음부분이다.(「雖, 似蜥蜴而大. 从虫, 唯聲.」)			

※ 입(口)으로 소리 내는 새(隹)처럼, 오직(唯) 소리 내는 파충류(虫)인 '도마뱀'에서 '비록'을 뜻한다.
 ※파자:비록 잡힐 지라도, 입(口) 벌린 벌레(虫)가 새(隹)를 방어하는데서 '비록'을 뜻한다.

崔	山부 총11획	戰國 金文	小篆	崔嵬(최외) 崔瑩(최영)
		陝西臨潼陶	說文解字	
성/높을 최	설문 山부	崔(최)는 (산이) 크고 높다는 뜻이다. 山(산)과 隹(추)는 모두 의미부분이다.(「崔, 大高也. 从山·隹.」)		

※ 산(山)이 높아 나는 새(隹)보다 높게 솟아 '높다'를 뜻하며, 주로 '성(姓)'으로 쓰인다.

催	人부 총13획	小篆	開催(개최) 催眠(최면) 主催(주최)
		說文解字	
재촉할 최	설문 人부	催(최)는 서로 재촉한다는 뜻이다. 人(인)은 의미부분이고, 崔(최)는 발음부분이다. ≪시경(詩經)≫에 이르기를 "집안사람들은 번갈아가며 나를 어리석다 질책하네."라고 하였다.(「催, 相儔也. 从人, 崔聲. ≪詩≫曰: "室人交徧催我."」)		

※ 사람(亻)이 높고 큰 산(崔)을 넘으려 길을 '재촉함'을 뜻한다.

雥 → 集 → 潗 → 雜

	甲骨文	西周 金文	戰國 金文	小篆		
雥 隹부 총24획					용례 없음	
	續1.7.6	雥茲鼎	包山182	說文解字		

떼새 잡	설문 雥부	雥(잡)은 여러 마리의 새를 뜻한다. 세 개의 隹(추)자로 이루어졌다. 무릇 雥부에 속하는 글자들은 모두 雥을 의미부분으로 삼는다.(「雥, 羣鳥也. 从三隹. 凡雥之屬皆从雥.」)

✽ 많은 새(隹)들이 모여 있는 데서 '떼새' '새떼'를 뜻한다.

	甲骨文		殷商 金文	西周 金文	小篆	或體		
集 隹부 총12획							集計(집계) 集團(집단) 集合(집합)	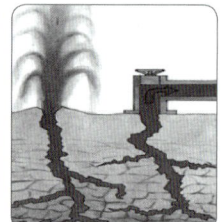
	前5.37.7	後下6.3	集俗簋 母乙觶	毛公鼎	說文解字			

모을 집	설문 雥부	雧(집)은 여러 마리의 새가 나무 위에 있다는 뜻이다. 雥과 木은 모두 의미부분이다. 集은 혹체자(或體字)로 雧의 생략형이다.(「雧, 群鳥在木上也. 从雥, 从木. 集, 雧或省.」)

✽ 새들(雥=隹)이 나무(木) 위에 모여 있는 데서 '모이다'를 뜻한다.

潗 水부 총15획	설문 없음		潗潗(집집)	
샘솟을 집				

✽ 물(氵)이 한곳에 모여(集) 솟아남에서 '샘이 솟다'를 뜻한다.

	戰國 金文	小篆		
雜 隹부 총18획			雜草(잡초) 雜誌(잡지) 雜念(잡념)	
	雲夢秦律	說文解字		

섞일 잡	설문 衣부	襍(잡)은 다섯 가지 색깔이 서로 섞였다는 뜻이다. 衣(의)는 의미부분이고, 集(집)은 발음부분이다.(「雜, 五彩相合. 从衣, 集聲.」)

✽ 옷(衣=衤)색이 나무(木) 위에 온갖 새(隹)가 모이듯(集) 오색이 섞인 데서 '섞이다'를 뜻한다.
　※襍=雜　※파자:높게(亠) 따라(从) 서있는 나무(木)에 온갖 새(隹)가 '섞여' 있음.

隼 → 準 → 准

	戰國 金文		小篆	或體		
隼 隹부 총10획					隼鷹(준응)	
	天星觀簡	璽彙3846		說文解字		

새매 준	설문 鳥부	雗(추)는 비둘기이다. 鳥(조)는 의미부분이고, 隹(추)는 발음부분이다. 隼은 雗의 혹체자(或體字)로 隹와 一(일)로 이루어졌다. 일설에는 鶉(순·단)자라고도 한다.(「雗, 祝鳩也. 从鳥, 隹聲. 隼, 雗或从隹·一. 一曰鶉字.」)

✽ 새(隹)가 사람의 팔(一)에 발(丨)로 앉은 모습으로, 짐승을 사냥하는 길들인 '새매'를 뜻한다.

準 水부 총13획	小篆 說文解字	準備(준비) 準例(준례) 標準(표준)
준할 준	설문 水부	準(준)은 (물이) 평평하다는 뜻이다. 水(수)는 의미부분이고, 隼(준)은 발음부분이다.(「準, 平也. 从水, 隼聲.」)

✽ 물(氵)처럼 수평으로 나는 새(隹)로, 수평인 횃대(一=十)나 팔에 앉은 새매(隼)가 사냥감을 미리 살피는 데서 '고르다' '미리' '준하다'를 뜻한다. ※참고:准(승인할 준)과 같은 자.

准 비준 준	冫부 총10획	설문 없음		批准(비준) 認准(인준) 准尉(준위)	

※ 얼음(冫)이 어는 때를 따라 새(隹)가 이동을 결정하는 데서 '승인하다' '비준하다'를 뜻한다.

雔 ➡ (靃) ➡ 藿 ⋯ 讎 ➡ 䜌 ✦ ⋯ 雙 ⋯ 隻

雔 한쌍 수	隹부 총16획	殷商 金文 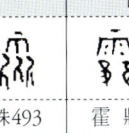 / 小篆  雔父癸爵 / 雔父丁觶 / 說文解字	용례 없음	

설문
雔부: 雔(가죽나무 고치 수, 새 한 쌍 수)는 한 쌍의 새를 뜻한다. 隹(추)자 두 개로 이루어졌다. 무릇 雔부에 속하는 글자들은 모두 雔를 의미부분으로 삼는다. 籌(수)라고 읽는다.(「雔, 雙鳥也. 从二隹. 凡雔之屬皆从雔. 讀若籌.」)

※ 두 마리의 새(隹)를 그려 '한 쌍'을 나타낸다.

靃 새나는소리 확	雨부 총24획	甲骨文 / 西周 金文 / 小篆 乙7746 / 前2·15·7 / 珠493 / 霍鼎 / 叔男父匜 / 說文解字	용례 없음	

설문
雔부: 靃(빗속을 새가 나는 소리 확)은 (새가) 나는 소리이다. 비가 오는데 새 한 쌍이 나니, 그 소리가 확확하는 것 같다.(「靃, 飛聲也. 雨而雙飛者, 其聲靃然.」)

※ 빗(雨)속을 빠르게 나는 한 쌍의 새(雔)의 소리에서 '새 나는 소리'를 뜻한다.
　※참고:靃(곽/확)은 빗속(雨)을 새(隹)가 빠르게 나는 데서 '빠르다'를 뜻한다.

藿 콩잎/미역 곽	艹부 총20획	戰國 金文 / 小篆 璽彙2269 / 說文解字	藿耳(곽이) 藿田(곽전) 春藿(춘곽)	

설문
艹부: 藿=蘿(콩 잎 곽)(본음 확)은 어린잎을 뜻한다. 艹(초)는 의미부분이고, 靃(확)은 발음부분이다.(「蘿, 尗之少也. 从艹, 靃聲.」)

※ 어릴 때 잎(艹)이 빗(雨)속에 새(隹)가 빠르게(靃:빠를 곽) 날듯 빠르게 자라는 어린 '콩잎' '미역'을 뜻한다.

讎 원수 수	言부 총23획	金文 / 金文 讎尊 / 文父卣 / 鬲从盨 / 說文解字	怨讎(원수) 復讎(복수) 敵讎(적수)	

설문
言부: 讎(짝 수, 원수 수)는 대답한다는 것과 같다. 言(언)은 의미부분이고, 雔(수)는 발음부분이다.(「讎, 猶應也. 从言, 雔聲.」)

※ 한 쌍의 새(雔:새 한 쌍 수) 처럼 마주하여 말(言)함에서 '대답하다' '동등함' '원수'를 뜻한다.

䜌 원수 수	言부 총23획	※讎(원수 수)와 같은 자.	讎와 용례 같음	

※ 한 쌍의 새(雔:새 한 쌍 수) 처럼 마주하여 말(言)함에서 '동등함' '원수'를 뜻한다. ※讎와 同字.

雙	隹부 총18획	戰國 金文	小篆			雙眼鏡(쌍안경) 雙曲線(쌍곡선) 雙和湯(쌍화탕)
		陶徵261	說文解字			
쌍 **쌍**	설문 雔부	雙(쌍)은 새 두 마리를 뜻한다. 雔(수)는 의미부분이고, 손[又(우)]으로 그것을 잡고 있다는 의미이다.(「雙, 隹二枚也. 从雔, 又持之.」)				

* 한 쌍의 새(雔)를 손(又)으로 잡고 있는 데서 '둘' '쌍'을 뜻한다.

隻	隹부 총10획	甲骨文	殷商 金文	西周 金文	戰國金文	小篆	隻行(척행) 隻手(척수) 隻步(척보)
		粹1307	佚426	隻父癸爵	師隻叔酉	哀成叔鼎	說文解字	
외짝 **척**	설문 隹부	隻(척)은 새 한 마리를 뜻한다. 손[又(우)]으로 새[隹(추)]를 잡고 있다는 의미이다. 한 마리를 잡고 있는 것은 隻(척)이라고 하고, 두 마리를 잡고 있는 것은 雙(쌍)이라고 한다.(「隻, 鳥一枚也. 从又持隹. 持一隹曰隻, 二隹曰雙.」)						

* 한 마리의 새(隹)를 손(又)으로 잡고 있는 데서 '외짝'을 뜻하며, 배를 세는 단위로 쓰인다.

 ➡  ➡

奞	大부 총11획	殷商 金文	西周 金文	小篆	용례 없음
		兄丁奞觶	蠡季奞父簋	說文解字	
날개칠 **순**	설문 奞부	奞(날개 칠 순)은 새가 날개를 펼치고 스스로 날갯짓을 한다는 뜻이다. 大(대)와 隹(추)는 모두 의미부분이다. 무릇 奞부에 속하는 글자들은 모두 奞을 의미부분으로 삼는다. 睢(수·휴)라고 읽는다.(「奞, 鳥張毛羽自奮也. 从大, 从隹. 凡奞之屬皆从奞. 讀若睢.」)				

* 크게(大) 새(隹)가 '날개 치는' 모양, 또는 옷(衣=大) 속에 갇힌 새(隹)가 크게 '날개 치는' 모양을 뜻한다.

奪	大부 총14획	西周 金文	戰國 金文	小篆	奪還(탈환) 奪取(탈취) 掠奪(약탈)
		奪壺	奪簋	多友鼎	說文解字	
빼앗을 **탈**	설문 奞부	奪(탈)은 손에 새를 쥐고 있다가 놓쳤다는 뜻이다. 又(우)와 奞(순)은 모두 의미부분이다.(「奪, 手持隹, 失之也. 从又, 从奞.」)				

* 큰 옷(衣=大)을 잡고 덮친 새(隹)가 손(寸)에서 도망감에서 '잃다' '빼앗다'를 뜻한다.

奮	大부 총16획	西周 金文	戰國 金文	小篆	奮發(분발) 激奮(격분) 興奮(흥분)
		令鼎	中山王鼎	說文解字	
떨칠 **분**	설문 奞부	奮(분)은 새가 훨훨 날아간다는 뜻이다. 새[奞(순)]가 들판[田(전)] 위에 있다는 의미이다. ≪시경(詩經)≫에 이르기를 "훨훨 날아 갈 수 없다네."라고 하였다.(「奮, 翬也. 从奞在田上. ≪詩≫曰: "不能奮飛."」)				

* 큰 옷(衣=大)에 갇힌 새(隹)가 도망쳐 들밭(田)을 힘을 다해 날아감에서 '떨치다'를 뜻한다.

羅 ➡ 邏 ☆ ⋯ 羅 ◆ ⋯ 舊

羅	网부 총19획	甲骨文	春秋 金文	戰國 金文	小篆	羅列(나열) 全羅(전라) 羅扇(나선)
		合33078	合33081	羅兒匜	長沙銅量	古 鉥	說文解字	
벌릴 **라**	설문 网부	羅(라)는 실을 가지고 새를 잡는다는 뜻이다. 网(망)과 維(유)는 모두 의미부분이다. 옛날 망씨(芒氏)가 처음으로 새 그물을 만들었다.(「羅, 以絲罟鳥也. 从网, 从維. 古者芒氏初作羅.」)						

* 그물(网)을 비단실(糸)로 짠 새(隹) 잡는, 새 그물(网)의 벼리 줄(維)을 '펼쳐' '벌림'을 뜻한다.

478 한눈에 보는 한자 多(다)

邏	辵부 총23획	小篆  說文解字		巡邏(순라) 偵邏(정라) 邏卒(나졸)
순라 라	설문 辵부	邏(라)는 순찰(巡察)한다는 뜻이다. 辵(착)은 의미부분이고, 羅(라)는 발음부분이다.(「邏, 巡也. 从辵, 羅聲.」)		

✽ 넓게 새 그물을 펼치듯(羅) 널리 순찰하며 돌아다니는(辶) 데서 '돌다' '순찰하다'를 뜻한다.

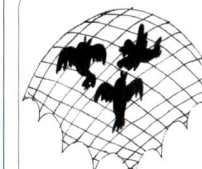

罹	网부 총16획	小篆  說文解字		罹災(이재) 罹患(이환) 罹災民(이재민)
걸릴 리	설문 网부	罹(리)는 걱정한다는 뜻이다. 网(망)은 의미부분이다. 자세한 것은 알 수 없다. 옛날에는 離(리)자와 많이 통용되었다.(「罹, 心憂也. 从网, 未詳. 古多通用離.」)		

✽ 그물(罒)에 걸릴까 마음(忄)이 두려운 새(隹)처럼, 법망에 걸림을 걱정함에서 '근심' '걸리다'를 뜻한다.

舊	臼부 총18획	甲骨文	西周 金文	春秋 金文	小篆	或體	舊派(구파) 舊習(구습) 舊式(구식)

		前4.15.4 後2.2.5	兮甲盤	邿公華鐘	說文解字		
예 구	설문 崔부	舊(구)는 치구(雎舊)로, 부엉이이다. 萑(환)은 의미부분이고, 臼(구)는 발음부분이다. 鵂(휴)는 舊의 혹체자(或體字)로, 鳥(조)는 의미부분이고, 休(휴)는 발음부분이다.(「舊, 雎舊, 舊留也. 从萑, 臼聲. 鵂, 舊或从鳥, 休聲.」)					

✽ 수리부엉이(崔=萑)가 사는 오래된 절구(臼) 모양의 집에서 '옛' '오래'를 뜻한다.

崔 ➡ 確 ➡ 鶴

崔	隹부 총10획	小篆  說文解字		용례 없음
높이날 확	설문 冂부	崔(높이 이를 흑; 뜻 고상할 각; 새 높이 날 확)은 높은 곳에 이른다는 뜻이다. 새[隹(추)]가 높이 날아 먼 곳[冂(경)]으로 나가려고 한다는 의미이다. ≪주역(周易)≫에 이르기를 "하늘은 높고도 높다."라고 하였다.(「崔, 高至也. 从隹上欲出冂. ≪易≫曰: "夫乾崔然."」)		

✽ 높이 날아 멀리(冂=冖) 가는 새(隹)에서 '높이 날다'를 뜻한다.

確	石부 총15획	설문 없음	小篆  形音義字典	確認(확인) 確信(확신) 確實性(확실성)
굳을 확		≪설문해자≫에는 보이지 않는다. ≪옥편(玉篇)·석부(石部)≫를 보면 "確은 견고하다는 뜻이다.(「確, 堅固也.」)"라고 하였다.		

✽ 돌(石)처럼 단단하고 건강하여 멀리(冂=冖)까지 나는 두루미(崔:새 높이 날/두루미 확/각)에서 '굳다' '확실하다'를 뜻한다.

鶴	鳥부 총21획	小篆 說文解字		仙鶴(선학) 鶴壽(학수) 鶴舞(학무)
학 학	설문 鳥부	鶴(학), (학이) 구고(九皋, 물가의 언덕)에서 우니 그 소리가 하늘까지 퍼진다. 鳥(조)는 의미부분이고, 崔(흑·각·확)은 발음부분이다.(「鶴, 鳴九皋, 聲聞于天. 从鳥, 崔聲.」)		

✽ 두루미(崔)처럼 높이 날아 멀리 이동하는 새(鳥)인 '학' '두루미'를 뜻한다.

479

內 ⇒ 离 ⇒ 璃 ⇒ 離 ⇒ 籬 … 禽 ⇒ 擒 ☆

內	內부 총5획	小篆 / 篆文 說文解字		부수 한자	
짐승발자국 유 긴 창 구	설문 内부	內=厹(구·유)는 짐승의 발자국을 뜻한다. (厶는) 상형이고, 九(구)는 발음부분이다. ≪이아(尒疋)≫에 이르기를 "여우·이리·오소리·담비 등과 같은 종류는 그 발을 蹯(번)이라고 하고, 그 발자국을 厹라고 한다."라고 하였다. 무릇 厹부에 속하는 글자들은 모두 厹를 의미부분으로 삼는다. 蹂(유)는 전문(篆文)으로 足(족)은 의미부분이고, 柔(유)는 발음부분이다. (「內, 獸足蹂地也. 象形. 九聲. ≪尒疋≫曰: "狐·狸·貛·狢醜, 其足蹯. 其迹厹. 凡厹之屬皆从厹. 蹂, 篆文, 从足, 柔聲.」)			

※ 짐승의 발자국 모양에서 '짐승발자국'을 뜻한다.
　※참고: 긴 자루나 긴 꼬리와 관계가 많다. ※참고: 厹(기승할 구)와는 다른 글자.

 | 內부
총11획 | 戰國 金文 小篆
妥陰令戈　幣編234　璽彙3119　說文解字 | | 离坎(이감) | |
|---|---|---|---|---|
| 밝을/산신
리 | 설문
厹부 | 离(리)는 산신(山神)으로, 짐승(의 모양)이다. 禽(금)의 머리 부분과 厹(구)·屮(철)은 모두 의미부분이다. 구양교(歐陽喬)는 离는 사나운 짐승을 뜻한다고 주장하였다. (「禼, 山神, 獸也. 从禽頭, 从厹, 从屮. 歐陽喬說: 离, 猛獸也.」) | | |

※ 그물(凶)에 자루(內)달린 새를 잡는 도구나 '신령한 산짐승' '산신' '흩어짐'을 뜻한다.
　※파자: 높은(亠) 산에 흉(凶)한 발자국(內)을 남기고 다니는 '산신'을 뜻한다.

璃	玉부 총15획	설문 없음	小篆 璃 形音義字典	琉璃(유리)	
유리 리					

※ 옥(玉)처럼 빛이 나고 미끄러워 잘 흩어지는(离) '유리'를 뜻한다.

 | 隹부
총19획 | 甲骨文  殷商 金文 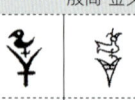 小篆 
後上1211　甲2270　前6.45.4　亞離父丁簋　亞離父乙尊　亞離辛罕　說文解字 | | 離婚(이혼)
離散(이산)
離別(이별) | |
|---|---|---|---|---|
| 떠날 리 | 설문
隹부 | 離(리)는 이황(離黃)으로, 꾀꼬리이다. 이 새가 울면 누에가 생겨난다. 隹(추)는 의미부분이고, 离(리)는 발음부분이다. (「離, 黃, 倉庚也. 鳴則蠶生. 从隹, 离聲.」) | | |

※ 그물(凶)망에 자루(內)달린 도구로 꾀꼬리(隹)를 잡으려 하자 흩어져(离: 산짐승/흩어질 리) '떠남'을 뜻한다.
　※파자: 동상머리(亠)에 흉한(凶) 발자국(內)을 남기고 새(隹)가 '떠남'을 뜻한다.

	竹부 총25획	설문 없음	小篆  形音義字典	短籬(단리) 東籬(동리) 竹籬(죽리)	
울타리 리					

※ 대(竹)를 엮어 세워 울안 짐승이 떠나지(離) 못하게 막아놓은 '울타리'를 뜻한다.

	内부 총13획	甲骨文 西周 金文  小篆 甲2285　京津256　合9225　禽 簋　不嬰簋　品鼎　說文解字		家禽(가금) 禽獸(금수) 猛禽(맹금)	
새 금	설문 内부	禽(금)은 뛰어다니는 짐승의 총칭이다. 厹(구)는 의미부분이고, (나머지 부분은) 상형이다. 今(금)은 발음부분이다. 禽·离(리)·兕(시)는 머리 모양이 서로 닮았다. (「禽, 走獸總名. 从厹, 象形, 今聲. 禽离兕頭相似.」)			

※ 날짐승을 덮어(今=스) 잡는 그물(凶)에 자루(內)달린 도구에서 '날짐승'인 '새'를 뜻한다.
　※참고: '內(유)'는 긴 자루나 긴 꼬리를 나타낼 때 주로 쓰인다.

	手부 총16획	설문 없음	小篆  形音義字典	生擒(생금) 擒縛(금박) 擒斬(금참)	
사로잡을 금					

※ 손(扌)으로 그물을 이용하여 날짐승(禽)을 잡는 데서 '사로잡다'를 뜻한다.

雋 → 儁

	佳부 총13획	戰國 金文 陶五309	小篆 說文解字	雋選(준선) 雋拔(준발) 雋茂(준무)	
살찔/모을 준	설문 佳부	雋(준)은 (새의) 통통한 살코기를 뜻한다. 활[弓(궁)]로 새[佳(추)]를 쏜다는 의미이다. 장사(長沙)에 하준현(下雋縣)이 있다.(「雋, 肥肉也. 从弓所以射佳. 長沙有下雋縣.」)			

※ 살찌고 아름다운 새(佳)를 활(弓ㅋㅜㅣ)로 쏘아 잡을 만큼 '새가 살지다' '모으다'를 뜻한다.

	人부 총15획	설문 없음		儁傑(준걸) 儁望(준망) 儁出(준출)	
준걸 준					

※ 사람(亻)이 살찐 새(雋)처럼 아름답고 행동이 뛰어남에서 '준걸'을 뜻한다.

焦 → 憔 ☆ → 樵 → 蕉 → 礁 ☆ → 醮 *

	火부 총12획	甲骨文 屯4565	春秋 金文 鄭侯簋	小篆 說文解字	或體	焦點(초점) 焦燥(초조) 焦悶(초민)	
탈 초	설문 火부	焦=雧(초)는 불에 데었다는 뜻이다. 火(화)는 의미부분이고, 雥(잡)은 발음부분이다. 焦는 혹체자(或體字)로 생략형이다.(「雧, 火所傷也. 从火, 雥聲. 焦, 或省.」)					

※ 새(佳)를 잡아 불(灬)에 굽고 있는 데서 '타다' '그을리다' '애타다'를 뜻한다.

	心부 총15획	설문 없음	小篆  形音義字典	憔悴(초췌) 憔慮(초려)	
파리할 초					

※ 마음(忄)으로 애태워(焦), 야위고 쇠약해져 '파리함'을 뜻한다.

	木부 총16획	小篆 說文解字	樵夫(초부) 樵童(초동) 樵歌(초가)	
나무할 초	설문 木부	樵(초)는 쓸모없는 나무를 뜻한다. 木(목)은 의미부분이고, 焦(초)는 발음부분이다.(「樵, 散木也. 从木, 焦聲.」)		

※ 쓸모없는 나무(木)를 구하여 태우는(焦) 데서 '나무하다' '땔나무'를 뜻한다.

481

蕉	艸부 총16획	小篆 焦 說文解字		芭蕉(파초) 蕉布(초포) 翠蕉(취초)	
파초 초	설문 艸부	蕉(초)는 생마(生麻)를 뜻한다. 艸(초)는 의미부분이고, 焦(초)는 발음부분이다.(「蕉, 生枲也. 从艸, 焦聲.」)			

✽ 초목(艹) 중에 불타듯(焦) 뜨거운 열대지방에 자생하는 '파초'를 뜻한다.

礁	石부 총17획	설문 없음		暗礁(암초) 礁湖(초호) 坐礁(좌초)	
암초 초					

✽ 항해를 방해하는 바위(石)로 물속이나 물 밖에 불에 탄(焦) 듯 검게 드러난 '암초'를 뜻한다.

醮	酉부 총19획	小篆 或體 說文解字		再醮(재초) 醮禮(초례)	
초례 초	설문 酉부	醮(초)는 관례(冠禮)·혼례(婚禮) 등과 같은 예식을 행한다는 뜻이다. 제사를 지낸다는 뜻이다. 酉(유)는 의미부분이고, 焦(초)는 발음부분이다. 禚는 醮(초)의 혹체자(或體字)로 (酉 대신) 示(시)를 썼다.(「醮, 冠娶禮; 祭. 从酉, 焦聲. 禚, 醮或从示.」)			

✽ 술(酉)을 제단에 올리고 향을 태우며(焦) 행하는 '초례(醮禮)'를 뜻한다.

鷹 ➡ 應 ➡ 膺 … 雁

鷹	鳥부 총24획	西周 金文  應公簋	春秋 金文  毛公鼎	小篆  秦公鎛	籀文 說文解字	鷹視(응시) 鷹犬(응견) 鷹揚(응양)	
매 응	설문 隹부	雁(응)은 새이다. 隹(추)는 의미부분이고, 瘖(음)의 생략형은 발음부분이다. 때로는 人(인)을 의미부분으로 쓰기도 하는데, 人은 발음부분이기도 하다. 鷹은 雁의 주문(籀文)으로 (隹 대신) 鳥(조)를 썼다.(「雁, 鳥也. 从隹, 瘖省聲. 或从人, 人亦聲. 鷹, 籀文雁, 从鳥.」)					

✽ 집(广)에서 사람(亻)이 기르는 새(隹)로 다른 조류(鳥)를 사냥하는 '매'를 뜻한다.

應	心부 총17획	西周 金文  應公鼎	戰國 金文  雲夢法律	小篆 說文解字	應答(응답) 應試(응시) 應援(응원)	
응할 응	설문 心부	應(응)은 마땅하다는 뜻이다. 心은 의미부분이고, 雁(응)은 발음부분이다.(「應, 當也. 从心, 雁聲.」)				

✽ 집(广)에서 사람(亻)이 기른 매(隹)가 사냥하여 주인의 마음(心)에 '응함'을 뜻한다.

膺	肉부 총17획	戰國 金文  新蔡楚簡	小篆  說文解字	膺懲(응징) 膺受(응수) 膺圖(응도)	
가슴 응	설문 肉부	膺(응)은 가슴을 뜻한다. 肉(육)은 의미부분이고, 雁(응)은 발음부분이다.(「膺, 胷也. 从肉, 雁聲.」)			

✽ 새나 매(雁=鷹:매 응)의 가슴처럼 튀어나온 사람의 몸(月)에서 '가슴'을 뜻한다.

雁	隹부 총12획	西周 金文	戰國 金文	小篆		雁信(안신) 雁柱(안주) 雁行(안행)
		應侯再盨	包山165	說文解字		
기러기 안	설문 隹부	雁(안)은 새(의 이름)이다. 隹(추)와 人(인)은 모두 의미부분이고, 厂(엄·한)은 발음부분이다. 鴈(안)처럼 읽는다.(「雁, 鳥也. 从隹·人, 厂聲. 讀若鴈.」)				

※ 해안가 언덕(厂)에서 서식하며 날 때 사람(亻)처럼 줄을 짓는 새(隹)인 '기러기'를 뜻한다.

昍 ➡ 瞿 ➡ 懼 ➡ 衢 ☆

 ➡ 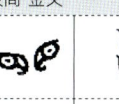 ➡  ➡

昍	目부 총10획	殷商 金文			戰國 金文	小篆		용례 없음
		昍父丁簋	昍鼎	昍爵	璽彙3261	說文解字		
좌우로볼 구	설문 昍부	昍(구)는 좌우로 본다는 뜻이다. 두 개의 目(목)자로 이루어졌다. 무릇 昍부에 속하는 글자들은 모두 昍를 의미부분으로 삼는다. 拘(구)라고 읽는다. 또 "어진 선비 조심하네."라고 할 때의 瞿(구)자처럼 읽기도 한다.(「昍, 左右視也. 从二目. 凡昍之屬皆从昍. 讀若拘. 又若"良士瞿瞿."」)						

※ 좌우에 눈(目)을 그려 '좌우로 봄'을 뜻한다.

瞿	目부 총18획	金文	戰國 金文	小篆		瞿麥(구맥) 瞿視(구시) 瞿如(구여)
		한자의뿌리	郭店語二	說文解字		
놀라볼 구	설문 瞿부	瞿(구)는 매가 노려본다는 뜻이다. 隹(추)와 昍(구)는 모두 의미부분인데, 昍는 발음부분이기도 하다. 무릇 瞿부에 속하는 글자들은 모두 瞿를 의미부분으로 삼는다. 장구(章句)의 구(句)자처럼 읽는다.(「瞿, 鷹隼之視也. 从隹, 从昍, 昍亦聲. 凡瞿之屬皆从瞿. 讀若章句之句.」)				

※ 좌우로 노려보는(昍) 매(隹)가 놀라거나, 새(隹)가 놀라 좌우로 봄(昍)에서 '놀라 보다'를 뜻한다.

懼	心부 총21획	戰國 金文	小篆	古文		危懼(위구) 疑懼(의구) 悚懼(송구)
		中山王鼎	雲夢爲吏	說文解字		
두려워할 구	설문 心부	懼(구)는 두려워한다는 뜻이다. 心(심)은 의미부분이고, 瞿(구)는 발음부분이다. 愳는 고문(古文)이다.(「懼, 恐也. 从心, 瞿聲. 愳, 古文.」)				

※ 마음(忄)에 놀라(瞿), 두 눈을 좌우로(昍:좌우로 볼 구) 새(隹)처럼 살피며 보는(瞿:볼 구) 데서 '두려워함'을 뜻한다.

衢	行부 총24획	小篆		衢路(구로) 衢街(구가) 通衢(통구)
		說文解字		
네거리 구	설문 行부	衢(구), 네거리를 衢라고 한다. 行(행)은 의미부분이고, 瞿(구)는 발음부분이다.(「衢, 四達謂之衢. 从行, 瞿聲.」)		

※ 사방이 다 통해 보이는(瞿) 큰 거리(行)에서 '네거리'를 뜻한다.

翟 ➡ 曜 ➡ 耀 ➡ 濯 ➡ 擢 ➡ 躍

翟	羽부 총14획	金文		小篆		翟車(적거) 翟輅(적로)
		史喜鼎	包山114	說文解字		
꿩깃 적	설문 羽부	翟(적)은 산꿩으로 꼬리가 긴 종류이다. 羽(우)와 隹(추)는 모두 의미부분이다.(「翟, 山雉尾長者. 从羽, 从隹.」)				

※ 날개 깃(羽)이나 꼬리가 아름답고 화려한 새(隹)에서, '꿩의 깃'을 뜻한다.

曜	日부 총18획	설문 없음	甲骨文		小篆	曜靈(요령) 曜魄(요백) 曜日(요일)
			合1248	合10613	形音義字典	

빛날 **요**

✽ 해(日)가 꿩의 깃(翟)처럼 밝고 아름답게 비춤에서 '빛나다'를 뜻한다. 햇빛(日)에 서서 날개(羽)를 들고 몸단장을 하는 빛나는 새(隹)의 깃(翟)에서 '빛나다'가 뜻이 된다.

耀	羽부 총20획	설문 없음	小篆	光耀(광요) 照耀(조요) 耀德(요덕)
			形音義字典	

빛날 **요**

✽ 빛(光)을 받아 꿩의 깃(翟)이 화려하고 밝게 빛남에서 '빛나다'를 뜻한다.

濯	水부 총17획		戰國 金文	小篆	洗濯(세탁) 濯足(탁족) 洗濯物(세탁물)
			右濯戈	說文解字	
씻을 **탁**	설문 水부	濯(탁)은 빨래한다는 뜻이다. 水(수)는 의미부분이고, 翟(적)은 발음부분이다.(「濯, 澣也. 从水, 翟聲.」)			

✽ 물(氵)에 깃(羽)을 적셔 더러움을 씻는 새(隹)에서 '씻다' '빨래하다'를 뜻한다.

擢	手부 총17획		小篆	拔擢(발탁) 擢用(탁용) 擢秀(탁수)
			說文解字	
뽑을 **탁**	설문 手부	擢(탁)은 당긴다는 뜻이다. 手(수)는 의미부분이고, 翟(적)은 발음부분이다.(「擢, 引也. 从手, 翟聲.」)		

✽ 손(扌)으로 아름답고 좋은 꿩의 깃(翟)을 뽑는 데서 '뽑다'를 뜻한다.

躍	足부 총21획		小篆	躍進(약진) 跳躍(도약) 活躍(활약)
			說文解字	
뛸 **약**	설문 足부	躍(약)은 빠르다는 뜻이다. 足(족)은 의미부분이고, 翟(적)은 발음부분이다.(「躍, 迅也. 从足, 翟聲.」)		

✽ 급하면 날기보다 발(足)로 뛰며 깃(翟)을 드는 꿩이나 새에서 '뛰다'를 뜻한다.

雍 ➡ 擁 ➡ 壅 ➡ 甕

雍	隹부 총13획	甲骨文		西周 金文	春秋 金文	戰國 金文	小篆	辟雍(벽옹) 雍容(옹용) 雍穆(옹목)
		前2.28.7	後下21.11	盂鼎	毛公鼎	邵王鼎	雍鼎	說文解字
화할 **옹**	설문 隹부	雝=雍(옹)은 할미새이다. 隹(추)는 의미부분이고, 邕(옹)은 발음부분이다.(「雝, 雝䳍也. 从隹, 邕聲.」)						

✽ 사방이 높은(亠) 언덕(阜=阝=彡)과 물로 에워 쌓이듯 막힌 곳에 사는, 우는 소리가 아름다운 새(隹)에서 '화하다'를 뜻한다. ※참고: 고문은 雝(할미새 옹)과 같다. 邕(화할 옹).

擁	手부 총16획	金文	小篆			擁立(옹립) 抱擁(포옹) 擁壁(옹벽)
		雍令矛	說文解字			
낄 옹	설문 手부	擁(옹)은 감싸 안는다는 뜻이다. 手(수)는 의미부분이고, 雝(옹)은 발음부분이다.(「𢮦, 抱也. 从手, 雝聲.」)				

✻ 양 손(扌)을 잡거나 껴안듯 서로 화목함(雝)에서 '끼다' '안다' '막다'를 뜻한다.

壅	土부 총16획	설문 없음		壅塞(옹색) 壅滯(옹체) 壅劫(옹겁)
막을 옹				

✻ 사방을 에워싸듯 막은(雝) 흙(土)에서 '막다'를 뜻한다.

甕	瓦부 총18획	설문 없음	小篆	甕器(옹기) 甕天(옹천) 鐵甕(철옹)
			形音義字典	
독 옹				

✻ 술이나 장이 새지 않게 막은(雝) 원형의 질그릇(瓦)모양에서 '항아리' '독'을 뜻한다.

厷 ➡ 肱 ➡ 宏 ➡ 雄

厷	厶부 총4획	甲骨文		殷商 金文	小篆	古文	或體	용례 없음
		合13681	乙6843	亞厷鼎		說文解字		
팔뚝 굉	설문 又부	厷(굉)은 팔의 윗부분(즉 팔뚝)을 뜻한다. 又(우)와 고문(古文)은 모두 의미부분이다. ㄣ는 厷의 고문으로, 상형(象形)이다. 肱은 厷의 혹체자(或體字)로 肉(육)을 더하였다.(「𠂇, 臂上也. 从又, 从古文. ㄣ, 古文厷, 象形. 肱, 厷或从肉.」)						

✻ 힘쓸 때 손(又=ナ)을 튼튼하게 구부린 모양(厶)에서 '팔뚝' '튼튼함'을 뜻한다.

肱	肉부 총8획	※厷(굉)의 혹체자(或體字)	曲肱(곡굉) 枕肱(침굉) 股肱(고굉)
팔뚝 굉			

✻ 사람의 몸(月) 중에서 튼튼한 팔(厷)을 더해 '팔'을 뜻한다.

宏	宀부 총7획	甲骨文	金文			春秋 金文	小篆	宏壯(굉장) 宏闊(굉활) 宏業(굉업)
		合33407	毛公鼎	番生簋	王子午鼎	子犯鐘	說文解字	
클 굉	설문 宀부	宏(굉)은 집이 깊고 울린다는 뜻이다. 宀(면)은 의미부분이고, 厷(굉)은 발음부분이다.(「宏, 屋深響也. 从宀, 厷聲.」)						

✻ 집(宀)이 넓고 튼튼함(厷)에서 '크다'를 뜻한다.

485

雄	隹부 총12획	戰國 金文	小篆			雌雄(자웅) 雄飛(웅비) 雄壯(웅장)
		雲夢日甲	說文解字			
수컷 **웅**	설문 隹부	雄(웅)은 수컷 새를 뜻한다. 隹(추)는 의미부분이고, 厷(굉)은 발음부분이다.(「雄, 鳥父也. 从隹, 厷聲.」)				

✻ 암컷보다 튼튼하고(厷) 힘이 센 새(隹)의 '수컷'을 뜻한다.

鳥 → 鳴 → 鳳 → 島 → 搗 … 烏 → 嗚

鳥	鳥부 총11획	甲骨文		殷商 金文	西周 金文	春秋 金文	小篆	鳥類(조류) 鳥籠(조롱) 鳥瞰圖(조감도)
		乙7991	合17864	鳥篹	鳥壬侟鼎	弄鳥尊	說文解字	
새 **조**	설문 鳥부	鳥(조)는 꼬리가 긴 새의 총칭이다. 상형이다. 새[鳥]의 다리는 匕(비)와 비슷하니, 匕는 의미부분이 된다. 무릇 鳥부에 속하는 글자들은 모두 鳥를 의미부분으로 삼는다.(「鳥, 長尾禽總名也. 象形. 鳥之足似匕, 从匕. 凡鳥之屬皆从鳥.」)						

✻ 새의 머리와 눈동자, 긴 꼬리와 다리 등을 표현한 글자로 '새'를 뜻한다.

鳴	鳥부 총14획	甲骨文			春秋 金文		小篆	悲鳴(비명) 耳鳴(이명) 鷄鳴(계명)
		甲2425	後下6.13	前4.27.1	王孫鐘	蔡侯鐘	說文解字	
울 **명**	설문 鳥부	鳴(명)은 새가 우는 소리이다. 鳥와 口는 모두 의미부분이다.(「鳴, 鳥聲也. 从鳥·口.」)						

✻ 입(口)을 벌려 새(鳥)가 지저귀는 데서 '울다'를 뜻한다.

鳳	鳥부 총14획	甲骨文			殷商 金文	鳳凰(봉황) 鳳枕(봉침) 鳳德(봉덕) 鳳仙花(봉선화)
		菁5.1	鐵55.1	粹830	鳳母觶	
		西周 金文	小篆	古文		
		中方鼎	說文解字			
봉새 **봉**	설문 鳥부	鳳(봉)은 신령스런 새이다. 천로(天老)는 다음과 같이 말하였다. "봉황새의 형상은 앞은 기러기, 뒤는 암기린과 같고, 뱀의 목, 물고기의 꼬리, 황새의 이마와 원앙의 뺨[顋(시)], 용의 무늬, 호랑이의 등, 제비의 턱, 닭의 부리를 하고 있으며, 5가지 색을 모두 갖추었다. 동방 군자(君子)의 나라에서 난다. 사해(四海)의 밖을 날아 곤륜산(崑山侖山)을 지나 지주산(砥柱山)에서 목을 축이고 약수(弱水)에서 날개를 닦으며, 바람이 나오는 굴에서는 자지 않는다. 이 새가 보이면 곧 천하는 크게 안정된다. 鳥(조)는 의미부분이고, 凡(범)은 발음부분이다. 㸚은 鳳의 고문(古文)으로, 상형이다. 봉황새가 날면 여러 새가 뒤따르는데 그 수가 수 만을 헤아린다. 그래서 鳳이 붕당(朋黨)을 가리키는 말로도 쓰이는 것이다. 역시 鳳의 고문이다.(「鳳, 神鳥也. 天老曰: '鳳之象也, 鴻前麐後, 蛇頸魚尾, 鸛顙鴛思, 龍文虎背, 燕頷雞喙, 五色備擧. 出於東方君子之國, 翺翔四海之外, 過崑山侖, 飮砥柱, 濯羽弱水, 莫宿風穴, 見則天下大安寧.' 从鳥, 凡聲. 㸚, 古文鳳, 象形. 鳳飛, 羣鳥从以萬數, 故以爲朋黨字. ㇱ, 亦古文鳳.」)					

✻ 모든(凡) 새(鳥) 중에서 가장 신성하고 상서로운 '봉새' 수컷으로 암컷은 '凰(황)'이라 한다. 凡(범)은 발음부분도 된다.

島	山부 총10획	小篆  說文解字		落島(낙도) 島民(도민) 列島(열도)	
섬 도	설문 山부	島(도), 바다 한 가운데 때때로 산이 있어서 그 곳에 머무를 수 있는 곳을 島라고 한다. 山(산)은 의미부분이고, 鳥(조)는 발음부분이다. 발음은 ≪시경(詩經)≫에서 "겨우살이와 댕댕이덩굴."이라고 할 때의 蔦(조)자처럼 읽는다.(「, 海中往往有山可依止, 曰島. 从山, 鳥聲. 讀若≪詩≫曰: "蔦與女蘿."」)

* 많은 새(鳥=鳥)들이 살거나 쉬어가는, 물이나 바다 가운데 산(山)처럼 솟은 '섬'을 뜻한다.

搗	手부 총13획	설문 없음	小篆  形音義字典	搗衣(도의) 搗精(도정) 搗砧(도침)	
찧을 도					

* 손(扌)으로 절구에 곡식·피륙 따위를 섬(島)처럼 수북이 쌓아 '찧거나' '두드림'을 뜻한다.
※참고: 손(扌)으로 오래(壽) 다스려 찧던 '擣(찧을 도)'와 같은 글자.

烏	火부 총10획	西周 金文			春秋 金文	烏鵲橋(오작교) 烏飛梨落 (오비이락)	
		沈子簋	效卣	毛公鼎	余義鐘		
		戰國 金文	小篆	古文			
		鄂君啓舟節		說文解字			
까마귀 오	설문 烏부	烏(오)는 효성스러운 새다. 상형이다. 공자(孔子)는 "烏는 '아아'라고 탄식하는 것."이라고 하였다. 그 소리를 취하여 烏呼(오호)라는 감탄사(의 烏자)가 된 것이다. 무릇 烏부에 속한 글자들은 모두 烏를 의미부분으로 삼는다. 는 烏의 고문(古文)이다. 상형이다. 은 고문 烏자를 생략해 그린 것이다.(「烏, 孝鳥也, 象形. 孔子曰: "烏, 盱呼也." 取其助氣, 故以爲 烏呼. , 古文烏, 象形. , 象古文烏省.」)					

* 새(鳥) 중에서 눈동자가 몸 색과 같은 '까마귀'로, 머리 부분에서 한 획(一)을 생략했다.

嗚	口부 총13획	설문 없음	戰國 金文  璽彙0404	嗚咽(오열) 嗚呼(오호) 嗚泣(오읍)	
슬플 오		설문에는 보이지 않는다. 〈옥편(玉篇)·구부(口部)를 보면〉 "嗚呼(오호)는 감탄하는 소리이다.(「嗚呼, 歎聲也.」)"라고 하였다.			

* 입(口)에서 나오는 슬프게 들리는 까마귀(烏)의 울음소리에서 '슬프다' '탄식하다'를 뜻한다.

馬 ⇒ 瑪 ❖ 馭 ❖ ⇒ 罵 ⇒ 篤 ⇒ 馮 ⇒ 憑

馬	馬부 총10획	甲骨文			殷商 金文		西周 金文	馬具(마구) 馬耳東風 (마이동풍) 塞翁之馬 (새옹지마)	
		菁3.1	粹254	合19813	馬戈	戊寅鼎	作冊大鼎		
		西周 金文	春秋 金文	小篆	古文	籒文			
		盂鼎	虢季子白盤	鄦侯簋	說文解字				
말 마	설문 馬부	馬(마), 말[馬]을 '마'라고 부르는 까닭은 성난 모양[怒(노)]을 잘하고, 위용(威容)이 있기[武(무)] 때문이다. 말의 머리, 갈기, 꼬리, 네 다리의 모양을 그렸다. 무릇 馬부에 속하는 글자들은 모두 馬를 의미부분으로 삼는다. 는 고문(古文)이다. 는 말의 주문(籒文)으로 와 같이 갈기가 있다.(「, 怒也, 武也. 象馬頭·髦·尾·四足之形. 凡馬之屬皆从馬. , 古文. , 籒文馬, 與同有髦.」)							

* 말의 눈과 깃털과 다리를 강조한 모양으로 '말'을 뜻한다.

487

瑪	玉부 총14획	설문 없음	小篆 瑪 形音義字典	※碼(마노 마)와 동자(同字) 석영의 한 가지.	瑪瑙(마노)	
마노 **마**						

✽ 고운 옥(玉)인 석영(石英)의 한 가지로 말(馬) 가죽같이 매끄러운 '마노(瑪瑙)'를 뜻한다.

馭	馬부 총12획	설문 '御(어)'의 고문(古文).			馭馬(어마) 仙馭(선어) 馭極(어극)	
부릴 **어**						

✽ 말(馬)을 손(又)으로 잡고 부리는 데서 '부리다'를 뜻한다.

罵	网부 총15획	戰國 金文 / 小篆 伺罵戈 / 侯馬盟書 / 說文解字			罵倒(매도) 罵詈(매리) 罵辱(매욕)	
꾸짖을 **매**	설문 网부	罵(매)는 詈(꾸짖을 리)이다. 网(망)은 의미부분이고, 馬(마)는 발음부분이다.(「罵, 詈也. 从网, 馬聲.」)				

✽ 그물(罒)로 날뛰는 야생마(馬)를 잡아 구박하고 꾸짖어 길들임에서 '꾸짖다'를 뜻한다.

篤	竹부 총16획	戰國 金文 / 小篆 雲夢雜抄 / 說文解字			篤實(독실) 篤信(독신) 敦篤(돈독)	
도타울 **독**	설문 竹부	篤(독)은 말이 머리를 늘어뜨리고 느리게 간다는 뜻이다. 馬(마)는 의미부분이고, 竹(죽)은 발음부분이다.(「篤, 馬行頓遲. 从馬, 竹聲.」)				

✽ 대(竹)를 무겁게 등에 짊어진 말(馬)이, 느리지만 성실히 걷는 데서 '도탑다'를 뜻한다.

馮	馬부 총12획	戰國 金文 / 小篆 璽印集粹 / 說文解字			馮夷(풍이) 馮氣(빙기)	
탈 **빙** 성 **풍**	설문 馬부	馮(빙·풍)은 말이 빨리 달린다는 뜻이다. 馬(마)는 의미부분이고, 冫(빙)은 발음부분이다.(「馮, 馬行疾也. 从馬, 冫聲.」)				

✽ 얼음(冫)에 미끄러지듯 말(馬)을 타고 '빨리 달리는' 데서 '타다'를 뜻하며, 성씨로도 쓰인다.

憑	心부 총16획	小篆 憑 說文解字	※참고:憑=凭=凴(동자).		信憑(신빙) 憑考(빙고) 憑依(빙의)	
비길 **빙**	설문 几부	憑=凭(빙)은 안석에 기댄다는 뜻이다. 几(궤)와 任(임)은 모두 의미부분이다.《주서(周書)》에 이르기를 "옥궤(玉几)에 기대어 앉으셨다."라고 하였다. 馮(빙)이라고 읽는다.(「凭, 依几也. 从几, 从任.《周書》: "凭玉几." 讀若馮.」)				

✽ 빨리 달리는 말(馮)에 의지하여 먼 길을 가고자 하는 마음(心)에서 '기대다' '비기다'를 뜻한다.
　※참고:憑=凭=凴(동자).

長 → 帳 → 張 → 漲 ☆ → 脹 ☆ → 套

	甲骨文		西周 金文		春秋 金文
長部 총8획					
	前2.8.3	後上19.6	長鼎	長由盃	牆盤	長子口臣匜

	戰國 金文		小篆	古文	
설문 長部					
	庶長戈	上郡守戈	中山王壺	說文解字	

긴 **장**

長短(장단)
長點(장점)
長期(장기)
長官(장관)

長(장)은 오래되었다는 뜻이다. 兀(올)과 匕(화, 즉 化)는 모두 의미부분이다. 兀은 높고 멀다는 뜻이다. 오래되면 변화한다. 亡(망)은 발음부분이다. 丆은 亡자를 거꾸로 한 것이다. 무릇 長부에 속하는 글자들은 모두 長을 의미부분으로 삼는다. 尢은 長의 고문(古文)이다. 亾 역시 長의 고문이다.(「髟, 久遠也. 从兀·匕. 兀者, 高遠意也. 久則變化. 亡聲. 丆者, 倒亡也. 凡長之屬皆从長. 尢, 古文長. 亾, 亦古文長.」)

※ 머리가 긴 노인이 지팡이를 들고 서 있는 모양에서 '길다' '어른' '자라다'를 뜻한다.

	小篆
巾部 총11획	
	說文解字

장막 **장** / 설문 巾部

帳幕(장막)
帳簿(장부)
布帳(포장)

帳(장), 휘장(을 '장'이라고 부르는 까닭은 휘장을 치려면 그것을 펼쳐야[張(장)]하기 때문)이다. 巾(건)은 의미부분이고, 長(장)은 발음부분이다.(「帳, 張也. 从巾, 長聲.」)

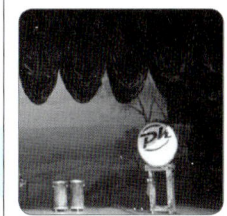

※ 천(巾)을 길게(長) 내려 막거나 두른 '장막' '휘장'을 뜻한다.

	戰國 金文		小篆
弓部 총11획			
	將軍張戈	古鉥	說文解字

베풀 **장** / 설문 弓部

張力(장력)
誇張(과장)
張皇(장황)

張(장)은 활시위를 당긴다는 뜻이다. 弓은 의미부분이고, 長은 발음부분이다.(「張, 施弓弦也. 从弓, 長聲.」)

※ 활(弓)에 긴(長) 줄을 메거나, 활시위에 화살을 메어 길게 당겨 펌에서 '베풀다'를 뜻한다.

		小篆
水部 총14획	설문 없음	
		形音義字典

넘칠 **창**

漲滿(창만)
漲溢(창일)
漲海(창해)

※ 물(氵)이 활줄을 점점 당겨 펴듯(張) 점점 높아져 넘쳐흘러 퍼짐에서 '넘치다'를 뜻한다.

肉部 총12획	설문 없음

부을 **창**

膨脹(팽창)
脹滿(창만)
鼓脹(고창)

※ 배(月)가 점점 자라듯(長) 부풀어 불룩해짐에서 '배가 붓다' '배부르다'를 뜻한다.

大部 총10획	설문 없음

씌울 **투**

封套(봉투)
套語(투어)
套習(투습)

※ 크고(大) 긴(長=镸) '덮개'에서 '씌우다'를 뜻한다.

489

玉 → 鈺 → 珏 → 班

玉

甲骨文		殷商 金文	西周 金文		春秋 金文
乙7808	佚783	鳥且癸簋	乙亥簋	毛公鼎	齊侯壺

戰國 金文	小篆	古文
魚顚匕	說文解字	

玉부
총5획

구슬 **옥**

설문 玉부

玉寶(옥보)
玉篇(옥편)
玉碎(옥쇄)

玉(옥)은 아름다운 돌이다. (다음과 같은) 5가지의 덕을 갖추었다: 윤택하면서 따뜻하니, (이것은) 인(仁)의 측면이다. 속의 무늬가 스스로 드러나 가운데를 알 수 있으니, (이것은) 의(義)의 측면이다. 그 소리가 퍼져서 멀리서도 들리니, (이것은) 지(智)의 측면이다. 굽어지지 않고 부러지니, (이것은) 용(勇)의 측면이다. 예리하면서도 다치게 하지 않으니, (이것은) 혈(絜)의 측면이다. 세 옥을 나란히 놓고, ㅣ으로 꿰뚫은 모양이다. 무릇 玉부에 속하는 글자들은 모두 玉을 의미부분으로 삼는다. 呑은 玉의 고문(古文)이다.(「王, 石之美. 有五德: 潤澤以溫, 仁之方也; 䚡理自外, 可以知中, 義之方也; 其聲舒揚, 專以遠聞, 智之方也; 不橈以折, 勇之方也; 銳廉而不技, 絜之方也. 象三玉之連, ㅣ其貫也. 凡玉之屬皆从玉. 呑, 古文玉.」)

✽ 줄(ㅣ)에 일정한 간격으로 꿴 구슬(三)로 王(왕)과 구분하기 위해 'ヽ'를 더해 '옥'을 뜻한다.

鈺

金부
총13획

보배 **옥**

설문 없음

小篆
形音義字典

鈺圭(옥규)

✽ 쇠(金)가 옥(玉)같이 단단하고 아름답거나, 금(金)이나 옥(玉)같은 보석에서 '보배'를 뜻한다.

珏

玉부
총9획

쌍옥 **각**

설문 珏부

甲骨文			戰國金文	小篆	或體
鐵127.2	鄴三下42,6	合826	貨7	䵣侯馭方鼎	說文解字

용례 없음
(人名字)

珏(각). 두 玉(옥)이 합하여 하나의 珏이 된다. 무릇 珏부에 속하는 글자들은 모두 珏을 의미부분으로 삼는다. 瑴은 珏의 혹체자(或體字)로 (玉 대신) 瞉(각)을 썼다.(「玨, 二玉相合爲一珏. 凡珏之屬皆从珏. 瑴, 珏或从瞉.」)

✽ 옥(玉)을 거듭 이어(珏=玨) '쌍옥'을 뜻한다.

班

玉부
총10획

나눌 **반**

설문 珏부

西周 金文		春秋 金文	小篆
班簋	弭弔盨	郘公子班鎛	說文解字

班列(반열)
班長(반장)
兩班(양반)

班(반)은 서옥(瑞玉)을 나눈다는 뜻이다. 珏(각)과 刀(도)는 모두 의미부분이다.(「班, 分瑞玉也. 从珏, 从刀.」)

✽ 서옥(珏=玨)을 칼(刂)로 나누어 주는 데서 '나누다'를 뜻한다.

◆ 玉不琢不成器 : (옥불탁불성기) 옥은 다듬지 아니하면 그릇이 되지 못함. 사람은 본바탕은 선하지만 배우지 않으면 사람이 살아가야 되는 도(道)를 알지 못함.
◆ 玉石同匱 : (옥석동궤) 옥과 돌이 같은 궤에 들어있음. 좋은 것과 나쁜 것이 뒤섞여 있음.
◆ 玉卮無當 : (옥치무당) 옥으로 된 잔이 밑이 없음. 쓸모없는 보배.
◆ 玉海金山 : (옥해금산) 옥을 품은 바다와 금이 나는 산. 인품이 고귀함.
◆ 玉石俱焚 : (옥석구분) 옥이나 돌이 같이 불에 탐. 착한 사람이나 나쁜사람이나 다같이 재앙을 받음을 이르는 말.
◆ 玉昆金友 : (옥곤금우) 옥같은 형과 금 같은 아우. 남의 형제를 아름답게 이르는 말.
◆ 玉樓銀海 : (옥루은해) 두 어깨와 눈을 이르는말.

王→㞷→汪→旺→枉→狂→匡

王

玉부
총4획

	甲骨文				殷商 金文	西周 金文
	佚386	粹987	甲3358	前5.15.5	小臣系卣	盂鼎
	西周 金文	春秋 金文	戰國 金文	小篆	古文	
	虢季子白盤	越王卅勾矛	秦王鐘	王子子戈	說文解字	

임금 왕

설문 王부

王(왕), 임금을 '왕'이라고 하는 것은 천하(天下)가 그에게로 돌아가기[歸往(귀왕)] 때문이다. 동중서(董仲舒)는 말하기를: '고대에 문자를 만든 사람들은 三[3획]을 긋고 그 가운데를 이은 것을 王이라고 하였다. 그 三이라는 것은 천(天)·지(地)·인(人)인데, 그 셋을 통달한 사람이 왕이다.'라고 하였다. 공자(孔子)는 '一이 三을 관통한 것이 王이다.'라고 하였다. 무릇 王부에 속하는 글자들은 모두 王을 의미부분으로 삼는다. 𠚍은 王의 고문(古文)이다.(「王, 天下所歸往也. 董仲舒曰: '古之造文者, 三畫而連其中謂之王. 三者, 天·地·人也. 而參通之者王也.' 孔子曰: '一貫三爲王.' 凡王之屬皆从王. 𠚍, 古文王.」)

✽ 넓적하고 큰 도끼 모양으로, 도끼로 많은 사람을 다스리던 '왕'에서 '크고, 많음'을 뜻한다.

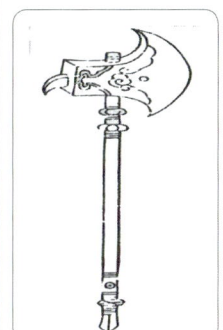

㞷

土부
총7획

	甲骨文				西周 金文	春秋 金文	小篆
	後上27.4	菁3.1	戩8.15	周甲80	晉侯穌鐘	陳逆簋	說文解字

용례 없음

무성할 황

설문 之부

㞷(황)은 초목이 마구 생겨난다는 뜻이다. 之(지)가 흙[土(토)] 위에 있다는 의미이다. 皇(황)이라고 읽는다.(「㞷, 艸木妄生也. 从之在土上. 讀若皇.」)

✽ 땅(土) 위에 어지러운 발(㞷=之)자국처럼 '많은' 초목이 '무성하게' '어지럽게' 자람을 뜻한다.
※참고: 후에 '㞷(황)'은 '王(왕)'자처럼 변해 쓰였다.

汪

水부
총7획

西周 金文	戰國 金文	小篆
汪伯卣	澂秋35	說文解字

汪茫(왕망)
汪洋(왕양)
汪濊(왕예)

넓을 왕

설문 水부

汪(왕)은 (물이) 깊고 넓다는 뜻이다. 水(수)는 의미부분이고, 㞷(황)은 발음부분이다. 일설에 汪은 연못을 뜻한다고도 한다.(「汪, 深廣也. 从水, 㞷聲. 一曰: 汪, 池也.」)

✽ 물(氵)이 깊고 넓어 많은(王) 데서 '넓다'를 뜻한다.

旺

日부
총8획

설문 없음

戰國 金文	小篆
陳旺戈	形音義字典

旺盛(왕성)
興旺(흥왕)
旺運(왕운)

왕성할 왕

✽ 해(日)가 떠오르면서 빛이 많아지고(王) 아름답게 비추어 '왕성함'을 뜻한다. ※暀(빛 고울 왕)

枉

木부
총8획

戰國 金文	小篆
包山266	說文解字

枉臨(왕림)
枉法(왕법)
枉屈(왕굴)

굽을 왕

설문 木부

枉(왕)은 (나무가) 굽었다는 뜻이다. 木(목)은 의미부분이고, 㞷(황)은 발음부분이다.(「枉, 衺曲也. 从木, 㞷聲.」)

✽ 초목(木)의 굽은 싹(屮)이 땅(土)을 뚫고 무성히(㞷=王:무성할 황) 나는 데서 '굽다'를 뜻한다.
※파자: 나무(木)가지를 왕(王)자로 '구부림'을 뜻한다. ※㞷(屮=之+土:어지럽게 다님)

狂	犬부 총7획	甲骨文		西周 金文	侯馬盟書	戰國 金文	小篆	古文	狂亂(광란) 狂氣(광기) 狂奔(광분)
		甲615		後上14.8	孟狂父鼎		古 鉢	說文解字	

미칠 광	설문 犬부	狂(광)은 미친개를 뜻한다. 犬(견)은 의미부분이고, 㞷(황)은 발음부분이다. 㹱은 고문(古文)으로 (犬 대신) 心(심)을 썼다.(「㹴, 狾犬也, 从犬, 㞷聲. 㹱, 古文从心.」)

✳ 개(犭)가 정신을 잃어 미쳐 어지럽게(㞷=王) 날뛰는 데서 '미치다'를 뜻한다.
　※파자: 개(犭)가 왕(王)노릇을 하려 '미침'.

匡	匚부 총6획	西周 金文		春秋 金文	小篆	或體	匡正(광정) 匡濟(광제) 匡輔(광보)
		曶鼎	禹鼎	御士叔繁匡	說文解字		

바를 광	설문 匚부	匡=筐(광)은 밥그릇으로, (소 여물통 비슷한) 광주리 모양의 그릇을 뜻한다. 匚(방)은 의미부분이고, 㞷(황)은 발음부분이다. 筐은 匡의 혹체자(或體字)로 竹(죽)을 더하였다.(「匡, 飲器, 筥也. 从匚, 㞷聲. 筐, 匡或从竹.」)

✳ 상자(匚)에 어지럽게(㞷:王) 널린 것을 정리하는 데서 '바르다'를 뜻한다.
　※파자: 상자(匚)에 왕(王)에 바칠 물건을 '바르게' 정리함.

丶→主→住→注→柱→註→駐→炷✥→姓✥→往

丶	丶부 총1획	殷商 金文	小篆		용례 없음
		皿·爵	說文解字		

불똥/점 주	설문 丶부	丶(주)는 멈추고자 하는 곳이 있을 때, 丶를 쳐서 표시한다. 무릇 丶부에 속하는 글자들은 모두 丶를 의미부분으로 삼는다.(「丶, 有所絶止, 丶而識之也. 凡丶之屬皆从丶.」)

✳ 등잔불 또는 작은 불꽃으로 '작은 물건'을 뜻하기도 한다.

主	丶부 총5획	甲骨文				戰國 金文	小篆	主人(주인) 主演(주연) 主催(주최)
		한자의뿌리	乙3400	後上1·2	合22062	上博印28	說文解字	

임금/주인 주	설문 丶부	主(주)는 촛대 위의 불꽃을 뜻한다. 㞷는 의미부분으로, (제사용 촛대를 그린) 상형이다. 丶(주) 역시 의미부분인데, 발음부분이기도 하다.(「㞷, 鐙中火主也. 从㞷, 象形. 从丶, 丶亦聲.」)

✳ 등불(丶)이 등잔이나 횃대(王) 가운데에 있는 모양으로 일이나 사물의 중심에서 '주인'을 뜻한다.

住	人부 총7획	설문 없음	小篆		住民(주민) 住所(주소) 居住(거주)
			形音義字典		

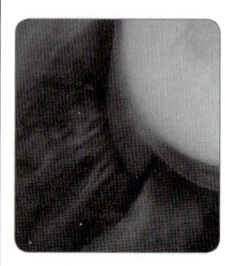

살 주	≪광운(廣韻)·우운(遇韻)≫을 보면 "住(주)는 멈춘다는 뜻이다.(「住, 止也.」)"라고 하였다.

✳ 사람(亻)들이 횃대 중심(主)에 붙어 타는 횃불처럼 한 곳에 머물러 '살다'를 뜻한다.

注	水부 총8획	戰國 金文	小篆		注油(주유) 注意(주의) 注入(주입)
		雲夢日甲	說文解字		

부을 주	설문 水부	注(주)는 물을 댄다는 뜻이다. 水(수)는 의미부분이고, 主(주)는 발음부분이다.(「㴍, 灌也. 从水, 主聲.」)

✳ 물(氵)을 어느 곳의 중심(主)에 대어 붓는 데서 '붓다'를 뜻한다.

柱	木부 총9획	戰國 金文  洱陽令戟	小篆 說文解字		柱石(주석) 支柱(지주) 電柱(전주)
기둥 주	설문 木부	柱(주)는 楹(기둥 영)이다. 木(목)은 의미부분이고, 主(주)는 발음부분이다.(「柱, 楹也. 从木, 主聲.」)			

❋ 나무(木)로 지붕이나 어떠한 물건의 중심(主)을 받치는 데서 '기둥'을 뜻한다.

註	言부 총12획	설문 없음	小篆 形音義字典	註釋(주석) 註解(주해) 註書(주서)
글뜻풀 주				

❋ 말(言)의 뜻이나 문장의 중심(主)된 뜻을 풀어 남이 알 수 있도록 함에서 '글 뜻 풀다'를 뜻한다.

駐	馬부 총15획	戰國 金文  曾侯墓簡	小篆 說文解字		駐在(주재) 駐屯(주둔) 常駐(상주)
머무를 주	설문 馬부	駐(주)는 말이 서 있다는 뜻이다. 馬(마)는 의미부분이고, 主(주)는 발음부분이다.(「駐, 馬立也. 从馬, 主聲.」)			

❋ 말(馬)이 목적지의 중간(主)에 갈 길을 멈추고 잠시 머무름에서 '머물다'를 뜻한다.

炷	火부 총9획	설문 없음	小篆 形音義字典	炷香(주향)
심지 주				

❋ 불(火)을 붙이는 등불 중심(主)의 '심지'를 뜻한다.

姝	女부 총8획		小篆 說文解字	용례 없음
예쁠 주	설문 女부	姝(주)는 여자의 자(字)이다. 女(녀)는 의미부분이고, 主(주)는 발음부분이다.(「姝, 女字也. 从女, 主聲.」)		

❋ 눈에 띄는 여자(女)가 모임의 중심(主)이 되는 데서 '예쁘다' '여자 이름'을 뜻한다.

往	彳부 총8획	甲骨文 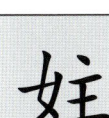  菁3.1　戩8.15	春秋 金文 陳逆簠　吳王光鑑	小篆 說文解字	古文	往診(왕진) 往來(왕래) 往復(왕복)
갈 왕	설문 彳부	往(왕)은 간다는 뜻이다. 彳(척)은 의미부분이고, 㞷(황)은 발음부분이다. 遉은 고문(古文)으로 (彳 대신) 辵(착)을 썼다.(「往, 之也. 从彳, 㞷聲. 遉, 古文从辵.」)				

❋ 길(彳)을 어지럽게(㞷=王=主:무성할 황) 다님에서 '가다'를 뜻한다.
※파자:걸어서(彳) 주인(主)에게 '감'을 뜻한다.

黃 → 璜 → 簧 → 橫 → 鐄 → 廣 → 鑛 → 壙 → 曠 → 擴

黃

	甲骨文		西周 金文	春秋 金文	戰國 金文	小篆	古文
黃부 총12획							
	京津637	前7.32.3	召尊	哀成叔鼎	曾侯乙鐘	說文解字	

黃色(황색)
黃金(황금)
黃昏(황혼)

누를 황	설문 黃부	黃(황)은 땅의 색깔을 뜻한다. 田(전)과 炗(광)은 모두 의미부분인데, 炗은 발음부분이기도 하다. 炗은 光(광)의 고문(古文)이다. 무릇 黃부에 속하는 글자들은 모두 黃을 의미부분으로 삼는다. 灸은 黃의 고문이다.(「黃, 地之色也. 从田, 从炗, 炗亦聲. 炗, 古文光. 凡黃之屬皆从黃. 灸, 古文黃.」)

※ 사람이 허리춤에 가로로 차고 다니던 누런 노리개(田) 색에서 '누르다' '누렇다'를 뜻한다.
　※참고:'黃'은 가로로 차던 노리개에서 黃자를 만나는 글자는 '가로'라는 숨은 뜻을 갖는다.

璜

	西周 金文	春秋 金文	小篆
玉부 총16획			
	珮生簋	赤目臣	說文解字

璜珩(황형)
璜璜(황황)

서옥/반달 황	설문 玉부	璜(반쪽 둥근 패옥 황)은 반쪽 벽옥(璧玉)이다. 玉(옥)은 의미부분이고, 黃(황)은 발음부분이다.(「璜, 半璧也. 从玉, 黃聲.」)

※ 둥근 옥(玉)을 반쪽으로 쪼개어 허리에 차던 누런 노리개(黃)인 '반달' 모양 '서옥'을 뜻한다.

簧

	西周 金文	春秋 金文	小篆
竹부 총18획			
	猷簋	漆筒墨書	說文解字

笙簧(생황)
簧鼓(황고)
簧葉(황엽)

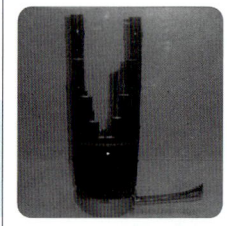

생황 황	설문 竹부	簧(황)은 생황(笙簧)의 부리에 장치하여 소리를 내는 얇은 조각을 뜻한다. 竹(죽)은 의미부분이고, 黃(황)은 발음부분이다. 옛날 여와(女媧)가 簧을 만들었다.(「簧, 笙中簧也. 从竹, 黃聲. 古者女媧作簧.」)

※ 대(竹)나무 악기의 부리에 가로(黃)로 누런(黃) 노리개 같은 울림조각을 댄 피리 종류 '생황'.

橫

	戰國 金文	小篆
木부 총16획		
	十鐘印舉	說文解字

橫材(횡재)
橫列(횡렬)
橫厄(횡액)

가로 횡	설문 木부	橫(횡)은 난간(欄干)의 나무를 뜻한다. 木(목)은 의미부분이고, 黃(황)은 발음부분이다.(「橫, 闌木也. 从木, 黃聲.」)

※ 가축의 탈출을 막는 나무(木)로 문을 가로(黃)막은 누런(黃) 기둥에서 '가로'를 뜻한다.

鐄

		小篆
金부 총20획	설문 없음	
		形音義字典

鐄鐄(횡횡)

큰종 횡		

※ 쇠(金)로, 허리에 차고 소리 내던 누런 노리개(黃)처럼 매달아 크게 울리던 '큰 종'을 뜻한다.

廣

	甲骨文		西周 金文		春秋 金文	小篆
广부 총15획						
	合4880	合17088	不嬰簋	廣簋	晉公奠	說文解字

廣野(광야)
廣場(광장)
廣告(광고)

넓을 광	설문 广부	廣(광)은 사방에 벽을 쌓지 않은 큰 집을 뜻한다. 广(엄)은 의미부분이고, 黃(황)은 발음부분이다.(「廣, 殿之大屋也. 从广, 黃聲.」)

※ 사방에 벽이 없어, 집(广) 안이 누렇고(黃) 넓게 보이는 데서 '넓다'를 뜻한다.

鑛	金부 총23획	설문 없음	小篆 鑛 形音義字典	鑛夫(광부) 鑛山(광산) 金鑛(금광)	
쇳돌 광		≪설문해자≫에는 '鑛'자가 보이지 않는다. 소전에서는 '礦(쇳돌 광, 유황 황)'으로 썼다. '鑛'은 또 '礦(쇳돌 광)'으로 쓰기도 한다. ≪광운(廣韻)·경운(梗韻)≫을 보면 "鑛은 礦과 같다. 礦은 광석(鑛石)을 뜻한다.(「鑛, 同礦. 礦, 金璞也.」)"라고 하였다.			

✽ 금속(金)의 광물이 넓게(廣) 들어 있는 아직 제련하지 않은 원석에서 '쇳돌'을 뜻한다.

壙	土부 총18획		小篆 壙 說文解字	壙中(광중) 壙內(광내) 壙穴(광혈)	
뫼구덩이 광	설문 土부	壙(광)은 땅을 파서 만든 구덩이를 뜻한다. 일설에는 크다는 뜻이라고도 한다. 土(토)는 의미부분이고, 廣(광)은 발음부분이다.(「壙, 塹穴也. 一曰大也. 从土, 廣聲.」)			

✽ 시신을 묻기 위해 땅(土)을 넓게(廣) 파놓은 구덩이인 '뫼 구덩이'를 뜻한다.

曠	日부 총19획		小篆 曠 說文解字	曠古(광고) 曠野(광야) 曠茫(광망)	
빌 광	설문 日부	曠(광)은 밝다는 뜻이다. 日(일)은 의미부분이고, 廣(광)은 발음부분이다.(「曠, 明也. 从日, 廣聲.」)			

✽ 해(日)가 넓고(廣) 크게 비추어 '밝음'을 뜻하며, 넓은 텅 빈 들을 비춤에서 '비다'를 뜻한다.

擴	手부 총18획	설문 없음	小篆 擴 形音義字典	擴張(확장) 擴大(확대) 擴散(확산)	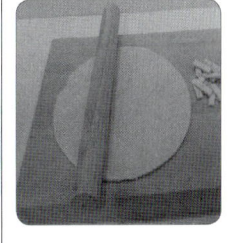
넓힐 확		≪설문해자≫에는 '擴'자가 보이지 않는다. ≪옥편(玉篇)·수부(手部)≫를 보면 "擴은 잡아당겨 펼친다는 뜻이다.(「擴, 引張之意.」)"라고 하였다.			

✽ 손(扌)으로 넓게(廣) 하는 데서 '넓히다'를 뜻한다.

堇➡僅➡勤➡謹➡槿➡瑾➡覲◆➡饉➡漢✧➡墐✧➡歎➡嘆✧➡灘➡漢
➡難➡儺☆

堇	土부 총11획	甲骨文			西周 金文			堇塊(근괴) 堇堇(근근)	
		京津517	粹551	頌 鼎	堇伯鼎	召伯簋	猷 鐘		
		春秋 金文	戰國 金文		小篆	古文			
		陳曼簠	漢中守戈	齊陳曼匜	說文解字				
진흙 근	설문 堇부	堇(근)은 진흙을 뜻한다. 土(토)와 黃(황)의 생략형은 모두 의미부분이다. 무릇 堇부에 속하는 글자들은 모두 堇을 의미부분으로 삼는다. 薑과 薑은 모두 堇의 고문(古文)이다.(「堇, 黏土也. 从土, 从黃省. 凡堇之屬皆从堇. 薑·薑, 皆古文堇.」)							

✽ 사람을 묶어 불(火)태워 비를 구하던 모양으로 어려움에 처함을 뜻하나, 후에 제물로 끈적한 진흙(土)으로 만든 사람 형상을 쓰면서 '土'의 형태가 되어 '진흙' '조금' '어려움'을 뜻한다.

僅	人부 총13획	戰國 金文 璽彙3690	小篆 說文解字		僅僅(근근) 僅少(근소)	
겨우 근	설문 人부	僅(근)은 겨우 할 수 있다는 뜻이다. 人(인)은 의미부분이고, 堇(근)은 발음부분이다.(「𡃫, 材能也. 从人, 堇聲.」)				

✽ 사람(亻)이 겨우 어렵게(堇) 일을 이룸에서 '겨우'를 뜻한다.

勤	力부 총13획	金文 中山王方壺	小篆 說文解字		勤勉(근면) 勤儉(근검) 勤勞(근로)	
부지런할 근	설문 力부	勤(근)은 수고롭다는 뜻이다. 力(력)은 의미부분이고, 堇(근)은 발음부분이다.(「勤, 勞也. 从力, 堇聲.」)				

✽ 어려운(堇) 일을 힘써(力) 하는 데서 '부지런함'을 뜻한다.

謹	言부 총18획	金文 古鉥	小篆 說文解字		謹弔(근조) 謹愼(근신) 謹嚴(근엄)	
삼갈 근	설문 言부	謹(근)은 조심한다는 뜻이다. 言(언)은 의미부분이고, 堇(근)은 발음부분이다.(「謹, 愼也. 从言, 堇聲.」)				

✽ 말(言)을 어렵게(堇) 조심하여 공경히 하는 데서 '삼가다'를 뜻한다.

槿	木부 총15획	설문 없음	戰國 金文 上博容成	小篆 形音義字典	槿花(근화) 槿域(근역) 槿籬(근리)	
무궁화 근						

✽ 나무(木)중에 꽃이 하루를 넘기기 어려운(堇) 나무(木)인 '무궁화나무'의 특성을 나타낸다. 아욱과(堇=菫:제비꽃/아욱 근)의 나무(木)에서 '무궁화'로도 본다.

瑾	玉부 총15획		小篆 說文解字		懷瑾(회근) 瑾瑜匿瑕 (근유익하)	
아름다운옥 근	설문 玉부	瑾(붉은 옥 근, 아름다운 옥 근)은 근유(瑾瑜)로, 아름다운 옥이다. 玉(옥)은 의미부분이고, 堇(근)은 발음부분이다.(「瑾, 瑾瑜, 美玉也. 从玉, 堇聲.」)				

✽ 옥(玉)이 물기가 있고 끈적한 진흙(堇)처럼 윤기가 있어 광택이 있는 '아름다운 옥'을 뜻한다. 또는, 구하기 어려운(堇) 옥(玉)으로 '아름다운 옥'을 뜻한다.

覲	見부 총18획	戰國 金文 上博周易	小篆 說文解字		覲親(근친) 覲見(근현) 覲禮(근례)	
뵐/뵈올 근	설문 見부	覲(근), 제후(諸侯)가 가을에 조회(朝會)에 나가 (천자를) 뵙는 것을 覲이라고 한다. 임금의 일을 돌본다는 뜻이다. 見(견)은 의미부분이고, 堇(근)은 발음부분이다.(「覲, 諸侯秋朝曰覲. 勞王事. 从見, 堇聲.」)				

✽ 가을에 제후가 자신의 어려움(堇)을 조회에서 천자를 뵙고(見) 아뢰던 데서 '뵙다'를 뜻한다.

饉	食부 총20획	金文 昌鼎	小篆 說文解字		餓饉(아근) 饑饉(기근) 凶饉(흉근)
주릴 근	설문 食부	饉(근), 채소가 익지 않은 것을 饉이라고 한다. 食(식)은 의미부분이고, 菫(근)은 발음부분이다.(「饉, 蔬不孰爲饉. 从食, 菫聲.」)			

✱ 곡식이 여물지 않아 식량(食=𩚳) 사정이 어려워(菫) 굶주리는 데서 '주리다'를 뜻한다.

漌	水부 총14획	설문 없음			漌清(근청)
맑을 근					

✱ 맑은 물(氵)이 귀해 어렵게(菫) 구한 데서 '맑다'를 뜻한다.

墐	土부 총14획	小篆 說文解字		墐戶(근호)
매흙질할 근	설문 土부	墐(근)은 진흙을 뜻한다. 土(토)는 의미부분이고, 菫(근)은 발음부분이다.(「墐, 涂也. 从土, 菫聲.」)		

 흙(土)을 쌓고 진흙(菫)으로 벽을 바르는 데서 '매흙질하다'를 뜻한다. 또는 벽에 진흙(土)을 어렵게(菫) 바르는 데서 '매흙질하다'를 뜻한다.

歎	欠부 총15획	小篆	籒文		歎息(탄식) 感歎(감탄) 恨歎(한탄)
		說文解字			
탄식할 탄	설문 欠부	歎(탄)은 읊는다는 뜻이다. 欠(흠)은 의미부분이고, 鷬(난)의 생략형은 발음부분이다. 鷬은 歎의 주문(籒文)으로 생략하지 않은 형태이다.(「鷬, 吟也. 从欠, 鷬省聲. 鷬, 籒文歎, 不省.」)			

 가뭄 등 어려움(=)이 있어 입을 벌려(欠) '탄식함'을 뜻한다.

嘆	口부 총14획	小篆 說文解字		嘆哭(탄곡) 嘆息(탄식) 嘆嗟(탄차)
탄식할 탄	설문 口부	嘆(탄)은 탄식한다는 뜻이다. 口(구)는 의미부분이고, 歎(탄)의 생략형은 발음부분이다. 일설에는 한숨 쉰다는 뜻이라고도 한다.(「嘆, 吞歎也. 从口, 歎省聲. 一曰太息也.」)		

 입(口)으로 어려움(=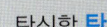)을 말하거나 큰 한숨을 쉬는 데서 '탄식하다'를 뜻한다. ※歎과 同字.

灘	水부 총22획	戰國 金文 鄂君舟節	小篆 說文解字	俗字	急灘(급탄) 灘上(탄상)
여울 탄	설문 水부	灘=瀷(탄)은 물이 젖어 있다가 말랐다는 뜻이다. 水(수)는 의미부분이고, 鷬(난)은 발음부분이다. ≪시경(詩經)≫에 이르기를 "바싹 말라 있네."라고 하였다. 灘은 瀷의 속자(俗字)로 (鳥 대신) 隹(추)를 썼다.(「瀷, 水濡而乾也. 从水, 鷬聲. ≪詩≫曰: "瀷其乾矣." 灘, 俗瀷, 从隹.」)			

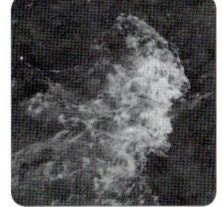

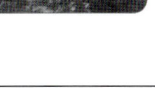

 돌이 많고 물(氵)이 얕으나 물살이 빨라 건너기 어려운(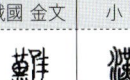=) '여울'을 뜻한다.

漢	水부 총14획	戰國 金文		小篆	古文	漢陽(한양) 漢字(한자) 漢文(한문)

		敬事天王鐘	陶三1106	說文解字		
한수 **한**	설문 水부	漢(한)은 양수(漾水)이다. 동으로 흐르는 것은 창랑수(滄浪水)이다. 水(수)는 의미부분이고, 難(난)의 생략형은 발음부분이다. 灘은 고문(古文)이다.(「灘, 漾也. 東爲滄浪水. 从水, 難省聲. 灘, 古文.」)				

※ 물(氵)이 흘러 노랗고 끈적한 진흙(茣) 땅을 가르며 지나는 '한수' 유역의 나라인 '한나라'를 뜻한다. 또는 사람이 살기 어려운(茣) 땅을 가르며 지나는 강(氵)이 있는 '한수' 지역을 뜻한다.

難	隹부 총19획	西周 金文	春秋金文	戰國 金文	小篆	或體	古文			難處(난처) 難關(난관) 難民(난민)

		季良父壺	歸父盤	中山王鼎		說文解字				
어려울 **난**	설문 鳥부	鸛(난)은 새(의 이름)이다. 鳥(조)는 의미부분이고, 堇(근)은 발음부분이다. 䳿은 鸛의 혹체자로 (鳥 대신) 隹(추)를 썼다. 䴇은 鸛의 고문(古文)이다. 䳦은 鸛의 고문이다. 䳭은 鸛의 고문이다.(「鸛, 鳥也. 从鳥, 堇聲., 鸛或从隹., 古文鸛., 古文鸛., 古文鸛.」)								

※ 노란(堇=茣) 깃을 가진 새(隹)로, 구하기 어려운(堇=茣) 새(隹)에서 '어렵다'를 뜻한다.

儺	人부 총21획	小篆	儺儀(나의) 儺者(나자) 儺禮(나례)

		說文解字	
푸닥거리 **나**	설문 人부	儺(나)는 걷는 데 절도가 있다는 뜻이다. 人(인)은 의미부분이고, 難(난)은 발음부분이다. ≪시경(詩經)≫에 이르기를 "걸을 때마다 허리에 찬 구슬이 절도 있게 짤랑거리는구나."라고 하였다.(「儺, 行人節也. 从人, 難聲. ≪詩≫曰: "佩玉之儺."」)	

※ 사람(亻)들의 어려움(難)을 해결하기 위해 역귀를 쫓는 '푸닥거리'를 행함을 뜻한다.

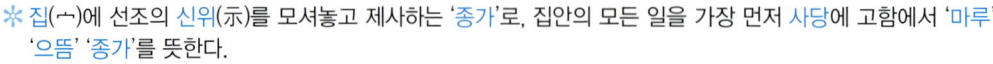

示	示부 총5획	甲骨文				戰國 金文	小篆	古文	示唆(시사) 示範(시범) 訓示(훈시)
		後上1.2	乙3400	合27306	前2.38.2	天星觀簡	貨系0305	說文解字	
보일/제단 **시**	설문 示부	示(시), 하늘에서 상(象)을 내려, 길흉(吉凶)을 나타낸다. 이렇게 함으로써 사람들에게 보여주는 것이다. 二(즉 上)은 의미부분이다. 三이 내려뜨려져 있는데(川), (이 셋은) 해와 달과 별이다. 천문(天文)을 관찰하여 세월의 변화를 살피고, 신령(神靈)의 일을 보여준다. 무릇 示부에 속하는 글자들은 모두 示를 의미부분으로 삼는다. 川는 示의 고문(古文)이다.(「示, 天垂象, 見吉凶, 所以示人也. 从二. 三垂, 日月星也. 觀乎天文以察時變, 示神事也. 凡示之屬皆从示. 川, 古文示.」)								

※ 신이나 조상에 제사 지내던 돌 제단(丁) 위 희생물(一)과 흐르는 핏물(八)로 '신'이 길흉을 '보이거나', 제사를 드려 마음을 보임에서 '보이다'를 뜻한다. 위패(位牌) 모양이라고도 한다.

宗	宀부 총8획	甲骨文				殷商 金文	西周 金文	小篆	宗孫(종손) 宗敎(종교) 改宗(개종)
			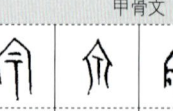						
		前1.45.5	後上5.5	佚861	前4.38.4	作冊且己	盂鼎	說文解字	
마루 **종**	설문 宀부	宗(종)은 존숭(尊崇)하는 선조를 뜻한다. (또) 조상을 받드는 사당을 뜻한다. 宀(면)과 示(시)는 모두 의미부분이다.(「宗, 尊祖廟也. 从宀, 从示.」)							

※ 집(宀)에 선조의 신위(示)를 모셔놓고 제사하는 '종가'로, 집안의 모든 일을 가장 먼저 사당에 고함에서 '마루' '으뜸' '종가'를 뜻한다.

琮	玉부 총12획	甲骨文			小篆	琮琤(종쟁) (人名字)	
		前5·4·7	乙6736	粹401	說文解字		
옥홀 종	설문 玉부	琮(지신제地神祭에 쓰는 옥 종)은 서옥(瑞玉)이다. (가운데 원의) 크기는 8촌(寸)이고, 수레바퀴통쇠처럼 생겼다. 玉(옥)은 의미부분이고, 宗(종)은 발음부분이다.(「瑑, 瑞玉也. 大八寸, 似車釭. 从玉, 宗聲.」)					

✽ 옥(玉)으로 만든 사당(宗) 제사에 쓰이는 팔각형으로 가운데 구멍이 있는 '옥홀'을 뜻한다.

綜	糸부 총14획	小篆 說文解字	綜合(종합) 綜理(종리) 錯綜(착종)	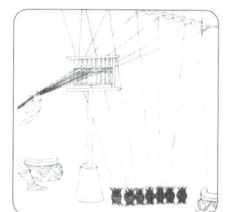
모을 종	설문 糸부	綜(종)은 베틀 위의 실을 뜻한다. 糸(멱·사)는 의미부분이고, 宗(종)은 발음부분이다.(「綜, 機縷也. 从糸, 宗聲.」)		

✽ 날실(糸)을 모아 다스리는 베틀의 마루(宗)되는 '잉아'에서 '모으다'를 뜻한다.

踪	足부 총15획	설문 없음	踪跡(종적) 失踪(실종) 昧踪(매종)	
자취 종				

✽ 발(足)로 으뜸(宗)인 사람을 따라감(從)을 뜻하는 '蹤(종)'과 같은 자로, 조상의 으뜸(宗)인 발(足) '자취'를 뜻하여 '자취'를 뜻한다.

倧	人부 총10획	설문 없음	大倧敎(대종교)	
상고신인 종				

✽ 사람(亻)들 중에 한 종족의 으뜸(宗)이었던 '상고(上古)의 신인(神人)'을 뜻한다.

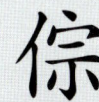

淙	水부 총11획	小篆 說文解字	淙潺(종잔) 淙琤(종쟁) 淙淙(종종)	
물소리 종	설문 水부	淙(종·장)은 물이 흐르는 소리이다. 水(수)는 의미부분이고, 宗(종)은 발음부분이다.(「淙, 水聲也. 从水, 宗聲.」)		

✽ 물(氵)이 사당(宗)에 모여 제사하듯, 한곳에 모여 흐르는 소리에서 '물소리'를 뜻한다.

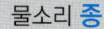

悰	心부 총11획	小篆 說文解字	悰靈(종령)	
즐길/즐거울 종	설문 心부	悰(종)은 즐겁다는 뜻이다. 心(심)은 의미부분이고, 宗(종)은 발음부분이다.(「悰, 樂也. 从心, 宗聲.」)		

✽ 즐거운 마음(忄)으로 한 집안의 사당(宗)에 모여 조상을 받듦에서 '즐기다' '즐겁다'를 뜻한다.

棕	木부 총12획	小篆  說文解字	'棕'과 '椶'은 동자(同字).	棕櫚(종려) 棕拂(종불)	
종려나무 종	설문 木부	椶(종)은 종려나무이다. 도롱이를 만들 수 있다. 木(목)은 의미부분이고, 㚇(종)은 발음부분이다.(「椶, 栟櫚也. 可作萆. 从木, 㚇聲.」)			

※ 나무(木)의 잎이 발이 묶인 새(㚇:새 쭉지 낄 종)처럼 한곳에서 갈라진 '종려나무'인 '椶(종)'이 본자로, 나무(木)의 잎이 으뜸(宗)인 줄기 한곳에 모이는 '종려나무'를 뜻한다.

崇	山부 총11획	小篆  說文解字		崇尙(숭상) 崇拜(숭배) 隆崇(융숭)	
높을 숭	설문 山부	崇(숭)은 (산이) 높다는 뜻이다. 山(산)은 의미부분이고, 宗(종)은 발음부분이다.(「崇, 嵬高也. 从山, 宗聲.」)			

※ 산(山) 중에서 가장 크고 높아 으뜸(宗)인 산에서 '높다'를 뜻한다.

祭 ➡ 際 ➡ 蔡 ➡ 察 ➡ 擦

祭	示부 총11획	甲骨文		春秋 金文	戰國 金文	小篆	祭祀(제사) 祭禮(제례) 祭壇(제단)	
		 乙6432	 掇1.463	 甲2700	 郘公華鐘	 陳侯午敦	 說文解字		
제사 제	설문 示부	祭(제)는 제사를 뜻한다. 示는 의미부분이고, (나머지 부분은) 손으로 고기를 잡고 있다.(「祭, 祭礼也. 从示, 以手持肉.」)						

※ 고기(月)덩이를 손(又)으로 제단(示)에 올려놓고 '제사'함을 뜻한다.

際	阜부 총14획	小篆 說文解字		實際(실제) 交際(교제) 國際(국제)	
즈음 제	설문 阜부	際(제)는 두 개의 담이 서로 만나는 곳을 뜻한다. 阜(부)는 의미부분이고, 祭(제)는 발음부분이다.(「際, 壁會也. 从阜, 祭聲.」)			

※ 두 언덕(阝)이 서로 만나는 곳에 모여 제사(祭)하는 시기에서 '즈음' '때' '사귀다'를 뜻한다.

蔡	艸부 총15획	甲骨文	西周 金文	春秋 金文		戰國 金文	小篆	靈蔡(영채) 神蔡(신채) 蔡倫(채륜)	
		前5.40.3	前5.18.1	九年衛鼎	蔡大師鼎	蔡侯申戈	蔡侯產戈	說文解字		
성/나라 채	설문 艸부	蔡(채나라 채; 귀양보낼 살)는 풀(의 이름)이다. 艸(초)는 의미부분이고, 祭(제)는 발음부분이다.(「蔡, 艸也. 从艸, 祭聲.」)							

※ 풀(艹)을 베어내고 제사(祭)함을 뜻하나, 주(周) '나라' 때 제후국으로 '성'으로 쓰인다.

察	宀부 총14획	戰國 金文 雲夢爲吏	小篆 說文解字	巡察(순찰) 警察(경찰) 診察(진찰)	
살필 찰	설문 宀부	察(찰)은 뒤집는다는 뜻이다. 宀(면)과 祭(제)는 모두 의미부분이다.(「察, 覆也. 从宀·祭.」)			

※ 사당이나 집(宀)안의 제사(祭)를 잘 감독하고 살펴봄에서 '살피다'를 뜻한다.

擦	手부 총17획	설문 없음		塗擦(도찰) 摩擦(마찰) 擦過傷(찰과상)	
문지를 **찰**					

✷ 손(扌)으로 오염물을 살펴(察) 급히 문질러 털어내는 데서 '문지르다'를 뜻한다.

舀 ➔ 搖 ➔ 遙 ➔ 謠 ➔ 瑤✥ ➔ 飇✥

	缶부 총10획	戰國 金文 / 小篆 雲夢日甲 / 說文解字		용례 없음	
질그릇 **요/유**	설문 缶부	舀(질그릇 요; 병 유)는 질그릇을 뜻한다. 缶(부)는 의미부분이고, 肉(육)은 발음부분이다.(「舀, 瓦器也. 从缶, 肉聲.」)			

✷ 육장(月)을 담는 진흙을 구워 만든 장군(缶) 모양 항아리에서 '질그릇' '항아리'를 뜻한다.

搖	手부 총13획	小篆 說文解字	搖動(요동) 搖籃(요람) 逍搖(소요)	
흔들 **요**	설문 手부	搖(요)는 움직인다는 뜻이다. 手(수)는 의미부분이고, 舀(유)는 발음부분이다.(「搖, 動也. 从手, 舀聲.」)		

✷ 손(扌)으로 육장(月)을 담은 장군(缶)인 항아리(舀:항아리 유/요)를 '흔들어' 맛을 고르게 함을 뜻한다.

遙	辵부 총14획	小篆 說文解字	逍遙(소요) 遙遠(요원) 遙天(요천)	
멀 **요**	설문 辵부	遙(요)는 소요(逍遙)한다는 뜻이다. 또 '멀다'라는 뜻도 있다. 辵(착)은 의미부분이고, 舀(유)는 발음부분이다.(「遙, 逍遙也. 又遠也. 从辵, 舀聲.」)		

✷ 육장을 담은 항아리(舀)를 들고 먼 길을 가는(辶) 데서 '멀다'를 뜻한다.

謠	言부 총17획	金文 / 戰國 金文 / 小篆 形音義字典 / 郭店性自 / 說文解字 / 形音義字典	䚻(유·요)는 謠(요)의 고자(古字).	童謠(동요) 民謠(민요) 歌謠(가요)	
노래 **요**	설문 言부	䚻(좆을 유)는 (반주 없이) 노래한다는 뜻이다. 言(언)과 肉(육)은 모두 의미부분이다.(「䚻, 徒歌. 从言·肉.」)			

✷ 민가에서 말하듯(言) 악기반주 없이 항아리(舀)만 두드리며 하는 '노래'를 뜻한다.

瑤	玉부 총14획	戰國 金文 / 小篆 包山039 / 說文解字	瑤池(요지) 瑤臺(요대) 瑤池鏡(요지경)	
아름다운옥 **요**	설문 玉부	瑤(요)는 아름다운 옥이다. 玉(옥)은 의미부분이고, 舀(요·유)는 발음부분이다. ≪시경(詩經)≫에 이르기를 "아름다운 패옥으로 갚았지요."라고 하였다.(「瑤, 玉之美者. 从玉, 舀聲. ≪詩≫曰: "報之以瓊瑤."」)		

✷ 아름다운 옥(玉)으로 항아리(舀)같이 아름다운 윤기가 나는 '아름다운 옥'을 뜻한다.

한자	부수/획수	설문	자형	용례	그림
 颻 불어오르는 바람 요	風부 총19획	설문 없음	小篆 形音義字典	颻颻(요요)	

※ 가끔 흔들던 항아리(䍃)처럼 바람(風)이 불어 사물을 흔듦에서 '불어 오르는 바람'을 뜻한다.

四 ➡ 泗 ➡ 恓* ➡ (詈) ➡ 罰

 四
넉 사

	甲骨文	殷商 金文	西周 金文	春秋 金文	
口부 총5획	≡ 4504	≡ 四祀邲其卣	≡ 盂鼎	≡ 秦公簋	⊖ 邵鐘
	戰國 金文		小篆	古文	籒文
설문 四부	四 大梁鼎	≡ 中山王鼎	四 說文解字	ㄓ	≡

四(사)는 음수(陰數)이다. 넷으로 나뉘어진 형태를 그린 것이다. 무릇 四부에 속하는 글자들 ㄓ은 모두 四를 의미부분으로 삼는다. ≡는 四의 고문(古文)이다. 四는 四의 주문(籒文)이다.(「四, 陰數也. 象四分之形. 凡四之屬皆从四. , 古文四. ≡, 籒文四.」)

四季(사계)
四君子(사군자)
四書三經
(사서삼경)

※ 코에서 콧물이나, 입에서 기운이 갈라져 나오는 모양이나, 숫자 넷, '넉'을 뜻한다.

 泗
물이름 사

	戰國 金文	小篆		
水부 총8획	 上博容成	泗 說文解字		
설문 水부	泗(사)는 제수(泲水)에서 지류를 받아, 동쪽으로 흘러서 회수(淮水)로 들어간다. 水(수)는 의미부분이고, 四(사)는 발음부분이다.(「泗, 受泲水, 東入淮. 从水, 四聲.」)			

泗沘(사비)
泗上(사상)
泗沘城(사비성)

※ 콧물(氵)이 코(四)에서 흐르는 모양이나, 중국 산동성(山東省)에 있는 '물 이름'을 뜻한다.

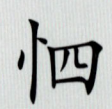 恓
쉴/기뻐할 희/히

心부 총8획	설문 없음			恓然(히연)

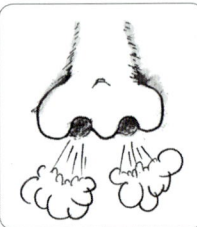

※ 마음(忄)의 기를 코(四)로 내뿜는 데서 숨을 '쉬다' '기뻐하다'를 뜻한다.

 詈
꾸짖을 리

	小篆	
言부 총12획	詈 說文解字	罵詈(매리)
설문 网부	詈(리)는 罵(꾸짖을 매)이다. 网(망)과 言(언)은 모두 의미부분이다. 죄인을 잡는다는 뜻이다.(「詈, 罵也. 从网·言. 网辠人.」)	

※ 법망(罒)에 걸린 죄인을 말(言)로 '꾸짖음'을 뜻한다.

 罰
벌할 벌

	西周 金文			戰國 金文	小篆
网부 총14획	罰 盂鼎	罰 召鼎	罰 散盤	罰 胤嗣壺	罰 說文解字
설문 刀부	罰(벌)은 가벼운 죄를 뜻한다. 刀(도)와 詈(리)는 모두 의미부분이다. 칼을 가지고 도적질을 하지 않았어도, 칼을 가지고 욕을 하고 협박을 하면[詈] 벌을 받는다.(「罰, 辠之小者. 从刀, 从詈. 未以刀有所賊, 但持刀罵詈則應罰.」)				

罰金(벌금)
罰則(벌칙)
處罰(처벌)

※ 법망(罒)에 걸린 죄인에게 말(言)로 빗대어 꾸짖고(詈) 칼(刂)로 벌함에서 '벌하다'를 뜻한다.

眾 → 遝 → 鰥 ◆

	甲骨文		西周 金文			小篆	
眾 目부 총10획							용례 없음
	前2.45.2	甲1629	令鼎	井侯簋	師袁鼎	說文解字	

눈물흐를 답 | 설문 目부 | 眾(답)은 눈길이 (서로) (어떤 사물에) 미친다는 뜻이다. 目(목)과 隶(이·대)의 생략형은 모두 의미부분이다.(「眾, 目相及也. 从目, 从隶省.」)

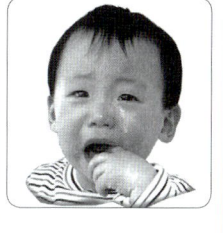

※ 눈(目=罒)에서 눈물(氺)이 계속 흐르는 데서 '눈물 흐르다'를 뜻한다.

	甲骨文	戰國 金文	小篆	
遝 辶부 총14획				遝至(답지) 合遝(합답) 雜遝(잡답)
	合9339	雲夢法律	說文解字	

뒤섞일 답 | 설문 辶부 | 遝(답)은 迨(뒤미쳐 갈 합)이다. 辵(착)은 의미부분이고, 眾(답)은 발음부분이다.(「遝, 迨也. 从辵, 眾聲.」)

※ 눈(目=罒)에서 눈물(氺)이 계속 이어 흐르듯(眾), 많은 사람이 뒤따라(辶) '뒤섞임'을 뜻한다.

	西周 金文		小篆	
鰥 魚부 총21획				鰥居(환거) 鰥民(환민) 孀鰥(상환)
	父辛卣	毛公鼎	說文解字	

홀아비 환 | 설문 魚부 | 鰥(환)은 물고기(의 이름)이다. 魚(어)는 의미부분이고, 眾(답)은 발음부분이다.(「鰥, 魚也. 从魚, 眾聲.」)

※ 홀로 있기를 좋아하며, 물고기(魚)처럼 눈(目=罒)을 감지 못하여 눈물(氺)을 흘리는(眾) 환어(鰥魚) 같은 사람인 '홀아비'를 뜻한다.

襾 → 西 → 栗 → 慄 → 粟 → 賈 → 價 → (覀) → 遷

	小篆	
襾 襾부 총6획		용례 없음
	說文解字	

덮을 아 | 설문 襾부 | 襾(아)는 덮었다는 뜻이다. 冂(멱)은 의미부문이고, (冖의) 위와 아래를 (一과 凵으로) 덮었다는 의미이다. 무릇 襾부에 속하는 글자들은 모두 襾를 의미부분으로 삼는다. 晉(아)처럼 읽는다.(「襾, 覆也. 从冂上下覆之. 凡襾之屬皆从襾. 讀若晉.」)

※ 눌러(一) 그릇(凵)을 덮은(冖=冂) 데서 '덮음'을 뜻한다.

	甲骨文		殷商 金文	西周 金文		
西 襾부 총6획						西洋(서양) 西海(서해) 西紀(서기) 西方極樂 (서방극락)
	前7.37.1	甲740	戍甬鼎	幾父壺	多友鼎	散盤
	春秋 金文	戰國 金文	小篆	或體	古文	籀文
	秦公簋	舍章鎛	說文解字			

서녘 서 | 설문 西부 | 西=㢴(서)는 새가 둥지 위에 있다는 뜻이다. 상형이다. 해가 서쪽에 있으면 새가 둥지에 깃들므로, 그래서 이것으로 동서(東西)의 西를 삼은 것이다. 무릇 西부에 속하는 글자들은 모두 西를 의미부분으로 삼는다. 棲(서)는 西의 혹체자(或體字)로 木(목)과 妻(처)로 이루어졌다. 卥는 西의 고문(古文)이다. 卤는 西의 주문(籀文)이다.(「㢴, 鳥在巢上. 象形. 日在西方而鳥棲, 故因以爲東西之西. 凡西之屬皆从西. 棲, 西或从木·妻. 卥, 古文西. 卤, 籀文西.」)

※ 대소쿠리나 새둥지 모양으로, 서쪽 방향으로 쓰이면서 '서녘'을 뜻한다. ※참고: 襾(덮을 아).

栗

木부 총10획

甲骨文			
			
乙2762	後下16.13	前2.19.3	前2.19.4
石鼓文	戰國 金文	小篆	古文
	新蔡楚簡	說文解字	

밤 률 | 설문 木부

栗=㮚(률)은 나무(의 이름)이다. 木(목)은 의미부분이다. 그 열매가 아래로 늘어져 있으므로, 그래서 卤가 의미부분이 되는 것이다. 𣡙은 㮚의 고문(古文)으로, 西(서)와 두 개의 卤자로 이루어져 있다. 서순(徐巡)은 나무가 서쪽에 다다르자 전율(戰慄)한다는 뜻이라고 하였다.(「㮚, 木也. 从木其實下垂. 故从卤. 𣡙, 古文㮚, 从西, 从二卤. 徐巡說: 木至西方, 戰㮚.」)

生栗(생률)
栗木(율목)
栗谷(율곡)

✻ 새둥지(西=襾) 같은 밤송이가 달린 나무(木)에서 '밤' '밤나무'를 뜻한다. ※卤(열매모양 조/유/초)

慄

心부 총13획

설문 없음

떨릴 률

戰慄(전율)
慄然(율연)
愧慄(괴율)

✻ 마음(忄)이 밤나무(栗)에 달린 밤송이(襾) 가시를 보듯 두렵듯 '떨림'을 뜻한다.

粟

米부 총12획

甲骨文			金文	小篆	籒文
	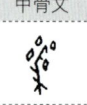				
寧滬2.106	後上7·10	後上18·2	古鉨	說文解字	

조 속 | 설문 卤부

粟(속)은 가곡(嘉穀, 좋은 곡식)의 열매를 뜻한다. 卤(초)와 米(미)는 모두 의미부분이다. 공자(孔子)께서는 "粟을 발음으로 뜻풀이를 하자면 續(이을 속)이 된다."라고 하였다. 𥛬은 粟의 주문(籒文)이다.(「粟, 嘉穀實也. 从卤, 从米. 孔子曰: "粟之爲言續也." 𥛬, 籒文粟.」)

粟米(속미)
粟粒(속립)
黍粟(서속)

✻ 밤송이(西=襾) 같은 거친 껍질을 벗기지 않은 곡식(米)으로, '조'나 '옥수수' 등을 뜻한다.

賈

貝부 총13획

戰國 金文				小篆

陶三673	陶三1169	包山225	雲夢法律	說文解字

성 가
장사 고 | 설문 貝부

賈(성/값 가; 앉아서 하는 장사 고)는 장사를 한다는 뜻이다. 貝(패)는 의미부분이고, 襾(아)는 발음부분이다. 일설에는 앉아서 판다는 뜻이라고도 한다.(「賈, 賈市也. 从貝, 襾聲. 一曰 坐賣售也.」)

賈島(가도)
賈人(고인)
商賈扇(상고선)

✻ 덮어(襾) 놓은 귀한 재물(貝)을 앉아서 파는 데서 '장사'를 뜻한다.

價

人부 총15획

小篆

說文解字

값 가 | 설문 人부

價(가)는 물건값을 뜻한다. 人(인)과 賈(가)는 모두 의미부분인데, 賈는 발음부분이기도 하다.(「價, 物値也. 从人·賈. 賈亦聲.」)

價値(가치)
定價(정가)
特價(특가)

✻ 사람(亻)이 장사(賈)하여 물건의 사고파는 값이 정해지는 데서 '값' '가치'를 뜻한다.

	兩부 총11획	戰國 金文	小篆	或體	古文	용례 없음	

		雲夢秦律		說文解字			
높이오를 천	설문 舁부	罨=舉(높은데 오를 천)은 높이 오른다는 뜻이다. 舁(여)는 의미부분이고, 囟(신)은 발음부분이다. 罨은 舉의 혹체자(或體字)로 卩(절)을 더하였다. 罨은 舉의 고문(古文)이다.(「舉, 升高也. 从舁, 囟聲. 罨, 舉或从卩. 舉, 古文舉.」)					

※ 여러 손(舁)으로 정수리(囟)까지 높이 올림(舉)을 뜻하나, 후에 '卩(절)'을 더하고 자형이 변해, 소쿠리(兩)의 물건을 두 손(廾=大)으로 잡고 몸(卩)을 굽혀 '높이 들어' 옮김'처럼 변한다.

	辵부 총16획	戰國 金文	小篆	古文	變遷(변천) 左遷(좌천) 遷都(천도)	

		香彌76	說文解字			
옮길 천	설문 辵부	遷(천)은 오른다는 뜻이다. 辵(착)은 의미부분이고, 罨(천)은 발음부분이다. 㩳은 遷의 고문(古文)으로 手(수)와 西(서)로 이루어졌다.(「遷, 登也. 从辵, 罨聲. 㩳, 古文遷, 从手·西.」)				

※ 소쿠리나 새집(兩)을 두 손(廾=大)으로 높게 바쳐 들고 마을(邑=卩)로 옮겨(罨=舉:옮길 천) 감(辶)을 뜻한다.
※파자:덮인(兩) 큰(大) 물건을 몸을 구부려(卩) 옮겨감(辶)을 뜻한다.

票 → 漂 → 標 → 剽 ☆ → 慓 → ☆ 飄 → 驃 ✤

	示부 총11획	戰國 金文	小篆	投票(투표) 票決(표결) 郵票(우표)	

		雲夢日甲	說文解字		
표 표	설문 火부	票=奧(표)는 불이 튄다는 뜻이다. 火(화)와 覀(襾)은 모두 의미부분이다. (覀(襾)은 罨(천)과 같은 뜻이다.(「奧, 火飛也. 从火·覀. 與罨同意.」)			

※ 불(火)똥이 일어나(廾) 굴뚝(囟)으로 튀어(奧:가벼울 표) 올라(舉) 밝게 '드러나 보임'(示).
※파자:중요한 물건을 표시해 덮어(襾) 신(示)에게 바쳐 보이는 데서 '표' '표하다'를 뜻한다.

	水부 총14획	小篆	漂流(표류) 浮漂(부표) 漂白(표백)	

		說文解字		
떠다닐 표	설문 水부	漂(표)는 (물에) 떠있다는 뜻이다. 水(수)는 의미부분이고, 票(표)는 발음부분이다.(「漂, 浮也. 从水, 奧聲.」)			

※ 물(氵)에 떠서 표나게(票) 보이듯, 드러나 보이는 데서 '떠다니다'를 뜻한다.

	木부 총15획	小篆	標示(표시) 標準(표준) 標識(표지)	

		說文解字		
표할 표	설문 木부	標(표)는 나무의 끝을 뜻한다. 木(목)은 의미부분이고, 票(표)는 발음부분이다.(「標, 木杪末也. 从木, 奧聲.」)			

※ 나무(木)의 가장 드러나 보이는(票) 우듬지(끝가지)로, 잘 보이는 곳에 '표시함'을 뜻한다.

	刀부 총13획	戰國 金文	小篆	剽竊(표절) 剽奪(표탈) 剽急(표급)	
		雲夢日乙	說文解字		
겁박할 표	설문 刀부	剽(표)는 돌침으로 찌른다는 뜻이다. 刀(도)는 의미부분이고, 票(표)는 발음부분이다. 일설에는 사람을 위협하고 노략질한다는 뜻이라고도 한다.(「剽, 砭刺也. 从刀, 奧聲. 一曰剽劫人也.」)			

※ 갑자기 드러내 보이는(票) 칼(刂)로 거칠게 위협하는 데서 '겁박하다' '표독하다'를 뜻한다.

慓	心부 총14획	小篆  說文解字		慓毒(표독) 慓悍(표한) 慓疾(표질)	
급할 표	설문 心부	慓(표)는 빠르다는 뜻이다. 心(심)은 의미부분이고, 票(표)는 발음부분이다.(「慓, 疾也. 从心, 票聲.」)			

※ 감추어둔 마음(忄)을 참지 못하고 터트려 드러내 보임(票)에서 '급하다' '사납다'를 뜻한다.

飄	風부 총20획	小篆  說文解字		飄然(표연) 飄零(표령) 飄飄(표표)	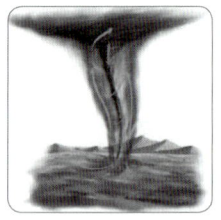
나부낄 표	설문 風부	飄(표)는 회오리바람을 뜻한다. 風(풍)은 의미부분이고, 票(표)는 발음부분이다.(「飄, 回風也. 从風, 票聲.」)			

※ 갑자기 드러나 보이는(票) 일정하지 않은 바람(風)인 '회오리바람'에 '나부낌'을 뜻한다.

驃	馬부 총21획	小篆  說文解字		驃騎(표기)	
날랠 표	설문 馬부	驃(표)는 흰 색을 띠는 누런 말을 뜻한다. 일설에는 흰 꼬리를 가진 누런 말을 뜻한다고도 한다. 馬(마)는 의미부분이고, 票(표)는 발음부분이다.(「驃, 黃馬發白色. 一曰白髦尾也. 从馬, 票聲.」)			

※ 잘 달리는 명마(馬)로 노란 털에 흰색이 드러나 보이는(票) 말에서 '날래다'를 뜻한다.

覃 ➡ 潭 ➡ 譚

覃	襾부 총12획	殷商 金文  共覃父乙簋	西周 金文 父乙卣　父丁爵	小篆 	古文	篆文 說文解字	覃思(담사) 覃恩(담은) 覃覃(담담)	
깊을/미칠 담	설문 𣆪부	覃(담)은 오래 남는 맛을 뜻한다. 𣆪(후)는 의미부분이고, 鹹(함)의 생략형은 발음부분이다. ≪시경(詩經)≫에 이르기를 "이다지도 길고 크다니."라고 하였다. 𠷎은 覃의 고문(古文)이다. 𪓜은 覃의 전문(篆文)으로 생략형이다.(「覃, 長味也. 从𣆪, 鹹省聲. ≪詩≫曰: "實覃實吁." 𠷎, 古文覃. 𪓜, 篆文覃省.」)						

※ 대그릇(襾)에 걸러 주전자(曰=𣆪=早)에 담은 맛이 깊게 미치는 술에서 '미치다'를 뜻한다.
※파자: 덮어(襾)둔 날(日)이 열(十)흘이 되어 맛이 '깊게' '미침'.

潭	水부 총15획	小篆  說文解字		淵潭(연담) 潭思(담사) 潭壑(담학)	
못 담	설문 水부	潭(담)은 강의 이름이다. 무릉군(武陵郡) 심성현(鐔成縣) 옥산(玉山)에서 발원하여, 동쪽으로 흘러서 울림(鬱林)으로 들어간다. 水(수)는 의미부분이고, 覃(담)은 발음부분이다.(「潭, 水. 出武陵鐔成玉山, 東入鬱林. 从水, 覃聲.」)			

※ 물(氵)이 깊게(覃) 고여 이룬 '沼(소)'에서 '못' '깊다'를 뜻한다.

譚	言부 총19획	설문 없음	小篆  形音義字典	民譚(민담) 奇譚(기담) 譚詩(담시)	
클/말씀 담					

※ 말(言)의 뜻이 깊고(覃) 큼에서 '말씀' '크다'를 뜻한다.

垔 ➡ 煙 ➡ 甄 ➡ 湮 ☆

		金文		小篆	古文	
	土부 총9획	从壬垔戈	大垔公戟	說文解字		용례 없음

막을 인 / 설문 土부

垔(인)은 막는다는 뜻이다. 《상서(尙書)》에 이르기를 "곤(鯀)이 홍수를 막았다."라고 하였다. 土(토)는 의미부분이고, 西(서)는 발음부분이다. 𠃛은 垔의 고문(古文)이다.(「𡎰, 塞也. 《尙書》曰: "鯀垔洪水." 从土, 西聲. 𠃛, 古文垔.」)

❋ 대소쿠리(襾)로 연기만 빠지도록 덮은 높게 흙(壬=土)으로 쌓은 굴뚝에서 '막다'를 뜻한다.

		西周 金文	春秋 金文	小篆	或體	古文	籒文	
	火부 총13획	牆盤	哀成叔鼎	說文解字				煙氣(연기) 禁煙(금연) 煙草(연초)

연기 연 / 설문 火부

煙(연)은 연기(煙氣)를 뜻한다. 火(화)는 의미부분이고, 垔(인)은 발음부분이다. 烟(연)은 혹체자(或體字)로 (垔 대신) 因(인)을 썼다. 𤎭은 고문(古文)이다. 𤐨은 주문(籒文)으로 (煙에) 宀(면)을 더하였다.(「爓, 火气也. 从火, 垔聲. 烟, 或从因. 𤎭, 古文. 𤐨, 籒文从宀.」)

❋ 불(火)을 피워 연기만 빠지도록 대소쿠리(襾)로 흙 굴뚝(壬=土)을 덮어 막은(垔:막을 인) 곳에서 오르는 '연기'를 뜻한다. ※파자: 불(火)길을 덮은(襾=西) 흙(土)을 쌓은 굴뚝에서 오르는 '연기'.

		小篆	
	瓦부 총14획	說文解字	甄拔(견발) 甄別(견별) 甄陶(견도)

질그릇 견 / 설문 瓦부

甄(견·진)은 질그릇을 굽는다는 뜻이다. 瓦(와)는 의미부분이고, 垔(인)은 발음부분이다.(「甄, 匋也. 从瓦, 垔聲.」)

❋ 도기(瓦)를 만드는 틀에 흙을 가득 채워 막아(垔) 형태를 만들어 구운 '질그릇'을 뜻한다.

		小篆	
	水부 총12획	說文解字	湮滅(인멸) 湮淪(인륜) 沈湮(침인)

묻힐 인 / 설문 瓦부

湮(인)은 (물에) 잠긴다는 뜻이다. 水(수)는 의미부분이고, 垔(인)은 발음부분이다.(「𤅨, 沒也. 从水, 垔聲.」)

❋ 물(氵)길을 막아(垔) 고인 물에 '빠지다' '가라앉다' '묻히다'를 뜻한다.

酉 ➡ 酒 ➡ 醜 ⋯ (医) ➡ (殹) ➡ 醫 ➡ 𦧝 ✿

		甲骨文		殷商 金文	西周金文	小篆	古文	
	酉부 총7획	後上31·5	後上8.4	父辛爵	師酉鼎	師遽簋	說文解字	酉年(유년) 酉時(유시) 酉方(유방)

닭/술그릇 유 / 설문 酉부

酉(유)가 열 번째 지지(地支)로 쓰이는 까닭은 익었기[就(취)] 때문이다. 8월에는 기장이 익고, 술을 빚을 수 있게 된다. 고문(古文) 酉자의 형태를 본떴다. 무릇 酉부에 속하는 글자들은 모두 酉를 의미부분으로 삼는다. 丣는 酉의 고문(古文)으로 卯로 이루어졌다. 丣(卯)는 춘문(春門)으로 만물이 이미 나와 있고, 酉는 추문(秋門)으로 만물이 이미 들어가 있다. (丣자 위의) 一은 문이 닫혔다는 상징이다.(「酉, 就也. 八月黍成, 可爲酎酒. 象古文酉之形. 凡酉之屬皆从酉. 丣, 古文酉, 从卯. 卯爲春門, 萬物已出; 酉爲秋門, 萬物已入, 一, 閉門象也.」)

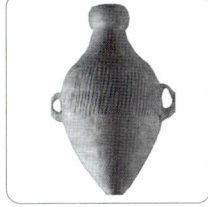

❋ 술그릇을 보고 만든 글자로 '술' '발효식품'을 뜻하며, 12지지(地支)로 쓰여 '닭'을 뜻한다.

		甲骨文			西周 金文		戰國 金文	小篆	
酒	酉부 총10획								酒類(주류) 酒宴(주연) 酒幕(주막)
		粹307	甲2121	京都1932	孟 鼎	㜏車父壺	陶徵245	說文解字	
술 주	설문 酉부	酒(주)는 나아가(게 하)다[就(취)]라는 뜻이다. (술은) 사람 본성의 선과 악으로 나아가게 하기 때문이다. 水(수)와 酉(유)는 모두 의미부분인데, 酉(유)는 발음부분이기도 하다. 일설에는 만들다[造(조)]라는 뜻이라고도 하는데, 술은 길흉(吉凶)을 만들기 때문이다. 옛날 의적(儀狄)이 누룩으로 술을 빚었다. 우(禹)가 맛을 보고 좋아하였는데, 결국에는 의적을 멀리하였다. 두강(杜康)은 기장으로 술을 만들었다.(「酒, 就也. 所以就人性之善惡. 从水, 从酉. 酉亦聲. 一曰造也. 吉凶所造也. 古者儀狄作酒醪. 禹嘗之而美, 遂疏儀狄. 杜康作秫酒.」)							

※ 물(氵)을 섞어 발효시킨 술을 담는 술그릇(酉)에서 '술'을 뜻한다.

		甲骨文		戰國 金文		小篆	
醜	酉부 총17획		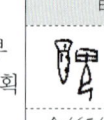				醜女(추녀) 醜行(추행) 醜雜(추잡)
		合4654	合12878	侯馬盟書		說文解字	
추할 추	설문 鬼부	醜(추)는 (못생겨서) 미워한다는 뜻이다. 鬼(귀)는 의미부분이고, 酉(유)는 발음부분이다.(「醜, 可惡也. 从鬼, 酉聲.」)					

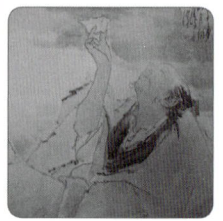

※ 술(酉)을 마셔, 사람이 죽어 변한 귀신(鬼)처럼 모양이 추해짐에서 '추하다'를 뜻한다.

		甲骨文	戰國 金文	小篆	
医	匸부 총7획				용례 없음
		天96	前2·23·1	越王大子矛	說文解字
활집 예	설문 匸부	医(예)는 활·노궁(弩弓)·화살 등을 보관하는 도구를 뜻한다. 匸(혜)와 矢(시)는 모두 의미부분이다. ≪국어(國語)≫에 이르기를 "무기는 医를 풀지 않았다."라고 하였다.(「医, 盛弓弩矢器也. 从匸, 从矢. ≪國語≫曰: "兵不解医."」)				

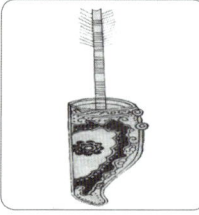

※ 화살(矢)을 넣어 잘 가려둔(匸) '활집'인 '동개'를 뜻한다.

		西周 金文	春秋 金文	戰國 金文	小篆	
殹	殳부 총11획					용례 없음
		格伯簋	王子午鼎	包山105	說文解字	
소리마주칠 예	설문 殳부	殹(예)는 때릴 때 나는 소리이다. 殳(수)는 의미부분이고, 医(예)는 발음부분이다.(「殹, 擊中聲也. 从殳, 医聲.」)					

※ 화살통(医)을 두드려(殳) 소리를 내는 데서 '소리 마주치다'를 뜻한다.

		戰國 金文	小篆	
醫	酉부 총18획	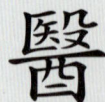		醫師(의사) 醫院(의원) 醫藥(의약)
		津藝80	說文解字	
의원 의	설문 酉부	醫(의)는 병을 고치는 기술자를 뜻한다. 殹(예)는 나쁜 태도를 뜻한다. 의사들의 성격이 이렇다. 술을 사용해 치료를 하므로, 酉(유)가 의미부분이 되는 것이다. 이것은 왕육(王育)의 주장이다. 일설에는 殹가 병을 앓는 소리라고도 한다. 술은 병을 치료하는 도구로 쓰인다. ≪주례(周禮)≫에 의주(醫酒)라는 것이 있다. 옛날 무팽(巫彭)이 처음으로 의사 노릇을 하였다.(「醫, 治病工也. 殹, 惡姿也. 醫之性然, 得酒而使. 从酉. 一曰殹, 病聲. 酒, 所以治病也. ≪周禮≫有醫酒. 古者巫彭初作醫.」)			

※ 상자(匸)에 침(矢)과 수술용 칼(殳)과 치료용 술(酉)을 지닌 '의원'을 뜻한다. ※ 医(동계 예)

翳	羽부 총17획	小篆  說文解字		翳桑(예상) 翳翳(예예) 翳朽(예후)
일산/가릴 예	설문 羽부	翳(예)는 깃털로 만든 양산(陽傘)을 뜻한다. 羽(우)는 의미부분이고, 殹(예)는 발음부분이다.(「翳, 華蓋也. 从羽, 殹聲.」)		

✽ 화살을 가려둔 화살통(医)을 두드려(殳) 소리 내듯(殹:소리 마주칠 예) 여러 깃(羽)으로 가린 수레의 덮개나 가리개에서 '일산(日傘)'을 뜻한다.

酋 ☆ ➡ 逎 ✤ ➡ 猶 ➡ 猷 ✤ ➡ 輶 ✤ ···· 尊 ➡ 遵 ➡ 樽 ◆ ···· 奠 ➡ 鄭 ➡ 擲 ☆

酋	酉부 총9획	甲骨文  形音義字典	西周 金文  豐兮夷篹蓋	戰國 金文  上博容成	小篆 酋 說文解字	酋長(추장) 酋領(추령) 酋矛(추모)
우두머리 추	설문 酋부	酋(추)는 오래된 술을 뜻한다. 酉(유)는 의미부분이고, 水(수)의 반쪽이 위에 보인다. ≪예(禮)≫에 대추(大酋)가 있는데, 술을 관장하는 관리이다. 무릇 酋부에 속하는 글자들은 모두 酋를 의미부분으로 삼는다.(「酋, 繹酒也. 从酉, 水半見於上. ≪禮≫有大酋, 掌酒官也. 凡酋之屬皆从酋.」)				

✽ 향기가 위로 나뉘어(八) 오르는 잘 익은 술(酉)을 '두목'에게 받침에서 '우두머리'를 뜻한다.

逎	辶부 총13획	小篆 逎 說文解字	或體 遒		逎逸(주일) 逎勁(주경) 逎放(주방)
굳셀 주	설문 辶부	逎=遒(주)는 급박(急迫)하다는 뜻이다. 辶(착)은 의미부분이고, 酉(유)는 발음부분이다. 逎는 遒의 혹체자(或體字)로 酉 대신 酋(추)를 썼다.(「遒, 迫也. 从辶, 酉聲. 逎, 遒或从酋.」)			

✽ 우두머리(酋)를 중심으로 다가가(辶) 단단히 모임에서 '굳세다'를 뜻한다.

猶	犬부 총12획	甲骨文		西周 金文		猶豫(유예) 猶父(유부) 猶不足(유부족)
		合39929	存下731	牆盤	毛公鼎	
		春秋 金文	戰國 金文		小篆	
					猶	
		王孫鐘	陳猷釜	中山王鼎	說文解字	
오히려 유	설문 犬부	猶(유)는 큰 원숭이의 일종이다. 犬(견)은 의미부분이고, 酋(추)는 발음부분이다. 일설에 농서(隴西) 지방에서는 강아지를 猷(유)라고 한다고 한다.(「猶, 玃屬. 从犬, 酋聲. 一曰隴西謂犬子爲猷.」)				

✽ 짐승(犭)중에 우두머리(酋)가 무리를 이끄는 원숭이로 의심이 많고 모방을 좋아하는 데서 '머뭇거리다' '같다' '오히려'를 뜻한다.

猷	犬부 총13획	설문 없음	甲骨文 	金文	小篆	猷念(유념)
					形音義字典	
꾀할 유		고문(古文)은 '猶'와 '猷'의 모양이 같음.				

✽ 무리의 우두머리(酋)인 개(犬)가 꾀를 써서 무리를 몰아 사냥하는 데서 '꾀하다'를 뜻한다.

509

	車부 총16획	小篆 輶 說文解字		輶車(유거)	
가벼울 유	설문 車부	輶(유)는 가벼운 수레를 뜻한다. 車(거·차)는 의미부분이고, 酋(추)는 발음부분이다. ≪시경(詩經)≫에 이르기를 "가벼운 수레와 말 재갈에 달린 난새 모양의 방울."이라고 하였다.(「輶, 輕車也. 从車, 酋聲.≪詩≫曰: "輶車鑾鑣."」)			

✽ 가벼운 수레(車)로, 우두머리(酋)의 명령을 전할 때 쓰던 수레에서 '가볍다'를 뜻한다.

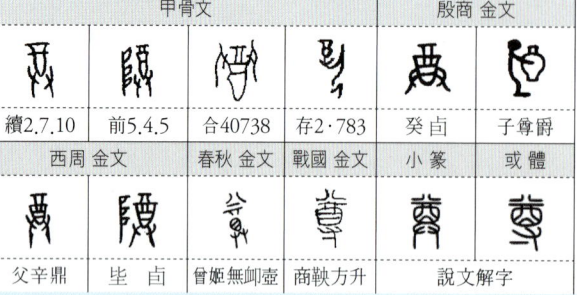

	寸부 총12획	甲骨文				殷商 金文		尊重(존중) 尊稱(존칭) 尊敬(존경) 自尊心(자존심)	
		禮2.7.10	前5.4.5	合40738	存2·783	癸卣	子尊爵		
		西周 金文		春秋 金文	戰國 金文	小篆	或體		
		父辛鼎	坔卣	曾姬無卹壺	商鞅方升	說文解字			
높을 존	설문 酋부	尊(존)은 술을 담는 그릇이다. 酉(유)를 두 손[廾(공)]으로 받들고 있다는 의미이다. ≪주례(周禮)≫에서 6尊이란 희존(犧尊)·상존(象尊)·저존(著尊)·호존(壺尊)·태존(太尊)·산존(山尊)을 가리키는데, 이것을 가지고 제사와 손님을 맞이하는 예를 치루었다. 尊은 尊(즉 奠)의 혹체자(或體字)로 廾 대신 寸(촌)을 썼다.(「尊, 酒器也. 从酋, 廾以奉之. ≪周禮≫六尊: 犧尊·象尊·著尊·壺尊·太尊·山尊, 以待祭祀賓客之禮. 尊, 尊或从寸.」)							

✽ 잘 익은 술(酋)을 두 손(廾=寸)으로 받들어 공경히 바치는 데서 '높다'를 뜻한다.

	辵부 총16획	小篆 遵 說文解字		遵範(준범) 遵行(준행) 遵守(준수)	
좇을 준	설문 辵부	遵(준)은 좇아간다는 뜻이다. 辵(착)은 의미부분이고, 尊(존)은 발음부분이다.(「遵, 循也. 从辵, 尊聲.」)			

✽ 높은(尊) 사람을 받들고 순종하여 따라감(辶)에서 '좇다'를 뜻한다.

	木부 총16획	설문 없음	金文	小篆		樽罍(준뢰) 樽花(준화) 芳樽(방준)	
				形音義字典			
술통 준							

✽ 나무(木)로 된 술을 담아 높이(尊) 바치던 '술통'으로, 본래 尊(존)이 술통을 뜻한다.

	大부 총12획	甲骨文		西周金文		春秋金文	小篆	奠都(전도) 奠居(전거) 釋奠(석전)	
		乙6739反	佚163	智鼎	叔向簋	富奠劍	說文解字		
정할/제사 전	설문 丌부	奠(전)은 음식을 놓아두고 제사를 지낸다는 뜻이다. 酋(추)는 의미부분이다. 酋는 술을 뜻한다. 아래는 그 받침대[丌(기)]이다. 예(禮)에는 전제(奠祭)라는 것이 있다.(「奠, 置祭也. 从酋. 酋, 酒也. 下其丌也. ≪禮≫有奠祭者.」)							

✽ 잘 익을 술통(酋)을 제단(丌=大:대[臺] 기)에 정해두고 제사함에서 '정하다' '제사'를 뜻한다.

鄭	邑부 총15획	西周 金文			春秋 金文		鄭重(정중) 鄭聲(정성) 鄭玄(정현)
		矢 簋	克 鼎	叔向簋	鄭同媿鼎	鄭伯筍父廬	
		春秋 金文		戰國 金文		小 篆	
		哀成叔鼎	十九年殳	鄭左庫戈	雲夢日甲	說文解字	
나라 정	설문 邑부	鄭(정)은 경조윤군(京兆尹郡)에 속한 현(縣)의 이름이다. 주(周)나라 여왕(厲王)의 아들 우(友)가 봉해진 곳이다. 邑(읍)은 의미부분이고, 奠(전)은 발음부분이다. 주나라가 망하자, 정나라 사람들은 증수(溱水)와 유수(洧水) 지방 일대로 이주하였는데, 오늘날의 신정현(新鄭縣)이 바로 이곳이다.(「鄭, 京兆縣. 周厲王子友所封. 从邑, 奠聲. 宗周之滅, 鄭徙溱洧之上, 今新鄭是也.」)					

※ 큰 제사(奠)를 드리던 고을(阝)로, 중국 주대(周代)의 '나라이름'이나 '성씨'로 쓰인다.

擲	手부 총18획		小 篆		擲柶(척사) 擲殺(척살) 擲錢(척전)
		설문 없음	形音義字典		
던질 척					

※ 손(扌)으로 제사(奠) 후에 제물을 사방에 뿌리던 고을(阝)의 제사에서 '던짐'을 뜻한다.

衣 → 依 → 表 → 裔 → 哀 → 衰 → 袤 ☆ → 衷 ◆ → 衰 → 囊 → 褻 ❖ ⋯ 喪

衣	衣부 총6획	甲骨文		金 文		小 篆	衣服(의복) 衣裳(의상) 脫衣(탈의)
		粹224	甲335	盂鼎	頌簋	袁盤	說文解字	
옷 의	설문 衣부	衣(의), 옷을 '의'라고 부르는 까닭은 사람은 옷에 의지[依(의)]하기 때문이다. 윗옷은 衣라고 하고, 아래옷은 裳(상)이라고 한다. 두 사람을 뒤집은 모양을 그린 것이다. 무릇 衣부에 속하는 글자들은 모두 衣를 의미부분으로 삼는다.(「衣, 依也. 上曰衣, 下曰裳. 象覆二人之形. 凡衣之屬皆从衣.」)					

※ 옷의 깃(亠)과 소매와 옷자락(伙)이 잘 나타나 있는 윗옷의 모양으로 '옷'을 뜻한다.

依	人부 총8획	甲骨文		戰國 金文	小 篆	依支(의지) 依存(의존) 依舊(의구)
		前6.34.2	粹1246	雲夢津律	說文解字	
의지할 의	설문 人부	依(의)는 倚(의지할 의)이다. 人(인)은 의미부분이고, 衣(의)는 발음부분이다.(「依, 倚也. 从人, 衣聲.」)				

※ 사람(亻)이 옷(衣)을 입어 추위나 더위를 이겨냄에서 '의지하다'를 뜻한다.

表	衣부 총8획	戰國 金文	小 篆	古 文	表示(표시) 表面(표면) 表現(표현)
		雲夢爲吏	說文解字		
겉 표	설문 衣부	裏=表(표)는 윗옷을 뜻한다. 衣(의)와 毛(모)는 모두 의미부분이다. 옛날 가죽옷을 입을 때는, 털이 있는 쪽을 바깥으로 입었다. 麃는 表의 고문(古文)으로, (毛 대신) 麃(포)를 썼다.(「裏, 上衣也. 从衣, 从毛. 古者衣裘, 以毛爲表. 麃, 古文表, 从麃.」)				

※ 털(毛=⺈)을 겉으로 나오게 만든 옷(衣)에서 '겉' '나타나다'를 뜻한다.

511

裔	衣부 총13획	春秋金文	小篆	古文		後裔(후예) 裔孫(예손) 裔胄(예주)	
			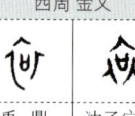				
		陳逆簋	說文解字				
후손 예	설문 衣부	裔(옷 뒷자락 예, 후손 예)는 옷자락을 뜻한다. 衣(의)는 의미부분이고, 冏(경)은 발음부분이다. 는 裔의 고문(古文)이다.(「裔, 衣裾也. 从衣, 冏聲. , 古文裔.」)					

✽ 겉옷인 도포(衣)의 밝게(冏:밝을 경) 트인 끝자락으로, '변방'이나 먼 '후손'을 뜻한다.

哀	口부 총9획	西周 金文		春秋 金文	戰國 金文		小篆	哀惜(애석) 哀愁(애수) 哀願(애원)	
		禹 鼎	沈子它簋	哀成叔鼎	兆域圖	包山145	說文解字		
슬플 애	설문 口부	哀(애)는 슬퍼한다는 뜻이다. 口(구)는 의미부분이고, 衣(의)는 발음부분이다.(「哀, 閔也. 从口, 衣聲.」)							

✽ 옷(衣)깃으로 입(口)을 가리고 소리 내어 우는 데서 '슬프다'를 뜻한다.

衰	衣부 총10획	戰國 金文		小篆	古文	衰弱(쇠약) 衰退(쇠퇴) 老衰(노쇠)	

		郭店六德	雲夢爲吏	說文解字			
쇠할 쇠	설문 衣부	衰(쇠)는 풀로 만든 비옷을 뜻한다. 진(秦) 지방에서는 이를 일컬어 萆(비)라고 한다. 衣(의)는 의미부분이고, (나머지 부분 (丑)은 상형이다. (襃)는 衰의 고문(古文)이다.(「衰, 艸雨衣也. 秦謂之萆. 从衣, 象形. (襃), 古文衰.」)					

✽ 비를 가리기 위해, 풀을 엮어(丑=丑) 만든 초라한 옷(衣)인 '도롱이'로 '쇠하다'로 쓰인다.

蓑	艸부 총14획	설문 없음	※衰(쇠)와 고문이 같음	蓑笠(사립) 蓑衣(사의) 蓑翁(사옹)	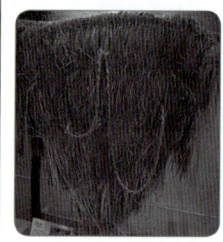
도롱이 사					

✽ 비를 가리기 위해 풀(艹)을 엮어(丑=丑) 만든 옷(衣)인 '도롱이'를 뜻한다.

袞	衣부 총11획	金文		小篆		袞裳(곤상) 袞職(곤직) 袞衣(곤의)	
		吳方彝	䣄𠷎侯鼎	說文解字			
곤룡포 곤	설문 衣부	袞(곤)은 천자(天子)가 선왕(先王)의 제사를 올리는데, 굽은 모양의 용이 하의(下衣) 한 폭에 수놓아져 있고, 한 마리의 용이 꿈틀거리며 머리를 쳐들고 올라가는 모습을 하고 있다. 衣(의)는 의미부분이고, 公(공)은 발음부분이다.(「袞, 天子享先王, 卷龍繡於下幅, 一龍蟠阿上鄕. 从衣, 公聲.」)					

✽ 천자나 임금 또는 관리의 공(公)적인 예복(衣)으로 '곤룡포'를 뜻한다. ※衮(곤)과 同字(동자).

衷	衣부 총10획	小篆	衷心(충심) 衷情(충정) 苦衷(고충)	

		說文解字		
속마음 충	설문 衣부	衷(충)은 속에 입는 옷을 뜻한다. 衣(의)는 의미부분이고, 中(중)은 발음부분이다. 《춘추전(春秋傳)》에 이르기를 "모두 그 속옷을 입었다."라고 하였다.(「衷, 裏褻衣. 从衣, 中聲. ≪春秋傳≫曰: "皆衷其衵服."」)			

✽ 옷(衣) 가운데(中) 몸에 닿게 입는 '속옷'에서, '속마음' '진심'을 뜻한다.

囊	口부 총22획	甲骨文	殷商 金文	戰國 金文	小篆		背囊(배낭) 囊橐(낭탁) 囊螢(낭형)
			囊父乙尊	雲夢日甲	說文解字		
주머니 낭 囊부	설문	囊(낭)은 橐(전대 탁)이다. 橐(곤)의 생략형은 의미부분이고, 襄(양)의 생략형은 발음부분이다.(「囊, 橐也. 从橐省, 襄省聲.」)					

※ 자루처럼 묶어(束) 여러 물건을 넣을 수 있게 돕는(襄:도울 양) '전대'나 '주머니'를 뜻한다.

褻	衣부 총17획	金文	小篆		猥褻(외설) 褻瀆(설독) 褻慢(설만)
		毛公鼎	說文解字		
더러울/속옷 설	설문 衣부	褻(설)은 사복(私服)을 뜻한다. 衣(의)는 의미부분이고, 埶(예)는 발음부분이다. ≪시경(詩經)≫에 이르기를 "그 속옷 색깔이 없네."라고 하였다.(「褻, 私服. 从衣, 埶聲. ≪詩≫曰: "是褻袢也."」)			

※ 농사나 평상시 활동에 편하게 잡고(埶) 입던 옷(衣)이나 잠옷에서 '더럽다' '속옷'을 뜻한다.

喪	口부 총12획	甲骨文		西周 金文	春秋 金文	戰國 金文	小篆	喪服(상복) 喪失(상실) 喪家(상가)
		佚487	前7.18.1	毛公鼎	齊侯壺	南疆鉦	說文解字	
잃을 상	설문 哭부	喪(상)은 잃었다는 뜻이다. 哭(곡)과 亡(망)은 모두 의미부분이다. 회의(會意)이다. 亡은 발음부분이기도 하다.(「喪, 亡也. 从哭, 从亡. 會意. 亡亦聲.」)						

※ 뽕나무의 잎(叩)과 가지(十)를 걸어, 사람이 죽음(亡=亾)을 표하여 (嗓) '죽다'를 뜻한다.
　※참고:사람이 죽어(亡=亾) 많은 사람(哭)이 시끄럽게(叩) 우는(哭) 데서 '잃다'를 뜻한다.

袁 → 園 → 遠 → 猿 → 轅 ✦

袁	衣부 총10획	甲骨文	金文	小篆		(姓名字)
		合22274	形音義字典	說文解字		
성/긴옷 원	설문 衣부	袁(원)은 옷이 긴 모습이다. 衣(의)는 의미부분이고, 叀(전)의 생략형은 발음부분이다.(「袁, 長衣皃. 从衣, 叀省聲.」)				

※ 옷(衣)깃에 끈(一)과 옷 가운데 둥근 옥(口)이나 천을 덧댄 '넓고' '긴 옷'으로, '성'으로 쓰인다.

園	口부 총13획	戰國 金文	小篆	學園(학원) 公園(공원) 庭園(정원)
		雲夢日甲	說文解字	
동산 원	설문 口부	園(원)은 과실수(果實樹)를 심는 곳이다. 口(위)는 의미부분이고, 袁(원)은 발음부분이다.(「園, 所以樹果也. 从口, 袁聲.」)			

※ 과일나무를 심어 경계(口)를 이룬 넓은(袁) '과수원'에서 '동산'을 뜻한다.

遠	辵부 총14획	甲骨文		金文		小篆	古文	遠視(원시) 遠洋(원양) 遠近(원근)
		屯2061	屯3759	克鼎	番生簋	說文解字		
멀 원	설문 辵부	遠(원)은 遼(멀 료)이다. 辵(착)은 의미부분이고 袁(원)은 발음부분이다. 遠은 遠의 고문(古文)이다.(「遠, 遼也. 从辵, 袁聲. 遠, 古文遠.」)						

※ 길고(袁) 먼 길을 오랜 시간을 걸어가는(辶) 데서 '멀다'를 뜻한다.

猿	犬부 총13획	설문 없음		猿臂(원비) 類人猿(유인원)	
원숭이 **원**					

✽ 짐승(犭) 중에 팔이 긴(袁) '원숭이'를 뜻한다.

轅	車부 총17획	戰國 金文 雲夢法律	小篆 說文解字	轅駒(원구) 轅門(원문) 轅下(원하)	
끌채 **원**	설문 車부	轅(원)은 輈(끌채 주)이다. 車(거·차)는 의미부분이고, 袁(원)은 발음부분이다.(「轅, 輈也. 从車, 舟聲.」)			

✽ 수레(車) 앞에 수레를 끄는 길게(袁) 설치된 '끌채'를 뜻한다.

睘 ➡ 環 ➡ 還 ➡ 鐶 ✽

睘	目부 총13획	西周 金文 睘卣 駒父盨	戰國 金文 睘簋 睘小器 中山玉器	小篆 說文解字	睘睘(경경)	
놀라볼 **경**	설문 目부	睘=瞏(경)은 눈이 놀라서 본다는 뜻이다. 目(목)은 의미부분이고, 袁(원)은 발음부분이다. ≪시경(詩經)≫에 이르기를 "홀로 의지할 곳 없이 걷노라니."라고 하였다.(「瞏, 張目也. 从目, 袁聲. ≪詩≫曰: "獨行睘睘."」)				

✽ 눈(目=罒)으로 옷(衣) 위에 고리 모양의 둥근(口) 옥을 길게(袁) 늘어뜨린 것을 놀라보는(瞏=睘)에서 '놀라서 보다'를 뜻한다. ※참고:睘(경)은 '둥글다'를 뜻함.

環	玉부 총17획	西周 金文 環卣 師遽方彝 毛公鼎	戰國 金文 曾侯墓簡	小篆 說文解字	環境(환경) 循環(순환) 花環(화환)	
고리 **환**	설문 玉부	環(환)은 가운데 구멍이 뚫린 둥근 옥이다. 가운데 구멍의 지름과 둘레 넓이의 폭이 같은 것을 環이라고 한다. 玉(옥)은 의미부분이고, 睘(경)은 발음부분이다.(「環, 璧也. 肉好若一謂之環. 从玉, 睘聲.」)				

✽ 옥(玉)으로 만든 장식을 눈(目=罒)으로 [옷(衣) 위에 둥근(口) 고리 모양으로 길게(袁) 늘어뜨려] 보는(瞏=睘:놀라볼 경)에서 '고리' '두르다'를 뜻한다.

還	辶부 총17획	甲骨文 周甲47	西周 金文 遹伯簋 免簋 散盤 鄂侯鼎	戰國 金文 亞行還戈	小篆 說文解字	還元(환원) 還生(환생) 還甲(환갑)	
돌아올 **환**	설문 辶부	還(환)은 돌아온다는 뜻이다. 辶(착)은 의미부분이고, 睘(경)은 발음부분이다.(「還, 復也. 从辶, 睘聲.」)					

✽ 둥글게(睘) 돌아서 가면(辶) 제자리로 오는 데서 '돌아오다' '또'를 뜻한다.

鐶	金부 총21획	설문 없음	戰國 金文 信陽楚簡 仰天湖簡	용례 없음	
쇠고리 **환**					

✽ 쇠붙이(金)로 둥글게(睘) 만든 '쇠고리' '가락지' '목걸이' 등을 뜻한다.

襄 → 壤 → 讓 → 孃 → 攘 → 釀 ◆ → 驤 ✦

		西周 金文	春秋 金文		戰國 金文		小篆	古文
	衣부 총17획							
		散盤	穌甫人匜	薛侯盤	鄂君舟節	貨系4050	說文解字	

襄禮(양례)
贊襄(찬양)
襄奉(양봉)

도울 **양**	설문 衣부	襄(양)은 한(漢)나라 율령(律令)에 옷을 벗고 밭을 가는 것을 일컬어 襄이라고 하였다. 衣(의)는 의미부분이고, 㿅(양・녕)은 발음부분이다. 𧝡은 襄의 고문(古文)이다.(「襄, 漢令解衣耕謂之襄. 从衣, 㿅聲. 𧝡, 古文襄.」)

✷ 옷(衣)을 벗듯, 땅속을 갈아(耕=井=井) 생강 같은 덩이뿌리(口口) 채취를 '도움'을 뜻한다.
　※참고: 옷(衣)을 벗고 농요를 부르며(口口) 밭을 갈아(耕=井=井) 밭일을 '도움'을 뜻한다.

		戰國 金文		小篆
	土부 총20획			
		睿錄附36	雲夢封診	說文解字

土壤(토양)
擊壤(격양)
壤土(양토)

흙덩이 **양**	설문 土부	壤(양)은 부드러운 흙을 뜻한다. 土(토)는 의미부분이고, 襄(양)은 발음부분이다.(「壤, 柔土也. 从土, 襄聲.」)

✷ 비옥한 흙(土)으로 농사에 도움(襄)이 되는 부드러운 '흙' '흙덩이'를 뜻한다.

		戰國 金文		小篆
	言부 총24획			
		陶九084	雲夢爲吏	說文解字

辭讓(사양)
讓步(양보)
讓渡(양도)

사양할 **양**	설문 言부	讓(양)은 서로 꾸짖는다는 뜻이다. 言(언)은 의미부분이고, 襄(양)은 발음부분이다.(「讓, 相責讓. 从言, 襄聲.」)

✷ 말(言)로 남을 꾸짖어 서로 하도록 돕는(襄) 데서 '사양하다' '양보하다' '꾸짖다'를 뜻한다.

		小篆
	女부 총20획	
		說文解字

令孃(영양)
貴孃(귀양)
某孃(모양)

아가씨 **양**	설문 女부	孃(냥)은 귀찮고 어지럽다는 뜻이다. 일설에는 뚱뚱하다는 뜻이라고 한다. 女(녀)는 의미부분이고, 襄(양)은 발음부분이다.(「孃, 煩擾也. 一曰醜兒. 从女, 襄聲.」)

✷ 여자(女)로 집안일을 돕는(襄) '어머니', 또는 일을 돕는 성숙한 여자에서 '아가씨'를 뜻한다.

		小篆
	手부 총20획	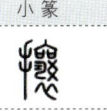
		說文解字

攘夷(양이)
攘奪(양탈)
攘斥(양척)

물리칠 **양**	설문 手부	攘(밀칠 양, 흔들 양; 어수선할 녕)은 내민다는 뜻이다. 手(수)는 의미부분이고, 襄(양)은 발음부분이다.(「攘, 推也. 从手, 襄聲.」)

✷ 땅속 농작물을 수확하기 위해 손(扌)으로 흙을 밀어내 돕는(襄) 데서 '물리치다'를 뜻한다.

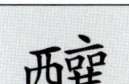

		小篆
	酉부 총24획	
		說文解字

釀造(양조)
釀母(양모)
佳釀(가양)

술빚을 **양**	설문 酉부	釀(양)은 醞(술 빚을 온)이다. 술을 만드는 것을 釀이라고 한다. 酉(유)는 의미부분이고, 襄(양)은 발음부분이다.(「釀, 醞也. 作酒曰釀. 从酉, 襄聲.」)

✷ 술(酉)이 잘 익도록 돕는(襄) 데서 '술 빚다'를 뜻한다.

驤	馬부 총27획	小篆 說文解字		驤首(양수)	
머리들/달릴 양	설문 馬부	驤(양)은 말이 (머리를) 위 아래로 흔든다는 뜻이다. 馬(마)는 의미부분이고, 襄(양)은 발음부분이다.(「驤, 馬之低仰也. 从馬, 襄聲.」)			

※ 말(馬)이 머리를 들고 빨리 달려 사람의 일을 돕는(襄) 데서 '머리 들다' '달리다'를 뜻한다.

褱 ➡ 懷 ➡ 壞

褱	衣부 총16획	西周 金文			春秋 金文	小篆	용례 없음	

		沈子簋	牆盤	毛公鼎	褱鼎	說文解字		
품을 회	설문 衣부	褱(회)는 품는다는 뜻이다. 衣(의)는 의미부분이고, 眔(답)은 발음부분이다. 일설에는 주머니를 뜻한다고도 한다.(「褱, 俠也. 从衣, 眔聲. 一曰囊.」)						

※ 옷(衣)으로 눈(目=罒)에서 눈물(氺)이 흐름을(眔) 덮어 감추는 데서 '품다'를 뜻한다.

懷	心부 총19획	金文  毛公鼎	戰國 金文 雲夢封診	小篆  說文解字	懷疑(회의) 感懷(감회) 懷抱(회포)	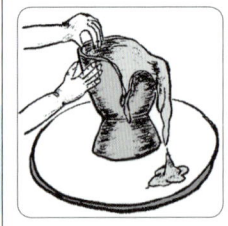
품을 회	설문 心부	懷(회)는 마음에 두고 늘 생각한다는 뜻이다. 心(심)은 의미부분이고, 褱는 발음부분이다.(「懷, 念思也. 从心, 褱聲.」)				

※ 마음(忄)속 생각을 옷(衣)으로 눈(目=罒)에서 흐르는 눈물(氺)을 감추듯(褱=懷), '품고' 있음을 뜻한다.

壞	土부 총19획	戰國 金文  相邦冉戈	小篆 雲夢雜抄	古文 	籀文  說文解字	破壞(파괴) 壞滅(괴멸) 崩壞(붕괴)	
무너질 괴	설문 土부	壞(괴)는 무너졌다는 뜻이다. 土(토)는 의미부분이고, 褱(회)는 발음부분이다. 𡒦는 壞의 고문(古文)으로 생략형이다. 𤿺는 壞의 주문(籀文)이다.(「壞, 敗也. 从土, 褱聲. 𡒦, 古文壞省. 𤿺, 籀文壞.」)					

※ 흙(土)으로 된 도기(陶器)가 아직 굳지 않아 수분을 품고(褱) 있어 '무너짐'을 뜻한다.

卒 ➡ 猝☆ ➡ 碎 ➡ 翠 ➡ 醉 ➡ 悴☆ ➡ 萃 ➡ 膵☆ ➡ 粹

卒	十부 총8획	甲骨文			春秋 金文	戰國 金文	小篆	兵卒(병졸) 卒倒(졸도) 卒業(졸업)	

		鐵23.3	前4.6.3	前5·11·2	外卒鐸	雲夢日甲	說文解字		
마칠 졸	설문 衣부	卒(졸), 관청의 하급 관리인 일을 주는 사람(즉 심부름꾼)이 입는 옷을 卒이라고 한다. 그 옷에는 표식이 있다.(「𠔽, 隸人給事者衣爲卒. 卒衣有題識者.」)							

※ 옷(衣=𧘇)에 갑편(十=一)이나 부호를 단 옷을 입은 '졸병'으로, 전투에서 장군보다 잘 죽는 데서 '갑자기' '죽다' '마치다'를 뜻한다. ※파자:높은(亠) 장군을 따르는(从) 많은(十) '졸병'.

猝	犬부 총11획	小篆  說文解字		猝地(졸지) 猝富(졸부) 猝曉(졸효)	
갑자기 졸	설문 犬부	猝(졸)은 개가 풀에서 갑자기 뛰쳐나와 사람을 쫓아낸다는 뜻이다. 犬(견)은 의미부분이고, 卒(졸)은 발음부분이다.(「猝, 犬从艸暴逐人也. 从犬, 卒聲.」)			

※ 개(犭)가 갑자기(卒) 튀어나와 사람을 쫓음에서 '갑자기'를 뜻한다.

碎	石부 총13획	小篆 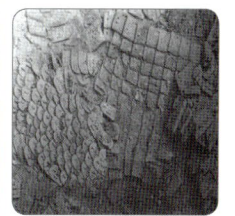 說文解字		分碎(분쇄) 碎身(쇄신) 碎金(쇄금)
부술 쇄	설문 石부	碎(쇄)는 (돌을) 간다는 뜻이다. 石(석)은 의미부분이고, 卒(졸)은 발음부분이다.(「䃺, 礦也. 从石, 卒聲.」)		

✻ 돌(石)이 가루가 되어 마침내(卒) 없어지듯 완전히 '깨지고' '부서짐'을 뜻한다.

翠	羽부 총14획	戰國 金文  信陽楚簡	小篆 說文解字	翠簾(취렴) 翡翠(비취) 翠屏(취병)
푸를/물총새 취	설문 羽부	翠(취)는 날개가 푸른 참새이다. 울림군(鬱林郡)에서 난다. 羽(우)는 의미부분이고, 卒(졸)은 발음부분이다.(「翠, 青羽雀也. 出鬱林. 从羽, 卒聲.」)		

✻ 새의 수컷 깃(羽)이 병졸(卒)이 입던 푸른 옷과 같은 데서 '푸르다' '물총새'를 뜻한다.

醉	酉부 총15획	小篆  說文解字		醉中(취중) 陶醉(도취) 醉氣(취기)
취할 취	설문 酉부	醉(취)는 (주량이) 다했다는 뜻이다. 그 주량에 끝까지 다다르도록 하였지만, 혼란스러운 지경에까지는 이르지 않았다는 뜻이다. 일설에는 주정한다는 뜻이라고도 한다. 酉(유)와 卒(졸)은 모두 의미부분이다.(「醉, 卒也. 卒其度量, 不至於亂也. 一曰潰也. 从酉, 从卒.」)		

✻ 자신의 주량(酒量)대로 술(酉)을 마시고 취하여 마시기를 마침(卒)에서 '취하다'를 뜻한다.

悴	心부 총11획	小篆 說文解字		悴容(췌용) 悴顔(췌안) 憔悴(초췌)
파리할 췌	설문 心부	悴(췌)는 근심한다는 뜻이다. 心(심)은 의미부분이고, 卒(졸)은 발음부분이다. 발음은 ≪주역(周易)·췌괘(萃卦)≫의 萃(췌)자와 같다.(「悴, 憂也. 从心, 卒聲. 讀與≪易·萃卦≫同.」)		

✻ 전쟁에 지친 마음(忄)으로, 병졸(卒)들이 지쳐 '파리하게' '시듦'을 뜻한다.

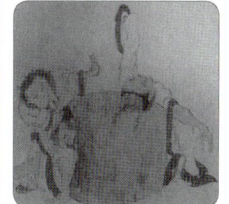

萃	艸부 총12획	戰國 金文   萃鋸戈　邵王職戈	小篆 說文解字	拔萃(발췌) 萃卦(췌괘) 叢萃(총췌)
모을 췌	설문 艸부	萃(췌)는 풀의 모습이다. 艸(초)는 의미부분이고, 卒(졸)은 발음부분이다. 瘁(췌)라고 읽는다.(「萃, 艸皃. 从艸, 卒聲. 讀若瘁.」)		

✻ 다 자란 초목(艹)이 병졸(卒)이 모이듯 한곳에 모여 있는 데서 '모으다' '모이다'를 뜻한다.

膵	肉부 총16획	설문 없음		膵管(췌관) 膵臟(췌장) 膵液(췌액)
췌장 췌				

✻ 장기(月) 중에서 위(胃) 아래에 있으면서 췌액을 모아(萃) 소화를 돕는 '췌장'을 뜻한다.

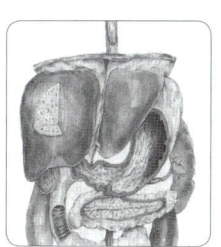

517

粹	米부 총14획	小篆 說文解字		純粹(순수) 粹然(수연) 粹美(수미)	
순수할 수	설문 米부	粹(수)는 섞이지 않았다는 뜻이다. 米(미)는 의미부분이고, 卒(졸)은 발음부분이다.(「粹, 不雜也. 从米, 卒聲.」)			

✽ 깨끗한 쌀(米)로, 불순물이 없게 정미(精米)를 마친(卒) 데서 '순수하다'를 뜻한다.

穴 ➡ 穿 ☆ ➡ 窓 ➡ 竊

穴	穴부 총5획	金文  부수한자	戰國 金文 陶典0640 上博容成	小篆  說文解字	經穴(경혈) 穴居(혈거) 墓穴(묘혈)	
굴/구멍 혈	설문 穴부	穴(혈)은 흙집을 뜻한다. 宀(면)은 의미부분이고, 八(팔)은 발음부분이다. 무릇 穴부에 속하는 글자들은 모두 穴을 의미부분으로 삼는다.(「穴, 土室也. 从宀, 八聲. 凡穴之屬皆从穴.」)				

✽ 동굴이나 땅을 파고 만든 움집의 형태로 '굴' '구멍'을 뜻한다. ※참고: 집(宀)처럼 틈을 나누어(八) 넓힌 '굴'을 뜻한다.

穿	穴부 총9획	戰國 金文 吉大123 雲夢日甲	小篆 說文解字	穿孔(천공) 穿鑿(천착) 貫穿(관천)	
뚫을 천	설문 穴부	穿(천)은 통(하게)한다는 뜻이다. 어금니[牙(어금니 아)]가 구멍[穴(혈)] 안에 있다는 의미이다.(「穿, 通也. 从牙在穴中.」)			

✽ 굴(穴)을 어금니(牙)로 파는 데서 '뚫다'를 뜻한다.

窓	穴부 총11획	小篆 說文解字	窓門(창문) 鐵窓(철창) 窓口(창구)	
창 창	설문 囟부	窓(창)은 (밖으로) 통하는 구멍을 뜻한다. 穴(혈)은 의미부분이고, 悤(총)은 발음부분이다.(「窓, 通孔也. 从穴, 悤聲.」)			

✽ 구멍(穴)을 뚫은 천창(囪=厶:천장 창)에 연기를 내보내거나 통풍(通風)하여 마음(心)을 상쾌하게 하는 '창(窗: 窓의 본자)'을 뜻한다.

竊	穴부 총22획	小篆  說文解字	竊盜(절도) 剽竊(표절) 竊笑(절소)	
훔칠 절	설문 米부	竊(절), 훔친 쌀을 굴 안에서 꺼내는 것을 일컬어 竊이라고 한다. 穴(혈)과 米(미)는 의미부분이고, 卨(설)과 廿은 모두 발음부분이다. 廿은 疾(질)의 고문(古文)이고, 卨은 偰(설)의 고문이다.(「竊, 盜自中出曰竊. 从穴, 从米, 卨·廿皆聲. 廿, 古文疾; 卨, 古文偰.」)			

✽ 구멍(穴)을 뚫고 많은 쌀(廿+米=釆)을 '훔치는' 벌레(卨=离=离:벌레 설).
※파자: 구멍(穴)을 뚫고 잘 분별(釆)하여 점치고(卜) 안쪽의 사람(囚) 발자국(内)까지 확인 후 '훔침'을 뜻한다.

犬 ➡ 伏 ➡ 洑 ☆ ➡ 突 ➡ 哭 ➡ 器 ➡ 臭 ➡ 嗅 ☆ ➡ 狀 ···· (狀) ➡ 獄 ➡ 嶽 ✦ ···· (嚚) ➡ 獸

犬	犬부 총4획	甲骨文   乙581 鐵76.3 甲402	殷商 金文 子自卣 犬父乙爵	西周 金文 員鼎	小篆 說文解字	愛犬(애견) 鬪犬(투견) 忠犬(충견)	
개 견	설문 犬부	犬(견)은 개 중에서 발을 들어 올리는 종류를 가리킨다. 상형이다. 공자(孔子)는 "犬자를 보면 개를 그린 것 같다."라고 하였다. 무릇 犬부에 속하는 글자들은 모두 犬을 의미부분으로 삼는다.(「犬, 狗之有縣蹄者也. 象形. 孔子曰: "視犬之字如畫狗." 凡犬之屬皆从犬.」)					

✽ 개의 옆모습을 나타낸 것으로 '개'나 짐승, 자신을 낮추거나 하찮은 것을 비유할 때 쓰인다.

		甲骨文	金文	小篆	
	人부 총6획	合集28011	合集28088	史伏尊	說文解字

伏線(복선)
潛伏(잠복)
屈伏(굴복)

엎드릴 복	설문 人부	伏(복)은 살핀다는 뜻이다. 人(인)과 犬(견)은 모두 의미부분이다.(「伏, 司也. 从人, 从犬.」)

✽ 사람(亻)의 옆에 개(犬)가 엎드려 주인의 눈치를 살피는 데서 '엎드리다' '따르다'를 뜻한다.

	水부 총9획	설문 없음		

洑稅(보세)
洑流(복류)
洑主(보주)

보 스며흐를 복		

✽ 물(氵)이 낮게(伏) '스며 흐름'을 뜻하나, 한국에서는 물길을 막아 농사에 쓰는 '보'를 뜻한다.

		甲骨文	戰國 金文	小篆	
	穴부 총9획	拾5.7	佚775	陶五134	說文解字

突發(돌발)
衝突(충돌)
突出(돌출)

갑자기 돌	설문 穴부	突(돌)은 개[犬(견)]가 구멍[穴(혈)] 안에서 불쑥 튀어나온다는 뜻이다. 개[犬]가 구멍[穴] 안에 있다는 의미이다. 일설에는 미끄럽다는 뜻이라고도 한다.(「突, 犬从穴中暫出也. 从犬在穴中. 一曰滑也.」)

✽ 구멍(穴)에서 개(犬)가 갑자기 튀어나오는 데서 '갑자기'를 뜻한다.

		戰國 金文	小篆	
	口부 총10획	陶四7	雲夢日甲	說文解字

慟哭(통곡)
哭聲(곡성)
哭泣(곡읍)

울 곡	설문 哭부	哭(곡)은 슬퍼하는 소리이다. 吅(현)은 의미부분이고, 犬(견)은 獄(옥)의 생략형으로 발음부분이다. 무릇 哭부에 속하는 글자들은 모두 哭을 의미부분으로 삼는다.(「哭, 哀聲也. 从吅, 獄省聲. 凡哭之屬皆从哭.」)

✽ 시끄럽게(吅:시끄러울 현) 개(犬)가 짖듯, 사람이 슬피 소리 내어 '욺'을 뜻한다.

		西周 金文	春秋 金文	戰國 金文	小篆	
	口부 총16획	㽙卣	散盤	郘侯簋	黃夫人鼎	齊侯因資敦	說文解字

器械(기계)
器官(기관)
器具(기구)

그릇 기	설문 㗊부	器(기)는 그릇이다. (口은) 그릇의 주둥이를 그린 것이고, 개[犬]가 그것을 지키고 있다는 뜻이다.(「器, 皿也. 象器之口, 犬所以守之.」)

✽ 여러 가지 그릇(㗊)을 개(犬)가 지키는 모습으로 '그릇'을 뜻한다. ※㗊:뭇입 즙.

		甲骨文	西周 金文	戰國 金文	小篆	
	自부 총10획	鐵196.3	合8977	子臭卣	雲夢日甲	說文解字

惡臭(악취)
體臭(체취)
臭氣(취기)

냄새 취	설문 犬부	臭(취), 짐승이 달아나면, 냄새를 맡아 그 자취를 아는 것이 개이다. 犬(견)과 自(자)는 모두 의미부분이다.(「臭, 禽走, 臭而知其迹者, 犬也. 从犬, 从自.」)

✽ 코(自)로 냄새를 잘 맡는 개(犬)를 뜻하여 '냄새'를 뜻한다. 自(자)는 '코'의 모습이다.

嗅	口부 총13획	설문 없음	小篆 [形音義字典]	嗅器(후기) 嗅覺(후각) 嗅官(후관)	
맡을 후					

✻ 코나 입(口)을 통하여 냄새(臭)를 맡는 데서 '냄새 맡다'를 뜻한다.

狀	犬부 총8획	戰國 金文 / 小篆 丞相啓狀戈 / 商鞅方升 / 說文解字		狀況(상황) 症狀(증상) 賞狀(상장)	
형상 상 문서 장	설문 犬부	狀(상·장)은 개의 모양을 뜻한다. 犬(견)은 의미부분이고, 爿(장)은 발음부분이다.(「狀, 犬形也. 从犬, 爿聲.」)			

✻ 평평한 널판(爿) 위에 다양한 개(犬)의 형상을 그린 것으로, '형상'이나 '문서'를 뜻한다.

狀	犬부 총8획	甲骨文 / 西周 金文 / 戰國 金文 / 小篆 鐵104.1 / 叔狀簋 / 陶典0855 / 說文解字			용례 없음	
개 서로 물 은	설문 狀부	狀(은)은 두 마리의 개가 서로 문다는 뜻이다. 犬(견)자 둘로 이루어졌다. 무릇 狀부에 속하는 글자들은 모두 狀을 의미부분으로 삼는다.(「狀, 兩犬相齧也. 从二犬. 凡狀之屬皆从狀.」)				

✻ 두 마리의 개(犬)가 서로 무는 데서 '개 서로 물다'를 뜻한다.

獄	犬부 총14획	金文 / 戰國 金文 / 小篆 珥生簋 / 包山139 / 說文解字			獄中(옥중) 獄死(옥사) 地獄(지옥)	
옥 옥	설문 狀부	獄(옥)은 감옥을 뜻한다. 狀(은)과 言(언)은 모두 의미부분이다. 두 마리의 개로 지킨다는 뜻이다.(「獄, 确也. 从狀, 从言. 二犬所以守也.」)				

✻ 죄인이 두 마리의 개(狀:개서로물 은)처럼 서로 말(言)을 다투는 '감옥'이나, 두 마리의 개(狀)가 죄인을 지키고 말(言)로 꾸짖는 감옥을 뜻한다.

嶽	山부 총17획	甲骨文 / 小篆 / 古文 甲3330 / 甲649 / 佚74 / 說文解字				喬嶽(교악) 松嶽(송악) 楓嶽山(풍악산)	
큰산 악	설문 山부	嶽(악)은 동쪽의 태산(泰山), 남쪽의 형산(衡山), 서쪽의 화산(華山), 북쪽의 항산(恒山) 그리고 중앙의 숭산(崇山)을 가리킨다. 임금이 지방 순시를 할 때 들려서 제사를 지내는 곳이다. 山(산)은 의미부분이고, 獄(옥)은 발음부분이다. 岳은 고문(古文)으로, 산이 높은 모양을 그린 것이다.(「嶽, 東岱·南霍·西華·北恒·中泰室, 王者之所以巡狩所至. 从山, 獄聲. 岳, 古文, 象高形.」)					

✻ 산(山)이 높아 사방이 감옥(獄)같이 막힌 '큰 산'을 뜻한다.

嘼	口부 총15획	甲骨文 / 殷商 金文 / 西周 金文 / 春秋 金文 / 戰國 金文 / 小篆 乙6269 / 耳嘼簋 / 王作王母扁 / 小盂鼎 / 邵鐘 / 令狐君壺 / 說文解字						용례 없음
산짐승 휴	설문 嘼부	嘼=𤲯(산짐승 휴)는 짐승을 뜻한다. 귀와 머리, 그리고 발로 땅을 밟는 모양을 그린 것이다. 고문(古文)에서는 嘼 아래에 厹(구)를 썼다. 무릇 嘼부에 속하는 글자들은 모두 嘼를 의미부분으로 삼는다.(「嘼, 牲也. 象耳頭足厹地之形. 古文嘼下从厹. 凡嘼之屬皆从嘼.」)						

✻ 두 귀(叩)와 머리(田)와 발 아래(一) 땅(口)으로 짐승의 모양에서 '산짐승'을 뜻한다.

	犬부 총19획	甲骨文		殷商 金文		西周 金文		小篆	禽獸(금수) 鳥獸(조수) 猛獸(맹수)
		鐵36.3	甲1656	獸父癸爵	宰甫簋	獸 爵	史獸鼎	說文解字	
짐승 **수**	설문 嘼부	獸(수)는 지켜낼 수 있는 짐승을 뜻한다. 嘼(휴)와 犬(견)은 모두 의미부분이다.(「獸,守備者. 从嘼,从犬.」)							

※ 사냥도구(單=嘼:산짐승 휴)와 사냥개(犬)로 짐승을 사냥하는 데서 '짐승'을 뜻한다.
　※파자:개(犬)가 시끄럽게(叩) 짖어 밭(田) 한(一) 곳 함정(口)으로 몰아 '짐승'을 사냥함.

猒 ➡ 厭 ➡ 壓

	犬부 총12획	西周 金文		春秋 金文	小篆	或體	용례 없음
		沈子它簋	毛公鼎	商戲簋	說文解字		
배부를 **염**	설문 甘부	猒(염)은 배부르다는 뜻이다. 甘(감)과 肰(연)은 모두 의미부분이다. 猒은 猒의 혹체자(或體字)로 (甘 대신) 曰(이)를 썼다.(「猒, 飽也. 从甘, 从肰. 猒, 猒或从曰.」)					

※ 단(甘=曰) 개(犬) 고기(肉=月)를 '배부르게' 먹음을 뜻한다. 또는 단(甘=曰) 고기(肉=月)를 배부르게 먹는 개(犬)에서 '배부름'을 뜻한다. ※참고:肰(개고기 연).

	厂부 총14획	戰國 金文	小篆	厭症(염증) 厭忌(염기) 嫌厭(혐염)
		包山219	說文解字	
싫어할 **염**	설문 厂부	厭(염)은 압박(壓迫)한다는 뜻이다. 厂(엄·한)은 의미부분이고, 猒(염)은 발음부분이다. 일설에는 합한다는 뜻이라고도 한다.(「厭, 笮也. 从厂, 猒聲. 一曰合也.」)		

※ 언덕(厂)에 막히거나 끼듯 배가 불러(猒) 더 이상 먹을 수 없어 '눌리어' '싫어함'을 뜻한다.

	土부 총17획	小篆	壓迫(압박) 壓力(압력) 壓縮(압축)
		說文解字	
누를 **압**	설문 土부	壓(압)은 무너졌다는 뜻이다. 일설에는 틈을 막는다는 뜻이라고도 한다. 土(토)는 의미부분이고, 厭(염)은 발음부분이다.(「壓, 壞也. 一曰塞補. 从土, 厭聲.」)		

※ 무너져 눌린(厭) 흙(土)에서 '누르다'를 뜻한다.

肰 ➡ 然 ➡ 燃 ➡ 撚☆ … 炙

	肉부 총8획	戰國 金文	小篆	古文		용례 없음
		郭店老甲	說文解字			
개고기 **연**	설문 肉부	肰(연)은 개고기를 뜻한다. 犬(견)과 肉(육)은 모두 의미부분이다. 然(연)이라고 읽는다. 𣎴은 然의 고문(古文)이다. 𤊾 역시 然의 고문이다.(「肰, 犬肉也. 从犬·肉. 讀若然. 𣎴, 古文肰. 𤊾, 亦古文肰.」)				

※ 고기(肉=月)로 만든 개(犬)에서 '개고기'를 뜻한다.

	火부 총12획	春秋 金文	戰國 金文	小篆	或體	當然(당연) 自然(자연) 泰然(태연)
		者減鐘	中山王鼎	郭店太一	說文解字	
그럴 **연**	설문 火부	然(연)은 불사른다는 뜻이다. 火(화)는 의미부분이고, 肰(연)은 발음부분이다. 爇은 혹체자 (或體字)로 艸(초)와 難(난)으로 이루어졌다.(「然, 燒也. 从火, 肰聲. 爇, 或从艸·難.」)					

※ 개고기(肰)를 불(灬)에 태우듯 구워 먹는 일은 당연하다는 데서 '그러하다' '그렇다'를 뜻한다.

燃	火부 총16획	설문 없음	※ '然(연)'자 참조.	燃燒(연소) 燃燈(연등) 燃料(연료)

탈 **연**

✻ 불(火)로 개고기(肰)를 불(灬)에 굽듯 태움에서 '불사르다' '타다'를 뜻한다.

撚	手부 총15획	小篆  說文解字		撚紙(연지) 撚斷(연단) 撚絲(연사)

비빌 **년** | 설문 手부 | 撚(잡을 년, 밟을 년)은 잡는다는 뜻이다. 手(수)는 의미부분이고, 然(연)은 발음부분이다. 일설에는 밟는다는 뜻이라고도 한다.(「撚, 執也. 从手, 然聲. 一曰蹂也.」)

✻ 손(扌)으로 종이나 천을 비벼 꼬아 불태우는(然) 데서 '비틀다'를 뜻한다.

炙	火부 총8획	戰國金文  雲夢日甲	小篆 說文解字	籒文	膾炙(회자) 散炙(산적) 炙膾(적회)

구울 **자/적** | 설문 炙부 | 炙(자·적)은 고기를 굽는다는 뜻이다. 고기[肉(육)]가 불[火(화)] 위에 있다는 의미이다. 무릇 炙부에 속하는 글자들은 모두 炙를 의미부분으로 삼는다. 는 주문(籒文)이다.(「炙, 炮肉也. 从肉在火上. 凡炙之屬皆从炙. 𤋫, 籒文.」)

✻ 고기(月)를 불(火)에 구워먹는 데서 '굽다'를 뜻한다.

犮 → 拔 → 跋 → 魃 ☆ … (髟) → 髮

犮	犬부 총5획	小篆  說文解字		犮乙(발을)

달릴 **발** | 설문 犬부 | 犮(개 달아날 발)은 개를 달리게 하는 모습이다. 犬(견)에서 (하나를) 줄였다. 그 다리를 찌른 것이 犮이다.(「犮, 走犬兒. 从犬而少之也. 其足則刺犮也.」)

✻ 개(犬)가 발을 삐치며(丿) 달리는 데서 '달리다'를 뜻한다.

拔	手부 총8획	戰國金文  雲夢法律	小篆 說文解字	拔擢(발탁) 選拔(선발) 拔萃(발췌)

뽑을 **발** | 설문 手부 | 拔(발)은 뽑는다는 뜻이다. 手(수)는 의미부분이고, 犮(발)은 발음부분이다.(「拔, 擢也. 从手, 犮聲.」)

✻ 손(扌)으로, 개(犬)가 발을 삐치며(丿) 달리듯(犮:달릴 발) 빨리 당겨 '뽑음'을 뜻한다.

跋	足부 총12획	小篆 說文解字		跋辭(발사) 跋扈(발호) 跋涉(발섭)

밟을 **발** | 설문 足부 | 跋(발)은 넘어진다는 뜻이다. 足(족)은 의미부분이고, 犮(발)은 발음부분이다.(「跋, 蹎跋也. 从足, 犮聲.」)

✻ 발(足)로 산야(山野)를 달리는(犮) 데서 '밟다'를 뜻하며, 책 끝에 쓴 문장인 '발문'을 뜻한다.

| 魃 | 鬼부
총15획 | 小篆
魃
說文解字 | | 旱魃(한발)
炎魃(염발)
暑魃(서발) |

| 가물 **발** | 설문
鬼부 | 魃(발)은 가뭄귀신을 뜻한다. 鬼(귀)는 의미부분이고, 犮(발)은 발음부분이다. ≪주례(周禮)≫에 적발씨(赤魃氏)가 있는데, 담이나 집의 벌레를 제거한다. ≪시경(詩經)≫에 이르기를 "가뭄 귀신이 날뛰네."라고 하였다.(「魃, 旱鬼也. 从鬼, 犮聲. ≪周禮≫有赤魃氏, 除牆屋之物也. ≪詩≫曰: "旱魃爲虐."」) |

※ 농작물 밭을 귀신(鬼)이 짓밟고(犮) 지나간 듯 농작물을 말려 망치는 '가뭄 귀신'을 뜻한다.

| 髟 | 髟부
총10획 | 甲骨文 | | 殷商 金文 | | 戰國 金文 | 小篆 | 용례 없음 |
| | | 合767 | 合4558 | 髟莫觚 | 太保罍 | 郭店成之 | 說文解字 | |

| 머리늘어질
표/발 | 설문
髟부 | 髟(표)는 긴 머리털이 휘날린다는 뜻이다. 長(장)과 彡(삼)은 모두 의미부분이다. 무릇 髟부에 속하는 글자들은 모두 髟를 의미부분으로 삼는다.(「髟, 長髮猋猋也. 从長, 从彡. 凡髟之屬皆从髟.」) |

※ 길게(長=镸) 늘어진 머리털(彡)에서 '머리 늘어짐'을 뜻한다.

| 髮 | 髟부
총15획 | 金文 | 小篆 | 或體 | 古文 | 假髮(가발)
毛髮(모발)
理髮(이발) |
| | | 牆盤 | 召卣 | | 說文解字 | |

| 터럭 **발** | 설문
髟부 | 髮(발)은 (머리털의) 뿌리를 뜻한다. 髟(표)는 의미부분이고, 犮(발)은 발음부분이다. 䰂은 髮의 혹체자(或體字)로 (髟 대신) 首(수)를 썼다. 䯳은 고문(古文)이다.(「髮, 根也. 从髟, 犮聲. 䰂, 髮或从首. 䯳, 古文.」) |

※ 긴(镸) 터럭(彡)을 날리며 달리는 개(犮)에서 '터럭' '털'을 뜻한다.

爻 ☆ → (爻爻) → 爽 → 㙸❋ → 駁 → 爾 → 邇❋ → 彌 → 壐 → (樊) → 攀 ☆ → 爕 ☆

| 爻 | 爻부
총4획 | 甲骨文 | | 殷商 金文 | | 西周金文 | 小篆 | 六爻(육효)
爻辭(효사)
爻象(효상) |
| | | 鐵100.2 | 後下41.1 | 父乙角 | 爻父丁簋 | 伯辰鼎 | 說文解字 | |

| 점괘/얽힘/
사귈 **효** | 설문
爻부 | 爻(효), ≪주역(周易)≫의 괘(卦)(즉 爻)를 '효'라고 부르는 까닭은 그것이 엇갈려 있기[交(교)] 때문이다. ≪주역≫의 두 괘(卦)[六爻(육효)]가 서로 엇갈려 있는 것을 그린 것이다. 무릇 爻부에 속하는 글자들은 모두 爻를 의미부분으로 삼는다.(「爻, 交也. 象≪易≫六爻頭交也. 凡爻之屬皆从爻.」) |

※ 주역의 '가로 그은' 괘를 엇갈려 놓은 '효'로, 댓가지를 엇갈려 놓거나 지붕을 엮은 모양이다.

| 爻爻 | 爻부
총8획 | 小篆
爻爻
說文解字 | | 용례 없음 |

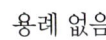

| 밝을 **례** | 설문
爻爻부 | 爻爻(례)는 2개의 爻(효)로 이루어졌다. 무릇 爻爻부에 속하는 글자들은 모두 爻爻를 의미부분으로 삼는다.(「爻爻, 二爻也. 凡爻爻之屬皆从爻爻.」) |

※ 대나 실을 서로 엉성하게 엇갈려(爻) 놓은 모양에서 '밝다'를 뜻한다.

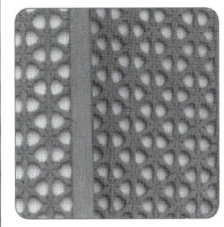

| 爽 | 爻부
총11획 | 殷商 金文 | | 西周金文 | | 小篆 | 篆文 | 爽快(상쾌)
豪爽(호상)
昧爽(매상) |
| | | 二祀邲其卣 | 矢尊 | 散盤 | 班簋 | 說文解字 | | |

| 시원할 **상** | 설문
爻爻부 | 爽(상)은 밝다는 뜻이다. 爻爻(례)와 大(대)는 모두 의미부분이다. 㸒은 爽의 대전(大篆)이다.(「爽, 明也. 从爻爻, 从大. 㸒, 篆文爽.」) |

※ 팔 벌린 사람(大) 겨드랑이 사이로 바람이 엇갈려(爻) 지나가 '시원함'을 뜻한다.

	土부 총14획	설문 없음		용례 없음	
높고밝은땅 **상**					

* 높은 땅(土)이 사방이 트여 밝고 시원함(爽)에서 '높고 밝은 땅'을 뜻한다.

	馬부 총14획	甲骨文		戰國 金文	小篆	面駁(면박) 反駁(반박) 論駁(논박)	
				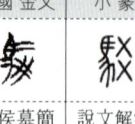			
		前4.47.3	甲298	曾侯墓簡	說文解字		
논박할 **박**	설문 馬부	駁(박)은 색깔이 섞여 있는 말을 뜻한다. 馬(마)는 의미부분이고, 爻(효)는 발음부분이다.(「駁, 馬色不純. 从馬, 爻聲.」)					

* 말(馬)의 털빛이 흑백으로 엇갈린(爻) '얼룩말'로, 서로 말이 엇갈려 '논박함'을 뜻한다.

	爻부 총14획	甲骨文		西周 金文	春秋 金文	戰國 金文	小篆	爾餘(이여) 爾汝(이여) 爾曹(이조)	

		前7.36.1	前4.5.2	何尊	牆盤	齊侯壺	中山王鼎	說文解字	
너 **이**	설문 爻부	爾(이)는 여이(麗爾, 즉 밝다는 뜻)로, 미려(靡麗)와 같다. 冂(경)과 㸚(례)는 모두 의미부분이다. 그 구멍이 밝다[㸚]는 뜻이다. 尒(이)는 발음부분이다. 이 글자와 爽(밝을 상)자는 같은 뜻이다.(「爾, 麗爾, 猶靡麗也. 从冂, 从㸚. 其孔㸚. 尒聲. 此與爽同意.」)							

* 평평한 틀(丅) 아래 실을 나누어(八) 서로 엇갈려(爻) 밝고(㸚:밝을 례) 고운 비단을 엮은 모습이나, 누에가 실을 엇갈려 고치를 짓는 모양으로, 상대를 위해 함에서 '너'를 뜻한다.

	辵부 총18획	西周 金文		戰國 金文		小篆	古文	邇言(이언) 邇來(이래)	
						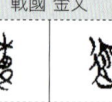			
		番生簋	克鼎	郭店緇衣	上博緇衣	說文解字			
가까울 **이**	설문 辵부	邇(이)는 가깝다는 뜻이다. 辵(착)은 의미부분이고, 爾(이)는 발음부분이다. 遯은 邇의 고문(古文)이다.(「邇, 近也. 从辵, 爾聲. 遯, 古文邇.」)							

* 고운 비단(爾)을 사람이 가까이(辶) 두고자 하는 데서 '가깝다' '가까이 하다'를 뜻한다.

	弓부 총17획	西周 金文			春秋 金文	小篆	彌望(미망) 彌勒佛(미륵불) 彌縫策(미봉책)	
		長由盃	牆盤	蔡姞簋		說文解字		
미륵/오랠 **미**	설문 弓부	彌(사)는 활을 풀어놓는다는 뜻이다. 弓(궁)은 의미부분이고, 璽(새)는 발음부분이다.(「彌, 弛弓也. 从弓, 璽聲.」)						

* 활(弓)을 묶어두던 비단처럼 엮어 만든 끈(爾)을 '오래' 풀어두어 활 모양이 둥글게 된 데서, 둥근 빛을 두르고 다시 올 '미륵'이나 '오래'를 뜻한다.

	玉부 총19획	戰國 金文		小篆	籀文	國璽(국새) 玉璽(옥새) 璽符(새부)	
		包山013	璽彙0159	說文解字			
옥새 **새**	설문 土부	璽=壐(새)는 임금의 도장을 뜻한다. 국토를 주관하는 도구로 쓰인다. 土(토)는 의미부분이고, 爾(이)는 발음부분이다. 璽는 주문(籀文)으로 (土 대신) 玉(옥)을 썼다.(「壐, 王者印也. 所以主土. 从土, 爾聲. 璽, 籀文, 从玉.」)					

* 화려하고 고운(爾) 옥(玉)으로 만든 임금님의 도장에서 '옥새'를 뜻한다.

	木부 총15획	西周 金文		春秋 金文		戰國 金文	小篆	樊籬(번리) 樊籠(번롱) 樊然(번연)	
		叔樊鼎	樊君鬲		樊君盆	珍秦118	說文解字		
울타리 번	설문 攵부	樊=棥(울타리 번)은 가지 못한다는 뜻이다. 棥(반)과 棥(번)은 모두 의미부분인데, 棥은 발음부분이기도 하다.(「棥, 鷙不行也. 从棥, 从棥, 棥亦聲.」)							

✻ 나무(木)와 나무(木)를 서로 엇갈려(爻) 두 손(廾=大)으로 울타리(棥)를 만드는 데서 '울타리'를 뜻한다.
　※파자: 나무(木) 기둥 사이를 엮어(爻) 크게(大) 막은 '울타리'를 뜻한다.

攀	手부 총19획	戰國 金文	小篆	或體	登攀(등반) 攀緣(반연) 攀戀(반련)	
		故宮312		說文解字		
더위잡을 반	설문 攵부	攵(반)은 끌어당긴다는 뜻이다. 廾(공)자를 거꾸로 한 형태이다. 무릇 攵부에 속하는 글자들은 모두 攵을 의미부분으로 삼는다. 攀은 攵의 혹체자(或體字)로 手(수)와 樊(번)으로 이루어졌다.(「攵, 引也. 从反廾. 凡攵之屬皆从攵. 攀, 或从手, 从樊.」)				

✻ 여러 나무(林)를 두 손(廾=大)으로 잡고 엇갈려 엮은 울타리(樊:울 번)처럼, 사방이 막힌 언덕을 손(手)으로 잡고 기어오르는 데서 '더위잡다' '끌어 잡다'를 뜻한다.

礬	石부 총20획	설문 없음	白礬(백반) 明礬(명반) 綠礬(녹반)
백반 반			

✻ 나무를 섞어 엮은 울타리(樊)처럼 여러 색이 섞인 유황 성분의 약돌(石)인 '백반'을 뜻한다.

乂 ⇨ 刈 ⇨ 艾

	丿부 총2획	甲骨文		小篆	或體	乂草(예초) 乂寧(예녕) 乂淸(예청)	
		後上22.1	後下42.5		說文解字		
다스릴/벨 예	설문 丿부	乂(예)는 풀을 벤다는 뜻이다. 丿(별)과 乀(불)은 모두 의미부분으로, 서로 교차하고 있다. 刈는 乂의 혹체자(或體字)로 刀(도)를 더하였다.(「乂, 芟艸也. 从丿, 从乀, 相交. 刈, 乂或从刀.」)					

✻ 좌(丿) 우(乀)로 풀을 베거나, 원시 가위 형태에서 '다스리다' '베다'를 뜻한다.

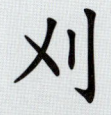	刀부 총4획	'乂(예)'의 혹체.	甲骨文		殷商 金文	小篆	刈穫(예확) 刈取(예취) 刈刀(예도)	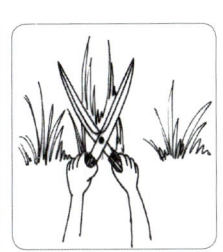
			合9557	合9564	刈作父甲簋	形音義字典		
벨/자를 예								

✻ 칼(刂)이나 가위(乂)로 풀을 다스려 자르는 데서 '베다' '자르다'를 뜻한다.

	艸부 총6획	小篆	艾年(애년) 艾人(애인) 蓬艾(봉애)	
		說文解字		
쑥 애	설문 艸부	艾(애)는 쑥이다. 艸(초)는 의미부분이고, 乂(예)는 발음부분이다.(「艾, 冰臺也. 从艸, 乂聲.」)		

✻ 약초(艹)를 베어(乂:벨 예) 뜸을 뜨기 좋게 다스려 만든 '약쑥'에서 '쑥'을 뜻한다.

父 ➡ 斧 ➡ 釜

	甲骨文		殷商 金文	西周金文		春秋 金文	小篆
父부 총4획							
	乙9054	前1.19.3	父癸鼎	父辛簋	散盤	余義鐘	說文解字

生父(생부)
父母(부모)
父系(부계)

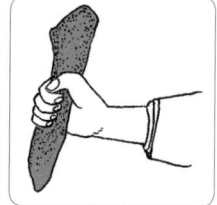

| 아비 부 | 설문
又부 | 父(부), 아버지를 '부'라고 하는 까닭은 아버지는 법도[矩(구)]가 있어야 하기 때문이다. 가장(家長)은 이끌고 가르치는 사람이다. 손[又(우)]에 막대기[丨](즉 杖)를 들고 있다는 의미이다.(「ᖀ, 矩也. 家長率敎者. 从又擧杖.」) |

※ 도끼나 사냥 도구(八)를 손(又=ㄠ)에 들고 사냥이나 식량 생산을 하는 '아비'를 뜻한다.

	甲骨文	春秋 金文		戰國 金文	小篆
斤부 총8획					
	前2.4.3	居簋	邵大叔斧	雲夢封診	說文解字

斧鉞(부월)
斧柯(부가)
斧斤(부근)

| 도끼 부 | 설문
斤부 | 斧(부)는 쪼갠다는 뜻이다. 斤(근)은 의미부분이고, 父(부)는 발음부분이다.(「ᖀ, 斫也. 从斤, 父聲.」) |

※ 아비(父)가 손에 도끼(斤)를 들고 일하는 데서 '도끼'를 뜻한다.

	戰國 金文		小篆	或體
金부 총10획	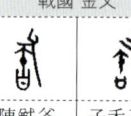			
	陳猷釜	子禾子釜	說文解字	

京釜線(경부선)
釜中生魚
(부중생어)

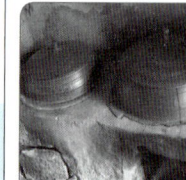

| 가마 부 | 설문
鬲부 | 釜=鬴(부)는 아가리가 큰 가마솥의 일종이다. 鬲(격·력)은 의미부분이고, 甫(보)는 발음부분이다. 釜는 鬴의 혹체자(或體字)로, 釜(부)는 의미부분이고 金(금)은 발음부분이다.(「ᖀ, 鍑屬. 从鬲, 甫聲. ᖀ, 鬴或从釜, 金聲.」) |

※ 다리가 없고 양쪽 손에 든 도끼(父) 모양의 귀가 달린 쇠(金)로 만든 '솥'에서 '가마'를 뜻한다.

交 ➡ 郊 ➡ 校 ➡ 較 ➡ 咬☆ ➡ 狡 ➡ 皎☆ ➡ 蛟☆ ➡ 絞 ➡ 鉸* ➡ 效

	甲骨文	殷商 金文	西周金文	春秋 金文	小篆
亠부 총6획					
	掇2.66	甲961	交鼎鼎	交鼎	交君簋	說文解字

交流(교류)
交代(교대)
交換(교환)

| 사귈 교 | 설문
交부 | 交(교)는 정강이를 교차시켰다는 뜻이다. 大(대)는 의미부분이고, 다리를 교차시킨 모양을 그린 것이다. 무릇 交부에 속하는 글자들은 모두 交를 의미부분으로 삼는다.(「ᖀ, 交脛也. 从大, 象交形. 凡交之屬皆从交.」) |

※ 사람의 발이 엇갈려 있는 데서 '섞이다' '바뀌다' '서로' '사귀다'를 뜻한다.

	戰國 金文	小篆
邑부 총9획		
	包山182	說文解字

郊餞(교전)
近郊(근교)
郊外(교외)

| 들 교 | 설문
邑부 | 郊(교), 도성(都城)에서 100리(里) 떨어진 지역을 교(郊)라고 한다. 邑(읍)은 의미부분이고, 交(교)는 발음부분이다.(「ᖀ, 距國百里爲郊. 从邑, 交聲.」) |

※ 도성과 서로(交) 만나는 도성(阝)의 경계나, 성 밖 백 리의 땅인 '들'을 뜻한다.

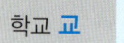

	甲骨文	戰國 金文	小篆
木부 총10획			
	乙4157	合集29149	雲夢效律	說文解字

校長(교장)
校庭(교정)
校舍(교사)

| 학교 교 | 설문
木부 | 校(교)는 나무로 만든 사람을 가두는 도구를 뜻한다. 木(목)은 의미부분이고, 交(교)는 발음부분이다.(「ᖀ, 木囚也. 从木, 交聲.」) |

※ 나무와 나무(木)를 서로 엇갈려(交) 만든 '형틀'로, 죄인을 바르게 다스리듯 사람을 바르게 가르치는 '학교'를 뜻한다.

較	車부 총13획	설문 없음	金文 小篆 形音義字典	比較(비교) 較差(교차) 較量(교량)	
견줄/비교할 교		≪설문해자≫에는 '較'자가 보이지 않는다. ≪옥편(玉篇)·차부(車部)≫를 보면 "較는 전차(戰車)이다. 較(교)는 較와 같다.(「較, 兵車; 較, 同上.」)"라고 하였다.			

✽ 수레(車) 바닥에 기둥을 세워 양끝과 높이를 비교하여 엇갈려(交) 걸친 '가로나무 양끝 귀'에서 '견주다' '비교하다'를 뜻한다. ※파자: 수레(車)를 서로(交) '견주고' '비교함'.

咬	口부 총9획	설문 없음	小篆 形音義字典	咬傷(교상) 咬菜(교채) 咬裂(교열)	
물/새소리 교					

✽ 입(口)을 벌려 위아래 이(齒)를 서로(交) 엇갈려 물거나(嚙:깨물 교) '새소리'를 냄.

	犬부 총9획	戰國 金文 小篆 雲夢法律 說文解字		狡智(교지) 狡猾(교활) 狡詐(교사)	
교활할 교	설문 犬부	狡(교)는 작은 개를 뜻한다. 犬(견)은 의미부분이고, 交(교)는 발음부분이다. 흉노(匈奴) 지역에 교견(狡犬)이라는 개가 있는데, 입이 크고 몸이 검다.(「狡, 少狗也. 从犬, 交聲. 匈奴地有狡犬, 巨口而黑身.」)			

✽ 꾀가 많고 어린 개(犭)가 서로(交) 모여 어지럽게 노는 데서 '교활하다'를 뜻한다.

皎	白부 총11획	小篆 說文解字		皎潔(교결) 皎月(교월) 皎鏡(교경)	
달밝을 교	설문 白부	皎(교)는 달이 밝다는 뜻이다. 白(백)은 의미부분이고, 交(교)는 발음부분이다. ≪시경(詩經)≫에 이르기를 "달이 떠 환히 비추네."라고 하였다.(「皎, 月之白也. 从白, 交聲. ≪詩≫曰: "月出皎兮."」)			

✽ 밝고 희게(白) 비추어 만물이 서로(交) 빛나게 하는 데서 '달이 밝다'를 뜻한다.

	虫부 총12획	小篆 說文解字		蛟龍(교룡) 潛蛟(잠교) 蛟蛇(교사)	
교룡 교	설문 虫부	蛟(교)는 용의 일종이다. 연못의 물고기가 3600마리가 되면, 교룡(蛟龍)이 와서 우두머리가 되어, 물고기를 이끌고 하늘로 올라간다. 물 안에 통발을 설치하면 곧 교룡은 떠난다. 虫(훼·충)은 의미부분이고, 交(교)는 발음부분이다.(「蛟, 龍之屬也. 池魚滿三千六百, 蛟來爲之長, 能率魚飛, 置笱水中, 卽蛟去. 从虫, 交聲.」)			

✽ 파충류(虫)인 용과 서로(交) 비슷한, 뿔이 없고 네 발 달린 전설상의 동물인 '교룡'을 뜻한다.

	부 총12획	小篆 說文解字		絞殺(교살) 絞死(교사) 絞扼(교액)	
	설문 交부	絞(교)는 목을 맨다는 뜻이다. 交(교)와 糸(멱·사)는 모두 의미부분이다.(「絞, 縊也. 从交, 从糸.」)			

✽ 목에 끈(糸)을 서로(交) 엇갈려 묶는 것으로 '목매다'를 뜻한다.

527

| 鉸 | 金부
총14획 | 설문 없음 | 戰國 金文 / 小篆 | 璽印集粹 / 形音義字典 | 鉸刀(교도)
鉸鉸(교교) |  |

가위 **교**

※ 쇠(金)로 만든 양날이 서로 엇갈려(交) 물건을 자르는 '가위'를 뜻한다.

效	攴부 총10획		甲骨文		西周 金文			小篆	效能(효능) 藥效(약효) 無效(무효)	
			前5.19.6	鐵22.4	智鼎	效父簋	毛公鼎	說文解字		

본받을 **효** | 설문 攴부 | 效(효)는 본뜬다는 뜻이다. 攴은 의미부분이고, 交는 발음부분이다. (「敎, 象也. 从攴, 交聲.」)

※ 서로(交) 같아지도록 쳐서(攴) 다그치는 데서 '본받다' '효험'을 뜻한다.

文 → 汶 → 紋 → 紊 → 蚊 → 炆✽ → 閿 → 憫 → 玟 → 旻 → 旼 → 忞✾ → 斑☆ → 吝 → 虔

文	文부 총4획		甲骨文			殷商 金文	文法(문법) 文藝(문예) 文學(문학) 文理(문리)	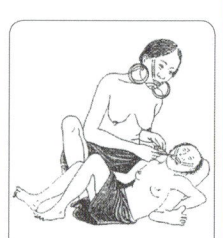
		京津2837	乙6820	後下14·13	甲3940	文馬鑾鈴		
		西周 金文		春秋 金文	戰國 金文	小篆		
		令簋	師酉簋	蔡侯盤	楚王酓璋戈	說文解字		

글월/무늬 **문** | 설문 文부 | 文(문)은 선을 엇갈려 그린 것이다. 무늬가 교차함을 본떴다. 무릇 文부에 속하는 글자들은 모두 文을 의미부분으로 삼는다. (「介, 錯畫也. 象交文. 凡文之屬皆从文.」)

※ 사람의 몸에 '문신'을 한 모양으로, '무늬' '글월' '문체' 등을 뜻한다.

汶	水부 총7획		小篆		汶水(문수) 汶山(문산)	
			說文解字			

물이름 **문** | 설문 水부 | 汶(문)은 강의 이름이다. 낭야군(琅邪郡) 주허현(朱虛縣) 동태산(東泰山)에서 발원하여, 동쪽으로 흘러서 유수(濰水)로 들어간다. 水(수)는 의미부분이고, 文(문)은 발음부분이다. 상흠(桑欽)은 "문수(汶水)는 태산군(泰山郡) 내무현(萊蕪縣)에서 발원하여, 서남쪽으로 흘러서 제수(泲水)로 들어간다."고 하였다. (「濦, 水. 出琅邪朱虛東泰山, 東入濰. 从水, 文聲. 桑欽說: "汶水, 出泰山萊蕪, 西南入泲."」)

※ 지류가 많아 강(氵)줄기가 무늬(文) 같은, 중국 산동성 문수(汶水)에서 '물 이름'을 뜻한다.

| 紋 | 糸부
총10획 | 설문 없음 | ※'文(문)'과 고문이 같음. | 波紋(파문)
指紋(지문)
紋樣(문양) |  |

무늬 **문**

※ 비단(糸)이나 천에 그려진 무늬(文)에서 '무늬'를 뜻한다.

紊	糸부 총10획		甲骨文	小篆		紊亂(문란) 紊棄(문기) 紊緖(문서)	
			佚266	說文解字			

어지러울/
문란할 **문** | 설문 糸부 | 紊(문)은 어지럽다는 뜻이다. 糸(멱·사)는 의미부분이고, 文(문)은 발음부분이다. 《상서(商書)》에 이르기를 "조리가 있으면서 어지럽지 않다."라고 하였다. (「紊, 亂也. 从糸, 文聲. 《商書》曰: "有條而不紊."」)

※ 무늬(文)가 실(糸)을 풀어 헤친 것처럼 어지러운 데서 '어지럽다' '문란하다'를 뜻한다.

蚊	虫부 총10획	金文	戰國 金文	小篆	或體	俗字	蚊陣(문진) 蚊雷(문뢰) 蚊蚋(문예)	

		亞蚊鼎	陶三144	說文解字				
모기 문 蚰부	설문 蚰부	蟁(문)은 사람을 무는 날아다니는 벌레이다. 蚰(곤)은 의미부분이고, 民(민)은 발음부분이다. 蠹은 蟁의 혹체자(或體字)로 (民 대신) 昏(혼)을 썼다. (모기는) 어두울 때 나오기 때문이다. 蚊은 蟁의 속자(俗字)로, 虫(훼·충)과 文(문)으로 이루어졌다.(「蟁, 齧人飛蟲. 从蚰, 民聲. 蠹, 蟁或从昏. 以昏時出也. 蚊, 俗蟁, 从虫, 从文.」)						

✽ 사람을 무는 벌레(虫)로 몸에 붉은 반점이나 무늬(文)를 만드는 '모기'를 뜻한다.
　※참고: 백성(民)에 해를 끼치는 벌레(蚰:벌레 곤)인 蟁(모기 문)이 본자(本字)다.

炆	火부 총8획	설문 없음			용례 없음	
따뜻할 문						

✽ 불(火)로 음식의 모양(文)이 변할 때까지 오래 삶아 따뜻한 데서 '따뜻하다'를 뜻한다.

閔	門부 총12획	西周 金文	戰國 金文	小篆	古文		憐閔(연민) 憂閔(우민) 閔凶(민흉)	

		仲閔父簋	兆域圖	說文解字				
성 민	설문 門부	閔(병 민, 민망할 민)은 조문(弔問)하러 온 사람이 문에 있다는 뜻이다. 門(문)은 의미부분이고, 文(문)은 발음부분이다. 藁은 閔의 고문(古文)이다.(「閔, 弔者在門也. 从門, 文聲. 藁, 古文閔.」)						

✽ 상가(喪家)의 문(門)에 모양(文)을 갖추고 서서 '위문함'을 뜻하나, 성씨(姓氏)로 쓰인다.

憫	心부 총15획	설문 없음	小篆		憐憫(연민) 憫惘(민망) 憫迫(민박)	
			形音義字典			
민망할 민		≪설문해자≫에는 '憫'자가 보이지 않는다. ≪광아(廣雅)·석고(釋詁)≫를 보면 "憫(민)은 고민(苦悶)한다는 뜻이다.(「憫, 懣也.」)"라고 하였다.				

✽ 마음(忄)으로 상가(喪家)의 문(門)에 모양(文)을 갖추고 서서 위문(閔)하고 '민망하게' 여김.

玟	玉부 총8획	戰國 金文	小篆		鍾玟(종민)	
		包山146	說文解字			
아름다운돌 민	설문 玉부	玟=玖(불구슬 매)는 화제(火齊)로, 붉은 옥이다. 일설에는 아름다운 돌이라고도 한다. 玉(옥)은 의미부분이고, 文(문)은 발음부분이다.(「玖, 火齊, 玫瑰也. 一曰石之美者. 从玉, 文聲.」)				

✽ 옥(玉)처럼 아름다운 무늬(文)가 있는 '아름다운 돌'을 뜻한다.

旻	日부 총8획	小篆		秋旻(추민) 淸旻(청민) 旻天(민천)	
		說文解字			
하늘 민	설문 日부	旻(민)은 가을 하늘을 뜻한다. 日(일)은 의미부분이고, 文(문)은 발음부분이다. ≪우서(虞書)≫에 이르기를 "(하늘이) 인자하고 가엽게 여기면서 천하를 덮고 있으니, 이를 일컬어 旻天(민천)이라고 한다."라고 하였다.(「旻, 秋天也. 从日, 文聲. ≪虞書≫曰: "仁閔覆下, 則稱旻天."」)				

✽ 햇살(日)이 높고 가장 아름다운 무늬(文)를 만드는 '가을 하늘'에서 '하늘'을 뜻한다.

旼	日부 총8획	설문 없음	※'旻(민)'과 고문이 같음	杰旼(걸민)
화할 민				

✹ 햇살(日)이 밝아 가장 아름다운 무늬(文)를 만든 가을 하늘에서 '화하다'를 뜻한다. ※旻과 同字.

忞	心부 총8획	戰國 金文  璽彙2325	小篆 說文解字		忞忞(민민)
마음다잡을 민	설문 心부	忞(민)은 강인(强韌)하다는 뜻이다. 心(심)은 의미부분이고, 文(문)은 발음부분이다. ≪주서(周書)≫에 이르기를 "주왕(紂王)은 왕에 즉위할 때 강폭(强暴)하였다."라고 하였다. 旻(민)이라고 읽는다.(「忞, 彊也. 从心, 文聲. ≪周書≫曰: "在受德忞." 讀若旻.」)			

✹ 어떠한 모양(文)이 마음(心) 속에 잘 이해되지 않아 '마음을 다잡고' '힘씀'을 뜻한다.

斑	文부 총12획	설문 없음	小篆 形音義字典	≪형음의 자전≫에는 ≪설문해자≫의 '辬(얽을 반)'자 설명.	斑點(반점) 斑布(반포) 斑白(반백)
아롱질 반					

✹ 옥(玨=珏)에 무늬(文)나 얼룩이 있어 '아롱지다' '얼룩'을 뜻한다. ※참고: 辡(죄인 서로 송사할 변)+文=辬(얽을 반). 죄인이 서로 어지럽게 송사하듯 서로 얽힘을 뜻하는 辬이 본자(本字).

吝	口부 총7획	甲骨文   佚725 後下13.15	戰國 金文  中山王鼎	小篆 雲夢日甲	古文 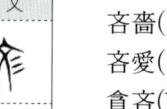 說文解字	吝嗇(인색) 吝愛(인애) 貪吝(탐린)
아낄 린	설문 口부	吝(린)은 매우 아낀다는 뜻이다. 口(구)는 의미부분이고, 文(문)은 발음부분이다. ≪주역(周易)≫에서 "나아가다 재난을 만나다."라고 하였다. 㦁은 吝의 고문(古文)으로 (文 대신) 彣(문)을 썼다.(「吝, 恨惜也. 从口, 文聲. ≪易≫曰: "以往, 吝." 㦁, 古文吝, 从彣.」)					

✹ 시신에 문신(文)을 새겨 무덤(口)에 묻기가 안타까워 꺼리는 데서 '아끼다'를 뜻한다.

虔	虍부 총10획	西周 金文  毛公鼎	春秋 金文  秦公簋	戰國 金文 者汈鐘	小篆 說文解字	虔恪(건각) 虔恭(건공) 虔誠(건성)
공경할 건	설문 虍부	虔(건)은 호랑이가 걸어가는 모습이다. 虍(호)는 의미부분이고, 文(문)은 발음부분이다. 矜(긍)처럼 읽는다.(「虔, 虎行兒. 从虍, 文聲. 讀若矜.」)					

✹ 호랑이(虍) 무늬(文)나 호랑이가 가는 모양을 보고 두려워하듯 조심하여 '공경함'을 뜻한다.

鬼 → 愧 → 塊 → 傀 → 槐 → 魁 → 蒐

鬼	鬼부 총10획	甲骨文 菁5.1 前4.18.6	西周 金文 鬼壺	戰國 金文 陳肪簋	小篆 說文解字	古文	鬼神(귀신) 魔鬼(마귀) 鬼才(귀재)
귀신 귀	설문 鬼부	鬼(귀), 사람이 돌아가면[歸(귀)] 귀신(鬼神)이 된다. 人(인)은 의미부분이고, (甶은) 귀신의 머리를 그린 것이다. 귀신의 음기(陰氣)는 해로운 것이므로, (사사롭다는 뜻의) 厶(사)도 의미부분이 된다. 무릇 鬼부에 속하는 글자들은 모두 鬼를 의미부분으로 삼는다. 𩴤는 고문(古文)으로 示(시)를 더하였다.(「鬼, 人所歸爲鬼. 从人, 象鬼頭. 鬼陰氣賊害, 从厶. 凡鬼之屬皆从鬼. 𩴤, 古文, 从示.」)						

✹ 귀신가면(甶:귀신머리 불)을 쓴 무당(儿)이 앉은(厶) 모습이나, 죽어 머리가 커진 '귀신', 또는 죽은 사람의 정기가 모아서 된 '귀신'을 뜻한다.

		甲骨文	西周 金文		春秋 金文	小 篆	或 體	慙愧(참괴)
愧	心부 총13획							羞愧(수괴)
		乙8000	芮子鼎		鄭同媿鼎	陳貯簋	說文解字	愧色(괴색)
부끄러울 괴	설문 心부	媿(괴)는 부끄럽다는 뜻이다. 女(녀)는 의미부분이고, 鬼(귀)는 발음부분이다. 愧는 媿의 혹체자(或體字)로 (女 대신) 恥(치)의 생략형을 썼다.(「媿, 慙也. 从女, 鬼聲. 愧, 媿或从恥省.」)						

✻ 마음(忄)이 귀신(鬼)처럼 숨고 싶은 데서 '부끄럽다'를 뜻한다. ※媿(창피 줄 괴)가 본자.

		戰國 金文	小 篆	或 體		塊形(괴형)
塊	土부 총13획					土塊(토괴)
		璽彙1695	說文解字			金塊(금괴)
흙덩이 괴	설문 土부	凷(괴)는 흙덩이를 뜻한다. 土(토)는 의미부분이고, 凵을 구부려 움푹 파진 곳을 그렸다. 塊는 凷의 혹체자(或體字)로 (凵 대신) 鬼(귀)를 썼다.(「凷, 墣也. 从土, 一屈象形. 塊, 凷或从鬼.」)				

✻ 흙(土)을 귀신(鬼) 형태로 흉측하게 뭉친 '흙덩이'를 뜻한다.

		小 篆	或 體		傀奇(괴기)
傀	人부 총12획				傀儡(괴뢰)
			說文解字		傀儡軍(괴뢰군)
허수아비 괴	설문 人부	傀(괴)는 크다는 뜻이다. 人(인)은 의미부분이고, 鬼(귀)는 발음부분이다. ≪주례(周禮)≫에 이르기를 "매우 크고 이상하다."라고 하였다. 瓌는 傀의 혹체자(或體字)로 玉(옥)은 의미부분이고, 裏(회)는 발음부분이다.(「傀, 偉也. 从人, 鬼聲. ≪周禮≫日: "大傀異." 瓌, 傀或从玉, 裏聲.」)				

✻ 사람(亻) 모양을 귀신(鬼)처럼 흉측하고 '크게' 만들어 놓은 '허수아비'를 뜻한다.

		戰國 金文	小 篆		槐木(괴목)
槐	木부 총14획				槐實(괴실)
		莒陽鼎	說文解字		槐安國(괴안국)
회화나무/ 느티나무 괴	설문 木부	槐(괴)는 나무(의 이름)이다. 木(목)은 의미부분이고, 鬼(귀)는 발음부분이다.(「槐, 木也. 从木, 鬼聲.」)				

✻ 나무(木) 중에 귀신(鬼)처럼 색의 변화가 많은 '회화나무' '느티나무'를 뜻한다.

		戰國 金文	小 篆		魁奇(괴기)
魁	鬼부 총14획				魁首(괴수)
		十鐘印擧	說文解字		魁偉(괴위)
괴수 괴	설문 斗부	魁(괴)는 국자를 뜻한다. 斗(두)는 의미부분이고, 鬼(귀)는 발음부분이다.(「魁, 羹斗也. 从斗, 鬼聲.」)				

✻ 머리 큰 귀신(鬼)처럼 자루달린 말(斗) 모양 북두성의 머리 쪽 4개의 별, 또는 첫째별에서 '우두머리' '괴수'를 뜻한다.

		春秋 金文	戰國 金文	戰國 金文	小 篆		蒐輯(수집)
蒐	艸부 총14획						茅蒐(모수)
		蒐車匜	胤嗣壺	侯馬盟書	說文解字		蒐田(수전)
모을 수	설문 艸부	蒐(꼭두서니 수, 모을 수)는 모수(茅蒐)로, 꼭두서니이다. 사람의 피로 물들은 땅에서 자라나는데, 이것으로 붉은 물을 들일 수 있다. 艸(초)는 의미부분이고, 鬼(귀)는 발음부분이다.(「蒐, 茅蒐, 茹藘. 人血所生, 可以染絳. 从艸, 鬼聲.」)					

✻ 풀(艹) 중에 죽은 사람(鬼)의 피로 물들인 곳에 자란다는 '꼭두서니'의 뿌리를 찾아 모아 붉게 물들이는 데서 '모으다' '찾다'를 뜻한다.

卑 → 婢 → 碑 → 脾 → 裨 ☆ → 睥 * → 牌 → 稗 ☆ → 痺(=痹 ✤)

낮을 비

十부
총8획

	甲骨文	西周 金文		春秋 金文		小篆
	京津2684	智鼎	散盤	國差罎	鮑氏鐘	說文解字

卑屈(비굴)
卑劣(비열)
卑怯(비겁)

설문
ナ부

卑(비)는 천하다는 뜻이다. 일을 집행하는 사람이다. ナ(=左, 좌)와 甲(갑)은 모두 의미부분이다.(「𤰞, 賤也. 執事者. 从ナ·甲.」)

✻ 주기(酒器)나 의식(儀式)용 도구(甲=由)를 손(又=十)으로 잡은, 신분이 '낮은' 사람을 뜻한다.

계집종 비

女부
총11획

	甲骨文		小篆
	寧滬1.231	京津5080	說文解字

奴婢(노비)
婢妾(비첩)
婢僕(비복)

설문
女부

婢(비)는 여자 중에서 비천(卑賤)한 사람을 뜻한다. 女(녀)와 卑(비)는 모두 의미부분인데, 卑는 발음부분이기도 하다.(「𡞵, 女之卑者也. 从女, 从卑, 卑亦聲.」)

✻ 여자(女)의 신분이 낮은(卑) 데서 '계집종'을 뜻한다.

비석 비

石부
총13획

小篆

說文解字

碑石(비석)
碑銘(비명)
墓碑(묘비)

설문
石부

碑(비)는 비석(碑石)을 뜻한다. 石(석)은 의미부분이고, 卑(비)는 발음부분이다.(「𥓓, 豎石也. 从石, 卑聲.」)

✻ 죽은 사람의 덕이나 행실을 돌(石)에 새겨 묘 앞에 낮게(卑) 세워 둔 '비석'을 뜻한다.

지라 비

肉부
총12획

	戰國 金文	小篆
	陶五471	說文解字

脾臟(비장)
脾胃(비위)
脾析(비석)

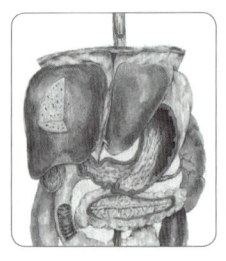

설문
肉부

脾(비)는 토(土)에 해당하는 장기(臟器)이다. 肉(육)은 의미부분이고, 卑(비)는 발음부분이다.(「𦛮, 土藏也. 从肉, 卑聲.」)

✻ 사람 몸(月) 장기(臟器) 중에 위(胃) 뒤쪽이나 옆에 낮게(卑) 있으며 소화를 돕는 '지라'를 뜻한다.

도울 비

衣부
총13획

	金文	小篆
		說文解字
	裁簋	

裨益(비익)
裨將(비장)
補裨(보비)

설문
衣부

裨(비)는 이어서 더한다는 뜻이다. 衣(의)는 의미부분이고, 卑(비)는 발음부분이다.(「𧙹, 接益也. 从衣, 卑聲.」)

✻ 옷(衤)의 길이가 낮고(卑) 짧아 덧대어 잇는 데서 '깁다' '돕다'를 뜻한다.

흘겨볼 비

目부
총13획

	설문 없음	小篆

		形音義字典

睥睨(비예)

✻ 눈(目)을 아래로 낮게(卑) 뜨며 '흘겨봄'을 뜻한다.

牌	片부 총12획	설문 없음	小篆  形音義字典		名牌(명패) 門牌(문패) 賞牌(상패)

패 패

✽ 나무 조각(片)에 글씨나 그림을 표시한 신분이 낮은(卑) 사람의 신분증인 '패'를 뜻한다.

稗	禾부 총13획	戰國 金文 雲夢秦律	小篆 說文解字		稗史(패사) 稗官(패관) 稗說(패설)
피 패	설문 禾부	稗(패)는 벼와 비슷하나 다른 별종(別種)이다. 禾(화)는 의미부분이고, 卑(비)는 발음부분이다. 낭야군(琅邪郡)에 패현(稗縣)이 있다.(「稗, 禾別也. 从禾, 卑聲. 琅邪有稗縣.」)			

✽ 모양이 벼(禾)와 같으나 벼보다 질이 낮고(卑) 벼에 해를 주는 잡초인 '피'를 뜻한다.

痺	疒부 총13획	戰國 金文 陶三903	小篆 說文解字	참고 : 痹(저릴 비)와 痺(암 메추라기 비)는 다른 자이나 모양이 비슷하여 잘못 쓰이고 있다.	痲痺(마비) 痺疳(비감)
저릴 비	설문 疒부	痹=痺(저릴/습병 비)는 풍습병(風濕病, 즉 류머티즘)을 뜻한다. 疒(녁)은 의미부분이고, 畀(비)는 발음부분이다.(「痹, 溼病也. 从疒, 畀聲.」)			

✽ 몸이 병(疒)든 것처럼 낮게(卑) 움직이는 '암 메추라기'를 뜻하나, 몸에 피를 잘 주지(畀:줄 비) 못해 몸이 저리는 병(疒)인 '痹(저릴 비)'와 모양이 비슷해 잘못 쓰이고 있다.

囟(𦥓) ➡ 腦 ➡ 惱

囟	囗부 총6획	戰國 金文 望山M2簡 陶三694	小篆 說文解字	或體 	古文	囟門(신문) 囟陷(신함)
정수리 신	설문 囟부	囟(신)은 두골(頭骨)이 모인 곳으로, 뇌의 뚜껑(즉 정수리)을 뜻한다. 상형(象形)이다. 무릇 囟부에 속한 글자들은 모두 囟을 의미부분으로 삼는다. 𦥓은 혹체자(或體字)로 肉(육)과 宰(재)로 이루어졌다. 𠚎은 고문(古文)의 囟자이다.(「囟, 頭會𦥓蓋也. 象形. 凡囟之屬皆从囟. 𦥓, 或从肉宰. 𠚎, 古文囟字.」)				

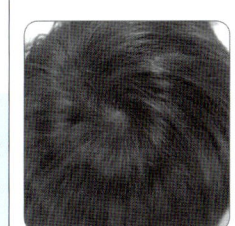

✽ 머리 가운데 부분인 '정수리'의 상형(象形)이다.

※참고: 𦥓(머리털 노)는 정수리(囟) 위에 머리털(巛)이 있음을 나타낸다.

腦	肉부 총13획	小篆 說文解字	※𦞦(뇌)와 腦(뇌)는 동자(同字).	腦炎(뇌염) 腦裏(뇌리) 腦髓(뇌수)
골/뇌수 뇌	설문 匕부	𦞦(뇌)는 뇌수(腦髓)를 뜻한다. 匕(비)는 의미부분이다. 匕는 (머리 위에 머리털이) 붙어 있다는 뜻이다. 巛(천)은 머리털을 그린 것이고, 囟(신)은 뇌의 모양을 그린 것이다.(「𦞦, 頭骨匘也. 从匕, 匕, 相匕著也. 巛, 象髮; 囟, 象匘形.」)		

✽ 사람(月)의 신체에서 머리털(巛) 아래 정수리(囟:정수리 신) 속의 '골' '뇌수'를 뜻한다.

惱	心부 총12획	설문 없음	小篆  形音義字典	煩惱(번뇌) 苦惱(고뇌) 惱殺(뇌쇄)
번뇌할 뇌		≪설문해자≫에는 '惱'자가 보이지 않는다. ≪광운(廣韻)·호운(皓韻)≫을 보면 "惱는 고민한다는 뜻이다.(「惱, 懊惱.」)"라고 하였다.		

✽ 마음(忄)이 괴로워 머리(𦥓:머리털 노/뇌)에 생각이 많음에서 '번뇌' '괴로움'을 뜻한다.

囱 ➡ 怱 ➡ 總 ➡ 聰

		小篆	或體	古文	
囱	囗부 총7획	⊠	窗	⊕	용례 없음
			說文解字		

천창 창

설문 囱부 — 囱(창 창·굴뚝 총), 벽에 난 창을 牖(유)라고 하고, 지붕에 난 창을 囱이라고 한다. 상형(象形)이다. 무릇 囱부에 속하는 글자들은 모두 囱을 의미부분으로 삼는다. 窗은 혹체자(或體字)로 穴(혈)을 더하였다. ⊕는 고문(古文)이다.(「⊠, 在牆曰牖, 在屋曰囱. 象形. 凡囱之屬皆从囱. 窗, 或从穴. ⊕, 古文.」)

※ 실내 공기나 연기를 빠르게 환기하려 만든 지붕에 만든 '천창'이나 '굴뚝'을 뜻한다.
 ※참고: '囱'은 댓가지를 엮어 만든 '창'이나 '굴뚝'.

		甲骨文		西周 金文		春秋 金文	小篆	
怱	心부 총11획	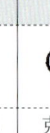						怱急(총급) 怱忙(총망) 怱怱(총총)
		菁11·4	合5346	克鼎	毛公鼎	蔡侯申盤	說文解字	

바쁠 총

설문 囱부 — 怱(총)은 다급한 일이 많아서 매우 바쁘다는 뜻이다. 心(심)과 囱(창)은 모두 의미부분인데, 囱은 발음부분이기도 하다.(「悤, 多遽怱怱也. 从心·囱, 囱亦聲.」)

※ 창(囱)으로 빨리 환기시켜 밝게 하려는 마음(心)에서 '바쁘다' '빠르다'를 뜻한다.
 ※忩(총)은 悤(총)의 속자(俗字).

		戰國 金文	小篆	
總	糸부 총17획			總務(총무) 總理(총리) 總長(총장)
		雲夢秦律	說文解字	

다 총

설문 糸부 — 總(총)은 모아서 묶는다는 뜻이다. 糸(멱·사)는 의미부분이고, 悤(총)은 발음부분이다.(「總, 聚束也. 从糸, 悤聲.」)

※ 실(糸)로 급하게(悤) 모아 묶는 데서 '모으다'를 뜻한다.

		戰國 金文	小篆	
聰	耳부 총17획			聰明(총명) 聰氣(총기) 聰悟(총오)
		雲夢五行	說文解字	

귀밝을 총

설문 耳부 — 聰(총)은 자세히 살핀다는 뜻이다. 耳(이)는 의미부분이고, 悤(총)은 발음부분이다.(「聰, 察也. 从耳, 悤聲.」)

※ 귀(耳)로 빨리(悤) 알아듣고 깨달음에서 '귀 밝다'를 뜻한다.

云 ➡ 芸 ➡ 耘 ➡ 沄 ✽ ➡ 雲 ➡ 澐 ✽ ➡ 曇 ➡ 魂

		甲骨文		春秋 金文	小篆	古文	
云	二부 총4획						云云(운운) 云謂(운위) 云爲(운위)
		菁4.1	前7.43.2	續2.4.2	姑發劍	說文解字	

이를 운

설문 雲부 — '云'은 '雲(구름 운)'자의 초문(初文)으로서, 본래 구름이 뭉게뭉게 피어오르는 모양을 그린 상형자(象形字)인데, 옛날 책에서는 대부분 '말하다'라는 뜻으로 가차(假借)되어 쓰였다.
 ※ '雲'자 참조.

※ 공기 기운 중에 수증기가 엉긴 뭉게구름 모양으로, 말의 기운에서 '이르다' '구름'을 뜻한다.
 ※참고: '雲(운)'의 고자(고자).

		戰國 金文		小篆	
芸	艸부 총8획		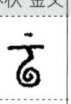		芸香(운향) 芸閣(운각) 芸窓(운창)
		鄂君舟節	上博容成	說文解字	

향풀 운

설문 艸부 — 芸(운)은 풀(의 이름)이다. 거여목과 비슷하다. 艸(초)는 의미부분이고, 云(운)은 발음부분이다. 회남자(淮南子)는 "운초(芸草)는 죽은 사람도 살릴 수 있다."고 하였다.(「芸, 艸也. 似目宿. 从艸, 云聲. 淮南子說: "芸艸可以死復生."」)

※ 초목(艹)의 향기가 구름(云)처럼 사방으로 떠다니며 흩어지게 하는 '향풀'을 뜻한다.

耘	耒부 총10획	小篆 或體 說文解字		耘耔(운자) 耘藝(운예) 耕耘機(경운기)	
김맬 운	설문 耒부	賴(운)은 김을 맨다는 뜻이다. 耒(뢰)는 의미부분이고, 員(원)은 발음부분이다. 薪은 賴의 혹체자(或體字)로 (員 대신) 芸(운)을 썼다.(「賴, 除苗間穢也. 从耒, 員聲. 薪, 賴或从芸.」)			

❋ 쟁기(耒)로 향초(芸)밭 사이 구름(云)처럼 일어나는 풀을 뽑는 데서 '김매다'를 뜻한다.

沄	水부 총7획	小篆 說文解字		沄沄(운운)	
소용돌이칠 운	설문 水부	沄(운)은 (물이) 소용돌이치며 흐른다는 뜻이다. 水(수)는 의미부분이고, 云(운)은 발음부분이다. 混(혼)처럼 읽는다.(「沄, 轉流也. 从水, 云聲. 讀若混.」)			

❋ 물(氵)이 구름(云)이 몰아치듯 소용돌이치는 데서 '소용돌이치다'를 뜻한다.

雲	雨부 총12획	甲骨文  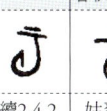 菁4.1 前7.43.2	春秋金文  纘2.4.2 姑發劍	小篆 古文 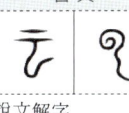 說文解字	雲霧(운무) 雲雨(운우) 雲峰(운봉)	
구름 운	설문 雲부	雲(운)은 산천(山川)의 기운을 뜻한다. 雨(우)는 의미부분이다. 云(운)은 구름이 회전하고 있는 모양을 그린 것이다. 무릇 雲부에 속하는 글자들은 모두 雲을 의미부분으로 삼는다. 云은 고문(古文)으로 雨를 생략하였다. ☁, 역시 雲의 고문이다.(「雲, 山川气也. 从雨, 云象雲回轉形. 凡雲之屬皆从雲. 云, 古文省雨. ☁, 亦古文雲.」)				

❋ 비(雨)를 내리게 하는 구름(云)에서 '구름'을 뜻한다.

澐	水부 총15획	小篆 說文解字		澐澐(운운)	
큰물결 운	설문 水부	澐(운), 장강(長江)의 물이 큰 물결을 치는 것을 일컬어 澐이라고 한다. 水(수)는 의미부분이고, 雲(운)은 발음부분이다.(「澐, 江水大波謂之澐. 从水, 雲聲.」)			

❋ 물(氵)이 구름(雲)처럼 밀려드는 '큰 물결'을 뜻한다.

曇	日부 총16획	小篆  說文解字		晴曇(청담) 曇天(담천) 曇華(담화)	
흐릴 담	설문 日부	曇(담)은 구름이 끼었다는 뜻이다. 日(일)과 雲(운)은 모두 의미부분이다. 회의(會意)이다.(「曇, 雲布也. 从日·雲. 會意.」)			

❋ 해(日)가 구름(雲)에 가려 '흐림'을 뜻한다.

魂	鬼부 총14획	小篆  說文解字		魂靈(혼령) 靈魂(영혼) 魂神(혼신)	
넋 혼	설문 鬼부	魂(혼)은 (영혼의) 양기(陽氣)를 뜻한다. 鬼(귀)는 의미부분이고, 云(운)은 발음부분이다.(「魂, 陽氣也. 从鬼, 云聲.」)			

❋ 사람이 죽어 구름(云)처럼 하늘로 올라가는 귀신(鬼)인 '넋'을 뜻한다. ※魄(백)

雨 ➔ 電 ➔ 雷 ➔ 雪

	甲骨文				
雨부 총8획					
	前6.62.2	前2.35.3	合20975	粹730	
	殷商 金文		戰國 金文	小篆	古文
설문 雨부					
	子雨鼎	子雨卣	中山王圜壺	說文解字	

비 우

雨(우)는 물이 구름으로부터 내려온다는 뜻이다. 一은 하늘을 그린 것이고, ⌂은 구름을 그린 것이며, 물이 그 가운데에서 내려오는 것이다. 무릇 雨부에 속하는 글자들은 모두 雨를 의미부분으로 삼는다. 🅁는 고문(古文)이다.(「雨, 水从雲下也. 一象天, ⌂象雲, 水霝其間也. 凡雨之屬皆从雨. 🅁, 古文.」)

※ 하늘에서 내리는 '비'의 모양으로, 비와 관계있는 기상상태를 뜻한다.

雨備(우비)
雨傘(우산)
雨期(우기)
雨雹(우박)

	金文	小篆	古文
雨부 총13획			
	番生簋	說文解字	

번개 전

電(전)은 음양(陰陽)이 부딪혀 내는 밝은 빛(즉 번개)을 뜻한다. 雨(우)와 申(신)은 모두 의미부분이다. 🅂은 電의 고문(古文)이다.(「電, 陰陽激燿也. 从雨, 从申. 🅂, 古文電.」)

※ 비(雨)가 내릴 때 펼쳐(申=电) 내리치는 '번개'를 뜻한다. ※참고:申(신)이 '번개'모양이다.

電子(전자)
電流(전류)
電話(전화)

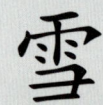

	甲骨文			西周 金文	
雨부 총13획					
	前4.10.1	後下1.12	粹1570	對罍	父乙罍
	西周 金文	春秋 金文	小篆	古文	籀文
설문 雨부					
	駒尊蓋	洹子孟姜壺		說文解字	

우레 뢰

靁(雷:뢰)는 음양(陰陽)이 부딪혀서 생기는 것으로 뇌우(雷雨)는 만물을 소생시킨다. 雨(우)는 의미부분이고, 畾(뢰)는 회전하는 모습을 그린 것이다. 閒는 雷의 고문(古文)이다. 🝰도 역시 雷의 고문이다. 🝱는 주문(籀文)인데, 사이에 回(회)가 있는 형태이다. 回는 천둥의 소리이다.(「靁, 陰陽薄動, 雷雨生物者也. 从雨, 畾象回轉形. 閒, 古文雷. 🝰, 亦古文雷. 🝱, 籀文, 雷間有回. 回, 雷聲也.」)

※ 집(⌂) 아래 비(雨)올 때 번개소리(畾:밭 갈피/천둥 뢰)를 내는 '우레'를 뜻한다. ※참고:靁=靐=雷

雷聲(뇌성)
地雷(지뢰)
雷管(뇌관)
附和雷同
(부화뇌동)

	甲骨文			金文
雨부 총11획				
	鐵60.4	後下1.13	英2366	說文解字

눈 설

雪(설)은 비가 얼어서 된 것으로, 만물을 기쁘게 하는 것이다. 雨(우)는 의미부분이고, 彗(혜)는 발음부분이다.(「雪, 凝雨說物者. 从雨, 彗聲.」)

※ 비(雨)가 얼어 내려 빗자루(彗=⺕:비 혜)로 쓸어야 하는 '눈'을 뜻한다.

雪山(설산)
雪峰(설봉)
雪景(설경)

己 ➔ 忌 ➔ 紀 ➔ 記 ➔ 起 ➔ 杞 ➔ 玘 ❖ 妃 ➔ 配 ➔ 改

	甲骨文	殷商 金文	西周金文	戰國 金文	小篆	古文
己부 총3획						
	粹414	後上8.4	父己鼎	作冊大鼎	印·故宮	說文解字

몸/중심 기

설문
己부

己(기)는 중궁(中宮)에 속한다. 만물이 회피하고 감추어져 있어서 굽어지는 모양을 그린 것이다. (10천간에서) 己는 戊(무)의 다음이다. 사람의 배를 그렸다. 무릇 己부에 속하는 글자들은 모두 己를 의미부분으로 삼는다. 㠯는 己의 고문(古文)이다.(「己, 中宮也. 象萬物辟藏詘形也. 己承戊. 象人腹. 凡己之屬皆从己. 㠯, 古文己.」)

知己(지기)
利己(이기)
自己(자기)

※ 주살이나, 여러 실을 묶는 중심 몸인, 벼리가 되는 '굽은' 실에서 '몸' '자기'를 뜻한다.
※참고:己(기)는 아이 모양인 '巳(사)'나, 뱃속에서 이미 다 자란 아이인 '巳'와 혼용한다.

忌	心부 총7획	春秋 金文		戰國 金文	小篆		忌日(기일) 忌避(기피) 禁忌(금기)	

		郑公䀇鐘	歸父盤	梁伯可忌豆	說文解字			
꺼릴 **기**	설문 心부	忌(기)는 증오한다는 뜻이다. 心(심)은 의미부분이고, 己(기)는 발음부분이다.(「忌, 憎惡也. 从心, 己聲.」)						

※ 남을 질투하여, 자신(己)의 마음(心)에 싫어하여 '꺼리다' '미워하다'를 뜻한다.

紀	糸부 총9획	西周 金文	春秋 金文	戰國 金文	小篆		軍紀(군기) 紀綱(기강) 檀紀(단기)	

		紀侯貉子簋	紀華父鼎	郭店老甲	說文解字			
벼리 **기**	설문 糸부	紀(기)는 실의 다른 한쪽 머리를 뜻한다. 糸(멱·사)는 의미부분이고, 己(기)는 발음부분이다.(「紀, 絲別也. 从糸, 己聲.」)						

※ 여러 줄(糸)의 중심인 몸(己)이 되는 작은 벼릿줄에서 '벼리'를 뜻한다. ※綱:큰 벼릿줄.

記	言부 총10획	春秋 金文	小篆			記錄(기록) 記念(기념) 記號(기호)	

		上都府臣	說文解字				
기록할 **기**	설문 言부	記(기)는 기록한다는 뜻이다. 言(언)은 의미부분이고, 己(기)는 발음부분이다.(「記, 疏也. 从言, 己聲.」)					

※ 말(言)의 몸(己)이 되는 중요한 부분을 사실대로 적는 데서 '기록하다' '적다'를 뜻한다.

起	走부 총10획	戰國 金文	小篆	古文		起立(기립) 起伏(기복) 起案(기안)	

		古鉩	說文解字				
일어날 **기**	설문 走부	起(기)는 설 수 있다는 뜻이다. 走(주)는 의미부분이고, 己(기)는 발음부분이다. 𨒋(起)는 起의 고문(古文)으로 (走 대신) 辵(착)을 썼다.(「起, 能立也. 从走, 己聲. 𨒋, 古文起, 从辵.」)					

※ 가기(走) 위해 몸(己)을 세우는 데서 '일어나다'를 뜻한다. ※본래 '己'는 '巳'의 변형.

杞	木부 총7획	甲骨文	殷商 金文		西周 金文	小篆	杞憂(기우) 杞柳(기류) 杞棘(기극)	

		乙8895	前2.8.7	杞婦卣	毫鼎	杞伯簋	說文解字	
구기자 **기**	설문 木부	杞(기)는 구기자나무이다. 木(목)은 의미부분이고, 己(기)는 발음부분이다.(「杞, 枸杞也. 从木, 己聲.」)						

※ 열매·껍질이 약재인 나무(木)로, 사람의 몸(己)의 기운을 보충해 주는 '구기자'를 뜻한다.

玘	玉부 총7획	小篆				玘都歌(기도가)	
		說文解字					
패옥 **기**	설문 玉부	玘(기)는 옥이다. 玉(옥)은 의미부분이고, 己(기)는 발음부분이다.(「玘, 玉也. 从玉, 己聲.」)					

※ 여러 옥(玉)으로 된 노리개 중에 중심(己)에 사용되는 '패옥'을 뜻한다.

妃	女부 총6획	甲骨文		殷商 金文	春秋 金文	戰國 金文	小篆	王妃(왕비) 皇妃(황비) 妃嬪(비빈)
		前4.24.1		乙453	亞昊妃盤	莒侯簋	陳侯午敦	說文解字	
왕비 비	설문 女부	妃(비)는 배필(配匹)을 뜻한다. 女(녀)는 의미부분이고, 己(기)는 발음부분이다.(「妃, 匹也. 从女, 己聲.」)

※ 궁궐의 많은 여자(女)중에 중심(己)이 되는 임금의 '아내'나 '왕비'를 뜻한다.

配	酉부 총10획	甲骨文		殷商 金文	西周 金文	春秋 金文	戰國 金文	小篆	配匹(배필) 交配(교배) 配達(배달)
		京都3157	合5007	婦配咸簋	毛公鼎	蔡侯盤	拍敦蓋	說文解字	
나눌/짝 배	설문 酉부	配(배)는 술의 색깔을 뜻한다. 酉(유)는 의미부분이고, 己(기)는 발음부분이다.(「配, 酒色也. 从酉, 己聲.」)

※ 술독(酉) 옆에 몸을 구부린(巳=己) 사람이 물이나 향료 등 서로 다른 재료를 알맞게 나누어 배합하듯 서로 다른 사람이 짝을 이루는 데서 '짝' '나누다'를 뜻한다.
※참고: 술(酉)의 중요한 몸(己)이 되는 재료를 배합하는 데서 '짝' '나누다'를 뜻한다.

改	攵부 총7획	甲骨文			金文		小篆	改正(개정) 改名(개명) 改善(개선)
		京津5278	前4.31.6	前5.38.4	改盨	秦篆	說文解字	
고칠 개	설문 攵부	改(개)는 更(고칠 경)이다. 攵(복)과 己(기)는 모두 의미부분이다.(「改, 更也. 从攵·己.」)

※ 어린아이(巳=己)를 다스려(攵) 잘못을 '고침'을 뜻한다. 잘못된 몸(己)을 쳐서(攵) '고쳐' 잡음.

巳 ➡ 祀 … 己

巳	己부 총3획	甲骨文		殷商 金文	西周金文	春秋 金文	小篆	巳時(사시) 乙巳條約 (을사조약)
		前7.9.2	佚284	鯀尊	辛巳簋	毛公鼎	吳王光鑑	說文解字	
뱀 사	설문 巳부	巳(사)가 여섯 번째 지지(地支)로 쓰이는 까닭은 이미 진행되었기[已(이)] 때문이다. 4월에는 양기가 이미 나와 있고, 음기는 이미 들어갔으며, 만물은 출현하였고, 그 색깔과 무늬를 발하게 된다. 그래서 巳가 뱀[蛇(사)]이 되는 것이다. 상형이다. 무릇 巳부에 속하는 글자들은 모두 巳를 의미부분으로 삼는다.(「巳, 巳也. 四月陽气巳出, 陰气巳藏, 萬物見, 成文章, 故巳爲蛇. 象形. 凡巳之屬皆从巳.」)

※ 아직 태어나지 않은 미숙한 '아이' 모양이나 지지(地支)로 쓰이면서 '뱀'을 뜻한다.

祀	示부 총8획	甲骨文		西周 金文		春秋 金文		祭祀(제사) 告祀(고사) 祀典(사전) 時祀(시사)
		甲3353	佚518	天亡簋	師遽簋	秦公簋		
		戰國 金文		小篆		或體		
		驫羌鐘	曾侯乙鎛	中山王壺		說文解字		
제사 사	설문 示부	祀(사)는 제사가 끊이지 않는다는 뜻이다. 示는 의미부분이고, 巳는 발음부분이다. 禩는 祀의 혹체자(或體字)로 (巳 대신) 異(이)를 썼다.(「祀, 祭無巳也. 从示, 巳聲. 禩, 或从異.」)

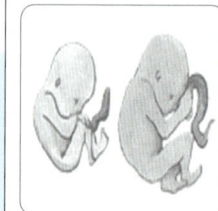

※ 제단(示)에 집안의 아이(巳)가 없을까 '제사'함을 뜻한다.
※참고: 제단(示) 앞에 한 집안에서 가장 어린아이(巳)를 신주 대신으로 놓고 '제사'함을 뜻한다.

己	己부 총3획	설문 없음	甲骨文	西周 金文	春秋 金文	小篆	已往(이왕) 已甚(이심) 已知(이지)
이미 이			形音義字典	大盂鼎	吳王光鐘	形音義字典	

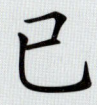
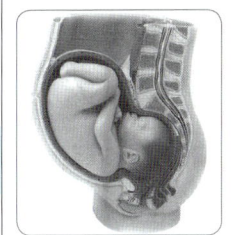

✽ 태아가 이미 성숙하여 막 태어나려고 하는 모양에서 '이미'를 뜻한다.

巴 ➡ 把 ➡ 芭 ➡ 爬☆ ➡ 琵 ➡ 杷❖ ➡ 肥

巴	己부 총4획		甲骨文	小篆		巴蜀(파촉) 巴人(파인) 巴籬(파리)
			形音義字典	說文解字		
꼬리 파	설문 巴부	巴(파)는 짐승(의 이름)이다. 일설에는 코끼리를 잡아먹는 뱀을 뜻한다고도 한다. 상형(象形)이다. 무릇 巴부에 속하는 글자들은 모두 巴를 의미부분으로 삼는다.(「巴, 蟲也. 或曰食象蛇. 象形. 凡巴之屬皆从巴.」)				

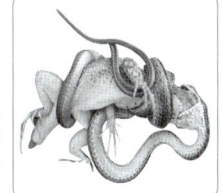

✽ 손으로 잡고 할퀴어 뜯거나 입을 크게 벌린 모습으로, 코끼리도 잡아먹는다는 전설상의 길고 큰 뱀에서 '꼬리' '땅이름'을 뜻한다.

把	手부 총7획		戰國 金文	小篆		把握(파악) 把手(파수) 把持(파지)
			雲夢日乙	說文解字		
잡을 파	설문 手부	把(파)는 (손에) 쥔다는 뜻이다. 手(수)는 의미부분이고, 巴(파)는 발음부분이다.(「把, 握也. 从手, 巴聲.」)				

✽ 손(扌)으로 뱀(巴)이 휘감듯 물건을 잡는 데서 '잡다'를 뜻한다.

芭	艸부 총8획	설문 없음		芭蕉(파초) 芭葉(파엽)
파초 파				

✽ 식물(艹)의 잎이 뱀(巴)처럼 둥글고 긴 '파초'를 뜻한다.

爬	爪부 총8획	설문 없음		爬行(파행) 搔爬(소파) 爬蟲類(파충류)
긁을 파				

✽ 손톱(爪)으로 뱀(巴)이 기듯 문지르거나 '긁음'을 뜻한다.

琵	玉부 총12획		小篆		琵琶(비파)
			說文解字		
비파 파	설문 珡부	琵(파)는 비파(琵琶)이다. 珡(금)은 의미부분이고, 巴(파)는 발음부분이다.(「琵, 琵琶也. 从珡, 巴聲.」)			

✽ 여러 줄(珏) 위를 손으로 뱀(巴)이 기듯 연주하는 악기인 '비파'를 뜻한다.

	木부 총8획	小篆 説文解字		杷車(파거) 枇杷(비파) 杷土(파토)	
비파나무 **파**	설문 木부	杷(파)는 보리를 거두어들이는 기구를 뜻한다. 木(목)은 의미부분이고, 巴(파)는 발음부분이다.(「杷, 收麥器. 从木, 巴聲.」)			

✽ 나무(木) 가지로 고무래를 만들어 할퀴는 손(巴)처럼 곡식을 긁어 거두는 '비파나무'를 뜻한다.

	肉부 총8획	戰國 金文 包山202	小篆 説文解字	肥滿(비만) 肥沃(비옥) 堆肥(퇴비)	
살찔 **비**	설문 肉부	肥(비)는 살이 많다는 뜻이다. 肉(육)과 卩(절)은 모두 의미부분이다.(「肥, 多肉也. 从肉, 从卩.」)			

✽ 몸(月)이 꿇어앉은 사람(卩=巳=巴)처럼 '살쪄' 보임. ※파자:몸(月)이 큰 뱀(巴)처럼 살찜.

邑 ➡ 邕

	邑부 총7획	甲骨文 菁2.1	殷商 金文 京津1605	西周金文 邑爵	春秋 金文 矢簋 散盤		小篆 齊侯壺 説文解字	都邑(도읍) 邑內(읍내) 邑長(읍장)	
고을 **읍**	설문 邑부	邑(읍)은 나라를 뜻한다. □(위)는 의미부분이다. 선왕(先王)의 제도에 따르면, 신분의 높고 낮음에 따라 (지역의) 크고 작음을 두었으므로, 卩(절)이 의미부분이 되는 것이다. 무릇 邑부에 속하는 글자들은 모두 邑을 의미부분으로 삼는다.(「邑, 國也. 从□. 先王之制, 尊卑有大小, 从卩. 凡邑之屬皆从邑.」)								

✽ 성곽(□) 아래 꿇어앉은 사람(巳=巴)으로, 일정한 구역에 사는 사람에서 '고을'을 뜻한다.

	邑부 총10획	甲骨文 合721 合4878	西周 金文 邕子甗	小篆	籒文 説文解字	邕穆(옹목) 邕熙(옹희) 邕水(옹수)	
막힐 **옹**	설문 川부	邕(막힐 옹, 화할 옹)은 사방에 물이 있어, 스스로 성곽의 연못을 둘러싸고 있는 것이다. 川(천)과 邑(읍)은 모두 의미부분이다. 𢆉은 邕의 주문(籒文)이다.(「邕, 四方有水, 自邕城池者. 从川, 从邑. 𢆉, 籒文邕.」)					

✽ 내(巛)가 흘러 성곽이나 고을(邑)을 감싸 적을 막아 편안함에서 '막히다' '화하다'를 뜻한다.

色 … 絶

	色부 총6획	甲骨文 後下22·10	金文 乙1536	春秋 金文 부수한자	戰國 金文 蔡侯鐘 包山269		小篆 説文解字	古文	色相(색상) 色盲(색맹) 色彩(색채)	
빛 **색**	설문 色부	色(색)은 얼굴빛을 뜻한다. 人(인)과 卩(절)은 모두 의미부분이다. 무릇 色부에 속하는 글자들은 모두 色을 의미부분으로 삼는다. 𢒫은 고문(古文)이다.(「色, 顔气也. 从人, 从卩. 凡色之屬皆从色. 𢒫, 古文.」)									

✽ 선 사람(ᄼ)이 꿇어앉은 사람(巳=巴)을 화난 얼굴빛을 띠고 훈계하는 데서 얼굴'색'을 뜻한다.
※참고:서 있는 사람(ᄼ)과 꿇어앉은 사람(巳=巴)으로 '여러 모양' '가지각색'을 뜻한다.

絶	糸부 총12획	甲骨文 前5.11.4	金文 中山王壺	小篆 説文解字	古文	絶緣(절연) 絶交(절교) 絶對(절대)
끊을 **절**	설문 糸부	絶(절)은 (칼로) 실을 자른다는 뜻이다. 糸(멱·사)·刀(도)·卩(절) 등은 모두 의미부분이다. 𢇍은 絶의 고문(古文)으로, 그 몸체가 이어지지 않고 두 絲(사)를 자르는 것을 그렸다.(「絶, 斷絲也. 从糸, 从刀, 从卩. 𢇍, 古文絶, 象不連體, 絶二絲.」)					

✽ 실(糸)을 칼(刀)로 끊는 사람(巳=巴)에서 '끊다'를 뜻한다. '絶'은 '色'자의 윗부분인 '刀' 모양이 'ᄼ'으로 잘못 쓰임이다. ※파자:실(糸)의 색(色)이 달라 자름에서 '끊다'를 뜻한다.

乙 ➡ 乭 ➡ 乞 ➡ 屹

	乙부 총1획	甲骨文		殷商 金文	西周 金文		戰國 金文	小篆	乙巳(을사) 乙夜(을야) 乙覽(을람)
		粹605	戩3.8	魚父乙卣	父乙鼎	散 盤	會肯簠	說文解字	

새 을	설문 乙부	乙은 봄에 초목이 꾸불꾸불 나오는 모습인데, 음기(陰氣)가 아직 강하여 그 나오는 모습이 곧바르지 못하고 꾸불꾸불한 것이다. ㅣ(뚫을 곤)자와 같은 뜻이다. 乙은 갑(甲) 다음이며, 사람의 목을 그린 것이다.(「乀, 象春艸木冤曲而出, 陰氣尚彊, 其出乙乙也. 與ㅣ同意. 乙承甲, 象人頸.」)

※ 굽은 새싹, 새, 큰 띠 모양, 짐승가슴 등의 설이 있다. 대부분 '달라붙다'의 의미로 쓰인다.

	乙부 총6획	설문 없음	乭石(돌석) 甲乭(갑돌) 乭釗(돌쇠)

이름 돌		'이두'문자의 영향으로 한자의 새김을 빌려 우리말을 적던 방식의 하나로 '돌 석'에서 '돌'을 음으로 사용했다.

※ 사람 이름에 쓰이는 글자로 받침에 'ㄹ'이 들어가는 자에 '乙'을 더했다. 돌쇠(乭釗)의 이름.

	乙부 총3획	气(기)와 고문(古文)이 같음.	甲骨文	春秋 金文	小篆	求乞(구걸) 乞神(걸신)
			甲870	齊侯壺	說文解字	

빌 걸		고문에는 '气(기운 기)'자와 '乞(빌 걸)'자의 구분이 없었다. ≪광운廣韻≫에서는 "乞은 구한다는 뜻이다.(「乞, 求也.」)"라고 하였다.

※ 气(기)의 생략형으로, 남의 기운(气)을 빌리는 데서 '빌리다'를 뜻한다.
※파자: 사람(人=乊)에 붙어(乙) 구걸함에서 '빌다'를 뜻한다.

	山부 총6획	설문 없음	小篆	屹立(흘립) 屹出(흘출) 屹然(흘연)
			形音義字典	

산우뚝솟을 흘		

※ 산(山)이 구름 기운(气=乞)보다 높아 '산이 우뚝 솟다'를 뜻한다.

 ➡  ➡ 芝

	丿부 총1획	小篆	용례 없음
		說文解字	

삐침 별	설문 丿부	丿(별)은 오른쪽에서 삐쳐 나간 것이다. 왼쪽으로 잡아당긴 모양을 그린 것이다. 무릇 丿부에 속하는 글자들은 모두 丿을 의미부분으로 삼는다.(「丿, 右戾也. 象左引之形. 凡丿之屬皆从丿.」)

※ 왼쪽 위에서 오른쪽 아래로 잡아당겨 삐친 모양에서 '삐침'이라 한다.

	丿부 총4획	甲骨文		西周 金文	春秋 金文		小篆	搖之不動 (요지부동)
		前7.14.3	佚217	散 盤	秦公簋	者減鐘	說文解字	

갈 지	설문 之부	之(지)는 나간다는 뜻이다. 풀잎이 돋아 나오면서, 그 가지와 줄기가 점점 커져, 뻗어 나가는 바가 있음을 그린 것이다. 一은 땅을 가리킨다. 무릇 之부에 속하는 글자들은 모두 之를 의미부분으로 삼는다.(「㞢, 出也. 象艸過屮, 枝莖漸益大, 有所之也. 一者, 地也. 凡之之屬皆从之.」)

※ 서 있는 발인 '止'와 같이 땅과 발을 나타내나, 뜻은 '止'와 달리 '가다'를 뜻한다.

541

芝	艸부 총8획	戰國 金文	小篆		芝宇(지우) 芝蘭之交 (지란지교)
		璽彙3749	說文解字		
지초 지	설문 艸부	芝(지)는 신비한 풀이다. 艸(초)와 之(지)는 모두 의미부분이다.(「芝, 神艸也. 从艸, 从之.」)			

✻ 신령한 풀(艹)로 향기가 멀리 가는(之) 데서 '지초', 복용하면 오래 산다는 '영지'를 뜻한다.

乏 ➡ 泛 ✦ ➡ 貶 ☆

乏	丿부 총5획	戰國 金文		小篆	窮乏(궁핍) 缺乏(결핍) 乏絶(핍절)
		中山王壺	兆域圖	說文解字	
모자랄 핍	설문 正부	乏(핍), 《춘추전(春秋傳)》에 이르기를 "正(정)을 거꾸로 한 것이 乏이다."라고 하였다.(「乏, 《春秋傳》曰: "反正爲乏."」)			

✻ 正자의 반대 모습인 '乏'(乏의 本字)로 바르지 않음에서 '모자라다' '벗어남'을 뜻한다.
  ※파자:바르게 가지(之) 못하고 잘못 삐져(丿) 가는 데서 '모자람'을 뜻한다.

泛	水부 총8획	小篆			泛舟(범주) 泛宅(범택) 泛然(범연)
		說文解字			
뜰 범	설문 水부	泛(범)은 (물에) 뜬다는 뜻이다. 水(수)는 의미부분이고, 乏(핍)은 발음부분이다.(「泛, 浮也. 从水, 乏聲.」)			

✻ 물(氵)에 뜨는 속이 채워지지 않고 모자라(乏)거나 비어 있는 것에서 '뜨다'를 뜻한다.

貶	貝부 총12획	小篆			貶下(폄하) 褒貶(포폄) 貶降(폄강)
		說文解字			
낮출 폄	설문 貝부	貶(폄)은 줄인다는 뜻이다. 貝(패)와 乏(핍)은 모두 의미부분이다.(「貶, 損也. 从貝, 从乏.」)			

✻ 물건이나 재물(貝)의 가치를 모자라게(乏) 하는 데서 '낮추다'를 뜻한다.

也 ➡ 地 ➡ 池 ➡ 弛 ➡ 馳 ➡ 他

也	乙부 총3획	戰國 金文				春秋 金文	秦刻石	小篆	也帶(야대) 及其也(급기야)
		書也缶	郭大夫釜	平安君鼎	包山204	子仲匜		說文解字	
이끼/어조사 야	설문 乁부	也(야)는 여자의 음부(陰部)를 뜻한다. 상형이다. ㄈ는 진(秦) 석각(石刻)의 也자이다.(「也, 女陰也. 象形. ㄈ, 秦石刻也字」)							

✻ '뱀'처럼 길거나 '움푹 파인 모양'으로 '어조사'로 쓰이며, 한자의 '토'를 뜻하는 '입겾·입겿'의 잘못이 '이끼'로 변했다. ※참고:它(다를/뱀 타)는 대부분 '也'로 변한다.

地	土부 총6획	戰國 金文	小篆	籀文	地球(지구) 地方(지방) 地域(지역)
		胤嗣壺	說文解字		
땅 지	설문 土부	地(지), 원기(元氣)가 처음 나누어질 때, 가볍고 맑고 밝은 것은 하늘이 되고, 무겁고 흐리고 어두운 것은 땅이 되었다. 땅은 만물이 펼쳐지는 곳이다. 土(토)는 의미부분이고, 也(야)는 발음부분이다. 墜는 地의 주문(籀文)으로 (也 대신) 隊(전·단)을 썼다.(「地, 元氣初分, 輕淸陽爲天, 重濁陰爲地, 萬物所陣列也. 从土, 也聲. 墜, 籀文地, 从隊.」)			

✻ 흙(土)이 끝없이 길게(也) 펼쳐진 '땅(따)'을 뜻한다.

池	水부 총6획	설문 없음	金文		小篆		池畔(지반) 池沼(지소) 貯水池(저수지)
					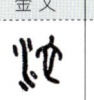		
			形音義字典		說文解字注		
못 지		≪설문해자주≫에서는 "池(지)는 연못을 뜻한다. 水(수)는 의미부분이고, 也(야)는 발음부분이다.(「池, 陂也. 从水, 也聲.」)"라고 하였다.					

✽ 물(氵)이 고인 길게 움푹 파인(也) '못'을 뜻한다.

弛	弓부 총6획		戰國 金文	小篆	或體		解弛(해이) 弛緩(이완) 弛廢(이폐)

			紀王城陶	說文解字			
늦출 이	설문 弓부	弛(이)는 활을 풀어놓는다는 뜻이다. 弓(궁)과 也(야)는 모두 의미부분이다. 貇는 弛의 혹체자(或體字)로 (也 대신) 虒(사)를 썼다.(「弛, 弓解也. 从弓, 从也. 貇, 弛或从虒.」)					

✽ 팽팽한 활(弓)줄을 풀어 뱀처럼 느슨하고 길게(也) 풀어놓음에서 '늦추다'를 뜻한다.

馳	馬부 총13획		小篆				驅馳(구치) 馳突(치돌) 馳報(치보)

			說文解字				
달릴 치	설문 馬부	馳(치)는 (말이) 빠르게 달린다는 뜻이다. 馬(마)는 의미부분이고, 也(야)는 발음부분이다.(「馳, 大驅也. 从馬, 也聲.」)					

✽ 말(馬)이 길고(也) 먼 길을 달려가는 데서 '달리다'를 뜻한다.

他	人부 총5획		甲骨文	春秋 金文	戰國 金文	小篆	'佗(타)'와 '他(타)'는 '동자(同字)'.	他人(타인) 他律(타율) 他意(타의)

			形音義字典	楚屈叔佗	包山191	說文解字		
다를 타	설문 人부	佗(타)는 짊어진다는 뜻이다. 人(인)은 의미부분이고, 它(타)는 발음부분이다.(「佗, 負何也. 从人, 它聲.」)						

✽ 사람(亻)이 뱀(它=也)에게 별다른 해를 입지 않아 '다르다'를 뜻한다.

卩 ➡ 叩 ➡ 犯 ➡ 氾 ➡ 范 ➡ 笵 ✤ ➡ 範 ⋯ 厄 ➡ 扼 ☆

卩	卩부 총2획		甲骨文	殷商 金文	西周 金文	金文	小篆	용례 없음

			甲2491	京津3108	卩爵	卩父己爵	古鉨	說文解字
병부/신표/ 굽힐 절	설문 卩부	卩(절)은 신표(信標)를 뜻한다. 나라를 지키는 사람(즉 제후)은 옥으로 만든 것을 쓰고, 도성과 변경을 지키는 사람은 뿔로 만든 것을 쓰고, (제후국의) 사자(使者)가 산악 지역 국가로 갈 때는 호랑이 모양의 신표를 쓰고, 평야 지역 국가로 갈 때는 사람 모양의 신표를 쓰고, 늪지대 국가로 갈 때는 용 모양의 신표를 쓰며, 관문을 지키는 사람은 대나무로 만든 것을 쓰고, 재물을 관리하는 사람은 옥으로 만든 도장을 쓰며, 도로를 관리하는 사람은 오색 깃털로 장식된 깃발 신표를 쓴다. 서로 부합하는 모양을 그린 것이다. 무릇 卩부에 속하는 글자들은 모두 卩을 의미부분으로 삼는다.(「卩, 瑞信也. 守國者用玉卩, 守都鄙者用角卩, 使山邦者用虎卩, 土邦者用人卩, 澤邦者用龍卩, 門關者用符卩, 貨賄用璽卩, 道路用旌卩. 象相合之形. 凡卩之屬皆从卩.」)						

✽ 몸을 굽혀 꿇어앉은 사람 모양으로, 꿇어앉은 지방관에게 '병부'를 주는 것을 뜻한다. ※참고: 卩=㔾=マ=㔾.

叩	口부 총5획	설문 없음	甲骨文 合20960	小篆 形音義字典	叩謝(고사) 叩門(고문)	
두드릴 고						

※ 말(口)로 상대를 떠보기 위해 꿇어앉아(卩) 정성스럽게 묻는 데서 '두드리다'를 뜻한다.

犯	犬부 총5획		戰國 金文 胤嗣壺	金文 雲夢日乙	小篆 說文解字	犯行(범행) 犯罪(범죄) 共犯(공범)	
범할 범	설문 犬부	犯(범)은 침범한다는 뜻이다. 犬(견)은 의미부분이고, 巳(절)은 발음부분이다.(「犯, 侵也. 从犬, 巳聲.」)					

※ 개(犭)가 몸을 굽혀(巳) 사람에게 덤벼듦에서 '범하다'를 뜻한다.

氾	水부 총5획		甲骨文 後下19·1	小篆 說文解字	氾濫(범람) 氾愛(범애) 氾掃(범소)	
넘칠 범	설문 水부	氾(범)은 濫(넘칠 람)이다. 水(수)는 의미부분이고, 巳(섬·절)은 발음부분이다.(「氾, 濫也. 从水, 巳聲.」)				

※ 큰 물(氵)이 굽어진(巳) 강둑을 넘어 넘쳐흐름에서 '넓다' '넘치다' '떠다니다'를 뜻한다.

范	艸부 총9획		戰國 金文 上凡廚鼎	小篆 說文解字	范鎔(범용)	
성 범	설문 艸부	范(범풀 범)은 풀(의 이름)이다. 艸(초)는 의미부분이고, 氾(범)은 발음부분이다.(「范, 艸也. 从艸, 氾聲.」)				

※ 풀(++)이 물위에 떠다니는(氾) 수생식물 이름이나 사람의 '성씨'(姓氏)로 쓰인다.

笵	竹부 총11획		戰國 金文 陶九085	小篆 說文解字	笵型(범형)	
법 범	설문 竹부	笵(범)은 법을 뜻한다. 竹(죽)은 의미부분이다. 竹은 죽간(竹簡)을 뜻한다. 氾(범)은 발음부분이다. 옛날 법에 죽형(竹刑)이 있었다.(「笵, 法也. 从竹, 竹, 竹簡書也. 氾聲. 古法有竹刑.」)				

※ 대(竹)로 일정한 법에 맞게 넓게(氾) 만든 모형 틀에서 '법' '틀'을 뜻한다.

範	竹부 총15획		小篆 說文解字	模範(모범) 範疇(범주) 規範(규범)	
법 범	설문 車부	範(범)은 길을 떠날 때 신(神)에게 지내던 제사(祭祀)를 뜻한다. 車(거·차)는 의미부분이고, 笵(범)의 생략형은 발음부분이다. 발음은 犯(범)자와 같다.(「範, 範軷也. 从車, 笵省聲. 讀與犯同.」)				

※ 대(竹)로 넓게(氾) 만든 모형(笵:틀/법 범)을 만들어 마차(車)가 길을 떠나기 전에 항상 도로의 신에게 제사함에서 '항상' '법'을 뜻한다. ※참고:흙틀 '型', 쇠틀 '鎔', 대나무틀 '笵'.

厄 액/재앙 액

	厂부 총4획	西周 金文	春秋 金文	戰國 金文	小篆
		毛公鼎	齊鎛	雲夢法律 曾侯墓簡	說文解字

厄氣(액기)
厄運(액운)
橫厄(횡액)

설문 戶부: 戹(액)은 좁다는 뜻이다. 戶(호)는 의미부분이고 乙(을)은 발음부분이다.(「戹, 隘也. 从戶, 乙聲.」)

※ 소의 멍에(軛:멍에 액) 모양이나, 좁은 문(戶)에 끼어 붙은(乙) '戹(좁을 액)'으로 변하고, 다시 언덕(厂)에 눌려 굽은(巳) 모양이 되어 '재앙' '액'을 뜻한다.

扼 잡을 액

	手부 총7획	戰國 金文	小篆	或體
		雲夢語書	說文解字	

※'搹(쥘 격)'의 혹체

扼喉(액후)
扼腕(액완)
扼殺(액살)

설문 手부: 搹(격)은 (손에) 쥔다는 뜻이다. 手(수)는 의미부분이고, 鬲(격·력)은 발음부분이다. 扼(액)은 搹의 혹체자(或體字)로 鬲 대신 戹(액)을 썼다.(「搹, 把也. 从手, 鬲聲. 扼, 搹或从戹.」)

※ 손(扌)으로 멍에를 꽉 눌러(厄) 움켜잡음에서 '잡다'를 뜻한다.

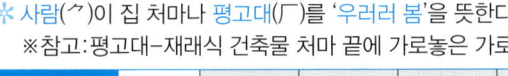

㠯 우러러볼 첨

	厂부 총4획	戰國 金文	小篆
		貨系0544	說文解字

용례 없음

설문 厂부: 㠯(우러러볼 첨, 평고대 첨·위)는 우러러본다는 뜻이다. 사람[人(인)]이 집[厂(엄·한)] 아래에 있다는 의미이다. 일설에는 집의 평고대를 뜻한다고도 한다. 진(秦)에서는 桷(각)이라고 하고, 제(齊)에서는 㠯이라고 한다.(「㠯, 仰也. 从人在厂上. 一曰屋梠也. 秦謂之桷, 齊謂之㠯.」)

※ 사람(⺈)이 집 처마나 평고대(厂)를 '우러러 봄'을 뜻한다.
 ※참고:평고대-재래식 건축물 처마 끝에 가로놓은 가로나무.

危 위태할 위

	卩부 총6획	甲骨文	金文	戰國 金文	小篆
		한자의뿌리	形音義字典	雲夢日甲	說文解字

危殆(위태)
危急(위급)
危篤(위독)

설문 危부: 危(위)는 높은 곳에 있어서 무서워한다는 뜻이다. 㠯(첨)은 의미부분이다. 사람[卩(절)]이 스스로 멈춘다는 의미이다. 무릇 危부에 속하는 글자들은 모두 危를 의미부분으로 삼는다.(「危, 在高而懼也. 从㠯, 自卩止之. 凡危之屬皆从危.」)

※ 사람(⺈)이 언덕(厂) 위와 아래에 꿇어앉아(卩) 모두 위태로운 데서 '위태롭다'를 뜻한다.

詭 속일 궤

	言부 총13획	小篆
		說文解字

詭辯(궤변)
詭計(궤계)
詭詐(궤사)

설문 言부: 詭(궤)는 꾸짖는다는 뜻이다. 言(언)은 의미부분이고, 危(위)는 발음부분이다.(「詭, 責也. 从言, 危聲.」)

※ 남을 두렵게 꾸짖는 말(言)이나 위태롭게(危) 하는 말에서 '속이다'를 뜻한다.

脆 연할 취

	肉부 총10획	小篆
		說文解字

'脃(취)'가 본자(本字).

脆軟(취연)
脆味(취미)
肥脆(비취)

설문 肉부: 脃(취)는 (고기가) 작고 부드러우며 쉽게 끊어진다는 뜻이다. 肉(육)과 絶(절)의 생략형은 모두 의미부분이다.(「脃, 小耎易斷也. 从肉, 从絶省.」)

※ 고기(月)를 칼(刀)로 가늘게 잘라 부드럽게 굽어지고(巳=巴) 연함(脃:脆의 本字)이 본뜻이나, 가늘게 잘린 고기(月)가 연하여 끊어지기 쉽고 위태로워(危) '연하다'를 뜻한다.

夗 ⇒ 怨 ⇒ 鴛 ⇒ 苑 ⇒ 宛 ☆ ⇒ 婉 ⇒ 腕 ⇒ 琬 ✦ ⇒ 椀 *

夗	夕부 총5획	甲骨文 乙1799	西周 金文 能匋尊	小篆 說文解字		용례 없음	
누워뒹굴 **원**	설문 夕부	夗(원)은 몸을 굴려 누웠다는 뜻이다. 夕(석)과 卩(절)은 모두 의미부분이다. 눕는 것에도 절도(節度)가 있다는 뜻이다.(「夗, 轉臥也. 从夕, 从卩. 臥有卩也.」)					

✽ 저녁(夕)에 사람이 몸을 굽혀(卩) 옆으로 누움에서 '누워 뒹굴다'를 뜻한다.

怨	心부 총9획	戰國 金文 雲夢爲吏	小篆 說文解字	古文	怨望(원망) 怨恨(원한) 怨讐(원수)	
원망할 **원**	설문 心부	怨(원)은 원망한다는 뜻이다. 心(심)은 의미부분이고, 夗(원)은 발음부분이다. 㤊은 고문(古文)이다.(「怨, 恚也. 从心, 夗聲. 㤊, 古文.」)				

✽ 분하여 몸을 뒹굴며(夗) 슬퍼하고 원망하는 마음(心)에서 '원망하다'를 뜻한다.

鴛	鳥부 총16획	小篆 說文解字	鴛鴦(원앙) 鴛侶(원려) 鴛鴦衾(원앙금)	
원앙 **원**	설문 鳥부	鴛(원)은 원앙새이다. 鳥(조)는 의미부분이고, 夗(원)은 발음부분이다.(「鴛, 鴛鴦也. 从鳥, 夗聲.」)		

✽ 물속에서 암컷 주위를 뒹굴며(夗) 항상 짝을 이루는 새(鳥)인 '원앙' 수컷을 뜻한다. ※鴦암컷.

苑	艸부 총9획	戰國 金文 故宮429	小篆 說文解字	祕苑(비원) 苑囿(원유) 鹿苑(녹원)	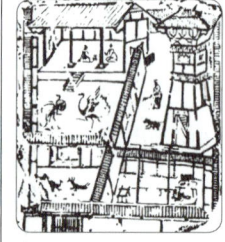
나라동산 **원**	설문 艸부	苑(원)은 짐승을 기르는 곳이다. 艸(초)는 의미부분이고, 夗(원)은 발음부분이다.(「苑, 所以養禽獸也. 从艸, 夗聲.」)				

✽ 초목(艹)을 가꾸어 금수(禽獸)나, 사람이 누워 뒹굴며(夗) 노는 '나라동산'을 뜻한다.

宛	宀부 총8획	甲骨文 屯2636	戰國 金文 雲夢日乙	小篆 說文解字	或體	宛然(완연) 宛轉(완전) 柔宛(유완)	
완연할 **완**	설문 宀부	宛(완)은 굽어진 풀이 스스로 뒤집었다는 뜻이다. 宀(면)은 의미부분이고, 夗(원)은 발음부분이다. 惌(원)은 宛의 혹체자(或體字)로 心(심)을 더하였다.(「宛, 屈草自覆也. 从宀, 夗聲. 惌, 宛或从心.」)					

✽ 집(宀) 안에서 누워 뒹구는(夗) 모습이 서로 같은 데서 '굽다' '비슷하다' '완연하다'를 뜻한다.

婉	女부 총11획	小篆 說文解字	婉曲(완곡) 婉媚(완미) 婉美(완미)	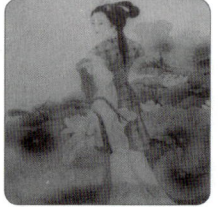
아름다울/ 순할 **완**	설문 女부	婉(완)은 순하다는 뜻이다. 女(녀)는 의미부분이고, 宛(완)은 발음부분이다. 《춘추전(春秋傳)》에 이르기를 "태자(太子) 좌(痤)는 유순하였다."라고 하였다.(「婉, 順也. 从女, 宛聲. 《春秋傳》曰: "太子痤婉."」)		

✽ 여자(女)의 성품이 완연히(宛) 나타난 성숙한 여자에서 '순하다' '아름답다'를 뜻한다.

腕	肉부 총12획	설문 없음		腕力(완력) 腕章(완장) 腕釧(완천)	
팔뚝 완					

※ 사람의 몸(月) 중에서 가장 완연히 굽어지고(宛) 움직임이 자유로운 '팔뚝'을 뜻한다.

琬	玉부 총12획		小篆 (說文解字)	琬圭(완규) 琬琰(완염)	
홀/아름다운옥 완		설문 玉부	琬(완)은 규(圭, 홀의 일종) 가운데 둥근 것이다. 玉(옥)은 의미부분이고, 宛(완)은 발음부분이다.(「琬, 圭有琬者. 从玉, 宛聲.」)		

※ 아름다운 옥(玉)으로 모나지 않고 완연하고 굽은(宛) 듯 만든 홀에서 '홀' '아름답다'를 뜻한다.

椀	木부 총12획	설문 없음	小篆 (形音義字典)	椀器(완기)	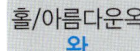
도마/주발 완					

※ 나무(木)로 완연하게 굽게(宛) 만든 음식을 담는 작은 그릇인 '주발'이나 '도마'를 뜻한다.

女➡好➡奴➡努➡怒➡弩☆➡駑☆➡拏…姦…汝

女	女부 총3획	甲骨文 菁7 / 佚807	殷商金文 射女方鑑	西周金文 矢方彝	春秋金文 南彊鉦	戰國金文 者汈鐘	小篆 說文解字	女性(여성) 女王(여왕) 男女(남녀)	
계집 녀		설문 女부	女(녀)는 여자를 뜻한다. 상형이다. (이것은) 왕육(王育)의 주장이다. 무릇 女부에 속하는 글자들은 모두 女를 의미부분으로 삼는다.(「女, 婦人也. 象形. 王育說. 凡女之屬皆从女.」)						

※ 두 손을 꿇어앉은 무릎에 가지런히 올리고 있는 여자 모습이나, 두 손이 묶여 잡혀온 여자에서 '여자' '계집'을 뜻한다.

好	女부 총6획	甲骨文 鐵181.3 / 佚527	殷商金文 婦好瓿	西周金文 仲卣	春秋金文 鄴氏鐘	小篆 說文解字	好意(호의) 好感(호감) 好評(호평)	
좋을 호		설문 女부	好(호)는 아름답다는 뜻이다. 女(녀)와 子(자)는 모두 의미부분이다.(「好, 美也. 从女·子.」)						

※ 여자(女)가 아이(子)를 잘 보살펴 기르는 데서 '좋다' '아름답다'를 뜻한다.

奴	女부 총5획	甲骨文 新3013	西周金文 馭奴瓿	春秋金文 弗奴父鼎	戰國金文 高奴權	小篆 / 古文 說文解字	奴婢(노비) 奴隸(노예) 家奴(가노)	
종 노		설문 女부	奴(노)는 奴와 비(婢)로, 옛날에는 모두 죄인들이었다. ≪주례(周禮)≫에 이르기를 "죄인을 관장하는데 남자 죄인은 죄례(罪隸)로 넣고, 여자 죄인은 용인(舂人)·고인(稾人)에 넣는다."라고 하였다. 女(녀)와 又(우)는 모두 의미부분이다. 𡟬는 奴의 고문(古文)으로 (又 대신) 人(인)을 썼다.(「奴, 奴婢, 皆古之辠人也. ≪周禮≫曰: "其奴男子入于辠隸, 女子入于舂稾." 从女, 从又. 𡟬, 古文奴, 从人.」)						

※ 전쟁에서 힘없는 사람, 특히 여자(女)를 손(又)으로 잡아와 '종'이나 '노예'로 삼음을 뜻한다.

努	力부 총7획	설문 없음	小篆 形音義字典	努力(노력) 努肉(노육) 努目(노목)	
힘쓸 노		≪설문해자≫에는 '努'(노)자가 보이지 않는다. ≪광운(廣韻)·모부(姥部)≫를 보면 "努는 노력(努力)한다는 뜻이다.(「努, 努力也.」)"라고 하였다.			

✽ 죄를 지은 노예(奴)가 죄 값을 다하기 위해 힘(力)써 일을 함에서 '힘쓰다'를 뜻한다.

怒	心부 총9획	戰國 金文 胤嗣壺 / 雲夢爲吏	小篆 說文解字	怒氣(노기) 憤怒(분노) 怒濤(노도)	
성낼 노	설문 心부	怒(노)는 원망한다는 뜻이다. 心(심)은 의미부분이고, 奴(노)는 발음부분이다.(「怒, 恚也. 从心, 奴聲.」)			

✽ 어려운 일을 해야 하는 노예(奴)의 화난 마음(心)에서 '성내다'를 뜻한다.

弩 	弓부 총8획	戰國 金文 雲夢雜抄	小篆 說文解字	弓弩(궁노) 弩砲(노포) 弩臺(노대)	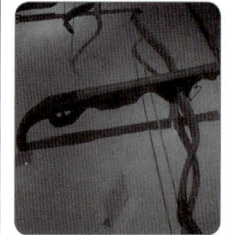
쇠뇌 노	설문 弓부	弩(노)는 활에 쇠뇌 자루가 있는 것이다. ≪주례(周禮)≫에 따르면 4弩는 다음과 같다: 협노(夾弩)·유노(庾弩)·당노(唐弩)·대노(大弩). 弓(궁)은 의미부분이고, 奴(노)는 발음부분이다.(「弩, 弓有臂者. ≪周禮≫四弓: 夾弩·庾弩·唐弩·大弩. 从弓, 奴聲.」)			

✽ 노예(奴)가 사람 일을 돕듯, 활(弓)을 쉽게 쏠 수 있게 돕는 장치인 '쇠뇌'를 뜻한다.

駑 	馬부 총15획	설문 없음	小篆 形音義字典	駑馬(노마) 駑才(노재) 駑鈍(노둔)	
둔한말 노					

✽ 최하층 사람인 노예(奴)처럼, 최하위 등급인 말(馬)에서 '둔한 말'을 뜻한다.

拏	手부 총9획		小篆 說文解字	拏浦(나포) 紛拏(분나) 漢拏山(한라산)	
잡을 나	설문 手부	拏(나)는 끌어당긴다는 뜻이다. 手(수)는 의미부분이고, 奴(노)는 발음부분이다.(「拏, 牽引也. 从手, 奴聲.」)			

✽ 노예(奴)나 죄인을 손(手)으로 묶어 잡아오는 데서 '잡다'를 뜻한다.

姦 	女부 총9획	殷商 金文 / 西周 金文 / 戰國 金文 戶姦罍 / 長由盉 / 包山183	小篆 / 古文 說文解字	姦淫(간음) 姦通(간통) 輪姦(윤간)	
간음할 간	설문 女부	姦(간)은 사통(私通)한다는 뜻이다. 세 개의 女(녀)자로 이루어졌다. 㜘은 姦의 고문(古文)으로, 心(심)은 의미부분이고, 旱(한)은 발음부분이다.(「姦, 私也. 从三女. 㜘, 古文姦, 从心, 旱聲.」)			

✽ 비천하게 여겼던 여자(女) 무리에서 '간사하다' '간음하다'를 뜻한다.

汝	水부 총6획	甲骨文				殷商 金文	小篆	汝等(여등) 汝輩(여배) 汝曹(여조)
			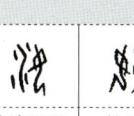		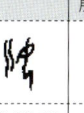			
		京津2007	拾9.1	乙8816	林2.22.13	帚汝簋	說文解字	
너 여	설문 水부	汝(여)는 강의 이름이다. 홍농군(弘農郡) 노씨현(盧氏縣) 환귀산(還歸山)에서 발원하여, 동쪽으로 흘러서 회수(淮水)로 들어간다. 水(수)는 의미부분이고, 女(여)는 발음부분이다.(「, 水. 出弘農盧氏還歸山, 東入淮. 从水, 女聲.」)						

✽ 물(氵)가에 많은 여자(女)가 생활하던 '강(氵)이름'으로 '너'를 뜻한다.

如	女부 총6획	甲骨文		戰國 金文		小篆	如一(여일) 如干(여간) 如何間(여하간)

		前5.30.2	佚108	陶五136	信陽楚簡	說文解字	
같을 여	설문 女부	如(여)는 따른다는 뜻이다. 女(녀)와 口(구)는 모두 의미부분이다.(「, 从隨也. 从女, 从口.」)					

✽ 여자(女)가 사실대로 말(口)을 하거나, 노예(女)가 명하는 말(口)을 똑같이 따르는 데서 '같다'를 뜻한다.

恕	心부 총10획	戰國 金文	小篆	古文	容恕(용서) 寬恕(관서) 恕免(서면)
				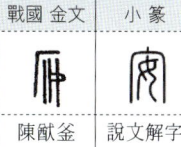	
		郭店語二	說文解字		
용서할 서	설문 心부	恕(서)는 어질다는 뜻이다. 心(심)은 의미부분이고, 如(여)는 발음부분이다. 는 고문(古文)으로 (如에서 口(구)가) 생략된 형태이다.(「, 仁也. 从心, 如聲. , 古文省.」)				

✽ 남을 자신과 같은(如) 마음(心)으로 사랑하고 '용서함'을 뜻한다.

安➡案➡按➡鞍➡晏⋯(旻)➡宴➡堰☆

安	宀부 총6획	甲骨文		西周 金文		戰國 金文	小篆	安全(안전) 安寧(안녕) 安逸(안일)

		乙7547	拾10.17	晨卣	格伯簋	陳猷釜	說文解字	
편안 안	설문 宀부	安(안)은 고요하다는 뜻이다. 집[宀(면)] 아래에 여자[女(녀)]가 있다는 의미이다.(「, 靜也. 从女在宀下.」)							

✽ 집(宀)에 여자(女)가 편히 있거나, 집(宀) 안을 편하게 하는 '노예'나 여자(女)에서 '편하다'를 뜻한다.

案	木부 총10획	戰國 金文	小篆	案件(안건) 案席(안석) 立案(입안)

		雲夢語書	說文解字	
책상 안	설문 木부	案(안)은 안석의 일종이다. 木(목)은 의미부분이고, 安(안)은 발음부분이다.(「, 几屬. 从木, 安聲.」)			

✽ 편안하게(安) 밥을 먹거나 책을 보도록 나무(木)로 만든 '책상'이나 '밥상'을 뜻한다.

按	手부 총9획	小篆	按脈(안맥) 按摩(안마) 按排(안배)
		說文解字	
누를 안	설문 手부	按(안)은 (손으로) 누른다는 뜻이다. 手(수)는 의미부분이고, 安(안)은 발음부분이다.(「, 下也. 从手, 安聲.」)	

✽ 손(扌)으로 누르거나 어루만져 편안하게(安) 하는 데서 '누르다' '편안하다'를 뜻한다.

鞍	革부 총15획	戰國 金文		小篆		鞍裝(안장) 鞍馬(안마) 金鞍(금안)	
				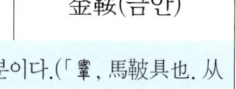			
		曾侯墓簡	形音義字典	說文解字			
안장 **안**	설문 革부	鞍=䩕(안)은 말에 입히는 뜻한다. 革(혁)과 安(안)은 모두 의미부분이다.(「䩕, 馬鞍具也. 从革, 从安.」)					

＊ 가죽(革)으로 만들어 사람이 편하게(安) 앉도록 말 등에 올리는 '안장'을 뜻한다.

晏	日부 총10획	戰國 金文	小篆		晏起(안기) 晏眠(안면) 晏如(안여)	
		  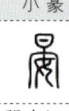				
		雲夢日甲	說文解字			
늦을 **안**	설문 日부	晏(안)은 하늘이 맑다는 뜻이다. 日(일)은 의미부분이고, 安(안)은 발음부분이다.(「晏, 天淸也. 从日, 安聲.」)				

＊ 날(日)이 저물 때까지 비바람이 없이 편안하고(安) '화창함'에서 '맑다' '늦다'를 뜻한다.

妟	女부 총7획	甲骨文		戰國 金文		小篆	용례 없음	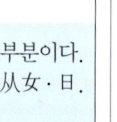
					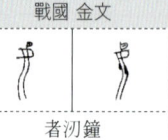			
		續5·20·7	前6·28·1	者沔鐘		說文解字		
편안할 **안**	설문 女부	妟(하늘 맑을 안, 편안할 안)은 편안하다는 뜻이다. 女(녀)와 日(일)은 모두 의미부분이다. ≪시경(詩經)≫에 이르기를 "부모님을 편안하게 하였네."라고 하였다.(「妟, 安也. 从女·日. ≪詩≫曰: "以妟父母."」)						

＊ 해(日)가 밝아도 일하지 않고 편안히 있는 여자(女)에서 '편하다'를 뜻한다.

宴	宀부 총10획	西周 金文		春秋 金文			小篆	宴會(연회) 酒宴(주연) 壽宴(수연)	

		宴簋	鄂侯鼎	郯公華鐘	吳王光鐘	配兒鉤鑃	說文解字		
잔치 **연**	설문 宀부	宴(연)은 편안하다는 뜻이다. 宀(면)은 의미부분이고, 妟(안)은 발음부분이다.(「宴, 安也. 从宀, 妟聲.」)							

＊ 집(宀) 안에 해(日)가 밝아도 일하지 않고 편안히 있는 여자(女)에서 '편하다' '잔치'를 뜻한다.

堰	土부 총12획	설문 없음	小篆		堰堤(언제) 堰埭(언태) 石堰(석언)	

			形音義字典			
둑 **언**						

＊ 도랑물을 흙(土)으로 가리어(匚) 편히(妟=宴) 엎드리듯(匽:엎드릴 언) 고이게 한 '둑' '보'를 뜻한다.

要 ➡ 腰

要	襾부 총9획	西周 金文	戰國 金文	小篆	古文	要約(요약) 要點(요점) 要求(요구)	

		伯要簋	雲夢日甲		說文解字		
요긴할 **요**	설문 臼부	要(요)는 몸의 가운데(즉 허리)를 뜻한다. 사람이 허리를 두 손으로 받치고 있는 모양을 그린 것이다. 臼(곡)은 의미부분이고, 交(교)의 생략형은 발음부분이다. 𦥑는 要의 고문(古文)이다.(「要, 身中也. 象人要自臼之形. 从臼, 交省聲. 𦥑, 古文要.」)					

＊ 두 손으로 덮어(襾) 잡은 여자(女)의 중요한 허리에서 '중요하다' '요긴하다'를 뜻한다.

腰	肉부 총13획	설문 없음		腰痛(요통) 細腰(세요) 腰椎(요추)	
허리 요		≪설문해자≫ 등에는 '腰'자가 보이지 않는다. 고문자(古文字)에서는 '허리'라는 뜻으로 '要(요)'자를 썼다. ≪옥편(玉篇)·육부(肉部)≫를 보면 "腰는 허리를 뜻한다.(「腰, 骻也.」)"라고 하였다.			

✽ 사람의 몸(月)에서 중요한(要) 부분인 '허리'를 뜻한다.

母 → 毋 → 拇 ⋯⋯ (毐) → 毒 → 每 → 侮 → 梅 → 海 → 敏 → 慜 ✽ → 悔 → 晦 → 誨 → 繁

	母부 총5획	甲骨文	殷商 金文	西周金文	春秋 金文	戰國 金文	小 篆	父母(부모) 母子(모자) 母親(모친)	
					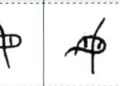				
		菁4.1	前1.29.5	小子母己卣	母癸卣	國差繪	陳侯午敦	說文解字	
어미 모	설문 女부	母(모), 어머니를 '모'라고 부르는 까닭은 어미는 자식을 길러내기[牧(목)] 때문이다. 女(녀)는 의미부분이다. 여자가 아이를 품에 안은 모양을 그린 것이다. 일설에는 아이에게 젖을 먹이는 모양을 그린 것이라고도 한다.(「母, 牧也. 从女. 象褢子形. 一曰象乳子也.」)							

✽ 성숙한 여자(女)에 가슴을 표하는 두 점(:)을 표하여 아이가 있는 '어미'를 뜻한다.

	母부 총4획	西周 金文	戰國 金文	小 篆		毋論(무론) 毋望之禍 (무망지화)	

		戒方鼎	包山221	說文解字			
말 무	설문 毋부	毋(무)는 못하게 한다는 뜻이다. 女(녀)는 의미부분으로, (一은) 여자 중에는 (하지 말라는) 간통(姦通)을 하는 사람이 있음을 표시한 것이다. 무릇 毋부에 속하는 글자들은 모두 毋를 의미부분으로 삼는다.(「毋, 止之也. 从女, 有奸之者. 凡毋之屬皆从毋.」)					

✽ 금지선(一)을 그어 아이가 있는 어미(母)에 접근을 금함에서 '말다' '없다'를 뜻한다.

※참고 : '毋'와 '母'자의 자원(字源)을 같게 보기도 한다.

	手부 총8획	戰國 金文	小 篆		拇指(무지) 拇印(무인) 手拇(수무)	

		上博周易	說文解字			
엄지손가락 무	설문 手부	拇(무)는 엄지손가락을 뜻한다. 手(수)는 의미부분이고, 母(모)는 발음부분이다.(「拇, 將指也. 从手, 母聲.」)				

✽ 손(扌)가락 중에서 가장 중요한 어미(母)에 해당하는 '엄지손가락'을 뜻한다.

	毋부 총7획	小 篆		용례 없음	
		說文解字			
음란할 애	설문 毋부	毐(애)는 사람이 좋은 품행(品行)이 없다는 뜻이다. 士(사)와 毋(무)는 모두 의미부분이다. 가시중(賈侍中, 즉 가규賈逵)께서는 "진시황의 어머니가 노애(嫪毐)와 간통하여 죽임을 당하였다. 그래서 세간에서는 음탕한 것을 욕하는 말로 嫪毐라고 한다."라고 주장하였다. 娭(애)처럼 읽는다.(「毐, 人無行也. 从士, 从毋. 賈侍中說: "秦始皇母與嫪毐淫, 坐誅. 故世罵淫曰嫪毐." 讀若娭.」)				

✽ 선비(士)다운 행동이 없이(毋) '음란함'을 뜻한다.

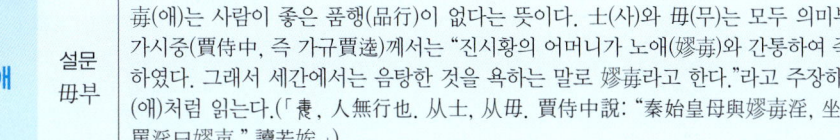

	毋부 총8획	戰國 金文	小 篆	古 文		毒氣(독기) 毒蛇(독사) 毒舌(독설)	
		雲夢秦律	說文解字				
독 독	설문 屮부	毒(독)은 두텁다는 뜻이다. 사람을 해치는 풀로 무성하게 생겨난다. 屮(철)은 의미부분이고, 毐(애)는 발음부분이다. 𦸜은 毒의 고문(古文)으로, 刀(도)와 葍(복)으로 이루어졌다.(「毒, 厚也. 害人之艸, 往往而生. 从屮, 毒聲. 𦸜, 古文毒, 从刀·葍.」)					

✽ 선비(士)다운 행동이 없이(毋) 음란하게(毒:음란할 애)하는 독초(屮)에서 '독'을 뜻한다.

		甲骨文		西周 金文		春秋 金文	戰國 金文	小篆	每番(매번)	
	母부 총7획								每年(매년) 每週(매주)	
매양 매	설문 屮부	每(매)는 풀이 무성하게 위로 나왔다는 뜻이다. 屮(철)은 의미부분이고, 母(모)는 발음부분이다.(「每, 艸盛上出也. 从屮, 母聲.」)								

✽ 매일 머리에 화려한 장식(宀)을 한 성인 여자(母)에서 '매양' '매일' '아름답다'를 뜻한다.

		甲骨文	戰國 金文	小篆	古文		侮辱(모욕)	
	人부 총9획	粹1318	中山王壺	說文解字			侮蔑(모멸) 受侮(수모)	
업신여길 모	설문 人부	侮(모)는 업신여긴다는 뜻이다. 人(인)은 의미부분이고, 每(매)는 발음부분이다. 𠂤는 고문(古文)으로 (每 대신) 母(모)를 썼다.(「𠈄, 傷也. 从人, 每聲. 𠂤, 古文, 从母.」)						

✽ 사람(亻)이 매번(每) 같아 '업신여겨' '깔봄'을 뜻한다.

		金文	小篆	或體			梅實(매실)	
	木부 총11획	史梅兄簋	說文解字				梅雨(매우) 紅梅(홍매)	
매화 매	설문 木부	梅(매)는 柟(매화나무 남·염)이다. 열매는 먹을 수 있다. 木(목)은 의미부분이고, 每(매)는 발음부분이다. 楳는 혹체자(或體字)로 (每 대신) 某(모)를 썼다.(「檘, 柟也. 可食. 从木, 每聲. 楳, 梅或从某.」)						

✽ 나무(木) 중에서 이른 봄에 화려하고 아름답게(每) 꽃이 피는 '매화'를 뜻한다.

		西周 金文	戰國 金文	小篆			海岸(해안)	
	水부 총10획	 小臣謎簋	 包山147	說文解字			海軍(해군) 海水(해수)	
바다 해	설문 水부	海(해)는 천연(天然)의 연못을 뜻한다. 모든 하천을 수용한다. 水(수)는 의미부분이고, 每(매)는 발음부분이다.(「𣴴, 天池也. 以納百川者. 从水, 每聲.」)						

✽ 모든 물(氵)이 흘러들어 매양(每) 변치 않는 '바다'를 뜻한다.

		甲骨文			西周 金文		小篆	敏捷(민첩)	
	攴부 총11획	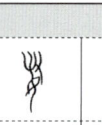 菁2.1	前5.17.4	乙1916	 盂 鼎	 師𡘀簋	說文解字	英敏(영민) 銳敏(예민)	
민첩할 민	설문 攴부	敏(민)은 빠르다는 뜻이다. 攴(복)은 의미부분이고, 每(매)는 발음부분이다.(「𢿎, 疾也. 从攴, 每聲.」)								

✽ 매번(每) 손에 도구를 들고(攵) 하는 숙련된 일을 함이 빠름에서 '민첩함'을 뜻한다.

				설문 없음	용례 없음	
	心부 총15획					
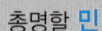 총명할 민						

✽ 민첩하게(敏) 마음(心)에 깨우침에서 '총명하다'를 뜻한다.

悔	心부 총10획	戰國 金文	小篆			後悔(후회) 悔恨(회한) 悔改(회개)
		雲夢爲吏	說文解字			
뉘우칠 회	설문 心부	悔(회)는 뉘우친다는 뜻이다. 心(심)은 의미부분이고, 每(매)는 발음부분이다.(「𢗧, 悔恨也. 从心, 每聲.」)				

※ 마음(忄)속으로 매번(每) 지나간 일에 대하여 '뉘우치고' '후회함'을 뜻한다.

晦	日부 총11획	戰國 金文	小篆			晦朔(회삭) 晦冥(회명) 陰晦(음회)
		雲夢封診	說文解字			
그믐 회	설문 日부	晦(회)는 그믐날을 뜻한다. 日(일)은 의미부분이고, 每(매)는 발음부분이다.(「晦, 月盡也. 从日, 每聲.」)				

※ 새로운 날(日)이 매번(每) 다시 시작되는 전날 밤, 달이 없는 '그믐'을 뜻한다.

誨	言부 총14획	西周金文	春秋金文		小篆	誨言(회언) 勸誨(권회) 敎誨(교회)
		牆盤	不嬰簋	王孫鐘	說文解字	
가르칠 회	설문 言부	誨(회)는 환하게 가르친다는 뜻이다. 言(언)은 의미부분이고, 每(매)는 발음부분이다.(「誨, 曉敎也. 从言, 每聲.」)				

※ 말(言)로 매번(每) 자세히 밝게 깨우쳐 '가르침'을 뜻한다.

繁	糸부 총17획	西周金文	春秋金文	戰國金文	小篆	或體	繁盛(번성) 繁昌(번창) 繁榮(번영)
		班簋	者減鐘	康兒鼎	鄂君車節	說文解字	
번성할 번	설문 糸부	緐=繁(번)은 말갈기에 하는 장식을 뜻한다. 糸(멱·사)는 의미부분이고, 每(매)는 발음부분이다. ≪춘추전(春秋傳)≫에 이르기를 "말의 장식을 써도 되는가?"라고 하였다. 緐은 緐의 혹체자(或體字)로 (每 대신) 舁을 썼다. 舁은 弁(변)의 주문(籒文)이다.(「繁, 馬髦飾也. 从糸, 每聲. ≪春秋傳≫曰: "可以稱旌緐乎?" 繁, 緐或从舁. 舁, 籒文弁.」)					

※ 부녀자의 머리를 아름답게(毎) 다스려(攵) 꾸민 모양이 실(糸)처럼 '무성함'에서 '번성하다'를 뜻한다.

方→妨→防→芳→房→放→倣→訪→彷→坊→昉→肪→枋☆→紡→楞

方	方부 총4획	甲骨文		殷商 金文	西周 金文	戰國 金文	小篆	或體	方向(방향) 方法(방법) 方式(방식)
		前7.1.2	粹206	戍甬鼎	盂鼎	中山王鼎	說文解字		
모/이방인 방	설문 方부	方(방)은 나란히 연결한 배를 뜻한다. 배 두 척을 나란히 연결한 모양에서 뱃머리를 생략한 형태를 그린 것이다. 무릇 方부에 속하는 글자들은 모두 方을 의미부분으로 삼는다. 汸(방)은 方의 혹체자(或體字)로 水(수)를 더하였다.(「方, 倂船也. 象兩舟省總頭形. 凡方之屬皆从方. 汸, 方或从水.」)							

※ 땅을 파는 도구나, 목이 형틀(凵)에 묶여 있는 사방에서 잡혀온 이방인으로, 모난 '삽' '쟁기' 또는 사방의 외부 부족(部族)에서 '모' '모나다' '방향' '방법' '장소'를 뜻한다.

妨	女부 총7획	甲骨文	小篆			妨害(방해) 無妨(무방) 妨賢(방현)
		乙7430	說文解字			
방해할 방	설문 女부	妨(방)은 해롭다는 뜻이다. 女(녀)는 의미부분이고, 方(방)은 발음부분이다.(「妨, 害也. 从女, 方聲.」)				

※ 여자(女)가 한쪽 방향(方)에 서서 일을 '방해함'을 뜻한다.
※참고 : 옛 형벌제도에서는 여자(女)에게는 목에 칼(方)을 씌우지 않았다고 한다.

防	阜부 총7획	金文	小篆	或體		防犯(방범) 防共(방공) 防牌(방패)	
		古鉨	說文解字				
막을 방	설문 自부	防(방)은 제방(堤防)을 뜻한다. 阜(부)는 의미부분이고, 方(방)은 발음부분이다. 堕(방)은 防(방)의 혹체자로 土(토)를 더하였다.(「防, 隄也. 从阜, 方聲. 堕, 防或从土.」)					

✽ 언덕(阝)을 쌓아 이민족이나 물길이 있는 방향(方)을 막는 '둑'에서 '막다'를 뜻한다.

芳	艸부 총8획	金文	戰國 金文	小篆		芳年(방년) 芳草(방초) 芳香劑(방향제)	
		番生簋	郭店窮達	說文解字			
꽃다울 방	설문 艸부	芳(방)은 향초이다. 艸(초)는 의미부분이고, 方(방)은 발음부분이다.(「芳, 香艸也. 从艸, 方聲.」)					

✽ 향초(艹)에서 사방(方)으로 좋은 향기를 뿜는 데서 '향기' '꽃답다'를 뜻한다.

房	戶부 총8획	戰國 金文	小篆			冊房(책방) 廚房(주방) 茶房(다방)	
		雲夢封診	說文解字				
방 방	설문 戶부	房(방)은 실(室)의 옆방을 뜻한다. 戶(호)는 의미부분이고, 方(방)은 발음부분이다.(「房, 室在旁也. 从戶, 方聲.」)					

✽ 본체인 집(戶) 뒤나 양옆 방향(方)에 있는 침실로 쓰이던 '방'을 뜻한다.

放	攴부 총8획	西周 金文	戰國 金文	小篆		放浪(방랑) 放送(방송) 放蕩(방탕)	
		多友鼎	中山王壺	說文解字			
놓을 방	설문 放부	放(방)은 내쫓는다는 뜻이다. 攴(복)은 의미부분이고, 方(방)은 발음부분이다. 무릇 放부에 속하는 글자들은 모두 放를 의미부분으로 삼는다.(「放, 逐也. 从攴, 方聲. 凡放之屬皆从放.」)					

✽ 죄인을 풀어 먼 곳(方)으로 쳐서(攵) 쫓아내는 데서 '놓다' '내치다' '그만두다'를 뜻한다.

倣	人부 총10획	戰國 金文	小篆	籀文		模倣(모방) 倣似(방사) 倣古(방고)	
		包山073		說文解字			
본뜰 방	설문 人부	仿(방)은 서로 비슷하다는 뜻이다. 人(인)은 의미부분이고, 方(방)은 발음부분이다. 佩은 仿의 주문(籀文)으로 (方 대신) 丙(병)을 썼다.(「仿, 相似也. 从人, 方聲. 佩, 籀文仿, 从丙.」)					

✽ 사람(亻)이 옆에 놓인(放) 모양을 그대로 따라 그리는 데서 '본뜨다'를 뜻한다.

訪	言부 총11획	戰國 金文	小篆			訪問(방문) 答訪(답방) 探訪(탐방)	
		郭店五行	說文解字				
찾을 방	설문 言부	訪(방), 널리 의견을 구하는 것을 訪이라고 한다. 言(언)은 의미부분이고, 方(방)은 발음부분이다.(「訪, 汎謀曰訪. 从言, 方聲.」)					

✽ 널리 말하여(言) 여러 방향(方)으로 의견을 묻는 데서 '묻다'를 뜻한다.

彷	彳부 총7획	설문 없음	甲文	戰國 金文	小篆		彷徨(방황) 彷徉(방양) 彷佛(방불)
			形音義字典	中山王鼎	形音義字典		
헤맬 **방**							

※ 비슷한 길(行=彳)에서 방향(方)을 잃고 '거니는' 데서 '헤매다'를 뜻한다.

坊	土부 총7획	戰國 金文	小篆			坊間(방간) 坊民(방민) 坊店(방점)
		春錄13·4	說文解字			
동네 **방**	설문 土부	坊(방)은 마을의 이름이다. 土(토)는 의미부분이고, 方(방)은 발음부분이다.(「坊, 邑里之名. 从土, 方聲.」)				

※ 일정한 땅(土) 안에 있는 여러 방향(方)으로 통하는 골목이나 '저자'에서 '동네'를 뜻한다.

昉	日부 총8획	戰國 金文	小篆			神昉(신방) 申昉(신방)
		璽彙1951	說文解字			
밝을 **방**	설문 日부	昉(방)은 밝다는 뜻이다. 日(일)은 의미부분이고, 方(방)은 발음부분이다.(「昉, 明也. 从日, 方聲.」)				

※ 알맞은 때에 해(日)가 사방(方)을 밝게 비추는 데서 '밝다' '마침'을 뜻한다.

肪	肉부 총8획	小篆			脂肪(지방) 肪膩(방니)
		說文解字			
기름 **방**	설문 肉부	肪(방)은 기름지다는 뜻이다. 肉(육)은 의미부분이고, 方(방)은 발음부분이다.(「肪, 肥也. 从肉, 方聲.」)			

※ 짐승이나 물고기의 몸통(月) 주위를 감싸고 있는 모든 방향(方)이 살쪄 '기름짐'을 뜻한다.

枋	木부 총8획	戰國 金文	小篆			枋底(방저) 門地枋(문지방)
		胤嗣壺	說文解字			
다목 **방**	설문 木부	枋(박달나무 방; 자루 병)은 나무(의 이름)이다. 수레를 만들 수 있다. 木(목)은 의미부분이고, 方(방)은 발음부분이다.(「枋, 木. 可作車. 从木, 方聲.」)				

※ 나무(木)질이 단단하여 목제·한약·물감 등 여러 방향(方)으로 쓰임이 많은 '다목'을 뜻한다.

紡	糸부 총10획	戰國 金文	小篆			紡績(방적) 紡織(방직) 紡毛(방모)
		包山268	說文解字			
길쌈 **방**	설문 糸부	紡(방)은 실을 뽑는다는 뜻이다. 糸(멱·사)는 의미부분이고, 方(방)은 발음부분이다.(「紡, 網絲也. 从糸, 方聲.」)				

※ 여러 가느다란 실(糸)을 한 방향(方)으로 모아 엮어 실을 만드는 일을 '길쌈' '잣다'라 한다.

| 楞 | 木部
총13획 | 설문 없음 | | 楞角(능각)
(人名字) |

네모질 **릉**

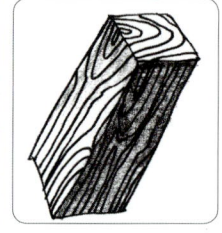

※ 나무(木)가 사방(四=罒)의 방향(方)으로 면과 모서리가 있어 각진 데서 '네모지다'를 뜻한다.

旁 ➝ 傍 ➝ 榜 ☆ ➝ 膀 ➝ 謗 ➝ 滂 ✚

旁	方부 총10획	甲骨文		殷商 金文	西周 金文		旁午(방오) 旁系(방계) 旁死魄(방사백)
		林1.17.15	拾5.10	亞旁罍	旁鼎	妣里母簋	
		戰國 金文	小篆	古文		籒文	
	설문 上부	梁十九年鼎		說文解字			

곁 **방**

旁(방)은 넓다는 뜻이다. 二(=上)은 의미부분이다. (나머지 부분에 대해서는 잘 알 수 없으므로 해설란을) 비워둠. 方(방)은 발음부분이다. 㫄은 旁의 고문(古文)이다. 㫄 역시 旁의 고문이다. 𣃚은 주문(籒文)이다. (「𣃖, 溥也. 从二, 闕. 方聲. 㫄, 古文旁. 㫄, 亦古文旁. 𣃚, 籒文.」)

※ 우물정자로 널리(井=凡=𠂉) 주위 사방을 쟁기(方)질 하거나, 나라 주위 사방 널리(凡) 이방인(方)이 국경 곁에 사는 데서 '곁' '두루' '돕다'를 뜻한다.

傍	人부 총12획	小篆		傍觀(방관) 傍聽(방청) 傍系(방계)
		說文解字		
곁 **방**	설문 人부	傍(방)은 가깝다는 뜻이다. 人(인)은 의미부분이고, 旁(방)은 발음부분이다.(「傍, 近也. 从人, 旁聲.」)		

※ 사람(亻) 곁(旁)에 가깝게 있는 데서 '곁' '의지하다'를 뜻한다.

榜	木부 총14획	西周 金文		小篆	榜示(방시) 榜軍(방군) 榜目(방목)
		㫄鼎	敔簋	說文解字	
방붙일 **방**	설문 木부	榜=㮄(나무 조각 방, 게시판 방; 볼기칠 방·병)은 활을 보정(補正)하는 도구를 뜻한다. 木(목)은 의미부분이고, 旁(방)은 발음부분이다.(「㮄, 所以輔弓弩. 从木, 旁聲.」)			

※ 사람이 많이 모이는 나무(木) 곁(旁)에 글을 써 붙여 알림에서 '방 붙이다'를 뜻한다.

膀	肉부 총14획	小篆	或體	膀胱(방광) 膀胱炎(방광염)
		說文解字		
오줌통 **방**	설문 肉부	膀(방)은 양 옆구리를 뜻한다. 肉(육)은 의미부분이고, 旁(방)은 발음부분이다. 髈은 膀의 혹체자(或體字)로 (肉 대신) 骨(골)을 썼다.(「膀, 脅也. 从肉, 旁聲. 髈, 膀或从骨.」)		

※ 몸(月) 양 곁(旁)을 감싸는 '어깨뼈'나, 오줌 배출을 돕는(旁) '오줌통'을 뜻한다.

謗	言부 총17획	戰國 金文	小篆	誹謗(비방) 毀謗(훼방) 謗怨(방원)
		雲夢爲吏	說文解字	
헐뜯을 **방**	설문 言부	謗(방)은 (말로) 훼손(毀損)한다는 뜻이다. 言(언)은 의미부분이고, 旁(방)은 발음부분이다.(「謗, 毀也. 从言, 旁聲.」)		

※ 말(言)로 주위나 곁(旁)에서 남을 비방하거나 저주하는 데서 '헐뜯다'를 뜻한다.

滂	水부 총13획	春秋 金文	小篆		滂洋(방양) 滂澤(방택) 滂湃(방배)
		冶仲考父壺	說文解字		
비퍼부을 **방**	설문 水부	滂(방)은 물이 질펀하게 흐른다는 뜻이다. 水(수)는 의미부분이고, 旁(방)은 발음부분이다.(「𣽥, 沛也. 从水, 旁聲.」)			

※ 비가 퍼부어 물(氵)이 주위나 곁(旁)에 널리 질펀한 데서 '비가 퍼붓다'를 뜻한다.

㫃→旋→璇→琁✥→旌→施→族→簇☆→嗾…旅→遊→游…於→瘀☆

㫃	方부 총6획	甲骨文		殷商 金文		西周 金文	小篆	古文	용례 없음
		簠雜47	前5.5.7	㫃爵	㫃乙簋	休盤	說文解字		
깃발 **언**	설문 㫃부	㫃(언)은 깃발이 펄럭이는 모습이다. 屮은 의미부분으로, 구부러져 아래로 늘어져 있다. (오른쪽 부분 㫃은) 깃술이 늘어져 있는 모양으로, 하나는 들어가고, 하나는 나와 있다. 偃(언)처럼 읽는다. 옛날 이름에 㫃자를 쓴 사람들은 자(字)를 자유(子游)로 지었다. 무릇 㫃부에 속하는 글자들은 모두 㫃을 의미부분으로 삼는다. 㫃은 고문(古文)의 㫃자로, 상형이다. 及은 깃발이 펄럭이는 모양을 그린 것이다.(「㫃, 旌旗之游㫃蹇之兒. 从屮, 曲而下; 垂㫃, 相出入也. 讀若偃. 古人名㫃, 字子游. 凡㫃之屬皆从㫃. 㫃, 古文㫃字, 象形. 及, 象旌旗之游.」)							

※ 깃대(屮=方)에 깃발(乀=人)이 바람에 나부끼는 모양에서 '깃발'을 뜻한다.

旋	方부 총11획	甲骨文		殷商 金文	西周 金文	小篆	旋回(선회) 周旋(주선) 斡旋(알선)
		佚543	後下35.5	亞若癸方彝	旋鼎 召卣	說文解字	
돌 **선**	설문 㫃부	旋(선)은 주선(周旋, 빙글빙글 돈다는 뜻)으로, 깃발의 지휘(指揮)를 뜻한다. 㫃(언)과 疋(소)는 모두 의미부분이다. 疋는 다리[足(족)]이다.(「旋, 周旋, 旌旗之指麾也. 从㫃, 从疋. 疋, 足也.」)					

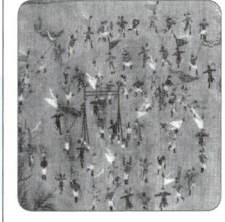

※ 깃발(㫃)을 든 기수의 지휘에 따라 발(疋)이 움직여 도는 데서 '돌다'를 뜻한다.

璇	玉부 총15획	설문 없음	小篆		玖璇(구선) 璇宮(선궁) 璇珠(선주)
			形音義字典		
옥 **선**					

※ 옥(玉)처럼 아름답고 둥글둥글한(旋) 보석에서 '옥'을 뜻하며, '북두칠성' '둘째 별'을 뜻한다.

琁	玉부 총11획	小篆		或體		'瓊(경)'의 혹체(或體)	琁璣(선기) 琁珠(선주)
				說文解字			
옥 **선**	설문 玉부	瓊(경)은 붉은 옥이다. 玉(옥)은 의미부분이고, 夐(형)은 발음부분이다. 璚은 瓊의 혹체자(或體字)로 (夐 대신) 矞(율)을 썼다. 璚(경·휴·유)은 瓊의 혹체자로 (夐 대신) 巂(휴)를 썼다. 琁(선)은 瓊의 혹체자로 (夐 대신) 旋(선)의 생략형을 썼다.(「瓊, 赤玉也. 从玉, 夐聲. 璚, 瓊或从矞. 璚, 瓊或从巂. 琁, 瓊或从旋省.」)						

※ 옥(玉) 비슷한 붉고 둥근(旋=疋) '옥'을 뜻한다. ※璇과 같은 자로도 본다.

557

旌	方부 총11획	小篆  說文解字		旌表(정표) 旌閭(정려) 旌門(정문)	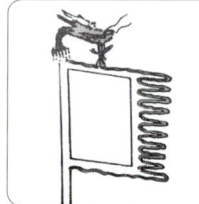
기 정	설문 㫃부	旌(정), 유거(游車, 왕이 순유(巡遊)할 때 타는 수레의 이름)에 旌을 다는데, 새의 깃털을 잘라 (소의 꼬리털로 장식한) 깃대 머리에 붙인다. 이렇게 하여 병사가 정진하도록 한다. 㫃(언)은 의미부분이고 生(생)은 발음부분이다.(「𣃷, 游車載旌, 析羽注旄首. 所以精進士卒. 从㫃, 生聲.」)			

✽ 깃발(㫃)을 초목의 싹(生) 같은 오색의 깃털로 드러나게 장식한 '기'에서 '표하다'를 뜻한다.

施	方부 총9획	戰國 金文  雲夢爲吏	小篆 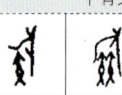 說文解字	施工(시공) 施行(시행) 施賞(시상)	
베풀 시	설문 㫃부	施(시)는 깃발의 모습이다. 㫃(언)은 의미부분이고, 也(야)는 발음부분이다. 제(齊)나라 난시(欒施)의 자(字)가 자기(子旗)였으므로, 施는 깃발[旗(기)]임을 알 수 있다.(「𣃷, 旗皃. 从㫃, 也聲. 齊欒施字子旗, 知施者旗也.」)			

✽ 묶인 깃발(㫃)을 길게(也) 펼치듯 일을 널리 알리거나 펼치는 데서 '베풀다'를 뜻한다.

族	方부 총11획	甲骨文			西周 金文	春秋 金文	戰國 金文	小篆	家族(가족) 族譜(족보) 親族(친족)	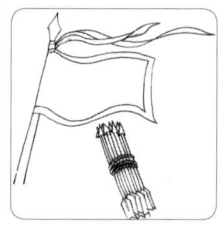
		粹1291	京津2102	京津4387	明公簋	不易戈	陳喜壺	說文解字		
겨레 족	설문 㫃부	族(족)은 화살촉을 뜻한다. 화살 묶음[束(속)]이 함께 모여 있다는 뜻이다. 㫃(언)과 矢(시)는 모두 의미부분이다.(「𣃷, 矢鋒也. 束之族族也. 从㫃, 从矢.」)								

✽ 한 깃발(㫃) 아래 뭉쳐 있는 화살(矢)처럼 씨족의 전투단위에서 '가족' '겨레' '무리'를 뜻한다.

簇	竹부 총17획	설문 없음	小篆  形音義字典	簇生(족생) 簇酒(족주) 簇出(족출)	
가는대 족					

✽ 가늘고 긴 조릿대(竹)로 무리지어(族) 나는 데서 '가는 대'를 뜻한다.

嗾	口부 총14획	小篆  說文解字		使嗾(사주) 嗾囑(주촉) 指嗾(지주)	
부추길 주	설문 口부	嗾(수·주)는 개를 부리는 소리다. 口(구)는 의미부분이고, 族(족)은 발음부분이다. ≪춘추전(春秋傳)≫에 이르기를 "공(公, 진영공晉靈公)이 맹견(猛犬)을 불러 그(즉 조순趙盾)를 물게 하였다."라고 하였다.(「𣃷, 使犬聲. 从口, 族聲. ≪春秋傳≫日: "公嗾夫獒."」)			

✽ 입(口)으로 개의 무리(族)를 불러 모으기 위해 부추겨 부르는 데서 '부추기다'를 뜻한다.

◆ 易地思之 : (역지사지) 처지(處地)를 서로 바꾸어 생각함이란 뜻으로, 상대방(相對方)의 처지(處地)에서 생각해봄.
◆ 酒池肉林 : (주지육림) 술이 못을 이루고 고기가 수풀을 이룬다는 뜻으로, 매우 호화(豪華)스럽고 방탕(放蕩)한 생활(生活)을 이르는 말.
◆ 馳譽丹靑 : (치예단청) 그 이름은 생전 뿐 아니라 죽은 후(後)에도 전하기 위하여 초상(肖像)을 그린 비각(碑閣)에 그림.

旅 나그네 려

方부 / 총10획 / 설문 放부

甲骨文			殷商 金文		
佚735	粹201	合1027	父辛卣	旅且丁甗	旅父癸爵

西周 金文			春秋 金文	小篆	古文
旅尊	禾鼎	孔鼎	陳公子甗	說文解字	

旅券(여권), 旅行(여행), 旅館(여관), 旅程(여정)

旅(려), 군대 체제 단위로 500명을 旅라고 한다. 放(언)과 从(종)(즉 從)은 모두 의미부분이다. 从은 함께 한다는 뜻이다. 㡿는 旅의 고문(古文)이다. 고문에서는 (㡿를) 노(魯)나라・위(衛)나라라고 할 때의 魯자로 삼았다.(「𣃈, 軍之五百人爲旅. 从放, 从从. 从, 俱也. 㡿, 古文旅. 古文以爲魯衛之魯.」)

※ 깃발(放) 아래 많은 사람(从)이 모인 군대로, 다른 지방으로 이동하는 데서 '나그네'를 뜻한다.

遊 놀 유

辶부 / 총13획 / 설문 없음

甲骨文		春秋 金文	戰國 金文	
花東294	後下14・14	仲子遊鼎	蔡侯盤	鄂君啓節

遊覽(유람), 遊說(유세), 遊園地(유원지)

≪설문해자≫에는 '遊'자가 없다. ≪옥편(玉篇)・착부(辶部)≫를 보면 "遊(유)는 유람(遊覽)한다는 뜻이다. 游(유)자와 같다.(「遊, 遊遊. 與游同.」)"라고 하였다.

※ 야외활동이나 군대에서 기(放)를 잡은 사람(子)의 깃발(斿)을 따라가며(辶) 노는 데서 '놀다'를 뜻한다.
※ 파자:깃발(放)을 잡고 아이(子)가 돌아다니며(辶) 노는 데서 '놀다'를 뜻한다.
※ 참고 : 游・斿・遊는 자원(字源)을 같게 보기도 한다. 깃발(斿:깃발 유)

游 헤엄칠 유

水부 / 총12획 / 설문 放부

甲骨文			殷商 金文		
前7.4.2	乙7549	合136	甲	粹197	家戈爵

西周 金文		春秋 金文	戰國 金文	小篆	古文
長日戊鼎	仲斿父鼎	蔡侯盤	左斿壺	說文解字	

浮游(부유), 游禽(유금), 游言(유언), 游藝(유예)

游(유)는 깃발의 술을 뜻한다. 放(언)은 의미부분이고, 汓(수)는 발음부분이다. 𣿕는 游의 고문(古文)이다.(「𣿕, 旌旗之流也. 从放, 汓聲. 𣿕, 古文游.」)

※ 깃발(斿:깃발 유)이 바람을 타고 날리듯, 물(氵) 가운데서 떠서 '헤엄침'을 뜻한다.
※ 참고 : 游・斿・遊는 자원(字源)을 같게 보기도 하고, 서로 다르게 보기도 한다.

於 어조사 어

方부 / 총8획 / 설문 烏부

西周 金文			春秋 金文
沈子簋	效卣	毛公鼎	余義鐘

戰國 金文	小篆	古文	
鄂君啓舟節	說文解字		

於此彼(어차피), 於中間(어중간)

於(어)=烏(오)의 고문(古文)이다.(烏(오)자 참조) '烏'・'於'는 본래 한 글자로서, '於'는 '烏'의 이체자(異體字)라고 할 수 있다. ≪설문해자≫에 수록된 고문의 자형 가운데 하나는 '於'와 가까운 형태를 하고 있다.

※ 까마귀의 상형인 글자. ※파자:깃발(放)보다 높이 두 발(冫)을 가지런히 날아 일정한 장소에 이르는 까마귀에서 '~에' '~보다'를 뜻하는 '어조사'로 쓰인다.

	疒부 총13획	戰國 金文	小篆		瘀血(어혈) 瘀肉(어육) 消瘀(소어)	
		璽彙2058	說文解字			
어혈질 어	설문 疒부	瘀(어)는 어혈(瘀血, 즉 엉킨 피)을 뜻한다. 疒(녁)은 의미부분이고, 於(어)는 발음부분이다.(「瘀, 積血也. 从疒, 於聲.」)				

※ 병(疒)세가 한 곳이(於) 막혀 피가 통하지 못해 쌓여 생기는 '어혈'에서 '어혈지다'를 뜻한다.

敫 → 激 → 檄 → 邀 ☆

	攴부 총13획	戰國 金文	小篆		용례 없음	
		雲夢日甲	說文解字			
노래할 교 해그림자 약	설문 放부	敫(해 그림자 약:노래할 교)은 햇빛이 흐른다는 뜻이다. 白(백)과 放(방)은 모두 의미부분이다. 龠(약)이라고 읽는다.(「敫, 光景流也. 从白, 从放. 讀若龠.」)				

※ 흰(白) 햇빛이 놓여져(放) 밝은 빛이 사방으로 '밝게 빛남'에서 '밝은 해그림자'를 뜻한다.

	水부 총16획	小篆		激突(격돌) 激勵(격려) 過激(과격)	
		說文解字			
격할 격	설문 水부	激(격)은 물이 장애를 받아 물결을 이루며 빠르게 흐른다는 뜻이다. 水(수)는 의미부분이고, 敫(약·교)는 발음부분이다. 일설에는 반쯤 막혔다는 뜻이라고도 한다.(「激, 水礙衺疾波也. 从水, 敫聲. 一曰半遮也.」)			

※ 세차게 흐르는 물(氵)이 부딪쳐 물거품을 이루며 밝게 빛남(敫)에서 '격하다'를 뜻한다.

	木부 총17획	小篆		檄文(격문) 檄書(격서) 檄召(격소)	
		說文解字			
격문 격	설문 木부	檄(격)은 2척(尺)짜리 문서를 뜻한다. 木(목)은 의미부분이고, 敫(교·약)은 발음부분이다.(「檄, 二尺書也. 从木, 敫聲」)			

※ 여러 사람이 알 수 있게 나무(木)에 글을 써서 뜻을 밝게(敫) 밝히던 '격문'을 뜻한다.

	辵부 총17획	설문 없음	邀擊(요격) 招邀(초요) 邀請(요청)	
맞을 요				

※ 자신의 뜻을 밝게(敫) 밝혀 상대를 청하여 찾아가(辶)거나 기다려 '맞이함'을 뜻한다.

敖 → 傲 → 葵* → 贅 ☆

	攴부 총11획	金文		小篆		敖惰(오타) 敖蔑(오멸) 敖遊(오유)	
		䢜伯簋	㚔敖簋	說文解字			
놀/희롱할 오	설문 放부	敖=敷(오)는 나가서 논다는 뜻이다. 出(출)과 放(방)은 모두 의미부분이다.(「敖, 出游也. 从出, 从放.」)					

※ 밖에 나가(出=土) 놀게 내놓은(放) 데서 '놀다'를 뜻한다.
　※파자: 밖 흙(土) 바닥에 나가서 놀게 내치는(放) 데서 '놀다'를 뜻한다.

傲	人부 총13획	小篆 傲 說文解字		傲氣(오기) 傲慢(오만) 怠傲(태오)	
거만할 오	설문 人부	傲(오)는 거만하다는 뜻이다. 人(인)은 의미부분이고, 敖(오)는 발음부분이다.(「𠊪, 倨也. 从人, 敖聲.」)			

* 사람(亻)이 밖으로 나가(出=土) 마음대로 내쳐져(放) 노는(敖:놀 오) 데서 '거만함'을 뜻한다.

獒	犬부 총15획	小篆 獒 說文解字		獒樹(오수)	
개 오	설문 犬부	獒(오)는 개가 사람 마음을 잘 알아 가히 부릴 수 있는 놈을 뜻한다. 犬(견)은 의미부분이고, 敖(오)는 발음부분이다. ≪춘추전(春秋傳)≫에 이르기를 "영공(靈公)이 사나운 개를 불러 물게 하였다."라고 하였다.(「獒, 犬如人心可使者. 从犬, 敖聲. ≪春秋傳≫曰: "公嗾夫獒."」)			

* 길들여 경계(警戒)나 사냥놀이(敖)에 쓰이는 4척의 크고 사나운 개(犬)에서 '개'를 뜻한다.

贅	貝부 총18획	戰國 金文 贅 雲夢爲吏	小篆 贅 說文解字	贅言(췌언) 贅居(췌거) 出贅(출췌)	
혹 췌	설문 貝부	贅(붙일 췌, 데릴사위 췌)는 물건을 저당잡히고 돈을 꾼다는 뜻이다. 敖(오)와 貝(패)는 모두 의미부분이다. 敖는 여기에서는 방출(放出)한다는 뜻과 같고, 재물은 마땅히 다시 그것을 찾아야 한다는 뜻을 나타낸다.(「贅, 以物質錢. 从敖ㆍ貝. 敖者猶放, 貝當復取之也.」)			

* 남아 노는(敖) 물건을 돈(貝)으로 바꾸는 데서 '저당 잡히다' '군더더기' '혹'을 뜻한다.

巾 → 繭 ☆ → 帶 → 滯 ⋯ 㡀

巾 	巾부 총3획	甲骨文 巾 巾 前7.5.3 京津1425	金文 巾 巾 壺 師兌簋	小篆 巾 說文解字	手巾(수건) 頭巾(두건) 巾車(건거)	
수건 건	설문 巾부	巾(건)은 허리에 차는 수건을 뜻한다. ㄇ(멱)은 의미부분이고, ㅣ은 실[糸(멱ㆍ사)]을 그린 것이다. 무릇 巾부에 속하는 글자들은 모두 巾을 의미부분으로 삼는다.(「巾, 佩巾也. 从ㄇ. ㅣ, 象糸也. 凡巾之屬皆从巾.」)				

* 천을 걸어놓은 모양으로 '수건'이나 '헝겊' 실로 짠 '피륙'을 뜻한다. ※참고:帀(두를 잡)

繭	糸부 총19획	西周 金文 繭 繭父戊罍	戰國 金文 *繭 *繭甗	小篆 繭 雲夢日甲 說文解字	古文 䋟	繭絲(견사) 山繭(산견) 野繭(야견)	
고치 견	설문 糸부	繭(견)은 누에고치를 뜻한다. 糸(멱ㆍ사)와 虫(충) 그리고 㡀(치)의 생략형은 모두 의미부분이다. 䋟은 繭의 고문(古文)으로 糸과 見(견)으로 이루어졌다.(「繭, 蠶衣也. 从糸, 从虫ㆍ㡀省. 䋟, 古文繭, 从糸ㆍ見.」)					

* 풀(艹)섶에 수건(巾)을 짜듯, 누에(虫)들이 나방이 되기 전 실(糸)을 토해 짓는 '고치'로, 서로 내기 하듯(帀) 다투어 둥글게 지은 '고치'를 뜻한다. ※참고:帀(비길/내기할 면).

帶	巾부 총11획	春秋 金文 帶 子犯鐘	戰國 金文 帶 上郡守戈	小篆 帶 說文解字	革帶(혁대) 縱帶(종대) 繃帶(붕대)	
띠 대	설문 巾부	帶(대)는 허리띠를 뜻한다. 남자는 가죽으로 만든 띠를 두르고, 여자는 실로 만든 띠를 두른다. (帶자의 윗부분은 허리띠에) 연계(連繫)해서 매단 모양을 그린 것이다. 매단 것에는 반드시 수건이 있어야 하므로, 巾(건)이 의미부분으로 쓰인 것이다.(「帶, 紳也. 男子鞶帶, 婦人帶絲. 象繫佩之形. 佩必有巾, 从巾.」)				

* 수건을 겹친(帀) 허리띠(一)에 여러 패옥(川)을 매단 '띠'를 뜻한다.

滯	水부 총14획	小篆 說文解字					停滯(정체) 滯留(체류) 延滯(연체)	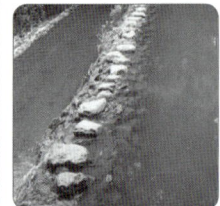
막힐 **체**	설문 水부	滯(체)는 엉겼다는 뜻이다. 水(수)는 의미부분이고, 帶(대)는 발음부분이다.(「𣱾, 凝也. 从水, 帶聲.」)						

※ 물(氵)의 흐름을 옷을 흘러내리지 못하게 묶는 띠(帶)처럼 막아 '막힘'을 뜻한다.

黹	黹부 총12획	甲骨文		殷商 金文		西周 金文	小篆	용례 없음	
		屯3165	花東363	合8286	作且已鼎	叔黹簋 九年衛鼎	說文解字		
바느질 **치**	설문 黹부	黹(치)는 바느질한 옷을 뜻한다. 㘴(폐)와 丵(착/삭)의 생략형은 모두 의미부분이다. 무릇 黹에 속하는 글자들은 모두 黹를 의미부분으로 삼는다.(「黹, 箴縷所紩衣. 从㘴·丵省. 凡黹之屬皆从黹.」)							

※ 천(巾)이 나뉘어(八) 해진(㘴) 곳에 천 조각(一)을 대고 바느질(川=业) 함에서 '바느질'을 뜻한다.

市 ⋯ 朩(=本=市) ➔ 柹 ➔ 姉 ⋯ (市) ⋯ 肺 ➔ 沛 ➔ 佩 ➔ 鬧 ❖

市	巾부 총5획	甲骨文		西周 金文	戰國 金文		小篆	市場(시장) 市內(시내) 市廳(시청)	
		合27641	珠679	兮甲盤	鄂君車節	大市量	說文解字		
저자 **시**	설문 冂부	巿=市(시)는 매매(買賣)가 이루어지는 곳을 뜻한다. 市에는 울타리가 있다. 冂(경)과 ㇉은 모두 의미부분이다. ㇉은 及(급)의 고문(古文)으로, 물건이 서로 도착하였음을 그린 것이다. 屮는 之(=㞢)의 생략형으로 발음부분이다.(「市, 買賣之所也. 市有垣. 从冂, 从㇉, 古文及, 象物相及也. 之省聲.」)							

※ 사람의 발(㞢=一)이 모이던 일정구역(冂=巾)이나, 깃발(巾) 걸린 시장(巿=市)에서 번화하고 소란한 '저자'를 뜻한다. ※파자:높게(亠) 수건(巾)같은 기를 매단 '시장'.
※참고:'巿(슬갑 불)'은 허리띠(一) 아래 수건(巾)을 느려 무릎을 가린 '슬갑(膝甲)'이다.

朩	丿부 총5획	甲骨文		西周 金文	春秋 金文	小篆	용례 없음	
		佚658	合10975	朩季姬尊	伯朩匜 徐王朩又觶	說文解字		
그칠 **자/지**	설문 宋부	朩=本(자)는 멈춘다는 뜻이다. 초목이 무성한데 한 획(一)을 가로 그어 멈추게 하였다는 의미이다.(「𣎴, 止也. 从宋盛而一橫止之也.」)						

※ 다 자라 그친(一)무성한 초목(宋)을 표현하여 '그치다'를 뜻한다. ※참고:本=朩.

柹	木부 총9획	戰國 金文	小篆	柹雪(시설) 軟柹(연시) 紅柹(홍시)	
		信陽楚簡	說文解字		
감 **시**	설문 木부	柹(시)는 씨가 붉은 과일이다. 木(목)은 의미부분이고, 本(朩 자)는 발음부분이다.(「柹, 赤實果. 从木, 本聲.」)			

※ 과일 나무(木)로 다 자라(朩=市)야 떫지 않아 먹을 수 있는 '감나무'를 뜻한다. 柹(본자)=柿.
※참고:초목이 무성하게 다 자란 모양인 '朩'(本:그칠 자)는 市(시)로 잘못 변하여 많이 쓴다.

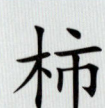

姉	女부 총8획	西周 金文	戰國 金文	小篆	姉妹(자매) 姉妹結緣 (자매결연)	
		季宮父簠	璽彙0331	說文解字		
손윗누이 **자**	설문 女부	姉(자)는 손윗누이를 뜻한다. 女(녀)는 의미부분이고, 朩(자)는 발음부분이다.(「姉, 女兄也. 从女, 朩聲.」)				

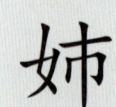

※ 다 자란(朩=市) 여자(女)라는 뜻으로 자신보다 나이 많은 '손윗누이'를 뜻한다. ※姉가 본자.

	巾부 총4획	西周 金文			春秋 金文	小篆	籒文	徐市 (서불 =진시황 때 사람)	
市		市	市	市	市	市	韍		
		大盂鼎	師西簋	毛公鼎	子犯鐘	說文解字			
슬갑 불	설문 市부	市(앞치마 불)은 가슴에서 무릎까지 늘어뜨린 천을 뜻한다. 상고(上古) 시대의 옷은 앞을 가릴 따름이었으므로, 市을 가지고 그것을 그려 낸 것이다. 천자는 진홍색, 제후는 붉은색, 대부는 파란색을 입었다. 巾은 의미부분이고, (一은) 띠를 이은 모양을 그린 것이다. 무릇 市부에 속하는 글자들은 모두 市을 의미부분으로 삼는다. 韍은 市의 전문(篆文)으로 韋(위)와 犮(발)로 이루어졌다.(「市, 韠也. 上古衣, 蔽前而已. 市以象之, 天子朱市, 諸侯赤市, 大夫葱衡. 从巾, 象連帶之形. 凡市之屬皆从市. 韍, 篆文市, 从韋, 从犮.」)							

❋ 끈(一)을 단 천(巾)으로 앞치마처럼 무릎을 가리던 '슬갑'을 뜻한다.

	肉부 총8획	小篆	肺炎(폐렴) 肺病(폐병) 心肺(심폐)	
肺		𦙚 說文解字		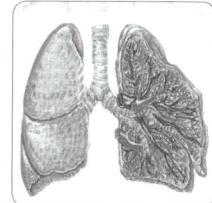
허파 폐	설문 肉부	肺(폐)는 금(金)에 해당하는 장기(藏器)이다. 肉(육)은 의미부분이고, 市(불)은 발음부분이다.(「𦙚, 金藏也. 从肉, 市聲.」)		

❋ 몸(月) 속에 슬갑(市)처럼 가려져 산소를 공급하는 허파를 뜻한다.

	水부 총7획	小篆	沛然(패연) 顚沛(전패) 汎沛(범패)	
沛		𣱔 說文解字		
비쏟아질 패	설문 水부	沛(패)는 강의 이름이다. 요동군(遼東郡) 번한현(番汗縣) 변방에서 발원하여, 서남쪽으로 흘러서 바다로 들어간다. 水(수)는 의미부분이고, 市(불)은 발음부분이다.(「𣱔, 水. 出遼東番汗塞外, 西南入海. 从水, 市聲.」)		

❋ 물(氵) 가운데 풀이 수북이 가린(市) 습지인 늪처럼, 사방을 가리게(市) '비 쏟아짐'을 뜻한다.

	人부 총8획	西周 金文				小篆	銘佩(명패) 佩物(패물) 佩用(패용)	
佩		佩	佩	佩	佩	佩		
		戎佩尊	小盂鼎	頌鼎	頌壺	說文解字		
찰 패	설문 人부	佩(패옥 패)는 외투의 허리띠에 차는 패옥(佩玉)류의 장식을 뜻한다. 人(인)·凡(범)·巾(건) 등은 모두 의미부분이다. 패옥을 차리면 반드시 수건[巾]이 있어야 한다. 巾을 일컬어 장식이라고 한다.(「佩, 大帶佩也. 从人, 从凡, 从巾. 佩必有巾. 巾謂之飾.」)						

❋ 사람(亻)의 허리에 널리(凡) 두른 천(巾)띠에 노리개를 달고 다니던 데서 '차다'를 뜻한다.

	鬥부 총15획	小篆	惹鬧(야료) 鬧歌(요가) 鬧市(요시)	
鬧		鬧 說文解字		
시끄러울 뇨/료	설문 鬥부	鬧(뇨)는 시끄럽다는 뜻이다. 市(시)와 鬥(각·두)는 모두 의미부분이다.(「鬧, 不靜也. 从市·鬥.」)		

❋ 사람이 많이 싸우는(鬥) 저자거리(市)에서 '시끄럽다'를 뜻한다.

◆ 肺石風情 : (폐석풍정) 재판(裁判)의 공정(公正)함을 이르는 말.
◆ 顚沛匪虧 : (전패비휴) 엎드려지고 자빠져도 이지러지지 않으니 용기(勇氣)를 잃지 않아야 함.

帝 ➡ 啼 ☆ ➡ 蹄 ➡ 締 ➡ 諦

		甲骨文		殷商 金文	西周 金文	春秋 金文	小篆	古文	
巾부 총9획									帝王(제왕) 皇帝(황제) 日帝(일제)
		粹1128	粹1311	卯其卣	井侯簋	秦公簋		說文解字	

임금 제 | 설문
上부 | 帝(제), 임금을 '제'라고 부르는 까닭은 (임금은) 나랏일을 '자세히 살펴야[諦(체)]' 하기 때문이다. 천하를 다스리는 사람의 호칭이다. 丄(=上, 상)은 의미부분이고, 朿(자)는 발음부분이다. 帝는 帝의 고문(古文)이다. 고문의 여러 丄(=上)자는 모두 一을 따랐고, 전문(篆文)에서는 二(=上)을 따랐다. 二은 고문의 上자이다. 辛(신)·示(시)·辰(진)·龍(룡)·童(동)·音(음)·章(장) 등은 모두 고문의 丄자를 따랐다.(「帝, 諦也. 王天下之號也. 从丄, 朿聲. 帝, 古文帝. 古文諸丄字皆从一, 篆文皆从二. 二, 古文上字. 辛·示·辰·龍·童·音·章, 皆从古文丄.」)

※ 천신인 하늘에 제를 올리기 위해 나무를 '묶어' 태우던 데서 '황제' '임금'을 뜻한다.
※파자: 높은(亠) 곳에 벌려(ᅭ) 덮은(冖) 수건(巾)위에 앉는 '임금'인 '천자'.

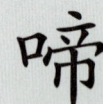

口부 총12획		小篆		啼泣(제읍) 悲啼(비제) 啼鳥(제조)
	'嗁(제)'와 동자	嗁		
		說文解字		

울 제 | 설문
口부 | 嗁(제)는 부르짖는다는 뜻이다. 口(구)는 의미부분이고, 虒(사)는 발음부분이다.(「嗁, 號也. 从口, 虒聲.」)

※ 어렵고 힘든 일 때문에 입(口)으로 울부짖어 천신(帝)에게 아룀에서 '울다'를 뜻한다.

足부 총16획		小篆		蹄齧(제설) 口蹄疫(구제역) 馬蹄(마제)
	'蹏(제)'와 동자.			
		形音義字典	說文解字	

굽 제 | 설문
足부 | 蹏(제)는 발을 뜻한다. 足(족)은 의미부분이고, 虒(사)는 발음부분이다.(「蹏, 足也. 从足, 虒聲.」)

※ 말의 발(足=𧾷)을 감싸 묶어(帝) 보호해주는 각질(角質) 부분인 '굽'을 뜻한다. ※蹏=蹄와 同字.

糸부 총15획		小篆	締交(체교) 締盟(체맹) 締結(체결)
		締	
		說文解字	

맺을 체 | 설문
糸부 | 締(체)는 묶은 것이 풀리지 않는다는 뜻이다. 糸(멱·사)는 의미부분이고, 帝(제)는 발음부분이다.(「締, 結不解也. 从糸, 帝聲.」)

※ 끈(糸)으로 묶어(帝) 풀지 못하게 함에서 계약이나 조건을 '맺음'을 뜻한다.

言부 총16획		小篆	諦念(체념) 要諦(요체) 諦聽(체청)
		諦	
		說文解字	

살필 체 | 설문
言부 | 諦(체)는 살핀다는 뜻이다. 言(언)은 의미부분이고, 帝(제)는 발음부분이다.(「諦, 審也. 从言, 帝聲.」)

※ 말(言)로 천신(帝)에게 아뢰기 위해, 일의 상황을 정확히 살피는 데서 '살피다'를 뜻한다.

制 ➡ 製

		甲骨文		春秋 金文	戰國 金文	小篆	古文	
刀부 총8획		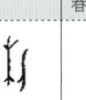						制度(제도) 制裁(제재) 制服(제복)
		合7938	合21477	王子午鼎	子禾子釜		說文解字	

절제할 제 | 설문
刀부 | 剌=制(제)는 재단(裁斷)한다는 뜻이다. 刀(도)와 未(미)는 모두 의미부분이다. 未가 의미부분이 되는 이유는 사물은 성숙하면 맛[味(미)]이 있게 되고, 가히 자를 만하기 때문이다. 일설에는 멈춘다는 뜻이라고도 한다. 制, 고문(古文)의 制자는 이러하다.(「剌, 裁也. 从刀, 从未. 未, 物成, 有滋味, 可裁斷. 一曰止也. 制, 古文制如此」)

※ 우거진 나뭇가지(未=朱)를 칼(刂)로 규격에 맞게 잘라내는 데서 '절제하다' '마르다'를 뜻한다.

製	衣부 총14획	戰國 金文	小篆		製圖(제도) 製藥(제약) 製造(제조)
		雲夢日乙	說文解字		
지을 제	설문 衣부	製(제)는 (옷을) 마름질한다는 뜻이다. 衣(의)와 制(제)는 모두 의미부분이다.(「𧗁, 裁也. 从衣, 从制.」)			

※ 옷감(衣)을 알맞게 자르고 마름질해(制) 옷을 지음에서 '짓다' '만들다'를 뜻한다.

八 → 㡀 → 敝 → 獘 → 幣 → 蔽 → 斃 ☆ → 瞥 ☆ … (黽) → 鼈 ☆ → 繩

八	八부 총4획	甲骨文		小篆		용례 없음
		前2.45.1	京津4472	說文解字		
나눌 별	설문 八부	八(별)은 나눈다는 뜻이다. 두 개의 八(팔)로 이루어져 있다. 八은 나눈다는 뜻으로, 발음부분이기도 하다. ≪효경설(孝經說)≫에 이르기를 "상하에 구별이 있어야 한다."라고 하였다.(「八, 分也. 从重八. 八, 別也, 亦聲. ≪孝經說≫曰: "上下有別."」)				

※ 위아래가 나뉘어(八) 갈라짐(八)에서 '나누다'를 뜻한다.

㡀	巾부 총7획	小篆	용례 없음
		說文解字	
옷해질 폐	설문 㡀부	㡀(폐)는 해진 옷을 뜻한다. 巾(건)은 의미부분이고, 八(는) 옷이 해진 모양을 그린 것이다. 무릇 㡀부에 속하는 글자들은 모두 㡀를 의미부분으로 삼는다.(「㡀, 敗衣也. 从巾, 象衣敗之形. 凡㡀之屬皆从㡀.」)	

※ 옷이나 천(巾)이 나뉘어(八) 찢어짐에서 '옷 해지다'를 뜻한다.

敝	攴부 총12획	甲骨文		戰國 金文	小篆	敝甲(폐갑) 敝人(폐인)
		存下811	後上10.2	雲夢日甲	說文解字	
무너질 폐	설문 㡀부	敝(폐)는 한 폭짜리 수건을 뜻한다. 일설에는 해진 옷을 뜻한다고도 한다. 攴(복)과 㡀(폐)는 모두 의미부분인데, 㡀는 발음부분이기도 하다.(「敝, 帗也. 一曰敗衣. 从攴, 从㡀, 㡀亦聲.」)				

※ 천(巾)을 쳐서(攴) 찢거나(八:나눌 별) 구멍을 내는 데서 '해지다'를 뜻한다.

獘	廾부 총15획	西周 金文	小篆	或體	≪동아 백년옥편≫에는 '獘(폐)'가 斃(폐)의 속자(俗字)로 수록됨.	弊家(폐가) 弊端(폐단) 弊習(폐습)
		中獘簋	說文解字			
폐단/해질 폐	설문 犬부	獘(폐)는 머리를 찧듯이 앞으로 넘어졌다는 뜻이다. 犬(견)은 의미부분이고, 敝(폐)는 발음부분이다. ≪춘추전(春秋傳)≫에 이르기를 "개에게 주었더니, 개가 쓰러져 죽었다."라고 하였다. 斃는 獘의 혹체자(或體字)로 (犬 대신) 死(사)를 썼다.(「獘, 頓仆也. 从犬, 敝聲. ≪春秋傳≫曰: "與犬, 犬獘." 斃, 獘或从死.」)				

※ 해지게(敝) 두 손(廾)으로 찢는 '폐단' '해지다'로 보이나, 본래는 개가 넘어진 '獘(넘어질 폐)'에서 '犬'이 '大'로 다시 '廾'으로 변했다. 본뜻은 '넘어지다'이다.

幣	巾부 총15획	戰國 金文	小篆		幣帛(폐백) 幣物(폐물) 紙幣(지폐)
		郭店老乙	說文解字		
화폐 폐	설문 巾부	幣(폐)는 비단을 뜻한다. 巾(건)은 의미부분이고, 敝(폐)는 발음부분이다.(「幣, 帛也. 从巾, 敝聲.」)				

※ 해지지(敝) 않게 잘 포장하여 '예물'로 보내던 '비단(巾)'이나 '재물'에서 '화폐'를 뜻한다.

蔽	艸부 총16획	小篆 蔽 說文解字		隱蔽(은폐) 蔽遮(폐차) 蔽膝(폐슬)	
덮을 **폐**	설문 艸부	蔽는 폐폐(蔽蔽)로, 작은 풀을 뜻한다. 艸(초)는 의미부분이고, 敝(폐)는 발음부분이다.(「蔽, 蔽蔽, 小艸也. 从艸, 敝聲.」)			

✲ 작은 풀(艹)들이 덮은 오래된 물건이 해지고(敝) 갈라진 데서 '덮다' '가리다'를 뜻한다.

	攴부 총18획	설문 없음.	설문 '獘(폐)'의 혹체(或體).	斃死(폐사) 疲斃(피폐) 病斃(병폐)	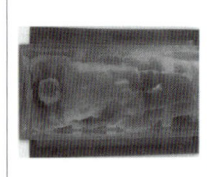
죽을 **폐**					

✲ 사물이 오래되고 해져(敝) 쓰러져 죽음(死)에서 '죽다' '넘어지다'를 뜻한다.

瞥	目부 총17획	小篆 瞥 說文解字		瞥觀(별관) 瞥見(별견) 電瞥(전별)	
눈깜짝할 **별**	설문 目부	瞥(별)은 잠깐 본다는 뜻이다. 또 눈이 침침하다는 뜻도 있다. 目(목)은 의미부분이고, 敝(폐)는 발음부분이다. 일설에는 힐끗 본다는 뜻이라고도 한다.(「瞥, 過目也. 又目翳也. 从目, 敝聲. 一曰財見也.」)			

✲ 눈(目)으로 해져(敝) 조각난 틈으로 잠깐 '언뜻 봄'에서 '눈 깜짝하다'를 뜻한다.

	黽부 총13획	甲骨文  前4·56·2	殷商 金文  掇2·409	西周 金文 黽父辛卣 黽父丁鼎	小篆  師同鼎	籒文 說文解字	黽勉(민면)	
맹꽁이 **맹** 힘쓸 **민**	설문 黽부	黽(힘쓸 민:땅 이름 면·맹:맹꽁이 맹)은 맹꽁이이다. 它(타)는 의미부분이다. 상형(象形)이다. 맹꽁이의 머리와 뱀의 머리는 같다. 무릇 黽부에 속하는 글자들은 모두 黽을 의미부분으로 삼는다. 鼀은 黽의 주문(籒文)이다.(「黽, 鼃黽也. 从它, 象形. 黽頭與它頭同. 凡黽之屬皆从黽. 鼀, 籒文黽.」)						

✲ 불거진 눈과 불룩한 배를 가진 '맹꽁이'를 뜻한다.

鱉	黽부 총25획	殷商 金文  鱉鼎	戰國 金文  雲夢秦律	小篆  說文解字	鱉甲(별갑) 魚鱉(어별) 釣鱉(조별)	
자라 **별**	설문 黽부	鱉(별)은 자라를 뜻한다. 黽(맹)은 의미부분이고, 敝(폐)는 발음부분이다.(「鱉, 甲蟲也. 从黽, 敝聲.」)				

✲ 거북이 등처럼 해지고(敝) 갈라진 맹꽁이(黽) 배 모양의 '자라'를 뜻한다.

繩	糸부 총19획	小篆  說文解字		捕繩(포승) 繩索(승삭) 繩縛(승박)	
노끈 **승**	설문 糸부	繩(승)은 동아줄을 뜻한다. 糸(멱·사)는 의미부분이고, 蠅(승)의 생략형은 발음부분이다.(「繩, 索也. 从糸, 蠅省聲.」)			

✲ 여러 줄의 실(糸)을 모아 엮은, 맹꽁이(黽) 배 모양의 울퉁불퉁 거칠고 굵은 '노끈'을 뜻한다.

齊 → 濟 → 劑 → 齋

		甲骨文		西周 金文	春秋 金文	戰國 金文	小篆
齊 齊부 총14획							齊
		前2.25.3	乙8267	師袁簋	陳曼簠	齊巫姜簋 陳侯午敦	說文解字

齊唱(제창) 一齊(일제) 齊心(제심)

가지런할 제 | 설문 齊부

齊(제)는 벼와 보리의 이삭이 패어 위가 가지런하다는 뜻이다. 상형이다. 무릇 齊부에 속하는 글자들은 모두 齊를 의미부분으로 삼는다.(「齊, 禾麥吐穗上平也. 象形. 凡齊之屬皆从齊.」)

※ 곡식의 이삭(侖=脅)이 가지런히(二) 자란 모양에서 '가지런하다'를 뜻한다.

		金文	小篆		
濟 水부 총17획					
		中山王方壺	說文解字		

經濟(경제) 濟度(제도) 決濟(결제)

건널 제 | 설문 水부

濟(제)는 강의 이름이다. 하북성(河北省) 상산군(常山郡) 방자현(房子縣) 찬황산(贊皇山)에서 발원하여, 동쪽으로 흘러서 지수(泜水, 오늘날의 괴하槐河)로 들어간다. 水(수)는 의미부분이고, 齊(제)는 발음부분이다.(「濟, 水. 出常山房子贊皇, 東入泜. 从水, 齊聲.」)

※ 물(氵)살이 가지런한(齊) 곳을 택하여 건넘에서 '건너다'를 뜻한다.

		小篆	
劑 刀부 총16획			
		說文解字	

助劑(조제) 錠劑(정제) 湯劑(탕제)

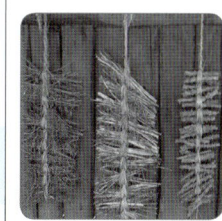

약제 제 | 설문 刀부

劑(자·제)는 가지런하게 한다는 뜻이다. 刀(도)와 齊(제)는 모두 의미부분인데, 齊는 발음부분이기도 하다.(「劑, 齊也. 从刀, 从齊, 齊亦聲.」)

※ 약재료를 가지런히(齊) 칼(刂)로 잘라 정량대로 약을 지음에서 '약제' '약을 짓다'를 뜻한다.

		春秋 金文	戰國 金文	小篆	籀文
齋 齊부 총17획					
		粹939	粹931	前6.46.3	逐鼎

書齋(서재) 齋供(재공) 齋米(재미)

재계할/집 재 | 설문 示부

齋(재, 즉 齋)는 재계(齋戒)로, (제사를 지내기 전에 몸을) 정결(淨潔)하게 한다는 뜻이다. 示(시)는 의미부분이고, 齊(제)의 생략형은 발음부분이다. 齋는 齋의 주문(籀文)으로, (𠭥대신) 䜌(도)의 생략형을 썼다.(「齋, 戒潔也. 从示, 齊省聲. 齋, 籀文从䜌省.」)

※ 집안에서 몸과 마음을 가지런히(齊)하고 제사(示)를 준비하는 데서 '재계하다' '집'을 뜻한다.

亢 → 抗 → 航 → 沆 → 坑

		甲骨文		殷商 金文	西周金文	小篆	或體
亢 亠부 총4획							
		乙6819	佚954	亢爵	亢鼎	䲧方彝	說文解字

亢鼻(항비) 亢進(항진) 高亢(고항)

높을 항 | 설문 亢부

亢(항)은 사람의 목을 뜻한다. 大(대)의 생략형은 의미부분이고, (几는) 사람의 목을 그린 것이다. 무릇 亢부에 속하는 글자들은 모두 亢을 의미부분으로 삼는다. 頏은 亢의 혹체자(或體字)로 頁(혈)을 더하였다.(「亢, 人頸也. 从大省, 象頸脈形. 凡亢之屬皆从亢. 頏, 亢或从頁.」)

※ 사람의 다리를 묶어 높게 세워둔 모양이나, 머리(亠) 부분이 안석(几)처럼 '높음'을 뜻한다.

		小篆	或體
抗 手부 총7획			
		說文解字	

抗菌(항균) 抗議(항의) 抗拒(항거)

겨룰 항 | 설문 手부

抗(항)은 막는다는 뜻이다. 手(수)는 의미부분이고, 亢(항)은 발음부분이다. 杭은 抗의 혹체자(或體字)로 手 대신 木(목)을 썼다.(「抗, 扞也. 从手, 亢聲. 杭, 抗或从木.」)

※ 손(扌)을 높게(亢) 들어 올리거나 손을 들어 대항함에서 '막다' '겨루다'를 뜻한다.

航	舟부 총10획	설문 없음		航海(항해) 航路(항로) 航空(항공)	
배 항		≪방언(方言)≫ 권9를 보면 "함곡관(函谷關) 동쪽 지방에서는 배[舟(배 주)]를 航이라고 부른다.(「舟, 自關而東謂之航.」)"라고 하였다.			

※ 높게(亢) 구조물이 설치된 배(舟)에서 '배'를 뜻한다.

沆	水부 총7획	小篆 說文解字		沆漑(항개) 沆茫(항망)	
넓을 항	설문 水부	沆(항)은 망항(莽沆)으로, 큰 물을 뜻한다. 水(수)는 의미부분이고, 亢(항)은 발음부분이다. 일설에는 큰 연못의 모습이라고도 한다.(「𣸯, 莽沆, 大水也. 从水, 亢聲. 一曰大澤兒.」)			

※ 물(氵)이 많아지고 수위(水位)가 높아져(亢) 넓게 물이 흘러가는 데서 '넓다'를 뜻한다.

坑	土부 총7획	설문 없음	小篆  形音義字典	坑道(갱도) 炭坑(탄갱)	
구덩이 갱					

※ 땅(土)을 깊게 파서 벽을 높게(亢) 만들어 빠져나오지 못하게 만든 '구덩이'를 뜻한다.

凡 → 汎 → 帆 楚 ☆ → 朳 ❋ … (巩) → (筑) → 築 … 丹

凡	几부 총3획	甲骨文		西周金文		春秋 金文	小篆	平凡(평범) 凡常(범상) 凡民(범민)	
		拾7.2	後下35.2	天亡簋	曶鼎	散盤	𪢮鐘	說文解字	
무릇 범	설문 二부	凡(범)은 총괄한다는 뜻이다. 二(이)는 의미부분이다. 二는 짝수를 뜻한다. ㄅ도 의미부분이다. ㄅ은 及(급)의 고문(古文)이다.(「𠔼, 最括也. 从二. 二, 偶也. 从ㄅ. ㄅ, 古文及.」)							

※ 여러 용도로 쓰이는 넓은 쟁반을 그린 상형자(象形字)에서 '무릇' '대강' '모두'를 뜻한다.
※참고: 넓은 그릇이나 배의 돛 모양이라고도 한다.

汎	水부 총6획	小篆  說文解字		汎愛(범애) 汎論(범론) 汎舟(범주)	
넓을 범	설문 水부	汎(봉·범)은 (물에) 떠 있는 모습이다. 水(수)는 의미부분이고, 凡(범)은 발음부분이다.(「𣳫, 浮兒. 从水, 凡聲.」)			

※ 물(氵) 위에 넓은(凡) 쟁반 모양의 배가 떠서 흘러가는 데서 '넓다' '뜨다'를 뜻한다.

帆	巾부 총6획	설문 없음		帆船(범선) 出帆(출범) 帆影(범영)	
돛 범					

※ 배에 설치한 천(巾)으로 바람의 힘을 받아 항해하는 넓은(凡) '돛'을 뜻한다.

 梵	木부 총11획	小篆 說文解字		梵語(범어) 梵鐘(범종) 梵刹(범찰)	
불경 범	설문 林부	梵(범)은 서역(西域)으로부터 온 불가(佛家)의 말을 뜻한다. 자세한 뜻은 모르겠다.(「梵, 出自西域釋書. 未詳意義.」)			

※ 숲(林)의 넓게(凡) 펼쳐진 나무들이 '아름답게' 흔들리는 모양이나, 범어(梵語) 'Brahmā'의 음역으로 '불경' '부처'를 뜻한다.

 枫	木부 총7획	설문 없음	甲骨文	戰國 金文	枫木(범목)	
			合10196 屯2152	包山183		
나무이름 범						

※ 나무(木) 중에 넓게(凡) 펼쳐 배나 뗏목을 만드는 '나무이름'을 뜻한다.

 巩	工부 총6획	西周 金文			小篆	或體	용례 없음
		牆盤	毛公鼎	毛公鼎	說文解字		
안을 공	설문 丮부	巩=巩(공)은 안는다는 뜻이다. 丮(극)은 의미부분이고, 工(공)은 발음부분이다. 㧀은 巩의 혹체자(或體字)로 手(수)가 더해졌다.(「㧀, 褎也. 从丮, 工聲. 㧀, 巩或加手.」)					

※ 도구(工)를 감싸 잡는(丮=丮:잡을 극) 데서 '안다'를 뜻한다. ※참고:巩=巩.

 筑	竹부 총12획	戰國 金文	小篆		용례 없음
		雲夢日乙	說文解字		
비파 축	설문 竹부	筑=筑(축)은 대나무로 만든 5현(弦)으로 이루어진 악기를 뜻한다. 竹(죽)과 巩(공)은 모두 의미부분이다. 巩은 (손에) 지닌다는 뜻이다. 竹은 발음부분이기도 하다.(「筑, 以竹曲五弦之樂也. 从竹, 从巩. 巩, 持之也. 竹亦聲.」)			

※ 대(竹)로 만든, 안고(巩) 연주하는 '악기'로 '비파'를 뜻한다.

 築	竹부 총16획	戰國 金文	小篆	古文	建築(건축) 築臺(축대) 新築(신축)	
		子禾子釜 雲夢封診		說文解字		
쌓을 축	설문 木부	築(축)은 (흙을) 찧는다는 뜻이다. 木(목)은 의미부분이고, 筑(축)은 발음부분이다. 𥩬은 고문(古文)이다.(「築, 擣也. 从木, 筑聲. 𥩬, 古文.」)				

※ 대(竹)로 된 도구(工)를 잡거나(丮) 안고(巩=巩) 악기(筑)를 연주하듯, 악기(筑)를 감싸듯 도구나 나무(木)기둥과 널판 안에 흙을 찧어 다져 쌓아 올리는 데서 '쌓다'를 뜻한다.

 丹	丶부 총4획	甲骨文	西周 金文	春秋 金文	小篆	古文		丹心(단심) 丹楓(단풍) 契丹(거란)
		乙3387	京津3649	庚嬴卣 姬丹盤	說文解字			
붉을 단	설문 丹부	丹(단)은 파(巴) 지방과 월(越) 지방에서 나는 주사(朱砂)를 뜻한다. (⺆은) 주사가 나는 우물[井(정)]을 그린 것이고, 丶은 주사를 그린 것이다. 무릇 丹부에 속하는 글자들은 모두 丹을 의미부분으로 삼는다. ⺆은 丹의 고문(古文)이다. 彤 역시 丹의 고문이다.(「丹, 巴越之赤石也. 象采丹井; 丶, 象丹形. 凡丹之屬皆从丹. ⺆, 古文丹. 彤, 亦古文丹.」)							

※ 우물(井) 모양 광구(鑛口)와 보석(丶) 모양 '丹'의 변형으로 붉은 보석에서 '붉다'를 뜻한다.

舟 ➡ 般 ➡ 盤・槃 ☆ ➡ 搬 ➡ 磐 ✦

	舟부 총6획	甲骨文			殷商 金文	西周 金文	小篆	舟艇(주정) 舟遊(주유) 片舟(편주)
		前7.21.3	粹901	粹1059	父丁卣	舟篙	說文解字	

배 주	설문 舟부	舟(주)는 船(배 선)이다. 옛날 공고(共鼓)와 화적(貨狄)이 나무의 속을 파내어 배를 만들고, 나무를 깎아서 노를 만들어, 통행을 하지 못하던 곳을 건너게 해 주었다. 상형이다. 무릇 舟부에 속하는 글자들은 모두 舟를 의미부분으로 삼는다.(「舟, 船也. 古者共鼓·貨狄刳木爲舟, 剡木爲楫, 以濟不通. 象形. 凡舟之屬皆从舟.」)

✽ 나무로 만든 작은 배 모양으로 '배'나 배처럼 생긴 넓은 '쟁반' '소반'을 뜻한다.

	舟부 총10획	甲骨文		殷商 金文	西周 金文	春秋 金文	小篆	古文	今般(금반) 全般(전반) 諸般(제반)
		乙962	前1.15.4	般甗	兮甲盤	齊侯盤	說文解字		

가지/일반 반	설문 舟부	般(반)은 빙글빙글 돈다는 뜻이다. 배가 도는 모양을 그렸다. 舟(주)와 殳(수)는 모두 의미부분이다. 殳는 돌리는 도구이다. 𦨕은 般의 고문(古文)으로 (殳 대신) 攴을 썼다.(「般, 辟也. 象舟之旋. 从舟, 从殳. 殳, 所以旋也. 𦨕, 古文般, 从攴.」)

✽ 일반적인 여러 용도로 쓰이는 소반(舟:舟는 凡의 변형)을, 도구(几)를 손(又)으로 잡고 돌리며 쳐서(殳) 만드는 데서 '가지' '일반' '돌다' '옮기다'를 뜻한다.

	皿부 총15획	西周 金文	春秋 金文		小篆	古文	籀文	涅盤(열반) 盤遊(반유)
		虢季子白盤	中子化盤	伯侯父盤	說文解字			

소반 반	설문 木부	槃(반)은 쟁반을 뜻한다. 木(목)은 의미부분이고, 般(반)은 발음부분이다. 鎜은 고문(古文)으로 (木 대신) 金(금)을 썼다. 盤은 주문(籀文)으로 (木 대신) 皿(명)을 썼다.(「槃, 承槃也. 从木, 般聲. 鎜, 古文从金. 盤, 籀文从皿.」)

✽ 음식을 담아 옮기던(般) 넓은 그릇(皿)에서 '소반'을 뜻한다. ※槃의 주문(籀文).

	木부 총14획	西周 金文	春秋 金文		小篆	古文	籀文	涅槃(열반) 槃遊(반유) 玉槃(옥반)
		虢季子白盤	中子化盤	伯侯父盤	說文解字			

쟁반 반	설문 木부	槃(반)은 쟁반을 뜻한다. 木(목)은 의미부분이고, 般(반)은 발음부분이다. 鎜은 고문(古文)으로 (木 대신) 金(금)을 썼다. 盤은 주문(籀文)으로 (木 대신) 皿(명)을 썼다.(「槃, 承槃也. 从木, 般聲. 鎜, 古文从金. 盤, 籀文从皿.」)

✽ 음식을 옮기는(般) 나무(木)로 만든 '쟁반' '소반'을 뜻한다.

	手부 총13획	小篆	運搬(운반) 搬入(반입) 搬出(반출)
		說文解字	

옮길 반	설문 手부	擊(반)은 반획(擊擭)으로, (손이) 올바르지 않다는 뜻이다. 手(수)는 의미부분이고, 般(반)은 발음부분이다.(「擊, 擊擭, 不正也. 从手, 般聲.」)

✽ 손(扌)으로 음식을 담아 옮기던(般) 소반에서 '옮김'을 뜻한다.

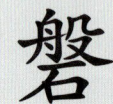

	石부 총15획	설문 없음	小篆		磐石(반석) 磐牙(반아) 磐峙(반치)
			形音義字典		

너럭바위 반		

✽ 물건을 옮기던(般) 소반처럼 생긴 넓은 돌(石)에서 '너럭바위'를 뜻한다.

殳→投→役→疫→設→殺→股→毀…段→緞→鍛…(肙)→殷

		甲骨文		西周 金文	春秋 金文		小篆		
	殳부 총4획	乙1153	乙8093	趙曹鼎	季良父壺	曾侯郟殳	說文解字	殳書(수서)	
창/몽둥이/ 칠 **수**	설문 殳부	殳(수)는 창[杸(수)]으로 사람을 죽인다는 뜻이다. ≪예(禮)≫에 따르면 "殳는 대나무로 만드는데, 8각형에 길이는 1장(丈) 2척(尺)이고, 전차(戰車)에 꽂는다.", "여분(旅賁)이 선봉에 섰다."라고 하였다. 又(우)는 의미부분이고, 几(궤)는 발음부분이다. 무릇 殳부에 속하는 글자들은 모두 殳를 의미부분으로 삼는다.(「殳, 以杸殊人也. ≪禮≫: "殳以積竹, 八觚, 長丈二尺, 建於兵車.", "旅賁以先驅." 从又, 几聲. 凡殳之屬皆从殳.」)							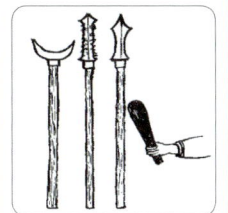

✳ 날이 없는 창이나 몽둥이(几)를 손(又)에 들고 있는 데서 '창' '몽둥이'를 뜻한다.

		戰國 金文	小 篆			
投	手부 총7획	雲夢法律	說文解字		投書(투서) 投藥(투약) 投射(투사)	
던질 **투**	설문 手부	投(투)는 던진다는 뜻이다. 手(수)와 殳(수)는 모두 의미부분이다.(「𣪏, 擿也. 从手, 从殳.」)				

✳ 손(扌)으로 '창(殳)'이나 몽둥이를 '던짐'을 뜻한다.

		甲骨文			小篆	古文	
	彳부 총7획	前6.12.4	後下26.18	京都3030	說文解字		配役(배역) 用役(용역) 役割(역할)
부릴 **역**	설문 殳부	役(역)은 변경(邊境)을 지킨다는 뜻이다. 殳(수)와 彳(척)은 모두 의미부분이다. 𠈋은 役의 고문(古文)으로 彳 대신 人(인)을 썼다.(「𠈋 役, 戍邊也. 从殳, 从彳. 𠈋, 古文役从人.」)					

✳ 사람을 변방으로 가서(彳) 창(殳)을 들고 지키게 하는 데서 '부리다' '일하다'를 뜻한다.

		甲骨文	戰國 金文	小篆		
疫	疒부 총9획	花東181	雲夢日甲	說文解字		檢疫(검역) 免疫(면역) 疫病(역병)
전염병 **역**	설문 疒부	疫(역)은 사람들이 모두 걸리는 병(즉 돌림병)을 뜻한다. 疒(녁)은 의미부분이고, 殳(수)는 役(역)의 생략형으로 발음부분이다.(「𤶃, 民皆疾也. 从疒, 役省聲.」)				

✳ 돌림병(疒)으로 창(殳)을 들고 변방을 지키던 병졸이 갑자기 다 죽던 '전염병'을 뜻한다.

		小 篆		
設	言부 총11획	說文解字		設立(설립) 設置(설치) 設定(설정)
베풀 **설**	설문 言부	設(설)은 진열(陳列)한다는 뜻이다. 言(언)과 殳(수)는 모두 의미부분이다. 殳는 사람을 부린다는 뜻이다.(「𧥺, 施陳也. 从言, 从殳. 殳, 使人也.」)		

✳ 말(言)로 창(殳)을 든 병사에게 일을 분담하여 시킴에서 '베풀다' '진열하다'를 뜻한다.

❖ 熟柿主義 : (숙시주의) 노력(努力)은 하지 않고 이익이 자기에게 돌아올 때를 한가히 기다리고 있는 주의.
❖ 如見心肺 : (여견심폐) 남의 마음속을 꿰뚫어 보듯이 훤히 앎.
❖ 刻舟求劍 : (각주구검) 칼을 강물에 떨어뜨리자 뱃전에 그 자리를 표시(表示)했다가 나중에 그 칼을 찾으려 한다는 뜻으로, 판단력(判斷力)이 둔하여 융통성이 없고 세상일(世上-)에 어둡고 어리석다는 뜻.

殺	殳부 총11획	甲骨文	西周 金文		春秋 金文			殺生(살생) 殺害(살해) 殺菌(살균) 殺到(쇄도)
		菁1,1	蔡姑簋	瓚比鼎	蔡大師鼎	莒平鐘	庚壺	
		戰國 金文	侯馬盟書	小篆	古文			
죽일 **살** 감할/빠를 **쇄**	설문 殺부	郾王職壺			說文解字			

殺(살)은 죽인다는 뜻이다. 殳(수)는 의미부분이고, 杀(찰)은 발음부분이다. 무릇 殺부에 속하는 글자들은 모두 殺을 의미부분으로 삼는다. 繼은 殺의 고문(古文)이다. 㸎은 殺의 고문이다. 㝡은 殺의 고문이다.(「繼, 戮也. 从殳, 杀聲. 凡殺之屬皆从殺. 繼, 古文殺. 㸎, 古文殺. 㝡, 古文殺.」)

※ 긴 꼬리 짐승(杀=朮)을 창이나 몽둥이로 쳐서(殳) 죽임에서 '죽다'를 뜻한다. 손을 대면 빠르게 움츠리는 데서 '빠르다' '감하다'를 뜻한다.

股	肉부 총8획	戰國 金文	小篆		股間(고간) 股掌(고장) 股關節(고관절)
		雲夢封診	說文解字		
넓적다리 **고**	설문 肉부	股(고)는 넓적다리를 뜻한다. 肉(육)은 의미부분이고, 殳(수)는 발음부분이다.(「髀, 牌也. 从肉, 殳聲.」)			

※ 사람 몸(月)에서 튼튼한 몽둥이(殳) 같은 쭉 뻗은 '다리'를 뜻한다.

毀	殳부 총13획	金文	小篆	古文	毀謗(훼방) 毀損(훼손) 毀傷(훼상)
		鄂君啟車節	說文解字		
헐 **훼**	설문 土부	毀(훼)는 깨졌다는 뜻이다. 土(토)는 의미부분이고, 毇(훼)의 생략형은 발음부분이다. 毇는 毀의 고문(古文)으로 (土 대신) 壬(임)을 썼다.(「毀, 缺也. 从土, 毇省聲. 毇, 古文毀, 从壬.」)			

※ 절구(臼)에 안에 쌓은 흙(壬=土)을 쳐서(殳) 부수듯 쳐서 '헐음'을 뜻한다. ※毀(속자)
※파자:절구(臼)에 안에 만든(工)것을 넣고 쳐서(殳) 부수듯 쳐서 '헐음'을 뜻한다.

	殳부 총9획	西周 金文		戰國 金文	小篆	階段(계단) 手段(수단) 分段(분단)
		段簋	段金監尊	建信君鈹	說文解字	
층계 **단**	설문 殳부	段(단)은 망치로 물건을 때린다는 뜻이다. 殳(수)는 의미부분이고, 耑(단)의 생략형은 발음부분이다.(「㪬, 椎物也. 从殳, 耑省聲.」)				

※ 산언덕(厂)에서 돌 부스러기(二)들을 하나(一)의 모양(𠂆)으로 쳐서(殳) 만든 '조각' '층계'를 뜻한다.

緞	糸부 총15획	小篆	或體	紬緞(주단) 綢緞(주단) 采緞(채단)
			說文解字	
비단 **단**	설문 韋부	緞(단)은 신발의 뒤축 끈을 뜻한다. 韋(위)는 의미부분이고, 段(단)은 발음부분이다. 緞은 鞭의 혹체자(或體字)로 (韋 대신) 糸(멱·사)를 썼다.(「鞭, 履後帖也. 从韋, 段聲. 緞, 鞭或从糸.」)		

※ 신발 뒤축에 붙이던 헝겊(糸) 조각(段)으로, 두터운 '비단'을 뜻한다.

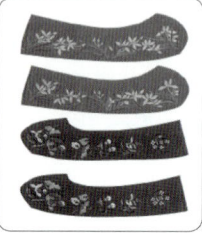

鍛	金부 총17획	小篆  說文解字			鍛鍊(단련) 鍛石(단석) 鍛冶(단야)	
쇠불릴 **단**	설문 金부	鍛(단)은 쇠를 때린다는 뜻이다. 金(금)은 의미부분이고, 段(단)은 발음부분이다.(「鍛, 小冶也. 从金, 段聲.」)				

※ 쇠(金)붙이를 불에 달구어 층계(段)를 만들듯 두드려 단단하게 함에서 '쇠 불리다'를 뜻한다.

𠂆	丿부 총6획	甲骨文		金文		小篆	용례 없음	
				伯𠂆簋	叔趯父卣	說文解字		
		合6477	合376					
귀의(歸依)할 **의**	설문 𠂆부	𠂆(의)는 귀의(歸依)하였다는 뜻이다. 身(신)자를 거꾸로 한 형태이다. 무릇 𠂆부에 속하는 글자들은 모두 𠂆를 의미부분으로 삼는다.(「𠂆, 歸也. 从反身. 凡𠂆之屬皆从𠂆.」)						

※ 몸(身)을 거꾸로 돌린 모습(𠂆)으로, 돌아와 의지하는 데서 '귀의하다'를 뜻한다.

殷	殳부 총10획	甲骨文		金文				小篆	殷富(은부) 殷盛(은성) 殷昌(은창)	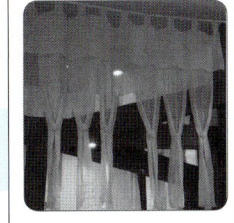
		乙276	保卣	盂鼎	臣辰卣	禹鼎	格伯簋	說文解字		
은나라 **은**	설문 𠂆부	殷(은), 음악이 성한 것을 일컬어 殷이라고 한다. 𠂆(의)와 殳(수)는 모두 의미부분이다. ≪주역(周易)≫에 이르기를 "성대한 음악을 하느님께 바친다."라고 하였다.(「殷, 作樂之盛稱殷. 从𠂆, 从殳. ≪易≫曰: "殷薦之上帝."」)								

※ 임신하거나 배에 병이 있어 배가 부른 사람(身=𠂆)을 수술용 창(殳)으로 수술하여 고치거나 출산을 돕는 데서 '번성하다' '바로잡다' '걱정하다'를 뜻하나, '은나라'의 이름으로 쓰인다.

青→殷→殸→穀→𣪊＊…(𡔷)→(𪓿)→擊→繫

青	土부 총6획	甲骨文	小篆	용례 없음	
		京津1104	說文解字		
휘장 **강**	설문 冂부	肯=青(강)은 휘장(揮帳)의 모양이다. 冂(모)는 의미부분이고, 屮는 그것의 장식이다.(「青, 幬帳之象. 从冂, 屮, 其飾也.」)			

※ 위에 장식(屮=土)이 있는, 물건을 가려 덮는(冂:겹쳐덮을 모) '휘장(肯=青)'을 뜻한다.

殸	殳부 총10획	甲骨文			小篆	※殼(각)의 본자 (本字).	용례 없음	
		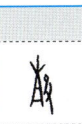						
		菁1.1	佚25	菁3·1	說文解字			
껍질 **각**	설문 殳부	殸(껍질 각, 내리칠 각, 본디 각)은 위에서 아래로 내려친다는 뜻이다. 일설에는 '본디'라는 뜻이라고도 한다. 殳(수)는 의미부분이고, 青(강)은 발음부분이다.(「殸, 从上擊下也. 一曰素也. 从殳, 青聲.」)						

※ 장식(土)이 덮인(冂:겹쳐덮을 모) 악기를 위에서 표면을 치는(殳) 데서 '껍질' '내리치다'를 뜻한다.
※殸(각)이 본자(本字).

殼	殳부 총12획	설문 없음	龜殼(귀각) 被殼(피각) 卵殼(난각)	
껍질 **각**				

※ 장식(土)이 덮인(冂:겹쳐덮을 모) 안석(几) 모양 악기를 위에서 표면을 치는(殳) 데서 '껍질' '내리치다'를 뜻한다.
※殸(각)이 본자(本字).

穀	禾부 총15획	戰國 金文	小篆		穀物(곡물) 雜穀(잡곡) 穀食(곡식)	
		雲夢日乙	說文解字			
곡식 **곡**	설문 禾부	穀(곡)은 곡식을 '곡'이라고 부르는 까닭은 곡식은 매년 '계속(繼續)'해서 나오기 때문이다. 모든 곡식의 총칭이다. 禾(화)는 의미부분이고, 殼(각)은 발음부분이다.(「穀, 續也. 百穀之總名. 从禾, 殼聲.」)				

✽ 껍질(殼:껍질 각)이 있는 모든 곡식(禾)에서 '곡식'을 뜻한다.

轂	車부 총17획	戰國 金文	小篆		轂擊(곡격) 轂下(곡하)	
		雲夢日甲	說文解字			
바퀴/수레 **곡**	설문 車부	轂(곡)은 바퀴살이 모이는 곳이다. 車(거·차)는 의미부분이고, 殼(각)은 발음부분이다.(「轂, 輻所湊也. 从車, 殼聲.」)				

✽ 표면을 감싼 껍질(殼)처럼 수레(車)의 굴대를 감싼 '바퀴통'에서 '바퀴' '수레'를 뜻한다.

叀	車부 총10획	金文	小篆	或體	용례 없음	
		揚鼎	說文解字			
굴대끝 **세**	설문 車부	叀=叀(세)는 수레 축의 끝단을 뜻한다. 車(거·차)는 의미부분이고, (口는) 상형(象形)이다. 이것은 두림(杜林)의 주장이다. 轊는 叀의 혹체자(或體字)로 彗(혜)를 더하였다.(「叀, 車軸耑也. 从車, 象形. 杜林說. 轊, 叀或从彗.」)				

✽ 수레(車) 바퀴 둥근(⊙=○=口) 굴대 끝에서 '굴대 끝'을 뜻한다.

毄	殳부 총14획	戰國 金文	小篆		毄兵(격병) 毄畜(격축)	
		雲夢法律	說文解字			
부딪칠 **격**	설문 殳부	毄(충돌할 격; 애쓸 격; 먹여 기를 계)은 서로 부딪친다는 뜻이다. 차(車)가 서로 부딪치는 것과 같다. 그래서 殳(수)와 叀(세)가 모두 의미부분이 되는 것이다.(「毄, 相擊中也. 如車相擊, 故从殳, 从叀.」)				

✽ 수레의 굴대 끝(叀)이 서로 치듯(殳) 부딪치는 데서 '부딪치다'를 뜻한다.

擊	手부 총17획	小篆			攻擊(공격) 射擊(사격) 擊沈(격침)	
		說文解字				
칠 **격**	설문 手부	擊(격)은 때린다는 뜻이다. 手(수)는 의미부분이고, 毄(격)은 발음부분이다.(「擊, 攴也. 从手, 毄聲.」)				

✽ 수레 굴대의 끝(叀=叀:굴대 끝 세)을 긴 창(殳)을 손(手)에 잡고 치는 데서 '치다'를 뜻한다.

繫	糸부 총19획	小篆			繫留(계류) 連繫(연계) 繫屬(계속)	
		說文解字				
맬 **계**	설문 糸부	繫(계)는 계리(繫繹)이다. (일설에는) 나쁜 솜을 뜻(한다고도)한다. 糸(멱·사)는 의미부분이고, 毄(격)은 발음부분이다.(「繫, 繫繹也. 一曰惡絮. 从糸, 毄聲.」)				

✽ 수레가 서로 부딪치듯(毄=毄:부딪칠 격) 서로 가깝게 끈(糸)으로 '매는' 것을 뜻한다.

角 ➔ 解 ➔ 懈 ➔ 邂

뿔 각

	甲骨文		殷商 金文	西周 金文	春秋 金文	小篆
角부 총7획						
	菁1.1	粹1244	戊父鼎	叔角父簋	鄂侯鼎	說文解字

角木(각목)
角度(각도)
角質(각질)

설문
角부

角(각)은 짐승의 뿔이다. 상형이다. 角은 刀(도)와 魚(어)를 합해 놓은 듯하다. 무릇 角부에 속하는 글자들은 모두 角을 의미부분으로 삼는다.(「角, 獸角也. 象形. 角與刀·魚相似. 凡角之屬皆从角.」)

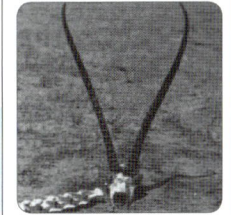

※ 짐승의 뿔 모양에서 '뿔'을 뜻한다.

풀 해

	甲骨文	西周 金文	戰國 金文	小篆
角부 총13획		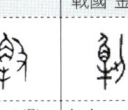		
	後下21.5	解子甗	解子鼎	中山王方壺	說文解字

解決(해결)
解答(해답)
解脫(해탈)

설문
角부

解(해)는 가른다는 뜻이다. 칼[刀(도)]을 가지고 소[牛(우)]의 뿔[角(각)]을 가른다는 의미이다. 일설에는 해치(解廌)라는 짐승을 뜻한다고도 한다.(「解, 判也. 从刀判牛角. 一曰解廌, 獸也.」)

※ 뿔(角)을 칼(刀)로 소(牛)에서 잘라내고, 소를 잡아 각 부위를 '나눔'에서 '풀다'를 뜻한다.

게으를 해

	小篆
心부 총16획	
	說文解字

懈慢(해만)
懈惰(해타)
懈怠(해태)

설문
心부

懈(해)는 게으르다는 뜻이다. 心(심)은 의미부분이고, 解(해)는 발음부분이다.(「懈, 怠也. 从心, 解聲.」)

※ 마음(忄)이 풀어져(解) 늘어지고 게을러짐에서 '게으르다'를 뜻한다.

우연히만날 해

	小篆
辵부 총17획	
	說文解字

邂逅(해후)

설문
辵부

邂(해)는 해후(邂逅)로, 약속을 하지 않고 우연히 만나는 것을 뜻한다. 辵(착)은 의미부분이고, 解(해)는 발음부분이다.(「邂, 邂逅, 不期而遇也. 从辵, 解聲.」)

※ 관계가 풀어져(解) 헤어진 사람을 길을 가다(辶) '우연히 만남'을 뜻한다.

用 ➔ 庸 ➔ 傭 ➔ 鏞 ➔ 墉 ✢

	甲骨文		西周金文	戰國 金文	小篆	古文
用부 총5획						
	鐵26.1	粹552	盂鼎	虢季子白盤	中山王壺	說文解字

用務(용무)
用役(용역)
用途(용도)

쓸 용

설문
用부

用(용)은 시행(施行)할 수 있다는 뜻이다. 卜(복)과 中(중)은 모두 의미부분이다. 이것은 위굉(衛宏)의 주장이다. 무릇 用부에 속하는 글자들은 모두 用을 의미부분으로 삼는다. 𤰃은 用의 고문(古文)이다.(「用, 可施行也. 从卜, 从中. 衛宏說. 凡用之屬皆从用. 𤰃, 古文用.」)

※ 여러 용도로 쓰이는 나무로 만든 '통'에서 '쓰다'를 뜻하며, 甬(종/솟을/길 용)은 솟은(ㄥ) 손잡이 부위가 있는 나무통(用)이나, 매달아 걸고 치던 '종'을 뜻한다.

떳떳할 용

	甲骨文		西周 金文	戰國 金文	小篆
广부 총11획					
	合12839	合27459	旬簋	中山王鼎	口用戈	說文解字

中庸(중용)
登庸(등용)
庸醫(용의)

설문
用부

庸(용)은 쓴다는 뜻이다. 用(용)과 庚(경)은 모두 의미부분이다. 庚은 일을 다시 한다는 뜻이다. ≪주역(周易)≫에 이르기를 "먼저 3일간 일을 해보고 그 후에 바꾸도록 한다."라고 하였다.(「庸, 用也. 从用, 从庚. 庚, 更事也. ≪易≫曰: "先庚三日."」)

※ 새롭게 일을 할 때 당연히 큰 악기(庚=庸)를 사용(用)함에서 '쓰다' '떳떳하다'를 뜻한다.

傭	人부 총13획	小篆  說文解字		傭兵(용병) 雇傭(고용) 傭賃(용임)	
품팔 용	설문 人부	傭(용)은 고르고 곧다는 뜻이다. 人(인)은 의미부분이고, 庸(용)은 발음부분이다.(「傭, 均直也. 从人, 庸聲.」)			

※ 사람(亻)이 공들여 힘을 쓰고(庸) 대가를 받는 데서 '품 팔다'를 뜻한다.

鏞	金부 총19획	小篆  說文解字		鏞鼓(용고) (人名字)	
쇠북 용	설문 金부	鏞(용), 큰 종을 일컬어 鏞이라고 한다. 金(금)은 의미부분이고, 庸(용)은 발음부분이다.(「鏞, 大鐘謂之鏞. 从金, 庸聲.」)			

※ 쇠(金)로 만든 큰 악기로 중요한 행사에 쓰이던(庸) '쇠북' '종'을 뜻한다.

墉	土부 총14획	甲骨文	殷商 金文	西周 金文	戰國 金文	小篆	古文	墉基(용기) 墉宮(용궁) 墉屋(용옥)	
				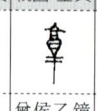					
		戠40·13	前8·10·1	牽南鼎	師㝨鼎	曾侯乙鐘	說文解字		
담 용	설문 土부	墉(용)은 성의 담을 뜻한다. 土(토)는 의미부분이고, 庸(용)은 발음부분이다. 𩫖은 墉의 고문(古文)이다.(「墉, 城垣也. 从土, 庸聲. 𩫖, 古文墉.」)							

※ 성벽이나 담을 쌓을 때 흙(土)이 당연히 쓰이던(庸) 데서 '담' '벽' '성'을 뜻한다.

甬 ➡ 勇 ➡ 湧 ✦ ➡ 涌 ➡ 踊 ➡ 埇 ✦ ➡ 通 ➡ 痛 ➡ 桶 ➡ 誦

甬	用부 총7획	西周 金文		春秋 金文		戰國 金文	小篆	甬道(용도) 甬路(용로) 甬東(용동)	
		宗人斧	師克盨	菱形紋劍	庚壺	中山王鼎	說文解字		
길/그릇 용	설문 丂부	甬(용)은 초목의 꽃이 활짝 피었다는 뜻이다. 丂(함)은 의미부분이고, 用(용)은 발음부분이다.(「甬, 艸木華甬甬然也. 从丂, 用聲.」)							

※ 솟은 손잡이(マ)가 있는 통(用)이나, 고리(マ)가 달린 종(用)에서 '그릇' '솟은 길' '솟음' 등으로 쓰인다.

勇	力부 총9획	西周 金文	春秋 金文	小篆	或體	古文	勇氣(용기) 勇猛(용맹) 勇敢(용감)	
		伯勇父簠	中央勇矛	攻敔王光劍	說文解字			
날랠 용	설문 力부	勇=勈(용)은 용기(勇氣)를 뜻한다. 力(력)은 의미부분이고, 甬(용)은 발음부분이다. 勈은 勇의 혹체자(或體字)로 戈(과)와 用(용)으로 이루어졌다. 恿은 勇의 고문(古文)으로 (力 대신) 心(심)을 썼다.(「勈, 气也. 从力, 甬聲. 勈, 勇或从戈·用. 恿, 古文勇, 从心.」)						

※ 솟는(甬) 힘(力), 즉 힘이 차고 넘치는 '용기'에서 '날래다'를 뜻한다.

湧	水부 총12획	설문 없음	※'涌(용)'과 같은 자.	湧泉(용천)	
샘솟을 용					

※ 샘에서 물(氵)이 솟아(勇)나옴에서 '샘이 솟다' '물이 솟다'를 뜻한다. ※涌의 俗字.

涌	水부 총10획	小篆  說文解字		涌出(용출)	
물솟을 용	설문 水부	涌(용)은 (물이) 용솟음친다는 뜻이다. 水(수)는 의미부분이고, 甬(용)은 발음부분이다. 일설에 涌은 강의 이름으로, 초(楚)나라에 있다고 한다.(「涌, 滕也. 从水, 甬聲. 一曰: 涌, 水, 在楚國.」)			

※ 물(氵)이 솟음(甬)에서 '물이 솟다'를 뜻한다.

踊	足부 총14획	小篆  說文解字		舞踊(무용) 踊躍(용약) 踊出(용출)	
뛸 용	설문 足부	踊(용)은 뛴다는 뜻이다. 足(족)은 의미부분이고, 甬(용)은 발음부분이다.(「踊, 跳也. 从足, 甬聲.」)			

※ 발(𧾷)을 굴러 솟아(甬)오름에서 '뛰다' '춤추다'를 뜻한다.

埇	土부 총10획	설문 없음	戰國 金文 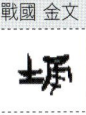 上博曹沫	埇土(용토)	
길돋을 용					

※ 낮은 길 위에 흙(土)을 돋아 높이 솟게(甬)함에서 '길 돋우다'를 뜻한다.

通	辵부 총11획	甲骨文 京津3136 / 粹293	西周 金文 頌鼎 / 頌簋 / 衛鼎乙	小篆 說文解字	通路(통로) 通帳(통장) 通達(통달)	
통할 통	설문 辵부	通(통)은 도달한다는 뜻이다. 辵(착)은 의미부분이고, 甬(용)은 발음부분이다.(「通, 達也. 从辵, 甬聲.」)				

※ 막힘을 뚫고 솟아(甬) 목적지까지 가서(辶) 이르는 데서 '통달하다' '통하다'를 뜻한다.

痛	疒부 총12획	戰國 金文 雲夢封診	小篆 說文解字	痛症(통증) 哀痛(애통) 痛哭(통곡)	
아플 통	설문 疒부	痛(통)은 질병을 뜻한다. 疒(녁)은 의미부분이고 甬(용)은 발음부분이다.(「痛, 病也. 从疒, 甬聲.」)			

※ 질병(疒)이나 상처 종기 등이 솟아(甬) 통증이 심한 데서 '아프다'를 뜻한다.

桶	木부 총11획	戰國 金文 天星觀簡	小篆 說文解字	水桶(수통) 休紙桶(휴지통) 沐浴桶(목욕통)	
통 통	설문 木부	桶(통)은 네모난 나무 용기로, 여섯 되를 담는다. 木(목)은 의미부분이고, 甬(용)은 발음부분이다.(「桶, 木方, 受六升. 从木, 甬聲.」)			

※ 나무(木)로 만들어 물건을 수북이 솟아나게(甬) 담아 재는 '말'이나 '통'을 뜻한다.

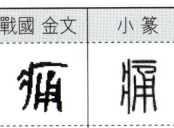

誦	言부 총14획	小篆 誦 說文解字				朗誦(낭송) 暗誦(암송) 誦讀(송독)	
욀 송	설문 언부	誦(송)은 諷(외울 풍)이다. 言(언)은 의미부분이고, 甬(용)은 발음부분이다.(「誦, 諷也. 从言, 甬聲.」)					

※ 말(言)이 솟아나듯(甬), 소리 내어 글을 읽음에서 '외다' '읊다'를 뜻한다.

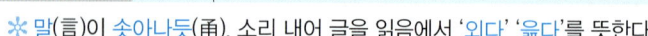

	用부 총11획	甲骨文	殷商 金文	西周 金文	小篆	용례 없음	
		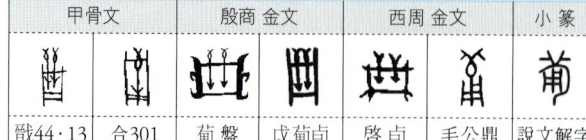					
		戩44·13	合301	葡盤 戊葡卣 啓卣 毛公鼎	說文解字		
갖출 비	설문 用부	葡(비)는 갖추었다는 뜻이다. 用(용)과 苟(구)의 생략형은 모두 의미부분이다.(「葡, 具也. 从用·苟省.」) 오늘날 이 뜻으로는 '備(갖출 비)'자를 쓴다.					

※ 화살통에 화살이 가득 갖추어진 모양이다. ※파자: 뿔(卝)같이 뾰족한 화살을 감싸(勹) 갖추어 언제든 쓸(用) 수 있게 '갖춤'을 뜻한다. ※참고:지금은 備(비)를 많이 쓴다.

備	人부 총12획	甲骨文	西周 金文	春秋 金文	戰國 金文	小篆	古文	準備(준비) 備品(비품) 備蓄(비축)	
		合集565	戜簋	齊侯壺	中山王鼎	說文解字			
갖출 비	설문 人부	備(비)는 신중(愼重)하다는 뜻이다. 人(인)은 의미부분이고, 葡(비)는 발음부분이다. 古文은 備의 고문(古文)이다.(「備, 愼也. 从人, 葡聲. 古文備.」)							

※ 사람(亻)이 많은(卝) 화살을 언덕(厂)처럼 쌓아 쓸(用) 수 있게 갖춤에서 '갖추다'를 뜻한다.
※참고: 葡(備와 동자)는 본래 화살통에 화살을 잘 '갖추어' 꽂아놓은 형상이었다.

	心부 총16획	小篆	或體			疲憊(피비) 困憊(곤비) 憊臥(비와)	

		形音義字典	說文解字				
고단할 비	설문 心부	憊(비)는 憝(두려울 계)이다. 心(심)은 의미부분이고, 葡(비)는 발음부분이다. 㾙는 혹체자(或體字)로 心(심) 대신 疒(녁)을 썼다.(「憊, 憝也. 从心, 葡聲. 㾙, 或从疒.」)					

※ 항상 마음을 자세히 하여 준비(備)하는 마음(心)에서 힘들고 '고단함'을 뜻한다.

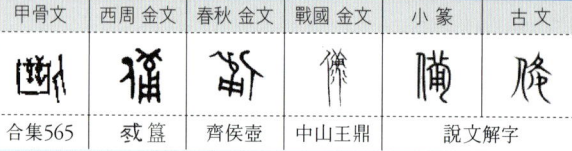

周	口부 총8획	甲骨文	西周 金文	小篆	古文	周易(주역) 周旋(주선) 周圍(주위)	
		前6.63.1 前6.51.7	保卣 免簋	說文解字			
두루 주	설문 口부	周(주)는 조밀(稠密)하다는 뜻이다. 用(용)과 口(구)는 모두 의미부분이다. 𠩺는 고문(古文)의 周자로서, (口 대신 고문의 及(급)자를 썼다.(「周, 密也. 从用·口. 𠩺, 古文周字, 从古文及.」)					

※ 밭(田=用)에 심은 농작물을 고르게 잘 자라도록 보살피는 사람(口)에서 '두루'를 뜻한다.

	辶부 총12획	설문 없음	小篆  形音義字典		週末(주말) 週報(주보) 隔週(격주)	
주일 주						

※ 농작물 밭을 주마다 두루(周) 돌아다님(辶)에서 '돌다'의 뜻으로, 일주일의 '주일'을 뜻한다.

調	언부 총15획	小篆 (調) 說文解字		調和(조화) 調律(조율) 調節(조절)
고를 조	설문 언부	調(조)는 조화롭다는 뜻이다. 言(언)은 의미부분이고, 周(주)는 발음부분이다.(「調, 和也. 从言, 周聲.」)		

* 말(言)을 상황을 살펴 두루(周) 조화롭고 균형 있게 함에서 '고르다'를 뜻한다.

凋	冫부 총10획	小篆 (凋) 說文解字		凋落(조락) 凋傷(조상) 凋兵(조병)
시들 조	설문 冫부	凋(조)는 시들었다는 뜻이다. 冫(빙)은 의미부분이고, 周(주)는 발음부분이다.(「凋, 半傷也. 从冫, 周聲.」)		

* 갑자기 닥친 추위에 얼어(冫) 두루(周) 자라던 농작물이 시들어버림에서 '시들다'를 뜻한다.

彫	彡부 총11획	戰國金文 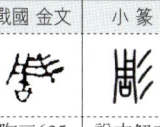 陶三625	小篆 (彫) 說文解字	彫刻(조각) 彫像(조상) 彫塑(조소)
새길 조	설문 彡부	彫(조)는 무늬를 새긴다는 뜻이다. 彡(삼)은 의미부분이고, 周(주)는 발음부분이다.(「彫, 琢文也. 从彡, 周聲.」)		

* 두루(周) 고르게 무늬(彡)를 새김에서 '새기다'를 뜻한다.

稠	禾부 총13획	甲骨文  合10056	戰國金文 (稠) 雲夢封診	小篆 (稠) 說文解字	粘稠(점조) 稠疊(조첩) 稠雜(조잡)
빽빽할 조	설문 禾부	稠(조)는 많다는 뜻이다. 禾(화)는 의미부분이고, 周(주)는 발음부분이다.(「稠, 多也. 从禾, 周聲.」)			

* 벼(禾)가 사방의 논밭에 두루(周) 고르고 빽빽하게 자람에서 '빽빽하다'를 뜻한다.

甫 ➡ 補 ➡ 輔 ➡ 捕 ➡ 浦 ➡ 蒲 ☆ ➡ 逋 ☆ ➡ 哺 ➡ 圃 ☆ ➡ 匍 ☆ ➡ 葡 ➡ 脯 ☆ ➡ 鋪

甫	用부 총7획	甲骨文  前7.20.1	 甲1051	殷商金文 宰甫簋	西周金文 盂鼎	甫丁爵	春秋金文  中游父甫	小篆 (甫) 說文解字	甫甫(보보) 杜甫(두보) 甫田(보전)
클 보	설문 用부	甫(보)는 남자의 미칭(美稱)이다. 用(용)과 父(부)는 모두 의미부분인데, 父는 발음부분이기도 하다.(「甫, 男子之美稱也. 从用·父, 父亦聲.」)							

* 많은 싹(屮=十)들이 점점(丶) 자라나 크는 남새밭(田=用)에서 '크다' '넓다'를 뜻한다.

補	衣부 총12획	戰國金文  雲夢秦律	小篆 (補) 說文解字	補藥(보약) 補助(보조) 補充(보충)
기울 보	설문 衣부	補(보)는 옷을 깁는다는 뜻이다. 衣(의)는 의미부분이고, 甫(보)는 발음부분이다.(「補, 完衣也. 从衣, 甫聲.」)			

* 옷(衤) 따위의 해진 곳을 중심으로 크게(甫) 덧대어 깁는 데서 '깁다' '돕다'를 뜻한다.

輔	車부 총14획	西周 金文		春秋 金文	戰國 金文		小篆	輔弼(보필) 輔導(보도) 輔佐官(보좌관)	
		師毇簋器	師毇簋	輔伯鼎	中山王方壺	中山王壺	說文解字		
도울 보	설문 車부	輔(수레 덧방나무 보)는 사람의 뺨처럼 수레의 양 옆에 대는 덧방나무를 뜻한다. 車(거·차)는 의미부분이고, 甫(보)는 발음부분이다.(「輔, 人頰車也. 从車, 甫聲.」)							

✻ 수레(車)의 양쪽에 크게(甫) 덧대어 많은 짐을 싣도록 도움에서 '돕다'를 뜻한다.

	手부 총10획	戰國 金文	小篆		捕獲(포획) 捕卒(포졸) 捕捉(포착)	
		雲夢雜抄	說文解字			
잡을 포	설문 手부	捕(포)는 취한다는 뜻이다. 手(수)는 의미부분이고, 甫(보)는 발음부분이다.(「捕, 取也. 从手, 甫聲.」)				

✻ 손(扌)을 크게(甫) 벌려 도망하는 죄인을 잡는 데서 '잡다'를 뜻한다.

	水부 총10획	甲骨文	戰國 金文	小篆	浦口(포구) 浦港(포항) 浦村(포촌)	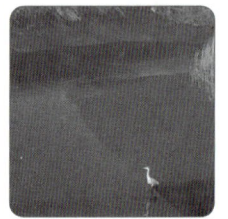
		合8363	上博印32	說文解字		
개 포	설문 水부	浦(포)는 물가를 뜻한다. 水(수)는 의미부분이고, 甫(보)는 발음부분이다.(「浦, 水濱也. 从水, 甫聲.」)				

✻ 남새밭처럼 물(氵)가의 해산물을 크게(甫) 키우는 '개'를 뜻한다.

	艸부 총14획	戰國 金文	小篆		菖蒲(창포) 蒲團(포단) 蒲蘆(포로)	
		雲夢秦律	說文解字			
부들 포	설문 艸부	蒲(포)는 물풀이다. 이것으로 돗자리를 만들 수 있다. 艸(초)는 의미부분이고, 浦(포)는 발음부분이다.(「蒲, 水艸也. 可以作席. 从艸, 浦聲.」)				

✻ 여러해살이 풀(艹)로 갯가(浦)에서 잘 자라나는 '부들'을 뜻한다.

	辵부 총11획	金文	西周 金文		小篆	籀文	逋脫(포탈) 逋逃(포도) 逋亡(포망)	
		逋簋	五祀衛鼎	逋盂	說文解字			
도망갈 포	설문 辵부	逋(포)는 도망간다는 뜻이다. 辵(착)은 의미부분이고, 甫(보)는 발음부분이다. 𨓊는 逋의 주문(籀文)으로 甫 대신 捕(포)를 썼다.(「逋, 亡也. 从辵, 甫聲. 𨓊, 籀文逋, 从捕.」)						

✻ 죄인이 크게(甫) 멀리 도망감(辶)에서 '도망가다'를 뜻한다.

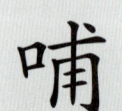	口부 총10획	小篆	哺育(포육) 吐哺(토포) 哺乳類(포유류)	
		說文解字		
먹일 포	설문 口부	哺(포)는 씹어 먹는다는 뜻이다. 口(구)는 의미부분이고, 甫(보)는 발음부분이다.(「哺, 哺咀也. 从口, 甫聲.」)		

✻ 입(口)을 크게(甫) 벌려 먹이는 데서 '먹이다'를 뜻한다.

圃	囗부 총10획	西周金文	戰國金文	小篆		圃師(포사) 圃田(포전) 藥圃(약포)
				圃		
		御尊	包山172	說文解字		
채마밭 포	설문 囗부	圃(포), 채소를 심는 곳을 圃라고 한다. 囗(위)는 의미부분이고, 甫(보)는 발음부분이다.(「圃, 種菜曰圃. 从囗, 甫聲.」)

✻ 넓은 경계(囗) 안에서 작물을 크게(甫) 키우는 '채마밭' '남새밭'을 뜻한다.

匍	勹부 총9획	西周金文			春秋金文		小篆	匍球(포구) 匍匐(포복) 匍匐莖(포복경)
							匍	
		孟鼎	牆盤	師克盨	秦公鐘	秦公鎛	說文解字	
길 포	설문 勹부	匍(포)는 손으로 간다(즉 엉금엉금 긴다)는 뜻이다. 勹(포)는 의미부분이고, 甫(보)는 발음부분이다.(「匍, 手行也. 从勹, 甫聲.」)

✻ 허리를 싸듯(勹) 굽혀 채마밭(圃=甫)에서 일하듯 손으로 기어감에서 '기다'를 뜻한다.

葡	艸부 총13획	설문 없음		葡萄(포도) 葡萄酒(포도주) 葡萄糖(포도당)
포도 포				

✻ 초목(艹)의 줄기 중에 기는(匍) 습성을 가진 포도나무에서 '포도'를 뜻한다.

脯	肉부 총11획	戰國金文	小篆		脯肉(포육) 脯醢(포혜)

		雲夢日乙	說文解字		
포 포	설문 肉부	脯(포)는 말린 고기를 뜻한다. 肉(육)은 의미부분이고, 甫(보)는 발음부분이다.(「脯, 乾肉也. 从肉, 甫聲.」)

✻ 고기(月)를 얇고 넓게 썰어 크게(甫) 펼쳐 말린 육포에서 '포'를 뜻한다.

鋪	金부 총15획	西周金文	春秋金文	小篆		店鋪(점포) 鋪道(포도) 典當鋪(전당포)
			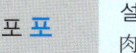			
		師同鼎	吉日壬午劍	說文解字		
펼/가게 포	설문 金부	鋪(포)는 문고리를 거는 쇠를 뜻한다. 金(금)은 의미부분이고, 甫(보)는 발음부분이다.(「鋪, 箸門鋪首也. 从金, 甫聲.」)

✻ 쇠(金)붙이를 크게(甫) 펼쳐 만든 가게 문의 화려한 장식에서 '펴다' '깔다' '가게'를 뜻한다.
　※파자:쇠(金)붙이나 물건을 크게(甫) 펼쳐 놓고 파는 가게에서 '펴다' '가게'를 뜻한다.

專→傅→賻→敷→溥✢→簿→薄→博→搏☆→膊☆→縛

專	寸부 총10획	甲骨文		西周金文		春秋金文	戰國金文	小篆	용례 없음
								專	
		甲3103	粹1304	克鐘	毛公鼎	王孫鐘	吳王光鐘	說文解字	
펼 부	설문 寸부	尃(부)는 편다는 뜻이다. 寸(촌)은 의미부분이고, 甫(보)는 발음부분이다.(「尃, 布也. 从寸, 甫聲.」)

✻ 남새밭(甫)에 종자나 어린 묘를 손(寸)으로 널리 펼쳐 심는 데서 '펴다' '펴지다'를 뜻한다.

傅	人부 총12획	戰國 金文 雲夢日甲	小篆 說文解字		師傅(사부) 大傅(대부) 良傅(양부)	
스승 **부**	설문 人부	傅(부)는 보좌한다는 뜻한다. 人(인)은 의미부분이고, 尃(부)는 발음부분이다.(「傅, 相也. 从人, 尃聲.」)				

✽ 사람(亻)들의 재능을 펼치도록(尃) 도와주는 '스승'을 뜻한다.

賻	貝부 총17획		小篆 說文解字		賻儀(부의) 弔賻(조부) 給賻(급부)	
부의 **부**	설문 貝부	賻(부)는 돕는다는 뜻이다. 貝(패)는 의미부분이고, 尃(부)는 발음부분이다.(「賻, 助也. 从貝, 尃聲.」)				

✽ 자신의 재물(貝)을 펼쳐(尃) 남의 상사(喪事)에 보내 도와주는 데서 '부의'를 뜻한다.

敷	攴부 총15획	戰國 金文 包山270	小篆 說文解字		敷地(부지) 敷衍(부연) 敷設(부설)	
펼 **부**	설문 攴부	尃=敷(부)는 敉(베풀 시)이다. 攴(복)은 의미부분이고, 尃(부)는 발음부분이다. 《주서(周書)》에 이르기를 "뒷사람들에게 복을 내렸다."라고 하였다.(「敷, 敉也. 从攴, 尃聲. 《周書》曰: "用敷遺後人."」)				

✽ 尃와 專는 같은 자로, 넓게(尃=專) 다스려(攵) '펴다'를 뜻한다. ※尃=敷의 古字.

溥	水부 총13획		小篆 說文解字		溥大(부대) 溥博(부박) 溥天(부천)	
펼/넓을 **부**	설문 水부	溥(부)는 크다는 뜻이다. 水(수)는 의미부분이고, 尃(부)는 발음부분이다.(「溥, 大也. 从水, 尃聲.」)				

✽ 물(氵)이 널리 넓게 펼쳐져(尃) 있는 데서 '펴다' '넓다'를 뜻한다.

簿	竹부 총19획	설문 없음	小篆 形音義字典		帳簿(장부) 簿記(부기) 名簿(명부)	
문서 **부**		《광운(廣韻)·모부(姥部)》를 보면 "簿(부)는 기록부를 뜻한다.(「簿, 簿籍.」)"라고 하였다.				

✽ 죽간(竹)을 물(氵)이 널리 펼쳐(尃) 있듯, 넓게(溥:넓을 보/부) 펼친 '문서'를 뜻한다.

薄	艸부 총17획	戰國 金文 十鐘印擧	小篆 說文解字		薄俸(박봉) 薄待(박대) 薄福(박복)	
엷을 **박**	설문 艸부	薄(박)은 나무가 밀집해서 자라고 있다는 뜻이다. 일설에는 누에발을 뜻한다고도 한다. 艸(초)는 의미부분이고, 溥(부)는 발음부분이다.(「薄, 林薄也. 一曰蠶薄. 从艸, 溥聲.」)				

✽ 풀(艹)만 넓게(溥) 흩어져 나는 척박한 곳에서 '박하다' '엷다' '얇다'를 뜻한다.

博	十부 총12획	西周 金文		小篆		博士(박사) 博識(박식) 博物館(박물관)
		㝬簋	師寰簋	說文解字		
넓을 박	설문 十부	博(박)은 크게 통한다는 뜻이다. 十(십)과 尃(부)는 모두 의미부분이다. 尃는 펼친다는 뜻이다.(「博, 大通也. 从十·尃. 尃, 布也.」)				

※ 사방으로 충분히(十) 넓게 펼쳐져(尃) 통하는 데서 '넓다'를 뜻한다.

搏	手부 총13획	西周 金文			春秋 金文	小篆	搏殺(박살) 搏擊(박격) 手搏(수박)
		臣諫簋	不嬰簋	虢季子白盤	子犯鐘	說文解字	
두드릴 박	설문 手부	搏(박)은 찾아서 잡는다는 뜻이다. 일설에는 다다르다라는 뜻이라고도 한다. 手(수)는 의미부분이고, 尃(부)는 발음부분이다.(「搏, 索持也. 一曰至也. 从手, 尃聲.」)					

※ 손(扌)을 펼쳐(尃) 두드리거나 치는 데서 '두드리다' '치다'를 뜻한다.

膊	肉부 총14획	小篆	上膊(상박) 肩膊(견박) 臂膊(비박)
		說文解字	
팔뚝 박	설문 肉부	膊(박)은 얇은 육포로, 그것을 집 위에 올려놓았다는 뜻이다. 肉(육)은 의미부분이고, 尃(부)는 발음부분이다.(「膊, 薄脯, 膊之屋上. 从肉, 尃聲.」)	

※ 고기(月)를 넓게 펼쳐(尃) 말린 '육포'나, 넓게 펼쳐진(尃) 어깨뼈에 붙은 근육(月)에서 '팔뚝'을 뜻한다.

縛	糸부 총16획	戰國 金文	小篆	結縛(결박) 束縛(속박) 具縛(구박)
		雲夢法律	說文解字	
얽을 박	설문 糸부	縛(박)은 묶는다는 뜻이다. 糸(멱·사)는 의미부분이고, 尃(부)는 발음부분이다.(「縛, 束也. 从糸, 尃聲.」)		

※ 실(糸)이나 끈을 펼쳐(尃) 물건을 얽어 묶는 데서 '묶다' '얽다'를 뜻한다.

叀➡專➡傳➡轉➡團

叀	厶부 총8획	甲骨文				殷商 金文	西周 金文	용례 없음
		後下9.7	林2·14·6	前7·20·1	粹517	叀眲罍	何尊	
		西周 金文	戰國 金文	小篆		古文		
		牆盤	師酉鼎	者汈鐘	說文解字			
물레 전	설문 叀부	叀(전)은 專(전)으로, 약간 조심한다는 뜻이다. 幺(요)의 생략형은 의미부분이다. 屮(철)은 (초목이) 이제야 비로소 보인다는 뜻이다. 屮은 발음부분이기도 하다. 무릇 叀부에 속하는 글자들은 모두 叀을 의미부분으로 삼는다. 𠭥은 叀의 고문(古文)이다. 𠭥 역시 叀의 고문이다.(「叀, 專, 小謹也. 从幺省. 屮, 財見也. 屮亦聲. 凡叀之屬皆从叀. 𠭥, 古文叀. 𠭥, 亦古文叀.」)						

※ 풀(屮)처럼 잡다한 물건을 모아 두거나, 실을 감아둔 물레에서 '물레'를 뜻한다.
  ※참고:叀과 專같은 글자로 보기도 한다.

	寸부 총11획	甲骨文		殷商 金文		金文	小篆	專門(전문) 專攻(전공) 專任(전임)	
		鐵21.61	粹485	專簋	專壺	專鼎	形音義字典	說文解字		
오로지 전	설문 寸부	專(전)은 6촌(寸) 길이의 홀(笏)이다. 寸(촌)은 의미부분이고, 叀(전)은 발음부분이다. 일설에는 專은 실북을 뜻한다고도 한다.(「𢍏, 六寸薄也. 从寸, 叀聲. 一日專, 紡專.」)							

※ 물레(叀)나 실패를 손(寸)으로 돌려 조심하여 실을 감는 데서 '오로지' '물레' '돌다'를 뜻한다.

	人부 총13획	甲骨文		西周 金文		戰國 金文	小篆	傳達(전달) 傳統(전통) 傳染(전염)	
		佚728	後下7.13	傳尊	散盤	龍節	說文解字		
전할 전	설문 人부	傳(전)은 (역참(驛站)에 있는) 수레나 말을 뜻한다. 人(인)은 의미부분이고, 專(전)은 발음부분이다.(「𠊳, 遽也. 从人, 專聲.」)							

※ 문서나 공문을 전하는 사람(亻)이 타고 온 지친 거마(車馬)를 튼튼한 거마와 돌려(專) 바꾸어 주던 '역'에서 '전하다'를 뜻한다.

	車부 총18획	西周 金文	戰國 金文	小篆		轉出(전출) 轉勤(전근) 轉用(전용)	
		轉盤	雲夢爲吏	說文解字			
구를 전	설문 車부	轉(전)은 옮긴다는 뜻이다. 車(거·차)는 의미부분이고, 專은 발음부분이다.(「𨍝, 運也. 从車, 專聲.」)					

※ 수레(車)나 물레가 돌듯(專) 구르는 데서 '구르다' '돌다'를 뜻한다.

	囗부 총14획	西周 金文	小篆			團合(단합) 團束(단속) 團結(단결)	
		召卣	解子鼎	說文解字			
둥글 단	설문 囗부	團(단)은 둥글다는 뜻이다. 囗(위)는 의미부분이고, 專(전)은 발음부분이다.(「團, 圜也. 从囗, 專聲.」)					

※ 물레가 둥글게(囗=○의 변형) 돌듯(專) 감쌈에서 '둥글다'를 뜻한다.

 →  →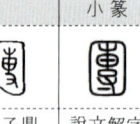

	心부 총12획	西周 金文	春秋 金文	戰國 金文	小篆	古文	恩惠(은혜) 特惠(특혜) 惠澤(혜택)	
		衛盉	邾大宰簠	王孫鐘	中山王壺	說文解字		
은혜 혜	설문 叀부	惠(혜)는 어질다는 뜻이다. 心(심)과 叀(전)은 모두 의미부분이다. 𢛸는 惠의 고문(古文)으로 (屮(철) 대신 㣇(휘)를 썼다.(「𢠩, 仁也. 从心, 叀聲. 𢛸, 古文惠, 从㣇.」)						

※ 물레(叀)처럼 둥글게 뭉친 열매·꽃·이삭을 은혜롭게 여기는 마음(心)에서 '은혜'를 뜻한다.

	艹부 총16획	설문 없음		蕙草(혜초) 蕙蘭(혜란) 蕙質(혜질)	
난초 혜					

※ 화초(艹) 중에 사방에 향기를 풍겨 사람이 편안하고 은혜롭게(惠) 여기는 '난초'를 뜻한다.

| 憓 | 心부
총15획 | 설문 없음 | | | | | 용례 없음 |

사랑할 **혜**

※ 마음(忄)으로 은혜롭게(惠) 여겨 좋아하는 데서 '사랑하다'를 뜻한다.

穗	禾부 총17획	甲骨文		戰國 金文		侯馬盟書	小 篆	或 體	落穗(낙수) 拔穗(발수) 發穗(발수)
		花東184	花東366	郭店忠信	貨系0596		說文解字		

이삭 **수** | 설문
禾부 | 采(수)는 벼가 익었다는 뜻이다. 그러면 사람이 거두어들인다[收(수)]. 爪(조)와 禾(화)는 모두 의미부분이다. 穗는 采의 혹체자(或體字)로, 禾는 의미부분이고, 惠(혜)는 발음부분이다.(「采, 禾成秀也. 人所以收. 从爪·禾. 穗, 或从禾, 惠聲.」)

※ 곡식(禾) 중에서 사람들이 먹을 수 있어 은혜롭게(惠) 여기던 이삭에서 '이삭'을 뜻한다.
※참고:손(手)으로 잘 익은 벼(禾)를 수확하는 采(벼 익을 수)의 혹체(或體)임.

畐 ➡ 福 ➡ 匐 ☆ ➡ 輻 ➡ 幅 ➡ 副 ➡ 富 ➡ 逼

畐	田부 총9획	甲骨文			殷商 金文	西周 金文	小 篆	용례 없음
		粹245	京津4241	佚925	畐父辛爵	士父鐘	說文解字	

찰 **복** | 설문
畐부 | 畐=畐(복)은 가득 참을 뜻한다. 高(고)의 생략형이 따랐다. (田은) 높고 두터운 모양을 그린 것이다. 무릇 畐부에 속하는 글자들은 모두 畐을 의미부분으로 삼는다. 伏(복)처럼 읽는다.(「畐, 滿也. 从高省, 象高厚之形. 凡畐之屬皆从畐. 讀若伏.」)

※ 술을 가득 담아 신에게 복을 빌던 목이 긴 술동이에서 '차다' '가득 차다'를 뜻한다.

福	示부 총14획	甲骨文		西周 金文				幸福(행복) 福券(복권) 福地(복지) 福音(복음)
		前4.2.8	佚362	季 鼎	周乎卣	或者鼎	智 壺	
		西周 金文		春秋 金文		戰國 金文	小 篆	
		不嬰簋	善 鼎	國差繪	王子午鼎	中山王壺	說文解字	

복 **복** | 설문
示부 | 福(복)은 (천지신명의) 도움을 뜻한다. 示(시)는 의미부분이고, 畐(복)은 발음부분이다.(「福, 祐也. 从示, 畐聲.」)

※ 제단(示)에 술이 가득(畐) 담긴 술동이를 바쳐 복을 바라는 데서 '복'을 뜻한다.

匐	勹부 총11획	小 篆	怖匐(포복) 匐枝(복지) 匍匐(포복)
		說文解字	

길 **복** | 설문
勹부 | 匐(복)은 땅에 엎드려 있다는 뜻이다. 勹(포)는 의미부분이고, 畐(복)은 발음부분이다.(「匐, 伏地也. 从勹, 畐聲.」)

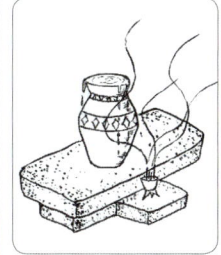

※ 물건을 감싸(勹) 가득(畐) 안고 허리를 굽혀 엉금엉금 기어가는 데서 '기다'를 뜻한다.

輻	車부 총16획	小 篆	輻輳(폭주) 輪輻(윤복) 輻射熱(복사열)
		說文解字	

바퀴살
복/폭 | 설문
車부 | 輻(복)은 수레바퀴의 살을 뜻한다. 車(거·차)는 의미부분이고, 畐(복)은 발음부분이다.(「輻, 輪轑也. 从車, 畐聲.」)

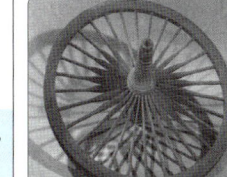

※ 수레(車)의 바퀴통과 바퀴테 사이에 촘촘히 가득(畐) 꽂은 '바퀴살'을 뜻한다.

幅	巾부 총12획	戰國 金文	小篆			步幅(보폭) 增幅(증폭) 江幅(강폭)
		雲夢日甲	說文解字			
폭 **폭**	설문 巾부	幅(폭)은 면직물의 너비를 뜻한다. 巾은 의미부분이고, 畐(복)은 발음부분이다.(「幅, 布帛廣也. 从巾, 畐聲.」)				

※ 비단이나 수건(巾), 또는 천 등의 양끝 사이까지의 가득(畐)한 넓이인 '폭'을 뜻한다.

副	刀부 총11획	甲骨文		殷商 金文		小篆	籒文	副業(부업) 副詞(부사) 副賞(부상)
		合117	合13404	副簋	副爵	說文解字		
버금 **부**	설문 刀부	副(부·복)는 나눈다는 뜻이다. 刀(도)는 의미부분이고, 畐(복)은 발음부분이다. ≪주례(周禮)≫에 이르기를 "희생(犧牲)의 가슴을 갈라 제사를 지냈다."라고 하였다. 𠚻은 副의 주문(籒文)이다.(「𠛣, 判也. 从刀, 畐聲. ≪周禮≫曰: "副辜祭." 𠚻, 籒文副.」)						

※ 가득(畐) 채운 다음 칼(刂)로 나누는 데서 '다음'을 뜻하는 '버금' '쪼개다'를 뜻한다.

富	宀부 총12획	戰國 金文			小篆	富者(부자) 富裕(부유) 富貴(부귀)
		富奠劍	上官登	中山王鼎	說文解字	
부자 **부**	설문 宀부	富(부)는 갖추었다는 뜻이다. 일설에는 두텁다는 뜻이라고도 한다. 宀(면)은 의미부분이고, 畐(복)은 발음부분이다.(「富, 備也. 一曰厚也. 从宀, 畐聲.」)				

※ 집(宀)안에 가득(畐)함에서 '부자'를 뜻한다. ※ 부하다=가멸차다.

逼	辵부 총13획	小篆	逼迫(핍박) 逼塞(핍색) 逼奪(핍탈)
		說文解字	
핍박할 **핍**	설문 辵부	逼(핍)은 가깝다는 뜻이다. 辵(착)은 의미부분이고, 畐(복)은 발음부분이다.(「𢔛, 近也. 从辵, 畐聲.」)	

※ 술을 가득(畐) 담아 가서(辶) 복을 빌고 닥쳐온 악을 쫓는 데서 '핍박하다' '몰다'를 뜻한다.

卜 ➡ 赴 ➡ 訃 ➡ 朴 ➡ 外

卜	卜부 총2획	甲骨文		金文		小篆	古文	卜債(복채) 卜術(복술) 卜馬(복마)
		菁5.1	後上20.13	曶鼎	卜孟簋	說文解字		
점/점칠 **복**	설문 卜부	卜(복)은 거북의 껍질을 구워서 갈라지도록 한다는 뜻이다. 거북의 껍질을 구운 모양을 그린 것이다. 일설에는 (거북 껍질을 구워) 거북점을 칠 때 그 균열이 가로 세로로 갈라지는 모양을 그린 것이라고도 한다. 무릇 卜부에 속하는 글자들은 모두 卜을 의미부분으로 삼는다. 𠁡은 卜의 고문(古文)이다.(「卜, 灼剝龜也. 象炙龜之形. 一曰象龜兆之從橫也. 凡卜之屬皆从卜. 𠁡, 古文卜.」)						

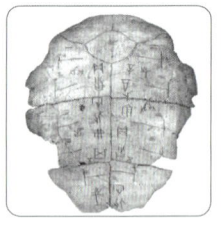

※ 거북이 등껍질을 불에 구워 갈라진 모양을 보고 길흉을 점치는 데서 '점'을 뜻한다.

赴	走부 총9획	小篆	赴任(부임) 赴援(부원) 赴擧(부거)
		說文解字	
다다를/갈 **부**	설문 走부	赴(부)는 달린다는 뜻이다. 走(주)는 의미부분이고, 卜(복)은 仆(부)의 생략형으로 발음부분이다.(「赴, 趨也. 从走, 仆省聲.」)	

※ 빨리 달려가(走) 길흉을 점(卜)친 결과를 알림에서 '다다르다' '가다'를 뜻한다.

	言부 총9획	설문 없음		訃告(부고) 訃音(부음) 訃聞(부문)	
부고 **부**					

※ 치상(治喪)하는 날을 말하고(言) 상사(喪事)의 일을 점(卜)쳐 알림에서 '부고(訃告)'를 뜻한다.

	木부 총6획	小篆 朴 說文解字		素朴(소박) 質朴(질박) 厚朴(후박)	
성(姓) **박**	설문 木부	朴(박)은 나무껍질을 뜻한다. 木(목)은 의미부분이고, 卜(복)은 발음부분이다.(「朴, 木皮也. 从木, 卜聲.」)			

※ 나무(木) 껍질이 거북이 껍질처럼 갈라진(卜) 데서 '나무껍질' '순박하다'를 뜻한다.

	夕부 총5획	甲骨文  西周金文 戰國金文 小篆 古文  前1.5.1　靜簋　毛公鼎　中山王方壺　說文解字	外出(외출) 外國(외국) 外交(외교)	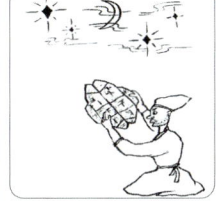
바깥 **외**	설문 夕부	外(외)는 멀리 있다는 뜻이다. 占(점)은 평상시 날이 밝을 때를 중시하는데, 오늘 저녁 때 점을 치는 것은 예외적인 일이다. 夘는 外의 고문(古文)이다(「外, 遠也. 卜尙平旦, 今夕卜, 於事外矣. 夘, 古文外.」)		

※ 저녁(夕)에 밖에 나가 별이나 달을 보며 먼 앞날을 점(卜)치는 데서 '바깥' '멀다'를 뜻한다.
※참고:아침에 점을 치지 않고 저녁(夕)에 점치면(卜) 점이 빗나가는 데서 '바깥'을 뜻한다.

貞 ➡ 偵 ➡ 幀 ➡ 楨 ➡ 禎 ➡ 湞 ✤

	貝부 총9획	甲骨文　　春秋金文　　戰國金文　小篆 粹505　周甲112　邾伯御戎鼎　蔡侯鼎　沖子鼎　說文解字	貞淑(정숙) 貞潔(정결) 貞節(정절)	
곧을 **정**	설문 卜부	貞(정)은 점을 친다는 뜻이다. 卜(복)은 의미부분이다. 조개[貝(패)]로써 예물을 삼는다. 일설에는 (貝는) 鼎(정)의 생략형으로 발음부분이라고도 한다. 이것은 경방(京房)의 주장이다.(「貞, 卜問也. 从卜, 貝以爲贄. 一曰鼎省聲, 京房所說.」)		

※ 점(卜)을 치기 위해 큰 솥(鼎=貝)에 재물을 바치고 옳은 일을 물음에서 '곧다'를 뜻한다.
※파자:점(卜)괘가 곧게 나오길 바라 재물(貝)을 바침에서 '곧다'를 뜻한다.

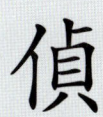	人부 총11획	小篆  說文解字	偵察(정찰) 探偵(탐정) 偵探(정탐)	
염탐할 **정**	설문 人부	偵(정)은 묻는다는 뜻이다. 人(인)은 의미부분이고, 貞(정)은 발음부분이다.(「偵, 問也. 从人, 貞聲.」)		

※ 사람(亻)중에 옳고 곧은(貞) 정보만을 묻고 다니는 '간첩'에서 '염탐하다'를 뜻한다.

幀	巾부 총12획	설문 없음	小篆  形音義字典	影幀(영정) 裝幀(장정) 幀畫(정화)	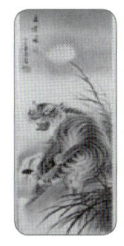
그림족자 **정**					

※ 비단에 그린 그림이나 천(巾)을 붙여 그림을 곧게(貞) 펼친 그림에서 '그림족자'를 뜻한다.

楨	木부 총13획	戰國 金文 陶三575	小篆 說文解字		家楨(가정) 國楨(국정) 楨幹(정간)	
광나무 **정**	설문 木부	楨(정)은 단단한 나무를 뜻한다. 木(목)은 의미부분이고, 貞(정)은 발음부분이다. 상군(上郡)에 정림현(楨林縣)이 있다. (「楨, 剛木也. 从木, 貞聲. 上郡有楨林縣.」)				

✽ 담 쌓을 때 쓰이는 나무(木)로 양쪽에 곧게(貞) 세우는, 곧은(貞) 나무(木)인 '광나무'를 뜻한다.

禎	示부 총14획	小篆 說文解字		禎瑞(정서) 禎祺(정기) 禎祥(정상)	
상서로울 **정**	설문 示부	禎(정)은 상서(祥瑞)롭다는 뜻이다. 示(시)는 의미부분이고, 貞(정)은 발음부분이다. (「禎, 祥也. 从示, 貞聲.」)			

✽ 신(示)이 내려주는 곧고(貞) 바른 행복에서 '복' '상서롭다'를 뜻한다.

	水부 총12획	小篆 說文解字		湞水(정수)	
강이름 **정**	설문 水부	湞(정)은 강의 이름이다. 남해군(南海郡) 용천현(龍川縣)에서 발원하여, 서쪽으로 흘러서 진수(溱水)로 들어간다. 水(수)는 의미부분이고, 貞(정)은 발음부분이다. (「湞, 水. 出南海龍川縣, 西入溱. 从水, 貞聲.」)			

✽ 물(氵) 줄기가 곧은(貞) 광동성(廣東省) 대유령(大庾嶺)에서 발원하는 '강 이름'을 뜻한다.

占➡店➡點➡粘➡霑☆➡砧☆➡帖➡貼☆➡站☆

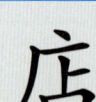	卜부 총5획	甲骨文		西周 金文	小篆	占居(점거) 占領(점령) 占有(점유)	
		前8.14.2	前4.25.1	燕3	明公簋	說文解字	
점령할/점칠 **점**	설문 卜부	占(점)은 갈라진 모양을 보고 묻는다는 뜻이다. 卜과 口는 모두 의미부분이다. (「占, 視兆問也. 从卜, 从口.」)					

✽ 점괘(卜)가 거북껍질(口)에 차지하고 나타남, 또는 점괘(卜)의 길흉을 판단하여 묻거나 말함(口)에서 '점령하다' '점치다'를 뜻한다.

店	广부 총8획	설문 없음	小篆 形音義字典	賣店(매점) 店員(점원) 店鋪(점포)	
가게 **점**		'店'자는 후대에 생겨난 글자이다. ≪설문해자≫에는 이 글자가 없다. ≪옥편(玉篇)·엄부(广部)≫에서는 "店은 술잔을 돌려놓는 자리를 뜻한다. 坫(점)자로 쓰기도 한다. (「店, 反爵之處. 或作坫.」)"라고 하였다.			

✽ 집(广) 안을 여러 물건들이 차지하고(占) 있는 '가게'를 뜻한다.

點	黑부 총17획	小篆 說文解字		點數(점수) 點檢(점검) 點火(점화)	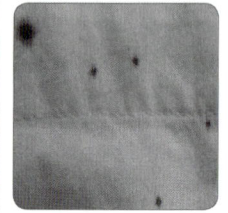
점 **점**	설문 黑부	點(점)은 조그마한 검은 점을 뜻한다. 黑(흑)은 의미부분이고, 占(점)은 발음부분이다. (「點, 小黑也. 从黑, 占聲.」)			

✽ 작은 검은(黑) 흔적이 차지하고(占) 있는 데서 '점' '점찍다'를 뜻한다.

粘	米부 총11획	설문 없음	小篆 粘 形音義字典		粘土(점토) 粘膜(점막) 粘塊(점괴)

붙을 점

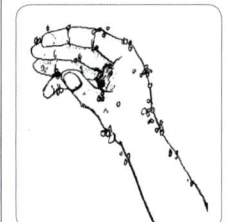

※ 기장이나 쌀(米)이 찰기가 있어 한곳에 차지하듯(占) 달라붙는 데서 '붙다' '차지다'를 뜻한다.

霑	雨부 총16획	小篆 霑 說文解字		均霑(균점) 霑汗(점한) 霑醉(점취)

젖을 점 | 설문
雨부 | 霑(점)은 비에 젖는다는 뜻이다. 雨(우)는 의미부분이고, 沾(점)은 발음부분이다.(「霑, 雨霂也. 从雨, 沾聲.」)

※ 비(雨)나 물(氵)이 온몸을 차지하고(占) 있는 데서 '젖다' '잠기다'를 뜻한다.

砧	石부 총10획	戰國 金文 郭店緇衣	小篆 砧 說文解字	砧杵(침저) 砧斧(침부) 砧聲(침성)

다듬잇돌 침 | 설문
石부 | 砧(침)은 다듬잇돌을 뜻한다. 石(석)은 의미부분이고, 占(점)은 발음부분이다.(「砧, 石柎也. 从石, 占聲.」)

※ 구겨진 옷을 펴는 돌(石)로, 방 한 쪽을 차지하여(占) 고정되어 있는 '다듬잇돌'을 뜻한다.

帖	巾부 총8획	小篆 帖 說文解字		帖子(첩자) 手帖(수첩) 帖學(첩학)

문서 첩 | 설문
巾부 | 帖(첩)은 비단에 쓴 표제(標題)를 뜻한다. 巾(건)은 의미부분이고, 占(점)은 발음부분이다.(「帖, 帛書署也. 从巾, 占聲.」)

※ 비단(巾)에 글을 써서 책 표지 한쪽에 차지하게(占) 붙인 표제에서 '표제' '문서'를 뜻한다.

貼	貝부 총12획	小篆 貼 說文解字		貼藥(첩약) 貼付(첩부) 貼經(첩경)

붙일 첩 | 설문
貝부 | 貼(첩)은 물건으로 저당을 잡힌다는 뜻이다. 貝(패)는 의미부분이고, 占(점)은 발음부분이다.(「貼, 以物爲質也. 从貝, 占聲.」)

※ 재물(貝)을 빌리고 대신 남에게 물건을 차지하게(占) 하는 데서 '전당 잡히다' '붙다'를 뜻한다.

站	立부 총10획	설문 없음	小篆 站 形音義字典		兵站(병참) 站路(참로) 站船(참선)

역마을 참

※ 차가 올 때까지 서서(立) 한 곳을 차지하고(占) 기다리는 '역마을'이나, '우두커니 서 있음'을 뜻한다.

兆 ➡ 眺 ➡ 窕 ✦ ➡ 挑 ➡ 桃 ➡ 逃 ➡ 跳 ➡ 姚

兆	儿부 총6획	甲骨文	殷商 金文			小篆	古文	徵兆(징조) 吉兆(길조) 兆朕(조짐)
		合13517	車兆觚	戈兆系爵	雲夢日乙	說文解字		
억조 조	설문 卜부	卦(조)는 거북이 등껍질을 태워 그것이 갈라진 모양이다. 卜과 兆로 이루어졌다. 상형(象形)이다. 兆는 卦의 고문(古文)으로 생략형이다.(「卦, 灼龜折也, 从卜·兆. 象形. 兆, 古文卦省.」)						

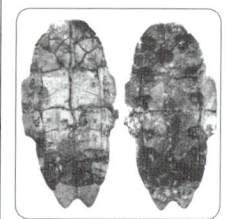

✽ 거북 등딱지가 불에 갈라지는 모양을 보고 '조짐'을 점치거나, 많은 느낌인 '억조'를 뜻한다. 또는 서로 갈라져 가거나 갈라서는 모양에서 잘못된 '조짐'을 뜻한다.

眺	目부 총11획	小篆 說文解字	眺覽(조람) 眺臨(조림) 遠眺(원조)
볼 조	설문 目부	眺(조)는 눈이 비뚤어졌다는 뜻이다. 目(목)은 의미부분이고, 兆(조)는 발음부분이다.(「眺, 目不正也. 从目, 兆聲.」)	

✽ 비뚤어진 눈(目)으로 좋지 않은 조짐(兆)을 자세히 살펴보는 데서 '보다'를 뜻한다.

窕	穴부 총11획	小篆 說文解字	窕言(조언) 窕冶(조야) 窈窕(요조)
정숙할 조	설문 穴부	窕(조)는 지극히 깊다는 뜻이다. 穴(혈)은 의미부분이고, 兆(조)는 발음부분이다. 挑(도)라고 읽는다.(「窕, 深肆極也. 从穴, 兆聲. 讀若挑.」)	

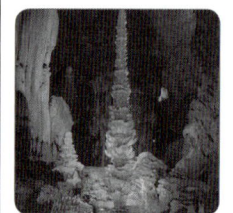

✽ 굴(穴) 안이 깊이 갈수록 갈라져(兆) 넓어져 깊고 넓음에서 '그윽하다' '정숙하다'를 뜻한다.

挑	手부 총9획	小篆 說文解字	挑發(도발) 挑戰(도전) 挑出(도출)
돋울 도	설문 手부	挑(조·도)는 긁는다는 뜻이다. 手(수)는 의미부분이고, 兆(조)는 발음부분이다. 일설에는 두드린다는 뜻이라고도 한다. ≪국어(國語)≫에 이르기를 "각지(卻至)가 하늘을 훔치려고 하였다."라고 하였다.(「挑, 撓也. 从手, 兆聲. 一曰摷也. ≪國語≫曰: "卻至挑天."」)	

✽ 손(扌)으로 거북등이 좋은 조짐이 나오도록 갈라지게(兆) 건드리는 데서 '돋우다'를 뜻한다.

桃	木부 총10획	戰國 金文	小篆	桃花(도화) 黃桃(황도) 扁桃腺(편도선)
		雲夢日甲	說文解字	
복숭아 도	설문 木부	桃(도)는 과일(의 이름)이다. 木(목)은 의미부분이고, 兆(조)는 발음부분이다.(「桃, 果也. 从木, 兆聲.」)		

✽ 과일 나무(木)의 씨가 잘 익으면 갈라지는(兆) 열매인 '복숭아'를 뜻한다.

逃	辵부 총10획	金文		小篆	逃走(도주) 逃避(도피) 逃亡(도망)
		中山王墓宮圖	兆域圖	說文解字	
도망할 도	설문 辵부	逃(도)는 도망간다는 뜻이다. 辵(착)은 의미부분이고, 兆(조)는 발음부분이다.(「逃, 亡也. 从辵, 兆聲.」)			

✽ 같은 무리의 조짐이 좋지 않아, 갈라져(兆) 떠나가는(辶) 데서 '도망가다'를 뜻한다.

跳	足부 총13획	小篆  說文解字		跳躍(도약) 跳奔(도분) 跳脫(도탈)	
뛸 도	설문 足부	跳(도)는 뛴다는 뜻이다. 足(족)은 의미부분이고, 兆(조)는 발음부분이다. 일설에는 뛰어 넘는다는 뜻이라고도 한다.(「跳, 蹶也. 从足, 兆聲. 一曰躍也.」)			

※ 발(足)로 방향 없이 서로 갈라져(兆) 뛰는 데서 '뛰다'를 뜻한다.

姚	女부 총9획	西周 金文	小篆	姚冶(요야) 姚黃(요황) 姚江(요강)	
		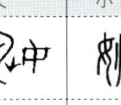			
		㝬叔樊鼎 牧師父簋	說文解字		
예쁠 요	설문 女부	姚(요)는 우(虞)나라 순(舜) 임금이 요허(姚墟)에서 살아서, 이로 인하여 성(姓)이 되었다. 女(녀)는 의미부분이고, 兆(조)는 발음부분이다. 또는 姚는 예쁘다는 뜻이라고도 한다. ≪사편(史編)≫에서는 姚를 易(이・역)으로 여겼다.(「姚, 虞舜居姚虛, 因以爲姓. 从女, 兆聲. 或爲姚, 嬈也. ≪史編≫以爲姚, 易也.」)			

※ 여자(女) 중에 무리에서 갈라져(兆) 특별히 눈에 띄는 데서 '예쁘다'를 뜻한다. 舜(순)의 성씨.

非 ➔ 悲 ➔ 匪 ➔ 扉 ➔ 蜚 ☆ ➔ 緋 ➔ 翡 ☆ ➔ 誹 ➔ 排 ➔ 輩 ➔ 俳 ➔ 徘 ➔ 裵 ➔ 罪

非	非부 총8획	甲骨文		西周 金文		春秋 金文	戰國 金文	小篆	非理(비리) 非難(비난) 非命(비명)	

		拾11.18	粹126	智鼎	毛公鼎	蔡侯鐘	中山王方壺	說文解字		
아닐 비	설문 非부	非(비)는 어긋났다는 뜻이다. (소전체) 飛(비)자 아래의 날개 부분을 의미부분으로 삼았는데, 날개가 서로 등져있는 의미를 취한 것이다. 무릇 非부에 속하는 글자들은 모두 非를 의미부분으로 삼는다.(「非, 違也. 从飛下翅, 取其相背. 凡非之屬皆从非.」)								

※ 서로 반대로 펼쳐진 새의 날개에서 반대의 의미인 '아니다'를 뜻한다. 갑골문을 보면 사람이 서로 등지고 있는 모양에서 부정의 의미로 '아니다'를 뜻한다.

悲	心부 총12획	戰國 金文	小篆  古鉌 說文解字	悲劇(비극) 悲戀(비련) 悲慘(비참)	
슬플 비	설문 心부	悲(비)는 마음이 아파한다는 뜻이다. 心은 의미부분이고, 非는 발음부분이다.(「悲, 痛也. 从心, 非聲.」)			

※ 자신의 뜻대로 되지 않아(非) 마음(心)이 아프고 슬픔에서 '슬프다'를 뜻한다.

匪	匚부 총10획	小篆 說文解字	匪賊(비적) 共匪(공비) 匪徒(비도)	
비적 비	설문 匚부	匪(대상자 비)는 그릇(의 이름)으로, 대나무로 만든 상자와 비슷하다. 匚(방)은 의미부분이고, 非(비)는 발음부분이다. ≪일주서(逸周書)≫에 이르기를 "검은 색과 누런 색의 비단을 대나무 상자에 가득 담았다."라고 하였다.(「匪, 器, 似竹篋. 从匚, 非聲. ≪逸周書≫曰: "實玄黃于匪."」)		

※ 상자(匚)에 바르지 않은(非) 재물을 담거나, 바르지 않은 '대상자'에서 '비적' '도둑'을 뜻한다.

◈ 千里一跳 : (천리일도) 큰 새가 단번에 천 리를 난다는 뜻으로, 먼 길을 짧은 시간에 가거나 갑자기 성공함을 이르는 말.
◈ 非一非再 : (비일비재) 같은 일이 한두 번이 아님이란 뜻으로, 한둘이 아님.
◈ 一喜一悲 : (일희일비) 기쁜 일과 슬픈 일이 번갈아 일어남. 한편 기쁘고 한편 슬픔.
◈ 匪夷所思 : (비이소사) 보통(普通) 사람으로서는 헤아리지 못할 생각이나 평범(平凡)하지 않은 생각.

扉	戶부 총12획	小篆 扉 說文解字		柴扉(시비) 扉鐶(비환) 開扉(개비)	
사립문 비	설문 戶부	扉(비)는 사립문을 뜻한다. 戶(호)는 의미부분이고, 非(비)는 발음부분이다.(「扉, 戶扇也. 从戶, 非聲.」)			

✳ 문(戶)의 양쪽 기둥에 새의 양 날개(非)처럼 설치한 나무로 만든 '사립문'을 뜻한다.

蜚	虫부 총14획	戰國 金文 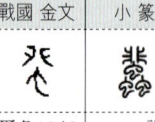 璽彙3845	小篆 說文解字	或體	蜚騰(비등) 流言蜚語 (유언비어)	
바퀴/날 비	설문 蟲부	蠹(비)는 냄새가 지독한 벌레로, 바퀴벌레를 뜻한다. 蟲(충)은 의미부분이고, 非(비)는 발음부분이다. 蜚는 蠹의 혹체자(或體字)로 (蟲 대신) 虫(훼·충)을 썼다.(「蠹, 臭蟲, 負蠜也. 从蟲, 非聲. 蜚, 蠹或从虫.」)				

✳ 새처럼 날개(非)를 펴고 나는 바퀴과의 곤충(虫)에서 '바퀴' '날다'를 뜻한다.

緋	糸부 총14획	戰國 金文  信陽楚簡	小篆 說文解字	緋緞(비단) 緋玉(비옥) 緋甲(비갑)	
비단 비	설문 糸부	緋(비)는 비단이 붉은 색을 띤다는 뜻이다. 糸(멱·사)는 의미부분이고, 非(비)는 발음부분이다.(「緋, 帛赤色也. 从糸, 非聲.」)			

✳ 일반 비단(糸)과 다른(非) 5품 이상 관리가 입던 붉은색 비단에서 '붉은빛' '비단'을 뜻한다.

翡	羽부 총14획	戰國 金文 望山M2簡	小篆 說文解字	翡翠色(비취색) 翡翠玉(비취옥)	
물총새 비	설문 羽부	翡(비)는 날개가 붉은 참새이다. 울림군(鬱林郡)에서 난다. 羽(우)는 의미부분이고, 非(비)는 발음부분이다.(「翡, 赤羽雀也. 出鬱林. 从羽, 非聲.」)			

✳ 일반 새와 달리(非) 물속까지 날개(羽)를 적시며 사냥하는 '물총새'의 수컷. ※翠(취):암컷.

誹	言부 총15획	小篆 說文解字		誹謗(비방) 誹譽(비예) 誹笑(비소)	
헐뜯을 비	설문 言부	誹(비)는 헐뜯는다는 뜻이다. 言(언)은 의미부분이고, 非(비)는 발음부분이다.(「誹, 謗也. 从言, 非聲.」)			

✳ 말(言)로 상대의 바르지 않은(非) 점을 '비방하고' '헐뜯음'을 뜻한다.

排	手부 총11획	甲骨文 佚374	西周 金文 粹257	戰國 金文 排鼎	戰國 金文 信陽楚簡	小篆 說文解字	排泄(배설) 排除(배제) 排卵(배란)	
밀칠 배	설문 手부	排(배)는 擠(물리칠 제, 밀칠 제)이다. 手(수)는 의미부분이고, 非(비)는 발음부분이다.(「排, 擠也. 从手, 非聲.」)						

✳ 손(扌)으로 마음에 들지 않는(非) 것을 밀쳐냄에서 '밀치다' '물리치다'를 뜻한다.

輩	車부 총15획	小篆 輩 說文解字		先輩(선배) 年輩(연배) 不良輩(불량배)	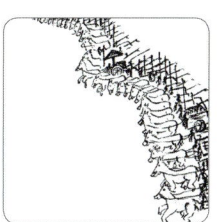
무리 배	설문 車부	輩(배), 군대에서 전차 100대를 출발시키는 것을 1輩라고 한다. 車(거·차)는 의미부분이고, 非(비)는 발음부분이다.(「輩, 若軍發車百兩爲一輩. 从車, 非聲.」)			

※ 전투에서 새의 양 날개(非)처럼 수레(車)가 무리지어 펼쳐 진을 침에서 '무리'를 뜻한다.

俳	人부 총10획	小篆 俳 說文解字		嘉俳(가배) 俳倡(배창) 俳諧(배해)	
배우 배	설문 人부	俳(배)는 광대를 뜻한다. 人(인)은 의미부분이고, 非(비)는 발음부분이다.(「俳, 戲也. 从人, 非聲.」)			

※ 사람(亻)이 자신이 아닌(非) 다른 사람으로 분장하고 연극함에서 '배우' '광대'를 뜻한다.

徘	彳부 총11획	설문 없음		徘徊(배회)	
어정거릴 배					

※ 가지(彳) 아니하고(非) 머뭇머뭇 어정거리는 데서 '어정거리다' '머뭇거리다'를 뜻한다.

	衣부 총14획	小篆 裵 說文解字		裵裵(배배) 裵度(배도)	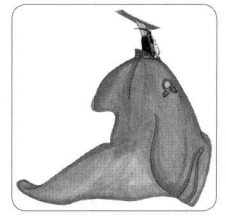
성(姓) 배	설문 衣부	裵(배)는 옷이 긴 모습이다. 衣(의)는 의미부분이고, 非(비)는 발음부분이다.(「裵, 長衣皃. 从衣, 非聲.」)			

※ 옷(衣)자락 끝을 가는 반대로(非)를 길게 늘여 펼침에서 '긴 옷'이나 '성'씨로 쓰인다. ※裴

罪	网부 총13획	小篆 罪 說文解字		私罪(사죄) 犯罪(범죄) 罪名(죄명)	
허물 죄	설문 网부	罪(죄)는 물고기를 잡는 대나무로 만든 그물을 말한다. 网(망)과 非(비)는 모두 의미부분이다. 진(秦)나라 때 辠(허물 죄)자를 罪로 썼다.(「罪, 捕魚竹网. 从网·非. 秦以罪爲辠字.」)			

※ 물고기 그물(罒)을 양쪽 반대로(非) 펼치거나, 법망(罒)이 아닌(非) 일에서 '범죄' '허물'을 뜻한다.

肖→哨→梢☆→稍☆→硝☆→誚✻→消→宵☆→逍→霄✤→趙→削

肖	肉부 총7획	戰國 金文 肖 肖 大梁鼎 肖不玆鼎	小篆 肖 說文解字	肖似(초사) 肖像畫(초상화) 不肖子(불초자)	
닮을 초	설문 肉부	肖(초)는 생김이 서로 비슷하다는 뜻이다. 肉(육)은 의미부분이고, 小(소)는 발음부분이다. 그 선조(先祖)를 닮지 않은 것을 그래서 불초(不肖)라고 하는 것이다.(「肖, 骨肉相似也. 从肉, 小聲. 不似其先, 故曰不肖也.」)			

※ 작은(小) 사각형으로 똑같이 잘라놓은 고기(月)나, 작은(小) 달(月)로 '작다' '닮다'를 뜻한다.

593

哨	口부 총10획	小篆  說文解字		哨所(초소) 步哨(보초) 哨兵(초병)	
망볼 초	설문 口부	哨(망볼 초, 말 많을 소)는 받아 주지 않는다는 뜻이다. 口(구)는 의미부분이고, 肖(초)는 발음부분이다.(「哨, 不容也. 从口, 肖聲.」)			

✻ 말(口)로 서로 작게(肖) 신호를 보내며 적을 경계함에서 '망보다'를 뜻한다.

梢	木부 총11획	小篆  說文解字		梢工(초공) 枝梢(지초) 末梢的(말초적)	
나무끝 초	설문 木부	梢(초·소)는 나무(의 이름)이다. 木(목)은 의미부분이고, 肖(초)는 발음부분이다.(「梢, 木也. 从木, 肖聲.」)			

✻ 나무(木) 가지의 가늘고 작은(肖) 끝 부분에서 '나무 끝'을 뜻한다.

稍	禾부 총12획	戰國 金文  雲夢秦律	小篆 說文解字	稍食(초식) 稍解(초해) 稍稍(초초)	
점점 초	설문 禾부	稍(초)는 곡물이 자라서 나오는데 점점 진전이 있다는 뜻이다. 禾(화)는 의미부분이고, 肖(초)는 발음부분이다.(「稍, 出物有漸也. 从禾, 肖聲.」)			

✻ 벼(禾)의 작고(肖) 점점 가늘어지는 줄기 끝에서 '벼 끝' '점점'의 뜻으로 쓰인다.

硝	石부 총12획	설문 없음		硝石(초석) 硝藥(초약) 硝酸(초산)	
화약 초					

✻ 돌(石)의 결정이 작은(肖) 바늘 기둥 같은 유리나 화약의 원료인 '초석' '화약'을 뜻한다.

誚	言부 총14획	小篆 	古文 說文解字	誚讓(초양) 誚責(초책) 嘲誚(조초)	
꾸짖을 초	설문 言부	譙(초)는 꾸짖어 나무란다는 뜻이다. 言(언)은 의미부분이고, 焦(초)는 발음부분이다. 嚼(작)처럼 읽는다. 誚는 譙의 고문(古文)으로 (焦 대신) 肖(초)를 썼다. ≪주서(周書)≫에 이르기를 "또한 감히 주공(周公)을 꾸짖지 못하였다."라고 하였다.(「譙, 嬈譊也. 从言, 焦聲. 讀若嚼. 誚, 古文譙, 从肖. ≪周書≫曰: "亦未敢誚公."」)			

✻ 말(言)로 남과 같지(肖) 못함을 엄하게 꾸짖는 데서 '꾸짖다'를 뜻한다.

消	水부 총10획	小篆  說文解字		消滅(소멸) 消却(소각) 消耗品(소모품)	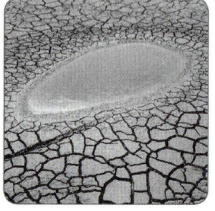
사라질 소	설문 水부	消(소)는 (물이) 다했다는 뜻이다. 水(수)는 의미부분이고, 肖(초)는 발음부분이다.(「消, 盡也. 从水, 肖聲.」)			

✻ 물(氵)이 점점 작아져(肖) 없어지듯 물체가 닳아 없어지는 데서 '사라지다'를 뜻한다.

宵	宀부 총10획	金文	戰國 金文	小篆		宵衣(소의) 宵行(소행) 今宵(금소)

		宵簋	雲夢封診	說文解字		
밤 소	설문 宀부	宵(소)는 밤을 뜻한다. 宀(면)은 의미부분이다. 집 아래는 어둡다는 뜻이다. 肖(초)는 발음부분이다.(「宵, 夜也. 从宀, 宀下冥也. 肖聲.」)				

※ 집(宀) 안에 작은(小) 달(月)이 중천까지 떠오르는 늦은 밤에서 '밤'을 뜻한다.

逍	辵부 총11획	小篆		逍遙(소요) 逍風(소풍)

		說文解字		
노닐 소	설문 辵부	逍(소)는 소요(逍遙)한다는 뜻으로, 비상(飛翔)한다는 뜻과 같다. 辵(착)은 의미부분이고, 肖(초)는 발음부분이다.(「逍, 逍遙, 猶翱翔也. 从辵, 肖聲.」)		

※ 발걸음을 작게(肖) 하여 천천히 이리저리 돌아다님(辶)에서 '노닐다'를 뜻한다.

霄	雨부 총15획	小篆		霄壤(소양) 霄漢(소한)

		說文解字		
하늘 소	설문 雨부	霄(소)는 비도 오고 싸락눈도 내리는 것을 霄라고 한다. 雨(우)는 의미부분이고, 肖(초)는 발음부분이다. 제(齊) 지방의 말이다.(「霄, 雨霓爲霄. 从雨, 肖聲. 齊語.」)		

※ 하늘에서 진눈깨비(雨)가 작게(肖) 흩날려 내리는 데서 '진눈깨비' '하늘'을 뜻한다.

趙	走부 총14획	春秋 金文	戰國 金文		小篆		趙璧(조벽) 前趙(전조) 後趙(후조)
					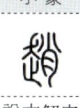		
		禺邗王壺	趙氏戈	侯馬盟書	說文解字		
나라 조	설문 走부	趙(조)는 느리다는 뜻이다. 走(주)는 의미부분이고, 肖(초)는 발음부분이다.(「趙, 趨趙也. 从走, 肖聲.」)					

※ 가는(走) 걸음 폭이 작고(肖) 느림을 뜻하나, '나라이름' '성씨'로 쓰인다.

削	刀부 총9획	戰國 金文	小篆		削除(삭제) 削髮(삭발) 添削(첨삭)
		雲夢雜抄	說文解字		
깎을 삭	설문 刀부	削(삭)은 칼집을 뜻한다. 일설에는 나눈다는 뜻이라고도 한다. 刀(도)는 의미부분이고, 肖(초)는 발음부분이다.(「削, 鞞也. 一曰析也. 从刀, 肖聲.」)			

※ 조금씩 작게(肖) 칼(刂)로 깎아내어 모양을 만드는 데서 '깎다'를 뜻한다.

㕯 → 隙

㕯	小부 총10획	戰國 金文	小篆		용례 없음

		璽彙0282	說文解字		
벽틈 극	설문 白부	㕯(벽틈 극)은 벽 틈에 보이는 것이 희다는 뜻이다. 白(백)은 의미부분이고, (白자의) 위아래로 小(소)가 보인다는 의미이다.(「㕯, 際見之白也. 从白, 上下小見.」)			

※ 벽 위와 아래에 작은(小) 틈으로 흰 빛(日)이 들어오는 '벽 틈'을 뜻한다.

隙	阜부 총13획	小篆 說文解字				間隙(간극) 隙駒(극구) 孔隙(공극)	
틈 극	설문 自부	隙(극)은 담 사이의 구멍을 뜻한다. 阜(부)와 㑄(극)은 모두 의미부분인데, 㑄은 발음부분이기도 하다. (「䧿, 壁際孔也. 从自, 从㑄, 㑄亦聲.」)					

※ 담이나 언덕(阝) 위아래 작은(小) 빛(日)이 들어오는 틈(㑄:벽틈 극) 사이로 '틈'을 뜻한다.

小 → 少 → 沙 → 砂 → 娑 → 裟✣ → 紗 → 劣 → 省 → 妙 → 渺☆ → 抄 → 炒☆ → 秒

小	小부 총3획	甲骨文	殷商 金文	西周 金文	小篆	小說(소설) 大小(대소) 小便(소변)	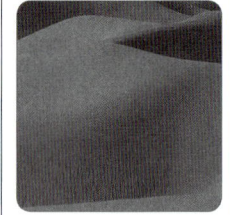

		甲630	佚426	集母乙觶	孟鼎	散盤	說文解字
작을 소	설문 小부	小(소)는 물체가 작다는 뜻이다. 八(팔)과 丨(곤)은 모두 의미부분이다. 잘 살펴서 나눈다는 뜻이다. 무릇 小부에 속하는 글자들은 모두 小를 의미부분으로 삼는다. (「小, 物之微也. 从八·丨. 見而分之. 凡小之屬皆从小.」)					

※ 작은 물건을 뜻하며, 少와 小는 다 같이 '작고 적음'을 뜻한다.

少	小부 총4획	甲骨文	春秋 金文		戰國 金文	小篆	少女(소녀) 少額(소액) 少尉(소위)	

		甲2904	齊鎛	吉日壬午劍	蔡侯申鐘	兆域圖	說文解字	
적을 소	설문 小부	少(소)는 적다는 뜻이다. 小(소)는 의미부분이고, 丿(별)은 발음부분이다. (「少, 不多也. 从小, 丿聲.」)						

※ 약간의 작은 물건이 올망졸망 흩어져 있는 모양에서, 少는 '적다'를 小는 '작다'를 뜻한다.

沙	水부 총7획	西周 金文			小篆	或體	沙漠(사막) 黃沙(황사) 沙浴(사욕)	

		裛盤	休盤	旬簋	說文解字			
모래 사	설문 水부	沙(사)는 물이 돌을 잘게 부순 것(즉 모래)을 뜻한다. 水(수)와 少(소)는 모두 의미부분이다. 물[水]이 적으면[少] 모래가 보인다. 초(楚) 지방 동쪽에 사수(沙水)가 있다. 㴲, 담장(譚長)은 (㴲는) 沙의 혹체자(或體字)로 少 대신 㕛(절)을 썼다고 주장하였다. (「㴲, 水散石也. 从水, 从少. 水少, 沙見. 楚東有沙水. 㴲, 譚長說:'沙或从㕛.'」)						

※ 물(氵)가나 물밑의 작은(少) 돌 부스러기인 '모래'. 물(氵)이 적어(少)지면 모래가 보인다.

砂	石부 총9획	설문 없음	砂漠(사막) 砂金(사금) 黃砂(황사)	
모래 사				

※ 돌(石)이 작은(少) 알갱이로 부서진 '모래'를 뜻한다.

娑	女부 총10획	小篆  說文解字	娑婆(사바) 婆娑(파사) 娑娑(사사)	

사바세상/ 춤출 사	설문 女부	娑(사)는 춤춘다는 뜻이다. 女(녀)는 의미부분이고, 沙(사)는 발음부분이다. ≪시경(詩經)≫에 이르기를 "날렵하게 춤을 추네."라고 하였다. (「娑, 舞也. 从女, 沙聲. ≪詩≫曰:"市也娑娑."」)		

※ 물결에 움직이는 모래(沙)처럼 너울너울 천천히 곱게 춤추는 여자(女)에서 '춤추다'를 뜻한다.
또한 범어의 'sabhā(娑婆:사바)'의 음역에서 현 세상인 '사바세상'을 뜻한다.

	衣부 총13획	설문 없음	小篆  形音義字典		袈裟(가사) 裟婆(사바)	
가사 **사**						

✽ 승려가 장삼 위에 왼쪽 어깨에서 오른쪽 겨드랑이 밑으로 물결에 움직이는 모래(沙)처럼 너울너울 걸쳐 입는 옷(衣)인 '가사'를 뜻한다.

	糸부 총10획	설문 없음	小篆  形音義字典		紗窓(사창) 紗羅(사라) 紗燈籠(사등롱)	
비단 **사**						

✽ 가벼운 비단 실(糸)로, 작고(少) 가는 실로 짠 비단인 '깁'에서 '비단'을 뜻한다.

	力부 총6획	小篆  說文解字			愚劣(우열) 劣勢(열세) 庸劣(용렬)	
못할 **렬**	설문 力부	劣(렬)은 약하다는 뜻이다. 力(력)과 少(소)는 모두 의미부분이다.(「劣, 弱也. 从力·少.」)				

✽ 작은(少) 힘(力)으로는 일을 하는데 부족한 데서 '못하다' '못나다'를 뜻한다.

	目부 총9획	甲骨文  粹1045 佚247	殷商金文 小子省卣	西周金文 天亡簋 智鼎	小篆  說文解字	古文 	省察(성찰) 省墓(성묘) 省略(생략)	
살필 **성** 덜 **생**	설문 目부	省(성·생)은 자세히 본다는 뜻이다. 眉(미)의 생략형과 屮은 모두 의미부분이다. 𥄙은 고문(古文)으로 少와 囧(경)으로 이루어졌다.(「省, 視也. 从眉省, 从屮. 𥄙, 古文, 从少, 从囧.」)						

✽ 작게(少) 눈(目)을 뜨고 초목의 어린싹을 자세히 살피는 데서 '살피다' '덜다'를 뜻한다.
　※참고:본래 초목의 어린 싹(屮=少)을 눈(目)으로 살펴보는 모양이었음. ※𥄙(省의 소전)

	女부 총7획	설문 없음	小篆  形音義字典		妙案(묘안) 妙技(묘기) 妙藥(묘약)	
묘할 **묘**		≪설문해자≫에는 보이지 않는다. 그런데 ≪설문해자·人부(人部)≫에 "散(미)는 미세(微細)하다는 뜻이다.(「散, 妙也.」)"라고 하였으므로 본래는 '妙'자가 있었던 것으로 추측되는데 오늘날 전해지는 판본에는 보이지 않는다.				

✽ 여자(女)가 나이가 적고(少) 젊어 묘하게 아름다움에서 '묘하다' '예쁘다'를 뜻한다.

	水부 총12획	설문 없음	小篆  形音義字典		渺然(묘연) 渺漫(묘만) 渺茫(묘망)	
아득할 **묘**						

✽ 질펀히 펼쳐 흐르는 물(氵)을 한쪽 눈(目)을 작게(少) 뜨고 애꾸(眇)처럼 보는 데서 '아득하다' '물이 질펀하다'를 뜻한다. ※眇(애꾸눈 묘)

597

	手부 총7획	설문 없음		抄譯(초역) 抄出(초출) 抄筆(초필)	
뽑을 **초**		≪설문해자≫ 등에는 '抄'자가 보이지 않는다. ≪정자통(正字通)·수부(手部)≫에서는 "抄는 숟가락 또는 손을 모아 낱알로 된 물체를 취하는 것이다. 오늘날에는 글자를 베껴 쓰는 것을 抄라고 한다.(「抄, 以匕抄取粒物也. 今人謄鈔文字曰抄.」)"라고 하였다.			

✻ 손(扌)으로 문서나 물건의 중요한 일부만 조금(少) 뽑아내는 데서 '뽑다'를 뜻한다.

	火부 총8획	설문 없음	小篆 形音義字典	炒麪(초면) 炒鬧(초뇨) 炒米(초미)	
볶을 **초**					

✻ 불(火)을 피워 음식을 조금씩(少) 저으며 익히는 데서 '볶다'를 뜻한다.

	禾부 총9획	小篆 說文解字		秒針(초침) 秒速(초속) 閏秒(윤초)	
분초 **초**	설문 禾부	秒(초·묘)는 벼의 까끄라기를 뜻한다. 禾(화)는 의미부분이고, 少(소)는 발음부분이다.(「䉳, 禾芒也. 从禾, 少聲.」)			

✻ 벼(禾) 끝의 작고(少) 가느다란 '까끄라기'로, 까끄라기 같은 시계의 '분·초'의 단위를 뜻한다.

皀 ➡ 食 ➡ 飾 ➡ 蝕

	白부 총7획	甲骨文			殷商 金文	西周金文	戰國 金文	小篆	용례 없음	
		合3823	前5·48·2	粹919	皀且辛爵	崔叔簋	三晉44	說文解字		
고소할 **흡**	설문 皀부	皀(고소할 흡, 낱알 흡)은 곡식의 향내를 뜻한다. (白은) 벼가 포장 안에 있는 모양을 그린 것이다. 匕(비)는 그것을 뜨는 도구(즉 숟가락)이다. 일설에 皀은 낱알 하나를 뜻한다고도 한다. 무릇 皀부에 속하는 글자들은 모두 皀을 의미부분으로 삼는다. 또 香(향)처럼 읽기도 한다.(「皀, 穀之馨香也. 象嘉穀在裏中之形. 匕, 所以扱之. 或說: 皀, 一粒也. 凡皀之屬皆从皀. 又讀若香.」)								

✻ 그릇에 담긴 흰(白) 곡식이나, 흰(白) 쌀밥을 수저(匕)로 먹는 데서 '고소하다'를 뜻한다.

	食부 총9획	甲骨文			西周 金文	戰國 金文	小篆	食事(식사) 食堂(식당) 食水(식수)	
		乙1115	甲1289	粹700	食仲盨	仲義簋	鄲孝子鼎	說文解字	
밥 **식**	설문 食부	食(식)은 하나의 쌀을 뜻한다. 皀(흡)은 의미부분이고, 亼(집)은 발음부분이다. 일설에는 亼과 皀이 모두 의미부분이라고도 한다. 무릇 食부에 속하는 글자 등은 모두 食을 의미부분으로 삼는다.(「食, 一米也. 从皀, 亼聲. 或說亼·皀也. 凡食之屬皆从食.」)							

✻ 뚜껑(亼)과 고소한(皀:고소할 흡/급) 밥이 담긴 밥그릇 모양에서 '밥' '음식' '먹다'를 뜻한다.

◆ 錦衣玉食 : (금의옥식) 비단옷(緋緞–)과 흰쌀밥이라는 뜻으로, 사치(奢侈)스러운 생활(生活)을 이르는 말.
◆ 箪食瓢飲 : (단사표음) 대그릇의 밥과 표주박의 물이라는 뜻으로, 좋지 못한 적은 음식(飮食).

飾

食부 총14획

小篆
說文解字

假飾(가식)
服飾(복식)
修飾語(수식어)

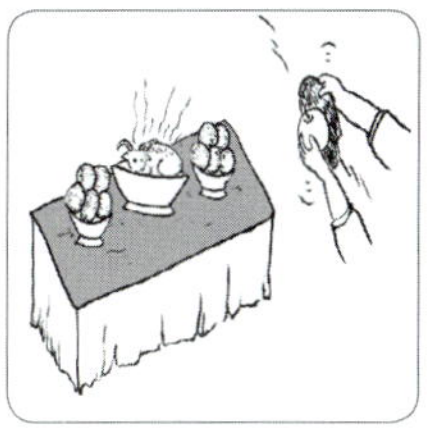

꾸밀 식

설문 巾부: 飾(식)은 닦는다는 뜻이다. 巾(건)과 人(인)은 의미부분이고, 食(식)은 발음부분이다. 式(식)처럼 읽는다. 일설에는 머리 장식을 뜻한다고도 한다.(「飾, 㕞也. 从巾, 从人, 食聲. 讀若式. 一曰襐飾.」)

✲ 음식(飠)을 남(人=𠂉)에게 먹이기(飤:먹일 사) 위해 천(巾)으로 닦는 데서 '꾸밈'을 뜻한다.

蝕

虫부 총15획

戰國 金文		小篆
雲夢法律	包山227	說文解字

侵蝕(침식)
蠶蝕(잠식)
雨蝕(우식)

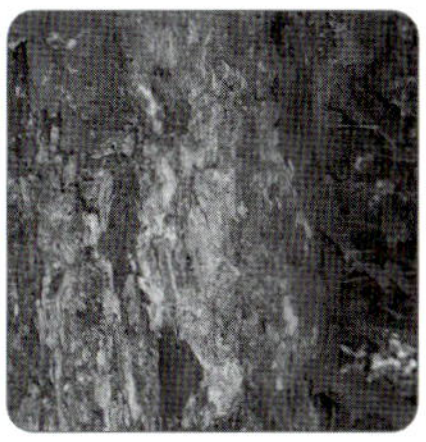

좀먹을 식

설문 虫부: 蝕=蝕(일식·월식 식, 벌레먹을 식)은 (피부나 살이) 부패(腐敗)해서 부스럼[瘡(창)]이 되었다는 뜻이다. 虫(훼·충)·人(인)·食(식)은 모두 의미부분인데, 食은 발음부분이기도 하다.(「蝕, 敗創也. 从虫·人·食, 食亦聲.」)

✲ 모든 물건을 먹어(食=飠) 치우는 벌레(虫)로, 물건을 '좀먹다' '벌레 먹다'를 뜻한다.

手 ➡ 拜 ➡ 湃

手

手부 총4획

西周 金文			戰國 金文	小篆	古文
曶鼎	師嫠簋	噩侯鼎	陶五384	說文解字	

手帖(수첩)
手足(수족)
手巾(수건)

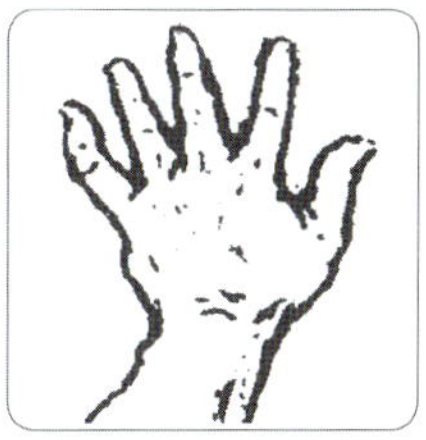

손 수

설문 手부: 手(수)는 拳(주먹 권)이다. 상형이다. 무릇 手부에 속하는 글자들은 모두 手를 의미부분으로 삼는다. 𠂿는 手의 고문(古文)이다.(「手, 拳也. 象形. 凡手之屬皆从手. 𠂿, 古文手.」)

✲ 사람의 다섯 손가락과 손목을 그려 '손'을 뜻한다.

拜

手부 총9획

甲骨文	金文		小篆	或體	古文
佚228	井侯簋	頌鼎	說文解字		

拜上(배상)
歲拜(세배)

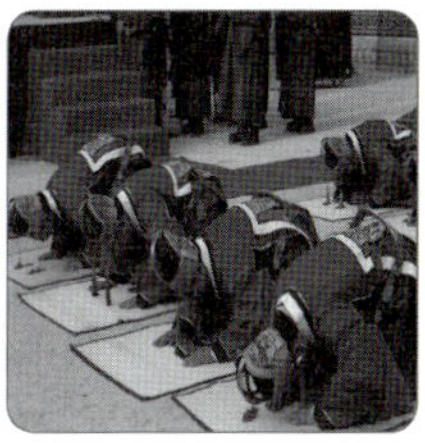

절 배

설문 手부: 𢷎(배)는 머리를 땅에 댄다는 뜻이다. 手(수)와 𠦪(홀·훌)은 모두 의미부분이다. 𠦪의 발음은 홀(忽)이다. 拜, 양웅(揚雄)은 "拜는 두 손[扌]과 下(하)로 이루어졌다."라고 하였다. 𢪒는 拜의 고문(古文)이다.(「𢷎, 首至地也. 从手·𠦪. 𠦪音忽. 𢪘, 揚雄說: "拜从兩手下." 𢪒, 古文拜.」)

✲ 두 손(扌=𢪙)을 모아 아래(丅:下의 고문)로 몸을 굽히는 데서 '절'을 뜻한다.

湃

水부 총12획

설문 없음

小篆
形音義字典

澎湃(팽배)
湃湃(배배)

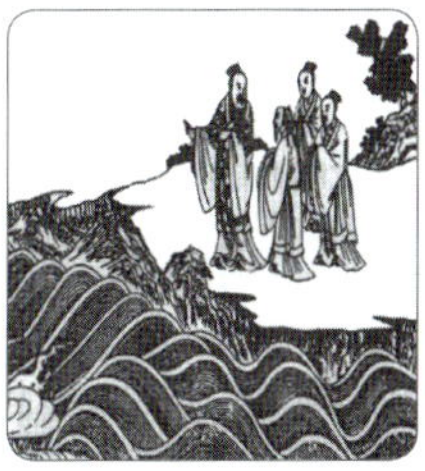

물결칠 배

✲ 물(氵)결이 굽이쳐 몸을 굽혀 절(拜)하듯 하는 데서 '물결치다' '물결소리'를 뜻한다.

◆ 虛禮虛飾 : (허례허식) 예절(禮節), 법식(法式) 등(等)을 겉으로만 꾸며 번드레하게 하는 일.
◆ 皆旣日蝕 : (개기일식) 지구(地球)와 태양(太陽)과의 사이에 달이 들어가서 태양(太陽)의 전부(全部) 또는 일부(一部)가 달에 의(依)하여 가려지는 현상(現象).
◆ 袖手傍觀 : (수수방관) 팔짱을 끼고 보고만 있다는 뜻으로, 어떤 일을 당(當)하여 옆에서 보고만 있는 것을 말함.
◆ 謝恩肅拜 : (사은숙배) 임금의 은혜(恩惠)에 대(對)하여 감사(感謝)히 여기어 경건(敬虔)하게 절함.

我 ➡ 餓 ➡ 俄 ☆ 娥 ❖ 峨 ❖

	戈부 총7획	甲骨文		殷商 金文	西周金文	春秋 金文	小 篆	古 文	自我(자아) 我執(아집) 我軍(아군)
		菁2.1	粹874	我父己爵	盂 鼎	秦公鎛		說文解字	
나 **아**	설문 我부	我(아)는 자기 자신을 가리키는 말이다. 일설에 我는 기울었다는 뜻이라고도 한다. 戈(과)와 手(수)는 모두 의미부분이다. 手는 일설에 垂(수)의 고자(古字)라고 한다. 일설에는 殺(살)의 고자라고도 한다. 무릇 我부에 속하는 글자들은 모두 我를 의미부분으로 삼는다. 𢎦는 我의 고문(古文)이다.(「𢎦, 施身自謂也. 或說: 我, 頃頓也. 从戈, 从手. 手, 或說古垂字. 一曰古殺字. 凡我之屬皆从我. 𢎦, 古文我.」)							

✴ 개인용 날 달린 창(𢎦)이나, 후에 손(手)으로 창(戈)을 잡은 모습처럼 변해 '나'를 뜻한다. 또는 창(戈)으로 고기를 잘게(三) 자르는 모양으로도 본다.

	食부 총16획	戰國 金文	小 篆		餓死(아사) 飢餓(기아) 餓鬼(아귀)
		雲夢日甲	說文解字		
주릴 **아**	설문 食부	餓(아)는 飢(굶주릴 기)이다. 食(식)은 의미부분이고, 我(아)는 발음부분이다.(「餓, 飢也. 从食, 我聲.」)			

✴ 먹을(食) 것이 없어 나(我) 자신도 굶주림에서 '주리다'를 뜻한다.

	人부 총9획	小 篆		俄然(아연) 俄頃(아경)
		說文解字		
아까 **아**	설문 人부	俄(아)는 걸어가는데 머리가 기울었다는 뜻이다. 人(인)은 의미부분이고, 我(아)는 발음부분이다. ≪시경(詩經)≫에 이르기를 "비뚤게 쓴 모자 그만큼 기울었네."라고 하였다.(「俄, 行頃也. 从人, 我聲. ≪詩≫曰: 仄弁之俄.」)			

✴ 사람(亻)이 창(我)을 들고 머리를 잠시 조금 굽히는 데서 '아까' '잠시' '러시아의 약칭'을 뜻한다.

	女부 총10획	甲骨文			小 篆	娥英(아영) 娥姣(아교) 娥娥(아아)
		乙8896	京津1161	京津3111	說文解字	
예쁠 **아**	설문 女부	娥(아)는 요(堯) 임금의 딸이자 순(舜)의 아내인 아황(娥皇)의 자(字)이다. 진(秦)과 진(晉) 지방에서는 예쁘다는 것을 형아(姪娥)라고 한다. 女(녀)는 의미부분이고, 我(아)는 발음부분이다.(「娥, 帝堯之女, 舜妻娥皇字也. 秦·晉謂好曰姪娥. 从女, 我聲.」)					

✴ 여자(女)가 창(我)을 든 것처럼 위엄 있고 '예쁜' 요임금의 딸, 순임금의 아내 이름을 뜻한다.

	山부 총10획	小 篆		峨眉(아미) 峨冠(아관) 峨峨(아아)
		說文解字		
높을 **아**	설문 山부	峨(아)는 산이 높다는 뜻이다. 山(산)은 의미부분이고, 我(아)는 발음부분이다.(「峨, 嵯峨也. 从山, 我聲.」)			

✴ 험하게 우뚝 솟은 산(山)이 세워놓은 창(我)같이 위엄 있는 데서 '높다'를 뜻한다.

◆ 我田引水 : (아전인수) '자기(自己) 논에만 물을 끌어넣는다'는 뜻으로, ①자기의 이익(利益)을 먼저 생각하고 행동(行動)함 ②또는 억지로 자기(自己)에게 이롭도록 꾀함을 이르는 말.
◆ 忘我之境 : (망아지경) 어떤 생각이나 사물(事物)에 열중(熱中)하여 자기자신(自己自身)을 잊어버리는 경지(境地).

毛 → 耗

毛부 총4획	西周 金文				小篆	毛髮(모발) 毛皮(모피) 毛根(모근)
	班簋	毛公鼎	召伯毛鬲	毛叔盤	說文解字	

터럭 모 / 설문 毛부

毛(모)는 눈썹·머리카락류 그리고 짐승의 털 등을 뜻한다. 상형이다. 무릇 모부에 속하는 글자들은 모두 毛를 의미부분으로 삼는다.(「𦣞, 眉髮之屬及獸毛也. 象形. 凡毛之屬皆从毛.」)

✵ 사람이나 짐승의 몸에 난 털로 '터럭' '조금'을 뜻한다.

耒부 총10획	설문 없음	小篆  形音義字典		消耗(소모) 耗損(모손) 磨耗(마모)

소모할 모

✵ 쟁기(耒)로 털(毛)끝 같은 잘린 곡식줄기를 땅속에 갈아엎는 데서 '없애다' '소모하다' '줄다'를 뜻한다.
※참고:본래 곡식(禾)이 조금(毛)씩 줄어든다(耗:줄 모)는 뜻이다.

義 → 儀 → 議 → 羲 → 犧 → 曦 ✤ → 爔 ✤

羊부 총13획	甲骨文		殷商 金文	西周金文	春秋 金文	小篆	義理(의리) 義氣(의기) 義務(의무)
	甲3445	後下13.5	子義爵	師旂鼎	虢季子白盤 蔡侯盤	說文解字	

옳을 의 / 설문 我부

義(의)는 자신의 위엄 있는 의용(儀容)을 뜻한다. 我(아)와 羊(양)은 모두 의미부분이다. 𦐸, ≪묵적서(墨翟書)≫에서는 義자에서 (我 대신) 弗(불)을 썼다. 위군(魏郡)에 의양향(羛陽鄉)이라는 곳이 있는데, (羛는) 錡(기)처럼 읽는다. 현재는 업현(鄴縣)에 속하는데, 본래는 내황현(內黃縣) 북쪽 20리 떨어진 곳에 있었다.(「義, 己之威儀也. 从我羊. 𦐸, ≪墨翟書≫義从弗. 魏郡有羛陽鄉, 讀若錡. 今屬鄴, 本內黃北二十里.」)

✵ 새의 깃으로 양(羊)뿔처럼 장식한 의식(儀式)용 창(我). 또는 양(羊)고기를 잘라(我) 나누어 먹는 데서 '옳다'를 뜻한다. ※파자:양(羊)을 창(我)으로 잡아 옳은 일을 위해 제사하는 데서 '옳다' '바르다' '의리'를 뜻한다.

人부 총15획	小篆 說文解字			儀式(의식) 禮儀(예의) 葬儀(장의)

거동 의 / 설문 人부

儀(의)는 법도(法度)를 뜻한다. 人은 의미부분이고, 義는 발음부분이다.(「儀, 度也. 从人, 義聲.」)

✵ 사람(亻)의 옳은(義) 행동이나 옳은 예의에서 '거동'을 뜻한다.

言부 총20획	戰國 金文	小篆	議員(의원) 議論(의논) 議決(의결)
	行議戈 雲夢秦律	說文解字	

의논할 의 / 설문 言부

議(의)는 논의한다는 뜻이다. 言(언)은 의미부분이고, 義(의)는 발음부분이다.(「議, 語也. 从言, 義聲.」)

✵ 여러 사람과 말(言)하여 옳은(義) 일을 하기 위해 의견을 교환하는 데서 '의논하다'를 뜻한다.

◆ 不可思議 : (불가사의) 사람의 생각으로는 미루어 헤아릴 수도 없다는 뜻으로, 사람의 힘이 미치지 못하고 상상(想像)조차 할 수 없는 오묘(奧妙)한 것.

義	羊부 총16획	甲骨文		殷商 金文	西周 金文		小篆	伏羲氏(복희씨) 王羲之(왕희지)
		合36754	合37504	亞羲方彝	羲妣鬲	柳鼎	說文解字	
복희 희	설문 兮부	羲(희)는 기(氣)를 뜻한다. 兮(혜)는 의미부분이고, 義(의)는 발음부분이다.(「羲, 气也. 从兮, 義聲.」)						

※ 옳은(義) 제물의 기운(兮)을 하늘로 보내는 데서 '숨' '희생'이나 '복희'의 이름으로 쓰인다.
　※참고: 義에서 禾는 手의 변형이다.

犧	牛부 총20획	戰國 金文	小篆			犧牲(희생) 犧牲者(희생자) 犧牲羊(희생양)
		包山248	說文解字			
희생 희	설문 牛부	犧(희)는 종묘에 제사지낼 때 쓰이는 희생(犧牲)을 뜻한다. 牛(우)는 의미부분이고, 義(희)는 발음부분이다. 가시중(賈侍中)은 이것은 고자(古字)가 아니라고 하였다.(「犧, 宗廟之牲也. 从牛, 義聲. 賈侍中說此非古字.」)				

※ 소(牛)를 희생(犧)의 제물로 바침에서 '희생'을 뜻한다. ※참고: 義에서 禾는 手의 변형이다.

曦	日부 총20획	설문 없음	小篆	曦光(희광) 曦月(희월) 曦軒(희헌)
			形音義字典	
햇빛 희				

※ 해(日)가 만물을 위해 희생하여(義) 빛을 펼치는 데서 '햇빛'을 뜻한다.

爔	火부 총20획	설문 없음		용례 없음
불빛 희				

※ 불(火)을 밝게 밝혀 희생(犧)의 제물을 바치는 데서 '불빛'을 뜻한다.

羊➡佯*➡洋➡恙☆➡養➡癢☆‥‥(羑)➡樣➡漾*‥‥祥➡詳➡庠➡翔‥‥姜‥‥美➡羙*‥‥羔*➡羹➡窯‥‥羌*➡着

羊	羊부 총6획	甲骨文			殷商 金文	西周 金文	戰國 金文	小篆	羊毛(양모) 羊腸(양장) 羊皮(양피)
		佚450	鐵252.1	河387	羊己觚	羊鼎	盂鼎	中山王壺 說文解字	
양 양	설문 羊부	羊(양)을 '양'이라고 부르는 까닭은 양은 상서로운[祥(상)] 동물이기 때문이다. 丷(개·과)는 의미부분이고, (羊은) 머리·뿔·다리·꼬리의 모양을 그린 것이다. 공자(孔子)는 "牛(우)나 羊(양)같은 글자는 그 모양으로 나타낸 것이다."라고 하였다. 무릇 羊부에 속하는 글자들은 모두 羊을 의미부분으로 삼는다.(「羊, 祥也. 从丷, 象頭·角·足·尾之形. 孔子曰: "牛羊之字, 以形舉也." 凡羊之屬皆从羊.」)							

 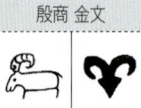  

※ 양의 머리에 있는 두 뿔을 강조하여 희생 제물로 많이 쓰이는 '양'을 뜻한다. ※ 羋이 本字.

佯	人부 총8획	설문 없음	小篆	佯病(양병) 佯驚(양경) 佯名(양명)
			形音義字典	
거짓 양				

※ 사람(亻)이 속과 달리, 겉으로는 순한 양(羊)처럼 보이게 함에서 '거짓'을 뜻한다.

洋	水부 총9획	甲骨文	金文	小篆		洋食(양식) 五大洋(오대양) 太平洋(태평양)	

		林2·14·1	古鉢	說文解字			
큰바다 양	설문 水부	洋(양)은 강의 이름이다. 제군(齊郡) 임구현(臨朐縣) 고산(高山)에서 발원하여, 동북쪽으로 흘러서 거정호(鉅定湖)로 들어간다. 水(수)는 의미부분이고, 羊(양)은 발음부분이다.(「𣱺, 水. 出齊臨朐高山, 東北入鉅定. 从水, 羊聲.」)					

✽ 물(氵)이 양(羊)의 무리처럼 성대하고 많은 '큰 바다'를 뜻한다.

恙	心부 총10획	甲骨文	戰國 金文	小篆	無恙(무양) 恙病(양병) 心恙(심양)	

		合8877	雲夢日乙	說文解字		
병/근심할 양	설문 心부	恙(양)은 근심한다는 뜻이다. 心(심)은 의미부분이고, 羊(양)은 발음부분이다.(「恙, 憂也. 从心, 羊聲.」)				

✽ 겁이 많은 양(羊)의 마음(心)에서 '근심' '걱정' '병'을 뜻한다.

養	食부 총15획	甲骨文		殷商 金文		小篆	古文	養育(양육) 養護(양호) 養成(양성)	

		粹1589	屯1024	父丁罍	父乙觶	說文解字			
기를 양	설문 食부	養(양)은 (음식을) 드린다는 뜻이다. 食(식)은 의미부분이고, 羊(양)은 발음부분이다. 𩞣은 養의 고문(古文)이다.(「養, 供養也. 从食, 羊聲. 𩞣, 古文養.」)							

✽ 양(羊)을 잘 다스려 튼튼하게 먹여(食) 기르는 데서 '기르다'를 뜻한다.

癢	疒부 총20획	설문 없음	小篆		癢痛(양통) 技癢(기양) 搔癢(소양)	

			形音義字典			
가려울 양						

✽ 피부에 있는 병(疒)을 길러(養) 점점 더 근질근질 가려운 데서 '가렵다'를 뜻한다.

羕	羊부 총12획	西周 金文	春秋 金文	戰國 金文	小篆	용례 없음	

		羕史尊	吳王光鐘	公孫𠊿壺	說文解字		
강이길 양	설문 永부	羕(양)은 물줄기가 길다는 뜻이다. 永(영)은 의미부분이고, 羊(양)은 발음부분이다. ≪시경(詩經)≫에 이르기를 "장강(長江)은 길도다."라고 하였다.(「羕, 水長也. 从永, 羊聲. ≪詩≫曰: "江之羕矣."」)					

✽ 양(羊) 떼가 길게(永) 줄지어 가듯 길게 흐르는 강에서 '강이 길다'를 뜻한다. ※참고:羕=様

様	木부 총15획	小篆		模様(모양) 多様(다양) 様式(양식)	

		說文解字			
모양 양	설문 木부	様(양·상)은 도토리이다. 木(목)이 의미부분이고, 羕(양)은 발음부분이다.(「様, 栩實. 从木, 羕聲.」)			

✽ 나무(木)중에 긴 양 무리(羕:강이 길 양)처럼 길게 자라는 '상수리나무'나 '모양'을 뜻한다.

漾	水부 총14획	戰國 金文		小篆	古文		漾水(양수) 漾漾(양양)	
		曾姬無卹壺	包山019	說文解字				
출렁거릴 **양**	설문 水부	漾(물결 출렁거릴 양, 물 이름 양)은 강의 이름이다. 농서군(隴西郡) 상도현(相道縣)에서 발원하여, 동쪽으로 흘러서 무도군(武都郡)에 이르러 한수(漢水)가 된다. 水(수)는 의미부분이고, 羕(양)은 발음부분이다. 瀁, 고문(古文)에서는 (羕 대신) 養(양)을 썼다.(「瀁, 水. 出隴西相道, 東至武都爲漢. 从水, 羕聲. 瀁, 古文从養.」)						

✻ 강물(氵)이 출렁이며 길게(羕) 흐르는 데서 '출렁거리다'를 뜻한다.

祥	示부 총11획	甲骨文		戰國 金文		小篆	祥瑞(상서) 祥雲(상운) 不祥事(불상사)	
		合集104	合集105	中山王壺	陳逆簋	說文解字		
상서 **상**	설문 示부	祥(상)은 복(福)을 뜻한다. 示(시)는 의미부분이고, 羊(양)은 발음부분이다. 일설에는 좋다는 뜻이라고도 한다.(「祥, 福也. 从示, 羊聲. 一云善.」)						

✻ 제사(示)의 제물로 바치던 상서로운 짐승인 양(羊)에서 '상서롭다'를 뜻한다.

詳	言부 총13획	小篆	詳細(상세) 仔詳(자상) 詳述(상술)	
		說文解字		
자세할 **상**	설문 言부	詳(상)은 상세하게 논의한다는 뜻이다. 言(언)은 의미부분이고, 羊(양)은 발음부분이다.(「詳, 審議也. 从言, 羊聲.」)		

✻ 말(言)을 골라 순한 양(羊)처럼 조심히 말을 함에서 '자세하다'를 뜻한다.

庠	广부 총9획	戰國 金文		小篆	庠校(상교) 國庠(국상) 庠序(상서)	
		古鉢	中山王墓	說文解字		
학교 **상**	설문 广부	庠(상)은 예관(禮官)이 노인을 봉양하던 곳을 뜻한다. 하(夏)나라에서는 교(校)라고 하였고, 은(殷)나라에서는 庠이라고 하였으며, 주(周)나라에서는 서(序)라고 하였다. 广(엄)은 의미부분이고, 羊(양)은 발음부분이다.(「庠, 禮官養老. 夏曰校, 殷曰庠, 周曰序. 从广, 羊聲.」)				

✻ 사람들을 가르치던 집(广)으로 양(羊)처럼 무리지은 500戶(호)의 읍에 있던, 殷(은)·周(주)대의 '학교' 이름을 뜻한다.

翔	羽부 총12획	小篆	飛翔(비상) 翔貴(상귀) 翔集(상집)	
		說文解字		
날 **상**	설문 羽부	翔(상)은 빙빙 돌며 난다는 뜻이다. 羽(우)는 의미부분이고, 羊(양)은 발음부분이다.(「翔, 回飛也. 从羽, 羊聲.」)		

✻ 한 장소에 무리지은 양(羊)처럼 두 날개(羽)를 펴고 한 곳을 돌며 나는 데서 '날다'를 뜻한다.

姜	女부 총9획	甲骨文			殷商 金文	西周 金文	春秋 金文	小篆	姬姜(희강) 姜以式(강이식)	
		河303	乙3130	甲182	婦姜告鼎	己侯簋	齊鎛	說文解字		
성 **강**	설문 女부	姜(강)은 신농씨(神農氏)가 강수(姜水) 가에서 살아서, (이로 인하여) 성(姓)이 되었다. 女(녀)는 의미부분이고, 羊(양)은 발음부분이다.(「姜, 神農居姜水, 以爲姓. 从女, 羊聲.」)								

✻ 양(羊=𦍌)을 중요시 여기며 여자(女)가 가정을 이끄는 모계사회 때의 '성씨'를 뜻한다.

美	羊부 총9획	甲骨文		殷商 金文	西周 金文	戰國 金文	小篆	美人(미인) 美術(미술) 美容(미용)
		甲1269	甲686	美宁鼎	美爵	中山王壺	說文解字	
아름다울 미	설문 羊부	美(미)는 맛있다는 뜻이다. 羊(양)과 大(대)는 모두 의미부분이다. 양은 6종류의 가축 가운데 고기의 주 공급원이다. 美와 善(선)은 같은 뜻이다.(「羙, 甘也. 从羊, 从大. 羊在六畜主給 膳也. 美與善同意.」)						

※ 양(羊)뿔이나 깃으로 아름답게 장식한 성인(大)에서 '아름답다' '맛있다'를 뜻한다. 또는 양(羊)이 크게(大) 다 자라 '맛이 있음', '아름다움'을 뜻한다.

渼	水부 총12획	설문 없음	용례 없음
물결무늬 미			

※ 물(氵)결이 아름답게(美) 일렁이는 데서 '물결무늬' '물놀이'를 뜻한다.

羔	羊부 총10획	甲骨文			西周 金文		小篆	羔裘(고구) 羔雁(고안) 羔羊(고양)
		續1.48.8	甲3330	佚74	索角	衛鼎乙	說文解字	
새끼양 고	설문 羊부	羔(고)는 새끼 양을 뜻한다. 羊(양)은 의미부분이고, 照(조)의 생략형은 발음부분이다.(「羔, 羊子也. 从羊, 照省聲.」)						

※ 특별히 맛이 있는 어린 양(羊=羊)을 불(灬)에 고아먹는 데서 '새끼 양'을 뜻한다.

羹	羊부 총19획	甲骨文	金文	戰國 金文	小篆	或體		小篆	羹粥(갱죽) 羊羹(양갱) 羹獻(갱헌)
		形音義字典	雲夢秦律			說文解字			
국 갱	설문 弼부	鬻(갱)은 다섯 가지 맛이 조화를 이룬 국을 뜻한다. 鬲(력)과 羔(고)는 모두 의미부분이다. ≪시경(詩經)≫에 이르기를 "또한 국에 온갖 양념을 하였다."라고 하였다. 羹은 鬻의 혹체자(或體字)로 생략형이다. 䰫은 혹체자로 美(미)와 鬲의 생략형으로 이루어졌다. 羹은 소전으로 羔와 美로 이루어졌다.(「鬻, 五味盉羹也. 从弼, 从羔. ≪詩≫曰: "亦有和鬻." 羹, 鬻或省. 䰫, 或从美·弼省. 羹, 小篆, 从羔, 从美.」)								

※ 양(羊) 종류를 불(灬)에 고아먹듯 염소(羔:새끼 양 고)를 맛있게(美) 끓인 '국'을 뜻한다.
※참고: ≪설문해자≫에서는 '羹(갱)'과 '鬻(갱)'을 소전으로 설명하고 있으나 하나는 고문으로 보인다.

窯	穴부 총15획	戰國 金文	小篆	窯業(요업) 陶窯(도요) 民窯(민요)
		上博印35	說文解字	
기와가마 요	설문 穴부	窯(요)는 기와를 굽는 가마를 뜻한다. 穴(혈)은 의미부분이고, 羔(고)는 발음부분이다.(「窯, 燒瓦竈也. 从穴, 羔聲.」)		

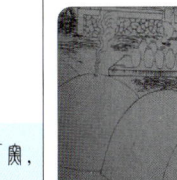

※ 구멍(穴) 형태의 아궁이에 양(羊)을 불(灬)에 곱듯, 질그릇을 불에 굽는 '기와 가마'를 뜻한다.

◆ 美人薄命 : (미인박명) 미인(美人)은 흔히 불행(不幸)하거나 병약하여 요절(夭折)하는 일이 많다는 말
◆ 懲羹吹韲 : (징갱취제) 뜨거운 국에 데더니 냉채를 먹을 때도 분다는 뜻으로, 한번의 실패로 모든 일을 지나치게 경계(警戒)함을 비유(比喻·譬喻)한 말.
◆ 簞食豆羹 : (단사두갱) 대나무 그릇에 담긴 밥과 제기(祭器)에 담긴 국이라는 뜻으로, ①얼마 안 되는 음식 ②변변치 못한 음식.
◆ 景德鎭窯 : (경덕진요) 중국(中國) 강서성 부량현에 있던, 중국(中國)에서 가장 큰 도기(陶器) 제조소. 북송 때에 시작(始作)하여 명(明)나라 때에 가장 성(盛)하였으며 관요(官窯)를 두었음.

	羊부 총8획	甲骨文				殷商 金文	羌管(강관) 羌桃(강도) 羌活(강활)
羌		後上28.3	前6.1.5	粹404	前1.41.1	亞乙羌爵	
		西周金文	春秋金文	戰國金文	小篆	古文	
		羌尊	鄭羌伯鬲	驫羌鐘		說文解字	

오랑캐이름 강	설문 羊부	羌(강)은 서쪽 오랑캐로, 양을 치는 민족이다. 人(인)과 羊(양)은 모두 의미부분인데, 羊은 발음부분이기도 하다. 남쪽 오랑캐인 만민(蠻閩)에게는 虫(벌레 충)을 의미부분으로 쓰고, 북쪽 오랑캐인 적(狄)에게는 犬(개 견)을, 동쪽 오랑캐인 맥(貉)에게는 豸(짐승 치)를, 그리고 서쪽 오랑캐인 羌에게는 羊을 의미부분으로 쓴다. 이들은 6종류가 있다. 서남 오랑캐 북인(僰人)은 난쟁이여서 人(사람 인)을 의미부분으로 쓴다. 대체로 곤(坤)의 땅에 자리 잡아서 매우 순리적인 성격을 지니고 있다. 한편 동이(東夷)는 大(대)를 의미부분으로 쓴다. 大는 사람[人]이다. 동이는 습속(習俗)이 어질다. 어진 사람은 오래 산다. (그래서 동이 지역은) 군자가 죽지 않는 나라로 알려져 있다. 공자(孔子)는 "도가 행해지지 않으니 구이(九夷) 지방으로 가려고 뗏목을 타고 바다로 나아간다."라고 말한 적도 있다. 羋은 羌의 고문(古文)으로 이와 같다.(「羌, 西戎, 牧羊人也. 从人, 从羊, 羊亦聲. 南方蠻閩从虫, 北方狄从犬, 東方貉从豸, 西方羌从羊, 此六種也. 西南僰人僬僥从人. 蓋在坤地, 頗有順理之性. 唯東夷从大. 大, 人也. 夷俗仁, 仁者壽, 有君子不死之國. 孔子曰: "道不行, 欲之九夷, 乘桴, 浮於海." 有以也. 羋, 古文羌如此.」)

※ 양(羊)치는 일을 주업으로 하는 사람(儿)들인 현 '티벳트종족'에서 '오랑캐'를 뜻한다.

着	羊부 총12획	설문 없음	※'著(저)'의 속자(俗字)	着用(착용) 着地(착지) 着陸(착륙)
붙을 착				

※ 著(저)의 속자. ※파자: 양(羊)의 털이 삐쳐(丿) 눈(目)에 달라붙음에서 '붙다'로 쓰인다.

差 → 嗟☆ → 蹉 → 磋❖ → 嵯* → 瑳*

	工부 총10획	西周 金文	春秋 金文	戰國 金文	小篆	籒文	差異(차이) 差別(차별) 差押(차압)
差		同簋	不易戈	吳王夫差劍	愕矢形器	說文解字	

다를 차	설문 左부	㠭=差(차)는 둘째간다는 뜻이다. 차이가 나서 서로 견줄 수가 없다는 뜻이다. 左(좌)와 垂(수)는 모두 의미부분이다. 㠭는 주문(籒文)으로 (左 대신) 二(이)를 썼다.(「㠭, 貳也. 差不相值也. 从左, 从㒸, 㠭, 籒文从二.」)

※ 어긋나게 늘어진 벼이삭(禾=㒸=羊)을 왼손(左)으로 잡고 있는 데서 '다르다' '어긋나다'를 뜻한다.
※파자: 양(羊) 털이 삐져(丿)나와 옷감이 잘못 만들어져(工) '다르고' '어긋나게' 됨.

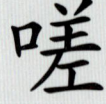

嗟	口부 총13획	설문 없음	小篆 形音義字典	嗟歎(차탄) 嗟惜(차석) 嗟稱(차칭)
탄식할 차				

※ 입(口)이 벌어질 정도로 남과 다른(差) 재주나 능력에서 '감탄하고' '탄식함'을 뜻한다.

◆ 臣伏戎羌 : (신복융강) (이상(以上)과 같이 나라를 다스리면 그 덕에)융(戎)과 강(羌)도 항복(降伏)하고야 맒.
◆ 自家撞着 : (자가당착) 자기(自己)의 언행(言行)이 전후(前後) 모순(矛盾)되어 일치(一致)하지 않음.
◆ 佛頭着糞 : (불두착분) 부처의 얼굴에 똥을 묻힌다는 뜻으로, ①훌륭한 저서(著書)에 서투른 서문(序文)을 쓴다는 말,
　　②깨끗한 것을 더럽히 거나 착한 사람이 모욕(侮辱)을 당할 때 비유(比喩·譬喩)하여 이르는 말.

蹉	足부 총17획	小篆 說文解字		蹉跌(차질) 蹉跎(차타) 蹉過(차과)	
미끄러질 차	설문 足부	蹉(차)는 차타(蹉跎)로, 때를 놓쳤다는 뜻이다. 足(족)은 의미부분이고, 差(차)는 발음부분이다.(「蹉, 蹉跎, 失時也. 从足, 差聲.」)			

※ 발(足=⻊)이 어긋나(差) 미끄러져 넘어짐에서 '미끄러지다'를 뜻한다.

磋	石부 총15획	설문 없음	小篆 形音義字典	磋切(차절) 切磋琢磨 (절차탁마)	
갈 차					

※ 돌(石)에 상아(象牙)의 어긋난(差) 부분을 가는 데서 '갈다'를 뜻한다.

嵯	山부 총13획	小篆 說文解字		嵯峨(차아) 嵯耶(차야)	
산우뚝할 차	설문 山부	嵯(차)는 산의 모습이다. 山(산)은 의미부분이고, 差(차)는 발음부분이다.(「嵯, 山皃. 从山, 差聲.」)			

※ 다른 산(山)들과 다르게(差) 높고 우뚝 솟은 산에서 '산 우뚝하다'를 뜻한다.

瑳	玉부 총14획	小篆 說文解字		용례 없음	
옥빛깨끗할 차	설문 玉부	瑳(차)는 옥 빛깔이 맑고 희다는 뜻이다. 玉(옥)은 의미부분이고, 差(차)는 발음부분이다.(「瑳, 玉色鮮白. 从玉, 差聲.」)			

※ 옥(玉)이 돌과 다르게(差) 선명하고 깨끗하게 빛이 나는 데서 '옥빛 깨끗함'을 뜻한다.

善 ➡ 膳 ➡ 繕 ➡ 墡❖ ➡ 羨

	口부 총12획	西周 金文		戰國 金文	小篆	篆文	善惡(선악) 善處(선처) 善良(선량)	
		大鼎	克鼎	毛公鼎	陶三412	說文解字		
착할 선	설문 誩부	譱(선)은 좋다는 뜻이다. 誩(경)과 羊(양)은 모두 의미부분이다. 이 글자와 義(의)·美(미)(에서 羊을 의미부분으로 쓴 이유)는 같은 의미이다. 善은 善의 전문(篆文)으로 (誩 대신) 言(언)을 썼다.(「譱, 吉也. 从誩, 从羊, 此與義·美同意. 善, 篆文善, 从言.」)						

※ 양(羊)이 순하고 착함을 여러 사람이 말함(誩:다투어말할 경)에서 '좋다' '착하다'를 뜻한다.

膳	肉부 총16획	春秋 金文 齊侯敦	小篆 說文解字	膳物(선물) 加膳(가선) 素膳(소선)	
선물/반찬 선	설문 肉부	膳(선)은 음식을 갖춘다는 뜻이다. 肉(육)은 의미부분이고, 善(선)은 발음부분이다.(「膳, 具食也. 从肉, 善聲.」)			

※ 고기(月) 요리를 좋게(善) 갖추어 올리는 데서 '반찬' '드리다'를 뜻한다.

繕	糸부 총18획	戰國 金文	小篆		修繕(수선) 營繕(영선) 繕寫(선사)
		繕	繕		
		雲夢秦律	說文解字		
기울 **선**	설문 糸부	繕(선)은 깁는다는 뜻이다. 糸(멱·사)는 의미부분이고, 善(선)은 발음부분이다.(「繕, 補也. 从糸, 善聲.」)			

※ 찢어진 곳을 실(糸)로 좋게(善) 손보아 고치는 데서 '깁다'를 뜻한다.

墡	土부 총15획	설문 없음		용례 없음
백토 **선**				

※ 흙(土) 담에 보기 좋게(善) 하얗게 칠하던 '백토'를 뜻한다.

羨	羊부 총13획	小篆		羨慕(선모) 仰羨(앙선) 欽羨(흠선)
		羨		
		說文解字		
부러워할 **선** 무덤길 **연**	설문 次부	羨(선)은 탐낸다는 뜻이다. 次(연)과 羑(유)의 생략형은 모두 의미부분이다. (羑는) 착한 말을 한다는 뜻의 羑이다. 문왕(文王)이 갇혀 있던 곳이 유리(羑里)였다.(「羨, 貪欲也. 从次, 从羑. 羑呼之羨. 文王所拘羑里.」)		

※ 맛있는 양(羊)고기를 보고 부러워 침(次:침 연)을 흘리는 데서 '부러워하다'를 뜻한다. 또 탐욕이 무덤에 이르는 길이라는 데서 '무덤길'을 뜻하기도 한다.

羍 ➡ 達 ➡ 撻

羍	羊부 총9획	小篆	或體		용례 없음
		羍	羍		
		說文解字			
새끼양 **달**	설문 羊부	羍(달)은 작은 양을 뜻한다. 羊(양)은 의미부분이고, 大(대)는 발음부분이다. 達(달)이라고 읽는다. 羍은 羍의 혹체자(或體字)로 생략형이다.(「羍, 小羊也. 从羊, 大聲. 讀若達. 羍, 羍或省.」)			

※ 사람(大=土)이 어린 양(羊)을 돌보는 데서 '어린양(羍=幸)' '새끼양'을 뜻한다.

達	辶부 총13획	甲骨文	殷商 金文	西周 金文	小篆	或體	達人(달인) 達辯(달변) 發達(발달)
					達	达	
		佚429	存2011	子達觶 師寰簋 保子達簋	說文解字		
통달할 **달**	설문 辶부	達(달)은 가다가 서로 못 만났다는 뜻이다. 辶(착)은 의미부분이고, 羍(달)은 발음부분이다. ≪시경(詩經)≫에 이르기를 "오고 가며 서로 보네."라고 하였다. 达는 達의 혹체자(或體字)로 (羍 대신) 大(대)를 썼다. 혹은 왕래(往來)하다는 뜻이라고도 한다.(「達, 行不相遇也. 从辶, 羍聲. ≪詩≫曰: "挑兮達兮." 达, 達或从大. 或曰迭.」)					

※ 사람(大)이 길 잃은 양(羊)인 어린 양(羍=幸)을 몰아 집에 이르게 함에서 '이르다' '통달하다'를 뜻한다.
※참고: 辛(매울 신), 幸(다행 행), 羍=幸(새끼 양 달).

◆ 四通五達 : (사통오달) 이리저리 여러 곳으로 길이 통(通)한다는 뜻으로, 길이나 교통망(交通網), 통신망(通信網) 등(等)이 사방(四方)으로 막힘없이 통(通)함.
◆ 不達時宜 : (부달시의) 아주 완고(頑固)하여 시대(時代)를 따르려는 변통성(變通性)이 없음.

撻	手부 총16획	小篆	古文		楚撻(초달) 撻辱(달욕) 撻笞(달태)
				說文解字	
때릴 **달**	설문 手부	撻(종아리 칠 달, 매질할 달)은 마을 잔치 석상에서, 예의에 벗어난 잘못을 저지르면 그 등을 때린다는 뜻이다. 手(수)는 의미부분이고, 達(달)은 발음부분이다. 𨕙은 撻의 고문(古文)이다. ≪주서(周書)≫에 이르기를 "매를 때림으로써 그것을 기억하도록 하였다."라고 하였다.(「𢼏, 鄕飮酒, 罰不敬, 撻其背. 从手, 達聲. 𨕙, 古文撻. ≪周書≫曰: "撻以記之."」)			

✽ 손(扌)으로 매를 잡고 때려, 목적지에 이르게(達) 함에서 '때리다'를 뜻한다.

丯 ➡ 害 ➡ 割 ➡ 轄 ➡ 憲

丯	ㅣ부 총4획	殷商 金文		小篆	용례 없음
		丯己觚	乙亥簋	說文解字	
흐트러질 **개**	설문 丯부	丯(개)는 풀이 흐트러졌다는 뜻이다. 풀이 어지럽게 자란 것을 그렸다. 무릇 丯부에 속하는 글자들은 모두 丯를 의미부분으로 삼는다. 介(개)처럼 읽는다.(「丯, 艸蔡也. 象艸生之散亂也. 凡丯之屬皆从丯. 讀若介.」)			

✽ 초목이 흐트러져 있거나 흩어져 자라는 모양으로 '흐트러지다'를 뜻한다.
  ※참고:이[齒]로 물거나 칼로 '새긴' 모양이라고도 한다. ※丰(예쁠 봉)과 다름에 주의.

害	宀부 총10획	西周 金文			春秋 金文	小篆	害蟲(해충) 公害(공해) 避害(피해)
		師害簋	害叔簋	毛公鼎	㠱伯盨	說文解字	
해할 **해**	설문 宀부	害(해)는 해롭게 한다는 뜻이다. 宀(면)과 口(구)는 의미부분이다. 宀과 口는 집[家(가)]에서 일어났음을 말하는 것이다. 丯(개)는 발음부분이다.(「害, 傷也. 从宀, 从口. 宀·口言从家起也. 丯聲.」)					

✽ 집(宀)안을 흐트러지게(丯:흐트러질 개) 하는 말(口)에서 '해롭다' '해하다'를 뜻한다.

割	刀부 총12획	西周 金文		戰國 金文		小篆	分割(분할) 割腹(할복) 割引(할인)

		無鼎	㠱伯盨	曾侯乙鐘		說文解字	
벨 **할**	설문 刀부	割(할)은 분할(分割)한다는 뜻이다. 刀(도)는 의미부분이고, 害(해)는 발음부분이다.(「割, 剝也. 从刀, 害聲.」)						

✽ 해로운(害) 것을 칼(刂)로 가르거나 쪼개서 '베다' '가르다' '나누다'를 뜻한다.

轄	車부 총17획	小篆	管轄(관할) 直轄(직할) 統轄(통할)
		 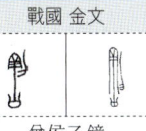	
		說文解字	
다스릴 **할**	설문 車부	轄(할)은 수레 소리이다. 車(거·차)는 의미부분이고, 害(해)는 발음부분이다. 일설에 轄은 굴대 빗장을 뜻한다고도 한다.(「轄, 車聲也. 从車, 害聲. 一曰: 轄, 鍵也.」)	

✽ 수레(車) 굴대머리를 해하듯(害) 파서 바퀴가 빠지지 못하게 끼우는 큰 못 같은 '비녀장'에서 '다스리다'가 된다.

◆ 利害打算 : (이해타산) 이해(利害) 관계(關係)를 이모저모 따져 헤아리는 일.
◆ 陰柔害物 : (음유해물) 겉으로는 유순(柔順)하나 속은 검어서 남을 해(害)치려는 간사(奸邪)한 사람.

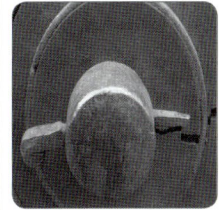

憲	心부 총16획	西周 金文				春秋 金文	小篆	憲法(헌법) 憲章(헌장) 制憲(제헌)

		牆 盤	伯憲盉	揚 簋		井人鐘	秦公簋 說文解字	
법 헌	설문 心부	憲(헌)은 민첩하다는 뜻이다. 心과 目은 의미부분이고, 害(해)의 생략형은 발음부분이다.(「憲, 敏也. 从心, 从目, 害省聲.」)						

※ 집(宀)안을 흐트러지게(丯) 하는 것을 눈(目=罒)으로 살피고 마음(心)으로 빨리 깨우쳐 다스리는 데서 '법'을 뜻한다.

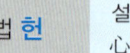

韧	刀부 총6획	甲骨文		殷商 金文	西周 金文	小篆	용례 없음

		甲1170	合14176	韧母卣	師同鼎	說文解字	
새길 갈	설문 韧부	韧(갈)은 정교하게 새긴다는 뜻이다. 刀(도)는 의미부분이고, 丯(개)는 발음부분이다. 무릇 韧부에 속하는 글자들은 모두 韧을 의미부분으로 삼는다.(「韧, 巧韧也. 从刀, 丯聲. 凡韧之屬皆从韧.」)					

※ 정한 일을 흐트러지지(丯) 않게 칼(刀)로 새겨두는 데서 '새기다'를 뜻한다.

契	大부 총9획	春秋 金文	戰國 金文	小篆		契約(계약) 契機(계기) 契主(계주)

		杕氏壺	秦陶487	說文解字		
맺을 계	설문 韧부	契(계)는 큰 약속을 뜻한다. 大(대)와 韧(갈)은 모두 의미부분이다. ≪주역(周易)≫에 이르기를 "후대 성인이 서계(書契)로 바꾸었다."라고 하였다.(「契, 大約也. 从大, 从韧. ≪易≫曰: "後代聖人易之以書契."」)				

※ 약속된 일을 흐트러지지(丯) 않게 칼(刀)로 새겨(韧:새길 갈) 큰(大)일을 '맺음'을 뜻한다.

喫	口부 총12획	小篆	喫煙(끽연) 滿喫(만끽) 喫茶(끽다)
		說文解字	
먹을 끽	설문 口부	喫(끽)은 먹는다는 뜻이다. 口(구)는 의미부분이고, 契(결·계)는 발음부분이다.(「喫, 食也. 从口, 契聲.」)	

※ 입(口)안의 음식을 칼로 새겨(韧:새길 갈) 일을 맺듯(契) 씹어 먹음에서 '먹다'를 뜻한다.

楔	木부 총13획	小篆	楔形(설형) 楔子(설자) 楔齒(설치)
		說文解字	
쐐기 설	설문 木부	楔(설)은 櫼(문설주 첨)이다. 木(목)은 의미부분이고, 契(계)는 발음부분이다.(「楔, 櫼也. 从木, 契聲.」)	

※ 틈에 끼는 나무(木)로 새겨지듯(韧) 갈라진 틈에 끼는 '쐐기'를 뜻한다.

潔	水부 총15획	小篆	潔癖(결벽) 潔白(결백) 純潔(순결)

		說文解字	
깨끗할 결	설문 水부	潔(결)은 (물이) 맑다는 뜻이다. 水(수)는 의미부분이고, 絜(결)은 발음부분이다.(「潔, 瀞也. 从水, 絜聲.」)	

※ 물(氵)에 빨아 칼로 새겨(韧:새길 갈) 일을 정리하듯, 실(糸)을 깨끗이(絜:깨끗할 결) 정리하는 데서 '깨끗하다'를 뜻한다.

彗 ➡ 暳* ➡ 慧 ➡ 譓❖

		甲骨文	小篆	或體	古文		彗星(혜성)
彗	크부 총11획	(甲骨文)	(小篆)	(或體)	(古文)		彗掃(혜소) 彗雲(혜운)
		形音義字典		說文解字			
살별 **혜**	설문 又부	彗(혜)는 청소용 대나무(즉 빗자루)를 뜻한다. 손[又(우)]으로 甡(많을 신)을 쥐고 있다는 의미이다. 篲는 彗의 혹체자(或體字)로 竹(죽)을 더하였다. 𥲒는 彗의 고문(古文)으로 竹과 習(습)으로 이루어졌다.(「彗, 掃竹也. 从又持甡. 篲, 彗或从竹. 𥲒, 古文彗, 从竹, 从習.」)					

✽ 두 손(크)으로 비(丰丰)를 들고 쓰는 모양으로, 비 모양의 별에서 '살별' '비'를 뜻한다.

暳	日부 총15획	설문 없음		暳貌(혜모)
별반짝일 **혜**				

✽ 많은 별들이 해(日)나 살별(彗)처럼 빛나는 데서 '별 반짝이다'를 뜻한다.

		戰國 金文	小篆		智慧(지혜)
慧	心부 총15획	(戰國金文)	(小篆)		慧眼(혜안) 慧聖(혜성)
		雲夢日甲	說文解字		
슬기로울 **혜**	설문 心부	慧(혜)는 똑똑하다는 뜻이다. 心(심)은 의미부분이고, 彗(혜)는 발음부분이다.(「慧, 儇也. 从心, 彗聲.」)			

✽ 오물을 비(彗)로 쓸어내듯 마음(心)의 잡념을 쓸어내는 데서 '슬기롭다'를 뜻한다.

譓	言부 총22획	설문 없음		譓然(혜연)
슬기로울/살필 **혜**				

✽ 상황을 살펴 말(言)을 슬기롭게(慧) 함에서 '슬기롭다' '살피다'를 뜻한다.

夂 ⋯ 丰 ➡ 夆 ➡ 峯 ➡ 蜂 ➡ 逢 ➡ 蓬 ➡ 縫 ➡ 烽 ➡ 鋒 ⋯ 邦

		甲骨文		殷商 金文	小篆		용례 없음
夂	夂부 총3획						
		乙2110	後下18·4	亞夂雨鼎	說文解字		
뒤져올 **치**	설문 夂부	夂(치)는 뒤따라서 다다른다는 뜻이다. 사람의 두 종아리 뒤에 다다르는 것이 있음을 그렸다. 무릇 夂부에 속하는 글자들은 모두 夂를 의미부분으로 삼는다. 黹(치)처럼 읽는다.(「𡕟, 从後至也. 象人兩脛後有致之者. 凡夂之屬皆从夂. 讀若黹.」)					

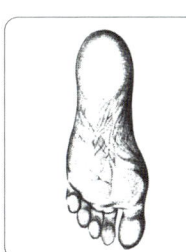

✽ 발을 거꾸로 한 모양으로 뒤에 오는 데서 '뒤쳐오다'를 뜻한다.

		甲骨文		殷商 金文	西周 金文	侯馬盟書	小篆	丰度(봉도)
丰	ㅣ부 총4획							丰神(봉신) 丰容(봉용)
		後上18.2	佚426	丁丰卣	康侯丰鼎		說文解字	
무성할 **봉**	설문 丰부	丰(예쁠 봉, 풀 무성할 봉)은 풀이 무성하다는 뜻이다. 生(생)은 의미부분이고, (풀이 돋아나) 위아래로 모두 잘 통하고 있다는 뜻이다.(「丰, 艸盛丰丰也. 从生, 上下達也.」)						

✽ 풀이 위아래로 무성히 잘 자라나고 있는 모양에서 '무성하다'를 뜻한다.

611

夆	夂부 총7획	殷商 金文		西周 金文		春秋 金文	小篆	용례 없음	
		卯其卣	夆伯甗	夆莫父卣		夆叔匜	說文解字		
만날 봉	설문 夂부	夆(봉)은 만난다는 뜻이다. 夂(치)는 의미부분이고, 丰(봉)은 발음부분이다. 縫(봉)이라고 읽는다.(「𦍈, 悟也. 从夂, 丰聲. 讀若縫.」)							

※ 높게 쌓인 흙더미 위에 수북이 자란 풀(丰:무성할 봉)이 있는 경계에서 뒤쳐오는(夂) 사람을 끌어당겨 서로 '만남'에서 '끌어당김'을 뜻한다. ※참고: 夆(가릴 해)

峯	山부 총10획	小篆			雪峯(설봉) 雲峯(운봉) 最高峯(최고봉)	
		說文解字				
봉우리 봉	설문 山부	峯(봉)은 산봉우리를 뜻한다. 山(산)은 의미부분이고, 夆(봉)은 발음부분이다.(「𡶛, 山嵍也. 从山, 夆聲.」)				

※ 산(山)의 능선과 능선이 서로 만나는(夆) 높이 솟은 '봉우리'를 뜻한다.

蜂	虫부 총13획	小篆	古文		蜂針(봉침) 蜂起(봉기) 養蜂(양봉)	
		說文解字				
벌 봉	설문 䖵부	蠭(봉)은 날아다니는 벌레로, 사람을 쏜다. 䖵(곤)은 의미부분이고, 逢(봉)은 발음부분이다. 㚏은 고문(古文)으로 생략형이다.(「𧒒, 飛蟲螫人者. 从䖵, 逢聲 㚏, 古文省..」)				

※ 곤충(虫)중에 서로 만나(夆) 무리지어 사는 '벌'을 뜻한다.

逢	辶부 총11획	甲骨文		戰國 金文	小篆	相逢(상봉) 逢變(봉변) 逢着(봉착)	
		續3·31·9	後上10·4	胤嗣壺	說文解字		
만날 봉	설문 辶부	逢(봉)은 遇(만날 우)이다. 辶(착)은 의미부분이고, 峯(봉)의 생략형은 발음부분이다.(「𨒝, 遇也. 从辶, 峯省聲.」)					

※ 서로 만나려(夆) 길을 가거나(辶), 길을 가다(辶) 서로 만남(夆)에서 '만나다'를 뜻한다.

蓬	艹부 총15획	小篆	籀文		蓬門(봉문) 蓬髮(봉발) 蓬戶(봉호)	
		說文解字				
쑥 봉	설문 艹부	蓬(봉)은 쑥이다. 艹(초)는 의미부분이고, 逢(봉)은 발음부분이다. 𦿌은 蓬의 주문(籀文)으로 辶(착)을 생략하였다.(「𦼮, 蒿也. 从艹, 逢聲. 𦿌, 籀文蓬省.」)				

※ 흔한 풀(艹)로, 길가에서 많이 만나는(逢) 수북이 무리지어 자라는 '쑥'을 뜻한다.

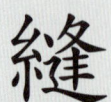 

縫	糸부 총17획	戰國 金文	小篆		縫合(봉합) 縫針(봉침) 縫製(봉제)	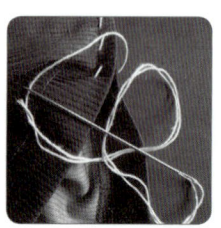
		包山268	說文解字			
꿰맬 봉	설문 糸부	縫(봉)은 바늘을 가지고 옷을 꿰맨다는 뜻이다. 糸(멱·사)는 의미부분이고, 逢(봉)은 발음부분이다.(「𦂴, 以鍼紩衣也. 从糸, 逢聲.」)				

※ 실(糸)로 헤진 옷감 부위가 서로 만나게(逢) 끌어당겨 '꿰맴'을 뜻한다.

◆ 蜂房水渦 : (봉방수와) 벌의 집과 물의 소용돌이라는 뜻으로, 건물이 꽉 들어차 있는 모양(模樣)을 형용(形容)해 이르는 말.

烽	火부 총11획	설문 없음	小篆 小篆 形音義字典	烽火(봉화) 烽燧(봉수) 烽堡(봉보)
봉화 봉		≪形音義字典(형음의 자전)≫에서는 '燹(연기자욱할 봉)'자를 설명함.		

※ 급한 소식을 불(火)을 피워 중간에서 서로 만나게(夆) 연결해 전해주는 '봉화'라고 한다.

鋒	金부 총15획	설문 없음	小篆 形音義字典	銳鋒(예봉) 舌鋒(설봉) 筆鋒(필봉)
칼날 봉		≪形音義字典(형음의 자전)≫에서는 '鏠(병장기 끝 봉)'자를 설명함.		

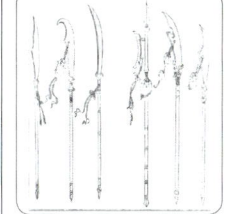

※ 쇠(金)로 만든 등과 날이 만나는(夆) '칼끝'이나 칼끝처럼 날카로운 '칼날'을 뜻한다.

邦	邑부 총7획		甲骨文	殷商 金文	西周 金文	小篆	古文	友邦(우방) 聯邦(연방) 合邦(합방)
			前4.17.3	乙6978	즉邦卣 孟鼎 毛公鼎	說文解字		
나라 방	설문 邑부	邦(방)은 나라를 뜻한다. 邑(읍)은 의미부분이고 丰(봉)은 발음부분이다. 🗌은 고문(古文)이다.(「𨛜, 國也. 从邑, 丰聲. 🗌, 古文.」)						

※ 무성히(丰) 많은 고을(阝)이 모인 '나라'를 뜻한다. 제후(封=丰)의 고을(阝)인 제후국.

春 → 椿 → 瑃 ❖ → 賰 ❖ → 蠢 ☆

春	日부 총9획		甲骨文					春季(춘계) 春夢(춘몽) 春困症(춘곤증) 春夏秋冬 (춘하추동)
			前6.39.3	鐵227.3	拾7.5	菁10.7	戩22.2	
			甲骨文	春秋 金文		戰國 金文	小篆	
			粹1151	吳王光鐘	於賜鐘	蚉也缶	說文解字	
봄 춘	설문 艸부	萅(춘춘), 봄을 '춘'이라고 부르는 까닭은 (봄이 되면 만물이) 솟아오르기[推(추)] 때문이다. 艸(초)와 日(일)은 의미부분이다. 풀은 봄에 생겨난다. 屯(둔)은 발음부분이다.(「萅, 推也. 从艸, 从日, 艸春時生也. 屯聲.」)						

※ 모든 풀(艹)의 싹(屯)이 무성해(夫)지는 햇볕(日)이 따뜻한 '봄'을 뜻한다.
※참고: '夫'의 모양은 여러 가지 형태에서 변해왔으나 대개 무성함, 많음을 뜻한다.

椿	木부 총13획	설문 없음	小篆 形音義字典	椿壽(춘수) 椿堂(춘당) 椿府丈(춘부장)
참죽나무 춘				

※ 잎이 푸르른 나무(木)로 항상 봄(春)처럼 푸르러 '장수'를 상징 하는 '참죽나무'를 뜻한다.

瑃	玉부 총13획	설문 없음		瑃玉(춘옥)
옥이름 춘				

※ 옥(玉) 빛이 봄(春) 빛처럼 푸른빛이 도는 '옥 이름'을 뜻한다.

613

賰	貝부 총16획	설문 없음		용례 없음	
부유할 춘					

✻ 재물(貝)이 만물이 무성한 봄(春)처럼 무성해짐에서 '부유하다'를 뜻한다.

 蠢 / 虫부 총21획 / 小篆 古文 說文解字 / 蠢動(준동) 蠢爾(준이) 蠢愚(준우)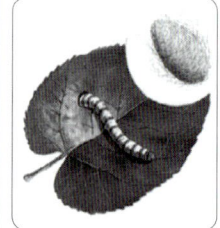

꾸물거릴 준	설문 蚰부	蠢(준)은 벌레가 움직인다는 뜻이다. 蚰(곤)은 의미부분이고, 春(춘)은 발음부분이다. 㦶은 蠢의 고문(古文)으로 (蚰 대신) 戈를 썼다. ≪주서(周書)≫에 이르기를 "나는 서쪽 땅에서 움직였다."라고 하였다.(「蠢, 蟲動也. 从蚰, 春聲. 㦶, 古文蠢, 从戈. ≪周書≫曰: "我有㦶于西."」)

✻ 봄(春)이 되어 '꿈틀거리며' 기어 나오는 벌레(蚰:벌레 곤)에서 '꾸물거리다'를 뜻한다.

奉 ➡ 俸 ➡ 捧 ➡ 棒 ➡ 琫 ✧

 奉 / 大부 총8획 / 金文 小篆 散盤 說文解字 / 奉獻(봉헌) 奉仕(봉사) 奉養(봉양)

받들 봉	설문 収부	奉(봉)은 받든다는 뜻이다. 手(수)와 廾(공)은 의미부분이고, 丰(봉)은 발음부분이다.(「𡴂, 承也. 从手, 从廾, 丰聲.」)

✻ 무성한(丰) 재물을 두 손(廾)으로 받들어 바침에서 '받들다'를 뜻한다.
※파자: 세(三) 사람(人), 즉 많은(夫) 사람이 재물을 손(‡)으로 바침에서 '받들다'를 뜻한다.

 俸 / 人부 총10획 / 설문 없음 /  金文 小篆 形音義字典 / 年俸(연봉) 初俸(초봉) 減俸(감봉)

녹 봉		≪形音義字典(형음의 자전)≫에서는 '奉'자와 같이 설명함.

✻ 사람(亻)이 일을 받들고(奉) 대가로 받는 보수에서 '녹' '봉급'을 뜻한다.

 捧 / 手부 총11획 / 설문 없음 / 捧納(봉납) 畢捧(필봉) 捧上(봉상)

| 받들 봉 | | |

✻ 손(扌)으로 받드는(奉) 데서 '받들다'를 뜻한다.

 棒 / 木부 총12획 / 설문 없음 /  小篆 形音義字典 / 鐵棒(철봉) 棍棒(곤봉) 議事棒(의사봉)

| 막대 봉 | | |

✻ 긴 나무(木)를 두 손으로 받들듯(奉) 잡고 사용하는 '몽둥이' '막대기'를 뜻한다.

琫	玉부 총12획	小篆 璜 說文解字		琫珌(봉필)
칼집장식/옥 **봉**	설문 玉부	琫(봉)은 패도(佩刀) 아래에 달린 장식을 뜻한다. 천자는 옥으로 하고, 제후는 금으로 한다. 玉(옥)은 의미부분이고, 奉(봉)은 발음부분이다.(「璜, 佩刀下飾. 天子以玉, 諸侯以金. 从玉, 奉聲.」)		

❋ 옥(玉)으로 칼을 받드는(奉) 손잡이 부분에 장식한 임금의 '칼집장식'이나 '칼자루'를 뜻한다.

奏 ➡ 輳 ➡ 湊 ❖ ⋯ 秦 ⋯ 泰

奏	大부 총9획	甲骨文  戩37.7 乙6794	殷商 金文  作冊般銅黿	小篆 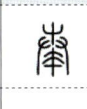 說文解字	古文 	獨奏(독주) 奏請(주청) 奏效(주효)
아뢸 **주**	설문 夲부	奏(주)는 나아가 아뢴다는 뜻이다. 夲(도)·廾(공)·屮(철)은 모두 의미부분이다. 屮은 위로 나아간다는 뜻이다. 屑는 고문(古文)이다. 𢍎도 역시 고문이다.(「𢍎, 奏進也. 从夲, 从廾, 从屮. 屮, 上進之義. 屑, 古文. 𢍎, 亦古文.」)				

❋ 곡식을 무성하게(夫) 받들고 나아가(夲=夭:나아갈 도) 신께 아룀에서 '아뢰다'를 뜻한다.
※파자:많은(夫) 제물을 하늘(天=夭)에 바쳐 '아뢰고' 악기를 '연주함'을 뜻한다.

輳	車부 총16획	설문 없음	小篆  形音義字典	輻輳(폭주) 輳合(주합)
몰려들 **주**				

❋ 수레(車) 바퀴통에, 군주에게 몰려 아뢰듯(奏) 몰려 있는 바큇살에서 '몰려들다'를 뜻한다.

湊	水부 총12획	小篆  說文解字		湊集(주집) 湊合(주합) 湊踊(주용)
모일/항구 **주**	설문 水부	湊(주)는 물 위에 사람이 모인 곳을 뜻한다. 水(수)는 의미부분이고, 奏(주)는 발음부분이다.(「濬, 水上人所會也. 从水, 奏聲.」)		

❋ 물(氵)길이 군주에게 몰려 아뢰듯(奏) 한곳에 모이는 데서 '모이다' '항구'를 뜻한다.

秦	禾부 총10획	甲骨文  後下37.8 甲571	西周 金文 史秦鬲 洹秦簋	春秋 金文 秦公簋	西秦(서진) 先秦(선진) 秦聲(진성)
		戰國 金文 驫羌鐘 上郡守戈	小篆 舍忏鼎 說文解字	籀文	
성(姓) **진**	설문 禾부	秦(진)은 백익(伯益)의 후손이 봉해진 곳이다. 땅은 벼를 심기에 알맞다. 禾(화)와 舂(용)의 생략형은 모두 의미부분이다. 일설에 秦은 벼의 이름이라고도 한다. 𥥮은 秦의 주문(籀文)으로 (禾 대신) 秝(력)을 썼다.(「𥞥, 伯益之後所封國. 地宜禾. 从禾·舂省. 一曰秦, 禾名. 𥥮, 籀文秦, 从秝.」)			

❋ 두 손(廾)으로 절구를 잡고(𠂇=夫) 벼(禾)를 절구질하는 모양으로 본래 '벼'의 종류를 뜻한다.
※파자:많은(夫) 벼(禾)농사를 짓는 나라이름이나 '성씨(姓氏)'로 쓰인다.

615

	水부 총10획	西周 金文	戰國 金文	小篆	古文		泰平(태평) 泰斗(태두) 泰山(태산)	
泰								
		陶二0004	官印0015	說文解字				
클 태	설문 水부	泰(태)는 미끄럽다는 뜻이다. 廾(공)과 水(수)는 의미부분이고, 大(대)는 발음부분이다. 卶는 泰의 고문(古文)이다.(「𣶑, 滑也. 从廾, 从水, 大聲. 𡘭, 古文泰.」)						

※ 성인(大)이 몸에 두 손(廾)으로 많은(夫) 물(水)을 부어 흘려 편안하게 씻음에서 '편안하다'를 뜻한다.
※파자:크게 많은(夫) 물(水)에서 마음 놓고 편히 씻음에서 '크다' '편안하다'를 뜻한다.

关 → 券 → 卷 → 倦 → 捲 ☆ → 圈 → 拳 → 眷

	八부 총6획	西周 金文	戰國 金文	小篆		용례 없음	
关							
		毛公鼎	𣂕牛小量	說文解字			
주먹밥 권	설문 収부	关=𢍏(권)은 주먹밥을 뜻한다. 廾(공)은 의미부분이고, 釆(변)은 발음부분이다. 釆(변)은 고문(古文)의 辦(판)자이다. 책[書卷(서권)]이라고 할 때의 卷(권)자처럼 읽는다.(「𢍏, 摶飯也. 从廾, 釆聲. 釆, 古文辦字. 讀若書卷.」)					

※ 쌀(米)을 두 손(廾)으로 둥글게 뭉쳐 쥐고 있는 데서 '움큼' '뭉치다' '둥글다'를 뜻한다.
※참고:금문에서는 뭉친 문서(十)를 펼쳐(八) 두 손(廾=大)으로 들고 있는 모습으로 보인다.

	刀부 총8획	戰國 金文	小篆		旅券(여권) 證券(증권) 福券(복권)	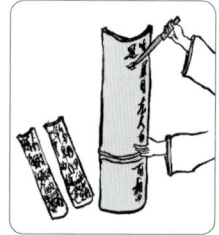
券						
		雲夢法律	說文解字			
문서 권	설문 刀부	券(권)은 계약(契約)을 뜻한다. 刀(도)는 의미부분이고, 𢍏(권)은 발음부분이다. 계약서는 칼로 그 옆에 새긴 것을 나누어 갖는데, 그래서 계권(契券, 계약의 증거물)이라고 부르는 것이다.(「劵, 契也. 从刀, 𢍏聲. 券別之書, 以刀判契其旁, 故曰契券.」)				

※ 둥근(关) 대나무에 칼(刀)로 약속을 새기고 반으로 갈라 하나씩 가지던 '문서'를 뜻한다.

	卩부 총8획	戰國 金文	小篆		壓卷(압권) 席卷(석권) 卷頭言(권두언)	
卷						
		雲夢日甲	說文解字			
책 권	설문 卩부	卷(권)은 무릎 관절의 뒷부분을 뜻한다. 卩(절)은 의미부분이고, 𢍏(권)은 발음부분이다.(「𢍏, 厀曲也. 从卩, 𢍏聲.」)				

※ 몸을 둥글게(关) 구부리듯(卩) 말아 두던 '책'에서 '굽히다'를 뜻한다.

	人부 총10획	戰國 金文	小篆		倦怠(권태) 倦客(권객) 倦厭(권염)	
倦						
		上博從政	說文解字			
게으를 권	설문 人부	倦(권)은 피곤하다는 뜻이다. 人(인)은 의미부분이고, 卷(권)은 발음부분이다.(「𠊓, 罷也. 从人, 卷聲.」)				

※ 사람(亻)이 조금만 피곤하면 몸을 굽히고(卷) 있는 데서 '게으르다'를 뜻한다.

	手부 총11획	小篆		席捲(석권) 捲勇(권용) 捲土(권토)	
捲					
		說文解字			
거둘/말 권	설문 手부	捲(권)은 기세(氣勢)를 뜻한다. 手(수)는 의미부분이고, 卷(권)은 발음부분이다. ≪國語(국어)≫에 이르기를 "기세와 용기가 있다."라고 하였다. 일설에 捲은 거두어들인다는 뜻이라고도 한다.(「𢷮, 气勢也. 从手, 卷聲. ≪國語≫日: "有捲勇." 一日: 捲, 收也.」)				

※ 손(扌)으로 책(卷)이나 물건을 굽혀(卷) 힘써 둥글게 둘둘 감는 데서 '거두다' '말다'를 뜻한다.

圈	囗부 총11획	戰國 金文	小篆		野圈(야권) 圈內(권내) 圈域(권역)	
		雲夢日甲	說文解字			
우리 권	설문 囗부	圈(권)은 가축을 기르는 우리를 뜻한다. 囗(위)는 의미부분이고, 卷(권)은 발음부분이다.(「圈, 養畜之閑也. 从囗, 卷聲.」)				

※ 사방울타리(囗) 안에 몸을 굽혀(卷) 웅크리고 사는 짐승을 기르는 '우리'를 뜻한다.

拳	手부 총10획	春秋 金文	戰國 金文	小篆	拳銃(권총) 拳鬪(권투) 鐵拳(철권)	
		秦公簋蓋	雲夢法律	說文解字		
주먹 권	설문 手부	拳(권)은 手(손 수)이다. 手는 의미부분이고, 𠔉(권)은 발음부분이다.(「拳, 手也. 从手, 𠔉聲.」)				

※ 둥글게(𠔉) 손(手)을 말아 쥔 '주먹'을 뜻한다.

眷	目부 총11획	小篆		眷顧(권고) 眷屬(권속) 眷率(권솔)	
		說文解字			
돌볼 권	설문 目부	眷(권)은 돌아본다는 뜻이다. 目(목)은 의미부분이고, 𠔉(권)은 발음부분이다. ≪시경(詩經)≫에 이르기를 "이에 서쪽을 돌아보시네."라고 하였다.(「眷, 顧也. 从目, 𠔉聲. ≪詩≫曰: "乃眷西顧."」)			

※ 이리저리 둥글게(𠔉) 곳곳을 눈(目)으로 '돌아보거나' 어려운 사람을 '돌봄'을 뜻한다.

朕 ☆ ➡ 勝 ➡ 謄 ➡ 騰 ➡ 藤

朕	月부 총10획	甲骨文			殷商 金文	西周 金文		兆朕(조짐) 地朕(지짐) 朕垠(짐은)	
		佚6	乙8368	甲2304	朕女觥	孟鼎	頌鼎		
		西周 金文	春秋 金文	戰國 金文			小篆		
나 짐	설문 舟부	噩侯簋	仲辛父鼎	秦公簋	中山王鼎	者汈鐘	說文解字		
		朕(짐)은 나를 뜻한다. (이 이상은 알 수 없어 해설란을) 비워둠.(「朕, 我也. 闕.」)							

※ 배(舟=月)를 수리하거나 '옮기려' 도구(| : 연장·상앗대)를 두 손(廾)으로 들고(关) 있는 사람으로, 신분의 귀천과 관계없이 '자신'을 일컫는 자칭(自稱)에서 '나'를 뜻한다. 속뜻은 '옮김'.

勝	力부 총12획	戰國 金文	小篆		勝利(승리) 勝者(승자) 決勝戰(결승전)	
		雲夢日甲	說文解字			
이길 승	설문 力부	勝(승)은 맡는다는 뜻이다. 力(력)은 의미부분이고, 朕(짐)은 발음부분이다.(「勝, 任也. 从力, 朕聲.」)				

※ 자신(朕)이 맡은 일을 힘(力)써 행함에서 '이기다'를 뜻한다.

謄	言부 총17획	小篆		謄本(등본) 謄寫(등사) 謄書(등서)	
		說文解字			
베낄 등	설문 言부	謄(등)은 옮겨 쓴다는 뜻이다. 言(언)은 의미부분이고, 朕(짐)은 발음부분이다.(「謄, 迻書也. 从言, 朕聲.」)			

※ 다른 곳에 옮겨(朕) 적는 말(言)에서 '베끼다'를 뜻한다.

騰	馬부 총20획	戰國 金文 騰 雲夢語書	小篆 騰 說文解字		急騰(급등) 騰落(등락) 漸騰(점등)	
오를 **등**	설문 馬부	騰(등)은 (문서) 전달용 수레를 뜻한다. 馬(마)는 의미부분이고, 朕(짐)은 발음부분이다. 일설에 騰은 거세(去勢)한 말을 뜻한다고도 한다.(「騰, 傳也. 从馬, 朕聲. 一曰: 騰, 犗馬.」)				

※ 등에 올라타고 급한 일을 옮겨(朕) 전달하는 역(驛)에 있는 말(馬)에서 '오르다'를 뜻한다.

藤	艸부 총19획	설문 없음	小篆 藤 形音義字典	葛藤(갈등) 藤架(등가) 紫藤(자등)	
등나무 **등**					

※ 덩굴식물(艹)중에, 옮겨(朕) 나아가는 뱃전에 물(氺)이 부딪쳐 솟아오르듯(朕:물솟을 등) 위로 솟아 뻗는 '등나무'를 뜻한다.

 ➡ 脊 ➡ 瘠

巫	十부 총11획	小篆 巫 說文解字		용례 없음	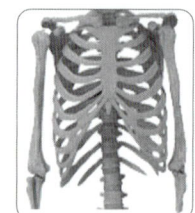
등뼈 **괴**	설문 巫부	巫(괴)는 등뼈를 뜻한다. 갈빗대를 그린 것이다. 무릇 巫부에 속하는 글자들은 모두 巫를 의미부분으로 삼는다.(「巫, 背呂也. 象脅肋也. 凡巫之屬皆从巫.」)			

※ 사람이 곧게 서 있는 모양(千)에 갈빗대(㸚) 모양을 더해 '등뼈'를 뜻했다.

脊	肉부 총10획	戰國 金文 脊 雲夢法律	小篆 脊 說文解字	脊椎(척추) 脊髓(척수)	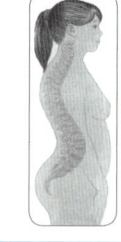
등성마루 **척**	설문 巫부	脊(척)은 등뼈를 뜻한다. 巫(괴)와 肉(육)은 모두 의미부분이다.(「脊, 背呂也. 从巫, 从肉.」)			

※ 사람(人) 등에 등뼈(㸚) 모양이 드러나는 몸(月) 부위에서 '등성마루'를 뜻한다.

瘠	疒부 총15획	戰國 金文 瘠 瘠 春平侯鈹 包山168	小篆 瘠 說文解字	古文 脊	'脊(척)'과 동자(同字)	瘠薄(척박) 瘠土(척토) 瘠骨(척골)	
여윌 **척**	설문 肉부	脊(척)은 여위었다는 뜻이다. 肉(육)은 의미부분이고, 脊(척)은 발음부분이다. 瘠은 脊의 고문(古文)으로, 疒(녁)과 朿(자)로 이루어졌는데, 朿는 발음부분이기도 하다.(「脊, 瘦也. 从肉, 脊聲. 瘠, 古文脊, 从疒, 从朿, 朿亦聲.」)					

※ 병(疒)이 들어 등뼈(脊)가 드러나는 데서 '여위다' '마르다'를 뜻한다.

氏 ➡ 紙 ⋯ (氐) ➡ 祇 ✦ ➡ 低 ➡ 底 ➡ 抵 ➡ 邸 ➡ 舐 ☆

氏	氏부 총4획	甲骨文 氏 氏 粹755 粹221	西周金文 氏 氏 令鼎 克鼎	春秋 金文 氏 齊鎛	戰國 金文 氏 中山王鼎	小篆 氏 說文解字	姓氏(성씨) 氏族(씨족)	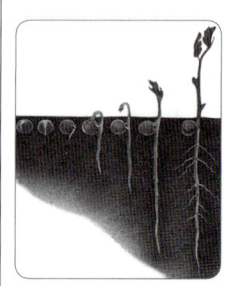
각시/성씨 **씨**	설문 氏부	氏(씨·지)는 파촉(巴蜀, 지금의 사천성) 지방에서는 산 옆구리에 붙어 있던 암석이 떨어지려고 하는 것을 氏라고 부른다. 氏가 무너지면, 수 백리 밖에서도 그 소리를 들을 수 있다. (氏는) 상형이고, 厂(흐를 이)는 발음부분이다. 무릇 氏부에 속하는 글자들은 모두 氏를 의미부분으로 삼는다. 양웅(揚雄)은 "울리는 소리가 氏가 무너지는 것 같다"고 읊었다.(「氏, 巴蜀山名岸脅之旁箸欲落墮者曰氏. 氏崩, 聞數百里. 象形. 厂聲. 凡氏之屬皆从氏. 揚雄賦: 響若氏隤.」)							

※ 씨에서 싹 터 뻗은 줄기와 뿌리, 또는 같은 나무뿌리에서, 같은 '성씨' '바탕'을 뜻한다.
　※참고: 옛날에 부인은 이름이 없어 친정의 성씨에 '氏'자를 붙여 써서 '각시'를 뜻한다.

紙	糸부 총10획	戰國 金文	小篆			紙幣(지폐) 紙匣(지갑) 壁紙(벽지)
		雲夢日甲	說文解字			
종이 지	설문 糸부	紙(지)는 네모난 대나무 발에 붙인 헌 솜을 뜻한다. 糸(멱·사)는 의미부분이고, 氏(씨)는 발음부분이다.(「紙, 絮一笘也. 从糸, 氏聲.」)				

* 천(糸), 나무껍질, 뿌리(氏), 등에서 뽑은 섬유질(糸)을 바탕(氏)으로 만들던 '종이'를 뜻한다.

氏	氏부 총5획	西周 金文	春秋 金文	戰國 金文	小篆	氏人(저인) 氏星(저성) 氏賤(저천)
		匍盉	虢金氏孫盤	石鼓汧沔	陶四128	說文解字
근본 저	설문 氏부	氏(이를 저, 근본 저, 낮을 저)는 다다르다라는 뜻이다. 氏(씨) 아래에 一(일)이 붙어 있다는 의미이다. 一은 땅을 뜻한다. 무릇 氏부에 속하는 글자들은 모두 氏를 의미부분으로 삼는다.(「氐, 至也. 从氏下箸一. 一, 地也. 凡氐之屬皆从氐.」)				

* 나무뿌리(氏)나 싹 튼 씨앗 아래(一) 바탕이 되는 흙에서 '근본' '바탕' '낮음'을 뜻한다.

祗	示부 총10획	西周 金文	春秋 金文	石鼓文	戰國 金文	小篆	祗迎(지영) 祗畏(지외) 祗役(지역)
		牆盤	召伯簋	蔡侯申鐘	中山王方壺	說文解字	
공경할 지	설문 示부	祗(지)는 공경한다는 뜻이다. 示(시)는 의미부분이고, 氏(저)는 발음부분이다.(「祗, 敬也. 从示, 氏聲.」)					

* 사람은 신(示) 아래 낮은(氏:근본 저) 존재로 언제나 신을 '공경함'을 뜻한다.

低	人부 총7획	小篆	低速(저속) 低廉(저렴) 低賃金(저임금)
		說文解字	
낮을 저	설문 人부	低(저)는 아래라는 뜻이다. 人(인)과 氏(저)는 모두 의미부분인데, 氏는 발음부분이기도 하다.(「低, 下也. 从人·氏, 氏亦聲.」)	

* 사람(亻)의 근본(氏) 바탕인 신분이 낮음에서 '낮다'를 뜻한다.

底	广부 총8획	金文	詛楚文	小篆	海底(해저) 底意(저의) 徹底(철저)
		宰屖父簋		說文解字	
밑 저	설문 广부	底(저)는 산에서 산다는 뜻이다. 일설에는 아래를 뜻한다고도 한다. 广(엄)은 의미부분이고, 氏(저)는 발음부분이다.(「底, 山居也. 一曰下也. 从广, 氏聲.」)				

* 집(广)의 근본(氏) 바탕이 되는 땅바닥에서 '밑'을 뜻한다.

抵	手부 총8획	戰國 金文	小篆	抵抗(저항) 抵觸(저촉) 抵當(저당)
		雲夢封診	說文解字	
막을 저	설문 手부	抵(저)는 밀친다는 뜻이다. 手(수)는 의미부분이고, 氏(저)는 발음부분이다.(「抵, 擠也. 从手, 氏聲.」)			

* 손(扌)으로 해악(害惡)의 근본(氏) 뿌리까지 물리침에서 '막다'를 뜻한다.

邸	邑부 총8획	戰國 金文 包山162	小篆 說文解字		邸宅(저택) 官邸(관저) 私邸(사저)	
집 저	설문 邑부	邸(저)는 천자(天子) 소속의 제후국(諸侯國)을 위한 관사(館舍)를 뜻한다. 邑(읍)은 의미부분이고, 氐(저)는 발음부분이다.(「邸, 屬國舍. 从邑, 氐聲.」)				

❋ 제후가 지방의 천자 아래(氐) 속국(阝)을 방문 할 때 머물던 '집'으로 '큰집'을 뜻한다.

	角부 총12획	설문 없음	小篆 形音義字典		觚觸(저촉) 觚排(저배) 角觚(각저)	
씨름 저						

❋ 뿔(角)을 낮게(氐) 숙이고 서로 싸우듯, 서로 부딪쳐 '맞닥뜨리는' '씨름'을 뜻한다.

昏 ➡ 婚

	日부 총8획	甲骨文 粹715	西周 金文 佚292	柞伯鼎	小篆 說文解字	黃昏(황혼) 昏迷(혼미) 昏絕(혼절)	
어두울 혼	설문 日부	昏(혼)은 날이 저물었다는 뜻이다. 日(일)과 氐(씨)는 모두 의미부분으로, 氐는 氐(저)의 생략형이다. 氐는 아래라는 뜻이다. 일설에는 民(민)을 발음부분으로 삼는다고도 한다.(「昏, 日冥也. 从日·氐省. 氐者, 下也. 一曰民聲.」)					

❋ 기본 바탕(氐), 또는 나무뿌리 아래 해(日)를 두어, 날이 저물어진 데서 '어둡다'를 뜻한다.

	女부 총11획	西周 金文 泉伯簋	春秋 金文 毛公鼎	 邵子鐘	小篆 說文解字	籒文	婚姻(혼인) 婚禮(혼례) 婚事(혼사)	
혼인할 혼	설문 女부	婚(혼)은 신부(新婦)의 집을 뜻한다. ≪예(禮)≫에 따르면 신부는 황혼(黃昏) 때 맞이한다. 여자는 음(陰)에 해당하기 때문이다. 그래서 (혼인이라는 글자를 저녁이라는 뜻의 昏(혼)과 함께 써서) 婚이라고 하는 것이다. 女(녀)와 昏(혼)은 모두 의미부분인데, 昏은 발음부분이기도 하다. 㜣은 婚의 주문(籒文)이다.(「婚, 婦家也. ≪禮≫: "聚婦以昏時." 婦人陰也, 故曰婚. 从女, 从昏, 昏亦聲. 㜣, 籒文婚.」)							

❋ 신부(女)의 집에서 날이 어두운(昏) 저녁 무렵 혼례를 올림에서 '혼인하다'를 뜻한다.

民 ➡ 珉 ➡ 岷❋ ➡ 泯❋ ➡ 敃❋ ➡ 愍❋ ➡ 眠

	氏부 총5획	甲骨文 乙455	西周 金文 何尊	克鼎	春秋 金文 秦公簋	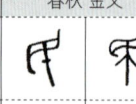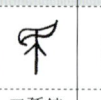王孫鐘	小篆 說文解字	古文	民主(민주) 民俗(민속) 民謠(민요)	
백성 민	설문 民부	民(민)은 많은 싹을 뜻한다. 고문(古文)의 형태를 따랐다. 무릇 民부에 속하는 글자들은 모두 民을 의미부분으로 삼는다. 㞋은 民의 고문(古文)이다.(「民, 衆萌也. 从古文之象. 凡民之屬皆从民. 㞋, 古文民.」)								

❋ 뾰족한 무기로 눈을 찔린 '노예'에서 벼슬 없는 서민 '백성'을 뜻하였다. ※모든(冖) 성씨(氏).

	玉부 총9획		小篆 說文解字		貞珉(정민)	
옥돌 민	설문 玉부	珉(민)은 아름다운 돌이다. 玉(옥)은 의미부분이고, 民(민)은 발음부분이다.(「珉, 石之美者. 从玉, 民聲.」)				

❋ 옥(玉) 다음가는 돌로, 많은 백성(民)처럼 여기저기 흩어진 아름다운 '옥돌'을 뜻한다.

|  | 山부
총8획 | 설문 없음 | 小篆
形音義字典 | | 岷山(민산)
岷江(민강)
岷山丹(민산단) |  |

산이름 **민**

※ 중국 사천성(四川省) 송반현(松潘縣) 북쪽에 있는 산(山)으로, 산과 강이 같이 있어 백성(民)이 살기 좋은 '산이름'을 뜻한다.

|  | 水부
총8획 | | 小篆
說文解字 | | 泯滅(민멸)
泯沒(민몰)
泯亂(민란) |  |

망할 **민** | 설문
水부 | 泯(민)은 다했다는 뜻이다. 水(수)는 의미부분이고, 民(민)은 발음부분이다.(「泯, 滅也. 从水, 民聲.」)

※ 옛날 큰 물(氵)에 백성(民)이 쓸려 없어짐에서 '망하다'를 뜻한다.

|  | 攴부
총9획 | 西周 金文 | | | 春秋 金文 | 戰國 金文 | 小篆 | 용례 없음 |  |
| | | 師望鼎 | 兮甲盤 | 毛公鼎 | 沇其鐘 | 雍工壺 | 說文解字 | | |

강할/힘쓸 **민** | 설문
攴부 | 敃(민)은 굳세다는 뜻이다. 攴(복)은 의미부분이고, 民(민)은 발음부분이다.(「敃, 彊也. 从攴, 民聲.」)

※ 노예로 부리던 백성(民)을 강하게 다스려(攴) 힘쓰도록 하는 데서 '강하다' '힘쓰다'를 뜻한다.

|  | 心부
총13획 | 金文 | 小篆 | | 憐愍(연민)
愍然(민연)
愍凶(민흉) |  |
| | | 詛楚文 | 說文解字 | | | |

근심할 **민** | 설문
心부 | 愍(민)은 (마음) 아파한다는 뜻이다. 心(심)은 의미부분이고, 敃(민)은 발음부분이다.(「愍, 痛也. 从心, 敃聲.」)

※ 백성을 강하게(敃) 다스림을 마음(心)으로 불쌍히 여겨 걱정하고 '근심함'을 뜻한다.

|  | 目부
총10획 | 설문 없음 | | | 睡眠(수면)
冬眠(동면)
不眠症(불면증) |  |

잘 **면** | | ≪설문해자≫에는 '眠'자가 보이지 않는다. ≪정자통(正字通)·목부(目部)≫를 보면 "眠은 잠을 잔다는 뜻이다. 민간(民間)에서는 睡(수)라고 한다.(「眠, 寢息也. 俗謂之睡.」)"라고 하였다.

※ 눈(目)이 먼 노예(民)처럼, 눈을 감고 자는 데서 '자다'를 뜻한다.

千 ➜ 仟 ❖ ➜ 阡 ❖

|  | 十부
총3획 | 甲骨文 | | | 西周 金文 | | 小篆 | 千年(천년)
千念(천념)
千代(천대) |  |
| | | 鐵132.4 | 粹432 | 粹1587 | 矢簋 | 散盤 | 說文解字 | | |

일천 **천** | 설문
十부 | 千(천)은 100이 10개 있는 것이다. 十(십)과 人(인)은 모두 의미부분이다.(「千, 十百也. 从十·人.」)

※ 사람(亻)을 일(一)렬로 세운 많은 군인, 또는 사람(亻)에 획(一·二·三)을 더해 큰 숫자인 '천'을 뜻했다.

| | 人부
총5획 | 설문 없음 | | 仟佰(천백)
仟仟(천천)
仟眠(천면) |

| 일천/천사람
천 | | | | |

※ 사람(亻) 천(千) 명의 우두머리에서 '일천' '천 사람'을 뜻한다.

| | 阜부
총6획 | 小篆

說文解字 | | 阡陌(천맥)
阡阡(천천) |

| 두렁/밭두둑
천 | 설문
自부 | 阡(천), 길이 동서로 난 것은 陌(맥)이라고 하고, 남북으로 난 것은 阡이라고 한다. 阜(부)는 의미부분이고, 千(천)은 발음부분이다.(「阡, 路東西爲陌, 南北爲阡. 从𨸏, 千聲.」) | | |

※ 밭에 남북으로 난 언덕(阝) 같은 많은(千) 길에서 '두렁' '밭두둑'을 뜻한다. ※陌(동서로 난 길 맥)

屯 ➡ 鈍 ➡ 純 ➡ 沌 ☆ ➡ 頓

	中부 총4획	甲骨文		殷商 金文		西周 金文		駐屯(주둔) 屯監(둔감) 屯畓(둔답) 屯田(둔전)
		甲2815	掇1.385	屯兄辛卣	頌 鼎	頌 簋	休 盤	
		春秋 金文		戰國 金文		小篆		
		秦公簋	秦公鎛	令瓜君壺	令瓜君壺	曾侯墓簡	說文解字	

| 진칠 **둔** | 설문
中부 | 屯(둔·준)은 어렵다는 뜻이다. 초목이 갓 생겨나서 자리 잡기 어려워하는 모습을 그린 것이다. 屮(철)이 一(일)을 관통하였다는 의미이다. 一은 땅을 뜻한다. 꼬리가 휘었다. 《주역(周易)》에 이르기를 "둔괘(屯卦)는 음양의 기가 서로 어울리기 시작하니, 이에 어려움이 생겨나는 형상이다."라고 하였다.(「屯, 難也. 象艸木初生, 屯然而難. 从屮貫一. 一, 地也. 尾曲. 《易》曰: "屯, 剛柔始交而難生."」) | | | | | | |

※ 진 치듯 한 곳에서, 어렵게 땅(一)을 뚫고 부드러운 싹(屮=屯)을 틔움에서 '진 치다' '어려움'을 뜻한다.

| | 金부
총12획 | 戰國 金文 | 小 篆 | | 愚鈍(우둔)
鈍濁(둔탁)
鈍器(둔기) |
| | | 璽彙2324 | 說文解字 | | |

| 둔할 **둔** | 설문
金부 | 鈍(둔)은 鋼(무딜 도)이다. 金(금)은 의미부분이고, 屯(둔)은 발음부분이다.(「鈍, 錭也. 从金, 屯聲.」) | | | |

※ 쇠(金)가 날카롭지 못하고 새싹(屯)처럼 부드러워 '무디고' '둔함'을 뜻한다.

| | 糸부
총10획 | 甲骨文 | 西周 金文 | 戰國 金文 | | | 小 篆 | 純粹(순수)
純種(순종)
純潔(순결) |
| | | 甲2815 | 頌 簋 | 陳猷釜 | 中山王方壺 | 包山259 | 說文解字 | |

| 순수할 **순** | 설문
糸부 | 純(순)은 실을 뜻한다. 糸(멱·사)는 의미부분이고, 屯(둔)은 발음부분이다. 《논어(論語)》에 이르기를 "지금 명주실로 만든 것을 쓰는 것은 절약하기 위해서이다."라고 하였다.(「純, 絲也. 从糸, 屯聲.《論語》曰: "今也純, 儉."」) | | | | | | |

※ 고치에서 뽑은 아직 삶지 않은 실(糸)이 새싹(屯)처럼 꾸밈없이 '순수하다'를 뜻한다.

沌	水부 총7획	설문 없음	甲骨文 前2·10·6	小篆 形音義字典	混沌(혼돈) 渾沌(혼돈) 殄沌(진돈)
엉길 돈					

※ 물(氵)이 새싹(屯)처럼 처음 흐를 때 여러 가지 뒤섞여 엉김에서 '엉기다' '흐리다'를 뜻한다.

頓	頁부 총13획	秦代 金文 集證155	小篆 說文解字		頓敎(돈교) 頓悟(돈오) 停頓(정돈)
조아릴 돈	설문 頁부	頓(돈)은 머리를 조아린다는 뜻이다. 頁(혈)은 의미부분이고, 屯(둔)은 발음부분이다.(「頓, 下首也. 从頁, 屯聲.」)			

※ 겨우 땅 끝에 내민 새싹(屯)처럼 머리(頁)를 땅에 대는 데서 '조아리다'를 뜻한다.

屰 ➡ 逆 ➡ 朔 ➡ 塑 ☆ ➡ 遡

屰	屮부 총6획	甲骨文 乙1786	甲骨文 鐵631	殷商 金文 亞屰卣	殷商 金文 父丁爵	西周 金文 父癸爵	小篆 說文解字	용례 없음
거스를 역	설문 干부	屰(역)은 순조롭지 못하다는 뜻이다. 干(간) 아래에 屮(철)이 있는 구조로, 초목의 성장을 거스른다는 뜻이다.(「屰, 不順也. 从干下屮, 屰之也.」)						

※ 사람이 거꾸로 있는 모양에서 '거스름' '반대'를 뜻한다.

逆	辵부 총10획	甲骨文 乙4865	甲骨文 合17099	甲骨文 甲896	殷商 金文 逆父觶	西周 金文 逆尊	戰國 金文 中山王方壺	小篆 說文解字	逆境(역경) 逆行(역행) 逆說(역설)
거스를 역	설문 辵부	逆(역)은 맞이한다는 뜻이다. 辵(착)은 의미부분이고, 屰(역)은 발음부분이다. (맞이한다는 뜻으로) 함곡관(函谷關) 동쪽 지방에서는 逆이라고 하고, 함곡관 서쪽 지방에서는 迎(영)이라고 한다.(「逆, 迎也. 从辵, 屰聲. 關東曰逆, 關西曰迎.」)							

※ 사람이 거꾸로(屰:거스를 역) 가는(辶) 데서 '거스르다'를 뜻한다.

朔	月부 총10획	戰國 金文 公朱左自鼎	戰國 金文 梁十九年鼎	戰國 金文 古鉨	小篆 說文解字	朔望(삭망) 朔風(삭풍) 朔月(삭월)
초하루 삭	설문 月부	朔(삭)은 달이 초하루에 다시 소생(蘇生)한다는 뜻이다. 月(월)은 의미부분이고, 屰(역)은 발음부분이다.(「朔, 月一日始蘇也. 从月, 屰聲.」)					

※ 그믐 전과 거꾸로 바뀌어(屰) 다시 뜨는 달(月) 모양에서 '초하루'를 뜻한다.

塑	土부 총13획	설문 없음	小篆 形音義字典		彫塑(조소) 塑像(소상) 塑造(소조)
흙빚을 소					

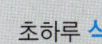

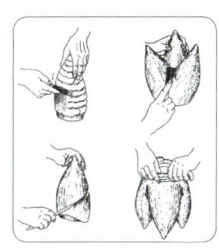

※ 초하루(朔) 달이 점점 크듯, 흙(土)을 점점 붙여 모양을 만드는 데서 '흙 빚다' '토우'를 뜻한다.

遡	辵부 총14획	小篆	或體		遡及(소급) 遡遊(소유) 遡源(소원)	
		說文解字				
거스를 소	설문 水부	泝(소), (물이) 거슬러 흘러 위로 올라가는 것을 泝洄(소회)라고 한다. 泝는 향한다는 뜻이다. 물은 아래로 흘러가려고 하지만 이를 어기고 위로 간다는 뜻이다. 水(수)는 의미부분이고, 斥(척)은 발음부분이다. 遡는 泝의 혹체자(或體字)로 (斥 대신) 朔(삭)을 썼다.(「泝, 逆流而上曰泝洄. 泝, 向也. 水欲下, 違之而上也. 从水, 斥聲. 遡, 泝或从朔.」)				

※ 초하루(朔) 달이 점점 커지듯, 점점 높이 올라가는(辶) 데서 '거슬러 올라가다'를 뜻한다.

欮 ➡ 厥 ➡ 蹶 ➡ 闕

欮	欠부 총10획	小篆	或體		용례 없음	
		說文解字				
숨찰 궐	설문 疒부	欮(기가 치밀어 오르는 병 궐)=瘚(기운 질릴 궐)은 거꾸로 흐르는 기(氣)를 뜻한다. 疒(녁)·屰(역)·欠(흠)은 모두 의미부분이다. 欮은 瘚의 혹체자(或體字)로 疒을 생략하였다.(「瘚, 屰气也. 从疒, 从屰, 从欠. 欮, 瘚或省疒.」)				

※ 숨이 거꾸로(屰) 차올라 입 벌려(欠) 토해내는 데서 '숨차다' '쿨룩거리다'를 뜻한다.

厥	厂부 총12획	戰國 金文	小篆		厥角(궐각) 厥者(궐자) 厥尾(궐미)	
		吉大124	說文解字			
그 궐	설문 厂부	厥(궐)은 돌을 발사한다는 뜻이다. 厂(엄·한)은 의미부분이고, 欮(궐)은 발음부분이다.(「厥, 發石也. 从厂, 欮聲.」)				

※ 일정한 높은 언덕(厂)에서 지쳐 숨이 거꾸로(屰) 차올라 입 벌려(欠) 기침(欮:쿨룩거릴 궐) 할 정도로 힘들게 파낸 돌을 쏘는 '투석기'로, '그' '파다'를 뜻한다.

蹶	足부 총19획	小篆	或體		蹶起(궐기) 蹶失(궐실) 誤蹶(오궐)	
		說文解字				
일어설/넘어질 궐	설문 足부	蹶(궐)은 쓰러진다는 뜻이다. 足(족)은 의미부분이고, 厥(궐)은 발음부분이다. 일설에는 뛴다는 뜻이라고도 한다. 역시 橜(말뚝 궐)처럼 읽는다고 한다. 蹷은 蹶의 혹체자(或體字)로 (厥 대신) 闕(궐)을 썼다.(「蹶, 僵也. 从足, 厥聲. 一曰跳也. 亦讀若橜. 蹷, 蹶或从闕.」)				

※ 발(足)이 파낸(厥) 돌에 걸려 '넘어지고' '일어섬'을 뜻한다.

闕	門부 총18획	戰國 金文	小篆		宮闕(궁궐) 大闕(대궐) 闕內(궐내)	
		珍秦139	說文解字			
대궐 궐	설문 門부	闕(궐)은 성문(城門) 위에 세운 관망대를 뜻한다. 門(문)은 의미부분이고, 欮(궐)은 발음부분이다.(「闕, 門觀也. 从門, 欮聲.」)				

※ 문(門) 양쪽에 두 개의 누대와, 숨이 차올라(欮) 입 벌린 것처럼 가운데를 둥글게 열어 백성이 통행하던 대궐문에서 '대궐' '빠지다'를 뜻한다.

◆ 持斧伏闕 : (지부복궐) 상소(上疏)할 때에 도끼를 가지고 대궐문(大闕-) 밖에 나아가 엎드리던 일. 중난(重難)한 일에 대(對)하여 간할 때에 그 뜻을 받아들일 수 없다면 이 도끼로 죽여 달라는 결의(決意)를 나타냄.

生 ➡ 牲 ➡ 甥 ➡ 笙 ✥ 性 ➡ 姓 ➡ 隆

生	生부 총5획	甲骨文		西周金文		春秋金文	戰國金文	小篆	生命(생명) 生育(생육) 生産(생산)
		粹231	甲915	臣辰卣	單伯鐘	齊鎛	中山王壺	說文解字	
날 생	설문 生부	生(생)은 돋아 나온다는 뜻이다. 초목(草木)이 땅 위로 자라 나오는 모습을 그렸다. 무릇 生부에 속하는 글자들은 모두 生을 의미부분으로 삼는다.(「𤯓, 進也. 象艸木生出土上. 凡生之屬皆从生.」)							

✳ 초목이 싹터(Ψ=屮) 땅(一)에서 자라나는 모양에서 '낳다' '살다' '자라다'를 뜻한다.

牲	牛부 총9획	甲骨文		西周金文	戰國金文	小篆	犧牲(희생) 牲犢(생독) 牲牢(생뢰)
		天52	周甲42	矢方彝	漢中守戈	說文解字	
희생 생	설문 牛부	牲(생)은 (제사에 쓰기에) 완전한 소를 뜻한다. 牛(우)는 의미부분이고, 生(생)은 발음부분이다.(「牲, 牛完全. 从牛, 生聲.」)					

✳ 완전히 잘 자란 소(牛)로 살아 있는(生) 것을 제사에 사용함에서 '희생' '산 재물'을 뜻한다.

甥	生부 총12획	小篆	甥姪(생질) 甥館(생관) 甥姪婦(생질부)
		說文解字	
생질 생	설문 男부	甥(생), 나를 舅(외삼촌 구)라고 부르는 사람에 대해 나는 甥이라고 부른다. 男(남)은 의미부분이고, 生(생)은 발음부분이다.(「甥, 謂我舅者, 吾謂之甥. 从男, 生聲.」)	

✳ 여자형제인 자매(姉妹)가 낳은(生) 남자(男)아이에서 '생질'을 뜻한다.

笙	竹부 총11획	戰國金文	小篆	笙簧(생황) 笙師(생사) 笙磬(생경)

		信陽楚簡	說文解字	
생황 생	설문 竹부	笙(생)은 13개의 황(簧)으로 이루어졌다. 봉황의 몸체를 본떴다. 笙은 정월의 소리로서, 만물이 생겨난다. 그래서 이름을 笙이라고 하는 것이다. 큰 것은 巢(소)라고 하고, 작은 것은 和(화)라고 부른다. 竹(죽)은 의미부분이고, 生(생)은 발음부분이다. 옛날에 수(隨)가 笙을 만들었다.(「笙, 十三簧. 象鳳之身也. 笙, 正月之音, 物生, 故謂之笙. 大者謂之巢, 小者謂之和. 竹, 生聲. 古者隨作笙.」)			

✳ 19개·13개의 대(竹)를 엮어 입으로 불어 살아 있는(生) 소리를 내는 악기인 '생황'을 뜻한다.

性	心부 총8획	小篆	性品(성품) 性格(성격) 性急(성급)
		說文解字	
성품 성	설문 心부	性(성)은 사람의 양기(陽氣)로서, 착한 성질을 뜻한다. 心(심)은 의미부분이고, 生(생)은 발음부분이다.(「性, 人之陽氣, 性善者也. 从心, 生聲.」)	

✳ 각자의 고유한 마음(忄)을 가지고 태어나는(生) 데서 '성품'을 뜻한다.

- ◆ 九死一生 : (구사일생) '아홉번 죽을 뻔하다 한 번 살아난다'는 뜻으로, 여러 차례(次例) 죽을 고비를 겪고 간신히 목숨을 건짐.
- ◆ 生者必滅 : (생자필멸) '생명(生命)이 있는 것은 반드시 죽게 마련'이라는 뜻으로, 불교(佛敎)에서 세상만사(世上萬事)가 덧없음을 이르는 말.
- ◆ 省牲省器 : (성생성기) 나라 제향(祭享)에 쓸 희생(犧牲)과 기명(器皿)을 잘 살펴 봄.
- ◆ 鼓瑟吹笙 : (고슬취생) 비파(琵琶)를 치고 저를 부니 잔치하는 풍류(風流)임.

	女부 총8획	甲骨文		西周 金文		春秋 金文		小篆	姓名(성명) 姓銜(성함) 百姓(백성)
姓									
		前6.28.2	佚445	今甲盤	小姓壺	齊鎛	羅兒匜	說文解字	

성씨 성	설문 女부	姓(성)은 사람이 태어난 바를 뜻한다. 옛날 성모(聖母) 신(神)께서 하늘과 감응하여 아들을 낳았으니, 그리하여 그를 천자(天子)라고 부르게 되었다. 女(녀)와 生(생)은 모두 의미부분인데, 生은 발음부분이기도 하다. ≪춘추전(春秋傳)≫에 이르기를 "천자가 태어난 바에 근거하여 姓을 내렸다."라고 하였다.(「𡢲, 人所生也. 古之神聖母, 感天而生子, 故稱天子. 从女, 从生. 生亦聲.≪春秋傳≫曰: "天子因生以賜姓."」)

✻ 모계사회에서 여자(女)가 낳은(生) 아이에게 붙여주던 성에서 '성' '성씨'를 뜻한다.

	阜부 총12획	小篆			隆盛(융성) 隆崇(융숭) 隆起(융기)
		說文解字			

높을 륭	설문 生부	隆(륭)은 풍성하고 크다는 뜻이다. 生(생)은 의미부분이고, 降(강·항)은 발음부분이다.(「𨼬, 豐大也. 从生, 降聲.」)

✻ 降(강)과 生의 합으로, 아래로 내려(降)질듯 불쑥 솟아 '성하게' 자라나(生) '높음'을 뜻한다.
※파자: 언덕(阝) 뒤에(夂) 또 하나(一) 생긴(生) 더 높은 언덕에서 '높다' '성하다'를 뜻한다.

星➡醒➡惺✻➡猩*➡理✻

	日부 총9획	甲骨文		西周 金文	戰國 金文	小篆	古文	或體	金星(금성) 彗星(혜성) 星宿(성수)
		乙6672	前7.26.3	麗伯星父簋	王立事鈹		說文解字		

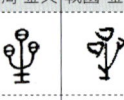 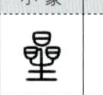

별 성	설문 晶부	曐(성)은 만물의 정수(精髓)로, 하늘 위에 펼쳐져 있는 별을 뜻한다. 晶(정)은 의미부분이고, 生(생)은 발음부분이다. 일설에는 상형으로, 口는 의미부분이라고도 한다. 옛날에는 그 가운데에 다시 점 하나를 더하기도 하였다. 그래서 日(일)자와 같아졌다. 𠻖은 曐의 고문(古文)이다. 星은 曐의 혹체자(或體字)로 생략형이다.(「曐, 萬物之精, 上列爲星. 从晶, 生聲. 一曰象形, 从口. 古口復注中, 故與日同. 𠻖, 古文星. 星, 曐或省.」)

✻ 별(晶=日)이 초목(生)위에 있는 모양에서 '별'을 뜻한다. ※曐=星의 古體.
※파자: 밤에 해(日)처럼 생겨나(生) 반짝이는 '별'.

	酉부 총16획	小篆			覺醒(각성) 半醒(반성) 醒日(성일)
		說文解字			

깰 성	설문 酉부	醒(성)은 술에 취했던 것이 풀어진다는 뜻이다. 酉(유)는 의미부분이고, 星(성)은 발음부분이다.(「醒, 醉解也. 从酉, 星聲.」)

✻ 술(酉)에서 깨어 밝은 별(星)처럼 정신이 밝아짐에서 '술 깨다' '깨다' '꿈 깨다'를 뜻한다.

	心부 총12획	설문 없음	小篆		惺悟(성오) 惺惺(성성)

			形音義字典		

영리할/깰 성		

✻ 마음(忄)속에 하늘의 밝은 별(星)처럼 깨우침에서 '영리하다' '깨다'를 뜻한다.

猩	犬부 총12획	小篆 猩 說文解字		猩猩(성성) 猩脣(성순) 猩紅熱(성홍열)

성성이 성 | 설문
犬부 | 猩(성)은 성성(猩猩)으로, 개가 짖는 소리이다. 犬(견)은 의미부분이고, 星(성)은 발음부분이다.(「猩, 猩猩, 犬吠聲. 从犬, 星聲.」)

※ '개(犭)소리'가 별(星)처럼 멀리 있는데서 들리는 듯, 개(犭)의 붉은 별(星)같은 털을 가지고 개처럼 짖는 짐승인 유인원(類人猿) 종류 '성성이'를 뜻한다.

瑆	玉부 총13획	설문 없음	용례 없음

옥빛 성

※ 옥(玉)빛이 별(星)처럼 반짝이는 데서 '옥빛'을 뜻한다.

欠 ➡ 欽 ➡ 歆 ☆ ➡ 飮 ➡ 欣 ➡ 吹 ➡ 炊

欠	欠부 총4획	甲骨文			西周 金文		小篆	欠伸(흠신) 欠缺(흠결) 欠身(흠신)
		前4.33.6	後下4.15	合集18800	欠父丁爵	欠父乙鼎	說文解字	

하품 흠 | 설문
欠부 | 欠(흠)은 입을 벌려 하품을 한다는 뜻이다. 입김이 사람의 위로 나가는 모양을 그린 것이다. 무릇 欠부에 속하는 글자들은 모두 欠을 의미부분으로 삼는다.(「欠, 張口气悟也. 象气从人上出之形. 凡欠之屬皆从欠.」)

※ 기운이 없고 피곤하여 크게 입을 벌려(⌒) 하품하는 사람(人)에서 '하품' '부족'을 뜻한다.

欽	欠부 총12획	小篆 欽 說文解字	欽慕(흠모) 欽敬(흠경) 欽羨(흠선)

공경할 흠 | 설문
欠부 | 欽(흠)은 하품을 하는 모습이다. 欠(흠)은 의미부분이고, 金(금)은 발음부분이다.(「欽, 欠皃. 从欠, 金聲.」)

※ 금(金) 같은 귀함을 보거나, 금종(金鐘) 소리를 듣고, 입 벌려(欠) 감탄하여 '공경함'을 뜻한다.

歆	欠부 총13획	戰國 金文	小篆	歆格(흠격) 歆饗(흠향) 歆羨(흠선)
		魚顚匕	說文解字	

흠향할 흠 | 설문
欠부 | 歆(흠)은 신령이 음식을 받는다는 뜻이다. 欠(흠)은 의미부분이고, 音(음)은 발음부분이다.(「歆, 神食气也. 从欠, 音聲.」)

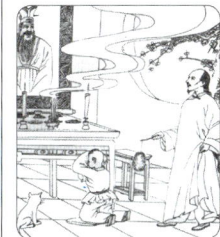

※ 신이 제악(音)을 울리며 바친 음식의 氣(기)를 입 벌려(欠) 받아들임에서 '흠향하다'를 뜻한다.

◆ 欽崇之禮 : (흠숭지례) 천주(天主)에게만 드리는 흠모와 공경(恭敬).
◆ 欽恤之典 : (흠휼지전) 죄수(罪囚)를 신중(愼重)히 심의(審議)하라는 뜻의 은전.
◆ 欽欽新書 : (흠흠신서) 조선(朝鮮) 시대(時代) 22대 정조(正祖) 때 정약용(丁若鏞)이 지은 책. 그는 이미 『목민심서(牧民心書)』를 낸 바 있으나, 절옥(折獄)의 일에 이르러 인명(人命)이 대권(大權)에 연계(連繫)된 것을 보고, 다시금 순조(純祖) 22(1822)년에 편성(編成)했음. 『경사요의(經史要義)』 『의율차례(擬律差例)』 『상형추의(祥刑追議)』 『전발무사(剪跋蕪詞)』 등(等)으로 되었음. 30권 10책. 사본(寫本).

飮	食부 총13획	甲骨文		殷商 金文		西周 金文	春秋 金文	飮酒(음주) 飮福(음복) 米飮(미음) 飮料水(음료수)
		甲205	合10137	飮 爵	飮 觚	眔仲壺	沈兒鐘	
		春秋 金文		戰國 金文	小 篆	古 文		
마실 음	설문 欠부	魯無叵		余義鐘	中山王方壺	說文解字		
		飮=㱃(음)은 歠(마실 철)이다. 欠(흠)은 의미부분이고, 酓(술맛 쓸 염)은 발음부분이다. 무릇 㱃부에 속하는 글자들은 모두 㱃을 의미부분으로 삼는다. 𩚧 은 㱃의 고문(古文)으로, 今(금)과 水(수)로 이루어졌다. 𩚁은 㱃의 고문으로, 今과 食(식)으로 이루어졌다.(「㱃, 歠也. 从欠, 酓聲. 凡㱃之屬皆从㱃. 𩚧, 古文㱃, 从今·水. 𩚁, 古文㱃, 从今·食.」)							

✽ 통에 든 음식(食=酓)을 입 벌려(欠) 먹는 데서 '마시다'를 뜻한다.

欣	欠부 총8획	戰國 金文	小 篆		欣快(흔쾌) 欣悅(흔열) 欣喜(흔희)
		故宮421	說文解字		
기쁠 흔	설문 欠부	欣(흔)은 웃으며 기뻐한다는 뜻이다. 欠(흠)은 의미부분이고, 斤(근)은 발음부분이다.(「欣, 笑喜也. 从欠, 斤聲.」)			

✽ 도끼(斤)질 하는데 박자를 맞추어 입 벌려(欠) 기쁘게 노래하는 데서 '기쁘다'를 뜻한다.

吹	口부 총7획	甲骨文		西周 金文	春秋 金文	小 篆	吹入(취입) 鼓吹(고취) 吹鳴(취명)
		後下24.14	合9359	吹方鼎	虞司寇壺	說文解字	
불 취	설문 欠부	吹(취)는 (입으로) 기를 내보낸다는 뜻이다. 欠(흠)과 口(구)는 모두 의미부분이다.(「吹, 出气也. 从欠, 从口.」)					

✽ 물건에 대고 입(口)을 벌려(欠) 기를 보내는 데서 '불다'를 뜻한다.

炊	火부 총8획	戰國 金文	小 篆		炊事(취사) 自炊(자취) 炊飯(취반)
		雲夢雜抄	說文解字		
불땔 취	설문 火부	炊(취)는 (밥을 지으려고) 불을 땐다는 뜻이다. 火(화)는 의미부분이고, 吹(취)의 생략형은 발음부분이다.(「炊, 爨也. 从火, 吹省聲.」)			

✽ 불(火)을 지피려 입을 벌려(欠) 바람을 부는 데서 '불 때다'를 뜻한다.

次→姿→恣→懿✥→資→瓷→咨✥→諮⋯▶盜

次	欠부 총6획	甲骨文	西周 金文	春秋 金文	戰國 金文	小 篆	古 文	次男(차남) 次元(차원) 席次(석차)
		後下42.6	史次鼎	嬰次盧	刑令戈	說文解字		
버금 차	설문 欠부	次(차)는 앞으로 나아가지도 않고, 세밀하지도 않다는 뜻이다. 欠(흠)은 의미부분이고, 二(이)는 발음부분이다. 𠂢는 次의 고문(古文)이다.(「次, 不前不精也. 从欠, 二聲. 𠂢, 古文次.」)						

✽ 침이 튀거나(冫) 하품(欠)하는 바르지 못한 행위로, 최선의 다음에서 '버금'을 뜻한다.
※참고: '次(차)'가 다음으로 쓰이면서 '冫(빙)'을 다음을 뜻하는 '二(이)'로도 본다.

姿	女부 총9획	小篆  說文解字		姿勢(자세) 姿態(자태) 姿色(자색)
모양 자	설문 女부	姿(자)는 자태(姿態)를 뜻한다. 女(녀)는 의미부분이고, 次(차)는 발음부분이다.(「觜, 態也. 从女, 次聲.」)		

※ 본질 다음(次)에 여자(女)가 가꾼 여러 재주나 능력이 있는 모양에서 '모양'을 뜻한다.

恣	心부 총10획	小篆  說文解字		放恣(방자) 恣行(자행) 恣意(자의)
마음대로/ 방자할 자	설문 心부	恣(자)는 방종(放縱)하다는 뜻이다. 心(심)은 의미부분이고, 次(차)는 발음부분이다.(「觜, 縱也. 从心, 次聲.」)		

※ 모든 일에 항상 다음(次)으로 미루는 마음(心)에서 '마음대로' '방자하다'를 뜻한다.

懿	心부 총22획	甲骨文西周金文			春秋金文		小篆	懿範(의범) 懿望(의망) 懿親(의친)
					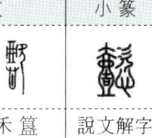		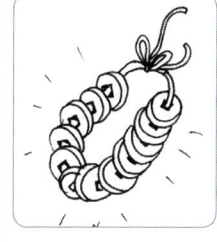	
		沈子簋	禹鼎	匡簋	單伯鐘	禾簋	說文解字	
아름다울 의	설문 壹부	懿(의)는 한결 같이 오래되고 아름답다는 뜻이다. 壹(일)은 의미부분이고, 恣(자)의 생략형은 발음부분이다.(「觜, 專久而美也. 从壹, 从恣省聲.」)						

※ 일을 한(壹)결같이 오래하여 자기 마음대로(恣) 해도 '아름다움'을 뜻한다.

資	貝부 총13획	戰國 金文  雲夢爲吏	小篆 說文解字	資本(자본) 資格(자격) 資質(자질)
재물 자	설문 貝부	資(자)는 재물을 뜻한다. 貝(패)는 의미부분이고, 次(차)는 발음부분이다.(「觜, 資也. 从貝, 次聲.」)		

※ 다음(次)의 일이나 계획에 필요한 바탕이 되는 돈(貝)인 '재물'을 뜻한다.

瓷	瓦부 총11획	小篆  說文解字		青瓷(청자) 瓷器(자기) 花瓷(화자)
사기그릇 자	설문 瓦부	瓷(자)는 오지그릇을 뜻한다. 瓦(와)는 의미부분이고, 次(차)는 발음부분이다.(「觜, 瓦器. 从瓦, 次聲.」)		

※ 유약을 바른 다음(次) 다시 구운 질그릇(瓦)으로 광택 있는 '사기그릇' '오지그릇'을 뜻한다.

咨	口부 총9획	戰國 金文  陳侯因齊戈	小篆  說文解字	咨文(자문) 咨嗟(자차) 咨呈(자정)
물을/탄식할 자	설문 口부	咨(자)는 어떤 일을 꾸미는 것을 咨라고 한다. 口(구)는 의미부분이고, 次(차)는 발음부분이다.(「觜, 謀事曰咨. 从口, 次聲.」)		

※ 다음(次)에 할 일에 대하여 입(口)으로 묻는 데서 '묻다'를 뜻한다.

諮	言부 총16획	설문 없음	小篆  形音義字典		諮問(자문) 諮謀(자모) 諮議(자의)	
물을 자						

❋ 말(言)로 다음(次) 일을 위하여 입(口)으로 묻는(咨:물을 자) 데서 '묻다' '의논하다'를 뜻한다.

盜	皿부 총12획	西周 金文  迷 盤	春秋 金文  秦公鎛	戰國 金文  雲夢封診	小篆  說文解字	強盜(강도) 盜難(도난) 盜用(도용)	
도둑 도	설문 次부	盜(도)는 물건을 훔친다는 뜻이다. 次(연)은 의미부분이다. 그릇에 욕심이 나서 침을 흘리고 있는 것이다.(「盜, 私利物也. 从次, 次欲皿者.」)					

❋ 침(冫)을 입 벌려(欠) 흘리며(次:침흘릴 연) 남의 그릇(皿)에 담긴 음식을 욕심내는 데서 '도둑' '훔치다'를 뜻한다.

矢…吳→娛→誤→虞

矢	大부 총3획	甲骨文  乙5317 戩3.3.3	西周 金文 矢王尊 矢丁當盧	小篆 說文解字	용례 없음	
기울 렬	설문 矢부	矢(렬)은 머리가 기울었다는 뜻이다. 大(대)는 의미부분이고, 상형(象形)이다. 무릇 矢부에 속하는 글자들은 모두 矢을 의미부분으로 삼는다.(「矢, 傾頭也. 从大, 象形. 凡矢之屬皆从矢.」)				

❋ 머리를 기울이고(丿=乚=ㄱ) 있는 사람(大)의 모양에서 '기울다'를 뜻한다. ※참고: 矢=夨

吳	口부 총7획	甲骨文  前4.29.4	殷商 金文 吳觚	西周 金文 牆 盤	春秋 金文 吳王光鑑	戰國 金文 中山王鼎	小篆 說文解字	古文	吳回(오회) 吳吟(오음) 吳綾(오릉)	
성(姓) 오	설문 矢부	吳(오)는 사람의 성(姓)이다. 또 군(郡)의 이름이다. 일설에는 큰소리친다는 뜻이라고도 한다. 矢(렬)과 口(구)는 모두 의미부분이다. 㕦, 고문(古文)은 이와 같다.(「吳, 姓也, 亦郡也. 一曰: 吳, 大言也. 从矢·口. 㕦, 古文如此.」)								

❋ 사람이 머리를 기울여(矢:기울 녈) 입(口) 벌려 크게 노래하거나, 동이(口)를 어깨에 메고 있는 사람(矢)으로 '큰 소리'로 노래를 잘하거나, 동이를 많이 생산하던 '오나라' '姓(성)'을 뜻한다.

娛	女부 총10획	小篆  說文解字	娛樂(오락) 歡娛(환오) 喜娛(희오)	
즐길 오	설문 女부	娛(오)는 즐겁다는 뜻이다. 女(녀)는 의미부분이고, 吳(오)는 발음부분이다.(「娛, 樂也, 从女, 吳聲.」)		

❋ 여자(女)들이 모여 큰소리(吳)로 수다나 노래하며 즐겁게 지내는 데서 '즐기다'를 뜻한다.

誤	言부 총14획	戰國 金文 雲夢法律	小篆 說文解字	誤算(오산) 誤謬(오류) 誤診(오진)	
그르칠 오	설문 言부	誤(오)는 잘못되었다는 뜻이다. 言(언)은 의미부분이고, 吳(오)는 발음부분이다.(「誤, 謬也, 从言, 吳聲.」)			

❋ 말(言)을 터무니없는 큰소리(吳)로 하는 데서 '그르치다'를 뜻한다.

虞	虍부 총13획	西周金文	春秋金文	戰國金文	小篆		虞犯(우범) 虞祭(우제) 虞人(우인)
		散盤	虞師冠壺	雲夢秦律	說文解字		
염려할 우	설문 虍부	虞(염려할 우, 추우 짐승 우)는 추우(騶虞)이다. 흰 호랑이에 검은 줄이 가 있고, 꼬리가 몸체보다 길다. 순한 짐승으로, 스스로 죽은 짐승의 고기를 먹는다. 虍(호)는 의미부분이고, 吳(오)는 발음부분이다. ≪시경(詩經)≫에 이르기를 "아! 진정 추우로세!"라고 하였다. (「虞, 騶虞也. 白虎黑文, 尾長於身, 仁獸, 食自死之肉. 从虍, 吳聲. ≪詩≫曰: "于嗟乎騶虞."」)					

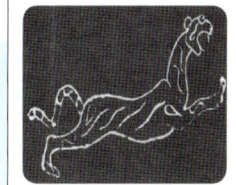

※ 호랑이(虍)처럼 흰 바탕에 검은 무늬와 큰소리(吳)를 내는 어진 짐승을 사람들이 두려워하는 데서 '염려하다' '헤아리다' 순임금의 '나라이름'을 뜻한다.

尢 ⋯ 尤 ➜ 尨 ☆ ➜ 就 ➜ 蹴

尢	尢부 총3획	金文	小篆	古文		용례 없음
		牆盤	說文解字			
절름발이 왕	설문 尢부	尢=㞟(왕)은 다리를 전다는 뜻으로, 종아리가 휘었다. 大(대)는 의미부분으로, 그 중 한 쪽이 굽은 모양을 그렸다. 무릇 㞟부에 속한 글자들은 모두 㞟을 의미부분으로 삼는다. 尫(왕)은 고문(古文)으로 㞷(황)을 더하였다. (「㞟, 㞟, 曲脛也. 从大, 象偏曲之形. 凡㞟之屬皆从㞟. 尫, 古文从㞷.」)				

 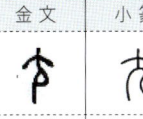

※ 사람(大)의 한쪽 다리를 굽혀(乚) '절름발이'를 뜻한다.
※참고:尢(왕)자 부수에 속하는 한자(漢字)는 대개는 尢과 관계가 없다.

尤	尢부 총4획	甲骨文		西周金文	戰國金文	小篆	尤物(우물) 尤甚(우심) 尤極(우극)
		戩3.6	前1.5.3	格伯簋	上博印36	說文解字	
더욱 우	설문 乙부	尤(우)는 특이(特異)하다는 뜻이다. 乙(을)은 의미부분이고, 又(우)는 발음부분이다. (「尤, 異也. 从乙, 又聲.」)					

※ 더욱 잘 드러나는 손(又=九)에 있는 상처(丶)에서 '허물' '더욱'을 뜻한다. ※九은 又의 변체.

尨	尢부 총7획	甲骨文		戰國金文		小篆	尨大(방대) 尨犬(방견) 尨服(방복)
		前4.52.3	佚946	古鉥	上博周易	說文解字	
삽살개 방	설문 犬부	尨(방)은 털이 많은 개 종류를 뜻한다. 犬(견)과 彡(삼)은 모두 의미부분이다. ≪시경(詩經)≫에 이르기를 "삽살개가 짖지 않도록 하세요."라고 하였다. (「尨, 犬之多毛者. 从犬, 从彡. ≪詩≫曰: "無使尨也吠."」)					

※ 털(彡)이 많은 개(犬=尤)인 '삽살개'를 뜻한다. ※파자: 더욱(尤) 털(彡)이 많은 '삽살개'.

就	尢부 총12획	甲骨文		殷商金文	西周金文	戰國金文	小篆	籒文	就業(취업) 就學(취학) 就職(취직)
		合3139	合36563	子就鼎	克鼎	鄂君車節	說文解字		
나아갈 취	설문 京부	就(취)는 높은 곳으로 나아간다는 뜻이다. 京(경)과 尤(우)는 모두 의미부분이다. 尤(우)는 평범하지 않다는 뜻이다. 𡲞는 就의 주문(籒文)이다. (「就, 就高也. 从京, 从尤. 尤, 異於凡也. 𡲞, 籒文就.」)							

※ 높고 크게(京) 나아가 더욱(尤) 드러나게 '이룸'에서 '나아가다'를 뜻한다. ※京(서울/클 경)

蹴	足부 총19획	小篆 (說文解字)		蹴踏(축답) 一蹴(일축) 蹴球(축구)	
찰 **축**	설문 足부	蹴(축)은 밟는다는 뜻이다. 足(족)은 의미부분이고, 就(취)는 발음부분이다.(「蹴, 躡也. 从足, 就聲.」)			

※ 발(𧾷)이 나아가(就) 물건을 '차다'를 뜻한다. 본래 발(𧾷)로 뒤쫓아 나아감(就)을 뜻했다.

牙 → 芽 → 雅 → 訝 → 邪

牙	牙부 총4획	西周 金文 師克盨	春秋 金文 欒敖簠	戰國 金文 魯邃父簠 陶六102 曾侯墓簡	小篆 說文解字	古文	齒牙(치아) 象牙(상아) 牙城(아성)	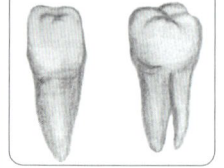
어금니 **아**	설문 牙부	牙(아)는 어금니이다. 윗니와 아랫니가 서로 맞물려 있는 모양을 그렸다. 무릇 牙부에 속하는 글자들은 모두 牙를 의미부분으로 삼는다. 𦷚는 牙의 고문(古文)이다.(「牙, 牡齒也. 象上下相錯之形. 凡牙之屬皆从牙. 𦷚, 古文牙.」)						

※ 아래위 어금니나 송곳니가 맞닿은 모양에서 '어금니'를 뜻한다.

芽	艸부 총8획	小篆 說文解字		發芽(발아) 麥芽(맥아) 胚芽(배아)	
싹 **아**	설문 艸부	芽(아)는 싹이다. 艸(초)는 의미부분이고, 牙(아)는 발음부분이다.(「芽, 萌芽也. 从艸, 牙聲.」)			

※ 처음 돋아나는 풀(艹)이 어금니(牙)처럼 작은 어린 '싹'을 뜻한다.

雅	隹부 총12획	戰國 金文 雲夢法律	小篆 說文解字	淸雅(청아) 雅號(아호) 優雅(우아)	
맑을 **아**	설문 隹부	雅(아)는 까마귀의 일종이다. 일명 鸒(떼까마귀 여)라고 하기도 하고, 일명 卑居(비거)라고 하기도 한다. 진(秦) 지방에서는 雅라고 한다. 隹(추)는 의미부분이고, 牙(아)는 발음부분이다.(「雅, 楚烏也. 一名鸒, 一名卑居. 秦謂之雅. 从隹, 牙聲.」)			

※ 배 부분이 이(牙)처럼 희고 아름다운 검은 '큰부리까마귀(隹)'의 '맑은' 울음소리나, 검은 칠을 한 악기의 아름다운 소리에서 '맑다' '우아하다'를 뜻한다.

訝	言부 총11획	小篆	或體 說文解字	疑訝(의아) 怪訝(괴아) 驚訝(경아)	
의심할 **아**	설문 言부	訝(아)는 맞이한다는 뜻이다. 言(언)은 의미부분이고, 牙(아)는 발음부분이다. ≪주례(周禮)≫에 이르기를 "제후(諸侯)를 맞이할 때는 경(卿)을 보내 영접한다."라고 하였다. 迓는 訝의 혹체자(或體字)로 (言 대신) 辵(착)을 썼다.(「訝, 相迎也. 从言, 牙聲. ≪周禮≫曰: "諸侯有卿訝發." 迓, 訝或从辵.」)			

※ 말(言)을 서로 맞닿은 어금니(牙)처럼 서로 만나 살피며 하는 데서 '맞이함' '의심함'을 뜻한다.

邪	邑부 총7획	戰國 金文 丞相啓狀戈	雲夢語書	小篆 說文解字	奸邪(간사) 邪惡(사악) 邪心(사심)	
간사할 **사**	설문 邑부	邪(사·야)는 낭야군(琅邪郡)을 가리킨다. 邑(읍)은 의미부분이고, 牙(아)는 발음부분이다.(「邪, 琅邪郡. 从邑, 牙聲.」)					

※ 잘못된 정치(政治)·교육(敎育)·사리(事理) 등이 어금니(牙)처럼 강하여 굽어져 다스려지지 않는 고을(阝) 이름에서 '간사하다'를 뜻한다. ※중국 진(秦)나라 때 낭사군(琅邪郡)의 이름.

亦 ➡ 跡 ➡ 迹 ➡ 奕

亦

亠부
총6획

또 **역**

설문
亦부

甲骨文		殷商 金文	西周金文	春秋 金文	戰國 金文	小 篆
菁6.1	後下18.1	亦 戈	效 卣	哀成叔鐘	者沔鐘	說文解字

亦是(역시)
亦然(역연)

亦(역)은 사람의 겨드랑이를 가리킨다. 大(대)는 의미부분이고, (八)은 두 겨드랑이의 모양을 그린 것이다. 무릇 亦부에 속하는 글자들은 모두 亦을 의미부분으로 삼는다.(「夾, 人之臂亦也. 从大, 象兩亦之形. 凡亦之屬皆从亦.」)

✵ 사람(大=亣) 양 옆 겨드랑이에 두 점(八)을 찍어 팔을 자꾸 흔들며 가는 데서 '또'를 뜻한다.

跡

足부
총13획

발자취 **적**

설문
辵부

西周 金文		小 篆	或 體	籒文
師㪚簋	師袁簋		說文解字	

遺跡(유적)
追跡(추적)
潛跡(잠적)

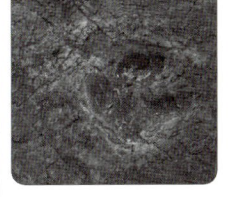

迹(적)은 발자국을 뜻한다. 辵(착)은 의미부분이고, 亦(역)은 발음부분이다. 蹟은 혹체자(或體字)로 足(족)과 責(책)으로 이루어졌다. 速은 迹의 주문(籒文)으로 (亦 대신) 束(자)를 썼다.(「迹, 步處也. 从辵, 亦聲. 蹟, 或从足・責. 速, 籒文迹, 从束.」)

✵ 길에 찍힌 발(𧾷)자국이 오목한 겨드랑이처럼(亦) 생긴 '발자취'를 뜻한다.
 ※파자: 발(𧾷)자국이 또(亦) 계속 연속되어 있는 '발자취'를 뜻한다. ※跡・迹과 同字.

迹

辵부
총10획

자취 **적**

설문
辵부

'跡'과 고문이 같음.		※跡・蹟과 동자(同字).

痕迹(흔적)
形迹(형적)
迹捕(적포)

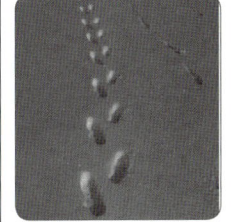

迹(적)은 발자국을 뜻한다. 辵(착)은 의미부분이고, 亦(역)은 발음부분이다. 蹟은 혹체자(或體字)로 足(족)과 責(책)으로 이루어졌다. 速은 迹의 주문(籒文)으로 (亦 대신) 束(자)를 썼다.(「迹, 步處也. 从辵, 亦聲. 蹟, 或从足・責. 速, 籒文迹, 从束.」)

✵ 또 연속으로 겨드랑이(亦) 같은 오목한 발자국을 남기며 길을 가는(辶) 데서 '자취'를 뜻한다.

奕

大부
총9획

클 **혁**

설문
大부

戰國 金文	小 篆

簠齋印集	說文解字

奕世(혁세)
奕奕(혁혁)
奕葉(혁엽)

奕(혁)은 크다는 뜻이다. 大(대)는 의미부분이고, 亦(역)은 발음부분이다. ≪시경(詩經)≫에 이르기를 "높고 큰 양산(梁山)."이라고 하였다.(「奕, 大也. 从大, 亦聲. ≪詩≫曰: "奕奕梁山."」)

✵ 사람이 겨드랑이(亦)를 크게(大) 벌리고 있는 데서 '크다'를 뜻한다. ※弈=바둑 혁.

赤 ➡ 赫 ➡ 爀 ➡ 赦

赤

赤부
총7획

붉을 **적**

설문
赤부

甲骨文		西周金文		春秋 金文	小 篆	古 文
乙2908	後下18.8	麥 鼎	頌 鼎	郘公華鐘	說文解字	

赤色(적색)
赤字(적자)
赤潮(적조)

赤(적)은 남쪽의 색에 해당한다. 大(대)와 火(화)는 모두 의미부분이다. 무릇 赤부에 속하는 글자들은 모두 赤을 의미부분으로 삼는다. 烾은 고문(古文)으로 炎(염)과 土(토)로 이루어졌다.(「炎, 南方色也. 从大, 从火. 凡赤之屬皆从赤. 烾, 古文, 从炎・土.」)

✵ 크고(大=土) 붉은 불(火=灬=小)빛이나, 죄인(大)을 알몸으로 붉은 불(火)에 처형하는 데서 '붉다' '발가숭이' '멸하다'를 뜻한다. ※파자:흙(土)이 불(火=小)에 '붉게' 달구어짐.

赫

赤부
총14획

빛날 **혁**

설문
赤부

戰國 金文	小 篆

秦封泥	說文解字

赫怒(혁노)
憚赫(탄혁)
赫赫(혁혁)

赫(혁)은 불이 붉은 모습이다. 두 개의 赤(적)자로 이루어졌다.(「赫, 火赤皃. 从二赤.」)

✵ 불길이 붉고(赤) 붉게(赤) 일어나 빛남에서 '빛나다' '성하다'를 뜻한다.

| | 火부
총18획 | 설문 없음 | | 爀烈(혁렬)
爀爀(혁혁) |

불빛 **혁**

✽ 불(火)처럼 빛나는(赫) '불빛'으로, 불빛처럼 빛나기를 바라는 마음에서 '이름'으로 쓴다.

| | 赤부
총11획 | 西周金文 | 戰國金文 | 小篆 | 或體 | 赦罪(사죄)
赦免(사면)
放赦(방사) |
| | | 憜匜 | 雲夢法律 | 說文解字 | |

용서할 **사** | 설문
攴부 | 赦(사)는 방치(放置)한다는 뜻이다. 攴(복)은 의미부분이고, 赤(적)은 발음부분이다. 赦는 赦의 혹체자(或體字)로 (赤 대신) 亦(역)을 썼다.(「赦, 置也. 从攴, 赤聲. 赦, 赦或从亦.」)

✽ 붉은(赤) 불에 처형당할 죄인을 쳐서(攴) 다스려 죄를 '용서함'을 뜻한다.

不→否→杯→歪→丕→胚☆…上→下→卞

| | 一부
총4획 | 甲骨文 | | 西周金文 | 春秋金文 | 戰國金文 | | 小篆 | 不良(불량)
不滿(불만)
不潔(불결) |
| | | 佚54 | 粹237 | 盂鼎 | 於賜鐘 | 中山王方壺 | 中山王鼎 | 說文解字 | |

아니 **불/부** | 설문
不부 | 不(불)은 새가 하늘을 날면서 내려오지 않는 것이다. 一(일)은 의미부분이다. 一은 여기에서는 하늘과 같다. 상형이다. 무릇 不부에 속하는 글자들은 모두 不을 의미부분으로 삼는다.(「不, 鳥飛上翔, 不下來也. 从一. 一猶天. 象形. 凡不之屬皆从不.」)

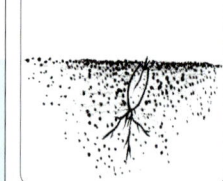

✽ 땅(一) 아래 씨눈 배아에서 뿌리(小)는 내리고 움은 아직 트지 않은 데서 '아니다'를 뜻한다.

| | 口부
총7획 | 西周金文 | | | 春秋金文 | 戰國金文 | 小篆 | 否認(부인)
拒否(거부)
否決(부결) |
| | | 否叔卣 | 否觚 | 毛公鼎 | 晉公簋 | 中山王鼎 | 說文解字 | |

아닐 **부** | 설문
不부 | 否(부)는 아니다라는 뜻이다. 口(구)와 不(불)은 모두 의미부분인데, 不은 발음부분이기도 하다.(「否, 不也. 从口, 从不. 不亦聲.」)

✽ 잘못되고 아닌(不) 것을 입(口)으로 말함에서 '아니다'를 뜻한다.

| | 木부
총8획 | 西周金文 | 小篆 | 籒文 | 乾杯(건배)
祝杯(축배)
苦杯(고배) |
| | | 杯簋 | 說文解字 | | |

잔 **배** | 설문
木부 | 桮(배)는 작은 술잔을 뜻한다. 木(목)은 의미부분이고, 否(부)는 발음부분이다. 㮽는 桮의 주문(籒文)이다.(「桮, 䪣也. 从木, 否聲. 㮽, 籒文桮.」)

✽ 나무(木) 뿌리(不)로 만든, 뿌리 모양(不)의 받침대가 있는 액체 담는 그릇에서 '잔'을 뜻한다.

| | 止부
총9획 | 설문 없음 | | 歪曲(왜곡)
歪力(왜력) |

기울 **왜/외**

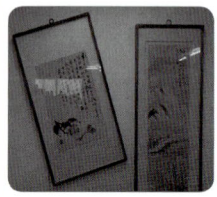

✽ 비뚤어져 곧지 않고(不) 바르지(正) 못해 '기울다' '비뚤다'를 뜻한다.

丕	一부 총5획	金文		小篆		丕基(비기) 丕構(비구) 丕子(비자)
		侯馬盟書	古匋	說文解字		
클 비	설문 一부	丕(비)는 크다는 뜻이다. 一(일)은 의미부분이고, 不(불)은 발음부분이다.(「丕, 大也. 从一, 不聲.」)				

❋ 땅(一)속 뿌리(小)가 아래(一)로 뻗어 자라게 하는 배아에서 '크다'를 뜻한다.

胚	肉부 총9획	戰國 金文	小篆		胚芽(배아) 胚葉(배엽) 胚囊(배낭)
		天星觀簡	說文解字		
아이밸 배	설문 肉부	胚(배)는 여자가 아이를 가진 지 1개월이 되었다는 뜻이다. 肉(육)은 의미부분이고, 不(불·부)는 발음부분이다.(「胚, 婦孕一月也. 从肉, 不聲.」)			

❋ 몸(月)속에서 배아의 싹처럼 자라 크는(丕) 아이에서 '아기 배다'를 뜻한다.

上	一부 총3획	甲骨文		西周 金文	春秋 金文		古文	篆文	上下(상하) 上流(상류) 上級(상급)
		乙2243	後下8.7	天亡簋	蔡侯盤	中山王壺		說文解字	
윗 상	설문 丄부	丄(상)은 높다는 뜻이다. 이 글자는 고문(古文)의 上자이다. 지사(指事)이다. 무릇 丄부에 속하는 글자들은 모두 丄을 의미부분으로 삼는다. 上은 丄의 전문(篆文)이다.(「丄, 高也. 此古文上, 指事也. 凡丄之屬皆从丄. 上, 篆文丄.」)							

❋ 기준선(一)보다 위(卜)에 있음에서 '위'를 나타낸다.

下	一부 총3획	甲骨文		西周 金文	春秋 金文	戰國 金文	古文	篆文	下落(하락) 下級(하급) 下手(하수)
		前4.6.8	粹79	番生簋	蔡侯盤	鉄云		說文解字	
아래 하	설문 丄부	丅는 낮다는 뜻이다. 지사(指事)이다. 下는 丅의 전문(篆文)이다.(「丅, 底也. 指事. 下, 篆文丅.」)							

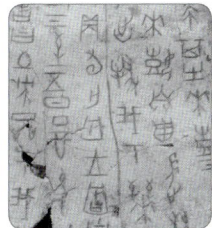

❋ 기준선(一)보다 아래(卜)에 있음에서 '아래'를 나타낸다.

卞	卜부 총4획	설문 없음	小篆		卞急(변급) 卞隨(변수)
			形音義字典		
성/조급할 변					

❋ 머리(亠)가 되는 중요한 일부터 점치던(卜) 규칙에서 '법' '조급'을 뜻하나 '성(姓)'으로 쓰인다.

一 ➡ 壹 ➡ 壺 ❖…… 二 ➡ 貳 …… 三 … 六 … 七 ➡ 切

一	一부 총1획	甲骨文		西周 金文		小篆	古文	一致(일치) 一段落(일단락)
		粹879	粹196	盂鼎	毛公鼎	說文解字		
한 일	설문 一부	一(일), 태초에, 도(道)는 하나[一]에서 세워지고, (그것이) 하늘과 땅으로 나뉘고, 만물로 화하였다. 무릇 一부에 속하는 글자들은 모두 一을 의미부분으로 삼는다. 弌은 一의 고문(古文)이다.(「一, 惟初太始, 道立於一, 造分天地, 化成萬物. 凡一之屬皆从一. 弌, 古文一.」)						

❋ 물건 하나(一)를 나타내 '하나'를 뜻하며, 일의 '시초'나 '처음'을 뜻하기도 한다.

635

壹	士부 총12획	戰國 金文		小 篆		樸壹(박일) 醇壹(순일) 壹意(일의)
		商鞅方升	雲夢日甲	說文解字		
한/갖은한 일	설문 壹부	壹(일)은 한결같다는 뜻이다. 壺(호)는 의미부분이고, 吉(길)은 발음부분이다. 무릇 壹부에 속하는 글자들은 모두 壹을 의미부분으로 삼는다.(「𡔷, 專壹也. 从壺, 吉聲. 凡壹之屬皆从壹.」)				

✻ 병(壺:병 호)에 변함없고 한결같은 길한(吉) 물건이 있는 데서 '하나'를 뜻하며 '一'의 갖은자가 된다.
　※파자: 선비(士)가 덮어둔(冖) 오직 제사에만 쓰는 제기(豆)에서 '하나'를 뜻한다.

壺	士부 총12획	甲骨文	西周 金文	春秋 金文	戰國 金文	小 篆	壺觴(호상) 壺漿(호장) 壺蓋(호개)
		乙2924	燕85	頌 壺	曾姬無卹壺	中山王方壺	說文解字
병 호	설문 壺부	壺(호)는 곤오(昆吾)로, 둥근 그릇이다. 상형(象形)이다. 大(대)는 의미부분으로, 그 뚜껑을 그린 것이다. 무릇 壺부에 속하는 글자들은 모두 壺를 의미부분으로 삼는다.(「𡔾, 昆吾, 圜器也. 象形. 从大, 象其蓋也. 凡壺之屬皆从壺.」)					

✻ 뚜껑이 있는 배가 부른 모양의 '병' 모양. ※파자: 선비(士)가 덮어둔(冖) 책 버금(亞)으로 귀하게 여기던 '병'이나 '항아리'를 뜻한다. ※壼(대궐안길 곤)과는 다른 자.

二	二부 총2획	甲骨文		西周 金文		春秋 金文	小 篆	古 文	二等(이등) 二次(이차) 二重唱(이중창)
		菁3.1	粹221	孟 鼎	智 鼎	秦公毁	說文解字		
두 이	설문 二부	二(이)는 땅에 해당하는 숫자이다. 一(일)자를 두 번 쓴 형태이다. 무릇 二부에 속하는 글자들은 모두 二를 의미부분으로 삼는다. 弍는 二의 고문(古文)이다.(「二, 地之數也. 从偶. 凡二之屬皆从二. 弍, 古文.」)							

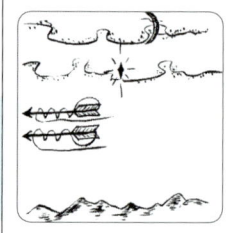

✻ 물건 둘(二)을 놓아 '둘' '곱'을 뜻하며, 때로는 하늘과 땅을 나타내기도 한다.

貳	貝부 총12획	西周金文	戰國金文		小 篆		貳車(이거) 貳臣(이신) 懷貳(회이)
		召伯簋	中山王方壺	雲夢爲吏	說文解字		
두/갖은두 이	설문 貝부	貳(이)는 부차적인 이익을 뜻한다. 貝(패)는 의미부분이고, 弍(이)는 발음부분이다. 弍는 二(이)의 고문(古文)이다.(「貳, 副益也. 从貝, 弍聲. 弍, 古文二.」)					

✻ 주살(弋) 둘(二)인 弍(이)처럼, 재물(貝)이 거듭 늘어나거나 재물을 나누는 데서 '二'의 갖은자로 쓰인다.

三	一부 총3획	甲骨文		金文		小 篆	古 文	三寸(삼촌) 三伏(삼복) 三流(삼류)
		菁5,1	周甲1	天亡簋	史頌簋	說文解字		
석 삼	설문 三부	三(삼)은 천(天)·지(地)·인(人)의 도(道)를 뜻한다. 三획으로 이루어져 있다. 무릇 三부에 속하는 글자들은 모두 三을 의미부분으로 삼는다. 弎은 三의 고문(古文)으로 弋(익)을 더하였다.(「三, 天地人之道也. 从三數. 凡三之屬皆从三. 弎, 古文三, 从弋.」)							

✻ 주살(弋) 셋(三)인 弎(삼)이 '三'의 고자(古字)로 물건 셋을 나타내 '삼' '거듭'을 뜻한다.

◆ 遐邇壹體 : (하이일체) 멀고 가까운 나라가 전부(全部) 그 덕망(德望)에 귀순(歸順)케 하며 일체(一體)가 될 수 있음.
◆ 壺中之天 : (호중지천) 술 항아리 속의 천지(天地)라는 뜻으로, ①별세계(別世界) 또는 선경(仙境)을 이르는 말 ②지극(至極)히 협소함을 이르는 말.
◆ 二八靑春 : (이팔청춘) 열여섯 살 전후(前後)의 젊은이, 젊은 나이.

		甲骨文		殷商 金文	西周 金文	戰國 金文	小 篆	六書(육서)
六	八부 총4획	介	介	介	介	介	市	六角(육각) 六曹(육조)
		菁1.1	戩24·11	宰椃角	幾父壺	中山帳桿	說文解字	
여섯 륙	설문 六부	六(륙)은 ≪주역(周易)≫에서 말하는 숫자로서, 음(陰)은 6에서 변하고, 8에서 바르게 된다. 入(입)과 八(팔)은 모두 의미부분이다. 무릇 六부에 속하는 글자들은 모두 六을 의미부분으로 삼는다.(「市, 易之數. 陰變於六, 正於八. 从入, 从八. 凡六之屬皆从六.」)						

※ 위에 지붕(亠)과 육 면으로 나뉘어(八) 지은 집 모양에서 '여섯'을 뜻한다.

		甲骨文		西周 金文	春秋 金文	戰國 金文	小 篆	七寶(칠보)
七	一부 총2획	十	十	十	十	十	方	七旬(칠순) 七星堂(칠성당)
		前5.28.4	佚440	小盂鼎	秦公簋	大梁鼎	說文解字	
일곱 칠	설문 七부	七(칠)은 양(陽)의 바름을 뜻한다. 一(일)은 의미부분이고, 약한 음기(陰氣)가 가운데로부터 비스듬히 나오고 있다는 의미이다. 무릇 七부에 속하는 글자들은 모두 七을 의미부분으로 삼는다.(「方, 陽之正也. 从一, 微陰从中衺出也. 凡七之屬皆从七.」)						

※ 가로로 긴 물건(一)을 세로로 자르는(丨=乚) 모양이나 음이 같아 숫자 '칠'을 뜻하며, 십(十)과 구분하기 위하여 끝을 구부려 썼다. 다른 자를 만나 '자름'을 뜻한다.

		小 篆						切斷(절단)
切	刀부 총4획	切						切親(절친) 切下(절하)
		說文解字						
끊을 절 온통 체	설문 刀부	切(절)은 刌(끊을 촌)이다. 刀(도)는 의미부분이고, 七(칠)은 발음부분이다.(「切, 刌也. 从刀, 七聲.」)						

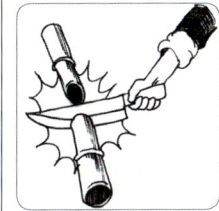

※ 자르는(七) 칼(刀)로, 끊어진 전부에서 '끊다' '온통'을 뜻한다.

九 → 究 → 仇 → 鳩 → 染 → 旭 → 抛 → 軌

		甲骨文		西周金文	春秋 金文	戰國 金文	小 篆	九泉(구천)
九	乙부 총2획	3	九	乙	乙	九	九	九重(구중) 九尾狐(구미호)
		後下13.9	甲2395	盂鼎	克鐘	余義鐘	故宮 說文解字	
아홉 구	설문 乙부	九(구)는 양(陽)의 변화를 뜻한다. 그 굴곡이 다한 모양을 그린 것이다. 무릇 九부에 속하는 글자들은 모두 九를 의미부분으로 삼는다.(「九, 陽之變也. 象其屈曲究盡之形. 凡九之屬皆从九.」)						

※ 팔이나 꼬리가 굽듯 많이 구부러진 물체에서, 숫자의 가장 많은 끝에서 '아홉'을 나타낸다.

		戰國 金文	小 篆					研究(연구)
究	穴부 총7획	究	究					窮究(궁구) 研究室(연구실)
		吉大141	說文解字					
연구할 구	설문 穴부	究(구)는 다했다는 뜻이다. 穴(혈)은 의미부분이고, 九(구)는 발음부분이다.(「究, 窮也. 从穴, 九聲.」)						

※ 구멍(穴)을 끝(九)까지 파듯, 끝까지 일을 연구함에서 '연구하다' '궁구하다'를 뜻한다.

		小 篆						仇怨(구원)
仇	人부 총4획	仇						仇恨(구한) 仇校(구교)
		說文解字						
원수 구	설문 人부	仇(구)는 짝을 뜻한다. 人(인)은 의미부분이고, 九(구)는 발음부분이다.(「仇, 讎也. 从人, 九聲.」)						

※ 사람(亻)이 서로 끝(九)까지 대립하는 '원수' '짝'을 뜻한다.

鳩	鳥부 총13획	戰國 金文 包山183	小篆 說文解字		鳩聚(구취) 鳩合(구합) 鳩集(구집)	
비둘기 **구**	설문 鳥부	鳩(구)는 비둘기이다. 鳥(조)는 의미부분이고, 九(구)는 발음부분이다.(「鳩, 鶻鳩也. 从鳥, 九聲.」)				

※ 많이(九) 무리지어 구구구(九) 소리 내며 우는 새(鳥)인 '비둘기'에서 '모이다'로도 쓴다.

染	木부 총9획	小篆 說文解字		染色(염색) 感染(감염) 汚染(오염)	
물들 **염**	설문 水부	染(염)은 비단을 물들여 색깔이 있도록 한다는 뜻이다. 水(수)는 의미부분이고, 杂(타)는 발음부분이다.(「染, 以繒染爲色. 从水, 杂聲.」)			

※ 물(氵)에 풀어 많이(九) 담가두어 물들이는 나무(木)에서 채취한 염료에서 '물들임'을 뜻한다.

旭	日부 총6획	小篆 說文解字		旭光(욱광) 旭日(욱일) 朝旭(조욱)	
아침해 **욱**	설문 日부	旭(욱)은 해가 아침에 돋는 모습이다. 日(일)은 의미부분이고, 九(구)는 발음부분이다. 勖(욱)처럼 읽는다. 일설에는 밝다는 뜻이라고도 한다.(「旭, 日旦出皃. 从日, 九聲. 讀若勖. 一曰明也.」)			

※ 많이(九) 해(日)가 떠올라 밝아짐에서 '아침 해'를 뜻한다.

抛	手부 총8획	小篆 說文解字		抛棄(포기) 抛擲(포척) 抛車(포거)	
던질 **포**	설문 手부	抛(포)는 버린다는 뜻이다. 手(수)·尤(우)·力(력)은 모두 의미부분이다. 또는 手는 의미부분이고, 尥(력)은 발음부분이라고도 한다.(「抛, 棄也. 从手·从尤·从力. 或从手, 尥聲.」)			

※ 손(扌)으로 물건을 잡고 다리를 굽히거나(九) 교차시켜(尥:다리 꼬며 걸을 력) 힘써(力) '던짐'을 뜻한다.
　※'拋'가 正字. ※파자:손(扌)으로 많은(九) 물건을 힘써(力) 던짐을 뜻한다.

軌	車부 총9획	戰國 金文 軌 敦	小篆 說文解字		軌道(궤도) 軌範(궤범) 軌跡(궤적)	
바퀴자국 **궤**	설문 車부	軌(궤)는 수레가 지나간 자국을 뜻한다. 車(거·차)는 의미부분이고, 九(구)는 발음부분이다.(「軌, 車徹也. 从車, 九聲.」)				

※ 수레(車)가 많이(九) 지나간 바퀴의 흔적에서 '바퀴 자국'을 뜻한다.

◆ 鷽鳩笑鵬 : (학구소붕) 작은 비둘기가 큰 붕새를 보고 웃는다는 뜻으로, 되지 못한 소인(小人)이 위인(偉人)의 업적(業績)과 행위(行爲)를 비웃는다는 뜻.
◆ 鳩首凝議 : (구수응의) 사람이 모여서 이마를 맞대고 의논(議論)하는 모양(模樣).
◆ 染指之物 : (염지지물) '집게손가락에 붙은 것'이라는 뜻으로, '분에 넘치게 가지는 남의 물건(物件)'의 비유(比喩·譬喩).
◆ 旭日昇天 : (욱일승천) 아침 해가 떠오른다는 뜻으로, 떠오르는 아침 해처럼 세력(勢力)이 성대(盛大)해짐을 이르는 말.
◆ 抛物面鏡 : (포물면경) 포물면 거울. 반사면이 회전 포물면으로 되어 있는 오목 거울

五 ➡ 伍 ➡ 吾 ➡ 悟 ➡ 梧 ➡ 寤 ➡ 晤 ❖ 珸 ❖ 語 ➡ 圄 ◆ ➡ 衙

五

二부
총4획

다섯 오

설문
五부

甲骨文				殷商 金文	西周 金文
後上31.5	寧滬1217	甲編1.18.13	合28054	幸梳角	習 鼎
春秋 金文		戰國 金文		小篆	古文
鄶侯簋	吳王光鑑	中山王鼎	筒·信陽	說文解字	

五(오)는 5행(五行)을 뜻한다. 二(이)는 의미부분으로, 음(陰)과 양(陽)이 하늘과 땅 사이에서 교차한다는 뜻이다. 무릇 五부에 속하는 글자들은 모두 五를 의미부분으로 삼는다. ✕는 五의 고문(古文)으로 생략형이다.(「✕, 五行也. 从二, 陰陽在天地間交午也. 凡五之屬皆从五. ✕, 古文五省.」)

五服(오복)
五臟(오장)
五味(오미)
三綱五倫
(삼강오륜)

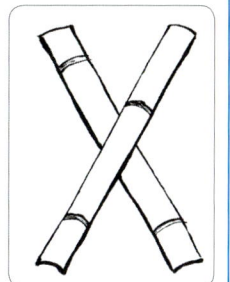

※ 물건이 교차한(✕·✕) 모양에서 숫자 중간인 '다섯'이나, 천지(天地) 사이 '오행'을 뜻한다.

伍

人부
총6획

다섯사람
오

설문
人부

戰國 金文	小篆
雲夢雜抄	說文解字

伍(오)는 서너 너댓 사람이 (한 단위가 되어) 서로 보살핀다는 뜻이다. 人(인)과 五(오)는 모두 의미부분이다.(「伍, 相參伍也. 从人, 从五.」)

隊伍(대오)
落伍(낙오)
伍長(오장)

※ 사람(亻) 다섯(五) 명이 있는 데서 '다섯 사람'을 뜻한다.

吾

口부
총7획

나 오

설문
口부

甲骨文		戰國 金文		小篆
沈子簋	毛公鼎	四年相邦戟	吾宣戈	說文解字

吾는 나 자신을 일컫는 말이다. 口(구)는 의미부분이고, 五(오)는 발음부분이다.(「吾, 我自稱也. 从口, 五聲.」)

吾人(오인)
吾等(오등)
吾道(오도)

※ 천하지도 귀하지도 않게 중간(五) 정도의 자신을 이르는 말(口)에서 '나' '자신'을 뜻한다.

悟

心부
총10획

깨달을 오

설문
心부

金文	小篆	古文
中山王鼎	說文解字	

悟(오)는 깨달았다는 뜻이다. 心(심)은 의미부분이고, 吾(오)는 발음부분이다. 㥯는 悟의 고문(古文)이다.(「悟, 覺也. 从心, 吾聲. 㥯, 古文悟.」)

覺悟(각오)
悟道(오도)
悟悅(오열)

※ 마음(忄)속으로 나(吾)를 분명히 깨달아 앎이 생김에서 '깨닫다'를 뜻한다.

梧

木부
총11획

오동나무
오

설문
木부

秦金	小篆
秦印彙編	說文解字

梧(오)는 오동나무이다. 木(목)은 의미부분이고, 吾(오)는 발음부분이다. 일명 櫬(친)이라고도 한다.(「梧, 梧桐木. 从木, 吾聲. 一名櫬.」)

梧桐(오동)
梧月(오월)
梧下(오하)

※ 나무(木)중에 나(吾) 자신에게 여러 용도로 가장 소중히 쓰이는 '오동나무'를 뜻한다.
※파자:나무(木) 중에 다섯(五) 번을 베어야 속에 구멍(口)이 없어지는 '오동나무'를 뜻한다.

◆ 三省吾身 : (삼성오신) '날마다 세 번씩 내 몸을 살핀다'라는 뜻으로, 하루에 세 번씩 자신(自身)의 행동(行動)을 반성(反省)함.
◆ 吾不關焉 : (오불관언) ①나는 그 일에 상관(相關)하지 아니함 ②또는 그런 태도(態度).

寤	宀부 총14획	小篆 / 籀文 說文解字		寤寐(오매) 覺寤(각오) 醒寤(성오)	
잠깰 오	설문 㝱부	寤(오), 잠에서 깨어나 (잠잘 때 있었던 것을) 믿는 것을 일컬어 寤라고 한다. 㝱(몽)의 생략형은 의미부분이고, 吾(오)는 발음부분이다. 일설에는 낮에 본 것을 밤에 꿈꾸는 것을 뜻한다고도 한다. 𠱾는 寤의 주문(籀文)이다.(「寤, 寐覺而有信曰寤. 从㝱省, 吾聲. 一曰晝見夜㝱也. 𠱾, 籀文寤.」)			

✻ 집(宀)안 널조각(爿) 침대에서 자다 깨어나 자신(吾)을 느낌에서 '잠깨다'를 뜻한다.

晤	日부 총11획	小篆  說文解字		晤談(오담) 晤語(오어) 晤面(오면)	
밝을/만날 오	설문 日부	晤(오)는 밝다는 뜻이다. 日(일)은 의미부분이고, 吾(오)는 발음부분이다. ≪시경(詩經)≫에 이르기를 "돌연 깨달아서 가슴만 두드리네."라고 하였다.(「晤, 明也. 从日, 吾聲. ≪詩≫曰: "晤辟有摽."」)			

✻ 해(日)처럼 밝게 나(吾)를 깨우쳐주는 데서 '밝다'를 뜻한다.

珸	玉부 총11획	설문 없음		용례 없음	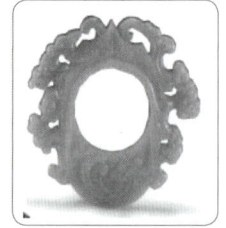
옥돌 오					

✻ 옥(玉) 중에 자신(吾)이 아름답게 여겨 가지고 있는 '옥돌'을 뜻한다.

語	言부 총14획	春秋 金文  / 戰國 金文 / 小篆 余義鐘 · 中山王鼎 · 說文解字		語彙(어휘) 語錄(어록) 語套(어투)	
말씀 어	설문 言부	語(어)는 논의(論議)한다는 뜻이다. 言은 의미부분이고, 吾는 발음부분이다.(「語, 論也. 从言, 吾聲.」)			

✻ 말(言)을 자신(吾)의 생각대로 하는 데서 '말씀'을 뜻한다.

圄	囗부 총10획	小篆  說文解字		囹圄(영어) 獄圄(옥어) 幽圄(유어)	
옥 어	설문 囗부	圄(어)는 지킨다는 뜻이다. 囗(위)는 의미부분이고, 吾(오)는 발음부분이다.(「圄, 守之也. 从囗, 吾聲.」)			

✻ 죄인을 가두어(囗) 자신(吾)의 잘못을 뒤돌아보고 깨닫게 하기 위한 '옥'을 뜻한다.

衙	行부 총13획	小篆 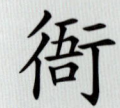 說文解字		官衙(관아) 衙前(아전) 衙客(아객)	
마을 아	설문 行부	衙(아)는 가는 모습이다. 行(행)은 의미부분이고, 吾(오)는 발음부분이다.(「衙, 行皃. 从行, 吾聲.」)			

✻ 자신(吾)의 존귀한 군주의 행렬(行)을 호위하여 막거나, 자신(吾)이 맡은 구역의 길(行)에서 통행을 지키는 데서 '막다' '마을'을 뜻한다.

十 ➡ 什 ➡ 汁 ➡ 卍 ☆ ➡ 計 ➡ 針 ➡ 莽 ✤

	十부 총2획	甲骨文	西周 金文		春秋 金文	戰國 金文	小篆	十干(십간) 十經(십경) 十長生(십장생)
		甲870	孟 鼎	散 盤	秦公簋	中山帳桿	說文解字	

열 십	설문 十부	十(십)은 꽉 찬 숫자이다. 一(일)은 동과 서를 뜻하고, ㅣ(곤)은 남과 북을 뜻하니, 사방과 중앙이 모두 갖추어졌다는 뜻이다. 무릇 十부에 속하는 글자들은 모두 十을 의미부분으로 삼는다.(「十, 數之具也. 一爲東西, ㅣ爲南北, 則四方中央備矣. 凡十之屬皆从十.」)

✻ 가로줄(丨)이나 나무의 중간을 묶은(丶=一) '십'의 단위에서 '열' '전부' '완전함'을 뜻한다.
　※참고:十(열십), 卄(스물 입), 卅(서른 삽), 卌(마흔 십).

	人부 총4획	戰國 金文	小篆		什長(십장) 什器(집기) 什物(십물)
		雲夢雜抄	說文解字		

열사람 십 세간 집	설문 人부	什(십)은 열 사람이 (한 단위가 되어) 서로 보호한다는 뜻이다. 人(인)과 十(십)은 모두 의미부분이다.(「什, 相什保也. 从人·十」)

✻ 사람(亻) 열(十)명을 뜻하여 '열 사람'이나, 사람이 쓰는 많은 물건에서 '세간'을 뜻한다.

	水부 총5획	秦金	小篆		生汁(생즙) 膽汁(담즙) 汁液(즙액)
汁		五十二病方	說文解字		

즙 즙	설문 水부	汁(즙)은 진액을 뜻한다. 水(수)는 의미부분이고, 十(십)은 발음부분이다.(「汁, 液也. 从水, 十聲.」)

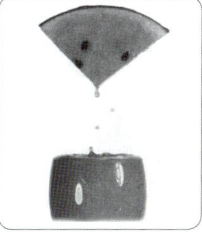

✻ 물(氵)기에 물질의 성분이 완전히(十) 함유하도록 뽑아낸 액체에서 '즙'을 뜻한다.

	十부 총6획	설문 없음		卍字(만자) 卍海(만해)

만 만		

✻ 불상 가슴에 그리는 길상(吉祥)으로, 불교나 절의 표시이며, '萬(만)'자와 같은 뜻으로 쓴다.

	言부 총9획	戰國 金文	小篆		計算(계산) 計量(계량) 計座(계좌)
計		璽 彙	說文解字		

셀 계	설문 言부	計(계)는 합한다는 뜻이다. 또 계산한다는 뜻이다. 言(언)과 十(십)은 모두 의미부분이다.(「計, 會也; 算也. 从言, 从十.」)

✻ 말(言)로 수를 온전히(十) 헤아리는 데서 '셈하다' '세다' '꾀'를 뜻한다.

	金부 총10획	小篆		針母(침모) 分針(분침) 方針(방침)
針		說文解字	※'鍼(침)'과 동자(同字).	

바늘 침	설문 金부	鍼(침)은 꿰매는 도구(즉 바늘)를 뜻한다. 金(금)은 의미부분이고, 咸(함)은 발음부분이다.(「鍼, 所以縫也. 从金, 咸聲.」)

✻ '鍼(침)'과 같은 자나, 쇠(金) 바늘(ㅣ)에 실(一)을 꿴(十) 데서 '바늘'을 뜻한다.
　※참고:鍼(침)은 국어에서는 의료용으로만 쓰인다.

莽	艸부 총12획	甲骨文			戰國 金文	小篆	墟莽(허망) 莽蒼(망창) 莽草(망초)
		合18409	合18430	合21437	雲夢封診	說文解字	
우거질 망	설문 茻부	莽(망), 남창(南昌) 지방에서는 개가 풀 속에서 토끼를 잘 쫓는 것을 莽이라고 한다. 犬(견)과 茻(망)은 모두 의미부분인데, 茻은 발음부분이기도 하다.(「茻, 南昌謂犬善逐菟艸中爲莽也. 从犬, 从茻. 茻亦聲.」)					

✻ 잡풀 우거진(茻:잡풀우거질 망) 곳에서 개(犬)가 '토끼를 모는' 데서 '우거지다'를 뜻한다.
  ※참고:莽-속자(俗字).

卉 ☆ ➝ 奔 … 憤(賁) ➝ 墳 ➝ 噴 … 索

卉	十부 총5획	戰國 金文	小篆		花卉(화훼) 卉服(훼복) 野卉(야훼)
		上博子羔	說文解字		
풀 훼	설문 艸부	卉(훼)는 풀의 총칭이다. 艸(초)와 屮(철)은 모두 의미부분이다.(「卉, 艸之總名也. 从艸・屮.」)			

✻ 屮(싹날 철)과 艸(초)의 합인 卉(풀 훼)로, 온갖 많은 작은 풀들에서 '풀'을 뜻한다.

奔	大부 총9획	西周 金文			戰國 金文		小篆	奔走(분주) 奔放(분방) 奔忙(분망)
		孟鼎	冬戈簋	克鼎	中山王鼎	雲夢爲吏	說文解字	
달릴 분	설문 夭부	奔(분)은 달린다는 뜻이다. 夭(요)는 의미부분이고, 賁(분)의 생략형은 발음부분이다. 走(주)와 같은 뜻으로, 이 두 글자는 모두 夭를 의미부분으로 삼고 있다.(「奔, 走也. 从夭, 賁省聲. 與走同意, 俱从夭.」)						

✻ 몸을 크게 굽히고(夭=大) 발(止=卉)을 움직여 빨리 '달리다'를 뜻한다.
  ※파자: 크게(大) 뛰어 풀이 많은(卉) 풀밭 위에서 달림에서 '달리다'를 뜻한다.

憤	心부 총15획	小篆	憤怒(분노) 憤痛(분통) 激憤(격분)
		說文解字	
분할 분	설문 心부	憤(분)은 답답하다는 뜻이다. 心(심)은 의미부분이고, 賁(분)은 발음부분이다.(「憤, 懣也. 从心, 賁聲.」)	

✻ 마음(忄) 속에 [화려하고 무성한 꽃이나 풀(卉)과 많은 돈(貝)으로 크게(賁:클 분) 꾸미듯] 크게(賁) 감정이 북받침에서 '분하다'를 뜻한다.

墳	土부 총15획	小篆	墳墓(분묘) 封墳(봉분) 古墳(고분)
		說文解字	
무덤 분	설문 土부	墳(분)은 무덤을 뜻한다. 土(토)는 의미부분이고, 賁(분)은 발음부분이다.(「墳, 墓也. 从土, 賁聲.」)	

✻ 흙(土)을 크게(賁) 쌓아올려 꾸민 '무덤'을 뜻한다.

噴	口부 총15획	戰國 金文	小篆		噴水(분수) 噴出(분출) 噴霧器(분무기)
		璽印集粹	說文解字		
뿜을 분	설문 口부	噴(분)은 吒(뿜을 타)이다. 口(구)는 의미부분이고, 賁(분)은 발음부분이다. 일설에는 재채기한다는 뜻이라고도 한다.(「噴, 吒也. 从口, 賁聲. 一曰鼓鼻.」)			

✻ 입(口)으로 크게(賁) 뿜어냄에서 '뿜다'를 뜻한다.

索	糸부 총10획	甲骨文		西周 金文		戰國 金文	小篆	索引(색인) 索寞(삭막) 搜索(수색)
		花東003	京津2134	輔師嫠簋	師克盨	曾侯乙鐘	說文解字	
찾을 색 노 삭	설문 宋부	索(색), 풀은 줄기와 잎이 있어서, 그것으로 새끼줄을 만든다. 宋(발)과 糸(멱·사)는 모두 의미부분이다. 두림(杜林)은 宋(발)은 또 朱宋(주빈)이라고 할 때의 宋자라고 하였다.(「索, 艸有莖葉. 可作繩索. 从宋, 从糸. 杜林說: 宋, 亦朱宋字.」)						

✻ 초목이 우거진(宋=十+冖:초목 우거질 발) 줄기의 끝을 찾아 실(糸)처럼 꼰 끈에서 '찾다' '노끈'을 뜻한다.
※파자:여러(十) 번 덮듯(冖) 겹쳐 끝을 '찾아' 이어 엮은 굵은 '끈(糸)'.

南 ➔ 楠 ❖ ➔ 湳 ❖

南	十부 총9획	甲骨文			殷商 金文			南向(남향) 南極(남극) 湖南(호남)
		後上32.6	京津530	甲2907	子南簋	南單菁觚	牽南鼎	
		西周 金文		春秋 金文		小篆	古文	
남녘 남	설문 宋부	孟 鼎	散 盤	南疆鉦	吳王姬鼎	說文解字		
		南(남)은 초목(草木)이 남쪽 방향으로 가지를 뻗어나간다는 뜻이다. 宋(발)은 의미부분이고, 羊(임)은 발음부분이다. 羊은 고문(古文)이다.(「南, 艸木至南方有枝任也. 从宋, 羊聲. 羊, 古文.」)							

✻ 남방민족의 악기나, 남쪽에 두던 악기에서 '남쪽'을 뜻한다.
※파자:풀(屮=十)로 덮임(冖)이 약간 심한(羊:약간 심할 임) 남쪽지방에서 '남녘'을 뜻한다.

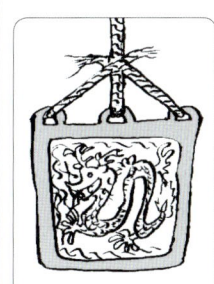

楠	木부 총13획	설문 없음	西周 金文	小篆	楠大洞(남대동) 楠亭(남정)
녹나무 남			仲枏父簋	形音義字典	

✻ 상록활엽교목(木)으로 따뜻한 남쪽(南)에 잘 자라는 '녹나무' '들메나무'를 뜻한다.

湳	水부 총12획	小篆	湳水(남수)
		說文解字	
강이름 남	설문 水부	湳(남)은 서하군(西河郡) 미직현(美稷縣) 작은 성 동북쪽에 흐르는 강의 이름이다. 水(수)는 의미부분이고, 南(남)은 발음부분이다.(「湳, 西河美稷保 東北水. 从水, 南聲.」)	

✻ 중국 산서성(山西省)에 있는 '강 이름'. ※파자:물(氵)길이 남쪽(南)으로 흐르는 '강 이름'.

止 ➔ 址 ➔ 祉 ➔ 沚 ❖ ➔ 趾 ❖ ➔ 企 ➔ 澁 ☆ ➔ 肯 … 齒

止	止부 총4획	甲骨文		西周 金文	春秋 金文		小篆	止血(지혈) 禁止(금지) 停止(정지)
		甲600	甲2744	散 盤	秦公簋	於賜鐘	說文解字	
그칠/발 지	설문 止부	止(지)는 아래 터를 뜻한다. 초목이 나올 때 그 터가 있음을 그린 것이다. 그래서 止자가 족(足)자로 될 수 있는 것이다. 무릇 止부에 속하는 글자들은 모두 止를 의미부분으로 삼는다.(「止, 下基也. 象艸木出有址. 故以止爲足. 凡止之屬皆从止.」)						

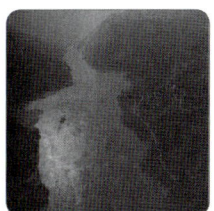

✻ 서 있는 '발'의 모양을 보고 만든 글자에서 '그치다' '머무르다'를 뜻한다.
※참고: '止(지)'자와 만나는 글자는 '발'의 작용과 관계가 있다.

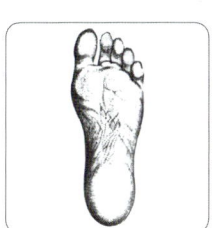

址	土부 총7획	殷商 金文	金文	小篆	或體	'阯(지)'의 혹체(或體)	城址(성지) 基址(기지) 史蹟址(사적지)	
		亞址妣己觶	形音義字典	說文解字				
터 지	설문 自부	阯(지)는 터를 뜻한다. 阜(부)는 의미부분이고, 止(지)는 발음부분이다. 址는 阯의 혹체자(或體字)로 (阜 대신) 土(토)를 썼다.(「阯, 基也. 从自, 止聲. 址, 阯或从土.」)

※ 일정한 땅(土)에 머물러(止) 사는 데서 '터'를 뜻한다.

祉	示부 총9획	甲骨文	小篆				福祉(복지) 祉祿(지록) 祥祉(상지)	
		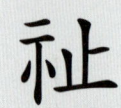						
		甲2947	說文解字					
복 지	설문 示부	祉(지)는 복(福)을 뜻한다. 示(시)는 의미부분이고, 止(지)는 발음부분이다.(「祉, 福也. 从示, 止聲.」)

※ 신(示)이 내리는 복이 머물러(止) 있는 데서 '복(福)'을 뜻한다.

沚	水부 총7획	甲骨文			殷商 金文	小篆	中沚(중지)	
		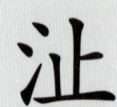		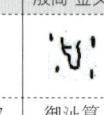				
		前5.23.2	後下20.9	屯1047	御沚簋	說文解字		
물가 지	설문 水부	沚(지), 작은 삼각주를 沚라고 한다. 水(수)는 의미부분이고, 止(지)는 발음부분이다. ≪시경(詩經)≫에 이르기를 "연못가와 물가."라고 하였다.(「沚, 小渚曰沚. 从水, 止聲. ≪詩≫曰: "于沼于沚."」)

※ 물(氵)결이 밀려 머무는(止) '물가'를 뜻한다.

趾	足부 총11획	설문 없음	趾骨(지골) 趾點(지점) 朴趾源(박지원)	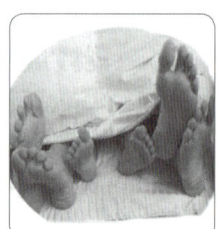
발가락 지			

※ 발(足)이 머문(止) 발자국의 '발가락' 모양을 뜻한다.

企	人부 총6획	甲骨文		殷商 金文		小篆	古文	企待(기대) 企業(기업) 企劃(기획)	
				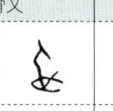					
		京津648	佚818	企癸爵	企觚	說文解字			
꾀할 기	설문 人부	企(기)는 발돋움한다는 뜻이다. 人(인)은 의미부분이고, 止(지)는 발음부분이다. 𣥏는 고문(古文)으로 (止 대신) 足(족)을 썼다.(「𣥏, 舉踵也. 从人, 止聲. 𣥏, 古文企, 从足.」)

※ 사람(人)이 발(止)돋움하여 멀리 바라보는 데서 '꾀하다' '바라다'를 뜻한다.

澁	水부 총15획	설문 없음	小篆	澁苦(삽고) 澁語(삽어) 訥澁(눌삽)	

			形音義字典		
떫을 삽			

※ 물(氵)의 흐름이, 발(𣥏𣥏=歰=歮: 떫을 삽)이 많아 통행에 어렵듯 막힘에서 '떫다' '막히다' '껄끄럽다'를 뜻한다.
※澀(떫을 삽)과 같은 자.

肯	肉부 총8획	甲骨文		戰國 金文	小篆	古文	肯定(긍정) 肯志(긍지) 首肯(수긍)
		會肯鼎	會肯盉	璽彙3963		說文解字	
즐길 **긍**	설문 肉부	肎(긍)은 뼈 사이에 있는 살을 뜻한다. 肎肎은 붙어 있다는 뜻이다. 肉(육)과 冎(과)의 생략형은 모두 의미부분이다. 일설에는 살이 없는 뼈를 뜻한다고도 한다. 肎은 肎의 고문(古文)이다.(「肎, 骨間肉. 肎肎, 箸也. 从肉, 从冎省. 一曰骨無肉. 肎, 古文肎.」)					

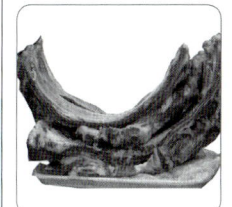

* 뼈 사이에 머물러(止) 있는 부드럽고 질긴 맛있는 고기(月)에서 '즐기다' '수긍하다'를 뜻한다.

齒	齒부 총15획	甲骨文			殷商 金文	戰國 金文	小篆	古文	齒科(치과) 齒藥(치약) 齒石(치석)
		甲2319	佚405	乙5883	齒父己鬲	中山王方壺		說文解字	
이 **치**	설문 齒부	齒(치)는 이빨이다. 입 안에 이가 나 있는 모양을 그렸다. 止(지)는 발음부분이다. 무릇 齒부에 속하는 글자들은 모두 齒를 의미부분으로 삼는다. 𠚒는 齒의 고문(古文)이다.(「齒, 口齗骨也. 象口齒之形. 止聲. 凡齒之屬皆从齒. 𠚒, 古文齒.」)								

* 가지런히 머물러(止) 있는 입(凵=口) 안의 윗니(从)와 아랫니(从)의 이(齒)에서 '이'를 뜻한다.

步 ➡ 涉 ➡ 陟 ➡ 徙 ➡ 頻 ➡ 瀕 ☆ ➡ 嚬 ☆

步	止부 총7획	甲骨文		殷商 金文	西周 金文	戰國 金文	小篆	步行(보행) 徒步(도보) 散步(산보)
		鐵22.2	後下40.2	子且辛尊	步爵	晉侯穌鐘	兆域圖	說文解字
걸음 **보**	설문 步부	步(보)는 걸어간다는 뜻이다. 止(지)와 ㄓ(달)이 서로 맞대어 있는 형태이다.(「步, 行也. 从止ㄓ相背.」)							

* 위아래 발(ㄓ:밟을 달)을 두어 걸음을 뜻하여 '걷다' '걸음'을 뜻한다. ※止=ㄓ는 아래 발.

涉	水부 총10획	甲骨文		西周 金文		小篆	篆文	涉獵(섭렵) 涉外(섭외) 干涉(간섭)
		佚699	粹278	格伯簋	散盤		說文解字	
건널 **섭**	설문 水부	㵒(섭)은 물을 걸어서 건넌다는 뜻이다. 沝(추)와 步(보)는 모두 의미부분이다. 涉은 전문(篆文)으로 (沝 대신) 水(수)를 썼다.(「㵒, 徒行厲水也. 从沝·步. 涉, 篆文从水.」)							

* 물(氵)을 걸어(步) 넘어가는 데서 '건너다'를 뜻한다.

陟	阜부 총10획	甲骨文	西周 金文	春秋 金文	小篆	古文	三陟(삼척) 進陟(진척) 黜陟(출척)
		粹167	撫屬20	沈子簋	蔡侯盤	說文解字	
오를 **척**	설문 阜부	陟(척)은 오른다는 뜻이다. 阜(부)와 步(보)는 모두 의미부분이다. 𨹇은 陟의 고문(古文)이다.(「陟, 登也. 从𨸏, 从步. 𨹇, 古文陟.」)						

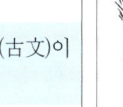

* 언덕(阝)을 걸어(步) 올라감에서 '오르다'를 뜻한다.

徙	彳부 총11획	甲骨文	殷商 金文	西周 金文	春秋 金文	小篆	或體	古文	移徙(이사) 遷徙(천사) 徙倚(사의)
		後下43.2	徙尊	父乙盉蓋	秦公簋			說文解字	
옮길 **사**	설문 辵부	徙(사)는 옮긴다는 뜻이다. 辵(착)은 의미부분이고, 止(지)는 발음부분이다. 㣦는 徙의 혹체자(或體字)로 (辵 대신) 彳(척)을 썼다. 𢳕는 徙의 고문(古文)이다.(「㣦, 迻也. 从辵, 止聲. 㣦, 徙或从彳. 𢳕, 古文徙.」)								

* 길(彳)을 걸어(走=步) 다른 곳으로 옮김에서 '옮기다'를 뜻한다. ※참고:走는 走의 (위자)譌字.

頻	頁부 총16획	小篆  說文解字		頻度(빈도) 頻繁(빈번) 頻發(빈발)	
자주 **빈**	설문 瀕부	갑골문과 금문에는 '頻'자가 보이지 않고, 소전에서는 '瀕(물가 빈)'으로 썼다. 현재 '瀕'자는 '물가'라는 뜻은 '濱(빈)'자로 쓰고, '자주'라는 뜻은 '水(물 수)'를 생략하여 '頻'으로 쓴다. 한편 ≪광운(廣韻)·진부(眞部)≫를 보면 "頻은 '자주'라는 뜻이다.(「頻, 數也.」)"라고 하였고, ≪옥편(玉篇)·혈부(頁部)≫에서는 "頻은 급하다는 뜻이다.(「頻, 急也.」)"라고 하였다.			

※ 걸을(步) 때 이마를 찡그리며 자주 머리(頁)를 돌려 보는 데서 '자주' '찡그리다'를 뜻한다.

瀕	水부 총19획	西周 金文   獣簋	小篆 說文解字	瀕死(빈사) 瀕海(빈해) 瀕水(빈수)	
물가/가까울 **빈**	설문 瀕부	瀕(빈)은 물가를 뜻한다. 사람이 물가에 다다르자 눈살을 찌푸리며 앞으로 가지 못하고 멈춘다는 뜻이다. 頁(혈)과 涉(섭)은 모두 의미부분이다. 무릇 瀕부에 속하는 글자들은 모두 瀕을 의미부분으로 삼는다.(「瀕, 水厓. 人所賓附, 頻蹙不前而止. 从頁, 从涉. 凡瀕之屬皆从瀕.」)			

※ 물가에 가까이 이르러 건너려고(涉) 머리(頁)로 생각함에서 '물가' '가깝다'를 뜻한다.

嚬	口부 총19획	설문 없음	小篆  形音義字典	嚬蹙(빈축) 嚬呻(빈신) 嚬笑(빈소)	
찡그릴 **빈**					

※ 본래 '頻'과 '瀕'은 같은 글자로, 물을 건너기를 꺼려 입(口)을 '찡그림(頻)'을 뜻한다.

正 → 征 → 炡 → 妊 → 柾 → 鉦 → 政 → 整 → 㝡 → 症 ⋯ 焉

正	止부 총5획	甲骨文  後上16.8 佚374 甲3940 合6323	殷商 金文 二祀邲其卣 正簋	正直(정직) 正答(정답)	
		殷商 金文 智壺	西周 金文 虢季子白盤 蔡侯申盤	戰國 金文 小篆 籀文 說文解字	正月(정월) 正義(정의)	
바를 **정**	설문 正부	正(정)은 올바르다는 뜻이다. 止(지)는 의미부분이다. 一(일)로써 멈추게 한다는 의미이다. 무릇 正부에 속하는 글자들은 모두 正을 의미부분으로 삼는다. 㱏은 正의 고문(古文)으로 (一 대신) 二를 썼다. 二는 고문(古文)의 上(상)자이다. 𤴓은 正의 고문으로 一과 足(족)으로 이루어졌다. 足도 역시 止이다.(「㱏, 是也. 从止. 一以止. 凡正之屬皆从正. 㱏, 古文正, 从二. 二, 古文上字. 𤴓, 古文正, 从一·足. 足者, 亦止也.」)			

※ 잘못된 나라(囗=一)를 쳐서 바로잡기 위해 발(止)로 나아감에서 '바르다' '바로잡다'를 뜻한다.

◇ 遺傳子頻度 : (유전자빈도) 하나의 생물(生物) 집단(集團) 안에 특정(特定)한 유전자(遺傳子)가 존재(存在)하는 정도(程度).
◇ 事必歸正 : (사필귀정) 처음에는 시비(是非) 곡직(曲直)을 가리지 못하여 그릇되더라도 모든 일은 결국에 가서는 반드시 정리(正理)로 돌아감.
◇ 公明正大 : (공명정대) 마음이 공평(公平)하고 사심(私心)이 없으며 밝고 큼.

		甲骨文		西周 金文	戰國 金文	小 篆	或 體	
征	彳부 총8획	續1.3.2	存下848	小盂鼎	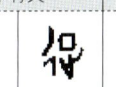員伯盨	中山王鼎	說文解字	征服(정복) 出征(출정) 遠征(원정)
칠 **정**	설문 辵부	征(정)은 바르게 간다는 뜻이다. 辵(착)은 의미부분이고, 正(정)은 발음부분이다. 征은 征의 혹체자(或體字)로 辵 대신 彳(척)을 썼다.(「征, 正行也. 从辵, 正聲. 征, 延或从彳.」)						

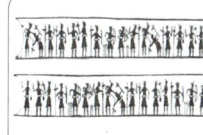

* 가서(彳) 잘못됨을 바로잡기(正) 위해 '치다'를 뜻한다.

炡	火부 총9획	설문 없음		炡然(정연)
빛날 **정**				

* 불(火)빛이 바르게(正) 잘 비추는 데서 '빛나다'를 뜻한다.

			甲骨文		
姃	女부 총8획	설문 없음	合2808	鐵872·1	姃貌(정모)
여자단정할 **정**					

* 여자(女)가 바르고(正) 단정함에서 '여자 단정함'을 뜻하며, '여자이름'에 쓰인다.

			甲骨文	
柾	木부 총9획	설문 없음	合31139	柾木(정목)
바른나무 **정**				

* 나무(木)가 바르게(正) 자람에서 '바른 나무' '나뭇결이 바름'을 뜻한다.

		春秋 金文	戰國 金文	小 篆	
鉦	金부 총13획	南彊鉦	西替鐘	說文解字	鉦鼓(정고)
징 **정**	설문 金부	鉦(정)은 종 모양의 악기를 뜻한다. 방울[鈴(령)]처럼 생겼는데, 손잡이가 가운데 있고 위아래로 통하게 되어 있다. 金(금)은 의미부분이고, 正(정)은 발음부분이다.(「鉦, 鐃也. 似鈴, 柄中上下通. 从金, 正聲.」)			

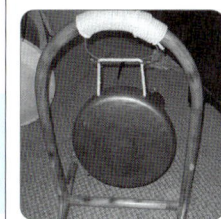

* 쇠(金)로 만든 악기로, 적진을 공격하고 나아가 바로잡기(正) 위하여 치는 '징'을 뜻한다.

		甲骨文	西周 金文	春秋 金文	戰國 金文	小 篆	
政	攴부 총8획	燕686	虢季子白盤	毛公鼎	齊鎛	鄂君車節	說文解字	政治(정치) 政府(정부) 政權(정권)
정사 **정**	설문 攴부	政(정), 정사(政事)를 돌보는 것을 정(政)이라고 하는 까닭은 (정사는) 올바르게[正(정)] 해야 하기 때문이다. 攴(복)과 正(정)은 모두 의미부분인데, 正은 발음부분이기도 하다.(「政, 正也. 从攴, 从正, 正亦聲.」)						

* 바르게 바로잡기(正) 위해 치는(攴) 데서 나라를 다스리는 '정사(政事)'를 뜻한다.

整	攴부 총16획	西周 金文	春秋 金文		小 篆		整理(정리) 整頓(정돈) 整列(정렬)	
		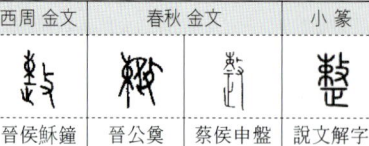						
		晉侯穌鐘	晉公戈	蔡侯申盤	說文解字			
가지런할 정	설문 攴부	整(정)은 가지런하다는 뜻이다. 攴(복)·束(속)·正(정)은 모두 의미부분인데, 正은 발음부분이기도 하다.(「𢿱, 齊也. 从攴·从束·从正, 正亦聲.」)						

※ 물건을 묶고(束) 쳐서(攴) 바르게 바로잡아(正) 다스리는(政) 데서 '가지런하다'를 뜻한다.

	日부 총12획	설문 없음	晸貌(정모)	
해뜰 정				

※ 해(日)가 떠올라 만물을 다스리기(政) 시작하는 모습에서 '해 뜨는 모양'을 뜻한다.

	疒부 총10획	설문 없음	症勢(증세) 症狀(증상) 炎症(염증)	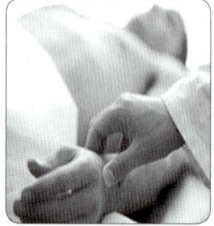
증세 증				

※ 병(疒)을 바르게(正) 진단한 '증세'로, 證(증거 증)의 속자(俗字)에서 된 글자.

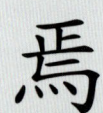	火부 총11획	戰國 金文		小 篆		終焉(종언) 焉烏(언오) 於焉間(어언간)	
		中山王方壺	雲夢法律	說文解字			
어찌 언	설문 烏부	焉(언)은 언(焉)새이다. 황색이고, 장강(長江)과 회수(淮水) 둥지에서 산다. 상형이다. 무릇 글자에서 朋(붕)은 날개 달린 짐승 종류이고, 烏(오)는 세 발 달린 새의 종류이고, 舃(석)은 태세성(太歲星)이 있는 곳을 알고, 燕(연)은 자식을 데려다주는 새로, 무기일(戊己日)을 피해서 둥지를 만들며, 귀하게 여겨지는 새이다. 그러므로 모두 상형자이다. 焉새 또한 이러하다.(「焉, 焉鳥, 黃色, 出於江淮. 象形. 凡字, 朋者, 羽蟲之屬; 烏者, 日中之禽; 舃者, 知太歲之所在; 燕者, 請子之候, 作巢避戊己, 所貴者. 故皆象形. 焉亦是也.」)						

※ 감탄할 만큼 깃이 바르고(正) 아름다운 황금색 새(鳥=焉)에서 '어찌'를 뜻한다.

定 → 碇 → 錠 → 淀❖ → 綻 ☆

	宀부 총8획	甲骨文		西周金文		春秋 金文	戰國 金文	小 篆	定員(정원) 定價(정가) 定着(정착)	

		珠503	佚792	伯定盉	衛 盉	蔡侯鐘	中山王鼎	說文解字		
정할 정	설문 宀부	定(정)은 편안하다는 뜻이다. 宀(면)과 正(정)은 모두 의미부분이다.(「定, 安也. 从宀, 正聲.」)								

※ 집(宀)안이 바르게(正=疋) 정리되어 편안히 쉬는 데서 '정하다'를 뜻한다.

	石부 총13획	설문 없음	小 篆	碇泊(정박) 擧碇(거정) 碇泊燈(정박등)	

			形音義字典		
닻 정					

※ 돌(石)을 묶어 배를 일정한 장소에 정하기(定) 위해 내리던 무거운 '닻'을 뜻한다.

	金부 총16획	小篆 [錠] 說文解字		錠劑(정제) 糖衣錠(당의정) 錠光佛(정광불)	
덩이 **정**	설문 金부	錠(정)은 鐙(등자鐙子 등)이다. 金(금)은 의미부분이고, 定(정)은 발음부분이다.(「錠, 鐙也. 从金, 定聲.」)			

✻ 음식을 익히던 쇠(金) 그릇으로, 상에 자리를 정하고(定) 올려놓는 제기나 '신선로' 등, 일정한 양으로 정해진(定) 쇳덩이(金)에서 '덩이'를 뜻하기도 한다.

淀	水부 총11획	설문 없음	小篆 形音義字典	淀水 (정수/전수)	
얕은물 **정**					

✻ 얕게 고인 물(氵)로 흐르지 않고 자리를 정하여(定) 머문 '얕은 물'을 뜻한다.

	糸부 총14획	설문 없음	小篆  形音義字典	綻露(탄로) 綻裂(탄열) 綻破(탄파)	
터질 **탄**					

✻ 실(糸)로 묶어 정한(定) 꿰맨 곳이 터짐에서 '터지다'를 뜻한다.

廴 ➡ 延 ➡ 筵 ➡ 誕

	廴부 총3획	小篆 廴 說文解字		용례 없음	
길게걸을 **인**	설문 廴부	廴(인)은 멀리 간다는 뜻이다. 彳(척)을 잡아당긴 의미이다. 무릇 廴부에 속하는 글자들은 모두 廴을 의미부분으로 삼는다.(「廴, 長行也. 凡廴之屬皆从廴.」)			

✻ 사거리의 行(행)자인 彳(척)의 변형으로 길게 늘어진 길 모양에서 '길게 걸음'을 뜻한다.

	廴부 총7획	甲骨文	殷商 金文	西周 金文	春秋 金文	小篆	延期(연기) 延長(연장) 遲延(지연)
		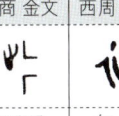					
		甲193	前2.6.2	父辛尊	曶鼎	蔡侯鐘	說文解字
늘일 **연**	설문 廴부	延(연)은 멀리 간다는 뜻이다. 延(천)은 의미부분이고, 丿(=厂예)는 발음부분이다.(「延, 長行也. 从延, 丿聲.」)					

✻ 천천히 가도록 당겨(厂=丿:당길 예) 발(止)로 걸어(廴) 가는데 편히 걷도록(延:편히 걸 전) 하는 데서 '끌다' '늘이다'를 뜻한다.

	竹부 총13획	戰國 金文	小篆		酒筵(주연) 慶筵(경연) 講筵(강연)	
		包山262	說文解字			
대자리 **연**	설문 竹부	筵(연)은 (땅바닥에 까는) 대자리를 뜻한다. 竹(죽)은 의미부분이고, 延(연)은 발음부분이다. ≪주례(周禮)≫에 이르기를 "筵을 기준으로 하여 당(堂)을 측량하였다."라고 하였다. 筵은 1장(丈)이다.(「筵, 竹席也. 从竹, 延聲. ≪周禮≫曰: "度堂以筵." 筵, 一丈.」)				

✻ 대(竹)를 엮어 길게 늘여(延) 편 '대자리'를 뜻한다.

649

誕	言부 총14획	小篆	籒文				誕生(탄생) 誕辰(탄신) 誕妄(탄망)	
		說文解字						
낳을/거짓 탄	설문 言부	誕(탄)은 말이 크다는 뜻이다. 言(언)은 의미부분이고, 延(연)은 발음부분이다. 𧥜은 誕의 주문(籒文)으로, 止을 생략하였다.(「䛦, 詞誕也. 从言, 延聲. 𧥜, 籒文誕, 省止.」)						

※ 말(言)을 큰소리로 길게 늘여(延) 하는 데서, '속이다' '거짓', 또는 성인탄생에서 '낳다'를 뜻한다.

足 ➡ 捉 ➡ 促

足	足부 총7획	甲骨文	西周 金文			戰國 金文	小篆	滿足(만족) 足部(족부) 充足(충족)	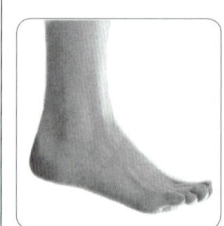
		甲1640	免簋	師農鼎	師兌簋	長陵盃	說文解字		
다리/발 족	설문 足부	足(족)은 사람의 발을 뜻한다. 신체의 아래 부분이다. 止(지)와 口(구)는 모두 의미부분이다. 무릇 足부에 속하는 글자들은 모두 足을 의미부분으로 삼는다.(「𣥂, 人之足也. 在下. 从止·口. 凡足之屬皆从足.」)							

※ 무릎(口)부터 발(止)까지에서 '발'을 나타내며, 만족하여 발이 머무름에서 '만족'을 뜻한다.

捉	手부 총10획	戰國 金文	小篆			捕捉(포착) 捉囚(착수) 捉來(착래)	
		郭店老甲	說文解字				
잡을 착	설문 手부	捉(착)은 搤(잡을 액)이다. 手(수)는 의미부분이고, 足(족)은 발음부분이다. 일설에는 쥔다는 뜻이라고도 한다.(「𢯱, 搤也. 从手, 足聲. 一曰握也.」)					

※ 가지 못하게 손(扌)으로 발(足)을 잡음에서 '잡다'를 뜻한다.

促	人부 총9획	小篆			促迫(촉박) 督促(독촉) 販促(판촉)	
		說文解字				
재촉할 촉	설문 人부	促(촉)은 급박(急迫)하다는 뜻이다. 人(인)은 의미부분이고, 足(족)은 발음부분이다.(「𠈧, 迫也. 从人, 足聲.」)				

※ 촉박하여 사람(亻)의 발(足)을 빨리 움직이게 함에서 '재촉하다'를 뜻한다.

走 ➡ 徒

走	走부 총7획	西周 金文			春秋 金文	戰國 金文	小篆	走力(주력) 走行(주행) 滑走(활주)	
		孟鼎	大鼎	效卣	走鐘	中山王鼎	說文解字		
달릴 주	설문 走부	走(주)는 趨(달릴 추)이다. 夭(요)와 止(지)는 모두 의미부분이다. 夭止라고 하는 것은 (빨리 달려서 다리가) 구부러졌다는 뜻이다. 무릇 走부에 속하는 글자들은 모두 走를 의미부분으로 삼는다.(「𧺆, 趨也. 从夭·止. 夭止者, 屈也. 凡走之屬皆从走.」)							

※ 사람이 몸을 숙이고(夭=大=土) 발(止=屮)을 크게 달림에서 '달리다'를 뜻한다.
※파자: 흙(土) 아래에 발을 딛고 발(止⇒屮)로 힘껏 '달림'을 뜻한다.

徒	彳부 총10획	甲骨文		西周 金文		春秋 金文	小篆	徒黨(도당) 徒步(도보) 徒勞(도로)	
		乙8138	合6573	禹鼎	師袁簋	南彊鐘	厚氏簠	說文解字	
무리 도	설문 辵부	辻(도)는 걸어간다는 뜻이다. 辵(착)은 의미부분이고, 土(토)는 발음부분이다.(「𨑒, 步行也. 从辵, 土聲.」) 현재 이 뜻으로는 '徒(무리 도)'자를 쓴다.							

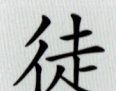

※ 길을 걷거나(彳) 달리는(走) 많은 '무리'를 뜻한다.
※파자: 길을 걷는(彳) 흙(土)을 발(止=屮)로 밟는 많은 사람에서 '무리'를 뜻한다.

從 ➡ 縱 ➡ 慫 ☆

		甲骨文	殷商 金文	西周金文	春秋 金文	戰國 金文	小篆	
從	彳부 총11획							從僕(종복) 從氏(종씨) 從軍(종군)
		鐵109.2	京津1372	宰椃角	賢簋	芮公鐘	中山王壺 說文解字	
좇을 종	설문 从부	從(종)은 따라간다는 뜻이다. 辵과 从은 모두 의미부분인데, 从은 발음부분이기도 하다.(「訓, 隨行也. 从辵, 从从, 从亦聲.」)						

※ 따라 걷는(彳) 두 사람(从)이 발(止=辵)로 서로를 '좇음'을 뜻한다.

		戰國 金文	小篆	
縱	糸부 총17획			縱斷(종단) 縱隊(종대) 放縱(방종)
		雲夢秦律	說文解字	
세로 종	설문 糸부	縱(종)은 느슨하다는 뜻이다. 일설에는 버린다는 뜻이라고도 한다. 糸(멱·사)는 의미부분이고, 從(종)은 발음부분이다.(「緩, 緩也. 一曰舍也. 从糸, 從聲.」)		

※ 실(糸)을 끄는 방향대로 잘 따르도록(從) 느슨하게 풀어놓은 데서 '세로' '늘어짐'을 뜻한다.

		小篆	
慫	心부 총15획		慫兢(종긍) 慫搖(종요)
		說文解字	
권할 종	설문 心부	慫(종)은 놀란다는 뜻이다. 心(심)은 의미부분이고, 從(종)은 발음부분이다. 悚(송)이라고 읽는다.(「鬆, 驚也. 从心, 從聲. 讀若悚.」)	

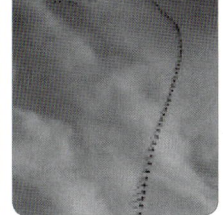

※ 남을 따라서(從) 놀라는 마음(心)에서 '놀라다'를 뜻하며, 좋은 일을 따르도록(從) 권하는 마음(心)에서 '권하다'를 뜻한다.

是 ➡ 匙 ☆ ➡ 湜 ➡ 寔 ❖ ➡ 堤 ➡ 提 ➡ 題 ➡ 瑅 ❖

		西周 金文	春秋 金文	戰國 金文	小篆	籒文	
是	日부 총9획						是非(시비) 是認(시인) 或是(혹시)
		虢季子白盤	毛公鼎	齊鎛	樂書缶	說文解字	
이/옳을 시	설문 是부	是(시)는 올바르다는 뜻이다. 日(일)과 正(정)은 모두 의미부분이다. 무릇 是부에 속하는 글자들은 모두 是를 의미부분으로 삼는다. 昰는 是의 주문(籒文)으로, (正字를) 고문(古文)의 正字인 疋를 썼다.(「昰, 直也. 从日·正. 凡是之屬皆从是. 昰, 籒文是, 从古文正.」)					

※ 해(日)가 가장 바르게(正=疋) 머리 위에 떠오름에서, '옳다' '바르다' '이(斯)'를 뜻한다.

		小篆	
匙	匕부 총11획		匙箸(시저) 茶匙(다시) 飯匙(반시)
		說文解字	
숟가락 시	설문 匕부	匙(시)는 숟가락을 뜻한다. 匕(비)는 의미부분이고, 是(시)는 발음부분이다.(「匙, 匕也. 从匕, 是聲.」)	

※ 음식을 바르고 옳게(是) 떠먹을 수 있는 수저(匕)에서 '숟가락'을 뜻한다.

		小篆	
湜	水부 총12획		湜湜(식식) 淸湜(청식)
		說文解字	
물맑을 식	설문 水부	湜(식)은 물이 맑아 바닥이 보인다는 뜻이다. 水(수)는 의미부분이고, 是(시)는 발음부분이다. ≪시경(詩經)≫에 이르기를 "물이 맑아질 때가 있다네."라고 하였다.(「湜, 水淸底見也. 从水, 是聲. ≪詩≫曰: "湜湜其止."」)	

※ 물(氵)이 맑아 사람이 옳게(是) 사용할 수 있는 데서 '물 맑다'를 뜻한다.

寔	宀부 총12획	小篆 寔 說文解字		多士寔寧 (다사식녕)	
이 식	설문 宀부	寔(식)은 그친다는 뜻이다. 宀(면)은 의미부분이고, 是(시)는 발음부분이다.(「寔, 止也. 从宀, 是聲.」)			

❋ 집(宀) 안의 모든 것을 올바른(是) 곳에 두는 데서 '참으로' '이것' '이'를 뜻한다.

堤	土부 총12획	金文 堤 古鉢	小篆 堤 說文解字	堤防(제방) 堤塘(제당) 防潮堤(방조제)	
둑 제	설문 土부	堤(제)는 막혔다는 뜻이다. 土(토)는 의미부분이고, 是(시)는 발음부분이다.(「堤, 滯也. 从土, 是聲.」)			

❋ 흙(土)으로 흐르는 물을 옳게(是) 사용할 수 있게 막아 모은 '둑'을 뜻한다.

提	手부 총12획	戰國 金文 提 雲夢法律	小篆 提 說文解字	提起(제기) 提出(제출) 提案(제안)	
끌 제	설문 手부	提(제)는 끈다는 뜻이다. 手(수)는 의미부분이고, 是(시)는 발음부분이다.(「提, 挈也. 从手, 是聲.」)			

❋ 손(扌)으로 옳게(是) 이끌어줌에서 '끌다'를 뜻한다.

題	頁부 총18획	金文 題 古鉢	小篆 題 說文解字	題目(제목) 題言(제언) 課題(과제)	
제목 제	설문 頁부	題(제)는 이마를 뜻한다. 頁(혈)은 의미부분이고, 是(시)는 발음부분이다.(「題, 額也. 从頁, 是聲.」)			

❋ 사람의 반듯하고 바른(是) 머리(頁) 부분 '이마'에 해당하는 책머리의 '제목'을 뜻한다.
  ※파자:책의 내용을 옳게(是) 알 수 있는 머리(頁)에 오는 '제목'을 뜻한다.

瑅	玉부 총13획	설문 없음	戰國 金文 瑅 曾侯墓簡	瑅瑭(제당)	
옥이름 제					

❋ 옥(玉)이 반듯하고 바르게(是) 잘 다듬어진 '옥 이름'을 뜻한다.

 ➡ 蛋☆ ➡ 胥☆ ➡ 壻 ➡ 媚✦ ➡ 楚 ➡ 礎

疋	疋부 총5획	甲骨文 疋 甲2878	疋 佚392	西周 金文 疋 疋未鼎	疋 亞疋簋	西周 金文 疋 疋父癸鼎	疋 免簋	戰國 金文 疋 疋鄯戈	小篆 疋 說文解字	疋木(필목) 疋緞(필단) 疋練(필련)	
필/짝 필 발 소	설문 疋부	疋(소)는 다리이다. 위는 종아리를 그린 것이고, 아래는 발 止(지)자를 썼다. 〈제자직(弟子職)〉에 이르기를 "다리를 어디에 둘까요? 하고 물었다."라고 하였다. 고문(古文)에서는 ≪시경(詩經)·대소(大疋)≫에서의 疋자로 여기기도 하고, 또 足(족)자로도 여긴다. 혹은 疋(소)는 胥(서)자라고도 한다. 일설에 疋는 기록한다는 뜻이라고도 한다. 무릇 疋부에 속하는 글자들은 모두 疋를 의미부분으로 삼는다.(「疋, 足也. 上象腓腸, 下从止. 〈弟子職〉曰: "問疋何止?" 古文以爲≪詩·大疋≫字, 亦以爲足字. 或曰胥字. 一曰: 疋, 記也. 凡疋之屬皆从疋.」)									

❋ 종아리와 발을 그려 '발'을 뜻하며, 걸음 폭으로 베를 재던 데서 '필'을 뜻한다.

蛋	虫부 총11획	설문 없음	小篆 形音義字典		蛋白(단백) 蛋白質(단백질) 蛋白尿(단백뇨)	
새알 단						

✻ 발(疋)과 몸을 항상 드러내고, 벌레(虫)가 많은 물가에 살던 중국의 '남방소수민족'을 뜻한다.
　※파자:발(疋) 아래 품고 있는 파충류(虫)나 새 종류의 알에서 '새알'을 뜻한다.

胥	肉부 총9획	金文 古鉥	小篆 說文解字		胥吏(서리) 胥失(서실) 胥瘧(서학)	
서로 서	설문 肉부	胥(서)는 게젓을 뜻한다. 肉(육)은 의미부분이고, 疋(필·소)는 발음부분이다.(「胥, 蟹醢也. 从肉, 疋聲.」)				

✻ 다리(疋)에 먹을 고기(月)가 많은 게로 담은 '게장'으로, 다리가 많은 데서 '서로'를 뜻한다.

壻	士부 총12획	殷商 金文 婦婿鼎	小篆 說文解字	或體	同壻(동서) 壻郎(서랑) 國壻(국서)	
사위 서	설문 士부	壻(서)는 지아비를 뜻한다. 士(사)는 의미부분이고, 胥(서)는 발음부분이다. ≪시경(詩經)≫에 이르기를 "여자는 잘못이 없는데, 지아비의 행동은 처음과 다르네."라고 하였다. 士는 지아비를 뜻한다. 발음은 細(세)와 같다. 婿는 壻의 혹체자(或體字)로 (士 대신) 女(녀)를 썼다.(「壻, 夫也. 从士, 胥聲. ≪詩≫曰: "女也不爽, 士貳其行." 士者, 夫也. 讀與細同. 婿, 壻或从女.」)				

✻ 지아비인 선비(士)가 다리 많은 게장(胥)처럼 많은 재주를 가진 '사위' '동서'를 뜻한다.
　※참고:서(壻)가 아녀자의 짝으로 쓰이자 '女'를 더해 만든 '婿'가 동자(同字)로 쓰인다.

愲	心부 총12획	小篆 說文解字			愲人(서인)	
지혜 서	설문 心부	愲(서)는 지혜롭다는 뜻이다. 心(심)은 의미부분이고, 胥(서)는 발음부분이다.(「愲, 知也. 从心, 胥聲.」)				

✻ 지혜로운 마음(忄)으로 다리 많은 게(胥)처럼, 서로(胥) 돕거나 에서 '지혜' '슬기'를 뜻한다.

楚	木부 총13획	甲骨文 粹73	西周 金文 粹1547	春秋 金文 令鼎	戰國 金文 邾王義楚耑	小篆 酓肯鼎　說文解字	苦楚(고초) 楚撻(초달) 淸楚(청초)	
초나라 초	설문 林부	楚(초)는 뭉쳐서 자라는 나무를 뜻한다. 일명 가시나무라고 한다. 林(림)은 의미부분이고, 疋(필·소)는 발음부분이다.(「楚, 叢木. 一名荊也. 从林, 疋聲.」)						

✻ 가시가 많은 관목 숲(林) 사이를 발(疋)로 헤치며 다니던 나라인 '초나라'를 뜻한다.
　※참고:발(疋)목만큼 자라 발을 찔러 고통 주는 가시잡목 숲(林)에서 '아프다' '매질하다'를 뜻한다.

礎	石부 총18획	小篆 說文解字			礎石(초석) 基礎(기초) 柱礎(주초)	
주춧돌 초	설문 石부	礎(초)는 주춧돌을 뜻한다. 石(석)은 의미부분이고, 楚(초)는 발음부분이다.(「礎, 礩也. 从石, 楚聲.」)				

✻ 돌(石)중에 많은 나무기둥(林)의 발(疋) 아래에 받쳐지는 '주춧돌'을 뜻한다.

653

疑 → 擬 → 凝 → 礙 → 癡

		甲骨文		西周 金文			小 篆	疑心(의심)
疋부 총14획				疑 觶	齊史疑觶	伯疑父簋	說文解字	疑問(의문) 疑惑(의혹)
		前7.19.1	戩27.1					

의심할 의 / 설문 子부 / 疑(의)는 의심한다는 뜻이다. 子(자)·止(지)·匕(비)는 의미부분이고, 矢(시)는 발음부분이다.(「疑, 惑也. 从子·止·匕, 矢聲.」)

※ 갈 길을 잃어, 길에서 머뭇거려 헤매는 사람(치매 노인)에서 '의심하다'를 뜻한다.
 ※파자: 비수(匕)나 화살(矢)이 나에게(予=マ) 날아올까 발(疋)을 멈칫거림에서 '의심함'을 뜻한다.

		小 篆				擬態(의태)
手부 총17획		說文解字				模擬(모의) 擬聲語(의성어)

비길 의 / 설문 手부 / 擬(의론할 의, 추측할 의, 헤아릴 의)는 헤아린다는 뜻이다. 手(수)는 의미부분이고, 疑(의)는 발음부분이다.(「擬, 度也. 从手, 疑聲.」)

※ 손(扌)으로, 의심할(疑) 정도로 비슷한 것을 '헤아려' 보는 데서 '비기다' '본뜨다'를 뜻한다.

		金文	小 篆	俗字			凝固(응고)
冫부 총16획							凝視(응시) 凝結(응결)
		陳逆簋	說文解字				

엉길 응 / 설문 仌부 / 冰(빙)은 물이 단단해졌다는 뜻이다. 仌(빙 = 冫)과 水(수)는 모두 의미부분이다. 凝은 冰의 속자(俗字)로 (水 대신) 疑(의)를 썼다.(「冰, 水堅也. 从仌, 从水. 凝, 俗冰从疑.」)

※ 얼어(冫) 붙어 움직이지 못하듯, 의심하여(疑) 머뭇거리는 데서 '엉기다'를 뜻한다.

		小 篆					拘礙(구애)
石부 총19획			碍=속자(俗字)				沮礙(저애) 障礙人(장애인)
		說文解字					

거리낄 애 / 설문 石부 / 礙(애)는 그친다는 뜻이다. 石(석)은 의미부분이고, 疑(의)는 발음부분이다.(「礙, 止也. 从石, 疑聲.」)

※ 길이 돌(石)에 막혀 더 이상 나아가기 의심스러움(疑)에서 '거리끼다' '막히다'를 뜻한다.

		小 篆					癡呆(치매)
疒부 총19획							天癡(천치) 白癡美(백치미)
		說文解字					

어리석을 치 / 설문 疒부 / 癡(치)는 어리석다는 뜻이다. 疒(녁)은 의미부분이고, 疑(의)는 발음부분이다.(「癡, 不慧也. 从疒, 疑聲.」)

※ 결단을 내리지 못하는 병(疒)으로, 알지 못해 머뭇거리고 의심하는(疑) 데서 '어리석다'를 뜻한다.

此 → 紫 → 雌 → 疵 → 些 ☆ → 柴

		甲骨文		西周金文	春秋 金文	戰國 金文	小 篆	此後(차후)
止부 총6획				此 尊	此 盉	南彊鉦	中山王鼎	說文解字	如此(여차)
		粹380	甲1946					

이 차 / 설문 止부 / 此(차)는 멈춘다는 뜻이다. 止(지)와 匕(비)는 모두 의미부분이다. 匕는 서로 순서대로 나란히 있다는 뜻이다. 무릇 此부에 속하는 글자들은 모두 此를 의미부분으로 삼는다.(「此, 止也. 从止, 从匕. 匕, 相比次也. 凡此之屬皆从此.」)

※ 발(止)길을 멈춘 사람(匕: 亻의 반대모양)이 있는 곳, 즉 가까운 곳에서 '이' '이곳'을 뜻한다.
 ※파자: 발길을 머물도록(止) 비수(匕)로 위협하여 '이' 자리에 머뭄.

紫	糸부 총11획	春秋 金文  吳王光鐘	小篆  說文解字		紫朱(자주) 紫色(자색) 紫外線(자외선)	
자줏빛 **자**	설문 糸부	紫(자)는 비단이 자주색을 띤다는 뜻이다. 糸(멱·사)는 의미부분이고, 此(차)는 발음부분이다.(「紫, 帛靑赤色. 从糸, 此聲.」)				

✻ 청홍(靑紅)의 색을 머물게(此) 물들인 비단이나 실(糸)에서 '자줏빛'을 뜻한다.

雌	隹부 총13획	甲骨文  前5·9·3	 合4726	小篆  說文解字	雌雄(자웅) 雌伏(자복) 雌性(자성)	
암컷 **자**	설문 隹부	雌(자)는 암컷 새를 뜻한다. 隹(추)는 의미부분이고, 此(차)는 발음부분이다.(「雌, 鳥母也. 从隹, 此聲.」)				

✻ 둥지가 있는 이(此) 자리에 머물러 알을 품는 새(隹)에서 '암컷'을 뜻한다.

疵	疒부 총10획	戰國 金文  雲夢日甲		小篆  說文解字	瑕疵(하자) 細疵(세자) 隱疵(은자)	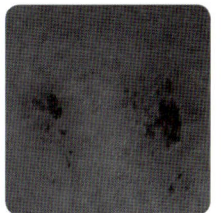
허물 **자**	설문 疒부	疵(주근깨 자, 흠 자, 병 자)는 병(의 이름)이다. 疒(녁)은 의미부분이고, 此(차)는 발음부분이다.(「疵, 病也. 从疒, 此聲.」)				

✻ 피부에 생기는 병(疒)으로, 검고 작은 점이 머물러(此)있는 데서 '흠' '결점' '허물'을 뜻한다.

些	二부 총7획		小篆  說文解字		些少(사소) 些細(사세) 些事(사사)	
적을 **사**	설문 此부	些(사)는 어사(語辭)이다. 초사(楚辭)에 보인다. 此(차)와 二(이)는 모두 의미부분이다. 그 뜻은 알 수 없다.(「些, 語辭也. 見楚辭. 从此, 从二. 其義未詳.」)				

✻ 머물러(此)있는 둘(二) 정도의 양에서 '조금' '약간' '적다'를 뜻한다. ※些에서 '此'는 5획이다.

柴	木부 총9획	戰國 金文  柴內右戈	小篆  說文解字		柴門(시문) 柴草(시초) 柴炭(시탄)	
섶 **시**	설문 木부	柴(섶 시; 막을 채)는 작은 나무로, 쓸모가 별로 없는 재목을 뜻한다. 木(목)은 의미부분이고, 此(차)는 발음부분이다.(「柴, 小木散材. 从木, 此聲.」)				

✻ 땔감으로 쓰기 위해 한곳에 머물러(此) 쌓아놓은 나무(木)인 '섶' '땔나무'를 뜻한다.

卸 ➜ 御 ➜ 禦

卸	卩부 총8획		小篆  說文解字		卸肩(사견) 卸頭(사두) 卸白(사백)	
짐부릴 **사**	설문 卩부	卸(사)는 마차가 선 다음 말에 걸쳐 있는 장비를 풀어놓는다는 뜻이다. 卩(절)·止(지)·午(오)는 모두 의미부분이다. 발음은 여남(汝南) 지방 사람들이 글을 쓴다고 할 때의 寫(사)자처럼 읽는다.(「卸, 舍車解馬也. 从卩·止·午. 讀若汝南人書寫之寫.」)				

✻ 절굿공이(午) 형태의 도구나 짐을 발길을 멈추고(止) 몸을 굽혀(卩) '풀거나', 도구(午)를 들고 재앙을 막는(止) 데서 '짐부리다' '풀다'를 뜻한다.

御	彳부 총11획	甲骨文					殷商 金文		御命(어명)
		菁1.1	後下12.9	前2.18.6	菁3.1	花東060	馭癸觚	馭八卣	御駕(어가)
거느릴 어	설문 彳부	西周 金文			春秋 金文		小篆	古文	制御(제어)
		盂鼎	頌鼎	禹鼎	攻吳王鑑	莒太史申	說文解字		御用(어용)
		御(어)는 말을 부린다는 뜻이다. 彳(척)과 卸(사)는 모두 의미부분이다. 馭는 御의 고문(古文)으로 又(우)와 馬(마)로 이루어졌다.(「御, 使馬也. 从彳, 从卸. 馭, 古文御, 从又, 从馬.」)							

* 길(彳)을 가도록 채찍이나 절굿공이(午)를 잡고 서서(止) 몸을 굽히고(卩) 모시는 데서 '모시다' '거느리다'를 뜻한다. ※참고:'액'을 모는 제사, 사람을 희생하는 '제사' 등의 설이 있다.

禦	示부 총16획	甲骨文		殷商 金文	西周 金文		小篆	防禦(방어)
		河312		我鼎	禦父辛鱓	猷簋	說文解字	禦寒(어한)
막을 어	설문 示부	禦(어)는 제사를 뜻한다. 示(시)는 의미부분이고, 御(어)는 발음부분이다.(「禦, 祀也. 从示, 御聲.」)						禦戰(어전)

* 모시는(御) 신(示)에게 제사하여 미리 재앙을 막는 데서 '막다'를 뜻한다. ※참고:卸(풀 사)

先 ➜ 銑 ➜ 珗 ❖ ➜ 詵* ➜ 洗

先	儿부 총6획	甲骨文		殷商 金文	西周 金文	春秋 金文	戰國 金文	小篆	先生(선생)
		甲3521	粹200	先壺	虢季子白盤	余義鐘	中山圓壺	說文解字	先納(선납)
먼저 선	설문 先부	先(선)은 앞으로 나아간다는 뜻이다. 儿(인)과 之(지)는 모두 의미부분이다. 무릇 先부에 속하는 글자들은 모두 先을 의미부분으로 삼는다.(「先, 前進也. 从儿, 从之. 凡先之屬皆从先.」)							先例(선례)

* 발(止=屮)이 먼저 앞서간 사람(儿)에서 '먼저' '앞서다'를 뜻한다.
  ※참고:소(牛⇒屮)는 뿔이 있어 사람(儿)보다 앞에 '먼저' 가게 함.

銑	金부 총14획	小篆	銑鐵(선철)
		說文解字	銑錢(선전)
무쇠 선	설문 金부	銑(끌 선)은 쇠 가운데서 광택(光澤)이 나는 것을 뜻한다. 일설에는 작은 끌을 뜻한다고도 하고, 일설에는 종(鐘)의 두 각(角)을 일컬어 銑이라고 한다고도 한다. 金(금)은 의미부분이고, 先(선)은 발음부분이다.(「銑, 金之澤者. 一曰小鑿, 一曰鐘兩角謂之銑. 从金, 先聲.」)	

* 쇠나 금(金)이 사람이 손대기 전부터 먼저(先) 광택이 나던 '무쇠' '금장식'을 뜻한다.

珗	玉부 총10획	설문 없음		珗石(선석)
옥돌 선				

* 옥(玉)으로 다듬기 이전의 먼저(先)부터 있던 옥돌에서 '옥돌'을 뜻한다.

| 詵 | 言부
총13획 | 小篆
詵
說文解字 | | 詵桂(선계)
詵詵(선선) |

| 말많을 **선** | 설문
言부 | 詵(선)은 말을 전한다는 뜻이다. 言(언)과 先(선)은 모두 의미부분인데, 先은 발음부분이기도 하다. ≪시경(詩經)≫에 이르기를 "메뚜기 날개 많기도 하지."라고 하였다.(「詵, 致言也. 从言, 从先, 先亦聲. ≪詩≫曰: "螽斯羽詵詵兮."」) |

❋ 말(言)을 남이 말하기 전에 먼저(先) 하는 말에서 '말이 많음'을 뜻한다.

| 洗 | 水부
총9획 | 甲骨文
  합집151 합집18534 花東294 | 小篆
洗
說文解字 | 洗手(세수)
洗禮(세례)
洗劑(세제) |

| 씻을 **세** | 설문
水부 | 洗(세)는 발을 씻는다는 뜻이다. 水(수)는 의미부분이고, 先(선)은 발음부분이다.(「洗, 洒足也. 从水, 先聲.」) |

❋ 밖에서 오면 물(氵)에 발을 먼저(先) 씻는 데서 '씻다' '깨끗하다'를 뜻한다.

兟 ➡ 贊 ➡ 讚 ➡ 瓚 ➡ 鑽 ➡ 纘 ✦

| 兟 | 儿부
총12획 | 戰國 金文

侯馬盟書 | 小篆
兟
說文解字 | 용례 없음 |

| 나아갈 **신** | 설문
先부 | 兟(신)은 나아간다는 뜻이다. 두 개의 先(선)자로 이루어졌다. 贊(도울 찬)자(의 윗부분)는 이것(즉 兟자)을 따른 것이다. (이 이상은 알 수 없어 해설란을) 비워둠.(「兟, 進也. 从二先. 贊从此. 闕.」) |

❋ 발(止=屮)이 먼저 앞서간 사람(儿)을 거듭하여, 서로 먼저 '나아가다'를 뜻한다.

| 贊 | 貝부
총19획 | 戰國 金文

珍秦106 | 小篆

說文解字 | 贊成(찬성)
協贊(협찬)
贊助(찬조) |

| 도울 **찬** | 설문
貝부 | 贊(찬)은 알현(謁見)한다는 뜻이다. 貝(패)와 兟(신)은 모두 의미부분이다.(「贊, 見也. 从貝, 从兟.」) |

❋ 서로 먼저(先) 나아가(兟:나아갈 신) 재물(貝)을 주어 '도움'을 뜻한다.

| 讚 | 言부
총26획 | 설문 없음 | 小篆

形音義字典 | 讚美(찬미)
讚揚(찬양)
稱讚(칭찬) |

| 기릴 **찬** | 설문 | ≪설문해자≫에는 '讚'자가 보이지 않는다. ≪집운(集韻)·만부(挽部)≫를 보면 "讚(찬)은 칭찬한다는 뜻이다.(「讚, 偁也.」)"라고 하였다. |

❋ 남의 좋은 점을 말(言)하여 칭찬하고 돕는(贊) 데서 '기리다'를 뜻한다.

| 瓚 | 玉부
총23획 | 西周 金文
子黃尊 多友鼎 毛公鼎 | 小篆
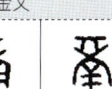
說文解字 | 圭瓚(규찬)
璋瓚(장찬) |

| 옥잔 **찬** | 설문
玉부 | 瓚(옥잔 찬, 큰 홀 찬)은 (순도가) 3옥 2석(石)(약 60%)인 옥이다. 玉(옥)은 의미부분이고, 贊(찬)은 발음부분이다. ≪예(禮)≫에 이르기를 "천자는 순수한 색을 쓰는데, 순옥(純玉)으로 한다. 상공(上公)은 색이 섞인 옥을 쓰는데, (옥의 순도는) 4옥 1석(石)이다. 후(侯)는 3옥 2석이고, 백(伯)은 옥석(玉石)이 반반이다."라고 하였다. 埒(랄)은 옥석이 반반이라는 뜻이다.(「瓚, 三玉二石也. 从玉, 贊聲. ≪禮≫: "天子用全, 純玉也. 上公用駹, 四玉一石. 侯用瓚, 伯用埒." 玉石半相埒也.」) |

❋ 자루를 옥(玉)으로 화려하게 만든 제후의 행사를 돕는(贊) '옥잔'을 뜻한다.

鑽	金부 총27획	小篆 ／ 說文解字		研鑽(연찬) 鑽石(찬석) 鑽具(찬구)	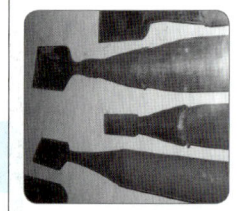
뚫을 찬	설문 金부	鑽(찬)은 뚫을 수 있는 도구(즉 송곳)를 뜻한다. 金(금)은 의미부분이고, 贊(찬)은 발음부분이다.(「鑽, 所以穿也. 从金, 贊聲.」)			

※ 쇠(金)로 만들어 구멍을 뚫을 수 있게 돕는(贊) '끌'이나 '송곳'에서 '뚫다'를 뜻한다.

纘	糸부 총25획	小篆 ／ 說文解字		纘續(찬속) 纘述(찬술) 纘緖(찬서)	
이을 찬	설문 糸부	纘(찬)은 잇는다는 뜻이다. 糸(멱·사)는 의미부분이고, 贊(찬)은 발음부분이다.(「纘, 繼也. 从糸, 贊聲.」)《주》에서는 '繼(이을 계)'를 纘로 썼다.			

※ 실(糸)을 잇듯 앞서 하던 일을 계속 이어 일을 돕는(贊) 데서 '잇다'를 뜻한다.

癸 → 揆 → 葵

癸	癶부 총9획	甲骨文	殷商 金文	西周 金文	春秋 金文	小篆	籀文	癸水(계수) 癸方(계방) 癸坐(계좌)
		前7.9.2	粹1454	向作父癸	矢方彝	穌公簋	說文解字	
북방/천간 계	설문 癸부	癸(계)는 겨울철에는 물과 땅이 평평하여 헤아릴 수 있다[揆(규)]는 뜻에서 비롯되었다. 물이 사방에서 흘르드는 모양을 그린 것이다. 癸는 (10천간에서) 임(壬)의 다음이다. 사람의 발을 그린 것이다. 무릇 癸부에 속하는 글자들은 모두 癸(계)를 의미부분으로 삼는다. 癸는 籀文(주문)으로 癶(발)과 矢(시)로 이루어졌다.(「癸, 冬時水土平, 可揆度也. 象水從四方流入地中之形. 癸承壬, 象人足. 凡癸之屬皆从癸. 癶, 籀文, 从癶, 从矢.」)						

※ 나무를 교차시켜 돌게 만든 측량도구, 물레, 태양의 방향을 헤아리는 도구 등의 설이 있다.
※파자: 걷듯(癶) 움직인 하늘(天)의 변화를 나누어 정한 '천간(天干)'에서 '북방'을 뜻한다.

揆	手부 총12획	小篆 ／ 說文解字		百揆(백규) 右揆(우규) 一揆(일규)	
헤아릴 규	설문 手부	揆(규)는 헤아린다는 뜻이다. 手(수)는 의미부분이고, 癸(계)는 발음부분이다.(「揆, 葵也. 从手, 癸聲.」)			

※ 도구를 손(扌)으로 잡고 헤아림(癸)에서 '헤아리다'를 뜻한다.

葵	艸부 총13획	戰國 金文	小篆		葵藿(규곽) 露葵(노규) 葵扇(규선)	
		雲夢日乙	說文解字			
해바라기/아욱 규	설문 艸부	葵(규)는 나물이다. 艸(초)는 의미부분이고, 癸(계)는 발음부분이다.(「葵, 菜也. 从艸, 癸聲.」)				

※ 식물(艹)의 꽃이 햇빛의 방향을 헤아려(癸) 도는 '해바라기'나 '아욱'을 뜻한다.

登 → 燈 → 鄧 → 橙☆ → 證 → 澄

登	癶부 총12획	甲骨文	殷商 金文	西周 金文	春秋 金文	小篆	籀文	登校(등교) 登山(등산) 登錄(등록)
		燕664	前5.2.1	鐵38.4	登尹簋	登仲尊	鄧公簋	說文解字	
오를 등	설문 癶부	登(등)은 마차에 오른다는 뜻이다. 癶과 豆는 모두 의미부분이다. 마차에 오르는 모양을 그렸다. 豋은 주문(籀文)으로 廾(공)을 더하였다.(「登, 上車也. 从癶·豆. 象登車形. 豋, 籀文从廾.」)						

※ 두 발(癶)로 제기그릇(豆)을 들고 제단에 오르는 데서 '오르다'를 뜻한다.

燈	火부 총16획	설문 없음	戰國 金文	小篆	《형음의자전》에서는 '鐙(등)'자를 설명함.	燈盞(등잔) 電燈(전등) 點燈(점등)
			包山257	形音義字典		
등 **등**		《설문해자·금부(金部)》 '鐙'자 해설을 보면 "鐙(등)은 錠(촛대 정)이다. 金(금)은 의미부분이고, 登(등)은 발음부분이다.(「鐙, 錠也. 从金, 登聲.」)"라고 하였다.					

✽ 불(火)을 밝혀 제단에 올리던(登) '등' '등불'을 뜻한다.

鄧	邑부 총15획		春秋 金文					小篆	鄧林(등림)
			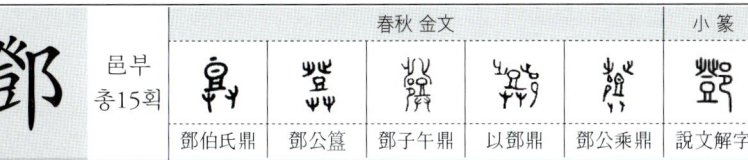						
			鄧伯氏鼎	鄧公簋	鄧子午鼎	以鄧鼎	鄧公乘鼎	說文解字	
나라이름 **등**	설문 邑부	鄧(등)은 (춘추시대) 만씨(曼氏) 성의 제후국의 이름이다. 지금은 남양군(南陽郡)에 속해 있다. 邑(읍)은 의미부분이고, 登(등)은 발음부분이다.(「鄧, 曼姓之國. 今屬南陽. 从邑, 登聲.」)							

✽ 평지보다 높게 올라(登) 솟은 지역(阝)에 있었던 것 같은 중국 고대 '나라이름'이다.

橙	木부 총16획	小篆 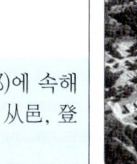 說文解字		橙子(등자) 橙色(등색) 橙黃色(등황색)
귤/걸상 **등**	설문 木부	橙(증)은 귤나무의 일종이다. 木(목)은 의미부분이고, 登(등)은 발음부분이다.(「橙, 橘屬. 从木, 登聲.」)		

✽ 나무(木)로 몸을 걸쳐 올라(登) 앉을 수 있게 만든 '걸상'이나, 귤 같은 열매가 맺는 등자나무에서 '귤' '등자나무'를 뜻한다.

證	言부 총19획	小篆  說文解字		證據(증거) 證言(증언) 證券(증권)
증거 **증**	설문 言부	證(증)은 알린다는 뜻이다. 言(언)은 의미부분이고, 登(등)은 발음부분이다.(「證, 告也. 从言, 登聲.」)		

✽ 사실을 말하여(言) 올려놓는(登) 데서 '증거'를 뜻한다.

澄	水부 총15획	설문 없음	戰國 金文	澄明(징명) 澄水(징수) 淸澄(청징)
			 天星觀簡	
맑을 **징**				

✽ 고인 물(氵)이 더러움은 가라앉고 위에 올라온(登) 부분은 맑고 깨끗하여 '맑음'을 뜻한다.

癶(址)➡發➡發➡撥☆➡潑➡醱☆➡廢

癶	癶부 총5획		金文		殷商 金文	小篆	용례 없음

			부수한자		址父丁觶	說文解字	
등질/필 **발**	설문 癶부	址(발)은 발이 서로 등지고 있는 것이다. 止(지)와 ㄓ(달)은 모두 의미부분이다. 무릇 址부에 속하는 글자들은 모두 址을 의미부분으로 삼는다. 撥(발)처럼 읽는다.(「癶, 足剌址也. 从止·ㄓ. 凡址之屬皆从址. 讀若撥.」)						

✽ 발(ㄓ:밟을 달)과 발(止)이 서로 등지고 걷는 데서 '등지다' '걷다' '피다'를 뜻한다.

	癶부 총9획	甲骨文		春秋 金文		小篆	용례 없음	
				癹孫虜鼎	癹孫虜臣			
		鐵2226·1	前5·24·8			說文解字		
짓밟을 **발**	설문 癶부	癹(발)은 발로 풀을 밟아 없앤다는 뜻이다. 址(발)과 殳(수)는 모두 의미부분이다. ≪춘추전(春秋傳)≫에 이르기를 "잡초를 없애고, 땅을 북돋우었다."라고 하였다.(「癹, 以足蹋夷艸. 从址, 从殳. ≪春秋傳≫曰: "癹夷蘊崇之."」)						

✴ 두 발(址=癶)로 딛고 창(殳)이나 몽둥이를 들고 초목을 '짓밟음'을 뜻한다.

	癶부 총12획	甲骨文	春秋 金文	小篆	發電(발전) 發刊(발간) 發達(발달)	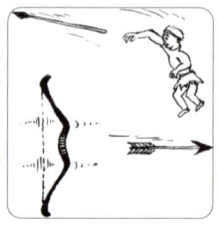
		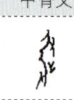				
		合31146	工獻太子劍	說文解字		
필 **발**	설문 弓부	發(발)은 활을 쏜다는 뜻이다. 弓(궁)은 의미부분이고, 癹(발)은 발음부분이다.(「發, 射發也. 从弓, 癹聲.」)				

✴ 두 발(址=癶)로 딛고(癹:짓밟을 발) 활(弓)이나 창(殳)을 쏘거나 던짐에서 '쏘다' '피다' '떠나다'를 뜻한다.

	手부 총15획	小篆	撥亂(발란) 反撥(반발) 撥木(발목)	

		說文解字		
다스릴 **발**	설문 手부	撥(발)은 다스린다는 뜻이다. 手(수)는 의미부분이고, 發(발)은 발음부분이다.(「撥, 治也. 从手, 發聲.」)		

✴ 손(扌)으로 활을 당겨 쏘듯(發) 줄을 튕겨 음을 연주하는 데서 '다스리다' '퉁기다'를 뜻한다.

	水부 총15획	설문 없음	小篆	活潑(활발) 潑剌(발랄) 潑皮(발피)	

			形音義字典		
물뿌릴 **발**					

✴ 물(氵)을 활을 쏘듯(發) 활발히 튀겨 뿌리는 데서 '물 뿌리다' '활발하다'를 뜻한다.

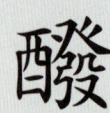	酉부 총19획	설문 없음	醱酵(발효)	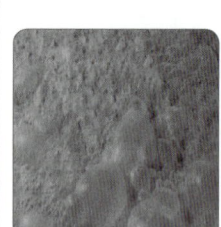
술괼 **발**				

✴ 술(酉)이 잘 익어 거품이 연달아 피어남(發)에서 '괴다' '술 익다'를 뜻한다.

	广부 총15획	戰國 金文	小篆		廢校(폐교) 廢車(폐차) 廢業(폐업)	
		中山王鼎	說文解字			
폐할/버릴 **폐** 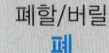	설문 广부	廢(폐)는 집이 쓰러졌다는 뜻이다. 广(엄)은 의미부분이고, 發(발)은 발음부분이다.(「廢, 屋頓也. 从广, 發聲.」)				

✴ 집(广)안의 기둥이나 들보가 위치를 떠나(發) 무너짐에서 '폐하다' '버리다'를 뜻한다.

舛 ➡ 舜 ➡ 瞬

舛	舛부 총6획	金文		小篆	舛駁(천박) 舛誤(천오) 舛雜(천잡)
		부수한자		說文解字	

어그러질 천

설문 舛부

舛(천)은 마주 보고 누웠다는 뜻이다. 夊(쇠)와 㐄(걸을/넘을 과)가 서로 등지고 있는 구조이다. 무릇 舛부에 속하는 글자들은 모두 舛을 의미부분으로 삼는다. 踳(준), 양웅(楊雄)은 "舛은 足(족)과 春(춘)으로 이루어졌다."라고 하였다.(「舛, 對臥也. 从夊·㐄相背. 踳, 楊雄說:"舛从足·春."」)

✲ 발(夊)과 발(㐄:걸을 과)이 어수선하게 놓인 모양에서 '어그러지다'를 뜻한다.

舜	舛부 총12획	戰國 金文	小篆	古文	堯舜(요순) 舜禹(순우)
		郭店窮達	說文解字		

순임금 순

설문 舜부

舜=䑞(순임금 순, 무궁화 순)은 풀(의 이름)이다. 초(楚) 지방에서는 葍(순무 복)이라고 하고, 진(秦) 지방에서는 藑(경모풀 경)이라고 한다. 땅에 붙어서 (자라는데) 연달아 꽃이 핀다. 상형(象形)이다. 舛은 의미부분이면서 발음부분이기도 하다. 무릇 䑞부에 속하는 글자들은 모두 䑞을 의미부분으로 삼는다. 𩒝은 䑞의 고문(古文)이다.(「䑞, 艸也. 楚謂之葍, 秦謂之藑. 蔓地連華. 象形. 从舛, 舛亦聲. 凡䑞之屬皆从䑞. 𩒝, 古文䑞.」)

✲ 덩굴(匚)과 연달아 핀 꽃(炎)인 나팔꽃(䑞:舜의 古字)처럼 어그러져(舛) 피는 무궁화로, '순임금'을 뜻한다.
※파자:손(爫)으로 백성을 감싸고(冖) 두 발이 어그러지도록(舛) 힘쓴 '순임금'.

瞬	目부 총17획	설문 없음	小篆	瞬間(순간) 瞬視(순시) 一瞬間(일순간)
			形音義字典	

눈깜짝일 순

≪설문해자≫에는 '瞬'자가 보이지 않는다. ≪광운(廣韻)·준운(稕韻)≫을 보면 "瞬(순)은 눈동자를 움직인다는 뜻이다.(「瞬, 瞬目自動也.」)"라고 하였다.

✲ 눈(目)을 아침에 잠깐 피었다 저녁에 지는 나팔꽃이나 무궁화(舜)처럼, 잠깐 깜짝임에서 '눈깜짝이다'를 뜻한다.

粦(㷠) ➡ 燐☆ ➡ 隣 ➡ 鱗 ➡ 麟 ➡ 潾✤ ➡ 璘✤ ➡ 憐

㷠 粦	火부 총14획	甲骨文		西周 金文		小篆	燐과 용례 같음
		合 261	後上9·4	尹姞鼎	親 簋	說文解字	

도깨비불 린

설문 炎부

㷠(린), 병기(兵器)에 의해 죽거나 소와 말의 피가 㷠이 된다. 㷠은 도깨비불을 뜻한다. 炎(염)과 舛(천)은 모두 의미부분이다.(「㷠, 兵死及牛馬之血爲㷠. 㷠, 鬼火也. 从炎·舛.」)

✲ 죽은 사람의 몸(大)에서 분해된(八) 불꽃(炎)같은 '작고' 어지럽게(舛) 움직이는 '도깨비불'을 뜻한다. 네 개의 점은 '炎(불꽃 염)'으로 바뀌었고, 다시 '米(쌀 미)'로 바뀌었다. ※㷠=粦

燐	火부 총16획	설문 없음		燐火(인화) 燐亂(인란) 鬼燐(야린)

도깨비불 린

✲ 작고 희미한 불(火)로, 죽은 사람(大)의 몸이 분해될(八) 때 몸 주변에 '인'이 흩어져 어지러이(舛) 불꽃(炎=米)처럼 움직이는 도깨비불(㷠=粦:도깨비불 린)에서 '도깨비불'을 뜻한다.

隣	阜부 총15획	金文			小篆		隣接(인접) 隣近(인근) 交隣(교린)	
		頌史㲃	師兪鼎	趙 簋	說文解字			
이웃 린	설문 邑부	鄰(린), 5가구(家口)가 1鄰이다. 邑(읍)은 의미부분이고, 粦(린)은 발음부분이다.(「鄰, 五家 爲鄰. 从邑, 粦聲.」)						

✽ 언덕(阝) 주변에 5가(家) 정도의 작게(粦) 모인 마을에서 '이웃'을 뜻한다. ※ 鄰(린)이 본자(本字).

鱗	魚부 총23획	小篆		鱗甲(인갑) 片鱗(편린) 鱗介(인개)	
		說文解字			
비늘 린	설문 魚부	鱗(린)은 물고기의 비늘을 뜻한다. 魚(어)는 의미부분이고, 粦(린)은 발음부분이다.(「鱗, 魚 甲也. 从魚, 粦聲.」)			

✽ 물고기(魚) 몸통 주변에 도깨비불(粦)처럼 희미하게 빛을 내는 작은 '비늘'을 뜻한다.

麟	鹿부 총23획	甲文	小篆		麒麟(기린) 麟角(인각) 麟鳳(인봉)	

		形音義字典	說文解字			
기린 린	설문 鹿부	麟(린)은 큰 암사슴을 뜻한다. 鹿(록)은 의미부분이고, 粦(린)은 발음부분이다.(「麟, 大牝鹿 也. 从鹿, 粦聲.」)				

✽ 사슴(鹿) 종류로, 몸에 도깨비불(粦)처럼 어른거리는 작은 비늘 모양의 얼룩무늬가 있는 암컷 '기린'으로 상상 속의 신성한 동물. 麒(기)는 수컷.

潾	水부 총15획	설문 없음	小篆		潾潾(인린)	

			形音義字典			
물맑을 린						

✽ 돌샘의 물(氵)이 도깨비불(粦)처럼 반짝이며 돌 틈에서 나오는 데서 '물이 맑음'을 뜻한다.

璘	玉부 총16획	설문 없음		璘班(인반) 璘彬(인빈)	
옥빛 린					

✽ 옥(玉)에서 도깨비불(粦)처럼 반짝이는 빛이 나는 데서 '옥빛'을 뜻한다.

憐	心부 총15획	戰國 金文	小篆		憐憫(연민) 可憐(가련) 憐察(연찰)	
		石鼓吳人	說文解字			
불쌍할 련	설문 心부	憐(련)은 불쌍하다는 뜻이다. 心(심)은 의미부분이고, 粦(린)은 발음부분이다.(「憐, 哀也. 从 心, 粦聲.」)				

✽ 마음(忄) 속으로 전장에서 죽어 도깨비불(粦)이 된 사람을 '불쌍하게 여김'을 뜻한다.

桀 ➡ 傑

		戰國 金文	小篆		
桀	木부 총10획	𣎳	燊		桀紂(걸주) 喬桀(교걸) 暴桀(폭걸)
		璽彙1388	說文解字		
하왕이름 걸	설문 桀부	桀(걸)은 찢는다는 뜻이다. 두 발[舛(천)]이 나무[木(목)] 위에 올라가 있다는 의미이다. 무릇 桀부에 속하는 글자들은 모두 桀을 의미부분으로 삼는다.(「𣎳, 磔也. 从舛在木上也. 凡桀之屬皆从桀.」)			

※ 두 발(舛)이 나무(木)위에 오르는 '홰'로, 죄인의 다리를 찢어 나무에 걸던 형벌을 나타내던 글자이나, 하(夏)나라 마지막 왕인 폭군이었던 '걸(桀)'임금의 이름자이다.

		戰國 金文	小篆		
傑	人부 총12획	𣎳	𠈌		豪傑(호걸) 傑作(걸작) 傑出(걸출)
		上博容成	說文解字		
뛰어날 걸	설문 人부	傑(걸)은 오만하다는 뜻이다. 人(인)은 의미부분이고, 桀(걸)은 발음부분이다.(「𠈌, 傲也. 从人, 桀聲.」)			

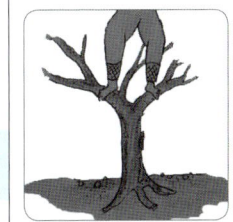

※ 사람(亻)이 '홰(桀)'에 오르듯, 남보다 재주가 높고 '뛰어남'을 뜻한다.

夅 ➡ 降 ➡ 絳 ✧

		小篆		
夅	夂부 총6획	𠔼		용례 없음
		說文解字		
항복할 강/항	설문 夂부	夅(내려올 강; 항복할 항)은 항복한다는 뜻이다. 夂(치)와 ㄓ(과)가 서로 이어져 있지만, 감히 나란히 있지는 못한다는 의미이다.(「𠔼, 服也. 从夂·ㄓ相承, 不敢竝也.」)		

※ 발(夂)과 발(ㄓ)을 엇갈려 천천히 내려오는 데서 '내리다' '항복하다'를 뜻한다.

		甲骨文			殷商 金文	西周 金文	戰國 金文	小篆	
降	阜부 총9획								降雨(강우) 降伏(항복) 投降(투항)
		乙6960	後下2.14	甲2383	毓且丁卣	天亡簋	大保簋	中山王鼎	說文解字
내릴 강 항복할 항	설문 𨸏부	降(강·항)은 내려간다는 뜻이다. 阜(부)는 의미부분이고, 夅(강·항)은 발음부분이다.(「𨸏, 下也. 从阜, 夅聲.」)							

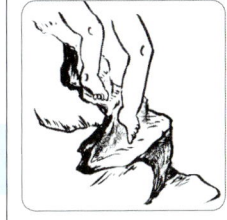

※ 언덕(阝)에서 두 발(夂+ㄓ=夅)로 천천히 내려오는 데서 '내리다' '항복하다'를 뜻한다.

		小篆		
絳	糸부 총12획	𦇚		絳羅(강라) 絳帳(강장) 絳旨(강지)
		說文解字		
진홍색 강	설문 糸부	絳(강)은 매우 붉다는 뜻이다. 糸(멱·사)는 의미부분이고, 夅(강·항)은 발음부분이다.(「𦇚, 大赤也. 从糸, 夅聲.」)		

※ 죄인을 식별하기 위해 천이나 끈(糸)을 붉게 물들여 내리듯(夅) 드리운 색인 '진홍색'을 뜻한다.

冬 ➡ 疼 ➡ 終 … 後

		甲骨文		殷商 金文	西周金文	戰國 金文	小篆	古文	
冬	冫부 총5획								冬眠(동면) 冬至(동지) 冬服(동복)
		菁2.1	寧滬1.504	亡終戈	頌壺	陳璋壺	說文解字		
겨울 동	설문 夂부	冬(동)은 네 계절의 끝을 뜻한다. 夂(빙)과 𠔼은 모두 의미부분이다. 𠔼은 고문(古文)의 終자이다. 𠔼은 冬의 고문으로 夂 대신 日(일)을 썼다.(「𠔼, 四時盡也. 从夂𠔼, 从. 𠔼, 古文終字. 𠔼, 古文冬, 从日.」)							

※ 실의 양쪽 끝으로 '종결'을 뜻하며, 제일 뒤쳐오는(夂) 추운(冫) 계절에서 '겨울'을 뜻한다.

| 疼  | 疒부
총10획 | 설문 없음 | 小篆
形音義字典 | | 疼痛(동통)
疼腫(동종) |  |

아플 **동**

※ 병(疒)의 통증이 뼈끝(冬)까지 스민 겨울(冬) 추위 같은 고통을 느끼는 병(疒)에서 '아프다'를 뜻한다.

| 終 | 糸부
총11획 | 戰國 金文
曾侯乙鐘 | 小篆
說文解字 | 古文 | '冬(동)'자
甲骨文(갑골문)·金文(금문) 참조. | 終禮(종례)
終點(종점)
終末(종말) |  |

마칠 **종** | 설문
糸부 | 終(종)은 단단히 감은 실을 뜻한다. 糸(멱·사)는 의미부분이고, 冬(동)은 발음부분이다. 은 終의 고문(古文)이다.(「終, 絿絲也. 从糸, 冬聲. , 古文終.」)

※ 실(糸)의 양쪽 끝(冬)에서 '마치다' '끝내다'를 뜻한다.

| 後  | 彳부
총9획 | 甲骨文
庫295 | 甲骨文
乙8728 | 西周 金文
令簋 | 春秋 金文
曾姬無卹壺 | 戰國 金文
中山王鼎 | 小篆
說文解字 | 古文 | 後繼(후계)
後嗣(후사)
背後(배후) |  |

뒤 **후** | 설문
彳부 | 後(후)는 느리다는 뜻이다. 彳(척)·幺(=糸;사)는 의미부분이다. 夂(치)는 뒤처졌다는 뜻이다. 는 後의 고문(古文)으로 (彳대신) 辵(착)을 썼다.(「後, 遲也. 从彳·幺.夂者, 後也. , 古文後, 从辵.」)

※ 길을 걷는데(彳) 발에 끈(糸=幺)이 묶여 뒤처지는(夂) 데서 '뒤' '뒤지다'를 뜻한다.
※파자: 길(彳)을 갈 때 작은(幺) 어린아이가 뒤처지는(夂) 데서 '뒤'를 뜻한다.

夋 → 俊 → 浚 → 埈 → 峻 → 晙 → 竣 → 駿 → 焌 → 畯 → 悛 → 酸 → 唆

| 夋 | 夂부
총7획 | 戰國 金文
長沙帛書 | 小篆
說文解字 | | 용례 없음 |  |

천천히갈 **준** | 설문
夂부 | 夋(준)은 행보가 느릿느릿하다는 뜻이다. 일설에는 거만하다는 뜻이라고도 한다. 夂(쇠)는 의미부분이고, 允(윤)은 발음부분이다.(「夋, 行夋夋也. 一曰倨也. 从夂, 允聲.」)

※ 높은 관(厶)을 쓴 사람(儿)이 진실로(允) 당당하고 거만하게 천천히 걸음(夂)에서 '천천히 가다' '빼어나다' '뛰어나다'를 뜻한다.

| 俊 | 人부
총9획 | 小篆
說文解字 | | 俊秀(준수)
俊傑(준걸)
俊才(준재) |  |

준걸 **준** | 설문
人부 | 俊(준)은 재능이 천(千) 사람에 해당한다는 뜻이다. 人(인)은 의미부분이고, 夋(준)은 발음부분이다.(「俊, 材千人也. 从人, 夋聲.」)

※ 사람(亻)이 재주나 지혜가 뛰어남(夋)에서 '준걸'을 뜻한다.

| 浚 | 水부
총10획 | 小篆
說文解字 | | 浚渫(준설)
浚井(준정)
浚湖(준호) | |

깊게할 **준** | 설문
水부 | 浚(준)은 건져낸다는 뜻이다. 水(수)는 의미부분이고, 夋(준)은 발음부분이다.(「浚, 杼也. 从水, 夋聲.」)

※ 물(氵)이 잘 흘러가도록(夋) 물길을 치우는 데서 '깊게 하다' '깊다' '치우다'를 뜻한다.

埈	土부 총10획	小篆  說文解字	※'陵(준)'과 同字(동자).	埈馨(준형)	
높을 준	설문 自부	陵(준)은 가파르면서 높다는 뜻이다. 阜(부)는 의미부분이고, 夋(준)은 발음부분이다.(「陵, 陬高也. 从自, 夋聲.」) ※埈과 동자(同字).			

※ 땅(土)이 다른 곳보다 빼어나게(夋) 높게 보이는 데서 '높다'를 뜻한다.

峻	山부 총10획	西周金文  / 小篆  / 或體 克鼎 / 說文解字		險峻(험준) 峻嚴(준엄) 峻嶺(준령)	
높을/준엄할 준	설문 山부	峻=陵(준)은 높다는 뜻이다. 山(산)은 의미부분이고, 陵(준)은 발음부분이다. 峻은 陵의 혹체자(或體字)로 생략형이다.(「陵, 高也. 从山, 陵聲. 峻, 陵或省.」)			

※ 산(山)이 다른 산보다 빼어나게(夋) 높게 솟은 데서 '높다' '준엄하다'를 뜻한다.

晙	日부 총11획	小篆 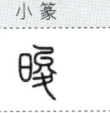 說文解字		晙明(준명)	
밝을 준	설문 日부	晙(준)은 밝다는 뜻이다. 日(일)은 의미부분이고, 夋(준)은 발음부분이다.(「晙, 也. 从日, 夋聲.」)			

※ 해(日)가 천천히 솟으면 빼어나게(夋) '밝음'을 뜻한다.

竣	立부 총12획	小篆 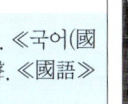 說文解字		竣工(준공) 竣事(준사) 竣役(준역)	
마칠 준	설문 立부	竣(준)은 일을 마쳤다는 뜻이다. 立(립)은 의미부분이고, 夋(준)은 발음부분이다. ≪국어(國語)≫에 이르기를 "관리가 일을 끝마쳤다."라고 하였다.(「竣, 偓竣也. 从立, 夋聲. ≪國語≫曰: "有司已事而竣."」)			

※ 일을 마치고 서있다는(立) 뜻으로, 일을 빼어나게(夋) 완성하여 '마침'을 뜻한다.

駿	馬부 총17획	小篆 說文解字		駿馬(준마) 駿驄(준총) 駿良(준량)	
준마 준	설문 馬부	駿(준)은 좋은 재질의 말을 뜻한다. 馬(마)는 의미부분이고, 夋(준)은 발음부분이다.(「駿, 馬之良材者. 从馬, 夋聲.」)			

※ 말(馬)의 재질이 다른 말보다 빼어나게(夋) 훌륭한 '준마'를 뜻한다.

焌	火부 총11획	小篆  說文解字		焌糟(준조) 焌契(준계)	
태울 준	설문 火부	焌(준)은 태운다는 뜻이다. 火(화)는 의미부분이고, 夋(준)은 발음부분이다. ≪주례(周禮)≫에 이르기를 "불어서 불을 지폈다."라고 하였다. 태우는 불이 앞에 있어서, 거북이 등껍질을 태워 점을 친다는 뜻이다.(「焌, 然火也. 从火, 夋聲. ≪周禮≫曰: "遂籥其焌." 焌火在前, 以焞焯龜.」)			

※ 거북껍질을 불(火)에 태워 점을 빼어나게(夋) 잘 치는 데서 '태우다'를 뜻한다.

	田부 총12획	甲骨文		西周 金文		春秋 金文		小篆	田畯(전준) 寒畯(한준)	
		京津582	後下4.7	孟鼎	頌鼎	秦公簋	秦公鎛	說文解字		
농부 준	설문 田부	畯(준)은 농부를 뜻한다. 田(전)은 의미부분이고, 㕙(준)은 발음부분이다.(「畯, 農夫也. 从田, 㕙聲.」)								

※ 밭(田)일에 대하여 빼어나게(㕙) 잘 아는 사람의 벼슬에서 '농부'를 뜻한다.

	心부 총10획	小篆  說文解字			悛容(전용) 改悛(개전) 悛心(전심)	
고칠 전	설문 心부	悛(전)은 그친다는 뜻이다. 心(심)은 의미부분이고, 㕙(준)은 발음부분이다.(「悛, 止也. 从心, 㕙聲.」)					

※ 마음(忄)으로 뛰어나게(㕙) 깨달아 하던 일을 멈추고 정성을 다해 '고침'을 뜻한다.

	酉부 총14획	戰國 金文	小篆	籀文	酸性(산성) 炭酸(탄산) 酸素(산소)	
		酸棗戈	說文解字			
실 산	설문 酉부	酸(산)은 식초를 뜻한다. 酉(유)는 의미부분이고, 㕙(준)은 발음부분이다. 함곡관(函谷關) 동쪽 지방에서는 식초를 酸이라고 부른다. 은 酸의 주문(籀文)으로 㕙(준) 대신 畯(준)을 썼다.(「䤃, 酢也. 从酉, 㕙聲. 關東謂酢曰酸. 䤃, 籀文酸, 从畯.」)					

※ 술(酉)을 담아 오래되면 맛이 빼어난(㕙) '초'처럼 시어지는 데서 '시다'를 뜻한다.

	口부 총10획	설문 없음	小篆  形音義字典		教唆(교사) 示唆(시사) 使唆(사사)	
부추길 사						

※ 입(口)으로 빼어나게(㕙) 말을 잘하여 꼬드겨 일을 하게 함에서 '부추기다'를 뜻한다.

复→復→覆→履→腹→複→馥→鰒◆→鍑✽→愎☆

	夂부 총9획	甲骨文		西周 金文		春秋 金文	小篆	용례 없음	
		鐵145.1	續5.2.4	冪从盨	瓚比盨	黃夫人盤	說文解字		
다시갈 복	설문 夂부	复=夐(갈 복)은 옛길을 간다는 뜻이다. 夂(쇠)는 의미부분이고, 畐(복)의 생략형은 발음부분이다.(「夐, 行故道也. 从夂, 畐省聲.」)							

※ 지붕(宀) 아래 방(口=日)과 발(夂)로, 움집에 사람의 발(夂)이 반복적으로 드나들던 입구, 또는 반복적으로 발로 밟아 일을 하던 '풀무' 모양에서 '반복하다' '돌아가다' '다시'를 뜻한다.

	彳부 총12획	西周 金文			春秋 金文	戰國 金文	小篆	復古(복고) 復習(복습) 回復(회복)	
		智鼎	復尊	瓚比盨	散盤	子犯鐘	中山王圓壺	說文解字	
회복할 복 다시 부	설문 彳부	復(복)은 오고 간다는 뜻이다. 彳(척)은 의미부분이고, 复(복)은 발음부분이다.(「復, 往來也. 从彳, 复聲.」) ※'갑골문'과 '금문'은 复(복)자와 통용한다.							

※ 가던 길을(彳) 되돌아(复)감에서 '회복하다' '다시' '거듭'을 뜻한다.

覆

襾부
총18획

戰國 金文		小篆
中山王壺	雲夢封診	說文解字

다시 **복**
덮을 **부**

설문
襾부

覆面(복면)
覆蓋(복개)
飜覆(번복)

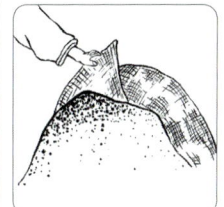

覆(복·부)는 뒤엎는다는 뜻이다. 일설에는 덮는다는 뜻이라고도 한다. 襾(아)는 의미부분이고, 復(복·부)는 발음부분이다.(「覆, 覂也. 一曰蓋也. 从襾, 復聲.」)

※ 위에 덮인(襾) 것을 다시(復) 뒤집어 덮는 데서 '다시' '덮다'를 뜻한다.

履

尸부
총15획

甲骨文	西周 金文			小篆	古文
京津3922	格伯簋	五祀衛鼎	仲履盤	說文解字	

밟을 **리**

설문
履부

履修(이수)
履行(이행)
履歷(이력)

履=履(리)는 발이 의지하는 바(즉 신발)를 뜻한다. 尸(시)·彳(척)·夂(치)는 의미부분이고, 舟(주)는 신발의 모양을 그린 것이다. 일설에는 尸가 발음부분이라고도 한다. 무릇 履부에 속하는 글자들은 모두 履를 의미부분으로 삼는다. 䪜는 履의 고문(古文)으로, (尸·彳·夂 대신) 頁(혈)과 足(족)으로 이루어졌다.(「履, 足所依也. 从尸, 从彳, 从夂, 舟, 象履形. 一曰尸聲. 凡履之屬皆从履. 䪜, 古文履, 从頁, 从足.」)

※ 몸(尸)이 길(彳)을 다닐 때 신(舟=亯)을 신고 가는(夂) 데서 '신' '밟다'를 뜻한다.
※파자: 사람(尸)이 길을 반복하여(復) 오갈 때 '신'을 신고 길을 '밟음'을 뜻한다.

腹

肉부
총13획

甲骨文		西周 金文	
合5373	合31759	腹鼎	牆盤

侯馬盟書	戰國 金文		小篆
1.5.1	古鉥	包山236	說文解字

배 **복**

설문
肉부

腹部(복부)
腹痛(복통)
心腹(심복)
腹案(복안)

腹(복)은 두텁다는 뜻이다. 肉(육)은 의미부분이고, 复(복)은 발음부분이다.(「腹, 厚也. 从肉, 复聲.」)

※ 사람 몸(月)속에서 반복(复) 운동을 하는 장기(臟器)가 모여 있는 '배'를 뜻한다.

複

衣부
총14획

戰國 金文	小篆
雲夢日甲	說文解字

겹칠 **복**

설문
衣부

複寫(복사)
複利(복리)
複合(복합)

複(복)은 겹옷을 뜻한다. 衣(의)는 의미부분이고, 复(복)은 발음부분이다. 일설에는 솜옷을 뜻한다고도 한다.(「複, 重衣也. 从衣, 复聲. 一曰褚衣.」)

※ 옷(衤)을 거듭(复) 겹쳐 입음에서 '겹치다'를 뜻한다.

馥

香부
총18획

小篆
說文解字

향기 **복**

설문
香부

馥氣(복기)
馥馥(복복)
芳馥(방복)

馥(복)은 향기가 풍긴다는 뜻이다. 香(향)은 의미부분이고, 复(복)은 발음부분이다.(「馥, 香气芬馥也. 从香, 复聲.」)

※ 향기(香)가 거듭하여(复) 사방으로 퍼지는 데서 '향기'를 뜻한다.

	魚부 총20획	小篆  說文解字		全鰒(전복) 採鰒(채복) 鰒卵(복란)
전복 **복**	설문 魚부	鰒(복)은 바다 물고기의 이름이다. 魚(어)는 의미부분이고, 复(복)은 발음부분이다.(「鰒, 海魚名. 从魚, 复聲.」)		

✽ 고기(魚)처럼 바다에 살며 움집(复) 지붕 같은 덮개가 있는 '전복' '오분자기'를 뜻한다.
　※파자: 고기(魚)처럼 물속에 사는 겹친(复) 껍질을 덮어쓴 '전복'을 뜻한다.

	金부 총17획	小篆  說文解字		용례 없음
아가리큰솥 **복**	설문 金부	鍑(복)은 아가리가 큰 솥을 뜻한다. 金(금)은 의미부분이고, 复(복)은 발음부분이다.(「鍑, 釜大口者. 从金, 复聲.」)		

✽ 쇠(金)로 만든 반복(复)하여 드나들던 움집의 입구처럼 넓은 '아가리가 큰 솥'을 뜻한다.

	心부 총12획	설문 없음	小篆 形音義字典	乖愎(괴팍) 愎戾(퍅려) 剛愎(강퍅)
강퍅할 **퍅/팍**				

✽ 마음(忄)이 거듭(复) 왔다갔다 변하여 '괴팍하다' '어긋나다'를 뜻한다. ※乖愎(괴팍)임에 주의.

至 ➜ 致 ➜ 緻 ☆ ➜ 室 ➜ 姪 ➜ 桎 ☆ ➜ 窒 ➜ 膣 ☆ ➜ 到 ➜ 倒 ➜ 臺 ➜ 擡

	至부 총6획	甲骨文	西周金文	春秋金文	戰國金文	小篆	古文	至極(지극) 至尊(지존) 至毒(지독)
		乙7795	佚76	盂鼎	邿公牼鐘	中山王鼎	說文解字	
이를 **지**	설문 至부	至(지)는 새가 높이 날다가 땅으로 내려온다는 뜻이다. 一은 의미부분이다. 一은 여기에서는 땅과 같다. (⛊은) 상형이다. 不(불)은 위로 올라가는 것이고, 至는 아래로 내려오는 것이다. 무릇 至부에 속하는 글자들은 모두 至를 의미부분으로 삼는다. ⛊는 至의 고문(古文)이다.(「⛊, 鳥飛高下至地也. 从一. 一猶地也. 象形. 不上去, 而至下來也. 凡至之屬皆从至. ⛊, 古文至.」)						

✽ 땅에 새가 이른 모양이라 하나, 화살(⛊)이 지면(一)에 떨어진 데서 '이르다' '미치다'를 뜻한다.

	至부 총10획	戰國金文	小篆 		致富(치부) 致誠(치성) 致命(치명)
		雲夢日乙	說文解字		
이를 **치**	설문 夂부	致(치)는 보낸다는 뜻이다. 夂(쇠)와 至(지)는 모두 의미부분이다.(「𦤶, 送詣也. 从夂, 从至.」)			

✽ 목적지에 이르려(至) 발로 천천히 가서(夂) '이름'을 뜻하나, 이르게(至) 침(攵)으로 변했다.

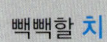	糸부 총15획	小篆 說文解字		緻密(치밀) 緻巧(치교) 叢緻(총치)
빽빽할 **치**	설문 糸부	緻(치)는 빽빽하다는 뜻이다. 糸(멱·사)는 의미부분이고, 致(치)는 발음부분이다.(「緻, 密也. 从糸, 致聲.」)		

✽ 실(糸)이 서로 붙어 이르게(致) 짜는 데서 '빽빽하다'를 뜻한다.

室	宀부 총9획	甲骨文		殷商 金文	西周 金文	春秋 金文		小篆	居室(거실) 教室(교실) 室內(실내)
		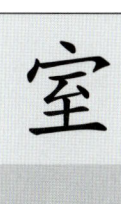							
		乙4699	甲491	戊嗣鼎	天亡簋	頌鼎	曾姬無卹壺	說文解字	
집 실	설문 宀부	室(실), 방을 '실'이라고 부르는 까닭은 (방은) 그 안을 채우기[實(실)] 위한 것이기 때문이다. 宀(면)과 至(지)는 모두 의미부분이다. 至는 멈추는[止(지)] 곳이라는 뜻이다.(「室, 實也. 从 宀, 从至. 至, 所止.」)							

※ 집(宀)안에 이르러(至) 쉬는 방에서 '집' '방'을 뜻하며, 집에서 살림하는 '아내'를 뜻한다.

姪	女부 총9획	甲骨文		春秋 金文	戰國 金文	小篆	姪女(질녀) 姪壻(질서) 甥姪(생질)

		前1.25.3	前4.25.5	王子姪鼎	鮇甫人匜	王子姪鼎	說文解字
조카 질	설문 女부	姪(질)은 형의 딸(즉 조카딸)을 뜻한다. 女(녀)는 의미부분이고, 至(지)는 발음부분이다.(「姪, 兄之女也. 从女, 至聲.」)					

※ 여자(女) 형제에서 이른(至) 자녀를 뜻하나, 지금은 형제의 자녀를 뜻하여 '조카'를 뜻한다.

桎	木부 총10획	戰國 金文	小篆			桎梏(질곡) 桎檻(질함) 囚桎(수질)

		包山144	說文解字			
차꼬 질	설문 木부	桎(질)은 발을 묶는 형벌 기구를 뜻한다. 木(목)은 의미부분이고, 至(지)는 발음부분이다.(「桎, 足械也. 从木, 至聲.」)				

※ 죄인의 다리를 나무(木)에 묶어 한곳에 이르게(至) 하는 옛날 수갑인 '차꼬'를 뜻한다.

窒	穴부 총11획	戰國 金文	小篆			窒息(질식) 窒塞(질색) 窒酸(질산)

		雲夢日甲	說文解字			
막힐 질	설문 穴부	窒(질)은 메운다는 뜻이다. 穴(혈)은 의미부분이고, 至(지)는 발음부분이다.(「窒, 塞也. 从 穴, 至聲.」)				

※ 구멍(穴)에 물체가 이르러(至) 막힘에서 '막히다' '막다'를 뜻한다.

膣	肉부 총15획	설문 없음			膣炎(질염) 膣腔(질강) 膣球(질구)
음도 질					

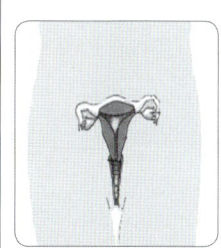

※ 몸(月)의 상처에 '새살이 돋아' 상처가 막힘(窒)이나, 근육(月)으로 채워진(窒) '음도'를 뜻한다.

到	刀부 총8획	西周 金文		戰國 金文	小篆		到達(도달) 到着(도착) 殺到(쇄도)

		智鼎	伯到尊	伯到簋	雲夢雜抄	說文解字	
이를 도	설문 至부	到(도)는 이르렀다는 뜻이다. 至(지)는 의미부분이고, 刀(도)는 발음부분이다.(「到, 至也. 从 至, 刀聲.」)					

※ 이른(至) 사람(亻)에서 사람이 이름을 뜻하나, 이른(至) 칼(刂)처럼 변하여 '이르다'를 뜻한다.

		小篆		倒産(도산)
倒	人부 총10획	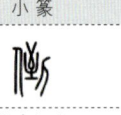 說文解字		壓倒(압도) 卒倒(졸도)
넘어질 도	설문 人부	倒(도)는 넘어진다는 뜻이다. 人(인)은 의미부분이고, 到(도)는 발음부분이다.(「倒, 仆也. 从人, 到聲.」)		

※ 사람(亻)이 넘어져 땅에 이름(到)에서 '넘어지다'를 뜻한다.

		甲骨文	戰國 金文	小篆	燈臺(등대)
臺	至부 총14획				臺本(대본) 築臺(축대)
		合20398	侯馬盟書	說文解字	
대 대	설문 至부	臺(대)는 觀(관)으로, 네모꼴로 높이 쌓은 터를 뜻한다. 至(지)와 之(지) 그리고 高(고)의 생략형은 모두 의미부분이다. 室(실)·屋(옥) 등과 같은 뜻이다.(「臺, 觀, 四方而高者. 从至, 从之, 从高省. 與室屋同意.」)			

※ 높게 쌓아 장식한 건물(高)에 이름(至)에서 '대' '돈대'를 뜻한다.
　※파자: 길함(吉)이 집안에 가득 덮여(冖) 이른(至) 높고 큰집에서 '대' '관청' '돈대'를 뜻한다.

					擡頭(대두)
擡	手부 총17획	설문 없음			擡擧(대거)
들 대					

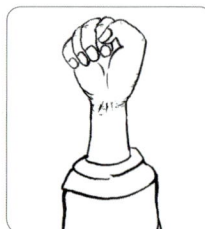

※ 손(扌)을 높은 대(臺)처럼 높게 드는 데서 '들다'를 뜻한다.

羽➡翏➡寥➡膠➡謬➡戮

		甲骨文				金文	西周金文	小篆	羽毛(우모)
羽	羽부 총6획								羽客(우객) 羽扇(우선)
		後上1.7	不其簋	粹1595	부수한자		叔羽父簋	說文解字	
깃 우	설문 羽부	羽(우)는 새의 긴 털을 말한다. 상형이다. 무릇 羽부에 속하는 글자들은 모두 羽를 의미부분으로 삼는다.(「羽, 鳥長毛也. 象形. 凡从羽之屬皆从羽.」)							

※ 새가 날 수 있도록 돕는 새의 두 깃에서 '깃'을 뜻한다.

		西周金文	春秋金文	戰國 金文	小篆	
翏	羽부 총11획					용례 없음
		無叀鼎	翏生盨	玄翏戈	包山193	說文解字
높이날 료	설문 羽부	翏(료)는 높이 난다는 뜻이다. 羽(우)와 㐱(진)은 모두 의미부분이다.(「翏, 高飛也. 从羽, 从㐱.」)				

※ 숱 많은 새(㣇=㐱=㐱:숱 많을 진)가 날개(羽)를 펴고 높이 나는(翏:날 료) 모양임. ※참고: 㐱(진)자 참조.

		小篆			寥闊(요활)
寥	宀부 총14획				寥落(요락) 寂寥(적료)
			說文解字		
쓸쓸할 료	설문 宀부	廖(료)는 사람의 성이다. 广(엄)은 의미부분이다. 자세한 것은 알 수 없다. 당연히 膠(료)자의 생략형일 것이다.(「廖, 人姓. 从广. 未詳. 當是省膠字尒.」)			

※ 집(宀)안에 바람소리만 높이 나는(翏) 데서 '쓸쓸하다'를 뜻한다.

膠	肉부 총15획	戰國金文	小篆		膠沙(교사) 膠着(교착) 阿膠(아교)
		雲夢日甲	說文解字		
아교 교	설문 肉부	膠(교)는 붙인다는 뜻이다. 가죽으로 만든다. 肉(육)은 의미부분이고, 翏(료)는 발음부분이다.(「膠, 昵也. 作之以皮. 从肉, 翏聲.」)			

※ 짐승의 가죽(月)을 고아, 두 날개를 합쳐 날듯(翏) 두 물체를 붙이는 '아교'를 뜻한다.

謬	言부 총18획	小篆		誤謬(오류) 錯謬(착류) 悖謬(패류)
		說文解字		
그르칠 류	설문 言부	謬(류)는 미친 자의 망령된 말을 뜻한다. 言(언)은 의미부분이고, 翏(료)는 발음부분이다.(「謬, 狂者之妄言也. 从言, 翏聲.」)		

※ 말(言)이 새가 높이 날 듯(翏) 현실에 맞지 않게 높아 그릇됨에서 '그르치다'를 뜻한다.

戮	戈부 총15획	戰國金文	小篆		殺戮(살육) 戮辱(육욕) 戮笑(육소)
		中山王鼎	說文解字		
죽일 륙	설문 戈부	戮(륙)은 죽인다는 뜻이다. 戈(과)는 의미부분이고, 翏(료)는 발음부분이다.(「戮, 殺也. 从戈, 翏聲.」)			

※ 날려진(翏) 창(戈)이 사람의 신체를 베는 데서 '죽이다'를 뜻한다.

→→→疹 ☆→ 診 → 軫 ✦

丮	几부 총5획	小篆		용례 없음
		說文解字		
처음날 진	설문 几부	丮(깃 처음 나서 날을 진)은 깃이 처음 나서 난다는 뜻이다. 几(수)와 彡(삼)은 모두 의미부분이다.(「丮, 新生羽而飛也. 从几, 从彡.」)		

※ 새의 짧은 깃(几:짧은 깃 수)에 깃털(彡)이 자라 '처음 날다'를 뜻한다.

㐱	人부 총5획	甲骨文	殷商金文	西周金文	小篆	或體	용례 없음
		乙4656	㐱戈	㐱卣	說文解字		
숱많을 진	설문 彡부	㐱(진)은 숱이 많은 털을 뜻한다. 彡(삼)과 人(인)은 모두 의미부분이다. ≪시경(詩經)≫에 이르기를 "빽빽한 머리카락 마치 구름과 같네."라고 하였다. 鬒은 㐱의 혹체자(或體字)로, 髟(표)는 의미부분이고, 眞(진)은 발음부분이다.(「㐱, 稠髮也. 从彡, 从人. ≪詩≫曰: "㐱髮如雲." 鬒, 或从髟, 眞聲.」)					

※ 사람(人) 몸에 긴 털(彡)이 자라 '숱이 많음'을 뜻한다.
　※참고: 丮(새깃 처음 날 진) 丮(깃나서 처음 날을 진).

珍	玉부 총9획	小篆		珍貴(진귀) 珍珠(진주) 珍奇(진기)
		說文解字		
보배 진	설문 玉부	珍(진)은 보물을 뜻한다. 玉(옥)은 의미부분이고, 㐱(진)은 발음부분이다.(「珍, 寶也. 从玉, 㐱聲.」)		

※ 옥(玉)을 많이(㐱) 지니고 있음에서 '보배'를 뜻한다.

| 疹 | 疒부 총10획 | 설문 없음 | 小篆  形音義字典 | 發疹(발진) 濕疹(습진) 疹恙(진양) |  |

마마 진

✽ 병(疒)이 나면 많은(参) 종기가 생기는 '마마' '홍역' '두창' '천연두' 등을 뜻한다.

| 診 | 言부 총12획 | 戰國 金文 / 小篆  雲夢封診 / 說文解字 | | 診斷(진단) 診療(진료) 檢診(검진) | 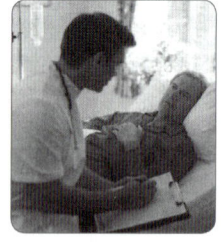 |

진찰할 진 / 설문 言부 — 診(진)은 자세히 본다는 뜻이다. 言(언)은 의미부분이고, 参(진)은 발음부분이다.(「䚕, 視也. 从言, 参聲.」)

✽ 말(言)로 많이(参) 묻고 상태를 관찰하여 살피는 데서 '진찰하다'를 뜻한다.

|  軫 | 車부 총12획 | 西周 金文 / 戰國 金文 / 小篆  番生簋 / 雲夢日乙 / 說文解字 | | 軫念(진념) 軫星(진성) 軫宿(진수) |  |

수레뒤턱나무 진 / 설문 車부 — 軫(진)은 수레 뒤의 가로막대를 뜻한다. 車(거·차)는 의미부분이고, 参(진)은 발음부분이다.(「軫, 車後橫木也. 从車, 参聲.」)

✽ 수레(車) 바닥 사방을 많은(参) 나무로 난간처럼 막은 것 중에서 '수레 뒤턱나무'를 뜻한다.

彡 → 参 → 滲 ☆ → 蔘 → 慘

|  彡 | 彡부 총3획 | 甲骨文 / / / 金文 / 小篆  合27207 / 乙629 / 粹107 / 부수한자 / 說文解字 | | 용례 없음 |  |

터럭 삼 / 설문 彡부 — 彡(털 그릴 삼)은 수염을 나타내거나 그림을 그릴 때 쓰는 무늬이다. 상형(象形)이다. 무릇 彡부에 속하는 글자들은 모두 彡을 의미부분으로 삼는다.(「彡, 毛飾畫文也. 象形. 凡彡之屬皆从彡.」)

✽ 가지런히 나 있는 터럭 모양으로, 아름답게 꾸민 '장식', 어떤 '모양' '소리' 등을 나타낸다.

| 参 | 厶부 총11획 | 殷商 金文 / 西周 金文 / 春秋 金文 / 戰國 金文 / 小篆 / 或體  葡参父乙盉 / 克鼎 / 者減鐘 / 中山王鼎 / / 說文解字 | | 参加(참가) 参席(참석) 持参(지참) | |

참여할 참 / 셋 삼 / 설문 晶부 — 曑(삼)은 상성(商星)을 뜻한다. 晶(정)은 의미부분이고, 今(금)은 발음부분이다. 参은 曑의 혹체자(或體字)로 생략형이다.(「曑, 商星也. 从晶, 今聲. 参, 曑或省.」)

✽ 많은 별(晶=厽:담쌀 루)이 사람(人)의 머리에 비추는 별빛(彡)이나, 머리에 장식(厽)이 많이(参) 있는 데서 많이 '참여하다' '섞이다'나, 숫자 三(삼)의 갖은 자로 쓰여 '셋'으로 쓰인다.

|  滲 | 水부 총14획 | 小篆  說文解字 | | 滲泄(삼설) 滲入(삼입) 滲出(삼출) |  |

스밀 삼 / 설문 水부 — 滲(삼)은 (물이) 아래로 스며든다는 뜻이다. 水(수)는 의미부분이고, 参(삼·참)은 발음부분이다.(「滲, 下漉也. 从水, 参聲.」)

✽ 물(氵)이 다른 물체와 섞이듯(参) 통과하여 흐르는 데서 '스미다'를 뜻한다.

	艸부 총15획	설문 없음		人蔘(인삼) 水蔘(수삼) 蔘圃(삼포)	
삼 **삼**					

* 약초(艹) 중에 많은 약효가 섞여(參)있어 약제로 쓰이는 '인삼' '삼'을 뜻한다.

	心부 총14획	小篆 慘 說文解字		慘敗(참패) 慘變(참변) 悲慘(비참)	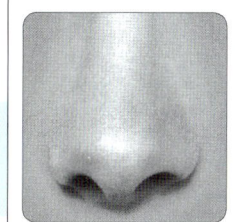
참혹할 **참**	설문 心부	慘(참)은 혹독(酷毒)하다는 뜻이다. 心(심)은 의미부분이고, 參(삼·참)은 발음부분이다.(「慘, 毒也. 从心, 參聲.」)			

* 온갖 마음(忄) 아픈 일들이 섞여(參) 고통스러움에서 '참혹하다'를 뜻한다.

自→息→熄→憩…(界)→鼻…(鼥)→邊

	自부 총6획	甲骨文		西周 金文		小篆	古文	自動(자동) 自習(자습) 自律(자율)	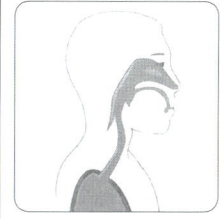
		㕣	㕣	自	自	自	㫗		
		菁5.1	前3.27.7	沈子簋	毛公鼎	說文解字			
스스로/코 **자**	설문 自부	自(자)는 코이다. 코의 모양을 그린 것이다. 무릇 自부에 속하는 글자들은 모두 自를 의미부분으로 삼는다. 㫗는 自의 고문(古文)이다.(「自, 鼻也. 象鼻形. 凡自之屬皆自. 㫗, 古文自.」)							

* 코의 모양이나, 코를 가리키며 자신을 말하는 데서 '스스로' '자기'를 뜻한다. 본뜻은 '코'다.

	心부 총10획	甲骨文		殷商 金文	西周 金文	戰國 金文	小篆	安息(안식) 休息(휴식) 歎息(탄식)	
		合2354	合3449	前6.46.3息觚	公史簋	中山王方壺	說文解字		
쉴 **식**	설문 心부	息(식)은 숨을 쉰다는 뜻이다. 心(심)과 自(자)는 모두 의미부분인데, 自는 발음부분이기도 하다.(「息, 喘也. 从心, 从自. 自亦聲.」)							

* 코(自)를 통해 마음(心)속의 기운이 나가는 데서 '숨 쉬다', 또는 편안히 '쉬다'를 뜻한다.

	火부 총14획	小篆  說文解字		終熄(종식) 熄滅(식멸) 熄火(식화)	
불꺼질 **식**	설문 火부	熄(식)은 불씨를 담아 둔다는 뜻이다. 火(화)는 의미부분이고, 息(식)은 발음부분이다. 또 불을 끈다는 뜻이라고도 한다.(「熄, 畜火也. 从火, 息聲. 亦曰滅火.」)			

* 타오르던 불(火)꽃을 멈추게 하여 불씨를 쉬듯(息) 담아놓는 데서 '불 꺼지다'를 뜻한다.

	心부 총16획	小篆  說文解字	'憩(게)는 '소전(小篆)'에 없고 '愒(게)'자와 같이 쓰이기도 한다.	休憩(휴게) 憩息(게식) 小憩(소게)	
쉴 **게**	설문 心부	憩ㄴ(게)는 쉰다는 뜻이다. 心(심)은 의미부분이고, 曷(갈)은 발음부분이다.(「愒, 息也. 从心, 曷聲.」)				

* 혀(舌)를 내밀고 헐떡이며 숨을 고르며 숨쉬는(息) 데서 '쉬다'를 뜻한다.

	田부 총8획	甲骨文		西周 金文		戰國 金文	小篆	용례 없음	
		合18473	花東490	班簋	永盂	新蔡楚簡	說文解字		
줄 비	설문 丌부	畀(비)는 물건을 다른 사람에게 준다는 뜻으로, (물건을) 잘 묶어서 대(臺) 위에 올려놓았다는 뜻이다. 丌(기)는 의미부분이고, 由(귀)는 발음부분이다.(「畀, 相付與之. 約在閣上也. 从丌, 由聲.」)							

❋ 물건(由=田)을 두 손(廾=丌)으로 주거나, 화살촉(田)을 높은 대(丌:책상 기)에 올려 남에게 보이고 가져가게 하는 데서 '주다'를 뜻한다.

	鼻부 총14획	甲骨文		小篆	鼻炎(비염) 鼻腔(비강) 鼻祖(비조)	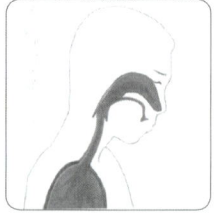
		合集8189	前2.19.1	說文解字		
코 비	설문 鼻부	鼻(비)는 기(氣)를 끌어들여 스스로 공급하는 기관(器官)이다. 自(자)와 畀(비)는 모두 의미부분이다. 무릇 鼻부에 속하는 글자들은 모두 鼻를 의미부분으로 삼는다.(「鼻, 引气自畀也. 从自·畀. 凡鼻之屬皆从鼻.」)				

❋ 코(自)를 통해 공기를 몸속에 주는(畀) 데서 '코'를 뜻한다.

	自부 총15획	小篆			용례 없음	
		說文解字				
보이지않을 면	설문 自부	𪑛(면)은 궁(宮)이 보이지 않는다는 뜻이다. (이 이상은 알 수 없어 해설을) 비워둠.(「𪑛, 宮不見也. 闕.」)				

❋ 자신(自)의 움집(穴)으로부터 먼(冂)곳이 텅 비어(冂) 아무것도 '보이지 않음'을 뜻한다.
 ※참고:冂[人의 고자(古字)]는 예서에서 方(방)으로 변함.

	辵부 총19획	西周 金文		小篆	江邊(강변) 海邊(해변) 周邊(주변)	
		盂鼎	散盤	說文解字		
가 변	설문 辵부	邊(변)은 변방(邊方)으로 간다는 뜻이다. 辵(착)은 의미부분이고, 𪑛(면)은 발음부분이다.(「邊, 行垂崖也. 从辵, 𪑛聲.」)				

❋ 자신(自)의 움집(穴)으로부터 먼 곳(方)에 있어 보이지 않는(𪑛:뵈지 않을 면) 변방이나 변두리로 가는(辶) 데서 '가'를 뜻한다. ※참고:고문은 自+旁(곁 방)='𪑛'이다.

且 ➔ 疊☆ ➔ 査 ➔ 助 ➔ 祖 ➔ 租 ➔ 組 ➔ 阻☆ ➔ 粗☆ ➔ 俎✦ ➔ 沮 ➔ 狙☆ ➔ 咀 ➔ 詛☆

	一부 총5획	甲骨文		殷商 金文		西周 金文	且置(차치) 且說(차설) 苟且(구차)	
		粹242	粹2	己且乙尊	門且丁簋	弓衛且己爵	盂鼎		
		西周 金文		春秋 金文		戰國 金文	小篆		
또 차	설문 且부	智鼎	散盤	王子午鼎	王孫鐘	陳侯因齊敦	說文解字		
		且(차)는 바친다는 뜻이다. 几(궤)는 의미부분으로, (안석의) 다리는 두 가로획으로 나타내었고, 一(일)은 그 아래 땅을 표시한다. 무릇 且부에 속한 글자들은 모두 且를 의미부분으로 삼는다.(「且, 薦也. 从几, 足有二橫. 一, 其下地也. 凡且之屬皆从且.」)								

❋ 제단 위 도마에 고기를 높게 '쌓은' 모양, 조상 대대로의 位牌(위패)에서 '또'를 뜻한다.

疊	田부 총22획	小篆 形音義字典	小篆 說文解字		重疊(중첩) 疊書(첩서) 疊語(첩어)
거듭 첩	설문 晶부	疊=疊(첩), 양웅(揚雄)은 옛날 관청에서는 죄를 결정하는데, 3일이 지나서 그것이 마땅하다고 여겨지면 그때서야 형을 집행하였다고 하였다. 晶(정)과 宜(의)는 모두 의미부분이다. 이미 멸망한 신(新, 9~23)나라에서는 疊자에서 세 개의 日(일)자가 너무 흥성하다고 하여, 晶을 畾(뢰)로 바꾸었다.(「畾, 楊雄說:"以爲古理官決罪, 三日得其宜, 乃行之." 从晶, 从宜. 亡新以爲疊从三日, 太盛, 改爲三田.」)		

※ 많이 무리지은 별들(晶=畾)과 덮어(冖) 놓은 거듭 높게 쌓은(且) 고기에서 '거듭'을 뜻한다.
※참고:전한(前漢) 마지막 왕인 왕망(王莽)이 사흘(晶)을 畾(뢰)로 고쳤다. ※晶+宜의 변형.

查	木부 총9획	설문 없음		查證(사증) 查閱(사열) 檢査(검사)
조사할 사		≪옥편(玉篇)·목부(木部)≫에서는 "樝(사)는 나무를 벤다는 뜻이다. 查와 같다.(「樝, 斫也. 亦與查同.」)"라고 하였고, ≪광운(廣韻)·마운(麻韻)≫을 보면 "樝(사)는 수중(水中) 뗏목을 뜻한다. 查와 같다.(「樝, 水中浮木. 查同.」)"라고 하였다.		

※ 나무(木)를 쌓듯(且) 엮은 '뗏목'을 늘 살피고 물에 띄우는 데서 '조사하다'를 뜻한다.

助	力부 총7획	戰國 金文 雲夢爲吏	小篆 說文解字		助言(조언) 助力(조력) 助敎授(조교수)
도울 조	설문 力부	助(조)는 돕는다는 뜻이다. 力(력)은 의미부분이고, 且(차)는 발음부분이다.(「助, 左也. 从力, 且聲.」)			

※ 제사음식을 쌓는(且) 데 힘(力)을 더하여 돕는 데서 '돕다'를 뜻한다.

祖	示부 총10획	甲骨文			西周 金文	春秋 金文	戰國 金文	小篆	祖父(조부) 祖上(조상) 祖國(조국)
		粹242	鐵48.4	粹2	孟 鼎	齊 鎛	中山王鼎	說文解字	
할아비 조	설문 示부	祖(조)는 시묘(始廟)를 뜻한다. 示(시)는 의미부분이고, 且(차)는 발음부분이다.(「祖, 始廟也. 从示, 且聲.」)							

※ 조상의 제단(示)에 제수용 고기를 쌓아(且) 제사함에서 '조상' '할아버지' '선조'를 뜻한다.

租	禾부 총10획	戰國 金文 雲夢法律	小篆 說文解字		租稅(조세) 租借(조차) 租界(조계)
조세 조	설문 禾부	租(조)는 토지경작세(土地耕作稅)를 뜻한다. 禾(화)는 의미부분이고, 且(차)는 발음부분이다.(「租, 田賦也. 从禾, 且聲.」)			

※ 벼(禾)를 거두어 쌓은(且) 뒤에 일정량을 국가에 바치던 '세금'인 '조세'를 뜻한다.

◆ 波瀾重疊 : (파란중첩) 물결 위에 물결이 일다라는 뜻으로, 일의 진행(進行)에 있어서 온갖 변화(變化)나 난관이 많음.
◆ 我歌査唱 : (아가사창) '내가 부를 노래를 사돈이 부른다'는 속담(俗談)의 한역으로, 책망(責望)을 들을 사람이 도리어 큰소리를 침을 이르는 말.

組	糸부 총11획	西周 金文		小篆			組立(조립) 組閣(조각) 組織(조직)
		師袁簋	虢季子組簋	說文解字			
짤 조	설문 糸부	組(조)는 인끈의 일종이다. 작은 것은 면류관의 끈으로 쓰인다. 糸(멱·사)는 의미부분이고, 且(차)는 발음부분이다.(「組, 綬屬. 其小者以爲冕纓. 从糸, 且聲.」)					

✽ 실(糸)을 쌓듯(且) 엮어 '끈'을 짜는 데서 '짜다'를 뜻한다.

阻	阜부 총8획	小篆	隔阻(격조) 積阻(적조) 險阻(험조)
		說文解字	
막힐 조	설문 自부	阻(조)는 험난하다는 뜻이다. 阜(부)는 의미부분이고, 且(차)는 발음부분이다.(「阻, 險也. 从阜, 且聲.」)	

✽ 산언덕(阝)이 높게 쌓여(且) 막힌 '험한 땅'을 통행하기가 어려워 '막히다' '험하다'를 뜻한다.

粗	米부 총11획	小篆	粗雜(조잡) 粗惡(조악) 粗略(조략)
		說文解字	
거칠 조	설문 米부	粗(클 추, 거칠 추; 간략할 조)는 (쌀이) 거칠다는 뜻이다. 米(미)는 의미부분이고, 且(차)는 발음부분이다.(「粗, 疏也. 从米, 且聲.」)	

✽ 쌀(米)에 껍질이 쌓여(且) 쓿지 아니한 거친 벼에서 '대강' '거칠다'를 뜻한다.

俎	人부 총9획	甲骨文		殷商 金文	西周 金文		小篆	俎豆(조두) 俎刀(조도) 俎實(조실)
		粹939	粹931	前6.46.3	逐鼎	逐簋	說文解字	
도마 조	설문 且부	俎(조)는 제사에 쓰이는 그릇을 뜻한다. 고깃덩어리[肉(육)] 반쪽이 且(차) 위에 있다는 의미이다.(「俎, 禮俎也. 从半肉在且上.」)						

✽ 잘라놓은 고기(仌)를 도마 위에 쌓아(且) 놓은 데서 '도마'를 뜻한다.

沮	水부 총8획	甲骨文	小篆	沮止(저지) 沮害(저해) 沮喪(저상)
		拾1.14	說文解字	
막을 저	설문 水부	沮(저)는 강의 이름이다. 한중군(漢中郡) 방릉현(房陵縣)에서 발원하여, 동쪽으로 흘러서 장강(長江)으로 들어간다. 水(수)는 의미부분이고, 且(차)는 발음부분이다.(「沮, 水. 出漢中房陵, 東入江. 从水, 且聲.」)		

✽ 흐르던 물(氵)이 막혀 쌓인(且) 낮고 습한 질펀한 진흙땅에서 '막히다'를 뜻한다.

狙	犬부 총8획	小篆	狙公(저공) 狙擊(저격) 猿狙(원저)
		說文解字	
원숭이/엿볼 저	설문 犬부	狙(저·처)는 큰 원숭이의 일종이다. 犬(견)은 의미부분이고, 且(차)는 발음부분이다. 일설에 狙는 개로, 갑자기 뛰쳐나와 사람을 무는 놈이라고도 하고, 일설에는 사람을 물지 않는 개라고도 한다.(「狙, 玃屬. 从犬, 且聲. 一曰狙, 犬也, 暫齧人者. 一曰犬不齧人也.」)	

✽ 머리가 개(犭) 모양이고 높게(且) 쌓인 곳을 좋아하는 '원숭이'가 높은 곳에서 '살핌'을 뜻한다.

咀	口부 총8획	小篆 咀 說文解字		咀啖(저담) 咀呪(저주) 咀嚼(저작)	
씹을 저	설문 口부	咀(저)는 입 속에 넣고 맛을 본다는 뜻이다. 口(구)는 의미부분이고, 且(차)는 발음부분이다.(「咀, 含味也. 从口, 且聲.」)			

※ 입(口) 안에 먹을 음식을 쌓아(且) 물고 씹어 '맛보며' 먹는 데서 '씹다'를 뜻한다.

詛	言부 총12획	戰國 金文 雲夢法律	小篆 說文解字	詛呪(저주) 詛盟(저맹) 怨詛(원저)	
저주할 저	설문 言부	詛(저·조)는 저주한다는 뜻이다. 言(언)은 의미부분이고, 且(차)는 발음부분이다.(「詛, 詶也. 从言, 且聲.」)			

※ 남에게 재앙이 내리기를 바라는 말(言) 계속 쌓는(且) 데서 '저주하다'를 뜻한다.

宜 ➡ 誼

宜	宀부 총8획	甲骨文  菁3.1	殷商 金文  前5.37.2	春秋 金文 戍鈴方彝	戰國 金文  秦公簋	小篆 中山王鼎	古文  說文解字	宜當(의당) 便宜(편의) 適宜(적의)	
마땅 의	설문 宀부	宜(의)는 평안한 곳을 뜻한다. 의미부분인 宀(면) 아래와 一(일) 위에 多(다)의 생략형이 발음부분으로 들어가 있는 구조이다. 𤲬는 宜의 고문(古文)이다. 𡧧 역시 宜의 고문이다.(「𡧧, 所安也. 从宀之下, 一之上, 多省聲. 𤲬, 古文宜. 𡧧, 亦古文宜.」)							

※ '且'와 같은 글자로, 집(宀)안에서 제물을 쌓아(且) 제사함이 '마땅하다'는 뜻이다.

誼	言부 총15획	小篆  說文解字		友誼(우의) 厚誼(후의) 交誼(교의)	
정(情) 의	설문 言부	誼(의)는 사람이 마땅히 그래야 하는 바를 뜻한다. 言(언)과 宜(의)는 모두 의미부분인데, 宜는 발음부분이기도 하다.(「誼, 人所宜也. 从言, 从宜, 宜亦聲.」)			

※ 말(言)이 도리(道理)에 마땅하게(宜) 하는 데서 '옳다' '정(情)'을 뜻한다.

具 ➡ 俱

具	八부 총8획	甲骨文  甲3365		殷商 金文 前8.6.4		西周金文 戒 戈 叔具鼎		春秋 金文 曶鼎 曾伯簠	小篆 說文解字	具象(구상) 道具(도구) 具備(구비)	
갖출 구	설문 収부	具(구)는 함께 놓아둔다는 뜻이다. 廾(공)과 貝(패)의 생략형은 모두 의미부분이다. 옛날에는 조개를 화폐로 삼았다.(「具, 共置也. 从廾, 从貝省. 古以貝為貨.」)									

※ 솥(鼎=貝=目)에 음식을 갖추어 두 손(廾=𠀒)으로 제단에 올리는 데서 '갖추다'를 뜻한다.
　※파자:많이 쌓은(且) 속에 하나(一) 더 쌓아 잘 나누어(八) '갖춤'을 뜻한다.

俱	人부 총10획	小篆  說文解字		俱現(구현) 不俱戴天 (불구대천)	
함께 구	설문 人부	俱(구)는 함께 한다는 뜻이다. 人(인)은 의미부분이고, 具(구)는 발음부분이다.(「俱, 偕也. 从人, 具聲.」)			

※ 필요한 사람(亻)이 다 갖추어져(具) 있는 데서 '함께' '다'를 뜻한다.

直 → 稙 → 植 → 殖 → 埴 → 値 → 置

直

目부
총8획

	甲骨文	西周 金文	戰國 金文	小篆	古文
	乙6390	佚57	恒 簋	侯馬盟書	說文解字

直線(직선)
直結(직결)
直行(직행)

곧을 직

설문 乚부: 直(직)은 똑바로 본다는 뜻이다. 乚(은)·十(십)·目(목)은 모두 의미부분이다. 𣂺은 直의 고문(古文)이다.(「直, 正見也. 从乚, 从十, 从目. 𣂺, 古文直.」)

※ 곧은(丨=十) 측량 도구를 눈(目)에 대고 직각(乚) 자로 곧게 '곧게' 그림을 뜻한다.
　※파자: 사방(十)을 눈(目)으로 살피고 직각(乚)자로 '곧게' 그림.

稙

禾부
총13획

小篆: 說文解字

稙禾(직화)
稙穉(직치)

올벼 직

설문 禾부: 稙(직)은 일찍 심은 벼를 뜻한다. 禾(화)는 의미부분이고, 直(직)은 발음부분이다. ≪시경(詩經)≫에 이르기를 "이른 벼와 늦벼, 콩과 보리."라고 하였다.(「稙, 早穜也. 从禾, 直聲. ≪詩≫曰: "稙稚尗麥."」)

※ 키가 작아 휘거나 굽지 않는 이르게 수확하는 벼(禾)로 곧게(直) 서있는 '올벼'를 뜻한다.

植

木부
총12획

戰國 金文	小篆	或體
侯馬盟書	說文解字	

植物(식물)
植樹(식수)
植栽(식재)

심을 식

설문 木부: 植(식)은 문 옆에 심어 놓은 나무를 뜻한다. 木(목)은 의미부분이고, 直(직)은 발음부분이다. 櫃은 혹체자(或體字)로 (直 대신) 置(치)를 썼다.(「植, 戶植也. 从木, 直聲. 櫃, 或从置.」)

※ 나무(木)를 곧게(直) 세워두거나, 심는 데서 '심다'를 뜻한다.

殖

歹부
총12획

小篆: 說文解字

增殖(증식)
養殖(양식)
繁殖(번식)

불릴 식

설문 歹부: 殖(식)은 기름이 오래 되어 상했다는 뜻이다. 歹(알)은 의미부분이고, 直(직)은 발음부분이다.(「殖, 脂膏久殖也. 从歹, 直聲.」)

※ 뼈(歹)대가 되는 씨를 곧게(直) 심어 재배하는 데서 '불리다' '번성하다'를 뜻한다.

埴

土부
총11획

小篆: 說文解字

埴土(식토=치토)

찰흙 식

설문 土부: 埴(식)은 찰흙을 뜻한다. 土(토)는 의미부분이고, 直(직)은 발음부분이다.(「埴, 黏土也. 从土, 直聲.」)

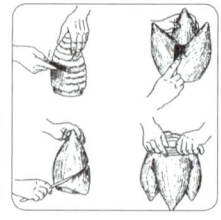

※ 흙(土)중에 각종 모양에 따라 곧고(直) 바르게 만들 수 있는 '찰흙'을 뜻한다.

値

人부
총10획

小篆: 說文解字

價値(가치)
數値(수치)
加重値(가중치)

값 치

설문 人부: 値(치)는 둔다는 뜻이다. 人(인)은 의미부분이고, 直(직)은 발음부분이다.(「値, 措也. 从人, 直聲.」)

※ 사람(亻)을 능력의 가치에 따라 곧게(直) 배치하던 데서 '값'을 뜻한다.

置	网부 총13획	戰國 金文	小篆			置簿(치부) 設置(설치) 放置(방치)
		雲夢日乙	說文解字			
둘 치	설문 网부	置(치)는 사면(赦免)한다는 뜻이다. 网(망)과 直(직)은 모두 의미부분이다.(「圖, 赦也. 从网·直.」)				

※ 법망(罒)에 걸리지 않고 곧으면(直) 자유롭게 버려두는 데서 '용서하다' '두다'를 뜻한다.
※파자:그물(罒)을 곧게(直) 설치함을 뜻한다.

悳 ☆ ➡ 德 ➡ 聽 ➡ 廳

悳	心부 총12획	西周 金文		戰國 金文	小篆	古文	大悳(대덕)
		嬴霝德壺	陳侯因齊敦	中山王鼎	令瓜君壺	說文解字	
큰 덕	설문 心부	悳(덕)은 밖으로는 다른 사람들에게 얻도록 하고, 안으로는 스스로에게서 얻는다는 뜻이다. 直(직)과 心(심)은 모두 의미부분이다. 悳은 고문(古文)이다.(「悳, 外得於人, 內得於己也. 从直, 从心. 悳, 古文.」)					

※ 곧은(直) 마음(心)으로 '德(덕)'과 같은 자. 사람이름에 주로 쓰이며 '덕'이 '큼'을 뜻한다.

德	彳부 총15획	西周 金文		春秋 金文	戰國 金文	小篆		道德(도덕) 德望(덕망) 德分(덕분)
		盂鼎	史頌鼎	毛公鼎	王孫鐘	齊陳曼簠	說文解字	
큰 덕	설문 彳부	德(덕)은 올라간다는 뜻이다. 彳(척)은 의미부분이고, 悳(덕)은 발음부분이다.(「德, 升也. 从彳, 悳聲.」)						

※ 정직하고 큰마음으로 행하는(彳) 덕(悳=惪=惠)으로 '큰 덕'을 뜻한다.

聽	耳부 총22획	甲骨文		殷商 金文	西周 金文	戰國 金文	小篆	聽力(청력) 聽衆(청중) 聽取(청취)
		後下30.10	戩45.9	邐簋	大保簋	中山王鼎	說文解字	
들을 청	설문 耳부	聽(청)은 聆(들을 령)이다. 耳(이)와 悳(덕)은 의미부분이고, 壬(정)은 발음부분이다.(「聽, 聆也. 从耳·悳, 壬聲.」)						

※ 귀(耳)를 우뚝(壬:정) 세워 덕(悳)이 있는 말을 귀담아 듣는 데서 '듣다'를 뜻한다.

廳	广부 총25획	설문 없음	甲骨文		殷商 金文	戰國 金文	官廳(관청) 廳舍(청사) 區廳(구청)
			合8088	合14588	四祀邲其卣	郘王職戈	
관청 청	설문	≪설문해자≫에는 보이지 않는다. ≪집운(集韻)·청운(靑韻)≫을 보면 "옛날에는 관청을 청사(聽事)라고 하였다. 후에 줄여서 聽이라고만 부르게 되자 다시 (집을 뜻하는) 广(엄)을 더하였다.(「廳, 古者治官處謂之聽事. 後語省直曰聽, 故加广.」)"라고 하였다.					

※ 집(广)중에 백성의 민원(民願)을 들어(聽) 해결해 주는 '관청'을 뜻한다.

眞 ➡ 鎭 ➡ 嗔 ☆ ➡ 縝 ✦ ➡ 瑱 ✦ ➡ 禛 ✦ ➡ 顚 ➡ 癲 ☆ ➡ 塡 ➡ 愼

眞	目부 총10획	甲骨文		西周 金文		小篆	古文	眞實(진실) 眞理(진리) 眞僞(진위)
		寧滬1.1	粹392	季眞鬲	眞盤	說文解字		
참 진	설문 匕부	眞(진)은 사람이 모습을 바꾸어 하늘로 오른다는 뜻이다. 匕(화)·目(목)·乚(은) 등은 모두 의미부분이다. 八은 (승천할 때) 타는 도구이다. 𠓁은 眞의 고문(古文)이다.(「眞, 僊人變形而登天也. 从匕, 从目, 从乚. 八, 所乘載也. 𠓁, 古文眞.」)						

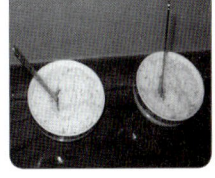

※ 숟가락(匕)으로 솥(鼎=目+乚+八)의 제사음식을 조심히 맛보는 참된 행위에서 '참되다'를 뜻한다.
※파자:비수(匕) 같은 눈(目)으로 숨은(乚) 것까지 나누어(八) 살펴 아는 '참'된 행위.

鎭	金부 총18획	小篆 鎭 說文解字		鎭靜(진정) 鎭壓(진압) 鎭火(진화)	
진압할 **진**	설문 金부	鎭(진)은 넓게 누른다는 뜻이다. 金(금)은 의미부분이고, 眞(진)은 발음부분이다.(「鎭, 博壓也. 从金, 眞聲.」)			

✽ 무거운 쇠(金)로, 들뜨거나 복잡함을 참되게(眞) 눌러 평정함에서 '진압하다'를 뜻한다.

	口부 총13획	小篆 嗔 說文解字		嗔責(진책) 嗔心(진심) 嗔怒(진노)	
성낼 **진**	설문 口부	嗔(진)은 성(盛)한 기운을 뜻한다. 口(구)는 의미부분이고, 眞(진)은 발음부분이다. ≪시경(詩經)≫에 이르기를 "군대 개선하니 사기도 왕성하네."라고 하였다.(「嗔, 盛气也. 从口, 眞聲. ≪詩≫曰: "振旅嗔嗔."」)		

✽ 화날 때 입(口)으로 말하는 참된(眞) 말에서 '성내다'를 뜻한다.

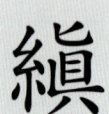	糸부 총16획	설문 없음	 形音義字典	縝密(진밀) 縝紛(진분)	
삼실/촘촘할 **진**					

✽ 삼실(糸)을 빈틈없이 참되게(眞) 촘촘히 엮은 모습에서 '삼실' '촘촘하다'를 뜻한다.

	玉부 총14획	小篆 或體 瑱 顚 說文解字		瑱圭(진규)	
귀막이옥 **진**	설문 玉부	瑱(진)은 옥으로 만든 귀마개를 뜻한다. 玉(옥)은 의미부분이고, 眞(진)은 발음부분이다. ≪시경(詩經)≫에 이르기를 "옥으로 만든 귀마개여."라고 하였다. 顚은 瑱의 혹체자(或體字)로 (玉 대신) 耳(이)를 썼다.(「瑱, 以玉充耳也. 从玉, 眞聲. ≪詩≫曰: "玉之瑱兮." 顚, 瑱或从耳.」)		

✽ 옥(玉)으로 만든 귀를 막아 들뜨거나 복잡함을 참되게(眞) 막는 '귀막이옥'을 뜻한다.

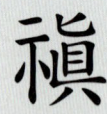	示부 총15획	小篆 禛 說文解字		용례 없음	
복받을 **진**	설문 示부	禛(진)은 참됨[眞(진)]으로써 복을 받는다는 뜻이다. 示(시)는 의미부분이고, 眞(진)은 발음부분이다.(「禛, 以眞受福也. 从示, 眞聲.」)			

✽ 신(示)에게 참되게(眞) 복을 빌어 '복을 받음'을 뜻한다.

	頁부 총19획	戰國 金文 小篆 顚 顛 魚顚匕 說文解字		顚末(전말) 顚覆(전복) 顚倒(전도)	
엎드러질/이마 **전**	설문 頁부	顚(전)은 頂(정수리 정)이다. 頁(혈)은 의미부분이고, 眞(진)은 발음부분이다.(「顚, 頂也. 从頁, 眞聲.」)			

✽ 참된(眞) 마음으로 이마(頁)를 땅에 대는 행위에서 '이마' '엎드리다' '뒤집다'를 뜻한다.

癲	疒부 총24획	설문 없음	小篆 說文解字	'癲(전)'과 '瘨(전)'은 같은 뜻으로도 쓰인다.	癲癇(전간) 癲狂(전광) 癲疾(전질)	
미칠 전		瘨(전)은 병(의 이름)이다. 疒(녁)은 의미부분이고, 眞(진)은 발음부분이다. 일설에는 배가 부푸는 병을 뜻한다고도 한다.(「瘨, 病也. 从疒, 眞聲. 一曰腹張.」)				

※ 병(疒)이 나면 정신이 뒤집어지는(顚) 광병(狂病)에서 '미치다'를 뜻한다.

塡	土부 총13획	戰國 金文  曾侯墓簡	小篆  說文解字		補塡(보전) 充塡(충전) 塡刻(전각)	
메울 전	설문 土부	塡(전)은 메운다는 뜻이다. 土(토)는 의미부분이고, 眞(진)은 발음부분이다.(「塡, 塞也. 从土, 眞聲.」)				

※ 오목하게 파인 곳을 흙(土)으로 흠 없이 참되게(眞) 메우는 데서 '메우다'를 뜻한다.

愼	心부 총13획	春秋 金文 邾公華鐘	小篆 說文解字	古文 	愼重(신중) 勤愼(근신) 愼擇(신택)	
삼갈 신	설문 心부	愼(신)은 조심한다는 뜻이다. 心(심)은 의미부분이고, 眞(진)은 발음부분이다. 춘은 고문(古文)이다.(「愼, 謹也. 从心, 眞聲., 古文」)				

※ 마음(忄)을 조심하여 삼가는 참된(眞) 행위에서 '삼가다'를 뜻한다.

冓 → 構 → 溝 → 購 → 講 … 再 … 爯 → 稱

冓	冂부 총10획	甲骨文  鐵77.1 佚48 後上26.6	殷商 金文 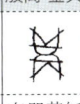 南單冓觚	西周 金文 冓 斝	春秋 金文  質叔多父盤	小篆 說文解字	용례 없음	
쌓을 구	설문 冓부	冓(구)는 목재를 교차해서 쌓는다는 뜻이다. 서로 맞대어 교차되는 형태를 본뜬 것이다. 무릇 冓부에 속하는 글자들은 모두 冓를 의미부분으로 삼는다.(「冓, 交積材也. 象對交之形. 凡冓之屬皆从冓.」)						

※ 서로 만난 두 마리의 물고기나, 아가미를 엮어 꿴 물고기에서 '얽다' '짜다'를 뜻한다.
※파자: '井'(우물 정)자 형태로 거듭(再) 더하여 얽는 데서 '얽다'를 뜻한다.

構	木부 총14획	小篆 說文解字		構圖(구도) 構想(구상) 構造(구조)	
얽을 구	설문 木부	構(구)는 집을 짓는다는 뜻이다. 木(목)은 의미부분이고, 冓(구)는 발음부분이다. 두림(杜林)은 이것을 서까래를 뜻하는 榷(각)자로 여겼다.(「構, 蓋也. 从木, 冓聲. 杜林以爲椽榷字.」)			

※ 나무(木)를 거듭 얽어(冓=冓) 짜는 데서 '얽다'를 뜻한다.

溝	水부 총13획	戰國 金文  雲夢爲吏	小篆 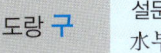 說文解字	溝渠(구거) 溝池(구지) 溝洫(구혁)	
도랑 구	설문 水부	溝(구)는 개천을 뜻한다. 넓이는 4척이고, 깊이도 4척이다. 水(수)는 의미부분이고, 冓(구)는 발음부분이다.(「溝, 水瀆. 廣四尺, 深四尺. 从水, 冓聲.」)			

※ 물(氵)길을 '井(정)'자 모양으로, 서로 얽히게(冓) 만든 농사용 수로에서 '도랑'을 뜻한다.

購	貝부 총17획	戰國 金文	小篆		購買(구매) 購入(구입) 購讀(구독)	
		雲夢法律	說文解字			
살 **구**	설문 貝부	購(구)는 재물로 구하는 것이 있다는 뜻이다. 貝(패)는 의미부분이고, 冓(구)는 발음부분이다.(「購, 以財有所求也. 从貝, 冓聲.」)				

✻ 돈(貝)으로 얽혀(冓) 필요한 물건을 구입하는 데서 '사다'를 뜻한다.

講	言부 총17획	戰國 金文	小篆		講論(강론) 講義(강의) 講士(강사)	
		吉大136	說文解字			
욀 **강**	설문 言부	講(강)은 화해한다는 뜻이다. 言(언)은 의미부분이고, 冓(구)는 발음부분이다.(「講, 和解也. 从言, 冓聲.」)				

✻ 말(言)을 여러 지혜로 얽어(冓) 조화롭게 '화합'하거나 이해함에서 '외다' '풀다'를 뜻한다.

再	冂부 총6획	甲骨文	戰國 金文	小篆		再生(재생) 再考(재고) 再活(재활)	
		前7.1.3	鬲羌鐘	陳璋壺	說文解字		
두 **재**	설문 冓부	再(재)는 하나를 들어 둘이 되게 한다는 뜻이다. 冓(구)의 생략형은 의미부분이다.(「再, 一擧而二也. 从冓省.」)					

✻ 두 마리의 물고기인 '冓'를 반으로 접어 '거듭' '다시'를 뜻한다.
※파자: 하나(一)의 땅(土)을 다시 멀리(冂)까지 넓힘에서 '다시'를 뜻한다.

	爪부 총9획	甲骨文		西周 金文		戰國 金文	小篆	용례 없음	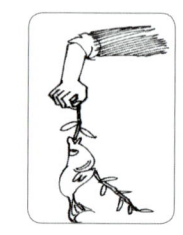
		鐵102·2	乙1710	再罍	獣簋	者汈鐘	說文解字		
들 **승**	설문 冓부	冓(승)은 나란히 든다는 뜻이다. 爪(조)와 冓(구)의 생략형은 모두 의미부분이다.(「冓, 幷擧也. 从爪·冓省.」)							

✻ 손(爪)으로 물고기를 늘어뜨려(冉:나아갈/늘어질 염) 들고 있는 데서 '들다'를 뜻한다.

稱	禾부 총14획	戰國 金文	小篆		稱讚(칭찬) 對稱(대칭) 稱頌(칭송)	
		雲夢秦律	說文解字			
일컬을 **칭**	설문 禾부	稱(칭)은 무게를 단다는 뜻이다. 禾(화)는 의미부분이고, 冓(칭)은 발음부분이다. 춘분이 되면, 벼가 자라난다. 해가 하지에 이르면, 그 그림자를 측량할 수 있게 된다. 벼는 까끄라기가 있는데, 추분이 되면 그 모양이 정해진다. 율수(律數)에 따르면, 12초(秒)가 1분(分)이고, 10분이 1촌(寸)이다. 그것을 무게로 따지면 12속(粟)이 1분(分)이고, 12분이 1수(銖)이다. 그래서 모든 도량형(度量衡) 단위에 벼 禾자를 의미부분으로 쓰는 것이다.(「稱, 銓也. 从禾, 再聲. 春分而禾生. 日夏至, 晷景可度. 禾有秒, 秋分而秒定. 律數, 十二秒而當一分, 十分而寸. 其以爲重, 十二粟爲一分, 十二分爲一銖. 故諸程品皆从禾.」)				

✻ 손(爪)으로 물고기를 늘어뜨려(冉:나아갈/늘어질 염) 들(冓:들 승)듯, 벼(禾)를 들어(爯) 무게를 말하는 데서 '저울질하다' '일컫다' '칭찬하다'를 뜻한다.

前 ➡ 剪 ➡ 煎 ☆ ➡ 箭 ☆

앞 전

刀부 총9획	甲骨文		西周金文		小篆
	佚698	粹382	前6.21.8	追簋	兮仲鐘	說文解字

前後(전후)
前面(전면)
前期(전기)

설문 止부: 歬(전), 가지 않아도 앞으로 나아가는 것을 歬이라고 한다. 멈출 止(지)가 배[舟(주)] 위에 있다는 의미이다.(「歬, 不行而進謂之歬. 从止在舟上.」)

※ 제사하기 전에 먼저 발(止)을 그릇(凡→舟)에 씻는 데서 '먼저' '앞'을 뜻함. 또는 발(止=ㅛ)을 배(舟=月) 앞(歬: 前의 古字)에 두어 배가 '앞'으로 '나아가다'를 뜻한다.
※파자:두 뿔 머리(ㅛ)를 한 초승달(月) 모양의 배가 칼(刂)처럼 물을 가르며 '앞'으로 간다.

剪

가위 전

刀부 총11획	戰國金文	小篆
	雲夢爲吏	說文解字

剪除(전제)
剪刀(전도)
剪伐(전벌)

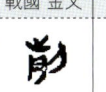

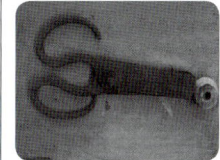

설문 刀부: 翦(전)은 가지런하게 자른다는 뜻이다. 刀(도)는 의미부분이고, 歬(전)은 발음부분이다.(「翦, 齊斷也. 从刀, 歬聲.」)

※ 앞(前)을 칼(刀)처럼 가지런히 자르는 '가위'를 뜻한다. 前이 본자(本字)로 翦(전)의 속자(俗字)다.

煎

달일 전

火부 총13획	小篆
	說文解字

煎餠(전병)
花煎(화전)
煎悶(전민)

설문 火부: 煎(전)은 지진다는 뜻이다. 火(화)는 의미부분이고, 前(전)은 발음부분이다.(「煎, 熬也. 从火, 前聲.」)

※ 물건 앞(前)에 불(灬)을 놓고 달이거나 데우는 데서 '달이다' '지지다' '졸이다'를 뜻한다.

箭

살(矢) 전

竹부 총15획	戰國金文	小篆
	鄂君車節	說文解字

箭窓(전창)
火箭(화전)
飛箭(비전)

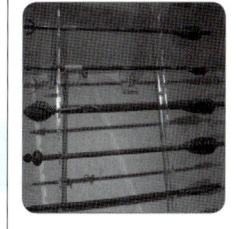

설문 竹부: 箭(전)은 화살을 뜻한다. 竹(죽)은 의미부분이고, 前(전)은 발음부분이다.(「箭, 矢也. 从竹, 前聲.」)

※ 대(竹)를 앞(前)으로 나아가게 만든 화살대에서 '화살' '살'을 뜻한다.

井 ➡ 阱 … (耒) ➡ 耕

井

우물 정

二부 총4획	甲骨文		殷商金文	西周金文			小篆
	甲2913	粹263	乙亥鼎	盂鼎	彔伯簋	井人鐘	說文解字

天井(천정)
管井(관정)
井間(정간)

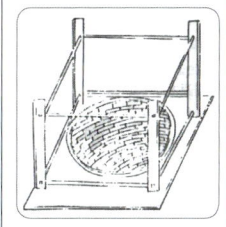

설문 井부: 丼(정), 여덟 집이 한 우물을 쓴다. 井은 우물의 난간을 그린 것이고, •은 두레박을 그린 것이다. 옛날 백익(伯益)이 처음으로 우물을 만들었다. 무릇 井부에 속하는 글자들은 모두 井을 의미부분으로 삼는다.(「丼, 八家一井. 象構韓形. •, 甕之象也. 古者伯益初作井. 凡井之屬皆从井.」)

※ 사방을 쌓아 만든 우물 난간에서 '우물'을 뜻한다.

阱

함정 정

穴부 총9획	甲文	金文	戰國金文	小篆	或體	古文
	形音義字典		雲夢秦律	說文解字		

陷阱(함정)
深阱(심정)
虛阱(허정)

설문 井부: 阱(정)은 함정(陷阱)을 뜻한다. 阜(부)와 井(정)은 모두 의미부분인데, 井은 발음부분이기도 하다. 宑은 阱의 혹체자(或體字)로 (阜 대신) 穴(혈)을 썼다. 汬은 阱의 고문(古文)으로 (阜 대신) 水(수)를 썼다.(「阱, 陷也. 从阜, 从井, 井亦聲. 宑, 阱或从穴. 汬, 古文阱, 从水.」)

※ 땅에 구멍(穴)을 우물(井)처럼 파놓은 '함정'을 뜻한다.

	耒부 총6획	殷商 金文		西周 金文			小篆	耒耜(뇌사) 耒揷(뇌삽)	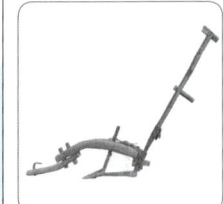
		ꓩ	ㄨ	ㅓ	ᆝ	ᅥ	耒		
		耒父己觶	耒父乙觶	耒罍	耒罍	耒卣	說文解字		
쟁기 **뢰**	설문 耒부	耒(뢰)는 손으로 밭을 맬 때 쓰는 굽은 나무를 뜻한다. 나무[木(목)]로 잡초[丯(개)]를 밀어낸다는 의미이다. 옛날 수(垂)가 쟁기와 보습을 만들어 백성들을 구제(救濟)하였다. 무릇 耒부에 속하는 글자들은 모두 耒를 의미부분으로 삼는다.(「耒, 手耕曲木也. 从木推丯. 古者垂作耒耜, 以振民也. 凡耒之屬皆从耒.」)							

※ 밭을 뒤엎는 '쟁기' 모양으로, 나무(木)로 만든 무성한(丯) 흙이나 잡초를 갈아엎는 '쟁기' 모습, 또는 나무(木)쟁기를 손(⼹=丯)으로 잡고 있는 모양에서 '쟁기'를 뜻한다.

	耒부 총10획	戰國 金文	小篆		耕作(경작) 耕墾(경간) 耕田(경전)	
		𣌩	耕			
		郭店窮達	說文解字			
밭갈 **경**	설문 耒부	耕(경)은 밭을 간다는 뜻이다. 耒(뢰)는 의미부분이고, 井(정)은 발음부분이다. 일설에는 옛날 정전(井田)을 뜻한다고도 한다.(「耕, 犁也. 从耒, 井聲. 一曰古者井田.」)				

※ 쟁기(耒)로 '井(정)'자 모양으로 정비된 정전(井田)을 파서 뒤엎는 데서 '밭 갈다'를 뜻한다.

㠭 ➡ 㝩(=窒) ➡ 寒 ➡ 塞 ➡ 賽 ☆

	工부 총12획	小篆		용례 없음	
		㠭			
		說文解字			
펼/살필 **전**	설문 㠭부	㠭(전)은 매우 잘 꾸며서 살펴본다는 뜻이다. 4개의 工(공)자로 이루어졌다. 무릇 㠭부에 속하는 글자들은 모두 㠭을 의미부분으로 삼는다.(「㠭, 極巧視之也. 从四工. 凡㠭之屬皆从㠭.」)			

※ 여러 도구(工)를 펼쳐 자세히 살피며 꾸미는 데서 '펴다' '살피다'를 뜻한다.

	宀부 총18획	小篆		용례 없음	
		說文解字			
틈 **하** 막을 **색**	설문 㠭부	窫=窒(하·색)은 (구멍 따위를) 막는다는 뜻이다. 㠭(전)은 의미부분이다. 두 손[廾(공)]으로 집[宀(면)]에 난 구멍[中(중)]을 막는다는 의미이다. 㠭은 가지런하다[齊(제)]는 뜻과 같다.(「窫, 窒也. 从㠭. 从廾窒宀中. 㠭猶齊也.」)			

※ 집(宀)안의 틈을 자세히 살펴(㠭) 두 손(廾)으로 막는 데서 '틈' '막다'를 뜻한다.

	宀부 총12획	西周 金文		小篆	寒氣(한기) 寒流(한류) 寒波(한파)	
				寒		
		寒似鼎	克鼎	說文解字		
찰 **한**	설문 宀부	寒(한)은 춥다는 뜻이다. 사람[人]이 집[宀(면)] 아래에 있고, 풀[茻]을 덮고 있는데, 그 밑에는 얼음[仌]이 얼어 있다는 의미이다.(「寒, 凍也. 从人在宀下, 以茻薦覆之, 下有仌.」)				

※ 집(宀)안에 풀 더미(茻=井·廾) 속의 사람(人=八)이 추위(冫)에 떠는 데서 '차다'를 뜻한다.
※파자: 집(宀) 벽(廾)이 갈라진(八) 틈(寒)으로 차가운(冫) 바람이 들어와 '차다'를 뜻함.

◆ 晝耕夜讀 : (주경야독) 낮에는 농사 짓고 밤에는 공부한다는 뜻으로, 바쁜 틈을 타서 어렵게 공부(工夫)함을 이르는 말.
◆ 歲寒孤節 : (세한고절) ① 추운 계절(季節)에도 혼자 푸른 대나무 ②겨울.
◆ 嚴冬雪寒 : (엄동설한) 눈 내리는 깊은 겨울의 심한 추위.

塞	土부 총13획	甲骨文	春秋 金文	戰國 金文	小篆	要塞(요새) 窮塞(궁색) 語塞(어색)
		粹945	塞公孫匜	塞 簋	雲夢雜抄 / 說文解字	
막힐 색 변방 새	설문 土부	塞(새)는 떨어져 있다는 뜻이다. 土(토)와 窶(색·새)는 모두 의미부분이다.(「窶, 隔也. 从土, 从窶.」)				

* 집(宀) 벽을 살펴(丮:살필 전) 두 손(廾=大)으로 쌓아 막은(窶:막을 색) 주위의 틈(窶=寰:틈 하)을 흙(土)으로 막는 데서 '막다' '변방'을 뜻한다.
  ※파자:집(宀) 벽(丮) 갈라진(八) 틈(寰)을 흙(土)으로 '막음'.

寨	宀부 총14획		小篆			木寨(목채) 外寨(외채) 要寨(요채)
		설문 없음	形音義字典			
목책 채						

* 가축을 막던(窶=寰:막을 색) 나무(木) '울타리'에서 '목책(木柵)'을 뜻한다.

昔 → 惜 → 借 → 措 → 錯 → 鵲 → 醋 ☆ → (耤) → 籍 → 藉

昔	日부 총8획	甲骨文		西周金文		戰國金文	小篆	籒文	昔年(석년) 昔歲(석세) 昔日(석일)
		菁6.1	甲2913	智 鼎	師姧簋	中山王鼎	說文解字		
옛 석	설문 日부	昔(석)은 말린 고기를 뜻한다. (犾은) 남은 고기를 (가리키고) (日(일)은) 햇볕에 말린다는 뜻이다. 俎(조)자(에서 仌 부분은 昔자에서의 犾)와 같은 뜻이다. 腊은 昔의 주문(籒文)으로 肉(육)을 더하였다.(「𦠋, 乾肉也. 从殘肉, 日以晞之. 與俎同意. 𦠋, 籒文从肉.」)							

* 홍수(≈+廾)가 심하던 옛날(日) 일이나, 햇볕(日)에 말린 고기를 오래둠에서 '옛'을 뜻한다.

惜	心부 총11획	小篆				哀惜(애석) 惜別(석별) 惜敗(석패)
		說文解字				
아낄 석	설문 心부	惜(석)은 (마음) 아파한다는 뜻이다. 心(심)은 의미부분이고, 昔(석)은 발음부분이다.(「𢛢, 痛也. 从心, 昔聲.」)				

* 마음(忄)으로 이미 지나간 옛(昔) 일을 아까워하는 데서 '아끼다' '애석하다'를 뜻한다. 또는 마음(忄)으로 말려 둔 고기(昔)를 아껴 '아끼다'를 뜻한다.

借	人부 총10획	戰國 金文	小篆			借入(차입) 借款(차관) 借用(차용)
		璽彙2805	說文解字			
빌/빌릴 차	설문 人부	借(차)는 빌린다는 뜻이다. 人(인)은 의미부분이고, 昔(석)은 발음부분이다.(「𠊷, 假也. 从人, 昔聲.」)				

* 사람(亻)들은 옛날(昔)부터 있던 것들을 모두 빌려 쓴다고 생각하여 '빌리다'를 뜻한다. 또는 사람(人)들이 말려 둔 고기(昔)를 가져다 먹는 데서 '빌리다'를 뜻한다.

措	手부 총11획	戰國 金文	小篆			措置(조치) 措辭(조사) 措處(조처)
		中山王壺	說文解字			
둘 조	설문 手부	措(조)는 둔다는 뜻이다. 手(수)는 의미부분이고, 昔(석)은 발음부분이다.(「𢫦, 置也. 从手, 昔聲.」)				

* 손(扌)으로 지나간 옛(昔) 관례대로 일을 처리함에서 '두다' '처리하다'를 뜻한다. 또는 손(扌)으로 잘 말려둔 고기(昔)를 정리해둠에서 '두다'를 뜻한다.

錯	金부 총16획	戰國 金文	小篆			錯視(착시) 錯覺(착각) 錯雜(착잡)	
		雲夢日甲	說文解字				
어긋날 착	설문 金부	錯(착)은 도금을 한다는 뜻이다. 金(금)은 의미부분이고, 昔(석)은 발음부분이다.(「錯, 金涂也. 从金, 昔聲.」)					

※ 쇠(金)를 오래(昔) 보관하려 '도금'하거나, 금을 새겨 넣는 데서 '섞여' '어긋남'을 뜻한다.

鵲	鳥부 총19획	설문 없음	小篆		鵲報(작보) 鵲語(작어) 烏鵲橋(오작교)	
			形音義字典			
까치 작						

※ 오랜(昔) 동안 듣지 못한 소식을 전해준다는 길조인 새(鳥) '까치'를 뜻한다.

醋	酉부 총15획	小篆		醋酸(초산) 食醋(식초) 醋酸鹽(초산염)	
		說文解字			
초 초	설문 酉부	醋(작)은 손님이 주인에게 술을 따른다는 뜻이다. 酉(유)는 의미부분이고, 昔(석)은 발음부분이다.(「醋, 客酌主人也. 从酉, 昔聲.」)			

※ 술(酉)이 오래되어(昔) '초'가 됨. 또는 객이 '술(酉)'을 옛(昔) 주인에게 권하여 올림'을 뜻한다.

耤	耒부 총14획	甲骨文		殷商 金文		西周 金文		小篆	耤友(적우) 耤田(적전)	
		後上28·16	合 8	耤䐁	耤䐁	令 鼎	佣伯簋	說文解字		
친경(親耕)할 적	설문 耒부	耤(적)은 황제가 1000이랑을 경작한다는 뜻이다. 옛날 백성을 부리는 것을 빌리는 것 같이 하였으므로, 그래서 이를 일컬어 耤이라고 하는 것이다. 耒(뢰)는 의미부분이고, 昔(석)은 발음부분이다.(「耤, 帝耤千畝也. 古者使民如借, 故謂之耤. 从耒, 昔聲.」)								

※ 임금이 친히 쟁기(耒)를 잡고 밭을 갈던 옛(昔)부터 있던 일에서 '친경(親耕)함'을 뜻한다.

籍	竹부 총20획	戰國 金文	小篆		書籍(서적) 國籍(국적) 戶籍(호적)	
		雲夢效律	說文解字			
문서 적	설문 竹부	籍(적)은 장부(帳簿, 특히 호구(戶口)조사 장부)를 뜻한다. 竹(죽)은 의미부분이고, 耤(적)은 발음부분이다.(「籍, 簿書也. 从竹, 耤聲.」)				

※ 죽간(竹)에 쟁기(耒)로 왕이 옛(昔)부터 친히 농사짓던(耤:친경 적) 일을 기록한 '문서'를 뜻한다.

藉	艸부 총18획	小篆		憑藉(빙자) 狼藉(낭자) 藉名(자명)	
		說文解字			
깔/핑계할 자	설문 艸부	藉(자)는 제사지낼 때 쓰는 돗자리를 뜻한다. 일설에는 풀로 엮지 않아서 어수선하다[狼藉(낭자)]는 뜻이라고도 한다. 艸(초)는 의미부분이고, 耤(적)은 발음부분이다.(「藉, 祭藉也. 一曰艸不編, 狼藉. 从艸, 耤聲.」)			

※ 서로 얽힌 풀(艹)을 들 농사(耤) 때 왕이 깔고 제사하던 데서 '깔다' '어수선함'을 뜻한다.

散 ➡ 撒

	支부 총12획	甲骨文	西周 金文	春秋 金文	戰國 金文	小篆	散亂(산란) 散漫(산만) 散步(산보)
		合集9544	散伯卣	散盤	侯散戈	陳散戈	說文解字	

흩을 산	설문 肉부	散(산)은 잡고기[雜肉(잡육)]를 뜻한다. 肉(육)은 의미부분이고, 㪔(산)은 발음부분이다.(「𢿱, 雜肉也. 从肉, 㪔聲.」)

✱ 숲(林=艹)에서 잡은 고기(月)를 쳐서(攴) 흩어지게(㪔=散=散) 하는 데서 '흩음'을 뜻한다.
　※파자:스물(艹스물 입) 한(一)번이나 고기(月)를 쳐서(攴) '흩어지게'함.

| | 手부
총15획 | 설문 없음 | | | | | 撒袋(살대)
撒砂(살사)
撒布(살포) |

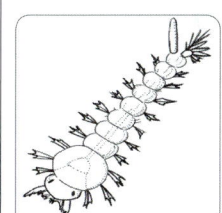

| 뿌릴 살 | | |

✱ 손(扌)으로 흩어(散) 뿌리는 데서 '뿌리다'를 뜻한다.

肙 ➡ 絹 ➡ 鵑 ➡ 捐 ➡ 娟 ✧ ➡ 涓 ✧

	肉부 총7획	戰國 金文	小篆	용례 없음
		上博仲弓	說文解字	

| 장구벌레
연 | 설문
肉부 | 肙(연)은 작은 벌레를 뜻한다. 肉(육)은 의미부분이고, 口(구)는 발음부분이다. 일설에는 비었다는 뜻이라고도 한다.(「肙, 小蟲也. 从肉, 口聲. 一曰空也.」) |

✱ 머리(口)와 꿈틀대는 긴 몸(月)이 있는 연약한 애벌레인 '장구벌레'를 뜻한다.

	糸부 총13획	戰國 金文	小篆		絹絲(견사) 絹本(견본) 絹織物(견직물)
		信陽楚簡	說文解字		

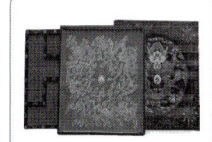

| 비단 견 | 설문
糸부 | 絹(견)은 보리 줄기의 색과 같은 푸른색의 비단을 뜻한다. 糸(멱·사)는 의미부분이고, 肙(연)은 발음부분이다.(「絹, 繒如麥䅌色也. 从糸, 肙聲.」) |

✱ 실(糸)을 토하는 누에 애벌레(肙)가 지은 고치를 풀어 짠 부드러운 청색 '비단'을 뜻한다.

	鳥부 총18획	설문 없음	戰國 金文		小篆	杜鵑(두견) 杜鵑花(두견화)
			㕰丘令雍戈	陶六090	形音義字典	

| 두견새 견 | | |

✱ 연약한 벌레(肙)처럼 울음소리가 슬프고 연약한 새(鳥)인 '두견새'를 뜻한다.

	手부 총10획	戰國 金文	小篆		捐棄(연기) 捐補(연보) 出捐(출연)
		璽印集粹	說文解字		

| 버릴 연 | 설문
手부 | 捐(연)은 버린다는 뜻이다. 手(수)는 의미부분이고, 肙(연)은 발음부분이다.(「捐, 棄也. 从手, 肙聲.」) |

✱ 손(扌)으로 애벌레(肙)처럼 작고 보잘 것 없는 것을 버리는 데서 '버리다' '없애다'를 뜻한다.

娟	女부 총10획	小篆 說文解字		娟秀(연수) 娟魄(연백) 娟容(연용)	
예쁠 연	설문 女부	娟(연)은 곱다는 뜻이다. 女(녀)는 의미부분이고, 肙(연)은 발음부분이다.(「𡝍, 嬋娟也. 从女, 肙聲.」)			

※ 여자(女)의 피부가 작고 연약한 애벌레(肙)처럼 부드럽고 윤택한 데서 '예쁘다'를 뜻한다.

涓	水부 총10획	戰國 金文 陶五304	小篆 說文解字	涓流(연류) 涓吉(연길) 涓人(연인)	
시내/물흐를 연	설문 水부	涓(연)은 물이 졸졸 흐른다는 뜻이다. 水(수)는 의미부분이고, 肙(연)은 발음부분이다. ≪이아(爾雅)≫에 이르기를 "여수(汝水)를 涓이라고 한다."라고 하였다.(「𣹢, 小流也. 从水, 肙聲. ≪爾雅≫曰: "汝爲涓."」)			

※ 물(氵)의 흐름이 작고 연약한 애벌레(肙)처럼 작은 시내에서 '시내' '흐르다'를 뜻한다.

胃 ➡ 謂 ➡ 渭

胃	肉부 총9획	春秋 金文 吉日壬午劍	戰國 金文 包山089	小篆 說文解字	胃臟(위장) 胃壁(위벽) 胃腸(위장)	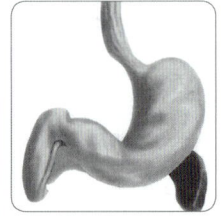
밥통 위	설문 肉부	胃=胃(위)는 곡식을 받는 장부(臟腑)이다. 肉(육)은 의미부분이다. 囟은 상형이다.(「𦞅, 穀府也. 从肉. 囟, 象形.」)				

※ 에워싼(囗) 음식(米)을 소화하는 위(囟=田)인 몸(月)속 중에 '밥통'을 뜻한다.
※파자:초목을 키우는 밭(田)처럼 몸(月)을 기르는 '밥통'을 뜻한다.

謂	言부 총16획	戰國 金文 雲夢語書	小篆 說文解字	所謂(소위) 可謂(가위) 稱謂(칭위)	
이를 위	설문 言부	謂(위)는 알린다는 뜻이다. 言(언)은 의미부분이고, 胃(위)는 발음부분이다.(「𧪡, 報也. 从言, 胃聲.」)			

※ 말(言)을 위(胃)처럼 소화되고 이해되게 이르는 데서 '이르다'를 뜻한다.

渭	水부 총12획	戰國 金文 上博容成	小篆 說文解字	渭水(위수) 沸渭(불위) 渭陽(위양)	
물이름 위	설문 水부	渭(위)는 강의 이름이다. 농서군(隴西郡) 수양현(首陽縣) 위수정(渭首亭) 남쪽 골짜기에서 발원하여, 동쪽으로 흘러 황하로 들어간다. 水(수)는 의미부분이고, 胃(위)는 발음부분이다. 이것은 두림(杜林)의 주장이다. 〈하서(夏書)〉에서는 조서산(鳥鼠山)에서 나온다고 하였다. 이는 옹주(雝州) 지방의 저수지이다.(「𣹢, 水. 出隴西首陽渭首亭南谷, 東入河. 从水, 胃聲. 杜林說:〈夏書〉以爲出鳥鼠山. 雝州浸也.」)			

※ 중국 감숙성(甘肅省)에 있는 '물 이름'으로, 강물(氵)이 여러 물건을 받아들이는 위(胃)처럼 많은 물이 흘러드는 '강 이름'인 '위수(渭水)'의 이름이다.

◇ 飮灰洗胃 : (음회세위) 재를 마셔 위 속의 더러운 것들을 씻어낸다는 뜻으로, 악(惡)한 마음을 고쳐서 선으로 돌아감을 비유(比喩·譬喩)해 이르는 말.
◇ 渭樹江雲 : (위수강운) 위수(渭水)에 있는 나무와 위수를 지나와 강수(江水) 위에 떠 있는 구름이라는 뜻으로, 떨어져 있는 두 곳의 거리(距離)가 먼 것을 이르는 말로서, 멀리 떨어져 있는 벗이 서로 그리워하는 말로 쓰임.
◇ 浮渭據涇 : (부위거경) 위수(渭水)에 뜨고 경수(涇水)를 눌렀으니, 장안(長安)은 서북(西北)에 위천, 경수, 두 물이 있음.

靑 → 淸 → 晴 → 請 → 猜 → 情 → 精 → 靜 → 睛 ☆ → 靖 → 靚 ✽

	靑부 총8획	西周 金文		春秋 金文		小篆	古文	靑色(청색) 靑春(청춘) 靑銅(청동)
		吳方彝	牆 盤	吳王光鐘	吳王光鐘		說文解字	
푸를 청	설문 靑부	靑(청)은 동방(東方)의 색이다. 목(木)이 화(火)를 낳는다. 生(생)과 丹(단)은 모두 의미부분이다. 단청(丹靑)의 신표(信標)는 반드시 이래야 한다는 것을 말하는 것이다. 무릇 靑부에 속하는 글자들은 모두 靑을 의미부분으로 삼는다. ※은 靑의 고문(古文)이다.(「靑, 東方色也. 木生火. 从生·丹. 丹靑之信, 言必然. 凡靑之屬皆从靑. ※, 古文靑.」)						

✽ 초목이 자라는(生=生) 우물(井=井=丹=円) 옆의 깨끗하고 푸른 나무에서 '푸름'을 뜻한다.

淸	水부 총11획	春秋 金文	戰國 金文	小篆		淸純(청순) 淸貧(청빈) 淸廉(청렴)
		者減鐘	郭店 老乙	說文解字		
맑을 청	설문 水부	淸(청)은 (물이) 맑다는 뜻이다. 맑은 물의 모습이다. 水(수)는 의미부분이고, 靑(청)은 발음부분이다.(「淸, 朖也. 澂水之皃. 从水, 靑聲.」)				

✽ 물(氵)이 푸르고(靑) 깨끗함에서 '맑다'를 뜻한다.

晴	日부 총12획		小篆		快晴(쾌청) 晴天(청천) 晴曇(청담)
		설문 없음	形音義字典		
갤 청		≪설문해자≫에는 '晴'자가 보이지 않는다.≪광운(廣韻)·청운(淸韻)≫에서는 "晴(청)은 하늘이 맑다는 뜻이다.(「晴, 天晴.」)"라고 하였다.				

✽ 구름이 걷히고 해(日)가 푸른(靑) 하늘에 나타남에서 날이 '개다'를 뜻한다.

	言부 총15획	戰國 金文		小篆	請託(청탁) 請約(청약) 請婚(청혼)
		中山王方壺	包山180	說文解字	
청할 청	설문 言부	請(청)은 보고(報告)한다는 뜻이다. 言(언)은 의미부분이고, 靑(청)은 발음부분이다.(「請, 謁也. 从言, 靑聲.」)				

✽ 웃어른께 말(言)로 사심이 없이 푸르고(靑) 깨끗한 마음으로 아룀에서 '청하다'를 뜻한다.

猜	犬부 총11획	小篆		猜忌(시기) 猜疑(시의) 猜惡(시오)
		說文解字		
시기할 시	설문 犬부	猜(시)는 남을 해치는 것을 미워한다는 뜻이다. 犬(견)은 의미부분이고, 靑(청)은 발음부분이다.(「猜, 恨賊也. 从犬, 靑聲.」)			

✽ 성난 개(犭)가 푸른(靑) 눈빛으로 사납게 적을 의심하고 시기함에서 '시기하다'를 뜻한다.

情	心부 총11획	戰國 金文	小篆		情緖(정서) 情感(정감) 情熱(정열)
		郭店語一	說文解字		
뜻 정	설문 心부	情(정)은 사람의 음기(陰氣)로서, 하고 싶은 것이 있는 것이다. 心(심)은 의미부분이고, 靑(청)은 발음부분이다.(「情, 人之陰气, 有欲者. 从心, 靑聲.」)				

✽ 마음(忄)이 깨끗하고 푸른(靑) 본성대로 '뜻'이 끌리는 데서 '정'을 뜻한다.

精	米부 총14획	戰國 金文		小篆	精神(정신) 精誠(정성) 精密(정밀)
		郭店老甲	璽彙3337	說文解字	
정할 정	설문 米부	精(정)은 (좋은 쌀을) 고른다는 뜻이다. 米(미)는 의미부분이고, 靑(청)은 발음부분이다.(「精, 擇也. 从米, 靑聲.」)			

✻ 정성을 다해 깨끗하게 '쓿은 쌀(米)'이 푸른(靑) 빛이 감도는 데서 '정하다'를 뜻한다.

靜	靑부 총16획	西周 金文			春秋 金文	小篆	靜寂(정적) 靜淑(정숙) 靜坐(정좌)
		靜簋	免簋	克鼎	毛公鼎	秦公簋 說文解字	
고요할 정	설문 靑부	靜(정)은 자세히 살핀다는 뜻이다. 靑(청)은 의미부분이고, 爭(쟁)은 발음부분이다.(「靜, 審也. 从靑, 爭聲.」)					

✻ 푸르고(靑) 깨끗하게 다툼(爭)이 조용히 그침에서 '고요하다'를 뜻한다.

睛	目부 총13획	설문 없음	眼睛(안정) 點睛(점정) 黑睛(흑정)
눈동자 정			

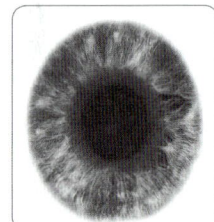

✻ 해맑은 눈(目)의 푸른(靑) 빛이 도는 '눈동자'를 뜻한다.

靖	靑부 총13획	小篆	靖國(정국) 靖亂(정란) 淸靖(청정)
		說文解字	
편안할 정	설문 立부	靖(정)은 서서 편안하게 머무른다는 뜻이다. 立(립)은 의미부분이고, 靑(청)은 발음부분이다. 일설에는 가느다란 모습을 뜻한다고도 한다.(「靖, 立竫也. 从立, 靑聲. 一曰細皃.」)	

✻ 서(立) 있는 모습이 푸른(靑) 초목처럼 안정하고 편안함에서 '편안하다'를 뜻한다.

靚	靑부 총15획	小篆	靚飾(정식) 靚衣(정의) 靚深(정심)
		說文解字	
단장할 정	설문 見부	靚(정)은 부른다는 뜻이다. 見(견)은 의미부분이고, 靑(청)은 발음부분이다.(「靚, 召也. 从見, 靑聲.」)	

✻ 손님을 맞기 위해 깨끗하고 푸르게(靑) 보이도록(見) 꾸미는 데서 '단장하다'를 뜻한다.

責→積→績→蹟→債

責	貝부 총11획	甲骨文		殷商 金文	西周金文	春秋 金文	小篆	問責(문책) 責望(책망) 戒責(계책)
		乙8895	乙124	缶鼎	父戊鼎	兮甲盤	秦公簋 說文解字	
꾸짖을 책	설문 貝부	責=責(책)은 구한다는 뜻이다. 貝(패)는 의미부분이고, 朿(자)는 발음부분이다.(「責, 求也. 从貝, 朿聲.」)						

✻ 가시(朿=主)로 조개(貝)의 살을 파먹거나, 가시(朿)처럼 꾸짖어 오래 쌓인 빚을 재물(貝)로 갚기를 요구하는 데서 '꾸짖다' '책임'을 뜻한다. 또는 가시(朿=主)로 꿰어 모아 쌓게 한 재물(貝)에서 '쌓다' '책임' '꾸짖다'를 뜻한다.

積	禾부 총16획	戰國 金文		小篆		積金(적금) 積滯(적체) 積極(적극)
		商鞅方升	雲夢效律	說文解字		
쌓을 적	설문 禾부	積(적)은 모은다는 뜻이다. 禾(화)는 의미부분이고, 責(책)은 발음부분이다.(「穦, 聚也. 从禾, 責聲.」)				

※ 농사지어 거둔 벼(禾)를 책임 있게 잘 쌓아(責) 보관함에서 '쌓다'를 뜻한다.

績	糸부 총17획	金文		小篆		紡績(방적) 成績(성적) 實績(실적)
		秦公簋	古鉢	說文解字		
길쌈 적	설문 糸부	績(적)은 緝(길쌈 집)이다. 糸(멱·사)는 의미부분이고, 責(책)은 발음부분이다.(「繢, 緝也. 从糸, 責聲.」)				

※ 뽑아놓은 실(糸)을 쌓듯(責) 엮어, 끈이나 천을 책임 있게 짜는 데서 '길쌈'을 뜻한다.

蹟	足부 총18획	西周 金文			小篆	或體	籀文	古蹟(고적) 遺蹟(유적) 史蹟(사적)
		師憖簋	師袁簋		說文解字			
자취 적	설문 辵부	迹(적)자 해설을 보면 迹은 발자국을 뜻한다. 辵(착)은 의미부분이고, 亦(역)은 발음부분이다. 蹟은 혹체자(或體字)로 足(족)과 責(책)으로 이루어졌다. 𨒪은 迹의 주문(籀文)으로 (亦 대신) 朿(자)를 썼다.(「迹, 步處也. 从辵, 亦聲. 蹟, 或从足·責. 𨒪, 籀文迹, 从朿.」)						

※ 책임 있게 걸어간 발(⻊)자욱이 쌓인(責) 발자취에서 '자취'를 뜻한다.

債	人부 총13획	小篆	債券(채권) 債務(채무) 外債(외채)
		說文解字	
빚 채	설문 人부	債(채)는 부채(負債)를 뜻한다. 人(인)과 責(책)은 모두 의미부분인데, 責은 발음부분이기도 하다.(「債, 債負也. 从人·責, 責亦聲.」)	

※ 남(亻)에게 책임을 물어 꾸짖고(責) 돈을 바라는 데서 '빚'을 뜻한다.

貝→敗→唄☆→浿◆…(所)→質→瓄◆…(貧)→鎖…寶

貝	貝부 총7획	甲骨文		殷商 金文		西周金文		小篆	貝貨(패화) 貝物(패물) 貝塚(패총)
		鐵104.4	前5.10.4	卣二	具隹觚	效 卣	召伯簋	說文解字	
조개 패	설문 貝부	貝(패)는 바다에 사는 딱딱한 껍질을 가진 동물이다. 뭍에 사는 것은 猋(개 달리는 모양 표)라고 부르고, 물에 사는 것은 蛕(작은 소라 함)이라고 부른다. 상형이다. 옛날에는 조개를 화폐로 삼고, 거북이(의 등껍질)를 보물로 여겼다. 주(周)나라 때는 (화폐제도로) 천(泉)이 있었고,(화폐로서 조개를 폐지하지는 않았는데) 진(秦)나라에 이르러 더 이상 조개를 화폐로 삼지 않고 전(錢)을 통행시켰다. 무릇 貝부에 속하는 글자들은 모두 貝를 의미부분으로 삼는다.(「貝, 海介蟲也. 居陵名猋, 在水名蛕. 象形. 古者貨貝而寶龜. 周而有泉, 至秦廢貝行錢. 凡貝之屬皆从貝.」)							

※ 화폐로 쓰이던 조개 모양으로, '재물' '돈' '재산'을 뜻한다.

敗	攴부 총11획	甲骨文		春秋 金文	戰國 金文	小篆	籀文	敗亡(패망) 敗北(패배) 敗者(패자)
		前3.27.5	乙7705	南疆鉦	鄂君舟節	說文解字		
패할 패	설문 攴부	敗(패)는 망가뜨린다는 뜻이다. 攴(복)과 貝(패)는 모두 의미부분이다. 敗와 賊(적)은 모두 貝를 의미부분으로 삼은 회의자이다. 敗는 敗의 주문(籀文)으로 (貝 대신) 賏(영)을 썼다.(「敗, 毁也. 从攴·貝. 敗·賊皆从貝, 會意. 敗, 籀文敗, 从賏.」)						

※ 솥(鼎=貝)이나, 재물인 조개(貝)를 쳐서(攴) 깨뜨리는 데서 '패하다' '지다'를 뜻한다.

唄	口부 총10획	설문 없음	小篆 唄 形音義字典	梵唄(범패) 歌唄(가패) 贊唄(찬패)
염불소리 패				

※ 입(口)으로 조개(貝)로 만든 악기소리에 맞추어 불경을 노래함에서 '염불소리'를 뜻한다.

浿	水부 총10획	甲骨文	小篆	浿水(패수) 浿營(패영)
		甲275	說文解字	
물이름 패	설문 水부	浿(패)는 강의 이름이다. 낙랑군(樂浪郡) 누방현(鏤方縣) 변방에서 발원하여, 동쪽으로 흘러서 바다로 들어간다. 水(수)는 의미부분이고, 貝(패)는 발음부분이다. 일설에는 패수현(浿水縣)에서 발원한다고도 한다.(「浿, 水. 出樂浪鏤方, 東入海. 从水, 貝聲. 一曰出浿水縣.」)		

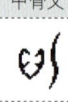 

※ '물(氵)이름'으로 조개(貝)가 많던, 한(漢)나라 때 압록강, 수(隋)·당(唐)나라 때 대동강·우리나라에서는 예성강·임진강을 달리 부르던 이름을 뜻한다.

所	斤부 총8획	小篆 所 說文解字	용례 없음
모탕 은	설문 斤부	所(은)은 도끼 두 자루를 뜻한다. 두 개의 斤(근)자로 이루어졌다.(「所, 二斤也. 从二斤.」)	

※ 두 개의 도끼(斤), 또는 도끼(斤)질할 때 받치는 받침대로, 물건을 받쳐주는 '모탕'을 뜻한다.

質	貝부 총15획	西周 金文	戰國 金文	小篆	品質(품질) 質問(질문) 質疑(질의)
		井人妄鐘	雲夢法律	說文解字	
바탕 질	설문 貝부	質(질)은 물건으로 저당을 잡힌다는 뜻이다. 貝와 所(은)은 모두 의미부분이다. (어떻게 해서 所이 의미부분이 되는지는 잘 모르겠으므로 해설란을) 비워둠.(「質, 以物相贅. 从貝, 从所. 闕.」)				

※ 도끼(斤)질할 때 받치는 받침대(所:모탕 은)나, 재물(貝) 받침대에서 '바탕'을 뜻한다.

瓆	玉부 총19획	설문 없음		용례 없음
사람이름 질				

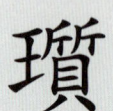 

※ 옥(玉)같이 바탕(質)이 단단하고 빛나는 좋은 사람이 되라는 뜻으로 '사람이름자'에 쓰인다.

賞

貝부 총10획	小篆		용례 없음
	賞		
	說文解字		

조개소리 **쇄/솨**	설문 貝부	賞(쇄)는 조개의 소리이다. 貝(패)와 小(소)는 모두 의미부분이다.(「賞, 貝聲也. 从小·貝.」)

※ 껍질을 얇게 떼어낸 작은(小) 장식용 조개(貝) 조각이 부딪쳐 나는 '자개소리'를 뜻한다.

鎖

金부 총18획	小篆		閉鎖(폐쇄) 連鎖(연쇄) 鎖國(쇄국)
	鎖		
	說文解字		

쇠사슬 **쇄**	설문 金부	鎖(쇄)는 자물쇠를 뜻한다. 金(금)은 의미부분이고, 賞(쇄)는 발음부분이다.(「鑕, 鐵鎖門鍵也. 从金, 賞聲.」)

※ 쇠(金)를 작은(小) 조개껍질(貝)이 부딪쳐 소리(賞:자개소리 솨/쇄)내듯 연결한 '쇠사슬'을 뜻한다.
※파자:쇠(金)를 작은(小) 조개(貝)처럼 고리로 만들어 이은 '쇠사슬'을 뜻한다.

寶

宀부 총20획	甲骨文			殷商 金文		
	甲3330	粹1489	後上8.3	且乙鼎	旅鼎	宰甫簋
	西周 金文			春秋 金文	小篆	古文
	孟鼎	姑智母鼎	虢季子白盤	齊鎛	說文解字	

寶物(보물)
寶庫(보고)
家寶(가보)

보배 **보**	설문 宀부	寶(보)는 진귀(珍貴)하다는 뜻이다. 宀(면)과 玉(옥) 그리고 貝(패)는 모두 의미부분이고, 缶(부)는 발음부분이다. 圓는 寶의 고문(古文)으로 貝를 생략하였다.(「寶, 珍也. 从宀, 从玉, 从貝, 缶聲. 圓, 古文寶省貝.」)

※ 집(宀)에 보석(玉=王) 도자기(缶) 등 값있는 재물(貝)이 있음에서 '보배'를 뜻한다. ※缶는 음.

則 → 側 → 測 → 惻

則

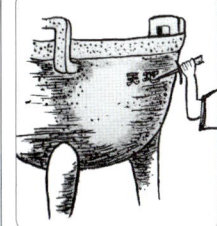

刀부 총9획	甲骨文	西周 金文			春秋 金文	
	周甲14	智鼎	段簋	何尊	齊侯壺	曾子匠
	戰國 金文		小篆	古文		籒文
	鄂君啓節	中山王壺	說文解字			

然則(연즉)
法則(법칙)
學則(학칙)
規則(규칙)

법칙 **칙** 곧 **즉**	설문 刀부	則(칙·즉)은 물건에 등급을 매긴다는 뜻이다. 刀(도)와 貝(패)는 모두 의미부분이다. 貝는 옛날의 화폐였다. 㓝은 則의 고문(古文)이다. 㓝도 역시 則의 고문이다. 㓝은 則의 주문(籒文)으로, (貝 대신) 鼎(정)을 썼다.(「則, 等畵物也. 从刀, 从貝. 貝, 古之物貨也. 㓝, 古文則. 㓝, 亦古文則. 㓝, 籒文則, 从鼎.」)

※ 솥(鼎=貝)에 중요한 법칙이나 법 등 곧 지켜야 할 규율을 칼(刂)로 새기는 데서 '법칙' '곧'을 뜻한다.
※파자:칼(刂)로 재물(貝)을 법칙에 따라 나누는 데서 '법칙'을 뜻한다.

側

人부 총11획	金文	小篆		側近(측근) 側面(측면) 側視(측시)
	無鼎	說文解字		

곁 **측**	설문 人부	側(측)은 곁을 뜻한다. 人(인)은 의미부분이고, 則(칙)은 발음부분이다.(「側, 旁也. 从人, 則聲.」)

※ 사람(亻)이 솥(鼎=貝) 양쪽 '곁'에 있는 모양이나, '곁'에서 법칙(則)을 새기는 모양으로 변했다.

693

測	水부 총12획	春秋 金文		小篆		測定(측정) 豫測(예측) 觀測(관측)	
		鄦仲盤	盤殷鼎	說文解字			
헤아릴 측	설문 水부	測(측)은 (물의) 깊이를 잰다는 뜻이다. 水(수)는 의미부분이고, 則(칙)은 발음부분이다.(「測,深所至也. 从水, 則聲.」)					

✱ 물(氵)의 깊이를 법칙(則)에 의하여 재는 데서 '헤아리다'를 뜻한다.

惻	心부 총12획	春秋 金文	戰國 金文	小篆		惻然(측연) 惻怛(측달) 惻隱(측은)	
		宋右師延敦	包山220	說文解字			
슬플 측	설문 心부	惻(측)은 (마음) 아파한다는 뜻이다. 心(심)은 의미부분이고, 則(칙)은 발음부분이다.(「惻,痛也. 从心, 則聲.」)					

✱ 불쌍한 사람을 보면 생기는 마음(忄)의 법칙(則)에서 '슬퍼하다' '불쌍히 여기다'를 뜻한다.

賏 ➡ 嬰 ➡ 瓔 ➡ 纓 ➡ 櫻 ➡ 鸚

賏	貝부 총14획	春秋 金文		小篆		용례 없음	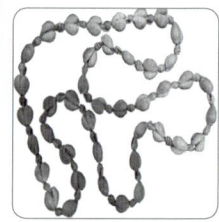
		子賏戈	女謬夫賏戈	說文解字			
목치장 영	설문 貝부	賏(자개를 이어 꿴 목치장 영)은 목걸이를 뜻한다. 두 개의 貝(패)자로 이루어졌다.(「賏,頸飾也. 从二貝.」)					

✱ 조개(貝)나 자개를 이어 엮어 만든 '목걸이' '목 치장'을 뜻한다.

嬰	女부 총17획	金文	春秋 金文	戰國 金文	小篆	嬰兒(영아) 嬰雉(영치) 育嬰(육영)	
		한자의뿌리	嬰次爐	上郡守閒	包山278	說文解字	
어린아이 영	설문 女부	嬰(영)은 목에 하는 장식(즉 목걸이)을 뜻한다. 女(녀)와 賏(영)은 모두 의미부분이다. 賏은 그것(조개들)을 이었다는 것이다.(「嬰,頸飾也. 从女·賏. 賏, 其連也.」)					

✱ 조개를 이은 목걸이(賏:목걸이 영)를 한 어린 여자(女)아이에서 '어린아이'를 뜻한다.

瓔	玉부 총21획	설문 없음	戰國 金文		小篆	瓔珞(영락) 瓔珠(영주) 瓔琅(영랑)	
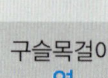			陶三284	曾侯墓簡	形音義字典		
구슬목걸이 영							

✱ 구슬(玉)을 어린아이(嬰) 목걸이처럼 꿰어단 '구슬목걸이'를 뜻한다.

纓	糸부 총23획	戰國 金文		小篆		纓子(영자) 纓紳(영신) 冠纓(관영)	
		陶三1248	包山146	說文解字			
갓끈 영	설문 糸부	纓(영)은 갓끈을 뜻한다. 糸(멱·사)는 의미부분이고, 嬰(영)은 발음부분이다.(「纓,冠系也. 从糸, 嬰聲.」)					

✱ 갓에 다는 끈(糸)이 어린아이(嬰)의 목걸이 끈 같은 데서 '갓끈'을 뜻한다.

櫻	木부 총21획	小篆 櫻 說文解字		櫻桃(앵도) 櫻脣(앵순) 櫻花(앵화)
앵두 **앵**	설문 木부	櫻(앵)은 과일을 뜻한다. 木(목)은 의미부분이고, 嬰(영)은 발음부분이다.(「櫻, 果也. 从木, 嬰聲.」)		

※ 나무(木)의 열매가 어린아이(嬰)나 부녀자의 목걸이 보석 같이 아름다운 '앵두'를 뜻한다.

鸚	鳥부 총28획	小篆 鸚 說文解字		鸚鵡(앵무) 鸚哥(앵가) 鸚母(앵모)
앵무새 **앵**	설문 鳥부	鸚(앵)은 앵무(鸚鵡)로, 말을 할 수 있는 새이다. 鳥(조)는 의미부분이고, 嬰(영)은 발음부분이다.(「鸚, 鸚鵡, 能言鳥也. 从鳥, 嬰聲.」)		

※ 어린아이(嬰)처럼 사람소리 흉내를 잘 내는 새(鳥)인 '앵무새'를 뜻한다.

買➡賣(賣)➡賣➡讀➡瀆➡犢❖➡續➡贖 ☆

買	貝부 총12획	甲骨文		殷商 金文		西周金文	春秋 金文	小篆	買收(매수) 購買(구매) 買食(매식)
		佚462	乙8738	買乎卣	買車瓠	買王卣	吳買鼎	說文解字	
살 **매**	설문 貝부	買(매)는 물건을 사고판다는 뜻이다. 网(망)과 貝(패)는 모두 의미부분이다. ≪맹자(孟子)≫에 이르기를 "농단(壟斷)에 올라 시장의 이익을 거두어들였다."라고 하였다.(「買, 市也. 从网·貝. ≪孟子≫曰: "登壟斷而网市利."」)							

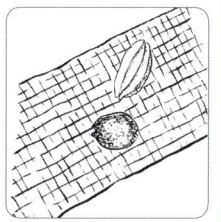

※ 그물(罒)로 돈이 되는 조개(貝)를 잡아 물건을 사는 데서 '사다'를 뜻한다.

賣 賣	貝부 총19획	西周 金文		小篆	용례 없음
		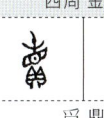			
		冒鼎		說文解字	
팔/행상할 **육**	설문 貝부	賣=賣(육)은 돌아다니면서 물건을 판다는 뜻이다. 貝(패)는 의미부분이고, 㚇은 발음부분이다. 㚇은 睦(목)의 고문(古文)이다. 育(육)처럼 읽는다.(「賣, 衒也. 从貝, 㚇聲. 㚇, 古文睦. 讀若育.」)			

※ 싹튼 버섯(先=㞢; 버섯 륙/록)처럼 새로 나온 물건을 밝게(冏; 창밖을 경) 들어내 보여 서로 화목하게(㚇; 화목할 목) 마음이 통하면 재물(貝)과 바꾸는 데서 '팔다' '행상하다'를 뜻한다.

※참고: 대부분은 賣(매)와 같은 모양으로 변하여 賣(매)와 같은 의미로 쓴다.

賣	貝부 총15획	金文		小篆	※참고 : 금문의 (冒鼎)은 賣(육)의 금문으로 보아야 한다.	賣買(매매) 賣盡(매진) 賣渡(매도)
		冒鼎	古匋	說文解字		
팔 **매**	설문 貝부	賣=賣(매)는 물건을 판다는 뜻이다. 出(출)과 買(매)는 모두 의미부분이다.(「賣, 出物貨也. 从出, 从買.」)				

※ 내다(出=士) 남에게 보여주고 마음이 통하게 되면 사게(買) 하는 데서 내어 '팔다'를 뜻한다.

※파자: 돈으로 사(四=罒)는 살 매(買)와, 돈(貝) 받고 팔(士+罒)다에서 팔 매(賣)를 뜻한다.

讀	言부 총22획	小篆 讀 說文解字		讀書(독서) 讀解(독해) 讀後感(독후감)
읽을 **독** 구절 **두**	설문 言부	讀(독)은 책을 읽는다는 뜻이다. 言(언)은 의미부분이고, 賣(매)는 발음부분이다.(「讀, 誦書也. 从言, 賣聲.」)		

※ 말(言)로 글의 뜻을 통하여(賣) 이해하고 소리 내어 읽는 데서 '읽다'를 뜻한다. 또는 크게 말하여(言) 장사하듯(賣=賣) 큰소리로 '읽음'을 뜻한다.

※참고: 讀(독)·瀆(독)·犢(독)·續(속)·贖(속)의 소전은 賣=賣(팔/행상할 육)자가 발음부분이다.

瀆	水부 총18획	戰國 金文	小篆			冒瀆(모독) 瀆汚(독오) 瀆職(독직)
		雲夢日甲	說文解字			
도랑/더럽힐 독	설문 水부	瀆(독)은 개천을 뜻한다. 水(수)는 의미부분이고, 賣(매)는 발음부분이다. 일설에는 마을 안의 개천을 뜻한다고도 한다.(「瀆, 溝也. 从水, 賣聲. 一曰邑中溝.」)				

✽ 물(氵)길이 이어져 통하는(賣) 더러운 작은 도랑에서 '도랑' '더럽다'를 뜻한다.

犢	牛부 총19획	西周 金文	戰國 金文	小篆		犢牛(독우)
		妊小簋	犢共瓡戟	說文解字		
송아지 독	설문 牛부	犢(독)은 송아지를 뜻한다. 牛(우)는 의미부분이고, 瀆(독)의 생략형은 발음부분이다.(「犢, 牛子也. 从牛, 瀆省聲.」)				

✽ 어미 소(牛)를 통하여(賣) 생겨난 '송아지'로, 태어나면 내다팔았던(賣) 소(牛)인 '송아지'를 뜻한다.

續	糸부 총21획	甲骨文	春秋 金文	戰國 金文	小篆	古文	續編(속편) 續開(속개) 續刊(속간)
		後下21.15	吳王光鐘	鄂君舟節	說文解字		
이을 속	설문 糸부	續(속)은 잇는다는 뜻이다. 糸(멱·사)는 의미부분이고, 賣(매)는 발음부분이다. 賡(갱)은 續의 고문(古文)으로 庚(경)과 貝(패)로 이루어져 있다.(「續, 連也. 从糸, 賣聲. 賡, 古文續, 从庚·貝.」)					

✽ 끈(糸)으로 서로 통하게(賣) 이음에서 '잇다'를 뜻한다.

贖	貝부 총22획	西周 金文	戰國 金文	小篆			贖罪(속죄) 贖死(속사) 代贖(대속)
		曶鼎	雲夢法律	說文解字			
속죄할 속	설문 貝부	贖(속)은 재물을 바꾼다는 뜻이다. 貝(패)는 의미부분이고, 賣(매)는 발음부분이다.(「贖, 貿也. 从貝, 賣聲.」)					

✽ 잘못한 대가로 재물(貝)을 서로의 마음이 통할(賣) 만큼 주는 데서 '속죄하다'를 뜻한다.

賓 ➡ 嬪 ➡ 濱 ➡ 殯 ☆ … 負

賓	貝부 총14획	甲骨文			西周 金文			國賓(국빈) 貴賓(귀빈) 賓客(빈객) 迎賓館(영빈관)
		甲1222	續3.47.7	乙3274	保卣	井叔鐘	盂爵	
		春秋 金文		戰國 金文		小篆	古文	
		郯王鼎	王孫誥鐘	曾侯乙鐘	新蔡楚簡	說文解字		
손님 빈	설문 貝부	賓(빈)은 귀한 손님을 뜻한다. 貝(패)는 의미부분이고, 丏(면)은 발음부분이다. 寊은 고문(古文)이다.(「賓, 所敬也. 从貝, 丏聲. 寊, 古文.」)						

✽ 집(宀)에 온 손님(丏=丐:가릴 면)이 예물(貝)을 갖추어 주인을 찾아뵙는 데서 '손님'을 뜻한다.

嬪	女부 총17획	甲骨文			金文		嬪妾(빈첩) 嬪宮(빈궁) 妃嬪(비빈)
		前7.30.3	京津145	合13890	說文解字		
궁녀벼슬이름 빈	설문 女부	嬪(빈), 아내를 '빈'이라고 부르는 까닭은 (아내는 남편에게) 복종(服從)해야 하기 때문이다. 女(녀)는 의미부분이고, 賓(빈)은 발음부분이다.(「嬪, 服也. 从女, 賓聲.」)					

✽ 여자(女)로 손님(賓)같이 남편이나 임금에게 예를 갖추는 '궁녀' '아내' '궁녀벼슬'을 뜻한다.

濱	水부 총17획	설문 없음	小篆  形音義字典		濱塞(빈새) 濱涯(빈애) 濱死(빈사)
물가 빈					

※ 물(氵)이 손님(賓)이 와서 주인을 만나듯 육지와 만나는 '물가'를 뜻한다.

殯	歹부 총18획		小篆  說文解字		殯所(빈소) 殯宮(빈궁) 殯殿(빈전)
빈소 빈	설문 歹부	殯(빈)은 죽어서 시체는 관 속에 있고, 장지(葬地)로 옮기려고 하는 것을 柩(구)라고 한다. 빈례(賓禮)로써 맞이한다. 歹(알)과 賓(빈)은 모두 의미부분인데, 賓은 발음부분이기도 하다. 하(夏)나라에서는 조계(阼階, 주인이 손님을 맞는 계단)에서 맞이하였고, 은(殷)나라 사람들은 두 기둥 사이에서 맞이하였고, 주(周)나라 사람들은 빈객(賓客)의 계단에서 맞이하였다.(「殯, 死在棺, 將遷葬, 柩, 賓遇之. 从歹, 从賓, 賓亦聲. 夏后殯於阼階, 殷人殯於兩楹之閒, 周人殯於賓階.」)			

※ 죽은(歹) 사람에 손님(賓)이 예를 갖추거나, 시신을 잠시 편안히 안치하는 '빈소'를 뜻한다.

負	貝부 총9획	戰國 金文  雲夢法律	小篆 說文解字	負擔(부담) 負債(부채) 勝負(승부)	
질 부	설문 貝부	負(부)는 의지한다는 뜻이다. 사람[人(인)]이 재물[貝(패)]을 지키고 있으면, 그것에 의지하는 바가 있게 된다는 의미이다. 일설에는 남에게 베풂음을 받고서 갚지 않는다는 뜻이라고도 한다.(「負, 恃也. 从人守貝, 有所恃也. 一曰受貸不償.」)			

※ 사람(人=⺈)이 재물(貝)을 들거나 지고 있는 데서 '지다' '믿다' '책임' '패하다'를 뜻한다.

員 ➝ 圓 ➝ 韻 ➝ 隕 ☆ ➝ 殞 ➝ 損 ⋯ 鼎

員	口부 총10획	甲骨文  佚2 掇1.315	西周金文  員父尊 員鼎 員用鼎	小篆 籒文 說文解字	會員(회원) 議員(의원) 社員(사원)	
인원 원	설문 貝부	員(원)은 물건의 수량을 뜻한다. 貝(패)는 의미 부분이고, 口(구)는 발음 부분이다. 무릇 員부에 속하는 글자들은 모두 員을 의미부분으로 삼는다. 鼎은 주문(籒文)으로 (貝 대신) 鼎(정)을 썼다.(「員, 物數也. 从貝, 口聲. 凡員之屬皆从員. 鼎, 籒文从鼎.」)				

※ 둥근(○=口) 아가리와 솥(鼎=貝)으로, 둥글게 뭉치거나 모인 사람에서 '인원'으로 쓰인다.

圓	囗부 총13획	戰國 金文  曾侯墓簡	小篆  說文解字		圓形(원형) 圓滿(원만) 圓熟(원숙)	
둥글 원	설문 囗부	圓(원)은 둥글면서 완전하다는 뜻이다. 囗(위)는 의미부분이고, 員(원)은 발음부분이다. 員이라고 읽는다.(「圓, 圜全也. 从囗, 員聲. 讀若員.」)					

※ 원(○=囗)을 둥글게(員) 만듦에서 '둥글다'를 뜻하며, 둥글게 만든 옛날 돈에서 '돈'을 뜻한다.
  ※파자:둥글게 에워싼(囗) 많은 인원(員)에서 '둥글다'를 뜻한다.

韻	音부 총19획	小篆 韻 說文解字		韻文(운문) 韻律(운율) 韻致(운치)	
운 운	설문 音부	韻(운)은 조화롭다는 뜻이다. 音(음)은 의미부분이고, 員(원)은 발음부분이다.(「韻, 和也. 从音, 員聲.」)			

✽ 여러 소리(音)가 둥글게(員) 조화로움에서, 시(詩)의 화음인 '운'을 뜻한다.

隕	阜부 총13획	戰國 金文  中山王鼎	小篆  說文解字	隕石(운석) 隕星(운성) 隕鐵(운철)	
떨어질 운	설문 自부	隕(운)은 높은 곳에서 내려간다는 뜻이다. 阜(부)는 의미부분이고, 員(원)은 발음부분이다. ≪주역(周易)≫에 이르기를 "하늘로부터 떨어지다."라고 하였다.(「隕, 從高下也. 从自, 員聲. ≪周易≫曰: "有隕自天."」)				

✽ 높은 언덕(阝)에서 둥글게(員) 뭉쳐 떨어지는 데서 '떨어지다' '무너지다'를 뜻한다.

殞	歹부 총14획	설문 없음	小篆  形音義字典	殞命(운명) 殞絶(운절) 殞泣(운읍)	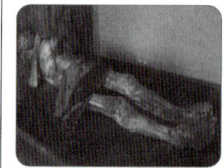
죽을 운					

✽ 죽어(歹) 둥글게(員) 오그라드는 데서 '죽다'를 뜻한다.

損	手부 총13획	小篆  說文解字		損失(손실) 損害(손해) 損益(손익)	
덜 손	설문 手부	損(손)은 줄인다는 뜻이다. 手(수)는 의미부분이고, 員(원)은 발음부분이다.(「損, 減也. 从手, 員聲.」)			

✽ 손(扌)으로 많은 인원(員)이 둥근 솥에서 음식을 덜어내는 데서 '줄다' '덜다'를 뜻한다.

鼎	鼎부 총13획	甲骨文 甲2851	殷商 金文 前7.35.1	西周 金文 鼎父己尊	西周 金文 盂鼎	戰國 金文 頌鼎	戰國 金文 中山王鼎	小篆 說文解字	鼎談(정담) 鼎立(정립) 鼎業(정업)	
솥 정	설문 鼎부	鼎(정)은 다리가 셋이고 두 귀가 달렸으며, 5가지 맛을 조화시키는 보배로운 그릇이다. 옛날 우(禹)임금이 9주(州)의 금속(金屬)을 모아 형산(荊山) 아래에서 鼎을 주조(鑄造)하는데, 숲속이나 물가에 있어도 이매(螭魅, 산 속에 산다는 짐승 모양의 괴물)나 망량(蝄蜽, 산도깨비)이 아무도 건드리지 못하였고, 힘을 합쳐 하늘의 뜻을 받들었다. ≪주역(周易)≫에 이르기를 "나무를 뜻하는 손괘(巽卦)가 아래에 있고 불을 뜻하는 이괘(離卦)가 위에 있는 것이 정괘(鼎卦)이다."라고 하였으니, 정괘(鼎卦)는 나무를 잘라 불을 피운다는 뜻을 그린 것이다. 주문(籒文)에서는 鼎을 貞(정)으로 썼다. 무릇 鼎부에 속하는 글자들은 모두 鼎을 의미부분으로 삼는다.(「鼎, 三足兩耳, 和五味之寶器也. 昔禹收九牧之金, 鑄鼎荊山之下, 入山林川澤, 螭魅蝄蜽, 莫能逢之, 以協承天休. ≪易≫卦, 巽木於下者爲鼎, 象析木以炊也. 籒文以鼎爲貞字. 凡鼎之屬皆从鼎.」)									

✽ 두 귀와 세 발이 달린 솥으로, 음식을 삶거나, 왕권과 권위를 상징하던 '솥'을 뜻한다.

毌 → 貫 → 慣 → 實

		甲骨文			金文		小篆		
毌	毌부 총4획	(甲)	(甲)	(甲)	(金)	(金)	(篆)	용례 없음	
		粹1289	甲3113	乙5248	秉毌丁卣	小盂鼎	說文解字		
꿸 관	설문 毌부	毌(관)은 물건을 뚫어 그것을 지닌다는 뜻이다. 一이 가로로 꿰뚫고 있는 구조로, (□는) 보화(寶貨)의 모양을 그린 것이다. 무릇 毌부에 속하는 글자들은 모두 毌을 의미부분으로 삼는다. 冠(관)처럼 읽는다.(「毌, 穿物持之也. 从一橫貫. 象寶貨之形. 凡毌之屬皆从毌. 讀若冠.」)							

✽ 귀한 물건(□)을 꿰어(一) 놓은 모양에서 '꿰다'를 뜻한다. ※毋(말 무)와 다름.

		小篆			
貫	貝부 총11획	(篆) 說文解字		貫通(관통) 貫徹(관철) 本貫(본관)	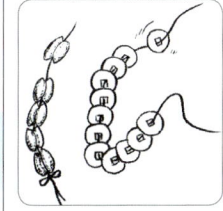
꿸 관	설문 毌부	貫(관)은 돈이나 조개를 꿴다는 뜻이다. 毌(관)과 貝(패)는 모두 의미부분이다.(「貫, 錢貝之貫. 从毌·貝.」)			

✽ 귀한 물건(□)을 꿰듯(一) 재물(貝)을 꿴 데서 '꿰다'를 뜻한다. ※毌(꿸 관), 毋(말 무).

			小篆		
慣	心부 총14획	설문 없음	(篆) 形音義字典	慣行(관행) 慣習(관습) 慣例(관례)	
익숙할 관		≪이아(爾雅)·석고(釋詁)≫를 보면 "慣(관)은 버릇[習(습)]이라는 뜻이다.(「慣, 習也.」)"라고 하였다.			

✽ 마음(忄)에 오래되어 꿰여 있듯(貫) 익숙함에서 '익숙하다'를 뜻한다.

		西周 金文	春秋 金文	小篆		
實	宀부 총14획	(金)	(金)	(金)	(篆)	實果(실과) 實際(실제) 實技(실기)	
		散盤	獻簋	國差𦉢	說文解字		
열매 실	설문 宀부	實(실)은 풍부하다는 뜻이다. 宀(면)과 貫(관)은 모두 의미부분이다. 貫(관)은 재물을 뜻한다.(「實, 富也. 从宀, 从貫. 貫, 貨貝也.」)					

✽ 집(宀)안에 넓은 밭(田=毌)과 돈(貝)이 가득 있는 모양, 집(宀)안에 재물이나 돈이 가득 꿰어(貫) 있어 '차다' '충실하다'를 뜻하나, 속이 가득 찬 충실한 과일 '열매'를 뜻하기도 한다.

貴 → 潰 → 櫃☆ → 遺

		戰國 金文	小篆		
貴	貝부 총12획	(金)	(篆)	貴賓(귀빈) 貴下(귀하) 貴族(귀족)	
		包山192	說文解字		
귀할 귀	설문 貝부	𧴪=貴(귀)는 물건이 싸지 않다는 뜻이다. 貝(패)는 의미부분이고, 臾(유)는 발음부분이다. 臾는 蕢(괴)의 고문(古文)이다.(「𧴪, 物不賤也. 从貝, 臾聲. 臾, 古文蕢.」)			

✽ 두 손(臼)으로 도구(人)나 삼태기(臾=虫 : 잠깐/만류할 유)에 흙이나 귀한 재물(貝)을 다스려 귀하게 함에서 '귀하다'를 뜻한다. ※파자:인생 가운데(中) 한(一) 가지 귀한 재물(貝)에서 '귀함'을 뜻한다.

		戰國 金文	小篆		
潰	水부 총15획	(金)	(篆)	潰滅(궤멸) 潰瘍(궤양) 潰敗(궤패)	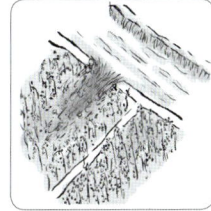
		雲夢封診	說文解字		
무너질 궤	설문 水부	潰(궤)는 (물이) 샌다는 뜻이다. 水(수)는 의미부분이고, 貴(귀)는 발음부분이다.(「潰, 漏也. 从水, 貴聲.」)			

✽ 물(氵)에 귀하게(貴) 다스려놓은 곳이 휩쓸림에서 '무너지다'를 뜻한다.

699

櫃	木부 총18획	설문 없음	 小篆 形音義字典				櫃封(궤봉) 櫃櫝(궤독) 書櫃(서궤)
궤짝 궤							

※ 나무(木)로 만든 상자(匚)로 귀한(貴) 것을 넣어두는 함(匱:함 궤)에서 '궤짝'을 뜻한다.

遺	辶부 총16획	西周 金文		春秋 金文	戰國 金文	小篆	遺言(유언) 遺産(유산) 遺物(유물)
		智鼎	旂作父戊鼎	應侯鐘	王孫遺者鐘	中山王壺	說文解字
남길 유	설문 辶부	遺(유)는 잃어버렸다는 뜻이다. 辶(착)은 의미부분이고, 貴(귀)는 발음부분이다.(「䢌, 亡也. 从辶, 貴聲.」)					

※ 귀한(貴) 것을 두고 감(辶)에서 '남기다'를 뜻한다.

𠦝 → 遣 → 譴

𠦝	口부 총10획	甲骨文		西周 金文		小篆	용례 없음
		後下12.3	乙3317	小臣謎簋	大保簋	說文解字	
작은덩어리 견	설문 𠂤부	𠦝=𠂤(작은 흙덩어리 견)은 견상(𠂤商)으로, 작은 흙덩어리를 뜻한다. 𠂤(부)와 臾(유)는 모두 의미부분이다.(「𠂤, 𠂤商, 小塊也. 从𠂤, 从臾.」)					

※ 두 손(臼)으로 잡고 있(臾=虫) 있는 장례(葬禮)하기 위해 묶어 있는 물건(𠦝) 모양으로 '작은 덩이'를 뜻한다.
※파자:중심(中)이 되게 하나(一)로 쌓은(𠦝) '작은 덩이'.

遣	辶부 총14획	甲骨文		西周 金文			小篆	派遣(파견) 遣悶(견민) 發遣(발견)
		後下12.3	粹1219	小臣謎簋	盂簋	遣小子簋	說文解字	
보낼 견	설문 辶부	遣(견)은 내보낸다는 뜻이다. 辶(착)은 의미부분이고, 𠦝(견)은 발음부분이다.(「䢌, 縱也. 从辶, 𠦝聲.」)						

※ 두 손(臼)으로 잡고(臾=虫) 묶은(𠦝) 순장에 쓰이는 물건 덩이(𠦝:작은 덩이 견)를 넣어 보내(辶) 장례하던 데서 '보내다'를 뜻한다.

譴	言부 총21획	戰國 金文	小篆	譴責(견책) 譴告(견고) 譴怒(견노)
		雲夢日乙	說文解字	
꾸짖을 견	설문 言부	譴(견)은 책문(責問, 꾸짖어 물음)한다는 뜻이다. 言(언)은 의미부분이고, 遣(견)은 발음부분이다.(「䜷, 謫問也. 从言, 遣聲.」)		

※ 잘못을 말하고(言) 꾸짖어 보냄(遣)에서 '꾸짖다' '재앙'을 뜻한다.

能 → 熊 → 態 → 罷

能	肉부 총10획	甲骨文	西周金文		春秋 金文	戰國 金文	小篆	能率(능률) 能熟(능숙) 能通(능통)
		合19703	沈子簋	毛公鼎	能匋尊	袁成叔鼎	中山王鼎	說文解字	
능할 능	설문 能부	能(능)은 곰의 일종이다. 발은 사슴과 비슷하다. 肉(육)은 의미부분이고, 㠯(이)는 발음부분이다. 能이라는 짐승은 속이 견실(堅實)하기 때문에 그래서 '현명하고 능력이 있다'라는 뜻으로도 쓰인다. 또 '튼튼하다'라고 할 때도 능걸(能傑)이라고 부른다. 무릇 能부에 속하는 글자는 모두 能을 의미부분으로 삼는다.(「𤱿, 熊屬. 足似鹿. 从肉, 㠯聲. 能獸堅中, 故稱賢能；而彊壯稱能傑也. 凡能之屬皆从能.」)							

※ 곰 모양의 글자. ※파자:사냥을 잘하여 머리(厶)에 고깃덩이(月)를 물고 두 발(匕·匕)로 걷는 곰으로 둔해 보이나 끈기 있고 영리하여 '능하다' '견디다'를 뜻한다.

熊	火부 총14획	戰國 金文	小篆			熊津(웅진) 熊膽(웅담) 熊掌(웅장)
		十鐘印擧	說文解字			
곰 웅	설문 熊부	熊(웅)은 짐승(의 이름)이다. 돼지와 비슷하고, 산에 살며, 겨울잠을 잔다. 能(능)은 의미부분이고, 炎(염)의 생략형은 발음부분이다. 무릇 熊부에 속하는 글자들은 모두 熊을 의미부분으로 삼는다.(「𤊦, 獸. 似豕, 山居, 冬蟄. 从能, 炎省聲. 凡熊之屬皆从熊.」)				

※ 곰(能)종류로 몸에 불(灬)같은 붉은 털이 덮인 '곰'으로. '能(능)'이 '가능'으로 뜻이 변하자 '灬'를 더해 '곰'을 뜻하였다. ※파자:불(灬)을 무서워하는 곰(能)에서 '곰'을 뜻한다.

態	心부 총14획	小篆	或體			態度(태도) 生態(생태) 狀態(상태)
			說文解字			
모습 태	설문 心부	態(태)는 (마음이 가는) 뜻이라는 뜻이다. 心(심)과 能(능)은 모두 의미부분이다. 㑷는 혹체자(或體字)로 (心 대신) 人(인)을 썼다.(「態, 意也. 从心, 从能. 㑷, 或从人.」)				

※ 곰(能)의 마음(心) 상태에 따라 행동이나 모습이 달라 보이는 데서 '모습' '모양'을 뜻한다.

罷	网부 총15획	戰國 金文	小篆			罷業(파업) 罷免(파면) 罷場(파장)
		雲夢法律	說文解字			
마칠 파	설문 网부	罷(파)는 죄인을 놓아준다는 뜻이다. 网(망)과 能(능)은 모두 의미부분이다. 마음이 착하거나 재능이 있는 사람은 법망(法網)에 들어오더라도 용서하고 놓아준다는 말이다. ≪주례(周禮)≫에 이르기를 "재주 있는 사람의 잘못을 논의한다."라고 하였다.(「罷, 遣有辠也. 从网·能. 言有賢能而入网, 而貫遣之. ≪周禮≫曰: "議能之辟."」)				

※ 그물(罒)에 걸려 고달픈 곰(能)을 놓아주는 데서 '놓아주다' '마치다' '지치다'를 뜻한다.

皮→彼→被→疲→披→波→婆→破→頗→坡→跛☆

皮	皮부 총5획	殷商 金文	西周 金文	春秋 金文	戰國 金文	古文	春秋 金文	籒文	皮膚(피부) 皮革(피혁) 皮脂(피지)
		衛鼎乙	衛鼎乙	者減鐘	胤嗣壺			說文解字	
가죽/겉 피	설문 皮부	皮(피), 짐승의 가죽을 벗기는 것을 皮라고 한다. 又(우)는 의미부분이고, 爲(위)의 생략형은 발음부분이다. 무릇 皮부에 속하는 글자들은 모두 皮를 의미부분으로 삼는다. 𡰻는 皮의 고문(古文)이다. 𠭯는 皮의 주문(籒文)이다.(「皮, 剝取獸革者謂之皮. 从又, 爲省聲. 凡皮之屬皆从皮. 𡰻, 古文皮. 𠭯, 籒文皮.」)							

※ 짐승의 가죽을 손(又)으로 벗겨내고 있는 모양에서 '가죽' '표면' '겉'을 뜻한다.

彼	彳부 총8획	戰國 金文	小篆			彼岸(피안) 彼此(피차) 彼我(피아)
		雲夢爲吏	說文解字			
저 피	설문 彳부	彼(피)는 조금 더 간다는 뜻이다. 彳(척)은 의미부분이고, 皮(피)는 발음부분이다.(「彼, 往有所加也. 从彳, 皮聲.」)					

※ 이곳을 떠나 저편으로 감(彳)이 몸에서 가죽(皮)을 벗겨내듯 하는 데서 '저' '저것'을 뜻한다.
 ※참고:길을 가는(彳) 길가(皮)의 반대편에서 '저'쪽을 뜻한다.

701

被	衣부 총10획	戰國 金文			小篆		被服(피복) 被告(피고) 被害(피해)	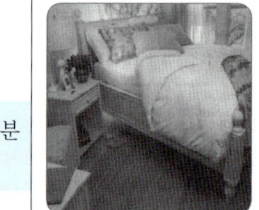
		杜虎符	新郪虎符	包山199	說文解字			
입을 **피**	설문 衣부	被(피)는 이불을 뜻한다. 길이는 사람 몸 길이에 반이 더 있는 길이이다. 衣(의)는 의미부분이고, 皮(피)는 발음부분이다.(「👘, 寢衣也. 長一身有半. 从衣, 皮聲.」)						

✽ 몸에 입는 옷(衤)처럼 잘 때 몸의 겉을 덮는(皮) 데서 '입다' '덮다'를 뜻한다.

	疒부 총10획	戰國 金文	小篆		疲困(피곤) 疲勞(피로) 疲弊(피폐)	
		璽彙3203	說文解字			
피곤할 **피**	설문 疒부	疲(피)는 피로(疲勞)하다는 뜻이다. 疒(녁)은 의미부분이고, 皮(피)는 발음부분이다.(「👘, 勞也. 从疒, 皮聲.」)				

✽ 일에 지친 괴로운 병(疒)세가 겉(皮)에 드러나는 데서 '피곤하다' '고달프다'를 뜻한다.

	手부 총8획	小篆		披露(피로) 披覽(피람) 披露宴(피로연)	
		說文解字			
헤칠 **피**	설문 手부	披(피), 옆에서 잡는 것을 披라고 한다. 手(수)는 의미부분이고, 皮(피)는 발음부분이다.(「👘, 从旁持曰披. 从手, 皮聲.」)			

✽ 손(扌)으로 짐승의 가죽(皮)을 벗기듯 짐승의 몸을 분해하는 데서 '헤치다' '나누다'를 뜻한다.

	水부 총8획	戰國 金文		小篆		波濤(파도) 波長(파장) 波及(파급)	
		守相杜波鈹	包山110	說文解字			
물결 **파**	설문 水부	波(파)는 물이 솟아오르며 흐른다는 뜻이다. 水는 의미부분이고, 皮는 발음부분이다.(「👘, 水涌流也 从水, 皮聲.」)					

✽ 물(氵)의 겉(皮)에 드러나는, 즉 물(氵) 표면(皮)에 생기는 '물결'을 뜻한다.

	女부 총11획	설문 없음	小篆		老婆(노파) 産婆(산파) 媒婆(매파)	
			形音義字典			
할미 **파**						

✽ 물결(波)처럼 움직여 춤추는 여자(女)로, 얼굴에 물결(波) 주름이 많은 여자(女)에서 '할미'로 쓰이고, 범어(梵語) 'Bha'의 음역으로도 쓰인다.

	石부 총10획	小篆		破鏡(파경) 破壞(파괴) 破産(파산)	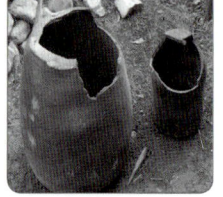
		說文解字			
깨뜨릴 **파**	설문 石부	破(파)는 돌이 잘게 부서졌다는 뜻이다. 石(석)은 의미부분이고, 皮(피)는 발음부분이다.(「👘, 石碎也. 从石, 皮聲.」)			

✽ 돌(石)의 표면(皮)을 쳐서 부수는 데서 '깨뜨리다'를 뜻한다.

頗	頁부 총14획	戰國 金文	小篆		頗多(파다) 頗僻(파벽) 偏頗的(편파적)	
		陶五198	說文解字			
자못 파	설문 頁부	頗(파)는 머리가 비뚤어졌다는 뜻이다. 頁(혈)은 의미부분이고, 皮(피)는 발음부분이다.(「頗, 頭偏也. 从頁, 皮聲.」)				

※ 한쪽으로 가죽(皮)을 벗기듯, 머리(頁)가 한쪽으로 많이 기움에서 '자못' '치우치다'를 뜻한다.

	土부 총8획	戰國 金文		小篆	坡塘(파당) 送坡區(송파구) 坡州市(파주시)	
		兆域圖	包山110	說文解字		
언덕 파	설문 土부	坡(파)는 비탈을 뜻한다. 土(토)는 의미부분이고, 皮(피)는 발음부분이다.(「坡, 阪也. 从土, 皮聲.」)				

※ 땅(土)의 표면(皮)이 경사지게 기운 '언덕' '고개'를 뜻한다.

	足부 총12획	戰國 金文	小篆		跛行(파행) 蹇跛(건파) 跛立(피립)	
		上博容成	說文解字			
절름발이 파 비스듬히설 피	설문 足부	跛(파)는 걸음이 올바르지 않다는 뜻이다. 足(족)은 의미부분이고, 皮(피)는 발음부분이다. 일설에는 절름발이를 뜻한다고도 한다. 彼(피)처럼 읽는다.(「跛, 行不正也. 从足, 皮聲. 一曰足排之. 讀若彼.」)				

※ 발(足)을 한쪽으로 가죽(皮)을 벗기듯, 한쪽을 절며 걷는 '절름발이'나 '비스듬히 서는' 것을 뜻한다.

韋 ➡ 偉 ➡ 圍 ➡ 違 ➡ 緯 ➡ 衛 ➡ 暐 ❖ ➡ 瑋 ❖ ➡ 禕 ＊ ➡ 煒 ❖ ➡ 諱 ☆

	韋부 총9획	甲骨文	殷商 金文	西周 金文	春秋 金文	戰國 金文	小篆	 古文	韋柔(위유) 韋帶(위대) 韋布(위포)	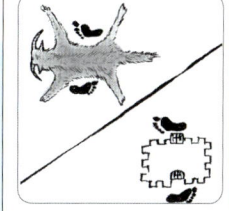
		甲350	韋癸爵	韋鼎	兪父盤	呂不韋戈	說文解字			
가죽/감쌀 위	설문 韋부	韋(위)는 서로 어긋났다는 뜻이다. 舛(천)은 의미부분이고, □(위)는 발음부분이다. 짐승 가죽은 구부러지고 서로 어긋난 물건을 묶을 수 있다. 그래서 韋자를 빌려서 가죽이라는 뜻으로 쓰는 것이다. 무릇 韋부에 속하는 글자들은 모두 韋를 의미부분으로 삼는다. 𩏑는 韋의 고문(古文)이다.(「韋, 相背也. 从舛, □聲. 獸皮之韋, 可以束枉戾相韋背, 故借以爲皮韋. 凡韋之屬皆从韋. 𩏑, 古文韋.」)								

※ 두 발(夂・㐄)로 성(口)이나 마을 주위를 감싸고 서로 엇갈려 돌며 지키거나, 가죽(口)을 두 발(夂・㐄)을 어긋나게 하여 무두질한 다룬 가죽으로, '감싸다' '주위' '가죽'을 뜻한다.

偉	人부 총11획	小篆		偉業(위업) 偉大(위대) 偉人(위인)	
		說文解字			
클 위	설문 人부	偉(위)는 기이(奇異)하다는 뜻이다. 人(인)은 의미부분이고, 韋(위)는 발음부분이다.(「偉, 奇也. 从人, 韋聲.」)			

※ 사람(亻)이 일반인과 어긋나게(韋) 뛰어나고 특이함에서 '크다' '훌륭하다'를 뜻한다.

圍	囗부 총12획	西周 金文	春秋 金文	小篆	範圍(범위) 周圍(주위) 雰圍氣(분위기)	
		柞伯鼎	庚壺	說文解字		
에워쌀 위	설문 囗부	圍(위)는 지킨다는 뜻이다. 囗(위)는 의미부분이고, 韋(위)는 발음부분이다.(「圍, 守也. 从囗, 韋聲.」)				

※ 일정 구역(囗)을 감싸고(韋) 지키는 둘레에서 '에워싸다' '둘레'를 뜻한다.

違	辵부 총13획	殷商 金文			小篆		違法(위법) 違反(위반) 違憲(위헌)	
		臣卿簋	臣卿鼎	班簋	說文解字			
어긋날 위	설문 辵부	違(위)는 떠난다는 뜻이다. 辵(착)은 의미부분이고, 韋(위)는 발음부분이다.(「諱, 離也. 从辵, 韋聲.」)						

※ 어긋나게(韋) 어기고 떠나감(辶)에서 '어기다' '어긋나다'를 뜻한다.

緯	糸부 총15획	戰國 金文	小篆		緯度(위도) 緯線(위선) 經緯(경위)	
		包山263	說文解字			
씨 위	설문 糸부	緯(위)는 직물의 가로 실을 뜻한다. 糸(멱·사)는 의미부분이고, 韋(위)는 발음부분이다.(「緯, 織橫絲也. 从糸, 韋聲.」)				

※ 베를 짜는 실(糸)로, 세로 실 사이를 가로로 어긋나게(韋) 연결하는 '씨' '씨실'을 뜻한다.

衛	行부 총15획	甲骨文		殷商 金文	西周 金文	戰國 金文	小篆	守衛(수위) 衛生(위생) 護衛(호위)	
		粹253	粹196	子衛爵	賢簋	攸从鼎	衛簋 說文解字		
지킬 위	설문 行부	衛(즉 衛)는 밤을 새워 지킨다는 뜻이다. 韋(위)·帀(잡)·行(행)은 모두 의미부분이다. 行은 줄서서 지킨다는 뜻이다.(「衛, 宿衛也. 从韋·帀, 从行. 行, 列衛也.」)							

※ 길가는 행렬(行) 주위를 감싸고(韋) 지키는 데서 '지키다'를 뜻한다. ※衛:본자(本字).

暐	日부 총13획	설문 없음	小篆		暐暐(위위)	
			 形音義字典			
햇빛 위						

※ 해(日)가 떠올라 온 누리를 감싸고(韋) 밝게 비추는 데서 '햇빛'을 뜻한다.

瑋	玉부 총13획	설문 없음	小篆		瑋寶(위보) 瑋術(위술) 瑋質(위질)	
			 形音義字典			
옥이름/진귀할 위						

※ 옥(玉)이 진귀한 아름다운 색으로 감싸인(韋) 데서 '옥 이름' '진귀하다'를 뜻한다.

褘	衣부 총14획	甲骨文	小篆		褘然(위연)	
		粹1588	說文解字			
향낭/폐슬 위	설문 衣부	褘(위)는 무릎 가리개를 뜻한다. 衣(의)는 의미부분이고, 韋(위)는 발음부분이다. ≪주례(周禮)≫에 이르기를 "왕후의 제사복(祭祀服) 위의(褘衣)."라고 하였는데, 이는 꿩을 그린 외투를 일컫는 것이다.(「褘, 蔽厀也. 从衣, 韋聲. ≪周禮≫曰: "王后之服褘衣", 謂畫袍.」)				

※ 옷(衤)이나 제복(祭服) 위에 감싸(韋) 입어 무릎을 가리는 '폐슬'이나, 옷 주위에 차는 '향낭'을 뜻한다.

煒	火부 총13획	小篆 煒 說文解字		용례 없음
붉은빛 위	설문 火부	煒(위)는 매우 붉다는 뜻이다. 火(화)는 의미부분이고, 韋(위)는 발음부분이다. ≪시경(詩經)≫에 이르기를 "붉은 칠한 피리 붉기도 하여라."라고 하였다.(「煒, 盛赤也. 从火, 韋聲. ≪詩≫曰: "彤管有煒."」)		

※ 불(火) 같은 붉은 기운에 감싸인(韋) 데서 '붉은빛'을 뜻한다.

諱	言부 총16획	春秋 金文	戰國 金文	小篆	諱日(휘일) 諱忌(휘기) 諱言(휘언)
		㝬敖簋	蔡侯盤	侯馬盟書	說文解字	
숨길/꺼릴 휘	설문 言부	諱(휘)는 꺼린다는 뜻이다. 言(언)은 의미부분이고, 韋(위)는 발음부분이다.(「諱, 忌也. 从言, 韋聲.」)				

※ 공개적으로 말하기(言)가 어긋나(韋) 꺼려짐에서 '숨기다' '꺼리다'를 뜻한다.

 ➡ () ➡  ➡ 羈 ☆

革	革부 총9획	甲骨文	西周 金文	戰國 金文	小篆	古文	革命(혁명) 革帶(혁대) 改革(개혁)
		花東474	康鼎	革同簋	鄂君啓車節	說文解字	
가죽 혁	설문 革부	革(혁)은 짐승의 가죽으로, 그 털을 제거한 것이다. 革은 바꾼다는 뜻이다. 고문(古文) 𩊱(두 손으로 가죽을 다듬는 모양)을 그린 것이다. 무릇 革부에 속하는 글자들은 모두 革을 의미부분으로 삼는다. 𩊱은 革의 고문으로, 三十(삼십)은 의미부분이다. 30년은 1세대(世代)이므로, 가치 기준도 바뀌기 마련인 것이다. 臼(곡)은 발음부분이다.(「革, 獸皮, 治去之毛, 革, 更之. 象古文革之形. 凡革之屬皆从革. 𩊱, 古文革, 从三十. 三十年謂一世, 而道更也. 臼聲.」)					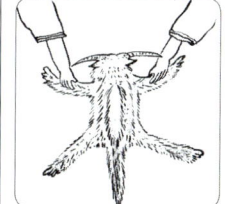

※ 가죽을 펴 말리는 모양이거나, 털을 제거한 가죽에서 '가죽' '고치다'를 뜻한다. ※가죽제품.
　※파자: 펼쳐놓은 머리(凵)와 앞다리(一) 몸통(口) 뒷다리(一)와 꼬리(丨)모양의 '가죽'.

䨣	雨부 총17획	西周 金文	小篆		용례 없음
		鄭虢仲簋	說文解字		
비에적신가죽 박	설문 雨부	䨣(박)은 비에 젖은 가죽을 뜻한다. 雨(우)와 革(혁)은 모두 의미부분이다. 膊(박)처럼 읽는다.(「䨣, 雨濡革也. 从雨, 从革. 讀若膊.」)			

※ 비(雨)에 젖은 가죽(革)에서 '비에 적신 가죽'을 뜻한다.

霸	雨부 총21획	甲骨文	西周 金文			春秋 金文	小篆	古文	霸者(패자) 霸氣(패기) 霸權(패권)
		屯873	令鼎	師奎父鼎	頌鼎	鄭虢仲鼎	說文解字		
으뜸 패	설문 月부	霸(으뜸 패; 달력 백)은 달이 비로소 나타나, 빛을 내기 시작한다는 뜻이다. 큰 달을 이어서는 2일 날 시작하고, 작은 달을 이어서는 3일 날 시작된다. 月(월)은 의미부분이고, 䨣(박)은 발음부분이다. 〈주서(周書)〉에 이르기를 "열 엿새 날."이라고 하였다. 𩁜은 霸의 고문(古文)이다.(「霸, 月始生, 霸然也. 承大月二日, 承小月三日. 从月, 䨣聲. 〈周書〉曰: "哉生霸." 𩁜, 古文霸.」)							

※ 비(雨)에 젖은 가죽(革)이 부풀듯(䨣:비에 적신 가죽 박) 달(月)이 다시 커져 처음 밝아짐에서 '으뜸' '달의 빛'을 뜻한다. ※覇(속자)

羈	网부 총24획	설문 '罵(기)'와 같이 쓰임.	戰國 金文	小篆	或體	羈絆(기반) 羈束(기속) 羈束力(기속력)
			璽彙1768	說文解字		
굴레/나그네 **기**	설문 网부	罵(기)는 말의 갈기 위에 장식하는 마구(馬具)를 뜻한다. 网(망)과 罵(칩)은 모두 의미부분이다. 罵은 말의 고삐를 뜻한다. 羈(羁)는 罵의 혹체자(或體字)로 革(혁)을 더하였다.(「罵, 馬絡頭也. 从网, 从罵. 罵, 馬絆也. 羈, 罵或从革.」)				

✽ 그물(冂)모양 가죽(革)을 말(馬)머리에 씌워 말을 구속하던 '굴레'로, '나그네'를 뜻하기도 한다.

鹿	鹿부 총11획	甲骨文				殷商 金文	西周金文	小篆	鹿茸(녹용) 鹿角(녹각) 鹿苑(녹원)

		前4.8.1	甲1395	粹950	前2.27.1	鹿方鼎	命 簋	說文解字	
사슴 **록**	설문 鹿부	鹿(록)은 짐승(의 이름)이다. 머리의 뿔과 네 다리를 그린 모양이다. 새와 사슴은 다리 모양이 비슷하다. 匕(비, 즉 比)는 의미부분이다. 무릇 鹿부에 속하는 글자들은 모두 鹿을 의미부분으로 삼는다.(「鹿, 獸也. 象頭角四足之形. 鳥鹿足相似. 从匕. 凡鹿之屬皆从鹿.」)							

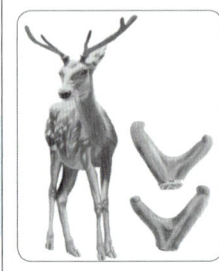

✽ 사슴의 머리 뿔 다리를 본뜬 글자로 '사슴'을 뜻한다.

麓	鹿부 총19획	甲骨文			西周 金文	小篆	古文	山麓(산록) 麓林(녹림) 翠麓(취록)
		粹664	甲703	前2.28.3	鄁王義楚尚	說文解字		
산기슭 **록**	설문 林부	麓(록)은 산림을 지키는 관리를 뜻한다. 林(림)은 의미부분이고, 鹿(록)은 발음부분이다. 일설에는 숲이 산에 이어져 있는 것(즉 산기슭)을 麓이라고 한다고도 한다. 《춘추전(春秋傳)》에 이르기를 "사산(沙山)의 산기슭이 무너졌다."라고 하였다. 籙은 고문(古文)으로 (鹿 대신) 彔(록)을 썼다.(「麓, 守山林吏也. 从林, 鹿聲. 一曰林屬於山爲麓. 《春秋傳》曰: "沙麓崩." 籙, 古文从彔.」)							

✽ 산의 우거진 숲(林) 중에서 사슴(鹿)이 많이 서식하던 '산기슭'을 뜻한다.

塵	土부 총14획	小篆	籀文			塵土(진토) 粉塵(분진) 落塵(낙진)
		說文解字				
티끌 **진**	설문 麤부	麤(진)은 사슴이 가니 먼지가 일어난다는 뜻이다. 麤(추)와 土(토)는 모두 의미부분이다. 는 주문(籀文)이다.(「麤, 鹿行揚土也. 从麤, 从土. , 籀文.」)				

✽ 무리의 사슴이 거칠게(麤=鹿: 거칠 추) 땅(土)을 달려 일어나는 '먼지'나 '티끌'을 뜻한다.

麗	鹿부 총19획	甲骨文		西周 金文	春秋金文	小篆	古文	篆文	華麗(화려) 麗曲(여곡) 高麗(고려)
		錄379	周甲123	周甲探95	師旅簋	取盧匜	說文解字		
고울 **려**	설문 鹿부	麗(려)는 짝을 지어 간다는 뜻이다. 사슴의 본성(本性)은 먹을 것을 보면 마음이 급해져서 반드시 짝을 지어 간다. 鹿(록)은 의미부분이고, 丽(려)는 발음부분이다. 《예기(禮記)》에 이르기를 "여피(麗皮)를 결혼 예물로 보낸다"라는 글귀가 있는데, 여기에서 여피(麗皮)란 아마 녹피(鹿皮, 사슴의 가죽)일 것이다. 𠨎는 고문(古文)이다. 𠨏는 전문[篆文, 즉 대전(大篆)]의 麗자이다.(「麗, 旅行也. 鹿之性, 見食急則必旅行. 从鹿, 丽聲. 《禮》: "麗皮納聘", 盖鹿皮也. 𠨎, 古文. 𠨏, 篆文麗字.」)								

✽ 두 뿔(丽)이 아름다운 사슴(鹿), 또는 목이 긴 두 마리의 사슴(鹿)에서 '곱다'를 뜻한다.

驪	馬부 총29획	甲骨文		小篆		驪龍(이룡) 驪珠(이주) 驪州郡(여주군)
		前4·47·5	扶風齊骨	說文解字		
검은말 려/리	설문 馬부	驪(리·려)는 짙은 검은 색의 말을 뜻한다. 馬(마)는 의미부분이고, 麗(려)는 발음부분이다.(「驪, 馬深黑色. 从馬, 麗聲.」)				

※ 말(馬) 종류 중에 순순한 진한색의 검고 고운(麗) 말에서 '검은 말'을 뜻한다.

灑	水부 총22획	戰國 金文	小篆		灑掃(쇄소) 掃灑(소쇄) 灑然(쇄연)
		秦陶1311	說文解字		
물뿌릴 쇄	설문 水부	灑(새·쇄)는 汛(물 뿌릴 신)이다. 水(수)는 의미부분이고, 麗(려)는 발음부분이다.(「灑, 汛也. 从水, 麗聲.」)			

※ 물(氵)방울이 곱게(麗) 흩어져 떨어짐에서 '물 뿌리다' '깨끗하다'를 뜻한다.

廌	广부 총13획	甲骨文		殷商 金文	戰國 金文		小篆	獬廌(해치)
		明藏472	京津3876	亞廌父鼎觚	廌蓳戟	侯馬盟書	說文解字	
해태 치	설문 廌부	廌(치)는 해태(獬廌)로, 짐승이다. 들소와 비슷한데, 뿔이 하나다. 옛날 송사(訟事)에서 판결을 할 때, 이것으로 하여금 정직하지 않은 자를 들이받도록 하였다. 상형(象形)으로, 豸(치)의 생략형은 의미부분이다. 무릇 廌부에 속하는 글자들은 모두 廌를 의미부분으로 삼는다.(「廌, 解廌, 獸也. 似山牛, 一角. 古者決訟, 令觸不直. 象形. 从豸省. 凡廌之屬皆从廌.」)						

※ 사슴(鹿=声)이나 소처럼 외뿔이 있는 말(馬=𩡧)과 비슷한 '신성한 짐승'인 '해치(獬廌)'를 뜻한다.

薦	艸부 총17획	春秋 金文		小篆		推薦(추천) 薦聞(천문) 公薦(공천)
		鄭登伯鬲	自作薦鬲	吳王光鑑	說文解字	
천거할 천	설문 廌부	薦(천)은 짐승들이 먹는 풀이다. 廌(치)와 艸(초)는 모두 의미부분이다. 옛날 신인(神人)이 황제(黃帝)에게 외뿔짐승[廌]을 선물하였다. 황제(黃帝)가 "무엇을 먹고 어디에 삽니까?"라고 묻자, 신인(神人)은 "薦을 먹고, 여름에는 물가에서 살고, 겨울에는 송백(松栢)나무에서 삽니다."라고 대답하였다.(「薦, 獸之所食艸. 从廌, 从艸. 古者神人以遺黃帝, 帝曰: "何食? 何處?" 曰: "食薦, 夏處水澤, 冬處松栢."」)					

※ 특정한 풀(艹)이나 특정 자리에 머물던 사슴 같고 외뿔이 달린 신성한 짐승(廌:해태 치)을 뜻하던 글자로, 좋은 인재를 뽑아 좋은 자리에 올리는 데서 '천거하다'를 뜻한다.

慶	心부 총15획	甲骨文		西周 金文	春秋 金文		小篆	慶祝(경축) 慶弔(경조) 慶節(경절)
		前4.47.3	存下915	召伯簋	冀伯盨	秦公簋	說文解字	
경사 경	설문 心부	慶(경)은 가서 다른 사람에게 축하를 한다는 뜻이다. 心(심)과 夊(쇠)는 의미부분이다. 길상(吉祥)의 전례(典禮)에는 사슴의 가죽으로 예물을 삼는다. 그래서 鹿(록)자의 생략형을 의미부분으로 쓴 것이다.(「慶, 行賀人也. 从心, 从夊. 吉禮以鹿皮爲贄, 故从鹿省.」)						

※ 경사에 쓰이던 사슴(鹿⇒声)의 심장(心)이나, 사슴(鹿)을 들고, 마음(心)으로 가서(夊) 축하하는 데서 '경사'를 뜻한다. ※참고:比(비)는 'ㄱ'로 변형.

龍 ➡ 壟 ☆ ➡ 瓏 ➡ 籠 ➡ 聾 ➡ 瀧 ❖ ➡ 寵 ➡ 龐 ➡ (龓) ➡ 襲

		甲骨文		殷商 金文	西周金文	春秋 金文		小 篆
龍부 총16획								
		拾5.5	乙7388	龍爵	龍母鼎	王孫鐘	邵 鐘	說文解字

龍宮(용궁)
龍虎(용호)
靑龍(청룡)

용 룡
설문
龍부

龍(룡)은 비늘이 있는 짐승 가운데 으뜸가는 동물이다. (모습을) 안보이게도 할 수 있고 보이게도 할 수 있으며, (몸을) 가늘게도 할 수 있고 크게도 할 수 있고, 짧게도 할 수 있고 길게도 할 수 있다. 춘분(春分)이 되면 하늘로 오르고, 추분(秋分)이 되면 깊은 못에 잠긴다. 肉(육)은 의미부분이고, (오른 쪽 부분은 용이) 나는 모양을 그린 것이다. 童(동)의 생략형은 발음부분이다. 무릇 龍부에 속하는 글자들은 모두 龍을 의미부분으로 삼는다.(「龍, 鱗蟲之長. 能幽能明, 能短能長. 春分而登天, 秋分而潛淵. 从肉, 飛之形, 童省聲. 凡龍之屬皆从龍.」)

＊ 상상의 동물인 조화를 부려 높은 하늘로 날아오르는 긴 '용'으로 '제왕'을 뜻하기도 한다.

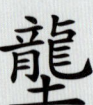

	戰國 金文	小 篆
土부 총19획		
	作家壟戈	說文解字

壟斷(농단)
壟畔(농반)
丘壟(구롱)

밭두둑 롱
설문 土부

壟(롱)은 무덤을 뜻한다. 土(토)는 의미부분이고, 龍(롱)은 발음부분이다.(「壟, 丘壟也. 从土, 龍聲.」)

＊ 기다란 용(龍)처럼 밭 주위에 높고 길게 흙(土)을 쌓은 '밭두둑'을 뜻한다.

	小 篆
玉부 총20획	
	說文解字

玲瓏(영롱)
瓦瓏(와롱)
瓏瓏(농롱)

옥소리 롱
설문 玉부

瓏(롱)은 가뭄에 비를 기원할 때 쓰는 옥으로, 용의 무늬가 새겨져 있다. 玉(옥)과 龍(롱)은 모두 의미부분인데, 龍은 발음부분이기도 하다.(「瓏, 禱旱玉, 龍文. 从玉, 从龍, 龍亦聲.」)

＊ 옥(玉)홀에 용(龍)을 새겨 기우제에 쓸 때 부딪쳐 나는 소리에서 '옥 소리'를 뜻한다.

	小 篆
竹부 총22획	
	說文解字

籠絡(농락)
籠球(농구)
欌籠(장롱)

대바구니 롱
설문 竹부

籠(롱)은 흙을 옮기는 데 쓰이는 대나무 그릇을 뜻한다. 일설에는 종다래끼를 뜻한다고도 한다. 竹(죽)은 의미부분이고, 龍(롱)은 발음부분이다.(「籠, 擧土器也. 一曰笭也. 从竹, 龍聲.」)

＊ 대(竹)로 만들어 나는 용(龍)이 날듯 물건을 쉽게 나를 수 있게 만든 '대바구니'를 뜻한다.

	甲骨文	西周 金文	戰國 金文	小 篆
耳부 총22획				
	佚234	聾鼎	子淵聾戟	說文解字

聾兒(농아)
聾盲(농맹)
聾俗(농속)

귀먹을 롱
설문 耳부

聾(롱)은 귀가 먹었다는 뜻이다. 耳(이)는 의미부분이고, 龍(롱)은 발음부분이다.(「聾, 無聞也. 从耳, 龍聲.」)

＊ 용(龍)이 승천할 때 치는 천둥소리도 귀(耳)로 듣지 못하는 '귀머거리'에서 '귀먹다'를 뜻한다.

瀧	水부 총19획	甲骨文			戰國 金文	小篆	瀧瀧(농롱) 瀧水(농수)	
			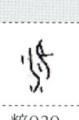		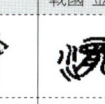			
		粹939	粹931	前6.46.3	逐 鼎	逐 簋		
비올/여울 **롱**	설문 水부	瀧(젖을 롱; 물 이름 랑; 여울 상)은 비가 (부슬부슬) 내려 흐릿한 모습이다. 水(수)는 의미부분이고, 龍(룡)은 발음부분이다.(「, 雨瀧瀧皃. 从水, 龍聲.」)						

※ 빗물(氵) 타고 하늘로 올라간다는 여울 속 용(龍)에서 '비가 오다' '여울'을 뜻한다.

寵	宀부 총19획	甲骨文		西周 金文		小篆	寵臣(총신) 寵兒(총아) 寵愛(총애)	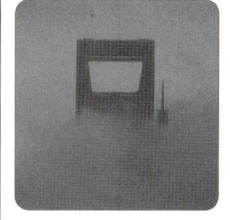
					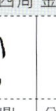			
		合7286	合7930	梁其鼎	曾伯從寵鼎	說文解字		
사랑할 **총**	설문 宀부	寵(총)은 존귀한 거처를 뜻한다. 宀(면)은 의미부분이고, 龍(룡)은 발음부분이다.(「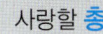, 尊居也. 从宀, 龍聲.」)						

※ 집(宀)에 용(龍)처럼 귀한 사람이 살거나, 집(宀)에 임금(龍)의 사랑이 머문 데서 '후궁' '사랑함'을 뜻한다.

龐	龍부 총19획	甲骨文			小篆	龐眉皓髮 (방미호발) 龐統(방통)	
					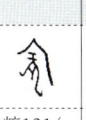		
		屯南2409	屯南2782	粹1214	說文解字		
높은집 **방**	설문 广부	龐(방)은 높은 집을 뜻한다. 广(엄)은 의미부분이고, 龍(룡)은 발음부분이다.(「, 高屋也. 从广, 龍聲.」)					

※ 집(广)이 구름 위로 올라가는 용(龍)처럼 높은 데서 '높은 집'을 뜻한다.

龖	龍부 총32획	甲骨文	小篆	용례 없음	

		合81297	說文解字		
나는용 **답**	설문 龍부	龖(답)은 비룡(飛龍)을 뜻한다. 두 개의 龍(룡)자로 이루어졌다. 沓(답)처럼 읽는다.(「, 飛龍也. 从二龍. 讀若沓.」)			

※ 용(龍)들이 서로 나는 모습을 보고 '두려워함', 또는 '나는 용'을 뜻한다.

襲	衣부 총22획	西周 金文	戰國 金文	小篆	籀文	空襲(공습) 逆襲(역습) 世襲(세습)	
						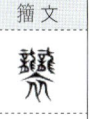	
		效 鼎		雲夢法律	說文解字		
엄습할 **습**	설문 衣부	襲(습)은 왼쪽으로 옷깃을 여민 옷을 뜻한다. 衣(의)는 의미부분이고, 龖(룡)은 龖(답·삽)의 생략형으로 발음부분이다. 鸄은 주문(籀文)으로 생략되지 않은 형태이다.(「鸄, 左衽袍也. 从衣, 龖省聲. 鸄, 籀文襲不省.」)					

※ 죽은 사람의 몸을 씻고 두려워하며(龖=龍:두려워할 답) 조심히 옷(衣)을 입히는 데서 '염습(殮襲)'함을 뜻하며, 두려움(龖)이 옷(衣)처럼 감싸오는 데서 '엄습하다'를 뜻한다.

魚 ➡ 漁 ➡ 鮮 ➡ 蘇 ➡ 魯 ➡ 衡

魚	魚부 총11획	甲骨文		殷商 金文	西周金文			小篆	魚缸(어항) 魚類(어류) 活魚(활어)
					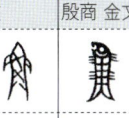	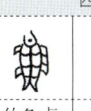			
		後上31.1	佚812	鳳魚鼎	伯魚卣	毛公鼎	番生簋	說文解字	
고기/물고기 **어**	설문 魚부	魚(어)는 물고기이다. 상형이다. 물고기의 꼬리와 제비의 꼬리는 비슷하다. 무릇 魚부에 속하는 글자들은 모두 魚를 의미부분으로 삼는다.(「, 水蟲也. 象形. 魚尾與燕尾相似. 凡魚之屬皆从魚.」)								

※ 물고기의 머리(⺈)와 몸통(田) 꼬리(灬)를 나타내 '물고기'를 뜻한다.

漁	水부 총14획	甲骨文					殷商 金文	漁業(어업) 漁夫(어부) 漁網(어망) 漁港(어항)

		粹877	前6·50·7	後下2,35,1	前5·45·4	合52	漁簋	
		殷商 金文		西周 金文		小篆	篆文		
고기잡을 어	설문 鱻부	冉漁觶	子魚尊	遹簋	井鼎		說文解字	
		漁(어)는 물고기를 잡는다는 뜻이다. 鱻(어)와 水(수)는 모두 의미부분이다. 漁는 濾의 전문(篆文)으로, 魚를 하나만 썼다.(「鱻, 捕魚也. 从鱻, 从水. 濾, 篆文漁, 从魚.」)						

✽ 물(氵)속에서 물고기(魚)를 잡는 데서 '고기 잡다'를 뜻한다.

鮮	魚부 총17획	西周 金文				戰國 金文	小篆	生鮮(생선) 新鮮(신선) 鮮明(선명)

		散盤	畢鮮簋	鮮父鼎	鮮簋	中山王圓壺	說文解字	
고울 선	설문 魚부	鮮(선)은 물고기의 이름이다. 맥국(貉國)에서 난다. 魚(어)는 의미부분이고, 羴(전)의 생략형은 발음부분이다.(「鱻, 魚名, 出貉國. 从魚, 羴省聲.」)						

✽ 드물게(鱻=魚:생선/드물 선) 먹던 신선한 물고기(魚)처럼 흔치않던 비린내(羴=羊:노린내/비린내 전) 나는 양(羊)고기에서 '곱다' '드물다'를 뜻한다.
※참고:본래 맥국(貉國)의 물고기 이름.

蘇	艸부 총20획	西周 金文	春秋 金文		戰國 金文	小篆		蘇生(소생) 蘇聯(소련) 蘇鐵(소철)

		頌簋	蘇貉豆	蘇公簋	寬兒鼎	十鐘印舉	說文解字	
되살아날 소	설문 艸부	蘇(소)는 차조기이다. 艸(초)는 의미부분이고, 穌(소)는 발음부분이다.(「蘇, 桂荏也. 从艸, 穌聲.」)						

✽ 약초(艹)에 물고기(魚)와 벼(禾)를 모아(穌:모을/깰 소) 넣은 음식을 먹고 '되살아남'을 뜻한다.
※참고:들깨와 비슷한 잎이 자줏빛인 '차조기'의 이름.

魯	魚부 총15획	甲骨文		西周金文		春秋 金文	小篆	魯鈍(노둔) 魚魯不辨 (어로불변)
		粹939	粹931	前6.46.3	逐鼎	逐簋	說文解字	
노나라/ 노둔할 로	설문 白부	魯(로)는 '둔하다'라는 뜻을 나타내는 말이다. 白(자)는 의미부분이고, 煮(자)의 생략형은 발음부분이다. ≪논어(論語)≫에 이르기를 "증삼(曾參)은 둔하다."라고 하였다.(「魯, 鈍詞也. 从白, 煮省聲. ≪論語≫曰: "參也魯."」)						

✽ 물고기(魚)가 맛(甘=曰)이 있음을 뜻하나, 어리석음을 덕으로 삼은 '노나라'의 이름에서 '노둔하다'를 뜻한다.
※파자:물고기(魚)가 입은 있으나 말(曰)하지 못하여 '노둔하다'를 뜻한다.

衡	行부 총16획	西周 金文		戰國 金文	小篆	古文	平衡(평형) 衡平(형평) 均衡(균형)
		番生簋	毛公鼎	雲夢法律	說文解字		
저울대 형	설문 角부	衡(형)은 소는 들이받기를 잘해서, 그 뿔 사이에 큰 나무를 가로질러 묶어놓는다는 뜻이다. 角(각)과 大(대)는 의미부분이고, 行(행)은 발음부분이다. ≪시경(詩經)≫에 이르기를 "뿔 사이에 가름대를 설치하였네."라고 하였다. 𢖻, 고문(古文)의 衡자는 이와 같다.(「衡, 牛觸也. 横大木其角也. 从角, 从大, 行聲. ≪詩≫曰: "設其楅衡." 𢖻, 古文衡如此.」)						

✽ 길(行)에서 사람을 받지 못하게 소의 뿔(角)에 큰(大) 나무를 평평하게 가로지른 나무에서 '평평하다' '저울대' '가로'를 뜻한다.

蟲 ➡ (虫) ➡ (蚩) ➡ 嗤 ☆

	甲骨文	金文	戰國 金文	小篆
虫부 총18획				
	한자의뿌리	雲夢日甲	毛公鼎	說文解字

昆蟲(곤충)
害蟲(해충)
蟲齒(충치)

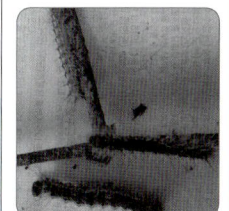

벌레 충 | 설문 蟲부 | 蟲(충), 다리가 있는 것은 蟲이라고 하고, 다리가 없는 것은 豸(치)라고 한다. 세 개의 虫(훼·충)자로 이루어졌다. 무릇 蟲부에 속하는 글자들은 모두 蟲을 의미부분으로 삼는다.(「𧔢, 有足謂之蟲, 無足謂之豸. 从三虫. 凡蟲之屬皆从蟲.」)

※ 많은 벌레(虫)에서 '벌레'를 뜻한다. ※참고:'虫'은 '갑각류' '파충류' '곤충'까지를 뜻한다.

	甲骨文	殷商 金文	西周 金文	戰國 金文	小篆
虫부 총6획					
	鐵46.3	乙8718	戬2.10	甲虫爵 虫智鼎	魚鼎匕 說文解字

용례 없음

벌레 훼/충 | 설문 虫부 | 虫(훼·충)은 일명 蝮(살모사 복)이라고 한다. 넓이는 3촌(寸) 가량 되고 머리는 엄지손가락만하다. 그것이 누워 있는 형태를 그린 것이다. 동물 중에서 가느다란 것, 걸어 다니는 것, 털이 난 것, 털이 없는 것, 딱딱한 껍질이 있는 것, 비늘이 있는 것 등은 모두 虫자를 가지고 형상을 이룬다. 무릇 虫부에 속하는 글자들은 모두 虫을 의미부분으로 삼는다.(「𧖓, 一名蝮. 博三寸, 首大如擘指. 象其臥形. 物之微細, 或行, 或毛, 或蠃, 或介, 或鱗, 以虫爲象. 凡虫之屬皆从虫.」)

※ 머리가 크고 독을 가진 뱀 모양으로, 모든 '벌레의 통칭(統稱)'으로 쓰인다.
   ※참고:蟲(충)의 俗字(속자).

	戰國 金文	小篆
虫부 총10획		
	雲夢秦律	說文解字

蚩笑(치소)
蚩尤(치우)
蚩蚩(치치)

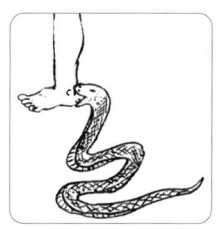

벌레 치 | 설문 虫부 | 蚩(벌레 이름 치, 어리석을 치)는 벌레(의 이름)이다. 虫(훼·충)은 의미부분이고, 之(지, 즉 屮)는 발음부분이다.(「𧌒, 蟲也. 从虫, 之聲.」)

※ 발(屮=止) 밑에 벌레(虫)가 기어가는 데서 '벌레' '어리석다'를 뜻한다.

		小篆
口부 총13획	설문 없음	
		形音義字典

嗤笑(치소)
嗤訛(치저)
嗤侮(치모)

비웃을 치

※ 입(口)으로 발(屮) 밑의 벌레(虫)가 기어감(蚩:기어갈/어리석을 치)을 보고 '비웃음'을 뜻한다.

它 ➡ 蛇 ➡ 陀 ☆ ➡ 舵 ☆ ➡ 駝 ☆

	甲骨文	西周金文	春秋 金文	小篆	或體
宀부 총5획					
	鐵185·3	後上28·6	沈子簋 王婦匜	齊侯敦 說文解字	

它故(타고)

뱀 타/사 | 설문 它부 | 它(타)는 뱀을 뜻한다. 虫(훼·충)자에서 꼬리 부분을 길게 한 구성으로, 몸이 구불구불하고 꼬리를 늘어뜨린 모양을 그렸다. 옛날에는 사람들이 초원에서 살았기 때문에 뱀[它]을 두려워하여 안부를 물을 때는 '그것[它]이 없느냐?'라고 하였다. 무릇 它부에 속하는 글자들은 모두 它를 의미부분으로 삼는다. 蛇(사)는 它의 혹체자(或體字)로 虫을 의미부분으로 더하였다.(「𧉚, 虫也. 从虫而長, 象冤曲垂尾形. 上古艸居患它, 故相問無它乎? 凡它之屬皆从它. 𧋖, 它或从虫.」)

※ 머리(宀)가 크고 꿈틀꿈틀 변화(匕)하는 몸이 긴 '뱀'에서 '다르다'로 쓰인다.

蛇	虫부 총11획	甲骨文	春秋 金文		戰國 金文	小篆	或體	毒蛇(독사) 蛇足(사족) 白蛇(백사)	
		 合10060	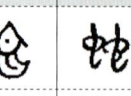 子仲匜		 鼄叔匜	雲夢日甲	說文解字		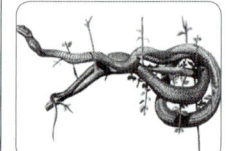
긴뱀 사	설문 它부	소전에서는 단순히 '它(타)'로 썼으며, '蛇'는 ≪설문해자≫에서 '它'의 이체자(異體字)로 수록하고 있다. 따라서 '它'가 '蛇'의 본자(本字)라고 할 수 있다. (它(타)자 참조) ※참고: 它(타)의 혹체로, '它(타)'에서 빠진 모양을 보충함.							

※ 벌레(虫)처럼 길게 기는 뱀(它)에서 '긴 뱀'을 뜻한다.

陀	阜부 총8획	설문 없음	西周 金文	戰國 金文	小篆	佛陀(불타) 頭陀(두타) 伽陀(가타)	

			猷簋	中山王壺	形音義字典		
비탈질/부처 타							

※ 언덕(阝)이 뱀(它)처럼 길게 늘어진 데서 '비탈지다'이며, 범어 'ta', 'dha'의 음역에서 '부처'를 뜻한다.

舵	舟부 총11획	설문 없음	小篆	舵手(타수) 操舵手(조타수)	
			 形音義字典		
키 타					

※ 배(舟) 뒤에 뱀(它)꼬리처럼 달아 배의 방향을 잡아주는 '키'를 뜻한다.

駝	馬부 총15획	설문 없음	戰國 金文	駱駝(낙타) 橐駝(탁타) 駝鷄(타계)	
			 包山187		
낙타 타					

※ 주로 사막에서 말(馬)처럼 짐을 나르는 등이 뱀(它)처럼 굽은 '낙타'를 뜻한다.

風 → 楓 → 諷

風	風부 총9획	甲骨文			戰國 金文	小篆	古文	風車(풍차) 風速(풍속) 風習(풍습)	
		 粹830	 合30261	 鐵55·1	 長沙帛書		說文解字		
바람 풍	설문 風부	風(풍)은 여덟 가지 바람을 뜻한다. 동풍(東風)은 명서풍(明庶風)이라고 하고, 동남풍(東南風)은 청명풍(清明風)이라고 하고, 남풍(南風)은 경풍(景風)이라고 하고, 서남풍(西南風)은 양풍(涼風)이라고 하고, 서풍(西風)은 창합풍(閶闔風)이라고 하고, 서북풍(西北風)은 부주풍(不周風)이라고 하고, 북풍(北風)은 광막풍(廣莫風)이라고 하고, 동북풍(東北風)은 융풍(融風)이라고 한다. 바람이 불면 벌레가 생겨나는데, 벌레는 8일이 지나면 변화를 한다. 虫(훼·충)은 의미부분이고, 凡(범)은 발음부분이다. 무릇 風부에 속하는 글자들은 모두 風을 의미부분으로 삼는다. 𠙊은 風의 고문(古文)이다.(「䰠, 八風也. 東方曰明庶風, 東南曰清明風, 南方曰景風, 西南曰涼風, 西方曰閶闔風, 西北曰不周風, 北方曰廣莫風, 東北曰融風. 風動蟲生, 故蟲八日而化. 从虫, 凡聲. 凡風之屬皆从風. 𠙊, 古文風.」)							

※ 바람의 영향을 많이 받는 배의 돛(凡)과 벌레(蟲=虫)에서 '바람'을 나타낸다.
　※참고: 갑골문은 봉황새의 모양을 나타낸다.

楓	木부 총13획	甲骨文	小篆					丹楓(단풍) 楓菊(풍국) 楓宸(풍신)
		合18416	說文解字					
단풍 풍	설문 木부	楓(풍)은 나무(의 이름)이다. 잎은 두텁고 가지는 가늘어서 잘 흔들린다. 일명 欇(섭)이라고도 한다. 木(목)은 의미부분이고, 風(풍)은 발음부분이다.(「楓, 木也. 厚葉, 弱枝, 善搖. 一名欇. 从木, 風聲.」)						

※ 나무(木) 가지가 가늘어 바람(風)에 잎이 잘 흔들리는 '단풍나무' '단풍'을 뜻한다.

諷	言부 총16획	小篆						吟諷(음풍) 諷諫(풍간) 諷刺(풍자)
		說文解字						
풍자할 풍	설문 言부	諷(풍)은 誦(외울 송)이다. 言(언)은 의미부분이고, 風(풍)은 발음부분이다.(「諷, 誦也. 从言, 風聲.」)						

※ 말(言)을 떠도는 바람(風)결에 날려 비유함에서 '풍자하다' '빗대다'를 뜻하며, 바람(風)처럼 통하는 말(言)에서 '외다'를 뜻한다.

廾 弄 弁 算 篹 ☆ 纂 彝 ◆

廾	廾부 총3획	甲骨文		西周金文		戰國金文	小篆	或體	용례 없음
		乙3328	京津2134	廾鼎	諫簋	虎令鼎	說文解字		
두손잡을/ 들 공	설문 廾부	廾(공)은 두 손을 모은다는 뜻이다. 屮(좌)와 又(우)는 모두 의미부분이다. 무릇 廾부에 속하는 글자들은 모두 廾을 의미부분으로 삼는다. 拱, 양웅(揚雄)은 廾은 두 개의 手(수)자로 이루어졌다고 하였다.(「廾, 竦手也. 从屮, 从又. 凡廾之屬皆从廾. 拱, 楊雄說: "廾, 从兩手."」)							

※ 손(屮)과 손(又=屮)을 마주잡은 모양으로 '두 손 잡다'를 뜻한다.

弄	廾부 총7획	甲骨文		殷商金文	春秋金文	戰國金文	小篆		戲弄(희롱) 弄談(농담) 弄奸(농간)
		乙1800	鐵143.1	佚961	弄彝	天尹鐘	林氏壺	說文解字	
희롱할 롱	설문 廾부	弄(롱)은 가지고 논다는 뜻이다. 두 손[廾(공)]으로 구슬[玉(옥)]을 쥐고 있다는 의미이다.(「弄, 玩也. 从廾持玉.」)							

※ 보석(玉=王)을 두 손(廾:두 손 받들 공)으로 들고 노는 데서 '희롱하다'를 뜻한다.

弁	廾부 총5획	甲骨文	西周金文	戰國金文	秦代金文	小篆	或體	籒文	弁韓(변한) 弁冕(변면) 弁行(변행)
		續5·5·5	牧弁簋	上博容成	秦封泥	說文解字			
고깔 변	설문 兒부	覍(변)은 모자를 뜻한다. 주(周)나라에서는 覍이라고 하였고, 은(殷)나라에서는 吁(우)라고 하였으며, 하(夏)나라에서는 收(수)라고 하였다. 兒(모)는 의미부분이고, ㅅ(소)는 상형이다. 𠷎은 覍의 주문(籒文)으로 廾(공)은 의미부분이고, 윗부분은 상형이다. 𠔎은 覍의 혹체자(或體字)이다.(「覍, 冕也. 周曰覍, 殷曰吁, 夏曰收. 从兒, 象形. 𠷎, 籒文覍, 从廾, 上象形. 𠔎, 或覍字.」)							

※ 모자(厶)를 두 손(廾)으로 쓰고 있는 데서, 머리에 쓰던 '고깔'을 뜻한다.

算	竹부 총14획	戰國金文		小篆					算數(산수) 豫算(예산) 合算(합산)
		林氏壺	蔡侯楚簡	說文解字					
셈 산	설문 竹부	算은 계산한다는 뜻이다. 竹(죽)과 具(구)는 모두 의미부분이다. 筭(산)이라고 읽는다.(「算, 數也. 从竹, 从具. 讀若筭.」)							

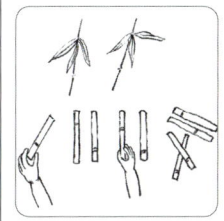

※ 댓가지(竹)에 눈(目)을 만들어 두 손(廾)으로 셈하던 수판에서 '셈하다'를 뜻한다.

篡	竹부 총16획	戰國 金文	小篆			篡奪(찬탈) 篡位(찬위) 篡立(찬립)
		雲夢封診	說文解字			

| 빼앗을 찬 | 설문 厶부 | 篡(찬), 정상적인 절차를 거슬러서 빼앗는 것을 篡이라고 한다. 厶(사)는 의미부분이고, 算(산)은 발음부분이다.(「篡, 屰而奪取曰篡. 从厶, 算聲.」) |

* 높은 자리나 남의 물건을 계획적으로 계산하여(算) 사사로이(厶) '빼앗음'을 뜻한다.

纂	糸부 총20획		小篆			編纂(편찬) 纂修(찬수) 纂輯(찬집)
			說文解字			

| 모을 찬 | 설문 糸부 | 纂(찬)은 넓고 얇은 끈인 組(조)와 비슷한데 붉은 색을 띤다. 糸(멱·사)는 의미부분이고, 算(산)은 발음부분이다.(「纂, 似組而赤. 从糸, 算聲.」) |

* 셈한(算) 물건을 붉게 물들인 끈(糸)으로 모아 묶는 데서 '모으다' '편찬하다'를 뜻한다.

彝	크부 총18획	甲骨文				殷商 金文	周金文	彝器(이기) 彝倫(이륜) 彝訓(이훈)
		甲3932	簠帝47	後下7.4	前5.1.3	胖兄癸卣	矢方彝	頌 簋
		西周金文	春秋金文	戰國金文	小篆	古文		
		克 鼎	曾姬無卹壺	中山王方壺	說文解字			

| 떳떳할 이 | 설문 糸부 | 彝(이)는 종묘에서 쓰는 그릇의 통칭이다. 糸(멱·사)는 의미부분이다. 糸는 비단을 뜻한다. 두 손[廾(공)]으로 쌀[米(미)]을 받들고 있는데, (쌀은) 제기(祭器) 가운데 보배로운 것이다. 彑(계)는 발음부분이다. 이것과 爵(작)은 비슷하게 생겼다. ≪주례(周禮)≫에서의 6彝는 다음과 같다: 계이(雞彝)·조이(鳥彝)·황이(黃彝)·호이(虎彝)·충이(蟲彝)·가이(斝彝) 등이다. 이것으로 술을 땅에 뿌려 조상의 제사를 지내는 의식을 치른다. 𢆉와 𢆉는 모두 彝의 고문(古文)이다.(「彝, 宗廟常器也. 从糸. 糸, 綦也. 廾持米. 器中寶也. 彑聲. 此與爵相似. ≪周禮≫六彝: 雞彝·鳥彝·黃彝·虎彝·蟲彝·斝彝. 以待祼將之禮. 𢆉·𢆉, 皆古文彝.」) |

* 닭을 잡아 실로 묶어 바치던 제사에서, 후에 돼지머리(彑)와 곡식(米) 실(糸) 등을 고루 갖추어 두 손(廾)으로 떳떳이 바침으로 변하여 '떳떳하다'를 뜻한다.

升→昇→陞… 飛

升	十부 총4획	甲骨文			西周金文	春秋 金文	戰國 金文	小篆	升引(승인) 升揚(승양) 升遐(승하)
		甲550	粹337	前2.16.2	友 簋	秦公簋	魏鼎	說文解字	

| 되 승 | 설문 斗부 | 升(승)은 10홉을 뜻한다. 斗(두)는 의미부분이고, 또 상형(象形)이기도 하다.(「升, 十龠也. 从斗, 亦象形.」) |

* 곡식을 위로 비스듬히(丿) 많이(廾:스물 입) 올라오게 담은 '되'를 뜻한다.

昇	日부 총8획		小篆			昇格(승격) 昇天(승천) 昇進(승진)
			說文解字			

| 오를 승 | 설문 日부 | 昇(승)은 해가 떠오른다는 뜻이다. 日(일)은 발음부분이고, 升(승)은 발음부분이다. 옛날에는 단지 升으로만 썼다.(「昇, 日上也. 从日, 升聲. 古只用升.」) |

* 해(日)가 점점 높게 올라옴(升)에서 '오르다'를 뜻한다.

陞	阜부 총10획	설문 없음	戰國 金文	小篆		陞級(승급) 陞進(승진) 陞爵(승작)
오를 승			上博緇衣	形音義字典		

※ 언덕(阝)처럼 높게 솟아 오른(升) 흙(土)에서, 높게 '오름'을 뜻한다.

飛	飛부 총9획		甲骨文	春秋 金文	戰國 金文	小篆	飛翔(비상) 雄飛(웅비) 飛行機(비행기)
			 屯2169	九里墩鼓座	曾侯墓簡	說文解字	
날 비	설문 飛부	飛(비)는 새가 난다는 뜻이다. 상형이다. 무릇 飛부에 속하는 글자들은 모두 飛를 의미부분으로 삼는다.(「飛, 鳥翥也. 象形. 凡飛之屬皆从飛.」)					

※ 새가 양 날개(飞+飞=飛)를 펴고 날아 올라가는(升)모습에서 '날다'를 뜻한다.

广 ➔ 庶 ➔ 蔗 ☆ ➔ 遮

广	广부 총3획	小篆  說文解字		용례 없음
집/곳집/ 바윗집 엄	설문 广부	广(엄)은 산 언덕 바위에 자리한 집을 뜻한다. 높은 곳에 위치한 집의 모양을 그린 것이다. 무릇 广부에 속하는 글자들은 모두 广을 의미부분으로 삼는다. 엄연(儼然)하다고 할 때의 儼(엄)자처럼 읽는다.(「广, 因广爲屋. 象對剌高屋之形. 凡广之屬皆从广. 讀若儼然之儼.」)		

※ 한쪽이 산언덕에 기댄 집이거나, 한쪽 벽만 있는 허름한 집에서 '집'을 뜻한다.

庶	广부 총11획	甲骨文		西周 金文	春秋 金文	戰國 金文	小篆	庶民(서민) 庶子(서자) 庶務(서무)
		 前4.30.1	前6.31.2	毛公鼎	沈兒鐘	中山王方壺	說文解字	
여러 서	설문 广부	庶(서)는 집 아래에 (빛이) 많다는 뜻이다. 广(엄)과 炗(광)은 모두 의미부분이다. 炗은 고문(古文)의 光(광)자이다.(「庶, 屋下衆也. 从广·炗. 炗, 古文光字.」)						

※ 집(广) 안에서 돌(石=廿)을 불(灬)로 데워 솥에 넣어 많은 사람의 음식을 하던 데서 '무리'를 뜻한다.
※파자:집(广)에 많은(卄=廿) 사람이 불(灬)을 피우고 있어 '여러'를 뜻한다.

蔗	艸부 총15획	小篆  說文解字	蔗糖(자당) 甘蔗(감자) 蔗田(자전)
사탕수수 자	설문 艸부	蔗(자)는 사탕수수이다. 艸(초)는 의미부분이고, 庶(서)는 발음부분이다.(「蔗, 藷蔗也. 从艸, 庶聲.」)	

※ 초목(艹) 중에 줄기를 많이(庶) 모아 솥에 쪄서 즙으로 설탕을 만드는 '사탕수수'를 뜻한다.

遮	辵부 총15획	戰國 金文  郭店成之	小篆 說文解字	遮陽(차양) 遮光(차광) 遮斷(차단)
가릴 차	설문 辵부	遮(차)는 막는다는 뜻이다. 辵(착)은 의미부분이고, 庶(서)는 발음부분이다.(「遮, 遏也. 从辵, 庶聲.」)		

※ 많은 무리(庶)가 있어 가는(辶) 길이 막혀 가리는 데서 '막다' '가리다'를 뜻한다.

715

度 ➡ 渡 ➡ 鍍 ⋯ 席 ➡ 蓆*

법도 도
헤아릴 탁

广부
총9획
又부

	戰國 金文		小篆
	商鞅方升	雲夢效律	說文解字

度量(도량)
年度(연도)
度支部(탁지부)

설문: 度(도)는 법도(法度)라는 뜻이다. 又(우)는 의미부분이고, 庶(서)의 생략형은 발음부분이다.(「度, 法制也. 从又, 庶省聲.」)

※ 여러(庶=广) 사람이 손(又)이나 팔로 장단을 헤아려 기준을 만들던 데서 '헤아리다' '법도'를 뜻한다.
　※파자: 집(广)에 많은(廿) 사람들이 손(又)으로 물건들을 '헤아려' '법도'에 따라 정함.

건널 도

水부
총12획

戰國 金文	小篆
雲夢日甲	說文解字

渡美(도미)
渡河(도하)
讓渡稅(양도세)

설문
水부

渡(도)는 (물을) 건넌다는 뜻이다. 水(수)는 의미부분이고, 度(도)는 발음부분이다.(「䒾, 濟也. 从水, 度聲.」)

※ 물(氵)길을 잘 헤아려(度) 살피고 건너는 데서 '건너다'를 뜻한다.

도금할 도

金부
총17획

설문 없음

小篆
形音義字典

鍍金(도금)

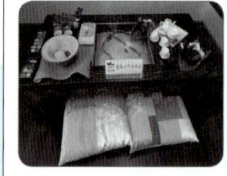

※ 엷은 금(金)이나 금가루를 다른 물건에 건네(渡=度) 덮거나 칠해 '도금하다'를 뜻한다.

자리 석

巾부
총10획
설문
巾부

甲骨文		西周 金文		小篆	古文
甲267	粹621	九年衛鼎	茀伯簋	說文解字	

出席(출석)
座席(좌석)
席卷(석권)

席(석)은 돗자리를 뜻한다. ≪예(禮)≫에 이르기를 "천자(天子)와 제후의 돗자리에는 검은색과 흰색 도끼의 모양을 수놓은 장식이 있다."라고 하였다. 巾(건)과 庶(서)의 생략형은 모두 의미부분이다. 囷은 席의 고문(古文)으로 (厂 부분은) 石(석)의 생략형을 썼다.(「席, 藉也. ≪禮≫: "天子·諸侯席, 有黼繡純飾." 从巾, 庶省. 囷, 古文席, 从石省.」)

※ 집(广) 안에 많은(廿) 사람들이 앉는 천(巾)으로 만든 자리에서 '자리' '깔다'를 뜻한다.

자리 석

艹부
총14획
설문
艹부

小篆
說文解字

蓆藁(석고)
蓆薦(석천)
蓆戶(석호)

蓆(석구蓆具풀 석, 자리 석)은 (풀이) 넓고 많다는 뜻이다. 艹(초)는 의미부분이고, 席(석)은 발음부분이다.(「蓆, 廣多也. 从艹, 席聲.」)

※ 풀(艹)이 많은 곳을 자리(席)삼아 앉던 '자리'를 뜻한다. 또는 풀(艹)로 엮은 자리(席)를 뜻한다.

燕 ➡ 讌 ✤

제비 연

火부
총16획
설문
燕부

甲骨文					小篆

存1.74.6	前6.44.8	林7.16.22	合5288	合27846	說文解字

燕雀(연작)
燕會(연회)
燕尾服(연미복)

燕(연)은 검은 색의 새이다. 족집게 같이 빼족한 부리에, 천 같은 날개, 나뭇가지가 갈라진 것 같은 모양의 꼬리를 가졌다. 상형이다. 무릇 燕부에 속하는 글자는 모두 燕을 의미부분으로 삼는다.(「燕, 玄鳥也. 籋口, 布翅, 枝尾. 象形. 凡燕之屬皆从燕.」)

※ 제비의 머리(廿) 몸(口) 양 날개(北) 꼬리(灬)에서 '제비'를 뜻한다.

讌	言부 총23획	설문 없음	小篆 讌 形音義字典		讌語(연어) 讌戱(연희) 讌飮(연음)
이야기할/ 잔치 **연**					

❋ 종일 서로 모여 말하며(言), 제비(燕)처럼 떠들며 노는 데서 '잔치' '모여 이야기함'을 뜻한다.

火 ➡ 狄 ☆

火	火부 총4획	甲骨文					金文	小篆	火災(화재) 火傷(화상) 火爐(화로)
		後下9.1	甲1074	明599	甲2316	粹72	부수한자	說文解字	
불 **화**	설문 火부	火(화)는 燬(불 훼)이다. 남방(南方)에 속한다. 불길이 타올라 위로 올라간다. 상형이다. 무릇 火부에 속하는 글자들은 모두 火를 의미부분으로 삼는다.(「火, 燬也. 南方之行, 炎而上. 象形. 凡火之屬皆從火.」)							

❋ 불이 타오르는 모습으로 '불'을 뜻한다. 글자 아래에서는 'ᅟᅠᅟᅠ'로 쓰인다.

狄	犬부 총7획	甲骨文			西周 金文		春秋 金文	小篆	夷狄(이적) 狄人(적인) 北狄(북적)
		誠235	甲1032	寧滬1·395	牆盤	敦狄鐘	曾伯簠	說文解字	
오랑캐 **적**	설문 犬부	狄(적)은 적적(赤狄)으로 본래 개의 종족이다. 狄을 발음을 가지고 뜻풀이를 하면 음란(淫亂)하고 편벽(偏僻)되다는 뜻이다. 犬(견)은 의미부분이고, 亦(역)의 생략형은 발음부분이다.(「狄, 赤狄, 本犬種. 狄之爲言淫辟也. 从犬, 亦省聲.」)							

❋ 사냥개(犭)와 불(火)을 가까이하던 '북녘 오랑캐'를 뜻한다. 본래 붉은(赤) 개(犭)나, 겨드랑이(亦) 사이에 개(犭)와 함께 사는 민족을 뜻하나, '赤'이나 '亦'이 '火'로 바뀌었다.

炎 ➡ 琰 ✦ ➡ 淡 ➡ 談 ➡ 痰 ➡ 毯 *

炎	火부 총8획	甲骨文		西周 金文	戰國 金文	小篆	炎天(염천) 炎火(염화) 炎症(염증)
		後上9.4	粹290	令簠	召尊	雲夢法律	說文解字	
불꽃 **염**	설문 炎부	炎(염)은 불길이 위로 치솟는다는 뜻이다. 火(화)를 겹쳐 썼다. 무릇 炎부에 속하는 글자들은 모두 炎을 의미부분으로 삼는다.(「炎, 火光上也. 从重火. 凡炎之屬皆從炎.」)					

❋ 불(火) 위에 타오르는 불(火)꽃을 더해 밝고 담담히 타오르는 '불꽃'을 뜻한다.

琰	玉부 총12획	小篆 琰 說文解字			琰圭(염규) 琰琰(염염)
옥/홀 **염**	설문 玉부	琰(옥 홀 염, 아름다운 옥 염)은 벽(璧)이 아름다운 빛을 발산한다는 뜻이다. 玉(옥)은 의미부분이고, 炎(염)은 발음부분이다.(「琰, 璧上起美色也. 从玉, 炎聲.」)			

❋ 빛이 나는 옥(玉)으로 만든 불꽃(炎)처럼 밝은 '홀'이나, 갈아 빛을 낸 '옥'을 뜻한다.

 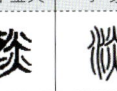

淡	水부 총11획	戰國 金文	小篆		淡白(담백) 淡水(담수) 淡淡(담담)
		郭店老丙	說文解字		
맑을 **담**	설문 水부	淡(담)은 싱겁다는 뜻이다. 水(수)는 의미부분이고, 炎(염)은 발음부분이다.(「淡, 薄味也. 从水, 炎聲.」)			

 물(氵)이 밝은 불꽃(炎)처럼 깨끗해 '맑다' '담백하다' '싱겁다' '묽다'를 뜻한다.

談	言부 총15획	金文	小篆		會談(회담) 談判(담판) 談笑(담소)	
		古鉥	說文解字			
말씀 담	설문 언부	談(담)은 논의(論議)한다는 뜻이다. 言(언)은 의미부분이고, 炎(염)은 발음부분이다.(「𧬭, 語也. 从言, 炎聲.」)				

❋ 말(言)을 밝은 불꽃(炎)처럼 서로 담백하게 함에서 '말씀' '이야기'를 뜻한다.

痰	疒부 총13획	설문 없음	戰國 金文	小篆	喀痰(객담) 痰涎(담연) 痰飮(담음)	
			曾侯墓簡	形音義字典		
가래 담						

❋ 병(疒)이 있을 때 몸에 불꽃(炎)처럼 열이 나며 기관지의 점액이 위로 올라오는 '가래'를 뜻한다.

毯	毛부 총12획	설문 없음	小篆		毯子(담자)	
			形音義字典			
담요 담						

❋ 털(毛)로 만든 불꽃(炎)처럼 따뜻한 '담요'를 뜻한다.

灰	火부 총6획	戰國 金文	小篆		灰色(회색) 石灰(석회) 灰壁(회벽)	
		雲夢秦律	說文解字			
재 회	설문 火부	灰(회)는 불이 꺼지고 남은 불똥을 뜻한다. 火(화)와 又(우)는 모두 의미부분이다. 又는 손이다. 불이 꺼지면 손으로 잡을 수 있기 때문이다.(「𤆆, 死火餘㶳也. 从火, 从又. 又, 手也. 火既滅, 可以執持.」)				

❋ 손(又=ナ)으로 불(火)에 타고 남은 재를 잡는 데서 '재'를 뜻한다.

恢	心부 총9획	戰國 金文		小篆	恢恢(회회) 恢宏(회굉) 恢弘(회홍)	
		上郡守戈	雲夢編年	說文解字		
넓을 회	설문 心부	恢(회)는 크다는 뜻이다. 心(심)은 의미부분이고, 灰(회)는 발음부분이다.(「𢗚, 大也. 从心, 灰聲.」)				

❋ 마음(忄)이 재(灰)가 바람에 멀리 넓게 날리듯 넓어짐에서 '넓다' '크다'를 뜻한다.

炭	火부 총9획	戰國 金文	小篆		炭鑛(탄광) 石炭(석탄) 炭素(탄소)	
		上博容成	說文解字			
숯 탄	설문 火부	炭(탄)은 나무를 태운 나머지를 뜻한다. 火(화)는 의미부분이고, 岸(안)의 생략형은 발음부분이다.(「𡶳, 燒木餘也. 从火, 岸省聲.」)				

❋ 산(山) 언덕(厂) 기슭(岸:높은 기슭 알)에 불(火)에 타다 꺼져 재가 되지 않은 '숯'을 뜻한다.

燮	火부 총17획	甲骨文		殷商 金文	西周 金文	春秋 金文	小篆	籒文	燮理(섭리)
									燮友(섭우)
		前5.33.4	明155.2	燮卣	燮簋	晉公簋	說文解字		燮和(섭화)
불꽃 **섭**	설문 又부	燮(섭)은 조화롭다는 뜻이다. 言(언)과 又(우)·炎(염)은 모두 의미부분이다. 주문(籒文) 燮은 (言 대신) 羊(임)을 썼다. 溼(습)처럼 읽는다.(「燮, 和也. 从言, 从又·炎. 籒文燮, 从羊. 讀若溼.」)

※ 도구(辛=言)의 불(炏:불이 성할 개=焱=炎)을 손(又)에 들고 신에게 조화를 빌거나, 불을 조화롭게 지펴 음식을 익힘에서 '화하다' '불꽃'을 뜻한다. ※도구(辛)가 '言'이 되며 '조화'를 뜻한다.

熒 ◈ → 螢 → 瑩 → 瀅 → 榮 → 營 → 濚 ◈ → 瑩 ◈ → 鶯 → 勞 → 撈

熒	火부 총14획	甲骨文		戰國 金文		小篆	熒燭(형촉)
							熒惑(형혹)
		誠明2	陶典0865	陶六057		說文解字	熒熒(형형)
등불/미혹할 **형**	설문 焱부	熒(형)은 집 아래의 등불빛을 뜻한다. 焱(혁·염)과 冖(멱)은 모두 의미부분이다.(「熒, 屋下燈燭之光. 从焱·冖.」)

※ 횃불(炏:불성할 개)처럼 집(冂=冖)안에 밝힌 등불(烣=熒)의 불(火)에서 '등불' '밝다' '빛나다'를 뜻한다.

螢	虫부 총16획	설문 없음	小篆  形音義字典	螢石(형석) 螢光燈(형광등)
반딧불 **형**		≪설문해자≫에는 '螢(형)'자가 보이지 않는다. ≪예기(禮記·월령(月令)≫에 "풀이 썩어 반딧불이 된다.(「腐草爲螢」)"라는 구절이 있는데, 정현(鄭玄)은 주(注)에서 "螢은 날아다니는 곤충으로 반딧불이다.(「螢, 飛蟲, 螢火也.」)"라고 하였다.

※ 몸에서 빛이 나는(熒=烣) 곤충(虫)인 '반딧불'을 뜻한다.

瑩	玉부 총15획	小篆  說文解字		未瑩(미형) 瑩澈(형철) 瑩澤(영택)
밝을 **형** 옥돌 **영**	설문 玉부	瑩(귀막이 옥 영, 밝을 영; 옥 빛 깨끗할 형)은 옥의 색깔을 뜻한다. 玉(옥)은 의미부분이고, 熒(형)의 생략형은 발음부분이다. 일설에는 옥 다음가는 돌을 뜻한다고도 한다. ≪일논어(逸論語)≫에 이르기를 "옥의 밝음과 같다."라고 하였다.(「瑩, 玉色. 从玉, 熒省聲. 一曰石之次玉者. ≪逸論語≫曰: "如玉之瑩."」)

※ 밝게 빛이 나는(熒=烣) 보석(玉)의 빛에서 '밝다' '옥돌' '옥빛'을 뜻한다.

瀅	水부 총18획	설문 없음	小篆  形音義字典	瀅榮(형영) 江瀅(강형) 瀅澈(형철)
물맑을 **형**		≪설문해자≫에는 '螢(형)'자가 보이지 않는다. ≪예기(禮記·월령(月令)≫에 "풀이 썩어 반딧불이 된다.(「腐草爲螢」)"라는 구절이 있는데, 정현(鄭玄)은 주(注)에서 "螢은 날아다니는 곤충으로 반딧불이다.(「螢, 飛蟲, 螢火也.」)"라고 하였다.

※ 물(氵)이 옥빛(瑩)처럼 맑은 데서 '물 맑다'를 뜻한다.

榮	木부 총14획	金文				戰國 金文	小篆	榮光(영광)
								榮譽(영예)
		孟鼎	井侯簋	康鼎	己侯簋	兪氏令戈	說文解字	榮華(영화)
영화 **영**	설문 木부	榮(영)은 오동나무이다. 木(목)은 의미부분이고, 熒(형)의 생략형(炏)은 발음부분이다. 일설에는 처마의 양쪽 끝이 올라간 곳을 榮이라고 한다고도 한다.(「榮, 桐木也. 从木, 熒省聲. 一曰: 屋梠之兩頭起者爲榮.」)

※ 등불(熒=烣)이나 횃불처럼 나무(木) 위에 붉은 꽃이 화려함에서 '영화' '번영' '꽃'을 뜻한다.

營	火부 총17획	戰國 金文  上博印32	小篆 說文解字		經營(경영) 營養(영양) 營爲(영위)	
경영할 영	설문 宮부	營(영)은 주위에 빙 둘러 산다는 뜻이다. 宮(궁)은 의미부분이고, 熒은 熒(형)의 생략형으로 발음부분이다.(「營, 市居也. 从宮, 熒省聲.」)				

✽ 가운데 등불(熒=⺍)을 중심으로 모이듯, 주위에 여러 집(呂)이 모여 살도록 '경영함'을 뜻한다.

濚	水부 총20획	설문 없음		淳濚(정영) 濚濚(영영)	
물흐를 영					

✽ 물(氵)이 잘 흐르도록 경영하여(營) 놓음에서 '물 흐르다'를 뜻한다.

塋	土부 총13획	小篆  說文解字		先塋(선영) 塋墓(영묘) 塋樹(영수)	
무덤 영	설문 土부	塋(영)은 무덤을 뜻한다. 土(토)는 의미부분이고, 熒(형)의 생략형은 발음부분이다.(「塋, 墓也. 从土, 熒省聲.」)			

✽ 죽은 사람을 위하여 잘 경영하여(營=⺍) 만든 흙(土) '무덤'을 뜻한다.

鶯	鳥부 총21획	小篆 說文解字		鶯衫(앵삼) 鶯語(앵어) 鶯聲(앵성)	
꾀꼬리 앵	설문 鳥부	鶯(앵)은 새(의 이름)이다. 鳥(조)는 의미부분이고, 榮(영)의 생략형은 발음부분이다. ≪시경(詩經)≫에 이르기를 "그 날개 곱기도 하구나."라고 하였다.(「鶯, 鳥也. 从鳥, 榮省聲. ≪詩≫曰: "有鶯其羽."」)			

✽ 밝게 빛나는 등불(熒=⺍)처럼 화려한 깃이 아름다운 새(鳥)인 '꾀꼬리'를 뜻한다.

勞	力부 총12획	甲骨文 河230	春秋 金文 京津3643	戰國 金文 齊鎛	小篆 中山王鼎	古文 說文解字	勞動(노동) 勞苦(노고) 勞使(노사)	
일할 로	설문 力부	勞(로)는 애쓴다는 뜻이다. 力(력)과 熒(형)의 생략형은 모두 의미부분이다. 熒은 집에 불이 났다는 뜻인데, (불을 끄려고) 힘을 쓰는 사람은 수고롭다. 勞는 勞의 고문(古文)으로 (力 대신) 悉(실)을 썼다.(「勞, 劇也. 从力, 熒省. 熒, 火燒冖. 用力者勞. 勞, 古文勞, 从悉.」)						

✽ 집안에 등불(熒=⺍)을 밝히는 일에 힘(力)을 다하는 데서 '일하다' '노력하다'를 뜻한다. 또는 집에 불(熒=⺍)이 난 것을 끄느라 힘(力)쓰는 데서 '일하다' '수고하다'를 뜻한다.

撈	手부 총15획	설문 없음	小篆  形音義字典		漁撈(어로) 撈採(노채) 撈救(노구)	
건질 로						

✽ 물속에 들어가 손(扌)으로 힘써 일하여(勞) 물건을 건져냄에서 '건지다'를 뜻한다.

必→泌→苾→馝→珌→佖→鉍→(宓)→密→蜜→謐→瑟→璱→祕

必

心부 총5획
八부
반드시 **필**

甲骨文		西周 金文		小篆
前4·34·1	乙3069	袁簋	休盤	說文解字

必修(필수)
必勝(필승)
必要(필요)

설문 八부: 必(필)은 분별(分別)의 표준을 뜻한다. 八(팔)과 弋(익)은 모두 의미부분인데, 弋은 발음부분이기도 하다.(「八, 分極也. 从八·弋, 弋亦聲.」)

※ 경계를 나눈(八) 말뚝(弋), 또는 물건을 가득하게 담은 도구의 자루로, 꼭 구분하기 위한 말뚝이나 도구에서 '반드시' '오로지' '나눔' '가득함'을 뜻한다.

泌

水부 총8획
분비할 **비**
스며흐를 **필**

小篆
說文解字

泗泌(사비)
分泌物(분비물)

설문 水부: 泌(비·필)은 (물이) 빨리 흐른다는 뜻이다. 水(수)는 의미부분이고, 必(필)은 발음부분이다.(「𣲖, 俠流也. 从水, 必聲.」)

※ 물(氵)이 가득(必) 찬 곳 작게 나뉜(必) 틈으로 흘러내림에서 '분비하다' '스며 흐르다'를 뜻한다.

苾

艸부 총9획
향기날 **필**

甲骨文	小篆
屯2170	說文解字

苾芬(필분)
苾勃(필발)
苾芻(필추)

설문 艸부: 苾(필)은 향기롭다는 뜻이다. 艸(초)는 의미부분이고, 必(필)은 발음부분이다.(「苾, 馨香也. 从艸, 必聲.」)

※ 풀(艹)의 향기가 나뉘어(必) 가득(必) 날림에서 '향기 나다'를 뜻한다.

馝

香부 총14획
향기로울 **필**

설문 없음

馝馞(필발)

※ 향기(香:향기 향)가 나뉘어(必) 가득(必)함에서 '향기롭다'를 뜻한다.

珌

玉부 총9획
칼집장식옥 **필**

小篆
說文解字

珌佩(필패)

설문 玉부: 珌(필)은 패도(佩刀) (칼집) 아래에 달린 장식을 뜻한다. 천자는 옥으로 한다. 玉(옥)은 의미부분이고, 必(필)은 발음부분이다.(「珌, 佩刀下飾. 天子以玉. 从玉, 必聲.」)

※ 옥(玉)으로 된, 칼집 아래 나뉘어(必) 주위에 가득(必) 장식한 '칼집장식 옥'을 뜻한다.

佖

人부 총7획
점잖을 **필**

戰國 金文	小篆
郭店語四	說文解字

용례 없음

설문 人부: 佖(필)은 위엄 있는 태도를 뜻한다. 人(인)은 의미부분이고, 必(필)은 발음부분이다. ≪시경(詩經)≫에 이르기를 "위엄 있는 태도가 경망스러워지네."라고 하였다.(「佖, 威儀也. 从人, 必聲. ≪詩≫曰: "威儀佖佖."」)

※ 사람(亻)의 속이 가득(必)차 일반사람과 나뉘어(必)지는 '점잖은' 행동을 뜻한다.

721

	玉부 총13획	설문 없음		용례 없음	
창자루 **필**					

※ 끝에 쇠(金)로 나뉜(必), 긴 자루(必) 달린 창에서 '창자루'를 뜻한다. ※柲:자루비.

宓	宀부 총8획	西周 金文  戩47·7	西周 金文  周甲136	戰國 金文  易 鼎	小篆  陶四105	 說文解字	용례 없음	
잠잠할 **밀**	설문 宀부	宓(편안할 복; 잠잠할 밀)은 편안하다는 뜻이다. 宀(면)은 의미부분이고, 必(필)은 발음부분이다.(「宓, 安也. 从宀, 必聲.」)						

※ 집(宀)안에 말뚝(弋)을 박아 경계를 나눔(八), 또는 집(宀) 안이 밖과 나뉘어(必) 고요함이 가득(必) 차 있어 '편안함'을 뜻한다.

密	宀부 총11획	西周 金文  趙 簠	春秋 金文  史密簋	 高密戈	小篆  說文解字	祕密(비밀) 密使(밀사) 綿密(면밀)	
빽빽할 **밀**	설문 山부	密(밀)은 집처럼 생긴 산을 뜻한다. 山(산)은 의미부분이고, 宓(복·밀)은 발음부분이다.(「密, 山如堂也. 从山, 宓聲.」)					

※ 집(宀)이 밖과 나뉘어(必) 편안함이 가득(必) 있어 편안하듯(宓:편안할 밀), 산(山)의 삼면이 높게 가려 세상과 나뉜(必) 중간 한 방향이 낮고 평평한 집 같은 편안하고 비밀스러운 지형에서 '빽빽하다' '비밀'을 뜻한다.

蜜	虫부 총14획	戰國 金文  包山255	小篆 	或體  說文解字		蜜語(밀어) 蜜蜂(밀봉) 蜜月(밀월)	
꿀 **밀**	설문 䖵부	䗩(밀)은 벌꿀을 뜻한다. 일설에는 벼멸구의 알을 뜻한다고도 한다. 䖵(곤)은 의미부분이고, 鼏(멱)은 발음부분이다. 蜜은 䗩의 흑체자(或體字)로 (鼏 대신) 宓(복)을 썼다.(「䗩, 蠭甘飴也. 一曰螟子. 从䖵, 鼏聲. 蜜, 䗩或从宓.」)					

※ 집(宀)안 각 나뉜(必) 곳을 가득(必) 채워 편안하게(宓) 하는 꿀벌(虫)의 식량인 '꿀'을 뜻한다.

謐	言부 총17획	戰國 金文  天星觀簡	小篆  說文解字		靜謐(정밀) 安謐(안밀) 澄謐(징밀)	
고요할 **밀**	설문 言부	謐(밀)은 조용한 말을 뜻한다. 言(언)은 의미부분이고, 盜(밀)은 발음부분이다. 일설에는 소리가 없다는 뜻이라고도 한다.(「謐, 靜語也. 从言, 盜聲. 一曰無聲也.」)				

※ 말(言)을 조심히 그릇을 닦듯(盜:그릇 닦을 밀) 조용히 '고요하게' 함을 뜻한다.
　※참고:'盜(밀)'은 더러움이 가득해(必) 따로 나뉘어(必) 놓은 그릇(皿)을 깨끗하게 '그릇을 닦음'을 뜻한다.

瑟	玉부 총13획	國 金文 包山260	小篆  說文解字	古文 	琴瑟(금슬) 瑟瑟(슬슬) 膠瑟(교슬)	
큰거문고 **슬**	설문 珡부	瑟(슬)은 포희씨(庖犧氏)가 만든 현악기이다. 珡(금)은 의미부분이고, 必(필)은 발음부분이다. 𩰿은 瑟의 고문(古文)이다.(「瑟, 庖犧所作弦樂也. 从珡, 必聲. 𩰿, 古文瑟.」)				

※ 악기 줄(珡)이 '琴(거문고 금)'보다 많아 악기통에 각각 나뉘어진(必) 줄이 가득한(必) '큰 거문고'를 뜻한다.

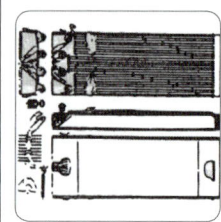

瑟	玉부 총17획	小篆 瑟 說文解字		용례 없음	
푸른진주 **슬**	설문 玉부	瑟(슬)은 옥 위의 무늬가 서로 얽혀 연결되어 있는데 그 모양이 거문고의 현과 같다는 뜻이다. 玉(옥)은 의미부분이고, 瑟(슬)은 발음부분이다. ≪시경(詩經)≫에 이르기를 "고운 저 옥술잔."이라고 하였다.(「瓊, 玉英華相帶如瑟弦. 从玉, 瑟聲. ≪詩≫曰: "瑟彼玉瓚."」)			

※ 보석(玉) 위에 거문고(瑟) 줄무늬가 서로 얽혀 있는 '푸른 진주구슬'을 뜻한다.

祕	示부 총10획	小篆 祕 說文解字		祕訣(비결) 祕書(비서) 神祕(신비)	
숨길 **비**	설문 示부	祕(비)는 신령(神靈)을 뜻한다. 示(시)는 의미부분이고, 必(필)은 발음부분이다.(「祕, 神也. 从示, 必聲.」)			

※ 귀신(示)의 일은 세상과 나뉘어(必) 신비함이 가득함(必)에서 '숨기다'를 뜻한다.

思 ➡ 媤

思	心부 총9획	戰國 金文  羛令思戈　包山130	小篆  說文解字	思考(사고) 思想(사상) 思慕(사모)	
생각 **사**	설문 思부	思(사)는 용납(容納)한다는 뜻이다. 心(심)은 의미부분이고, 囟(신)은 발음부분이다. 무릇 思부에 속하는 글자들은 모두 思를 의미부분으로 삼는다.(「思, 容也. 从心, 囟聲. 凡思之屬皆从思.」)			

※ 머리(囟=田:정수리 신)와 마음(心)으로 느끼고 생각함에서 '생각하다'를 뜻한다.
※파자: 밭(田)에 심은 작물을 마음(心)으로 '생각함'.

媤	女부 총12획	설문 없음	媤宅(시댁) 媤家(시가)	
시집 **시**				

※ 여자(女)가 모든 행동에 생각(思)이 많아지는 '시집'으로 우리나라에서만 쓰인다.

心 ➡ 沁

心	心부 총4획	甲骨文  甲3510	西周金文 師望鼎　克鼎　散盤	春秋 金文 王孫鐘	戰國 金文 中山王壺	小篆 說文解字	心性(심성) 心理(심리) 善心(선심)	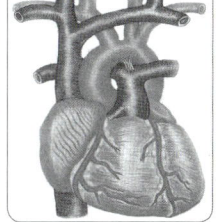
마음 **심**	설문 心부	心(심)은 사람의 심장이다. 흙[土(토)]에 속하는 장기(臟器)로서, 몸의 가운데에 있다. 상형이다. 박사(博士)의 주장에 따르면 불[火(화)]에 속하는 장기라고 하였다. 무릇 心부에 속하는 글자들은 모두 心을 의미부분으로 삼는다.(「心, 人心. 土臟, 在身之中. 象形. 博士說: 以爲火臟. 凡心之屬皆从心.」)						

※ 심장의 모양을 본떠 만든 글자로, 감정, 생각, 마음, 중심 등을 나타낸다.

沁	水부 총7획	甲骨文   甲275	小篆  說文解字	沁痕(심흔)	
스며들 **심**	설문 水부	沁(심)은 강의 이름이다. 상당군(上黨郡) 양두산(羊頭山)에서 발원하여, 동남쪽으로 흘러서 황하로 들어간다. 水(수)는 의미부분이고, 心(심)은 발음부분이다.(「沁, 水. 出上黨羊頭山, 東南入河. 从水, 心聲.」)			

※ 물(氵)이 사물의 중심(心)을 흐르는 데서 '스며들다'를 뜻한다.

虍 ➡ 𧆞 ➡ 盧 ➡ 爐 ➡ 蘆 ➡ 廬 ➡ 膚 ➡ 慮 ➡ 濾 ☆ ➡ 攄 ☆ ➡ 虜 ➡ 擄 ☆

虍 (범 호) — 虍부 총6획

甲骨文	戰國 金文	小篆

乙8013	陶徵208	說文解字

용례 없음

설문 虍부: 虍(호)는 호랑이의 무늬이다. 상형이다. 무릇 虍부에 속하는 글자들은 모두 虍를 의미부분으로 삼는다.(「𧆞, 虎文也. 象形. 凡虍之屬皆从虍.」)

※ 입을 크게 벌린 사나운 호랑이의 모습으로 '범'을 뜻한다.

𧆞 (밥그릇 로) — 虍부 총14획

金文		小篆	篆文	籒文
	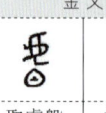			
取𧆞盤	趙曹鼎	說文解字		

용례 없음

설문 甾부: 𧆞(로)는 아가리가 좁은 병을 뜻한다. 甾(치)는 의미부분이고, 虍(호)는 발음부분이다. 발음은 盧(로)자와 같다. 𧆞는 𧆞의 전문(篆文)이다. 𧆞는 𧆞의 주문(籒文)이다.(「𧆞, 𧆞也. 从甾, 虍聲. 讀若盧同. 𧆞, 篆文𧆞. 𧆞, 籒文𧆞.」)

※ 호랑이(虍)처럼 아가리가 벌어진 그릇(甾:액체를 담는 그릇 치)으로 '밥그릇'을 뜻한다.
※참고: 𧆞와 盧를 같은 글자로 보기도 한다.

盧 (성(姓) 로) — 皿부 총16획

甲骨文		西周 金文	春秋 金文	小篆	籒文

粹109	甲3652	趙曹鼎	伯公父𠤎	嬰次盧	說文解字

盧矢(노시)
胡盧(호로)
盧橘(노귤)

설문 皿부: 盧(로)는 밥그릇을 뜻한다. 皿(명)은 의미부분이고, 𧆞(로)는 발음부분이다. 𧆞는 盧의 주문(籒文)이다.(「𧆞, 飯器也. 从皿, 𧆞聲. 𧆞, 籒文盧.」)

※ 호랑이(虍) 입처럼 아가리가 큰, 음식덩이(凷:덩이 괴)를 담은(𧆞=虍:밥그릇 로) 불에 검게 그을린 그릇(皿)에서 '밥그릇'을 뜻하나, 주로 '성씨'로 많이 쓰인다.

爐 (화로 로) — 火부 총20획

	戰國 金文	
설문 없음		
	璽彙3665	

煖爐(난로)
火爐(화로)
爐邊(노변)

《옥편(玉篇)·화부(火部)》를 보면 "爐(로)는 화로(火爐)를 말한다.(「爐, 火爐也.」)"라고 하였다.

※ 불(火)을 담아 따뜻하게 하는 검게 그을린 그릇(盧)에서 '화로'를 뜻한다.

蘆 (갈대 로) — 艸부 총20획

戰國 金文	小篆

陶三335	說文解字

蘆岸(노안)
蘆管(노관)
蘆雁(노안)

설문 艸부: 蘆(려·로)는 무다. 일설에는 냉이 뿌리라고도 한다. 艸(초)는 의미부분이고, 盧(로)는 발음부분이다.(「蘆, 蘆菔也. 一曰齊根. 从艸, 盧聲.」)

※ 줄기가 검은 풀(艹)로, 밥을 할 때 그릇(盧)에 불을 지피는 데 많이 쓰이던 '갈대'를 뜻한다.

廬 (농막집 려) — 广부 총19획

西周 金文	小篆

師湯父鼎	說文解字

廬幕(여막)
結廬(결려)

설문 广부: 廬(려)는 (야외에서) 기거(寄居)하는 곳을 뜻한다. 가을·겨울에는 떠나고, 봄·여름에는 머문다. 广(엄)은 의미부분이고, 盧(로)는 발음부분이다.(「廬, 寄也. 秋冬去, 春夏居. 从广, 盧聲.」)

※ 농번기에만 거처하던 띠 집(广)으로, 밥그릇(盧)에 음식을 해먹고 쉬던 '농막집'을 뜻한다.

膚	肉부 총15획	西周 金文	春秋 金文	戰國 金文	小篆	籒文	皮膚(피부) 膚肌(부기) 雪膚(설부)
		引尊	九年衛鼎	玄膚戈	中山王壺	說文解字	
살갗 부	설문 肉부	膚(려)는 살갗을 뜻한다. 肉(육)은 의미부분이고, 盧(로)는 발음부분이다. 膚(부)는 臚의 주문(籒文)이다.(「臚, 皮也. 从肉, 盧聲. 膚, 籒文臚.」)					

※ 호랑이(虍) 입처럼 벌린(凵) 곳에 담긴 흙(土)덩이(凷:흙덩이 괴)가 그릇(盧=盧:그릇 로)에 싸여져 있듯, 사람의 몸(月)을 그릇(盧)처럼 감싸고 있는 피부인 '살갗'을 뜻한다.

慮	心부 총15획	春秋 金文	戰國 金文	小篆		配慮(배려) 考慮(고려) 憂慮(우려)
		殳殷鼎	中山王鼎	說文解字		
생각할 려	설문 思부	慮(려)는 무슨 일을 도모(圖謀)하고자 곰곰이 생각한다는 뜻이다. 思(사)는 의미부분이고, 虍(호)는 발음부분이다.(「慮, 謀思也. 从思, 虍聲.」)				

※ 호랑이(虍)를 두렵게 생각(思)하거나, 호랑이(虍)가 치밀하게 생각하여(思) 먹이를 노리는 데서 '생각하다' '염려하다'를 뜻한다.

濾	水부 총18획	설문 없음	小篆		濾過(여과) 濾過器(여과기) 濾過紙(여과지)
			形音義字典		
거를 려					

※ 물(氵)로 티끌이나 찌꺼기를, 꼼꼼히 생각하듯(慮) 꼼꼼히 거르는 데서 '거르다'를 뜻한다.

攄	手부 총18획	설문 없음	小篆		攄得(터득) 攄懷(터회) 攄抱(터포)
			形音義字典		
펼 터					

※ 손(扌)으로 펼치듯 생각(慮)을 널리 펴는 데서 '펴다'를 뜻한다.

虜	虍부 총13획	春秋 金文		小篆		捕虜(포로) 蠻虜(만로) 僕虜(복로)
		夌孫虜臣	夌孫虜鼎	說文解字		
사로잡을 로	설문 毌부	虜(로)는 사로잡았다는 뜻이다. 毌(관)과 力(력)은 의미부분이고, 虍(호)는 발음부분이다.(「虜, 獲也. 从毌, 从力, 虍聲.」)				

※ 범(虍)처럼 사납게 꿰어(毌) 힘써(力) 사로잡아온 포로에서 '사로잡다' '포로'를 뜻한다.

擄	手부 총16획	설문 없음			擄掠(노략) 侵擄(침노)
노략질할 로					

※ 손(扌)으로 재물이나 살아 있는 생명을 사로잡아(虜) 오는 데서 '노략질하다'를 뜻한다.

虎 ➡ 琥 ➡ 彪 ❖ ➡ (豦) ➡ 劇 ➡ 據 ➡ 醵 ➡ 遽 ❖ ⋯ (号) ➡ 號 ⋯ (虖) ➡ 號 ❖ ⋯ (虍)
➡ 遞 ⋯ 處

虎부 총8획	甲骨文			殷商 金文	西周 金文
	前4.45.1	粹987	前4·44·5	合17849	虎簋	吳方彝

	西周 金文	春秋 金文	小篆	古文	
	師虎簋	散盤	受戈	說文解字	

범 호 / 설문 虍부

虎狼(호랑)
虎患(호환)
虎口(호구)
虎視眈眈
(호시탐탐)

虎(호)는 산짐승 중의 왕이다. 虍(호)는 의미부분이다. 호랑이의 발은 사람의 발을 닮았다. 상형이다. 무릇 虎부에 속하는 글자들은 모두 虎를 의미부분으로 삼는다. 𠂇는 虎의 고문(古文)이다. 𠃜 역시 虎의 고문이다.(「𠂇, 山獸之君. 从虍. 虎足象人足, 象形. 凡虎之屬皆从虎. 𠂇, 古文虎. 𠃜, 亦古文虎.」)

❋ 머리가 크고 큰 입에 긴 꼬리를 가진 범의 모습에서 '범'을 뜻한다.

玉부 총12획	戰國 金文	小篆
	中山玉器	說文解字

호박 호 / 설문 玉부

琥珀(호박)

琥(호)는 군대를 움직일 때 쓰는 서옥(瑞玉, 옥으로 만든 신표)으로, 호랑이 무늬가 새겨져 있다. 玉(옥)과 虎(호)는 모두 의미부분인데, 虎는 발음부분이기도 하다. ≪춘추전(春秋傳)≫에 이르기를 "자가(子家)에게 옥호(玉琥) 한 쌍을 내렸다."라고 하였다.(「𤪎, 發兵瑞玉, 爲虎文. 从玉, 从虎, 虎亦聲. ≪春秋傳≫曰: "賜子家雙琥."」)

❋ 병사를 징발할 때 쓰던 옥(玉)으로, 호랑이(虎)를 새긴 송진이 땅속에서 굳은 '호박'을 뜻한다.

彡부 총11획	甲骨文		春秋 金文	小篆
	毛叔盤	虢鼎	郮伯彪戈	說文解字

범 표 / 설문 虍부

彪炳(표병)
彪煥(표환)
彪乎(표호)

彪(표)는 호랑이의 무늬를 뜻한다. 虎(호)는 의미부분이다. 彡(삼)은 그 무늬를 그린 것이다.(「𧆞, 虎文也. 从虎, 彡, 象其文也.」)

❋ 범(虎)의 줄무늬(彡)가 선명함에서 '범'을 뜻한다. ※ '彡'은 '모양' '색' '소리' '털' 등을 뜻한다.

豕부 총13획	西周 金文	戰國 金文	小篆
	豦簋	殷仲豦臣	侯馬盟書	說文解字

원숭이 거 / 설문 豕부

용례 없음

豦(거)는 (돼지와 호랑이가) 싸울 때 잡고 서로 놓지 않는다는 뜻이다. 豕(시)와 虍(호)는 모두 의미부분이다. 돼지[豕]와 호랑이[虍]는 싸울 때 놓지 않는다. 찰풀이라는 뜻의 蘮(계)자처럼 읽는다. 사마상여(司馬相如)는 豦는 돼지의 일종이라고 하였다. 일설에는 호랑이가 두 다리를 들었다는 뜻이라고도 한다.(「𧰭, 鬭相丮不解也. 从豕·虍. 豕虍之鬭不解也. 讀若蘮蔂草之蘮. 司馬相如說: 豦, 封豕之屬. 一曰虎兩足舉.」)

❋ 범(虍)과 멧돼지(豕)가 서로 엉겨 붙어 싸움을 뜻하나, 나무에 엉겨 떨어지지 않는 '원숭이'를 뜻하기도 한다.

刀부 총15획	小篆
	說文解字

심할 극 / 설문 刀부

劇藥(극약)
演劇(연극)
劇本(극본)

劇(극)은 매우 심하다는 뜻이다. 刀(도)는 의미부분인데, 그 까닭은 잘 모르겠다. 豦(거)는 발음부분이다.(「𠛹, 尤甚也. 从刀, 未詳. 豦聲.」)

❋ 범(虍)과 멧돼지(豕)가 엉겨 붙어(豦:원숭이 거) 칼(刂)로 가르듯 승부가 날 때까지 싸우는 데서 '심하다' '연극'을 뜻한다.

據	手부 총16획	戰國 金文	小篆			根據(근거) 據點(거점) 依據(의거)
		十鐘印擧	說文解字			
근거 **거**	설문 手부	據(거)는 지팡이를 쥐고 의지한다는 뜻이다. 手(수)는 의미부분이고, 豦(거)는 발음부분이다.(「據, 杖持也. 从手, 豦聲.」)				

* 손(扌)으로, 범(虍)과 멧돼지(豕)가 엉겨 붙어 싸우듯(豦) 움켜쥐는 데서 '움키다' '근거'를 뜻한다.

醵	酉부 총20획	小篆	或體			醵出(갹출) 醵飲(갹음) 醵金(거금)
		說文解字				
추렴할 **거/갹**	설문 酉부	醵(갹·거)는 (돈을) 추렴해서 술을 마신다는 뜻이다. 酉(유)는 의미부분이고, 豦(거)는 발음부분이다. 配는 醵의 혹체자(或體字)로 (豦 대신) 巨(거)를 썼다.(「醵, 會歙酒也. 从酉, 豦聲. 配, 醵或从巨.」)				

* 술(酉)을, 짐승이 엉겨 붙듯(豦) 여럿이 돈을 모아 함께 마시는 데서 '추렴하다'를 뜻한다.

	辵부 총17획	西周 金文				小篆	急遽(급거) 遽色(거색) 遽卒(거졸)
		遽父己尊	父己盉蓋	牆盤	遽仲觶	師遽簋	說文解字
갑자기/급할 **거**	설문 辵부	遽(거)는 전달한다는 뜻이다. 일설에는 급박하다는 뜻이라고도 한다. 辵(착)은 의미부분이고, 豦(거)는 발음부분이다.(「遽, 傳也. 一曰窘也. 从辵, 豦聲.」)					

* 짐승이 갑자기 엉겨 붙어(豦) 싸우듯, 갑자기 빠르게 가는(辶) 데서 '갑자기' '급함'을 뜻한다.

号	口부 총5획	戰國 金文		小篆		號의 약자(略字)
		曾侯乙鐘		說文解字		
부르짖을 **호**	설문 号부	号(호)는 아프다는 소리이다. 입[口(구)]이 丂(고) 위에 있다는 의미이다. 무릇 号부에 속하는 글자들은 모두 号를 의미부분으로 삼는다.(「号, 痛聲也. 从口在丂上. 凡号之屬皆从号.」)				

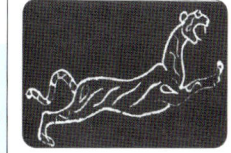

* 입(口)을 크게 벌리고(丂) '부르짖음', 또는 나무 도구(丂)로 맞아 고통스러워 입(口)을 크게 벌리고 '부르짖음'을 뜻한다.

號	虎부 총13획	小篆			番號(번호) 雅號(아호) 暗號(암호)
		說文解字			
이름 **호**	설문 号부	號(호)는 부른다는 뜻이다. 号(호)와 虎(호)는 모두 의미부분이다.(「號, 呼也. 从号, 从虎.」)				

* 입(口)을 크게(丂:굽다/크다/가다) 벌린 범(虎)이 '울부짖는' 데서 '부르다' '이름'을 뜻한다.

	寸부 총7획	西周 金文				戰國 金文	小篆	용례 없음
		商尊	師旅鼎	習鼎	番生簋	金村銅鈁	說文解字	
취할 **률**	설문 受부	寽(률)은 다섯 손가락으로 쥔다는 뜻이다. 受(표)는 의미부분이고, 一(일)은 발음부분이다. 律(률)이라고 읽는다.(「寽, 五指持也. 从受, 一聲. 讀若律.」)						

* 손(爫)에 손(又=寸)을 더해 다섯 손가락으로 잡는 데서 '취하다'를 뜻한다.

	虍부 총15획	甲骨文		西周 金文			小篆	虢州(괵주)	
		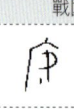							
		乙3028	粹1573	頌 鼎	虢仲鼎	虢叔匡	說文解字		
범발톱자국/ 나라 **괵**	설문 虍부	虢(괵)은 호랑이가 움켜잡은 곳에 난 분명한 자국을 뜻한다. 虎(호)는 의미부분이고, 寽(률) 은 발음부분이다.(「虢, 虎所攫畫明文也. 从虎, 寽聲.」)							

✻ 양 발톱(寽:취할 률)으로 호랑이(虎)가 긁은 자국에서 '범 발톱자국'을 뜻한다.
　또는 호랑이(虎)의 가죽을 양손으로 벗겨 취하는(寽:취할 률) 모양으로 본다.

	虍부 총10획	戰國 金文		小篆	虒祁(사기)	
		虒 盃	雲夢日甲	說文解字		
뿔범 **사**	설문 虍부	虒(사)는 위사(委虒)로, 뿔이 난 호랑이를 뜻한다. 虎(호)는 의미부분이고, 厂(예)는 발음부 분이다.(「虒, 委虒, 虎之有角者也. 从虎, 厂聲.」)				

✻ 가죽을 당겨(厂:당길 예) 범(虎)의 살과 가죽을 분리함을 뜻하나, 머리에 뿔(厂)이 달린 범(虎)의 이름으로 쓰인다.
　※虒(뿔범 사):뿔이 있고 물과 육지를 오가며 산다는 짐승.

	辵부 총14획	小篆	遞增(체증)	
			遞減(체감)	
		說文解字	遞信(체신)	
갈릴 **체**	설문 辵부	遞(체)는 바꾼다는 뜻이다. 辵(착)은 의미부분이고, 虒(사)는 발음부분이다.(「遞, 更易也. 从辵, 虒聲.」)		

✻ 가죽을 당겨(厂:당길 예) 범(虎)의 살과 가죽을 분리하듯(虒), 서로 갈라져 교대로 가는(辶) 데서 '갈리다' '갈마
　들다'를 뜻한다.

	虍부 총11획	西周 金文			春秋 金文	戰國 金文	小篆	或體	處所(처소)	
									近處(근처)	
		臣諫簋	牆 盤	智 鼎	南彊鉦	魚鼎匕	說文解字		處女作(처녀작)	
곳 **처**	설문 几부	処(처)는 머문다는 뜻이다. 几(궤)를 얻어 머문다는 의미이다. 几와 夂(치)는 모두 의미부분 이다. 處는 処의 혹체자(或體字)로 발음부분으로 虎(호)를 더하였다.(「処, 止也. 得几而止. 从几, 从夂. 處, 処或从虎聲.」)								

✻ 호피(虎皮) 관을 쓴 사람이 걷다(夂) 안석(几)에 기대어 머물러 쉬는 곳(処:곳 처)에서 '곳' '쉬다'를 뜻한다.
　※파자:호랑이(虎)가 다니는(夂) '곳'을 뜻한다.

虛 → 噓 ☆ → 墟 … (虖) → 戲 … (䖒) → 獻

虛	虍부 총12획	戰國 金文	小篆	虛實(허실)	
				虛空(허공)	
		雲夢日乙	說文解字	謙虛(겸허)	
빌 **허**	설문 丘부	虛(허)는 큰 언덕을 뜻한다. 곤륜구(崑崙丘)를 곤륜허(崑崙虛)라고 한다. 옛날 전제(田制)에 따르면 9명의 성인 남자가 1정(井)을 이루고, 4정(井)이 1읍(邑)을 이루며, 4읍(邑)이 1구(丘) 를 이룬다. 丘는 虛라고도 한다. 丘는 의미부분이고, 虍(호)는 발음부분이다.(「虛, 大丘也. 崑崙丘謂之崑崙虛. 古者九夫爲井, 四井爲邑, 四邑爲丘. 丘謂之虛. 从丘, 虍聲.」)				

✻ 크게 벌어진 호랑이(虎) 입처럼 텅 빈 언덕(丘=业)이나 움집구덩이에서 '비다'를 뜻한다.

◆ 假途滅虢 : (가도멸괵) 길을 빌려 괵국(虢國)을 멸(滅)하니, 진헌공(晉獻公)이 우국길을 빌려 괵국(虢國)을 멸(滅)함.
◆ 錐處囊中 : (추처낭중) 주머니 속에 있는 송곳이란 뜻으로, 재능(才能)이 아주 빼어난 사람은 숨어 있어도 저절로 남의 눈에 드러난다는 비
　유적(比喩的) 의미(意味).
◆ 善後處置 : (선후처치) 잘한 뒤에 처리(處理)한다는 뜻으로, 후환이 없도록 그 사물(事物)의 다루는 방법(方法)을 정(定)한다는 말로서 뒤처
　리(-處理)를 잘하는 방법(方法).

噓	口부 총15획	小篆 說文解字		吹噓(취허) 噓吸(허흡) 氣噓(기허)
불 허	설문 口부	噓(허)는 吹(불 취)이다. 口(구)는 의미부분이고, 虛(허)는 발음부분이다.(「噓, 吹也. 从口, 虛聲.」)		

※ 입(口) 안을 텅 비워(虛) 기를 모아 부는 데서 '불다'를 뜻한다.

墟	土부 총15획	설문 없음		廢墟(폐허) 墟墳(허분) 古墟(고허)
터 허				

※ 흙(土)만 남은 텅 빈(虛) 언덕이나 황폐한 터에서 '터' '옛터'를 뜻한다.

虗	虍부 총13획	甲骨文	戰國 金文	小篆	용례 없음
		周甲113	陶三948	說文解字	
옛그릇 희	설문 虗부	虗(희)는 옛날 질그릇을 뜻한다. 豆(두)는 의미부분이고, 虍(호)는 발음부분이다. 무릇 虗부에 속하는 글자들은 모두 虗를 의미부분으로 삼는다.(「虗, 古陶器也. 从豆, 虍聲. 凡虗之屬皆从虗.」)			

※ 호랑이(虍) 모양의 북이나 제기(豆)로 무사(武士)들의 행사에 쓰이던 '옛 그릇'을 뜻한다.

戲	戈부 총17획		西周 金文			戰國 金文	小篆	戲弄(희롱) 戲劇(희극) 戲曲(희곡)
		戲卣	豆閉簋	師虎簋	戲伯鬲	口陽令戈	說文解字	
놀이 희	설문 戈부	戲(희)는 삼군(三軍)의 한 쪽을 뜻한다. 일설에는 무기를 뜻한다고도 한다. 戈(과)는 의미부분이고, 虗(희)는 발음부분이다.(「戲, 三軍之偏也. 一曰兵也. 从戈, 虗聲.」)						

※ 사냥이나 전쟁 전에 범(虍)의 탈을 쓰고 제기(豆)에 음식을 갖추어 창(戈)을 들고 춤추고 노래하며 제사하던 데서 '놀다' '연기'를 뜻한다. ※참고:虗(옛 그릇 희) ※戯는 속자.

鬳	鬲부 총16획	甲骨文	殷商 金文	西周 金文	春秋 金文	戰國 金文	小篆	용례 없음
		前7.37.1	甲2082	鬳戈	見鬳	王孫壽鬳	將軍張戈	說文解字	
솥 권	설문 鬲부	鬳(권)은 솥의 일종이다. 鬲(격·력)은 의미부분이고, 虍(호)는 발음부분이다.(「鬳, 鬲屬. 从鬲, 虍聲.」)							

※ 범(虍)의 아가리처럼 크게 입 벌린 물건을 삶는 큰 솥(鬳)에서 '솥'을 뜻한다.

獻	犬부 총20획	甲骨文		西周 金文		春秋 金文	小篆	獻納(헌납) 獻物(헌물) 獻血(헌혈)
		前8.11.2	佚273	虢季子白盤	召伯簋	陳曼簠	說文解字	
드릴 헌	설문 犬부	獻(헌), 종묘에 제사를 지낼 때 쓰이는 개를 갱헌(羹獻)이라고 부른다. 그 중에서도 살찐 것을 바친다. 犬(견)은 의미부분이고, 鬳(권)은 발음부분이다.(「獻, 宗廟犬名羹獻, 犬肥者以獻之. 从犬, 鬳聲.」)						

※ 범(虍)아가리처럼 큰 솥(鬳:솥 권)에 개(犬)를 삶아 신에게 바치며 제사하던 데서 '드리다' '바치다'를 뜻한다.

虐 ➡ 瘧 ☆ ➡ 謔

	虍부 총9획	甲骨文			西周金文		小篆	古文	殘虐(잔학) 自虐(자학) 虐待(학대)
		合14315	合17192	合17946	常用漢字圖解	量侯簋	說文解字		

| 모질 **학** | 설문
虍부 | 虐(학)은 해롭게 한다는 뜻이다. 虍(호)는 의미부분이다. 호랑이는 발을 뒤집어서 사람을 할퀸다. 㾐, 고문(古文)의 虐자는 이와 같다.(「㾐, 殘也. 从虍. 虎足反爪人也. 㾐, 古文虐如此.」) |

✻ 호랑이(虍)가 발톱(爪=ᄐ)으로 사람을 해치는 데서 '모질다' '사납다'를 뜻한다.

	疒부 총14획	戰國金文	小篆					瘧疾(학질) 瘧氣(학기) 溫瘧(온학)
		郭店緇衣	說文解字					

| 학질 **학** | 설문
疒부 | 瘧(학)은 열이 났다 추웠다 하는 증상이 멈추었다가 다시 발작했다가 하는 병(즉 학질)을 뜻한다. 疒(녁)과 虐(학)은 모두 의미부분인데, 虐은 발음부분이기도 하다.(「瘧, 熱寒休作. 从疒, 从虐, 虐亦聲.」) |

✻ 병(疒)세가 고열과 한기가 반복되어 사람을 모질게(虐) 괴롭히는 '말라리아' '학질'을 뜻한다.

	言부 총16획	小篆						諧謔(해학) 謔笑(학소) 嘲謔(조학)
		說文解字						

| 희롱할 **학** | 설문
言부 | 謔(학)은 농담한다는 뜻이다. 言(언)은 의미부분이고, 虐(학)은 발음부분이다. ≪시경(詩經)≫에 이르기를 "우스갯 소리도 잘하네."라고 하였다.(「謔, 戲也. 从言, 虐聲. ≪詩≫曰: "善戲謔兮."」) |

✻ 말(言)로 상대를 모질게(虐) 놀리며 농담하는 데서 '희롱하다'를 뜻한다.

鬲 ➡ 隔 ➡ 膈 ☆ ➡ 融

	鬲부 총10획	甲骨文			西周金文			鬲閉(격폐) 鬲如(격여) 鬲絕(격절) 鼎鬲(정력)
		乙2544	甲2132	粹1543	令簋	孟鼎	召仲鬲	
		春秋金文		戰國金文	小篆		或體	
		郑伯鬲	季眞鬲	梁十九年	說文解字			

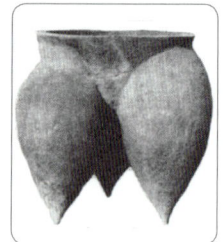

| 오지병/흙솥
격/력 | 설문
鬲부 | 鬲(오지병 격:다리 굽은 솥 력)은 솥[鼎(정)]의 일종이다. 용량은 5곡(斛)으로, 1두(斗) 2승(升)이 1곡에 해당한다. 가운데 엇갈린 무늬가 있고, 다리가 셋이다. 무릇 鬲부에 속하는 글자들은 모두 鬲을 의미부분으로 삼는다. 䰜(격)은 鬲의 혹체자(或體字)로 瓦(와)를 더하였다. 㿻은 한(漢)나라 율령(律令)에 보이는 鬲의 혹체자로, 瓦가 의미부분이고 厤(력)이 발음부분이다.(「鬲, 鼎屬. 實五斛, 斗二升曰斛. 象腹交文, 三足. 凡鬲之屬皆从鬲. 䰜, 鬲或从瓦. 㿻, 漢令鬲, 从瓦, 厤聲.」) |

✻ 흙을 구워 다시 잿물을 발라 만든 다리가 있는 병모양의 솥에서 '오지병'을 뜻한다.

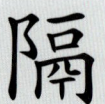

	阜부 총13획	小篆						隔差(격차) 隔離(격리) 隔阻(격조)
		說文解字						

| 사이뜰 **격** | 설문
阜부 | 隔(격)은 障(막힐 장)이다. 阜(부)는 의미부분이고, 鬲(격·력)은 발음부분이다.(「隔, 障也. 从𨸏, 鬲聲」) |

✻ 막힌 언덕(阝) 아래 사이가 다리 속이 빈 오지병(鬲)처럼 떠 있는 데서 '사이뜨다' '막히다'를 뜻한다.

※鬲:오지병/막을 격, 솥 력.

膈	肉부 총14획	설문 없음		膈痰(격담) 胸膈(흉격) 膈膜(격막)	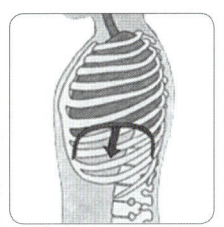
가슴 **격**					

※ 몸(月)에서 몸통과 다리가 구분되어 있는 오지병(鬲)처럼 가슴과 배 사이의 '횡격막'에서 '가슴' '흉격'을 뜻한다.

融	虫부 총16획	殷商 金文    融簋 融爵 冊融鼎	小篆 / 籒文 說文解字	融化(융화) 金融(금융) 融合(융합)	
녹을 **융**	설문 鬲부	融(융)은 밥을 지을 때 증기가 위로 솟아 나온다는 뜻이다. 鬲(격·력)은 의미부분이고, 蟲(충)의 생략형은 발음부분이다. 䕼은 融의 주문(籒文)으로 생략하지 않은 형태이다.(「䕼, 炊气上出也. 从鬲, 蟲省聲. 䕼, 籒文融不省.」)			

※ 솥(鬲)에서 꿈틀꿈틀 벌레(虫)처럼 김이 오를 때까지 음식을 삶는 데서 '녹다'를 뜻한다.

丩 ➔ 收 ➔ 叫 ➔ 糾

丩	ㅣ부 총2획	甲骨文  乙3805反 後下26.5	金文 / 西周 金文 / 小篆 丩方鼎 丩父癸觶 說文解字	용례 없음	
얽힐 **구**	설문 丩부	丩(넝쿨 구, 얽힐 구)는 서로 얽혔다는 뜻이다. 일설에는 오이 넝쿨이 얽혀 올라간다는 뜻이라고도 한다. 상형(象形)이다. 무릇 丩부에 속하는 글자들은 모두 丩를 의미부분으로 삼는다.(「ㅎ, 相糾繚也. 一曰瓜瓠結丩起. 凡丩之屬皆从丩.」)			

※ 식물의 넝쿨이 서로 얽혀 있는 모양에서 '얽히다' '넝쿨'을 뜻한다.

收	攴부 총6획	戰國 金文  包山122	小篆 說文解字	收益(수익) 收入(수입) 收監(수감)	
거둘 **수**	설문 攴부	收(수)는 붙잡았다는 뜻이다. 攴(복)은 의미부분이고, 丩(구)는 발음부분이다.(「敀, 捕也. 从攴, 丩聲.」)			

※ 죄인을 묶고(丩:얽힐/넝쿨 규) 쳐서(攴) 잡아들임에서 '거두다'를 뜻한다.
　※파자:곡식을 쳐서(攴) 묶어(丩) 거두는 데서 '거두다'를 뜻한다. ※ 丩(규)는 넝쿨이 서로 엉겨 묶인 모습.

叫	口부 총5획		小篆 說文解字	絶叫(절규) 大叫(대규) 叫喚(규환)	
부르짖을 **규**	설문 口부	叫(규)는 부르짖는다는 뜻이다. 口(구)는 의미부분이고, 丩(구)는 발음부분이다.(「呌, 嘑也. 从口, 丩聲.」)			

※ 입(口)이 얽혀(丩) 길게 소리치는 데서 '부르짖다'를 뜻한다.

糾	糸부 총8획		小篆  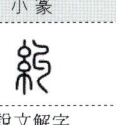 說文解字	糾彈(규탄) 紛糾(분규) 糾合(규합)	
얽힐 **규**	설문 糸부	糾(규)는 새끼줄 셋을 합하였다는 뜻이다. 糸(멱·사)와 丩(구)는 모두 의미부분이다.(「繆, 繩三合也. 从糸, 从丩.」)			

※ 여러 줄(糸)을 모아 엮어(丩) 꼬는 데서 '꼬다' '얽히다'를 뜻한다.

731

卬 → 仰 → 昂 → 迎 → 抑

	戰國 金文	小 篆
卩부 총4획		
	上博三德	說文解字

卬鼻(앙비)
卬卬(앙앙)

높을 앙 / 설문 匕부

卬(나 앙, 높을 앙, 우러를 앙)은 앙망(仰望)한다는 뜻으로, 원하는 바가 거의 다다랐다는 뜻이다. 匕(비)와 卩(절)은 모두 의미부분이다. 《시경(詩經)》에 이르기를 "높은 산을 우러러 보네."라고 하였다.(「卬, 望, 欲有所庶及也. 从匕, 从卩. 《詩》曰: "高山卬止."」)

* 서 있는 사람(人=匕)을 꿇어앉은 사람(卩)이 우러러 보는 데서 '우러르다' '오르다'를 뜻한다.

	小 篆
人부 총6획	
	說文解字

仰祝(앙축)
仰望(앙망)
仰天(앙천)

우러를 앙 / 설문 人부

仰(앙)은 (머리를) 들어 올린다는 뜻이다. 人(인)과 卬(앙)은 모두 의미부분이다.(「仰, 舉也. 从人, 从卬.」)

* 사람(亻)을 우러러(卬) 보는 데서 '우러르다'를 뜻한다.

	小 篆
日부 총8획	
	說文解字

昂騰(앙등)
激昂(격앙)
昂貴(앙귀)

높을 앙 / 설문 日부

昂=㫜(앙)은 든다는 뜻이다. 日(일)은 의미부분이고, 卬(앙)은 발음부분이다.(「㫜, 舉也. 从日, 卬聲.」)

* 해(日)가 높이 솟아오르는(卬) 데서 '오르다'를 뜻한다.

	金文	小 篆
辵부 총8획		
	古 鉥	說文解字

迎接(영접)
歡迎(환영)
迎入(영입)

맞을 영 / 설문 辵부

迎(영)은 만난다는 뜻이다. 辵은 의미부분이고, 卬은 발음부분이다.(「迎, 逢也. 从辵, 卬聲.」)

* 귀하게 우러러(卬) 길에 나아가(辶) 맞이하는 데서 '맞이하다' '맞다'를 뜻한다.

	甲骨文	殷商 金文	西周 金文	春秋 金文	小 篆	俗字
手부 총7획						
	乙112	印爵	毛公鼎	曾伯簠	說文解字	

抑壓(억압)
抑鬱(억울)
抑留(억류)

누를 억 / 설문 印부

归=印(인)은 누른다는 뜻이다. 印(인)자를 뒤집은 형태이다. 억(抑)은 속자(俗字)로 手를 더하였다.(「归, 按也. 从反印. 抑, 俗从手.」)

* 손(爪=王)으로 눌러 꿇어앉히는(卩) '印(도장 인)'자의 반대 형태로 '누르다' '막다'를 뜻한다.
※파자: 손(扌)으로 높게 오르는(卬) 것을 누르는 데서 '누르다'를 뜻한다.

卯 → 昴 → 聊 ☆ → 留 → 溜 ☆ → 瘤 ☆ → 劉 → 柳 → 貿 … (卯) → 卿 … 夘

	甲骨文	殷商 金文	西周 金文	戰國 金文	小 篆	古 文
卩부 총5획						
	粹1418	戩3.8	亞中卯鼎	師旅鼎	陳卯戈	說文解字

卯飮(묘음)
卯時(묘시)
卯方(묘방)

토끼 묘 / 설문 卯부

卯(묘)가 넷째 지지(地支)로 쓰이는 까닭은 양기가 지하에서 무릅쓰고[冒(모)] 나오기 때문이다. 2월이 되면 만물이 땅에서 솟아 나오는데서 비롯되었다. 문을 여는 모양을 그린 것이다. 그래서 2월이 천문(天門)이 되는 것이다. 무릇 卯부에 속하는 글자들은 모두 卯를 의미부분으로 삼는다. 非는 卯의 고문(古文)이다.(「卯, 冒也. 二月萬物冒地而出. 象開門之形, 故二月爲天門. 凡卯之屬皆从卯. 非, 古文卯.」)

* 문을 활짝 열거나, 물건을 반으로 잘라(非=卯) 많아지는 데서 '무성하다' '나누다'를 뜻하며, 12지지의 넷째로 쓰이면서 오전 5시~7시인 '묘시' '토끼'를 뜻한다.

昴	日부 총9획	小篆 昴 說文解字		昴星(묘성) 昴宿(묘수) 星昴(성묘)	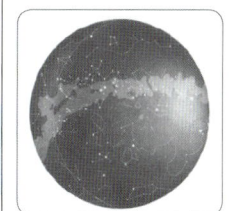
별이름 묘	설문 日부	昴(묘)는 백호(白虎)자리의 별을 뜻한다. 日(일)은 의미부분이고, 卯(묘)는 발음부분이다.(「昴, 白虎宿星. 从日, 卯聲.」)			

✳ 별(晶=日)자리로, 특히 무성한(卯) 별자리 사이에 있는 '백호자리' 일곱별 중 넷째 '별이름'을 뜻한다.

聊	耳부 총11획	小篆 聊 說文解字		無聊(무료) 聊浪(요랑) 聊啾(요추)	
애오라지 료	설문 耳부	聊(료)는 귀가 울린다는 뜻이다. 耳(이)는 의미부분이고, 卯(묘)는 발음부분이다.(「聊, 耳鳴也. 从耳, 卯聲.」)			

✳ 귀(耳)에 소리가 무성하게(卯) 나는 '귀 울음[이명(耳鳴)]'이 나서, 겨우 알아듣기도 힘들어 하는 데서 '애오라지' '의지하다'를 뜻한다. ※참고:애오라지=겨우, 오로지, 부족하나 겨우.

留	田부 총10획	西周 金文  趞鼎	春秋 金文  留鐘	戰國 金文  屯留戈	小篆 留 說文解字	留學(유학) 留保(유보) 留置(유치)	
머무를 류	설문 田부	留(류)는 멈춘다는 뜻이다. 田(전)은 의미부분이고, 卯(유)는 발음부분이다.(「留, 止也. 从田, 卯聲.」)					

✳ 무성한(卯) 농작물을 관리하기 위해 밭(田)에 머무는 데서 '머무르다'를 뜻한다.
　※파자:토끼(卯)가 풀밭(田)에 머물며 노는 데서 '머물다'를 뜻한다.

溜	水부 총13획	小篆 溜 說文解字		蒸溜(증류) 乾溜(건류) 溜滴(유적)	
처마물 류	설문 水부	溜(류)는 강의 이름이다. 울림군(鬱林郡)에서 발원한다. 水(수)는 의미부분이고, 留(류)는 발음부분이다.(「溜, 水. 出鬱林郡. 从水, 留聲.」)			

✳ 물(氵)방울이 처마 끝에 머물러(留) 있다 아래로 떨어지는 데서 '처마 물' '낙수 물'을 뜻한다.

瘤	疒부 총15획	小篆 瘤 說文解字		瘤贅(유췌) 瘤腫(유종) 木瘤(목류)	
혹 류	설문 疒부	瘤(류)는 종기를 뜻한다. 疒(녁)은 의미부분이고, 留(류)는 발음부분이다.(「瘤, 腫也. 从疒, 留聲.」)			

✳ 병(疒)세가 혈액의 흐름이 피부나 살 속에 머물러(留) 부풀어 오르는 '혹'을 뜻한다.

劉	刀부 총15획	설문 없음	金文 	小篆  形音義字典	劉邦(유방) 劉備(유비) 曹劉(조류)	
죽일/묘금도 류						

✳ 무성한(卯) 초목을 쇠(金)로 된 칼(刂)로 자르듯 '죽임'을 뜻하나, '성씨(姓氏)'로 쓰인다.

	木부 총9획	甲骨文	西周 金文		石鼓文	侯馬盟書	小篆	柳眉(유미) 楊柳(양류) 柳腰(유요)	

		續3.31.6	柳鼎	散盤			說文解字		
버들 류	설문 木부	柳=桺(류)는 작은 버드나무이다. 木(목)은 의미부분이고, 丣(유)는 발음부분이다. 丣는 酉(유)의 고문(古文)이다.(「桺, 小楊也. 从木, 丣聲. 丣, 古文酉.」)							

✷ 나무(木)중에 가지가 무성하게(丣) 드리워지고 습지에 잘 자라는 '버들' '버드나무'를 뜻한다.

	貝부 총12획	西周 金文	小篆		貿易(무역) 密貿易(밀무역) 貿穀(무곡)	
		公貿鼎	說文解字			
무역할 무	설문 貝부	貿(무)는 재물(財物)을 바꾼다는 뜻이다. 貝는 의미부분이고, 丣(유)는 발음부분이다.(「貿, 易財也. 从貝, 丣聲.」)				

✷ 무성하게(丣) 많은 물건을 재물(貝)과 바꾸는 데서 '무역하다' '바꾸다'를 뜻한다.

	卩부 총4획	甲骨文		小篆	용례 없음	
		乙1277	戩33·15	說文解字		
마주볼 경	설문 卯부	卯(경)은 일의 제도(制度)를 뜻한다. 卩(절)과 㔾(주)는 모두 의미부분이다. 무릇 卯부에 속하는 글자들은 모두 卯을 의미부분으로 삼는다. (이 이상은 자세히 알 수 없어 해설란을) 비워둠.(「卯, 事之制也. 从卩, 从㔾. 凡卯之屬皆从卯. 闕.」)				

✷ 두 사람이 서로 마주 앉은 모양에서 '마주보다'를 뜻한다.

	卩부 총12획	甲骨文	殷商 金文	西周 金文	春秋 金文	戰國 金文	小篆	公卿(공경) 卿宰(경재) 卿相(경상)	
						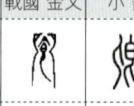			
		前1.35.3	粹543	卿寧鼎	天亡簋	郘公平鐘	中山王壺	說文解字	
벼슬 경	설문 卯부	卿(경)은 빛난다는 뜻이다. 6경(卿)은 다음과 같다. 천관(天官)은 (총리에 해당하는) 총재(冢宰), 지관(地官)은 (교육을 담당하는) 사도(司徒), 춘관(春官)은 (법과 제도를 담당하는) 종백(宗伯), 하관(夏官)은 (내무를 담당하는) 사마(司馬), 추관(秋官)은 (형벌을 담당하는) 사구(司寇) 그리고 동관(冬官)은 (건설을 담당하는) 사공(司空) 등이다. 卯(경)은 의미부분이고, 皀(흡)은 발음부분이다.(「卿, 章也. 六卿: 天官冢宰, 地官司徒, 春官宗伯, 夏官司馬, 秋官司寇, 冬官司空. 从卯, 皀聲.」)								

✷ 임금과 마주앉아(卯=卯) 음식(皀:고소할 흡/급)을 함께 하는 벼슬한 사람에서 '벼슬'을 뜻한다.
　※파자: 고소한(皀) 음식과 무성한(卯) 재물이 많은 벼슬아치 집에서 '벼슬'을 뜻한다.

	卩부 총7획	甲骨文		春秋 金文	戰國 金文	小篆	鷄卵(계란) 産卵(산란) 受精卵(수정란)	
		合集18270	合集26894	卯公子之匜	雲夢日甲	說文解字		
알 란	설문 卵부	卵(란), 무릇 젖으로 키우지 않는 생물은 알에서 태어난다. 상형이다. 무릇 卵부에 속하는 글자들은 모두 卵을 의미부분으로 삼는다.(「卵, 凡物無乳者卵生. 象形. 凡卵之屬皆从卵.」)						

✷ 물고기 배 양쪽에 무성한(卯) 알(丶丶)에서 새·물고기·벌레 등의 '알'을 뜻한다.

禺 → 偶 → 遇 → 愚 → 寓 → 隅 → 嵎 ☆ → 堣 ✢

禺

		春秋 金文	戰國 金文	小篆
	内부 총9획			
		趙孟壺	郭店語四	說文解字

원숭이 **우** | 설문
由부 | 禺(긴 꼬리 원숭이 우)는 원숭이의 일종으로, 머리가 귀신과 비슷하다. 由(불)과 内(유)는 모두 의미부분이다.(「禺, 母猴屬, 頭似鬼. 从由, 从内.」)

禺彊(우강)
禺淵(우연)
禺中(우중)

※ 머리(囟=田)가 크고 긴 꼬리(内)가 있는 '원숭이'를 뜻한다.
　※참고:'内(유)'자는 긴 것과 관계가 있다.

偶

		小篆
偶	人부 총11획	
		說文解字

짝 **우** | 설문
人부 | 偶(우)는 나무로 만든 인형(人形)을 뜻한다. 人(인)은 의미부분이고, 禺(우)는 발음부분이다.(「偶, 桐人也. 从人, 禺聲.」)

偶然(우연)
偶發(우발)
偶像(우상)

※ 흙·나무로 사람(亻)이나 짐승(禺)의 형상을 비슷하게 만든 '인형' '허수아비'로 '짝'을 뜻한다.

遇

		西周 金文		小篆
遇	辵부 총13획			
		遇甗	子遇鼎	說文解字

만날 **우** | 설문
辵부 | 遇(우)는 逢(만날 봉)이다. 辵(착)은 의미부분이고, 禺(우)는 발음부분이다.(「遇, 逢也. 从辵, 禺聲.」)

遭遇(조우)
待遇(대우)
處遇(처우)

※ 떠도는 원숭이(禺)처럼 방황하며 길을 가다(辶) 우연히 만나는 데서 '만나다'를 뜻한다.

愚

		戰國 金文	小篆
愚	心부 총13획		
		中山王鼎	說文解字

어리석을
우 | 설문
心부 | 愚(우)는 戇(어리석을 당)이다. 心(심)과 禺(우)는 모두 의미부분이다. 禺는 원숭이의 일종으로, 짐승 중에 미련한 놈이다.(「愚, 戇也. 从心, 从禺. 禺, 猴屬, 獸之愚者.」)

愚鈍(우둔)
愚直(우직)
愚弄(우롱)

※ 옳고 그름을 분별하지 못하는 원숭이(禺) 같은 마음(心)에서 '어리석다'를 뜻한다.

寓

		西周 金文	石鼓文	戰國 金文	小篆	或體
	宀부 총12획					
		晉人簋	作冊寓鼎	雲夢日甲	說文解字	

부칠 **우** | 설문
宀부 | 寓(우)는 기거(寄居)한다는 뜻이다. 宀(면)은 의미부분이고, 禺(우)는 발음부분이다. 廩는 寓의 혹체자(或體字)로 宀 대신 广(엄)을 썼다.(「寓, 寄也. 从宀, 禺聲. 廩, 寓或从广.」)

寓話(우화)
寓居(우거)
寓意(우의)

※ 집(宀)에, 원숭이(禺)처럼 떠돌다 잠시 임시로 쉬어가는 데서 '붙어살다' '부치다'를 뜻한다.

隅

		戰國 金文	小篆
隅	阜부 총12획		
		雲夢日甲	說文解字

모퉁이 **우** | 설문
阜부 | 隅(우)는 모퉁이를 뜻한다. 阜(부)는 의미부분이고, 禺(우)는 발음부분이다.(「隅, 陬也. 从阜, 禺聲.」)

四隅(사우)
隅角(우각)
廉隅(염우)

※ 언덕(阝)처럼 높고 원숭이(禺) 꼬리처럼 늘어뜨린 지붕 모서리에서 '모퉁이'를 뜻한다.

735

嵎	山부 총12획	小篆 嵎 說文解字		嵎夷(우이) 嵎嵎(우우) 山嵎(산우)	
산굽이 우	설문 山부	嵎(우)는 봉우산(封嵎山)이다. 오(吳)와 초(楚) 지방 사이의 왕망국(汪芒國)에 있다. 山(산)은 의미부분이고, 禺(우)는 발음부분이다.(「嵎, 封嵎之山. 在吳楚之間. 汪芒之國. 从山, 禺聲.」)			

✱ 산(山)허리가 굽은 곳에 원숭이(禺)가 많이 사는 데서 '산굽이' '산모퉁이'를 뜻한다.

堣	土부 총12획	西周 金文 史頌簋	小篆 堣 說文解字	堣夷(우이)	
산모퉁이 우	설문 土부	堣(우)는 우이(堣夷)로, 기주(冀州) 양곡(陽谷)에 있다. 입춘날 해가 그곳에서 떠오른다. 土(토)는 의미부분이고, 禺(우)는 발음부분이다. ≪상서(尙書)≫에 이르기를 "우이에 거주하였다."라고 하였다.(「堣, 堣夷. 在冀州陽谷. 立春日, 日値之而出. 从土, 禺聲. ≪尙書≫曰: "宅堣夷."」)			

✱ 산비탈 땅(土)의 한쪽 모퉁이에 원숭이(禺)가 모여 있는데서 '땅이름' '산모퉁이'를 뜻한다.

禺 ➡ 瑀 ✦

禺	内부 총9획	殷商 金文 禺方鼎	西周 金文 叔向簋	春秋 金文 禺鼎	小篆 秦公簋	古文 說文解字	禺王(우왕) 夏禹(하우) 禹域(우역)	
성(姓) 우	설문 内부	禹(우)는 벌레이다. 厹(구)는 의미부분이고, (나머지 부분은) 상형(象形)이다. 숬는 禹의 고문(古文)이다.(「禹, 蟲也. 从厹, 象形. 숬, 古文禹.」)						

✱ 발이 넷 달린 벌레이나, 중국 夏(하)나라의 성군인 '우임금'의 '성씨(姓氏)'로 쓰인다.

瑀	玉부 총13획	小篆 瑀 說文解字		瑀玉(우옥)	 
패옥 우	설문 玉부	瑀(우)는 옥과 비슷한 돌이다. 玉(옥)은 의미부분이고, 禺(우)는 발음부분이다.(「瑀, 石之似玉者. 从玉, 禺聲.」)			

✱ 옥(玉)보다 질이 떨어지는 벌레(禺)처럼 가치 없는 '옥다음가는 돌'인 '패옥'을 뜻한다.

萬 ➡ 邁 ⋯ (厲) ➡ 勵 ➡ 礪

萬	艸부 총13획	甲骨文 前3.30.5	殷商 金文 萬戈		殷商 金文 萬爵	西周 金文 曶壺		西周 金文 仲簋	萬物(만물) 萬歲(만세) 萬里(만리) 萬壽無疆 (만수무강)	
		春秋 金文		春秋 金文	戰國 金文		小篆			
		王孫鐘		王孫壽甗	欒書缶		公孫寵壺	說文解字		
일만 만	설문 内부	萬(만)은 벌레(의 이름)이다. 厹(구)는 의미부분이고, (나머지 부분은) 상형자(象形字)이다.(「萬, 蟲也. 从厹, 象形.」)								

✱ 집게(艸=++)와 몸통(田), 꼬리(内)를 가진 번식력이 강해 수가 많은 '전갈'에서 '만'을 뜻한다.
　※파자: 풀(++)밭(田)에 전갈 발자국(内)이 많아 숫자 '일만' '많음'을 뜻한다.

邁	辵부 총17획	西周 金文			春秋 金文		小篆	或體	邁進(매진) 高邁(고매) 邁德(매덕)
		庚嬴卣	史頌匜	叔向簋	秦公簋	姬丹盤	說文解字		
갈 **매**	설문 辵부	邁(매)는 멀리 간다는 뜻이다. 辵(착)은 의미부분이고, 萬(채)의 생략형은 발음부분이다. 𨖷는 邁의 혹체자(或體字)로 (萬를 萬으로) 줄이지 않고 썼다.(「𨖷, 遠行也. 从辵, 萬省聲. 𨖷, 邁或不省.」)							

※ 많은(萬) 힘을 다해 멀리 나아감(辶)에서 '가다' '힘쓰다'를 뜻한다.

厲	厂부 총15획	西周 金文		春秋 金文		小篆	或體	厲色(여색) 厲鬼(여귀) 厲民(여민)
		衛 鼎	散伯簋	子仲匜	東姬匜	說文解字		
갈 **려**	설문 厂부	厲(려)는 숫돌을 뜻한다. 厂(엄·한)은 발음부분이고, 萬(채)의 생략형은 발음부분이다. 厲는 혹체자(或體字)로 생략하지 않은 형태이다.(「厲, 旱石也. 从厂, 萬省聲. 厲, 或不省.」)						

※ 언덕(厂)처럼 세운 거친 돌에 많은(萬) 공을 들여 물건을 가는 '숫돌'에서 '갈다'를 뜻한다.

勵	力부 총17획		金文	小篆		激勵(격려) 督勵(독려) 勵精(여정)
		설문 없음				
				形音義字典		
힘쓸 **려**		≪설문해자≫에는 '勵'자가 보이지 않는다. ≪자휘(字彙)·역부(力部)≫를 보면 "勵는 열심히 노력한다는 뜻이다.(「勵, 勉力也.」)"라고 하였다.				

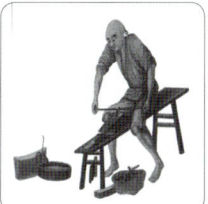

※ 칼을 날카롭게 갈기(厲) 위해 힘(力)쓰는 데서 '힘쓰다'를 뜻한다.
  ※파자:언덕(厂)을 오르려고 많이(萬) 힘(力)을 씀.

礪	石부 총20획	春秋 金文	小篆		磨礪(마려) 礪石(여석) 勉礪(면려)
		仲白匜	說文解字		
숫돌 **려**	설문 石부	礪(려)는 숫돌을 뜻한다. 石(석)은 의미부분이고, 厲(려)는 발음부분이다.(「礪, 䃺也. 从石, 厲聲.」)			

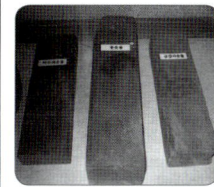

※ 돌(石)에 문질러 쇠붙이를 날카롭게 가는(厲) '숫돌'을 뜻한다.

寅 ➡ 演

寅	宀부 총11획	甲骨文			殷商 金文	西周 金文		寅時(인시) 寅年(인년) 寅畏(인외)
		林2.15.2	粹1475	存2735	戊寅鼎	臣辰卣	靜 簋	
		西周 金文		戰國 金文	小篆	古文		
		尸白簋	無㠱簋	陳猷釜	胤嗣壺	說文解字		
범/동방 **인**	설문 寅부	寅(인)이 셋째 지지(地支)로 쓰이는 까닭은 물리치기[髕(빈)] 때문이다. 정월에는 양기가 움직여 황천(黃泉)을 떠나 위로 나오려고 하는데, 음기가 아직 강하기 때문에, 집 안에 갇혀서 올라오지 못하고, 아래에서 배척당하고 있는 모양을 그린 것이다. 무릇 寅부에 속하는 글자들은 모두 寅(인)을 의미부분으로 삼는다. 𡨄은 寅의 고문(古文)이다.(「寅, 髕也. 正月陽气動, 去黃泉欲上出, 陰尙彊, 象宀不達, 髕寅於下也. 凡寅之屬皆从寅. 𡨄, 古文寅.」)							

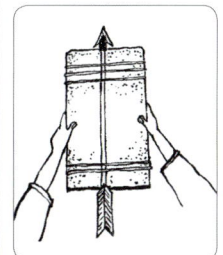

※ 굽은 활(矢)을 판(口)에 대고 조심히 펴거나, 활을 달라고 조심히 말함에서 '삼가다'를 뜻하나, 셋째 지지(地支)로 쓰이면서 '범' '동방'을 뜻한다.

演	水부 총14획	甲骨文			小篆		演技(연기) 演劇(연극) 演習(연습)	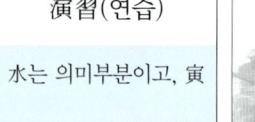
		前2.32.4	後上10.8	林2·26·8	說文解字			
펼 연	설문 水부	演(연)은 길게 흐른다는 뜻이다. 일설에는 강의 이름이라고도 한다. 水는 의미부분이고, 寅은 발음부분이다.(「𣶒, 長流也. 一曰水名. 从水, 寅聲.」)						

＊ 물(氵)이 활을 당겨 펴듯(寅) 멀리 퍼져 흐름에서 '펴다', 생각을 '펼치다'를 뜻한다.

商(=啇) ➡ 滴 ➡ 摘 ➡ 適 ➡ 敵 ➡ 嫡 ➡ 謫 ☆ … 商

啇 啇	口부 총11획	西周金文	春秋 金文	戰國 金文	小篆	※참고: 商(적)은 초목의 밑동, 열매꼭지, 짐승 발목 등 생물체의 기본이 되는 부위를 나타내고, 啇(시)는 '다만'을 나타내 서로 다르나, 商(적)은 소전 모양이 없고, 啇(시)는 商(적)으로 모양이 변해 혼용한다.	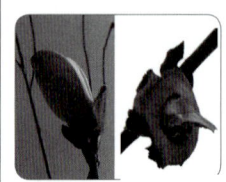
		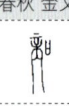					
		師酉簋	蔡侯申盤	陳侯因資敦	說文解字		
밑동 적 뿌리 시	설문 口부	商(밑동 적)=啇(시)는 '뿐만 아니라'라는 뜻의 말이다. 口(구)는 의미부분이고, 帝(제)는 발음부분이다. 일설에 啇는 살핀다는 뜻이라고도 한다. 鞮(제)처럼 읽는다.(「啇, 語時不啇也. 从口, 帝聲. 一曰啻, 諟也. 讀若鞮.」)					

＊ 묶은 나무(帝)를 받치는 제단(口)이나, 꽃대에 모인 꽃받침(啇=商)인 꼭지에서 '밑동' '근본'을 뜻한다.

滴	水부 총14획	甲骨文			金文		滴水(적수) 硯滴(연적) 餘滴(여적)	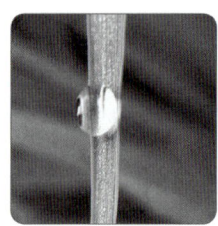

		甲623	前6.2.5	粹950	說文解字			
물방울 적	설문 水부	滳=滴(적)은 물을 붓는다는 뜻이다. 水(수)는 의미부분이고, 啇(시)는 발음부분이다.(「𣳩, 水注也. 从水, 啇聲.」)						

＊ 물(氵)이 과일꼭지 밑동(商)에 맺힌 '물방울'을 뜻한다.

摘	手부 총14획	小篆	摘發(적발) 摘載(적재) 摘出(적출)	

		說文解字		
딸 적	설문 手부	摘(적)은 과일을 딴다는 뜻이다. 手(수)는 의미부분이고, 啇(시)는 발음부분이다. 일설에는 가까운 곳을 가리킨다는 뜻이라고도 한다.(「𢶔, 拓果樹實也. 从手, 啇聲. 一曰指近之也.」)		

＊ 손(扌)으로 과실꼭지 밑동(商)을 따는 데서 '따다'를 뜻한다.

適	辵부 총15획	甲骨文	戰國 金文	小篆	適切(적절) 適性(적성) 適應(적응)	

		后下31·15	雲夢法律	說文解字		
맞을 적	설문 辵부	適(적)은 간다는 뜻이다. 辵(착)은 의미부분이고, 啇(시)는 발음부분이다. 適은 송(宋)과 노(魯) 지방의 말이다.(「䢛, 之也. 从辵, 啇聲. 適, 宋·魯語.」)				

＊ 자신과 맞는 근본(商) 장소로 가는(辶) 데서 '가다' '알맞다' '맞다'를 뜻한다.

敵	攴부 총15획	西周 金文	小篆	敵對(적대) 敵軍(적군) 敵國(적국)	

		章叔將簋	說文解字		
대적할 적	설문 攴부	敵(적)은 원수(怨讐)를 뜻한다. 攴(복)은 의미부분이고, 啇(시)는 발음부분이다.(「𢾅, 仇也. 从攴, 啇聲.」)				

＊ 과실 밑동(商)처럼, 적이 모인 근본(商) 근거지를 치는(攵) 데서 '대적하다' '적'을 뜻한다.

嫡	女부 총14획	小篆 (嫡) 說文解字		嫡子(적자) 嫡出(적출) 嫡庶(적서)	
정실 **적**	설문 女부	嫡(적)은 공손하다는 뜻이다. 女(녀)는 의미부분이고, 啇(시)는 발음부분이다.(「嫡, 孅也. 从女, 啇聲.」)			

❋ 한 집안의 여자(女) 중에 가장 공손하고 근본(啇)이 되는 본실인 '정실'을 뜻한다.

謫	言부 총18획	小篆 (謫) 說文解字		謫仙(적선) 謫所(적소) 謫中(적중)	
귀양갈 **적**	설문 言부	謫(적)은 벌을 준다는 뜻이다. 言(언)은 의미부분이고, 啇(적)은 발음부분이다.(「謫, 罰也. 从言, 啇聲.」)			

❋ 말(言)로 근본(啇)이 잘못됨을 꾸짖어 멀리 쫓아내는 데서 '귀양가다' '꾸짖다'를 뜻한다.

商	口부 총11획	甲骨文			殷商 金文		西周 金文	商業(상업) 商工(상공) 通商(통상)	
		粹1239	甲2416	佚518	商 尊	小子省卣	康侯簋		
		春秋 金文	戰國 金文	小篆	古文		籒文		
		秦公鎛	曾侯乙鐘	說文解字					
장사 **상**	설문 㕯부	商(상)은 밖에서 안을 헤아려 안다는 뜻이다. 㕯(날)은 의미부분이고, 章(장)의 생략형은 발음부분이다. 𠹛은 商의 고문(古文)이다. 𠹜, 이 역시 商의 고문이다. 𠹞은 商의 주문(籒文)이다.(「商, 从外知內也. 从㕯, 章省聲. 𠹛, 古文商. 𠹜, 亦古文商. 𠹞, 籒文商.」)							

❋ 장사를 잘하던 '상(商)'나라의 건축물, 제기 모양 등의 설이 있다.
※파자: 크게(大=六) 사리에 밝고(冏:밝을 경) 셈이 빠른 '장사'에서 '헤아리다' '셈하다'를 뜻한다.

耳 ➡ 珥 ➡ 餌 ☆

耳	耳부 총6획	甲骨文			殷商 金文	西周金文	戰國 金文	小篆	耳順(이순) 耳鳴(이명) 耳殼(이각)	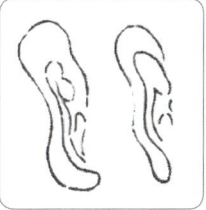
		後下15.10	甲3877	後上30.5	亞耳尊	耳卣	耳劍	說文解字		
귀 **이**	설문 耳부	'耳(이)'는 귀다. 상형(象形)이다. 무릇 耳부에 속하는 글자들은 모두 耳를 의미부분으로 삼는다.(「耳, 主聽也. 象形. 凡耳之屬皆从耳.」)								

❋ 귀의 윤곽과 귓구멍에서 소리와 관계있는 '귀' '소문' '들음'을 뜻한다.

珥	玉부 총10획	戰國 金文 珥 雲夢法律	小篆 珥 說文解字	李珥(이이) 玉珥(옥이) 珥蜺(이예)	
귀걸이 **이**	설문 玉부	珥(이)는 옥으로 만든 귀마개를 뜻한다. 玉(옥)과 耳(이)는 모두 의미부분인데, 耳는 발음부분이기도 하다.(「珥, 瑱也. 从玉·耳, 耳亦聲.」)			

❋ 보석(玉=王)으로 귀(耳)를 아름답게 장식하는 '귀걸이'를 뜻한다.

◆ 士農工商 : (사농공상) 선비·농부(農夫)·공장(工匠)·상인(商人) 등(等) 네 가지 신분(身分)을 아울러 이르는 말. 봉건(封建) 시대(時代)의 계급(階級) 관념(觀念)을 순서(順序)대로 일컫는 말.

 食부 총15획 | 설문 없음 | 戰國 金文 / 小篆 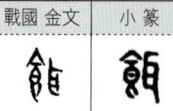 侯馬盟書 / 形音義字典 | 藥餌(약이)
香餌(향이)
好餌(호이) |

미끼 **이**

※ 이익을 얻기 위해, 찐 음식(食)향이 귀(耳)에 소문이 들리도록 베풀어주는 데서 '미끼'를 뜻한다.

耶→倻→揶☆⋯爺⋯茸→聳☆⋯(聶)→攝⋯恥→耿✢

 耳부 총9획 | 설문 없음 | 小篆 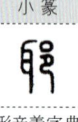 形音義字典 | 耶蘇(야소)
耶華和(야화화) |

어조사 **야**

≪설문해자≫에는 '耶'자가 보이지 않는다. ≪옥편(玉篇)·이부(耳部)≫를 보면 "耶(야)는 邪(사)와 같다.(「耶, 與邪同.」)"라고 하였다.

※ 중국 진(秦)나라 때 낭사군(琅邪郡)의 이름인 邪(간사할 사)의 잘못된 자. '邪(사)'와 동자로 감탄·의문 '어조사'로 쓰인다. ※파자:여기저기 들리는(耳) 고을(阝)의 '의문스러운' 소문.

 人부 총11획 | 설문 없음 | | 倻溪(야계)
伽倻山(가야산)
伽倻國(가야국) |

가야 **야**

※ 사람(亻)들이 감탄(耶)할 문화를 지녔던 낙동강 유역의 '가야'를 뜻한다. ※국자(國字)

 手부 총12획 | 설문 없음 | | 揶揄(야유) |

야유할 **야**

※ 손(扌)으로 남의 사악함(邪=耶)을 조롱(嘲弄)하는 데서 '야유하다'를 뜻한다. ※'挪'와 동자.

 父부 총13획 | 설문 없음 | | 爺孃(야양)
老爺(노야)
阿爺(아야) |

아비 **야**

※ 아버지(父)를 자녀가 존경의 대상으로 여겨 감탄(耶)하는 데서 '아비'를 뜻한다.

 艸부 총10획 | 설문
艸부 | 戰國 金文 / 小篆  璽彙3208 / 說文解字 | 鹿茸(녹용)
蒙茸(몽용)
叢茸(총용) |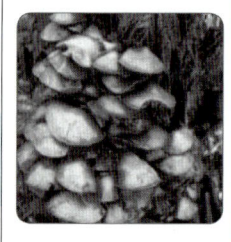

풀날 **용**
버섯 **이**

茸(용)은 풀이 막 자라나온 모습이다. 艸(초)는 의미부분이고, 聰(총)의 생략형은 발음부분이다.(「茸, 艸茸茸兒. 从艸, 聰省聲.」)

※ 버섯·풀(艹)싹이 귀(耳)처럼 뾰족뾰족 돋아남에서 '풀 나다' '우거지다' '버섯'을 뜻한다.

聳	耳부 총17획	小篆 聳 說文解字		聳動(용동) 聳出(용출) 聳立(용립)
솟을 **용**	설문 耳부	聳(용), 선천적인 귀머거리를 聳이라고 한다. 耳(이)는 의미부분이고, 從(종)의 생략형은 발음부분이다.(「聳, 生而聾曰聳. 从耳, 從省聲.」)		

※ 선천적인 귀머거리로, 남의 모습에 따라(從) 귀(耳)를 '긴장하고' '두려워하여' 쫑긋 세워 듣는 데서 '솟다'를 뜻한다.

聶	耳부 총18획	戰國 金文			小篆	聶許(섭허) 聶政(섭정) 聶耳(섭이)
		曾侯墓簡	雲夢爲吏	十鐘印擧	說文解字	
소곤거릴 **섭**	설문 耳부	聶(소곤거릴 섭:회칠 접)은 귀에 가까이 대고 소곤거린다는 뜻이다. 세 개의 耳(이)자로 이루어졌다.(「聶, 附耳私小語也. 从三耳.」)				

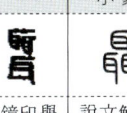 

※ 여럿이 귀(耳)를 가까이 대고 '소곤거림'을 뜻한다.

攝	手부 총21획	小篆 攝 說文解字		攝政(섭정) 攝取(섭취) 包攝(포섭)
다스릴/잡을 **섭**	설문 手부	攝(섭)은 끌어당겨 잡는다는 뜻이다. 手(수)는 의미부분이고, 聶(섭)은 발음부분이다.(「攝, 引持也. 从手, 聶聲.」)		

※ 손(扌)으로 잡거나 가까이 당겨 귀(耳)를 대고 소곤거리는(聶:소곤거릴 섭) 데서 '잡다' '당기다' '다스리다'를 뜻한다.

恥	心부 총10획	戰國 金文	小篆	恥事(치사) 恥部(치부) 廉恥(염치)
		郭店語二	說文解字	
부끄러울 **치**	설문 心부	恥(치)는 수치(羞恥)스럽다는 뜻이다. 心(심)은 의미부분이고, 耳(이)는 발음부분이다.(「恥, 辱也. 从心, 耳聲.」)		

 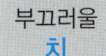 

※ 귀(耳)로 자신의 잘못을 들으면 마음(心)에 부끄러움이 생김에서 '부끄럽다'를 뜻한다.

耿	耳부 총10획	西周 金文		戰國 金文	小篆	耿潔(경결) 耿光(경광) 耿暉(경휘)
		禹鼎	毛公鼎	十鐘印擧	說文解字	
반짝거릴/ 빛날 **경**	설문 耳부	耿(경)은 귀가 뺨에 붙었다는 뜻이다. 耳(이)는 의미부분이고, 烓(계)의 생략형은 발음부분이다. 두림(杜林)은 "耿은 빛난다는 뜻이다. 光(광)의 생략형(즉 火)과 聖(성)의 생략형(즉 耳)은 모두 의미부분이다."라고 하였다. 무릇 글자는 모두 왼쪽이 형부(形符)가 되고, 오른쪽이 성부(聲符)가 된다. 두림의 주장은 틀렸다.(「耿, 耳箸頰也. 从耳, 烓聲. 杜林說: '耿, 光也. 从光·聖省.' 凡字皆左形右聲. 杜林, 非也.」)				

 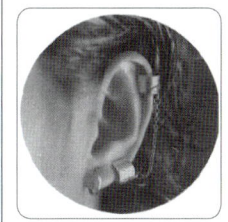

※ 밝은 불(火)처럼 빛나는 붉은 귀(耳)에서 '빛나다' '반짝거리다'를 뜻한다.

耳 ➡ 輯 ➡ 楫 ✧ ➡ 茸 ☆ ➡ 揖 ☆

聑	口부 총9획	戰國 金文	小篆	聑聑(집집)
		郭店魯穆	說文解字	
귓속말 **집**	설문 口부	聑(집)은 귓속말을 한다는 뜻이다. 口(구)와 耳(이)는 모두 의미부분이다. ≪시경(詩經)≫에 이르기를 "귓속말 소곤소곤 마음은 흔들흔들."이라고 하였다.(「聑, 聶語也. 从口, 从耳. ≪詩≫曰: "聑聑幡幡."」)		

※ 입(口)을 귀(耳) 가까이에 모아 작게 말하는 데서 '귓속말'을 뜻한다.

輯	車부 총16획	戰國 金文	小篆			特輯(특집) 編輯(편집)	
		陶五384	說文解字				
모을 집	설문 車부	輯(집)은 수레가 모여 있다는 뜻이다. 車(거·차)는 의미부분이고, 咠(집)은 발음부분이다.(「輯, 車和輯也. 从車, 咠聲.」)					

※ 수레(車)에 [입(口)을 귀(耳)에 모아 작게 말하듯(咠:귓속말 집)] 여러 물건이나 자료·사람을 모아(耳) 실음에서 '모으다'를 뜻한다. ※참고: '咠(집)'은 '귓속말' '모으다'를 뜻한다.

楫	木부 총13획	小篆		楫師(즙사) 舟楫(주즙)	
		說文解字			
노 집/즙	설문 木부	楫(즙)은 노를 뜻한다. 木(목)은 의미부분이고, 咠(집)은 발음부분이다.(「楫, 舟櫂也. 从木, 咠聲.」)			

※ 배를 젓는 나무(木)로, 입(口)을 귀(耳)에 모아(耳) 대듯, 물에 대고 배를 젓는 '노'를 뜻한다.

葺	艸부 총13획	小篆		草葺(초즙) 葺繕(즙선)	
		說文解字			
기울 즙	설문 艸부	葺(즙)은 띠로 지붕을 덮는다는 뜻이다. 艸(초)는 의미부분이고, 咠(집)은 발음부분이다.(「葺, 茨也. 从艸, 咠聲.」)			

※ 풀(艹)을 모아(耳) 이엉을 엮어 지붕을 수리하여 덮는 데서 '기우다' '지붕 일다'를 뜻한다.

揖	手부 총12획	小篆		揖讓(읍양) 揖禮(읍례) 拱揖(공읍)	
		說文解字			
읍할 읍	설문 手부	揖(읍)은 (두 손을 모아 가슴 앞으로) 내민다는 뜻이다. 手(수)는 의미부분이고, 咠(집)은 발음부분이다. 일설에는 두 손을 가슴에 대는 것을 揖이라고 한다고도 한다.(「揖, 攘也. 从手, 咠聲. 一曰手箸胷曰揖.」)			

※ 두 손(扌)을 모아(耳) 가슴에 대고 예를 갖추는 데서 '읍하다' '절하다'를 뜻한다.

磬 ◆ → 聲 → 馨

磬	石부 총16획	甲骨文		春秋 金文	小篆	籒文	古文	磬石(경석) 特磬(특경) 風磬(풍경)	
		前4.10.5	佚719	獸 鐘		說文解字			
경쇠 경	설문 石부	磬(경)은 돌로 만든 악기를 뜻한다. 石(석)과 殸(경)은 모두 의미부분이다. (声은) 틀에 걸려 있는 (악기의) 모양을 그린 것이다. 殳(수)는 그것을 때린다는 뜻이다. 옛날에 무구(毋句)씨가 경쇠를 만들었다. 殸은 주문(籒文)으로 생략형이다. 硁은 고문(古文)으로 殸 대신 坙(경)을 썼다.(「磬, 樂石也. 从石·殸. 象縣虡之形. 殳, 擊之也. 古者毋句氏作磬. 殸, 籒文省. 硁, 古文从坙.」)							

※ 장식(士)과 여러 조각(冖)을 매단 악기(声=殸)를 손에 막대를 들고 치는(殳), 돌(石)로 된 '경쇠'를 뜻한다.

聲	耳부 총17획	甲骨文		國 金文	金文		聲樂(성악) 聲優(성우) 聲援(성원)	
		後上7.10	粹1225	雲夢法律	說文解字			
소리 성	설문 耳부	聲(성)은 소리를 뜻한다. 耳(이)는 의미부분이고, 殸(경)은 발음부분이다. 殸은 磬(경)의 주문(籒文)이다.(「聲, 音也. 从耳, 殸聲. 殸, 籒文磬.」)						

※ '경쇠(殸=磬)'인 악기(声)를 쳐서(殳) 귀(耳)로 소리를 들음에서 '소리'를 뜻한다.

馨	香부 총20획	小篆 說文解字					馨香(형향) 馨逸(형일) 芬馨(분형)
꽃다울 형	설문 香부	馨(형)은 향기가 멀리 퍼진 것을 뜻한다. 香(향)은 의미부분이고, 殸(경)은 발음부분이다.(「馨, 香之遠聞者. 从香, 殸聲.」)					

※ 멀리 소리 내는 경쇠(殸)처럼 꽃향기(香)가 멀리 퍼짐에서 '향기' '꽃답다'를 뜻한다.

取 → 趣 → 娶 … (㐺) → 聚 … (丵) → 叢 … 最 → 撮 ☆

取	又부 총8획	甲骨文 前5.9.1	 後下37.8	殷商 金文 取父癸卣	西周 金文 大鼎	戰國 金文 番生簋 胤嗣壺	小篆 說文解字	取消(취소) 取扱(취급) 取材(취재)
가질 취	설문 又부	取(취)는 잡아서 갖는다는 뜻이다. 又(우)와 耳(이)는 모두 의미부분이다. ≪주례(周禮)≫에 이르기를 "(사냥에서) 잡은 동물들은 왼쪽 귀를 베어낸다."라고 하였다. ≪사마법(司馬法)≫에 이르기를 "베어 낸 귀를 바쳤다."라고 하였다. 聝(괵)은 귀를 벤다는 뜻이다.(「取, 捕取也. 从又, 从耳. ≪周禮≫:"獲者取左耳." ≪司馬法≫曰:"載獻聝." 聝, 耳也.」)						

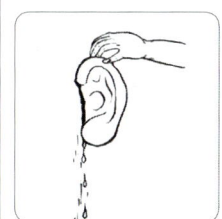

※ 사냥에서 잡은 동물의 귀(耳)를 손(又)으로 베어 바치거나, 전쟁에서 적과 싸워 이겨 귀(耳)를 손(又)으로 취하던 데서 '가지다'를 뜻한다.

趣	走부 총15획	春秋 金文 䣄侯簋	戰國 金文 雲夢法律	小篆 說文解字	趣旨(취지) 趣味(취미) 情趣(정취)
뜻 취	설문 走부	趣(취)는 빠르다는 뜻이다. 走(주)는 의미부분이고, 取(취)는 발음부분이다.(「趣, 疾也. 从走, 取聲.」)			

※ 달려가(走) 뜻하는 바를 가지는(取) 데서 '취미' '뜻' '달리다'를 뜻한다.

娶	女부 총11획	甲骨文 菁7.1	小篆 說文解字	娶妻(취처) 嫁娶(가취) 娶嫁(취가)
장가들 취	설문 女부	娶(취)는 아내를 맞아들인다는 뜻이다. 女(녀)와 取(취)는 모두 의미부분인데, 取는 발음부분이기도 하다.(「娶, 取婦也 从女, 从取, 取亦聲.」)			

※ 남자가 짝으로 가지게(取)된 여자(女)에서 '장가들다'를 뜻한다.

㐺	人부 총6획	甲骨文 甲2858	殷商 金文 粹10 㐺鼎	小篆 說文解字	용례 없음
여러사람 음	설문 㐺부	㐺(음)은 여럿이 서 있다는 뜻이다. 세 개의 人(인)자로 이루어져 있다. 무릇 㐺부에 속하는 글자들은 모두 㐺을 의미부분으로 삼는다. 발음은 높은 산이라는 뜻의 崟(음)자처럼 읽는다.(「㐺, 衆立也. 从三人. 凡㐺之屬皆从㐺. 讀若欽崟.」)			

※ 많은 사람(㐺=众=乑)이 모여 있는 데서 '여러 사람'을 뜻한다. ※衆(중)의 본자(本字).

聚	耳부 총14획	戰國 金文 璽彙2844 雲夢日乙	小篆 說文解字	聚合(취합) 聚落(취락) 聚斂(취렴)
모을 취	설문 㐺부	聚(취)는 모은다는 뜻이다. 㐺(=乑;음)은 의미부분이고, 取(취)는 발음부분이다. 마을을 일컬어 聚라고 한다.(「聚, 會也. 从㐺, 取聲. 邑落云聚.」)			

※ 일을 위해 능력을 가진(取) 많은 사람(㐺=众=乑)을 모음에서 '모으다'를 뜻한다.

艸	丨부 총10획	小篆 艸 說文解字		용례 없음	
풀성할 착/삭	설문 艸부	艸(착)은 무리 지어 자라는 풀을 뜻한다. 艸은 앞다투어 서로 나오는 것을 그린 것이다. 무릇 艸부에 속하는 글자들은 모두 艸을 의미부분으로 삼는다. 泥(착)처럼 읽는다.(「艸, 叢生艸也. 象艸嶽相竝出也. 凡艸之屬皆从艸. 讀若泥.」)			

 ✽ 초목이 다투어 무성하게 나오는 모양에서 '풀이 성함'을 뜻한다.
   ※파자: 풀(艹=业)이 무성하게(丫:무성할 임) 자람.

叢	又부 총18획	小篆 叢 說文解字		叢書(총서) 叢論(총론) 叢中(총중)	
떨기/모을 총	설문 艸부	叢(총)은 (초목이) 모여 있다는 뜻이다. 艸(착)은 의미부분이고, 取(취)는 발음부분이다.(「叢, 聚也. 从艸, 取聲」)			

 ✽ 더부룩한(艸:더부룩할 착/복) 장식품이나 풀포기를 모아 가지는(取) 데서 '떨기' '모이다'를 뜻한다.

	日부 총12획	戰國 金文 雲夢日甲	小篆 最 說文解字	最高(최고) 最新(최신) 最善(최선)	
가장 최	설문 月부	最(최)는 마구 취한다는 뜻이다. 月(모)와 取(취)는 모두 의미부분이다.(「最, 犯而取也. 从月, 从取.」)			

 ✽ 위험을 무릅쓰고(冒·月=日) 가장 지위가 높은 투구(月=日) 쓴 장군의 귀를 취하던(取) 데서 '가장'을 뜻한다. 또는 위험을 무릅쓰고(冒·月=日) 가장 많이 취하는(取)데서 '가장'을 뜻한다.

撮	手부 총15획	小篆 撮 說文解字		撮影(촬영) 撮要(촬요) 撮土(촬토)	
사진찍을/ 모을 촬	설문 手부	撮(사진찍을 촬, 두 손가락으로 집을 촬, 수 이름 촬)은 4규(圭)를 뜻한다. 일설에는 두 손가락으로 움켜잡는다는 뜻이라고도 한다. 手(수)는 의미부분이고, 最(최)는 발음부분이다.(「撮, 四圭也. 一日兩指撮也. 从手, 最聲.」)			

 ✽ 손(扌)으로 가장(最) 소중히 물건을 다루는 데서 '모으다'이나, 한국은 '사진 찍다'로 쓰인다.

微 → 微 → 薇 → 徵 → 懲 → 徽

散	攴부 총10획	甲骨文 京都2146	西周金文 牆盤　牧師父簋　散盤	戰國金文 三年口令戈	小篆 散 說文解字	용례 없음	
작을 미	설문 人부	散(미)는 미세(微細)하다는 뜻이다. 人(인)과 攴(복)은 의미부분이고, 豈(기)의 생략형은 발음부분이다.(「散, 妙也. 从人, 从攴, 豈省聲.」)					

 ✽ 힘이 약한 노인(長=𠂉)을 치거나(攴), 작은 싹(山) 또는 길게 늘어진 힘없는 머리카락(長=𠂉)을 다스리는(攴) 데서 '작다' '약하다'를 뜻한다.

	彳부 총13획	甲骨文 微 合16486	石鼓文 微	小篆 微 說文解字	微量(미량) 微細(미세) 微弱(미약)	
작을 미	설문 彳부	微(미)는 은밀하게 다닌다는 뜻이다. 彳(척)은 의미부분이고, 散(미)는 발음부분이다. ≪춘추전(春秋傳)≫에 이르기를 "백공(白公)의 부하들이 그의 시체를 감추었다."라고 하였다.(「微, 隱行也. 从彳, 散聲. ≪春秋傳≫曰: "白公其徒微之."」)				

 ✽ 은밀한 행위(彳)로, 약한 노인(長=𠂉)을 쳐서(攴) 저승으로 보내던 데서 '작다' '없다'를 뜻한다.
   ※파자: 길(彳)옆 산(山)길에 하나(一)의 작은 안석(几)을 쳐서(攴) 없앰에서 '없다' '작다'가 됨.

薇	艸부 총17획	小篆	籀文			薔薇(장미) 薇蕨(미궐) 薇蕪(미무)
		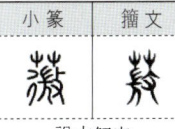				
		說文解字				
장미 **미**	설문 艸부	薇(고비나물 미)는 나물(의 이름)이다. 콩잎과 비슷하다. 艸(초)는 의미부분이고, 微(미)는 발음부분이다. 𦯔는 薇의 주문(籀文)으로 생략형이다.(「薇, 菜也. 似藿. 从艸, 微聲. 𦯔, 籀文薇省.」)				

✽ 채소(艹) 중에 작은(微) 종류인 '들완두'나 야생 '고비'로, '장미'의 이름으로 쓰인다.

徵	彳부 총15획	戰國 金文		小篆	古文	徵用(징용) 徵役(징역) 徵收(징수)

		曾侯乙鐘	曾侯乙鐘架	說文解字		
부를 **징**	설문 壬부	徵(징)은 소집(召集)한다는 뜻이다. 微(미)의 생략형은 의미부분이다. 壬(정)은 徵의 고자(古字)이다. 행위가 잘 드러나지 않고 있지만[微] 성망(聲望)이 자자한 사람은 즉시 부른다는 의미이다. 𢼒은 徵의 고문(古文)이다.(「徵, 召也. 从微省. 壬爲徵. 行於微而文達者, 卽徵之. 𢼒, 古文徵.」)				

✽ 작고(微) 약해도 좋은 점이 드러나면(壬) 일을 맡기려 부르는 데서 '부르다'를 뜻한다.
※파자: 길(彳)옆 산(山)길에서 한(一) 왕(王)이 안석을 쳐서(攵) 치우고 사람들을 '부름'.

懲	心부 총19획	小篆				懲罰(징벌) 懲役(징역) 膺懲(응징)

		說文解字				
징계할 **징**	설문 心부	懲(징)은 𢝕(징계할 애)이다. 心(심)은 의미부분이고, 徵(징)은 발음부분이다.(「懲, 𢝕也. 从心, 徵聲.」)				

✽ 조금이라도 잘못이 있으면 불러(徵)내어 마음(心)으로 뉘우치도록 '징계함'을 뜻한다.

徽	彳부 총17획	小篆				徽章(휘장) 徽號(휘호) 徽音(휘음)

		說文解字				
아름다울 **휘**	설문 糸부	徽(휘)는 비스듬하게 정강이를 동여매는 천(즉 각반)을 뜻한다. 일설에는 세 겹의 노끈을 뜻한다고도 한다. 糸(멱·사)는 의미부분이고, 微(미)의 생략형은 발음부분이다.(「徽, 衺幅也. 一曰三糾繩也. 从糸, 微省聲.」)				

✽ 작은(微) 실(糸)을 엮어 만든 세 가닥의 아름다운 표식 끈에서 '아름답다' '표지'를 뜻한다.

山 → 疝 ☆ → 仙(僊)

山	山부 총3획	甲骨文	殷商 金文	西周 金文	春秋 金文	戰國 金文	小篆	山水(산수) 山河(산하) 山村(산촌)

		甲3642	父戊尊	克鼎	召叔山父簠	中山王鼎	說文解字	
메 **산**	설문 山부	山(산), 山을 '산'이라고 부르는 까닭은 (산은) 발산[宣(선)]하기 때문이다. 기(氣)를 '발산(發散)'하고, 만물을 '생산(生産)'한다. 돌이 있고 높다. 상형이다. 무릇 山부에 속하는 글자들은 모두 山을 의미부분으로 삼는다.(「山, 宣也. 宣气散生萬物. 有石而高. 象形. 凡山之屬皆从山.」)						

✽ 세 개의 산봉우리가 뚜렷한 산의 모습에서 '산'을 뜻한다.

◆ 勸善懲惡 : (권선징악) 착한 행실(行實)을 권장(勸奬)하고 악(惡)한 행실(行實)을 징계(懲戒)함.

疝	疒부 총8획	小篆 疝 說文解字		疝症(산증) 疝氣(산기)	
산증(疝症) **산**	설문 疒부	疝(산)은 배가 아프다는 뜻이다. 疒(녁)은 의미부분이고, 山(산)은 발음부분이다.(「疝, 腹痛也. 从疒, 山聲.」)			

✽ 허리 아래가 아픈 병(疒)으로, 고환이 산(山)처럼 붓고 아픈 병(疒)인 '산증(疝症)'을 뜻한다.

仙	人부 총5획	小篆 僊 說文解字	※僊과 동자(同字)	神仙(신선) 仙女(선녀) 仙境(선경)	
신선 **선**	설문 人부	僊(선)은 오래 살다가 (하늘로) 옮겨간다는 뜻이다. 人(인)과 䙴(=䙴,천)은 모두 의미부분인데, 䙴은 발음부분이기도 하다.(「僊, 長生僊去. 从人, 从䙴, 䙴亦聲.」)			

✽ 사람(亻)이 산(山)에 들어가 수행하여 '신선'이 된다는 뜻이다.
  ※참고:본래 사람(亻)이 하늘로 옮겨(䙴=䙴:옮길 천) '신선(僊)'이 된다는 뜻의 '僊(선)'자였다. ※'遷(천)'자 참조.

業 → 僕 → 撲 → 樸 ☆ → 璞 ✧

業	艸부 총12획	戰國 金文 業 包山	小篆 業 說文解字		용례 없음	
번잡할 **복**	설문 業부	業(복)은 번잡(煩雜)하다는 뜻이다. 丵(착)과 廾(공)은 모두 의미부분인데, 廾은 발음부분이기도 하다. 무릇 業부에 속하는 글자들은 모두 業을 의미부분으로 삼는다.(「業, 瀆業也. 从丵, 从廾, 廾亦聲. 凡業之屬皆从業.」)				

✽ 무성한(丵) 풀이나 물건을 두 손(廾=大)으로 가지고 있는 데서 '번잡하다'를 뜻한다.
  ※파자:무성하고(丵) 크게(大) 많이 있는데서 '번잡함'을 뜻함.

僕	人부 총14획	甲骨文 後下20.1	殷商 金文 僕父乙爵	西周 金文 仲僕盤	春秋 金文 旅鼎	小篆 甗鐘	古文 說文解字	公僕(공복) 奴僕(노복) 婢僕(비복)	
종 **복**	설문 業부	僕(복)은 시중드는 사람을 뜻한다. 人(인)과 業(복)은 모두 의미부분인데, 業은 발음부분이기도 하다. 𦥑은 고문(古文)으로 (人 대신) 臣(신)을 썼다.(「僕, 給事者. 从人, 从業, 業亦聲. 𦥑, 古文从臣.」)							

✽ 사람(亻) 중에 무성하게(丵) 많이(大) 쌓인(業:무성할/번거로울 복) 물건을 손으로 치우던 '종'.

撲	手부 총15획	西周 金文 歔鐘	散盤	小篆 說文解字		撲殺(박살) 撲滅(박멸) 撲筆(박필)	
칠 **박**	설문 手부	撲(박)은 때린다는 뜻이다. 手(수)는 의미부분이고, 業(복)은 발음부분이다.(「撲, 挨也. 从手, 業聲.」)					

✽ 손(扌)으로 무성히(業) 쌓인 것을 쳐서 넘어뜨리는 데서 '치다'를 뜻한다.

樸	木부 총16획	春秋 金文 石鼓田車	小篆 說文解字		樸直(박직) 樸頭(박두) 樸鈍(박둔)	
순박할 **박**	설문 木부	樸(통나무 박; 떡갈나무 복)은 아직 가공하지 않은 나무(즉 통나무)를 뜻한다. 木(목)은 의미부분이고, 業(박·복)은 발음부분이다.(「樸, 木素也. 从木, 業聲.」)				

✽ 나무(木) 가지를 켜거나 자르지 않아 가지가 번잡한(業) '통나무'에서 '순박하다'를 뜻한다.

璞	玉부 총16획	설문 없음	甲骨文		小篆	璞玉(박옥)
			前5·7·7	前7·31·4	形音義字典	
옥돌 **박**						

✷ 옥(玉)의 무성한(業) 모서리를 아직 다듬지 않은 '옥돌'을 뜻한다.

業 ➡ 業✤··· 對··· 鑿☆··· 瓦··· 互

業	木부 총13획		西周 金文	春秋 金文	戰國 金文	小篆	古文	業績(업적) 業務(업무) 就業(취업)
			九年衛鼎	秦公簋	昶伯業鼎	中山王鼎	說文解字	
업 **업**	설문 丵부	業(업)은 큰 널빤지를 뜻한다. 여기에 종이나 북 등 악기를 매단다. 널빤지를 톱니처럼 깎아서 그것을 희게 칠해서 쓰는데, 그 톱니 모양이 서로 이어져 있는 것을 그린 것이다. 丵(착)과 巾(건)은 모두 의미부분이다. 巾은 널빤지를 그린 것이다. ≪시경(詩經)≫에 이르기를 "나무 기둥과 큰 널빤지 위엔 숭아(崇牙)가 있고."라고 하였다. 㠱은 業의 고문(古文)이다.(「業, 大版也. 所以飾縣鍾鼓, 捷業如鋸齒, 以白畫之. 象其鉏鋙相承也. 从丵, 从巾. 巾象版. ≪詩≫曰: "巨業維樅." 㠱, 古文業.」)						

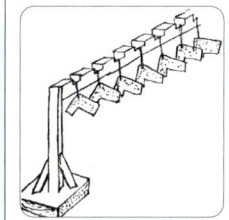

✷ 요철을 거듭한 복잡하게(丵:더부룩할 착/복) 만든 도구로 악기를 걸어두던 넓은 가로나무(木)와 받침 또는 장식(巾)이 있는 틀 모양이나, 여러 일에 사용되는 데서 '일'을 뜻한다.

嶪	山부 총16획	설문 없음	嶪峨(업아) 嶪岌(업급) 嶪嶪(업업)
산높고험할 **업**			

✷ 산(山)이 높고 복잡한 작업도구(業)처럼 복잡하고 높은 데서 '높고 험한 산'을 뜻한다.

對	寸부 총14획		甲骨文		殷商 金文	西周 金文	小篆	或體	對答(대답) 對決(대결) 對話(대화)
			佚657	前4.36.4	曆鼎	父乙尊	對卣	說文解字	
대할 **대**	설문 丵부	對(=對, 대)는 대답한다는 뜻이다. 丵(착)과 口(구)와 寸(촌)은 모두 의미부분이다. 對는 對의 혹체자(或體字)로 (口 대신) 士(사)를 썼다. 한(漢)나라 문제(文帝)는 문책할 때 대답하는 말은 대부분 불성실한 대답이 많다고 여겨서, 그래서 口자를 없애고 대신 士자를 썼다.(「對, 譍無方也. 从丵, 从口, 从寸. 對, 對或从土. 漢文帝以爲責對而爲言, 多非誠對, 故去其口, 以从士也.」)							

✷ 촛대, 홀 등 도구(丵)를 땅(一)에서 높이 손(寸)으로 마주 대하고 드는 데서 '대하다'를 뜻한다.

鑿	金부 총28획		甲骨文	戰國 金文	小篆		掘鑿(굴착) 穿鑿(천착) 鑿井(착정)
			合18380	侯馬盟書	說文解字		
뚫을 **착**	설문 金부	鑿(착)은 나무를 뚫는다는 뜻이다. 金(금)은 의미부분이고, 鑿(정미 작/착)의 생략형은 발음부분이다.(「鑿, 穿木也. 从金, 鑿省聲.」)					

✷ 도구(丵)로 절구(臼)처럼 움푹하게 쳐서(殳) 파내는 쇠(金)로 된 끌에서 '뚫다'를 뜻한다.

瓦	瓦부 총5획	戰國 金文		小篆	瓦當(와당) 瓦解(와해) 瓦屋(와옥)
		雲夢日甲	陶五384	說文解字	
기와 **와**	설문 瓦부	瓦(와)는 흙을 구워 만든 기물의 총칭이다. 상형이다. 무릇 瓦부에 속하는 글자들은 모두 瓦를 의미부분으로 삼는다.(「瓦, 土器已燒之總名. 象形. 凡瓦之屬皆从瓦.」)			

✽ 나란히 연결된 지붕에 올린 기와 모양에서 구워 만든 '기와'를 뜻한다.

互	二부 총4획	小篆	或體		互惠(호혜) 相互(상호) 互助(호조)
		說文解字			
서로 **호**	설문 互부	笠(호)는 새끼줄을 감는 도구를 뜻한다. 竹(죽)은 의미부분이다. (互는) 상형이다. (互의) 가운데는 사람의 손이 맞잡고 있는 것을 그린 것이다. 互는 笠의 혹체자(或體字)로 竹을 생략하였다.(「笠, 可以收繩也. 从竹. 象形. 中象人手所推握也. 互, 笠或省.」)			

✽ 실패(工)에 실을 서로 엇갈려(◊) 감아놓은 모습에서 '서로'를 뜻한다.

亞 ➡ 啞 ➡ 惡 ➡ 堊 ➡ 壺

	二부 총8획	甲骨文		殷商 金文	西周金文	春秋 金文	戰國 金文	小篆	亞聖(아성) 亞流(아류) 亞熱帶(아열대)
		前7.39.2	前7.39.2	亞方彝	父辛簋	石鼓田車	陶鐵云	說文解字	
버금 **아**	설문 亞부	亞(아)는 못생겼다는 뜻이다. 사람이 등이 굽은 모양을 그린 것이다. 가시중(賈侍中, 즉 가규賈逵)께서는 '다음 차례'라는 뜻으로 쓰인다고 하였다. 무릇 亞부에 속하는 글자들은 모두 亞를 의미부분으로 삼는다.(「亞, 醜也. 象人局背之形. 賈侍中說, 以爲次弟也. 凡亞之屬皆从亞.」)							

✽ 사방이 막힌 무덤이나 집터 모양으로, 사람이 죽어 다음 세상으로 가는 데서 '버금'을 뜻한다.

	口부 총11획	小篆	盲啞(맹아) 聾啞(농아) 啞然(아연)
		說文解字	
벙어리 **아**	설문 口부	啞(벙어리 아; 깔깔 웃을 액)은 웃는다는 뜻이다. 口(구)는 의미부분이고, 亞(아)는 발음부분이다. ≪주역(周易)≫에 이르기를 "깔깔 웃다."라고 하였다.(「啞, 笑也. 从口, 亞聲. ≪易≫曰: "笑言啞啞."」)		

✽ 입(口)을 무덤(亞)처럼 흉하게 벌려 소리 내지 않고 웃는 데서 '벙어리'를 뜻한다. 또는 소리 없는 무덤(亞)처럼 입(口)으로 소리를 내지 못하는 '벙어리'를 뜻한다.

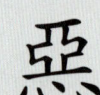	心부 총12획	戰國 金文	小篆		惡夢(악몽) 惡談(악담) 惡寒(오한)
		雲夢日乙	說文解字		
악할 **악** 미워할 **오**	설문 心부	惡(악)은 허물을 뜻한다. 心(심)은 의미부분이고, 亞(아)는 발음부분이다.(「惡, 過也. 从心, 亞聲.」)			

✽ 사람이 죽어 무덤(亞)에 가는 것을 싫어하는 마음(心)에서 '미워하다' '악하다'를 뜻한다.

	土부 총11획	小篆	堊車(악거) 白堊館(백악관)
		說文解字	
흰흙 **악**	설문 土부	堊(악)은 하얗게 바른다는 뜻이다. 土(토)는 의미부분이고, 亞(아)는 발음부분이다.(「堊, 白涂也. 从土, 亞聲.」)		

✽ 무덤(亞) 벽에 바르던 흙(土)인 '흰 흙'을 뜻한다.

凵 ➡ 凶 ➡ 匈 ➡ 胸 ➡ 洶 ☆ ➡ 兇 ☆

凵	凵부 총2획	殷商 金文	戰國 金文	小篆		용례 없음
		凵父己爵	包山271	說文解字		

입벌릴 감	설문 凵부	凵(감)은 입을 벌렸다는 뜻이다. 상형이다. 무릇 凵부에 속하는 글자는 모두 凵을 의미부분으로 삼는다.(「凵, 張口也. 象形. 凡凵之屬皆从凵.」)

✽ 땅이 움푹 파이거나 입 벌린 그릇 모양에서 '입 벌리다'를 뜻한다.

凶	凵부 총4획	金文	戰國 金文	小篆		凶年(흉년) 凶家(흉가) 凶作(흉작)
		形音義字典	雲夢日乙	說文解字		

흉할 흉	설문 凶부	凶(흉)은 나쁘다는 뜻이다. 땅이 뚫려있고, 그 가운데 엇갈려 빠져 있는 것을 그린 것이다. 무릇 凶부에 속하는 글자들은 모두 凶을 의미부분으로 삼는다.(「凶, 惡也. 象地穿, 交陷其中也. 凡凶之屬皆从凶.」)

✽ 움푹 파인 함정(凵)과 덮개 혹은 빠진 모양(x)에서 '흉하다'를 뜻한다.

匈	勹부 총6획	甲骨文	戰國 金文	小篆	或體	匈奴族(흉노족)
		續5·6·9	望山M1簡	說文解字		

오랑캐 흉	설문 勹부	匈(가슴 흉, 흉할 흉, 오랑캐 흉)은 가슴을 뜻한다. 勹(포)는 의미부분이고, 凶(흉)은 발음부분이다. 胷은 匈의 혹체자(或體字)로 (勹 대신) 肉(육)을 썼다.(「匈, 聲也. 从勹, 凶聲. 胷, 匈或从肉.」)

✽ 몸에 싸인(勹) 양 가슴사이에 함정(凶)처럼 움푹 들어간 부분인 '가슴'이 본래 뜻이나, 흉함(凶)이 가득 싸인(勹) 북쪽 흉노족을 나타내어 '오랑캐'를 뜻한다.

胸	肉부 총10획	戰國 金文		※匈(흉)과 같음.	胸部(흉부) 胸襟(흉금) 胸廓(흉곽)
		望山M1簡			

 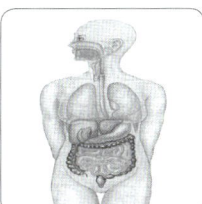

가슴 흉	설문 勹부	'胷(흉)'은 '匈(흉)'의 혹체자(或體字)로 썼다. '匈(흉)'자 설명 참조.

✽ 몸(月)에 싸인 가슴(匈)에서 '가슴'을 뜻한다. 신체(月)의 흉한(凶) 장기를 싸고(勹) 있는 가슴.

洶	水부 총9획	小篆				洶洶(흉흉) 洶急(흉급) 洶湧(흉용)
		說文解字				

용솟음칠 흉	설문 水부	洶(흉)은 (물이) 용솟음친다는 뜻이다. 水(수)는 의미부분이고, 匈(흉)은 발음부분이다.(「洶, 涌也. 从水, 匈聲.」)

✽ 물(氵)이 마음에 따라 가슴(匈)이 요동치듯 솟아오름에서 '용솟음치다, 물결이 세참'을 뜻한다.

兇	儿부 총6획	甲骨文	戰國 金文	小篆		兇漢(흉한) 兇行(흉행) 元兇(원흉)
		合27279	雲夢日乙	說文解字		

흉악할 흉	설문 凶부	兇(흉)은 소란스럽고 두렵다는 뜻이다. 사람[儿(인) 즉 人(인)]이 凶(흉) 아래에 있다는 의미이다. ≪춘추전(春秋傳)≫에 이르기를 "조(曹)나라 사람들은 두려워하였다."라고 하였다.(「兇, 擾恐也. 从人在凶下. ≪春秋傳≫曰: "曹人兇懼."」)

✽ 흉악한(凶) 사람(儿)이나, 흉측한(凶) 모습의 사람(儿) 같은 고릴라에서 '흉악하다'를 뜻한다.

函 ➡ 涵 … 凹 ➡ 凸

함 함 — ㅁ부 총8획

	甲文		西周 金文		小篆	俗字

	粹1564	合18469	不嬰簋	毛公鼎	說文解字	

郵便函(우편함)
書函(서함)
函封(함봉)

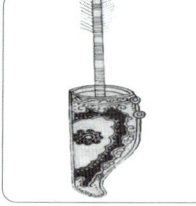

설문 ㅁ부: 函=圅(함)은 혀를 뜻한다. 상형(象形)이다. 혀는 아직 피어나지 않은 꽃봉오리처럼 (입 안에) 깊이 감추어져 있다. 弓(함)은 의미부분이면서 또 발음부분이기도 하다. 肣은 圅의 속자(俗字)로, 肉(육)과 今(금)으로 이루어졌다.(「圅, 舌也. 象形. 舌體弓弓. 从弓, 弓亦聲. 肣, 俗圅, 从肉·今.」)

✱ 화살을 넣어 들고(丞:들 승) 다닐 수 있게 만든 함(凵)에서 '함' '상자' '궤'를 뜻한다.

젖을 함 — 水부 총11획

甲骨文		小篆
甲1414	京津4466	說文解字

涵養(함양)
涵育(함육)
涵泳(함영)

설문 水부: 涵(함)은 연못에 물이 많다는 뜻이다. 水(수)는 의미부분이고, 圅(함)은 발음부분이다. ≪시경(詩經)≫에 이르기를 "참언(讒言)이 시작되어 이미 받아들여지네."라고 하였다.(「涵, 水澤多也. 从水, 圅聲. ≪詩≫曰: "僭始既涵."」)

✱ 물(氵)을 함(函)에 담아 물건을 적심에서 '젖다'를 뜻한다.

오목할 요 — 凵부 총5획

	小篆
설문 없음	
	形音義字典

凹凸(요철)
凹處(요처)
凹陷(요함)

✱ 가운데가 움푹 들어가 오목한 데서 '오목하다'를 뜻한다.

볼록할 철 — 凵부 총5획

	小篆
설문 없음	
	形音義字典

凸板(철판)
凸凹(철요)
凸形(철형)

✱ 가운데가 주위보다 볼록하게 솟은 데서 '볼록하다'를 뜻한다.

皿 ☆ ➡ 益 ➡ 謚 ✢ ➡ 隘 ➡ 縊 ☆ ➡ 溢 ➡ 鎰

그릇 명 — 皿부 총5획

甲骨文		殷商 金文	西周 金文	戰國 金文	小篆
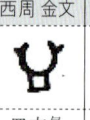					
前5.3.7	甲2473	女皿簋	皿方彝	廿七年皿	說文解字

器皿(기명)
金皿(금명)
大皿(대명)

설문 皿부: 皿(명)은 음식을 먹을 때 쓰는 그릇이다. 상형(象形)이다. 豆(두)와 같은 뜻이다. 무릇 皿부에 속하는 글자들은 모두 皿을 의미부분으로 삼는다. 猛(맹)처럼 읽는다.(「皿, 飯食之用器也. 象形. 與豆同意. 凡皿之屬皆从皿. 讀若猛.」)

✱ 바닥이 낮고 둥근 발이 달린 그릇에서 '그릇'을 뜻한다.

더할 익 — 皿부 총10획

甲骨文		西周 金文	春秋 金文	小篆
珠589	洹寶093	畢鮮簋	螯方彝	益公鐘	說文解字

有益(유익)
益鳥(익조)
公益(공익)

설문 皿부: 益(익)은 넉넉하다는 뜻이다. 水(수)와 皿(명)은 모두 의미부분이다. 皿은 그릇에 넘친다는 의미이다.(「益, 饒也. 从水·皿. 皿, 益之意也.」)

✱ 물(水=氺)이 그릇(皿)에 차고 넘쳐 풍성하고 여유 있는 데서 '더하다' '유익하다'를 뜻한다.
※파자: 음식을 나누고(八) 또 다시 한(一)번 나누어(八) 그릇(皿)마다 가득 넉넉히 '더해' 줌.

謚	言부 총17획	小篆 謚 說文解字		謚然(익연)	
웃을 익	설문 언부	謚(익)은 웃는 모습이다. 言(언)은 의미부분이고, 益(익)은 발음부분이다.(「謚, 笑皃. 从言, 益聲.」)			

※ 말(言)을 웃음이 가득 차고 여유가 넘치게(益) 하는 데서 '웃는 모양' '웃음'을 뜻한다.

隘	阜부 총13획	설문 없음	小篆 隘 形音義字典	隘路(애로) 隘巷(애항) 陋隘(누애)	
좁을 애					

※ 언덕(阝) 사이가 가득 채워져(益) 통행하기 괴롭게 길이 좁은 데서 '좁다'를 뜻한다.

縊	糸부 총16획	小篆 縊 說文解字		縊殺(액살) 縊死(액사) 縊形(액형)	
목맬 액	설문 糸부	縊(의·액)은 목을 맨다는 뜻이다. 糸(멱·사)는 의미부분이고, 益(익)은 발음부분이다. ≪춘추전(春秋傳)≫에 이르기를 "이강(夷姜)이 목을 매었다."라고 하였다.(「縊, 經也. 从糸, 益聲. ≪春秋傳≫曰: "夷姜縊."」)			

※ 끈(糸)을 목에 걸어 빈틈없이 채워(益) 당기는 데서 '목매다'를 뜻한다.

溢	水부 총13획	小篆 溢 說文解字		海溢(해일) 溢血(일혈) 溢流(일류)	
넘칠 일	설문 水부	溢(일)은 그릇(에 물이)이 가득 찼다는 뜻이다. 水(수)는 의미부분이고, 益(익)은 발음부분이다.(「溢, 器滿也. 从水, 益聲.」)			

※ 물(氵)이 가득 차고 넘치는(益) 데서 '넘치다'를 뜻한다.

鎰	金부 총18획	설문 없음	小篆 鎰 形音義字典	萬鎰(만일)	
무게이름 일					

※ 금(金) 24냥(兩)이 부족함이 없이 정확히 채워진(益) 단위 이름에서 '무게이름'을 뜻한다.

夃 ➡ 盈 ➡ 楹

夃	夂부 총4획	小篆 夃 說文解字	용례 없음	
이익얻을 고	설문 夂부	夃(고), 진(秦) 지방에서는 물건을 사고 팔면서 이득을 많이 본 것을 夃라고 한다. 乃과 夂(치)는 모두 의미부분이다. 자꾸자꾸 온다는 뜻이다. 乃(내)는 의미부분이다. ≪시경(詩經)≫에 이르기를 "저 황금 술잔을 가득 채우네."라고 하였다.(「夃, 秦以市買多得爲夃. 从乃, 从夂. 益至也. 从乃. ≪詩≫曰: "我夃酌彼金罍."」)		

※ 산모의 가슴(丂:乃의 古字)에서 저절로 움직여(夂) 나오는 젖처럼, '사고팔면서' 저절로 생기는 이익에서 '이익을 얻음' '팔다'를 뜻한다.

751

盈	皿부 총9획	戰國 金文 雲夢效律	小篆 說文解字		盈月(영월) 盈虛(영허) 充盈(충영)	
찰 **영**	설문 皿부		盈(영)은 그릇에 가득찼다는 뜻이다. 皿(명)과 𠅏(고)는 모두 의미부분이다.(「盈, 滿器也. 从皿・𠅏.」)		

✻ 산모의 가슴(𠄎:乃의 古字)에서 저절로 움직여(夊) 나오는 젖처럼, 남음이 있어 팔(𠅏:팔 고)만큼 그릇(皿)에 차고 넘치는 데서 '차다' '가득하다'를 뜻한다. ※乃자 참조.

楹	木부 총13획		小篆 說文解字			楹桷(영각) 楹鼓(영고) 楹棟(영동)	
기둥 **영**	설문 木부		楹(영)은 柱(기둥 주)이다. 木(목)은 의미부분이고, 盈(영)은 발음부분이다. ≪춘추전(春秋傳)≫에 이르기를 "환공묘(桓公廟)의 기둥에 붉은 칠을 하였다."라고 하였다.(「楹, 柱也. 从木, 盈聲. ≪春秋傳≫曰: "丹桓宮楹."」)		

✻ 나무(木)로 바닥과 들보(梁) 사이에 빈틈없이 가득 차게(盈) 바치는 '기둥'을 뜻한다.

血 ➡ 恤 ☆ ➡ 衆

	血부 총6획	甲骨文			戰國 金文	金文	小篆	血氣(혈기) 血脈(혈맥) 血管(혈관)	
		鐵50.1	前6.13.2	粹12	陳逆簋	榮陽上官	常用漢字圖解 說文解字		
피 **혈**	설문 血부	colspan="6"	血(혈)은 제사를 지낼 때 바치는 희생(犧牲)의 피를 뜻한다. 皿(명)은 의미부분이고, 一은 피의 모양을 그린 것이다. 무릇 血부에 속하는 글자들은 모두 血을 의미부분으로 삼는다.(「血, 祭所薦牲血也. 从皿, 一象血形. 凡血之屬皆从血.」)		

✻ 희생물의 피(ヽ)를 담아놓은 그릇(皿)에서 '피' '눈물' '열렬함'을 뜻한다.

	心부 총9획	戰國 金文 侯馬盟書	小篆 說文解字		矜恤(긍휼) 恤民(휼민) 恤刑(휼형)	
불쌍할 **휼**	설문 心부		恤(휼)은 근심한다는 뜻이다. 또 거두어들인다는 뜻이다. 心(심)은 의미부분이고, 血(혈)은 발음부분이다.(「恤, 憂也. 收也. 从心, 血聲.」)		

✻ 불쌍한 사람을 마음(忄)을 다해 열렬히(血) 도움에서 '불쌍하다' '불쌍히 여기다'를 뜻한다.

	血부 총12획	甲骨文		西周 金文		戰國 金文		小篆	觀衆(관중) 民衆(민중) 聽衆(청중)	
		後上10.10	鐵233.1	師旅鼎	智鼎	中山侯鉞	中山王鼎	說文解字		
무리 **중**	설문 𠔼부	colspan="7"	衆(중)은 많다는 뜻이다. 𠔼(음)과 目(목)은 모두 의미부분이다. 많다는 뜻을 나타낸다.(「𠂼, 多也. 从𠔼・目, 衆意.」)		

✻ 해(日) 아래 많은 사람(乑=众=𠂼)인 '무리'를 뜻하나, 잘못 쓰이면서 같은 피(血)를 나눈 많은 무리(乑=众=𠂼)에서 '무리'를 뜻하는 것처럼 변했다.

◇ 月盈則食 : (월영즉식) 달이 꽉 차서 보름달이 되고 나면 줄어들어 밤하늘에 안보이게 된다는 뜻으로, 한번 흥하면 한번은 망함을 비유(比喩·譬喩)하는 말로 쓰임.
◇ 盈滿之咎 : (영만지구) 가득 차면 기울고 넘친다는 뜻으로, 만사가 다 이루어지면 도리어 화를 가져오게 될 수 있음을 뜻하는 말.
◇ 甲帳對楹 : (갑장대영) 아름다운 갑장(甲帳)이 기둥을 대하였으니, 동방삭(東方朔)이 갑장을 지어 임금이 잠시 정지하는 곳임.
◇ 血液循環 : (혈액순환) 동물(動物) 체내(體內)에서 진행(進行)되는 피의 순환(循環). 보통(普通)은 심장(心臟) 또는 유사(類似) 기관(器官)의 박동(搏動)에 의(依)하여 행(行)해짐.

婁 ➡ 數 ➡ 屢 ➡ 樓 ➡ 褸 ✦

	甲骨文	西周 金文	戰國 金文	小篆	古文
女부 총11획					
	前2·18·4	是婁簋	長子盉	長陵盉	說文解字

婁驕(누교)
婁曳(누예)
婁豬(누저)

끌 **루** | 설문 女부 | 婁(끌 루, 고달플 루, 빌 루, 별 이름 루)는 비었다는 뜻이다. 毌(무)·中(중)·女(녀)는 모두 의미부분으로, (가운데가) 비었다는 뜻이다. 일설에는 루무(婁務, 어리석다는 뜻)라는 뜻이라고도 한다. 𩠒는 고문(古文)이다.(「婁, 空也. 从毌·中·女, 空之意也. 一曰婁務也. 𩠒, 古文.」)

✽ 머리에 대상자나 물건을 포개어 이고 옮기는 여자(女)에서 '끌다' '자루' '여러'를 뜻한다.
※파자:꿰어(毌) 쌓아 또리 가운데(中)에 이고 있는 여자(女)에서 '끌다' '여러' '쌓다'를 뜻한다.

	戰國 金文	小篆
攴부 총15획		
	中山王鼎	雲夢法律	說文解字

數學(수학)
點數(점수)
算數(산수)

셈 **수** | 설문 攴부 | 數(수)는 계산(計算)한다는 뜻이다. 攴(복)은 의미부분이고, 婁(루)는 발음부분이다.(「數, 計也. 从攴, 婁聲.」)

✽ 여러(婁) 개의 물건이 쌓인 것을 치면서(攴) 수를 세는 것에서 '셈' '세다'를 뜻한다.

	小篆
尸부 총14획	
	說文解字

屢次(누차)
屢空(누공)
屢月(누월)

여러 **루** | 설문 尸부 | 屢(루)는 '여러 차례'라는 뜻이다. 본인(즉 徐鉉, 서현)의 생각에는 屢자는 본래 없던 글자였는데, 후대 사람들이 첨가한 것이다. 尸(시)는 의미부분이다. 이 이상은 알 수 없다.(「屢, 數也. 按: 今之屢字, 本是屢空字, 此字後人所加. 从尸. 未詳.」)

✽ 지붕(屋·層=尸) 위에 집을 더한 여러(婁) 층으로 된 집에서 '여러'를 뜻한다.

	戰國 金文	小篆
木부 총15획		
	雲夢爲吏	說文解字

樓臺(누대)
望樓(망루)
樓閣(누각)

다락 **루** | 설문 木부 | 樓(루)는 다락을 뜻한다. 木(목)은 의미부분이고, 婁(루)는 발음부분이다.(「樓, 重屋也. 从木, 婁聲.」)

✽ 나무(木)를 여러(婁) 번 거듭 포개어 지은 사방이 트인 높은 집에서 '다락'을 뜻한다.

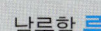

	小篆
衣부 총16획	
	說文解字

襤褸(남루)
褸裂(누열)

남루할 **루** | 설문 衣부 | 褸(루)는 옷깃을 뜻한다. 衣(의)는 의미부분이고, 婁(루)는 발음부분이다.(「褸, 衽也. 从衣, 婁聲.」)

✽ 옷(衤) 앞의 겹친(婁) 옷깃이나, 여러(婁) 번 기운, 해지고 남루한 옷(衤)에서 '남루하다'를 뜻한다.

奧 ➡ 墺 ➡ 懊 ☆ … 粵 *

	小篆
大부 총13획	
	說文解字

奧地(오지)
奧妙(오묘)
深奧(심오)

깊을 **오** | 설문 宀부 | 奧(오)는 굽었다는 뜻이다. (또) 실(室)의 서남쪽 구석을 뜻한다. 宀(면)은 의미부분이고, 釆(권)은 발음부분이다.(「奧, 宛也; 室之西南隅. 从宀, 釆聲.」)

✽ 집(宀=冖)안 깊숙한 서남쪽 신에게 곡식(禾·麥=釆)을 두 손(廾=大)으로 바침에서 '깊다' '모퉁이'를 뜻한다.
※파자:집(宀)안을 잘 분별하여(釆) 깊은 곳을 크게(大) 함에서 '깊다'를 뜻한다.

753

	土부 총16획	小篆	古文		塢地利(오지리)	
		說文解字				
물가 오	설문 土부	塢(오)는 사방의 땅 중에서 머물 수 있는 곳을 뜻한다. 土(토)는 의미부분이고, 奧(오)는 발음부분이다. 塢는 塢의 고문(古文)이다.(「塢, 四方土可居也. 从土, 奧聲. 塢, 古文塢.」)				

※ 사방이 물로 싸인 땅(土)으로 대륙 모퉁이(奧)에 있는 나라인 '오스트리아(Austria)'의 한자음으로, 사방이 흙으로 막힌 '물가'를 뜻한다. ※참고:육지(土) 깊이(奧) 파고든 물줄기인 '물가'를 뜻함.

懊	心부 총16획	설문 없음	小篆 形音義字典	懊惱(오뇌) 懊恨(오한) 懊歎(오탄)	
한할 오					

※ 마음(忄) 깊은(奧) 곳에 스며있는 한이나 괴로움에서 '한하다' '괴로워하다'를 뜻한다.

	米부 총12획	甲骨文	西周 金文	戰國 金文	小篆	참고	粵東(월동) 粵宛(월완) 粵海關(월해관)	
		古典文字字典	孟鼎	牆盤	中山王鼎	說文解字	기우제 우	
		甲骨文		西周 金文	戰國 金文	小篆	或體	
		乙971	後下13.9	合28180	孟鼎	中山王鼎	說文解字	
어조사 월	설문 亏부	粵(말 내킬 월, 어조사 월, 나라 이름 월)은 亏(우, =于)이다. 자세히 살피고 조심한다는 뜻을 나타내는 허사(虛詞)이다. 亏(우)와 宷(심)은 모두 의미부분이다. ≪주서(周書)≫에 이르기를 "사흘이 지난 정해일(丁亥日)."이라고 하였다.(「粵, 亏也. 審愼之詞者. 从亏, 从宷. ≪周書≫曰: "粵三日丁亥."」) 粵은 粵의 본자(本字)이다.						

※ 잘 살펴(宷=宋:審의 古字) 기운이 퍼짐을(亏) 보고 비를 구하며 탄식하던 말로 '어조사'로 쓰인다.
 ※참고:雩(우)와 粵(월)은 '금문(金文)' 모양이 비슷한데 연구가 필요하다.

奄➡庵➡菴❖➡掩➡俺❖

	大부 총8획	西周 金文	戰國 金文	小篆		奄然(엄연) 奄忽(엄홀) 奄有(엄유)	
		應公鼎	雲夢秦律	說文解字			
문득 엄	설문 大부	奄(엄)은 가린다는 뜻이다. 또 크게 남는다는 뜻이다. 또 하품한다는 뜻이다. 大(대)와 申(신)은 모두 의미부분이다. 申은 펼친다는 뜻이다.(「奄, 覆也; 大有餘也; 又欠也. 从大, 从申. 申, 展也.」)					

※ 크게(大) 갑자기 번개(申=电)처럼 펼쳐져 가리는 데서 '문득' '가리다'를 뜻한다.

	广부 총11획	설문 없음	小篆 形音義字典	庵子(암자) 庵主(암주) 草庵(초암)	
암자 암					

※ 작은 집(广)이 초목으로 가려(奄)져 있는 임시로 거처하는 '암자'를 뜻한다.

	艹부 총12획	설문 없음	戰國 金文	小篆		菴廬(암려) 菴子(암자) 菴羅(암라)	
菴 풀이름/초막 암			陶九033	形音義字典			

※ '풀(艹)'이 지붕을 덮어 가린(奄)는 집으로, 풀(艹)을 이어 덮어 가린(奄) '초막'을 뜻한다.

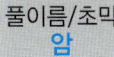 掩 가릴 엄	手부 총11획		戰國 金文 陝西臨潼陶	小篆 說文解字		掩襲(엄습) 掩蔽(엄폐) 掩殺(엄살)	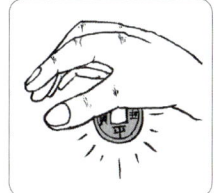
	설문 手부	掩(가릴 엄, 거둘 엄)은 거둔다는 뜻이다. (손을) 살짝 들어 물건 위를 덮는 것을 掩이라고 한다. 手(수)는 의미부분이고, 奄(엄)은 발음부분이다.(「揜, 斂也. 小上曰掩. 从手, 奄聲.」)					

※ 손(扌)으로 물건을 가려(奄) 덮는 데서 '가리다'를 뜻한다.

俺 나 엄	人부 총10획		小篆 說文解字		俺拔(엄발) 俺們(엄문)	
	설문 人부	俺(엄)은 크다는 뜻이다. 人(인)은 의미부분이고, 奄(엄)은 발음부분이다.(「俺, 大也. 从人, 奄聲.」)				

※ 남(亻)의 허물을 가려(奄) 덮을 능력이 있는 나의 큰 능력에서 '나'를 뜻한다.

尞(尞) ➔ 僚 ➔ 寮 ☆ ➔ 遼 ➔ 燎 ☆ ➔ 瞭 ✻ ➔ 療

	火부 총13획	甲骨文			西周 金文		小篆	용례 없음	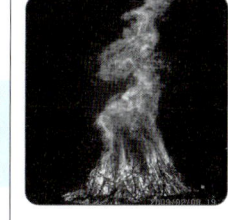
尞 횃불/밝을 료		後上24.10	後上24.7	周甲4	郘伯匜叉簋	保員簋	說文解字		
	설문 火부	尞(천제天祭 지낼 료)는 나무를 태워 하늘에 제사를 지낸다는 뜻이다. 火(화)와 昚은 모두 의미부분이다. 昚은 고문(古文)의 慎(신)이다. 하늘에 제사를 지내려면 신중해야 하기 때문이다.(「尞, 柴祭天也. 从火, 从昚. 昚, 古文慎字. 祭天所以慎也.」)							

※ 땔나무를 쌓아 불로 밝게 태워 제사하는 모양.
　※파자: 큰(大) 불똥(丷)이 해(日)처럼 밝게 피었다가 점점 작아져(小) 꺼지는 데서 '횃불'에서 '밝다'를 뜻한다.

僚 동료 료	人부 총14획		小篆 說文解字		同僚(동료) 官僚(관료) 閣僚(각료)	
	설문 人부	僚(료)는 좋은 모습이다. 人(인)은 의미부분이고, 尞(료)는 발음부분이다.(「僚, 好皃. 从人, 尞聲.」)				

※ 같은 직무를 맡은 사람(亻)으로 서로에 대하여 밝게(尞) 아는 '동료'를 뜻한다.

	宀부 총15획	甲骨文		西周 金文			小篆	寮舍(요사) 同寮(동료) 草寮(초료)	
寮 동관 료		珠537	續3.28.7	令簋	矢方彝	毛公鼎	說文解字		
	설문 穴부	寮(료)는 뚫는다는 뜻이다. 穴(혈)은 의미부분이고, 尞(료)는 발음부분이다. ≪논어(論語)≫에 공백료(公伯寮)라는 사람이 있다.(「寮, 穿也. 从穴, 尞聲. ≪論語≫有公伯寮.」)							

※ 집(宀)벽의 밝은(尞) '창(窓)'으로, 같은 집(宀)에서 불을 밝혀(尞) 일하는 벼슬이 같은 '동관'을 뜻한다.

		甲骨文	小篆			
	辵부 총16획	合28190	說文解字		遼遠(요원) 遼邈(요막) 遼東豕(요동시)	
멀 료	설문 辵부	遼(료)는 遠(멀 원)이다. 辵(착)은 의미부분이고, 尞(료)는 발음부분이다.(「䢘, 遠也. 从辵, 尞聲.」)				

※ 밝게(尞) 보이나 너무나 멀어 가지(辶) 못하는 데서 '멀다'를 뜻한다.

		小篆			
	火부 총16획	 說文解字		燔燎(번료) 燎原之火 (요원지화)	
횃불 료	설문 火부	燎(료)는 불을 놓는다는 뜻이다. 火(화)는 의미부분이고, 尞(료)는 발음부분이다.(「爎, 放火也. 从火, 尞聲.」)			

※ 불(火)을 밝혀 밝게(尞) 비추는 '횃불' '화톳불' '불을 놓다'를 뜻한다.

			小篆			
	目부 총17획	설문 없음	 形音義字典		明瞭(명료) 瞭哨(요초)	
밝을 료						

※ 사물이 눈(目)에 밝고(尞) 뚜렷이 보이는 데서 '밝다'를 뜻한다.

		甲骨文		小篆	或體		
	疒부 총17획	京津5325	佚903	說文解字		療養(요양) 診療(진료) 醫療(의료)	
병고칠 료	설문 疒부	療=藥(병 나을 료)는 치료(治療)한다는 뜻이다. 疒(녁)은 의미부분이고, 樂(락·악·요)는 발음부분이다. 療는 혹체자(或體字)로 (樂 대신) 尞(료)를 썼다.(「藥, 治也. 从疒, 樂聲. 療, 或从尞.」)					

※ 병(疒)을 치료하기 위해 나무를 태우거나(尞), 신에게 불을 밝혀(尞) 기도하던 풍습에서 '병 고치다'를 뜻한다.

| 용례 |

☆ : 어문회에만 있는 한자.
♣ : 검정회에만 있는 한자.
* : 진흥회에만 있는 한자.
♧ : 진흥회·검정회 공통한자.
✹ : 어문회와 검정회 공통.
◆ : 어문회와 진흥회 공통.

| 공부방법 |

어문회 : ✹·◆·☆ 등 과
　　　　 일반 기호 없는 공통한자.
진흥회 : ♣·☆ 표시 제외한 모든 한자.
검정회 : *·☆ 표시 제외한 모든 한자.
공자대학 석봉학과
교육상담 : 031-906-9490

多

한
자
다

한자 색인

「ㄱ」

可(가) …… 3	揀(간) …… 69	勘(감) …… 195	姜(강) …… 604
呵(가) …… 3	諫(간) …… 69	堪(감) …… 195	羌(강) …… 606
柯(가) …… 3	侃(간) …… 132	敢(감) …… 195	羋(강) …… 663
苛(가) …… 3	干(간) …… 168	瞰(감) …… 195	絳(강) …… 663
哥(가) …… 4	刊(간) …… 168	感(감) …… 256	降(강) …… 663
歌(가) …… 4	奸(간) …… 168	憾(감) …… 256	講(강) …… 682
軻(가) …… 4	杆(간) …… 168	減(감) …… 256	個(개) …… 146
加(가) …… 8	竿(간) …… 168	監(감) …… 285	箇(개) …… 146
伽(가) …… 8	肝(간) …… 168	鑑(감) …… 285	凱(개) …… 148
架(가) …… 8	玕(간) …… 169	凵(감) …… 749	塏(개) …… 148
袈(가) …… 8	艮(간) …… 176	甲(갑) …… 264	愷(개) …… 148
迦(가) …… 8	墾(간) …… 176	匣(갑) …… 264	蓋(개) …… 157
嘉(가) …… 9	懇(간) …… 176	岬(갑) …… 264	丐(개) …… 174
駕(가) …… 9	狠(간) …… 176	鉀(갑) …… 264	開(개) …… 187
佳(가) …… 16	艱(간) …… 177	閘(갑) …… 264	勼(개) …… 219
街(가) …… 16	看(간) …… 180	畺(강) …… 271	皆(개) …… 240
家(가) …… 75	間(간) …… 187	畕(강) …… 271	慨(개) …… 245
嫁(가) …… 75	澗(간) …… 187	彊(강) …… 272	概(개) …… 245
稼(가) …… 75	簡(간) …… 187	疆(강) …… 272	漑(개) …… 246
傢(가) …… 75	癇(간) …… 188	薑(강) …… 272	介(개) …… 370
叚(가) …… 80	磵(간) …… 188	橿(강) …… 272	价(개) …… 370
假(가) …… 80	乾(간) …… 232	江(강) …… 288	芥(개) …… 370
暇(가) …… 81	幹(간) …… 233	腔(강) …… 288	疥(개) …… 371
賈(가) …… 504	臤(간) …… 282	舡(강) …… 288	愾(개) …… 451
價(가) …… 504	姦(간) …… 548	扛(강) …… 289	改(개) …… 538
刻(각) …… 80	勼(갈) …… 219	杠(강) …… 289	丰(개) …… 609
各(각) …… 99	曷(갈) …… 220	岡(강) …… 291	炌(개) …… 719
恪(각) …… 99	喝(갈) …… 220	剛(강) …… 292	客(객) …… 101
閣(각) …… 99	渴(갈) …… 220	堈(강) …… 292	更(갱) …… 305
却(각) …… 156	竭(갈) …… 220	崗(강) …… 292	坑(갱) …… 568
脚(각) …… 156	葛(갈) …… 220	綱(강) …… 292	羹(갱) …… 605
覺(각) …… 158	褐(갈) …… 220	鋼(강) …… 292	醵(갹) …… 727
隺(각) …… 479	碣(갈) …… 221	康(강) …… 350	車(거) …… 71
珏(각) …… 490	鞨(갈) …… 221	慷(강) …… 350	居(거) …… 82
殻(각) …… 573	韌(갈) …… 610	糠(강) …… 350	倨(거) …… 82
殼(각) …… 573	甘(감) …… 190	鱇(강) …… 351	厶(거) …… 156
角(각) …… 575	柑(감) …… 190	弜(강) …… 358	去(거) …… 156
柬(간) …… 69	疳(감) …… 190	强(강) …… 359	擧(거) …… 157
	紺(감) …… 190	襁(강) …… 359	巨(거) …… 281
	邯(감) …… 190	靑(강) …… 573	拒(거) …… 281

759

距(거) ……… 281	肩(견) ……… 90	梗(경) ……… 305	溪(계) ……… 313
渠(거) ……… 282	畎(견) ……… 98	硬(경) ……… 305	磎(계) ……… 313
柜(거) ……… 282	見(견) ……… 181	庚(경) ……… 351	谿(계) ……… 313
鉅(거) ……… 282	攺(견) ……… 282	京(경) ……… 395	鷄(계) ……… 313
處(거) ……… 726	堅(견) ……… 283	倞(경) ……… 395	彑(계) ……… 424
據(거) ……… 727	〈(견) ……… 418	鯨(경) ……… 395	彐(계) ……… 424
醵(거) ……… 727	甄(견) ……… 507	景(경) ……… 396	禾(계) ……… 432
遽(거) ……… 727	犬(견) ……… 518	憬(경) ……… 396	稽(계) ……… 432
件(건) ……… 37	繭(견) ……… 561	暻(경) ……… 396	季(계) ……… 435
乾(건) ……… 232	絹(견) ……… 687	璟(경) ……… 396	悸(계) ……… 435
建(건) ……… 340	鵑(견) ……… 687	境(경) ……… 406	系(계) ……… 467
健(건) ……… 341	肯(견) ……… 700	竟(경) ……… 406	係(계) ……… 467
楗(건) ……… 341	遣(견) ……… 700	鏡(경) ……… 406	繫(계) ……… 574
腱(건) ……… 341	譴(견) ……… 700	巠(경) ……… 416	契(계) ……… 610
鍵(건) ……… 341	結(결) ……… 26	勁(경) ……… 416	計(계) ……… 641
愆(건) ……… 363	叏(결) ……… 303	俓(경) ……… 416	癸(계) ……… 658
辛(건) ……… 401	決(결) ……… 303	經(경) ……… 416	告(고) ……… 38
巾(건) …… 455·561	缺(결) ……… 303	輕(경) ……… 416	高(고) ……… 41
虔(건) ……… 530	訣(결) ……… 303	俓(경) ……… 417	敲(고) ……… 41
杰(걸) ……… 57	抉(결) ……… 304	涇(경) ……… 417	稿(고) ……… 41
乞(걸) ……… 541	潔(결) ……… 610	痙(경) ……… 417	膏(고) ……… 41
桀(걸) ……… 663	絜(결) ……… 610	脛(경) ……… 417	庫(고) ……… 71
傑(걸) ……… 663	兼(겸) ……… 440	莖(경) ……… 417	古(고) ……… 144
儉(검) ……… 95	謙(겸) ……… 440	頸(경) ……… 417	姑(고) ……… 145
劍(검) ……… 95	鎌(겸) ……… 440	逕(경) ……… 418	故(고) ……… 145
檢(검) ……… 95	敬(경) ……… 115	罡(경) ……… 514	枯(고) ……… 145
劫(겁) ……… 156	儆(경) ……… 116	詰(경) ……… 607	苦(고) ……… 145
怯(겁) ……… 157	擎(경) ……… 116	耕(경) ……… 684	辜(고) ……… 145
偈(게) ……… 221	警(경) ……… 116	慶(경) ……… 707	固(고) ……… 146
偈(게) ……… 221	驚(경) ……… 116	卯(경) ……… 734	痼(고) ……… 146
揭(게) ……… 222	檠(경) ……… 116	卿(경) ……… 734	錮(고) ……… 146
憩(게) ……… 673	競(경) ……… 132	耿(경) ……… 741	鼓(고) ……… 149
格(격) ……… 99	瓊(경) ……… 160	磬(경) ……… 742	瞽(고) ……… 149
覡(격) ……… 291	坰(경) ……… 197	桂(계) ……… 17	丂(고) …… 172·290
檄(격) ……… 560	冂(경) ……… 197	娃(계) ……… 17	袴(고) ……… 173
激(격) ……… 560	回(경) ……… 198	屆(계) ……… 82	皐(고) ……… 227
毄(격) ……… 574	絅(경) ……… 198	啓(계) ……… 90	睾(고) ……… 413
擊(격) ……… 574	囧(경) ……… 198	階(계) ……… 240	雇(고) ……… 427
鬲(격) ……… 730	炅(경) ……… 207	戒(계) ……… 250	顧(고) ……… 427
隔(격) ……… 730	頃(경) ……… 237	械(계) ……… 250	考(고) ……… 442
膈(격) ……… 731	傾(경) ……… 237	誡(계) ……… 250	拷(고) ……… 442
牽(견) ……… 38	潁(경) ……… 237	界(계) ……… 270	孤(고) ……… 446
幵(견) ……… 86	更(경) ……… 305	繼(계) ……… 311	呱(고) ……… 447

賈(고) …… 504	公(공) …… 447	貫(관) …… 699	橋(교) …… 43
叩(고) …… 544	廾(공) …… 713	慣(관) …… 699	矯(교) …… 43
股(고) …… 572	串(곶) …… 301	昏(괄) …… 32	嬌(교) …… 44
羔(고) …… 605	果(과) …… 54	刮(괄) …… 33	轎(교) …… 44
及(고) …… 751	菓(과) …… 54	括(괄) …… 33	驕(교) …… 44
梏(곡) …… 39	課(과) …… 54	光(광) …… 129	攪(교) …… 159
鵠(곡) …… 39	顆(과) …… 54	侊(광) …… 129	巧(교) …… 290
曲(곡) …… 152	夸(과) …… 173	胱(광) …… 129	敎(교) …… 443
谷(곡) …… 448	誇(과) …… 173	洸(광) …… 130	孝(교) …… 443
哭(곡) …… 519	戈(과) …… 249	珖(광) …… 130	梟(교) …… 467
穀(곡) …… 574	寡(과) …… 378	桄(광) …… 130	交(교) …… 526
縠(곡) …… 574	瓜(과) …… 446	炚(광) …… 207	校(교) …… 526
困(곤) …… 119	科(과) …… 452	匡(광) …… 492	郊(교) …… 526
蚰(곤) …… 175	冎(과) …… 453	狂(광) …… 492	咬(교) …… 527
昆(곤) …… 241	過(과) …… 454	廣(광) …… 494	狡(교) …… 527
崑(곤) …… 241	牛(과) …… 661	壙(광) …… 495	皎(교) …… 527
棍(곤) …… 241	郭(곽) …… 393	曠(광) …… 495	絞(교) …… 527
琨(곤) …… 241	廓(곽) …… 393	鑛(광) …… 495	蛟(교) …… 527
鯤(곤) …… 241	槨(곽) …… 393	卦(괘) …… 18	較(교) …… 527
錕(곤) …… 242	藿(곽) …… 477	掛(괘) …… 18	鉸(교) …… 528
坤(곤) …… 266	霍(곽) …… 477	罫(괘) …… 18	敎(교) …… 560
丨(곤) …… 300	款(관) …… 26	史(괘) …… 303	膠(교) …… 671
袞(곤) …… 512	莞(관) …… 127	咼(괘) …… 454	久(구) …… 98
壼(곤) …… 636	梡(관) …… 127	拐(괴) …… 14	柩(구) …… 98
汨(골) …… 207	冠(관) …… 128	怪(괴) …… 320	灸(구) …… 98
圣(골) …… 320	寬(관) …… 183	巜(괴) …… 418	玖(구) …… 98
骨(골) …… 453	串(관) …… 301	乖(괴) …… 440	咎(구) …… 99
滑(골) …… 453	官(관) …… 456	壞(괴) …… 516	句(구) …… 114
工(공) …… 287	棺(관) …… 457	傀(괴) …… 531	勾(구) …… 114
功(공) …… 287	琯(관) …… 457	塊(괴) …… 531	苟(구) …… 115
巩(공) …… 287·569	管(관) …… 457	愧(괴) …… 531	耉(구) …… 115
恐(공) …… 287	館(관) …… 457	魄(괴) …… 531	拘(구) …… 114
鞏(공) …… 288	舘(관) …… 457	槐(괴) …… 531	枸(구) …… 114
攻(공) …… 287	丱(관) …… 460	魁(괴) …… 531	狗(구) …… 114
貢(공) …… 287	卝(관) …… 460	坙(괴) …… 618	笱(구) …… 114
空(공) …… 288	關(관) …… 460	甴(괴) …… 724	鉤(구) …… 114
控(공) …… 288	萑(관) …… 469	虢(괵) …… 728	駒(구) …… 115
共(공) …… 295	灌(관) …… 470	轟(굉) …… 72	口(구) …… 115
供(공) …… 295	顴(관) …… 470	厷(굉) …… 485	垢(구) …… 118
恭(공) …… 296	瓘(관) …… 470	宏(굉) …… 485	區(구) …… 122
拱(공) …… 296	罐(관) …… 470	肱(굉) …… 485	嘔(구) …… 123
珙(공) …… 296	觀(관) …… 470	喬(교) …… 43	幅(구) …… 123
孔(공) …… 388	毌(관) …… 699	僑(교) …… 43	歐(구) …… 123

761

毆(구) ············ 123	軍(군) ············ 73	珪(규) ············ 16	墐(근) ············ 497
驅(구) ············ 123	君(군) ············ 352	硅(규) ············ 16	瑾(근) ············ 497
鷗(구) ············ 123	郡(군) ············ 353	閨(규) ············ 16	禁(금) ············ 61
謳(구) ············ 124	群(군) ············ 353	逵(규) ············ 19	襟(금) ············ 61
軀(구) ············ 124	窘(군) ············ 353	規(규) ············ 182	錦(금) ············ 227
寇(구) ············ 128	屈(굴) ············ 89	窺(규) ············ 183	金(금) ············ 373
臼(구) ············ 161	掘(굴) ············ 89	巋(규) ············ 336	今(금) ············ 378
舅(구) ············ 162	窟(굴) ············ 89	揆(규) ············ 658	吟(금) ············ 379
龜(구) ············ 184	弓(궁) ············ 357	葵(규) ············ 658	琴(금) ············ 379
廐(구) ············ 246	窮(궁) ············ 357	叫(규) ············ 731	衾(금) ············ 379
殷(구) ············ 246	躬(궁) ············ 357	糾(규) ············ 731	衿(금) ············ 379
韭(구) ············ 262	穹(궁) ············ 358	困(균) ············ 119	禽(금) ············ 480
矩(구) ············ 282	宮(궁) ············ 458	菌(균) ············ 119	擒(금) ············ 481
丘(구) ············ 311	顴(권) ············ 470	龜(균) ············ 184	及(급) ············ 337
邱(구) ············ 311	勸(권) ············ 470	勻(균) ············ 202	扱(급) ············ 337
求(구) ············ 420	權(권) ············ 471	均(균) ············ 203	汲(급) ············ 337
救(구) ············ 421	关(권) ············ 616	畇(균) ············ 203	級(급) ············ 337
球(구) ············ 421	券(권) ············ 616	鈞(균) ············ 203	圾(급) ············ 337
銶(구) ············ 421	倦(권) ············ 616	橘(귤) ············ 387	急(급) ············ 338
舊(구) ············ 479	卷(권) ············ 616	亟(극) ············ 61	給(급) ············ 381
宂(구) ············ 480	捲(권) ············ 616	極(극) ············ 62	兢(긍) ············ 133
厹(구) ············ 480	圈(권) ············ 617	棘(극) ············ 68	亘(긍) ············ 211
台(구) ············ 480	拳(권) ············ 617	苟(극) ············ 115	亙(긍) ············ 213
旧(구) ············ 483	眷(권) ············ 617	克(극) ············ 132	矜(긍) ············ 379
瞿(구) ············ 483	虘(권) ············ 729	剋(극) ············ 133	肯(긍) ············ 645
懼(구) ············ 483	亅(궐) ············ 338	卂(극) ············ 149	奇(기) ············ 5
衢(구) ············ 483	欮(궐) ············ 624	戟(극) ············ 234	寄(기) ············ 5
九(구) ············ 637	厥(궐) ············ 624	隟(극) ············ 595	崎(기) ············ 5
仇(구) ············ 637	蹶(궐) ············ 624	隙(극) ············ 596	琦(기) ············ 5
究(구) ············ 637	闕(궐) ············ 624	劇(극) ············ 726	騎(기) ············ 5
鳩(구) ············ 638	几(궤) ············ 465	筋(근) ············ 8	埼(기) ············ 6
具(구) ············ 677	机(궤) ············ 465	根(근) ············ 177	畸(기) ············ 6
俱(구) ············ 677	詭(궤) ············ 545	斤(근) ············ 306	綺(기) ············ 6
菁(구) ············ 681	軌(궤) ············ 638	劤(근) ············ 306	錡(기) ············ 6
構(구) ············ 681	潰(궤) ············ 699	近(근) ············ 306	亟(기) ············ 61
溝(구) ············ 681	匱(궤) ············ 700	菫(근) ············ 495	杞(기) ············ 118
購(구) ············ 682	櫃(궤) ············ 700	僅(근) ············ 496	棄(기) ············ 138
丩(구) ············ 731	龜(귀) ············ 184	勤(근) ············ 496	豈(기) ············ 148
局(국) ············ 83	歸(귀) ············ 352	槿(근) ············ 496	其(기) ············ 191
國(국) ············ 255	鬼(귀) ············ 530	瑾(근) ············ 496	基(기) ············ 192
菊(국) ············ 452	貴(귀) ············ 699	覲(근) ············ 496	旗(기) ············ 192
菊(국) ············ 452	圭(규) ············ 15	謹(근) ············ 496	期(기) ············ 192
鞠(국) ············ 453	奎(규) ············ 16	饉(근) ············ 497	欺(기) ············ 192

瑊(기) ············ 192	記(기) ············ 537	年(년) ············ 36	檀(단) ············ 209
棊(기) ············ 193	起(기) ············ 537	撚(년) ············ 522	斷(단) ············ 311
棋(기) ············ 193	企(기) ············ 644	涅(녈) ············ 215	耑(단) ············ 355
淇(기) ············ 193	羈(기) ············ 706	恬(념) ············ 33	湍(단) ············ 355
琪(기) ············ 193	緊(긴) ············ 283	念(념) ············ 380	端(단) ············ 355
箕(기) ············ 193	吉(길) ············ 24	幸(녑) ············ 340	單(단) ············ 407
騏(기) ············ 193	佶(길) ············ 25	寧(녕) ············ 3	簞(단) ············ 408
碁(기) ············ 194	拮(길) ············ 25	佞(녕) ············ 363	丹(단) ············ 569
祺(기) ············ 194	桔(길) ············ 25	匘(노) ············ 533	段(단) ············ 572
錤(기) ············ 194	姞(길) ············ 25	奴(노) ············ 547	緞(단) ············ 572
麒(기) ············ 194	金(김) ············ 373	努(노) ············ 548	鍛(단) ············ 573
旣(기) ············ 245	喫(끽) ············ 610	弩(노) ············ 548	團(단) ············ 584
旡(기) ············ 245		怒(노) ············ 548	蛋(단) ············ 653
冀(기) ············ 299	ㄴ	駑(노) ············ 548	疸(달) ············ 208
驥(기) ············ 299		農(농) ············ 152	奎(달) ············ 608
祈(기) ············ 306	那(나) ············ 11	濃(농) ············ 152	達(달) ············ 608
圻(기) ············ 307	娜(나) ············ 11	膿(농) ············ 152	撻(달) ············ 609
沂(기) ············ 307	奈(나) ············ 44	惱(뇌) ············ 533	㞐(달) ············ 659
伎(기) ············ 325	儒(나) ············ 357	腦(뇌) ············ 533	憺(담) ············ 166
妓(기) ············ 325	拿(나) ············ 382	撓(뇨) ············ 22	擔(담) ············ 166
岐(기) ············ 325	儺(나) ············ 498	尿(뇨) ············ 83	澹(담) ············ 166
技(기) ············ 325	挐(나) ············ 548	鬧(뇨) ············ 563	膽(담) ············ 166
耆(기) ············ 441	諾(낙) ············ 328	肭(눌) ············ 336	覃(담) ············ 506
嗜(기) ············ 442	暖(난) ············ 317	訥(눌) ············ 372	潭(담) ············ 506
气(기) ············ 450	煖(난) ············ 318	紐(뉴) ············ 353	譚(담) ············ 506
汽(기) ············ 450	難(난) ············ 498	鈕(뉴) ············ 354	疊(담) ············ 535
氣(기) ············ 451	捺(날) ············ 45	能(능) ············ 700	淡(담) ············ 717
䑒(기) ············ 451	涅(날) ············ 214	尼(니) ············ 84	痰(담) ············ 718
幾(기) ············ 464	捏(날) ············ 215	泥(니) ············ 84	談(담) ············ 718
畿(기) ············ 464	男(남) ············ 270	匿(닉) ············ 328	毯(담) ············ 718
機(기) ············ 465	南(남) ············ 643	溺(닉) ············ 359	畓(답) ············ 272
璣(기) ············ 465	楠(남) ············ 643		杳(답) ············ 272
磯(기) ············ 465	湳(남) ············ 643	ㄷ	踏(답) ············ 273
譏(기) ············ 465	納(납) ············ 371		答(답) ············ 382
肌(기) ············ 466	衲(납) ············ 371	茶(다) ············ 61	罙(답) ············ 503
飢(기) ············ 466	娘(낭) ············ 180	多(다) ············ 104	遝(답) ············ 503
卂(기) ············ 510	囊(낭) ············ 513	茶(다) ············ 368	龖(답) ············ 709
器(기) ············ 519	奈(내) ············ 44	短(단) ············ 51	堂(당) ············ 200
己(기) ············ 536	柰(내) ············ 59	彖(단) ······ 76·424	螳(당) ············ 200
忌(기) ············ 537	乃(내) ············ 335	旦(단) ············ 208	鏜(당) ············ 200
杞(기) ············ 537	耐(내) ············ 355	但(단) ············ 208	黨(당) ············ 200
玘(기) ············ 537	內(내) ············ 371	袒(단) ············ 208	當(당) ············ 200
紀(기) ············ 537	女(녀) ············ 547	亶(단) ············ 209	鐺(당) ············ 200
	广(녕) ············ 125	壇(단) ············ 209	

763

棠(당) ············ 201	涂(도) ············ 368	東(동) ············ 68	ㄱ(ㄹ)ㄱ
幢(당) ············ 275	途(도) ············ 368	凍(동) ············ 68	
撞(당) ············ 275	茶(도) ············ 368	棟(동) ············ 69	裸(라) ············ 54
唐(당) ············ 354	道(도) ············ 425	同(동) ············ 196	剌(라) ············ 67
塘(당) ············ 354	導(도) ············ 426	洞(동) ············ 196	懶(라) ············ 67
糖(당) ············ 354	都(도) ············ 443	桐(동) ············ 197	癩(라) ············ 67
大(대) ············ 44	堵(도) ············ 444	胴(동) ············ 197	螺(라) ············ 271
隊(대) ············ 78	屠(도) ············ 444	銅(동) ············ 197	騾(라) ············ 271
歹(대) ············ 104	睹(도) ············ 444	垌(동) ············ 197	羅(라) ············ 478
歺(대) ············ 104	賭(도) ············ 444	童(동) ············ 274	邏(라) ············ 479
代(대) ············ 252	島(도) ············ 487	憧(동) ············ 274	洛(락) ············ 100
垈(대) ············ 252	搗(도) ············ 487	潼(동) ············ 275	烙(락) ············ 100
袋(대) ············ 252	挑(도) ············ 590	瞳(동) ············ 275	絡(락) ············ 100
貸(대) ············ 252	桃(도) ············ 590	動(동) ············ 276	落(락) ············ 100
岱(대) ············ 253	逃(도) ············ 590	董(동) ············ 276	酪(락) ············ 100
玳(대) ············ 253	跳(도) ············ 591	仝(동) ············ 290	駱(락) ············ 100
戴(대) ············ 262	盜(도) ············ 630	冬(동) ············ 663	珞(락) ············ 101
待(대) ············ 348	徒(도) ············ 650	疼(동) ············ 664	樂(락) ············ 461
帶(대) ············ 561	到(도) ············ 669	杜(두) ············ 58	闌(란) ············ 70
臺(대) ············ 670	倒(도) ············ 670	亠(두) ············ 79	欄(란) ············ 70
擡(대) ············ 670	度(도) ············ 716	兜(두) ············ 131	爛(란) ············ 70
對(대) ············ 747	渡(도) ············ 716	豆(두) ············ 147	蘭(란) ············ 70
宅(댁) ············ 34	鍍(도) ············ 716	荳(두) ············ 147	瀾(란) ············ 71
悳(덕) ············ 679	獨(독) ············ 112	頭(두) ············ 147	瓓(란) ············ 71
德(덕) ············ 679	督(독) ············ 323	痘(두) ············ 148	爫(란) ············ 318
刀(도) ············ 9	禿(독) ············ 427	噩(두) ············ 149	亂(란) ············ 319
濤(도) ············ 23	篤(독) ············ 488	斗(두) ············ 451	鸞(란) ············ 468
燾(도) ············ 23	毒(독) ············ 551	枓(두) ············ 451	卵(란) ············ 734
禱(도) ············ 23	讀(독) ············ 695	讀(두) ············ 695	剌(랄) ············ 67
匋(도) ············ 110	瀆(독) ············ 696	鬥(두) ············ 148	辣(랄) ············ 67
淘(도) ············ 110	犢(독) ············ 696	臀(둔) ············ 88	濫(람) ············ 285
萄(도) ············ 110	豚(돈) ············ 75	遁(둔) ············ 181	籃(람) ············ 285
陶(도) ············ 110	敦(돈) ············ 392	屯(둔) ············ 622	藍(람) ············ 285
圖(도) ············ 120	墩(돈) ············ 392	鈍(둔) ············ 622	鑑(람) ············ 286
兜(도) ············ 131	惇(돈) ············ 392	得(득) ············ 210	覽(람) ············ 286
滔(도) ············ 164	焞(돈) ············ 392	等(등) ············ 348	臘(랍) ············ 165
稻(도) ············ 164	燉(돈) ············ 392	膽(등) ············ 617	蠟(랍) ············ 165
蹈(도) ············ 164	暾(돈) ············ 393	藤(등) ············ 618	拉(랍) ············ 397
悼(도) ············ 215	沌(돈) ············ 623	騰(등) ············ 618	廊(랑) ············ 179
掉(도) ············ 215	頓(돈) ············ 623	登(등) ············ 658	朗(랑) ············ 179
棹(도) ············ 215	厶(돌) ············ 136	橙(등) ············ 659	浪(랑) ············ 179
夲(도) ············ 227	突(돌) ············ 519	燈(등) ············ 659	郎(랑) ············ 179
塗(도) ············ 368	乭(돌) ············ 541	鄧(등) ············ 659	狼(랑) ············ 180

琅(랑) ………… 180	礫(력) ………… 461	鈴(령) ………… 384	儡(뢰) ………… 271
來(래) ………… 64	轢(력) ………… 461	齡(령) ………… 384	磊(뢰) ………… 327
萊(래) ………… 64	扐(력) ………… 638	姈(령) ………… 384	賴(뢰) ………… 426
崍(래) ………… 65	鬲(력) ………… 730	呤(령) ………… 384	雷(뢰) ………… 536
冷(랭) ………… 385	練(련) ………… 69	例(례) ………… 105	耒(뢰) ………… 684
略(략) ………… 101	煉(련) ………… 70	豊(례) ………… 153	了(료) ………… 389
掠(략) ………… 396	鍊(련) ………… 70	禮(례) ………… 153	料(료) ………… 451
梁(량) ………… 10	連(련) ………… 72	醴(례) ………… 153	鬧(료) ………… 563
樑(량) ………… 11	漣(련) ………… 72	隷(례) ………… 351	翏(료) ………… 670
粱(량) ………… 11	蓮(련) ………… 72	焱(례) ………… 523	聊(료) ………… 733
亮(량) ………… 43	輦(련) ………… 72	路(로) ………… 101	竂(료) ………… 755
从(량) ………… 46	璉(련) ………… 73	露(로) ………… 101	寮(료) ………… 755
良(량) ………… 179	聯(련) ………… 460	鷺(로) ………… 102	僚(료) ………… 755
量(량) ………… 274	戀(련) ………… 468	鹵(로) ………… 286	寮(료) ………… 755
糧(량) ………… 274	戀(련) ………… 468	老(로) ………… 441	燎(료) ………… 756
兩(량) ………… 375	攣(련) ………… 468	魯(로) ………… 710	療(료) ………… 756
倆(량) ………… 375	憐(련) ………… 662	勞(로) ………… 720	瞭(료) ………… 756
輛(량) ………… 375	列(렬) ………… 104	撈(로) ………… 720	遼(료) ………… 756
諒(량) ………… 395	冽(렬) ………… 105	廬(로) ………… 724	龍(룡) ………… 708
涼(량) ………… 395	洌(렬) ………… 105	盧(로) ………… 724	漏(루) ………… 84
戾(려) ………… 90	烈(렬) ………… 105	爐(로) ………… 724	淚(루) ………… 90
褻(려) ………… 431	裂(렬) ………… 105	蘆(로) ………… 724	累(루) ………… 270
黎(려) ………… 434	劣(렬) ………… 597	擄(로) ………… 725	壘(루) ………… 271
呂(려) ………… 458	矢(렬) ………… 630	虜(로) ………… 725	陋(루) ………… 374
侶(려) ………… 458	斂(렴) ………… 95	亢(록) ………… 18	匳(루) ………… 374
閭(려) ………… 458	殮(렴) ………… 96	彔(록) ………… 423	厽(루) ………… 672
旅(려) ………… 559	廉(렴) ………… 441	碌(록) ………… 423	婁(루) ………… 753
麗(려) ………… 706	濂(렴) ………… 441	祿(록) ………… 423	屢(루) ………… 753
驪(려) ………… 707	簾(렴) ………… 441	綠(록) ………… 423	樓(루) ………… 753
廬(려) ………… 724	鼠(렵) ………… 165	錄(록) ………… 423	褸(루) ………… 753
慮(려) ………… 725	獵(렵) ………… 165	鹿(록) ………… 706	流(류) ………… 136
濾(려) ………… 725	逞(령) ………… 28	麓(록) ………… 706	充(류) ………… 136
厲(려) ………… 737	霝(령) ………… 291	論(론) ………… 94	琉(류) ………… 136
勵(려) ………… 737	靈(령) ………… 291	壟(롱) ………… 708	硫(류) ………… 136
礪(려) ………… 737	皿(령) ………… 291	瓏(롱) ………… 708	類(류) ………… 427
力(력) ………… 7	令(령) ………… 383	籠(롱) ………… 708	謬(류) ………… 671
砏(력) ………… 327	囹(령) ………… 383	聾(롱) ………… 708	留(류) ………… 733
秝(력) ………… 436	嶺(령) ………… 383	瀧(롱) ………… 709	溜(류) ………… 733
麻(력) ………… 436	玲(령) ………… 383	弄(롱) ………… 713	瘤(류) ………… 733
曆(력) ………… 436	零(령) ………… 383	牢(뢰) ………… 37	劉(류) ………… 733
歷(력) ………… 437	領(령) ………… 383	賴(뢰) ………… 67	柳(류) ………… 734
瀝(력) ………… 437	伶(령) ………… 384	賂(뢰) ………… 99	坴(륙) ………… 18
靂(력) ………… 437	怜(령) ………… 384	畾(뢰) ………… 269	陸(륙) ………… 19

六(륙) ············ 637	离(리) ············ 480	挽(만) ············ 186	魅(매) ············ 56
戮(륙) ············ 671	璃(리) ············ 480	晚(만) ············ 186	枚(매) ············ 57
侖(륜) ············ 93	離(리) ············ 480	輓(만) ············ 186	媒(매) ············ 191
倫(륜) ············ 93	籬(리) ············ 480	曼(만) ············ 216	煤(매) ············ 191
輪(륜) ············ 93	罹(리) ············ 502	慢(만) ············ 216	埋(매) ············ 274
崙(륜) ············ 94	履(리) ············ 667	漫(만) ············ 216	呆(매) ············ 364
淪(륜) ············ 94	驪(리) ············ 707	蔓(만) ············ 216	罵(매) ············ 488
綸(륜) ············ 94	閵(린) ············ 189	饅(만) ············ 216	每(매) ············ 552
律(률) ············ 339	藺(린) ············ 189	鰻(만) ············ 216	梅(매) ············ 552
率(률) ············ 463	躪(린) ············ 190	两(만) ············ 375	買(매) ············ 695
栗(률) ············ 504	吝(린) ············ 530	滿(만) ············ 375	賣(매) ············ 695
慄(률) ············ 504	燐(린) ············ 661	瞞(만) ············ 375	邁(매) ············ 737
孚(률) ············ 727	粦(린) ············ 661	鏋(만) ············ 376	麥(맥) ············ 64
隆(륭) ············ 626	燐(린) ············ 661	彎(만) ············ 469	貊(맥) ············ 229
勒(륵) ············ 7	潾(린) ············ 662	灣(만) ············ 469	脈(맥) ············ 420
肋(륵) ············ 7	璘(린) ············ 662	蠻(만) ············ 469	陌(맥) ············ 622
㐭(름) ············ 208	隣(린) ············ 662	卍(만) ············ 641	盟(맹) ············ 235
凜(름) ············ 210	鱗(린) ············ 662	萬(만) ············ 736	萌(맹) ············ 235
交(릉) ············ 20	麟(린) ············ 662	末(말) ············ 56	盲(맹) ············ 295
凌(릉) ············ 20	林(림) ············ 59	抹(말) ············ 56	孟(맹) ············ 389
滕(릉) ············ 20	淋(림) ············ 59	沫(말) ············ 56	猛(맹) ············ 389
稜(릉) ············ 20	琳(림) ············ 60	茉(말) ············ 56	黽(맹) ············ 566
綾(릉) ············ 20	霖(림) ············ 60	靺(말) ············ 56	汨(멱) ············ 207
陵(릉) ············ 20	臨(림) ············ 284	襪(말) ············ 250	冖(멱) ············ 210
菱(릉) ············ 21	立(립) ············ 397	䑃(망) ············ 222	覓(멱) ············ 312
楞(릉) ············ 556	笠(립) ············ 397	亡(망) ············ 292	糸(멱) ············ 466
李(리) ············ 58	粒(립) ············ 397	妄(망) ············ 293	宀(면) ············ 74
里(리) ············ 273		忘(망) ············ 293	丏(면) ············ 174
俚(리) ············ 273	┌ㅁ ┐	忙(망) ············ 293	沔(면) ············ 174
理(리) ············ 273		望(망) ············ 293	眄(면) ············ 175
裏(리) ············ 273	麻(마) ············ 429	芒(망) ············ 293	麪(면) ············ 175
鰲(리) ············ 273	摩(마) ············ 430	邙(망) ············ 293	免(면) ············ 185
犁(리) ············ 273	痲(마) ············ 430	茫(망) ············ 294	冕(면) ············ 185
裡(리) ············ 274	磨(마) ············ 430	网(망) ············ 294	勉(면) ············ 185
貍(리) ············ 274	魔(마) ············ 430	罔(망) ············ 294	俛(면) ············ 185
吏(리) ············ 304	馬(마) ············ 487	網(망) ············ 294	棉(면) ············ 227
利(리) ············ 431	瑪(마) ············ 488	輞(망) ············ 294	綿(면) ············ 227
梨(리) ············ 431	莫(막) ············ 222	惘(망) ············ 294	面(면) ············ 425
悧(리) ············ 432	漠(막) ············ 222	莽(망) ············ 642	緬(면) ············ 425
痢(리) ············ 432	寞(막) ············ 223	䒺(망) ············ 642	麵(면) ············ 425
莉(리) ············ 432	幕(막) ············ 223	妹(매) ············ 55	丏(면) ············ 425
俐(리) ············ 432	膜(막) ············ 223	寐(매) ············ 55	眠(면) ············ 621
羅(리) ············ 479	邈(막) ············ 227	昧(매) ············ 55	鮸(면) ············ 674

蔑(멸) ……… 250	廖(목) ……… 228	貿(무) ……… 734	珉(민) ……… 620
滅(멸) ……… 252	穆(목) ……… 228	墨(묵) ……… 277	岷(민) ……… 621
蔑(멸) ……… 252	鬻(목) ……… 695	默(묵) ……… 277	愍(민) ……… 621
名(명) ……… 103	殳(몰) ……… 159	門(문) ……… 186	泯(민) ……… 621
酪(명) ……… 103	歿(몰) ……… 159	問(문) ……… 186	敃(민) ……… 621
銘(명) ……… 103	沒(몰) ……… 159	聞(문) ……… 187	宓(밀) ……… 722
冥(명) ……… 210	冢(몽) ……… 76	刎(문) ……… 202	密(밀) ……… 722
瞑(명) ……… 211	蒙(몽) ……… 76	文(문) ……… 528	蜜(밀) ……… 722
溟(명) ……… 211	夢(몽) ……… 103	汶(문) ……… 528	謐(밀) ……… 722
螟(명) ……… 211	畝(묘) ……… 98	紊(문) ……… 528	鑑(밀) ……… 722
明(명) ……… 235	杳(묘) ……… 207	紋(문) ……… 528	
命(명) ……… 385	墓(묘) ……… 224	蚊(문) ……… 529	ㄱ (ㅂ) ㄱ
鳴(명) ……… 486	廟(묘) ……… 234	炆(문) ……… 529	
皿(명) ……… 750	苗(묘) ……… 269	勿(물) ……… 201	拍(박) ……… 225
袂(메) ……… 304	描(묘) ……… 269	物(물) ……… 202	泊(박) ……… 225
牟(모) ……… 37	猫(묘) ……… 269	未(미) ……… 55	箔(박) ……… 225
牡(모) ……… 37	錨(묘) ……… 269	味(미) ……… 55	珀(박) ……… 226
兒(모) ……… 131	妙(묘) ……… 597	尾(미) ……… 83	粕(박) ……… 226
某(모) ……… 191	渺(묘) ……… 597	眉(미) ……… 180	舶(박) ……… 226
謀(모) ……… 191	眇(묘) ……… 597	媚(미) ……… 181	迫(박) ……… 226
冃(모) ……… 218	卯(묘) ……… 732	嵋(미) ……… 181	鉑(박) ……… 226
冒(모) ……… 218	昴(묘) ……… 733	靡(미) ……… 430	剝(박) ……… 424
帽(모) ……… 218	畝(무) ……… 98	糜(미) ……… 430	駁(박) ……… 524
募(모) ……… 223	无(무) ……… 245	米(미) ……… 452	薄(박) ……… 582
慕(모) ……… 223	武(무) ……… 248	謎(미) ……… 452	博(박) ……… 583
暮(모) ……… 223	斌(무) ……… 248	迷(미) ……… 452	搏(박) ……… 583
摸(모) ……… 224	鵡(무) ……… 248	彌(미) ……… 524	縛(박) ……… 583
模(모) ……… 224	戊(무) ……… 249	美(미) ……… 605	膊(박) ……… 583
謨(모) ……… 224	茂(무) ……… 249	渼(미) ……… 605	朴(박) ……… 587
糢(모) ……… 224	無(무) ……… 280	敉(미) ……… 744	雹(박) ……… 705
貌(모) ……… 227	橅(무) ……… 280	微(미) ……… 744	撲(박) ……… 746
矛(모) ……… 386	撫(무) ……… 280	薇(미) ……… 745	樸(박) ……… 746
茅(모) ……… 386	憮(무) ……… 281	悶(민) ……… 189	璞(박) ……… 747
母(모) ……… 551	舞(무) ……… 281	憫(민) ……… 529	牛(반) ……… 35
侮(모) ……… 552	蕪(무) ……… 281	旻(민) ……… 529	伴(반) ……… 35
毛(모) ……… 601	巫(무) ……… 291	玟(민) ……… 529	拌(반) ……… 35
耗(모) ……… 601	誣(무) ……… 291	閔(민) ……… 529	畔(반) ……… 35
耗(모) ……… 601	務(무) ……… 387	盷(민) ……… 530	絆(반) ……… 35
睦(목) ……… 19	懋(무) ……… 387	忞(민) ……… 530	扶(반) ……… 72
牧(목) ……… 37	楙(무) ……… 387	敏(민) ……… 552	華(반) ……… 138
木(목) ……… 57	霧(무) ……… 387	愍(민) ……… 552	反(반) ……… 332
沐(목) ……… 57	母(무) ……… 551	黽(민) ……… 566	叛(반) ……… 332
目(목) ……… 180	拇(무) ……… 551	民(민) ……… 620	返(반) ……… 332
			飯(반) ……… 332

頒(반) ……… 378	昉(방) ……… 555	樊(번) ……… 525	瞥(별) ……… 566
潘(반) ……… 438	枋(방) ……… 555	繁(번) ……… 553	鼈(별) ……… 566
磻(반) ……… 438	紡(방) ……… 555	伐(벌) ……… 254	幷(병) ……… 85
蟠(반) ……… 438	肪(방) ……… 555	筏(벌) ……… 254	倂(병) ……… 85
班(반) ……… 490	旁(방) ……… 556	閥(벌) ……… 254	屛(병) ……… 85
攀(반) ……… 525	傍(방) ……… 556	罰(벌) ……… 502	甁(병) ……… 85
礬(반) ……… 525	榜(방) ……… 556	泛(범) ……… 542	餠(병) ……… 85
斑(반) ……… 530	膀(방) ……… 556	氾(범) ……… 544	幷(병) ……… 86
辨(반) ……… 530	謗(방) ……… 556	范(범) ……… 544	鉼(병) ……… 86
般(반) ……… 570	滂(방) ……… 557	笵(범) ……… 544	粤(병) ……… 174
搬(반) ……… 570	邦(방) ……… 613	犯(범) ……… 544	兵(병) ……… 312
槃(반) ……… 570	尨(방) ……… 631	範(범) ……… 544	丙(병) ……… 373
盤(반) ……… 570	龐(방) ……… 709	凡(범) ……… 568	昞(병) ……… 374
磐(반) ……… 570	北(배) ……… 243	帆(범) ……… 568	昺(병) ……… 374
鉢(발) ……… 58	背(배) ……… 243	汎(범) ……… 568	柄(병) ……… 374
氷(발) ……… 390	倍(배) ……… 400	梵(범) ……… 569	炳(병) ……… 374
孛(발) ……… 390	培(배) ……… 400	机(범) ……… 569	病(병) ……… 374
勃(발) ……… 390	賠(배) ……… 400	法(법) ……… 156	竝(병) ……… 399
渤(발) ……… 390	陪(배) ……… 400	灋(법) ……… 156	秉(병) ……… 440
犮(발) ……… 522	配(배) ……… 538	碧(벽) ……… 228	棅(병) ……… 440
拔(발) ……… 522	排(배) ……… 592	甓(벽) ……… 229	布(보) ……… 331
跋(발) ……… 522	俳(배) ……… 593	辟(벽) ……… 411	保(보) ……… 364
彡(발) ……… 523	徘(배) ……… 593	僻(벽) ……… 411	堡(보) ……… 365
髟(발) ……… 523	裵(배) ……… 593	劈(벽) ……… 411	褓(보) ……… 365
魃(발) ……… 523	輩(배) ……… 593	壁(벽) ……… 411	普(보) ……… 399
癶(발) ……… 659	拜(배) ……… 599	擘(벽) ……… 411	譜(보) ……… 399
發(발) ……… 660	湃(배) ……… 599	癖(벽) ……… 411	潽(보) ……… 400
炭(발) ……… 660	杯(배) ……… 634	璧(벽) ……… 412	菩(보) ……… 401
撥(발) ……… 660	胚(배) ……… 635	闢(벽) ……… 412	報(보) ……… 414
潑(발) ……… 660	白(백) ……… 224	霹(벽) ……… 412	洑(보) ……… 519
醱(발) ……… 660	伯(백) ……… 225	薜(벽) ……… 413	甫(보) ……… 579
幫(방) ……… 17	柏(백) ……… 225	便(변) ……… 305	補(보) ……… 579
匚(방) ……… 122	魄(백) ……… 225	幷(변) ……… 410	輔(보) ……… 580
方(방) ……… 553	帛(백) ……… 226	辨(변) ……… 410	步(보) ……… 645
妨(방) ……… 553	百(백) ……… 228	辯(변) ……… 410	寶(보) ……… 693
倣(방) ……… 554	佰(백) ……… 228	釆(변) ……… 437	攴(복) ……… 115
房(방) ……… 554	煩(번) ……… 426	變(변) ……… 469	攵(복) ……… 414
放(방) ……… 554	番(번) ……… 437	卞(변) ……… 635	服(복) ……… 414
芳(방) ……… 554	飜(번) ……… 437	邊(변) ……… 674	伏(복) ……… 519
訪(방) ……… 554	蕃(번) ……… 438	弁(변) ……… 713	洑(복) ……… 519
防(방) ……… 554	藩(번) ……… 438	別(별) ……… 14	畐(복) ……… 585
坊(방) ……… 555	潘(번) ……… 438	丿(별) ……… 541	匐(복) ……… 585
彷(방) ……… 555	磻(번) ……… 438	八(별) ……… 565	福(복) ……… 585

輻(복) ······ 585	符(부) ······ 346	奔(분) ······ 642	脾(비) ······ 532
卜(복) ······ 586	腐(부) ······ 346	憤(분) ······ 642	痺(비) ······ 533
复(복) ······ 666	腑(부) ······ 346	賁(분) ······ 642	痹(비) ······ 533
復(복) ······ 666	駙(부) ······ 346	噴(분) ······ 642	妃(비) ······ 538
腹(복) ······ 667	婦(부) ······ 352	墳(분) ······ 642	肥(비) ······ 540
複(복) ······ 667	否(부) ······ 400	弗(불) ······ 361	萉(비) ······ 578
覆(복) ······ 667	剖(부) ······ 401	佛(불) ······ 361	備(비) ······ 578
馥(복) ······ 667	部(부) ······ 401	彿(불) ······ 361	憊(비) ······ 578
鰒(복) ······ 668	阜(부) ······ 454	拂(불) ······ 361	非(비) ······ 591
鍑(복) ······ 668	埠(부) ······ 455	沸(불) ······ 362	匪(비) ······ 591
菐(복) ······ 746	父(부) ······ 526	由(불) ······ 530	悲(비) ······ 591
僕(복) ······ 746	斧(부) ······ 526	市(불) ······ 563	扉(비) ······ 592
本(본) ······ 58	釜(부) ······ 526	不(불) ······ 634	緋(비) ······ 592
封(봉) ······ 17	專(부) ······ 581	朋(붕) ······ 236	翡(비) ······ 592
鳳(봉) ······ 486	傅(부) ······ 582	崩(붕) ······ 236	蜚(비) ······ 592
丰(봉) ······ 611	敷(부) ······ 582	棚(붕) ······ 236	誹(비) ······ 592
夆(봉) ······ 612	溥(부) ······ 582	硼(붕) ······ 236	丕(비) ······ 635
峯(봉) ······ 612	簿(부) ······ 582	繃(붕) ······ 236	畀(비) ······ 674
縫(봉) ······ 612	賻(부) ······ 582	鵬(붕) ······ 236	鼻(비) ······ 674
蓬(봉) ······ 612	副(부) ······ 586	啚(비) ······ 120	飛(비) ······ 715
蜂(봉) ······ 612	富(부) ······ 586	鄙(비) ······ 120	泌(비) ······ 721
逢(봉) ······ 612	赴(부) ······ 586	匕(비) ······ 237	祕(비) ······ 723
烽(봉) ······ 613	訃(부) ······ 587	比(비) ······ 238	彬(빈) ······ 60
鋒(봉) ······ 613	不(부) ······ 634	庇(비) ······ 238	牝(빈) ······ 237
奉(봉) ······ 614	否(부) ······ 634	批(비) ······ 238	斌(빈) ······ 248
俸(봉) ······ 614	復(부) ······ 666	妣(비) ······ 238	貧(빈) ······ 378
捧(봉) ······ 614	覆(부) ······ 667	枇(비) ······ 239	木(빈) ······ 429
棒(봉) ······ 614	負(부) ······ 697	毖(비) ······ 239	頻(빈) ······ 646
琫(봉) ······ 615	膚(부) ······ 725	蚍(비) ······ 239	嚬(빈) ······ 646
夫(부) ······ 48	北(북) ······ 243	琵(비) ······ 239	瀕(빈) ······ 646
扶(부) ······ 48	焚(분) ······ 60	砒(비) ······ 239	賓(빈) ······ 696
芙(부) ······ 49	糞(분) ······ 299	秕(비) ······ 239	嬪(빈) ······ 696
缶(부) ······ 110	分(분) ······ 376	坒(비) ······ 240	殯(빈) ······ 697
俯(부) ······ 185	紛(분) ······ 376	沸(비) ······ 362	濱(빈) ······ 697
賦(부) ······ 249	吩(분) ······ 377	費(비) ······ 362	聘(빙) ······ 174
孚(부) ······ 316	忿(분) ······ 377	臂(비) ······ 412	氷(빙) ······ 421
孵(부) ······ 317	扮(분) ······ 377	譬(비) ······ 412	冫(빙) ······ 421
浮(부) ······ 317	盆(분) ······ 377	辰(비) ······ 420	馮(빙) ······ 488
付(부) ······ 345	粉(분) ······ 377	卑(비) ······ 532	憑(빙) ······ 488
咐(부) ······ 345	芬(부) ······ 377	婢(비) ······ 532	凭(빙) ······ 488
附(부) ······ 345	汾(분) ······ 378	碑(비) ······ 532	
俯(부) ······ 346	雰(분) ······ 378	脾(비) ······ 532	「入」
府(부) ······ 346	奮(분) ······ 478	裨(비) ······ 532	士(사) ······ 24

769

仕(사) …………… 24	裟(사) …………… 597	牀(상) …………… 59	犀(서) …………… 38
社(사) …………… 24	飤(사) …………… 599	相(상) …………… 62	嶼(서) …………… 157
舍(사) …………… 33	邪(사) …………… 632	想(상) …………… 62	鼠(서) …………… 165
捨(사) …………… 33	赦(사) …………… 634	湘(상) …………… 62	絮(서) …………… 227
死(사) …………… 105	徙(사) …………… 645	箱(상) …………… 62	誓(서) …………… 308
司(사) …………… 116	些(사) …………… 655	霜(상) …………… 62	逝(서) …………… 308
嗣(사) …………… 117	卸(사) …………… 655	孀(상) …………… 63	書(서) …………… 339
祠(사) …………… 117	唆(사) …………… 666	象(상) …………… 78	棲(서) …………… 350
詞(사) …………… 117	查(사) …………… 675	像(상) …………… 78	瑞(서) …………… 356
飼(사) …………… 117	它(사) …………… 711	尙(상) …………… 199	徐(서) …………… 368
寫(사) …………… 163	蛇(사) …………… 712	償(상) …………… 199	敘(서) …………… 368
瀉(사) …………… 164	思(사) …………… 723	嘗(상) …………… 199	序(서) …………… 385
賜(사) …………… 204	虒(사) …………… 728	常(상) …………… 199	抒(서) …………… 385
史(사) …………… 304	削(삭) …………… 595	裳(상) …………… 199	舒(서) …………… 385
使(사) …………… 304	朔(삭) …………… 623	賞(상) …………… 199	黍(서) …………… 434
斯(사) …………… 307	索(삭) …………… 643	傷(상) …………… 206	暑(서) …………… 444
辭(사) …………… 319	芋(삭) …………… 744	觴(상) …………… 206	署(서) …………… 444
事(사) …………… 338	刪(산) …………… 92	桑(상) …………… 319	曙(서) …………… 445
肆(사) …………… 340	珊(산) …………… 92	顙(상) …………… 319	緖(서) …………… 445
射(사) …………… 344	傘(산) …………… 364	喪(상) …………… 513	薯(서) …………… 445
謝(사) …………… 345	産(산) …………… 402	狀(상) …………… 520	西(서) …………… 503
麝(사) …………… 345	酸(산) …………… 666	爽(상) …………… 523	恕(서) …………… 549
寺(사) …………… 347	散(산) …………… 687	塽(상) …………… 524	胥(서) …………… 653
似(사) …………… 364	算(산) …………… 713	庠(상) …………… 604	壻(서) …………… 653
乍(사) …………… 369	山(산) …………… 745	祥(상) …………… 604	惰(서) …………… 653
詐(사) …………… 369	疝(산) …………… 746	翔(상) …………… 604	庶(서) …………… 715
斜(사) …………… 369	煞(살) …………… 338	詳(상) …………… 604	夾(석) …………… 46
厶(사) …………… 433	薩(살) …………… 402	上(상) …………… 635	夕(석) …………… 102
私(사) …………… 433	殺(살) …………… 572	商(상) …………… 739	汐(석) …………… 102
奢(사) …………… 446	撒(살) …………… 687	塞(새) …………… 524	舃(석) …………… 163
師(사) …………… 456	杉(삼) …………… 59	塞(새) …………… 685	瀉(석) …………… 164
獅(사) …………… 456	森(삼) …………… 61	嗇(색) …………… 65	錫(석) …………… 203
糸(사) …………… 466	三(삼) …………… 636	穡(색) …………… 65	奭(석) …………… 229
絲(사) …………… 466	彡(삼) …………… 672	色(색) …………… 540	析(석) …………… 308
四(사) …………… 502	參(삼) …………… 672	索(색) …………… 643	晳(석) …………… 309
泗(사) …………… 502	滲(삼) …………… 672	窒(색) …………… 684	淅(석) …………… 309
蓑(사) …………… 512	蔘(삼) …………… 673	寒(색) …………… 684	石(석) …………… 325
巳(사) …………… 538	卅(삽) …………… 140	塞(색) …………… 685	碩(석) …………… 326
祀(사) …………… 538	臿(삽) …………… 162	省(생) …………… 597	秙(석) …………… 326
娑(사) …………… 596	插(삽) …………… 162	生(생) …………… 625	鉐(석) …………… 326
沙(사) …………… 596	扱(삽) …………… 337	牲(생) …………… 625	釋(석) …………… 415
砂(사) …………… 596	澁(삽) …………… 644	甥(생) …………… 625	昔(석) …………… 685
紗(사) …………… 597	床(상) …………… 59	笙(생) …………… 625	惜(석) …………… 685

席(석) ······ 716	雪(설) ······ 536	曺(세) ······ 574	束(속) ······ 66
蓆(석) ······ 716	設(설) ······ 571	洗(세) ······ 657	速(속) ······ 66
扇(선) ······ 90	楔(설) ······ 610	召(소) ······ 11	屬(속) ······ 112
煽(선) ······ 91	夾(섬) ······ 46	沼(소) ······ 11	俗(속) ······ 448
船(선) ······ 142	陝(섬) ······ 47	炤(소) ······ 12	粟(속) ······ 504
璿(선) ······ 167	蟾(섬) ······ 167	紹(소) ······ 12	續(속) ······ 696
亘(선) ······ 211	閃(섬) ······ 189	邵(소) ······ 12	贖(속) ······ 696
宣(선) ······ 211	竹(섬) ······ 262	韶(소) ······ 12	飧(손) ······ 102
瑄(선) ······ 211	銛(섬) ······ 263	卲(소) ······ 12	巽(손) ······ 297
渲(선) ······ 212	殲(섬) ······ 263	栖(소) ······ 12	孫(손) ······ 467
愃(선) ······ 212	纖(섬) ······ 263	昭(소) ······ 13	遜(손) ······ 467
鍹(선) ······ 212	暹(섬) ······ 474	玿(소) ······ 13	損(손) ······ 698
線(선) ······ 230	圼(섭) ······ 350	燒(소) ······ 22	率(솔) ······ 463
腺(선) ······ 230	涉(섭) ······ 645	笑(소) ······ 40	送(송) ······ 48
叱(선) ······ 297	爕(섭) ······ 719	巢(소) ······ 54	宋(송) ······ 57
選(선) ······ 298	聶(섭) ······ 741	疎(소) ······ 66	悚(송) ······ 66
禪(선) ······ 408	攝(섭) ······ 741	梟(소) ······ 124	松(송) ······ 447
嬋(선) ······ 409	聖(성) ······ 30	繰(소) ······ 125	淞(송) ······ 447
蟬(선) ······ 409	成(성) ······ 257	梳(소) ······ 136	訟(송) ······ 448
旋(선) ······ 557	城(성) ······ 257	疏(소) ······ 136	頌(송) ······ 448
琁(선) ······ 557	盛(성) ······ 257	蔬(소) ······ 137	誦(송) ······ 578
璇(선) ······ 557	誠(성) ······ 257	甦(소) ······ 305	貟(쇄) ······ 693
善(선) ······ 607	宬(성) ······ 258	所(소) ······ 307	刷(쇄) ······ 84
膳(선) ······ 607	晟(성) ······ 258	訴(소) ······ 310	屑(쇄) ······ 84
繕(선) ······ 608	珹(성) ······ 258	搔(소) ······ 321	碎(쇄) ······ 517
墡(선) ······ 608	筬(성) ······ 258	瘙(소) ······ 321	殺(쇄) ······ 572
羨(선) ······ 608	娍(성) ······ 258	騷(소) ······ 321	貟(쇄) ······ 693
先(선) ······ 656	省(성) ······ 597	嘯(소) ······ 342	鎖(쇄) ······ 693
銑(선) ······ 656	性(성) ······ 625	簫(소) ······ 342	灑(쇄) ······ 707
珗(선) ······ 656	姓(성) ······ 626	蕭(소) ······ 342	釗(쇠) ······ 373
詵(선) ······ 657	星(성) ······ 626	掃(소) ······ 352	夊(쇠) ······ 428
鮮(선) ······ 710	惺(성) ······ 626	素(소) ······ 466	衰(쇠) ······ 512
仙(선) ······ 746	醒(성) ······ 626	消(소) ······ 594	壽(수) ······ 22
舌(설) ······ 32	猩(성) ······ 627	宵(소) ······ 595	璹(수) ······ 24
屑(설) ······ 83	珵(성) ······ 627	逍(소) ······ 595	崇(수) ······ 26
說(설) ······ 134	聲(성) ······ 742	霄(소) ······ 595	殊(수) ······ 53
泄(설) ······ 140	勢(세) ······ 19	小(소) ······ 596	洙(수) ······ 53
渫(설) ······ 141	說(세) ······ 134	少(소) ······ 596	銖(수) ······ 53
洩(설) ······ 248	稅(세) ······ 134	塑(소) ······ 623	豕(수) ······ 77
薛(설) ······ 413	世(세) ······ 140	遡(소) ······ 624	遂(수) ······ 77
辥(설) ······ 413	貰(세) ······ 140	疋(소) ······ 652	隧(수) ······ 77
卨(설) ······ 453	歲(세) ······ 258	蘇(소) ······ 710	輸(수) ······ 98
褻(설) ······ 513	細(세) ······ 270	穌(소) ······ 710	囚(수) ······ 119

垂(수) ………… 139	粹(수) ………… 518	舜(순) ………… 661	市(시) ………… 562
袤(수) ………… 139	獸(수) ………… 521	瞬(순) ………… 661	柿(시) ………… 562
睡(수) ………… 139	蒐(수) ………… 531	戌(술) ………… 249	是(시) ………… 651
樹(수) ………… 151	殳(수) ………… 571	術(술) ………… 429	匙(시) ………… 651
叟(수) ………… 162	穗(수) ………… 585	述(술) ………… 429	柴(시) ………… 655
夋(수) ………… 162	采(수) ………… 585	嵩(숭) ………… 42	猜(시) ………… 689
嫂(수) ………… 162	手(수) ………… 599	崇(숭) ………… 500	媤(시) ………… 723
搜(수) ………… 162	收(수) ………… 731	膝(슬) ………… 64	啻(시) ………… 738
瘦(수) ………… 163	數(수) ………… 753	蝨(슬) ………… 175	式(식) ………… 253
宿(수) ………… 229	壽(수) ………… 24	瑟(슬) ………… 722	拭(식) ………… 253
戍(수) ………… 249	夙(숙) ………… 102	璱(슬) ………… 723	軾(식) ………… 253
峀(수) ………… 267	宿(숙) ………… 229	習(습) ………… 228	栻(식) ………… 253
岫(수) ………… 267	未(숙) ………… 322	拾(습) ………… 381	識(식) ………… 405
袖(수) ………… 267	叔(숙) ………… 322	濕(습) ………… 460	食(식) ………… 598
竪(수) ………… 283	淑(숙) ………… 322	襲(습) ………… 709	蝕(식) ………… 599
豎(수) ………… 283	菽(숙) ………… 322	僧(승) ………… 279	飾(식) ………… 599
綬(수) ………… 312	琡(숙) ………… 323	丞(승) ………… 422	湜(식) ………… 651
受(수) ………… 321	俶(숙) ………… 323	承(승) ………… 422	寔(식) ………… 652
授(수) ………… 322	肅(숙) ………… 341	乘(승) ………… 439	息(식) ………… 673
綏(수) ………… 322	橚(숙) ………… 341	繩(승) ………… 566	熄(식) ………… 673
隋(수) ………… 329	孰(숙) ………… 394	勝(승) ………… 617	埴(식) ………… 678
隨(수) ………… 329	熟(숙) ………… 394	乷(승) ………… 682	植(식) ………… 678
髓(수) ………… 329	塾(숙) ………… 395	升(승) ………… 714	殖(식) ………… 678
秀(수) ………… 335	旬(순) ………… 112	昇(승) ………… 714	娠(신) ………… 155
琇(수) ………… 336	殉(순) ………… 112	陞(승) ………… 715	宸(신) ………… 155
繡(수) ………… 342	洵(순) ………… 113	矢(시) ………… 50	晨(신) ………… 155
守(수) ………… 343	珣(순) ………… 113	豕(시) ………… 74	蜃(신) ………… 155
狩(수) ………… 344	筍(순) ………… 113	尸(시) ………… 81	卂(신) ………… 175
羞(수) ………… 354	荀(순) ………… 113	屍(시) ………… 82	訊(신) ………… 175
需(수) ………… 356	詢(순) ………… 113	始(시) ………… 144	迅(신) ………… 175
修(수) ………… 365	脣(순) ………… 155	謚(시) ………… 172	申(신) ………… 265
酬(수) ………… 419	盾(순) ………… 181	諡(시) ………… 172	伸(신) ………… 265
水(수) ………… 421	循(순) ………… 181	視(시) ………… 183	神(신) ………… 265
百(수) ………… 425	辜(순) ………… 391	弒(시) ………… 254	呻(신) ………… 266
首(수) ………… 425	淳(순) ………… 391	試(시) ………… 254	紳(신) ………… 266
須(수) ………… 426	諄(순) ………… 391	豺(시) ………… 334	臣(신) ………… 282
愁(수) ………… 434	醇(순) ………… 391	侍(시) ………… 347	腎(신) ………… 283
帥(수) ………… 456	錞(순) ………… 391	恃(시) ………… 347	新(신) ………… 310
誰(수) ………… 475	順(순) ………… 419	時(시) ………… 347	薪(신) ………… 310
雖(수) ………… 475	巡(순) ………… 420	詩(시) ………… 347	燼(신) ………… 340
雎(수) ………… 477	馴(순) ………… 420	戠(시) ………… 405	身(신) ………… 357
讐(수) ………… 477	奞(순) ………… 478	示(시) ………… 498	信(신) ………… 363
讎(수) ………… 477	純(순) ………… 622	施(시) ………… 558	辛(신) ………… 409

莘(신) ············ 409	愕(악) ············ 174	涯(애) ············ 18	揚(양) ············ 205
囟(신) ············ 533	顎(악) ············ 174	埃(애) ············ 51	楊(양) ············ 205
烼(신) ············ 657	岳(악) ············ 311	靄(애) ············ 221	瘍(양) ············ 205
慎(신) ············ 681	樂(악) ············ 461	謁(애) ············ 221	襄(양) ············ 515
失(실) ············ 49	嶽(악) ············ 520	愛(애) ············ 316	壤(양) ············ 515
悉(실) ············ 439	堊(악) ············ 748	曖(애) ············ 316	孃(양) ············ 515
室(실) ············ 669	惡(악) ············ 748	哀(애) ············ 512	攘(양) ············ 515
實(실) ············ 699	岸(안) ············ 169	艾(애) ············ 525	讓(양) ············ 515
㪌(심) ············ 63	眼(안) ············ 177	毐(애) ············ 551	釀(양) ············ 515
罙(심) ············ 63	顔(안) ············ 402	礙(애) ············ 654	驤(양) ············ 516
深(심) ············ 63	雁(안) ············ 483	隘(애) ············ 751	羊(양) ············ 602
沈(심) ············ 128	安(안) ············ 549	額(액) ············ 101	佯(양) ············ 602
甚(심) ············ 194	按(안) ············ 549	液(액) ············ 103	恙(양) ············ 603
尋(심) ············ 344	案(안) ············ 549	腋(액) ············ 104	羕(양) ············ 603
審(심) ············ 439	旻(안) ············ 550	厄(액) ············ 545	樣(양) ············ 603
瀋(심) ············ 439	晏(안) ············ 550	軶(액) ············ 545	洋(양) ············ 603
心(심) ············ 723	鞍(안) ············ 550	扼(액) ············ 545	養(양) ············ 603
沁(심) ············ 723	軋(알) ············ 72	縊(액) ············ 751	癢(양) ············ 603
拾(십) ············ 381	歺(알) ············ 104	櫻(앵) ············ 695	漾(양) ············ 604
十(십) ············ 641	歹(알) ············ 104	鸚(앵) ············ 695	飫(어) ············ 40
什(십) ············ 641	尸(알) ····· 169·718	鶯(앵) ············ 720	馭(어) ············ 488
卌(십) ············ 641	閼(알) ············ 189	夜(야) ············ 103	於(어) ············ 559
雙(쌍) ············ 478	謁(알) ············ 221	冶(야) ············ 144	瘀(어) ············ 560
氏(씨) ············ 618	斡(알) ············ 233	若(야) ············ 327	圄(어) ············ 640
	癌(암) ············ 125	惹(야) ············ 328	語(어) ············ 640
ㄱㅇㄴ	巖(암) ············ 196	野(야) ············ 386	御(어) ············ 656
阿(아) ············ 4	暗(암) ············ 403	也(야) ············ 542	禦(어) ············ 656
兒(아) ············ 131	闇(암) ············ 403	耶(야) ············ 740	魚(어) ············ 709
丽(아) ············ 503	庵(암) ············ 754	㖆(야) ············ 740	漁(어) ············ 710
我(아) ············ 600	菴(암) ············ 755	揶(야) ············ 740	音(억) ············ 403
俄(아) ············ 600	押(압) ············ 265	爺(야) ············ 740	意(억) ············ 404
娥(아) ············ 600	鴨(압) ············ 265	龠(약) ············ 94	億(억) ············ 404
峨(아) ············ 600	壓(압) ············ 521	約(약) ············ 109	憶(억) ············ 404
餓(아) ············ 600	央(앙) ············ 301	葯(약) ············ 110	檍(억) ············ 404
牙(아) ············ 632	怏(앙) ············ 301	焱(약) ············ 319	臆(억) ············ 404
芽(아) ············ 632	映(앙) ············ 301	若(약) ············ 327	抑(억) ············ 732
訝(아) ············ 632	秧(앙) ············ 301	弱(약) ············ 359	彦(언) ············ 401
雅(아) ············ 632	鴦(앙) ············ 302	藥(약) ············ 461	諺(언) ············ 402
衙(아) ············ 640	卬(앙) ············ 732	蒦(약) ············ 471	言(언) ············ 402
亞(아) ············ 748	仰(앙) ············ 732	躍(약) ············ 484	堰(언) ············ 550
啞(아) ············ 748	昂(앙) ············ 732	斁(약) ············ 560	趴(언) ············ 557
握(악) ············ 82	厓(애) ············ 17	易(양) ············ 204	焉(언) ············ 648
㖾(악) ············ 173	崖(애) ············ 18	陽(양) ············ 204	厂(엄) ············ 17

儼(엄) ············ 196	煙(연) ············ 507	鍈(영) ············ 303	嗚(오) ············ 487
嚴(엄) ············ 196	肰(연) ············ 521	影(영) ············ 396	敖(오) ············ 560
广(엄) ············ 715	然(연) ············ 521	永(영) ············ 422	傲(오) ············ 561
奄(엄) ············ 754	燃(연) ············ 522	泳(영) ············ 422	驁(오) ············ 561
俺(엄) ············ 755	宴(연) ············ 550	詠(영) ············ 422	吳(오) ············ 630
掩(엄) ············ 755	羨(연) ············ 608	贏(영) ············ 694	娛(오) ············ 630
業(업) ············ 747	次(연) ············ 608	嬰(영) ············ 694	誤(오) ············ 630
鄴(업) ············ 747	延(연) ············ 649	瓔(영) ············ 694	五(오) ············ 639
异(여) ············ 157	筵(연) ············ 649	纓(영) ············ 694	伍(오) ············ 639
與(여) ············ 157	冃(연) ············ 687	榮(영) ············ 719	吾(오) ············ 639
興(여) ············ 158	捐(연) ············ 687	瑩(영) ············ 719	悟(오) ············ 639
余(여) ············ 367	娟(연) ············ 688	塋(영) ············ 720	梧(오) ············ 639
餘(여) ············ 367	涓(연) ············ 688	營(영) ············ 720	寤(오) ············ 640
予(여) ············ 385	燕(연) ············ 716	瀯(영) ············ 720	晤(오) ············ 640
如(여) ············ 549	讌(연) ············ 717	迎(영) ············ 732	珸(오) ············ 640
汝(여) ············ 549	演(연) ············ 738	盈(영) ············ 752	惡(오) ············ 748
易(역) ············ 203	熱(열) ············· 19	楹(영) ············ 752	奧(오) ············ 753
暘(역) ············ 204	兌(열) ············ 133	埶(예) ············· 19	墺(오) ············ 754
域(역) ············ 255	悅(열) ············ 133	藝(예) ············· 20	懊(오) ············ 754
睪(역) ············ 414	閱(열) ············ 133	豫(예) ············· 78	沃(옥) ············· 40
繹(역) ············ 415	說(열) ············ 134	兒(예) ············ 133	屋(옥) ············· 82
譯(역) ············ 415	冄(염) ············· 11	銳(예) ············ 134	玉(옥) ············ 490
驛(역) ············ 415	艶(염) ············ 153	譽(예) ············ 158	鈺(옥) ············ 490
役(역) ············ 571	焰(염) ············ 161	睿(예) ············ 167	獄(옥) ············ 520
疫(역) ············ 571	閻(염) ············ 161	叡(예) ············ 167	盄(온) ············ 121
屰(역) ············ 623	鹽(염) ············ 286	厂(예) ············ 181	溫(온) ············ 121
逆(역) ············ 623	猒(염) ············ 521	詣(예) ············ 242	蘊(온) ············ 121
亦(역) ············ 633	厭(염) ············ 521	曳(예) ············ 248	瑥(온) ············ 122
軟(연) ············· 73	染(염) ············ 638	洩(예) ············ 248	媼(온) ············ 122
姸(연) ············· 86	冉(염) ············ 682	濊(예) ············ 259	穩(온) ············ 315
硏(연) ············· 86	炎(염) ············ 717	穢(예) ············ 259	兀(올) ············ 126
沇(연) ············ 135	琰(염) ············ 717	芮(예) ············ 371	翁(옹) ············ 448
㕣(연) ············ 141	曄(엽) ············ 139	預(예) ············ 386	雍(옹) ············ 484
沿(연) ············ 142	燁(엽) ············ 139	殹(예) ············ 508	雝(옹) ············ 484
鉛(연) ············ 142	枼(엽) ············ 140	医(예) ············ 508	壅(옹) ············ 485
硯(연) ············ 182	葉(엽) ············ 141	翳(예) ············ 509	擁(옹) ············ 485
鳶(연) ············ 247	穎(영) ············ 238	裔(예) ············ 512	甕(옹) ············ 485
淵(연) ············ 342	映(영) ············ 302	乂(예) ············ 525	邕(옹) ····· 484·540
奐(연) ············ 355	英(영) ············ 302	刈(예) ············ 525	訛(와) ············ 243
煥(연) ············ 355	暎(영) ············ 302	午(오) ············· 36	臥(와) ············ 283
衍(연) ············ 362	渶(영) ············ 302	旿(오) ············· 36	渦(와) ············ 454
椽(연) ············ 424	瑛(영) ············ 302	汚(오) ············ 173	蝸(와) ············ 454
緣(연) ············ 424	煐(영) ············ 303	烏(오) ············ 487	瓦(와) ············ 748

玩(완) ……… 126	樂(요) ……… 461	宇(우) ……… 171	隕(운) ……… 698
翫(완) ……… 126	曜(요) ……… 484	玗(우) ……… 171	韻(운) ……… 698
頑(완) ……… 126	耀(요) ……… 484	迂(우) ……… 171	鬱(울) ……… 61
阮(완) ……… 126	岳(요) ……… 501	釪(우) ……… 171	蔚(울) ……… 85
完(완) ……… 127	搖(요) ……… 501	芋(우) ……… 172	雄(웅) ……… 486
梡(완) ……… 127	瑤(요) ……… 501	亐(우) ……… 172	熊(웅) ……… 701
浣(완) ……… 127	謠(요) ……… 501	又(우) ……… 319	元(원) ……… 126
莞(완) ……… 127	遙(요) ……… 501	右(우) ……… 327	沅(원) ……… 126
垸(완) ……… 127	颻(요) ……… 502	佑(우) ……… 327	院(원) ……… 128
緩(완) ……… 318	要(요) ……… 550	祐(우) ……… 327	冤(원) ……… 184
婠(완) ……… 458	腰(요) ……… 551	友(우) ……… 331	垣(원) ……… 213
宛(완) ……… 546	邀(요) ……… 560	憂(우) ……… 428	洹(원) ……… 213
婉(완) ……… 546	姚(요) ……… 591	優(우) ……… 428	原(원) ……… 230
椀(완) ……… 547	窯(요) ……… 605	雨(우) ……… 536	嫄(원) ……… 230
琬(완) ……… 547	寥(요) ……… 670	尤(우) ……… 631	源(원) ……… 230
腕(완) ……… 547	凹(요) ……… 750	虞(우) ……… 631	願(원) ……… 230
曰(왈) ……… 217	辱(욕) ……… 155	羽(우) ……… 670	愿(원) ……… 231
王(왕) ……… 491	浴(욕) ……… 448	禹(우) ……… 735	呂(원) ……… 297
旺(왕) ……… 491	欲(욕) ……… 449	偶(우) ……… 735	爰(원) ……… 317
枉(왕) ……… 491	慾(욕) ……… 449	寓(우) ……… 735	媛(원) ……… 318
汪(왕) ……… 491	容(용) ……… 449	愚(우) ……… 735	援(원) ……… 318
往(왕) ……… 493	溶(용) ……… 449	遇(우) ……… 735	瑗(원) ……… 318
九(왕) ……… 631	瑢(용) ……… 449	隅(우) ……… 735	袁(원) ……… 513
倭(왜) ……… 436	榕(용) ……… 450	堣(우) ……… 736	園(원) ……… 513
矮(왜) ……… 436	熔(용) ……… 450	嵎(우) ……… 736	遠(원) ……… 513
歪(왜) ……… 634	蓉(용) ……… 450	禹(우) ……… 736	猿(원) ……… 514
畏(외) ……… 270	鎔(용) ……… 450	瑀(우) ……… 736	轅(원) ……… 514
猥(외) ……… 270	用(용) ……… 575	雩(우) ……… 754	夗(원) ……… 546
巍(외) ……… 436	庸(용) ……… 575	彧(욱) ……… 255	怨(원) ……… 546
嵬(외) ……… 436	傭(용) ……… 576	郁(욱) ……… 331	苑(원) ……… 546
外(외) ……… 587	埔(용) ……… 576	昱(욱) ……… 398	鴛(원) ……… 546
歪(외) ……… 634	鏞(용) ……… 576	煜(욱) ……… 398	員(원) ……… 697
垚(요) ……… 21	甬(용) ……… 576	頊(욱) ……… 426	圓(원) ……… 697
堯(요) ……… 21	勇(용) ……… 576	旭(욱) ……… 638	月(월) ……… 235
僥(요) ……… 21	湧(용) ……… 576	暈(운) ……… 73	戉(월) ……… 251
饒(요) ……… 22	埇(용) ……… 577	運(운) ……… 73	越(월) ……… 251
夭(요) ……… 40	涌(용) ……… 577	云(운) ……… 534	粤(월) ……… 754
妖(요) ……… 40	踊(용) ……… 577	芸(운) ……… 534	尉(위) ……… 84
舀(요) ……… 164	茸(용) ……… 740	澐(운) ……… 535	慰(위) ……… 84
擾(요) ……… 428	聳(용) ……… 741	耘(운) ……… 535	囗(위) ……… 118
幺(요) ……… 458	牛(우) ……… 36	雲(운) ……… 535	威(위) ……… 252
拗(요) ……… 459	郵(우) ……… 139	沄(운) ……… 535	爲(위) ……… 315
窈(요) ……… 459	于(우) ……… 171	殞(운) ……… 698	僞(위) ……… 315

775

位(위) ………… 398	誘(유) ………… 336	戎(융) ………… 251	疑(의) ………… 654
委(위) ………… 435	儒(유) ………… 356	絨(융) ………… 251	擬(의) ………… 654
萎(위) ………… 435	孺(유) ………… 356	融(융) ………… 731	宜(의) ………… 677
魏(위) ………… 435	濡(유) ………… 356	恩(은) ………… 121	誼(의) ………… 677
危(위) ………… 545	攸(유) ………… 365	垠(은) ………… 177	移(이) ………… 104
胃(위) ………… 688	悠(유) ………… 365	銀(은) ………… 177	台(이) ………… 142
渭(위) ………… 688	柔(유) ………… 386	誾(은) ………… 189	怡(이) ………… 144
謂(위) ………… 688	揉(유) ………… 386	㒚(은) ………… 315	貽(이) ………… 144
韋(위) ………… 703	裕(유) ………… 449	憖(은) ………… 315	易(이) ………… 203
偉(위) ………… 703	幼(유) ………… 459	隱(은) ………… 315	臣(이) ………… 284
圍(위) ………… 703	幽(유) ………… 459	狀(은) ………… 520	巸(이) ………… 284
暐(위) ………… 704	幺(유) ………… 464	殷(은) ………… 573	頤(이) ………… 284
瑋(위) ………… 704	唯(유) ………… 473	听(은) ………… 692	異(이) ………… 298
緯(위) ………… 704	惟(유) ………… 473	乙(을) ………… 541	隶(이) ………… 351
衛(위) ………… 704	維(유) ………… 473	淫(음) ………… 27	伊(이) ………… 352
禕(위) ………… 704	帷(유) ………… 473	厰(음) ………… 196	而(이) ………… 354
違(위) ………… 704	内(유) ………… 480	吟(음) ………… 380	夷(이) ………… 359
煒(위) ………… 705	㕥(유) ………… 501	陰(음) ………… 380	姨(이) ………… 359
兪(유) ………… 96	酉(유) ………… 507	蔭(음) ………… 380	痍(이) ………… 360
喩(유) ………… 96	猶(유) ………… 509	音(음) ………… 403	羨(이) ………… 360
愈(유) ………… 96	猷(유) ………… 509	飮(음) ………… 628	以(이) ………… 364
愉(유) ………… 96	輶(유) ………… 510	伿(음) ………… 743	爾(이) ………… 524
揄(유) ………… 96	游(유) ………… 559	泣(읍) ………… 398	邇(이) ………… 524
楡(유) ………… 97	遊(유) ………… 559	邑(읍) ………… 540	已(이) ………… 539
瑜(유) ………… 97	斿(유) ………… 559	挹(읍) ………… 742	弛(이) ………… 543
癒(유) ………… 97	遺(유) ………… 700	應(응) ………… 482	二(이) ………… 636
諭(유) ………… 97	毓(육) ………… 137	膺(응) ………… 482	貳(이) ………… 636
踰(유) ………… 97	育(육) ………… 137	鷹(응) ………… 482	彝(이) ………… 714
鍮(유) ………… 97	堉(육) ………… 137	凝(응) ………… 654	耳(이) ………… 739
尤(유) ………… 128	肉(육) ………… 372	倚(의) ………… 6	珥(이) ………… 739
奭(유) ………… 163	賣(육) ………… 695	椅(의) ………… 6	餌(이) ………… 740
庾(유) ………… 163	鬻(육) ………… 695	矣(의) ………… 51	茸(이) ………… 740
諛(유) ………… 163	允(윤) ………… 134	毅(의) ………… 77	弋(익) ………… 247
由(유) ………… 266	玧(윤) ………… 134	豙(의) ………… 77	翼(익) ………… 298
油(유) ………… 266	鈗(윤) ………… 134	意(의) ………… 403	瀷(익) ………… 298
柚(유) ………… 267	阭(윤) ………… 135	醫(의) ………… 508	翊(익) ………… 398
卣(유) ………… 267	閏(윤) ………… 188	衣(의) ………… 511	翌(익) ………… 398
釉(유) ………… 267	潤(윤) ………… 188	依(의) ………… 511	益(익) ………… 750
乳(유) ………… 317	蒒(윤) ………… 342	肙(의) ………… 573	謚(익) ………… 751
有(유) ………… 330	尹(윤) ………… 352	義(의) ………… 601	刃(인) ………… 10
侑(유) ………… 330	胤(윤) ………… 459	儀(의) ………… 601	忍(인) ………… 10
宥(유) ………… 330	聿(율) ………… 338	議(의) ………… 601	認(인) ………… 10
洧(유) ………… 330	矞(율) ………… 387	懿(의) ………… 629	靭(인) ………… 10

因(인) ············ 120	者(자) ············ 443	箴(잠) ············ 257	狀(장) ············ 520
咽(인) ············ 121	煮(자) ············ 443	暫(잠) ············ 309	戋(재) ············ 261
姻(인) ············ 121	玆(자) ············ 463	雺(잠) ············ 162	戈(재) ············ 261
儿(인) ············ 125	慈(자) ············ 464	市(잡) ············ 456	哉(재) ············ 261
印(인) ············ 312	滋(자) ············ 464	雜(잡) ············ 476	栽(재) ············ 261
引(인) ············ 358	磁(자) ············ 464	雥(잡) ············ 476	裁(재) ············ 261
蚓(인) ············ 358	炙(자) ············ 522	庄(장) ············ 14	載(재) ············ 261
人(인) ············ 363	宋(자) ············ 562	粧(장) ············ 15	才(재) ············ 333
仁(인) ············ 363	姊(자) ············ 562	爿(장) ············ 30	材(재) ············ 334
堙(인) ············ 507	咨(자) ············ 629	壯(장) ············ 30	財(재) ············ 334
湮(인) ············ 507	姿(자) ············ 629	莊(장) ············ 30	在(재) ············ 334
廴(인) ············ 649	恣(자) ············ 629	裝(장) ············ 30	宰(재) ············ 409
寅(인) ············ 737	瓷(자) ············ 629	獎(장) ············ 31	滓(재) ············ 409
佚(일) ············ 50	資(자) ············ 629	將(장) ············ 31	梓(재) ············ 410
逸(일) ············ 184	諮(자) ············ 630	漿(장) ············ 31	縡(재) ············ 410
日(일) ············ 206	疵(자) ············ 655	蔣(장) ············ 31	災(재) ············ 419
馹(일) ············ 207	紫(자) ············ 655	醬(장) ············ 31	齋(재) ············ 567
肸(일) ············ 376	雌(자) ············ 655	奬(장) ············ 31	再(재) ············ 682
骨(일) ············ 376	自(자) ············ 673	臧(장) ············ 32	爭(쟁) ············ 316
一(일) ············ 635	藉(자) ············ 686	藏(장) ············ 32	錚(쟁) ············ 316
壹(일) ············ 636	蔗(자) ············ 715	臟(장) ············ 32	貯(저) ············ 2
溢(일) ············ 751	勺(작) ············ 108	丈(장) ············ 48	宁(저) ············ 2
鎰(일) ············ 751	灼(작) ············ 108	仗(장) ············ 48	箸(저) ············ 445
壬(임) ············ 26	芍(작) ············ 108	杖(장) ············ 48	豬(저) ············ 445
任(임) ············ 27	酌(작) ············ 108	墙(장) ············ 65	楮(저) ············ 446
妊(임) ············ 27	綽(작) ············ 215	檣(장) ············ 65	著(저) ············ 446
賃(임) ············ 27	爵(작) ············ 344	薔(장) ············ 66	躇(저) ············ 446
稔(임) ············ 380	嚼(작) ············ 344	葬(장) ············ 106	氐(저) ············ 619
羊(임) ············ 643	作(작) ············ 369	掌(장) ············ 201	低(저) ············ 619
入(입) ············ 371	昨(작) ············ 369	場(장) ············ 205	底(저) ············ 619
廿(입) ············ 375	炸(작) ············ 369	腸(장) ············ 205	抵(저) ············ 619
媵(잉) ············ 48	雀(작) ············ 473	匠(장) ············ 307	邸(저) ············ 620
仍(잉) ············ 335	鵲(작) ············ 686	章(장) ············ 406	舐(저) ············ 620
孕(잉) ············ 335	戔(잔) ············ 259	獐(장) ············ 406	沮(저) ············ 676
扔(잉) ············ 335	棧(잔) ············ 259	麞(장) ············ 406	狙(저) ············ 676
剩(잉) ············ 439	殘(잔) ············ 259	障(장) ············ 406	咀(저) ············ 677
	盞(잔) ············ 259	暲(장) ············ 407	詛(저) ············ 677
┌ 즈 ┐	奴(잔) ············ 323	樟(장) ············ 407	的(적) ············ 109
束(자) ············ 67	先(잠) ············ 244	璋(장) ············ 407	賊(적) ············ 251
剌(자) ············ 68	兓(잠) ············ 244	漳(장) ············ 407	笛(적) ············ 268
子(자) ············ 388	潜(잠) ············ 244	長(장) ············ 489	迪(적) ············ 268
仔(자) ············ 388	簪(잠) ············ 244	帳(장) ············ 489	寂(적) ············ 323
字(자) ············ 388	蠶(잠) ············ 244	張(장) ············ 489	翟(적) ············ 483

炙(적) ……… 522	電(전) ……… 536	釘(정) ……… 2	精(정) ……… 690
赤(적) ……… 633	更(전) ……… 583	呈(정) ……… 27	靖(정) ……… 690
跡(적) ……… 633	專(전) ……… 584	程(정) ……… 27	靜(정) ……… 690
迹(적) ……… 633	傳(전) ……… 584	桯(정) ……… 28	靚(정) ……… 690
耤(적) ……… 686	轉(전) ……… 584	珵(정) ……… 28	鼎(정) ……… 698
籍(적) ……… 686	延(전) ……… 649	鋥(정) ……… 28	弟(제) ……… 360
積(적) ……… 691	悛(전) ……… 666	壬(정) ……… 28	悌(제) ……… 360
績(적) ……… 691	顚(전) ……… 680	廷(정) ……… 28	第(제) ……… 360
蹟(적) ……… 691	塡(전) ……… 681	庭(정) ……… 29	梯(제) ……… 361
狄(적) ……… 717	癲(전) ……… 681	挺(정) ……… 29	除(제) ……… 368
商(적) ……… 738	前(전) ……… 683	珽(정) ……… 29	諸(제) ……… 445
摘(적) ……… 738	剪(전) ……… 683	綎(정) ……… 29	祭(제) ……… 500
敵(적) ……… 738	煎(전) ……… 683	艇(정) ……… 29	際(제) ……… 500
滴(적) ……… 738	箭(전) ……… 683	鋌(정) ……… 29	帝(제) ……… 564
適(적) ……… 738	翦(전) ……… 684	霆(정) ……… 30	啼(제) ……… 564
嫡(적) ……… 739	羴(전) ……… 710	井(정) ……… 86	蹄(제) ……… 564
謫(적) ……… 739	節(절) ……… 246	晶(정) ……… 217	制(제) ……… 564
廛(전) ……… 21	截(절) ……… 262	淨(정) ……… 316	製(제) ……… 565
纏(전) ……… 21	折(절) ……… 308	鄭(정) ……… 511	齊(제) ……… 567
展(전) ……… 87	晢(절) ……… 308	旌(정) ……… 558	劑(제) ……… 567
殿(전) ……… 88	竊(절) ……… 518	貞(정) ……… 587	濟(제) ……… 567
澱(전) ……… 88	絶(절) ……… 540	偵(정) ……… 587	堤(제) ……… 652
輾(전) ……… 88	卩(절) ……… 543	幀(정) ……… 587	提(제) ……… 652
典(전) ……… 93	切(절) ……… 637	楨(정) ……… 588	題(제) ……… 652
琠(전) ……… 93	漸(점) ……… 310	湞(정) ……… 588	瑅(제) ……… 652
甎(전) ……… 209	占(점) ……… 588	禎(정) ……… 588	照(조) ……… 13
顫(전) ……… 209	店(점) ……… 588	正(정) ……… 646	詔(조) ……… 13
戔(전) ……… 259	點(점) ……… 588	姃(정) ……… 647	造(조) ……… 40
箋(전) ……… 260	粘(점) ……… 589	征(정) ……… 647	棗(조) ……… 68
錢(전) ……… 260	霑(점) ……… 589	政(정) ……… 647	釣(조) ……… 109
餞(전) ……… 260	蝶(접) ……… 141	柾(정) ……… 647	操(조) ……… 124
賤(전) ……… 260	丵(접) ……… 340	妌(정) ……… 647	燥(조) ……… 124
田(전) ……… 269	接(접) ……… 401	鉦(정) ……… 647	繰(조) ……… 125
佃(전) ……… 269	丁(정) ……… 1	整(정) ……… 648	藻(조) ……… 125
全(전) ……… 372	亭(정) ……… 1	晸(정) ……… 648	澡(조) ……… 125
佺(전) ……… 372	停(정) ……… 1	定(정) ……… 648	躁(조) ……… 125
栓(전) ……… 372	訂(정) ……… 1	碇(정) ……… 648	早(조) ……… 213
銓(전) ……… 372	諪(정) ……… 1	淀(정) ……… 649	曹(조) ……… 218
詮(전) ……… 373	頂(정) ……… 1	錠(정) ……… 649	曺(조) ……… 219
荃(전) ……… 373	汀(정) ……… 2	井(정) ……… 683	槽(조) ……… 219
戰(전) ……… 408	打(정) ……… 2	穽(정) ……… 683	漕(조) ……… 219
篆(전) ……… 424	町(정) ……… 2	情(정) ……… 689	糟(조) ……… 219
奠(전) ……… 510	酊(정) ……… 2	睛(정) ……… 690	遭(조) ……… 219

朝(조) …………… 234	憁(종) …………… 499	主(주) …………… 492	衆(중) …………… 752
嘲(조) …………… 234	淙(종) …………… 499	住(주) …………… 492	即(즉) …………… 246
潮(조) …………… 234	琮(종) …………… 499	注(주) …………… 492	則(즉) …………… 693
爪(조) …………… 312	綜(종) …………… 499	柱(주) …………… 493	櫛(즐) …………… 246
叉(조) …………… 320	踪(종) …………… 499	炷(주) …………… 493	咠(즙) …………… 291
蚤(조) …………… 321	椶(종) …………… 500	註(주) …………… 493	汁(즙) …………… 641
肇(조) …………… 339	變(종) …………… 500	駐(주) …………… 493	楫(즙) …………… 742
弔(조) …………… 360	從(종) …………… 651	妊(주) …………… 493	葺(즙) …………… 742
條(조) …………… 366	慫(종) …………… 651	酒(주) …………… 508	曾(증) …………… 278
祚(조) …………… 370	縱(종) …………… 651	迺(주) …………… 509	甑(증) …………… 278
鳥(조) …………… 486	終(종) …………… 664	嗾(주) …………… 558	增(증) …………… 279
卤(조) …………… 504	坐(좌) …………… 15	舟(주) …………… 570	憎(증) …………… 279
凋(조) …………… 579	座(좌) …………… 15	周(주) …………… 578	贈(증) …………… 279
彫(조) …………… 579	挫(좌) …………… 15	週(주) …………… 578	烝(증) …………… 422
稠(조) …………… 579	左(좌) …………… 328	奏(주) …………… 615	蒸(증) …………… 423
調(조) …………… 579	佐(좌) …………… 328	湊(주) …………… 615	症(증) …………… 648
兆(조) …………… 590	屮(좌) …………… 222	輳(주) …………… 615	證(증) …………… 659
眺(조) …………… 590	罪(죄) …………… 593	走(주) …………… 650	志(지) …………… 26
窕(조) …………… 590	主·쿄(주) …… 22	竹(죽) …………… 214	誌(지) …………… 26
趙(조) …………… 595	疇(주) …………… 23	濬(준) …………… 167	鋕(지) …………… 26
助(조) …………… 675	躊(주) …………… 23	埻(준) …………… 392	遲(지) …………… 38
祖(조) …………… 675	鑄(주) …………… 23	隼(준) …………… 476	知(지) …………… 50
租(조) …………… 675	朱(주) …………… 52	準(준) …………… 476	智(지) …………… 51
俎(조) …………… 676	株(주) …………… 52	准(준) …………… 477	蜘(지) …………… 51
粗(조) …………… 676	姝(주) …………… 53	雋(준) …………… 481	只(지) …………… 118
組(조) …………… 676	珠(주) …………… 53	儁(준) …………… 481	咫(지) …………… 118
阻(조) …………… 676	誅(주) …………… 53	樽(준) …………… 510	枳(지) …………… 118
措(조) …………… 685	呪(주) …………… 132	遵(준) …………… 510	旨(지) …………… 242
族(족) …………… 558	做(주) …………… 145	蠢(준) …………… 614	指(지) …………… 242
簇(족) …………… 558	壴(주) …………… 149	夋(준) …………… 664	脂(지) …………… 242
足(족) …………… 650	尌(주) …………… 150	俊(준) …………… 664	支(지) …………… 324
存(존) …………… 334	廚(주) …………… 151	浚(준) …………… 664	枝(지) …………… 324
尊(존) …………… 510	澍(주) …………… 151	埈(준) …………… 665	肢(지) …………… 325
拙(졸) …………… 89	胄(주) …………… 267	峻(준) …………… 665	持(지) …………… 347
卒(졸) …………… 516	宙(주) …………… 267	晙(준) …………… 665	識(지) …………… 405
猝(졸) …………… 516	紬(주) …………… 268	焌(준) …………… 665	摯(지) …………… 414
鐘(종) …………… 275	胄(주) …………… 268	竣(준) …………… 665	之(지) …………… 541
種(종) …………… 276	晝(주) …………… 339	駿(준) …………… 665	芝(지) …………… 542
腫(종) …………… 276	紂(주) …………… 343	畯(준) …………… 666	地(지) …………… 542
踵(종) …………… 276	酎(주) …………… 343	茁(줄) …………… 89	池(지) …………… 543
鍾(종) …………… 277	州(주) …………… 419	重(중) …………… 275	冘(지) …………… 562
宗(종) …………… 498	洲(주) …………… 419	中(중) …………… 300	祇(지) …………… 619
倧(종) …………… 499	丶(주) …………… 492	仲(중) …………… 300	紙(지) …………… 619

止(지) ········· 643	迭(질) ········· 49	斳(착) ········· 149	鬯(창) ········· 60
址(지) ········· 644	佚(질) ········· 50	皂(착) ········· 184	敞(창) ········· 201
沚(지) ········· 644	嫉(질) ········· 50	窄(착) ········· 370	廠(창) ········· 201
祉(지) ········· 644	疾(질) ········· 50	搾(착) ········· 370	暢(창) ········· 206
趾(지) ········· 644	跌(질) ········· 50	躇(착) ········· 446	昶(창) ········· 207
至(지) ········· 668	叱(질) ········· 237	着(착) ········· 606	昌(창) ········· 217
織(직) ········· 405	姪(질) ········· 669	捉(착) ········· 650	倡(창) ········· 217
職(직) ········· 405	桎(질) ········· 669	錯(착) ········· 686	唱(창) ········· 217
稷(직) ········· 434	窒(질) ········· 669	举(착) ········· 744	娼(창) ········· 217
直(직) ········· 678	膣(질) ········· 669	鑿(착) ········· 747	猖(창) ········· 218
稙(직) ········· 678	質(질) ········· 692	吒(찬) ········· 297	菖(창) ········· 218
陳(진) ········· 69	瓆(질) ········· 692	撰(찬) ········· 298	倉(창) ········· 366
陣(진) ········· 71	斟(짐) ········· 195	饌(찬) ········· 298	創(창) ········· 366
辰(진) ········· 154	朕(짐) ········· 617	粲(찬) ········· 323	滄(창) ········· 366
唇(진) ········· 154	亼(집) ····· 93·378	澯(찬) ········· 324	蒼(창) ········· 366
振(진) ········· 154	執(집) ········· 413	燦(찬) ········· 324	愴(창) ········· 367
賑(진) ········· 154	集(집) ········· 476	璨(찬) ········· 324	槍(창) ········· 367
震(진) ········· 154	潗(집) ········· 476	餐(찬) ········· 324	瘡(창) ········· 367
亲(진) ········· 183	什(집) ········· 641	贊(찬) ········· 657	艙(창) ········· 367
津(진) ········· 339	昌(집) ········· 741	瓚(찬) ········· 657	彰(창) ········· 407
聿(진) ········· 339	輯(집) ········· 742	讚(찬) ········· 657	漲(창) ········· 489
盡(진) ········· 340	楫(집) ········· 742	纘(찬) ········· 658	脹(창) ········· 489
晉(진) ········· 399	澄(징) ········· 659	鑽(찬) ········· 658	窓(창) ········· 518
搢(진) ········· 399	徵(징) ········· 745	篹(찬) ········· 714	囱(창) ········· 534
瑨(진) ········· 399	懲(징) ········· 745	纂(찬) ········· 714	采(채) ········· 313
進(진) ········· 474		札(찰) ········· 57	埰(채) ········· 314
璡(진) ········· 474	┌ ㅊ ┐	殺(찰) ········· 58	寀(채) ········· 314
秦(진) ········· 615		刹(찰) ········· 58	彩(채) ········· 314
凤(진) ········· 671	茶(차) ········· 61	察(찰) ········· 500	採(채) ········· 314
㐱(진) ········· 671	束(차) ········· 67	擦(찰) ········· 501	綵(채) ········· 314
珍(진) ········· 671	車(차) ········· 71	毚(참) ········· 185	菜(채) ········· 314
疹(진) ········· 672	叉(차) ········· 320	讒(참) ········· 185	蔡(채) ········· 500
診(진) ········· 672	差(차) ········· 606	朁(참) ········· 244	寨(채) ········· 685
軫(진) ········· 672	嗟(차) ········· 606	僭(참) ········· 245	債(채) ········· 691
眞(진) ········· 679	嵯(차) ········· 607	懺(참) ········· 263	屮(책) ········· 34
嗔(진) ········· 680	磋(차) ········· 607	讖(참) ········· 263	策(책) ········· 68
縝(진) ········· 680	蹉(차) ········· 607	斬(참) ········· 309	冊(책) ········· 92
縉(진) ········· 680	瑳(차) ········· 607	塹(참) ········· 309	柵(책) ········· 92
鎭(진) ········· 680	次(차) ········· 628	慙(참) ········· 309	責(책) ········· 690
塡(진) ········· 680	此(차) ········· 654	站(참) ········· 589	妻(처) ········· 349
塵(진) ········· 706	且(차) ········· 674	參(참) ········· 672	凄(처) ········· 349
帙(질) ········· 49	借(차) ········· 685	慘(참) ········· 673	悽(처) ········· 349
秩(질) ········· 49	遮(차) ········· 715	厸(창) ········· 10	處(처) ········· 728
	辵(착) ········· 47		

刺(척) ……… 68	添(첨) ……… 41	礁(초) ……… 482	帚(추) ……… 351
尺(척) ……… 83	悉(첨) ……… 41	蕉(초) ……… 482	秋(추) ……… 433
剔(척) ……… 204	尖(첨) ……… 44	醮(초) ……… 482	楸(추) ……… 433
彳(척) ……… 210	僉(첨) ……… 94	肖(초) ……… 593	鰍(추) ……… 433
戚(척) ……… 251	諂(첨) ……… 161	哨(초) ……… 594	鯫(추) ……… 433
斥(척) ……… 310	广(첨) …… 165·545	梢(초) ……… 594	追(추) ……… 455
拓(척) ……… 326	詹(첨) ……… 166	硝(초) ……… 594	鎚(추) ……… 455
坧(척) ……… 326	瞻(첨) ……… 166	稍(초) ……… 594	槌(추) ……… 455
滌(척) ……… 366	戈(첨) ……… 262	誚(초) ……… 594	隹(추) ……… 472
隻(척) ……… 478	籖(첨) ……… 263	抄(초) ……… 598	推(추) ……… 472
擲(척) ……… 511	牒(첩) ……… 141	炒(초) ……… 598	椎(추) ……… 472
脊(척) ……… 618	諜(첩) ……… 141	秒(초) ……… 598	錐(추) ……… 473
瘠(척) ……… 618	疌(첩) ……… 350	楚(초) ……… 653	醜(추) ……… 508
陟(척) ……… 645	捷(첩) ……… 350	礎(초) ……… 653	酋(추) ……… 509
天(천) ……… 47	妾(첩) ……… 401	醋(초) ……… 686	麤(추) ……… 706
擅(천) ……… 209	帖(첩) ……… 589	蜀(촉) ……… 111	豕(축) ……… 76
泉(천) ……… 229	貼(첩) ……… 589	燭(촉) ……… 111	逐(축) ……… 77
淺(천) ……… 260	疊(첩) ……… 675	觸(촉) ……… 111	祝(축) ……… 132
賤(천) ……… 260	廳(청) ……… 679	囑(촉) ……… 112	竺(축) ……… 214
踐(천) ……… 261	聽(청) ……… 679	丁(촉) ……… 210	縮(축) ……… 229
喘(천) ……… 356	青(청) ……… 689	促(촉) ……… 650	軸(축) ……… 268
闡(천) ……… 408	晴(청) ……… 689	寸(촌) ……… 343	丑(축) ……… 353
川(천) ……… 418	清(청) ……… 689	忖(촌) ……… 343	畜(축) ……… 463
釧(천) ……… 418	請(청) ……… 689	村(촌) ……… 343	蓄(축) ……… 463
舛(천) ……… 505	替(체) ……… 49	塚(총) ……… 76	筑(축) ……… 569
遷(천) ……… 505	體(체) ……… 153	銃(총) ……… 135	築(축) ……… 569
穿(천) ……… 518	逮(체) ……… 351	惣(총) ……… 534	蹴(축) ……… 632
千(천) ……… 621	涕(체) ……… 361	總(총) ……… 534	春(춘) ……… 613
仟(천) ……… 622	滯(체) ……… 562	聰(총) ……… 534	椿(춘) ……… 613
阡(천) ……… 622	締(체) ……… 564	寵(총) ……… 709	瑃(춘) ……… 613
舜(천) ……… 661	諦(체) ……… 564	叢(총) ……… 744	賰(춘) ……… 614
薦(천) ……… 707	切(체) ……… 637	茁(촬) ……… 89	出(출) ……… 88
喆(철) ……… 25	遞(체) ……… 728	撮(촬) ……… 744	黜(출) ……… 88
徹(철) ……… 137	初(초) ……… 9	崔(최) ……… 475	尢(출) ……… 429
撤(철) ……… 137	招(초) ……… 13	催(최) ……… 475	充(충) ……… 135
澈(철) ……… 138	超(초) ……… 13	最(최) ……… 744	琉(충) ……… 135
轍(철) ……… 138	貂(초) ……… 14	墜(추) ……… 78	衝(충) ……… 277
中(철) ……… 222	草(초) ……… 214	魵(추) ……… 111	忠(충) ……… 300
鐵(철) ……… 262	屮(초) ……… 222	趨(추) ……… 111	沖(충) ……… 300
哲(철) ……… 308	艸(초) ……… 222	鄒(추) ……… 111	衷(충) ……… 512
叕(철) ……… 320	焦(초) ……… 481	樞(추) ……… 124	蟲(충) ……… 711
綴(철) ……… 320	憔(초) ……… 481	錘(추) ……… 140	虫(충) ……… 711
凸(철) ……… 750	樵(초) ……… 481	抽(추) ……… 268	悴(췌) ……… 517

膵(췌) … 517	勅(칙) … 66	琢(탁) … 76	怠(태) … 142
萃(췌) … 517	則(칙) … 693	濁(탁) … 112	殆(태) … 142
贅(췌) … 561	親(친) … 183	卓(탁) … 214	答(태) … 143
翠(취) … 517	柒(칠) … 63	倬(탁) … 214	胎(태) … 143
醉(취) … 517	漆(칠) … 64	晫(탁) … 214	苔(태) … 143
臭(취) … 519	七(칠) … 637	琸(탁) … 215	跆(태) … 143
脆(취) … 545	砧(침) … 589	拓(탁) … 326	邰(태) … 143
吹(취) … 628	琛(침) … 63	鐸(탁) … 416	颱(태) … 143
炊(취) … 628	枕(침) … 128	擢(탁) … 484	泰(태) … 616
就(취) … 631	沈(침) … 128	濯(탁) … 484	態(태) … 701
取(취) … 743	妊(침) … 244	度(탁) … 716	宅(택) … 34
娶(취) … 743	鍼(침) … 256	呑(탄) … 41	擇(택) … 415
聚(취) … 743	侵(침) … 348	坦(탄) … 208	澤(택) … 415
趣(취) … 743	寑(침) … 348	彈(탄) … 408	撐(탱) … 201
仄(측) … 394	寢(침) … 349	憚(탄) … 408	攄(터) … 725
昃(측) … 434	浸(침) … 349	嘆(탄) … 497	土(토) … 14
側(측) … 693	針(침) … 641	歎(탄) … 497	吐(토) … 14
惻(측) … 694	蟄(칩) … 414	灘(탄) … 497	兎(토) … 184
測(측) … 694	秤(칭) … 171	綻(탄) … 649	討(토) … 345
層(층) … 279	稱(칭) … 682	誕(탄) … 650	統(통) … 135
侈(치) … 104		炭(탄) … 718	洞(통) … 196
豸(치) … 109	ㄱ ㅋ ㄱ	脫(탈) … 133	筒(통) … 197
治(치) … 144	夬(쾌) … 303	奪(탈) … 478	慟(통) … 276
甾(치) … 266	快(쾌) … 304	突(탐) … 63	桶(통) … 577
峙(치) … 348		罙(탐) … 63	痛(통) … 577
痔(치) … 348	ㄱ ㅌ ㄱ	探(탐) … 63	通(통) … 577
幟(치) … 405	打(타) … 3	眈(탐) … 129	退(퇴) … 178
熾(치) … 405	咤(타) … 34	耽(탐) … 129	腿(퇴) … 178
稚(치) … 474	坨(타) … 34	貪(탐) … 380	褪(퇴) … 178
雉(치) … 475	唾(타) … 140	塔(탑) … 382	頹(퇴) … 427
馳(치) … 543	妥(타) … 312	搭(탑) … 382	槌(퇴) … 455
嵜(치) … 562	陏(타) … 329	湯(탕) … 206	自(퇴) … 455
夂(치) … 611	墮(타) … 329	蕩(탕) … 206	堆(퇴) … 474
齒(치) … 645	惰(타) … 329	盪(탕) … 206	鬥(투) … 148
癡(치) … 654	楕(타) … 330	宕(탕) … 326	鬪(투) … 149
致(치) … 668	他(타) … 543	糖(탕) … 354	妒(투) … 327
緻(치) … 668	它(타) … 711	太(태) … 45	妬(투) … 327
値(치) … 678	舵(타) … 712	汰(태) … 45	透(투) … 336
置(치) … 679	陀(타) … 712	歺(태) … 104	骰(투) … 400
鴟(치) … 707	駝(타) … 712	歹(태) … 104	套(투) … 489
蚩(치) … 711	乇(탁) … 34	豕(태) … 109	投(투) … 571
嗤(치) … 711	托(탁) … 34	兌(태) … 133	慝(특) … 328
恥(치) … 741	託(탁) … 34	台(태) … 142	特(특) … 348

ㄱ ㅍ ㄱ

辰(파) … 420	愎(퍅) … 668	怖(포) … 331	皮(피) … 701
派(파) … 420	片(편) … 32	襃(포) … 365	彼(피) … 701
杷(파) … 429	扁(편) … 91	哺(포) … 580	披(피) … 702
播(파) … 438	偏(편) … 91	捕(포) … 580	疲(피) … 702
巴(파) … 539	篇(편) … 91	浦(포) … 580	被(피) … 702
把(파) … 539	編(편) … 91	蒲(포) … 580	跛(피) … 703
爬(파) … 539	遍(편) … 91	逋(포) … 580	畢(필) … 138
琶(파) … 539	騙(편) … 92	匍(포) … 581	匹(필) … 194
芭(파) … 539	便(편) … 305	圃(포) … 581	筆(필) … 339
杷(파) … 540	鞭(편) … 305	脯(포) … 581	弼(필) … 358
罷(파) … 701	貶(폄) … 542	葡(포) … 581	疋(필) … 652
婆(파) … 702	平(평) … 170	鋪(포) … 581	必(필) … 721
波(파) … 702	坪(평) … 170	抛(포) … 638	泌(필) … 721
破(파) … 702	枰(평) … 170	暴(폭) … 299	珌(필) … 721
坡(파) … 703	萍(평) … 170	爆(폭) … 299	苾(필) … 721
跛(파) … 703	評(평) … 170	瀑(폭) … 299	馝(필) … 721
頗(파) … 703	閉(폐) … 187	曝(폭) … 300	佖(필) … 721
愎(퍅) … 668	陛(폐) … 240	輻(폭) … 585	鉍(필) … 722
判(판) … 35	肺(폐) … 563	幅(폭) … 586	乏(핍) … 542
坂(판) … 333	吠(폐) … 565	杓(표) … 109	逼(핍) … 586
板(판) … 333	敝(폐) … 565	豹(표) … 109	
版(판) … 333	幣(폐) … 565	受(표) … 321	## ㄱ ㅎ ㄱ
販(판) … 333	弊(폐) … 565	熛(표) … 505	
阪(판) … 333	斃(폐) … 566	票(표) … 505	何(하) … 4
辦(판) … 410	蔽(폐) … 566	剽(표) … 505	河(하) … 4
八(팔) … 376	廢(폐) … 660	標(표) … 505	荷(하) … 5
孛(패) … 390	勹(포) … 106	漂(표) … 505	賀(하) … 9
悖(패) … 390	包(포) … 106	慓(표) … 506	叚(하) … 80
牌(패) … 533	抱(포) … 106	飄(표) … 506	瑕(하) … 81
稗(패) … 533	胞(포) … 106	驃(표) … 506	蝦(하) … 81
佩(패) … 563	咆(포) … 107	表(표) … 511	遐(하) … 81
沛(패) … 563	泡(포) … 107	髟(표) … 523	霞(하) … 81
貝(패) … 691	疱(포) … 107	彪(표) … 726	夏(하) … 428
唄(패) … 692	砲(포) … 107	品(품) … 122	廈(하) … 428
敗(패) … 692	鮑(포) … 107	稟(품) … 210	下(하) … 635
浿(패) … 692	庖(포) … 107	豐(풍) … 152	罅(하) … 684
霸(패) … 705	袍(포) … 108	豊(풍) … 153	嗐(하) … 684
彭(팽) … 151	鲍(포) … 108	馮(풍) … 488	學(학) … 158
澎(팽) … 151	暴(포) … 299	風(풍) … 712	壑(학) … 167
膨(팽) … 151	瀑(포) … 299	楓(풍) … 713	鶴(학) … 479
烹(팽) … 393	曝(포) … 300	諷(풍) … 713	虐(학) … 730
	布(포) … 331	辟(피) … 411	謔(학) … 730
	佈(포) … 331	避(피) … 412	瘧(학) … 730
			厂(한) … 17

旱(한) ………… 169	沆(항) ………… 568	驗(험) ………… 95	陜(협) ………… 46
汗(한) ………… 169	航(항) ………… 568	旻(혁) ………… 160	刑(형) ………… 87
罕(한) ………… 169	夅(항) ………… 663	奕(혁) ………… 633	型(형) ………… 87
悍(한) ………… 170	降(항) ………… 663	赫(혁) ………… 633	形(형) ………… 87
恨(한) ………… 177	醢(해) ………… 31	爀(혁) ………… 634	荊(형) ………… 87
限(한) ………… 178	亥(해) ………… 79	革(혁) ………… 705	邢(형) ………… 87
閑(한) ………… 188	咳(해) ………… 79	呟(현) ………… 94	兄(형) ………… 131
閒(한) ………… 188	該(해) ………… 79	絢(현) ………… 113	夐(형) ………… 160
邯(한) ………… 190	骸(해) ………… 79	見(현) ………… 181	泂(형) ………… 198
澣(한) ………… 233	駭(해) ………… 80	峴(현) ………… 182	炯(형) ………… 198
翰(한) ………… 233	偕(해) ………… 240	睍(현) ………… 182	珩(형) ………… 362
瀚(한) ………… 233	楷(해) ………… 240	現(현) ………… 182	亨(형) ………… 393
韓(한) ………… 233	諧(해) ………… 240	晛(현) ………… 182	衡(형) ………… 710
漢(한) ………… 498	奚(해) ………… 313	賢(현) ………… 283	熒(형) ………… 719
寒(한) ………… 684	海(해) ………… 552	焄(현) ………… 460	瑩(형) ………… 719
割(할) ………… 609	懈(해) ………… 575	顯(현) ………… 461	瀅(형) ………… 719
轄(할) ………… 609	解(해) ………… 575	玄(현) ………… 461	螢(형) ………… 719
臽(함) ………… 161	邂(해) ………… 575	弦(현) ………… 462	馨(형) ………… 743
陷(함) ………… 161	害(해) ………… 609	炫(현) ………… 462	匚(혜) ………… 122
咸(함) ………… 255	夆(해) ………… 612	眩(현) ………… 462	醯(혜) ………… 137
喊(함) ………… 255	劾(핵) ………… 80	絃(현) ………… 462	兮(혜) ………… 172
緘(함) ………… 256	核(핵) ………… 80	衒(현) ………… 462	蹊(혜) ………… 313
鹹(함) ………… 256	杏(행) ………… 58	衙(현) ………… 462	嵇(혜) ………… 433
檻(함) ………… 286	行(행) ………… 362	鉉(현) ………… 462	惠(혜) ………… 584
艦(함) ………… 286	幸(행) ………… 413	泫(현) ………… 463	蕙(혜) ………… 584
銜(함) ………… 362	倖(행) ………… 413	玹(현) ………… 463	憓(혜) ………… 585
含(함) ………… 379	向(향) ………… 198	縣(현) ………… 468	彗(혜) ………… 611
函(함) ………… 750	珦(향) ………… 198	懸(현) ………… 468	慧(혜) ………… 611
涵(함) ………… 750	嚮(향) ………… 247	旻(혈) ………… 160	暳(혜) ………… 611
陝(함) ………… 46	鄕(향) ………… 247	頁(혈) ………… 426	譓(혜) ………… 611
合(합) ………… 381	響(향) ………… 247	穴(혈) ………… 518	浩(호) ………… 38
盒(합) ………… 381	饗(향) ………… 247	血(혈) ………… 752	晧(호) ………… 39
蛤(합) ………… 381	享(향) ………… 391	嫌(혐) ………… 441	滈(호) ………… 39
姮(항) ………… 213	香(향) ………… 435	刕(협) ………… 7	皓(호) ………… 39
恒(항) ………… 213	許(허) ………… 36	協(협) ………… 7	鎬(호) ………… 42
缸(항) ………… 289	虛(허) ………… 728	脅(협) ………… 7	毫(호) ………… 42
肛(항) ………… 289	噓(허) ………… 729	夾(협) ………… 45	豪(호) ………… 42
項(항) ………… 289	墟(허) ………… 729	俠(협) ………… 45	濠(호) ………… 42
亢(항) ………… 297	軒(헌) ………… 169	挾(협) ………… 45	壕(호) ………… 43
巷(항) ………… 297	憲(헌) ………… 610	峽(협) ………… 46	昊(호) ………… 47
港(항) ………… 297	獻(헌) ………… 729	浹(협) ………… 46	淏(호) ………… 47
亢(항) ………… 567	歇(헐) ………… 221	狹(협) ………… 46	戶(호) ………… 89
抗(항) ………… 567	險(험) ………… 95	頰(협) ………… 46	扈(호) ………… 90

胡(호) …… 146	泓(홍) …… 358	滑(활) …… 453	畫(획) …… 340
湖(호) …… 147	話(화) …… 33	猾(활) …… 453	劃(획) …… 340
瑚(호) …… 147	華(화) …… 138	洸(황) …… 130	獲(획) …… 472
祜(호) …… 147	嬅(화) …… 138	恍(황) …… 130	橫(횡) …… 494
糊(호) …… 147	樺(화) …… 139	晃(황) …… 130	鐄(횡) …… 494
乎(호) …… 176	化(화) …… 242	滉(황) …… 130	曉(효) …… 22
呼(호) …… 176	花(화) …… 243	榥(황) …… 131	驍(효) …… 22
顥(호) …… 397	貨(화) …… 243	況(황) …… 131	嚆(효) …… 42
灝(호) …… 397	靴(화) …… 243	皇(황) …… 231	斅(효) …… 158
弧(호) …… 447	畫(화) …… 340	凰(황) …… 231	孝(효) …… 442
狐(호) …… 447	和(화) …… 431	徨(황) …… 231	哮(효) …… 442
濩(호) …… 471	禾(화) …… 431	惶(황) …… 231	酵(효) …… 442
護(호) …… 471	禍(화) …… 454	煌(황) …… 231	涍(효) …… 443
頀(호) …… 472	火(화) …… 717	遑(황) …… 232	爻(효) …… 523
好(호) …… 547	廓(확) …… 393	隍(황) …… 232	效(효) …… 528
壺(호) …… 636	蒦(확) …… 471	媓(황) …… 232	侯(후) …… 52
虍(호) …… 724	穫(확) …… 472	堭(황) …… 232	候(후) …… 52
虎(호) …… 726	霍(확) …… 477	巟(황) …… 295	喉(후) …… 52
琥(호) …… 726	隺(확) …… 479	荒(황) …… 295	后(후) …… 117
号(호) …… 727	確(확) …… 479	慌(황) …… 295	逅(후) …… 118
號(호) …… 727	擴(확) …… 495	坒(황) …… 491	朽(후) …… 172
互(호) …… 748	晥(환) …… 127	黃(황) …… 494	吼(후) …… 388
酷(혹) …… 39	奐(환) …… 159	璜(황) …… 494	垕(후) …… 389
鬨(혹) …… 189	換(환) …… 159	簧(황) …… 494	厚(후) …… 389
或(혹) …… 254	喚(환) …… 160	回(회) …… 119	嗅(후) …… 520
惑(혹) …… 255	渙(환) …… 160	廻(회) …… 119	後(후) …… 664
渾(혼) …… 73	煥(환) …… 160	徊(회) …… 120	暈(훈) …… 73
混(혼) …… 241	莧(환) …… 183	蛔(회) …… 120	熏(훈) …… 277
魂(혼) …… 535	桓(환) …… 213	會(회) …… 279	勳(훈) …… 278
昏(혼) …… 620	宦(환) …… 282	檜(회) …… 280	壎(훈) …… 278
婚(혼) …… 620	患(환) …… 301	澮(회) …… 280	燻(훈) …… 278
忽(홀) …… 202	丸(환) …… 394	繪(회) …… 280	薰(훈) …… 278
惚(홀) …… 202	紈(환) …… 394	膾(회) …… 280	鑂(훈) …… 278
笏(홀) …… 202	幻(환) …… 459	賄(회) …… 330	君(훈) …… 353
紅(홍) …… 289	崔(환) …… 469	巛(회) …… 418	訓(훈) …… 419
虹(홍) …… 290	歡(환) …… 471	淮(회) …… 474	喧(훤) …… 212
訌(홍) …… 290	驩(환) …… 471	褱(회) …… 516	暄(훤) …… 212
鴻(홍) …… 290	鰥(환) …… 503	懷(회) …… 516	萱(훤) …… 212
哄(홍) …… 296	環(환) …… 514	悔(회) …… 553	喙(훼) …… 77
洪(홍) …… 296	還(환) …… 514	晦(회) …… 553	毁(훼) …… 572
烘(홍) …… 296	鐶(환) …… 514	誨(회) …… 553	卉(훼) …… 642
鈜(홍) …… 297	活(활) …… 32	灰(회) …… 718	虫(훼) …… 711
弘(홍) …… 358	闊(활) …… 32	恢(회) …… 718	彙(휘) …… 55

785

揮(휘) ············ 74	恤(휼) ············ 752	歆(흠) ············ 627	熙(희) ············ 284
暉(휘) ············ 74	凶(흉) ············ 749	㪣(흡) ······ 245, 598	希(희) ············ 331
輝(휘) ············ 74	匈(흉) ············ 749	吸(흡) ············ 338	晞(희) ············ 332
麾(휘) ············ 431	洶(흉) ············ 749	洽(흡) ············ 381	稀(희) ············ 332
諱(휘) ············ 705	胸(흉) ············ 749	恰(흡) ············ 382	噫(희) ············ 404
徽(휘) ············ 745	兇(흉) ············ 749	翕(흡) ············ 382	悕(희) ············ 502
虧(휴) ············ 173	黑(흑) ············ 277	興(흥) ············ 158	羲(희) ············ 602
隓(휴) ············ 329	痕(흔) ············ 178	喜(희) ············ 149	曦(희) ············ 602
巂(휴) ············ 336	昕(흔) ············ 306	僖(희) ············ 150	犧(희) ············ 602
雟(휴) ············ 336	炘(흔) ············ 306	嬉(희) ············ 150	爔(희) ············ 602
携(휴) ············ 336	欣(흔) ············ 628	憙(희) ············ 150	虛(희) ············ 729
休(휴) ············ 363	肹(흘) ············ 376	熹(희) ············ 150	戲(희) ············ 729
烋(휴) ············ 364	屹(흘) ············ 541	禧(희) ············ 150	妃(희) ············ 284
罻(휴) ············ 520	欠(흠) ············ 627	凞(희) ············ 284	悑(희) ············ 502
譎(휼) ············ 387	欽(흠) ············ 627	姬(희) ············ 284	詰(힐) ············ 25

낱말 풀이

가

가차(假借)

육서(六書) 가운데 하나이다.

한(漢)나라 허신(許愼, 58?~147?)의 ≪설문해자(說文解字)·서(敍)≫에서 "가차(假借)라고 하는 것은, 본래 그 글자가 없어서 소리가 비슷한 글자를 빌려 그 뜻을 나타내는 것이다. 令(령)과 長(장)이 이런 글자이다.(「假借者, 本無其字, 依聲托事, 令長是也.」)"라고 하여, 어떤 뜻을 나타내려 할 때 그에 해당하는 글자가 없어서 발음이 비슷한 다른 글자를 빌려 쓰는 방식을 말한다.

그런데 허신(許愼)이 위에서 든 예는 가차(假借)가 아니라 뜻의 발전·파생인 인신(引伸)이어서 논란이 되기도 한다. 위의 정의에 따른다면 진정한 가차자(假借字)로는 '來(래)', '難(난)' 등이 보다 적합한 예라고 할 수 있다. '來'는 본래 '보리'를 그린 상형자(象形字)였는데 '오다'라는 뜻으로 가차되었고, '難'은 본래 '새의 이름'이었는데 '어렵다'라는 뜻으로 가차되었다.

갑골문(甲骨文)

중국 글자체의 한 종류이다. 갑골문은 중국 은주(殷周)시대에 거북의 등이나 짐승의 뼈(특히 소의 넓적다리 뼈)에 새겼던 글자로서, 복사(卜辭)·은허문자(殷虛文字)·계문(契文) 등으로 불리기도 한다. 고대의 통치자들은 미신을 믿어 제사·전쟁·여행 등을 하거나 병이 났을 때 점을 쳤는데, 그 결과를 거북의 등이나 짐승의 뼈에 기록하였다.

갑골문의 존재가 세상에 알려진 것은 1899년 중국 하남성(河南省) 안양현(安陽縣) 소둔촌(小屯村)에서 은(殷)나라 시대의 갑골(甲骨)이 발견되면서부터이다. 그 후 여러 차례의 발굴 결과 약 10만 조각 이상의 갑골이 출토되었다. 손해파(孫海波, 1910~1972)의 ≪갑골문편(甲骨文編)≫의 통계에 의하면 갑골문 단자(單字)의 수는 5,949자에 달하는데, 그 가운데 약 1,000여 자는 이미 전문 연구가들에 의해 해독이 된 상태이다.

간책서(簡策書)

옛날 종이가 없었을 때는 대나무 위에 글자를 쓰고, 그것을 모아 책을 만들었는데, 이와 같은 책을 일컬어 죽서(竹書)·간서(簡書)·간책서(簡策書) 등으로 부른다.

개구(開口)

음운학(音韻學) 용어로서, 개음(介音, 사잇소리)이 없고 주모음(主母音)이 [i], [u], [y]가 아닌 운모(韻母)를 말한다.

거성(去聲)

중국 중고(中古) 시대(위진남북조·수·당)의 4가지 성조(聲調) 가운데 하나로서, 현대 중국어의 제4성에 해당하는 성조이다.

경전석문(經典釋文)

당(唐)나라 육덕명(陸德明)이 지은 책으로서, 경전(經典)의 낱말의 뜻과 발음을 설명한 책이다. 모두 30권으로 되어 있다.

육덕명은 한(漢)·위(魏)·6조(六朝) 시대 230여 명의 학자의 저작을 참고하여, ≪주역(周易)≫·≪고문상서(古文尙書)≫·≪모시(毛詩)≫·≪주례(周禮)≫·≪의례(儀禮)≫·≪예기(禮記)≫·≪춘추좌씨전(春秋左氏傳)≫·≪춘추공양전(春秋公羊傳)≫·≪춘추곡량전(春秋穀梁傳)≫·≪효경(孝經)≫·≪논어(論語)≫·≪노자(老子)≫·≪장자(莊

子)≫·≪이아(爾雅)≫ 등과 같은 책 안에 있는 글자, 낱말 또는 구(句)에 대해 반절(反切)을 사용하거나 직음법(直音法)을 사용하여 발음을 달았다.

이러한 발음에 대한 기록은 한·위·6조시대의 발음체계를 연구하는 데 중요한 자료가 되고 있고, 또 이 책 안에서 인용하고 있는 여러 가지 저작들은 지금은 없어진 것이 많기 때문에 ≪경전석문≫은 고대 훈고저작자료(訓詁著作資料) 모음집으로서도 가치가 많은 책이다.

계복(桂馥)

계복(1736~1805)은 청(淸)나라 문자학자로서, ≪설문해자의증(說文解字義證)≫을 지었다. 산동성(山東省) 곡부현(曲阜縣) 사람으로, 자(字)는 동훼(冬卉), 호는 미곡(未谷)이라고 한다. 건륭(乾隆) 55년(1790) 진사(進士)에 급제하고, 운남성(雲南省) 영평현(永平縣) 지현(知縣)을 지내었다. ≪설문≫연구에 뛰어나 단옥재(段玉裁)와 함께 '단(段)·계(桂)'라고 불리워지기도 한다.

저서로는 가장 유명한 ≪설문해자의증≫ 외에 ≪설문계통도(說文系統圖)≫·≪무전분운(繆篆分韻)≫·≪만학집(晚學集)≫ 등이 있다.

고금운회거요(古今韻會擧要)

원(元)나라 웅충(熊忠)이 지은 운서(韻書)로서, ≪운회거요(韻會擧要)≫라고 부르기도 한다. 이 책은 1297년에 지어졌는데, 황공소(黃公紹)의 ≪고금운회(古今韻會)≫를 줄여서 만든 것이기 때문에 그 이름에 ≪거요(擧要)≫를 붙인 것이다.

≪고금운회거요≫는 운목(韻目)을 평수운(平水韻)을 따라 107운으로 정하고, 성류(聲類)는 36자모(字母)의 명칭을 따랐다.

고금자(古今字)

같은 뜻의 낱말을 시대에 따라 달리 표기한 글자를 말한다. 먼저 있던 글자를 고자(古字), 나중에 생긴 글자를 금자(今字)라고 하는데, 고자가 있었을 때는 금자는 없었다.

고금자에는 다음과 같은 두 가지 종류가 있다.
(1) 뜻은 완전히 같은데 글자체가 달라진 것
　　凷/塊(괴); 灋/法(법); 埜/野(야); 歙/飮(음) 등
(2) 뜻은 구체화되고 글자체도 비슷한 것
　　莫(막)/暮(모), 然/燃(연), 采/採(채), 其/箕(기), 益(익)/溢(일), 禽/擒(금) 등 : 이상 본의(本義)와 가차의(假借義)의 관계;
　　景(경)/影(영), 解/懈(해), 責(책)/債(채), 竟/境(경), 坐/座(좌), 中/仲(중) 등 : 이상 본의와 인신의(引伸義)의 관계;
　　辟(벽)/避(피)·僻(벽)·闢(벽) 등 : 이상 고자는 형성자(形聲字)인 금자의 발음부분이 됨.

고문(古文)

중국 고대 글자체의 명칭으로, 고문(古文)이라고 할 때는 넓은 의미의 고문과 좁은 의미의 고문이 있다.

넓은 의미의 고문은 한(漢)나라 때부터 쓰이기 시작하여 지금까지 사용되는 이름으로 진(秦)나라가 문자를 통일하기 이전에 있었던 문자를 가리킨다. 그러므로 시간과 공간의 제한이 없이 그 이전의 모든 문자 형태를 광범위하게 일컫는 말이다.

좁은 의미의 고문은 ≪설문해자≫에서 고문이라고 소개하고 있는 글자들을 말한다. ≪설문해자≫에서는 소전(小篆)을 기본으로 하여 주문(籀文)과 고문 2가지의 이체자(異體字)를 소개하고 있다. 여기에서의 고문이란 노(魯)나라 공왕(恭王, B.C.155~B.C.129 재위)이 공자(孔子)의 옛날 집을 허물었을 때 벽 속에서 나온 고대 경전(經典)에 쓰였던 글자체를 가리킨다.

곽말약(郭沫若)

곽말약(1892~1978)의 본래 이름은 개정(開貞)이고, 자는 정당(鼎堂)이다. 4세 때부터 집에서 시서경사(詩書經史)를 배웠으며, 1913년 중학교를 졸업한 다음 해인 1914년 일본에 유학을 갔다. 1921년 신시집(新詩集) ≪여신(女神)≫을 출판하고, 창조사(創造社)를 운영하였다. 1923년에 일본 구주제국대학(九州帝國大學) 의대를 졸업하였고, 1926년 광주(廣州) 중산대학(中山大學)의 문학원(文學院) 원장이 되었다. 북벌(北伐)에도 참여하여 국민혁명군(國民革命軍) 총정치부(總政治部) 주임(主任)이 되기도 하였다.

1928년부터는 다시 일본에 머물면서 중국 상고사(上古史), 갑골문(甲骨文)과 금문(金文) 연구 등에 몰두하여 ≪중국고대사회사연구(中國古代社會史研究)≫, ≪갑골문자연구(甲骨文字研究)≫(1931), ≪은주청동기명문연구(殷周靑銅器銘文研究)≫, ≪복사통찬(卜辭通纂)≫(1933) 등을 지었다. 1937년 항일전쟁이 일어나자 귀국하여 전쟁에 참여하였고, 그 와중에 ≪굴원(屈原)≫·≪호부(虎符)≫ 등과 같은 역사극(歷史劇)을 창작하기도 하였다.

1949년 이후에는 문화교육위원회(文化敎育委員會) 주임(主任)·중국과학원(中國科學院) 원장 겸 철학사회과학부(哲學社會科學部) 주임 등을 역임하였다.

광아(廣雅)

삼국(三國)시대 위(魏)나라의 장읍(張揖)이 지은 글자의 뜻풀이를 한 책이다. 모두 3권으로 이루어져 있는데, 그 순서는 ≪이아(爾雅)≫를 따랐다. ≪이아≫를 증보(增補)하였다는 뜻으로 이름을 ≪광아≫라고 한 것인데, 중국 고대의 낱말의 뜻을 연구하는 데 중요한 자료이다.

청(淸)나라 왕념손(王念孫, 1744~1832)은 ≪광아소증(廣雅疏證)≫을 지어 보다 정밀하고 깊은 연구를 하였다.

광운(廣韻)

송(宋)나라 진팽년(陳彭年, 961~1017)·구옹(邱雍) 등이 왕의 명령을 받아 지은 운서(韻書)이다. 본래 이름은 ≪대송중수광운(大宋重修廣韻)≫으로, 1008년에 완성되었다.

≪광운≫은 이전 시대에 있었던 ≪절운(切韻)≫ 계열 운서를 집대성한 것으로, 중고음(中古音, 위진남북조·수·당 시대의 발음) 뿐만 아니라 상고음(上古音, 선진(先秦)~한(漢) 시대의 발음)을 연구하는 데 귀중한 자료가 되기 때문에 중국 음운학사상 매우 중요한 위치를 차지하고 있는 책이다.

≪광운≫은 모두 5권으로 이루어져 있는데, 평성(平聲)만 글자수가 많아 상평성(上平聲)과 하평성(下平聲) 둘로 나누고, 나머지 상(上)·거(去)·입성(入聲)은 각각 한 권씩으로 되어 있다. 수록된 글자의 수는 26,194자인데, 이것을 206운(韻)으로 나누었다.

금문(金文)

중국 고대 글자체의 이름이다. 본래는 종정문(鐘鼎文)·동기명문(銅器銘文)·이기관지(彝器款識) 등으로 불리었는데, 이 글자들은 모두 고대 청동기물에 새기거나 주물을 하여 만들었다. 또 옛날에는 청동을 길금(吉金)이라고 불렀기 때문에 길금문자(吉金文字)라고도 하였는데, 줄여서 금문(金文)이라고 한다.

청동기에 글자를 새긴 것은 하(夏)·은(殷) 시대에 시작하여 주(周)나라에 성하였다. 하·은 시대의 금문은 그 형체가 갑골문과 비슷하거나 더 오래된 것도 있는 반면, 주나라 시대의 금문은 보다 규범화되고 정형화(定型化)되었다.

금문에 대한 연구는 송(宋)나라 때부터 시작하여 지금까지 계속되고 있는데, 특히 주나라의 사회와 언어를 연구하는 데 가장 믿을만한 일차적 자료로 간주되고 있다.

기자(奇字)

소전(小篆) 이전에 있었던 고문경(古文經) 이외의 선진(先秦) 고문자(古文字)를 말한다.

허신(許愼)의 ≪설문해자(說文解字)·서(敍)≫를 보면 "첫째는 고문(古文)으로, 공자(孔子)의 집 벽 속에서 나온 책에 쓰여진 자체(字體)이다; 둘째는 기자(奇字)로서, 고문(古文)이기는 하지만 자체(字體)가 다른 것이다.(「一曰古文,

孔子壁中書也; 二曰奇字, 古文而異字也.」)"라고 하였다.

≪설문해자≫에서 기자(奇字)라고 한 예는 '人(사람 인)'자에 대한 기자 '儿', '亡(망할 망; 없을 무)'자에 대한 기자 '兂(무)', '倉(곳집 창)'자에 대한 기자 '仺' 그리고 '涿(물방울 떨어질 탁)'자에 대한 '厑' 등이 있다.

다

단옥재(段玉裁)

단옥재(1735~1815)는 청(淸)나라 경학자(經學家)이자 언어학자로서, 자(字)는 약응(若膺), 호는 무당(茂堂)이며, 강소성(江蘇省) 금단현(金壇縣) 사람이다. 1760년 거인(擧人)이 되어 북경에 와서 대진(戴震, 1723~1777)의 밑에서 배웠다.

단옥재는 경학(經學)과 언어학에 고루 뛰어난 학자였다. 그는 경학으로부터 언어학을 연구하였으며, 언어학에서는 음운학(音韻學)을 바탕으로 문자학(文字學)과 훈고학(訓詁學)을 다루었다. 따라서 그 학문의 기초가 매우 탄탄하여 그의 주장에는 믿을 만한 대목이 적지 않다.

주요 저작으로는 ≪육서음운표(六書音韻表)≫, ≪고문상서찬이(古文尙書撰異)≫, ≪시경소학(詩經小學)≫, ≪주례한독고(周禮漢讀考)≫, ≪춘추좌전고경(春秋左傳古經)≫, ≪급고각기문정(汲古閣記文訂)≫, ≪설문해자주(說文解字注)≫ 등 30여 종이 있다. 이 중 ≪설문해자주≫는 ≪설문해자≫에 대한 주석본 가운데 가장 뛰어난 저작으로 평가받고 있다.

당란(唐蘭)

당란(1901~1979)은 중국의 고문자학자(古文字學者)로서, 자는 입암(立庵)이고, 절강성(浙江省) 수수현(秀水縣) 사람이다. 일찍이 강소성(江蘇省) 무석국학전수관(無錫國學專修館)에서 3년 동안 공부한 바 있고, 후에 ≪설문해자(說文解字)≫와 고문자학(古文字學) 연구에 전념하면서 나진옥(羅振玉, 1866~1940)·왕국유(王國維, 1877~1927) 등과도 가까이 지냈다. 1932년부터 각 대학에서 고문자학을 강의하였고, 1946년에 북경대학의 교수가 되었다.

당란은 손이양(孫詒讓, 1848~1908)의 편방분석법(偏旁分析法)을 따라 고문자(古文字)를 분석하였는데, 알아낸 글자가 많았을 뿐만 아니라 매우 신중하였기 때문에 많은 학자들의 존경을 받았다.

저서로는 ≪은허문자기(殷虛文字記)≫(1934), ≪고문자학도론(古文字學導論)≫(1935), ≪천양각갑골문자(天壤閣甲骨文字)≫(1939), ≪중국문자학(中國文字學)≫(1949) 등이 있다. 이 가운데 ≪고문자학도론≫은 중국 최초의 고문자학에 대한 이론서이고, ≪중국문자학≫에서는 기존의 6서(六書)를 받아들이지 않고 3서설(三書說, 상형(象形)·상의(象意)·형성(形聲))을 창안한 것으로 유명하다.

대동(戴侗)

송말(宋末)·원초(元初)의 학자로서, 영가(永嘉, 지금의 절강성(浙江省) 영가현(永嘉縣)) 사람이고, 자(字)는 중달(仲達)이다. 남송(南宋) 이종(理宗) 순우(淳祐, 1241~1252) 때 진사(進士)가 되었다. 저서로는 ≪역서사서가설(易書四書家說)≫·≪육서고(六書故)≫ 등이 있다.

라

련면자(聯綿字)

보통 중국 글자는 山(산)·水(수)·人(인) 등과 같이 한 글자가 하나의 뜻과 하나의 발음을 갖는 데 반해, 연면자는 두 글자 또는 그 이상의 글자가 모여 하나의 뜻을 나타낸다.

연면자에 속하는 글자들은 사전에서 그 글자를 찾아보면 글자의 뜻이 나와 있지 않고, 항상 합해진 형태로만 존재한다. 이들은 대부분 발음상 첫소리가 같거나[雙聲(쌍성)], 아니면 그 나머지 소리가 같은[疊韻(첩운)] 특징이 있다. 예

를 들면 다음과 같다.
　첫 소리가 같은 것[쌍성] : 澎湃(팽배), 彷彿(방불), 玲瓏(령롱), 匍匐(포복), 輝煌(휘황) 등
　두 셋째 소리가 같은 것[첩운] : 燦爛(찬란), 洶湧(흉용), 徘徊(배회), 逍遙(소요) 등
　겹쳐 쓰는 것[중첩(重疊)] : 怱怱(총총), 津津(진진) 등
　발음과 상관없이 습관상 함께 쓰는 것[非雙聲非疊韻(비쌍성비첩운)] : 蜈蚣(오공; 지네), 芙蓉(부용), 鸚鵡(앵무) 등
연면자는 련면사(連綿詞) 또는 련어(連語)라고도 부른다.

류편(類篇)

북송(北宋) 왕수(王洙)·사마광(司馬光, 1019~1086) 등이 송(宋) 영종(英宗) 치평(治平) 4년(1067)에 편찬한 자전(字典)이다. 왕수는 응천(應天) 송성(宋城, 지금의 하남성(河南省) 상구(商丘)) 사람으로, 자는 원숙(原叔)이라고 한다. 사마광은 섬주(陝州) 하현(夏縣, 지금의 산서성(山西省) 하현) 사람으로, 자는 군실(君實)이다.

사마광은 당시 정도(丁度, 990~1053) 등이 펴낸 ≪집운(集韻)≫이 글자수가 너무 많아 ≪옥편(玉篇)≫과 서로 참조하기가 불편하여, 왕수와 더불어 이 책을 편찬하고 그 이름을 ≪류편≫이라고 하였다.

≪류편≫은 모두 15편(篇)으로 되어 있는데, 마지막 한 편은 목록이다. 또 매 편은 상·중·하 셋으로 나뉘어 있어서 전체는 45권으로 이루어져 있는데, 체제는 ≪설문해자≫와 비슷하다. 중문(重文) 21,846자를 포함하여 모두 53,165자를 수록하고 있고, 부수(部首)는 544부로 나뉘었으며, 반절(反切)로 음가를 나타내고 글자의 뜻을 설명하였다.

바

반절(反切)

'반절'이란 두 글자를 써서 한 글자의 발음을 나타내는 방법이다. 반절의 첫 번째 글자는 첫소리[聲母(성모)]를 담당하고, 두 번째 글자는 나머지 소리[韻母(운모)]와 성조까지를 담당한다.

예를 들어 '동(東)'자의 반절은 '덕홍절(德紅切)'인데, 여기에서 '덕(德)'은 첫소리인 'ㄷ'만 담당하고 '홍(紅)'은 나머지 소리인 '옹'을 담당하여 이 둘을 합해서 '동'이라고 읽는 방식의 표음법이다.

방언(方言)

서한(西漢)시대 양웅(揚雄, B.C. 53~A.D.18)이 지은 중국 최초로 중국 각 지방 방언(方言)을 기록한 책으로서, 본래 이름은 ≪유헌사자절대어석별국방언(輶軒使者絶代語釋別國方言)≫이다.

'유헌사자(輶軒使者)'는 선진(先秦)시대 때 임금의 명령을 받아 마차를 타고 각 지방을 돌아다니며 그 지방의 민요(民謠)·동요(童謠)·방언 등을 수집하는 사람을 말하고, '절대어(絶代語)'는 시간적으로 차이가 크게 나는 말을 가리키며, '별국방언(別國方言)'은 말 그대로 각 지방의 방언을 뜻한다.

≪방언≫은 모두 15권(현재 전해지는 함분루(涵芬樓) 사부총간본(四部叢刊本) 곽박(郭璞)의 ≪방언주(方言注)≫는 13권)으로 되어 있고, 약 9,000여 자(≪방언주(方言注)≫본(本)은 약 11,900여 자)의 그 시대 방언 낱말을 수록하고 있다.

번체자(繁體字)

번체자는 글자체가 비교적 많고 복잡한 것으로, 간체자(簡體字)의 상대적인 말이다.

한자(漢字)의 자체(字體)는 옛날부터 지금까지 계속 변해 왔는데 그 변화 과정의 대세는 "획수를 줄여 간단하고 쉽게 쓰기"였다. 즉 대전(大篆)에서 소전(小篆)으로, 소전에서 예서(隸書)로, 다시 예서에서 해서(楷書), 그리고 현재 중국에서 쓰이는 간체자(簡體字)에 이르기까지 그 변화의 요체는 '간단화(簡單化)'였다. 따라서 소전의 번체는 대전이고, 예서의 번체는 소전이며, 현 중국의 간체자의 번체는 해서라고 할 수 있다.

범어(梵語, Sanskrit)
인도의 고대 언어.

복사(卜辭)
갑골문(甲骨文)의 다른 이름. 갑골문의 내용이 점(占)을 치는 내용이 많아 이렇게도 부르는데, 때로는 '갑골복사(甲骨卜辭)'라고 함께 말하기도 한다.

본자(本字)
본래의 뜻을 나타내는 글자라는 뜻으로, 차자(借字, 빌린 글자)와 상대적인 말이다. 예를 들어 '然(연)'은 본래 '불타다'라는 뜻의 형성자(形聲字)였다. --- 灬(=火, 화)는 의미부분이고, 肰(연)은 발음부분이다 --- 그런데 후에 '然'이 '그러나'·'그러하다' 등과 같은 뜻으로 쓰이게 되자 다시 '火'자를 덧붙인 '燃(연)'자를 만들어 본래의 뜻인 '불타다'라는 뜻을 맡도록 하였다. 이 경우 '然'은 '燃'의 본자(本字)라고 하고, '燃'은 후기자(後起字)라고 한다.

사

36자모(字母)
중국 중고(中古) 시대(위진남북조·수·당)의 초성(初聲) 자음(子音) 36개를 말한다. 36자모는 당(唐)나라 말 수온(守溫)이라는 스님이 만든 30자모(字母)에 후대 사람들이 6개를 덧붙인 것이다. 그 내용과 음가를 알아보면 아래와 같다.

옛날 이름	지금 이름	음 가				
입술소리	두 입술 소리	幫[p]	滂[p']	並[b]	明[m]	
	입술과 이빨소리	非[f]	敷[f']	奉[v]	微[m̩]	
혀 소리	혀 앞 소리		端[t]	透[t']	定[d]	泥[n]
	혓바닥 앞 소리	知[ṯ]	徹[ṯ']	澄[ḏ]	娘[n]	
혀 소리	혀 맨 앞 소리	精[ts]	清[ts']	從[dz]	心[s]	邪[z]
	혀 만 소리	照2[tʂ]	穿2[tʂ']	牀2[dʐ]	審2[ʂ]	禅[z]
		照3[tɕ]	穿3[tɕ']	牀3[dʑ]	審3[ɕ]	
어금니 소리	혀뿌리 소리	見[k]	溪[k']	群[g]	疑[ŋ]	
목구멍소리		影[ø]			喩[j]	
		曉[x]		匣[ɣ]		
반(半)혀 소리						來[l]
반(半)이 소리						日[nz]

상성(上聲)
중국 중고(中古) 시대(위진남북조·수·당)의 4가지 성조(聲調) 가운데 하나로서, 현대 중국어의 제3성에 해당하는 성조이다.

상승조(商承祚)
상승조는 고문자학가(古文字學家)로, 자는 석영(錫永), 호는 계재(契齋)이며, 산동성(山東省) 번우(番禺) 사람이다.
1921년부터 나진옥(羅振玉)의 밑에서 갑골문(甲骨文)과 금문(金文)을 공부하였고, 1927년 중산대학(中山大學) 교수가 되었다. 그 후 30년대에는 북경여자사범대학(北京女子師範大學)·청화대학(清華大學)·북경대학(北京大學)·금릉대학(金陵大學)·제로대학(齊魯大學)·중경대학(重慶大學) 등의 교수를 역임하다가, 1948년 다시 중산대학으로 돌아갔다.

저서로는 ≪은허문자류편(殷虛文字類編)≫(1923), ≪복씨소장갑골문자(福氏所藏甲骨文字)≫(1933), ≪은계일존(殷契佚存)≫(1933), ≪12가길금도록(十二家吉金圖錄)≫(1935), ≪혼원이기도(渾源彛器圖)≫(1936), ≪장사출토초칠기도록(長沙出土楚漆器圖錄)≫(1955), ≪설문중지고문(說文中之古文)≫, ≪석각전문편(石刻篆文編)≫ 등이 있다.

상형(象形)

육서(六書) 가운데 하나로서, 사물의 모양을 그려서 글자를 만드는 방식을 말한다. 예를 들면 '山(뫼 산)', '水(물 수)', '日(해 일)', '月(달 월)' 등과 같은 글자가 이에 속한다.

한(漢)나라 허신(許愼)의 ≪설문해자(說文解字)·서(敍)≫에서는 "상형이라고 하는 것은, 그 사물을 그려내는데 몸에 굴곡이 있는 대로 그대로 따라가면서 그린다. 日(일)과 月(월)이 이런 글자이다.(「象形者, 畵成其物, 隨體詰詘, 日月是也.」)"라고 하였다.

쌍성(雙聲)

두 글자의 첫소리가 같거나 비슷한 것을 말한다. 여기에서 '비슷하다'라는 것은 발음부위(입술, 이빨, 혀, 어금니, 목구멍 등)가 같다는 뜻이다. 예를 들어 澎湃(팽배), 彷彿(방불), 玲瓏(령롱), 匍匐(포복), 輝煌(휘황) 등은 각각 두 글자의 첫소리 발음이 같거나 비슷하다.

서개(徐鍇)

서개(920~974)는 중국 5대(五代, 10세기)시대 문자학자로, 양주(揚州) 광릉(廣陵, 지금의 강소성(江蘇省) 양주(揚州)) 사람이다. 자는 초금(楚金)이며, 서현(徐鉉, 917~992)의 동생이다. 형제가 모두 문자학에 뛰어났기 때문에 서현(徐鉉)을 '대서(大徐)', 서개(徐鍇)를 '소서(小徐)'라고 부르기도 한다.

저서는 무척 많았다고 하는데 현재 전해지는 것은 ≪설문해자계전(說文解字繫傳)≫ 40권과 ≪설문해자운보(說文解字韻譜)≫ 10권 뿐이다.

서현(徐鉉)

서현(916~991)은 양주(揚州) 광릉(廣陵, 지금의 강소성(江蘇省) 양주(揚州)) 사람으로 자가 정신(鼎臣)이다. 처음에는 남당(南唐)에서 벼슬을 하여 관직이 이부상서(吏部尙書)에 올랐다가, 그 후 남당의 후주(後主)인 이욱(李煜)을 따라 송에 귀순하여 태자솔경령(太子率更令)을 지냈다.

서현은 동생 서개(920~974)와 함께 ≪설문해자≫연구에 이름을 떨쳤는데, 세칭 이들을 "대소이서(大小二徐)"라 한다.

서현이 왕명을 받들어 구중정(句中正, 929~1002)과 함께 ≪설문해자≫를 교정하여 송 태종(太宗) 옹희(雍熙) 3년(986)에 완성한 후, 국자감(國子監)의 조관을 거쳐 세상에 전해지기 시작하였는데 이것이 바로 대서본(大徐本) ≪설문해자≫ 30권(卷)이다.

석고문(石鼓文)

전국시대(戰國時代, B.C.403~B.C.221) 진(秦)나라에서 돌에 새겼던 글자체의 이름을 말한다. 당(唐)나라 초(7세기) 지금의 섬서성(陝西省) 풍상현(風翔縣)에서 석고(石鼓) 10개가 출토되면서 그 실체가 알려지기 시작하였다.

석고문은 중국의 글자체가 주대(周代)의 금문(金文)에서 진대(秦代)의 소전(小篆)으로 가는 과정에서 그 중간 다리의 역할을 하고 있기 때문에 고문자(古文字)를 연구하는 데 중요한 자료가 된다.

당나라 때 발견된 석고 10개는 현재 북경(北京) 고궁박물원(故宮博物院)에 보관되어 있다.

석명(釋名)

≪석명≫은 어떤 사물에 대해 "왜 그러한 이름으로 불러야 하는가?"라는 문제에 대하여 성훈(聲訓)방식을 통해 사물 이름의 연원(淵源)을 밝히고자 했던 중국 최초의 전문서적이다. 그래서 책이름도 "이름을 풀이함"이란 뜻의 석명(釋名)이라고 한 것이다. 모두 27권(卷)으로 이루어져 있다.

≪석명≫의 지은이는 유희(劉熙)라고 알려져 있다. 유희는 동한(東漢) 말 사람으로, 경학가(經學家)이자 훈고학자(訓詁學者)였다. 자는 성국(成國)이고, 북해(北海, 지금의 산동성(山東省) 동유방(東濰坊) 서남쪽) 사람이다. 유희의 생애에 대해서는 그에 대한 자료가 부족하여 정확한 것은 알 수가 없다.

설문석례(說文釋例)

≪설문석례≫는 청(淸)나라 왕균(王筠)이 지은 책으로, 모두 20권으로 이루어져 있다. 이 책은 ≪설문해자(說文解字)≫의 전체적인 조례(條例)를 모두 해석하였는데, ≪설문해자≫연구에 관한 지도서로서는 가장 훌륭하다고 평가받고 있다.

≪설문석례≫는 ≪설문해자≫에 수록된 글자를 재편집해 육서(六書)의 조례를 밝히고, 금문(金文) 등을 이용하여 한자(漢字)의 근원을 밝혔으며, 아울러 여러 경전(經傳)이나 속언(俗言), 독약례(讀若例) 등을 이용해 탈문(脫文)이나 오자(誤字) 등을 바로 잡았다. 왕균의 이러한 조목별 분석은 매우 조리가 있어서, ≪설문해자≫를 연구하는 일반 사람에게 이 책은 매우 중요한 지침서가 되고 있다.

설문통훈정성(說文通訓定聲)

청(淸)나라 주준성(朱駿聲, 1788~1858)이 고운부(古韻部)에 따라 ≪설문해자(說文解字)≫를 개편한 책이다.

≪설문통훈정성≫에서 '설문(說文)'은 글자의 형체 분석, '통훈(通訓)'은 뜻풀이 그리고 '정성(定聲)'은 소리를 설명한다는 뜻이므로, 말 그대로 문자의 3요소인 형(形)·음(音)·의(義)를 모두 설명한 책이라고 보면 된다.

이 책은 1833년에 완성되었다. 모두 18부(部)로 되어 있으며 17,240자를 수록하고 있다. 18부 운목(韻目)은 ≪주역(周易)≫ 64괘(卦) 가운데 18개의 괘(卦)의 이름을 뽑아 지은 것이 특이하다.

설문해자(說文解字)

한(漢)나라 허신(許愼, 58?~147?)이 지은 중국 최초의 자전(字典)으로, ≪설문(說文)≫이라고 줄여 부르기도 한다.

이 책은 동한(東漢) 화제(和帝) 영원(永元) 12년(100)에 완성되었는데, 〈서(敍)〉 1권을 포함하여 모두 15권으로 되어있다. 수록된 글자는 정문(正文) 9,353자, 중문(重文) 1,163자이고, 540부의 부수(部首)에 따라 배열하였다.

≪설문≫의 글자 풀이 방식은 소전(小篆)을 정문(正文)으로 하여 먼저 그 글자의 뜻을 풀이하고, 그 다음 형체를 분석하고, 그 다음에 발음을 말하였다. 그리고 다른 형태의 글자[重文(중문)]가 있을 경우는 그 끝에 소개하였다.

이렇게 ≪설문≫은 한자(漢字)의 형(形)·음(音)·의(義)를 종합적으로 정밀하게 연구한 명저(名著)로서, 중국 언어학사에서 매우 중요한 위치를 차지하고 있다.

설문해자계전(說文解字繫傳)

남당(南唐)의 서개(徐鍇, 920~974)가 지은 ≪설문해자(說文解字)≫ 해석서로서, 모두 40권으로 되어 있다. 이 책은 허신(許愼)의 ≪설문해자≫에서 인용한 경적(經籍)의 출전(出典)을 밝히는 한편 글자의 뜻을 해석하는 데 주의를 기울였다. 저자는 그 가운데 자신의 견해도 적고 있는데 참고할 만한 점이 적지 않다.

설문해자구두(說文解字句讀)

청(淸)나라 왕균(王筠, 1784~1854)이 지은 초학자(初學者)를 위한 ≪설문해자(說文解字)≫ 해석서로서, 모두 30권으로 되어 있다. 이 책은 책 이름에 있는 대로 구두점이 찍혀져 있고, 해설 또한 간단 명료하여 ≪설문해자≫를 처음 대하는 사람들로 하여금 ≪설문해자≫를 보다 쉽게 이해할 수 있도록 배려한 점이 특징이라고 할 수 있다.

설문해자·신부(新附)

서현(徐鉉, 916~991)은 송(宋) 태종(太宗)의 명을 받들어 구중정(句中正, 929~1002)과 함께 ≪설문해자(說文解字)≫를 교정하여 986년에 완성하였는데, 이 때 본서의 빠진 부분을 보충하고 틀린 부분을 바로 잡았으며 때로는 덧붙이기도 하였다.

서현은 경전(經傳)에 전해오고 민간에서도 사용되지만 ≪설문해자≫에 실려 있지 않은 글자들을 매 부수의 끝에 수록하고 이를 '신부자(新附字)'라고 이름하였다. ≪설문해자·신부≫란 이 글자들을 가리킨다. 서현이 늘린 신부자는 모두 402자이다.

설문해자의증(說文解字義證)

청(淸)나라 계복(桂馥, 1736~1806)이 지은 ≪설문해자(說文解字)≫ 주석서로서, 모두 50권으로 되어 있다. 이 책은 줄여서 ≪설문의증(說文義證)≫으로 부르기도 한다.

이 책의 가장 큰 특징은 풍부한 자료의 인용에 있다. 이 책은 ≪설문해자≫에서 해설한 내용에 대해 경(經)·사(史)·자(子)·집(集) 등 거의 모든 분야의 책을 참조, 인용하여 그 뜻을 설명해 나갔다는 점이다. 그래서 저자 자신의 뜻은 없고 허신(許愼)의 견해만을 따랐다고 하여 '술이부작(述而不作, 서술만 할 뿐 자신의 견해는 밝히지 않음)'이라는 평을 듣기도 하지만, 사실 한 내용을 설명해 나가는 데 있어서 자료의 취사선택(取捨選擇)은 역시 작가의 뜻이 어느 정도 반영되는 것이므로 완전히 '술이부작(述而不作)'이라고 만은 할 수 없다. 다만 책의 이름 그대로 ≪설문해자≫의 뜻[義(의)]을 증(證)명하는 데 중점을 두었기 때문에 허신(許愼)이 잘못 설명한 것도 열심히 그것을 증명하려고 하였으니, 이것이 이 책의 약점이라고 할 수 있다.

설문해자주(說文解字注)

청(淸)나라 단옥재(段玉裁, 1735~1815)가 ≪설문해자(說文解字)≫에 주(注)를 단 것으로 ≪설문해자≫의 주석본 가운데 가장 뛰어난 저작으로 평가되고 있다.

저자인 단옥재는 이 책을 짓기 위해 먼저 19년에 걸쳐 ≪설문해자독(說文解字讀)≫이라는 책을 먼저 짓고, 이를 바탕으로 하여 다시 13년을 가다듬어 1807년 ≪설문해자주≫를 완성하였다. 이 책은 나오자마자 왕념손(王念孫, 1744~1832)으로부터 "≪설문≫이 세상에 나온 이래 1,700년 동안 이만한 책이 없었다."라는 최고의 찬사를 받았고, ≪설문≫연구에 관한 가장 권위 있는 책으로 인정되고 있을 뿐만 아니라 ≪설문≫ 주석서 가운데 가장 널리 보급되었다.

단옥재는 이 책에서 허신(許愼)의 뜻을 보다 정확하게 전달하고자 그 이전에 있었던 ≪설문≫ 관계 서적을 모두 참조하여 해설을 하였고, 그런 과정에서 허신이 잘못한 점은 과감히 고쳐나갔을 뿐만 아니라, 자신의 언어학 이론을 가미하여 새로운 해석을 시도하기도 하였다. 바로 이 점이 다른 ≪설문≫의 주석가들과 단옥재를 다르게 평가하게 된 주된 이유라고 할 수 있다.

성훈(聲訓)

발음이 같거나 비슷한 글자를 사용하여 글자의 뜻을 풀이하는데, 왜 그 글자가 그 발음으로 소리가 나서 그 뜻을 가지게 되었는지에 대한 '까닭'까지 밝히는 뜻풀이 방법을 말한다.

예를 들어 "日, 實也."라고 할 때, 이것이 "해[日]를 '일'이라고 발음하는 까닭은 해는 그 안이 '가득 찼기[實(실)]' 때문이다."라는 뜻이고; "月, 闕也."라고 할 때, 이것은 "달[月]을 '월'이라고 발음하는 까닭은 달은 그 안이 '비어있기[闕(궐)]' 때문이다."라는 뜻이며; "土, 吐也."라고 할 때, 이것은 "흙[土(토)]은 만물을 토(吐)해내기 때문이다."라는 뜻이다.

소전(小篆)

고대 중국 글자체의 일종으로, 진(秦) 나라 때 대전(大篆) 또는 주문(籒文)을 간략하게 줄여 만든 일종의 간체자(簡體字)이다.

기원전 220년 진시황(秦始皇)은 당시 국무총리 격인 이사(李斯)의 건의를 받아 들여 전국의 모든 글자체를 통일하였다. 이 사업의 하나로 먼저 진(秦) 나라의 글자체부터 간단하게 고치고, 그 다음 전국에 간단하게 줄여진 글자체를 보급하였다. 학자들은 고치기 이전의 글자체를 대전(大篆)이라고 부르고, 고친 다음 간단하게 된 글자체를 소전(小篆)이라고 부른다. 후세에 전문(篆文)이라고 하는 것은 일반적으로 소전을 가리킨다.

아

예서(隸書)

진(秦) 나라 때 소전(小篆)을 줄여 만든 글자체로서, 좌서(左書, 즉 佐書) 또는 사서(史書)라고 부르기도 한다.

예서는 진례(秦隸), 한례(漢隸) 그리고 팔분(八分) 등 세 종류로 나뉜다. 진례는 진시황(秦始皇) 시대 때 사용하던 간체(簡體) 예서를 말하고, 한례는 동한(東漢) 때 진례를 변형시켜 만든 새로운 글자체를 가리키며, 팔분은 위(魏) 나라 이후의 한례를 일컫는 말이다.

옥편(玉篇)

양(梁) 무제(武帝) 대동(大同) 9년(543) 태학박사(太學博士) 고야왕(顧野王, 519~581)이 지은 자전(字典)이다.

이 책은 ≪설문해자(說文解字)≫의 체제를 모방하여 부수(部首)에 따라 글자를 배열하였는데, 모두 542부로서 ≪설문해자≫의 부수보다 2부가 더 많고 순서도 약간 다르다. 수록된 글자는 16,917자로, ≪설문≫ 이후 위(魏)·진(晉) 시대에 나온 서적 안에 있는 글자와 일반 사회에서 쓰던 글자를 더하였다.

또한 ≪옥편≫은 글자체 방면에 있어서 남북조(南北朝)시대에 통용되던 해서(楷書)를 사용하여 전서(篆書)와 예서(隸書)에 대한 글자체의 변천 과정에 중점을 두었고, 글자를 풀이하는 데 인용한 책 가운데는 현재 전해지고 있지 않는 책들도 많이 있어서, 문자의 발전 과정을 연구하거나 고대 전적(典籍)에 대한 상황을 파악하는 데 좋은 참고자료가 된다.

왕국유(王國維)

왕국유(1877~1927)는 강성(浙江省) 해녕현(海寧縣) 사람으로, 자는 정안(靜安) 또는 백우(伯隅)이고, 호는 관당(觀堂) 또는 영관(永觀)이다.

1898년 상해(上海)로 가서 나진옥(羅振玉)이 운영하던 동문학사(東文學社)에서 외국어·철학·문학 등을 공부하였고, 1901년 일본 동경의 물리학교(物理學校)에 유학하였다. 1902년 귀국하여 남통사범학당(南通師範學堂)에서 심리학과 윤리학 교원을 지냈고, 강소(江蘇) 사범학당에서 교사로 일하였다. 1906년 나진옥(羅振玉)을 따라 북경에 가서 학부총무사행주(學部總務司行走)·도서관편역(圖書館編譯) 등의 일을 하다가, 1911년 신해혁명(辛亥革命)이 일어나자 일본으로 피신하여 경사(經史)와 고문자학(古文字學)을 연구하였다. 1922년 북경대학(北京大學) 연구소(研究所) 국학문(國學門) 도사(導師), 청화대학(淸華大學) 연구원(研究院) 교수 등을 역임하였는데, 1927년 곤명호(昆明湖)에 빠져 자살하였다.

왕국유는 철학, 역사지리, 몽고사(蒙古史), 고문자학(古文字學), 음운(音韻), 훈고(訓詁) 등 여러 방면에 뛰어났을 뿐만 아니라 많은 귀중한 저작을 남겼는데, 그의 저작은 대부분 ≪해녕왕정안선생유서(海寧王靜安先生遺書)≫와 ≪관당집림(觀堂集林)≫에 수록되어 있다.

왕균(王筠)

왕균(1784~1854)은 청(淸)나라 문자학자(文字學者)로서, 산동성(山東省) 안구(安丘)사람이다. 자는 관산(貫傘)이고, 호는 녹우(菉友)이다. 도광(道光) 원년(元年, 1821)에 거인(擧人)이 되었고, 산서성(山西省) 향녕현(鄕寧縣) 지현(知縣)을 지냈다. 어려서부터 전서(篆書)·문(籀文) 등을 좋아하였다고 하며, 특히 ≪설문해자(說文解字)≫연구에 뛰어나 약 30여 년을 ≪설문≫연구에 종사하였다.

주요 저서로는 ≪설문석례(說文釋例)≫·≪설문해자구두(說文解字句讀)≫·≪문자몽구(文字蒙求)≫ 등 초학자(初學者)를 위한 입문서(入門書)가 많다.

용경(容庚)

용경(1894~1983)은 중국의 고문자학자(古文字學者)로서, 자는 희백(希白)이라 하고, 호는 송재(頌齋)라고 한다. 광동성(廣東省) 동완(東莞) 사람이다. 청년 시절에 외삼촌인 등이소(鄧爾疋)로부터 ≪설문해자(說文解字)≫를 배운 것이 계기가 되어 고문자(古文字) 연구에 뜻을 두게 되었다고 한다.

1917년 용경은 ≪은주진한문자(殷周秦漢文字)≫를 편찬할 계획으로 ≪금문편(金文編)≫ 편집에 착수하였다. 1922년 북경대학 연구소(우리의 대학원에 해당)에 입학하였고, 1926년 졸업 후 북경대학·연경대학(燕京大學) 등에서 강의를 하였으며, ≪연경학보(燕京學報)≫를 주편하기도 하였다. 1927년에 북평(北平) 고물진열소(古物陳列所) 감정위원(鑑定委員)에 임명되었고, 1934년에는 고고학사(考古學社)를 설립하여 ≪고고사간(考古社刊)≫을 출판하였다. 그 후 영남대학(嶺南大學) 중문과 학과장·중산대학(中山大學) 중문과 교수 등을 역임하고, 1983년 3월 6일 별세하였다.

그의 저술은 금문(金文) 방면에 집중되어 있는데, 주요한 것으로는 ≪금문편(金文編)≫(1925년 초판)·≪금문속편(金文續編)≫·≪진한금문록(秦漢金文錄)≫ 등과 같은 청동기(靑銅器) 위주의 금문 자료 편집, ≪보온루이기도록(寶蘊樓彝器圖錄)≫·≪무영전이기도록(武英殿彝器圖錄)≫·≪서청이기습유(西淸彝器拾遺)≫·≪해외길금도록(海外吉金圖錄)≫·≪선재이기도록(善齋彝器圖錄)≫·≪송재길금도록(頌齋吉金圖錄)≫ 등과 같은 청동기 감별·감정록(鑑定錄), 그리고 통론서(通論書)인 ≪상주이기통고(商周彝器通考)≫(1941) 등이 있다.

우문설(右文說)

우문설은 형성자(形聲字)에 대한 이론으로, 형성자의 발음부분에도 뜻이 들어 있다는 주장이다. 형성자는 의미부분과 발음부분으로 구성되어 있는데, 대부분의 형성자는 그 구조가 왼쪽이 의미부분이고 오른쪽이 발음부분인 경우가 많아서 '오른쪽 글자 부분'이라는 뜻에서 '우문설(右文說)'이라고 부르는 것이다.

우문설의 시작은 진(晉)대로 거슬러 올라갈 수 있다. 진나라의 양천(楊泉)은 ≪물리론(物理論)≫에서 "쇠와 돌에 있어서는 堅(견)이라 하고, 풀에 있어서는 緊(긴)이라 하고, 사람에 있어서는 賢(현)이라 한다(「在金石堅, 在草曰緊, 在人曰賢.」)"고 하였다. 양천은 ≪설문해자≫에 '臤(현·간)'이 '단단하다[堅]'라는 뜻이 있으므로, 사물이 단단한 것은 '堅'·'緊' 등으로 표현되고, 사람의 덕행이 견실한 것은 '賢'으로 나타낸다고 주장한 것이다.

우문설에 대한 이론은 송(宋)의 왕자소(王子韶)의 주장이 가장 널리 전해진다.

왕자소는 자가 성미(聖美)인데, 오히려 왕성미(王聖美)로 더 잘 알려져 있다. 왕자소는 신종(神宗) 희녕(熙寧, 1068~1077) 때 사람으로, 왕안석의 추천으로 예부원시랑(禮部員侍郞)을 지냈다.

그가 주장한 우문설의 초점은 "형성자의 의미부분은 그 사물의 종류만을 나타낼 뿐 진정한 글자의 뜻은 발음부분에 있다."는 것이다. 심괄(沈括, 1030~1094)은 ≪몽계필담(夢溪筆談)≫ 권14에서 왕자소의 우문설의 대략을 다음과 같이 적고 있다.

왕성미(王聖美)는 문자를 연구하는 데 있어 '글자의 오른쪽 부분[右文(우문)]'을 유추(類推)하여 그 뜻을 설명하였다. 이전의 문자에 대한 연구는 모두 '글자의 왼쪽 부분[左文(좌문)]'을 따랐다. 무릇 글자는 그 종류는 왼쪽에 있고, 그 의미는 오른쪽에 있다. 예를 들어 나무[木(목)] 종류는 (글자의) 왼쪽에 모두 木을 쓴다. 이른바 우문이란 이렇다. '戔(전)'은 '작다'라는 뜻인데, 물이 적은 것은 '淺(천)'이라고 하고, 금(金)이 적은 것은 '錢(전)', 뼈가 앙상하고 작은 것은 '殘(잔)', 돈[貝(패)]이 적으면 '賤(천)하다'는 뜻이 된다. 위의 예들은 모두 '戔'을 그 의미부분으로 취하고 있다.

한자의 역사적 발전 과정을 볼 때, 뜻과 발음의 관계는 처음에는 임의적이고 약정속성(約定俗成)적으로 맺어지지만, 세월이 흘러 본래 하나의 글자로부터 다른 글자들이 파생되어 나올 때는 비슷한 뜻이면 비슷한 발음을 가지게 되는 것이 기억하기도 쉽고 또 글자를 만들어 가는 데 좀더 편리하고 자연스러운 방법이 된다. 이러한 점에서 형성자의 발음부분에도 뜻이 있다는 우문설은 어느 정도 타당성이 있는 이론으로 보여진다.

그러나 "발음에도 뜻이 있다(「聲中有義」)"는 주장은 타당하지만 이것을 확대하여 "발음에는 모두 뜻이 있다(「聲皆有義」)"라든가 "발음이 같으면 뜻도 같다(「聲同則義同」)"와 같은 주장은 옳지 않다.

왜냐하면 언어에서 낱말은 모두 발음과 뜻의 결합체이지만, 어떤 뜻과 어떤 발음이 결합하느냐 하는 것은 우연적인 것이지 결코 필연적인 것이 아니기 때문이다. 따라서 한 언어에서 같은 음으로도 전혀 상관없는 뜻의 낱말, 즉 동음이의어(同音異義語)가 얼마든지 있으며 반대로 다른 발음으로 같거나 비슷한 의미를 나타내는 동의어(同義語)도 당연히 적지 않다. 그러므로 우문설을 한자(漢字)의 모든 형성자에 적용시켜서는 안 되며, 적용시키는 경우에도 매 글자마다 신중하게 그 글자의 뜻과 발음부분과의 관계를 살펴야 한다.

우성오(于省吾)

우성오(1896~1984)는 중국의 고문자학자(古文字學者)이자 훈고학자(訓詁學者)로서, 자는 사박(思泊)이라 하고 호는 쌍검치주인(雙劍誃主人)·택라거사(澤螺居士)·숙흥수(夙興叟) 등으로 불린다. 요녕성(遼寧省) 해성(海城)사람이다.

1919년 심양(沈陽) 국립고등사범학교(國立高等師範學校)를 졸업하고, 보인대학(輔仁大學)·연경대학(燕京大學)·북경대학(北京大學) 등에서 고문자학(古文字學)을 강의하였으며, 1955년 동북인민대학(東北人民大學, 현 길림(吉林)대학) 역사과 교수가 되었다.

우성오의 고문자학에 대한 연구 성과는 주로 갑골문과 금문의 고석(考釋)에 집중되어 있다. 저서로는 ≪쌍검치길금문선(雙劍誃吉金文選)≫(1933), ≪쌍검치길금도록(雙劍誃吉金圖錄)≫(1934), ≪쌍검치고기물도록(雙劍誃古器物圖錄)≫(1940), ≪상주금문록유(商周金文錄遺)≫(1957) 등과 같은 자료집과 ≪쌍검치은계병지(雙劍誃殷契騈枝)≫(1943)·≪속편(續編)≫(1941)·≪삼편(三編)≫(1943), ≪갑골문자석림(甲骨文字釋林)≫(1979) 등과 같은 갑골문에 관한 고석서(考釋書)가 있다. 금문에 관한 고석서(考釋書)로 ≪길금문자석림(吉金文字釋林)≫을 준비하다가 다 마치지 못한 채 아쉽게도 세상을 뜨고 말았다.

육서고(六書故)

송말(宋末)·원초(元初) 때의 학자 대동(戴侗)이 지은 자전(字典)으로, 모두 33권으로 되어 있으며, 원(元) 나라 연우(延祐) 7년(1320)에 간행되었다.

수록된 글자들은 내용에 따라 9부(部)로 나뉘는데, 그 내용을 소개하면 다음과 같다:

제1부 수(數), 제2부 천문(天文), 제3부 지리(地理), 제4부 인(人), 제5부 동물(動物), 제6부 식물(植物), 제7부 공사(工事), 제8부 잡(雜), 제9부 의(義).

매 부에 속한 글자들은 육서(六書) 즉 지사(指事)·상형(象形) 등의 순서에 따라 배열하였으며, 부수(部首)는 사용하지 않았다. 이 책의 특징은 육서를 이용하여 글자의 뜻을 파악하는 데 중점을 두었다는 데 있다.

음양오행설(陰陽五行說)

음양오행설(陰陽五行說)은 한(漢)나라 때 유행하였던 철학 원리이다. 그 기본 원리를 간단하게 설명하면 다음과 같다.

우주 만물은 모두 상대적으로 되어 있다. 다시 말하면, 하늘과 땅, 밤과 낮, 남과 여, 홀수와 짝수 등 그 어느 것이든 홀로 인정되는 것은 하나도 없는 것이다. 이러한 관계를 동양 철학에서는 음양(陰陽)의 이치라고 한다. 하늘과 땅이 생겨난 뒤에 음양의 두 기운은 다섯 가지의 원소(元素)를 생산하였는데, 이것이 바로 목(木)·화(火)·토(土)·금(金)·수(水)의 5행(五行)이다.

이와 같이 5행은 음양을 모체로 하여 생겨난 것이기 때문에 이들 둘을 합쳐서 음양오행(陰陽五行)이라고 부르는 것이다. 이 음양오행에는 만물의 생성원리가 포함되어 있다.

그런데 5행은 음양의 기운을 빌려서 태어난 것이기는 하지만, 5행의 하나 하나에는 음과 양의 두 기운이 모두 포함

되어 있다. 따라서 음양과 5행이 조화를 이루어 10천간(天干)과 12지지(地支)가 성립되었고, 다시 5행의 각 기운과 직결된 5색(五色), 5미(五味), 5각(五覺) 등이 파생되어 나온 것이다.(아래의 표 참조)

또한 5행에서 가장 중요한 것은 5행의 다섯 가지 요소가 서로 순환하면서 상생(相生)하고 상극(相克)하여 조화를 이룬다는 점이다.

상생은 木이 火를 낳고, 火는 土를 낳으며, 土는 金을 낳고, 金이 水를 낳고, 水는 다시 木을 낳는 과정을 말한다.

상극은 木은 土를 물리치고, 土는 水를 물리치고, 水는 火를 물리치며, 火는 金을 물리치고, 金은 다시 木을 물리치는 과정을 말한다.

이와 같이 5행은 서로 상생하여 부족한 것을 보충하고, 서로 상극하여 넘치는 것을 조절하여 조화의 묘를 이루게 된다.

5행 소속(所屬) 일람표(一覽表)					
5행(五行)	木	火	土	金	水
5방(五方)	동(東)	남(南)	중앙(中央)	서(西)	북(北)
절기(節氣)	봄[春(춘)]	여름[夏(하)]	사계(四季)	가을[秋(추)]	겨울[冬(동)]
5미(五味)	신 맛 [酸(산)]	쓴 맛 [苦(고)]	단 맛 [甘(감)]	매운 맛 [辛(신)]	짠 맛 [鹹(함)]
5장(五臟)	간장(肝臟)	심장(心臟)	지라 [脾臟(비장)]	폐(肺)	콩팥 [腎臟(신장)]
6부(六腑)	쓸개[胆(담)]	작은 창자 [小腸(소장)] 삼초(三焦)	위장(胃腸)	큰 창자 [大腸(대장)]	오줌보 [膀胱(방광)]

음양(陰陽)	5행(五行)	10천간(天干)	12 (地支)	수( )	색(色)
양(陽)	水	임(壬)	자(子)	1	흑색( )
	火	병(丙)	오(午)	3	적색(赤)
	木	갑(甲)	인(寅)	5	청색( )
	金	경(庚)	신(申)	7	백색(白)
	土	무(戊)	진(辰)	9	황색( )
			술(戌)		
음(陰)	水	계(癸)	해(亥)	2	녹색( )
	火	정(丁)	사(巳)	4	자색(紫)
	木	을(乙)	묘(卯)	6	벽색(碧)
	金	신(辛)	유(酉)	8	율색(栗)
	土	기(己)	축(丑)	10	강색(絅)

음훈(音訓)

성훈(聲訓)과 같은 뜻이다. '성훈'조의 낱말풀이 참조.

이아(爾雅)

중국 최초의 동의어사전(同義語詞典)이다. ≪이아(爾雅)≫에서 '이(爾)'는 '가깝다[近(근)]'라는 뜻이고, '아(雅)'는 '바르다[正(정)]'라는 뜻이므로, 오늘날의 '표준말사전'이라고 이해해도 된다.

이 책을 누가 지었는지는 아직까지 밝혀진 바가 없으며, 지어진 때는 대략 전국시대(戰國時代, B.C.5세기~B.C.3세기)에 지어져 한(漢) 나라 유학자(儒學者)들이 보충한 것이 아닌가 보고 있다.

≪한서(漢書)·예문지(藝文志)≫의 기록에 의하면 ≪이아≫는 3권 20편으로 되어 있다고 하는데, 현재 전해지는 것은 19편으로 모두 13,113자를 수록하고 있다. 19편의 내용을 살펴보면 다음과 같다.

제1 석고(釋詁), 제2 석언(釋言), 제3 석훈(釋訓), 제4 석친(釋親),
제5 석궁(釋宮), 제6 석기(釋器), 제7 석악(釋樂), 제8 석천(釋天),
제9 석지(釋地), 제10 석구(釋丘), 제11 석산(釋山), 제12 석수(釋水),
제13 석초(釋草), 제14 석목(釋木), 제15 석충(釋蟲), 제16 석어(釋魚),
제17 석조(釋鳥), 제18 석수(釋獸), 제19 석축(釋畜)

이체자(異體字)

소리와 뜻은 완전히 같으나 모양만 다른 글자를 말한다. 예를 들면 아래와 같은 글자들인데, 현재는 일반적으로 앞에 있는 글자를 많이 쓰기 때문에 뒤에 있는 글자를 이체자라고 부른다.

杯 : 盃(배), 迹 : 跡(적), 唇 : 脣(순), 褲 : 袴(고), 韵 : 韻(운)

인신(引伸)

인신(引伸)은 引申(인신)이라고도 하는데, '引'이나 '伸(또는 申)'은 모두 '잡아당기다' 또는 '늘이다'라는 뜻이다. 훈고학(訓詁學)에서는 이것을 '의미의 발전 또는 파생 현상'이라는 뜻으로 쓴다.

예를 들어 '時(시)'는 본래 '四時(사시)' 즉 '네 계절'이라는 뜻이었는데, '시간(時間)'이라는 뜻이 있으므로 좁게는 '24시'를 뜻할 수도 있고, 넓게는 '시대(時代)'라는 뜻으로도 쓰일 수 있으며, '시의적절(時宜適切)하다'·'때때로' 등과 같은 뜻으로도 쓰이기도 한다. 이 때 '四時'를 본의(本義)라고 하고, 나머지는 인신의라고 한다.

일체경음의(一切經音義)

불경(佛經)의 낱말풀이 사전을 말한다. '일체경(一切經)'이란 불경의 모든 경전을 가리키며, '음의(音義)'는 그 안에 나오는 낱말의 발음과 뜻을 풀이하였다는 뜻이다. ≪일체경음의≫에는 당(唐)나라 초 현응(玄應)의 ≪일체경음의≫(약 655)와 혜림(慧林, 736~820)의 ≪일체경음의≫(810)가 있다.

현응(玄應)의 ≪일체경음의≫의 본명은 ≪중경음의(衆經音義)≫로 모두 25권으로 되어 있다. ≪화엄경(華嚴經)≫에서 시작하여 ≪순정이론(順正理論)≫까지 총 250부에 이르는 불경의 낱말풀이를 하였다.

혜림(慧林)의 ≪일체경음의≫는 모두 100권으로 되어 있는데, ≪개원석교록(開元釋教錄)≫을 근거로 하여 ≪대반야경(大般若經)≫에서 ≪호명법(護命法)≫까지 총 1,300부 5,700여 권에 이르는 불경의 낱말풀이를 하였다.

입성(入聲)

중국 중고(中古) 시대(위진남북조·수·당)의 4가지 성조(聲調) 가운데 하나로서, 운미(韻尾)가 [-p]·[-t]·[-k]로 끝나는 발음을 말한다. 한자(漢字)의 우리말 발음으로는 끝소리가 [-ㅂ]·[-ㄹ]·[-ㄱ]으로 끝나는 발음에 해당한다. 예를 들면 '甲(갑)', '渴(갈)', '各(각)' 등과 같은 발음이다.

자

자휘(字彙)

≪자휘≫는 명(明)나라 매응조(梅膺祚)가 지은 자전(字典)이다. 매응조는 안휘성(安徽省) 선성현(宣城縣) 사람으로, 자는 탄생(誕生)이다. 이 책 앞에 매응조의 형 매정조(梅鼎祚)의 서(序)가 있는데, 이 서가 명 신종(神宗) 만력(萬曆) 43년(1615)에 쓰여진 것으로 볼 때 이 책 역시 대체로 이 때쯤 만들어진 것으로 보인다.

이 책은 자(子), 축(丑), 인(寅), 묘(卯) 등 12지지(地支)로 나누어져 있는데, 앞과 뒤에 붙어 있는 부록을 합하여 모두 14권으로 이루어져 있다. 수록된 글자 수는 대체로 ≪홍무정운(洪武正韻)≫을 위주로 하여 모두 33,179자인데, 대부분이 경사(經史)에서 자주 쓰이는 글자들로서 잘 쓰이지 않는 어렵고 이상한 글자들은 싣지 않았다.

이 책의 특징은 다음 네 가지로 나누어 볼 수 있다.

첫째, ≪설문해자≫나 ≪옥편≫ 등의 500여 부수를 해서체(楷書體)의 획수에 따라 214부로 나누었다.

둘째, 각 부수 안에 속한 글자들의 순서를 필획의 많고 적음에 따라 배열하였다.

셋째, 읽는 사람의 편의를 위하여 책의 맨 앞에 '검자표(檢字表)'를 만들어 어느 부수에 속하는지 잘 모르는 글자를 필획의 수에 따라 찾을 수 있도록 하였고, 또 각 권(卷)의 맨 앞에는 그 권 안에 있는 부수 및 그의 쪽수를 표시하였다.

넷째, 글자의 해설방식은 먼저 발음을 표시하고, 그 다음 뜻을 풀이하였다. 뜻풀이는 먼저 본의(本義)를 소개하고 그 다음 자주 쓰이는 용도에 따라 파생되어 나온 뜻을 소개하였으며, 때로는 구어(口語)와 속어(俗語)의 뜻도 아울러 밝혔다.

위의 네 가지 특징 가운데 획수(劃數)로써 글자의 배열순서를 정한 방식은 일찍이 없었던 독창적인 방법으로서 뒤에 나온 장자열(張子烈)의 ≪정자통(正字通)≫, 청대(淸代)의 ≪강희자전(康熙字典)≫ 뿐만 아니라 오늘날 사전의 체제에도 절대적인 영향을 끼쳤다.

전주(轉注)

육서(六書) 가운데 하나로서, 두 개의 글자가 서로 훈을 하는 방식이다.

한(漢)나라 허신(許愼)의 ≪설문해자(說文解字)·서(敍)≫에서는 "전주라고 하는 것은 같은 종류끼리 모아 놓고 하나를 머리 글자로 삼되, 같은 뜻이면 서로 주고받는 것을 말한다. 考(고)와 老(로)가 그러한 예이다.(「轉注者, 建類一首, 同意相受, 考老是也..」)"라고 정의하였다.

전주는 육서 가운데에서도 가장 그 내용을 파악하기가 어려운 것으로 알려져 있다. 그래서 전주에 대한 해석도 학자마다 다르고 그에 따른 예들도 역시 다르다. 여기에서는 많은 논란은 생략하고 '동부호훈(同部互訓)'설에 따라 설명하겠다.

'동부호훈'이란 같은 부수 안에 있는 호훈자(互訓字)를 전주로 보는 것이다. 허신은 비록 전주라고 직접 표현은 하지 않았지만, 극소수의 경우를 제외하고는 같은 부수 안의 호훈자들을 바로 옆 또는 아주 가까운 곳에 배열하고 있다.

예를 들어 제1편 하(下) 〈초부(艸部)〉의 '萴(책)'과 '莿(자)', 제8편 상(上) 〈인부(人部)〉의 '倚(의)'와 '依(의)', 제11편 〈수부(水部)〉의 '濫(람)'과 '氾(범)' 등이 그러한 예이다. 전주자들은 발음상 서로 매우 비슷하다는 특징을 갖는다.

절운(切韻)

수(隋) 나라 육법언(陸法言)이 601년에 지은 현존하는 중국의 운서(韻書) 가운데 가장 오래된 책으로서, 수(隋)·당(唐)시대 음운체계(音韻體系)를 연구하는데 가장 중요한 자료이다. ≪절운≫의 원본은 이미 없어졌는데, 20세기 초 돈황(敦煌)에서 그 일부가 발견되었다. 현재 ≪절운≫의 내용은 송(宋)나라 때 나온 ≪광운(廣韻)≫에 수록되어 있다.

정자통(正字通)

명(明)나라 장자열(張自烈, 1564~1650)이 앞서 나온 매응조(梅膺祚)의 ≪자휘(字彙)≫(1615년 경)를 수정·보충하여 1670년 경 지은 자전(字典)이다. ≪자휘≫와 ≪정자통≫은 훗날 청(淸)나라 때 나온 ≪강희자전(康熙字典)≫에 많은 영향을 끼쳤다.

조충서(鳥蟲書)

중국 글자체의 일종으로 '충서(蟲書)'라고도 한다. 진(秦)나라 때 쓰이던 글자체 가운데 하나로서 글자의 모양이 새[鳥]나 벌레[蟲]의 모양과 비슷한 데서 그 이름이 붙여졌다. 현재 출토(出土)된 기물(器物)로 볼 때 조충서는 병기(兵器)나 종정(鐘鼎)의 관지(款識)로 많이 쓰인 것으로 짐작된다.

주문(籒文)

중국 고대 글자체의 일종으로 대전(大篆)이라고도 부른다. ≪한서(漢書)·예문지(藝文志)≫에 따르면 "주(周) 선왕(宣王)(B.C.828~B.C.782 재위) 때 사관(史官)인 주(籒)가 대전(大篆) 15편(篇)을 지었다."라는 기록이 있다. 이 책 이름을 ≪사주편(史籒編)≫이라고 한다. 주문(籒文)이란 이름은 여기에서 비롯된 것이다.

주법고(周法高) 선생

주법고(1915~1994) 선생은 강소성(江蘇省) 동대현(東臺縣) 사람으로, 자는 자범(子範), 호는 한당(漢堂)이다. 중국 역사상 가장 번성하였던 시대가 주(周)·한(漢)·당(唐) 세 왕조였기 때문에 자신의 호를 한당(漢堂)이라고 지었다고 한다.(堂과 唐은 같은 발음)

금세기 중국의 언어학자 가운데 문자(文字)·음운(音韻)·훈고(訓詁)·어법(語法) 등 중국 언어학의 모든 분야에서 가장 뛰어난 업적을 쌓은 중국 언어학계의 거장이다. 그는 1935년 국립 남경(南京) 중앙대학(中央大學) 중문과(中文科)에 입학하였고, 1941년 북경대학(北京大學) 문과연구소(文科硏究所)에서 〈광운 중뉴(重紐)의 연구(廣韻重紐的研究)〉라는 제목의 논문으로 석사학위를 받았다. 그 후 중앙연구원(中央研究院) 역사어언연구소(歷史語言研究所) 연구원, 중앙대학(中央大學)·대만대학(臺灣大學) 교수, 홍콩 중문대학(中文大學) 특별초빙교수·문학원장(文學院長)·연구원(研究院) 중국어언문학부(中國語言文學部) 주임(主任)·중국어언학연구중심(中國語言學研究中心) 주임 등을 역임하였고, 말년에는 대만(臺灣) 동해대학(東海大學) 중문연구소(中文研究所)의 특별초빙교수로 재직하였다.

그는 언어학의 모든 분야에서 많은 저작을 남기고 있는데 지면 관계상 각 분야 별로 중요한 것 몇 권 만을 소개하면 다음과 같다.

통론(通論)분야: ≪중국어문연구(中國語文研究)≫, ≪논중국어언학(論中國語言學)≫, ≪중국어언학논총(中國語言學論叢)≫ 등

문자학(文字學)분야: ≪금문영석(金文零釋)≫, ≪금문고림(金文詁林)≫·≪금문고림보(金文詁林補)≫, ≪삼대길금문존저록표(三代吉金文存著錄表)≫ 등

음운학(音韻學)분야: ≪중국음운학논문집(中國音韻學論文集)≫, ≪한자고금음휘(漢字古今音彙)≫, ≪주법고상고음운표(周法高上古音韻表)≫ 등

훈고학(訓詁學)분야: ≪주진명자해고휘석(周秦名字解詁彙釋)≫, ≪광아소증인서색인(廣雅疏證引書索引)≫, ≪안씨가훈휘주(顏氏家訓彙注)≫ 등

어법학(語法學)분야: ≪중국고대어법(中國古代語法)≫〈칭대편(稱代篇)〉·〈조구법(造句篇) 상(上)〉·〈구사편(構詞篇)〉 등

이 밖에도 많은 저작과 논문이 있으니, 자세한 것은 졸역(拙譯) ≪중국언어학논총(中國言語學論叢)≫(서울 탑출판사 1989)을 참고하기 바란다.

주준성(朱駿聲)

주준성(1788~1858)은 청(淸)나라 때 문자(文字)·훈고학자(訓詁學者)로서, 자는 풍기(豊芑), 호는 윤천(允倩)이며, 강소성(江蘇省) 오현(吳縣)사람이다. 1818년 향시(鄕試)에 급제하여 안휘성(安徽省) 이현(黟縣)의 훈도(訓導)를 지내었다. 저작은 상당히 많았다고 전해지는데, 출판된 것은 ≪설문통훈정성(說文通訓定聲)≫과 ≪전경당문집(傳經堂文集)≫ 뿐이다.

증운(增韻)

송(宋)나라 모황(毛晃)·모거정(毛居正) 부자(父子)가 ≪예부운략(禮部韻略)≫을 증보·수정하여 만든 운서(韻書)로서, 본명은 ≪증수호주예부운략(增修互注禮部韻略)≫이다. 모두 5권으로 이루어져 있다.

지사(指事)

육서(六書) 가운데 하나로서, 추상적인 개념이나 사물을 나타내는 방법이다. 한(漢)나라 허신(許愼)의 ≪설문해자(說文解字)·서(敍)≫에는 "지사라고 하는 것은 보아서 알 수 있고, 자세히 살피면 그 뜻이 드러난다. 上(상)과 下(하)가 이런 글자이다.(「指事者, 視而可識, 察而見意, 上下是也.」)"라고 하였다.

지사에는 완전히 부호로 이루어진 것과 어떤 글자에 부호를 더한 것 등 두 종류가 있다.

첫째, 완전히 부호로 이루어진 것에는 '上'·'下' 등이 있는데, '上'과 '下'는 예전에는 '⼆'과 '⼆'로 써서 기준선인 '一'을 중심으로 그 위와 아래를 가리킨다.

둘째, 어떤 글자에 부호를 더한 것으로는 '本(본)'·'刃(인)' 등이 있는데, '本'자는 나무 '木(목)'자의 아래 부분을 가리키고(여기에서 '-'은 단순한 부호일 뿐 숫자 '一'자가 아님), '刃'자에서의 'ヽ'는 칼[刀(도)]의 날 부분을 가리킨다.

집운(集韻)

송(宋) 나라 때의 운서(韻書)로서, 정도(丁度)·이숙(李淑)·정전(鄭戩)·가창조(賈昌朝)·왕주(王誅) 등이 송(宋) 인종(仁宗)의 명을 받들어 ≪광운(廣韻)≫을 개정·증보한 것으로, 1039년에 완성하였다.

≪집운≫은 모두 10권으로 이루어져 있는데, 평성(平聲)이 4권으로 되어 있고, 상(上)·거(去)·입성(入聲)은 각각 2권으로 되어 있다. 운(韻)은 모두 206운으로 ≪광운≫과 같으나, 수록된 글자의 수는 53,525자로 중국에서 나온 자전(字典) 가운데 가장 많은 글자를 담고 있다.

차

초문(初文)

어떤 글자의 초기 형태를 말한다. '후기자(後起字)'와 상대적인 개념이다. 예를 들어 '求(구)'는 가죽옷을 그린 상형자(象形字)인데 뒤에 '求'가 '구하다'라는 뜻으로 쓰이게 되자 '가죽옷'이라는 뜻은 '衣(옷 의)'자를 붙여 '裘(구)'가 대신하게 되었고, '其(기)'는 본래 쌀을 까부르는 키를 그린 상형자인데 뒤에 '그'라는 뜻의 대명사로 쓰이게 되자 '竹(대나무 죽)'을 붙여 '箕(키 기)'가 되었다. 이 때 '求'는 '裘'의 초문(初文)이라하고, '其'는 '箕'의 초문이 된다.

타

통가(通假)/통가자(通假字)

통가란 훈고학(訓詁學)의 용어로서, 어떤 글자가 있음에도 불구하고[本有其字(본유기자)], 발음이 비슷한 다른 글자를 빌려 쓰는 현상을 말한다. 예를 들면 '是(시)'와 '時(시)'는 그 뜻과는 전혀 상관없이 서로 통해서 쓴다. 고전(古典)을 보면 이러한 현상을 자주 보게 된다.

통가는 어떤 글자가 갑자기 생각이 나지 않아서 발음이 비슷한 다른 글자를 쓴다거나, 또는 다른 사람이 불러 주는 내용을 받아 적을 때 발음이 비슷한 다른 글자를 잘못 쓴 것이 오랫동안 습관적으로 쓰여져 내려와 하나의 현상으로 굳어진 것이라고 볼 수 있다. 따라서 통가는 본래 그 글자가 없어서[本無其字(본무기자)], 발음이 비슷한 다른 글자를 빌려 쓰는 가차(假借)와 비슷하지만 같지는 않다.

가차된 글자는 한 번 빌려 쓰면 그 자체로 굳어져서 원래의 위치로 돌아가지 않지만, 통가된 글자는 잠시 빌려 쓰인 경우에 국한해서 그 역할을 할 뿐 자신의 뜻은 계속 살아 있다. 예를 들어 가차의 경우 '而(이)'는 본래 '수염'을 그린 상형자(象形字)였는데 연사(連詞)로 가차되어 쓰이게 되자 '수염'이라는 빈자리는 '鬚(수)'자를 다시 만들어 보충하였지만, 통가의 경우 '是'와 '時'는 발음이 같아서 잠시 서로 바꾸어 쓰였을 뿐 둘 사이에는 어떠한 관계도 없다.

파

편해류편(篇海類編)

명(明)나라 송렴(宋濂)이 지은 자전(字典)으로, 금(金)나라 한도소(韓道昭)의 ≪오음편해(五音篇海)≫를 모방하여 지어졌다. 그래서 이름을 ≪편해류편≫이라고 지은 것이다. 모두 20권으로 되어 있다.

평성(平聲)

중국 중고(中古) 시대(위진남북조·수·당)의 4가지 성조(聲調) 가운데의 하나이다. 평성은 뒤에 다시 음평성(陰平聲)과 양평성(陽平聲)으로 나누어졌는데, 음평성은 현대 중국어의 제1성에 해당하고, 양평성은 제2성에 해당한다.

평수운(平水韻)

평수운이라고 하면 보통 송(宋) 나라 때 유연(劉淵)이 지은 ≪임자신간예부운략(壬子新刊禮部韻略)≫(1252년)을 가리킨다. 일설에는 이 책을 간행한 곳이 평수(平水, 지금의 산서성(山西省) 임분(臨汾))여서 평수운이라고 한다고 하기도 하고, 또는 유연(劉淵)의 고향이 평수여서 그렇게 부르는 것이라고 하기도 한다.

이 책은 ≪광운(廣韻)≫ 206운(韻)을 통폐합하여 모두 107운으로 만들었다. 그런데 이 107운이 후대에 끼친 영향력은 매우 커서 시인의 대부분이 107운에 입각해서 시를 지었을 뿐만 아니라 ≪패문운부(佩文韻府)≫·≪경적찬고(經籍纂詁)≫ 등과 같은 청(淸)나라 때 나온 대부분의 기본 참고도서들도 이 107운을 따랐다. 그래서 평수운이라고 하면 107운 또는 106운으로 구성된 운서를 통칭하기도 한다.

하

합구(合口)

개음(介音, 사잇소리)이 [-u-]이거나 또는 주모음(主母音)이 [u]인 운모를 가리킨다.

허사(虛詞)

홀로 문장의 구성요소인 주어(主語)·주제어(主題語)·술어(述語)·목적어(目的語)·보어(補語)·관형어(冠形語)·부사어(副詞語) 등이 될 수 없는 낱말을 가리킨다. 허사에 속하는 품사에는 개사(介詞)·연사(連詞)·조사(助詞) 등이 있다.

허신(許愼)

허신(58?~147?)은 동한(東漢)의 경학가(經學家)이자 문자학자(文字學者)로서, 여남(汝南) 소릉(召陵, 지금의 하남성(河南省) 언성(郾城))사람이며, 자는 숙중(叔重)이라고 한다. 가규(賈逵, 30~101)에게서 학문을 배웠으며, "5경에 관한 한 따를 자가 없다[五經無雙(오경무쌍)]"라고 하는 평을 들었다. 고문자(古文字)에 밝아 당시 학자들이 경전을 해석함에 있어 고문(古文)과 다른 점이 많아, 이를 바로잡고자 ≪설문해자(說文解字)≫ 15권을 지었다(서기 100년).

저서로는 ≪설문해자≫ 외에도 ≪오경이의(五經異義)≫와 ≪회남자주(淮南子注)≫ 등이 있다고 하나 전해지지는 않는다.

형성(形聲)

　육서(六書) 가운데 하나로서, 하나는 뜻[形(형)]을 담당하고 다른 하나는 소리[聲(성)]를 담당하는 부분으로 이루어진 결합 방식을 말한다.

　한(漢)나라 허신(許愼)의 ≪설문해자(說文解字)·서(敍)≫에서는 "형성이라고 하는 것은 사물로서 글자의 뜻을 삼고 소리를 취해서 만들어진다. 江(강)과 河(하)가 이런 글자이다.(「形聲者, 以事爲名, 取譬相成, 江河是也.」)"라고 하였다. '江'과 '河'는 모두 '水(수)'를 의미부분으로 삼고 있고, 'エ(공)'과 '可(가)'를 각각 발음부분으로 하고 있다.

혹체(或體)

　≪설문해자≫에 실린 이체자(異體字)를 말한다.(이체자 해설 참조)

회의(會意)

　육서(六書) 가운데 하나로서, 둘 또는 둘 이상의 글자가 모여[會(회)] 하나의 뜻[意(의)]을 나타내는 결합 방식이다.

　한(漢)나라 허신(許愼)의 ≪설문해자(說文解字)·서(敍)≫에서는 "회의라고 하는 것은 두 글자를 함께 써서 뜻을 합하여 나타내고자 하는 의미를 드러내는 것이다. 武(무)와 信(신)이 이런 글자이다.(「會意者, 比類合誼, 以見指撝, 武信是也.」)"라고 하였다.

　'武'자는 '止(발 지, 그칠 지)'와 '戈(창 과)'로 이루어져 있는데, '止'는 '멈추다'의 뜻이 아니라 본래 '발'을 그린 상형자(象形字)로서 '이동(移動)'을 뜻하였다. 따라서 '武'는 '창을 메고 이동하다'라는 의미로 '정벌(征伐)하다' 또는 '무력시위(武力示威)'를 뜻한다.

　'信'자는 '人(사람 인)'과 '言(말씀 언)'으로 이루어져 있는데, '사람[人]의 말[言]에는 믿음[信]이 있어야 한다.'는 뜻을 나타내고 있다.

참고문헌

이효정(李孝定) 선생 편술(編述), ≪갑골문자집석(甲骨文字集釋)≫, 대만(台灣) 중앙연구원(中央研究院) 역사어언연구소(歷史語言研究所) 1982.
서중서(徐中舒) 주편(主編), ≪갑골문자전(甲骨文字典)≫, 사천(四川) 사서출판사(辭書出版社) 1988.
주법고(周法高)선생 주편, ≪금문고림(金文詁林)≫, 경도(京都) 중문출판사(中文出版社) 1981.
주법고선생 편찬(編撰), ≪금문고림보(金文詁林補)≫, 대만 중앙연구원 역사어언연구소 1982.
용경(容庚) 편저(編著), ≪금문편(金文編)≫, 북경 중화서국 1985.
진초생(陳初生) 편(編), ≪금문상용자전(金文常用字典)≫, 섬서(陝西) 인민출판사(人民出版社) 1987.
허신(許愼), ≪설문해자(說文解字)≫, 북경 중화서국 1992.
단옥재(段玉裁) 주(注), ≪설문해자주(說文解字注)≫, 대만 천공서국(天工書局) 1987.
정복보(丁福保) 편, ≪설문해자고림(說文解字詁林)≫, 대만 정문서국(鼎文書局) 1984.
고명(高名) 편, ≪고문자류편(古文字類編)≫, 북경 중화서국 1987.
서무문(徐無聞) 주편, ≪갑금전례대자전(甲金篆隸大字典)≫, 사천 사서출판사 1991.
서중서 주편, ≪한어고문자자형표(漢語古文字字形表)≫, 사천 사서출판사 1987.
장선(張瑄) 편석(編釋), ≪문자형의원류변석전(文字形義源流辨釋典)≫, 대만 서남서국(西南書局) 1980.
장설명(張雪明) 편찬, ≪형음의자전(形音義字典)≫, 호북(湖北) 사서출판사 1992.
≪한어대자전(漢語大字典)≫(1~8), 호북 사서출판사·사천 사서출판사 1990.
≪漢韓大辭典≫(1~15), 檀國大學校·東洋學研究所 2008.
김종혁 ≪한자교육시험백과≫, 전통문화 연구회 2002.
김종혁 ≪부수로 한자정복하기≫, 학민사 2006.
≪常用汉字图解≫ 北京大学出版社, 1997.
강태립 ≪한자능력검정≫ 아트미디어, 2005.
남기탁 ≪한자능력검정시험≫ 한국어문교육연구회, 2005.
장형식 ≪한자자격시험≫ 형민사, 2004.
李權宰 ≪漢字級數資格檢定≫ 한출판, 2003.
李炳官 ≪형음의자전≫ 大經, 2003.
이종훈 ≪국학도감≫ 일조각, 1970.
纪江红 ≪中国儿童成长必读系列(34种)≫ 2006.
高學敏 ≪實用本草綱目≫ 外文社 2006
宋兆麟 ≪中国传统节日≫ 世界图书出版西安公司 2006
宋兆麟 ≪二十四节气≫ 世界图书出版西安公司 2007.
乔继堂 ≪中国节≫ 九州出版社 2006.
邢 莉 ≪诞生禮仪≫ 世界图书出版西安公司 2007.
金彩版 ≪玉器≫ 湖南美术出版社 2006.
纪江红 ≪中华上下五千年(3种)≫ 北京出版社 2003.
颜海雯 ≪讲讲认认(3种)≫ 少年儿童出版社 2001.
北京特种工艺工业公司研究室 ≪马的动态资料≫ 1973.
北京特种工艺工业公司研究室 ≪玉器图录≫ 1973.
王 敏 ≪风光摄影技巧≫ 辽宁科学技术出版社 1998.
≪中國古代玉器館≫ 上海博物館.

魏　胜 ≪数码摄影≫ 科学出版社 2005.
瑪　麗 ≪世界野生动物≫ 世界图书出版西公司 1998.
侯景华 ≪动物百科≫ 甘肃文化出版社 2006.
魏　捷 ≪动物的1000个秘密≫ 陕西人民美术出版社 2006.
日知图书 ≪动物世界大百科≫ 吉林出版集团有限责任公司 2008.
李時珍 ≪本草綱目≫ 北京出版社出版集團 2007.
薛　虹 ≪国家地理≫≪游遍中国≫ 蓝天出版社 2007.
周　宏 ≪汉字发现≫ 陕西师范大学出版社 2007.
刘永华 ≪中国古代军戎服饰≫ 上海古籍出版社 2003.
景　德 ≪汉字寻根300例≫ 山东美术出版社 2005.
吴东平 ≪汉字的古事≫ 新世界出版社 2006.
阵　政 ≪字源谈趣≫ 新世界出版社 2006.
左民安 ≪细说汉字≫≪細說漢字部首≫ 九州出版社 2005.
X　U ≪Emperor Qin and his Terracotta Warriors≫ Better Link Press 1999.
赵　屹 ≪农事器用≫ 山东美术出版社 2005.
讲　述 ≪生存风水学≫ 学林出版社 2005.
杭　海 ≪妆匣遗珍≫ 生活·读书·新知 叁联书店 2005.
吕大千 ≪周庄≫ 中国旅游出版社 2001.
孟慶杰 ≪苏州园林≫ 中国旅游出版社 2000.
孙承志 ≪泰山≫ 外文出版社 2001.
蘭佩瑾 ≪上海≫ 外文出版社 1999.
温景涛 ≪必识300字≫ 吉林美术出版社 2007.
禾　稼 ≪学前必备300字≫ 吉林美术出版社 2003.
库姆斯 ≪树≫ 中国友谊出版公司 2005.
马承源 ≪中国青铜器≫ 上海古籍出版社 2001.
≪清州·乾陵·大连 博物馆(3种)≫ 文物出版社出版发行 2007.
徐华铛 ≪中国神龙艺术≫ 天津人民美术出版社 2005.
胡麗娟 ≪學前300字(2種)≫ 遠方出版社出版發行 2005.
王　濤 ≪識動物≫ 遠方出版社出版發行 2007.
佟大汶 ≪圖解漢字≫ 三秦出版社 2004.
唐思賢 ≪圖解動物百科≫ 海燕出版社 1998.
宋應星 ≪天工開物(上·下)≫ 中國社會出版社 2004.
鄭銀河 ≪吉祥(鳥·獸·龍)≫ 福建美術出版社 2005.

 한
자
다

초판 1쇄 인쇄 2017년 5월 19일
초판 1쇄 발행 2017년 6월 15일

지은이	강태립
발행	다넷미디어(주)
발행인	이병도
기획편집	길진모 외 사업전략팀
제작관리	류재욱
마케팅	마케팅 사업부
출력	다넷미디어(주)
표지디자인	다넷미디어(주)
등록번호	제 2015-000057 호
주소	서울시 금천구 벚꽃로 286, 913호(가산동, 리더스타워)
전화	02-2026-6721
편집문의	02-2026-6727
팩스	02-540-6406
홈페이지	http://www.rollingbeetle.com
ISBN	978-89-94864-40-2 93710

*이 책의 모든 저작권은 다넷미디어(주)에 있습니다.
*이 책의 무단 복제, 복사, 전재는 저작권법에 저촉됩니다.
*잘못된 책은 바꾸어 드립니다.

이 도서의 국립중앙도서관 출판시도서목록(CIP)은 서지정보유통지원시스템 홈페이지 (http://seoji.nl.go.kr)와 국가자료공동목록시스템(http://www.nl.go.kr/kolisnet)에서 이용하실 수 있습니다.(CIP제어번호 : CIP2017011663)